PRÉFACE DE LA PRÉSENTE ÉDITION

Le 10 février 1875, à 11 heures du matin, on inaugurait au cimetière du Père-Lachaise le nouveau monument élevé à la mémoire de Frédéric Soulié.

Après une allocution magistrale de M. Auguste Maquet, qui représentait dans cette circonstance la Société des Auteurs dramatiques, M. Paul Féval, au nom de la Société des Gens de Lettres, prononça le discours suivant :

MESSIEURS,

Le 25 septembre 1847, le cimetière où nous sommes eut peine à contenir la foule qui suivait le cercueil de Frédéric Soulié. Jamais plus vaste recueillement ne glorifia les funérailles d'un homme.

C'était un homme, en effet, aimé encore plus qu'admiré, un homme dans toute la hauteur du mot : et quand la voix de Victor Hugo, sonore comme son génie, fit entendre ces paroles qui vibrent encore après tant d'années : « Il vivait par le cœur, c'est par le cœur qu'il est mort, » le même sanglot s'étouffa dans des milliers de poitrines.

Aujourd'hui une cérémonie moins douloureuse nous rassemble. Les deux sociétés fraternelles dont Frédéric Soulié fut l'honneur rendent visite à sa tombe restaurée. Auguste Maquet lui a apporté le cordial, l'éloquent souvenir des auteurs dramatiques; moi, je viens dire à mon illustre ami, à mon bien-aimé maître que les gens de lettres sont toujours fiers de lui, et qu'ils ne l'oublieront jamais.

Ils étaient alors une pléiade de romanciers dont le renom était grand comme la gloire : Alexandre Dumas, Mérimée, Soulié, Gozlan, Nodier, Stendhal, Musset, Balzac... Ah ! nous étions bien riches, en ce temps-là ! Et encore ne puis-je citer ici que nos morts.

Parmi ces beaux esprits, quelques-uns ont grandi dans la postérité à peine ouverte, d'autres ont déjà subi une déperdition d'éclat. Frédéric Soulié ne me semble pas apprécié à sa valeur par nos jeunes confrères. Il leur appartient, pourtant : il est jeune. Balzac et lui, de leur vivant, furent tous les deux victimes de cette manœuvre jalouse qui consiste à clouer l'écrivain dans un de ses livres. Balzac frémissait au seul nom d'*Eugénie Grandet*, son ennemie; Frédéric Soulié courbait la tête dès qu'on allumait ce petit encensoir : *le Lion amoureux*, pour le lui briser au visage.

Vous avez vengé Balzac amplement et depuis longtemps; Soulié, à son tour, demande justice. *Le Lion amoureux* est un récit charmant, mais pourquoi vous arrêterait-il au seuil même de l'œuvre? Entrez, et jugez ces autres poëmes de si puissante haleine : Le *Vicomte de Béziers*, le *Comte de Toulouse*, deux romans que Walter Scott eût signés; le *Conseiller d'État* tout poignant d'émotions; les *Mémoires du Diable* encombrés de richesses; la *Confession générale*, qu renferme un joyau sans prix; *Huit jours au Château Eulalie Pontois*, *la Lionne* et tant d'autres larges conceptions qui protestent contre le crime de notre abandon. A ceux qui liront pour la première fois ces pages opulentes, il semblera qu'ils découvrent un monde. Leur regard mesurera d'en bas cette mâle stature d'inventeur. Ils seront conquis par cette pensée chaude, et fraîche, et forte, emportée parfois jusqu'à l'exagération, mais qui laisse monter toujours, du fond même de ses violences, un parfum de tendre sincérité.

Cela, c'est Frédéric Soulié, le vrai, avec ses qualités, avec ses défauts, les unes et les autres énormes. Un cachet de grandeur est là ; on y sent souffler le génie. Et il y a aussi de l'esprit, non pas celui qu'on cherche : celui qu'on trouve, l'esprit natif, oui, natif comme l'or !

Et il y a enfin, il y a surtout ces allures de lion, ces loyautés héroïques, ces pulsations, superbes dans leurs inégalités, qui dénoncent la fièvre peut-être, mais qui proclament la vie !

C'est certain, Frédéric Soulié garda trop longtemps, au plein de ce grand cœur dont il vécut et mourut, le sang prodigue de la jeunesse; il ne sut pas économiser l'heure qui épure lentement les chefs-d'œuvre et resta jusqu'au bout le dissipateur de son admirable puissance. Aussi je voudrais voir la parole de Victor Hugo gravée sur le marbre de ce cher tombeau, car elle est à la fois l'histoire de Frédéric Soulié, son portrait, sa défense et sa couronne.

Mais ce ne serait pas encore assez; nous lui devons davantage. Il ne s'agit pas au juste quel grade il convient de lui assigner dans le bataillon sacré des maîtres; je sais qu'il est un maître, et que vous l'avez trop oublié, vous qui distribuez la gloire. Ce n'est pas une faveur qu'on vous demande ici pour lui, c'est son bien qu'il faut lui rendre : à Frédéric Soulié d'autres devaient une tombe, et leur dette est payée. Nous, les hommes de lettres de France, ce que nous lui devons, c'est l'immortalité !

C'est en réponse au vœu si éloquemment exprimé par M. Paul Féval que paraît la présente édition des *Mémoires du Diable*, ce chef-d'œuvre où une verve étincelante le dispute à une imagination prodigieuse, et dont on ne trouvait plus cependant chez les libraires que des réimpressions trop compactes pour être lues par tous les yeux, trop grandes où trop négligées pour prendre place dans toutes les bibliothèques.

LES
MÉMOIRES DU DIABLE

I

LE CHATEAU DE RONQUEROLLES

Le 1ᵉʳ janvier 182., le baron François-Armand de Luizzi était assis au coin du feu dans son château de Ronquerolles.

Quoique je n'aie pas vu ce château depuis vingt ans, je me le rappelle parfaitement. Contre l'ordinaire des châteaux féodaux, il était situé au fond d'une vallée; il consistait alors en quatre tours liées ensemble par quatre corps de bâtiments; les tours et les bâtiments étaient surmontés de toits aigus en ardoises, chose rare dans les Pyrénées. Ainsi le château vu du haut des collines qui l'entouraient paraissait plutôt une habitation du seizième ou du dix-septième siècle qu'une forteresse de l'an 1327, époque à laquelle il avait été bâti.

Dans mon enfance, j'ai souvent visité l'intérieur de ce château et je me souviens que j'admirais surtout les larges dalles dont étaient pavés les greniers où nous jouions. Ces dalles, qui faisaient honte aux misérables carreaux de ma maison, avaient défendu les plates-formes de Ronquerolles quand c'était un château fort; plus tard on les avait recouvertes de toits pointus comme ceux qu'on voit sur la porte de Vincennes, mais sans toucher à la construction primitive.

On sait aujourd'hui que de tous les matériaux durables le fer est celui qui dure le moins. Je me garderai donc bien de dire que Ronquerolles semblait être bâti de fer, tant l'action des siècles l'avait respecté; mais ce que je puis affirmer, c'est que l'état de conservation de ce vaste bâtiment était très-remarquable. On eût dit que c'était quelque caprice d'un riche amateur du gothique qui avait élevé, la veille, ces murs dont pas une pierre n'était dégradée, qui avait dessiné ces arabesques fleuries dont pas une ligne n'était rompue, dont aucun détail n'était mutilé. Cependant, de mémoire d'homme, on n'avait vu personne travailler à l'entretien ou à la réparation de ce château.

Il avait pourtant subi plusieurs changements depuis le jour de sa construction, et le plus singulier était celui qu'on remarquait lorsqu'on s'approchait de Ronquerolles du côté du midi. Des six fenêtres qui occupaient la façade de ce côté, aucune ne ressemblait aux autres. La première à gauche, lorsqu'on regardait le château, était une fenêtre en ogive, portant une croix de pierre à arêtes tranchées, qui la partageait en quatre compartiments garnis de vitraux à demeure.

Celle qui suivait était pareille à la première, à l'exception des vitraux qu'on avait remplacés par un vitrage blanc à losanges de plomb, porté dans des cadres de fer mobiles. La troisième avait perdu son ogive et sa croix de pierre; l'ogive semblait avoir été fermée par des briques, et une épaisse menuiserie, où se mouvaient ce que nous avons appelé depuis des croisées à guillotine, tenait la place du vitrage à cadre de fer. La quatrième ornée de deux croisées, l'une intérieure et l'autre extérieure, toutes deux à espagnolette et à petites vitres, était en outre défendue par un contrevent peint en rouge. La cinquième n'avait qu'une croisée à grands carreaux, et une persienne peinte en vert. Enfin la sixième était ornée d'une vaste glace sans étain, derrière laquelle on voyait un store peint des plus vives couleurs; cette dernière fenêtre était en outre fermée par des contrevents rembourrés. Le mur uni continuait après ces six fenêtres, dont la dernière avait frappé le regard des habitants de Ronquerolles le lendemain de la mort du baron Hugues-François de Luizzi, père du baron Armand-François de Luizzi, et le matin du 1er janvier 182., sans qu'on pût dire qui l'avait percée et disposée comme elle l'était.

Ce qu'il y a de plus singulier, c'est que la tradition rapportait que toutes les autres croisées s'étaient ouvertes de la même façon et dans une circonstance pareille, c'est-à-dire sans qu'on eût vu exécuter les moindres travaux, et toujours le lendemain de la mort de chaque propriétaire successif du château. Un fait certain, c'est que chacune de ces croisées était celle d'une chambre à coucher qui avait été fermée pour ne plus se rouvrir du moment que celui qui devait l'occuper toute sa vie avait cessé d'exister.

Probablement, si Ronquerolles avait été constamment habité par ses propriétaires, cet étrange mystère eût grandement agité la population; mais, depuis plus de deux siècles, chaque nouvel héritier des Luizzi n'avait paru que durant vingt-quatre heures dans ce château et l'avait quitté pour n'y plus revenir. Il en avait été ainsi pour le baron Hugues-François de Luizzi, et son fils François-Armand de Luizzi, arrivé le 1er janvier 182., avait annoncé son départ pour le lendemain.

Le concierge n'avait appris l'arrivée de son maître qu'en le voyant entrer dans le château; et l'étonnement de ce brave homme s'était changé en terreur lorsque, voulant faire préparer un appartement au nouveau venu, il vit celui-ci se diriger vers le corridor où étaient situées les chambres mystérieuses dont nous avons parlé, puis ouvrir avec une clef qu'il tira de sa poche une porte que le concierge ne connaissait pas encore et qui s'était ouverte sur le corridor intérieur comme la croisée s'était ouverte sur la façade. On remarquait pour les portes la même variété que pour les croisées. Chacune était d'un style différent, et la dernière était en bois de palissandre incrusté de cuivre. Le mur continuait après les portes dans le corridor, comme il continuait à l'extérieur après les croisées sur la façade. Entre ces deux murs nus et impénétrables, il se trouvait probablement d'autres chambres; mais, destinées sans doute aux héritiers futurs des Luizzi, elles demeuraient, comme l'avenir auquel elles appartenaient, inaccessibles et fermées. Celles que nous pourrions appeler les chambres du passé étaient closes aussi et inconnues, mais elles avaient gardé les ouvertures par lesquelles on y pouvait pénétrer. La nouvelle chambre, la chambre du présent, si l'on veut, était seule ouverte; et, durant la journée du 1er janvier, tous ceux qui le voulurent y pénétrèrent librement.

Ce corridor, qui nous paraît un peu fantastique, ne parut qu'humide et froid à Armand de Luizzi, et il ordonna qu'on allumât un grand feu dans la cheminée en marbre blanc de sa nouvelle chambre. Il y resta toute la journée pour régler les comptes de la propriété de Ronquerolles. En ce qui con-

Fils de l'enfer, je t'ai appelé... — Page 7.

cernait le château, ils ne furent pas longs : Ronquerolles ne rapportait rien et ne coûtait rien. Mais Armand de Luizzi possédait aux environs quelques fermes dont les baux étaient expirés et qu'il voulait renouveler.

Des gens, autres que les fermiers, qui fussent introduits dans la chambre d'Armand auraient été fort surpris de sa moderne élégance. Cette chambre était complétement *Louis quinze*, c'est-à-dire que l'ameuble- ment était à la fois grotesque et incommode. Quelques vieilles maisons des environs ayant gardé des souvenirs originaux de cette époque, il arriva que la nouveauté de l'élégant Luizzi passa pour une vieillerie chez nos bonnes gens de la campagne, et qu'ils mirent toute la rocaille de la chambre neuve bien au-dessous de la commode et du secrétaire d'acajou de la femme du notaire.

Du reste, la journée entière se passa à discuter et à arrêter les bases des nouveaux contrats, et ce ne fut que le soir venu qu'Armand de Luizzi se trouva seul.

Comme nous l'avons dit, il était assis au coin de son feu; une table sur laquelle brûlait une bougie était près de lui. Pendant qu'il restait plongé dans ses réflexions, la pendule sonna successivement minuit, minuit et demi, une heure, une heure et demie. Au coup qui annonça cette dernière heure, il se leva et se promena avec agitation. Armand était un homme d'une taille élevée; l'allure naturelle de son corps dénotait la force, et l'expression habituelle de ses traits annonçait la résolution. Cependant il tremblait, et son agitation augmentait à mesure que l'aiguille approchait de deux heures. Quelquefois il s'arrêtait comme pour surprendre un bruit extérieur, mais rien ne troublait le silence solennel dont il était entouré. Enfin il entendit ce petit choc produit par l'échappement de la pendule au moment où l'heure va sonner. Une pâleur subite et profonde se répandit sur le visage de Luizzi; il demeura immobile, et ferma les yeux comme un homme qui va se trouver mal. Le premier coup de deux heures résonna alors dans le silence. Ce bruit sembla tirer Armand de son affaissement; et, avant que le second coup fût sonné, il avait saisi une petite clochette d'argent posée sur la table et l'avait violemment agitée en prononçant ce seul mot : Viens!

Tout le monde peut avoir une clochette d'argent, tout le monde peut l'agiter à deux heures précises du matin en prononçant ce mot : Viens! mais vraisemblablement il n'arrivera à personne ce qui arriva à Armand de Luizzi. La clochette qu'il avait secouée vivement ne rendit qu'un son faible et ne frappa qu'un coup unique, qui vibra tristement et sans éclat. Lorsqu'il prononça le mot : Viens! Armand y mit tout l'effort d'un homme qui crie pour être entendu de loin, et cependant sa voix, chassée avec vigueur de sa poitrine, ne put arriver à ce ton résolu et impératif qu'il avait voulu lui donner; il semblait que ce fût une timide supplication qui s'échappât de sa bouche, et lui-même s'étonnait de cet étrange résultat, lorsqu'il aperçut, à la place qu'il venait de quitter, un être qui pouvait être un homme, car il en avait l'air assuré; qui pouvait être une femme, car il en avait le visage et les membres délicats; et qui assurément était le Diable, car il n'était pas entré, il avait simplement paru. Son costume consistait en une robe de chambre à manches plates, qui ne disait rien du sexe de l'individu qui le portait.

Armand de Luizzi observa en silence ce singulier personnage, tandis que celui-ci se casait commodément dans le fauteuil à la Voltaire qui était près du feu. Le nouveau venu se pencha négligemment en arrière et dirigea vers le foyer l'index et le pouce de sa main blanche et effilée; ces deux doigts s'allongèrent indéfiniment comme une paire de pincettes et prirent un charbon. Le Diable, car c'était le Diable, en personne, y alluma un cigare qu'il trouva sur la table. A peine en eut-il aspiré une bouffée, qu'il le rejeta avec dégoût et dit à Armand de Luizzi :

— Est-ce que vous n'avez pas de tabac de contrebande?..

Armand ne répondit pas.

— En ce cas acceptez le mien.

Et il tira de la poche de sa robe de chambre un petit porte-cigares d'un goût exquis. Il prit deux cigarettes, en alluma une au charbon qu'il tenait toujours, et le présenta à Luizzi. Celui-ci le repoussa du geste, et le Diable lui dit d'un ton fort naturel :

— Ah! vous êtes bégueule, mon cher : tant pis!

Puis il se mit à fumer, sans cracher, le corps penché en arrière et en sifflotant de temps en temps un air de contre-danse, qu'il accompagnait d'un petit mouvement de tête tout à fait impertinent.

Luizzi demeurait toujours immobile devant

ce Diable étrange. Enfin il rompit le silence, et, s'armant de cette voix vibrante et saccadée qui constitue la mélopée du drame moderne, il dit :

— Fils de l'enfer, je t'ai appelé...

— D'abord, mon cher, dit le Diable en l'interrompant, je ne sais pas pourquoi vous me tutoyez : c'est de fort mauvais goût. C'est une habitude qu'ont prise entre eux ce que vous appelez les artistes : faux semblant d'amitié qui ne les empêche pas de s'envier, de se haïr, de se mépriser ! c'est une forme de langage que vos romanciers et vos dramaturges ont affectée à l'expression des passions poussées à leur plus haut degré, et dont les gens bien nés ne se servent jamais. Vous qui n'êtes ni homme de lettres ni artiste, je vous serai fort obligé de me parler comme au premier venu, ce qui sera beaucoup plus convenable. Je vous ferai observer aussi qu'en m'appelant fils de l'enfer, vous dites une de ces bêtises qui ont cours dans toutes les langues connues. Je ne suis pas plus le fils de l'enfer que vous n'êtes le fils de votre chambre parce que vous l'habitez.

— Tu es pourtant celui que j'ai appelé, répondit Armand en affectant une grande puissance dramatique.

Le Diable regarda Armand de travers et répliqua avec une supériorité marquée :

— Vous êtes un faquin. Est-ce que vous croyez parler à votre groom ?

— Je parle à celui qui est mon esclave, s'écria Luizzi en posant la main sur la clochette qui était devant lui.

— Comme il vous plaira, monsieur le baron, reprit le Diable. Mais, par ma foi ! vous êtes bien un véritable jeune homme de notre époque, ridicule et butor. Puisque vous êtes si sûr de vous faire obéir, vous pourriez bien me parler avec politesse, cela vous coûterait peu. D'ailleurs ces manières-là sont bonnes pour les manants parvenus, qui, parce qu'ils se vautrent dans le fond de leur calèche, s'imaginent qu'ils ont l'air d'y être habitués. Vous êtes de vieille famille, vous portez un assez beau nom, vous avez très-bon air, et vous pourriez vous passer de ridicules pour vous faire remarquer.

— Le Diable fait de la morale ! c'est étrange, et...

— Ne faites pas, vous, de la discussion comme un ministre ; ne me prêtez pas des mots stupides pour vous donner le mérite de les réfuter victorieusement. Je ne fais pas de morale en paroles, c'est un délassement que j'abandonne aux fripons et aux femmes entretenues, je hais les ridicules. Si le ciel m'avait fait la grâce de m'accorder des enfants, je leur aurais donné deux vices plutôt qu'un ridicule.

— Tu dois être en fonds pour cela ?

— Beaucoup moins que le plus vertueux bourgeois de Paris. Profiter des vices, ce n'est pas les avoir. Prétendre que le Diable a des vices, ce serait avancer que le médecin qui vit de vos infirmités est malade, que l'avoué qui s'engraisse de vos procès est un plaideur et que le juge qu'on appointe pour punir les crimes est un assassin.

Ce dialogue avait eu lieu entre ce personnage surnaturel et Armand de Luizzi sans que l'un ou l'autre eût changé de place. Jusqu'à ce moment Luizzi avait parlé plutôt pour ne point paraître interdit que pour dire ce qu'il voulait. Il s'était remis peu à peu de son trouble et de l'étonnement que lui avaient causé la figure et les manières de son interlocuteur, et il résolut d'aborder un autre sujet de conversation, sans doute plus important pour lui. Il prit donc un second fauteuil, s'assit de l'autre côté de la cheminée et examina le Diable de plus près. Il vit mieux alors et put admirer l'élégante ténuité des traits et des formes de son hôte. Cependant, si ce n'eût été le Diable, on n'aurait pu décider aisément si ce visage pâle et beau, si ce corps frêle et nerveux appartenaient à un jeune homme de dix-huit ans que dévorent des désirs inconnus, ou à une femme de trente ans que les plaisirs ont épuisée. Quant à la voix, elle eût paru trop grave pour une femme, si nous n'avions pas inventé le contralto, cette basse-taille féminine qui promet plus qu'elle ne donne. Le regard, ce don de l'organe qui trahit notre pensée toutes les fois qu'il ne nous sert pas à plonger dans celle des autres, le regard ne disait rien. L'œil du Diable ne parlait pas, il voyait. Armand acheva son inspection en silence, et, persuadé qu'une lutte d'esprit ne lui réussirait pas avec cet être inexplicable, il prit sa clochette d'argent et la fit sonner encore une fois.

A ce commandement, car c'en était un, le Diable se leva et se tint debout devant Armand de Luizzi dans l'attitude d'un domestique qui attend les ordres de son maître. Ce mouvement, qui n'avait duré qu'un dixième de seconde, avait apporté un changement complet dans la physionomie et le costume du Diable. L'être fantastique de tout à l'heure avait disparu, et Armand vit à sa place un rustre en livrée avec des mains de bœuf dans des gants de coton blanc, une trogne avinée sur un gilet rouge, des pieds plats dans de gros souliers, et point de mollets dans les guêtres.

— Voilà, M'sieur, dit le nouveau paru.

— Qui es-tu? s'écria Armand blessé de cet air de bassesse insolente et brute, caractère universel du domestique français.

— Je ne suis pas le valet du Diable, je n'en fais pas plus qu'on ne m'en dit, mais je fais ce qu'on me dit.

— Et que viens-tu faire ici?

— J'attends les ordres de M'sieur.

— Ne sais-tu pas pourquoi je t'ai appelé?

— Non, M'sieur.

— Tu mens!

— Oui, M'sieur.

— Comment te nommes-tu?

— Comme voudra M'sieur.

— N'as-tu pas un nom de baptême?

Le Diable ne bougea pas, mais tout le château se mit à rire depuis la girouette jusqu'à la cave. Armand eut peur, et, pour ne pas le laisser voir, il se mit en colère : c'est un moyen aussi connu que celui de chanter.

— Enfin, réponds : n'as-tu pas un nom?

— J'en ai tant qu'il vous plaira. J'ai servi sous toute espèce de noms. Un gentilhomme émigré, m'ayant pris à son service en 1814, m'appela Brutus pour humilier la république en ma personne. De là j'entrai chez un académicien, qui changea le nom de Pierre que j'avais en celui de *La Pierre*, comme étant plus littéraire. Je fus chassé pour m'être endormi dans l'antichambre, tandis que monsieur faisait une lecture dans son salon. L'agent de change qui me prit voulut me donner à toute force le nom de Jules, parce que l'amant de sa femme se nommait Jules et que le mari trouvait un plaisir infini à dire devant sa femme : Cet animal de Jules! ce butor de Jules! ce drôle de Jules; etc. Je m'en allai de moi-même, fatigué que j'étais de recevoir des injures en fidéicommis. J'entrai chez une danseuse, qui entretenait un pair de France.

— Tu veux dire chez un pair de France qui entretenait une danseuse?

— Je veux dire ce que j'ai dit. C'est une histoire assez peu connue, mais que je vous raconterai un jour, s'il vous plaît jamais de publier un traité de morale humaine.

— Te voilà encore revenu à faire de la morale?

— En ma qualité de domestique, je fais le moins de choses que je peux.

— Tu es donc mon domestique?

— Il l'a bien fallu. J'ai essayé de venir vers vous à un autre titre, vous m'avez parlé comme à un laquais. Ne pouvant vous forcer à être poli, je me suis soumis à être insolenté, et me voilà comme sans doute vous me désirez. M'sieur n'a-t-il rien à m'ordonner?

— Oui, vraiment. Mais j'ai aussi un conseil à te demander.

Me voici pour accomplir le marché que j'ai fait... Page 11.

— M'sieur permettra que je lui dise que consulter son domestique, c'est faire de la comédie du dix-septième siècle.
— Où as-tu appris cela?
— Dans les feuilletons des grands journaux.
— Tu les as donc lus? Eh bien! qu'en penses-tu?
— Pourquoi voulez-vous que je pense quelque chose de gens qui ne pensent pas?

Luizzi s'arrêta encore, s'apercevant qu'il n'arrivait pas plus à son but avec ce nouveau personnage qu'avec le précédent. Il saisit sa sonnette ; mais avant, de l'agiter, il dit au Diable :

— Quoique tu sois le même esprit sous une forme différente, il me déplaît de traiter avec toi du sujet dont nous devons parler tant que tu garderas cet aspect. En peux-tu changer?
— Je suis aux ordres de M'sieur.
— Peux-tu reprendre la forme que tu avais tout à l'heure?

— A une condition : c'est que vous me donnerez une des pièces de monnaie qui sont dans cette bourse.

Armand regarda sur la table et vit une bourse qu'il n'avait pas encore aperçue. Il l'ouvrit et en tira une pièce. Elle était d'un métal inestimable et portait pour inscription : UN MOIS DE LA VIE DU BARON FRANÇOIS-ARMAND DE LUIZZI. Armand comprit sur-le-champ le mystère de cette espèce de payement, et remit la pièce dans la bourse, qui lui parut très-lourde, ce qui le fit sourire.

— Je ne paye pas un caprice si cher.

— Vous êtes devenu avare ?

— Comment cela ?

— C'est que vous avez jeté beaucoup de cette monnaie pour obtenir moins que vous ne demandez.

— Je ne me le rappelle pas.

— S'il m'était permis de vous faire votre compte, vous verriez qu'il n'y a pas un mois de votre vie que vous ayez donné pour quelque chose de raisonnable.

— Cela se peut, mais du moins j'ai vécu.

— C'est selon le sens que vous attachez au mot vivre.

— Il y en a donc plusieurs ?

— Deux très-différents. Vivre, pour beaucoup de gens, c'est donner sa vie à toutes les exigences qui les entourent. Celui qui vit ainsi se nomme, tant qu'il est jeune, *un bon enfant* ; quand il devient mûr, on l'appelle un *brave homme*, et on le qualifie de *bonhomme* quand il est vieux. Ces trois noms ont un synonyme commun : c'est le mot *dupe*.

— Et tu penses, que c'est en dupe que j'ai vécu ?

— Je crois que M'sieur pense comme moi, car il n'est venu dans ce château que pour changer de façon de vivre et prendre l'autre.

— Et celle-là, peux-tu me la définir ?

— Comme c'est le sujet du marché que nous allons faire ensemble...

— Ensemble?... Non, reprit Luizzi en interrompant le Diable ; je ne veux pas traiter avec toi, cela me répugnerait trop. Ton aspect me déplaît souverainement.

— C'est pourtant une chance en votre faveur : on accorde peu à ceux qui déplaisent beaucoup. Un roi qui traite avec un ambassadeur qui lui plaît, fait toujours quelque concession dangereuse ; une femme qui traite de sa chute avec un homme qui lui plaît, perd toujours cinquante pour cent de ses conditions accoutumées ; un beau-père qui traite du contrat de sa fille avec un gendre qui lui plaît, laisse le plus souvent à celui-ci le droit de ruiner sa femme. Pour ne pas être trompé, il ne faut faire d'affaires qu'avec les gens déplaisants. En ce cas le dégoût sert de raison.

— Et il m'en servira pour te chasser, dit Armand en faisant sonner la clochette magique qui lui soumettait le Diable.

Comme avait disparu l'être androgyne qui s'était montré d'abord, de même disparut, non pas le Diable, mais cette seconde apparence du Diable en livrée, et Armand vit à sa place un assez beau jeune homme. Celui-ci était de cette espèce d'hommes qui changent de nom à tous les quarts de siècle, et que, dans le nôtre, on appelle fashionables. Tendu comme un arc entre ses bretelles et les sous-pieds de son pantalon blanc, il avait posé ses pieds en bottes vernies et éperonnées sur le chambranle de la cheminée, et se tenait assis sur le dos dans le fauteuil d'Armand. Du reste, ganté avec exactitude, la manchette retroussée sur le revers de son frac à boutons brillants, le lorgnon dans l'œil et la canne à pomme d'or à la main, il avait tout l'air d'un camarade de visite chez le baron Armand de Luizzi.

Cette illusion alla si loin, qu'Armand le regarda comme une personne de connaissance.

— Il me semble vous avoir rencontré quelque part ?

— Jamais ! je n'y vais pas.

— Je vous ai vu au bois, à cheval?
— Jamais! je fais courir.
— Alors c'était en calèche?
— Jamais! je conduis.
— Ah! pardieu! j'en suis sûr, j'ai joué avec vous chez madame...
— Jamais? je parie.
— Vous valsiez toujours avec elle.
— Jamais! je galope.
— Vous ne lui faisiez pas la cour?
— Jamais! j'y vais, je ne la fais pas.

Luizzi se sentit pris de l'envie de donner à ce monsieur des coups de cravache pour lui ôter de sa sottise. Cependant, la réflexion venant à son aide, il commença à comprendre que, s'il se laissait aller à discuter avec le Diable en vertu de toutes les formes qu'il plairait à celui-ci de se donner, il n'arriverait jamais au but de cet entretien. Il prit donc la résolution d'en finir avec celui-ci aussi bien qu'avec un autre, et il s'écria en faisant encore tinter sa clochette :

— Satan, écoute-moi et obéis.

Ce mot était à peine prononcé, que l'être surnaturel qu'Armand avait appelé se montra dans sa sinistre splendeur.

C'était bien l'ange déchu que la poésie a rêvé : type de beauté flétri par la douleur, altéré par la haine, dégradé par la débauche, il gardait encore, tant que son visage restait immobile, une trace endormie de son origine céleste ; mais dès qu'il parlait, l'action de ses traits dénotait une existence où avaient passé toutes les mauvaises passions. Cependant, de toutes les expressions repoussantes qui se montraient sur son visage, celle d'un dégoût profond dominait les autres. Au lieu d'attendre qu'Armand l'interrogeât, il lui adressa la parole le premier.

— Me voici pour accomplir le marché que j'ai fait avec ta famille et par lequel je dois donner à chacun des barons de Luizzi de Ronquerolles ce qu'il me demandera; tu connais les conditions de ce marché, je suppose?

— Oui, répondit Armand ; en échange de ce don, chacun de nous t'appartient, à moins qu'il ne puisse prouver qu'il a été heureux durant dix années de sa vie.

— Et chacun de tes ancêtres, reprit Satan, m'a demandé ce qu'il croyait être le bonheur, afin de m'échapper à l'heure de sa mort.

— Et tous se sont trompés, n'est-ce pas?

— Tous. Ils m'ont demandé de l'argent, de la gloire, de la science, du pouvoir, et le pouvoir, la science, la gloire, l'argent, les ont tous rendus malheureux.

— C'est donc un marché tout à ton avantage et que je devrais refuser de conclure?

— Tu le peux.

— N'y a-t-il donc aucune chose à demander qui puisse rendre heureux?

— Il y en a une.

— Ce n'est pas à toi de me la révéler, je le sais ; mais ne peux-tu me dire si je la connais?

— Tu la connais ; elle s'est mêlée à toutes les actions de ta vie, quelquefois en toi, le plus souvent chez les autres, et je puis t'affirmer qu'il n'est pas besoin de mon aide pour que la plupart des hommes la possèdent.

— Est-ce une qualité morale? Est-ce une chose matérielle?

— Tu m'en demandes trop. As-tu fait ton choix? Parle vite, j'ai hâte d'en finir.

— Tu n'étais pas si pressé tout à l'heure.

— C'est que tout à l'heure j'étais sous une de ces mille formes qui me déguisent à moi-même et me rendent le présent supportable. Quand j'emprisonne mon être sous les traits d'une créature humaine, vicieuse ou méprisable, je me trouve à la hauteur du siècle que je mène, et je ne souffre pas du misérable rôle auquel je suis réduit. Il n'y a qu'un être de ton espèce qui, devenu souverain du petit royaume de Sardaigne, ait l'imbécile vanité de signer encore roi de Chypre et de Jérusalem. La vanité se satisfait de grands mots, mais l'orgueil veut de grandes choses, et tu sais qu'il fut la cause de ma chute, or jamais il ne fut soumis à une si rude épreuve. Après avoir lutté avec Dieu, après avoir mené tant de vastes esprits, suscité de si fortes passions, fait éclater de si grandes catastrophes, je suis honteux d'en être réduit aux basses intrigues et aux sottes prétentions de l'époque actuelle, et je me cache à moi-même ce que j'ai été pour oublier, autant que je le puis, ce que je suis devenu. Cette forme que tu m'as forcé de prendre m'est donc odieuse et insupportable. Ainsi hâte-toi, et dis-moi ce que tu veux.

— Je ne le sais pas encore, et j'ai compté sur toi pour m'aider dans mon choix.

— Je t'ai dit que c'était impossible.

— Tu peux cependant faire pour moi ce que tu as fait pour mes ancêtres ; tu peux me montrer à nu les passions des autres hommes, leurs espérances, leurs joies, leurs douleurs, le secret de leurs existences, afin que je puisse tirer de cet enseignement une lumière qui me guide.

— Je puis faire tout cela, mais tu dois savoir que tes ancêtres se sont engagés à m'appartenir avant que j'aie commencé mon récit. Vois cet acte : j'ai laissé en blanc le nom de la chose que tu me demanderas, signe-le : puis, après m'avoir entendu, tu écriras toi-même ce que tu désires être ou ce que tu désires avoir.

Armand signa.

— Et maintenant, dit-il, je t'écoute. Parle.

— Pas ainsi. La solennité que m'imposerait à moi-même cette forme primitive fatiguerait ta frivole attention. Ecoute : mêlé à la vie humaine, j'y prends plus de part que les hommes ne pensent. Je te conterai la leur.

— Je serais curieux de la connaître.

— Garde ce sentiment ; car, du moment que tu m'auras demandé une confidence, il faudra l'entendre jusqu'au bout. Cependant tu pourras refuser de m'écouter en me donnant une des pièces de monnaie de cette bourse.

— J'accepte si toutefois ce n'est pas une condition pour moi de demeurer dans une résidence fixe.

— Va où tu voudras, je serai toujours au rendez-vous partout où tu m'appelleras. Mais songe que c'est ici seulement que tu peux me revoir sous ma véritable forme.

— Je te demande le droit d'écrire tout ce que tu me diras ?

— Tu pourras le faire.

— Le droit de révéler tes confidences sur le présent ?

— Tu les révéleras.

— De les imprimer ?

— Tu les imprimeras.

— De les signer de ton nom ?

— Tu les signeras de mon nom.

— Et quand commencerons-nous ?

— Quand tu m'appelleras avec cette sonnette, à toute heure, en tout lieu, pour quelque cause que ce soit. Souviens-toi seulement qu'à partir de ce jour, tu *n'as que dix ans* pour faire ton choix.

Trois heures sonnèrent, et le Diable disparut. Armand de Luizzi se trouva seul. La bourse qui contenait ses jours était sur la table il eut envie de l'ouvrir pour les compter, mais il ne put y parvenir, et il se coucha après l'avoir soigneusement placée sous son chevet.

II

LES TROIS VISITES

Le lendemain de ce jour, Luizzi quitta Ronquerolles. Quoiqu'il eût demandé au Diable un assez long délai pour trouver le bonheur, il agit comme un homme qui a des idées arrêtées d'avance, car il s'empressa de retourner à Toulouse pour en repartir immédiatement pour Paris. Paris est la grande illusion de tout ce qui pense que vivre c'est user la vie. Paris est le tonneau des Danaïdes : qui y jette les illusions de sa jeunesse, les projets de son âge mûr, les regrets de ses cheveux blancs ; il enfouit et ne rend rien. O jeunes gens que le hasard n'a pas encore amenés dans sa dévorante atmosphère, s'il faut à vos belles imaginations des jours de foi et de calme, des rêveries d'amour perdues dans le ciel; s'il vous semble que c'est une douce chose que d'attacher votre âme à une vie aimée pour la suivre et l'adorer, ah! ne venez pas à Paris! car la femme que vous suivrez aussi mènera votre âme dans l'enfer du monde, parmi les hommages insultants de rivaux qui parleront debout à celle que vous regarderez à genoux, qui lui tiendront de joyeux propos, légers, insouciants et qui la feront sourire, quand vous tremblerez en lui parlant, si vous osez lui parler. Non, non, ne venez pas à Paris, si un son harmonique du cantique éternel des anges, à vibré dans votre cœur, ne jetez pas à la foule le secret de ces délires poignants où l'âme pleure, toutes les joies qu'elle rêve et qu'elle sait n'être qu'au ciel : Vous aurez pour confidents des critiques qui mordront vos mains tendues en haut, et des lecteurs qui ricaneront de vos croyances qu'ils ne comprendront pas. Non, mille fois non, ne venez pas à Paris, si l'ambition d'une sainte gloire vous dévore! Si puissants que vous soyez ne venez pas à Paris : vous y perdriez plus que vos espérances, vous y perdriez la chasteté de votre intelligence.

Votre intelligence ne rêvait en effet que les belles préoccupations du génie, le chant pur et sacré des bonnes choses, la sincère et grave exaltation de la vérité : erreur, jeunes gens, erreur! Quand vous aurez tenté tout cela, quand vous aurez demandé au peuple une oreille attentive pour celui qui parle bien et honnêtement, vous le verrez suspendu aux récits grossiers d'un trivial écrivain, aux folies hystériques d'un barbouilleur de papier, aux récits effrayants d'une gazette criminelle; vous verrez le public, ce vieux débauché, sourire à la virginité de votre muse, la flétrir d'un baiser impudique pour lui crier ensuite : Allons! courtisane, va-t'en ou amuse-moi; il me faut des astringents et des moxas pour ranimer mes sensations éteintes; as-tu des incestes furibonds ou des adultères monstrueux, d'effrayantes bacchanales de crimes ou des passions impossibles à me raconter? alors parle, je t'écouterai une heure, le temps durant lequel je sentirai ta plume âcre et envenimée courir sur ma sensibilité calleuse ou gangrenée; sinon, tais-toi, va mourir dans la misère et l'obscurité. La misère et l'obscurité, entendez-vous, jeunes gens? la misère, ce vice puni par le mépris! l'obscurité, ce supplice si bien nommé! l'obscurité, c'est-à-dire l'exil loin du soleil, quand on est de ceux qui ont besoin de ses rayons pour que le cœur ne meure pas de froid! la misère et l'obscurité! vous n'en voudrez pas, et alors que ferez-vous, jeunes gens? vous prendrez une plume, une feuille de papier, vous écrirez en tête : *Mémoires du Diable*, et vous direz au siècle : Ah! vous voulez de cruelles choses pour vous en réjouir; soit, monseigneur, voici un coin de ton histoire.

Que Dieu nous garde toutefois de deux choses que le monde pourrait nous pardonner, mais que nous ne nous pardonnerions pas : qu'il nous garde de mensonge et d'immoralité! Le mensonge, à quoi bon? La vie réelle n'est-elle pas plus insolemment ridicule et vicieuse que nous ne saurions l'inventer? L'immoralité, les petits et les grands s'en repaissent à l'ombre de leur solitude; les femmes du monde et les grisettes se pâment au livre immoral que l'une cache dans son boudoir, l'autre dans son galetas; et, lorsque leur conscience est à l'abri avec le volume sous un coussin de soie ou dans une paillasse de toile, elles jettent l'insulte et le mépris à qui a causé un moment avec elles de leurs plus douces infamies. Toutes les femmes agissent vis-à-vis d'un livre immoral comme la comtesse des *Liaisons dangereuses* vis-à-vis de Préval :

elles s'abandonnent à lui tout entières... puis sonnent leur laquais pour le mettre à la porte comme un insolent qui a voulu les violer. Que Dieu nous garde donc, non pas d'être coupables, mais d'être dupes! Etre dupes, c'est la dernière des sottises à une époque où le succès est la première des recommandations. Ce que nous vous dirons sera donc vrai et moral; ce ne sera pas notre faute si cela n'est pas toujours flatteur et honnête.

Cependant, malgré les desseins de Luizzi, les récits de son esclave commencèrent plus tôt qu'il ne pensait. Malheur à qui l'enfer accorde le pouvoir d'arracher aux choses humaines le voile des apparences! il n'a pas de repos qu'il n'ait tenté cette dangereuse épreuve. Deux fois malheur à celui qui a succombé une fois à cette tentation! Il trouve la soif dans la coupe où il croyait se désaltérer. Du reste, le besoin qui naît de l'aliment même qu'on lui donne m'a été admirablement exprimé par un ivrogne à qui j'offrais, en croyant le railler, d'essayer encore de quelques bouteilles de bordeaux, et qui me répondit candidement :

— Je le veux bien; car je ne connais rien qui altère comme de boire.

Toutefois ce ne fut pas un désir ardent qui poussa Luizzi à demander cette première gorgée du poison dévorant que le Diable lui versa ensuite avec tant d'abondance. Une aventure qu'il était bien loin de prévoir détermina cette curiosité qu'il croyait sans danger et qui le mena si loin.

Luizzi avait un grand nom et une grande fortune. Les conséquences de cette position furent pour lui d'être recherché par les premières familles de Toulouse, ville féconde en haute noblesse, et d'avoir affaire à plusieurs commerçants de bonne souche. Des liens de parenté éloignée unissaient Armand à monsieur le marquis du Val. Ce nom, si bourgeois quand il est écrit sans particule, était celui d'une branche cadette d'une ancienne famille princière du pays. L'usage du nom primitif s'était peu à peu perdu, et chacune des branches de cette famille avait gardé, comme nom patronymique, la désignation qui d'abord l'avait fait seulement distinguer des autres. Mais le jour où il fallait faire preuve de bonne ascendance, on produisait dans les contrats ce nom presque oublié, et les H... du Val, les H... du Mont, les H... du Bois se trouvaient de meilleure race, avec leurs noms de marchands, que les marquis et les comtes à qui des surnoms de terres ou de châteaux donnaient un air de grande qualité. D'un autre côté, Luizzi était lié d'intérêt avec le négociant Dilois, marchand de laines : c'était ce Dilois qui achetait d'ordinaire les tontes des magnifiques troupeaux de mérinos qu'on élevait sur les domaines de Luizzi. Avant de livrer la gérance de ses affaires à un intendant, Luizzi voulut connaître par lui-même l'homme qui devenait tous les ans son débiteur pour des sommes considérables, et le jour même de son arrivée à Toulouse, il alla le voir.

Il était trois heures lorsque Armand se dirigea vers la rue de la Pomme, où demeurait Dilois; il se fit indiquer la maison de ce négociant, et entra, par une porte cochère, dans une cour carrée et entourée de corps de logis assez élevés. Le rez-de-chaussée du fond de la cour et ses deux côtés étaient occupés par des magasins; celui du corps de bâtiment qui donnait sur la rue renfermait les bureaux; on voyait, en effet, à travers les barres de fer et les carreaux étroits de ses hautes fenêtres, reluire les angles de cuivre des registres et leurs étiquettes rouges. Au-dessus de ce rez-de-chaussée régnait une galerie saillante avec un balustre de bois à fuseaux tournés; des portes s'ouvraient sur cette galerie, qui était le chemin forcé de toutes les chambres du premier étage de la maison. Le toit descendait jusqu'au bord de ce corridor intérieur et l'enfermait sous son abri.

Quand Luizzi entra, il aperçut sur cette galerie une jeune femme. Malgré l'intensité du froid, elle était simplement vêtue d'une robe de soie; ses cheveux noirs descendaient en boucles le long de son visage, et elle tenait à la main un petit livre qu'elle lisait, tandis que cinq ou six garçons de magasin remuaient des ballots en s'excitant avec cette profusion de cris qui est la moitié de l'activité méridionale. C'était un tapage à ne pas s'entendre. Personne n'aperçut Armand : les garçons étaient tout entiers à leur ouvrage; madame Dilois, car c'était elle, avait les yeux fixés sur son livre, et un jeune homme aux beaux cheveux blonds, qui était dans la cour, avait, de son côté, les yeux fixés sur elle. Luizzi demeura à l'entrée de la cour et se mit à observer cette scène. Madame Dilois releva la tête, et le jeune homme qui la considérait si attentivement poussa un cri singulier.

— Héeahouh !

Tous les ouvriers s'arrêtèrent; il se fit un silence profond, et la voix douce et pure de la jeune femme se fit entendre.

— Les ballots en suin 107 et 108.

— Dans le magasin numéro 1, répondit la voix forte du jeune homme.

— Ce soir, au lavoir de l'île, dit doucement madame Dilois.

— Les soies 107 et 108 au lavoir de l'île! cria le jeune homme d'un ton impérieux.

La jeune femme reprit la lecture de son livret; le commis demeura les yeux fixés sur son beau visage, et les ouvriers se mirent à exécuter les ordres reçus en s'excitant encore par de nouveaux cris. Un moment après, madame Dilois releva les yeux.

— Hééahouh ! s'écria le commis.

Le silence se rétablit comme par enchantement. La voix pure de la gracieuse femme dit paisiblement :

— Cent cinquante kilos, laines courtes, à prendre dans le magasin 7 et à envoyer à la filature de la Roque.

Le commis répéta l'ordre avec sa voix vibrante et impérative. Puis, s'approchant de l'une des fenêtres grillées, il frappa du doigt à un carreau. Un petit vasistas s'ouvrit. Luizzi vit une jeune tête blonde et blanche; le commis répéta d'une voix qu'il modéra timidement :

— Facture pour la Roque, de cent cinquante kilos.

— J'ai entendu; vous criez assez fort, répondit une voix d'enfant.

Le vasistas se referma, et Luizzi, en relevant les yeux sur madame Dilois, vit qu'elle regardait attentivement à cette fenêtre, et qu'un faible et triste sourire, adressé sans doute au doux visage qui avait paru au carreau, était demeuré sur ses lèvres qu'il avait émues.

A ce moment madame Dilois aperçut Luizzi, le commis de même. Il fit un pas pour s'approcher de l'étranger; mais il jeta en même temps un coup d'œil sur la maîtresse de la maison, et un signe le rappela à son poste sous la galerie.

Madame Dilois consultait encore son livret; elle le ferma, le mit dans la poche de son tablier, puis s'accouda sur la galerie en faisant un signe de tête imperceptible. Le jeune homme grimpa rapidement sur quelques ballots de marchandises, de manière à arriver assez près de madame Dilois pour qu'il pût l'entendre malgré le bruit des ouvriers. Elle lui parla bas. Le commis fit un signe d'assentiment, et il se retournait pour obéir, lorsque madame Dilois l'arrêta et ajouta quelques mots en indiquant Luizzi du coin de l'œil. Le commis fit une nouvelle et muette réponse, et, du haut de sa pile de ballots, il cria :

— Trois cents kilos, laines mérinos, Luizzi, au roulage de Castres.

Tous les ouvriers s'arrêtèrent, et l'un d'eux, au visage dur, répondit brusquement.

— Vous ferez la pesée vous-même, monsieur Charles, je ne m'en charge pas; jamais le compte n'est juste avec ces laines du

Diable ; on en expédie cent kilos, et il en arrive quatre-vingt-dix.

— Le Diable a bon dos, répliqua le commis ; tu pèseras les marchandises et le compte y sera, entends-tu ?

— Vous les pèserez, Charles, dit madame Dilois, qui avait vu l'ouvrier se redresser d'un air insolent et le commis le regarder avec menace.

Celui-ci ne répondit que par ce signe d'obéissance qui semblait être son premier langage vis-à-vis de cette femme ; et madame Dilois lui ayant montré Luizzi du regard, il sauta d'un bond jusqu'à terre, puis, s'étant approché du baron, il lui demanda avec politesse ce qu'il désirait.

— Je voudrais parler à monsieur Dilois, répondit Luizzi.

— Il est absent pour toute la semaine, Monsieur. Mais s'il s'agit d'affaires, veuillez entrer dans les bureaux, monsieur le caissier vous répondra.

— Il s'agit d'affaires, en effet ; mais, comme celle que je viens lui proposer est très-considérable, j'aurais voulu en traiter directement avec lui.

— En ce cas, répliqua le commis, voici madame Dilois, avec qui vous pourrez vous entendre.

Le commis montra à Luizzi madame Dilois, qui, voyant qu'il s'agissait d'elle, s'empressa de descendre et s'avança gracieusement à la rencontre du baron.

— Que désirez-vous, Monsieur ? lui dit-elle.

— J'ai à vous offrir, Madame, de continuer un marché que je considère déjà comme fort avantageux, puisque je puis le faire avec vous.

Madame Dilois prit un air gracieux, et le commis, qui avait entendu cette phrase, fronça le sourcil. Madame Dilois lui fit signe de s'éloigner, et répondit d'un ton plein de bonne humeur :

— A qui ai-je l'honneur de parler ?

— Je suis le baron de Luizzi, Madame.

A ce nom, elle recula d'un pas, et Charles, le beau jeune homme, examina Luizzi avec une curiosité craintive et mécontente. Cela ne dura qu'un moment, et madame Dilois indiqua à Luizzi la porte des bureaux en lui disant :

— Veuillez vous donner la peine d'entrer, Monsieur ; je suis à vos ordres.

Luizzi entra. Charles, qui le suivit, approcha une chaise du poêle énorme qui chauffait tout le rez-de-chaussée, et alla prendre une place à un bureau où l'attendait la correspondance du jour. Luizzi examina alors l'intérieur de cette maison, et aperçut, assise devant une table, la jolie enfant qui avait ouvert le carreau : elle écrivait avec attention. Elle pouvait avoir de neuf à dix ans, et ressemblait à madame Dilois de manière à ne pas permettre de douter qu'elle ne fût sa fille. Malgré sa beauté, quelque chose de triste et de résigné vieillissait cette jeune tête. Madame Dilois serait-elle sévère ? se demanda Luizzi. Il y avait cependant bien de l'amour, pensa-t-il, dans le regard qu'elle lui a jeté. Cette enfant ne leva les yeux de dessus son papier que pour dire à un vieux commis qui écrivait dans un autre coin :

— A quel prix les laines envoyées à la Roque ?

— Toujours à deux francs.

— C'est bien, dit Charles en intervenant ; donne-moi la facture, je mettrai le prix moi-même.

Si le Diable eût été là, il aurait expliqué à Luizzi le sens intime de cette interruption. Luizzi y supposa de l'humeur. Ce beau Charles, si complétement obéissant aux moindres signes de madame Dilois, était selon la pensée d'Armand, un amant, ou pour le moins un amoureux ; l'apparition d'un élégant baron avait dû l'alarmer, et Luizzi attribuait à la crainte que pouvait inspirer sa personne la colère qu'il avait cru voir dans les paroles du commis. Luizzi se

Qu'est-ce que vous me voulez? dit-elle en clignant des yeux... Page 21.

trompait : c'était l'âme du marchand qui avait parlé dans cette interruption. Devant un homme qui venait pour faire un marché de ses laines, il était inutile de dire combien on pouvait les revendre. Voilà ce que voulait dire Charles.

Bientôt madame Dilois arriva. Luizzi put la regarder de plus près : c'était une charmante créature, et le cadre où elle était placée faisait encore mieux ressortir les rares perfections de sa personne. Grande, svelte, fragile, ayant des yeux languissants recouverts de longues paupières brunes, voile voluptueux qu'il semble que la forte main de la colère peut seule relever entièrement; laissant voir à plaisir des pieds effilés, des mains blanches aux ongles roses, elle avait l'air si étrangère parmi les rudes figures de ses ouvriers et les physionomies registrales de ses commis, que Luizzi eut le droit de penser que madame Dilois était une charmante fille descendue d'une noblesse indigente à une opulente mésalliance. Il prit donc avec elle un ton d'égalité qui parut, aux yeux du vaniteux baron, la plus adroite des flatteries.

Sans répondre autrement que par un sourire gracieux aux lieux communs de sa politesse, madame Dilois pria le baron de vouloir bien la suivre, et, ouvrant une porte dont elle tira la clef de la poche de son tablier, elle l'introduisit dans une pièce séparée. L'aspect, les mouvements, la langueur de cette femme étaient tellement amoureux, que le baron s'attendait à un boudoir bleu et parfumé, enfermé dans la poudreuse enceinte des bureaux comme une pensée d'amour au milieu des préoccupations arides des affaires. Le boudoir était encore un bureau. Le demi-jour qui y régnait venait de la mousseline de poussière entassée sur les carreaux à travers lesquels on voyait encore les épaisses barres de fer qui protégeaient la croisée. Un bureau noir, une caisse de fer à triple serrure, un fauteuil de bureau en maroquin, un cartonnier, quelques chaises de paille, tel était l'ameublement de cet asile que Luizzi s'était figuré si suavement mystérieux. Sans doute cet aspect aurait dû détruire la belle illusion de Luizzi ; mais, à défaut du temple, la divinité demeura pour continuer la foi du baron, et madame Dilois, doucement affaissée dans son fauteuil de bureau, sa belle main blanche posée sur les pages griffonnées d'un livre courant, les pieds timidement posés sur la brique humide et froide, parut à Luizzi un ange exilé, une belle fleur perdue parmi des ronces. Il éprouva pour elle un sentiment pareil à celui qu'il ressentit un jour pour une rose blanche mousseuse qu'un savetier avait posée sur sa fenêtre entre un pot de basilic et un pot de chiendent. Luizzi acheta la rose et la fit mettre dans un vase de porcelaine sur la console de son salon. La rose mourut, mais elle mourut dignement. Luizzi conquit la réputation d'être quelque peu chevaleresque.

Le baron ne pouvait guère acheter la fleur penchée qu'il avait devant lui ; mais peut-être pouvait-il la cueillir (je vous demande pardon de la pensée et de l'expression, Luizzi était né sous l'empire.) Il lui prit donc la fantaisie ou plutôt le désir d'être comme une étoile dans le ciel voilé de cette femme, de jeter un souvenir rayonnant dans l'ombre froide de sa vie. Luizzi était beau, jeune, parlait avec un accent d'amour dans la voix ; il n'avait ni assez d'esprit pour manquer de cœur, ni assez de cœur pour manquer d'esprit. C'était un de ces hommes qui réussissent beaucoup auprès des femmes : ils ont de la passion et de la prudence, ils sont à la fois de l'intimité et du monde, ils aiment et ne compromettent pas. Luizzi avait vu tant de fois cette médiocrité préférée aux amours les plus flatteurs ou les plus dévoués, qu'il avait le droit de se croire un habile séducteur. La fatuité des hommes n'est en général qu'un vice de réflexion, c'est la sottise des femmes qui la leur donne. Or, Luizzi se laissa aller à regarder si attentivement cette femme posée devant lui, qu'elle baissa les yeux avec embarras, et lui dit doucement :

— Monsieur le baron, vous êtes venu, je crois, pour me proposer un marché de laines ?

— A vous ? non, Madame, répondit Luizzi. J'étais venu pour voir monsieur Dilois. Avec lui j'aurais essayé de parler chiffres et calculs, quoique je m'y entende fort peu ; mais je crains qu'avec vous un pareil marché.....

— J'ai la procuration de mon mari, repartit madame Dilois avec un sourire qui achevait la phrase de Luizzi, le marché sera bon.

— Pour qui, Madame ?

— Mais pour tous deux, je l'espère.

Elle s'arrêta un moment, et reprit avec un regard souriant :

— Si vous vous entendez peu aux affaires, Monsieur, je suis... honnête homme, j'y mettrai de la probité.

— Cela vous sera difficile, Madame, et

assurément je perdrai quelque chose au marché.

— Et quoi donc ?

— Je n'ose vous le dire, si vous ne le devinez pas.

— Oh ! Monsieur, vous pouvez parler : dans le commerce on est habitué à de bien singulières conditions.

— Celle dont je veux parler, Madame, c'est vous qui l'imposez.

— Je ne vous en ai fait aucune encore.

— Et cependant, moi je l'ai acceptée, et cette condition est celle de se souvenir peut-être trop longtemps de vous comme de la femme la plus charmante qu'on ait rencontrée, d'une femme à laquelle on voudrait laisser de soi la pensée qu'elle vous a donnée d'elle.

Madame Dilois rougit avec une pudeur coquette, et répliqua d'un ton de gaieté émue :

— Je n'ai pas procuration de mon mari pour cela, Monsieur, et je ne fais point d'affaires pour mon compte.

— Vous y mettez de l'abnégation ou de la générosité, repartit Luizzi.

— Je ne suis pas seulement honnête homme, répliqua madame Dilois d'un ton assez sérieux pour couper court à cette conversation.

En même temps elle ouvrit un carton, y chercha une liasse, la défit, en tira un papier et le présenta à Luizzi avec un air qui semblait lui demander pardon du mouvement de sévérité auquel elle s'était laissée aller.

— Voici, lui dit-elle, le marché passé il y a six ans avec monsieur votre père ; à moins que vous n'ayez le projet d'améliorer la race de vos troupeaux ou bien d'en réduire la qualité, je crois que le chiffre de ce marché peut et doit être maintenu. Vous voyez bien qu'il est signé par monsieur votre père.

— Est-ce avec vous qu'il a traité ? répondit Luizzi, toujours galant ; c'est que, s'il en était ainsi, je ne m'y fierais pas.

— Rassurez-vous, Monsieur, repartit madame Dilois en se mordant doucement la lèvre inférieure et en montrant à Luizzi l'émail humide de ses dents éblouissantes ; rassurez-vous, il y a six ans je n'étais pas mariée, je n'étais pas madame Dilois.

Elle n'avait pas achevé sa phrase, que la porte s'ouvrit et qu'une voix d'enfant dit timidement :

— Maman, monsieur Lucas veut absolument vous parler.

C'était la jeune fille de dix ans que Luizzi avait remarquée dans le bureau.

Cette apparition, au moment où madame Dilois venait de dire qu'il n'y avait pas encore six ans qu'elle était mariée, fut comme une révélation pour Luizzi. A ce nom de maman adressé à madame Dilois, et qui cependant pouvait s'expliquer naturellement si cette enfant était la fille de monsieur Dilois, Luizzi regarda vivement la charmante marchande. Elle était toute rouge et tenait les yeux baissés.

— C'est votre fille, Madame ? dit Luizzi.

— Je l'appelle ma fille, Monsieur, répondit d'un air simple madame Dilois.

Puis elle reprit :

— Caroline, je vais aller parler à monsieur Lucas ; laissez-nous.

Madame Dilois se remit tout à fait, et dit à Luizzi :

— Voici le marché, Monsieur, veuillez l'examiner à loisir. Mon mari revient dans huit jours, il aura l'honneur de vous voir.

— Je pars plus tôt ; mais j'ai tout le temps d'examiner ce marché. Je le signerais sur-le-champ si le délai que vous m'imposez ne me donnait le droit de revenir.

Madame Dilois avait repris toute sa coquette assurance.

— Je suis toujours chez moi, répondit-elle.

— Quelle heure vous semble la plus convenable ?

— Ce sera celle que vous choisirez.

Après ces mots, elle fit au baron une de ces

révérences avec lesquelles les femmes vous disent si précisément : « Faites-moi le plaisir de vous en aller. » Luizzi se retira. Tout le monde était à son poste dans le premier bureau. En reconduisant Luizzi, madame Dilois tendit la main à un gros rustre qui était près du poêle, et qui lui dit jovialement.

— Bonjour, madame Dilois.

— Bonjour Lucas, répondit-elle avec le même sourire avenant qui avait tant charmé Luizzi.

Le baron trouva ce sourire sur les lèvres de la marchande au moment où il se retournait pour lui présenter son salut ; il en fut sensiblement humilié.

En sortant de chez le marchand Dilois, Luizzi se rendit chez le marquis du Val. Monsieur du Val n'était pas à Toulouse. Luizzi demanda madame la marquise. Le domestique répondit qu'il ne savait pas si Madame était visible.

— Eh bien ! tâchez de vous en informer, répliqua Luizzi avec ce ton qui fait comprendre à un valet que celui qui parle a l'habitude d'être obéi. Dites, ajouta Armand, que monsieur de Luizzi désire la voir.

Le valet resta un moment immobile sans sortir de l'antichambre ; il semblait chercher un moyen d'arriver jusqu'à sa maîtresse. Une femme vint à passer ; le domestique courut à elle et lui parla vite et bas comme enchanté de rejeter sur un autre la commission dont il était chargé. La chambrière lança de côté un coup d'œil parfaitement insolent sur Luizzi ; elle le considéra avec une espèce de ressentiment qui semblait annoncer que le nom qu'on venait de prononcer lui était connu et lui rappelait de cruels souvenirs, puis elle reprit d'une voix aigre :

— Tu dis que Monsieur s'appelle ?...

— Mon nom ne fait rien à l'affaire, Mademoiselle... J'ai à parler à madame du Val et je veux savoir si elle est visible.

— Eh bien ! monsieur de Luizzi, elle ne l'est pas.

C'était trop dire au baron que sa visite dépendait de la bonne volonté d'un domestique pour qu'il se retirât. Il répliqua donc :

— C'est ce dont je vais m'informer moi-même.

Il marcha droit vers le salon, dont la porte était ouverte. Le valet s'écarta, mais la chambrière se plaça fièrement devant la porte.

— Monsieur, quand je vous dis que vous ne pouvez voir Madame ! Il est bien étonnant que quand je vous dis...

— Mademoiselle, reprit poliment Luizzi, je vous supplie d'être moins impertinente et d'aller prévenir votre maîtresse.

— Qu'est-ce donc ? dit une voix de l'autre côté du salon.

— Lucy, dit le baron à haute voix, à quelle heure vous trouve-t-on ?

— Ah ! c'est vous, Armand, repartit madame du Val avec un cri d'étonnement ; et elle s'avança vers lui, après avoir fermé derrière elle la porte de la chambre qu'elle avait entr'ouverte.

Armand courut vers la marquise, lui baisa tendrement les mains, et tous deux s'assirent au coin du feu. Lucy regarda le baron d'un air de surprise charmée et protectrice. Madame du Val était une femme de trente ans, Luizzi en avait vingt-cinq, et cette manière de l'examiner était permise à une femme qui avait vu jadis jouer près d'elle un enfant de quatorze ans, devenu un beau jeune homme. Cet examen fut silencieux, et, par une transition rapide, la figure de madame du Val prit un air de tristesse profonde ; une larme furtive lui vint aux yeux. Luizzi se trompa sur la cause de cette tristesse.

— Vous regrettez sans doute comme moi, lui dit-il, que le bonheur de nous revoir vienne d'une cause si triste, et que la mort de mon père...

— Ce n'est pas cela, Armand, repartit la marquise ; je connaissais à peine votre père, et vous-même, éloigné de lui depuis dix ans, vous n'avez pas dû éprouver, à la nouvelle de sa mort, ce chagrin profond qu'occasionne la perte d'une affection à laquelle on s'est longuement habitué.

Luizzi ne répondit pas, et la marquise reprit après un moment de silence :

— Non, ce n'est pas cela, mais votre arrivée est venue dans un moment... un moment bien singulier en effet.

Un rire triste erra sur les lèvres de Lucy, puis elle continua, comme s'excitant à ce rire :

— En vérité, Armand, la vie est un singulier roman. Êtes-vous pour longtemps à Toulouse ?

— Pour huit jours.

— Vous retournerez à Paris ?

— Oui.

— Vous y trouverez mon mari.

— Comment ! député depuis huit jours, il est déjà en route ? la session ne commence que dans un mois. Je pensais que vous partiriez ensemble.

— Oh ! moi, je reste : j'aime Toulouse.

— Vous ne connaissez point Paris ?

— Je le connais assez pour ne pas vouloir y aller.

— Pourquoi cette antipathie ?

— Oh ! elle ne tient qu'à moi. Je ne suis plus assez jeune pour briller dans les salons, je ne suis pas encore assez vieille pour faire de l'intrigue politique.

— Vous êtes plus belle et plus spirituelle qu'il ne faut pour réussir partout.

— La marquise secoua lentement la tête.

— Vous ne croyez pas un mot de ce que vous dites. Je suis bien vieille, mon pauvre Armand, vieille de cœur surtout.

Armand s'approcha doucement de sa cousine et lui dit en baissant la voix :

— Vous n'êtes pas heureuse, Lucy ?

Elle jeta un regard furtif sur sa chambre, et répondit rapidement et très-bas :

— Revenez à huit heures souper avec moi, nous causerons. Et d'un signe de tête, elle le pria de s'éloigner ; il lui prit la main, Lucy serra la sienne avec une étreinte convulsive.

— A ce soir, à ce soir, reprit-elle tout bas. Et elle rentra rapidement chez elle.

La porte ne s'ouvrit pas tout de suite. Il y avait derrière assurément quelqu'un qui écoutait et qui ne s'était pas retiré assez vite. Luizzi, demeuré seul, fut tellement frappé de cette idée qu'il ne s'éloigna pas sur-le-champ, et il entendit aussitôt le bruit d'une voix d'homme qui paraissait parler avec colère. Cette découverte le déconcerta ; il sortit tout préoccupé. Un homme enfermé dans la chambre d'une femme, et qui parle avec le ton que Luizzi avait entendu ; cet homme, quand ce n'est ni un mari, ni un frère, ni un père, cet homme est un amant. Un amant ! la marquise du Val ! Luizzi n'osait le croire. Ces deux idées ne pouvaient s'associer dans sa tête. Il avait tant de souvenirs qui protégeaient la jeune femme contre une pareille supposition, qu'il songeait à découvrir quels chagrins nouveaux avaient pu atteindre la malheureuse Lucy. Car il avait connu Lucy malheureuse, Lucy, jeune fille de dix-neuf ans, en proie à un amour profond, auquel elle avait su résister de toutes les forces d'une vertu chrétienne. Luizzi se remettait tous ces souvenirs en mémoire, en se dirigeant vers la demeure de monsieur Barnet, son notaire, avec lequel aussi il désirait faire connaissance. Il arriva bientôt chez lui. C'était le jour des maris absents. Il fut reçu par madame Barnet, petite femme maigre, sèche, les cheveux châtains, l'œil bleu terne, les lèvres minces.

Quand la servante ouvrit la porte de la chambre à coucher et annonça un monsieur, la voix criarde de madame Barnet répondit :

— Quel est ce monsieur ?

— Je ne sais pas son nom.

— Faites entrer.

Luizzi se présenta, et madame Barnet alla vers lui, le bras gauche enfilé dans le bas de coton blanc qu'elle reprisait.

— Qu'est-ce que vous voulez ? dit-elle

en clignant des yeux ; car madame Barnet avait la vue très-basse, et il est probable que, sans cela, la tournure distinguée de Luizzi aurait adouci le ton grossier dont ces paroles lui furent adressées.

— Madame, répondit Armand, je suis le baron de Luizzi, un des clients de monsieur Barnet, et j'aurais été charmé de le rencontrer.

— Monsieur le baron de Luizzi ! s'écria madame Barnet en déchaussant son bras gauche de son bas troué, et en plantant son aiguille sur sa poitrine avec une intrépidité qui eût fait deviner à Luizzi que le bouclier qui la protégeait devait avoir plus d'une triple mousseline et d'une triple ouate ; prenez donc un siége. Pas cette chaise, je vous prie, un fauteuil. Comment ! il n'y a pas de fauteuil dans ma chambre ? Pas de fauteuil dans la chambre d'une femme, c'est bien provincial, n'est-ce pas, monsieur le baron ? mais nous avons des fauteuils, je vous prie de le croire. Marianne ! Marianne ! apportez un fauteuil du salon ; ôtez la housse.

Luizzi essayait d'interrompre tout ce remue-ménage en disant à madame Barnet qu'une chaise était plus qu'il ne fallait, car il allait se retirer. Mais la notairesse n'écoutait point les excuses de Luizzi ; elle se démenait, tout en jetant derrière les rideaux des croisées de vieilles culottes, des fichus crasseux épars à travers la chambre. Bientôt Marianne parut avec un fauteuil en bois peint et recouvert d'un vénérable velours d'Utrecht, chauve de toute laine ; elle l'établit au coin d'une cheminée où il ne manquait que du feu, et Madame Barnet s'écria de nouveau :

— Marianne, une bûche !

— Mon Dieu, Madame, vous prenez un soin inutile, je me retire ; j'avais fort peu de chose à dire à monsieur Barnet, et...

— Monsieur Barnet ne me pardonnerait jamais de vous avoir laissé partir, car j'espère que monsieur le baron voudra bien accepter la soupe.

— J'ai accepté une autre invitation, Madame, je vous suis fort obligé ; je reviendrai demander à monsieur Barnet les renseignements que j'attends de lui.

— Des renseignements, monsieur le baron ! Ce n'est pas la peine d'attendre mon mari ; ah ! je connais la ville de Toulouse de la cave au grenier. Ma famille a toujours été dans les charges (le père de madame Barnet était huissier) ; j'en sais plus qu'on ne croit et qu'on ne voudrait assurément. Asseyez-vous, monsieur le baron. Quelques renseignements dont vous ayez besoin, je suis toute prête à vous les donner.

Luizzi ne pensa pas d'abord à profiter des offres empressées de madame Barnet ; mais il s'assit, espérant pouvoir se lever après quelques phrases insignifiantes. Il était cependant assez embarrassé des renseignements qu'il voulait demander, mais son hôtesse ne lui donna pas le temps de faire une maladresse.

— Peut-être monsieur le baron veut-il acheter une propriété ? S'il désire placer ses fonds dans une usine, mon mari pourra lui guetter la fonderie de MM. Jasques : les propriétaires ont eu trente et un mille francs de remboursement fin novembre, et trente-trois mille sept cent vingt-deux fin décembre : trois maisons, dont deux de Bayonne, avec lesquelles MM. Jasques font d'immenses affaires, ont manqué simultanément ; ils ne peuvent pas aller au delà de février, et comme ce sont des gens d'honneur, je suis sûre que, s'ils trouvaient de l'argent comptant, ils céderaient leur usine à bon marché, à moins que la femme de monsieur Jasques le jeune ne veuille s'engager pour son mari : elle a cinq belles métairies au soleil, qui lui viennent de sa mère, vous savez ? la femme Manette, pour qui le comte de Fère s'était ruiné ; c'est du bien qui ne lui a pas coûté cher ; ni à sa fille non plus, mais enfin elle l'a. Mais madame Jasques a le caractère de sa mère, elle économiserait une omelette sur un œuf, et certes elle ne laissera pas prendre pour un sou d'hypothèques sur son bien.

Quand madame Barnet commença à parler, Luizzi ne l'écouta point pour l'entendre; mais tout à coup le désir de l'interroger véritablement lui vint à l'esprit. Ce fut quand elle passa de monsieur Jasques à sa femme; il supposa alors qu'elle pourrait lui dire des choses qu'il n'eût osé demander directement à personne et sur la trace desquelles il n'avait qu'à lancer madame Barnet pour qu'elle racontât tout ce qu'il voulait savoir. Il reprit donc, lorsque madame Barnet eut fini :

— Je ne désire point faire d'acquisition, en ce moment du moins; mais je suis en relations d'affaires avec plusieurs personnes de Toulouse, avec monsieur Dilois entre autres.

Madame Barnet fit la grimace.

— Monsieur Dilois aurait-il fait de mauvaises affaires? reprit Armand.

— Ma foi, monsieur le baron, il en a fait une mauvaise, qui dure encore.

— Laquelle?

— Il a épousé sa femme.

— Est-ce qu'elle le ruine?

— Je ne suis pas dans le comptoir de monsieur Dilois; je ne veux pas dire de mal de sa maison; le pauvre homme n'en sait pas plus que moi là-dessus; sa femme et son premier commis, monsieur Charles, lui font son compte, et pourvu que le bonhomme ait de quoi aller prendre sa demi-tasse et faire sa partie de dominos chez Herbola, il n'en demande pas davantage.

— Mais madame Dilois doit s'entendre au commerce?

— Elle s'entend à tout ce qu'elle veut, la fine mouche; une grisette qui avait fait des enfants avec tout le monde, et qui s'est fait épouser par le premier marchand de laines de Toulouse; ah! elle en mènerait trente comme son mari par le nez.

— Y compris monsieur Charles?

— Monsieur Charles est un autre finot; je le connais aussi celui-là; il a été clerc chez nous; il nous a quittés pour se faire commis chez monsieur Dilois. C'était dans le temps que nous voyions ces gens-là; mais j'ai déclaré à mon mari que, s'il recevait encore cette pécore, je lui fermerais la porte au nez. Ah! Monsieur, avant ce temps, Charles était un jeune homme charmant, attentif, dévoué, prévenant.

— Mais il est peut-être tout cela pour madame Dilois?

— Mon Dieu! monsieur le baron, qu'il soit ce qu'il voudra pour elle; ce n'est pas mon affaire.

— Je l'ai entrevu, ce me semble; c'est un fort beau garçon.

— C'est-à-dire qu'il a été bien; mais pas d'âme, monsieur le baron, pas d'âme! après toutes les bontés que nous avons eues pour lui.....

— Monsieur Barnet l'aimait sans doute beaucoup? reprit Luizzi d'un air candide.

Madame Barnet s'y laissa prendre et répondit étourdiment :

— Mon mari! il ne pouvait pas le sentir.

Le baron ne crut pas devoir faire remarquer à madame Barnet la confidence qu'elle venait de laisser échapper, attendu qu'ayant encore à l'interroger, il ne voulait point la mettre sur ses gardes. Il reprit donc d'un air assez indifférent.

— Je profiterai de vos bons avis sur la maison de M. Dilois, avec lequel je n'ai d'autre affaire que quelques ventes de laine; mais j'ai des capitaux à placer sur hypothèques, et je voudrais savoir l'état des biens d'un homme fort considérable.

— Pour cela, monsieur le baron, il n'y a rien de mieux que le bureau de l'enregistrement.

— Sans doute, Madame; mais je ne puis y aller moi-même, tout se sait à Toulouse, et peut-être monsieur le marquis du Val m'en voudrait.

— Monsieur le marquis du Val désire emprunter sur hypothèques, s'écria madame Barnet d'un air de stupéfaction; ce n'est pas possible; Monsieur le marquis du Val est notre client, et jamais il ne nous a parlé de cela.

— Ah? dit Luizzi, monsieur du Val est votre client?

— Lui et bien d'autres des meilleures maisons de Toulouse, sans faire tort à la vôtre, monsieur le baron, et ce n'est pas d'hier. Les affaires de la famille du Val sont dans l'étude depuis plus de cinquante ans, et monsieur Barnet a rédigé le contrat du marquis actuel; c'est un événement qui m'a tellement frappée, que je m'en souviens comme de ce matin; il me semble toujours voir la figure de monsieur Barnet quand il rentra de la signature. Il avait l'air d'un imbécile.

— Qu'était-il donc arrivé?

— Ah! monsieur le baron, je ne puis vous le dire, c'est le secret du notaire, c'est sacré. Si je le connais, c'est que monsieur Barnet était si troublé dans le premier moment, qu'il a parlé sans savoir ce qu'il disait.

— Je suis discret, Madame.

— Il n'y a si bon moyen de se taire que de ne rien savoir.

— Vous avez raison, répondit Luizzi; je ne vous demande rien, mais je suppose qu'à présent madame du Val est heureuse?

— Dieu le sait, monsieur le baron, et Dieu doit le savoir, car maintenant elle est toute en lui.

— Elle est dévote?

— Fanatique, vivant de jeûnes et de pénitences. Ça lui va; il n'y a donc rien à dire, chacun est le maître de s'arranger comme il veut; mais je crains bien qu'elle ne périsse à la peine.

Luizzi leva les yeux sur la montre enfermée dans le ventre d'un magot en buis qui figurait une pendule sur la cheminée, et vit qu'il était près de huit heures. Il se leva : le peu qu'il avait entendu sur madame du Val avait excité sa curiosité, et cependant il ne tenta point d'en savoir davantage. L'aspect de Lucy avait réveillé dans le cœur de Luizzi de tendres souvenirs d'enfance, et, sans prévoir ce que pourrait lui en dire madame Barnet, il ne voulut pas en entendre parler par elle. Ce n'est pas toujours ce qu'on dit de certaines personnes qui nous blesse, c'est qu'elles soient un sujet de conversation pour certaines gens. Il est des noms harmonieux au cœur que personne ne prononce à notre guise, et que les voix qui nous déplaisent déchirent rien qu'en les prononçant. Luizzi n'en était pas là pour Lucy; mais n'eût-elle pas été sa parente, son amie d'enfance, son rêve de jeune homme, sa fierté de gentilhomme aurait été offensée d'un jugement quelconque porté par madame Barnet sur la marquise du Val. Il salua profondément la notairesse, et, tout préoccupé de la dévotion de la marquise et de ce qu'il avait cru remarquer chez elle, il se dirigea vers son hôtel.

Les trois nuits.

III

PREMIÈRE NUIT : LA NUIT DANS LE BOUDOIR

Armand était encore assez éloigné de la porte cochère, lorsqu'il fut abordé par une femme qui l'appela par son nom. À la clarté des magasins environnants, Luizzi reconnut la servante qui l'avait reçu d'une manière si impertinente chez la marquise. Cette fille lui dit rapidement :

— Passez tout droit devant l'hôtel, vous me retrouverez à l'autre bout de la rue.

Elle continua son chemin, et Luizzi, qui s'arrêta un moment, la vit prendre une rue détournée. Il ne savait trop que penser de cette injonction; mais, comme il y pouvait obéir sans renoncer à entrer plus tard dans l'hôtel, il se décida à la suivre. Seulement, en passant devant la porte cochère, il jeta à droite et à gauche un regard investigateur, et vit à quelques pas un homme enveloppé d'un manteau, qui semblait surveiller l'hôtel. Luizzi fut tenté d'aller droit à lui et de savoir quel était cet homme. Mais c'eût été un scandale, qu'il n'avait ni le droit légal ni le droit intime de faire; d'ailleurs, il savait que dans

Elle marcha si rapidement que Luizzi eut peine à la suivre. — Page 25.

toute querelle d'hommes où le nom d'une femme peut être prononcé, c'est elle qui est toujours la victime, l'un des deux adversaires y dût-il périr. Il poursuivit sa marche, et, à une assez grande distance de l'hôtel, à l'angle d'une petite rue, la servante parut, et dit à Armand :

— Vite, suivez-moi.

Elle marcha si rapidement que Luizzi eut peine à la suivre. Ils firent plusieurs détours et arrivèrent dans une ruelle déserte, bordée de murs de jardin. Tout en marchant, la chambrière ajouta :

— Entrez sans vous arrêter.

Et presque aussitôt elle s'élança dans une porte entr'ouverte, qu'elle referma avec une grande précaution dès que Luizzi se fut introduit.

A peine étaient-ils dans le jardin, qu'ils entendirent des pas rapides venir de l'autre extrémité de la ruelle ; la servante fit signe à Luizzi de garder le silence, et tous deux demeurèrent immobiles. On s'arrêta devant la petite porte, on écouta un moment, puis on s'éloigna; mais à peine celui qui faisait tout ce manége avait-il fait quelques pas, qu'il revint. La servante, troublée, dit avec un geste d'impatience :

— Folle! j'ai oublié le verrou!

Elle s'élança vers la porte et s'y appuya de toute sa force; elle fit signe à Luizzi de l'aider, et celui-ci obéit machinalement. Il entendit bientôt une clef tourner dans la serrure, et sentit l'effort de quelqu'un qui poussait la porte. Elle avait légèrement cédé, et celui qui voulait entrer avait dû comprendre que ce n'était pas un inflexible verrou qui la retenait; il la poussa donc encore plus vivement en appelant :

— Mariette! Mariette!

Mais Mariette, puisque nous savons le nom de la servante, avait profité du moment pour réparer sa négligence, et le verrou était poussé. Sans attendre davantage, elle prit Luizzi par la main et l'emmena, tandis qu'on tournait et retournait la clef dans la serrure. Le jardin était vaste, et la nuit profonde. Luizzi suivait son guide sans se rendre compte de ce qui venait de lui arriver; il n'avait pas même eu le temps d'être étonné, car l'étonnement demande une certaine réflexion; il ne savait plus même où il allait, ni chez qui il allait, lorsqu'il arriva à l'angle d'un pavillon réuni à l'hôtel par une longue galerie. Une petite porte s'ouvrit. Luizzi monta un escalier tournant garni de tapis, et, au bout d'une douzaine de marches, il entra dans un petit salon faiblement éclairé, puis dans une autre pièce où était suspendue une lampe d'albâtre. Un grand feu brûlait dans la cheminée, une table à deux couverts était servie, et des parfums pénétrants remplissaient ce réduit étroit.

— Restez là, dit Mariette; et elle laissa Luizzi seul.

Par un mouvement machinal, il regarda autour de lui avant de songer à réfléchir sur ce qui lui arrivait. L'endroit où il se trouvait avait de quoi le surprendre. C'était une étrange alliance des objets de luxe le plus voluptueux et des signes de la religion la plus minutieuse : sur des tentures de soie, des images de saints et des calvaires; dans une bibliothèque de quelques rayons, les volumes brochés d'un roman nouveau et des livres de dévotion avec leur magnifique reliure; sur une console, des vases remplis de fleurs merveilleuses; au-dessus, un tableau de *Sainte Cécile* dans un cadre surmonté d'un bouquet de buis bénit; enfin, dans une demi-alcôve, un divan chargé de coussins; au fond, une large glace encadrée de plis de moire bleue; à la tête de ce divan, une *Vierge des Sept-Douleurs*, et au pied un christ d'ivoire sur un velours noir. Luizzi regarda ce boudoir ou cet oratoire avec un trouble étrange; puis vinrent les réflexions sur la manière dont il avait été introduit. Cet homme qui surveillait l'hôtel, qui s'était présenté à la petite porte du jardin, qui en possédait une clef, c'était un amant assurément. Mais lui-même, Luizzi, n'avait-il pas l'air plutôt d'en être un? et si quelqu'un l'avait vu entrer chez la marquise du Val comme il y était entré, n'aurait-il pas eu le droit de penser que Luizzi allait en bonne fortune? Cependant ce quelqu'un se fût trompé aux apparences. Armand ne pouvait-il pas faire de même? Il ne savait donc qu'imaginer en attendant que Lucy lui donnât l'explication de tout ce mystère, lorsque la marquise entra vivement dans le salon. Son air, son aspect surprirent Luizzi : ce n'était pas là la femme tristement avenante qu'il avait vue le matin. Il y avait dans son visage une expression hardie et exaltée dont il ne l'eût pas crue susceptible. Ses yeux brillaient d'un éclat extraordinaire, et ses lèvres légèrement agitées avaient un sourire amer plutôt qu'heureux.

— C'est bien, très-bien, dit-elle à Mariette, qui l'avait accompagnée et qui sortit en jetant un regard scrutateur sur la marquise.

Lucy prit place dans un fauteuil au coin de la cheminée, et, sans adresser la parole à Luizzi, elle regarda fixement le feu. Armand était fort embarrassé et fort ému. Il voyait qu'il y avait quelque chose d'extraordinaire dans la physionomie et dans la tenue de Lucy; mais il ne savait s'il était convenable qu'il s'en aperçût. Cependant, la préoccupation de la marquise se prolongeant, Luizzi l'appela plusieurs fois par son nom.

— Bien, très-bien, répondit-elle sans déranger son regard immobile; oui, oui, très-bien.

— Lucy, qu'avez-vous? dit Armand, vous souffrez, vous êtes malheureuse...

— Moi, répondit-elle en relevant la tête et en essayant de prendre un air plus calme, moi, malheureuse? et de quoi! mon Dieu? Je suis riche, je suis jeune, je suis belle; n'est-ce pas que je suis belle? vous me l'avez dit, Armand. Qu'est-ce donc qu'une femme peut envier avec de tels avantages?

— Rien, assurément. Cependant.

— Cependant! reprit la marquise avec une impatience nerveuse. Elle serra les poings avec vivacité, se mordit les lèvres, et, se contraignant à grand'peine, elle continua : Voyons, Luizzi, ne soyez pas comme les autres, ne me poursuivez pas de questions, d'observations, de doléances parce que j'ai quelque pensée qui m'occupe; vous savez qu'il faut bien peu de chose pour contrarier une femme... Mais je vous ai invité à souper, soupons.

Ils se mirent à table, et la marquise servit Luizzi; elle était manifestement troublée, elle était gauche.

— Vous avez du champagne près de vous, lui dit-elle.

— M'en laisserez-vous boire seul?

Elle hésita, puis tendit son verre et le vida d'un trait. Elle laissa échapper une expression de dégoût. Luizzi crut deviner qu'elle venait de faire un effort pour chasser la pensée importune qui l'obsédait; mais, après quelques mots de conversation plus suivie sur les projets de départ de Luizzi, elle retomba dans sa pesante tristesse. L'intérêt et la curiosité de Luizzi étaient vivement piqués. Il essaya du moyen qu'elle-même semblait avoir tenté pour chasser ses idées importunes.

— Me ferez-vous encore raison? lui dit-il.

Des larmes vinrent aux yeux de la marquise; elle lui dit :

— Non, Armand, non; cela me fait mal, cela me brûle, cela me tue, et pourtant Dieu m'est témoin que je voudrais mourir.

Elle se leva et s'écria :

— Oh! mourir, mon Dieu! mourir vite!

Elle tomba sur le divan qui était dans la demi-alcôve en se cachant la tête dans les mains. Luizzi se plaça près d'elle et essaya de l'interroger, mais elle ne répondait que par des larmes et des sanglots. Luizzi avait été l'ami d'enfance de madame du Val; il se mit doucement à genoux devant elle, et lui dit :

— Allons, Lucy, parlez-moi. Si vous avez des chagrins, confiez-les moi. Lucy, vous savez tout ce qu'il y a pour vous dans mon cœur; celui qui a osé vous aimer peut-il vous oublier, et ne doit-il pas être resté votre meilleur ami?

Les larmes de madame du Val s'arrêtèrent convulsivement dans ses yeux, et, regardant Luizzi qui était resté à genoux, elle répondit comme si elle eût essayé d'être coquette :

— En vous voyant dans cette posture, ce n'est point là le titre qu'on vous donnerait.

— Qui oserait en espérer un autre? dit Luizzi en souriant.

— Celui qui aime bien espère tout, répliqua la marquise d'une voix exaltée.

— En ce cas j'aurais trop de droits à espérer, dit Luizzi jouant avec ces banalités de galanterie auxquelles il n'attachait pas grand sens.

Quelle fut donc sa surprise lorsque la marquise lui répondit en levant les yeux au ciel :

— Oh! si vous disiez vrai!

Tout le monde sait ce qu'il y a de danger à se trouver engagé malgré soi dans une voie où on ne peut reculer sans blesser quelqu'un pour qui on a de l'intérêt et surtout sans s'exposer à paraître ridicule. On persiste, en comptant que le hasard, qui vous y a jeté à votre insu, vous en retirera de même : ainsi fit Luizzi.

— Si c'était vrai, dites-vous, Lucy? Oh! vous aimer est une vérité que tous ceux qui vous connaissent portent dans leur cœur.

La marquise se leva, tourna vivement la tête et reprit avec cette agitation fébrile qui ne la quittait pas :

— Tout cela est folie! Voyons, remettons-nous à table.

Elle reprit sa place et se mit à souper comme une personne qui a pris le parti de faire quelque chose qui lui déplaît, mais qui l'occupe. Malheureusement pour Lucy, ce qui venait de se passer avait jeté dans l'esprit de Luizzi un désir immodéré de savoir le secret de cette âme en peine, et il résolut de satisfaire ce désir ou d'employer du moins tous les moyens pour y parvenir.

— Vous partez bientôt, n'est-ce pas? lui dit Lucy.

— Dans huit jours au plus tard.

— Vous avez bien soif de votre Paris?

— Ah! Lucy, c'est que la vie est là.

— La vie des gens heureux!

— Non, Lucy; c'est à Paris qu'il faut aller quand on souffre. Quand on a dans le cœur une flamme à éteindre, un désir de feu à contenir, il faut aller à Paris. Là sont toutes les occupations de l'esprit, toutes les fêtes où l'oreille et les yeux sont enchantés; là on effeuille son âme à mille plaisirs inconnus ici, quand on ne peut pas la donner tout entière au bonheur.

— Vous avez raison ; ce doit être un grand soulagement que de ne rien garder en soi-même. Avez-vous été amoureux à Paris, Luizzi?

— Pas comme à Toulouse.

Lucy sourit tristement et lui fit signe de continuer.

— Des liaisons dont l'inquiétude fait l'éternel tourment et le seul bonheur, reprit le baron.

— Des maris redoutables, n'est-ce pas?

— Pas du tout, mais des rivaux de tous côtés. Il y a toujours dix hommes que toute femme un peu élégante est obligée de recevoir du même ton et du même visage ; parmi ces dix hommes elle cache un amant, quelquefois deux... trois... quatre...

— Oh! vous calomniez les femmes.

— Non, Lucy; et en vérité, quand cela s'est trouvé, je n'ai pas osé leur en vouloir : il y en a de si malheureuses!

— Vous avez raison. Il y a des femmes qui portent dans le secret de leur vie des tortures qu'aucun homme ne peut imaginer, mais ce ne sont pas celles-là qui se consolent avec des amants.

— Oh! vous le savez sans doute mieux que moi, dit Luizzi en souriant.

Cette parole bouleversa la marquise; toute sa préoccupation, toute sa tristesse lui revinrent. Luizzi fut interdit, et, ne sachant comment reprendre la conversation, il se raccrocha à la première chose qui se présenta à lui.

— Vous êtes malade? vous ne mangez ni ne buvez.

— Au contraire, reprit Lucy en se remettant à sourire.

Et, comme pour ne pas donner un démenti à ses paroles, elle but le verre de vin de Champagne que Luizzi lui avait versé. Les yeux de la marquise devinrent plus brillants, et sa voix trembla.

— Oui, reprit-elle avec un accent amer, un amant, cela occupe, cela agite la vie ; mais il faut l'aimer, cet amant.

— Quand on ne l'aime plus, on le congédie.

— Un jaloux! un tyran qui vous menace du déshonneur à toute heure, à tout propos; à qui la moindre visite est suspecte, et qui s'irrite même de la familiarité de nos paroles avec un ami ou un parent! un lâche hypocrite, qui arme contre nous toute une famille pour faire exclure celui qui lui porte ombrage... oh! c'est un supplice horrible... Mon Dieu! il faut pourtant qu'une femme en finisse!...

Pendant qu'elle parlait ainsi, la marquise s'était exaltée. Luizzi, demeuré froid, remarqua que ses dents claquaient sous ses paroles; il vit qu'elle se laissait gagner à une sorte de fièvre. L'homme est implacable; Luizzi remplit négligemment son verre et celui de la marquise; elle prit le sien, le porta à ses lèvres, puis le posa sur la table avec une espèce d'effroi.

— Vous êtes une enfant, Lucy! reprit Armand en s'appuyant sur la table et en la regardant amoureusement. Un pareil homme, s'il se rencontre, est un misérable qu'une femme doit pouvoir faire taire en un instant.

— Et comment?

— Si c'est un lâche, il n'y a pas grand mérite à celui qui prend la défense de cette femme; si c'est un homme brave, tant mieux! il y a quelque dévouement à risquer sa vie contre lui.

Lucy sourit amèrement, et, comme emportée, elle s'écria :

— Mais si c'est...

Elle s'arrêta en serrant les dents, comme pour briser au passage les paroles qui lui montaient à la bouche; elle devint rouge comme si elle allait suffoquer; elle but un peu pour se remettre, et Luizzi lui dit, en surveillant le trouble croissant qui se montrait en elle :

— Mais, quel qu'il soit, on peut le réduire au silence!

Lucy sourit encore avec la même expression de doute et de désespoir, et Luizzi continua :

— Oui Lucy, un homme dont on s'assure la tendresse et le dévouement par une longue épreuve, un homme dont on ne peut plus douter est un confident à qui l'on peut tout dire et qui oserait tout pour celle qui le chargerait de son bonheur.

La marquise fit entendre un rire amer.

— Une longue épreuve, dites-vous! mais je vous ai dit qu'à la première vue cet homme deviendrait suspect.

Elle hésita un moment; puis, attachant sur Luizzi un regard qui semblait vouloir lire au fond de son âme, elle reprit :

— Pour qu'une femme jetée dans une pareille position pût s'en arracher, il faudrait qu'elle trouvât un cœur qui la comprît tout de suite, une générosité qui ne se fît pas attendre.

— Du moment que vous sembleriez le désirer, on se mettrait à vos genoux.

— Folies! les hommes ne font rien que pour obtenir, comme prix de leur dévouement, un amour...

— Qui réponde à celui qu'ils éprouvent, dit Luizzi en s'approchant de la marquise.

— Et quand le dévouement doit être demandé sur l'heure, faut-il que le prix en soit accordé de même?

— Pourquoi ne le serait-il pas? dit Luizzi, entraîné par l'étrangeté de cette conversation, par l'expression presque égarée de madame du Val. Croyez-vous, Lucy, qu'il n'y ait pas un homme capable de comprendre une femme qui se donnerait à lui en lui disant : Je te confie mon bonheur, ma vie, ma réputation, et, pour que tu ne doutes pas que tu es ma seule espérance, prends mon bonheur, ma vie, ma réputation, je les mets à ta merci, tu en seras le maître!

— Oh! si c'était possible! s'écria la marquise.

— Lucy ce serait impossible peut-être à mille femmes, mais s'il s'en trouvait une belle, noble, comme vous...

La voix de Luizzi était pleine de passion,

il s'était encore rapproché de la marquise. Lucy cacha sa tête dans ses mains ; ce ne fut qu'un moment, pendant lequel elle froissa avec violence les belles nattes de ses noirs cheveux ; elle se leva soudainement, et Luizzi avec elle.

— Mon Dieu! s'écria-t-elle, je deviens folle.

— Lucy! dit Armand.

— Folle! folle! répéta-t-elle; soit! je le serai tout à fait.

Et, avec un mouvement qui tenait du délire, elle s'empara des verres pleins restés sur la table et les but avec rage ; puis, elle se retourna vers Luizzi, l'œil troublé, le regard perdu et elle s'écria avec une folle ivresse des sens et de l'esprit.

— Eh bien! oses-tu m'aimer?

Pendant toute cette scène, la tête de Luizzi s'était aussi laissée frapper par la singularité de ce qu'il voyait et de ce qu'il entendait. Les circonstances, l'occasion, l'imprévu ont une ivresse qui étourdit, entraîne, égare, et Luizzi répondit à la marquise comme un homme qui croit en ce qu'il dit :

— T'aimer! t'aimer! c'est la joie des anges, c'est le bonheur, c'est la vie!

— Oui! n'est-ce pas, que tu m'aimes?

Luizzi ne répondit cette fois qu'en attirant la marquise dans ses bras ; elle ne résista pas, elle répéta en balbutiant :

— Tu m'aimes, n'est-ce pas! Tu m'aimes, n'est-ce pas? tu m'aimes? disait-elle sans cesse et pour ainsi dire sans raison.

Et ce mot était si obstinément répété, qu'il semblait ne plus avoir de sens pour la marquise ; elle le murmura jusqu'à ce que Luizzi eût triomphé de cette résistance instinctive que toute femme oppose aux désirs d'un homme.

Le délire d'esprit qui avait emporté Lucy, l'ivresse qui avait égaré sa raison, la folie qui semblait l'avoir poussée à commettre une faute que l'amour même n'excuse pas ; tout cela, délire, ivresse, folie, sembla alors s'éteindre en elle ; la fièvre de l'âme ne gagna point le corps ; sa bouche, qui criait et riait amèrement sous l'inspiration de la colère resta froide et silencieuse pour répondre à des mots d'amour. La femme qui s'était offerte à Luizzi semblait devoir être une folle ou une débauchée, celle qui se donna était une statue ou une victime. Il y avait là un terrible secret. Déjà, Luizzi avait remords et honte de son bonheur. Le boudoir était silencieux: la marquise, assise sur le divan, avait repris ce regard immobile et vibrant qu'elle avait en entrant. Luizzi cependant, suivait d'un œil inquiet les mouvements convulsifs de sa physionomie ; il voulut lui parler, elle parut ne pas l'entendre ; il voulut se rapprocher d'elle, elle le repoussa avec une force qui l'étonna ; il voulut s'emparer de ses mains, elle se leva et se dégagea avec violence en s'écriant :

— Oh! c'est infâme!

Et tout aussitôt cet orage du cœur et du corps qui grondait depuis si longtemps, fit explosion ; la marquise eut une crise nerveuse effrayante. Elle poussait des cris aigus, elle parlait de malédiction d'enfer, de damnation éternelle. Toutes les fois que Luizzi voulait la toucher, elle se contractait sur elle-même comme si elle eût senti l'horrible attouchement d'un serpent. Armand ne savait que faire, lorsque la porte du boudoir s'ouvrit ; Mariette entra, elle haussa les épaules avec impatience en disant :

— J'en étais sûre!

Elle s'approcha de sa maîtresse, la délaça en lui parlant avec un ton d'autorité auquel il semblait que la marquise était accoutumée d'obéir. La crise fut longue et se termina par un affaissement que Luizzi n'osa pas troubler.

— Il est temps de vous retirer, lui dit Mariette ; venez, je vais profiter de ce moment de calme pour vous reconduire.

Luizzi suivit Mariette qui marcha rapidement, pressée qu'elle était de revenir auprès de sa maîtresse. Luizzi ne voulut pas faire de question à cette servante, il se retira après avoir passé cinq heures dans une suite d'étonnements qui l'avaient entraîné à son insu et hors de tout ce qui lui eût semblé possible. Il traversa ainsi le jardin, sortit, et rentra chez lui tellement plongé dans ses réflexions qu'il ne s'aperçut pas que, depuis la porte du jardin de la marquise jusqu'à son hôtel, il avait été suivi par un homme enveloppé d'un long manteau.

Le lendemain de ce jour, Armand se présenta chez la marquise. Il lui fut répondu qu'elle n'était pas visible. Il y retourna jusqu'à quatre fois dans la même journée et ne put pénétrer jusqu'à elle. Le surlendemain il lui écrivit, sa lettre demeura sans réponse; il lui écrivit le troisième jour, sa lettre lui fut renvoyée sans avoir été ouverte. Il savait cependant que la marquise n'était point malade. Elle avait été vue à l'église de Saint-Sernin entendant la messe tous les matins, comme c'était son habitude. Chaque soir elle était allée chez une vieille tante fort dévote, qui devait lui laisser toute sa fortune. Luizzi ne pouvait s'étonner assez; il y avait en lui un respect de bonne compagnie qui l'empêchait de s'informer de cette femme, et surtout de raconter ce qui lui était arrivé. Cependant il ne voulut pas être pris pour dupe, et il se résolut à revoir madame du Val, quelque moyen qu'il dût employer pour arriver à son but. Le hasard lui épargna la peine d'en chercher un; il apprit qu'une réunion très-nombreuse devait avoir lieu dans une maison dont son nom lui ouvrait facilement l'accès, il sut que la marquise y était invitée et qu'elle avait promis d'y aller. Toutefois, au risque d'une inconvenance, Luizzi ne fit point demander une invitation, il se réserva de se faire présenter le soir même de la réunion, et dans la crainte où il était que madame du Val ne tînt pas sa parole si elle était informée qu'elle l'y rencontrerait.

Une fois assuré d'avoir une explication avec elle, il pensa à ses affaires, et par conséquent à madame Dilois. Il examina le marché qu'elle lui avait remis, et ce marché lui parut convenable. Mais Luizzi avait des préventions contre cette femme, dont le ton de coquetterie lui avait inspiré d'abord la belle illusion qu'avaient détruite les demi-confidences de madame Barnet sur son origine et sa vie. Ces préventions donnaient au baron un médiocre désir de conclure avec madame Dilois; il se présenta donc chez plusieurs autres négociants. Le prix qu'on lui offrit de ses laines était moindre que celui proposé par la maison Dilois. L'intérêt l'emporta sur les préventions, et il retourna chez la belle marchande.

IV

DEUXIÈME NUIT

LA NUIT DANS LA CHAMBRE A COUCHER

Il y alla le soir, à l'heure où les magasins et les bureaux sont fermés, afin de pénétrer dans la vie de madame Dilois quand elle cesserait d'être marchande. Il fut introduit par une servante fort polie, qui, sans l'annoncer, le conduisit jusqu'au premier étage, traversa une petite pièce, et sans avertir, ouvrit une porte et introduisit le baron dans la chambre en disant :

— Voilà un monsieur, qui veut vous parler.

Madame Dilois parut surprise et embarrassée de cette visite inattendue. Elle était assise d'un côté de la cheminée, le beau commis en face d'elle. La modeste, mais élégante parure du matin était remplacée par un déshabillé où la propreté seule brillait d'un pur éclat mais qui attestait qu'on se montrait volontiers à M. Charles dans toutes les toilettes. La chambre était dans ce désordre qui annonce l'heure du repos, la couverture était faite, deux oreillers dormaient sur le traversin.

Dans les habitudes luxueuses d'un monde élevé, on ignore ce qu'il peut y avoir d'attrayant à l'œil dans le lustre d'une blancheur éblouissante du linge. C'est à peine si l'on voit la finesse et la neige de la toile parmi les plis de soie d'un lit à la duchesse et les dorures d'une chambre élégante ; mais dans l'habitation modeste d'une petite bourgeoise de province, à côté de ces meubles en noyer noircis par le temps, sous les rideaux de couleur sombre qui l'enveloppent, un lit blanc d'albâtre ressort comme une figure virginale. Tout ce qui est là devant vous, tout cet aspect inattendu ou qui a sa grâce particulière, peut donner au plus froid et au plus timide des désirs soudains et hardis ; et, si, comme Luizzi, on sort d'une aventure où l'on a vu se jeter dans ses bras une femme d'un rang élevé et pour laquelle on avait encore plus de respect que d'affection, il est permis de penser qu'il peut nous en arriver autant avec la petite bourgeoise qu'on estime coquette et facile, et qu'on se dise :

— Pardieu ! voilà une place qui me convient et qu'il faut que j'occupe ce soir.

Ce soir, ce soir même, entendez bien ! Il y a de ces conquêtes qui ne flattent que par leur rapidité. Entre un homme comme le baron de Luizzi et une femme comme la marchande de laine, une victoire après un mois ou deux de cour assidue et de soins amoureux ne pouvait avoir rien de très-flatteur et de bien piquant ; mais triompher en quelques heures d'une femme qui, selon la pensée de Luizzi, devait avoir assez l'habitude de la défaite pour avoir toutes les ressources de la défense, cela lui parut original, amusant, désirable. D'ailleurs il y avait un rival à supplanter, un amant beaucoup mieux qu'un mari : c'était une vraie bonne fortune. Car persuader à une femme de tromper son mari, c'est la conduire ou la maintenir dans la voie du mariage ; mais la pousser à tromper un amant, la faire faillir à une faute, la rendre infidèle à une infidélité, c'est beaucoup plus difficile, beaucoup plus immoral en amour : cela vaut la peine de réussir.

Toutes ces idées, que nous venons d'énumérer longuement, expliquent la résolution de Luizzi plutôt qu'elle ne la dictèrent. Armand, en voyant le beau Charles auprès de madame Dilois, en apercevant ce lit entr'ouvert, se sentit pris de l'irrésistible envie d'y tenir la place qu'il supposait que le beau Charles devait y occuper. Il commença par s'excuser sur l'inconvenance de l'heure.

— Pardon, Madame ! dit-il après s'être assis entre Charles et madame Dilois ; pardon de me présenter si tard ! nous autres gens qui ne faisons rien, parce que je crois qu'en vérité nous ne sommes bons à rien, nous commençons la journée si tard, que nous sommes arrivés à la fin sans avoir eu le temps de nous occuper de nos affaires ; excusez-moi donc, Madame, de venir vous importuner des miennes, lorsque les vôtres sont finies depuis longtemps.

— Hélas ! Monsieur, reprit madame Dilois avec un petit sourire ennuyé, les affaires ne finissent jamais pour nous, et, lorsque vous êtes entré, je recommençais déjà celles de demain ; nous cherchions à nous rappeler une erreur de compte qui nous échappe depuis huit jours.

Luizzi jeta un demi-regard sur le beau Charles, dont il trouva les yeux fixés sur lui. Cet homme est un amant, pensa-t-il ; l'instinct de la jalousie lui a déjà donné de la haine contre moi. Et cette idée servant d'éperon à celle que le baron avait déjà enfourchée, il alla si vite dans ses désirs qu'il se jura d'en arriver à ses fins et qu'il y engagea son honneur. Cependant cela paraissait difficile ; car le commis ne semblait point disposé à se retirer, et quelque bonne opinion qu'on ait de soi ou quelque mauvaise opinion qu'on ait d'une femme, il est difficile de la séduire ou difficile qu'elle se laisse séduire en présence de son amant. Toutefois les femmes ont tant de raisons pour céder à un

Elle lui tendit sa joue brune et cerise. — Page 36.

homme, que l'amour n'entre certainement pas pour un quart dans le nombre de leurs défaites, et Luizzi n'était pas assez novice pour l'ignorer. Aussi chercha-t-il un endroit par où il pût avertir madame Dilois qu'il avait besoin d'une conversation particulière. Il répondit donc à ce qu'elle lui avait dit sur la continuelle obsession des affaires :

— Et moi, qui n'ai aucun droit d'être ennuyeux, je viens ajouter encore à la persécution commerciale qui pénètre jusque dans votre retraite. Je ne puis me le pardonner, et je vais me retirer, si vous voulez bien m'indiquer une heure où vous serez plus libre de m'entendre.

— Je ne veux pas vous donner la peine de repasser encore une fois; je sais, car vous me l'avez dit, que votre séjour à Toulouse est de peu de durée, et, puisque vous ne pouvez attendre le retour de mon mari...

— Oh! Madame, dit Luizzi en l'interrompant et en reprenant son tour de phrase avec la même inflexion, je savais, car on me l'a dit, qu'en traitant avec vous j'avais affaire au véritable chef de la maison...

— Monsieur, je ne comprends pas ce que...

— Au véritable chef, en ce sens que c'est en vous que se trouve la volonté, la supériorité, l'intelligence qui ont fait la fortune de votre commerce.

— Oui certes, vous avez raison, reprit Charles; madame Dilois s'entend mieux aux affaires que le premier négociant de Toulouse, et sans elle la maison Dilois ne serait pas ce qu'elle est.

— C'est absolument ce que me disait il y a deux jours madame Barnet.

— Madame Barnet! s'écrièrent ensemble Charles et madame Dilois; vous la connaissez? ajouta celle-ci.

— Monsieur Barnet est mon notaire, et, m'étant rendu chez lui sans avoir l'adresse de le rencontrer, j'ai eu occasion de voir madame Barnet.

— Ah! quelle chipie! dit le commis d'un air de mépris.

— Vous n'êtes pas reconnaissant, Monsieur, reprit le baron; elle m'a parlé de vous dans les meilleurs termes, elle m'en a fait un éloge...

— Que Monsieur mérite toujours, dit madame Dilois d'un ton piqué.

— Peut-être pas de sa part, reprit Luizzi en commentant ces mots d'un sourire et d'un regard très-significatifs.

Madame Dilois répondit par un regard et un sourire très-railleurs, puis elle ajouta:

— Vous avez beaucoup causé, à ce que je vois, avec madame Barnet?

Quant à Charles, il ne comprit rien; le jeu des physionomies lui fit voir seulement qu'il y avait une finesse dans ce qui venait d'être dit; mais cette finesse lui échappa, et il en devint plus morose. Madame Dilois le regarda en clignant des yeux avec un air de pitié protectrice, et lui dit:

— Je crois, Charles, que vous avez plus envie de dormir que de parler affaires; retirez-vous, demain nous reparlerons du compte en question.

— Oui, Madame, répondit Charles en se levant avec soumission; et, prenant assez gauchement son chapeau, il salua avec tristesse: Bonsoir, dit-il, madame Dilois! Bonsoir, bonsoir. Monsieur, je vous salue.

Madame Dilois se leva pour éclairer Charles et le reconduire. Cela ne fut pas bien long, mais Luizzi entendit quelques mots échangés à voix basse. Madame Dilois rentra, et Luizzi écouta encore; il n'entendit pas se fermer la porte de la rue. Charles logeait-il dans la maison, ou bien s'y était-il caché? Ce n'était pas un obstacle dont le baron eût à s'occuper, il croyait avoir assez bien jugé madame Dilois pour être sûr que c'était une de ces femmes qui se chargent des soins matériels de leurs aventures, qui savent écarter un importun, ouvrir une porte, faire faire des doubles clefs; une de ces femmes enfin qui porte dans l'amour l'activité prévoyante et adroite de leur esprit. Toutefois, quand madame Dilois eut repris sa place, Luizzi se hâta de lui dire du ton le plus pénétré qu'il pût prendre.

— Je vous remercie d'avoir éloigné ce jeune homme.

— Et vous avez raison, car je crois qu'il eût été moins facile que moi dans la discussion du marché qui nous reste à faire.

Ces paroles de madame Dilois furent prononcées d'un ton si doucement railleur, avec des regards si doucement voilés, que Luizzi en fut presque troublé. Il avait une théorie sur les femmes qui les lui représentait comme toujours prêtes à céder quand on savait les attaquer; il avait d'elles la plus mauvaise opinion possible quand il en parlait; mais il redevenait facilement timide et presque toujours gauche quand il leur parlait. Son esprit avait soufflé sur ses belles illusions de jeune homme, mais son cœur avait gardé toute son émotion en présence d'une femme. Il sentit donc que la coquetterie de madame Dilois prenait empire sur lui, il voulut le cacher pour en profiter, et il répondit :

— C'est peut-être moi, Madame, que la présence de ce jeune homme eut rendu plus sévère sur les conditions de notre marché.

— Et pourquoi cela, Monsieur !

— Oh ! Madame, reprit Luizzi d'assez bonne grâce, j'eusse été sévère pour bien des raisons. La première, c'est que devant lui je n'aurais pas osé vous dire : Faites comme il vous plaira, je ne veux que votre volonté : c'est qu'il m'aurait fallu rester marchand devant lui... et puis...

— Et puis? dit madame Dilois.

— Et puis, quand la présence d'un homme est irritante, quand sa vue peut vous donner des idées qui vous blessent, sans qu'on ait le droit d'être blessé ; quand on lui envie ce qu'on payerait de tous les sacrifices, on n'est pas très-porté à être généreux, et il faut oublier cet homme pour être à l'aise avec ses propres sentiments.

Madame Dilois avait écouté avec une extrême attention : sans doute elle avait compris cette phrase entortillée, car elle fit semblant de ne pas la comprendre. Ceci est d'une tactique très-vulgaire, mais très-immanquable, tactique bonne pour les hommes et pour les femmes, et qui arrive toujours à faire dire beaucoup plus qu'on ne l'oserait. En conséquence, madame Dilois répondit :

— Vous avez raison, Monsieur. Charles a un accueil peu aimable ; c'est pour cela que nous ne l'avons pas employé dans nos relations avec nos clients. C'est cependant un garçon fort honnête et fort entendu.

— Ce n'est pas à titre de client, Madame, que M. Charles m'eût déplu.

Madame Dilois ne put s'empêcher de rire assez doucement, et, se tournant tout à fait vers Luizzi, elle lui dit comme si elle le défiait de lui répondre franchement :

— Et à quel titre vous déplaît-il ?

— Vous ne le devinez pas ?

— Vous voyez bien, monsieur le baron, que je ne veux rien deviner, repartit madame Dilois avec un rire si franc de coquetterie, qu'il devait être ou bien hardi ou bien innocent.

— C'est me forcer à tout vous dire.

— C'est donc bien désobligeant à entendre ?

— C'est difficile à faire comprendre.

— En ce cas, revenons au marché des laines, car j'ai l'intelligence très-rebelle.

— Si votre cœur n'a pas le même défaut, c'est tout ce que je demande.

— Mon cœur, monsieur le baron ! le cœur n'a rien à faire dans ce qui nous occupe.

— Le vôtre, peut-être, mais le mien !

— Le vôtre ! est-ce que vous le donnez par-dessus le marché dans la vente des laines ? repartit la marchande avec cette expression amoureuse des yeux et de la voix qui dans le Midi est une nature qui s'applique à tout.

L'air dont madame Dilois dit cela était en même temps si naïvement railleur, que Luizzi en fut vivement troublé et piqué ; mais il eut l'esprit de le cacher et répondit du même ton :

— Non, Madame, quand je le livre, je veux qu'on me paye.

— Et de quel prix ?

— Du prix ordinaire. Et il osa prendre tendrement les mains de madame Dilois, et il jeta un regard insolent sur le lit entr'ouvert.

— Et combien donnez-vous de terme? reprit-elle en se défendant mal.

— J'exige que ce soit au comptant.

— Je ne suis pas en fonds, et je raye cet article du marché.

— Mais moi je l'y maintiens : tout ou rien.

— Vous voulez que la bonne marchandise fasse passer la mauvaise ! dit-elle d'un ton plein de malicieuse gaieté.

— Je ne suis pas si négociant, je donne la bonne pour rien, pourvu....

— Pourvu qu'on paye la mauvaise, reprit-elle, et d'un prix...

— Bien au-dessus de sa valeur, sans doute? repartit Luizzi d'un air galant.

— Ce n'est pas cela que je voulais dire; mais, en vérité, je ne puis accepter. Assez de folies, monsieur le baron. J'ai voulu faire de l'esprit, j'ai été prise au piége...

— Le piége le plus dangereux, c'est votre beauté.

— Taisez-vous, on peut nous entendre. Si quelqu'un entrait, de quoi aurions-nous l'air, si près l'un de l'autre?

— Nous causons de notre marché.

— En effet, il est si avancé?

— Signez-le!

— Est-ce à une femme à commencer?

Le baron prit une plume, signa, et se retournant vers madame Dilois qui était toute triomphante, et dont les yeux baissés semblaient dire qu'elle n'osait voir ce qu'elle allait permettre, il prit ses mains et lui dit :

— Et maintenant, je compte sur votre probité.

Madame Dilois devint toute rouge, et d'une voix pleine de coquetterie elle répondit :

— Prenez, monsieur le baron.

Elle lui tendit sa joue brune et cerise.

Luizzi resta stupéfait; mais il prit le baiser offert.

— Ce n'est guère, dit-il doucement.

— Vrai? reprit madame Dilois d'un ton dégagé, comme quelqu'un qui vient de payer une grosse dette, il vous faudrait?...

— Un peu de bonheur.

— Comment l'entendez-vous?

— Quand un mari est absent... dit-il en regardant la chambre comme pour s'y installer de l'œil.

— Et quand une servante veille?

— On l'envoie dormir.

— Sans qu'elle ait vu sortir personne?

— Vous avez raison, mais il est possible de rentrer dans la maison d'où l'on est sorti.

— Vous êtes fertile en expédients.

— Sont-ils impossibles?

— Comment donc! mais il y a une petite porte près de la grande.

— Et elle peut s'ouvrir pour laisser entrer?

— Sans doute; mais pour entrer il faut être dehors. Commençons par là.

— Nous finirons...

— Ah! monsieur le baron, dit madame Dilois en jouant un sérieux embarras.

— Oui, oui, dit-il d'un air triomphant, chassez-moi bien vite.

Madame Dilois sourit en se mordant les lèvres. Elle ouvrit la porte et appela. La servante parut et éclaira Luizzi, qui échangea avec la belle marchande des signes d'intelligence. Toute cette fin de conversation avait eu lieu sur les limites de plaisanterie et de coquinisme impossibles à poser pour un parisien. Il faut être du Midi, il faut avoir l'habitude de ce langage et de cet air empreints d'amour qu'ont nos femmes, pour savoir que ce qui partout ailleurs est un aveu, n'est souvent parmi nous qu'un badinage. Luizzi, ou tout autre, devait croire que madame Dilois était une de ces femmes à la fois intéressées et amoureuses, qui se distraient des affaires par le plaisir, mais qui, ne lui donnant que le temps perdu sont obligées de le prendre vite. Elle lui plut ainsi; il lui sut gré de n'avoir mis dans sa chute que le voile de la gaieté et non celui de l'hypocrisie, et il sortit en regardant combien madame Dilois était jolie et agaçante, combien cette chambre était coquette et blanche. C'était un sanctuaire de plaisir, sinon d'amour, et Luizzi était tout joyeux d'idées jeunes, sinon d'émotions amoureuses. Quand il fut dans la rue, il entendit cadenasser et verrouiller la grosse porte; alors son imagination, peu satisfaite de sa facile victoire, se prit à désirer que c'eût été le mari qui eût rempli cet office. De cette façon, se dit-il, c'eût été vraiment plaisant! Eh! ma foi, si c'est l'amant qui est chargé de ce soin, ce n'est pas moins original. Et, sur cette idée, le baron, traversant et retraversant la rue déserte avec ces larges enjambées de l'homme satisfait de lui-même, se laissa aller à rire tout haut. Un petit rire moqueur, un rire frêle et ténu répondit au sien comme s'il avait été jeté dans son oreille. Le baron se retourna, regarda autour de lui, regarda en l'air : tout était silencieux. Cependant ce rire le troubla; il semblait avoir trop directement répondu au sien pour qu'il n'eût pas une signification, mais d'où venait-il ? Luizzi ne put le découvrir. Il se rapprocha vivement de la petite porte, comme pour dire à ce rire impertinent : Voilà qui va me venger de cette raillerie. Mais la porte n'était point ouverte : ce n'était pas étonnant, il était sorti depuis si peu de temps ! mais la porte ne s'ouvrit point, et il y avait déjà une demi-heure qu'il était dans la rue, où le froid le gagnait ! L'impatience et la colère le réchauffèrent bientôt : était-il dupe ou bien un obstacle imprévu retenait-il madame Dilois ? Cette supposition fut longtemps à se présenter à lui. Armand avait pour la repousser sa vanité naturelle d'homme, ses succès passés, son aventure avec la marquise, et surtout le ton de madame Dilois, ce que lui en avait dit madame Barnet et ce qu'il avait supposé de Charles. Il lui fallut encore assez longtemps pour croire que l'on s'était moqué de lui. Mais enfin l'onglée le rendit moins vaniteux. On le laissait à la porte, et peut-être monsieur Charles le guettait en riant derrière un rideau. Cette odieuse pensée torturait Armand; car la question n'était plus de posséder ou de ne pas posséder cette femme, mais d'avoir été ou de ne pas avoir été bafoué; la question était d'être ou de ne pas être ridicule. Hamlet n'était point si agité. Cependant Luizzi n'osait pas encore se persuader qu'on se fût joué de lui à ce point. Une heure entière se passa dans ce combat de l'orgueil contre l'évidence. L'amour-propre est un animal qui a bien plus de têtes que l'hydre de Lerne, et auquel elles repoussent bien plus vite. Luizzi épuisa toutes les suppositions avant d'arriver à la conviction que madame Dilois s'était moquée de lui. Cependant une bonne demi-heure se passa encore, et alors commença une conviction qu'un accident inattendu vint compléter. La porte s'ouvrit; le baron y courut et se trouva face à face avec le beau Charles, qui sortait. Tous deux, après avoir reculé d'un pas, se regardèrent dans la nuit d'un regard si courroucé, qu'ils s'éclairèrent mutuellement.

— Vous voulez entrer bien tard, dit Charles.

— Pas plus tard que vous ne sortez.

— On vous attend ?

— Après vous, à ce qu'il paraît; mais je vous jure, mon cher monsieur, que vous n'avez rien à craindre.

— Que voulez-vous dire ?

— Que pour une fois par hasard on pouvait bien me laisser la première place.

— Oseriez-vous penser ?

— Ce que j'ose vous dire, que la maîtresse du logis est la maîtresse du...

— Vous ne le ferez pas, je vous le jure ! s'écria Charles en saisissant Luizzi au bras.

Le baron se dégagea avec un mouvement de colère indignée.

— Allons donc, Monsieur, vous êtes fou ou enragé !

Le mépris avec lequel le baron prononça ces dernières paroles exaspéra Charles; il s'avança sur Luizzi.

— Savez-vous qui je suis ?

— Un manant qui défend une...

— Monsieur ! cria Charles, taisez-vous ! savez-vous ce que valent les paroles que vous venez de prononcer ?

— Aussi bien que ce que vaut une balle de laine.

— Mais je sais aussi ce que vaut une balle de plomb, et je vous l'apprendrai.

— Un duel ! oh non ! non, Monsieur; c'est assez d'avoir été dupe une fois.

— Prenez-y garde, je saurai bien vous y forcer.

— Vous essayerez.

— Plus tôt que vous ne pensez... Demain au matin je serai chez vous.

— Comme il vous plaira.

Charles s'éloigna rapidement. A peine avait-il disparu, que la porte s'entr'ouvrit et que la voix tremblante de madame Dilois se fit entendre :

— Entrez, entrez, dit-elle tout bas au baron.

Luizzi eut bonne envie de refuser.

— De grâce, entrez, dit madame Dilois.

Charles était déjà loin. Le baron entra. Madame Dilois le saisit par la main : la pauvre femme tremblait. Elle conduisit Luizzi par un escalier dérobé jusque chez elle. Le calme presque virginal de cette chambre avait disparu, le lit était foulé, une lampe de nuit veillait seule. A sa clarté tremblante, Luizzi vit que le déshabillé de madame Dilois était plus complet encore que lorsqu'il l'avait quittée; elle avait seulement un peignoir de nuit, et elle était descendue les pieds nus.

— Ah! Monsieur, s'écria-t-elle, que vous ai-je fait pour vouloir me perdre?

— Vous perdre! dit Luizzi en ricanant, je n'y vois pas de danger, et en tout cas il n'y a pas de ma faute.

Luizzi était exaspéré; il avait tellement compté sur un triomphe complet qu'il était humilié vis-à-vis de lui-même au plus haut degré. En outre, il était gelé, il se sentait ridicule, il fut sans pitié.

— Quoi! toute cette plaisanterie, tout ce que nous avons dit, vous l'avez pris au sérieux!

— Comment, au sérieux! mais il me semble que tout autre à ma place en eût fait autant!

— Tout autre! mais pour qui me prenez-vous donc?

— Pour une fort jolie femme qui aime à se laisser aimer.

— Vous croyez réellement que je vous attendais?

— Oui, vraiment, je croyais que vous m'attendiez.

— Quelle opinion avez-vous donc des femmes?

— Ma foi, Madame, une meilleure qu'elles ne méritent, car je croyais que vous m'attendiez seule.

— Quoi! vous supposez que Charles...

— Allons, allons, Madame : c'est assez d'une plaisanterie, comme vous dites; être dupe deux fois dans une nuit, c'est trop.

— Oh! ne parlez pas ainsi, Monsieur, et pardonnez-moi. J'ai été trop loin dans une folie de paroles à laquelle je croyais que vous n'attachiez pas la moindre importance.

Elle s'arrêta, et, haussant les épaules avec une tristesse impatiente, elle ajouta :

— Quoi! Monsieur, un homme que je ne connaissais pas, et que je rencontrais pour la première fois! et vous avez pu penser... Non, non, c'est impossible...

— C'est tellement possible que je le pense encore.

— Et que vous le direz peut-être, n'est-ce pas? comme vous en avez menacé Charles?

— Empêchez ce monsieur de m'y forcer, car assurément je ne me battrai pas avec lui sans en dire la raison à qui voudra l'entendre.

— Et si j'ai assez de pouvoir sur lui pour l'arrêter, que ferez-vous?

— Oh! Madame, ceci est une autre affaire; je ne comprends la discrétion que pour les secrets, et je ne sache pas qu'il y en ait encore entre nous.

— Et il n'y en aura pas, je vous le jure.

— Comme il vous plaira, Madame; gardons chacun notre liberté.

— Mais je suis mariée, Monsieur.

Luizzi était furieux, il répondit brutalement :

— Et vous avez des enfants, une très-jolie fille, entre autres.

— Ah! je vous comprends, maintenant. Oui, vous me méprisiez assez, quand vous êtes venu ici, pour oser tout espérer.

— Il me semble que je n'avais pas besoin de cette présomption et que vous avez fait tout ce qu'il fallait pour me l'inspirer.

— Et voilà ce que je ne comprends plus. Vous êtes d'un monde, Monsieur, où les paroles ont, à ce que je vois, un sens plus réel que dans le nôtre.

— Je suis d'un monde, Madame, où l'on ne fait pas de la coquetterie un moyen de commerce.

— Oh! Monsieur, s'il en est ainsi, voilà votre marché! vous pouvez le déchirer.

Madame Dilois tendit le papier à Luizzi en se détournant pour cacher ses larmes. Le baron était implacable, il répliqua :

— En vérité, Madame, j'aimerais mieux l'achever, et alors je vous jure que le silence le plus profond...

Madame Dilois fit un geste d'horreur.

— Alors, reprit Luizzi, permettez-moi de me retirer.

Elle prit une bougie, elle l'alluma; le baron vit combien la pauvre femme était pâle et défaite; elle lui fit signe de la suivre après s'être silencieusement enveloppée d'un châle. Luizzi fut cruellement piqué d'être si froidement et si nettement éconduit.

— Réfléchissez-y bien.

— Mon parti est pris.

— Je suis vindicatif.

— Et moi, je serai innocente, monsieur le baron.

— Adieu donc, Madame.

— Adieu, Monsieur.

Et, sans autres paroles, elle le reconduisit hors de chez elle, et il regagna son hôtel. Il se coucha fort agité, surtout fort inquiet de ce qu'il ferait. Enfin il s'endormit pour ne s'éveiller que fort tard. Dès qu'il eut appelé quelqu'un, il demanda si personne n'était venu le demander.

— Personne.

— Ah! pensa-t-il, le monsieur Charles se sera ravisé, ou bien sa belle maîtresse l'aura ravisé.

Luizzi se leva, déjeuna, en cherchant un moyen de raconter ce qui lui était arrivé. Il n'eut pas un moment le remords de ce qu'il allait faire. Lorsque l'indiscrétion des hommes ne pardonne pas aux femmes, le bonheur qu'elles leur donnent, jugez si elle pardonnera le bonheur qu'ils supposent qu'on a donné à un autre.

Mais une confidence à faire n'est pas une chose si aisée qu'on le pense. Il faut y être provoqué, sous peine de ressembler à un parleur manant et grossier. Luizzi ne savait trop à qui s'adresser, lorsque le domestique annonça monsieur Barnet.

— C'est le ciel qui me l'envoie, dit Luizzi, en pensant que monsieur Barnet devait être le digne pendant de sa femme.

C'était un gros homme réjoui, à l'air fin et spirituel, aux manières avenantes.

— Vous m'avez fait l'honneur de passer chez moi, monsieur le baron, et ma femme m'a dit que vous aviez désiré avoir des renseignements sur la fortune du marquis du Val.

— C'est vrai... c'est vrai... dit Luizzi. Mais ceux que madame Barnet m'a donnés me suffisent; d'ailleurs je n'ai plus les mêmes projets, et je voudrais savoir maintenant.....

— Où en est la fortune des Dilois? Ma femme m'a tout dit. Bonne et excellente maison, monsieur le baron, dirigée par une honnête et bonne femme!

— Diable! vous en répondez bien vite!

— C'est la probité en personne.

— Je ne dis pas non, mais est-ce la sagesse en personne?

— J'en jurerais sur ma tête.

— Tant mieux pour votre femme, dit Luizzi en riant. Puis il se reprit et ajouta : Pardonnez-moi, j'ai moins que vous confiance en la vertu des femmes, vous ne les voyez guère que le jour de la signature du contrat, et ce jour-là tout est amour, adoration et serments de fidélité; mais plus tard...

— Auriez-vous quelque raison de croire que madame Dilois!...

— Je vous le donne à juger.

Et là-dessus il raconta tout à Barnet, en riant et en se faisant assez ridicule pour avoir l'air de se sacrifier : infâme adresse qui met le sang de la victime sur les mains du bourreau, comme si c'était celui-ci qui fût blessé! Luizzi raconta, disons-nous, son aventure de la nuit.

— Je ne l'aurais jamais cru, s'écriait Barnet, jamais, jamais. Quoi! Charles?

— Oui, Charles, pendant que je montais la garde...

— Et vous êtes rentré?...

— Oh! pour rien, je vous jure; c'est déjà assez désobligeant de succéder à un mari, pour être peu tenté par la place qu'a occupée d'abord un amant.

— Un amant! madame Dilois, un amant! répétait le notaire avec stupéfaction.

Luizzi était enchanté de ce qu'il venait de faire, et il ajouta en se dandinant dans son fauteuil :

— Ah! mon Dieu! mon cher, depuis trois jours que je suis à Toulouse, j'en ai appris plus que vous ne pensez sur les femmes irréprochables.

— Qui l'aurait dit? s'écriait Barnet; ce petit Charles! Ah! mon Dieu! mon Dieu! les femmes!

— Il me semble que celle-là avait commencé de manière à faire deviner ce qu'elle serait.

— Vous avez raison : bon chien chasse de race, et elle est née, dit-on, d'une mère... Mais cela est un secret de notaire, c'est sacré.

— Ah! oui, vous avez des secrets de notaire assez curieux, et particulièrement un sur madame du Val?

— Oui, oui; mais personne au monde ne le saura. Pauvre femme! En voici une, par exemple, qui a supporté sa vie avec une vertu et un courage!...

Luizzi ricana, mais il se tut. Il avait trop de gentilhommerie dans le cœur pour jeter la réputation de la marquise du Val à un bourgeois comme Barnet; si celui-ci eût été seulement un petit vicomte, Armand l'eût bien vite désabusé de sa bonne opinion. D'ailleurs, il se souvint qu'il devait, le soir, rencontrer la marquise, et, satisfait de sa première confidence, il se borna à prier monsieur Barnet de vendre ses laines à une autre maison de Toulouse. Le notaire, de son côté, était venu pour parler de la vente d'une coupe de bois et proposer au baron de conclure l'affaire avec un certain monsieur Buré.

— Est-il marié? dit Luizzi avec cette fatuité qui fait une insulte de la plus légère question.

— Oui, et à une femme dont je répondrais... Mais, ma foi, monsieur le baron, je ne sais plus que penser et dire des femmes... Celle-ci passe pour la vertu la plus pure.

— Nous verrons, reprit Luizzi, et il renvoya monsieur Barnet.

Le soir venu, Armand alla dans la soirée où il savait trouver la marquise. Elle devint si pâle en l'apercevant, qu'elle lui fit pitié. Il s'approcha d'elle; ils se retirèrent dans un coin du salon, et c'est à peine si elle put lui répondre. Luizzi crut remarquer qu'on les observait.

— Refuserez-vous de m'entendre? lui dit-il.

— Non, car j'ai une grâce à vous demander.

— Je ne serai pas cruel.

— Je sais l'aventure qui vous est arrivée avec Sophie.

— Qui Sophie?

— Madame Dilois.

— Madame Dilois!

— Oh! je vous en supplie, au nom du ciel, n'en parlez à personne!

— En vérité, ce n'est pas de madame

Demain matin je serai chez vous .. Page 38.

Dilois que j'ai à m'occuper à vos côtés, et n'ai-je pas quelques droits de m'étonner de vos refus à me recevoir après ?.....

Une rougeur pourpre remplaça la pâleur de madame du Val.

— Armand, lui dit-elle, je mourrai bientôt... je l'espère... oh! oui, je l'espère... Alors, vous saurez tout.

Lucy avait un air si pénétré de cette affreuse espérance, qu'elle toucha Luizzi. Elle continua :

— Ne me revoyez jamais !
— Cependant...
— A genoux, c'est à genoux que je vous le demande.

Et cet égarement que Luizzi avait déjà vu dans le regard de la marquise semblait prêt à éclater encore. Il répondit :

— Et bien ! je vous le promets.
— Promettez-moi aussi, reprit-elle avec plus de calme, de ne parler jamais de madame Dilois.

Luizzi se crut assez fort pour arrêter la confidence faite à Barnet, et il le promit de même. Un moment après, Lucy se retira au milieu des saluts profonds de tous les hommes. A la porte du salon où ils se pressaient, ils lui ouvrirent un passage comme à une noble et sainte personne à qui l'on ne pouvait trop montrer combien on avait de respect pour elle. Luizzi demeura tout pensif. Quelques jeunes gens causaient à côté de lui, tout bas et riant beaucoup de ce qu'ils disaient. En ce moment la maîtresse de la maison s'approcha du baron et l'appela par son nom.

— Et pardieu! dit l'un de ses voisins, voici le héros de l'aventure Dilois.

Luizzi ne douta plus que ce qu'il avait dit à Barnet ne fût déjà le sujet de toutes les conversations, et, par un sentiment tout nouveau, il éprouva un vif remords de ce qu'il avait fait; puis il se mit à écouter ce qui se disait près de lui, en feignant d'être très-attentif à toute autre chose.

— Ma foi! il a été bien niais, disait l'un, et, à sa place, je n'en serais pas sorti sans avoir prouvé à la petite femme qu'on ne se moque pas ainsi d'un honnête homme.

— Ce Charles me parait le plus heureux de tous, car la petite marchande est ravissante.

Et la conversation demeura sur ce ton assez longtemps pour que Luizzi se persuadât qu'il avait été un maladroit et que le remords qu'il avait eu était ridicule. Par un enchaînement assez naturel de pensées, il arriva de son aventure de madame Dilois à celle de Lucy, et se dit encore qu'il avait été joué cette fois par une hypocrisie impudente, comme il l'avait été par une agacerie éhontée. Il en était là de ses réflexions, lorsque l'on se mit à parler de la marquise, et le concert d'éloges qui lui fut prodigué, changeant encore le cours des idées de Luizzi, le plongea dans une anxiété insupportable. Il résolut de la faire cesser, et se retira avec la pensée d'éclaircir ce premier mystère, grâce à son infernal confident.

Luizzi comptait être seul, mais un homme l'attendait chez lui. Cet homme était monsieur Buré, un très-riche maître de forges des environs de Toulouse, celui dont Barnet avait parlé au baron. Monsieur Buré était un homme âgé; mais il portait en lui les signes d'une santé ferme et calme, maintenue par une vie sobre et occupée. L'affaire dont il entretint Luizzi, la manière dont il la présenta, donnèrent au baron une haute idée de la capacité de cet homme. Il écouta avec faveur la proposition que monsieur Buré lui fit de s'associer à une grande entreprise, et consentit de l'accompagner à sa forge pour la visiter. Luizzi n'était pas fâché d'ailleurs de ces quelques jours d'absence, afin de prendre parti avec lui-même et de sortir un moment de ce tourbillon de mystères qui l'enveloppait. Il commençait à comprendre, malgré lui, qu'il devait y avoir des causes très-extraordinaires à ce qui s'était passé. Il n'avait encore rencontré ni de tels caractères ni de telles aventures, et il voulut se donner le loisir d'y réfléchir.

Lorsque monsieur Buré et Luizzi se séparèrent, il était déjà assez tard pour que Luizzi n'eût plus le temps d'avoir l'explication qu'il voulait demander à son diabolique ami; d'ailleurs il lui fallait partir presque sur-le-champ. Deux heures après, il roulait en chaise de poste, et, vers le milieu du jour, il entrait dans la forge de monsieur Buré. Sans lui laisser un moment de repos, et après un déjeuner pris à la hâte, monsieur Buré conduisit le baron dans son établissement et ne le ramena à sa maison d'habitation qu'à trois heures, au moment du dîner.

Toute la famille était assemblée. Luizzi regarda madame Buré : c'était une femme charmante, gracieuse, avenante et pleine d'une douce sérénité. Son père et sa mère, le père et la mère de monsieur Buré étaient là, et deux jeunes filles de quinze et de seize ans se tenaient près de leur mère, douces fleurs qui s'ouvraient timidement à une vie pure et sainte, n'ayant aucune idée du mal ; car, dans cette famille, personne ne pouvait la leur donner.

On attendait quelqu'un, c'était le frère de madame Buré : il avait été capitaine sous l'empire et gardait une haine profonde à tout ce qui se rattachait au retour des Bourbons. A ce titre, le baron de Luizzi devait lui déplaire. Cependant, le capitaine l'accueillit avec une franchise pleine de bonhomie. Le dîner se passa à deviser simplement d'affaires. Après le dîner, monsieur Buré et son beau-frère retournèrent à leurs occupations, et Armand resta seul avec madame Buré, les vieux parents et les jeunes filles. Chacun se livrait, de son côté, à de petits travaux ou à de graves lectures, et Armand, qui s'était emparé d'un journal, put voir avec quel soin de fille et de mère madame Buré s'occupait de tous ceux qui l'entouraient. C'était une prévenance et une protection si empressées, que Luizzi en fut ravi, et que, facile à se laisser aller à toutes ses impressions, il pensa qu'il avait devant lui le modèle d'une vie parfaitement heureuse. Madame Buré surtout lui semblait une douce et ravissante réalisation de la femme à qui toutes les affections abondent au cœur pour le remplir d'amour et le répandre ensuite autour d'elle, comme la large coupe de nos fontaines où l'eau monte sans cesse par des conduits cachés pour en redescendre en nappes fraîches et pures. Luizzi se sentit heureux de ce spectacle, et, quand le soir fut venu, il se retira le cœur content. Cette journée avait si bien contrasté pour lui avec celles qui venaient de s'écouler, qu'il se plaisait à en rechercher les moindres circonstances. Quelle femme que cette madame Buré! se disait-il; quelle exquise beauté! quelle gracieuse simplicité! Certes, jamais personne ne pensera à troubler une âme si calme, une vie si sereine; tandis que la marquise et madame Dilois...

Comme il achevait mentalement ces noms, il se souvint de sa résolution d'apprendre le secret de leur conduite. Il balança longtemps; car, par un secret avertissement, il lui semblait qu'il allait gâter la bonne émotion qu'il avait éprouvée. Mais ce qui eût dû retenir sa curiosité fut ce qui le détermina à la satisfaire. Aurais-je l'air, se dit-il, de trembler devant le Diable? et, lorsque je suis résolu à connaître la vie humaine dans ses secrets les plus ténébreux, reculerais-je quand il s'agit d'apprendre sans doute l'histoire très-vulgaire de deux femmes perdues? Sur cette raison, il se leva fièrement, et, s'étant enfermé, il fit retentir la magique sonnette. Le Diable parut devant lui. Il avait le costume d'un élégant en visite, de ceux qui sentent bon, qui ne voient qu'à travers un lorgnon, qui parlent avec une parole bâillée, comme des carpes qui happent un moucheron à la surface de l'eau. Il paraissait ennuyé, et il lorgna Luizzi avec un petit ricanement que celui-ci reconnut aussitôt.

— Eh bien! lui dit-il, que veux-tu de moi?

— Je veux savoir l'histoire de madame du Val et celle de madame Dilois.

— C'est bien long!

— Nous avons le temps.

— Et à quoi cela te mènera-t-il?

— A connaître les femmes!

— A savoir le secret de deux femmes, voilà tout. Vous êtes fous, vous autres hommes. Vous vous figurez que toute une vie est dans une aventure. La vertu des femmes, monsieur le baron, est une chose de circonstance. Un hasard peut la faire chanceler et la laisser choir, sans qu'il y ait de leur faute.

— Il me semble que la conduite de madame du Val peut me donner lieu de penser...

— Que c'est une impudente, une débauchée, n'est-ce pas?

— Eh bien! oui. Se donner en une heure à un homme...

— Qu'elle connaissait depuis longtemps et qui l'avait aimée. Et si elle s'était donnée au premier venu ?

— C'est le fait d'une fille publique !

— Pas tout à fait.

— D'une folle !

— Point du tout. Écoute-moi bien : je t'ai trouvé dans l'ébahissement sur l'air de vertu qu'on respire ici ; eh bien ! je veux te raconter une petite anecdote qui te prouvera que votre manière de juger les femmes est stupide, même dans les idées de votre morale humaine.

— Il s'agit de madame Buré ?

— Oui.

— Ce doit être une honnête femme !

— Tu en jugeras.

— Aurait-elle commis quelque faute ?

— Je ne sais pas, moi ; mais je crois que madame Dilois en a fait une en ne te cédant pas.

— Pour toi, démon ?

— Point du tout : pour elle.

— Je voudrais bien savoir comment ?

— Je vais te dire l'histoire de madame Buré.

— A propos de madame Dilois ?

— C'est ma manière. Le bon moyen de juger les gens, c'est de les regarder dans les autres. Si tu te fais homme politique, regarde comme tu as jugé le souverain que tu as aimé, et tu seras juste pour celui que tu hais, *et vice versa*. Si tu prends femme, rappelle-toi ce que tu as supposé sur le compte des femmes de tes amis, et tu ne t'étonneras pas si la tienne te trompe ; si tu t'achètes une maîtresse, souviens-toi combien en ont payé pour toi, et persuade-toi que tu entretiens la tienne pour les autres ; n'aie pas surtout la sotte manie de te croire une exception : tout homme est né pour mentir à son père, être cocu, et se voir trompé par ses enfants. Ceux qui échappent à la destinée commune sont rares pour que tu n'en connaisses pas un.

— Madame Buré a donc trompé son mari ?

— Qu'appelles-tu tromper ? elle lui a rendu un service immense.

— En le faisant cocu ?

— Je parie que tout à l'heure ce sera ton avis.

— J'en doute.

— Il est vrai que nul être vivant ne pourrait te le persuader. L'aventure qui est arrivée à madame Buré est un secret entre elle et le tombeau, et personne au monde ne pourrait te le raconter, si ce n'est elle ou moi. C'est un petit drame à deux acteurs ; car, humainement parlant, je ne compte pas dans la liste des personnages, quoique, à vrai dire, je me mêle toujours un peu au dénoûment de ces sortes de pièces.

— Parle, je t'écoute, répondit Luizzi.

V

TROISIÈME NUIT

LA NUIT EN DILIGENCE

Et le Diable commença ainsi :

C'était en 1819, dans la cour des messageries de Toulouse, le 15 février, à six heures du soir ; la nuit était close, une foule de voyageurs attendaient l'heure de partir. Le conducteur arrive armé de sa liste et d'une lanterne, et appelle madame Buré. A ce nom, une femme s'avance et monte lestement dans le coupé d'une dilligence qui partait pour Castres. Voilà qui est bien. Toutefois, en montant, elle laissa voir à un grand beau jeune homme qui la suivait une jambe d'une élégance parfaite ; puis elle se retourna pour recevoir un petit paquet que lui tendait le conducteur, et montra ainsi au jeune homme son visage potelé et rose, son sourire agaçant et ses dents d'une pureté admirable. C'est là que commença le malheur. D'un même geste le jeune homme ôta sa casquette de sa tête, son cigare de sa bouche, et le jeta par terre. Il demanda avec une politesse exquise à madame Buré si on lui avait remis tout ce qui lui appartenait, et, sur sa réponse affirmative, il prit place à côté d'elle et l'examina à la lueur des lanternes, comme pour s'assurer qu'on pouvait tenter en toute sécurité une pareille conquête. En effet, la nuit était parfaitement noire, et une fois en route, il eût été impossible au beau jeune homme de juger de sa compagne de voyage. Comme c'était un officier d'artillerie très-fort sur les principes de la tactique, probablement il n'eût pas fait un pas en avant s'il n'eût reconnu d'avance le terrain où il devait diriger ses batteries, et nul doute que la crainte de tomber dans une vieille femme ne l'eût sans cela rendu très-circonspect. Mais il avait vu de madame Buré qu'elle était jeune, qu'elle était jolie et qu'elle n'avait point l'air farouche. Aussi, dès que la voiture eut dépassé le faubourg et qu'elle roula sur la route isolée de Puylaurens, il commença à se rapprocher de sa voisine. D'abord elle n'était pas assez couverte, et il jeta par terre son beau manteau neuf pour lui envelopper les pieds; puis il l'interrogea, et ne s'aperçut point que c'était lui qui répondait aux questions de madame Buré. En effet, ils n'avaient pas fait une lieue, qu'il avait dit qu'il s'appelait Ernest de Labitte, qu'il était en garnison à Toulouse, et qu'il comptait quitter bientôt cette ville pour aller dans le Nord. L'affaire qui l'appelait à Castres pouvait tout au plus le retenir une heure, et il devait revenir à Toulouse par la voiture de retour.

Toutes ces circonstances bien constatées, madame Buré, qui s'était d'abord montrée assez réservée, reçut les soins de l'officier avec un peu plus de négligence qu'elle n'en avait eu jusqu'alors, c'est-à-dire qu'elle les surveilla un peu moins. Le froid est un merveilleux auxiliaire en ces sortes d'affaires : Ernest de Labitte en profita assez simplement.

— Mon Dieu! Madame, vous ne devez pas être habituée à voyager seule; il est impossible de se mettre en route avec plus d'imprudence. Vous n'avez rien pour vous envelopper le cou. J'ai là quelques mouchoirs de soie que mon domestique a dû mettre dans les poches de la voiture, permettez que je vous en offre un.

— En vérité, Monsieur, on n'est pas plus galant.

— Vous vous trompez, Madame. Je fais peu de cas de cette galanterie qui met un honnête homme aux ordres de la première femme qu'il rencontre.

— Vos manières envers moi prouvent le contraire.

— Elles vous prouvent tout au plus que, lorsque je trouve une femme aussi parfaitement gracieuse et charmante que vous l'êtes, je tâche de lui montrer que je comprends tout ce qu'elle mérite d'hommages.

— Oh! dit madame Buré en riant, si vous n'êtes pas galant, du moins êtes-vous très-flatteur.

— Flatteur! moi? vous savez bien le contraire, Madame. D'autres vous ont dit sans doute combien vous êtes jolie; ils vous l'ont dit assez souvent pour que vous n'en puissiez douter. Je ne suis donc pas plus flatteur que galant.

Madame Buré fut assez embarrassée de l'aisance avec laquelle cet inconnu lui faisait en face de si grossiers compliments, et elle ne répondit pas. Ernest attendit un moment, puis reprit :

— Mes paroles vous auraient-elles blessée, Madame, et ma rude franchise serait-elles sortie des bornes du respect?

— Je ne puis le dire, et cependant je vous serai obligée de changer de langage.

— Madame, l'admiration pour la beauté est aussi involontaire que la beauté elle-même, et lorsqu'elle nous emporte...

— On ne sait plus ce que l'on dit, n'est-ce pas, Monsieur?

— Je vous demande pardon : on sait parfaitement ce qu'on dit, et, pour vous le prouver, j'ajouterai que je commence à soupçonner que vous n'êtes pas moins spirituelle que jolie.

— Ah! répliqua madame Buré d'un ton sec, Monsieur me fait l'honneur de soupçonner cela?

— Prenez garde de vous fâcher, ou j'en douterai.

— Vous conviendrez tout au moins que je suis bien bonne de vous écouter.

— Je vous prierai de remarquer que vous ne pouvez pas faire autrement.

— De façon que vous ne m'en savez aucun gré?

— Je vous sais gré d'être là.

Il s'arrêta un moment puis reprit d'un ton exalté :

— Je vous sais gré d'être là, comme je sais gré à un beau jour de luire sur ma tête, à un air parfumé de courir autour de moi, à une nuit pure de m'enivrer de son silence; comme je sais gré à tout ce qui m'est étranger de me paraître sous un aspect heureux et céleste.

Tout le commencement de cette conversation avait été jeté d'un coin à l'autre du coupé avec l'intonation railleuse de gens qui font ou veulent faire de l'esprit : mais Ernest prononça cette dernière phrase avec un si singulier enthousiasme, qu'il déplut à madame Buré. Un mouvement involontaire rapprocha Ernest de sa voisine; mais elle ne jugea pas à propos de laisser l'entretien s'engager sur ce terrain, et, voulant le ramener à la familiarité ironique par laquelle il avait commencé, elle répliqua sans bouger de son coin et avec un accent de trivialité qu'elle crut nécessaire pour arrêter la poésie de M. Ernest :

— Je suis en vérité trop heureuse de partager votre reconnaissance avec le soleil et la lune.

La phrase ne manqua pas son effet. Ernest se rejeta dans son coin, et, après un moment de silence pendant lequel il se mordit les lèvres, il dit d'un ton assez peu gracieux à madame Buré :

— Madame, la fumée du tabac vous déplaît-elle?

La question était si saugrenue que madame Buré se retourna pour regarder Ernest, quoiqu'elle ne pût pas le voir.

— Je ne crois pas, reprit-elle froidement, qu'il soit d'usage de fumer dans une voiture publique.

Ernest en fut pour sa sotte demande, et le silence recommença. L'action avait si vivement débuté, qu'Ernest était très-contrarié de la voir cesser si soudainement; il cherchait tous les moyens possibles de renouer la conversation et n'en trouvait aucun. J'ai été un niais, se disait-il; je me suis laissé aller à parler à cette femme avec le sentiment de bonheur que sa rencontre m'avait inspiré, car on n'est pas plus jolie; elle m'a répondu par une plate plaisanterie, et maintenant elle joue la dignité. C'est ma faute à moi, qui fais de la poésie à propos de tout; si j'avais continué à la traiter cavalièrement, nous serions les meilleurs amis du monde. C'est quelque petite marchande de Castres, qui n'est si soignée de sa personne que parce qu'elle en profite. Il faut lui montrer que je ne suis pas un nigaud.

Dès qu'Ernest eut pris cette résolution, il jugea à propos de l'exécuter, et, se laissant glisser doucement sur le coussin, il s'approcha de madame Buré jusqu'à ce qu'il rencontrât ses genoux. Elle se retira vivement :

— Oh! Monsieur! dit-elle.

Qu'il y avait de choses dans ces deux mots! que l'intonation triste et digne dont ils furent prononcés renfermaient de reproches pour Ernest et de chagrin pour cette femme d'être ainsi traitée. Cependant cette simple défense montrait aussi que madame Buré ne croyait pas en avoir besoin d'autre vis-à-vis d'un homme qui paraissait distingué. Ernest, honteux et désolé, reprit sa place en silence : il eût voulu parler, et, malgré l'obscurité, il regardait madame Buré d'un air de repentir, comme si elle eût pu le voir. En ce moment, il s'aperçut qu'elle faisait quelques légers mouvements; mais il n'osa lui faire de questions, et se trouva trop de tort pour oser s'excuser.

Ce fut ainsi qu'ils arrivèrent au premier relais. Tous les voyageurs des autres compartiments de la voiture descendirent. Madame Buré resta seule immobile; elle paraissait dormir. Ernest n'osa pas remuer. Tout à coup le conducteur de la voiture introduisit sa lanterne par la portière pour prendre quelque chose dans une des poches, et Ernest put voir ce qui avait occasionné les mouvements de sa voisine : elle avait doucement dégagé ses pieds du manteau qui les enveloppait et l'avait repoussé jusqu'auprès d'Ernest. Le mouchoir de soie qu'il lui avait offert et dont elle avait entouré son cou était déposé à côté d'elle. Ernest en fut cruellement surpris. Dans cette liaison d'une heure, c'était comme une rupture, c'était comme des gages de confiance rendus. Ernest fut sur le point de s'écrier; mais madame Buré dormait, et il n'avait pas le droit de s'excuser au prix de son sommeil. Il demeura immobile à la regarder jusqu'à ce que la voiture partit. Dès qu'elle fut en marche, Ernest ramassa doucement son manteau, et, pli à pli, il le posa si légèrement sur les pieds de madame Buré qu'elle avait bien le droit de ne pas paraître s'en apercevoir. La lune se levait à ce moment et jetait un peu de clarté dans la voiture. Ernest se replaça aussi loin qu'il le put de madame Buré; puis, voyant le mouchoir de soie sur le coussin, il essaya aussi de le remettre autour du cou de la dormeuse; il n'y put parvenir, et, craignant de l'éveiller, il reprit sa place. Comme il se désespérait dans un coin d'avoir forcé cette charmante femme à souffrir du froid, il vit la main de madame Buré qui cherchait sur le coussin. Il y posa doucement le mouchoir; elle le rencontra le prit et s'en enveloppa sans rien dire.

— Ah! Madame, s'écria Ernest avec une véritable émotion, vous êtes un ange!

Madame Buré montra qu'elle n'avait point dormi, et achevant d'arranger tout à fait le manteau sur ses pieds, elle répondit avec un ton de reproche charmant :

— Mais pourquoi donc traiter comme une aventurière une femme que vous ne connaissez pas?

Ernest ne répondit pas. Trop de sentiments étranges s'agitaient en lui. Il n'osait exprimer ce qu'il éprouvait, tant cela pouvait paraître extravagant et par conséquent injurieux pour madame Buré! Il faut remarquer que, comme ils ne se voyaient ni l'un ni l'autre, l'expression des traits ne pouvait rien dire de ce qu'ils sentaient et qu'il fallait pour ainsi dire, tout parler. Enfin, Ernest reprit avec une sorte de gaieté en colère :

— Tenez, Madame, je me disais tout à l'heure, à part moi, que j'étais un maladroit, et je vois que je n'ai été qu'un brutal; et maintenant, si je n'ose vous dire tout ce qui me passe par la tête, c'est de peur de vous fâcher encore.

— C'est donc bien étrange?

— Oui vraiment.

Il s'arrêta: et reprit tout à coup :

— En vérité, je crois que je suis amoureux de vous.

Madame Buré se mit à rire aux éclats. Ernest lui répondit avec une bonhomie pleine de tendresse :

— Eh bien! j'aime mieux cela. Moquez-vous de moi, persuadez-moi que je suis ridicule, ce sera plus raisonnable. Mais tenez, là, tout à l'heure, quand j'ai vu mon pauvre manteau et mon pauvre mouchoir que vous aviez repoussés!... c'est bien niais de l'avoir senti et bien niais de vous le dire, mais cela m'a fait de la peine, une peine sincère, je vous le jure. J'étais humilié, mais j'étais encore plus malheureux.

Il y avait dans la voix d'Ernest une émotion qui voulait rire et qui n'attestait que le trouble sincère du cœur. Quant à madame Buré, elle ne riait plus, elle répliqua doucement :

— Vous avez le cœur bien jeune.

— Et je vous remercie de me l'avoir fait sentir. Voulez-vous que je vous raconte mes pensées d'il y a une heure et mes pensées d'à présent ?

— Mais je ne sais pas.

— Oh! vous avez trop de supériorité dans l'esprit et dans le cœur pour vous offenser de ce que je puis vous dire. D'ailleurs, je n'accuserai que moi.

— Eh bien ! donc, que pensiez-vous il y a une heure ?

— Je pensais... Vous comprenez bien que je ne le pense plus... Je pensais que vous étiez une femme qui n'aviez de compte à rendre de votre conduite qu'à vous-même : une de ces femmes qui donnent un peu au hasard... au caprice... à l'occasion... à un moment d'imagination... qui donnent...

— En voilà assez, dit madame Buré d'un ton où il y avait autant de tristesse que de mécontentement, et c'est dans la catégorie de ces femmes que votre bonne opinion de moi m'avait placée ?

— Oh! ne le croyez pas, Madame. Du moment que je vous ai vue, vous m'avez séduit. A quel titre que ce soit, j'ai désiré sur-le-champ vous laisser un bon souvenir de l'homme que vous avez rencontré par hasard sur la route de Castres. Je vous dirai même que ce premier sentiment était presque indépendant de votre beauté et de votre jeunesse. Vous auriez eu soixante ans que je vous aurais entourée de soins comme ma mère ; mais il s'est trouvé que vous étiez si jolie que j'ai combattu cette première impression ; je vous ai descendue de cet autel improvisé, et j'ai espéré, pour oser tenter de vous plaire, que vous étiez moins parfaite que vous ne le paraissiez. Je l'ai essayé, mais votre charme m'a de nouveau dominé malgré moi, et, si vous étiez juste, vous vous rappelleriez qu'au moment où vous avez prétendu que je vous comparais au soleil et à la lune, je vous disais du fond du cœur que votre présence m'avait souri comme un beau jour, comme une belle nuit. Que sais-je ? Je parlais avec mon cœur, vous m'avez répondu avec votre esprit, j'ai été blessé : je me suis senti furieux contre moi de m'être laissé prendre à votre grâce, et je viens de vous punir par une grossièreté de la folie de mon cœur. Voyez comme je suis franc ! je vous fais un aveu bien sincère, il l'est assez pour vous montrer que j'ai besoin de votre pardon.

Ernest se tut, et madame Buré ne répondit pas. Elle craignait sa propre voix. Il lui eût fallu plus d'art qu'elle n'en avait pour répondre naturellement. Cependant elle ne pouvait garder le silence, et, pour se donner le temps de se remettre, elle offrit encore à Ernest l'occasion de parler longuement.

— Vous m'avez dit vos pensées de tout à l'heure, mais vous ne m'avez pas dit vos pensées d'à présent.

— Oh! celles-ci sont encore plus folles et plus coupables peut-être, mais tout ce que je vous dirai ne peut vous offenser, je le repète ; c'est la confidence d'un de ces rêves d'un moment qu'on bâtit dans sa tête et qui ne s'excusent que parce qu'ils s'évanouissent au jour. Dans quelques heures le mien sera fini.

— Voyons ce rêve ?

— Imaginez-vous donc que, lorsque j'ai découvert que j'avais été si peu convenable envers vous, je n'ai pas perdu tout espoir, ou plutôt tout désir.

— Comment, vous croyez encore ?

— Laissez-moi vous expliquer ce que c'est que ma tête et mon cœur. Dire que j'ai espéré, ce n'est point vrai ; mais dire que je n'ai pas désiré une chose impossible, ce n'est pas vrai non plus. Et cette chose impossible, c'est que j'ai souhaité en vous quelque folle idée ou quelque enthousiasme plus fort que vous-même et qui vous donnât à moi. Peut-être ne me comprenez-vous pas ? et tout ce que j'ai senti a été si fou, que je ne sais vrai-

Ce fut ainsi qu'ils arrivèrent au premier relais... Page 47.

ment si c'est intelligible. Cette femme qui est près de moi, me disais-je, elle doit aimer quelque chose, elle a une passion ou un goût exclusif. Si elle aimait la poésie, si elle était de ces femmes qui jettent leur cœur à un art de peur de le perdre dans l'amour, si ce magnifique et saint langage de la poésie avait quelquefois endormi ses douleurs ou relevé ses espérances, qu'il serait doux de pouvoir lui dire tout d'un coup : Je m'appelle Byron ou Lamartine; de me trouver en intimité depuis longtemps avec sa pensée ; de lui inspirer, dans une heure d'oubli, l'idée d'être un moment à celui qu'elle a rêvé ! Si elle était musicienne, me disais-je, je voudrais être Rossini ou Weber. Si elle était peintre, quel bonheur de m'appeler Vernet ou Girodet ! Enfin, que vous dirai-je? j'ai bâti entre vous et moi les contes les plus extravagants pour penser que, si j'avais été un homme supérieur, je ne vous aurais pas rencontrée pour vous quitter et vous dire adieu comme à tout le monde. Tenez, Madame, je crois que je deviens fou; mais j'ai pensé que si vous étiez dévote, j'aurais voulu être un ange.

— Oui, véritablement, vous êtes bien fou, et tous vos rêves auraient été bien inutiles; car eussiez-vous été Weber, ou Byron, ou tout autre, vous n'eussiez pas trouvé en moi de passion ou de goût exclusif pour vous comprendre. Je ne suis qu'une pauvre femme bien simple et qui ai pris de bonne heure mon parti d'être heureuse de ma médiocrité. Vous le voyez tous vos beaux rêves sont comme toutes vos mauvaises suppositions, ils s'adressent mal.

— Vous avez raison, Madame, et pourtant vous n'êtes pas une femme ordinaire. Je ne sais, mais il y a autour de vous une atmosphère de charme trop fine, trop subtile peut-être pour les gens qui vous entourent, mais qui m'a saisi au cœur. On vous ignore, et peut-être vous ignorez-vous vous-même... Avez-vous jamais aimé?

— Oh! non.

Cette réponse s'échappa du cœur de madame Buré soudainement, sans réflexion, et avec un tel accent d'effroi, qu'on voyait que cette femme avait toujours eu peur de son cœur et l'avait gardé tout entier ne pouvant pas le donner à un amour avoué et craignant de le donner à un amour coupable. Ce mot voulait dire : Je n'ai pas aimé, je m'en suis bien gardé, j'aurais trop aimé. Ernest le comprit ainsi.

— Ah! vous n'avez jamais aimé? s'écria-t-il Ah! tant mieux! vous m'aimerez, moi.

— Ceci est plus que de la folie.

— Oh! vous m'aimerez, vous dis-je. Je suis jeune, je suis riche, je suis libre : ma carrière n'est pour moi qu'une occupation sans avenir, je puis la quitter comme je l'ai prise. Tout ce que j'ai donné d'activité à des études fastidieuses, à des plaisirs plus fastidieux que ces études; tout ce que j'ai d'avidité dans le cœur pour la vie aventureuse je le mettrai à vous chercher, à vous poursuivre, à vous adorer. Ne voyez-vous donc pas, Madame, que je vais changer ma vie insipide d'exercices, de mathématiques, de revues et de café contre un beau roman chevaleresque, le seul roman chevaleresque de notre siècle? Dans ce coupé de diligence, vous êtes la dame châtelaine inconnue qu'un pauvre chevalier errant rencontre par hasard dans une forêt, et à laquelle il se voue corps et âme. Dans quelques heures vous allez m'échapper, et je ne saurai où vous trouver. Je vous laisserai fuir, soyez en sûr; puis je m'orienterai et j'irai devant moi quêtant vos traces, non plus sur les pas de votre haquenée imprimés sur la route, mais au parfum de distinction et de bonheur que vous aurez laissé sur votre passage. Je ne sonnerai pas du cor à la herse de tous les castels, mais je frapperai à la porte de tous les salons; je ne vous chercherai pas dans quelque beau tournoi, mais je vous attendrai dans toutes les élégantes réunions; je ne demanderai pas votre belle présence à la fenêtre en ogive de quelque haute tourelle, mais il y aura un balcon chargé de fleurs, une fenêtre doublée de mousseline, derrière laquelle je vous verrai un jour après avoir longtemps cherché; et alors il faudra arriver à vous. Vous avez un père, un mari, un frère, qui vous défendront, qu'il faudra tourner, miner, emporter. Herses, tourelles et mâchicoulis qui me séparez de mon héroïne vous tomberez devant moi, et j'arriverai alors à ses pieds pour lui dire : C'est moi, je vous aime, je vous aime comme un fou, prenez ma vie et donnez-moi votre main à baiser.

— Que de folies! que de belles imaginations!

— Oh! ces folies, je les ferai; ces imaginations, je les mettrai à exécution.

— Laissons cela. Ne pouvez-vous parler raisonnablement?

— Peut-être n'est-ce pas raisonnablement que je parle; mais à coup sûr, je parle sérieusement.

— Vous ne prétendez pas me le persuader ?

— Aujourd'hui non. Mais bientôt, mais quand je vous aurai retrouvée, quand vous me reverrez à votre horizon aller sans cesse autour de vous comme le satellite esclave d'un si bel astre, alors vous reconnaîtrez que j'ai dit vrai.

— Mais, monsieur, si j'étais assez folle pour vous croire, savez-vous que je pourrais trouver vos projets plus qu'extravagants ?

— Encore aujourd'hui vous avez raison. Mais alors, en voyant que je le fais, vous vous diriez que je ne pouvais faire autrement et que la passion m'a emporté.

— En vérité, Monsieur, nous voilà dans un monde qui m'est tout à fait inconnu. Il faudrait donc que, parce que j'ai eu le malheur de vous rencontrer, je fusse condamnée à voir ma vie persécutée par vous ? Et pour parler sérieusement, et à votre exemple, de quel droit pour donner à votre vie un intérêt chevaleresque, pour procurer à l'oisiveté de votre opulence l'intérêt d'un roman, de quel droit serai-je troublée, moi, dans ma vie, dans mes habitudes, dans mes devoirs ? de quel droit serais-je insultée dans ma réputation ? car on ne supposerait pas qu'un homme à qui l'on n'a rien fait espérer fît tant d'efforts pour la seule nécessité de se créer un passe-temps qui lui manque. Vous comprenez donc bien, que si je vous écoute, c'est parce qu'il me semble que vous me lisez tout haut un roman que j'entends les yeux fermés.

— Pensez-vous que je le laisserai sans dénoûment ?

— J'y compte bien.

— Sur mon honneur, Madame, vous avez tort : il en aura un tôt ou tard.

— Arrêtez ! arrêtez ? s'écria madame Buré en ouvrant une glace et appelant le postillon.

— Que faites-vous, Madame ?

— Je veux quitter ce coupé, Monsieur. Il y a, je crois, dans l'intérieur de cette voiture une place vide entre un portefaix et une poissarde ; j'y serai plus convenablement qu'ici.

— Vous pouvez descendre, si vous le voulez ; mais mon parti est pris, je vous le jure encore sur l'honneur, je vous retrouverai tôt ou tard.

Madame Buré referma la glace, et affectant un air d'aisance que le son de sa voix démentait, elle reprit :

— En vérité, je deviens aussi folle que vous. Je vous crois... Je m'alarme... Vous me faites peur... J'oublie que nous plaisantons... Allons, Monsieur, achevez votre conte de fée ; il est fort amusant.

— Oh ! ne raillez pas, Madame, je vous aime déjà assez pour supporter vos injures et vos moqueries. Ne voyez-vous pas que vous n'avez que cette nuit pour douter de moi, et que j'ai tout l'avenir pour vous forcer à reconnaître cet amour ?

— Encore, Monsieur ?

— Toujours, Madame, toujours, et partout où vous me rencontrerez, ce seront les mêmes sentiments et le même langage.

— Eh bien ! Monsieur, ajouta madame Buré d'un ton grave, je veux parler sérieusement aussi... quoique j'en aie honte. A supposer que vous m'aimiez, ou plutôt que vous soyez assez désœuvré pour faire tout ce dont vous parlez, pensez-vous que je ne saurais me défendre ! J'ai un mari, Monsieur, qui est un homme d'honneur ; j'ai un frère qui est un ancien soldat de l'empire : il y aurait peut-être imprudence à les forcer à se placer entre vous et moi.

— Oh ! Madame, demandez appui à vous-même, et ne m'opposez pas un obstacle qui, à mon âge, avec l'état dont je suis, ne pourrait être qu'une raison pour moi de persévérer. Menacer un amant d'un mari, un officier de la Restauration d'un officier de l'Empire, c'est appeler la lutte et le duel, ce serait me forcer à faire ce que j'ai avancé.

Ernest prononça cette parole d'un ton de

vérité si modeste, que madame Buré comprit qu'il n'y avait point chez lui de fanfaronnade et qu'elle répondit :

— Ce n'est pas une menace, Monsieur, je n'en ai pas voulu faire. Vous me réduisez à me défendre, je le fais comme je peux ; je ne doute pas que vous ne soyez plein de courage et d'honneur et que vous ne sachiez exposer votre vie pour un mot, mais un si frivole amour que le vôtre n'en vaut pas la peine.

— Il en vaut plus la peine qu'un mot, assurément.

— Vous êtes habile et répondez à tout. Eh bien ! Monsieur, j'ai une question à vous faire. Me jurez-vous d'y répondre sincèrement ?

— Sur l'honneur, je vous le jure.

— Si je vous disais qui je suis, si je vous montrais qu'une folie de jeune homme peut compromettre à tout jamais une femme honnête, que votre apparition dans notre solitude serait un événement, que vos poursuites seraient un scandale où je succomberais assurément sous la calomnie et le ridicule, ne renonceriez-vous pas à vos projets ?

Ernest réfléchit longtemps et répondit :

— Non.

— Non ?

— Non, Madame : en sortant de cette voiture, vous emporterez ma vie. J'ai droit à la vôtre, c'est la loi fatale de l'amour ; je souffrirai par vous, vous souffrirez par moi. Nous serons unis dans la douleur. La douleur est un lien aussi saint que le bonheur : je vous imposerai celui-là.

Madame Buré tressaillit, tant la voix d'Ernest avait de résolution inébranlable ; elle se sentit comme prise d'un vertige en pensant à ce qu'elle entendait : elle mesura d'un coup d'œil tout l'avenir d'inquiétudes, de douleurs, que la folie de cet homme allait lui créer, et, arrivée ainsi à un désespoir réel, elle s'écria :

— Mais comment puis-je me sauver de vous, Monsieur ?

L'accent qu'elle mit dans cette question était si vrai et si profond qu'Ernest en fut ému ; mais ce ne fut que le trouble d'un instant.

— En vérité, lui dit-il, je ne puis vous expliquer le désir insensé qui m'a pris au cœur quand je vous ai vue ; mais ce désir est si implacable, qu'il est impossible qu'entre nous il n'y ait pas une prédestination. Vous devez être à moi...

— Monsieur !...

— A moi, parce que je vouerai ma vie à vous obtenir, ou parce qu'ici vous vous affranchirez à tout jamais de mes éternelles poursuites.

— Je n'ose vous comprendre.

— Ecoutez, Madame, écoutez. De tous les souvenirs de la jeunesse qui, lorsque nous devenons solitaires et froids dans notre existence, nous jettent de si doux sourires et de si brûlantes chaleurs du passé ; de tous ces heureux enfants de notre bel âge qui dressent leurs têtes blondes près de nos cheveux blancs et qui appuient leurs mains tièdes sur les glaces de notre cœur, de tous ces souvenirs, les souvenirs les plus vivants et les plus enivrants ne sont pas ceux qui, mêlés de joie et de peine, nous ont demandé des années entières pour ne laisser qu'un mot après eux. Les plus puissants sont ces moments de bonheur inouï, qui éclatent dans la vie comme un incendie, qui l'éclairent et la brûlent durant quelques heures, et qui, lorsqu'ils sont éteints, se représentent à nous affranchis de tous les soins endurés pour les obtenir, libres du désespoir de les avoir perdus. Or, ne vous est-il pas arrivé, durant une chaude journée ou durant une nuit silencieuse, seule à l'abri d'une forêt ou assise sur le bord d'un lac, d'entendre passer au loin la mystérieuse harmonie du cor dans les bois ? Ce sauvage concert dont les acteurs vous sont restés inconnus, ces voix qui n'ont duré qu'un moment, ne vous ont-ils point plongée dans une extase plus profonde que celle que vous ont données les musiques les plus parfaites dans des salons illuminés de bougies ou dans une salle comblée de spectateurs? ne vous en êtes-vous jamais souvenue comme d'un bonheur complet demeuré entre le mystère et vous? Eh bien! si cela vous est arrivé, comprenez-moi maintenant. Je vous aime; je vous aime assez pour échanger la passion longue et obstinée que mon cœur vous a vouée contre une heure, un moment, un éclair de bonheur. Ou vous serez pour moi la fortune qu'on poursuit sans relâche jusqu'à ce qu'on l'ait atteinte, ou vous serez le trésor oublié que j'aurai rencontré par hasard sur une route où je ne repasserai plus.

Ernest s'arrêta, madame Buré ne répondit point.

— Vous vous taisez, vous vous taisez!...

— Eh! que voulez-vous donc que je vous réponde, Monsieur? Je vous laisse parler, je n'ai pas autre chose à faire; vos discours que j'ai traités de folie, sont devenus une insulte directe et une menace odieuse.

— Oh! ne croyez pas...

Que voulez-vous donc que je ne croie pas? Vous trouvez une femme, et il vous prend fantaisie de désirer cette femme; et parce qu'elle n'est pas ce que vous vous êtes imaginé, parce que vous croyez deviner qu'elle a quelque considération à ménager, vous la menacez dans cette considération et vous lui dites : Parce que vous êtes une femme qu'on peut perdre, donnez-vous à moi comme une femme perdue. Oh! c'est odieux et méprisable!

Ernest se tut à son tour, et reprit un moment après :

— Vous avez raison, Madame, vous devez me trouver bien coupable et il me faudra de longs jours d'épreuves, de longues années de persévérance, pour obtenir de vous cette estime qu'on donne malgré soi à toute passion sincère. Eh bien! soit, Madame : le temps, le temps est à moi; il me justifiera, il faut qu'il me justifie.

Il se fit un nouveau silence, et ce fut madame Buré qui le rompit.

— Vous n'avez pas besoin de justification, dit-elle assez froidement; promettez-moi de renoncer à vos projets, et je vous pardonnerai. Je ne peux vous en vouloir, vous ne me connaissez pas.

— Mais vous me connaissez, Madame, et je vous ai assez offensée pour que ce pardon que vous m'offrez ne soit qu'un moyen de vous défaire d'un misérable...

— Oh! quel mot!...

— Pourrez-vous me juger autrement après ce que je vous ai dit? et puis-je vous laisser cette opinion de moi?

— Mais mon opinion n'a pas la gravité que vous lui supposez. Voyons, Monsieur, vous m'avez dit que j'étais belle et spirituelle; eh bien! j'accepte vos éloges, je vous ai assez plu un moment pour vous faire perdre la raison, et je ne vous en veux pas. Redevenez ce que vous étiez d'abord, un homme poli et indifférent, et nous nous quitterons bons amis, je vous le jure.

— Je vous crois, mais je n'accepte pas le marché.

— Pourquoi?

— Ne me faites pas vous le dire. Je recommencerais à vous insulter peut-être. Mais si demain, si quelques jours plus tard, vous me trouvez sur vos pas partout où vous serez, ne vous en étonnez pas.

— Quoi! Monsieur, vous ne renoncez pas?...

— Non, Madame, non. Mais où vivez-vous donc, je vous prie? Quels hommes vous entourent, qu'il n'y en ait pas un qui vous ait fait comprendre tout ce que vous pouvez jeter de folie dans la tête et dans le cœur d'un homme? Vous croyez peut-être que je joue une comédie? Tenez, mettez votre main sur ma tête et sur mon cœur : ma tête brûle et mon cœur bat avec violence.

Il avait saisi la main de madame Buré, et elle sentait le tremblement convulsif qui agitait Ernest. Elle lui arracha sa main et se prit à trembler aussi, mais d'un effroi insurmontable.

— Vous avez peur? lui dit-il; oh! calmez-vous. Je puis contenir ma tête sans qu'elle éclate, mon cœur sans qu'il se brise, car j'ai une espérance. Je vous reverrai.

— Mais, monsieur, s'écria madame Buré d'une voix si suppliante qu'on sentait qu'elle croyait à la sincérité des paroles de cet homme; mais si je vous priais, moi, de ne pas le tenter, si je vous le demandais au nom même de cette folie que je vous ai inspirée?

— C'est de l'amour, Madame!

— Eh bien! soit, si je vous le demandais au nom de cet amour, ne me l'accorderiez-vous pas?

— Non, Madame, non.

— Mais ce serait me perdre, je vous l'ai dit, Monsieur.

Elle s'arrêta, et reprit d'une voix tremblante et entrecoupée :

— Voyons, soyez généreux... Je vous crois, vous m'aimez; une fatalité inexplicable vous a inspiré cette folle passion; mais faut-il que moi je la subisse, ou que je devienne aussi insensée que vous pour m'y soustraire?

— Ah! Madame! s'écria Ernest en se rapprochant de madame Buré.

— Allons, calmez-vous, réfléchissez. Que penseriez-vous demain de la femme qui s'oublierait à ce point?

— Demain, Madame, ce sera un rêve fini, sinon oublié; demain il y aura entre vous et moi un abîme infranchissable.

— Folie! Et qui me l'assurera?

— Ma parole que je vous engage, et ma vie dont vous pouvez disposer si je manque à ma parole.

— Écoutez, Ernest! Tout ce que je viens d'entendre est si nouveau et si étrange, que ma tête se perd et que je ne sais plus ni ce que je dis ni ce que je fais. Ah! jurez-le-moi, n'est-ce pas que jamais vous ne tenterez de me revoir? il y va de mon repos, de ma vie, de mon bonheur. Ernest, jurez-le-moi.

— Oui, je vous le jure : jamais, jamais...

Ernest se rapprocha de madame Buré, qui murmura doucement :

— Jamais, n'est-ce pas, jamais?

— Jamais! dit Ernest.

— O mon Dieu! mon Dieu! prenez pitié de moi.

— Malheureusement, reprit le Diable, ce n'est pas Dieu qui était en tiers dans le coupé de la diligence, et je n'eus pas pitié de cette pauvre femme.

— Et que fit Ernest quand la diligence fut arrivée à Castres? dit le baron de Luizzi.

— Il tint parole une heure, il laissa partir madame Buré sans la suivre, sans s'informer d'elle.

— Et plus tard?...

— Plus tard, il savait que madame Buré était la femme d'un maître de forges des environs de Quillan; il apprit que le gouvernement avait commandé une fourniture assez considérable dans cette forge, et il se fit nommer par le ministre pour en surveiller la confection. Chemin faisant, il apprit encore que la famille dans laquelle il allait s'introduire était nombreuse, qu'on la citait comme un modèle de ces mœurs patriarcales qui se rencontrent encore loin du monde, dans quelques demeures inconnues; il sut que le frère et le mari de madame Buré étaient deux de ces sévères protestants du Midi qui ont gardé leur foi austère dans l'honneur de la famille. On lui parla même des malheurs étranges arrivés dans cette maison, et de la disparition d'une sœur de monsieur Buré, jeune fille trompée qu'on n'avait osé blâmer, tant on l'avait vue malheureuse, jusqu'au jour où on ne l'avait plus vue.

Si Ernest eût appris que la femme qu'il avait épouvantée de folles menaces n'était qu'une aventurière qui ne s'était pas plus compromise avec lui qu'avec un autre, certes il n'eût point sollicité du gouvernement d'aller à la forge dont elle était la maîtresse. Mais c'était une femme à perdre complétement, à qui il n'avait pas suffisamment à son gré appris l'oubli constant de ses devoirs, et il ne voulut pas laisser sa victoire inachevée. Cet orgueil de séducteur se trouva secouru encore par sa vanité de jeune officier. Un frère et un mari terribles! mais c'eût été lâcheté que de renoncer à poursuivre la sœur et la femme de ces deux héros ; il y allait de l'honneur d'Ernest, il y allait de son bonheur. Je puis t'assurer qu'il se le persuada. Il se crut assez amoureux pour se pardonner à lui-même son manque de foi, et il compta que madame Buré accueillerait avec la même indulgence un amour assez vrai pour être devenu infidèle à l'amour.

Heureusement pour madame Buré, la nouvelle de la nomination de monsieur Labitte arriva avant lui à la forge, de manière que, lorsqu'il se présenta, elle put le recevoir avec une tranquillité si bien jouée, avec une aisance si polie, qu'Ernest eut le droit de penser qu'il aurait eu grand tort de ne pas manquer à sa parole. Ernest logeait à Quillan, mais madame Buré l'invita à dîner. Le jeune officier se trouva tout de suite en présence de cette sainte et nombreuse famille que tu as vue, et où il venait porter le désordre. De vieux parents à cheveux blancs, bons et sereins, ayant derrière eux tout un passé d'honneur, des hommes faits, sérieux et confiants, de jeunes filles candides et discrètes, enfants timides et respectueux, et au milieu d'eux tous comme le centre par ou se touchaient toutes ces affections, madame Buré, bonne et noble, belle et calme. Quoiqu'elle n'eût pas l'air de vouloir faire de ce tableau respectable une leçon pour Ernest celui-ci n'en fut pas moins touché, et la pensée de repartir immédiatement lui vint au cœur. Mais l'esprit discuta cette pensée et l'eut bientôt convaincue de niaiserie. Ernest fit même tourner toute cette sainteté de famille au profit d'un amour coupable et bien caché à l'ombre de cette pureté générale. L'intrigue en devenait plus piquante.

Le soir venu, les occupations des hommes et les habitudes de retraite des jeunes filles laissèrent Ernest seul avec madame Buré.

— Hortense, lui dit-il, ai-je obtenu ma grâce?

— En doutez-vous? répondit-elle. Cependant, il est des précautions à prendre pour mon repos. Cette nuit, trouvez-vous à l'extrémité d'un petit chemin qui aboutit à un pavillon situé dans un angle de notre parc ; j'y serai et je vous ouvrirai la porte. Maintenant retirez-vous ; et, sous prétexte de vous épargner une partie de la route, je vais vous montrer le pavillon et le chemin qui y conduit.

Son bonheur parut si facile à Ernest, qu'il se repentit presque d'avoir tant fait pour y trouver si peu d'obstacles. Cependant il promit d'être au rendez-vous. A minuit, il frappait doucement à la petite porte du pavillon. Une femme ouvrit une fenêtre et demanda :

— Est-ce vous, Ernest?
— C'est moi!
— Il faudrait escalader cette fenêtre, car je n'ai pu retrouver la clef de la porte.

La fenêtre n'était qu'à cinq ou six pieds du sol, et Ernest en saisit le bord avec facilité. Mais au moment où il s'enlevait à la force des poignets pour achever de la gravir, il sentit comme un anneau de fer glacé s'appuyer sur son front, et il entendit ces seules paroles :

— Vous êtes un infâme, vous avez manqué à votre parole!

Le coup de pistolet partit, et Ernest tomba mort au pied du pavillon.

Dans ce pays de forêts, tout habité par des braconniers, un coup de feu n'étonnait personne. Les ouvriers qui surveillaient les fourneaux écoutèrent, et l'un d'eux s'écria :

— Nous pourrons peut-être bien en manger demain.

— De quoi? dit monsieur Buré, qui faisait sa dernière tournée.

— Ma foi! du lièvre ou du sanglier que sans doute un de nos camarades vient d'abattre dans la forêt.

— Prenez garde! on finira par vous y prendre, et cette fois je ne payerai pas l'amende.

Monsieur Buré acheva l'inspection de ses ateliers et retourna dans sa maison, où il retrouva sa femme couchée et dormant ou feignant de dormir d'un profond sommeil. On ne découvrit point les assassins, et la famille de madame Buré a grandi sous ses yeux sans que rien ait jamais troublé les saintes affections qui unissaient la sœur au frère, la femme au mari, la mère à ses enfants.

Le Diable s'arrêta et dit au baron de Luizzi :

— Et maintenant, qu'en pensez-vous ?

Luizzi se tut, et, après avoir longtemps réfléchi, il répondit :

— Cette femme a sauvé le repos et l'honneur de la famille.

— Au prix d'un adultère et d'un meurtre! Est-ce une honnête femme!

— C'est une femme malheureuse.

— Tu trouves ? elle est pourtant bien calme et bien belle !

— La marquise et madame Dilois auraient-elles de plus terribles secrets dans leur existence?

— Je te le dirai dans huit jours.

Le Diable disparut, et laissa Luizzi confondu d'étonnement et perdu dans ses doutes.

VI

VISION

Luizzi, en quittant Toulouse, avait donné l'ordre qu'on lui envoyât à la campagne les lettres qui arriveraient en son absence : il supposait que par ce moyen il serait exactement informé de ce qui adviendrait de son indiscrétion, et il se tint prêt à repartir à tout événement, soit pour démentir, soit pour soutenir ce qu'il avait avancé. Car l'homme est ainsi fait... l'homme, du moins, a été fait ainsi par la société. Si madame Dilois était venue demander grâce à Armand, Armand se serait battu pour prouver que madame Dilois était une honnête femme; si M. Charles avait exigé que M. le baron Luizzi rétractât une parole calomnieuse, M. de Luizzi se serait battu pour prouver que madame Dilois avait un amant; et si vous demandez aux hommes de cœur ce qu'ils disent de cette conduite, ils répondent qu'ils en feraient autant, ils appellent cela du courage et de la dignité. Si vous y regardiez de près, vous verriez que ce n'est qu'un petit courage et une épaisse sottise. Du reste, après y avoir longtemps réfléchi, Luizzi avait pensé que ce qu'il avait dit de madame Dilois serait un de ces propos sans conséquence qui murmurent un moment et se perdent bientôt dans les mille bruits d'une ville aussi médisante et aussi tracassière que Toulouse. D'un autre côté, Luizzi s'était laissé dominer par le récit que lui avait fait le Diable. Possesseur pour la première fois d'un secret à travers lequel il pouvait, pour ainsi dire, regarder une femme et la voir sous son véritable jour, il se décida à étudier madame Buré. Il essaya de retrouver sur sa physionomie une ombre de rêverie ou de remords, un de ces retours soudains vers le passé où, l'œil et l'âme attachés à un fantôme invisible, on demeure immobile et tremblant jusqu'à ce qu'une voix qui vous appelle, une main qui vous touche, vous avertisse qu'on observe votre préoccupation et vous fasse jeter sur ce remords, dressé devant vous comme un spectre, un sourire qui le voile, une parole joyeuse qui le cache, linceuls roses et gracieux sous lesquels dorment un cadavre et un crime.

Mais Luizzi ne vit rien de pareil dans ma-

Le coup de pistolet partit et Ernest tomba mort au pied du pavillon. — Page 55.

dame Buré. La sérénité inaltérable de son visage ne se troubla pas un moment durant les jours pendant lesquels il l'observa. Cette femme était si également calme, bonne, avenante, que Luizzi se prit à douter quelquefois de la véracité de Satan. D'autres fois, cette assurance l'indignait, et au point qu'il fut tenté de jeter à madame Buré le nom de M. de Labitte. Il pouvait en parler comme d'un homme qu'il avait connu, témoigner des regrets sur sa mort malheureuse, et dater ses relations d'une époque qui pouvait faire trembler la coupable. Luizzi résista à cette tentation : le motif qui lui donna cette force, s'il l'avait expliqué comme il croyait le sentir, eût été fort honorable : mais le Diable n'était pas disposé à lui laisser d'illusion sur son propre compte, pas plus que sur le compte d'autrui, et cela valut au baron une rude leçon sur ce qu'il appelait sa noble discrétion. Voici à quelle occasion il la reçut :

Trois ou quatre jours après son arrivée, il

trouva la famille Buré assemblée à l'heure ordinaire, mais un air de mécontentement régnait sur tous les visages. Luizzi craignit d'en être la cause; la prétention d'être une influence possède tellement certains hommes, qu'ils s'emparent de tout, même des incidents désobligeants, pour se les attribuer. Luizzi supposa qu'une famille où se trouvaient une femme et deux jeunes filles charmantes pouvait s'alarmer de la présence d'un beau jeune homme comme lui. Les premières paroles qu'il entendit lui ôtèrent cette flatteuse opinion.

— Je suis forcé de vous quitter, lui dit M. Buré. Je pars dans une heure; je reçois à l'instant la nouvelle d'une faillite qui peut me faire perdre cinquante mille francs; ma présence à Bayonne peut sauver une bonne partie de cette somme, je n'ai pas un instant à perdre.

Il laissa Luizzi dans un coin du salon et reprit sa conversation avec sa femme et son père. Tout à coup le frère de madame Buré, le capitaine Félix, entra le visage pâle et l'air hagard.

— Est-il vrai, s'écria-t-il, que ce misérable Lannois ait suspendu ses payements?

— Oui vraiment, dit madame Buré.

— Enfin! reprit le capitaine avec une joie cruelle. Je pars pour Bayonne, entendez-vous; c'est moi que cette affaire regarde.

— C'est moi avant tout le monde, dit M. Buré.

— Toi! reprit le capitaine.

M. Buré lui fit signe qu'un étranger les écoutait, et tous deux sortirent. Madame Buré était tremblante, les grands parents troublés; les jeunes filles semblaient seules étonnées. A peine les deux hommes étaient-ils sortis que l'on entendit l'éclat de leur voix. Madame Buré quitta le salon, les grands parents la suivirent. Luizzi resta seul avec mesdemoiselles Buré.

— C'est un grand malheur, dit-il, et je conçois la colère de monsieur votre oncle : il est si cruel, quand on est honnête homme, de se voir trompé, que je partage son indignation.

— Pour une si faible somme! dit l'un des enfants.

— Que dites-vous, Mademoiselle? cinquante mille francs!

— Oh! Monsieur, notre maison a subi de bien plus grandes pertes sans que j'aie jamais vu mon père et mon oncle dans cet état.

— D'ailleurs mon oncle devait s'y attendre dit l'autre jeune fille; je l'ai entendu dire souvent que M. Lannois finirait par faire de mauvaises affaires, et c'était lui pourtant qui poussait toujours mon père à en entreprendre de nouvelles avec lui.

— Oui, c'est étonnant! reprit sa sœur.

Et Luizzi se répéta à lui-même ce mot : C'est étonnant !

La conversation en demeura là, et, le dîner ayant été servi, tout le monde y prit place. La sérénité commune était revenue. Le dîner fut court, parce que M. Buré partait immédiatement. Au moment de s'éloigner, il prit Luizzi et Félix dans une embrasure de fenêtre, et il dit au baron :

— Puisque je pars pour terminer une affaire à laquelle mon frère se croyait bien plus intéressé que moi, il finira pour moi l'affaire que j'avais entamée avec vous, monsieur le baron.

Les deux hommes s'inclinèrent, mais tous deux semblaient répugner à avoir à traiter ensemble.

Quoiqu'on fût en plein hiver, Luizzi sortit après le dîner pour se promener dans le parc. Il vit bientôt passer un domestique avec un cheval qu'il conduisait par la bride. Cet homme dit à Luizzi qu'il allait attendre son maître à la porte d'un petit pavillon ouvrant sur un chemin de traverse qui abrégeait la distance de la forge à Quillan. Cette indication rappela à Luizzi le souvenir du récit du Diable, il pensa que c'était le pavillon au pied duquel avait dû être assassiné M. de

Labitte. Quoique nulle trace de ce crime ne dût exister, Luizzi fut pris de l'envie de voir le lieu où il avait été commis. C'est une curiosité si commune qu'il est inutile de la justifier. Tous les ans les châteaux royaux sont encombrés de bourgeois qui se font montrer les endroits où se sont passés les faits mémorables de notre histoire. Il y en a qui disent sentir l'immensité de l'abdication de Napoléon en voyant la misérable table sur laquelle elle a été signée; ils se plaisent à observer ce cadre où fut posé un tableau qui n'existe plus; ils le reconstruisent dans cette bordure vermoulue, s'imaginant qu'il n'existe plus : ils le comprennent mieux ainsi. Luizzi était de cette nature, et, lorsqu'il arriva au pavillon, il sortit, traversa la route, puis, se plaçant en face, il se mit à examiner la fenêtre où l'aventure de madame Buré s'était dénouée par un meurtre.

Luizzi s'était enfoncé de quelques pas dans le bois qui était de l'autre côté du chemin; il s'était appuyé à un arbre, et de cet endroit, il philosophait en grandes phrases mentales sur cette lamentable histoire. C'est donc là, se disait-il, qu'une femme a osé commettre froidement un crime que le plus résolu des hommes n'aborde qu'avec terreur ! Le sentiment de son honneur, l'orgueil de sa considération, sont donc bien puissants chez elle ! Ces sentiments réfléchis, et qui semblent ne devoir agiter l'âme d'aucun mouvement violent, peuvent donc arriver aux mêmes résultats que la haine, la vengeance et la jalousie !

Luizzi eût sans doute bâti une théorie complète sur ces données, s'il avait eu le temps de continuer son monologue; mais il entendit s'approcher le capitaine et M. Buré. A peine furent-ils arrivés à la porte qu'ils renvoyèrent le domestique. M. Buré passa la bride de son cheval dans son bras, et lui et son frère s'éloignèrent lentement.

— Ainsi, disait le capitaine, tu me le jures ! point de grâce ! point de pitié !

— Fie-toi à ma haine.
— Il faut qu'il meure aux galères !
— J'ai de quoi l'y envoyer.
— Quand Henriette verra sa condamnation dans les journaux, peut-être finira-t-elle par nous croire.
— Je l'espère, dit M. Buré; car son supplice est bien affreux, et si jamais on découvrait...

Un geste du capitaine arrêta sans doute M. Buré; car il se tut tout à coup, et bientôt Luizzi les perdit de vue et n'entendit même plus résonner les pieds du cheval sur le chemin. Il profita de cet instant pour rentrer dans le parc.

Évidemment il y avait sous cet événement, sous ces projets, une histoire cachée et terrible. Ces gens de mœurs si patriarcales, et qui méditaient le déshonneur d'un homme qui n'avait peut-être que le tort d'être malheureux; cette femme d'une si vertueuse apparence, et qui avait deux crimes si abominables à se reprocher ce nom d'Henriette mêlé à la conversation; tout cela inspira à Luizzi un vif désir de connaître les secrets les plus intimes de cette famille. Ainsi, au lieu de rentrer dans le salon commun, il prit un long détour pour arriver à la maison par une porte qui lui permit de monter chez lui sans être aperçu. L'allée qu'il suivait le conduisit à l'autre extrémité du parc et près d'un pavillon semblable à celui qu'il venait de quitter : c'était le logement du capitaine, monsieur Félix Ridaire. Ce pavillon fut un nouveau sujet de méditations pour Luizzi : en effet, il avait remarqué que jamais personne n'allait y visiter le capitaine; celui-ci s'y retirait toujours d'assez bonne heure et s'y faisait apporter son souper. Une idée assez bizarre fit présumer à Luizzi que ce pavillon qui, dans le parc, faisait pendant au premier qu'il avait vu, devait avoir un secret qui, dans l'histoire de la famille, fît pendant à celui de M. Labitte. Cette idée s'empara tellement de Luizzi, qu'il s'approcha du bâtiment et en fît le tour, écoutant comme si quelque voix accusatrice et plaintive allait s'en échapper. Il n'entendit rien et il se retirait assez désappointé, lorsqu'il se trouva en face du capitaine Félix.

— Vous ici! monsieur le baron, dit le capitaine assez brusquement, et après avoir laissé échapper une sourde exclamation de surprise.

— Oui, répondit celui-ci très-troublé, je souffre un peu, et j'ai espéré que le grand air me ferait du bien.

— Le grand air est un pauvre remède, répliqua le capitaine, qui s'efforça de sourire et de parler avec volubilité pour cacher sa décontenance.

— Pour vous peut-être, dit Luizzi : pour les hommes habitués à vivre sans cesse au milieu des bois et des campagnes, ce remède n'en est plus un, c'est votre état normal, c'est comme la bonne chère pour l'homme riche; mais pour nous autres citadins, qui passons notre vie dans les appartements soigneusement clos dont nous absorbons l'air en quelques minutes, un grand espace libre, où le corps se baigne dans une atmosphère toujours pure, est comme une nourriture salubre pour le misérable. L'air, c'est après la liberté, la première espérance du prisonnier haletant parmi les miasmes délétères d'un cachot; et l'habitant des maisons basses et des rues étroites de nos grandes villes se promenant à la campagne, c'est le pauvre admis par hasard à la table du riche.

Le capitaine avait écouté Luizzi avec un regard plein d'une sombre défiance ; puis, à mesure qu'il parlait, Armand crut remarquer qu'il se troublait. Enfin, à cet éloge outré de la promenade et du grand air, l'expression soupçonneuse des traits du capitaine s'était encore assombrie, et il avait répondu d'un ton amer :

— Sans doute, mais le pauvre admis par hasard à la table du riche se défend rarement d'un excès. Prenez donc garde, monsieur le baron! l'indigestion s'assit à côté du pauvre, et le rhumatisme flotte dans l'air; il est temps, je crois, de quitter le banquet : il fait froid.

— Vous avez raison reprit Luizzi; je sens que l'humidité gagne.

Et sans attendre davantage, Luizzi s'éloigna et rentra dans son appartement. Une fois seul, il réfléchit longtemps sur ce qu'il avait à faire. La première fois qu'il avait consulté le Diable, le récit de celui-ci l'avait passablement amusé, mais il avait dérangé sa vie. Le calme charmant qu'il avait trouvé au sein de cette famille avait réjoui le cœur de Luizzi ; puis cette douce sensation d'un moment avait disparu, et, malgré lui, son séjour à la forge était devenu une espèce d'inquisition tacite qui l'avait obsédé.

Cependant l'affaire qu'on lui proposait était assez avantageuse pour qu'il ne la refusât point, et, tout considéré, il pensa qu'il traiterait avec d'autant plus de certitude qu'il saurait mieux avec qui il allait s'associer. Après de mûres réflexions, Luizzi ayant donné cette raison plausible à la curiosité dont il était dévoré, fit retentir l'infernale sonnette ; mais le Diable ne vint pas, Luizzi attendit quelques minutes et recommença. Aussitôt la fenêtre s'ouvrit avec fracas, et un homme d'un aspect hideux se présenta. Il était couvert de haillons, non point de ces haillons du peuple qui dénotent la misère, mais de ces haillons de l'élégance qui sont toujours la livrée du vice. De longs cheveux gras encadraient un visage livide, où l'inflammation d'un sang vineux perçait sous les pommettes rougies ; cette chevelure huileuse avait déposé sur le collet d'un frac bleu à boutons de métal une couche de crasse luisante et solide. Cet homme portait un chapeau lustré par une brosse mouillée, qui était parvenue à dissimuler passablement l'absence des poils du feutre, mais qui n'en déguisait point les nombreuses cassures. Un col de velours noir râpé s'unissait à l'habit boutonné de manière à faire douter de l'absence de la chemise; un pantalon, noir aussi, prodigieusement tiré sur une hanche et descendant sur l'autre, laissait voir qu'il n'était soutenu que par une seule bretelle, et les sous-pieds qu'il avait conservés servaient bien plus à maintenir dans ses pieds les souliers écoulés du misérable qu'à tendre les plis du pantalon; ce vêtement était tigré de taches profondes; l'encre avait tenté vainement d'en noircir les coutures blanches, et l'aiguille n'avait pas fait rentrer ses bords défaufilés. Cet homme était armé d'un bâton, portant à son extrémité un nœud énorme, rendu encore plus lourd par la multitude de petits clous dont il était orné.

Luizzi recula à son aspect, et un sourire féroce et bas parut sur les traits de l'être qui était devant lui.

— Tu abuses, Luizzi, lui dit-il; je t'avais dit dans huit jours, et voilà que tu me rappelles déjà. Tu ne sauras cependant rien de la marquise ni de la marchande avant cette époque.

— Ce n'est point d'elles que j'ai à te parler.

— De qui donc?

— Il faut que je sache l'histoire du capitaine Félix, celle de ce Lannois qu'il veut poursuivre avec tant d'acharnement.

— Eh bien, demain.

— Non! sur l'heure.

— Luizzi, accepte mes confidences comme je te les fais, et ne m'oblige pas à te raconter ce que plus tard tu ne voudrais pas savoir. Tous les secrets ne sont pas si faciles à porter que celui de madame Buré. Tu as encore une conscience, prends garde à celle qu'elle te fera faire.

— La conscience se tait quand on veut, et madame Buré m'en donne un exemple puissant.

— A propos, que penses-tu de cette femme?

— Que c'est un fanatisme de considération qui l'a poussée au crime.

— Non c'est un sentiment bas et méprisable.

— Lequel?

— La peur.

— La peur! la peur! Après m'avoir détrompé sur la vertu de cette femme, tu me désillusionnes jusque sur son crime. Ne me feras-tu voir toujours que les côtés hideux de la vie?

— Je te montrerai la vérité comme elle sera.

— Ainsi, c'est véritablement la peur qui l'a rendue criminelle?

— Oui la même peur qui a fait que tu n'as osé laisser échapper un mot devant cette femme, qui s'assure si bien de la discrétion de ceux qui peuvent la compromettre; la même peur qui t'a fait retirer si vite devant le capitaine lorsqu'il t'a rencontré auprès du pavillon qu'il habite.

— Maître Satan, répondit Luizzi avec mépris, je ne suis point un lâche, je l'ai prouvé!

— Tu es un brave Français, voilà tout; une épée ou un pistolet dans un duel, un canon dans une bataille ne te feront pas reculer, je le sais. Mais hors de là, toi comme tant d'autres, vous trembleriez devant mille autres dangers. Vous avez le courage de la mort prompte et en plein soleil; mais le courage de la mort lente et ignorée, mais le courage contre la souffrance de tous les jours, le courage qui fait dormir dans une tombe ouverte qui peut se fermer sur votre sommeil ce courage tu ne l'as pas.

— Et qui donc peut se flatter de l'avoir?

— Ceux qui n'auraient peut-être pas le tien.

— Un prêtre fanatique?

— Ou un enfant qui aime la religion et l'amour, les deux grandes passions innées de l'humanité!

— Ce n'est pas de la métaphysique que je te demande mais une histoire.

— Je te la dirai demain.

— Tout de suite : je veux la savoir.
— Je n'ai pas le temps.
— Je veux la savoir, repartit Luizzi en saisissant la sonnette.
— Eh bien ! dit le Diable, ose donc la regarder.

A ce moment, la fenêtre, qui était restée ouverte sembla devenir la porte d'une autre chambre donnant de plain-pied dans la sienne ; Luizzi ne vit rien au premier abord, car la chambre était faiblement éclairée par une lampe ; mais peu à peu il distingua les objets, et bientôt il aperçut dans cette enceinte une femme assise dans un large fauteuil et un enfant sur les genoux. Luizzi avait vu souvent de ces êtres pâles et maladifs dont l'aspect attriste et fait pitié, il en avait vu qui portaient en eux le principe d'une mort prochaine et qui traînaient un corps en dissolution ; mais jamais spectacle pareil à celui qui était sous ses yeux ne l'avait frappé. Cette femme posée devant lui était blanche comme ces statues de cire qu'on n'a pas encore coloriées des teintes roses qui doivent imiter la vie ; sur son visage aux contours jeunes et purs une teinte bleuâtre interrompait seulement autour des yeux cette pâleur mate et immobile ; l'enfant qu'elle tenait, pâle comme elle, chétif, maigre, affaissé, eût semblé mort (si la mort elle-même peut paraître si inanimée), sans le mouvement lent et doux de sa respiration. La jeune femme ne bougeait point, l'enfant dormait ; de façon que Luizzi les contempla à loisir. Ses yeux s'habituèrent bientôt à la clarté sombre de cette chambre, et il vit qu'elle était tendue d'épais tapis sur le sol, aux murs et jusqu'au plafond ; du reste, il n'y avait trace ni de fenêtres, ni de cheminées, ni de portes et cependant il voyait vaciller la lumière de la lampe, comme si un courant d'air assez vif l'avait rencontrée ; il reconnut que ce souffle provenait d'une ouverture pratiquée à ras du sol, et qui jetait dans la chambre un air qui s'échappait par une autre ouverture pratiquée dans le plafond. Un lit et un berceau existaient dans un coin de cette chambre ; elle était garnie de meubles en bon état, et toutes les précautions semblaient prises pour que le séjour en fût le moins cruel possible.

Luizzi regardait attentivement, et, malgré le peu de clarté répandue dans cette sombre retraite, il en voyait les détails les plus imperceptibles, comme s'ils eussent été illuminés d'une façon particulière ; il lui semblait que son œil, en se dirigeant vers un objet donné, y portait une lumière pénétrante et qui le dessinait nettement à ses yeux. C'était une vision surhumaine, car il voyait même à travers les objets qui auraient pu lui faire obstacle.

Étonné de ce qui lui arrivait, il voulut se retourner pour demander à Satan l'explication de ce douloureux tableau ; mais Satan avait disparu, et Luizzi, irrité de voir lui échapper celui qui s'était fait son esclave, allait ressaisir son talisman souverain, lorsqu'un long soupir, poussé par la jeune femme, ramena son attention dans l'intérieur de cette chambre. Elle s'était levée, avait déposé son enfant dans le berceau, et, après avoir longuement écouté l'horrible silence qui semblait comme un rempart impénétrable entre elle et le monde vivant, elle leva un pan de la tapisserie et en tira un livre ; elle vint ensuite s'asseoir auprès d'une table sur laquelle elle posa sa lampe, et ouvrit le volume ; elle appuya douloureusement son front sur sa main, se pencha vers le livre ouvert et sembla le lire avec attention.

Luizzi, grâce à cette puissance de vision surnaturelle qui lui montrait les moindres objets, put lire le titre de l'ouvrage ; mais il fut plus étonné de ce titre qu'il ne l'avait encore été jusque-là. Ce titre était *Justine* l'ouvrage immonde du marquis de Sade, ce frénétique et abominable assemblage de tous les crimes et de toutes les saletés. Une pensée douloureuse vint à l'esprit de Luizzi. Cette jeune fille serait-elle un de ces êtres fatalement marqués pour l'infamie et le désordre? N'était-elle ensevelie dans ce cachot que pour y enfermer avec elle les féroces lubricités d'une nature effrénée? Avait-elle soustrait ce livre aux regard de ses gardiens pour s'en repaître en secret dans les délires de son imagination, après avoir fait craindre à sa famille de la voir réaliser les épouvantables fureurs versées dans cet ouvrage par une âme où le sang et la boue bouillonnaient comme la lave d'un volcan? Tant de corruption pouvait-elle s'allier à tant de jeunesse? Sous l'impression de cette pensée, Luizzi regarda cette jeune femme, et, dans ses traits purs et décorés du calme d'une secrète douleur, il ne vit rien qui pût justifier sa supposition. Elle continuait de lire avec attention ces pages obscènes, et cependant il y avait tant de souffrance dans tout son être que Luizzi n'osait l'accuser sans la plaindre. Malheureuse, pensa-t-il, si elle est née avec ce frénétique délire que la science médicale explique, mais que notre langue ne peut décrire, elle est la victime de ce besoin d'honneur et de considération qui possède cette famille; si entraînée par cette fureur amoureuse.....

Luizzi pouvait penser à son aise; mais nous qui écrivons, nous n'avons pas la même liberté ou nous n'avons pas la puissance nécessaire. C'est une si pauvre interprète de nos pensées que notre langue! elle manque tellement de mots honnêtes pour les choses les plus vulgaires, qu'il faut proscrire du récit bien des passions qui nous touchent, bien des événements qui nous atteignent de toutes parts. Si la femme qui était là, sous les yeux de Luizzi, eût été une fille de la Grèce, un poëte aurait traduit en vers faciles et harmonieux la pensée de notre baron. « C'est la Vénus de Pasiphaé, de Myrrha et de Phèdre, eût-il dit; c'est la Vénus ardente et courtisane, pour laquelle se célébraient les aphrodisées furieuses de Corinthe et de Paphos; c'est Vénus Aphacite qui a soufflé son haleine enflammée dans la poitrine haletante de la jeune fille; c'est Vénus qui lui a jeté au flanc ce trait empoisonné et brûlant qui l'irrite, la harcelle, l'égare et la précipite dans les amours insensées, comme le taon attaché aux naseaux du noble coursier le rend bientôt indocile, emporté, furieux, et le lance avec des hennissements sauvages et douloureux, à travers les bois, les ravins et les torrents, jusqu'à ce qu'il tombe déchiré, meurtri, souillé de sang et de boue, se débattant encore en expirant sous l'insecte qui le mord, le brûle et le tue. » Mais nous qui n'avons point de mots français pour ces pensées, nous traduisons mal celles de Luizzi en empruntant ceux d'une nation qui avait une image poétique pour les plus misérables choses de la vie. Tout ce que nous pouvons dire, c'est qu'il considérait cette jeune femme avec une pitié mêlée d'effroi, lorsqu'il s'aperçut que de ses yeux épuisés tombaient encore quelques larmes chétives qui vacillaient au bord de sa paupière.

Certes, la lecture qu'elle faisait n'avait rien de bien attendrissant, et, si Luizzi avait été surpris du livre que cette malheureuse tenait dans ses mains, il le fut encore bien plus de l'effet qu'il produisait sur elle. Cet incident ramena Luizzi sur les pages de cet odieux ouvrage, et à ses premiers étonnements vint se joindre un étonnement plus grand. Il découvrit, après chaque ligne imprimée, une ligne manuscrite; l'écriture était d'autant plus distincte de l'impression qu'elle était de couleur rouge. Luizzi, tout plein de la supposition qu'il avait d'abord adoptée, voulut savoir quel commentaire une femme jeune et belle avait pu ajouter à cette production monstrueuse. Grâce à la puissance de vision que le Diable lui avait donnée, il put lire aisément ces caractères mal formés et imperceptibles, et voici la première phrase qu'il déchiffra :

« Ceci est mon histoire : je l'écris sur ce livre et avec mon sang, parce que je n'ai ni papier ni encre. Si je n'ai pas effacé ligne à ligne le livre abominable sur lequel j'écris et qu'un infâme a mis dans mes mains pour tuer mon âme après avoir tué mon corps, si je ne l'ai pas effacé, c'est que mon sang est devenu rare et qu'à peine il m'en reste assez pour raconter mes malheurs et demander vengeance... »

A cette phrase, toute l'âme de Luizzi tressaillit; une pitié profonde et un remords désolé le remuèrent jusque dans ses entrailles. Sa pensée lui parut une torture ajoutée à l'incessante torture de cette malheureuse. Oh! quel effroyable supplice infligé à cette âme obligée de verser de chastes pleurs entre ces lignes de boue, et de faire monter sa prière à Dieu entre les blasphèmes débauchés de ces pages dégoûtantes! La voyez-vous forcée de tenir son œil tendu sur le mot, sur la lettre qui traduit son désespoir, sous peine de rencontrer à côté un mot hideux, infâme, turpide? Oh! comment cette blanche hermine a-t-elle traversé, dans son long et étroit dédale, ce bourbier fangeux? Comment ce papier si sale de ce que la main d'un misérable y a imprimé est-il coupé de lignes pures et douces où s'est posée timidement l'âme d'une infortunée? Et, pour qu'elle n'ait pas effacé cette vie souillée dont le récit marche à côté de sa vie malheureuse, elle n'a eu qu'une raison : son sang est devenu trop rare. O malheureuse! malheureuse!

Ainsi pensa Luizzi, ainsi cria-t-il, emporté par la violente émotion qu'il avait éprouvée. Mais sa voix ne retentit qu'autour de lui; la prisonnière resta immobile, et Luizzi se souvint que ce qu'il voyait était bien loin de lui et qu'une puissance surnaturelle seule l'en avait rendu témoin. Mais une puissance humaine pouvait sauver cette infortunée de cette horrible prison, et, pour y parvenir, Luizzi voulut connaître les causes de ce malheur. Pour les connaître, il fallait lire le manuscrit qu'il avait sous les yeux; il s'y décida, et voici ce qu'il lut :

Manuscrit.

VII

AMOUR VIERGE

« J'ai déjà fait ce récit deux fois, mon bourreau me l'a enlevé; je le recommence encore, et puisse Dieu me donner la force de l'achever! car la vie de mon âme et de mon esprit s'en va comme celle de mon corps. Depuis longtemps je le relisais tous les jours, pour que le souvenir du monde vivant que j'ai connu ne s'effaçât pas entièrement en moi; et cependant, malgré cet entretien constant avec mes souvenirs, je sens qu'ils se perdent et se confondent. Je me hâte donc, pour qu'il reste quelque chose de mon âme en ce monde, pour qu'on sache combien j'ai aimé, combien j'ai souffert. Ah! oui, j'ai aimé et j'ai souffert! Dans le passé perdu de ma vie, et dans le présent, voilà les deux seules pensées qui brillent toujours pures au milieu de ce chaos de douleurs où ma tête s'égare : c'est que j'ai tant aimé et tant souffert! Mon Dieu, mon Dieu! si le long supplice auquel on m'a condamnée n'a pas tout à fait égaré ma raison et éteint ma mémoire, s'il est vrai que vos saintes paroles ont dit qu'il serait beaucoup pardonné à celle qui avait beaucoup souffert et à celle qui avait beaucoup aimé, prenez-moi en pitié, mon Dieu, et faites-moi mourir, mourir vite, et que mon enfant...

« Tuerait-il mon enfant si je mourais?... Oh! oui, il le tuerait. Je vivrai. Faites-moi vivre, mon Dieu, quoi qu'il arrive; car je sens que, dussé-je devenir folle, il y aurait toujours une pensée qui me dominerait : c'est qu'une mère doit mourir pour sauver son enfant. Voilà une chose que je vais écrire en gros caractères au haut de chaque page de ce livre, pour que mon œil le voie sans cesse et ne puisse l'oublier jamais : UNE MÈRE DOIT MOURIR POUR SAUVER SON ENFANT.

Et cela était écrit véritablement ainsi, et

C'est que ce n'est pas toujours tout droit par ici. — Page 68.

la malheureuse tourna un regard douloureux vers la chétive créature qui dormait dans son berceau, puis elle posa la tête dans ses mains pendant que Luizzi continuait à lire ce manuscrit qui s'éclairait pour lui à travers les pages déjà lues, comme s'il l'eût tenu dans ses mains et en eût tourné les feuilles à sa volonté.

« J'ai vécu jusqu'à l'âge de dix ans sous la tutelle de mon père et de ma mère. A cette époque mon frère se maria avec Hortense qui avait à peine quinze ans. Hortense, devenue ma sœur, a toujours été bonne et douce pour moi ; je ne crois pas qu'elle m'ait trahie, je n'ose penser qu'elle soit du nombre de mes bourreaux. Elle tremble cependant devant son frère Félix, et elle n'aura pas osé me défendre ; elle doit bien souffrir ! Elle m'aimait pourtant mieux qu'une sœur, elle m'appelait sa fille. En effet mon père et ma mère se départirent de leur autorité pour la confier à Hortense, quoique nous fussions tous dans la même maison. Durant six ans, je ne me rappelle rien qui marque dans notre vie. Nous étions heureux. Le bonheur ne laisse pas de traces. Le bonheur est comme le printemps; quand il est passé, rien ne montre plus comment il a été. L'arbre se dépouille de ses feuilles et reste nu; mais quand l'orage et la foudre l'ont fracassé, la cicatrice reste toujours, même quand le printemps revient.

« J'étais heureuse en ce temps-là, oui, heureuse; et maintenant je me rappelle comment je l'étais. Je priais Dieu avec foi; je jouais entre ma sœur, si jeune femme, et mes deux nièces, si beaux enfants; je voyais le passé et l'avenir de ma vie rire et chanter devant et derrière moi : enfants heureux et aimés comme je l'avais été, femme heureuse et aimée comme je le serais un jour ! Oh ! quel beau rêve adoré ils me faisaient de ma vie ! comme je l'accueillais avec un doux sourire ! comme je lui tendais mon cœur quand il venait me parler le soir tout bas, sous la longue allée de sycomores où je me promenais seule à la nuit tombante ! J'avais seize ans, tout mon être aspirait la vie. Oh ! que c'est beau et doux de se promener le soir, seule dans l'air, avec un rayon de soleil au bord de l'horizon, avec des oiseaux qui murmurent des chants qui fuient à l'unisson du jour qui s'éteint, et de sentir un être invisible et bon qui marche à côté de vous et qui vous dit : Tu es belle, tu seras heureuse, et tu aimeras, tu aimeras !

« Aimer ! aimer ! quelle joie de la vie, se donner tout âme à un noble cœur, le vénérer pour ce qu'il a de généreux, le chérir pour ce qu'il a de bon, l'adorer pour ce qu'il a de saint ! car celui-là qui vous aime est saint, il est le prêtre de notre cœur; celui qui en a ouvert le tabernacle est un homme à part entre les hommes, et Dieu l'a touché de son doigt et couronné de sa gloire. Je le rêvais ainsi et je l'avais trouvé ainsi... Léon, Léon, m'aimes-tu encore ?... Mon Dieu m'aime-t-il? Ils ont voulu m'en faire douter : c'est un grand crime, c'est leur plus grand crime !

« J'avais donc seize ans, et je m'enivrais de vivre. Oui, j'étais belle, oui, ma jeunesse était forte et grande. A présent que je suis morte, que mes membres flétris s'affaissent sous leur propre poids, je me rappelle comme un bonheur indicible ce bonheur inaperçu de sentir la vie dans tout son être. Que d'air j'aspirais ! A chaque soupir de la brise du soir, il me semblait que cet air m'enivrait comme le vin d'un festin qui s'achève, il me semblait que cet air m'apportait des espérances et des désirs et m'en inondait la poitrine. Et puis, lorsque j'étais restée immobile et penchée durant de longues heures sur une pensée languissante et secrète, je me mettais à courir, je courais vite, et mes cheveux volaient sous le vent; mes pieds étaient fermes, je battais des mains, je poussais au ciel des chants joyeux comme ceux de l'alouette, j'écoutais mon cœur murmurer et bondir, je me regardais devenir belle, je me jurais d'être si bonne ! j'espérais, j'espérais. J'étais trop heureuse : cela devait finir.

« Un soir, tout changea. Ce soir-là se dresse devant moi comme si c'était le soir d'hier. Il n'y eut aucun malheur cependant; mais il y eut une crainte dans mon cœur, une crainte que je n'ai pas assez comprise et que l'on a cruellement étouffée en moi. Oh ! la vanité de la raison égare les hommes; car Dieu ne les a pas plus laissés sans défense contre leurs ennemis que les plus faibles et les plus grossiers animaux. Ceux-là ont un instinct qui leur dit qu'une plante est vénéneuse, ceux-ci qu'ils sont près d'un ennemi qui les menace : l'agneau se détourne de la fleur qui glace le sang; le chien frémit à l'approche de la bête fauve qui flaire sa proie; l'homme a aussi le pressentiment de l'infortune qui tourne autour de lui. Ce pressentiment, je l'éprouvai; car moi, innocente et bonne, je détournai ma tête de cet homme quand il entra, je me sentis trembler quand il dit : Je suis le capitaine Félix, et j'arrive de l'armée. Oh! que n'ai-je suivi cet instinct de mon âme! pourquoi n'ai-je pas nourri et fait grandir en moi cette aversion qu'il m'inspira? pourquoi, lorsqu'il nous parlait des grandes batailles de l'Empire, des malheurs de sa chute, de toutes ces choses qui me le faisaient écouter, pourquoi ai-je raisonné mon cœur pour lui dire : Mais celui-là est brave; il est fidèle à ce qu'il a aimé; c'est l'honneur, la probité et la vertu! Pourquoi, quand son regard sévère me pesait sur le front comme un rayon glacé, quand son visage dur et froid me rendait dure et froide pour lui, pourquoi me suis-je dit que c'était un enfantillage de croire à ces vaines apparences? J'étais pourtant bien avertie, car, dès ce moment, l'espérance, cette vie de l'âme, ne vint plus à moi que voilée. Le bonheur ne me sembla plus un asile prochain et ouvert : c'était déjà un lointain pays vers lequel il me faudrait marcher à travers des précipices et de rudes sentiers ; et, lorsqu'en souriant, mon frère dit un jour qu'il fallait resserrer les liens de notre famille par mon mariage avec le frère d'Hortense, n'ai-je pas senti un frisson de mort me saisir des pieds à la tête? Alors, Dieu me disait pourtant : Voilà le malheur! Mais je ne l'ai pas cru.

« J'ai écouté toutes ces vaines raisons du monde qui me montraient cet homme comme vertueux, bon, honorable, qui me faisaient honte de mon effroi, qui semblaient m'accuser de méconnaître la vertu, l'honneur, la probité. J'étais folle. On me le disait, je me le répétais sans cesse, et je n'avais rien à répondre ni à moi-même ni aux autres, si ce n'est que cet homme avait fermé mon cœur, coupé les ailes de mes rêves, étouffé les profondes aspirations de ma vie. Pouvais-je dire ce que moi-même je ne comprenais pas? et ne me pardonnerez-vous pas, mon Dieu! d'avoir permis, dans le doute où j'étais de moi, sous l'obsession qui m'entourait, d'avoir permis à cet homme de me dire qu'il m'aimait, de lui avoir répondu que je l'aimerais et d'avoir accepté pour un temps éloigné le lien qui devait faire la joie de ma famille? Oh! tout cela a été fatal. Car je sentais en moi que je ne l'aimerais jamais. Et lui, comment m'aimait-il? je ne me l'expliquais pas, et voilà ce qui m'a perdue. Oui, me disais-je, si cette aversion que je sens pour lui venait de ce que tous nos sentiments sont ennemis, il ne m'aimerait pas, lui : l'antipathie, qui sans raison sépare deux âmes, le dominerait comme elle me domine. C'est que je ne savais pas alors qu'un homme peut aimer une femme comme le tigre aime sa proie, pour dévorer sa vie, boire ses pleurs, la tenir palpitante sous son ongle sanglant. Il l'aime, disent-ils, parce qu'il va jusqu'au crime pour l'obtenir. Ah! mon Dieu, cet amour sauvage et altéré est-il de l'amour? Aimer, est-ce donc autre chose que donner le bonheur?

« J'avais donc promis d'épouser Félix, et notre mariage avait été fixé au jour où s'accomplirait ma dix-huitième année. Grâce à cette promesse, j'avais acheté deux ans de liberté; je repris ma sérénité, mais non mes espérances. Oh! que n'ai-je alors accompli le sacrifice tout entier, que n'ai-je épousé Félix à cette époque! Je n'aurais pas aimé Léon, ou, si je l'avais aimé, j'aurais reculé devant la pensée de trahir mon mari. Mais on a fait de la promesse d'une enfant un lien aussi sacré que le serment fait devant un prêtre. Et pourtant, si j'ai aimé Léon, je n'en suis pas coupable, je ne l'ai pas voulu, j'en suis innocente. Il faut que je dise comment cela m'est arrivé.

« C'était durant un des jours pluvieux du triste été de 181., un dimanche. Il était midi. Seule j'avais osé braver la tiède humidité de la journée. J'avais pris la cape de laine et le chapeau de paille de l'une de nos servantes, et, malgré la pluie qui tombait incessamment, j'avais été voir la femme de l'un de nos ouvriers qui était malade. Je venais de quitter la grande route pour gagner leur maison, située à quelque distance dans les terres, lorsque je m'entendis appeler par un cavalier qui, en m'apercevant de loin, avait vivement pressé le pas de son cheval. La manière dont il me parla me fit voir que mon costume l'avait trompé sur ce que j'étais, car il se mit à crier du bout du sentier :

« — Hé! la fille, la fille!

« Je me retournai, il s'approcha.

« — Qu'y a-t-il pour votre service?

« Il me regarda en souriant doucement, et me dit d'un air de gaieté suppliante :

« — D'abord, la belle fille, ne me répondez pas : Tout droit, toujours tout droit.

« — Que voulez-vous dire?

« — C'est que, depuis quatre heures du matin que je suis en route, j'ai demandé trente fois mon chemin, et que l'on n'a pas manqué une seule fois de me répondre : Tout droit, toujours tout droit; et je vous avoue que j'aimerais autant prendre une autre direction.

« — En vérité, Monsieur, cela dépend de l'endroit où vous allez.

« — Je vais à la forge de monsieur Buré.

« Je ne pus m'empêcher de rire, et je lui répondis :

« — Eh bien, Monsieur, j'en suis fâchée pour vous, mais c'est toujours tout droit.

« Je ne sais pourquoi l'idée de me trouver ainsi amenée à indiquer à ce jeune homme le chemin de notre maison, pourquoi la nécessité de lui répéter ce mot qui semblait si fort lui déplaire, m'inspira de lui parler d'un air de gaieté railleuse; mais il me répondit en prenant à son tour un air de gaieté triomphante :

« — Tu en es fâchée, la belle fille! et moi j'en suis ravi.

« Il sauta à bas de son cheval et se prépara à venir de mon côté. Je compris tout de suite que c'était un compliment qu'il me voulait faire en disant qu'il était ravi de marcher près de moi, mais je l'arrêtai en riant de même.

« — C'est que ce n'est pas toujours tout droit par ici, c'est toujours tout droit par là-bas, lui dis-je en lui montrant du doigt le chemin qu'il venait de quitter.

« A peine lui avais-je répondu ainsi, qu'il devint tout rouge. Il ôta son chapeau et me dit d'une voix émue :

« — Mademoiselle, je vous remercie.

« A cette parole, je demeurai aussi interdite que lui : je baissai les yeux devant le regard craintif et doux qu'il leva sur moi, je lui fis machinalement une révérence cérémonieuse, et je continuai ma route. Pourquoi avais-je frémi à la première vue du capitaine Félix, dont j'avais entendu vanter les qualités? pourquoi avais-je souri à la première rencontre de ce jeune homme que je ne connaissais pas? pourquoi, en m'éloignant, étais-je si attentive à écouter si j'entendrais le pas de son cheval reprendre le chemin que je lui avais indiqué; et lorsque j'arrivai à l'angle d'un sentier qu'il me fallait prendre, comment se fit-il que je me retournai pour voir s'il était parti, et d'où vient que je fus heureuse de le trouver à la même place, son chapeau à la main? Il ne fit pas un mouvement, mais je sentis qu'il me regardait, et que ses yeux ne m'avaient pas quittée. Il demeura encore longtemps ainsi; je le voyais à travers les buissons qui bordaient le chemin où je marchais; enfin, après avoir regardé autour de lui, il fit des gestes que je ne pouvais bien apercevoir, remonta à cheval et s'éloigna lentement.

« J'avais commencé cette promenade le cœur léger et sans penser à autre chose qu'au but de ma visite; j'arrivai pensive à la chaumière de notre ouvrier, et ce ne fut qu'en voyant la douleur de sa femme Marianne que je me rappelai que j'étais venue voir un malade.

« — J'étais bien sûre que vous viendriez, me dit-elle, je vous guettais de la chambre d'en haut, et je vous ai reconnue quand vous avez quitté la grande route et que vous vous êtes arrêtée à causer avec un monsieur à cheval.

« Je me sentis rougir à cette parole, et je m'empressai de répondre :

« — C'est un étranger qui me demandait le chemin de la forge.

« — Alors, il n'était guère pressé d'arriver car il est resté un bon quart d'heure planté là comme un terme.

« Cette nouvelle observation de Marianne me gêna. La bonne femme continua :

« — Du reste, il s'était bien adressé, et il a dû être bien étonné quand vous lui avez dit qui vous étiez ?

« — Oh ! mon Dieu, je ne lui en ai pas parlé, et il m'a prise pour une paysanne.

« — Ah bien ! il sera fièrement embarrassé s'il est encore à la forge quand vous y arriverez.

« Cela me fit penser que j'allais le revoir, et je me sentis embarrassée aussi, comme s'il avait été devant moi. J'étais si troublée que Marianne s'en aperçut et qu'elle dit :

« — Est-ce que ce monsieur vous a dit quelque chose de déplaisant ?

« — Rien du tout.

« — C'est pourtant bien drôle ! vous êtes tout émue, et lui qui est resté là, comme cloué à sa place !

« Marianne m'observait en me parlant ainsi ; je crus lire dans son regard qu'elle ne croyait pas à la vérité de ce que j'avais dit, cela me blessa, et je lui dis avec humeur :

« — Tenez, voilà ce que je vous apportais pour votre mari.

« — Merci, merci, ma bonne demoiselle, me dit-elle avec une reconnaissance si sincère qu'elle effaça tout mon ressentiment ; puis elle ajouta :

« — J'ai surtout une grâce à vous demander. Obtenez de monsieur Félix qu'il ne donne pas à un autre la place de chef d'atelier ; il en a menacé mon mari, si d'ici à huit jours il n'a pas repris son ouvrage.

« — Mon frère ne le permettra pas, lui répondis-je.

« — Oh ! Mademoiselle, depuis que monsieur Buré a laissé la direction des ateliers à monsieur Félix, il ne veut plus s'en mêler.

« — Eh bien ! j'en parlerai au capitaine.

« — Oh ! oui, parlez-lui, me répondit-elle avec tristesse et en se laissant aller à causer plus qu'elle ne voulait sans doute, poussée qu'elle était par de cruels souvenirs ; parlez-lui pour mon pauvre homme. L'ouvrier n'est déjà pas si heureux avec lui, pour qu'on veuille lui faire perdre son pain parce qu'il a le malheur d'être malade. Il n'est pas bon, monsieur Félix... La maison est bien changée depuis qu'il est arrivé... Si vous saviez comme il m'a reçue quand j'ai été lui demander une avance !

« Elle parlait en pleurant, et moi je l'écoutais la terreur dans l'âme.

« — Femme ! femme ! murmura l'ouvrier étendu dans son lit.

« Marianne comprit mieux que moi cette interruption.

« — Oh ! pardon, pardon ! me dit-elle... j'oubliais que monsieur Félix... C'est certainement un brave homme... un homme qui vous rendra heureuse.

« Ce dernier mot me fit tressaillir. J'avais deux ans devant moi, j'avais oublié que je devais épouser Félix. Ce souvenir me fut rendu si soudainement après une si naïve révélation sur la dureté de son cœur, qu'il me glaça. Je devins pâle. Je me sentis si troublée, que je me levai pour sortir. Marianne courut après moi.

« — Je vous ai fâchée, me dit-elle ; ah ! excusez-moi. Voyez-vous, nous sommes si pauvres ! et j'ai eu peur.

« La pauvre femme pleurait, je pleurais aussi. Aujourd'hui que je puis étudier dans mon horrible loisir tout ce qui s'est passé en moi, je ne saurais comment expliquer le désespoir qui me saisit tout à coup ; je me mis à éclater en sanglots, je venais de voir clairement dans mon cœur que jamais je n'aimerais Félix. Était-ce un avertissement que j'allais en aimer un autre ? je ne sais, mais ce moment me révéla tout le malheur de ma vie. Marianne me regardait, elle ne comprenait rien à ma douleur. Que de fois, quand j'étais enfant, j'ai vu de jeunes filles prises de ces soudains désespoirs, et que de fois j'ai entendu dire d'un air capable à des vieillards qui avaient oublié leur âme : Ce sont des vapeurs, c'est la jeunesse qui la tourmente, cela se passera avec quelques soins ! Et l'on appelait un médecin. Moi-même, à ce moment où le ciel semblait dévoiler mon avenir à mes yeux, devant cette épouvante qui me tenait, je fis comme ces vieillards, je combattis mon désespoir, je rentrai mes larmes, je ne voulus pas croire à mon âme qui se soulevait tout entière, et je répondis :

« — Je suis malade, j'éprouve un malaise horrible ! Comme s'il était plus naturel et plus raisonnable de son corps que de son cœur !

« — Voulez-vous que je vous reconduise ! me dit Marianne.

« — Non, non ! m'écriai-je soudainement, je m'en irai seule.

« Seule ! j'avais besoin d'être seule. Avant ce temps c'était pour marcher plus libre et gaie dans mes heureux rêves; en ce moment c'était pour pleurer.

« Je repris tristement le chemin de la maison. Arrivée à l'endroit où l'inconnu m'avait parlé, je m'arrêtai involontairement. Cependant je ne pensais pas à lui. Sort-il donc de l'âme des émanations sympathiques qui flottent dans l'air? Oh! pauvre enfant que j'étais ! je m'arrêtai et je regardai tristement autour de moi. Cet endroit du chemin avait déjà pour moi un souvenir que je cherchais. Tout cela fut rapide et insatiable, il n'y avait ni désir ni regret; mais quand je rentrai à la maison, j'avais le cœur ému et serré, mon désespoir s'était enfui, je n'avais plus envie de pleurer, mais j'aurais voulu encore être seule. Hortense me trouva dans le salon, et me dit :

« — Henriette, il faut penser à t'habiller; nous avons quelqu'un à dîner.

« — Qui donc? lui dis-je aussitôt, comme si elle m'annonçait une nouvelle bien extraordinaire.

« — Un jeune homme, monsieur Lannois, que son père a envoyé passer quelques mois ici pour y apprendre la conduite d'une fonderie.

« — Ah! il va demeurer plusieurs mois ici? lui dis-je.

« — Sans doute... Mais qu'as-tu donc avec ton air surpris? est-ce la première fois que cela arrive? Va t'habiller.

« J'avais seize ans; toutes mes pensées tristes s'envolèrent, et je me fis une fête de la surprise de monsieur Lannois. Pour la rendre plus complète, je voulus qu'il vît dans toute son élégance la demoiselle qu'il avait traitée en paysanne : je préparai ma robe la plus fraîche avec les plus belles broderies, je m'apprêtai à lui paraître bien richement vêtue pour que le contraste fût grand : c'étaient mes bonheurs d'enfant qui me ressaisissaient. Mes sensations de jeune fille reprirent bientôt. Pardonnez-moi, vous qui me lisez; mais seule peut-être et du fond de ma tombe vivante, j'ai le droit de dire les secrets d'un cœur de femme. Ma pensée changea tout à coup. Je reculai devant l'idée de plaisanter même en pensée avec cet inconnu, et je serrai ma belle robe brillante ; je m'habillai modestement, et je trouvai que je lui paraîtrais ainsi plus belle que parée, belle comme doit l'être une jeune fille sérieuse, car j'étais devenue sérieuse. Quand je descendis, on se promenait dans le jardin. Je le reconnus causant avec mon frère. Lorsqu'il me vit, sa surprise fut extrême; il était si troublé que mon frère s'en aperçut et que j'en fus charmée.

« — Qu'avez-vous? lui dit-il.

« Je m'étais approchée avec une assurance triomphante. Je ne puis dire quel naïf mouvement de bonheur j'éprouvai à le trouver si tremblant devant moi.

« — Mon Dieu! Monsieur, répondit Léon

en balbutiant, j'ai eu déjà le malheur de rencontrer Mademoiselle.

« — Comment? le malheur dit mon frère en riant, et je ne pus m'empêcher de rire aussi.

« Léon fut tout à fait décontenancé. A mesure qu'il perdait sa présence d'esprit, je retrouvais la mienne : enfant, joueuse, après avoir senti des émotions inconnues, je riais de bon cœur, sans comprendre qu'il y avait déjà de l'orgueil dans cette gaieté. Le trouble de Léon alla jusqu'à la tristesse; il était si jeune aussi! il avait alors dix-huit ans; il fut blessé de la raillerie qui l'accueillait et ne sut que répondre.

« — Voyons, lui dit mon frère, qu'est-il donc arrivé?

« Il me plaisait si bien, timide ainsi et embarrassé, que je ne voulus pas l'aider. Enfin il murmura d'une voix douce et suppliante :

« — J'ai rencontré Mademoiselle enveloppée d'une cape, je l'ai prise pour une paysanne, je lui ai demandé mon chemin.

« — D'un ton peu respectueux, sans doute? dit mon frère.

« — Je ne crois pas avoir été grossier... mais vous savez... on dit...

« — Oui, reprit mon frère en riant, dans notre pays on a une façon de parler assez leste, et l'on crie volontiers : Hé, la fille!

« — Oui, Monsieur.

« — Eh bien! faites vos excuses à la demoiselle, qui vous pardonne, j'en suis sûr.

« Mon frère s'éloigna d'un air indifférent, et nous restâmes, monsieur Lannois et moi, en face l'un de l'autre. Léon n'osait lever les yeux sur moi; son embarras me paraissait aller trop loin et commençait à me gagner; je le vis relever en rougissant la manchette de son habit et détacher un petit cordon de cheveux qu'il me présenta.

« — A la place où vous vous êtes arrêtée, me dit-il, vous avez laissé tomber ce bracelet, et il faut bien que je vous le rende.

« Sans attacher d'importance à cette restitution, elle me parut si tardivement faite que je ne puis m'empêcher de dire à Léon :

« — Quand l'ai-je perdu?

« — Quand vous avez tendu la main hors de votre cape, je l'ai vu tomber.

« — Et vous ne m'en avez pas avertie?

« — J'étais si troublé! A votre main, une main blanche et fine, j'ai vu que je m'étais trompé... C'est alors que je vous ai appelée mademoiselle... Puis, après ma grossièreté, je n'aurais plus osé vous parler; d'ailleurs, quand j'ai ramassé ce cordon, vous étiez si loin!

« — De façon que si vous ne m'aviez pas retrouvée, vous l'auriez gardé?

« Léon rougit comme un coupable, et répondit en se faisant une excuse d'une chose à laquelle ni lui ni moi ne pensions pas assurément :

« — Ce bracelet n'a pas une valeur telle...

« — Pour vous, peut-être; mais pour moi!... Je l'ai fait avec mes cheveux pour me parer le jour où ma sœur s'est mariée, et depuis il ne m'a pas quittée.

« Léon regardait ce bracelet d'un regard plein d'une tristesse charmante, et il reprit assez vivement :

« — J'avais bien vu tout de suite qu'il était fait de vos cheveux, et c'est pour cela...

« — Eh bien! dit mon frère en se rapprochant, la paix est-elle faite?

« — Tout à fait, lui répondis-je avec assurance.

« Et je m'apprêtai à passer mon cordon de cheveux à mon bras. Par un de ces avertissements du cœur que, même en ce moment, je ne pourrais expliquer, je levai les yeux sur Léon. Ses regards étaient attachés sur mes mains et suivaient attentivement le bracelet; ses regards m'arrêtèrent, et, au lieu de l'attacher à mon bras, je le mis dans ma poche. Un triste sourire effleura les lèvres de Léon. J'avais donc compris qu'il mettait du prix à ce que ce cordon, qui avait entouré son bras, vint entourer le mien, et il devina de même que je ne voulais pas lui accorder cette faveur.

« O frêles et doux souvenirs de ce saint amour que je lui ai voué, descendez dans ma tombe, jeunes et tendres comme vous avez été! Revenez tous pour que mon œil, arrêté sur votre ombre légère, s'y repose de ses larmes et de l'aspect glacé de cette prison muette! Faites-moi regarder doucement en arrière, moi devant qui l'espérance ne marche plus!. Souvenirs heureux! oh! que vous m'avez doucement bercé le cœur, lorsque je vous ai compris plus tard, lorsque, arrivée à l'aimer de toute la puissance de mon âme, j'ai senti que toutes ces fugitives inspirations avaient été les premiers tressaillements de la passion qui devait s'emparer de moi! Oui, cet amour qui m'a pénétrée et brûlée dans toute la profondeur de mon âme, cet amour qui m'a égarée, c'est lui qui déjà me troublait du vent tiède de son aile. Depuis l'arrivée de Félix j'avais froid hors de moi et en moi, et j'ai fait comme l'enfant qui a froid, j'ai ouvert les plis de ma robe pour me réchauffer le sein à cette chaude haleine, et je l'ai respirée pour m'y baigner le cœur. Oui, c'était l'amour qui déjà, sans me parler, me montrait du doigt un chemin inconnu et qui m'a menée à la mort! Hélas! j'ai suivi ce sentier sans savoir ce que je faisais. Plus tard cependant j'ai compris que, si je l'avais bien voulu, j'aurais su ce que j'éprouvais; car on ne change pas ainsi pour rien en un moment sans qu'il y ait autre chose dans la vie qu'une rencontre indifférente et un nouveau venu qui s'en ira.

« Tout l'effroi profond que m'avait causé Félix ne m'avait poigné le cœur que dans des heures de solitude et de jours; le léger tressaillement qui m'agita à la vue de Léon m'empêcha de dormir paisiblement toute la nuit. Et pourtant ce n'est pas à lui, à lui Léon, que je pensai, ce n'est pas son image qui passa devant mes yeux fermés, ce n'est pas sa voix qui murmura à mon oreille : c'était un être inconnu, sans forme, qui m'obsédait et me parlait ainsi. Une seule fois en ma vie j'avais senti un trouble pareil : c'était un jour où nous devions aller revoir dans la montagne la grotte des Fées, si merveilleuse et si splendide. Il fallait s'éveiller de bonne heure; je ne dormis pas, et toute la nuit je vis des montagnes et des grottes imaginaires, jamais celle où je devais aller. Ainsi Léon ne m'apparut pas, ce fut quelque chose qui me venait de lui, comme les grands rochers de mon imagination me venaient des rochers de nos enchanteresses. Ce pressentiment d'amour m'atteignait comme un génie ami, comme un sorcier divin qui frappe notre âme de sa baguette magique, qui ouvre toutes les sources de notre amour, les fait couler hors de nous. Puis se présente le voyageur altéré qui tend sa coupe, la remplit des larmes heureuses de notre âme et s'en abreuve.

« Et cela fut ainsi pour moi le matin de cette nuit si doucement agitée. Je me levai avant tous, j'ouvris ma fenêtre, et la première personne que je vis, ce fut Léon arrêté et les yeux levés sur ma chambre. Si alors il ne sentit pas que je devais l'aimer un jour, si alors, comme le voyageur altéré, il ne tendit pas son âme pour recueillir en lui ce flot d'émotion qui s'échappait de moi, c'est qu'il était timide et bon; car il y eut un moment, le moment d'un éclair, où toute ma joie dut éclater et sourire sur mon visage. Puis, avec la même rapidité, il me sembla que tous ces traits épars de mes rêves, que toutes ces formes indécises de fantômes légers qui m'avaient poursuivie, s'éclairaient, s'assemblaient soudainement, se dessinaient avec netteté, et je reconnus que c'était Léon qui avait erré dans la nuit que je venais de passer. Alors j'eus peur, alors je me retirai de ma fenêtre, je reculai vivement et je tombai assise sur le bord de mon lit, la main

Eh ! venez donc, capitaine, il y a des épées chez moi. !Page 86.

sur mon cœur qui battait comme si j'avais longtemps couru. Avais-je donc fait bien vite un bien long chemin dans l'amour !

« Cependant, les occupations de la journée, les occupations des jours suivants, apaisèrent bientôt tous ces mouvements tumultueux et je ne sentis plus d'agitation. Mais déjà ma vie était comme l'eau de la fontaine où a passé l'orage : l'onde redevient calme, mais elle n'est plus limpide ; mon âme n'était plus agitée, mais elle était troublée.

Il faut, pour que l'eau de la fontaine laisse dormir au fond de son lit le limon du torrent, que de longs jours paisibles et sereins lui rendent son cristal. Quant à moi, à travers mes pensées troublées, je ne voyais plus le fond de mon cœur, et je n'eus pas le repos qui devait leur rendre leur innocente transparence. Depuis quinze jours je ne voyais plus Léon qu'aux heures des repas, et quelquefois le soir dans les réunions de la famille. Il était respectueux et attentif pour mes vieux pa-

10

rents, gai et empressé avec Hortense, si taquin et si complaisant pour mes petites nièces que les deux enfants l'adoraient. Pour moi seule il était réservé et triste ; quand je lui parlais, il rougissait ; quand je lui demandais un service, lui si leste, si empressé, si adroit, il se faisait toujours répéter ma demande et faisait toujours quelque maladresse. J'avais entendu parler confusément de l'amour qui avait adouci les caractères les plus farouches ou donné de la grâce aux plus gauches, et je comprenais que c'était le même pouvoir qui enlevait la grâce et donnait de la sauvagerie à Léon. Je sentais que, pour lui, je n'étais pas ce qu'étaient les autres. Que j'aie appelé ce sentiment de son vrai nom, que je me sois dit que c'était de l'amour, non car il me rendait heureuse, et l'on m'avait fait peur de l'amour, on me l'avait montré comme un ennemi. En aimant Léon, en me sentant aimée, je me défendais de regarder ce que j'éprouvais, et lorsque dans cette solitude où j'ai appris tant de choses, j'ai pu lire dans d'autres livres que mon cœur, je me suis toujours étonnée que Juliette la fille de Capulet, n'ait pas dit au beau jeune homme qui la charme comme Léon me charmait : Roméo, ne me dis pas que tu es Montaigu, car il faudrait te haïr.

« Cependant un jour vint où je ne doutai plus de l'amour de Léon ou ce sentiment s'éclaira complétement pour moi ; ce fut le jour où je compris qu'il détestait le capitaine Félix. Ce fut l'occasion de l'ouvrier malade que j'allais voir quand je rencontrai Léon pour la première fois. J'avais obtenu de mon frère qu'on ne le rayerait pas du nombre des ouvriers, mais le capitaine s'était refusé à ce qu'on lui payât le prix des journées manquées. C'eût été, disait-il, d'un fatal exemple pour beaucoup de paresseux qui eussent trouvé commode de gagner leur argent dans leur lit. Depuis ce temps, je ne pensais plus à Marianne ni à Jean-Pierre, son mari : déjà je n'avais plus le temps de m'occuper des autres. Voici ce qui arriva :

« C'était à l'heure du dîner : le capitaine et Léon ne se rencontraient guère qu'à cette heure, car celui-ci se retirait presque toujours de nos soirées pour travailler. Le capitaine s'adressant à Léon d'une voix dure :

« — Jean-Pierre est venu à la forge aujourd'hui ?

« — Oui, Monsieur.

« — Il est allé dans les bureaux ?

« — Oui, Monsieur.

« — Il a reçu de l'argent ?

« — Oui, Monsieur.

« — De qui ?

« — De moi.

« — Sur quelle caisse l'avez-vous pris, monsieur Lannois ?

« Léon, en qui je voyais bouillonner la colère, devina sans doute que le capitaine voulait contester le misérable payement qui avait été fait ; il répondit avec dédain et en tournant le dos à Félix :

« — Sur la mienne, Monsieur.

« Le capitaine qui avait, à ce que je crois, un parti pris de faire une mercuriale à Léon sur ce qu'il avait osé se permettre, fut si déconcerté de cette réponse qu'il en devint tout pâle. Mais il ne savait comment se fâcher, et, dans son impuissance, il ajouta :

« — Il paraît que Jean-Pierre vous a rendu d'importants services ?

« Le ton dont ces paroles furent prononcées, irrita Léon et le fit sortir de sa timidité. Il répliqua avec une exaltation triomphante :

« — Oh ! oui ; il m'a rendu un grand service.

« — Durant sa maladie ?

« — Durant sa maladie.

« — Et lequel ?

« Léon sourit : tout son visage changea d'expression : de la colère qui l'agitait, il passa à une douce et triste soumission : il posa la main sur son cœur, et, levant sur moi un regard où, pour la première fois, il osa me parler, il répondit :

« — Oh! ceci est mon secret, Monsieur.

« — C'est sans doute aussi celui de Jean-Pierre, dit le capitaine, et je serai bien aise de le savoir.

« — Vous pouvez le lui demander.

« — Je me serais fort bien passé de votre permission.

« — Je n'en doute pas, Monsieur.

« Pendant les derniers mots de cette conversation, Félix n'avait cessé de m'examiner, car il avait surpris le regard de Léon, et ce regard m'avait troublée. Je l'avais compris, moi. Il voulait me dire : C'est pendant que vous alliez chez Jean-Pierre que je vous ai vue pour la première fois, et voilà ce service que j'ai récompensé... Le dîner fut silencieux, car cette explication avait eu lieu devant tout le monde, et chacun était gêné. Moi seule, j'affectai une grande aisance. Comme j'avais compris l'aveu de Léon, j'avais compris le soupçon de Félix, et, pour la première fois, j'éprouvai une sorte de joie à le tromper. Léon se retira. Nous restâmes seuls avec mon frère et sa femme. Hortense se plaignit doucement à son mari de la dureté de Félix.

« — Moi je n'ose lui parler, lui dit-elle; mais toi, tâche de lui faire entendre raison. Ce jeune homme est bon, laborieux, et Félix le traite mal.

« Je fus si reconnaissante envers Hortense, que ma pensée parut sans doute dans mes yeux, et que mon frère, qui me regardait secoua doucement la tête.

« — Oui, dit-il, Félix le traite mal, il ne l'aime pas; et, comme je ne veux pas que ce jeune homme ait à se plaindre de nous, je trouverai un prétexte pour le renvoyer à son père.

« — Oh! m'écriai-je avec une colère douloureuse, ce serait trop injuste!

« — Ce serait plus raisonnable, répondit sévèrement mon frère en me regardant d'un air scrutateur.

« Je baissai les yeux, et il s'éloigna après avoir fait un signe à Hortense, qui m'examinait aussi. En devinant mon secret, on m'avertit que j'en avais un. Ce fut la première fois que le nom d'amour me vint expliquer la préférence que j'avais pour Léon. Cependant, si Hortense, si ma sœur m'avait tendu la main dans ce moment et m'eût dit : Henriette, l'aimes-tu? je lui aurais répondu en me jetant dans ses bras, en fondant en larmes, en lui jurant de ne plus l'aimer; car c'était, selon les idées de notre famille, un crime que l'amour. Mais Hortense d'ordinaire si bonne et si douce pour moi, se montra gauchement sévère; elle crut devoir se ranger du parti de Félix, qu'elle venait de blâmer, parce qu'elle supposa qu'il avait besoin d'être défendu dans mon cœur, et me dit avec autorité :

« — Henriette, je viens d'avoir un tort en blâmant la conduite de mon frère. N'en aie pas un plus grand en le condamnant légèrement.

« Cette admonestation me blessa; et, profitant de ce que je n'avais rien dit qui pût la motiver, quoique assurément je sentisse que je la méritais au fond du cœur, je répliquai avec aigreur :

« — Moi, condamner le capitaine Félix! je n'ai pas parlé de lui, je n'ai pas même prononcé son nom.

« Ma façon de répondre blessa Hortense, et elle me dit sèchement :

« — Vous savez bien ce que je veux vous dire, Mademoiselle.

« — Ce que vous voulez me dire? répétai-je avec humeur, tant il me semblait injuste de s'en prendre à moi d'une chose où je n'étais pour rien, en vérité, je l'ignore. Qu'ai-je à faire dans l'opinion que vous venez d'exprimer sur votre frère, et vous conviendrait-il de faire croire que c'est moi qui l'ai accusé de dureté?

« — Vous ne l'avez pas dit, mais vous le pensez, lorsque vous vous êtes écriée que ce serait une injustice de renvoyer M. Lannois à sa famille.

« — Je ne faisais que répéter ce que vous aviez dit.

« — Vous êtes bien raisonneuse, Henriette, me dit Hortense ; c'est le fait des gens qui ont tort.

« — Tort ! quel tort ? tort en quoi ? lui dis-je en sentant les larmes me gagner.

« Ma sœur, qui jusque-là ne m'avait regardée que d'un air sévère, s'approcha de moi, et, me prenant la main, elle me dit, après un silence assez long, durant lequel elle chercha à pénétrer jusque dans mon âme :

« — Henriette, ma sœur, prends garde d'être imprudente, et souviens-toi de ce que tu as promis. Félix t'aime.

« J'aurais voulu douter de mon cœur, qu'on m'aurait forcée d'y voir clair. Oui, je le pense encore, oui, peut-être sans cet avertissement aurais-je laissé se calmer, dans l'ignorance de ce qu'il était, ce trouble inconnu dans ma vie. Mais quand on lui eut donné un nom, quand on l'eut appelé amour, quand on lui eut mis sur le front sa couronne de feu quand, je sus qui il était, je fus curieuse de le voir, de le regarder, de le mesurer, ne fût-ce que pour le combattre. Avant ce jour, Léon habitait mon âme sans l'occuper ; à partir de ces paroles, il en devint toute la pensée. J'amais Léon, on me l'avait dit, était-ce donc vrai ? je me consultai, et alors je fis en moi d'étranges découvertes. Le visage de Léon, ses yeux doux et purs, ses beaux et longs cheveux blonds, sa noble tournure, sa voix suave et chantante, ses gracieux hochements de tête quand il jouait des colères d'enfants contre mes petites nièces, tout cela s'était gravé en moi sans que j'eusse pensé à l'observer. Je le connaissais mieux que je ne connaissais mon père, mon frère ; je le connaissais mieux que tous ceux avec qui je vivais depuis de longues années. Il me semble que j'aurais parlé pour lui, trouvé ses réflexions, fait ses gestes, tant j'étais pénétrée, et pour ainsi dire, vivante de cette existence qui n'était pas la mienne. Je fus épouvantée d'être ainsi en moi-même au pouvoir d'un autre ; ma fierté s'indigna d'être à la merci d'une vie en qui la mienne n'apportait peut-être aucun trouble, et la peur de n'être pas aimée me prit soudainement.

« L'amour ! oh ! l'amour est comme toutes les puissances supérieures ; tout lui sert, l'abandon et la résistance. J'aurais aimé Léon si je ne l'avais pas redouté, je l'aimai parce que je le craignis. Eh, mon Dieu ! pouvais-je ne pas l'aimer ? n'est-il pas des pentes si rapides qu'on y tombe parce qu'on s'agite pour les remonter, et qu'on y tombe aussi parce qu'on ne résiste pas à leur rapidité ? Je l'ai éprouvé, moi, car cette image de Léon m'épouvantait ; elle s'asseyait si près de moi dans mes nuits, elle me quittait si peu durant mes jours, que je la trouvais importune, presque audacieuse ; elle s'emparait de moi et me parlait en maîtresse. Je voulus m'arracher à cet entraînement ; mais tout ce qui m'avait soutenu jusque-là, occupations, prières, travail, tout cela semblait me manquer, tout cela fuyait quand je voulais m'y appuyer : c'était comme le sable des bords du précipice, qui cède dès qu'on y cherche un soutien. Il semblait qu'un soleil de feu eût plané sur ma vie, et réduit tout en poussière en n'y fécondant que l'amour. Hélas ! hélas ! je m'explique mal. Je ne me rendis pas alors un pareil compte de mon âme. Toutefois je pris une résolution solennelle, je ne voulus pas que Léon me soupçonnât obsédée de sa pensée, et pendant un mois entier je m'appliquai à lui être désobligeante. Il fallait que l'effroi que j'avais de moi-même fût bien grand pour que je n'eusse pas pitié de sa tristesse. Il était si malheureux ! Ah ! ce malheur me disait si bien à quel point il m'aimait, que ce malheur me plaisait, et je l'aimais en secret de souffrir ainsi. La seule épreuve qui me fut dure à supporter, et que Dieu me pardonne cette lutte, puisque j'en sortis victorieuse ! la seule épreuve où je sentis fléchir mon courage, fut la joie du capitaine. Que Félix fût malheureux de ma froideur, c'était mon droit. Je le sentais, car je souffrais aussi. Je ne le lui disais pas ; mais, par un accord tacite avec moi-même, je comprenais que j'avais le droit de blesser celui pour qui j'avais tant de consolations cachées en moi. Mais que Léon eût à subir les regards triomphants et les railleries froides du capitaine, c'est ce qui m'irritait, c'est ce qui m'eût cent fois poussée à dire à Léon : Je mens quand je détourne mes yeux de toi, je mens quand j'évite ta rencontre, je mens quand je te parle sans bonheur et t'écoute sans paraître t'entendre ! Oui, je l'eusse averti, si je ne l'avais aimé à ce point que j'éprouvais qu'une fois mon cœur ouvert, toute ma vie s'en serait échappée pour aller à lui. Il m'aimait aussi, lui, et je le savais, moi.

« Cette aventure de Jean-Pierre m'avait été expliquée par cela seul que personne n'avait pu le comprendre.

« Félix avait interrogé ce pauvre homme, et ce pauvre homme lui avait dit qu'il n'avait rien à répondre à ses questions : non-seulement il n'avait rendu aucun service à Léon mais lorsque celui-ci lui avait donné de l'argent, il l'avait vu pour la première fois. On attribua la réponse de Léon à une mutinerie d'enfant. Moi seule je savais le service que lui avait rendu Jean-Pierre : n'allais-je pas chez ce pauvre malade lorsque Léon me rencontra ?

« Cependant un jour devait venir qui m'arracherait à cette rude tâche de froideur que je m'étais imposée. On ne parlait plus de renvoyer Léon ; il était si laborieux, si doux, si soumis ! Ce nuage de soupçon qui avait existé sur lui et sur moi s'était dissipé ; moi-même je reprenais quelque sécurité, lorsqu'un événement imprévu me montra que je n'avais gagné de repos que hors de moi.

« Parmi les plaisirs de mon enfance, j'avais gardé celui de cultiver de mes mains un coin écarté et bien étroit de notre jardin. Il arriva que, des magasins ayant été construits tout auprès, on voulut faire un chemin pour y conduire nos marchandises à travers le parc. Ce chemin m'enlevait mon petit parterre, riche de rosiers que j'avais élevés et que j'aimais. Si mon frère m'eût dit simplement ce qui allait arriver, peut-être n'eussé-je pas pensé à me plaindre de ce hasard ; mais il advint que j'entendis Félix donner l'ordre au jardinier d'enlever toutes mes fleurs pour que les terrassiers pussent travailler le lendemain. Je voulus résister ; il essaya d'abord de plaisanter, je ne répondis que par des reproches sur sa maladresse à faire tout ce qui pouvait me blesser ; son naturel l'emporta, il me répliqua durement, et je courus cacher mes larmes dans ma chambre. On m'y laissa ; j'entendis murmurer sous mes fenêtres des mots qui me firent pitié pour celui qui les prononçait.

« — C'est un caprice de petite fille, disait le capitaine, j'aime mieux celui-là qu'un autre : qu'elle pleure ses roses, cela n'est pas dangereux.

« Hortense cherchait à lui persuader de monter pour me calmer.

« — Elle tient à ces misérables fleurs, lui disait-elle.

« — Eh bien ! répondit Félix, demain ou après-demain je les ferai enlever avec soin et on les plantera où elle voudra : mais que j'aille lui demander pardon de ce que je fais les affaires de la forge ! je ne veux pas la mettre sur ce pied.

« Ce ton, ces paroles de Félix ne m'irritèrent pas d'abord : oui, j'eus pitié de cet homme qui se tuait si gauchement dans un cœur où il avait placé une espérance. Puis mon frère étant survenu, il eut le malheur de dire que je serais touchée de la galanterie du capitaine s'il daignait prendre le soin de conserver mes pauvres rosiers. Avoir une reconnaissance pour Félix, avouer qu'il pourrait faire quelque chose d'obligeant à mon intention, cela me sembla un malheur plus grand que tous les autres. Je ne puis dire pourquoi, mais cela m'irrita, et je n'eus plus qu'une pensée, ce fut, quand la nuit serait venue, d'aller à mon jardin, de le détruire, de le ravager, pour que Félix ne me le sauvât pas; j'aurais haï mes roses s'il les eut conservées. J'étais si exaspérée que je compris qu'on peut tuer son bonheur en des moments pareils pour ne pas le devoir à des soins qui vous pèsent. J'attendis donc, et, quand l'heure du sommeil eut sonné pour tout le monde, je sortis doucement de la maison, je me glissai comme une fille coupable le long des allées et des massifs, et, pleine d'une émotion colère et triste, j'approchai de l'endroit où j'allai briser ces frêles arbrisseaux, mes compagnons d'enfance. Cette idée m'avait surtout déterminée : Félix était devenu pour moi l'image vivante de mon malheur, et, comme il avait éteint mes beaux rêves, j'aimais à me dire que c'était lui qui dévastait aussi mes belles fleurs, et par un besoin de souffrir de sa main, je m'écriais en moi-même : Ah! cet homme est le mauvais génie de tout ce que j'ai aimé!

« J'étais à quelques pas du petit carré vers lequel je me dirigeais, quand j'entendis un léger bruit. La peur d'être surprise dans ce qui m'avait semblé d'abord une vengeance légitime et dans ce qui m'apparut tout à coup comme une colère ridicule, cette peur fit que je me cachai; mais, le bruit continuant à se faire entendre, j'en voulus savoir la cause. Je parvins à petits pas jusqu'auprès de mon jardin de roses. C'était là qu'on travaillait : un homme était penché vers la terre, il enlevait les fleurs avec soin, les déposait avec une tendre attention sur une brouette qu'il poussa bientôt vers une autre partie du parc. Je le reconnus : c'était Léon. Oh! comment pourrais-je dire ce qui se passa en moi? Une joie céleste tomba dans mon cœur, elle le remplit tellement, qu'elle m'enivra et déborda ; je fus forcée de m'appuyer contre un arbre, et je sentis des larmes couler sur mes joues. Et mes fleurs, mes belles fleurs, que je les aimais! qu'elles me devinrent chères et précieuses! Dès que Léon fut éloigné, je courus vers celles qui restaient encore, je les regardai l'une après l'autre; mais l'idée de les briser m'eût révoltée, elle m'aurait semblé une odieuse ingratitude. J'étais seule, la nuit m'enveloppait d'ombre : je pris une rose, la plus belle ; je la coupai, et là, dans une folle extase d'amour, ouvrant un passage à cette passion que je refermais depuis si longtemps, je pressais de mes baisers cette rose ainsi sauvée. Puis, entendant revenir Léon, je la jetai à terre pour lui, comme s'il devait la reconnaître; j'en pris une autre pour moi, comme s'il me l'avait donnée, et je m'enfuis, la tête et le cœur perdus, comme si cet échange de fleurs, que j'avais fait à moi seule, avait été l'aveu de son amour et du mien.

« Le lendemain, j'étais heureuse et rayonnante, Léon m'aimait, Léon m'avait sauvée du besoin de remercier Félix. Je l'aimais de son amour et de mon aversion pour un autre. Pourtant je n'étais pas méchante. Si Félix eût voulu rester un ami pour moi, je l'aurais apprécié ce qu'il valait; mais une fatalité cruelle lui inspirait toujours des choses qui devaient le perdre dans mon cœur et me pousser dans une voie où j'aurais voulu ne pas avancer.

« Chacun s'aperçut le lendemain de ce qui était arrivé, et dès le matin on en causait avant que je fusse descendue. Cela se trouvait être un dimanche, de façon que tout le monde était réuni pour le déjeuner. Félix entrait au moment où, après avoir embrassé ma famille, je répondais au salut de Léon. Félix s'arrêta à la porte, me confondit avec Léon dans un même regard; puis, voulant dissimuler sa colère sous un air de gaieté railleuse, il dit :

« — J'ai du malheur, Henriette! J'avais fait préparer un endroit charmant du parc pour y transplanter vos rosiers, mais une main plus habile et plus prompte m'a prévenu.

« Ce regard de Félix, en nous rassemblant sous une même accusation, m'inspira l'idée soudaine de me faire la complice de ce crime qui le blessait tant.

« — Vraiment ! lui dis-je en faisant l'étonnée, qui donc a pu commettre cette galanterie malavisée ?

« — Je ne le connais pas encore, répondit Félix d'un ton tout à fait irrité, sans cela je l'aurais remercié, moi, de son attention pour vous.

« Félix avait adressé du regard cette espèce de menace à Léon. Celui-ci semblait prêt à éclater : j'intervins.

« — Vous lui en voulez donc beaucoup ? dis-je en riant.

« — Assez, reprit Félix, pour lui donner une leçon.

« — Comme les donnent les capitaines ? repris-je en voyant la colère s'allumer sur le front de Léon ; les armes à la main, sans doute ?

« — Pourquoi pas ? dit Félix en regardant toujours Léon.

« — Eh bien ! répliquai-je après avoir pris une paire d'épées suspendues dans la salle à manger, me voici prête à la recevoir.

« Je tendis une épée au capitaine, et je tirai l'autre de son fourreau, en me mettant en garde.

« — Quoi ! s'écria Félix, c'est vous ?

« — C'est moi, lui dis-je, qui suis la coupable ; allons, capitaine, en garde !

« Je m'avançai sur lui l'épée haute ; il recula en rougissant de colère. Ma famille, qui n'avait vu dans tout cela qu'un enfantillage, se prit à rire. Mon père et Hortense dirent gaiement :

« — Allons, Félix, défends-toi ; elle te fait peur ?

« Seule je devinai la colère de Félix, car seule je compris que je venais de le rendre ridicule devant celui qu'il eût voulu anéantir ; cependant il se remit, et reprit avec assez de présence d'esprit, car il ne soupçonna pas un moment que je pusse mentir :

« — Vous êtes plus adroite à manier l'épée que la bêche, ma chère Henriette, car vous avez bien étrangement replanté tous ces beaux rosiers que vous aimez tant.

« Léon fut tout interdit, et moi, qui voulais qu'il fût heureux comme je l'étais, je répondis :

« — Ils me plaisent comme ils sont.

« — Eh bien ! dit mon père, Henriette nous montrera cela après le déjeuner.

« Ce fut mon tour d'être embarrassée ; car j'avais bien vu Léon emporter mes rosiers, mais je ne savais où il les avait mis.

« — Volontiers, répondis-je à tout hasard, et comptant m'échapper avant tout le monde pour découvrir cet endroit.

« Pendant le déjeuner, j'examinai le visage de Léon. Il n'osait croire sans doute à ce que ma conduite devait lui faire supposer. Peut-être, si je l'avais vu radieux, me serais-je repentie de m'être aussi imprudemment mise dans sa confidence, d'avoir accepté si complétement ce dévouement de bons soins ; mais il passait si rapidement d'une joie douce à une incertitude tremblante, que je lui pardonnai mon imprudence. La timidité de son espérance me charma. Moins il osait envers moi, plus je me sentais hardie envers lui.

« Cependant on continuait à me parler de mon jardin, et l'on me demanda quel endroit j'avais choisi pour l'y transporter.

« — Un endroit charmant, vous verrez.

« — Pour ma part, dit Félix, il m'a fallu suivre la trace de la roue de la brouette pour le découvrir.

« Je pensai que cet indice pourrait me guider, mais Félix ajouta :

« — Et si le jardinier eût eu fini de ratisser les allées comme à présent, je déclare que jamais je n'aurais été chercher un parterre de roses où vous l'avez caché.

« Le parc est assez grand pour que je

fusse moi-même embarrassée de découvrir mon nouveau parterre. Je commençai à trembler de mon mensonge.

« — Mais où diable l'as-tu donc caché? me dit mon père.

« — Je vous y mènerai.

« — Félix, dites-moi cela, ajouta mon père.

« — Je ne ferai pas une maladresse de plus, en enlevant à Henriette la surprise qu'elle vous ménage.

« Félix avait du malheur, il repoussait pour m'obliger le seul service qu'il pût me rendre. Quant à Léon, il ne pouvait comprendre mon embarras, puisqu'il ignorait comment je savais que mes rosiers avaient été déplantés. Bientôt on se leva de table, et Léon disparut; j'étais fort en peine de ce que j'allais faire. On me pressait; je pris un parti et je priai qu'on me suivît. A tout hasard, je comptais faire errer ma famille dans le parc et profiter de l'instant où je trouverais mon parterre comme si j'avais choisi le chemin le plus long. Mais mon père était fatigué, il me prit le bras.

« — Allons, me dit-il, et ne nous fais pas courir, j'ai de vieilles jambes qui ne plaisantent plus.

« Ce fut alors que mon embarras fut à son comble, alors aussi que cette sainte divination qui éclaire les cœurs vint me tirer de cet embarras. A défaut d'un mot du coupable, à défaut d'une trace sur la terre, je cherchai le fil invisible et léger qui avait dû conduire Léon. Léon avait dû choisir l'endroit du parc où je me plaisais le mieux, un lieu solitaire et couvert où j'aimais à m'asseoir seule sur un banc de bois. J'y marchai avec la certitude de ne pas me tromper. On me suit, j'arrive et je découvre mes rosiers disposés autour de ce banc où j'avais tant de fois pensé au bonheur avant de connaître Félix et Léon. Ce fut encore pour moi une nouvelle joie, non parce que Léon avait choisi cet endroit, dans ma penséee il ne pouvait y en avoir d'autres, mais parce que je l'avais si bien deviné.

« Hélas! toutes ces choses qui paraîtront peut-être puériles à ceux qui me liront, ont été les plus grands événements de ma vie. Ce fut ainsi que je marchais seule dans ma passion. Puis vint le jour où nous marchâmes à deux. Car jusque-là j'avais aimé Léon, Léon m'avait aimée; mais il me semble que je n'aurais pas osé dire que nous nous aimions. Ce fut encore à l'occasion de ce jardin que commença notre intelligence, ce fut à cause de ce jardin que notre amour se confondit en une pensée unique. Depuis le jour dont j'ai parlé, mon parterre était devenu le but de notre promenade du dimanche après le déjeuner. Les fleurs en étaient devenues une propriété si exclusive que, par un accord tacite, personne n'eût osé en cueillir une sans ma permission. Par cela même elles étaient devenues précieuses, c'était une faveur que de les obtenir. Mon père ne manquait jamais de me dire :

« — Allons, Henriette, fais-nous les honneurs de ton parterre.

« Et je donnais une rose à toutes les personnes présentes. Léon était venu plusieurs fois, et comme aux autres je lui donnais une fleur; mais je la lui donnais devant tout le monde, et je comprenais qu'ainsi je ne lui donnais rien. Un jour il arriva que j'avais fait ma distribution quand il nous rejoignit. Nous quittions le parterre. Je n'aurais osé retourner cueillir une fleur pour Léon. Il s'approcha de moi qui marchais la dernière avec mon père.

« — Vous êtes venu trop tard, lui dit celui-ci.

« — Je n'aurai donc rien! dit Léon.

« Je ne répondis pas, mais je laissai tomber la rose que je tenais à la main. Il la ramassa et la serra sur son cœur. J'attendais depuis longtemps ce moment de le payer de ses soins, car je ne puis dire par quel charme

Allons! gros-papa, ne faites pas l'enflé de dignité... Page 94.

inouï il devinait mes pensées et semblait les accomplir avant que je les eusse exprimées. Je vis du bonheur dans ses yeux et je fus heureuse. Depuis ce temps je ne lui donnai plus mes roses, je les laissai tomber; puis il avait son rosier, un rosier où je ne cueillais de fleurs que pour lui. Dire comment sans nous parler nous nous comprenions, expliquer par quelle intelligence commune nous causions avec la parole des autres, comment un regard furtif donnait à un mot indifférent, prononcé par un indifférent, un sens qui n'était qu'à nous deux, ce serait vouloir écrire l'histoire de notre vie, heure à heure, minute à minute. Cependant tout cela était innocent; ces gages si éphémères qu'il conservait avec tant de soin je les eusse donnés à un ami, et aucune parole n'avait dit encore à Léon que je les lui donnais à un autre titre. Un jour vint cependant où je reçus et rendis un gage qui délia, pour ainsi dire, le silence de nos cœurs. Qu'on me pardonne ces détails des seuls jours où j'ai senti la vie dans toute sa puissance, qu'on ne rie pas de ces frêles bonheurs qui seuls encore m'aident à supporter le lourd malheur qui m'a frappée : ce sont les seuls moments du passé où je puisse endormir ma peine par le souvenir, et celui-ci me fut bien doux, non pas pour le bonheur qu'il m'apporta, mais pour le bonheur que je pus rendre. Car j'avais raison de le penser, aimer c'est rendre heureux. C'était la veille du jour de ma naissance. Mon père, ma mère, mes frères, jusqu'à mes nièces me lutinaient en me menaçant de leurs cadeaux pour le lendemain.

« — Tu ne t'attends pas à ce que je te donnerai, disait l'un.

« — Tu verras si je connais ton goût, disait l'autre.

« Chacun se promettait de me faire un grand plaisir, Léon seul n'osait rien me dire. Il ne se vantait pas, il me regardait. Oh ! que c'est affreux de ne plus voir, de ne plus aimer ! O mon Dieu ! quand ouvrirez-vous ou fermerez-vous tout à fait ma tombe?

« Léon me regardait. Mon Dieu, quel charme avez-vous donc mis dans les yeux de celui qu'on aime? quelle lumière si céleste, quel rayon si éthéré en jaillit donc, qu'il pénètre dans l'âme comme un air qui fait vivre et qui parfume la vie ? Léon me regardait et je sentais mon cœur se fondre en joie sous son regard. J'étais sûre qu'il avait pensé à moi. Le lendemain venu, après que tout le monde fut levé et fut venu m'apporter, ceux-ci des fleurs, ceux-là des bijoux, je descendis dans le jardin. Léon s'y trouvait. J'étais résolue à recevoir ce que son regard m'avait promis. Je m'approchai de lui : il était tremblant, il allait parler, lorsque Félix s'approcha et m'offrit une charmante parure. Léon se retira, mon regard le rappela. Je vis qu'il prenait une résolution, j'attendis.

« — Pardon, me dit-il, j'avais oublié... Ce matin, en courant dans le parc, j'ai trouvé ce mouchoir ; il est marqué à votre lettre, je crois qu'il vous appartient, je viens vous le rendre.

« Je fus blessée d'abord : il avait trouvé un de mes mouchoirs et il ne le gardait pas ! Je le pris sans le regarder et le remerciai sèchement ; il s'éloigna tout confus. En ce moment Hortense vint près de nous, et, m'arrachant vivement ce mouchoir elle me dit :

« — Voyez la petite sournoise ! elle a fait son beau mouchoir avant moi, elle y a travaillé la nuit afin de l'avoir pour sa fête : ce n'est pas loyal. Mais comme il est joli ! je n'aurais pas cru qu'il vînt si bien, car tu étais bien distraite en y travaillant.

« Je n'avais pas compris d'abord ; mais en regardant ce mouchoir, je vis qu'il était absolument pareil à celui que je brodais et qui n'était pas fini. C'était donc le présent de Léon, un présent que je pouvais garder sans le cacher, un mouchoir qui m'appartiendrait mieux que le mien ; car seule je saurais d'où il me venait. J'acceptai l'explication donnée par Hortense, et aussitôt je remontai chez moi ; je cherchai celui qui n'était pas achevé, je pris une bougie, je le brûlai. Pouvais-je désirer avoir de moi rien qui pût rivaliser avec ce que m'avait donné Léon ? Quand je descendis pour déjeuner, il était rêveur, il était triste, il me regarda. Je tenais son mouchoir, je le passai sur mon front ; tout son visage s'illumina de joie. J'avais souvent entendu dire qu'il faut redouter les paroles de l'amour. Ce sont ses regards et ses douces extases qu'il faut craindre. Que m'eût dit Léon qui valût ce bonheur que je venais de lui donner. Il me revint au cœur, et je ne parlai pas pour qu'il ne m'en échappât rien. Puis nous allâmes faire notre promenade. Pour la première fois, Félix nous accompagnait. Je fis ma distribution de roses, et Léon eut une des dernières qui restassent sur son rosier. Ce jour-là je la lui donnai en lui disant : Merci. Il la reçut avec transport. A ce moment Félix s'approcha.

« — Et moi, me dit-il, n'aurai-je rien?
« — Si fait, lui répondis-je, et j'allai cueillir une autre fleur.

« — Serai-je moins bien partagé que Léon, et n'aurai-je pas comme lui une de ces belles roses mousseuses qui sont là?

« — Il en reste si peu!

« — C'est pour moi que vous vous en apercevez?

« J'avais trop de bonheur dans l'âme pour vouloir le compromettre. Je pris la plus belle rose et la donnai à Félix, qui me remercia. Je voulus regarder Léon pour me faire pardonner; mais il jeta loin de lui la rose que je lui avais offerte, et demeura à sa place immobile et désespéré. Je compris sa colère, car je venais de flétrir notre secret. Félix causait avec moi, je lui répondis à peine. On l'appela et il s'éloigna de quelques pas. J'oubliai toute prudence, je m'approchai de Léon.

« — Vous avez jeté votre rose?

« — Ce n'est plus la mienne, c'est celle de tout le monde.

« — C'est mal ce que vous dites là!

« — C'est mal ce que vous avez fait!

« — Vous qui rendez si bien ce que vous ne trouvez pas, que diriez-vous si j'avais refusé ce qui n'était pas à moi?

« — Oh! ne me le rendez pas, reprit-il avec effroi. Il se tut, puis il ajouta tout bas en me regardant : Mais laissez-moi regretter de n'avoir pas gardé ce que j'avais véritablement trouvé.

« Je suivis ses yeux; ils s'arrêtèrent sur ce bracelet de cheveux qu'il m'avait si timidement rendu. Par un mouvement plus rapide que la pensée, je le détachai de mon bras, et lui dis :

« — Tenez:

« Il jeta un cri. Je m'enfuis aussitôt. Je craignis de voir son bonheur. Hélas! on prétend que c'est la douleur de ceux qu'elles aiment qui égare les femmes : ce ne fut pas ainsi pour moi. Toutes les fois que je souriais à Léon, que je le regardais, que je lui parlais, il y avait en lui tant d'ivresse, tant de bonheur, que je ne puis dire quel attrait je trouvais à semer une si puissante félicité près de moi. Oh! je l'aimais bien, je l'aimais pour qu'il fût heureux. C'est pour qu'il fût heureux que j'ai été coupable; c'est parce que je crois en son bonheur s'il me revoyait que je souffre, et c'est pour cela aussi que je souffre avec courage.

« Les jours qui suivirent celui-là furent les jours vraiment heureux de ma vie. Je sentis, dans toute sa plénitude enivrante, le bonheur d'aimer et d'être aimée. Pourtant je ne me dissimulais point qu'il y avait entre Léon et moi un obstacle qui serait invincible. Je le voyais; je le regardais en face; mais il ne m'inspirait pas de terreur. Je n'avais aucun moyen de changer le sort qui m'attendait; mais je n'en cherchais pas; j'aimais, j'étais aimée! ce sentiment tenait tout mon cœur. Cette ivresse était si complète que je n'avais plus besoin de souvenirs ni d'espérances. Le présent était toute ma vie. Ce que j'avais été, ce que je deviendrais ne pouvait parvenir à m'occuper : j'aimais, j'aimais.

« Mon Dieu! mon Dieu! maintenant que la réflexion, la solitude, le désespoir m'ont éclairée sur tant de choses qui se disaient autour de moi, il me semble que ceux qui parlaient d'amour n'avaient jamais aimé, ou bien j'aimais comme les autres n'avaient aimé jamais. Mon Léon était mon âme, ma pensée, ma vie. Je n'étais pas comme ceux qui font des projets d'avenir pour être heureux ensemble! c'eût été penser hors de ce que j'éprouvais, et je ne le pouvais faire. Je me sentais le cœur suspendu dans un bien-être au-dessus de tous les calculs et de toutes les prévoyances; les forces de ma vie et de ma pensée suffisaient à peine à cet enivrement. O mon Léon! je t'ai aimé, aimé comme tu ne peux le croire, car, maintenant en acceptant la torture de mort où je vis pour ne pas renier ton amour, je ne t'aime plus comme alors ; je pense à ma vie perdue, à mon honneur flétri ; je ne sais ce que je fais, j'ai une volonté. Alors je n'en avais pas ; j'aimais, c'était tout : devoir, honneur, vertu, c'était aimer. Pauvre Léon, que je t'aimais !

« Ce qui se passa entre moi et Léon durant un mois que je fus ainsi, je ne le pourrais dire. Tout me plaisait et m'enivrait. S'il était près de moi, j'étais heureuse ; s'il était loin de moi, j'étais heureuse ; je ne redoutais ni son absence ni sa présence. Quand il me parlait, sa voix vibrait en moi et y éveillait un écho si puissant qu'il murmurait sans cesse, et que je l'écoutais encore quand il ne me parlait plus. Ai-je vécu de la vie des autres durant ce temps? étais-je de ce monde ? n'ai-je pas été ravie au ciel, dans une atmosphère inconnue ? n'est-ce pas un rêve où veillait l'amour seul, tandis que la prudence et le devoir dormaient dans mon cœur? Oui, ce fut un rêve, un délire, une ivresse sans nom; car, lorsque le malheur vint m'en arracher, je n'aurais pu dire ce qui s'était passé, je n'aurais pu préciser une seule circonstance de ces jours si pleins, j'en éprouvais seulement un ressentiment qui avait sa joie douloureuse. Mon cœur était rompu de la céleste étreinte qui l'avait tenu si longtemps. Il me semblait, lorsque je revins à la vie ordinaire que, si cet état eût duré longtemps, ma force s'y serait doucement fondue comme une cire blanche dans un doux foyer, et que mon âme s'y serait évaporée comme un éther subtil au soleil. C'était ainsi qu'il fallait me faire mourir, mon Dieu ! et non comme je meurs à présent. Je serais retournée à vous sans avoir péché, et vous m'eussiez accueillie, car vous êtes le Dieu de l'innocence. Et pourtant j'espère fermement que vous ne me repousserez pas, Seigneur ! Seigneur ! car vous êtes aussi le Dieu de la douleur.

« J'hésite, j'hésite à commencer le récit de ce qui va suivre; car maintenant tout y est terreur, désespoir et crime. Oh! Félix était bien ce que j'ai dit : le tigre qui aime sa proie pour la dévorer, le tigre qui s'accroupit sous les fleurs étincelantes du cactus, où sa robe rayée se mêle et se perd dans les bosquets de ses épais buissons ; c'était bien le tigre qui veille longtemps et silencieux, pour bondir soudainement sur sa proie et ne lui apparaître qu'avec la mort.

« Un matin, l'hiver était venu, je descendis dans le parc, j'allais me promener dans une allée qu'on découvrait de la fenêtre près de laquelle travaillait Léon. Je ne pouvais guère le voir, mais je savais, qu'il me voyait, et je lui apportais ma présence. Le soir, à la veillée, il trouvait mille moyens de me dire entre nous tout ce que j'avais fait, mes moindres gestes, combien de fois j'étais passée ; nous avions des signes convenus pour tout cela; nous étions heureux de ces entretiens. Le matin dont je parle, Léon m'arrêta au détour d'un massif.

« — N'allez pas plus loin, me dit-il, le capitaine a fait enlever mon bureau de la fenêtre où il était, il se doute de notre amour: Je l'ai vu se diriger vers notre allée. Il va sans doute vous y espionner. Je me suis échappé pour vous prévenir.

« A ces mots, j'aperçus Félix qui venait vers nous.

« — Fuyez ! dis-je à Léon.

« — Non, me dit-il, ce serait lui montrer que nous avons quelque chose à cacher. Calmez-vous, et répondez-moi comme je vous parlerai.

« Le capitaine nous avait vus. Cependant il ne hâta pas sa marche. Cette lenteur m'épouvanta : elle m'apprit qu'il était sûr de ce qu'il soupçonnait et de ce qu'il voulait faire. Du bout de la longue allée où il venait d'entrer jusqu'à nous, je crus sentir ses regards durs et glacés sur mon cœur. Lorsqu'il fut à quelques pas de Léon, celui-ci me dit avec calme :

« — Je m'occuperai, Mademoiselle, de copier cette musique nouvelle.

« — Je vous serai obligée, lui dis-je.

« Félix s'arrêta, et nous jeta un sourire de pitié et de mépris.

« — Monsieur Léon, dit-il, voulez-vous me suivre? j'ai quelques ordres à vous donner.

« L'idée soudaine me prit de savoir ce qui allait se dire et je répondis aussitôt :

« — Je vous laisse ensemble.

« Je feignis de me retirer rapidement, comme si je fuyais; mais, grâce à l'épaisseur de nos charmilles d'if, je pus me rapprocher de l'endroit où Léon et Félix étaient restés. Le capitaine ne prit pas la parole sur-le-champ: il voulait sans doute me laisser le temps de m'éloigner. Ce fut Léon qui parla le premier; sa voix me fit un effet étrange, ce n'était pas la voix dont il me parlait. Autant celle que j'aimais avait de douceur et de soumission, autant celle que j'entendais en ce moment avait de fierté et d'assurance.

« — Quels ordres le capitaine Félix a-t-il à me donner?

« — Un seul, Monsieur, répondit celui-ci avec un calme qui m'étonna, c'est celui de vous tenir prêt à partir demain.

« — Je ne suis pas entré dans la fonderie de M. Buré pour faire les affaires extérieures.

« — Aussi n'est-ce pas pour ses affaires que vous partirez, ce sera pour les vôtres. Vous êtes assez instruit, monsieur Lannois, et je pense qu'il est temps de vous renvoyer à monsieur votre père.

« Cette nouvelle me foudroya. Je fus obligée de m'appuyer à la charmille, j'étais près de m'évanouir, quand la voix de Léon me rassura en m'épouvantant.

« — C'est-à-dire que vous me chassez, Monsieur?

« — Je ne me suis pas servi de cette expression, reprit le capitaine d'un ton parfaitement calme.

« — Soit, Monsieur, répondit Léon d'un ton légèrement railleur; je n'ai pas le droit de vous faire plus grossier que vous ne l'êtes.

« — Vos injures sont inutiles, mon petit Monsieur, repartit Félix d'un ton méprisant.

« — Et vos ordres sont également inutiles, mon terrible capitaine, répéta Léon en ricanant.

« — Il faudra pourtant obéir.

« — Quand celui qui est le maître ici me les aura signifiés.

« — Le maître ici, c'est moi!

« — Pas encore! s'il vous plaît! le maître c'est M. Buré. Je sais bien que vous avez la promesse d'être associé à la maison quand vous aurez touché la dot d'Henriette. C'est si commode de faire sa fortune en épousant une jeune fille riche! Mais le mariage n'est pas encore fait. Jusque-là vous êtes commis, commis comme moi, monsieur le capitaine, et, s'il vous plaît de donner des ordres, il ne me plaît pas à moi de les recevoir.

« Je m'attendais à une explosion de colère de la part de Félix. Je reconnus, au son de sa voix, qu'il y avait chez lui un parti parti de se modérer.

« — Tous vos vœux seront satisfaits, Monsieur, et je vais prier M. Buré de vous répéter ce que je viens de vous dire.

« — C'est-à-dire, s'écria Léon hors de lui, que vous aller me dénoncer!

« — Vous dénoncer! monsieur Léon, et pourquoi? Je vous crois un fort honnête homme, vous ne manquez ni d'assiduité ni d'intelligence : mais, que voulez-vous, c'est peut-être un caprice, mais votre figure ne me revient pas, elle m'agace les nerfs.

« — Savez-vous, capitaine, je peux prendre ceci pour une insolence?

« — Et à quoi cela vous mènera-t-il?

« — A vous en demander raison.

« — Je ne pourrai vous la rendre, mon bon ami. Quand votre père vous a envoyé chez d'honnêtes négociants, nous vous avons reçu en bon état de santé; nous vous retournerons de même, comme d'honnêtes négociants que nous sommes. Puis, quand monsieur votre père nous aura avisés que vous êtes arrivé sans avaries, s'il vous convient de venir vous promener par ici, alors je vous rendrai toutes les raisons qu'il vous plaira de me demander.

« — J'y compte, répondit Léon avec un dédain qui, au milieu de mon désespoir, me fit plaisir, car il devait humilier Félix ; j'y compte, mon bon ami, comme vous dites ; mais en attendant, je vous avise, mon très-bon ami, que vous êtes un sot.

« Toute la résolution du capitaine céda à cette injure.

« — Misérable ! s'écria-t-il.

« — Eh ! venez donc, capitaine, venez donc ! il y a des épées chez moi.

« — Non, reprit Félix, qui se remit aussitôt, non, il faut d'abord vous chasser.

« Et craignant sans doute de céder à sa colère, il s'éloigna rapidement. Je voulus faire quelque pas pour aller vers Léon ; la force qui m'avait soutenue me manqua tout à coup et je tombai évanouie. Quand je revins à moi, j'étais dans le salon de notre maison, entourée de toute ma famille. Les regards qu'on jetait sur moi étaient tous empreints d'une farouche sévérité. Mon frère seul me regardait avec quelque bonté. Je n'étais pas remise encore dans ma raison, que mon frère me dit presque avec douceur :

« — Henriette, es-tu coupable ?

« Ah ! malheur, malheur et malédiction sur ceux qui parlent aux cœurs innocents un langage qui suppose le crime ou le vice ! Ces mots : Es-tu coupable ? avaient sans doute pour ma famille un autre sens que pour moi, car la réponse que je leur fis eut aussi une signification que je n'ai comprise que plus tard. Pauvre enfant qui aimais, mais qui aimais encore comme un enfant ! je ne pensais qu'à celui qu'on allait chasser, et je répondis à cette terrible question : Es-tu coupable ? par ces mots :

« — Grâce, grâce pour Léon !

« — Malheureuse ! s'écria mon père en se levant.

« — Oh ! Henriette ! me dit Hortense tout bas.

« Mon père, que ma mère avait peine à contenir, poussait de sourdes malédictions. Je restai stupéfaite. J'avais la conscience de ma faute, car j'avais désobéi au vœu de ma famille ; mais j'avais aussi celle de mon innocence. Sans savoir ce qu'étaient les crimes de l'amour, je comprenais bien que je n'avais pas oublié tous mes devoirs. Je me levai donc aussi à mon tour, et, m'adressant avec force à mon père, je répondis :

« — Vous m'avez demandé si j'étais coupable ; coupable de quel crime ? coupable d'aimer M. Lannois, c'est vrai ; coupable de le lui avoir dit, c'est vrai ; coupable d'avouer qu'il m'aime, c'est vrai. S'il y a des crimes au delà de ceux-ci, je les ignore.

« Aussitôt je sortis du salon, mécontente envers tous de ce que je n'avais trouvé que des visages sévères et accusateurs lorsque le bonheur de ma vie venait d'être brisé, désespérée en moi seule de la profondeur de peine où je me sentais tomber, comprenant par la douleur cet amour que j'avais compris par la joie : amour immense, amour qui était le centre de ma vie, ou qui la tuera ou me rendra folle si on l'en arrache ! Cependant la colère se mêlait à mon désespoir. N'avoir pas trouvé un mot de pitié dans tout ce monde qui m'entourait et qui était heureux, cela m'irritait. J'accusais autant que j'étais accusée, lorsqu'un incident inouï vint pousser ce sentiment au dernier degré de violence. J'ouvre la porte de ma chambre, et je vois Félix devant mon secrétaire ouvert, Félix fouillant les tiroirs, examinant mes papiers.

« Je poussai un cri d'horreur et de mépris.

« — Qu'y a-t-il ? s'écria mon frère, qui m'avait suivie avec sa femme.

« — Un laquais qui force les meubles, m'écriai-je dans la fureur de mon indignation.

« — Henriette ! s'écria Félix, à qui la violence de mon injure ne laissa pas le temps de rougir de son infâme action.

« — Sortez, lui dis-je, sortez de chez moi ; je vous chasse de cette châmbre.

« A ma voix, à mon aspect, mon frère et sa femme restèrent immobiles sur le seuil de ma porte. Leur rougeur attesta à Félix qu'ils étaient honteux pour lui de ce qu'il venait de faire. Et puis la colère avait dû me prêter un accent bien souverain, car le capitaine sortit sans prononcer une parole, la pâleur sur le front, la rage dans les yeux. Le regard que nous échangeâmes alors portait notre destinée à tous deux : ma haine et mon mépris éternels pour lui : sa vengeance et sa haine éternelles pour Léon et pour moi. A peine Félix fut-il sorti, que je fermai ma porte, et que je pus l'entendre dire à mon frère :

« — Je n'ai pas trouvé une preuve.

« Une preuve ! Une preuve de quoi ? de mon amour ? il n'en était pas besoin ! je l'avouais, je le proclamais. C'était donc des preuves de mon déshonneur ? De mon déshonneur ? Oh ! vous qui lisez ce misérable récit, n'oubliez pas sur quel livre il est écrit, comprenez par quel effroyable calcul il a été laissé, après beaucoup d'autres, à côté de ma solitude. D'abord ç'a été des pages moins horribles, d'abord un livre qui s'appelait *Faublas*, puis d'autres, beaucoup d'autres, corrupteurs assis aux chevet de mon cercueil pour y infecter mon âme et dont quelques pages ont sali mes regards jusqu'au moment où j'ai entrevu ce qu'ils voulaient dire. Aujourd'hui, je sais quelles preuves Félix cherchait, je sais ce que voulait dire ce mot déshonneur ! Mais alors, Dieu le sait, la virginité de ma pensée était aussi pure que celle de mon corps, et cet amour, dont ils me faisaient une honte, était un ange du ciel aux ailes blanches, qui n'avait pas encore touché la terre.

« Cependant, tout me disait que l'accusation de ma famille ne s'arrêterait pas où s'était arrêtée ma faute et dans l'irritation où la sévérité des uns et l'audace insultante de l'autre m'avaient plongée, je cherchais cette faute ; je regrettais de ne pas l'avoir commise ; j'enviais aux miens, et à Félix surtout, la consolation qu'ils éprouveraient à me savoir innocente ; je leur donnerais donc une joie pour une pudeur qu'ils ne m'avaient pas même supposée ! Cet état de colère et de fièvre était trop violent, il se calma bientôt, et la douleur vint me soulager. Je perdais Léon ; je le perdais soudainement, sans lui dire adieu, sans lui rien jurer, sans que nous nous fussions dit : Souffrons et espérons. C'était affreux ! Plusieurs fois je voulus descendre pour voir mon père, mon frère, Hortense, pour leur dire que j'étais innocente, pour leur demander de ne pas laisser partir Léon ou de me permettre de le voir : j'étais folle de douleur comme je l'avais été de colère. D'autres fois aussi je voulais sortir et aller au hasard dans la maison, dans le parc, pour le rencontrer, pour le voir de loin. Je ne l'eusse pas fait assurément ; arrêtée à la première marche de l'escalier qu'il me fallait descendre, j'aurais reculé, je le sens, je le jure. Mais dans un moment où cette idée s'était tout à fait emparée de moi, je voulus sortir, ma porte était fermée ! fermée en dehors par eux !

« Oh ! que Dieu leur pardonne mon crime ! mais ils m'y ont poussée de tout leur pouvoir. Quoi ! pour une douleur innocente, je n'avais pas trouvé une consolation ; pour une douleur qui pouvait devenir coupable, pas un conseil, pas un appel à ma tendresse pour eux, pas une prière de ne pas les affliger, pas même un ordre de respecter leur nom ! Un verrou ! un verrou ! comme sur un coupable endurci ! une prison comme sur une fille condamnée ! Oh ! oui, mon Dieu, ils méritaient mon crime, et, du fond de mon châtiment, je ne puis encore en avoir le repentir ; ils me perdirent ! Prisonnière du côté de ma porte, j'ouvris ma fenêtre. Ils n'avaient pas encore emprisonné mes regards, et, malgré eux, je vis Léon, mais Léon qui partait, Léon à cheval qui passait au bout du chemin qui s'étendait devant moi. Ainsi l'exil pour lui la prison pour moi : tout cela en une heure! Les bourreaux vont moins vite.

« Je ne sais ce qui l'eût emporté alors de mon désespoir ou de mon indignation, mais tous deux auraient eu le même résultat : je me serais jetée par cette fenêtre, si un signe de Léon ne m'eût dit : Espère! J'espérai, et je le regardai résolument s'éloigner, bien décidée à lutter contre tous et à défendre mon bonheur par tous les moyens. A peine avais-je perdu de vue celui qui s'éloignait ainsi, que j'entendis ouvrir les verrous qui me tenaient enfermée; on me rendait la liberté parce qu'on avait cru qu'elle était protégée maintenant par l'absence de celui que j'aimais. Je refusai leur liberté. Oh! la mienne ne m'eût conduite qu'à de vaines espérances; je n'eusse pas revu Léon si on eût laissé mes pas libres d'aller le trouver. Ils n'avaient pas compris cela, ils ne comprirent pas non plus pourquoi je m'obstinai à ne pas descendre; et sûrs qu'ils étaient de mon innocence, car j'ai su depuis que les nobles protestations de Léon les avaient éclairés, sûrs de mon innocence, ils ne revinrent pas à moi me consoler de leurs soupçons; ils me laissèrent sous la flétrissure d'une accusation d'infamie parce que Félix leur disait qu'il ne fallait pas céder à une passion de jeune fille, à une colère d'enfant. Je restai donc avec cette pensée qu'ils me croyaient coupable; rassurés sur mon honneur, ils dédaignèrent de me rassurer sur leur pardon. Peut-être j'aurais dû aller l'implorer, mais demander pardon, c'était une justice pour Félix, et je ne le pouvais pas. Oh! j'ai bien accompli dans toute leur force les deux grandes passions du cœur des femmes : l'amour et l'aversion. J'aimais Léon jusqu'à mourir pour lui, et je serais morte pour ne pas donner une joie à mon bourreau.

« Bientôt cependant vint l'heure des repas. On pouvait me faire appeler, on me tint en pénitence. J'étais si jeune! Ils oubliaient que j'aimais et que l'amour est la suprême croissance du cœur. Je ris de leur châtiment. Personne ne veut donc se souvenir? et Hortense, qui, à seize ans, avait épousé mon frère, ne voulait donc pas se rappeler qu'elle était femme et mère à un âge où elle me laissait traiter comme un enfant capricieux? On vint cependant chez moi, une servante se présenta pour me servir, j'allais la renvoyer, lorsqu'elle me glissa furtivement un papier dans la main. Quelques mots étaient tracés au crayon : « Je pars, mais je reviendrai ce soir. Il faut que je vous parle, il faut que nous soyons sauvés. A dix heures, je serai à la petite porte du parc; y serez-vous? J'attends. » Par un hasard étrange, jamais je n'avais vu l'écriture de Léon. Cette lettre n'était pas signée; cependant je ne doutai pas un moment qu'elle ne fût de lui et je répondis au bas de ce billet : « Oui; » et je le remis à la servante.

« Je dois l'avouer : cette action qui a décidé de ma vie, je la fis sans réflexion. Cette servante était devant moi; Léon attendait; et j'avais besoin de voir Léon, non pas pour son amour dans ce moment, non je le jure, mais pour lui dire ce que je deviendrais, pour lui demander ce qu'il comptait faire. C'était comme un conseil à tenir pour notre avenir, au moment d'une catastrophe. Mon billet parti je compris que c'était un rendez-vous que je venais de donner; et pourtant ce n'était pas ce qu'on appelle un rendez-vous d'amour. La veille de ce jour Léon me l'eût demandé à genoux, je l'aurais refusé. Ce jour-là, je lui eusse fait dire de venir s'il ne m'avait devancé. Nous avions déjà le malheur comme sauvegarde. Une autre crainte vint m'agiter : c'était peut-être un piége que Félix m'avait tendu! mais à quoi bon? à me faire commettre une faute? eh bien! j'y étais décidée, et, sur le salut de mon âme, qui est

Félix prit sur la table un couteau qu'il y avait placé. — Page 89.

ma seule espérance dans mon désespoir, cette faute que je commettais n'était qu'une désobéissance de plus, une révolte contre Félix, un moyen de tenter de lui échapper ; l'amour y était oublié, et s'il m'avait fallu écrire d'avance tout ce qui eût dû se dire dans cet entretien, le mot « Je t'aime » y eût été à peine prononcé, et on n'y eût trouvé que des résolutions de faire intervenir la famille de Léon et de fléchir la mienne. Oui, je le jure encore, je n'avais aucune idée d'un amour coupable, je calculais ce qui me restait de chance de ne pas mourir, je ne savais pas que j'allais hasarder d'autres dangers.

« Le temps se passa ainsi, et, la nuit venue, j'attendis sans terreur le moment où j'allais m'échapper de ma chambre. Seulement alors un frisson me prit; de vagues images de fille séduite qui fuit la maison paternelle, me passèrent devant les yeux comme des fantômes, pendant que je descendais l'escalier qui criait sous mes pas. J'avais entrevu des tableaux où cela était représenté, et ils se dessinaient dans l'ombre en prenant ma figure. Plus instruite que je ne l'étais, j'aurais peut-être reculé devant ces sombres avertissements; mais j'avais contre moi la pureté de mon âme et l'ignorance de mes sens. Pauvre enfant que j'étais! toute ma vie s'était portée au cœur, et je ne comprenais pas que le cœur pût être déshonoré. Je traversai le jardin, j'arrivai à la porte du parc, je l'ouvris: Léon était là. Il entra, il me prit la main; c'était la première fois qu'il me touchait. Je n'éprouvai aucune émotion, tant j'étais troublée!

« — Viens, me dit-il, viens dans ce pavillon; là nous serons à l'abri de toute rencontre; le capitaine peut errer dans le parc, viens.

« Je suivis Léon, car j'avais peur de Félix. Nous entrâmes dans le pavillon, au milieu d'une obscurité complète. Léon me fit asseoir sur un canapé, et se plaça près de moi. Si j'avais parlé la première, le mot que j'eusse prononcé eût été celui-ci : « Et maintenant qu'allons-nous devenir ? »

« Ce fut Léon qui me parla. Il semblait avoir oublié notre malheur, lui, car il me dit :

« — Oh! que voilà longtemps, Henriette, que je mourais du besoin de te parler! Depuis six mois que je t'aime, depuis six mois que ton regard me brûle et me ravit, ne pas t'avoir rencontrée une fois, ne pas t'avoir dit mes tortures, c'était un bien horrible malheur!

« Ces paroles, l'accent dont elles furent prononcées, me troublèrent et me firent peur. Je n'étais pas venue pour qu'il me dît qu'il m'aimait : je le savais si bien! je l'aimais tant! Pour la première fois qu'il me dit librement ses pensées, nos cœurs ne se trouvèrent point d'accord. M'aimait-il donc moins que je ne l'aimais, puisqu'il avait besoin de me le dire? Je ne fis point ces réflexions.

« — Léon, c'est ce qui nous arrive qui est un malheur.

« — Non, me dit-il en baissant la voix; non, si tu m'aimes comme je t'aime. Je pars, car il le faut; mais je reviendrai bientôt. La fortune de mon père est immense; sa tendresse pour moi n'a pas de bornes; je lui dirai tout, et il reviendra avec moi demander ta main; ils n'oseront me la refuser.

« — En êtes-vous sûr?

« — Oui, je suis sûr de l'obtenir, si je puis être sûr que tu te conserves à moi.

« — Léon, lui dis-je en lui prenant la main, je vous jure que, dussé-je mourir, nul autre que vous ne sera mon mari.

« Il serra mes mains, et, m'attirant vers lui, il me dit :

« — Oh ! tu m'aimes donc, Henriette!... tu m'aimes... tu seras à moi, tu me le jures?

« Je venais de le lui dire de moi-même. Il me sembla qu'après la manière dont il venait de me le demander, je ne devais plus lui répondre. Puis il s'élevait en moi un trouble étrange. Mon cœur se serrait à me faire mal ou se dilatait à m'étouffer; je sentais mes mains trembler dans celles de Léon, mon corps frissonner, ma respiration haleter; et lui, il me disait en m'attirant toujours près de lui :

« — Tu m'aimes, n'est-ce pas ? tu m'aimes?

« Un trouble inouï me monta du cœur à la tête; il me sembla que ma pensée s'en allait, qu'un vertige me prenait et allait me faire tomber. Je répondis d'une voix que j'arrachai avec effort de ma poitrine.

« — Laissez-moi... laissez-moi...

« Il ne tint pas compte de ma terreur, et me prit dans ses bras. Je le repoussai sans le comprendre.

« — Non, lui dis-je, non !

« — Tu m'aimes, et tu seras à moi, reprit-il, à moi, mon Henriette bien-aimée, à moi alors, à moi maintenant, et je croirai à ton amour, et je croirai que tu m'aimes comme je t'aime, que ta vie m'appartient comme la mienne est à toi?

« — Oui, lui dis-je, je vous l'ai juré; je serai à vous, Léon. Léon, n'est-ce pas assez?

« — Pourquoi me repousser ainsi? reprit-il en se servant de sa force pour tenir mes mains captives, et je sentis ses lèvres sur les miennes.

« Je me levai tremblante, éperdue.

« — Non, non, non! lui dis-je, refusant à mon trouble plutôt qu'à ses désirs; car, j'en jure Dieu, j'ignorais ce qu'il me demandait.

« — Henriette! Henriette! reprit-il.

« — Ah! m'écriai-je en exprimant un sentiment inouï d'épouvante, Léon, Léon, vous ne m'aimez pas.

« Et je me pris à pleurer.

« — Oh! qu'as-tu dit, Henriette? s'écriat-il tristement en me ramenant près de lui. Je ne t'aime pas! et pour cet amour cependant j'ai supporté six mois l'insolence de cet homme à qui tu dois appartenir! pour ne pas élever un obstacle de sang entre nous, je ne l'ai pas tué, cet homme, qui a osé me dire que tu serais à lui!

« — Jamais!

« — Jamais, dis-tu, mais il reste, et moi je pars, et toute ta famille sera autour de toi, qui te suppliera, qui te menacera, qui te dira que je ne t'aimais pas, qui te parlera contre moi. Et qui sait, peut-être, si, dans un jour de doute, de terreur et de faiblesse, tu ne succomberas pas, tu ne me trahiras pas?

« — Léon, jamais!

« — Oh! tu es trop forte contre mon amour pour ne pas être faible contre leur haine.

« — Léon, grâce et pitié, je t'aime.

« — Henriette, mais tu ne sens donc pas ton cœur qui bout, ta tête qui s'égare? Oh! tu ne m'aimes donc pas comme je t'aime!

« Et je sentais ce qu'il me disait : mon cœur bouillonnait; je frissonnais de tout mon être; ma pensée, ma raison s'égaraient. J'étais dans ses bras; son haleine brûlait mon visage, ses lèvres retrouvèrent les miennes, et, quoique la nuit fût profonde, je fermais les yeux. Je me laissais entraîner vers un crime que j'ignorais, mais qu'il me semblait que je ne devais pas voir; je n'étais pas évanouie, mais j'étais dans les mains de Léon comme un corps inerte. Un anéantissement douloureux du corps et de l'esprit me livrait à lui sans défense, il eût pu me tuer sans que j'en éprouvasse de douleur. Je ne sentais plus rien; il étreignit vainement ce corps sans âme, il chercha vainement un battement de mon cœur, il appela vainement un mot de ma bouche : je me sentais mourir, voilà tout. Et j'étais coupable, déshonorée et flétrie que je ne savais pourquoi j'étais coupable, déshonorée et flétrie!

« Ce fut le cri de son bonheur qui m'éveilla de cet engourdissement; je voulus le repousser et le maudire, mais ma parole demeura étouffée sous ses lèvres, et mes lèvres et mes larmes se perdirent dans ses baisers. J'étais à lui! je pleurai : je venais de perdre une illusion, je venais d'apprendre ce que les hommes appellent le bonheur. Le bonheur! est-ce donc la profanation de l'amour? Pauvre ange déchu, je venais de tomber du ciel. Car j'étais un ange, moi; car si j'eusse été une femme seulement, une femme comme tant d'autres, ou j'aurais résisté, ou j'aurais été heureuse aussi; mais j'ignorais l'amour des hommes, et j'y succombai.

« Cependant le délire de la joie de Léon me calma, et je laissai mon âme redescendre jusqu'à lui, lorsqu'à genoux devant moi il me dit :

« — Ah! merci, âme de ma vie! Tu m'appartiens maintenant comme l'enfant à la mère. Maintenant ils me donneront ta main, ou nous mourrons ensemble. Henriette, Henriette, dis-moi que tu me pardonnes.

« Je crus comprendre son ivresse; il venait d'être sûr que je l'aimais. Oh! misérable gage d'amour que l'honneur d'une femme! Je renfermai mon remords, je ne voulus rien retenir de la félicité que je venais de lui donner.

« Ce fut alors, alors seulement, qu'il me parla d'avenir et de projets; je le laissai dire. Je n'avais plus qu'à me confier à lui, j'avais perdu le droit de lui donner un conseil, de lui demander une espérance ; je n'avais plus de souci à prendre de moi ; il avait voulu ma vie, je la lui avais donnée, je sentais qu'il en était seul responsable. Nous nous quittâmes alors : il partit, je rentrai chez moi. Ce fut une nuit de larmes suivie d'un jour d'affreuses tortures.

« Oh! peut-on s'imaginer une plus horrible peine ? Le secours qui eût pu me sauver me vint quand j'étais perdue. Hortense, mon père, ma mère, alarmés de mon obstination à rester chez moi, vinrent le matin dans ma chambre, et là ils me dirent que la jalousie de Félix les avait égarés, qu'ils savaient que je n'étais coupable que d'amour, qu'on me pardonnait, qu'on me laissait la liberté de pleurer, de souffrir, et qu'on espérait que le besoin de rendre la paix et le bonheur à ma famille m'aiderait à combattre cette passion plus imprudente que coupable. Le lendemain, mon Dieu ! le lendemain, mon père, un vieillard, ma mère si vertueuse, ma sœur si bonne, mon frère si juste, assemblés autour de mon lit, me disaient cela avec des larmes dans les yeux et de l'indulgence dans la voix, et je ne leur ai pas crié : Insensés et bourreaux, il est trop tard, vous avez laissé tomber votre enfant dans la fange, et vous venez lui tendre la main; je n'en ai pas besoin ! Je ne leur ai pas dit cela. Je ne fis que pleurer et me tordre sous leurs consolations ; ils crurent que j'allais mourir, et me laissèrent seule. Oh ! dans ce moment, oui, si j'avais su où retrouver Léon, je me serais échappée de notre maison, je serais allée à lui, et je lui aurais dit : Tu m'as voulue, prends-moi donc tout entière, donne-moi un toit, une famille, du pain, un nom, car j'ai honte du nom de ma famille, du toit, du pain que j'ai : tout cela, je le vole impudemment, tout cela n'est plus à moi, je l'ai renié.

« La maladie me sauva du désespoir, la fièvre me prit et me tint vingt jours durant. Quand elle me quitta, je n'avais plus de force que pour être lâche, je n'avais plus de courage que pour mentir et trembler. Je ne redevins digne de vivre que lorsqu'un sentiment inouï, un sentiment plus fort, plus saint, plus ineffable que l'amour, vint me retremper le cœur; j'étais mère, je le devinai avant de le sentir. Avant que les signes accoutumés de la grossesse fussent venus m'avertir de mon état, je ne sais quelle intuition de mes entrailles me cria que je n'avais plus le droit de mourir. Ce n'était cependant qu'un vague sentiment d'espérance qui me prenait ainsi dans mes heures de solitude. Je ne sais pourquoi je regardais avec une curiosité nouvelle les enfants de ma sœur. Je me remettais en mémoire leur visage et leurs cris aux premiers jours de leur naissance. Je les prenais avec amour sur mes genoux, je les y berçais en cherchant à me rappeler les chansons de leurs nourrices. Puis un soir, comme j'étais à genoux dans ma chambre, priant Dieu dans toute la ferveur du désespoir, lui demandant de détourner de moi le malheur que je pressentais, lui promettant en mon âme de racheter ma faute par une vie de pénitence et de vertu, je sentis une autre vie s'agiter dans la mienne.

« O grâce du Seigneur, qui avez mis tant d'amour dans le cœur des femmes, vous en avez mis encore plus dans leurs entrailles ! Misérable fille perdue que j'étais, je ne puis dire de quel cri d'amour je saluai cet être vivant en moi pour devenir le témoin irrécusable de mon crime ; je ne puis dire ce que je me sentis de saints devoirs à remplir envers cette créature qui ne pouvait naître que pour me déshonorer ou me tuer. Ce furent ces devoirs qui me rappelèrent à la vie en m'arrachant à l'horrible abattement auquel je me laissais aller. Depuis deux mois que Léon était parti, je n'avais point de ses nouvelles et l'on évitait de me parler de lui, quoique je devinasse à certains chuchottements que mon sort était sans cesse en discussion parmi ceux de ma famille. Je m'étais préparée à ce qui m'arrivait, je savais qu'on me cacherait toutes les démarches de Léon jusqu'à ce qu'il eût triomphé des obstacles qui nous séparaient; j'étais patiente parce que j'avais foi en lui. Mais quand je ne fus plus seule, quand je dus craindre pour deux existences frappées du même malheur, mes angoisses devinrent affreuses, mes inquiétudes dévorèrent mon sommeil, et je cherchai à percer le mystère qui m'entourait. Un mois entier se passa ainsi, un mois sans que rien m'avertît que les intentions de ma famille fussent changées à mon égard. J'étais au milieu d'elle comme une jeune fille triste d'un fol amour, et à qui on laisse par pitié la liberté de sa tristesse. On était affectueux avec moi, on allait au-devant de mes désirs quand le hasard me faisait prononcer un mot qui avait l'air d'un désir; mais on ne venait pas à mon cœur.

« Ni ma mère, ni mon père, ni Hortense ne s'approchaient jamais de moi pour me tendre la main, en me disant que je devais avoir autre chose dans le cœur qu'une passion d'enfant, pour souffrir ce que je souffrais.

« Cette position, à laquelle je m'étais soumise parce que je ne m'en étais pas aperçue, me devint alors insupportable. Que faisait Léon? Comment n'avait-il pas trouvé un moyen de m'avertir de ses démarches? Comment moi-même ne l'avais-je pas prévenu de ma position? Tout cela me donna l'agitation du malheur, après que j'en avais subi l'accablement. La servante qui m'avait remis la lettre de Léon m'évitait et semblait craindre la responsabilité d'une intelligence avec moi. J'appris un jour qu'un mot de pitié qui lui était échappé lui avait valu la menace de la chasser. « Pauvre demoiselle! avait-elle dit, elle leur mourra dans les mains sans qu'ils s'en aperçoivent. » Quand cette femme disait cela, elle avait raison : oui, je serais morte si l'on m'avait laissée mourir; mais on a voulu me tuer, et je me suis défendue; j'ai résisté, je résiste encore. Combien cela durera-t-il?

« Cependant le temps se passait, et rien ne venait m'avertir que je n'étais pas abandonnée. Oh! quels jours et quelles nuits de tortures, quels effrois soudains, et quelles lentes et profondes terreurs! Si un mot, sans intention, venait heurter par hasard à ma position, je me sentais défaillir; puis, dans ma solitude, je me figurais le moment où il faudrait dire la vérité, ou bien celui où la vérité serait découverte, et alors c'étaient, dans mes insomnies, d'effroyables tableaux, où j'étais à genoux, criant et pleurant au milieu des malédictions de ma famille. Mais, par une étrange circonstance qui se retrouvait également dans les rêves de mes insomnies et dans les rêves de mon sommeil, jamais Félix ne m'apparaissait dans ces épouvantables délires! seulement il me semblait qu'un fantôme inconnu planait sur ma tête avec un rire hideux. Était-ce donc que mon âme comprenait que menacer et maudire n'était pas assez pour lui, et que mon imagination était en même temps incapable de se représenter un supplice qui fût digne de la dignité de cet homme? Je souffrais tant alors que je croyais être arrivée au dernier terme de mon courage. Je ne connaissais pas cette misérable faculté de l'âme qui lui fait trouver des forces pour toutes les douleurs, de manière à ce qu'elle sente toutes les atteintes avant de mourir ou de devenir insensible. Bientôt je commençai ce fatal enseignement. Il m'arriva par de brûlantes blessures qui me dévorèrent le cœur, et par des étreintes glacées qui le serrèrent au point de l'arrêter dans ma poitrine. Aujourd'hui je ne sais pas si je voudrais sortir de ma tombe pour passer par de telles épreuves. La première et la seule où se trouvât une espérance, me vint à une de ces heures où l'âme est tellement basse, que lui donner même un bonheur, c'est la torturer. C'est comme ces heures où le sommeil pèse sur nos yeux d'un poids si invincible qu'on refuserait de les ouvrir, fût-ce pour voir son enfant.

« Nous étions tous dans le salon, triste réunion où la joie des enfants était devenue importune, tant mon aspect y jetait de morne désespoir ! Un domestique en ouvre la porte avec crainte, et dit assez timidement :

« — La voiture d'un monsieur vient de s'arrêter à la grille, et ce monsieur vient par ici.

« — A-t-il dit son nom ? demanda mon frère.

« — Oui, Monsieur.

« Le domestique hésita, puis il répondit lentement et en me regardant :

« — Il se nomme monsieur Lannois.

« — Léon ! m'écriai-je en bondissant.

« — C'est monsieur son père, dit le domestique en se retirant.

« Tous les regards s'étaient tournés vers moi au cri que j'avais poussé.

« — Mais vous ne faites pas attention que vous devenez folle ? me dit mon père d'un air de mépris courroucé. On annonce monsieur Lannois, et vous, devant un domestique, vous criez Léon ! Retirez-vous dans votre chambre... retirez-vous... il est temps de mettre ordre à tout ceci.

« Je vis, à l'expression de mon père, qu'il contenait sa colère à grand'peine. Je sortis en baissant la tête et en murmurant :

« — Ah ! c'est, c'est vous qui ne faites pas attention que je deviens folle.

« Puis, à peine étais-je hors de leur présence, que je voulus voir monsieur Lannois ; monsieur Lannois, le père de Léon, envoyé par Léon, mon second père, ma dernière espérance ; je voulus voir cet homme, que je me figurais un vieillard vénérable et bon, un vieillard portant l'indulgence et la protection avec lui.

« Je me glissai dans un cabinet, et, là, à travers un rideau, je vis monsieur Lannois, j'entendis son entretien.

« Monsieur Lannois était un homme très-jeune encore ; son visage était joyeux et rouge, sa taille petite et épaisse, sa tournure grotesque et prétentieuse, sa voix aigre et commune. Qu'on ne s'étonne pas si de ce premier moment je le remarquai si bien : c'est que chacun de ses traits dont je viens de le peindre ne m'apparut que pour me glacer le cœur. Oh ! si c'eût été un homme au visage austère et implacable, j'aurais tremblé, j'aurais désespéré aussi, mais pas de ce désespoir honteux qui comprend d'avance que sa prière sera plutôt méconnue que repoussée. On peut s'agenouiller devant la mort, mais il faut se taire devant la face enluminée de la sottise heureuse. Dût la dureté de ces paroles retomber sur moi, je les maintiens ; car, il faut le dire, cet homme me donna le plus extrême de mes malheurs, il ôta sa dignité à ma souffrance, il me fit rougir, non de honte, mais de dégoût. Oui, lorsque j'ai entrepris ce récit, j'ai cru que le tableau des tortures que je souffre serait le plus cruel à tracer, et maintenant je vois qu'il en est qu'il m'est, pour ainsi dire, impossible de faire comprendre. Oui, quand je dirai qu'on m'a enfermée dans une tombe, loin de l'air et du sommeil, quand je donnerai les horribles détails de cette captivité où je meurs, on me plaindra, on me devinera ; mais pourrais-je faire sentir à d'autres les horreurs d'une brutalité qui écrase et pétrit le cœur et la vie d'une malheureuse sous ses doigts insensibles ? N'importe ! j'essayerai de le dire, car il faut que toutes mes douleurs soient connues, et peut-être, lorsqu'elles le seront, y aura-t-il un cœur de femme qui me comprendra, me pleurera, et priera le ciel pour que les douleurs de ce monde me soient comptées dans un autre.

« D'abord, ce fut entre monsieur Lannois et ma famille un échange de politesses, puis une conversation d'affaires; et enfin il s'écria en s'étendant sur son fauteuil :

« — Ah çà ! voyons, il me semble qu'il manque quelqu'un ici?

« — Qui donc?

« — Eh! eh! pardieu, l'adorée Henriette.

« — Monsieur... dit mon père.

« — Allons, gros papa, ne faites pas l'enflé de dignité. Le gars Léon m'a dit l'affaire : il aime la petite drôlesse et elle l'aime en retour, ce qui est assez probable, vu qu'il est de ma fabrique et qu'on n'en fait pas tous les jours comme ça. Aussi, je vous conseille de le prendre : le moule est perdu, ma femme est morte.

« — Monsieur, reprit mon père choqué de ce ton, une pareille proposition dans des termes...

« — Eh non! pas de termes, répondit monsieur Lannois d'un air triomphant, comptant, toujours comptant ; cinquante mille écus au gars Léon.

« — Nous avons d'autres projets pour Henriette, répondit mon père.

« — C'est possible ; mais les deux jeunes gens s'aiment, entendez-vous bien? et, pour parler par calembour, ceux qui s'aiment (sèment) finissent par récolter.

« Certes, de tous ceux qui écoutaient les étranges paroles de cet homme, j'étais l'esprit le plus innocent et le plus inaccoutumé à la grossièreté de pareilles équivoques, et cependant je compris cette grossièreté. Ne pouvant en entendre davantage, je m'enfuis dans le parc. J'allais comme une folle ; ma dernière chance de salut venait de m'être ravie. En ce moment, je voyais que ma famille devait refuser des propositions faites ainsi ; et telle était la dignité des manières auxquelles j'étais accoutumée, que je ne pouvais en vouloir à personne de ce refus. Que dirai-je ? mon Dieu ! Oui, si moi je n'eusse pas été coupable, je ne sais si cet homme ne m'eût pas fait détourner la tête d'un bonheur auquel il aurait donné la main.

En ce moment où j'écris ces mots grossiers qui étaient le langage du père de Léon, je me sens rouge et honteuse.

« Mais il faut que je dise ce qui amena mon malheur, et comment j'ai pu être effacée de ce monde, sans que personne s'en soit informé.

« J'étais dans le parc, pleurant, et prise de ce vertige qui mène au suicide. Hélas ! si dans ce moment un gouffre, une mer s'étaient offerts à mes pas, je m'y serais précipitée. Mais j'errais parmi les fleurs et sur des gazons, meurtrissant mon sein et pressant ma tête qui éclatait en larmes, lorsque tout à coup j'aperçus M. Lannois qui sortait de la maison et qui, d'un air agité et colère, se dirigeait vers la grille où était restée sa voiture. Quelque cruelle et brutale que fût son assistance, c'était la dernière qui me pût venir en aide. Je m'élançai vers lui, et, emportée par ma douleur, je lui criai :

« — Quoi ! vous partez, Monsieur ?

« J'étais si désespérée, mon accent avait quelque chose de si déchirant, que M. Lannois recula et me considéra un moment avec étonnement ; puis il reprit de ce ton mortel qui brisait toute espérance, comme la roue d'une machine qui broie indifféremment le fer qu'on lui jette ou le malheureux qui est pris dans son implacable mouvement :

« — Pardieu, si je m'en vais ! que voulez-vous que je fasse d'un tas de pécores qui font les sucrées ? des protestants et des bonapartistes, c'est tout dire.

« — Monsieur, monsieur ! m'écriai-je, oubliez-vous qu'il faut que je meure, si vous partez?

« — Vous ? qui êtes-vous donc, vous ?

« — Je suis Henriette, Monsieur.

« — Ah! oui, l'Henriette, la chérie, la bonne amie, la princesse à Léon ! Merci, mon cœur ! allez demander un mari à vos gros bouffis de parents.

« Et, me repoussant de la main, il s'éloigna. Je l'arrêtai.

« — Monsieur, monsieur ! lui dis-je en joignant les mains, mais Léon m'aime, et j'aime Léon !

« — Eh bien, mettez ça en réserve pour vous établir chacun à part, ça vous fera une belle avance.

« Toutes ces paroles tombaient sur mon cœur, et, comme le coup de poing implacable d'un portefaix qui frappe une femme, elles me renversaient à chaque coup ; à chaque coup je me relevais sous cette meurtrissure, et je criais encore. Enfin une dernière fois je regardai cet homme, cet homme qui suait la vie, la santé, la joie ; et moi, pauvre fille mourante et éperdue, je le saisis par ses vêtements, et, m'attachant à lui de toute ma force, je lui dis d'une voix basse et désespérée :

« — Mais je suis coupable, Monsieur, mais je suis mère, mais...

« Et je tombai à ses pieds. Cet homme me regarda pendant que j'étais haletante, et, se détournant de moi, il se mit à siffler en chantonnant :

Je ne savais pas ça, dérira.
Je ne savais pas ça.

« Je tombai la face contre terre, et j'espérai mourir, tant je me sentais suffoquée d'affreux sanglots.

« Cependant on m'avait vue de la maison. Mon frère, mon père, Félix accouraient pour mettre un terme à cette scène, qu'ils devinaient dégradante pour eux et pour moi ; ils arrivèrent jusqu'à nous, tandis que M. Lannois continuait à chantonner.

« Lorsque Félix me releva, M. Lannois s'écria avec un ricanement triomphant :

« — Doucement ! doucement ! prenez garde à l'enfant !

« — Qu'est-ce à dire, Monsieur ? reprit mon frère.

« — Ça veut dire, repartit M. Lannois répétant son hideux jeu de mots, qu'entre jeunes gens, lorsqu'on s'aime, on récolte.

« Je retombai à terre, et je vis alors penché sur moi le visage effrayant de ce fantôme inconnu qui avait traversé mes rêves. C'était Félix qui me regardait ainsi. Il y eut sur son visage une contraction effrayante, puis il se releva, et, regardant M. Lannois en face, il lui dit :

« — Vous êtes un infâme et un calomniateur ! et vous venez de mentir impudemment !

« M. Lannois pâlit et trembla. Cet homme si brutal était lâche.

« — Ma foi ! c'est elle qui me l'a dit.

« — Ne voyez-vous pas, repartit Félix, que cette malheureuse est folle ?

« — Je ne le savais pas, dit M. Lannois ; je le dirai à mon fils, ça le guérira de sa sotte passion. Une femme folle, bon ! bon ! ça le rendra plus raisonnable.

« Je tentai un effort pour me relever et crier, car M. Lannois avait l'air convaincu de la vérité des paroles de Félix, et sans doute ma conduite ne pouvait qu'aider à cette opinion... Je me traînai sur les genoux, et j'allais parler lorsque la force me manqua, et......... »

VIII

DEMI-CONCLUSION.

Luizzi lisait ce récit avec une attention extrême ; rien jusque-là ne l'en avait distrait, ni les mouvements d'Henriette, ni les plaintes de son enfant, pauvre et chétive créature, née sans doute dans cette effroyable prison. L'œil fixé sur le manuscrit, il le suivait avec l'âpreté d'une cuisinière ou d'une belle dame attablée à un roman de Paul de Kock qu'elle dévore, lorsque tout à coup la malheureuse prisonnière saisit son manuscrit et le cacha rapidement dans l'endroit d'où elle l'avait tiré. Un moment après, Luizzi vit se mouvoir un des pans de la tapisserie qui recouvrait le mur en face de lui, et aussitôt entra Félix portant un panier. Un mouvement de colère s'empara du cœur de Luizzi en apercevant le

Le domestique continua sa lecture. — Page 100.

capitaine. Il fut prêt à s'écrier, mais il se souvint par quel prodige surhumain il assistait à une scène qui se passait loin de lui, et il s'apprêta à la regarder avec l'attention d'un homme qui ne veut pas perdre un seul détail.

Le capitaine tira du panier des mets qu'il disposa sur la table, et Luizzi comprit alors pourquoi Félix ne soupait jamais avec sa famille et pourquoi on le servait tous les soirs dans le pavillon. Les premiers moments qui suivirent l'entrée de Félix furent silencieux; cependant il y avait en lui un air de triomphe qui ne semblait attendre qu'une occasion d'éclater.

— Eh bien! Henriette, dit enfin le capitaine, chaque jour aurait-il donc le même résultat?

— Chaque jour, dites-vous? Y a-t-il donc encore des jours et des nuits, Monsieur? Il y a pour moi une lueur et une ombre éternelles, un malheur qui ne connaît ni veille ni lendemain. Je souffre comme je souffrais, comme je souffrirai ; je pense comme je pensais, comme je penserai toujours. Dans la vie vivante, la nuit qui passe et le jour qui vient peuvent être un motif de changer de résolution ; mais moi, je n'ai ni jour ni nuit, ni matin ni soir ; ma vie, c'est toujours la même heure, toujours la même douleur, toujours la même pensée.

— Henriette, reprit Félix en se posant devant elle comme pour saisir une émotion sur ce visage pâle où la douleur semblait être pour ainsi dire immobilisée, Henriette, ce n'est pas le jour ou la nuit qui peut apporter un changement dans une résolution aussi inébranlable que la vôtre. Voilà six ans passés depuis le jour où, profitant de votre évanouissement, notre famille a caché la honte de votre faiblesse à tous les yeux dans cette prison, dont un mot peut vous faire sortir, et ce mot, vous ne l'avez pas encore prononcé.

— Et ce mot, je ne le prononcerai jamais, répondit Henriette. La seule espérance de ma vie a été l'amour de Léon, la seule espérance de ma tombe est encore son amour.

— Et cependant, il l'a trahi, lui, repartit Félix ; une autre est devenue sa femme.

— Non, Félix, vous mentez ; Léon n'a pas donné son cœur à une autre tant que je vis.

— Oubliez-vous que vous êtes morte pour lui et pour l'univers ?

— Alors Léon ne m'a pas trahie, et vous seul êtes coupable envers nous deux.

— Soit ! j'accepte ce crime, puisqu'il rend votre espérance impossible.

— D'ailleurs, je l'ai dit, Monsieur je ne vous crois pas ; non, Léon n'est point marié. Celui qui a pu me plonger vivante dans ce tombeau, celui qui s'est rendu plus coupable que les assassins et les empoisonneurs, celui que la loi réserve à l'échafaud, celui-là n'aura pas reculé devant des mensonges écrits, des lettres supposées, pour m'apporter une douleur de plus.

— Il y a des choses, Henriette, qu'il est impossible de falsifier, ce sont les jugements des tribunaux. Bientôt je vous apporterai celui qui condamne Léon Lannois aux travaux forcés, et alors nous verrons si vous garderez cet amour dont vous faites une vertu.

— Ce que vous me dites fût-il vrai, s'écria Henriette, je mourrais dans cette tombe et avec cet amour ; et si quelque hasard devait m'arracher d'ici, dussé-je trouver Léon infidèle et déshonoré, je l'aimerais à côté de sa nouvelle épouse, je l'aimerais dans les fers honteux dont il serait chargé.

— Henriette, reprit Félix d'un air sombre et en promenant autour de lui un regard farouche, ne comprenez-vous pas que l'heure de la patience est près de finir, et qu'il faut que votre destinée s'accomplisse ?

— L'heure de la patience n'a pas été plus longue que celle de la douleur, et si ma destinée est de mourir sans revoir le jour, faites qu'elle s'accomplisse à l'instant même ; car si vous êtes las de me torturer, je suis lasse de souffrir, et la mort sera sans doute le seul terme où s'arrêtera cette souffrance.

— Henriette, reprit Félix, écoutez-moi bien. Une dernière fois je vous offre la vie ; je vous ai trompée quand je vous ai dit que vous passiez pour morte ; le mot que j'ai dit devant M. Lannois fut recueilli et répété par lui ; on vous crut folle, et nous profitâmes de cette opinion pour répandre le bruit que nous vous avions fait quitter la France. On vous croit enfermée dans une maison de fous d'Amérique ou d'Angleterre, et, de même que vous pouvez n'en revenir jamais, vous pouvez en arriver demain. Mais vous devez comprendre, Henriette, qu'il y a entre vous et moi un trop grand crime pour que je n'enchaîne pas votre silence par des liens que vous n'oseriez briser. Vous reparaîtrez dans le monde, mais pour être ma femme, mais en me laissant cet enfant comme otage contre votre vengeance.

— Vous avez raison, Félix, répondit Henriette, il y a un grand crime entre nous ; mais ce crime sera plus grand que vous ne le pensez ; ce crime, je veux que vous le commettiez tout entier. Le supplice que je souffre est le plus horrible qu'on puisse imaginer ; mais moi, je vous le jure, je ne l'abrégerai pas d'un jour, pas d'une heure ; il faudra me tuer, Félix, il faudra paraître devant les hommes et devant Dieu avec mon sang sur vos mains ; car, moi aussi, je vous ai trompé ; je ne crois plus à l'amour de Léon, et ce n'est plus pour lui que j'ai le courage de mon désespoir. Ce courage, je ne l'ai que pour ma vengeance. Ne vous fiez pas à un moment de faiblesse. Oui, j'ai souvent rêvé de me donner à vous, de vous égarer jusqu'à vous faire croire à mon amour, et d'acheter ainsi une heure de liberté, une heure durant laquelle j'aurais été vous dénoncer à la justice humaine ; j'ai reculé, non devant le crime, mais devant la crainte de ne pas vous tromper assez bien. J'aime mieux m'en rapporter à la justice du ciel, j'aime mieux vous rendre assassin.

Félix avait écouté Henriette avec un de ces regards implacables qui semblent mesurer l'endroit où ils pourront frapper assez sûrement la victime pour s'épargner la lutte et les cris. Alors il détourna les yeux et s'approcha de la porte par laquelle il était entré ; puis, la fermant comme pour ensevelir plus profondément encore dans le silence le secret de cette tombe, il revint vers Henriette, et lui dit d'une voix sourde :

— Henriette, le crime ne sera pas plus grand, le remords ne sera pas plus affreux, mais la terreur sera moins incessante. Un homme est ici, un homme que j'ai surpris errant autour de ce pavillon et s'étonnant sans doute en lui-même de ce que personne n'en pût franchir le seuil. Il faut que cet homme y puisse entrer demain, pour que le soupçon ne germe pas dans son esprit ; il faut qu'il puisse y entrer sans qu'aucun cri l'avertisse, sans qu'aucune plainte lui révèle que ces murs renferment un être vivant. Henriette, pour cela il faut être à moi, ou il faut mourir.

— Mourir ! mourir ! s'écria Henriette.

— N'oublie pas, malheureuse, que mon crime est celui de ta famille ; qu'après en avoir été les complices involontaires, ils en ont été les complices forcés ; qu'après avoir permis qu'on te cachât ici durant quelques jours, ils ont laissé s'écouler des semaines, puis des mois, puis des années. Mon crime passé est donc devenu le leur ; le crime que je pourrais commettre, ils le partageront de même. N'oublie pas que ce n'est pas moi seulement que tu enverrais à l'échafaud, mais ton père, ta mère, ton frère !

— Eh bien, soit ! s'écria Henriette. Que ceux qui ont commencé ma mort par tes mains, achèvent ma mort par tes mains ! Sans pitié pour eux comme sans pitié pour toi, je traînerai père, mère, frère sur l'échafaud, si je le puis. Ne comprends-tu pas que tu viens de relever mon espérance abattue ? Un homme est ici, un homme que tu soupçonnes, un homme qui erre peut-être autour de ce pavillon, un homme qui peut m'entendre. Oh ! si Dieu veut qu'il en soit ainsi, qu'il vienne, et puissent mes cris percer les murs de cette prison... A moi ! à moi !

Henriette se mit à pousser des cris si aigus, que Luizzi, emporté par cet horrible spectacle, fit un pas en avant comme pour répondre à ce douloureux appel. Félix, épouvanté, poursuivait Henriette en lui criant :

— Silence ! malheureuse, silence !

A ce moment, Henriette se trouva devant la porte qui conduisait hors de cette affreuse prison ; elle l'ouvrit par un mouvement rapide et désespéré, puis s'élança en redoublant ses cris. Dans un moment indicible de colère et de terreur, Félix prit sur la table un couteau qu'il y avait placé, et déjà il était près d'atteindre Henriette sur les premiers degrés d'un escalier étroit et tortueux, quand

Luizzi, oubliant par quelle illusion surnaturelle il assistait à cette terrible scène, se précipita sur Félix :

— Arrête, misérable ! lui cria-t-il, arrête !

Au moment où il lui semblait qu'il allait saisir le capitaine, Luizzi trébucha et tomba en éprouvant une commotion violente. Des douleurs aiguës se mêlaient au lourd étourdissement qui avait suivi cette chute. Peu à peu, Armand revint à lui et rouvrit les yeux. Tout avait disparu. Il était au pied de la fenêtre de sa chambre, par laquelle il s'était précipité, en se laissant emporter par une émotion dont il n'avait pas été le maître. Il voulut faire un effort pour se relever et courir vers le pavillon où se passait cette sanglante tragédie, mais la force lui manqua, et il retomba évanoui sur la terre.

IX

NOUVEAU MARCHÉ.

Quand Luizzi revint de son évanouissement, il se trouva couché dans la chambre qu'il occupait chez M. Buré ; une lampe veillait près de lui, un domestique était assis au chevet de son lit. Le malade fut longtemps avant de rassembler assez précisément ses souvenirs pour s'expliquer la position où il se trouvait. Peu à peu son accident et les causes de cet accident lui revinrent en mémoire, ou plutôt se présentèrent à lui comme un rêve affreux qu'il avait subi et dont la réalité ne ressortait pas encore bien nettement dans son esprit. Il se leva sur son séant pour regarder autour de lui, il sentit que la force lui manquait. Peu à peu il découvrit, aux bandages qui entouraient ses bras, qu'il avait été saigné, et, se rappelant confusément la hauteur de la fenêtre par laquelle il s'était précipité, il s'étonna de ne pas s'être tué et craignit de s'être brisé quelque membre. Il se tâta, se remua, fit jouer les articulations, et vit avec une certaine joie qu'il n'avait souffert aucune fracture. Après ce soin donné à lui-même, Luizzi revint à penser à l'horrible scène dont il avait été témoin et dont il avait voulu prévenir l'épouvantable dénoûment. Cloué dans son lit par la douleur et la faiblesse, il chercha à voir quelque chose dont il pût s'aider, ou quelqu'un à qui il pût s'informer et donner au besoin des ordres. Ce fut alors qu'il aperçut le domestique assis au chevet du lit. Le drôle s'occupait très à son aise du soin qu'on lui avait sans doute confié de veiller sur les moindres mouvements du malade, car il lisait fort attentivement un journal, tout en se grignotant les ongles qu'il avait d'une beauté remarquable. Luizzi eut tout le temps de l'examiner, et ne le reconnut pour aucun des domestiques de la maison de M. Buré. L'air impertinent et insoucieux du faquin lui déplut souverainement. D'ailleurs les malades sont comme les femmes : ils détestent qu'on s'occupe d'autre chose que d'eux. L'humeur de Luizzi monta au plus haut degré, quand le dit valet, qui lisait son journal avec un petit sourire *blagueur* sur le bout des lèvres, à travers lequel il faisait glisser un petit sifflotement, se mit à murmurer ce mot : Très-drôle, très-drôle !

— Il paraît que ce que vous lisez là est fort amusant ? dit Luizzi avec colère.

Le valet regarda Luizzi de côté en clignant les yeux, et répondit :

— Jugez-en vous-même, monsieur le baron.

« Hier un duel a eu lieu, un duel entre monsieur Dilois, marchand de laines, et le jeune Charles, son commis. Celui-ci, atteint d'une balle dans la poitrine, a succombé ce matin. On se demandait quelles pouvaient être les causes de ce duel, lorsque le départ subit de madame Dilois est venu les expliquer à tout le monde. »

— Grand Dieu ! s'écria Luizzi en se levant sur son séant ; Charles tué ?

Le domestique continua sa lecture.

« On prétend que les propos de la femme

d'un de nos plus riches notaires ne sont pas étrangers à la découverte que monsieur Dilois a faite des rapports intimes que sa femme entretenait avec le jeune Charles. »

— Quoi! c'est écrit dans ce journal! s'écria Luizzi stupéfait.

— Oh! ce n'est pas tout, répondit le domestique, écoutez :

« Dix heures du soir. Nous apprenons un accident peut-être encore plus affreux. Madame la marquise du Val vient de mettre fin à ses jours en se précipitant de l'étage le plus élevé de son hôtel. Une circonstance extraordinaire de ce suicide, et qui semble se rattacher par des liens inexplicables à l'affaire de monsieur Dilois, résulte d'un billet trouvé dans la main de la marquise. Voici les quelques lignes de ce billet : « Cet A..... est un « infâme, il n'a pas tenu la promesse qu'il « t'avait faite, il a parlé. Il m'a perdue, « moi... Et toi, toi!... Pauvre Lucy, que je « te plains! Signé : Sophie Dilois. » Chacun se demande quel est l'infâme désigné par l'initiale A..... Est-ce celle d'un nom de baptême ou d'un nom de famille? D'un autre côté, on s'étonne de ce tutoiement entre deux femmes qui n'étaient pas du même monde et qui n'avaient pu même se connaître dans leur enfance comme camarades de pension, puisque la marquise n'avait jamais quitté sa mère (l'ancienne comtesse de Crancé) jusqu'au jour de son mariage, et que d'un autre côté madame Dilois a été élevée par la charité d'une vieille femme qui l'avait recueillie dès son plus bas âge. »

La stupéfaction de Luizzi, son désespoir le rendirent immobile et muet durant quelques minutes. Madame Dilois, Lucy, Henriette, madame Buré, toutes ces femmes, pareilles à des fantômes blancs, semblaient voler et tourner autour de son lit.

— J'ai tué celle-ci et j'ai laissé assassiner celle-là, se disait-il, comme si une voix surhumaine lui eût soufflé cette phrase qu'il se répétait sans cesse.

Il portait des regards épouvantés autour de lui, sans force pour agir, n'ayant personne au monde à qui confier ce qu'il avait appris; il se sentit désespéré, et tournant vers le ciel ses mains jointes, il s'écria :

— Oh! mon Dieu! mon Dieu! que faire?

A peine avait-il prononcé ce peu de mots, qu'il reçut sur les doigts une chiquenaude vigoureuse de la main du valet qui veillait près de lui.

— Qu'est-ce que c'est que cela? lui dit-il, vous passez à l'ennemi au jour du danger, mon seigneur? Ce n'est ni d'un gentilhomme ni d'un Français! — Ah! c'est toi, Satan. — C'est moi. — Qui t'a appelé, esclave? — Toi qui m'as demandé l'histoire de madame Dilois et celle de la marquise. — Tu as refusé de me la raconter? — Non, mais je t'ai remis à huit jours. Les huit jours sont passés. — Ainsi, je suis dans ce lit...? — Depuis quarante-huit heures. — Et Henriette? — Plus tard, mon maître, tu sauras le dénoûment de cette histoire. — Félix a tué la malheureuse? — S'il l'a fait, il a eu raison pour elle et pour lui; tous deux sont délivrés d'un supplice, elle surtout, qui commençait à se lasser dans le cœur du rôle qu'elle jouait encore par orgueil. — Peux-tu dire cela? elle aimait ce Léon d'un amour que le monde ignorera toujours. — Eh! non, mon maître. Elle n'aimait plus Léon, et à vrai dire, ce n'est pas précisément ce Léon qu'elle avait aimé. — Satan, Satan, tu flétris tout! — Non, j'explique tout. Henriette n'aimait pas Léon : elle a aimé l'amour qu'elle éprouvait. Ce jeune homme qu'elle a rencontré est venu à point pour ouvrir son cœur et donner un but à ses rêves; il s'est trouvé là, devant elle, au moment où son âme demandait à s'élancer à quelque chose qui la soutînt. Mais Léon était bien au-dessous de la passion qu'il a fait naître; s'il l'eût connue, il ne l'eût pas comprise. Léon a oublié Henriette qu'il croit morte. Léon est marié, Léon a des enfants qu'il appelle Nini et Lolo, Léon engraisse,

Léon a du ventre, Léon boit deux petits verres d'eau-de-vie après son dîner, Léon vient d'assurer sa fortune en faisant faillite; si Henriette avait été libre de donner sa vie à Léon, elle eût été plus malheureuse que dans la tombe, car dans la tombe elle n'a vu mourir que les espérances d'un bonheur qu'elle croyait au ciel, et dans la vie elle eût vu s'éteindre la religion de son cœur et sa foi dans l'amour.

Satan prononça ces paroles avec une sorte d'amertume, et Luizzi, le contemplant avec attention comme si son regard eût pu pénétrer dans l'infernale pensée du démon, lui dit:

— Tu considères comme un malheur de perdre sa foi et sa religion? — C'eût été un malheur pour Henriette, voilà tout ce que j'ai voulu dire; car je méprise fort les théories générales avec lesquelles on pose des principes absolus qui ne vont pas plus à tout le monde que le même habit à toute une population. C'est comme si tu voulais juger de madame du Val par madame Buré, parce que toutes deux se sont données à un homme en quelques heures. — Oh! reprit Luizzi, est-il vrai que Lucy soit morte, et cet article de journal...? — Tout cela est vrai. — Et je l'ai assassinée! — L'arme était chargée, tu as tiré la détente. — Elle était donc bien à plaindre? — Oh! oui, celle-là a été bien à plaindre! s'écria Satan, et tu vas en juger. — Pas ce soir, reprit Luizzi, plus tard. — Non, baron, tu m'entendras, je t'ai prévenu. Une fois que tu auras demandé une confidence, t'ai-je dit, il faudra la subir jusqu'au bout. — Je le sais, mais je puis m'exempter de cette obligation. — En me donnant quelques-unes de ces pièces renfermées dans cette bourse. — Un mois de ma vie? — Non, non; oh! ce n'est pas pour si peu de chose que je t'épargnerai le récit du mal que tu as fait. — Tu vois bien que je n'ai pas la force de t'entendre. — Je te la donnerai. — Je cacherai ma tête dans mes mains et je boucherai mes oreilles. — Ma voix percera tes mains. — Satan, tais-toi, je t'en supplie; je ne refuse pas d'écouter ces lamentables histoires, mais plus tard. — Et que m'importe de te les apprendre quand le temps aura durci ton cœur et cicatrisé ton remords? c'est pendant que l'un souffre et que l'autre saigne qu'il faut que tu les apprennes. Suis-je donc ton esclave pour t'obéir? Ne sais-tu pas, malheureux, que celui qui achète un assassin, lui est vendu? Toi qui as acheté le Diable, tu m'appartiens.

En disant cela, Satan, dont la forme perdue dans l'ombre de la chambre avait repris quelque chose de son infernale majesté, Satan souriait de ce bel et effrayant sourire qui fait pitié à Dieu, tant il lui rappelle la grandeur de son bel ange chéri qu'il a été obligé de punir, et qui a laissé en son cœur divin une blessure éternelle, l'impossibilité de lui pardonner jamais. La pauvre et misérable nature de Luizzi n'était pas capable de soutenir ce sourire; il lui entrait dans le cœur comme ferait une vis dentelée qui tourne et déchire.

— Grâce! dit-il, grâce! Je t'entendrai quand tu voudras. — Soit, je choisirai l'instant. Et que me donneras-tu? — Un mois de ma vie.

Le Diable se prit à rire, et répliqua:

— Es-tu sûr d'avoir un mois de reste dans ta bourse, pour l'offrir si fièrement? — Mon Dieu, mon Dieu! s'écria Luizzi en cherchant le coffre-fort de sa vie sous son oreiller.

Il le trouva, et il lui parut presque vide.

— Suis-je donc si près de mourir? — L'avenir n'est pas compris dans notre marché, et je n'ai rien à te répondre; il n'y a que le passé, et le passé, je vais te le dire.

Il commença alors d'un ton dégagé:

— Cette madame du Val que tu as assassinée... — Assez, assez! dit Luizzi d'une voix mourante.

Un horrible vertige tournoyait dans la tête d'Armand, la fièvre battait dans son cerveau, des fantômes pâles et décharnés se pressaient autour de lui, sa raison s'en allait. Il eut encore plus peur de la folie que de la mort, et il dit au Diable :

— Tiens, prends, et laisse-moi.

Le Diable s'empara de la bourse et l'ouvrit. Armand, à cet aspect, s'élança pour la ressaisir ; mais il resta cloué à sa place, il vit les doigts du Diable se glisser dans la bourse et prendre une des pièces. A ce moment un froid de glace saisit Luizzi au cœur, toute vie s'arrêta en lui, il ne sentit plus rien.

Trois heures sonnaient.

La voiture publique

X

RETOUR A LA VIE.

Trois heures sonnaient. Luizzi se sentit tirer par les jambes, et une rude voix d'homme lui cria :

— Allons, houp, en voiture !

Luizzi s'éveilla, et se vit dans une chambre inconnue, une chambre misérable ; il sauta à bas de son lit, et se trouva plein de vigueur et de santé. Il regarda et vit sa bourse et sa sonnette sur une table ; mais où était-il ? pourquoi l'éveillait-on ? Il ouvrit la croisée. Dans une immense cour on attelait les chevaux d'une diligence. La nuit était froide. Le souvenir du passé lui revenait, et le souvenir de son marché avant tout. Armand reconnut qu'il n'était plus chez monsieur Buré, qu'il n'était plus à Toulouse. L'hiver durait encore, mais était-ce le même hiver et n'y en avait-il pas déjà beaucoup de passés ? Luizzi prit la misérable chandelle qu'on venait de lui apporter, et son premier soin fut de se regarder dans le petit miroir suspendu par un clou au-dessus de la petite commode en noyer de la chambre où il se trouvait. Il n'était pas trop changé, si ce n'est qu'il portait des favoris. Combien de temps le Diable m'a-t-il pris ? se dit Luizzi.

— Allons ! en voiture, en voiture ! cria la voix qui avait éveillé Armand.

Puis un homme entra.

— Comment ! pas encore habillé, vous qui étiez si pressé de partir ! Vous n'avez plus que cinq minutes. Tant pis pour vous si vous n'êtes pas prêt !

Luizzi s'habilla machinalement, avec l'instinct qu'il y avait dans sa vie une lacune dont il ne pouvait se rendre compte, mais dont il ne devait pas paraître étonné. Un domestique vint prendre son sac de nuit, et Armand le suivit en se promettant d'observer et d'agir en raison des circonstances. La nuit était parfaitement noire, et Luizzi, en montant dans la diligence, vit seulement qu'elle était occupée par trois personnes, deux hommes et une femme enveloppée de châles, bonnets et voiles de manière à étouffer.

A l'époque dont nous parlons, on avait encore la fatale habitude de coucher en route, et il en était alors du sommeil comme aujourd'hui des repas. On était à peine au lit qu'il fallait repartir. Aujourd'hui l'habitué de la diligence se trouble peu des interruptions destinées à supprimer le dîner, il mange vite et met le dessert dans ses poches ; alors l'habitué de la diligence savait se lever sans s'éveiller, et il emportait, pour l'achever dans la berline, le sommeil commencé dans l'auberge. Cela fut heureux pour Luizzi, car il se trouva libre de réfléchir sur sa position. Combien de temps avait-il vécu ? comment se faisait-il que lui, riche et accoutumé aux choses confortables de la vie, se trouvât voyager en diligence ? d'où venait-il ? où allait-il ? Toutes ces questions se pressaient si vite dans sa pensée, qu'il se décida à les faire résoudre par celui qui avait seul ce pouvoir. Il tira donc sa sonnette, la fit retentir, et tout aussitôt le Diable se trouva assis à côté de lui sous la forme d'un commis voyageur, qu'il lui semblait avoir vu monter sur l'impériale. Luizzi le reconnut à l'éclat particulier de ses yeux, qui brillaient dans les ténèbres.

— C'est toi? lui dit-il; combien de temps ai-je vécu? — Tu as vécu six semaines. Tu vois que je ne t'ai pas volé. J'ai fait comme un habile homme d'affaires. A la première j'ai été loyal, pour pouvoir te voler impudemment à la seconde. Je t'en préviens; ainsi tiens-toi sur tes gardes. — Et de quelle vie ai-je vécu durant ces six semaines? — De ta vie ordinaire. — Qu'ai-je fait? — Je n'ai pas à te raconter ta propre histoire. — Quoi! il ne me restera nul souvenir de ce temps? — Tu peux l'apprendre par d'autres que par moi. — A qui veux-tu donc que je le demande? — Ce n'est pas mon affaire. — Dis-moi du moins où je suis. — Dans une voiture des Messageries royales. — Où vais-je? — A Paris. — Où suis-je? — A une lieue de Cahors. — Pourquoi suis-je parti en diligence? — Ceci est ton histoire, je n'ai rien à t'en dire. — Mais enfin, je ne puis vivre avec cette ignorance de mon passé? — Tu peux t'en faire un. — Un passé? — Rien n'est plus aisé. La plupart des hommes s'en arrangent un; tu sais cela mieux que personne. Te souviens-tu de cette petite actrice grivoise et fringante, dont tu eus la niaiserie de devenir sentimentalement amoureux? Tu as eu cent occasions d'être un de ses mille amants, tu les as toutes laissées passer parce que tu l'aimais de cœur. Une fois dégrisé de ce mauvais amour, tu as vu que l'opinion de tes amis t'avait donné cette femme, ils n'imaginaient pas que ta niaiserie eût été si loin que de ne pas avoir été jusque-là. Tu t'es regardé, tu t'es trouvé ridicule : tu as vu que cette femme t'avait donné trois rendez-vous, et qu'elle t'avait appartenu de droit sinon de fait; et tu as laissé croire, puis tu as dit, et aujourd'hui tu es persuadé que tu as eu cette femme. Elle compte dans le nombre de celles dont tu te pares, n'est-ce pas vrai ?

Luizzi fut assez piqué de cette petite leçon du Diable, d'autant plus qu'il n'y avait pas à discuter avec lui sur des sentiments où son œil infernal pénétrait si bien. Il se contenta de répondre :

— Est-ce que je ne l'aurais pas eue si je l'avais voulu? — Est-ce qu'on a la femme que l'on aime? repartit le Diable; sur dix liaisons cela n'arrive pas une fois. Les femmes se laissent toujours prendre par les hommes qui les aiment assez peu pour ne pas trembler devant elles. Je ne connais pas deux femmes qui aient pris pour amant celui qui les aimait; puis elles se plaignent qu'on les trompe! C'est toujours leur faute. Les femmes ont une tactique de défense criarde ou majestueuse qui n'impose qu'à ceux qui croient en elles. Une femme qui, au lieu de se laisser prendre, oserait se donner, serait la femme la plus distinguée de la création, et la plus aimée aussi : ce qui ne laisse pas d'être une assez belle distinction. — Messire Diable, dit Luizzi, qui sentait en lui une assurance toute nouvelle, est-ce que, parmi les raisons qui ont forcé le Tout-Puissant à vous précipiter dans l'enfer, votre manie de faire les théories n'a pas été une des premières? — Entre nous soit dit, repartit le Diable d'un ton assez bonhomme, il n'y en a pas d'autres. — Alors j'ai bien envie de faire comme lui. — Et pour la même raison sans doute? — Oui, pour ton bavardage éternel. — Hé non! parce que je ne dis pas ce qui te convient. Si je te racontais les six semaines de vie que tu viens d'accomplir, tu m'écouterais de tes deux oreilles. — A ce propos je ne saurai donc rien? — As-tu donc si peu d'imagination que tu ne puisses t'inventer une vie passée? Mais le dernier manant est plus habile que toi. Dans le cabriolet de cette diligence, il y a un certain monsieur de Mérin : c'est un homme de bonne maison, qui a été surpris à Berlin volant au jeu de la cour, et qui, pour ce fait, a été enfermé pendant trois ans dans une prison de l'Etat; il s'y trouvait avec un ancien espion français, qui avait été dans l'Inde

Car après avoir reconnu la porte du voisin de droite... — Page 108.

pour le compte de Napoléon ; il a appris toutes les histoires de son camarade ; il connaît, dans leurs moindres détails, l'aller, le séjour et le retour de son voyage dans l'Inde, et maintenant il va reparaître dans le monde parisien comme arrivant de Calcutta. En ce moment, il rumine un petit ouvrage en deux volumes in-8° qui aura pour titre : *Souvenirs de l'Inde*. J'offre de te parier ce que tu voudras que, de ce moment à quinze ans, cet homme deviendra membre de l'Académie des sciences (section de géographie) et qu'il sera décoré pour ses voyages. — Je comprends très-bien, dit Luizzi ; mais cet homme ne trouvera pas à tout moment un voyageur revenant de Calcutta pour lui dire qu'il en a menti, tandis que moi, je puis être mis à chaque instant en présence d'une personne qui me connaît. — C'est ce qui t'arrive en ce moment. — Comment cela ? — Ces gens avec qui tu voyages savent ton nom, et ce gros homme, près de toi, est même de tes amis. — Et sans doute ils vont me parler de ce que nous avons fait hier? — C'est assez l'histoire de votre vie humaine : parler beaucoup du passé pour en peupler le vide et en relever la nullité; parler beaucoup de l'avenir pour le supposer merveilleux, et ne s'occuper guère du présent. C'est ce que vous faites tous, c'est ce que vous appelez vivre ; et la meilleure preuve que je t'en puisse donner, c'est que tu as vécu six semaines de la vie ordinaire et qu'il te semble que tu as été mort tout ce temps, parce que tu n'as pas souvenir de ce que tu as fait. — Mais que veux-tu que je réponde à ceux qui m'en parleront? dit Luizzi sérieusement alarmé. — En vérité, tu me fais pitié! reprit le Diable. — Voyons, sois généreux, et, s'il le faut, je te donnerai encore quelques jours de ma vie future pour connaître l'histoire de ma vie passée. — Pauvre sot! dit Satan, — De qui parles-tu? — De moi, qui n'ai pas calculé juste la portée de la sottise humaine, et qui m'aperçois, mon pauvre garçon, que, si je l'avais bien voulu, j'aurais eu ta vie pour rien.

Luizzi commençait à se dépiter. Il garda un moment le silence : le silence est un bon conseiller.

— Pardieu, se dit-il, si ces gens m'embarrassent avec ma vie que je ne connais pas, ne puis-je pas les embarrasser avec la leur qu'ils croient bien cachée ? Faisons vis-à-vis d'eux comme un homme intrépide vis-à-vis d'un spadassin : au lieu de parer les coups, montrons-leur toujours le bout de l'épée prêt à les percer s'ils avancent. J'en sais assez déjà sur le monsieur de Mérin pour qu'il ait besoin de ma discrétion : informons-nous des autres, et nous verrons.

Luizzi n'avait pas dit cela tout haut; cependant le Diable lui répondit :

— Assez bien raisonné pour un homme et pour un baron! Par qui veux-tu que je commence ?

— Par ce gros homme qui ronfle à côté de moi et que tu dis être de mes amis.

Portraits.

XI

LE FARCEUR. — L'EX-NOTAIRE.

Et le Diable, ayant posé ses jambes sur la banquette de devant, répondit :

Celui-ci s'appelle Ganguernet. C'est un de ces hommes comme chacun en a rencontré une fois dans sa vie, un de ces hommes petits, gros, rebondis, les cheveux portés droits et courts, le front bas, les yeux gris, le nez épanoui, les joues ventrues, le cou dans les épaules, les épaules dans l'estomac, l'estomac dans le ventre, le ventre sur les jambes, roulant, boulant, riant, criant; un de ces hommes qui vous prennent la tête par derrière en vous disant, Qui ça? qui vous ôtent votre chaise au moment où vous allez vous asseoir, qui vous tirent votre mouchoir quand vous allez vous moucher ; un de ces hommes, enfin, qui, si vous les regardez d'un air courroucé, vous répondent avec un merveilleux aplomb : Histoire de rire!

Ce monsieur Ganguernet est de Pamiers, où, jusqu'à présent, il a toujours vécu. Il sait tous les tours de son métier de farceur ; il est fort habile à attacher un morceau de viande à la chaîne des sonnettes de porte cochère, afin que tous les chiens errants de la ville viennent sauter après ce morceau de viande et éveillent les domestiques dix fois dans la nuit. Il est très-expert dans l'art de décrocher les enseignes et de les substituer les unes aux autres. Une fois il enleva l'enseigne d'un coiffeur, la scia, et en ajouta la dernière partie à celle d'un voisin; il en résulta ceci : *M. Roblot loue des voitures et des faux toupets à l'instar de Paris.* Un autre jour, ou plutôt une autre nuit, il arracha l'affiche peinte sur bois d'un entrepreneur de marionnettes, la suspendit au-dessus d'une pharmacie, et tout Pamiers put lire le lendemain : *M. F...., apothicaire, théâtre de la Foire.* M. Ganguernet n'est pas moins aimable à la campagne qu'à la ville. Il sait comment on coupe adroitement les crins d'une brosse dans les draps d'un ami, de manière à ce qu'il devienne furieux de picotements, pour peu qu'il reste un quart d'heure dans son lit. Il perce à merveille une cloison pour y faire passer une ficelle qu'il a fort adroitement accrochée à votre couverture, puis, quand il vous sent dormir, il tire gentiment jusqu'à ce que la couverture soit toute ramassée au pied. On s'éveille transi, car Ganguernet choisit pour ce tour les nuits froides et humides; on remonte sa couverture, on s'enveloppe soigneusement, on se rendort innocemment; puis Ganguernet retire sa ficelle, vous remet à nu, vous regèle, et, quand on se laisse aller à jurer tout seul, il vous crie par un trou : Histoire de rire ! Si Ganguernet rencontre un niais, une de ces figures qui appellent la mystification, il lui enlève, pendant son sommeil, son pantalon et son habit, rétrécit le tout en le cousant lui-même, puis il vient éveiller la victime, en l'invitant à s'habiller pour aller à la chasse. Le malheureux veut mettre son pantalon et n'y peut plus entrer.

— Bon Dieu! s'écrie Ganguernet, qu'avez-vous donc, mon cher ? vous êtes tout enflé ? — Moi ? — C'est prodigieux ! — Vous croyez ? — Je ne sais si je me trompe; mais habillez-vous, nous allons descendre, et chacun vous le dira comme moi. Eh! sans doute vous êtes enflé ! ... C'est une attaque d'hydropisie foudroyante.

Et cela dure tant que Ganguernet n'a pas dit son fameux mot : Histoire de rire !

Au nombre de ses tours, il en est un qui me paraît abominable ; il le fit à un homme qui passait pour brave et qui éprouva une peur horrible. Après s'être couché, ce monsieur sent au bout de son lit quelque chose de froid et de gluant; il tâte avec son pied, c'est un corps rond allongé; il y porte la main, c'est un serpent roulé sur lui-même; il saute à terre, en poussant un cri d'effroi et de dégoût, et Ganguernet paraît en s'écriant : Histoire de rire! Il a eu peur d'une peau d'anguille pleine de son mouillé. Ce monsieur furieux voulait rompre les os à Ganguernet; Ganguernet lui jeta un immense pot d'eau sur la tête, et s'échappa en criant : Histoire de rire ! Les maîtres de la maison, accourus au bruit qui se faisait, calmèrent le mystifié, en lui expliquant comment Ganguernet était un charmant garçon, un vaillant boute-entrain dont on ne pouvait se passer sous peine de périr d'ennui, surtout à la campagne.

Prends garde à lui, baron, c'est un de ces êtres insupportables qui passent dans l'existence des autres comme un chien dans un jeu de quilles, en dérangeant de leur patte tous les arrangements de votre joie ou de votre tristesse. Plus insupportables que le chien et plus difficiles à chasser, ils sont aux aguets de tous les sentiments que vous pouvez avoir, de tous les projets que vous pouvez faire, pour les déconcerter par un mot ou une plaisanterie. Ces êtres sont d'autant plus redoutables qu'ils vous exposent à rire de vos plus cruels ennemis et de vos meilleurs amis, ce qui est également délicieux, et que presque toujours ils vous rendent complices, par le plaisir que vous y prenez, des mystifications faites aux autres.

Il en résulte que, lorsqu'ils s'adressent à vous, vous ne trouvez nulle part la pitié que vous n'avez eue pour personne, et qu'on vous laisse seul avec le ridicule de vous en fâcher, s'il est toutefois possible de se fâcher. Parmi les hommes de ce caractère, il y en a quelques-uns que leur vulgarité finit par déconsidérer ; ceux-là s'en tiennent au répertoire des farces connues. Passer la tête par le carreau de papier d'un savetier, pour lui demander l'adresse du ministre des finances ou de l'archevêque; tendre une corde dans un escalier, de façon à faire faire à ceux qui descendent *un voyage sur le rein* (c'est le mot propre); aller éveiller au milieu de la nuit un notaire pour l'envoyer faire un testament très-pressé chez un client qui se porte à merveille, et mille autres farces de cette espèce : c'est le fond du métier, et Ganguernet le sait mieux que personne. Mais il en a inventé quelques-unes pour son compte, et celles-là lui ont fait une réputation colossale.

La seule véritablement spirituelle qu'il ait faite eut lieu dans une maison de campagne où l'on était en assez grand nombre. Parmi les femmes qui s'y trouvaient, Ganguernet avait remarqué une femme de trente ans, fort passionnée pour les élégances parisiennes, et qui préférait à la face empourprée de Ganguernet le pâle visage d'un beau jeune homme passablement niais. Ganguernet avait beau le mystifier aux yeux de la dame ; celle-ci traduisait sa gaucherie en préoccupation poétique, sa crédulité en bonne foi respectable. Un certain soir, tout le monde se retire après une vive apologie du pâle jeune homme, tolérée par Ganguernet avec une patience de mauvais augure. Au bout d'une demi-heure la maison retentit des cris aigus : Au feu ! au feu ! partis du salon du rez-de-chaussée. Chacun s'y précipite, hommes et femmes, à moitié déshabillés ou à moitié rhabillés, comme tu voudras. On entre pêle-mêle, le bougeoir à la main, et l'on trouve Ganguernet étendu sur un fauteuil. Aux questions réitérées qu'on lui fait, il ne répond rien, mais il va prendre solennellement le pâle jeune homme par la main, et, le menant vers la belle dame, il lui dit gravement :

— Je vous présente le cœur le plus poétique de la société en bonnet de coton.

Tous éclatèrent de rire, et la dame ne l'a jamais pardonné à Ganguernet ni au bonnet de coton.

Cependant toutes les farces de cet homme n'ont pas eu pour but une vengeance. L'histoire de rire est le grand principe de ses tours. Avant d'arriver à l'anecdote qui te montrera cet homme sous son véritable aspect, je vais encore te raconter quelques-uns des traits dont il s'enorgueillit le plus. Il demeurait à Pamiers, en face de deux vénérables bourgeois qui occupent seuls une petite maison, leur propriété. Ces graves personnages avaient l'habitude d'aller tous les dimanches dîner et faire une partie de piquet chez un de leurs parents, qui logeait à une assez grande distance ; on y prenait quelque peu de punch, ou bien on y mangeait du millas frit saupoudré de cassonnade ; on arrosait le tout de blanquette de Limoux, de façon que les deux époux rentraient vers onze heures en chantonnant et en trébuchant. Un certain fatal dimanche, ils revenaient cahin-caha chez eux. Ils arrivent devant la porte du voisin et continuent encore l'espace de dix pas, juste la distance qui sépare leur porte de la porte qu'ils viennent de passer. Le mari cherche le passe-partout dans sa poche et le trouve ; il cherche la serrure, plus de serrure.

— Où est la serrure ? s'écria-t-il. — Tu as trop bu de blanquette, monsieur Larquet, lui dit sa femme (il s'appelait Larquet) ; tu cherches la serrure, et nous sommes encore devant le mur du voisin. — C'est vrai, répondit M. Larquet, avançons encore quelques pas.

Ils continuent, mais cette fois ils ont été trop loin ; car, après avoir reconnu la porte du voisin de droite, ils reconnaissent la porte du voisin de gauche. Leur porte est entre ces deux portes. Ils retournent en tâtant le mur, ils arrivent à une autre porte : c'est la porte du voisin de droite. Les deux bonnes gens s'alarment sur l'état de leur raison, ils se croient tout à fait ivres ; ils recommencent leur inspection, et de la porte du voisin de droite ils retombent sur celle du voisin de gauche ; ils trouvent toujours ces deux portes, excepté la leur : leur porte a disparu, qui a pu enlever leur porte ? L'effroi les gagne : ils se demandent s'ils deviennent fous, et, craignant le ridicule jeté sur d'honnêtes bourgeois qui ne peuvent trouver leur porte, ils vont durant une heure, tâtant, inspectant, mesurant; mais il n'y a pas de porte, il n'y a qu'un mur inconnu, un mur implacable, un mur désespérant. Alors la peur les prend tout à fait; ils poussent des cris, ils appellent au secours, l'on finit par reconnaître que la porte a été exactement murée et recrépie; et quand chacun s'informe qui a pu jouer ce tour à d'honnêtes bourgeois, Ganguernet, du haut de sa fenêtre de laquelle il assistait avec quelques fous au spectacle de la désolation de monsieur et de madame Larquet, Ganguernet jeta à la foule son infatigable refrain:

— Histoire de rire! — Mais ils en feront une maladie? — Bah! répète-t-il: histoire de rire!

On pria M. le procureur du roi de modérer l'envie de rire de Ganguernet; il en eut pour quelques jours de prison, malgré son habile défense, qui consistait à répéter sans cesse: « Histoire de rire! monsieur le président. »

Malgré sa vanité, Ganguernet ne se fait pas gloire de tous ses tours, et il en est un qu'il a toujours nié, attendu qu'il y a menace de couper les oreilles à son auteur, si on parvient à le découvrir. Celui-ci lui avait été inspiré par le mépris qu'on avait fait de sa personne dans certain salon aristocratique. Il ne s'agissait pas moins que d'une antique dame fort noble qui recevait le plus beau monde de la ville. Entre autres habitudes de vieille race, elle avait conservé: 1° celle de ne point mélanger sa société d'hommes mal nés comme Ganguernet; 2° d'aller en chaise à porteurs. Elle était venue à un bal chez le sous-préfet: Ganguernet y avait assisté. Elle en sort vers minuit; portée dans sa chaise et pendant une pluie battante. Au moment où elle arrivait sous une de ces gueules de loup qui versent les eaux du ciel dans la rue en longues cascades bruyantes, deux ou trois coups de sifflet partent à droite et à gauche, et quatre hommes se présentent. Les porteurs se sauvent et abandonnent la chaise; mais, au moment où la noble dame se croit sur le point d'être assassinée, elle sent une horrible fraîcheur sur sa tête. Le dessus de la chaise avait disparu comme par enchantement, et la gueule de loup versait des torrents de pluie dans l'intérieur de la chaise, dont la propriétaire essayait vainement d'ouvrir la portière. Elle se débat, monte sur le siége, et là, comme le Diable encagé dans une chaire, elle se met à appeler la colère divine sur les assassins qui lui faisaient prendre une douche si cruelle et qui ne répondaient à ses malédictions que par les salutations les plus humbles. Ce qui fut trouvé le plus infâme, c'est que la dame portait de la poudre et que les mystificateurs avaient des parapluies.

A Pamiers, au milieu de toutes les existences mortes ou brutes parmi lesquelles il vit, Ganguernet passe depuis dix ans pour le plus jovial, le plus aimable, le plus amusant de son monde; à peine en est-il quelques-uns à qui il inspire une sorte de mépris, il en est même qui ont peur de cet homme. Ce rire inamoviblement fixé sur ces lèvres rouges vous fait mal à voir; cette gaieté implacable mêlée à toutes les choses de la vie doit troubler, autant que peut le faire l'aspect incessant d'un hideux fantôme; ce mot rebutant qu'il jette comme moralité au bout de toutes ses actions: Histoire de rire! est souvent aussi sombre que le mot du trappiste: Frère, il faut mourir! Aussi il devait se trouver un malheur dans l'existence de cet homme; il s'est nécessairement rencontré une vie qui a péri, parce qu'il a voulu la faire passer sous le fatal niveau de son amusement. Il a fallu qu'il arrivât un jour où ce serait sur une tombe qu'il prononcerait son fameux mot: Histoire de rire!

Il y a trois semaines M. Ernest de B... invita plusieurs amis à une grande partie de chasse. Ganguernet était du nombre. Au moment où les invités arrivèrent, Ernest achevait une lettre; il la cacheta et la posa sur la cheminée. Ganguernet, curieux, la prit et lut la suscription:

— Tiens, tu écris à ta belle-sœur? — Oui, répondit Ernest indifféremment; je la préviens que nous irons ce soir, vers sept heures, à son château lui demander à dîner. Nous sommes quinze, je crois; et ce serait courir le risque d'un mauvais dîner si elle n'était pas avertie de bonne heure.

Ernest sonna un domestique, lui remit la lettre, et personne ne s'aperçut que Ganguernet disparut avec le valet. L'on partit. Une fois en chasse, Ganguernet et l'un des chasseurs gagnèrent un côté de la plaine, tandis que les amis battaient l'autre:

— Il y aura de quoi rire ce soir, dit Ganguernet à son compagnon. — Et pourquoi?

— Imaginez-vous que j'ai donné un louis au domestique pour qu'il ne portât pas la lettre à son adresse. — Est-ce que vous l'avez prise? — Non, pardieu! j'ai dit au messager qu'il s'agissait d'une bonne farce et qu'il fallait porter la lettre au mari. Il siège en ce moment comme juge au tribunal. Quand il va voir qu'il y aura ce soir quinze gaillards de bon appétit chez lui, il va se ronger la rate de colère. Il est avare comme Harpagon, et l'idée que nous allons mettre sa cave et sa basse-cour à feu et à sang va lui donner une telle humeur, qu'il est capable de faire condamner dix innocents pour arriver à temps à la campagne et prévenir le pillage. — Cela me semble un assez méchant tour. — Bah! histoire de rire! D'ailleurs, le plus drôle, ce sera quand nous arriverons. Les autres crèveront de faim et de soif, ils se rendront au château bien persuadés qu'ils vont trouver un excellent souper; mais rien, absolument rien! — Et vous croyez que cela me convient plus qu'à un autre? repartit le jeune homme que Ganguernet avait choisi pour confident. Vous-même, ne serez-vous pas la première dupe de votre plaisanterie? — Que non, que non! j'ai là un poulet froid et une bouteille de bordeaux; je vous en offre la moitié. —

— Merci! j'aime mieux retrouver Ernest et le prévenir. — Ah! mon Dieu! mon cher, s'écria Ganguernet, il n'y a pas moyen de rire avec vous.

Le jeune homme s'éloigna et chercha ses amis, pour leur demander où il pourrait trouver Ernest. Ils lui dirent qu'il s'était dirigé du côté du château de sa belle-sœur. Il marcha vers cet endroit, décidé à aller prévenir madame de B... du tour de Ganguernet. Au détour d'un chemin, il aperçut Ernest qui allait vers le château; il doubla le pas pour l'atteindre, et gagna assez de vitesse pour arriver presque au même instant que lui. Seulement Ernest avait déjà franchi la porte quand le jeune chasseur s'y présenta. Comme celui-ci allait entrer, elle se ferma violemment, et il entendit presque aussitôt l'explosion d'une arme à feu. Puis une voix s'écria:

— Eh bien! puisque je t'ai manqué, défends-toi...

Le jeune homme se précipita vers une grille à hauteur d'appui qui ouvrait dans la cour, et là il vit le spectacle le plus affreux. Le mari, l'épée à la main, attaquait Ernest avec une rage désespérée.

— Ah! tu l'aimes et elle t'aime! s'écriait-il d'une voix rauque et furieuse. Ah! tu l'aimes et elle t'aime! A toi d'abord, puis à elle!

La lettre remise au président lui avait appris un secret qui était resté caché depuis plus de quatre ans, et, avant de venger les injures de la société, le juge était accouru pour venger la sienne. Vainement l'ami d'Ernest, monté après la grille, criait et en appelait à leur nom de frères; M. de B... poussait Ernest d'un coin de la cour à l'autre avec une fureur aveugle. Tout à coup une fenêtre s'ouvrit, et madame de B... pâle, échevelée, parut à leurs yeux.

— Léonie! s'écria Ernest, va-t'en! — Non, qu'elle reste, dit le mari. Elle est enfermée; n'aie pas peur qu'elle vienne nous séparer.

Et il se précipita de nouveau sur son frère

avec une si violente exaspération que le feu jaillit des épées.

— C'est moi qui dois mourir! criait madame de B...; c'est moi, tuez-moi, tuez-moi!

Le jeune homme, malheureux spectateur de cette horrible scène, mêle ses cris à ceux de madame de B...; il appelle, il ébranle la grille; il va escalader le mur, lorsque, poussée par son désespoir, égarée, folle, éperdue, Léonie se précipite par la fenêtre et tombe entre son amant et son mari. Celui-ci, à qui la rage a ôté toute raison, dirige son épée contre elle; mais Ernest la détourne, et perdant à son tour toute crainte, il s'écrie :

— Ah! tu veux la tuer? Eh bien, défends-toi donc!

Et à son tour il attaque son frère avec une rage inouïe.

A ce moment, personne ne pouvait rien pour les séparer : ils étaient enfermés dans la cour, et la malheureuse Léonie s'était cassé la jambe en tombant. C'était un épouvantable combat. Déjà le sang des deux frères coulait; il semblait que ce ne fût que pour accroître leur fureur. Cependant le jeune chasseur était arrivé au sommet du mur, et il allait sauter dans la cour, quand il vit quelques-uns de ses amis accourir. Ganguernet était à leur tête; il s'approcha en leur disant:

— Vous criez comme un homme qu'on écorche, nous vous avons entendu d'un quart de lieue. Qu'est-ce qu'il y a donc?

A la vue de cet homme, le chasseur s'élança vers lui, le saisit à la gorge, et, le poussant avec fureur contre la grille, il lui cria à son tour :

— Regardez : histoire de rire, Monsieur, histoire de rire!

Monsieur de B..., percé d'un coup d'épée, gisait à côté de sa femme.

— Et qu'est-il arrivé de cette fatale rencontre? dit Luizzi. — Monsieur de B... est mort, Ernest a disparu, et madame de B... s'est empoisonnée le lendemain de cet horrible duel.

Comme le Diable finissait, Ganguernet se retourna en murmurant : Histoire de rire!

— Mais c'est un infâme misérable que cet homme! comment quelqu'un lui parle-t-il encore? — Bah! mon cher, qui sait cela! — Tout au moins ce jeune chasseur à qui Ganguernet a fait sa confidence. — Mais, repartit sèchement le Diable, si ce jeune chasseur a fait une action non moins abominable que celle de Ganguernet; s'il a perdu une femme et en a tué une autre par un lâche mensonge, et si ce Ganguernet se trouve par hasard pouvoir ajouter à l'initiale d'un nom, cité dans un billet d'une certaine dame Dilois, les lettres qui diront quel est le gai calomniateur qui a commis ces crimes, le jeune chasseur se taira, et tendra la main au misérable infâme. — Quoi! dit Luizzi, ce spectateur...? — C'était toi, mons baron, toi qui n'as rien dit.

Armand oublia tout ce qu'il venait d'entendre; une seule chose le frappa, et il s'écria tout joyeux :

— Tu vois bien que tu me racontes ma vie passée. — En tant qu'elle se mêle à celle des autres, très-volontiers. — Oh! alors, dit le baron transporté; car il espérait, en s'informant des autres, se renseigner sur son propre compte : dis-moi quel est cet homme maigre et soucieux qui se retourne à tout propos en murmurant : « Oui, ma femme. » — Cet homme est une espèce de crétin qui ne te touche guère. — C'est ce que nous verrons, reprit Luizzi, qui se méfiait du Diable. — A ton aise, mais tant pis pour toi s'il t'en arrive malheur. — N'aie pas peur, je ne me jetterai pas par la portière comme à la forge par la croisée. — Pauvre niais, qui, parce qu'il prend des précautions contre une espèce de danger, s'imagine qu'il ne peut pas s'en présenter d'autres qui l'atteindront! Tu es comme un homme qui, s'étant heurté la tête en marchant, regarde toujours en l'air et se croit en sûreté, et qui, dans cette sotte confiance, se jette dans un trou qu'il ne voit pas. — Eh bien ! j'en brave le péril. — Le premier de tous, mon cher baron, c'est de m'entendre faire des théories. — Ne peux-tu t'en dispenser ? — Allons donc ! mon cher ami, ne m'as-tu pas menacé de me faire imprimer, et crois-tu que le Diable soit un assez honnête homme de lettres pour ne pas se prélasser comme les autres dans les considérations générales, la dissertation métaphysique et la digression moralisante ? — A toi permis, dit Luizzi, la nuit est noire, je suis éveillé comme un homme qui a dormi six semaines, et je t'écoute.

Et le Diable parla ainsi :

— C'était au temps où les bêtes parlaient, dit votre La Fontaine ; c'était dans un temps bien plus extraordinaire, le temps où les jeunes gens d'esprit se faisaient notaires. Ce temps est passé. Quelques-uns ont remarqué qu'un exercice modéré du notariat conduisait nécessairement à l'obésité et à l'atonie morale, et qu'une habitude trop assidue de ses fonctions menaient à l'imbécillité. Aussi, les hommes qui ont quelque désir d'échapper au suicide intellectuel ont fui cette périlleuse carrière. Comme on n'a pas encore soumis le notariat à une analyse chimique, je ne pourrais dire par quelle substance pernicieuse il arrive à ces fâcheux résultats, mais ces résultats n'en sont pas moins vrais. Si tu veux te donner la peine de regarder autour de toi, tu te convaincras que ce que j'avance ici n'est pas un paradoxe. Le notaire, une fois notaire, est un être à part. L'étude est un sol où il s'implante et pousse à la manière de ces végétaux animalisés que l'histoire naturelle classe indifféremment parmi les lichens et les crustacés. Il n'existe pas une carrière qui ne laisse à ceux qui la suivent quelques facultés libres pour s'occuper des choses de la pensée : nous connaissons des avoués, des médecins, des boulangers et des rémouleurs qui ont quelques idées de style et de poésie ; on trouve des usuriers qui aiment les arts, et il n'y a pas jusqu'à des agents de change qui ne se connaissent en peinture, en musique, en littérature, et qui en parlent avec distinction. Mais je défie qu'on me produise un notaire de cinquante ans ayant une idée. Je ne veux pas aborder ici les questions intimes ; mais y a-t-il au monde une classe qui soit plus féconde en maris trompés que celle des notaires ? Cela tient à de hautes considérations morales sur l'état des femmes, qu'il est inutile de t'expliquer longuement. Mais il est facile de s'imaginer que dans une carrière qui donne presque toujours une opulence au moins relative, et qui met celui qui l'exerce en contact avec toutes les positions sociales, il est presque impossible qu'une femme ne trouve pas au-dessus ou au-dessous d'elle celui qui doit la distraire de l'ennui de son mari. Un homme enfermé depuis huit heures du matin jusqu'à huit heures du soir dans son étude, qui laisse sa femme sans occupation et sans inquiétude de fortune, un homme pareil a toutes les chances d'être cocu ; car sa femme a toutes les chances de mal faire, l'oisiveté et l'ennui. La femme d'un spéculateur, qui joue sa fortune à chaque entreprise, peut s'intéresser à cette vie agitée, elle peut s'informer du succès d'une affaire d'où dépendent son bien-être et sa position ; mais la femme d'un notaire ! le bien lui vient en dormant comme à son mari, et il lui reste toutes ses journées à dévorer. Quand l'aliment devient lourd, elle le partage : c'est si naturel !

— Mons Satan tient plus qu'il ne promet, dit Luizzi ; il avait annoncé qu'il serait ennuyeux, et il me paraît assommant. — Cela te prouve seulement qu'il est impossible de guérir l'humanité. — Et pourquoi ? — Parce qu'elle ferme les yeux du moment qu'on veut lui montrer pourquoi elle se crétinise. — Et que me fait à moi le crétinisme du notaire ? — Tu verras. Tout homme riche, exposé à hériter ou à se marier, doit s'intéresser au notaire, cette machine à testaments et à contrats.

Allons, Eugène, dit le notaire, baisez la main de votre future. — Page 117.

Luizzi crut deviner que le notaire dont il allait être parlé pouvait se trouver, comme Ganguernet, mêlé à sa vie. Il prit patience, et le Diable continua :

— Cette atrophie morale du notaire a besoin de temps pour arriver à son dernier période. Ainsi le maître-clerc est presque toujours un homme assez chaud, vivant dans le monde des femmes galantes, de la bouillotte et des soupers bruyants; le notaire de trente à quarante ans ne manque pas d'une certaine allure du monde, il joue gros jeu, loue des loges aux spectacles, donne à dîner, dit des galanteries surannées aux très-jeunes femmes, et se permet quelques escapades avec les moins chères de ces belles filles dont l'esprit ou la beauté fait scandale. Passé quarante ans, le notaire se rabat sur le whist; il dîne pour lui, il est ennuyé au théâtre, il aime la campagne, sort à pied avec un parapluie pour prendre de l'exercice, donne des meubles à la fille de son portier, fait retaper ses vieux chapeaux, et demande la croix de la Légion d'honneur. A cinquante ans, le crétinisme arrive; à soixante, il est complet. Le notariat est un métier insalubre, contre lequel nos savants sont invités à trouver des préservatifs. C'est un article à joindre au programme qui propose un prix pour la découverte d'un procédé qui protége la santé des étameurs de glaces et des doreurs sur métaux.

Or, il existait autrefois à Toulouse un notaire appelé monsieur Litois. Cet homme n'est pas mort, mais il n'est plus, c'est-à-dire qu'il n'existe plus, quoiqu'il ait soixante-cinq ans, soixante mille livres de rente et trente ans de notariat. Monsieur Litois est l'homme-contrat. Si on l'invite à dîner, il vous répond : « J'ai contracté un autre engagement. » S'il passe chez Herbola pour en rapporter quelques friandises, il dit : « Je voudrais faire l'acquisition de cette bartavelle ou de ce coq de bruyère; je prends cette hure de sanglier avec ses dépendances; apportez-moi cette truite comme elle se comporte. » Du reste, il est tellement épris de sa carrière, que devenir notaire, être notaire, avoir été notaire, lui a toujours semblé devoir être toute l'ambition, tout le bonheur et toute la consolation d'un homme. Tu ne t'étonneras donc pas si, avec ces dispositions, monsieur Litois est resté longtemps notaire. Cependant des coliques néphrétiques, résultat d'une fidélité trop constante à son fauteuil de maroquin, l'avertirent qu'il était temps de se tenir debout, de marcher et de sortir du notariat. Il y a douze ans, il se décida à vendre sa charge. Il jeta les yeux sur son maître-clerc, monsieur Eugène Faynal, garçon de vingt-huit ans, spirituel, complaisant, gai, rieur et amoureux. Monsieur Litois lui connaissait bien tous ces défauts; mais Eugène n'avait pas le sou, et c'est pour cela qu'il le préféra. Vendre sa charge à un homme riche qui le payerait en beaux écus, c'était se séparer violemment de sa vie passée, c'était jeter aux bras d'un autre son amour de trente ans, sa charge, sa maîtresse toujours jeune et toujours fidèle. Monsieur Litois ne se sentit pas ce courage. Il calcula qu'un jeune homme qui lui devrait deux cent mille francs serait bien plus à sa merci, et que quelquefois encore il pourrait se glisser furtivement dans l'étude, butiner encore par ci par là comme l'abeille matinale, becqueter une vente comme le passereau un fruit mûr, effleurer de sa plume un contrat de mariage comme le papillon une rose, et veiller sur sa charge, créature inestimable et chérie, laquelle, comme le disait monsieur Litois, était devenue sa fille après avoir été sa femme.

Eugène Faynal accueillit avec joie les propositions de monsieur Litois. Celui-ci savait qu'avec un mariage Eugène payerait sa charge; et, pour que le jeune homme ne fût pas inquiet, monsieur Litois annonça qu'il avait, dans une petite ville aux environs de Toulouse, une cliente dont il comptait gratifier son successeur avec trois cent mille livres de dot. C'était une si belle chance de fortune, qu'Eugène accepta les yeux fermés ; il se laissa même aller, dans ce premier mouvement d'enthousiasme, à certaines conditions dont il ne calcula pas toute la portée. Lorsque monsieur Litois avait fait une affaire, il aimait assez qu'elle fût conclue et qu'il n'eût plus de chances à courir. Comme Eugène pouvait mourir avant de s'être marié, son patron le fit assurer sur la vie pour une somme de deux cent mille francs, de manière à être payé de sa charge si Eugène mourait, et à laisser aux héritiers du jeune homme le soin de la vendre. Eugène était jeune, bouillant, il aimait le monde et les plaisirs, et c'était un peu pour satisfaire à ses penchants qu'il avait si inconsidérément tenté la fortune. Avant tout, cependant, Eugène était un honnête homme, et sa première pensée était de s'acquitter envers monsieur Litois. Celui-ci avait donné des termes, il avait compris qu'il fallait que le jeune notaire établît sa réputation avant d'être présenté comme un mari convenable à une belle dot.

Durant la première année, Eugène n'eut donc à souffrir que de l'importunité des visites de son ancien patron; et ce qui est remarquable, c'est que monsieur Litois, qui, avant ce temps, ne faisait rien que par les conseils de son maître-clerc Eugène, prétendait le régenter dans tout ce qu'il faisait en sa qualité de notaire. Mais ces petits ennuis importaient peu à Eugène, car il était riche, considéré et heureux. Heureux en effet! il aimait une femme belle, gracieuse dont il avait fait les affaires à propos d'une séparation de biens. Cette femme était du monde, elle avait été malheureuse avec son mari, et se servait très-habilement d'une pâleur habituelle pour faire croire à une profonde tristesse; elle grasseyait en minaudant faiblement; elle s'habillait à ravir, et adorait monsieur de Chateaubriand. C'était, en termes d'étude, une conquête charmante pour Eugène. Il n'en parlait à personne, mais tout le monde le savait. Cette publicité alla si loin que le mari finit par l'apprendre. Ce mari-là consentait à être séparé de biens d'avec sa femme; mais, comme on ne l'avait pas séparé de nom, il ne voulut pas que le sien fût l'objet de commentaires peu obligeants. Il attendit une occasion, et un jour que sa femme et Eugène sortaient ensemble du spectacle, le mari soufleta le notaire aux yeux de deux cents personnes. Rendez-vous fut pris pour le lendemain.

A huit heures du matin, Eugène était chez lui avec ses témoins; il allait sortir pour se rendre à une demi-lieue de la ville, lorsque monsieur Litois entra impétueusement, avec l'air d'une profonde indignation. Avant que personne eût pu reconnaître l'homme qui s'introduisait ainsi sans se faire annoncer, monsieur Litois sauta à la gorge d'Eugène, et, le prenant au collet, s'écria :

— Vous n'irez pas, vous n'irez pas! — Mais, Monsieur, dit Eugène en se dégageant, que prétendez-vous? — Je prétends vous faire rester honnête homme. — Monsieur! que signifie? — Cela signifie que vous n'irez pas vous battre. — J'ai été insulté. — C'est possible. — J'ai moi-même insulté mon adversaire. — C'est possible. — Il m'attend, et je brûle de le rencontrer. — C'est possible. — Et l'un de nous deux restera sur la place. — Ce n'est plus possible. — C'est ce que nous allons voir. — Ah! vous n'irez pas, s'écria l'ex-notaire en se plaçant furieusement entre la porte et Eugène.

Celui-ci avait grande envie de prendre le vieillard par les épaules et de le jeter de côté, mais il se contint.

— Allons, monsieur Litois, lui dit-il, soyez plus raisonnable! votre intérêt pour moi vous emporte trop loin, je ne suis pas encore un homme mort. — Tant pis! — Comment, tant pis? — Oui, Monsieur, tant pis : car si vous étiez mort, vous ne me feriez pas la friponnerie d'aller vous battre. — Monsieur! — Pas de cris, mon cher Eugène, et lisez. — Qu'est-ce? la police d'assurance sur ma vie? — Lisez : là, au bas de la page.

Eugène lut : « La compagnie ne sera pas tenue de payer le capital assuré, si l'assuré meurt hors du territoire de l'Europe ou s'il est tué en duel. »

— Ou s'il est tué en duel! entendez-vous bien, monsieur Eugène? *ergo* vous ne vous battrez pas, à moins que vous n'ayez deux cent mille francs à me donner en espèces sonnantes et ayant cours.

Eugène, humilié, confondu, ne savait que répondre :

— Monsieur, dit-il à l'un des témoins, veuillez aller prier mon adversaire d'attendre à demain. — Pas plus demain qu'aujourd'hui; j'ai averti la police, reprit l'ex-notaire, et vous serez suivi. — Mais, Monsieur, vous me déshonorez! — Vous voulez me ruiner! — Mais, Monsieur, je n'emporterai pas votre charge dans la terre? — Je n'ai plus de charge, j'ai un débiteur de deux cent mille francs. Est-ce que je sais ce qu'est devenue l'étude dans vos mains? Un notaire qui a une maîtresse dans le monde, un notaire qui se bat, cela ne s'est jamais vu. Je ne donnerais pas trente mille francs de votre charge. Vous m'en devez deux cent mille, votre personne est mon garant; la risquer, c'est commettre un stellionat, une violation de dépôt, c'est une friponnerie, et j'en fais juge ces messieurs. — Ma foi, dit l'un des témoins, nous reviendrons quand ce débat sera jugé.

Eugène ne put se débarrasser de Litois. L'heure du rendez-vous était passée. Vainement le jeune notaire avait écrit au mari pour lui demander une autre rencontre; celui-ci, qui avait appris la cause du retard d'Eugène, n'accepta pas, disant que celui qui manque à un pareil rendez-vous donne à penser qu'il manquerait à un second; puis, en homme d'esprit, bien sûr qu'il se vengerait mieux avec un ridicule qu'avec un pistolet, il raconta l'histoire du notaire marchandant sa liberté au vieux patron. Ce fut une scène fort drôle, où le jeune homme faisait ses offres au vieillard :

— A dix mille francs, et laissez-moi sortir... — Non! — Vingt mille... — Non! — Trente mille... — Trente mille fois non! Deux cent mille francs, ou rien.

Cela fit grand bruit dans Toulouse, et Eugène ne s'en releva pas comme homme du monde. Son crédit comme notaire en fut même très-sensiblement atteint. Un jeune homme qui n'avait su se battre ni pour lui ni pour la femme qui l'aimait, c'était un homme sans dignité. La clientèle l'abandonna par les femmes, ostensiblement ou d'une manière cachée. Monsieur Litois s'alarma sérieusement de ce discrédit et usa de tous ses moyens pour le relever; mais, avant tout, il songea à s'assurer le payement de sa charge, il annonça à son cessionnaire la cliente qu'il lui avait promise : elle devait arriver dans deux mois. Depuis sa mésaventure, Eugène, qui n'osait plus se montrer dans les salons un peu choisis, avait contracté l'habitude d'aller chez quelques clients modestes. Il rencontra chez l'un d'eux une fille d'une ravissante beauté, d'une modestie suprême, d'un caractère flexible et doux, un ange. Elle ne vit d'Eugène que les bonnes grâces du jeune homme, l'élégance des manières, la politesse de l'esprit, la bonté du cœur; elle l'aima, ils s'aimèrent, et Eugène, dans un transport d'amour où il oublia ses cruelles obligations, lui jura de l'épouser. Elle le crut, et la pauvre Sophie... Mais ceci est une histoire à part et qu'il ne me convient pas que tu saches encore. Je reviens à Eugène Faynal... Le lendemain de cette sainte promesse, Eugène reçut une invitation à dîner de monsieur Litois. Le malheureux s'y rendit sans défiance. A peine est-il arrivé, que l'ancien patron le fait entrer mystérieusement dans un cabinet de travail, et lui annonce qu'il va voir sa future. Eugène pâlit :

— Mais je ne le savais pas, dit-il. — Comment! vous ne le saviez pas? Voilà deux mois que vous êtes prévenu. — Mais... — Comment, mais!... Avez-vous oublié que le terme de votre premier payement de cent mille francs est échu, et que, si votre mariage n'est pas conclu d'ici à huit jours et le payement fait, je vous dénonce à la chambre des notaires? — Monsieur, c'est une barbarie! — Comment, une barbarie? Je vous donne une femme qui vous apporte trois cent mille francs de dot!... Mais, mon cher, vous êtes fou!

Eugène pensa que véritablement il était fou, selon les affaires, et il se laissa conduire au salon. Il entre, il regarde, il voit, ô surprise! une jeune fille, belle, charmante, gracieuse. Malgré son amour, il tremble d'un doux espoir.

— Où est votre tante? dit le vieux notaire. — Me voici! répond une voix aigre, sortant d'une face maigre. — Mademoiselle Dambon, je vous présente notre futur.

Eugène s'inclina avec respect.

— Mademoiselle, laissez-nous, dit le notaire à la belle enfant, nous avons à parler d'affaires.

Eugène la suit amoureusement des yeux; elle lui rit au nez, et il se tourne vers la tante.

— Allons, Eugène, lui dit le notaire, baisez la main de votre future.

Eugène tomba moralement à la renverse, et, si ses jambes le soutinrent, ce fut par habitude, car il se crut au milieu d'un tremblement de terre. La vieille future comprit l'effet qu'elle avait produit, mais le mari lui avait plu, et elle pensa qu'une fois qu'il serait sien, elle en profiterait bon gré mal gré. Elle laissa donc à Eugène le temps de se remettre, et bientôt elle parla si vivement et si catégoriquement de ses terres, de ses vignes et de ses prairies, que le jeune praticien, que le notariat avait déjà gangréné par ci par là, la trouva moins couperosée, moins maigre et presque avenante. Cependant, ce fut un long combat entre ses promesses et la nécessité; il en fut assez malheureux pour en parler à un ami, la veille du mariage. Beaucoup d'autres notaires ont épousé de vieilles filles fort laides pour leur dot, mais on sait qu'ils s'en sont donné la peine, et on les répute habiles. Ce mariage fut reproché à Eugène comme une lâcheté. D'une autre part, le ridicule l'avait entamé; les blessures que fait cette arme dangereuse ne se ferment jamais, et, pour peu qu'on les écorche par un nouveau coup, elles s'enveniment mortellement.

Le jeune notaire et sa vieille fille de femme, comme on l'appelait, furent un objet de risée universelle. En effet, madame Eugène Faynal avait gardé sa roideur, sa pincerie et son air prude de vieille fille. A ce malheur, Eugène ajouta celui de devenir père de deux garçons jumeaux : on voit que pour les femmes, le temps perdu se répare. Les deux jumeaux furent un nouveau ridicule. Bientôt la dame s'aperçut qu'elle était une curiosité qu'on invitait pour la faire parler de ses charmants jumeaux; elle accusa son mari de ne pas savoir la faire respecter; la vie d'Eugène devint une querelle sans fin, l'acrimonie de madame lui monta en érésipèle au visage, et, de laide qu'elle était, elle devint abominable; son caractère suivit le progrès de sa laideur, et, au bout de dix-huit mois, la maison d'Eugène était un enfer.

Ce fut alors que, pour se distraire, il s'adonna exclusivement aux affaires; mais il n'était plus temps, l'étude avait été désertée, les clients étaient casés ailleurs. Il porta un regard scrutateur sur les dépenses : il vit que les deux cent mille francs payés, plus les intérêts, il ne lui était resté que quatre-vingt mille francs sur la dot: les quatre-vingt mille francs étaient passés en partie dans les dépenses de la maison, auxquelles ne suffisaient pas les bénéfices de l'étude. Il fallait se réduire considérablement ou faire de mauvaises affaires. Eugène n'accepta ni cette humiliation ni cette honte. Il se décida à vendre sa charge. Le 1er mars 1815, il était près de conclure pour trois cent cinquante mille francs; il retarda de huit jours la signature de l'acte, et, un an après, il vendit pour cinquante mille francs.

Aujourd'hui, monsieur Faynal est un habitant de Saint-Gaudens, ayant une femme de quarante-huit ans, quatre enfants, deux mille deux cents livres de rentes; il s'est adonné à la culture des roses; il porte des souliers en veau d'Orléans, avec des guêtres de coutil; fait des parties de boston à un liard la fiche, et joue de la clarinette. Après avoir été notaire, il a encore du cœur et des idées; il sent son malheur et se trouve ridicule. C'est lui qui dort en face de toi.

— Et que me fait cet homme, pour que tu m'aies si longuement raconté les tribulations de sa vie? — Comment! tu ne comprends pas, repartit le Diable, comment un notaire peut se trouver mêlé à ta vie? — Quand on n'a fait ni ventes, ni acquisitions, ni mariage, contrat double où l'on vend son nom sans acheter le bonheur... — Mauvais, très-mauvais ! dit le Diable. — Plaît-il ? — Continue, je ne répète pas. — Eh bien ! quand on n'a rien fait de tout cela, on n'a pas de grands intérêts à démêler avec un notaire. — N'en avais-tu aucun avec monsieur Barnet ? — Assurément, mais monsieur Barnet était mon notaire. — Mais n'était-ce pas comme notaire d'un autre que tu as désiré de consulter ? — En effet, dit Luizzi, comme notaire du marquis du Val. Eh bien ? — Eh bien, pauvre garçon ! tu ne comprends pas ! et tu veux aller vivre à Paris, où il faut deviner à peu près tout ! car c'est un pays où l'on ne dit presque rien des intérêts cachés, tant on a la conscience que chacun les apprécie. — Tu es trop fin pour moi, mons Satan. — Eh bien donc ! monsieur le baron, il est presque inévitable que dans un contrat de mariage il se trouve deux notaires, celui de la famille du mari et celui de la famille de la mariée. — C'est probable. — Qu'était monsieur Barnet ? — Le notaire du marquis du Val. — Et quel était le notaire de mademoiselle Lucy de Crancé, devenue marquise du Val ? — Ce serait ce monsieur qui dort ? — Très-bien ! très-bien ! répondit le Diable en nasillant comme un frère ignorantin qui interroge un enfant sur l'existence coéternelle de Dieu le père et de Dieu le fils, et qui est satisfait de la réponse qu'il a reçue. — Et sans doute il assistait à cette scène extraordinaire dont Barnet a si bien gardé le secret ? — Encore très-bien, repartit le Diable du même ton nasal. — Et crois-tu qu'il veuille me la raconter ? — Tu sais que j'ai promis de te la dire ; mais s'il veut m'épargner ce soin, il me rendra service, car j'ai affaire ici. — Dans cette diligence ? — Oui. — Quoi donc ? — Un tour de ma façon. — Lequel ? — Tu verras.

Sur ces paroles, le Diable disparut. Luizzi, grâce à la vision surnaturelle qui lui était accordée de temps en temps, vit le Diable se transformer en une mouche de petite dimension, de si petite dimension que personne autre que lui n'eût pu l'apercevoir. Elle voltigea un moment dans l'intérieur, et, tout en badinant, elle piqua le nez de l'ex-notaire, qui, machinalement, prit les genoux de la dame assise à côté de lui. La dame, que le Diable n'avait pas piquée, donna à monsieur Eugène Faynal un coup de ridicule sur les doigts : il y avait trois clefs dans le sac. Le notaire s'éveilla en sursaut, et Ganguernet lui sauta à la gorge en lui criant : La bourse ou la vie !

— Qu'est-ce ? s'écria l'ex-notaire épouvanté. — Histoire de rire ! répondit Ganguernet ; et, tout le monde s'étant éveillé, la conversation devint générale.

Cependant Luizzi, plus curieux en ce moment de ce qui allait arriver dans la diligence que de connaître ses compagnons de voyage, ferma les yeux pour faire semblant de dormir ; ce qui ne l'empêcha pas de pouvoir suivre dans son vol la mouche microscopique, qui n'était autre que le Diable. Elle sortit de l'intérieur et entra dans le cabriolet.

A côté de monsieur de Mérin, l'Indien des prisons de Berlin, se trouvait un jeune homme de vingt ans tout au plus. Il était beau garçon, mais il portait en lui un air de niaiserie ambitieuse que Luizzi n'eût point sans doute remarqué sans cette perspicacité subtile que le Diable lui avait communiquée. Cette faculté permit au baron de comprendre la nature de ce jeune homme, sans prévoir toutefois où elle pourrait le conduire. Il reconnut qu'il était doué d'une faculté impressive extraordinaire qui l'avait continuellement jeté dans les rêves d'une existence d'autant plus fantastique qu'elle s'était, pour ainsi dire, accomplie en imagination. Étant encore au collége, où il avait lu les *Brigands de Schiller*, ce monsieur s'était pris d'amour pour les longues figures errantes des détrousseurs de grands chemins. Il se mirait, dans son imagination, en grandes moustaches, en culotte rouge, avec des bottes jaunes, des gants noirs à la Crispin, un sabre et trois paires de pistolets. Son cours de droit, qu'il commença un an après, lui apprit le néant de ces vanités. Les gendarmes français lui parurent trop nombreux et les cavernes trop rares chez nous, et Fernand renonça à être un sujet de drame allemand. Bientôt, et comme à beaucoup d'autres jeunes gens, il lui tomba dans les mains le détestable roman de *Faublas*, et voici Fernand se créant, dans toutes les loges de l'Opéra, des marquises de B... voyant dans toutes les petites femmes rieuses des jeunes dames de Lignolles, et pensant qu'il ferait des charades tout comme un autre. Ce fut une danseuse qui le guérit de cette folie, et son médecin qui le guérit de sa danseuse. Une autre fois, après avoir dévoré *Werther*, Fernand s'imagina qu'il devait se tuer d'amour : Potier, qui était allé donner quelques représentations à Toulouse, mit fin à cette prétention. L'histoire des guerres de la révolution faillit faire engager Fernand en temps de paix, et, s'il eût pu traverser la Garonne sans haut-de-cœur, il se serait fait marin pour rivaliser avec Améric Vespuce ou le capitaine Cook.

Au moment où Luizzi observait Fernand, ce jeune homme venait de faire la lecture de l'histoire des papes, et ce n'était pas sans quelque ravissement qu'il avait sondé les secrets du Vatican. Cette domination absolue qui s'élève au-dessus de celle des rois, cette représentation immédiate de Dieu, cette pompe brillante des cérémonies chrétiennes avaient étourdi sa facile imagination, et, soit qu'il enviât les lubricités de Borgia ou la gloire douce et artiste de Médicis, soit qu'il fût entraîné par la politique et la philosophie de Ganganelli, toujours est-il que la papauté le tenait à la gorge. Être pape lui paraissait, à vingt ans, une plus belle destinée qu'aimer et être aimé. Cela tenait de la folie.

Enfin c'était dans cette disposition de cœur et d'esprit que Fernand parcourait la route de Paris à Toulouse. Luizzi voyait la mouche-Diable tournoyer au bout du nez du jeune homme, lorsqu'on arriva à un village appelé Boismandé. Rien de remarquable ne le recommanderait à l'attention du voyageur, si ce n'est qu'on y dîne, et il n'existe dans le monde que deux individus qui sachent véritablement la valeur d'un dîner attendu : c'est l'homme qui voyage en diligence et le convalescent à sa première côtelette. L'énorme voiture aux armes de France s'arrêta donc à Boismandé, devant l'auberge accoutumée. Elle dégorgea ses nombreux voyageurs, les hommes coiffés de foulards et de bonnets de soie, les femmes de chapeaux cassés et de marmottes grasses, les uns et les autres emmaillottés de redingotes déformées, de pelisses flétries, de manteaux usés, etc., tous crottés à faire reculer la brosse la plus ardue dans la main la plus agile ; la seule dame voilée n'entra pas dans l'auberge et continua sa route. Qui ne sait ce que c'est qu'une descente de diligence à l'auberge, ce premier mouvement si grotesque de tout ce monde qui se rajuste ? Celui-ci secoue vivement la tête et les épaules, se frotte les mains et tousse avec vigueur pour se retirer un moment de l'état de hareng où il était, et se remettre en l'état d'homme ordinaire, en jouissance de toutes ses facultés ; celui-là agite rudement sa jambe pour faire redescendre sur sa botte le pantalon trop étroit que le frottement d'une jambe voisine a replissé jusqu'aux genoux ; telle femme, encore fraîche, rebombe, à l'aide de son doigt et de sa chaude haleine, les plis empesés de son bonnet qui n'est pas sans coquetterie ; telle autre rétablit la tournure trop affaissée d'une douillette feuille-morte. Après ce petit temps d'arrêt, tout le monde se précipite dans une immense cuisine où murmurent de toute éternité, dans de vastes casseroles, la gibelotte douteuse et l'implacable fricassée ; tandis que la broche roule devant un feu ardent le canard bourbeux de la mare voisine et la longe de veau, ressource des gens dégoûtés.

Lorsque les hommes, grâce à la fontaine de cuivre qui reluisait à l'un des angles de la cuisine, se furent légèrement rafraîchi le visage et les mains, et que les femmes, un moment disparues, revinrent plus aises et plus accortes, on s'assit à la longue table qui occupait la vaste salle à manger, et c'est alors que commença le repas à un petit écu par tête. D'abord la conversation s'engagea sur l'excellence des chevaux du dernier relais, sur l'habileté du postillon, la complaisance du conducteur, la commodité de la voiture, puis sur les villes où l'on avait passé, le département où l'on se trouvait, le village où l'on s'était arrêté, l'auberge où l'on dînait.

Luizzi écoutait avec d'autant plus d'attention, que cette conversation lui apprenait l'histoire du commencement de son voyage. Mais il ne perdait pas de vue l'infernale insecte acharné sur le nez de Fernand. D'ordinaire, il suffit d'avoir dix-huit ans, d'être garçon et d'avoir vu Toulouse et son Capitole, Paris et tous ses monuments, pour se croire le droit de tout mépriser; et Luizzi ne sut trop pourquoi le Diable se donnait la peine de quitter le nez de Fernand pour piquer un petit jeune homme à l'air assez impertinent, qui retournait à Paris pour y finir son droit commencé à Toulouse. Cela n'était pas nécessaire pour lui faire dire hautement qu'on était dans un misérable village, dans un misérable pays et dans une misérable auberge. A coup sûr l'amour de la patrie, celui de la contrée, celui même plus étroit du foyer domestique, sont de nobles sentiments, et pourtant ils inspirèrent bien mal la jolie Jeannette; car, si Jeannette n'avait pas voulu défendre sa pauvre auberge, que de malheurs son silence eût épargnés! Mais le Diable s'était mis de la partie, et Dieu sait si le Diable a jamais fait autre chose que se servir de bons sentiments pour faire commettre de mauvaises actions! Du nez de l'étudiant, la mouche sauta sur celui d'une jeune servante qui l'écoutait, et, à peine celui-ci avait-il laissé tomber de sa bouche le mot de misérable auberge, que la jeune fille, qui n'avait pas plus de seize ans, s'écria:

— Bah! Monsieur, de plus grands seigneurs que vous y ont logé sans en dire tant de mal.

Ces mots appelèrent l'attention des voyageurs sur cette jeune fille. Elle était grande, et la grossièreté de ses vêtements ne pouvait dissimuler l'extrême élégance de sa taille. De petits pieds dans des sabots, des mains admirables, quoique gercées, annonçaient une nature distinguée, une origine qui mentait à la situation. Tenez-vous pour assuré que, toutes les fois que vous rencontrerez dans le peuple un de ces signes d'une vie non sujette aux pénibles travaux, c'est quelque oubli de la retenue de fille ou de la foi conjugale en faveur de quelque beau seigneur qui a créé cette anomalie. Le travail et la misère dégradent vite sans doute ces nobles proportions, apanage de la riche oisiveté; mais à seize ans elles sont encore fraîches et vivantes, et Jeannette avait à peine seize ans. Fernand y fit-il attention? nullement. Il rêvait pape, et rien ne l'atteignait au delà de cette sphère souveraine; à peine si la pourpre cardinale lui eût fait lever les yeux. Il n'avait donc rien remarqué, ni l'observation, ni la réponse qu'elle avait fait naître, ni la voix frêle qui avait parlé, ni cette bouche étincelante de dents d'ivoire, ni ces longs cheveux d'un blond cuivré, ni ces grands yeux d'un bleu gris, dont la vague expression dénotait une âme facilement emportée au hasard des circonstances. Un vieillard seul, arrêtant ses yeux avec attention sur Jeannette, lui dit d'une voix polie et peu connue aux servantes d'auberges:

— Quels sont donc ces illustres voyageurs, Mademoiselle? — Eh! parbleu! reprit Ganguernet, qui interrompit une aile de poulet

Le lit du pape! Ah! je suis damnée. — Page 122.

en l'honneur de la gloire française, presque tous les généraux qui ont fait la guerre d'Espagne. — Ce n'est pas de ceux-là que je veux parler, dit Jeannette. — Ah! je comprends, ajouta le Ganguernet, il s'agit du pape Pie. Pie a logé ici. Et il se prit à rire, du rire énorme qui le distinguait. — Qui? s'écria Fernand, que voulez-vous dire? — Oui, Monsieur, répondit Jeannette avec un accent de respect pour ce qu'elle allait dire, oui, notre saint-père le pape a logé dans notre auberge. — Lui! lui! le pape! s'écria soudainement Fernand en portant des yeux effarés sur les murs mal tapissés et les poutres noires de la salle à manger: lui! ce généreux martyr!

Cette exclamation appela sur Fernand l'attention qu'on avait d'abord donnée tout entière à la belle servante. Voyageur taciturne et résigné dans le cabriolet de la diligence entre le conducteur et l'Indien, Fernand était resté presque étranger, jusqu'à ce moment, au petit monde ambulant dont il faisait partie. Mais ce cri, si singulier de la part d'un jeune homme de dix-huit ans, le désigna vivement aux regards curieux de l'assemblée. Alors seulement on remarqua sa haute taille, son visage austère, ses grands yeux noirs cernés, et ce front large et méditatif qui révèle presque toujours une capacité puissante dans les grandes choses ou une exagération folle dans les petites.

— Oui, vraiment! reprit Jeannette enchantée d'avoir trouvé un auditeur si ardent; et la chambre n'a plus jamais servi à personne, on n'y a rien changé, elle est fermée avec soin et l'on n'y entre qu'avec respect et recueillement.

En ce moment la mouche diabolique entra dans le nez de Fernand et sembla lui vouloir monter dans le cerveau. Il s'écria :

— Ne peut-on la voir? Il faut que je la voie! — Je vais vous y conduire, répondit la jeune fille.

Ils sortirent ensemble.

Luizzi cependant cherchait à deviner ce que le Diable avait à faire de cette servante d'auberge et de ce jeune homme. Leur absence commençait à être remarquée, lorsqu'un bruit très-vif se fit entendre dans la cuisine qui précédait la salle à manger. Le nom de Jeannette, violemment prononcé, frappa plusieurs fois l'oreille des voyageurs; ils voulurent savoir quelle pouvait être la cause de ce tumulte, et ils entrèrent tous dans la cuisine au moment où Fernand rentrait dans la salle à manger par une autre porte.

Un jeune homme de vingt-cinq ans environ, décoré et en costume de chasse, tenait Jeannette par le bras, avec une violence que rien ne saurait exprimer.

— Donne-moi cette clef, s'écria-t-il, donne-la-moi!

La malheureuse fille, pâle et immobile, le regardait sans répondre et comme fascinée par un charme; cinq ou six pièces d'or tombées à ses pieds attiraient les regards avides de quelques paysans, qui se parlaient chaudement; la maîtresse de l'auberge, le visage hagard et enflammé, s'écriait :

— La clef est dans la poche de son tablier; prenez-la, monsieur Henri, prenez-la.

Ce Henri, que la fureur avait d'abord rendu incapable d'aucune réflexion, finit par comprendre ce qu'on lui disait, et, fouillant brutalement dans les poches du tablier de la pauvre Jeannette, il se précipita comme un furieux vers l'escalier qui conduisait au premier étage. Les voyageurs s'avançaient pour demander l'explication de cette scène de violence, lorsque le baron, de la porte de la salle à manger près de laquelle il était demeuré, vit le jeune homme décoré s'élancer d'un seul bond du haut de l'escalier. Pendant quelques secondes il promena autour de lui des regards furieux. Un paysan s'approcha et lui dit :

— Eh bien? — C'est vrai. — Dans cette chambre? — Oui, dans cette chambre. — Sacrilége et infamie! — Possible! dit un autre.

A ce moment, Luizzi crut reconnaître ce petit rire aigre dont lui-même avait été poursuivi.

— Mais que diable y a-t-il? dit Ganguernet. — Là, dans cette chambre, répétait le paysan, dans cette chambre où est le lit du pape! — Bon! s'écria Ganguernet, qui comprit alors; fameux! c'est une idée.

Mais toutes les voix des paysans répondirent par des cris de fureur et de malédiction. Ils s'élancèrent vers Jeannette, qui, l'œil fixé devant elle, semblait avoir perdu tout sentiment de la raison. Enfin, elle s'écria tout à coup :

— Le lit du pape! Ah! je suis damnée!

Une voix que Luizzi seul entendit répondit en riant à cette exclamation, et Jeannette s'affaissa sur elle-même avec un soupir plaintif et doux; elle tomba comme si tous les muscles de son corps eussent été brisés. Au moment où elle avait prononcé ces mots :

Je suis damnée! ses yeux s'étaient tournés du côté de la salle à manger, dont le baron occupait la porte. Ce regard en passant devant lui pour aller jusqu'à Fernand montra à Armand qu'il avait quelque chose de la sauvage expression qui animait l'œil de Satan, et quand Luizzi, en regardant Fernand, vit dans son œil immobile un reflet de ce feu sinistre qui semblait l'avoir brûlé, il comprit la menace du Diable. Mais, emporté par un sentiment de première pitié, il ferma violemment sur Fernand et sur lui la porte de la salle à manger.

— Fuyez! dit Armand à Fernand. — Oui, répondit-il sans s'émouvoir. — Fuyez, ou vous êtes perdu! — Moi? reprit-il avec un sourire mélancolique; ils ne peuvent pas me faire de mal, j'ai ma destinée; mais je fuirai pour eux. — Cachez-vous plutôt, montez sur l'impériale et jetez-vous sous la bâche.

Fernand ouvrit la fenêtre. A peine était-il au sommet de la voiture que la porte de la salle à manger s'ouvrit et que quelques paysans armés de faux, de pioches, de bâtons et de fléaux, se précipitèrent vers Luizzi.

— Ce n'est pas lui, ce n'est pas lui! crièrent plusieurs voix, et Luizzi fut aussitôt interpellé de dire où était Fernand.

Il n'avait pas achevé de leur répondre qu'il l'avait vu prendre de l'avance du côté de la grande route, qu'ils y coururent tous avec des imprécations et des menaces atroces. Pendant qu'on attelait les chevaux, Luizzi prévint le conducteur de l'endroit où Fernand était caché.

— C'est bien imaginé, lui dit-il; car, s'il était sur la route, ils le rattraperaient bientôt, et Dieu sait ce qu'ils feraient de lui! — Et Jeannette, qu'est-elle devenue? — On a cru d'abord qu'elle était morte, répondit-il, c'est pour cela qu'ils ne l'ont pas tuée. Mais M. Henri l'a fait porter dans une chambre où on l'a soignée. — Quel est ce M. Henri? — Le fils du maître de poste, ajouta le conducteur, un militaire d'avant les Bourbons, mon ex-capitaine. — Est-ce qu'il connaissait Jeannette? — Lui! s'il connaissait Jeannette! tiens!

Le fouet du postillon se fit entendre. « En voiture! en voiture! » cria le conducteur; et chacun se hâta, triste et silencieux. Armand monta le dernier; il remarqua que le conducteur fit un mouvement de surprise en voyant le postillon se mettre en selle. Le conducteur reçut des mains du postillon une boîte enveloppée d'une couverture en cuir, et murmura entre ses dents:

— En voilà un de...

Les claquements du fouet empêchèrent d'entendre le reste. Au train dont on était mené, on eut bientôt rejoint les paysans; ils arrêtèrent la voiture et voulurent à toute force monter dessus pour rattraper Fernand, qu'ils croyaient être en avant. Mais le conducteur refusa formellement; et le postillon, aiguillonnant ses chevaux de la voix, du fouet et de l'éperon, eut bientôt laissé derrière lui cette troupe irritée. Aucun des voyageurs qui occupaient l'intérieur de la diligence n'avait jusque-là rompu le silence; mais lorsqu'ils crurent être délivrés complétement de la poursuite des paysans, ils se demandèrent ce qu'avait pu devenir Fernand. Luizzi le leur apprit.

En ce moment, comme on était dans un lieu assez solitaire, la diligence s'arrêta tout à coup. Le postillon mit pied à terre, et, élevant la voix :

— Descends, misérable! s'écria-t-il, descends maintenant.

Le baron mit la tête à la portière, et sous la blouse du postillon reconnut l'ex-capitaine. Fernand descendit, et s'approchant de son adversaire :

— Que voulez-vous de moi? dit-il. — Ta vie! ta vie! s'écria Henri, et tout de suite, et ici même! — Je me battrai au prochain relais. — Ah! tu refuses, lâche!

Et, en prononçant ces mots, Henri fit un geste de menace qui laissa Fernand tranquille. Mais, rapide comme la foudre, celui-ci saisit la main qui allait le frapper, et, forçant Henri à le suivre, il s'approcha de la diligence; puis, passant le bras qu'il avait libre sous le moyeu de l'une des roues, il souleva l'énorme machine à plus d'un pouce de terre. Abandonnant alors la main d'Henri :

— Vous le voyez, dit-il en souriant, à ce jeu vous seriez bien vite battu. Je vous ai dit qu'au prochain relais je serais à vos ordres. Comme sans doute c'est un combat à mort que vous me proposez, vous trouverez bon que je fasse quelques dispositions avant d'y marcher.

Puis, sans écouter ce que son adversaire lui répondait, il adressa la parole à Luizzi d'un ton doux et poli :

— Serez-vous assez bon, lui dit-il, pour me servir de témoin? Je désirerais vous parler un moment; si vous vouliez prendre une place auprès de moi dans le cabriolet, vous m'obligeriez.

L'arrangement fut accepté, et, le conducteur s'étant retiré sur l'impériale, Armand se trouva avec Fernand et l'Indien de Berlin. Henri était remonté sur les chevaux et les pressait de toute sa fureur; la lourde voiture courait comme la calèche la plus légère.

— Avant de vous apprendre, dit Fernand, le secret de ce qui vient de se passer, permettez-moi de vous demander quelques petits services et d'espérer que vous me les rendrez. J'ai à écrire plusieurs lettres... que vous voudrez bien remettre à Paris?

Sur un signe de consentement, Fernand continua :

— Vous ferez décharger mes bagages pendant que j'écrirai, et, en arrivant au relais, vous serez assez bon pour me faire préparer des chevaux de poste. Après le combat, je veux changer de route, quitter celle de Paris, où je n'irai pas.

Le baron marqua quelque étonnement de cette résolution, et surtout de cette prévoyance tranquille.

— Vous vous étonnez, lui dit Fernand, de ce que je parle si résolûment d'une rencontre dont l'issue vous paraît douteuse? Voyez cet homme! ajouta-t-il en désignant Henri du doigt, cet homme est mort aussi infailliblement que s'il était déjà dans la tombe. — Lui! s'écria Luizzi. — Oui, dit Fernand. Ils appellent courage l'ivresse de la colère; je tuerai cet homme, vous dis-je! Quand je l'ai regardé tout à l'heure, j'ai lu sa mort dans ses yeux. Voyez, il fait voler notre voiture; cet homme est trop pressé de se battre, il a peur. Mais, n'en parlons plus, c'est lui qui le veut... Maintenant, ajouta-t-il avec un accent presque moqueur, je veux me justifier à vos yeux de ce que tous sans doute vous appelez mon crime. Les circonstances seules m'en ont inspiré la pensée, et seules elles prêtent à mon action un caractère affreux de profanation. Au fond, je me crois moins coupable d'une demi-heure de délire que cet homme qui veut ma vie et qui depuis six mois marche avec persévérance dans une voie de séduction. Dans le peu d'entretiens que vous avez eus avec moi, vous avez pu juger des pensées qui me tourmentaient, et vous avez dû être moins surpris de ma vive exclamation et de mon violent désir de visiter cette singulière chambre. J'y étais à peine arrivé, que, par une réflexion inouïe, moi qui ne vis guère que d'illusions, je me trouvai ramené soudainement à la réalité. Je levai les yeux sur Jeannette; elle me considérait attentivement, et son âme était, à ce que je pus croire, bien loin du respect que demandait ce lieu révéré.

Luizzi écoutait cet homme qui s'attribuait l'honneur de sa mauvaise action, tandis qu'il savait, lui, qu'il n'avait été que le jouet d'un caprice du démon. La mouche riait sur le nez de Fernand; cependant celui-ci passa sa main sur son front d'une manière très-dramatique, et, parlant d'une voix profonde, il continua :

— Jeannette n'est point une fille ordinaire;

aussi ne puis-je savoir laquelle de toutes les voix que je fis entendre à son âme y fut écoutée. Quoiqu'on ait trouvé l'or que je lui ai donné, je ne puis croire qu'elle se soit vendue. Il y avait en elle une pensée qui répondait à la mienne.

La mouche riait toujours.

— Je le saurai, dit Fernand violemment; je la reverrai, car cette fille m'appartient; je l'ai payée du repos de ma vie, je vais encore la payer de la vie d'un homme. La malheureuse! s'écria Fernand en ricanant tragiquement; savez-vous que ce mot qu'elle a dit en tombant, c'est moi qui l'ai jeté dans son âme? c'est moi qui, pour adieu, et lorsqu'un tigre aurait eu pitié de ses sanglots, lui ai crié en la quittant : « Tu es damnée! »

Luizzi tresaillit. Il regarda Fernand comme pour s'assurer si ce n'était pas Satan lui-même qui avait pris ce masque et ces traits. La mouche riait en le piquant avec acharnement. Il sembla à Luizzi que M. Fernand jouait la comédie, et qu'il faisait d'un grossier désir de jeune homme un épisode romanesque de poëme satanique. Il voulut s'en assurer, et repartit d'un ton plein de conviction :

— Ah! c'est épouvantable! — Que voulez-vous! reprit Fernand sans s'émouvoir. La pensée de lutter avec le Seigneur, l'orgueil d'insulter à son sanctuaire et de flétrir à sa face, et sans qu'on pût la défendre, sa plus belle et plus douce créature, tout ce délire m'a brûlé comme un feu de l'enfer, et j'ai rêvé que le Satan de Milton n'était pas impossible.

Luizzi se troubla malgré lui à cette parole, et regarda l'Indien de Berlin, qui secoua paisiblement la cendre d'un cigare en disant : « La petite était assez jolie sans que le Diable se mît de la partie. »

La mouche regarda de Mérin de travers, comme pour prendre acte de cette incrédulité.

— Nous sommes arrivés! cria Henri en ce moment; puis il jeta les rênes à un palefrenier, appela le conducteur et prit ses pistolets.

Qui de nous n'a été témoin d'un duel? qui n'a senti dans son âme cette angoisse que donne la certitude d'une existence qui va s'éteindre? A peine Luizzi connaissait-il Fernand et cependant il obéit à toutes ses volontés comme à celles de l'ami le plus intime. Bientôt tout ce qui appartenait à Fernand fut remis au baron. Une chaise de poste fut attelée, et Armand se rendit auprès de Henri. Il était assis sur une pierre, la tête entre les mains. Luizzi regarda ce jeune homme, et il se prit de peur pour lui en se rappelant l'attitude bien différente de Fernand. Il appela le conducteur, et cherchant à concilier l'affaire :

— Laisserons-nous ces jeunes gens se tuer, lui dit-il, pour une fille d'auberge? — Une fille d'auberge! répondit le conducteur; assurément c'est son état, quoiqu'on puisse dire qu'elle est faite pour être servie plutôt que pour servir les autres... Mais c'est toute une histoire. — Parlez! s'écria le baron, parlez!

— Ce serait trop long, et puis le temps nous presse. Tout ce que je puis vous dire, c'est que mon capitaine a son idée, et que votre jeune homme ne l'aura pas volé. — Quoi donc? — La balle qui lui cassera le crâne.

— Prenez garde! reprit Luizzi; si je crains pour quelqu'un, ce n'est pas pour Fernand.

— Lui! dit le conducteur avec un sourire de dédain, un blanc-bec qui n'a pas tiré à la conscription, se frotter à un vieux, à un de la garde, à un grognard de Moscou et de Waterloo! car il y était, M. Henri, avec ses vingt-cinq ans! et adroit! je lui tiendrais un verre de champagne dans mes dents à trente pas, avec ces pistolets-là.

Et il ouvrit la boîte d'Henri.

— Ils sont donc bien sûrs? dit à côté des deux interlocuteurs la voix calme de Fernand.

Et, les prenant dans ses mains, il en fit

jouer les batteries et les remit tranquillement au conducteur.

— Monsieur, dit-il à Luizzi, l'excellence de ces armes m'afflige, elle me force à être impitoyable; je n'ai pas envie de jeter ma vie à ce furieux. Faites les préparatifs.

Henri s'aperçut de l'arrivée de Fernand; il fit un geste silencieux, et les témoins le suivirent, Luizzi comprit qu'entre ces deux hommes il n'y avait pas d'explication possible. Il reçut des mains de Fernand quelques lettres soigneusement pliées et dont l'écriture était ferme et pure, puis tous arrivèrent dans un petit bois où se trouvait une clairière très-propre au combat. Les conditions furent que les adversaires se mettraient à trente pas l'un de l'autre; qu'ils marcheraient, à un signal donné, chacun l'espace de dix pas, et qu'ils tireraient à volonté pendant cette marche. Les pistolets, chargés avec soin et cachés sous un mouchoir, furent donnés par Luizzi aux combattants, qui se posèrent aussitôt à leur place. Un coup frappé dans la main les avertit, et à peine Fernand avait-il fait un pas que l'on entendit l'explosion d'un pistolet, et on le vit tressaillir et s'arrêter.

— Cet homme est adroit, mais il n'est pas brave, sans cela il m'aurait tué, dit Fernand en montrant son bras droit percé d'une balle.

Et il reprit son pistolet de la main gauche.

— Dépêchez-vous, cria Henri, nous recommencerons! — Je ne le crois pas, dit sourdement Fernand.

Et soudain, sans profiter du terrain qu'il pouvait gagner, il tira, et Henri tomba frappé au cœur, sans qu'un souffle, une convulsion, vînt attester qu'il avait cessé d'exister.

Une heure après, Fernand était en chaise de poste, et le Diable avait repris sa place auprès du baron, qui l'avait appelé.

— Veux-tu me dire, maître Satan, pourquoi tu as soufflé dans l'âme de ce jeune homme ce désir infâme? — Ceci est mon secret. D'ailleurs ce n'est pas une histoire que je puisse te raconter, puisque tu as vu tout ce qui en existe. — Oui, mais les acteurs de cette histoire ont des antécédents que je voudrais connaître — Aucun. Fille d'auberge, orpheline et jeune; étourdi et gâté par une mauvaise littérature : voilà tout. — Mais pourquoi les avoir choisis pour cette détestable action? — Parce que j'ai besoin de deux êtres merveilleusement beaux, afin qu'ils puissent devenir merveilleusement méchants sans qu'on s'en doute. — Ce qu'ils viennent de faire n'est donc que le commencement d'une vie de mauvaises actions? — Ou de mauvaises idées, ce qui est bien plus subversif de votre morale humaine et qui sert bien mieux mes intérêts de Diable. Je donnerais tous les crimes d'un siècle pour une mauvaise idée; aussi je viens de condamner deux êtres d'une nature puissante et active à mener une vie d'exception, une vie exilée du monde, une vie en guerre avec la religion, le mariage et le respect des inégalités sociales. L'un de ces êtres est une femme pleine de passions, de volonté et d'ambition, malgré l'obscurité de son origine. Déjà elle a plus de regrets de son avenir perdu que de remords de son crime. Encore huit jours de sagesse dans cette âme pleine de ressources vives et soudaines, et Henri le capitaine devenait son mari, et elle eût fait peut-être d'Henri un homme distingué, considérable, illustre, pour être avec lui une femme distinguée, considérable, illustre. Maintenant cela lui est impossible, car Jeannette n'est pas une de ces filles qui croient le repentir une force. Jetée dans une position perdue, elle voudra imposer cette position au monde. — Et pour cela sans doute elle poussera Fernand à commettre des fautes graves et peut-être des crimes? — Oui, vous devriez, selon votre morale, appeler cela des crimes. — Me les feras-tu connaître? — Tu n'auras pas besoin de moi. — Comment en serai-je informé? — Tu liras un jour les ouvrages de Fernand, et tu le retrouveras peut-être. — Comment? — Je le destine à être homme de lettres..

XII

COMMENCEMENT D'EXPLICATION.

Le voyage continua, et naturellement la conversation s'établit sur l'événement qui venait de s'accomplir. Chacun en prit occasion de raconter des aventures plus ou moins extraordinaires dans lesquelles il avait été témoin ou acteur. On comprend aisément que Ganguernet dut être plus fécond qu'un autre en récits de cette espèce. Parmi ceux dont il fatigua le petit cercle de ses auditeurs, il en est un que Luizzi écouta avec un vif intérêt de curiosité.

— C'est une bonne farce, une excellente farce, dit Ganguernet, et je n'ai jamais tant ri de ma vie. Vous devez avoir entendu parler de cela, il y a trois ou quatre ans, vous, monsieur Faynal?... — Hum! hum! dit le notaire, il y a trois ou quatre ans, est-ce qu'il s'est passé quelque chose d'extraordinaire à Pamiers? — Est-ce qu'il se passe jamais quelque chose d'extraordinaire à Pamiers? dit Ganguernet; c'est à Toulouse, c'est l'histoire de l'abbé Sérac. Vous connaissez l'abbé Sérac? — Vous voulez dire M. de Sérac. Adrien-Anatole-Jules de Sérac, fils du marquis Sébastien-Louis de Sérac? Si je ne me trompe, je ne connais pas d'autre Sérac vivant encore. — Eh bien! c'est celui-là même; seulement il paraît que vous le connaissez en sa qualité d'homme, et non en sa qualité de prêtre; ce qui est bien différent. — La dernière fois que je l'ai vu, dit l'ex-notaire en fronçant le sourcil et en clignant les yeux comme pour regarder au loin dans ses souvenirs, la dernière fois que je l'ai vu, il y a dix ans, c'était un beau jeune homme de vingt-cinq ans, fort amoureux, fort peu disposé à entrer dans les robes noires. Hé! ma foi, je crois que je pourrais bien préciser la date, ajouta le notaire en appuyant son index sur son front : c'était, pardieu! l'avant-veille du jour où fut signé le contrat de mariage de mademoiselle Lucy de Crancé, dont j'étais le notaire, avec M. le marquis du Val; et puisque vous m'y faites penser, je me rappelle, à propos de ce mariage, une scène bien extraordinaire que je vais vous raconter. — Chacun son tour, s'écria Ganguernet; si vous dites votre histoire, je garde la mienne. — Comme il vous plaira, reprit M. Faynal en se remettant dans son coin ; seulement tâchez de ne pas m'endormir, parce que, lorsque je dors, je rêve à ma femme, et ce n'est pas la peine alors de l'avoir quittée. D'ailleurs je ne tiens pas beaucoup à vous faire ce récit, cela me ramène à un temps qui a été si malheureux... si malheureux pour moi, le temps où j'étais notaire, que je ne suis pas plus pressé d'en parler ou d'en entendre parler qu'un galérien du bagne. — Pardon, Monsieur! dit Luizzi, je crois que votre histoire sera fort intéressante, et je serai, pour ma part, très-charmé de vous l'entendre raconter; cela n'empêchera pas M. Ganguernet de nous dire la sienne.

Or, Ganguernet commença ainsi :

« C'était il y a trois ans à peu près; je me trouvais à Toulouse, un jour de Fête-Dieu où il y avait grande procession. Moi et quelques autres farceurs, nous nous étions postés, pour la voir passer, dans une maison dont je ne vous dirai ni la rue, ni le numéro, ni le nom : une maison entre le ziste et le zeste, où il se vendait beaucoup de choses prohibées, mais que la douane n'a pas l'habitude de saisir : au rez-de-chaussée et à côté de l'allée, un café-estaminet; au premier, un magasin de bretelles, de cols et de cravates, tenu par les deux sœurs, de vingt à vingt-deux ans; au second, magasin de cols, de cravates? et de bretelles, tenu par trois amies intimes, de vingt-cinq à trente, plus une vieille femme; au troisième, magasin de cravates, de bretelles et de cols, tenu par deux grisettes dont j'ignore absolument l'âge et la tournure, ce qui d'ailleurs serait fort inutile à vous narrer, puisqu'elles ne furent pas de notre farce. C'est seulement pour vous faire comprendre que la maison était bien habitée et que la marchandise n'y manquait pas. Seulement, plus le magasin montait, plus les marchandises baissaient... Vous comprenez le calembour?

Ganguernet rit tout seul ; la femme qui était dans le coin lui lança un regard qui perça le voile épais sous lequel elle se cachait. Cependant le farceur continua :

« Nous nous étions réunis quatre ou cinq bons vivants, et nous avions dit au second : Tu descendras au premier; ou au premier : Tu monteras au second, parce qu'au premier ou au second, comme vous le voudrez, il y aura noces et festins, jambons et pâtés, volailles et godiveaux, blanquette, vin de Roussillon et punch en abondance, ce qu'on appelle un beau gueuleton ! Bien que le premier et le second fussent dans une dispute éternelle, parce qu'on s'arrachait souvent les chalands sur les marches de l'escalier, du moment qu'il s'agit de manger, on s'entendit à merveille. J'en suis fâché pour le sexe de Madame, ajouta Ganguernet en s'inclinant vers la femme qui occupait un des coins de la voiture et qui n'avait pas levé son voile ; j'en suis fâché pour le sexe de Madame, mais la femme est gourmande de sa nature. Je ne sais pas si les duchesses et les marquises aiment la bonne chère et le riquiqui, mais je ne connais rien de vorace comme une grisette devant une table bien servie ; ça absorbe les ailes de poulet comme un conducteur de diligence, et ça boit sa goutte comme des invalides.

« Mais ce n'est pas là l'affaire. Il suffit de dire qu'à neuf heures du matin la table était servie, les vins à la glace, et que, moi et mes camarades, nous nous étions faufilés au premier de ladite maison en passant par l'estaminet, sous prétexte d'acheter un cigare, parce que, tout en s'amusant, il faut encore garder les apparences.

« Or, la procession était en train de défiler. Les jeunes personnes à leurs fenêtres faisaient des mines aux officiers de la garnison, tandis que nous étions prudemment à une fenêtre à côté, regardant passer le bon Dieu à travers un rideau, lorsque tout à coup le ciel devient noir comme de l'encre, et en moins de rien voilà une pluie battante qui inonde et disperse la procession. Cela fut si rapide et la pluie tomba avec tant d'abondance, que chacun se réfugia au hasard dans la première porte ouverte qu'il trouva devant lui. Plusieurs personnes, parmi lesquelles un prêtre, entrèrent dans l'allée de notre maison ; beaucoup d'autres les y suivirent, de façon que les premiers arrivés furent refoulés jusqu'au pied de l'escalier. En me penchant par-dessus la rampe, je vois le calotin qui était entré à la première goutte, et tout de suite il me pousse l'idée d'une farce excellente : Il faut que le curé déjeune avec nous ! me dis-je aussitôt. Je fais part de mon projet à mes camarades des deux sexes, et je suis applaudi avec transport. Je recommande à tous une tenue décente, et moi-même je donne à mon visage un air de sainte componction. Je descends auprès de notre abbé :

« — Mon Dieu ! Monsieur, lui dis-je, cette place est bien peu convenable ; si vous vouliez monter chez nous et y attendre que l'orage fût passé, nous serions très-honorés, ma femme et moi, d'avoir pu vous donner un asile. — Je vous remercie de votre obligeance, me répondit-il, j'attendrai fort bien où je suis. »

« J'insistai en lui disant que son refus nous ferait beaucoup de peine, et le pauvre homme finit par me suivre, rien que pour ne pas me désobliger. O prêtre, que tu es bête ! Au moment où il passa la porte et entra dans l'atelier de nos demoiselles, j'étendis la main sur lui, et je me dis en moi-même : Prêtre, mon ami, si tu n'es pas damné en sortant

A ce moment même la porte du salon s'ouvrit. — Page 134.

d'ici, je veux y perdre mon âme au lieu de la tienne! Sur ce, je prends ma vieille par la main, et je dis au curé : J'ai l'honneur de vous présenter madame Gribou, mon épouse. Gribou est un nom que je me suis fait pour éviter au mien le désagrément de certaines connaissances, et que je prends dans mes voyages grivois; quant à Mariette, c'était une épouse d'occasion, à laquelle j'avoue qu'il ne manquait que le sacrement pour m'être unie par tous les liens possibles.

C'était dans ce temps-là une belle fille avec de grands yeux noirs, fendus en amande; des lèvres rouges, épaisses comme des cerises; des cheveux superbes; une taille de reine avec tous ses accessoires, et qui portait avec elle un entrain d'amour, de joie et de bombance que je ne puis vous dire. Je n'ai jamais pu toucher du bout du doigt la peau brune et veloutée de cette femme sans en être frappé comme d'un coup d'électricité amoureuse.

« Au premier regard qu'elle jeta sur l'abbé, je vis qu'elle entrait très-parfaitement dans les intentions du tour que je lui voulais jouer. L'abbé était un beau garçon, cuivré comme un mulâtre, avec une épaisse forêt de cheveux, et qui, pour une fille comme Mariette, valait bien la peine de lui apprendre autre chose que le mystère de l'Eucharistie. D'abord je fus un peu vexé, et j'aurais aimé autant que ce fût une des autres qui se fût chargée de la leçon ; mais enfin, comme l'idée venait de moi, je ne pouvais pas demander à un de ces messieurs de se sacrifier à ma place. Seulement Mariette m'avait semblé accepter son emploi avec trop de facilité. Quoi qu'il en fût, la farce me paraissait trop bonne pour y renoncer, et nous commençâmes le feu. D'abord l'abbé avait très-chaud, attendu qu'il portait une chasuble où il y avait bien vingt livres d'or pesant ; nous lui offrîmes de se rafraîchir, et, sous prétexte d'un verre d'eau et de vin, je lui arrangeai une petite boisson amalgamée de vin de Roussillon, de blanquette de Limoux et d'eau-de-vie. Il y avait de quoi griser un mulet. Le pauvre prêtre avala le tout sans y faire trop attention ; mais, une minute après, je le vis devenir tout rouge de pâle qu'il était, et ses yeux me semblèrent papillotter légèrement.

« — Vous souffrez, monsieur l'abbé ? lui dis-je d'un air doux et patelin. — Oui, me répondit-il, ce vin m'a fait mal. — Ce n'est pas étonnant, répliquai-je aussitôt, vous êtes peut-être à jeun, et le vin fait toujours cet effet-là sur un estomac vide. Si vous vouliez me faire l'honneur de prendre quelque chose, vous verriez que cela se passerait tout de suite. »

« Il eut la bêtise de me croire et daigna prendre place à notre table ; je n'en voulais pas davantage. Je le mis entre Mariette et moi. La table était très-étroite, de manière que, pendant que du côté gauche je lui versais un peu de vin de ma façon, Mariette lui faisait du côté droit des agaceries de la sienne. Il y a une chose que je ne puis pas vous dire, parce qu'il y a des choses qu'il faut voir, c'est la figure de ce pauvre homme entre ma bouteille préparée et les yeux de Mariette. Le diable tombé dans un bénitier n'aurait pas été plus embarrassé. Je voyais la tête qui s'en allait peu à peu, et enfin je compris que les choses étaient montées à un point satisfaisant, lorsque je m'aperçus qu'il avait oublié sa main dans la main de sa voisine. Au lieu de nous regarder, comme il faisait un moment auparavant, avec des yeux effarés, il considérait Mariette d'un air qui eût pu la faire devenir plus rouge qu'elle n'était, si c'eût été possible ; car je crois que la farceuse s'était grimpée aussi de bonne foi, et qu'outre la beauté de l'abbé, qui l'avait charmée de prime abord, elle avait un peu bu dans son verre de ce vin d'apothicaire que j'avais si bien arrangé. Sûr à peu près de mon affaire, je fais signe aux autres, et les voilà qui se lèvent, celui-ci pour aller regarder à la fenêtre, celui-là pour aller chercher une bouteille, tel du sucre, tel n'importe quoi, mais les uns après les autres pour n'avoir l'air de rien, jusqu'à moi, qui en sortant fermai la porte à double tour, quoique assurément la précaution fût inutile. L'abbé n'était pas dans des mains à le laisser échapper, et je connaissais trop Mariette pour n'être pas sûr qu'il sortirait de chez elle damné comme un juif... »

— Quoi ! dit Luizzi en interrompant le récit de Ganguernet, vous avez usé de pareils moyens pour commettre un crime si abominable ? — Allons donc ! dit Ganguernet, histoire de rire, mon cher Monsieur ! Est-ce que vous croyez à la vertu de tous ces farceurs de prêtres, qui ont des nièces et des petits-neveux dont ils font des enfants de chœur ? Celui-là était peut-être assez jeune pour croire à toutes les bêtises de la religion, mais ça ne lui aurait pas duré longtemps, et, si ce n'eût pas été Mariette, c'aurait été quelque vieille dévote qui l'aurait déniaisé d'une manière moins agréable. D'ailleurs, moi, je ne cache pas mon opinion : je suis libéral et je déteste les jésuites, et je ne me repentirai jamais d'avoir fait une bonne charge à des gueux qui voudraient rétablir chez nous la dîme et les billets de confession. — Mais, dit Luizzi avec une vive impatience, car il sentait que lui moins qu'un autre pouvait répondre à l'inepte grossièreté de cet homme, qu'arriva-t-il de tout cela? — Ah! voici le drôle de l'affaire! répondit Ganguernet; je continue :

« Après avoir laissé passer une heure ou deux pour donner aux fumées du vin et autres le temps de s'évaporer, je descendis dans l'estaminet, et là, tout en buvant un petit verre d'eau-de-vie et en jouant une partie de dominos, je me mis à raconter d'un air tout à fait détaché et sans prétention, qu'en descendant du second il m'avait semblé entendre chez Mariette une voix inconnue :

« — Je ne suis pas jaloux, ajoutai-je d'un air mortifié; mais j'ai regardé par le trou de la serrure, et je parierais cent doubles pistoles en bon or d'Espagne contre deux pièces de six liards que j'ai vu une chasuble de prêtre sur une chaise en face de la porte. — C'est impossible! C'est une farce! C'est une craque! C'est ci! C'est l'autre, s'écriait-on de tous côtés. — Je ne sais pas, répondis-je; mais je parie deux bols de punch qu'il y a du prêtre là-haut. — Je serais trop content de les payer, répondit un autre, pour ne pas les parier si j'étais sûr de les perdre. — Et moi aussi, lui dis-je, je les payerais bien volontiers pour que Mariette n'eût pas fait un coup comme celui-là. — Et moi, j'en payerais dix et je donnerais cent francs pour qu'elle l'eût fait. Oh! si jamais je peux attraper un de ces calotins qui ont fait donner l'héritage de ma tante à l'hôpital de la ville, il en recevra une suée, le gredin!... — Eh bien! soit, parions, lui dis-je. — Parions. »

« Qui fut dit fut fait. Pendant ce temps, tous les gens du café, il y en avait bien une trentaine, s'étaient amassés autour de notre table; on avait fixé le pari à dix bols de punch pour toute la société.

« — Or, dis-je, puisque toute la société est du régal, il faut qu'elle soit témoin de la chose.

« Cela parut juste à tout le monde, et nous voilà gagnant l'escalier par l'arrière-boutique et montant tous à pas de loup jusqu'au premier. J'avais pris une bonne précaution. Après avoir fermé la porte, j'avais mis la clef sous le paillasson. En piétinant, me dis-je, ils la sentiront, ils la trouveront et ils s'en serviront. Bien m'en avait pris; car, à vrai dire, on ne voyait rien à travers la serrure, et on allait décider que je m'étais trompé, quand celui qui avait autant envie de perdre que moi de gagner découvrit la fameuse clef. Il s'en empara et ouvrit la porte. La première chose que nous vîmes, en effet, fut le bonnet carré de l'abbé. Nous nous précipitâmes tous vers la chambre de Mariette; mais il paraît qu'on nous avait entendus, car les verrous étaient tirés, et nous ne pûmes surprendre le couple *flagrante delicto*, comme on dit dans le *jus romanum*. Mon parieur voulait à toute force enfoncer la porte; et, comme je voyais l'affaire en bon train, sans avoir besoin de m'en mêler plus longtemps, je redescendis dans l'estaminet. Tout le monde n'était pas monté avec nous, quelques-uns de ceux qui étaient dans le café étaient demeurés à causer sur la porte. Peu à peu ils en avaient amassé d'autres, des connaissances, des amis qui passaient, et déjà se formait un groupe assez nombreux, où l'on s'entretenait de ce qui arrivait en haut. Comme je n'aime pas à rester dans les bagarres quand je suppose que cela peut aller aux coups, j'allai me poster de l'autre côté de la rue pour voir l'effet de ma petite comédie. Ceux du premier criaient comme des enragés en frappant à la porte de Mariette, et ceux du rez-de-chaussée leur répondaient en criant : « Jetez-nous le prêtre !... »

— Mais, Monsieur, c'eût été un assassinat, interrompit Luizzi. — Bon ! dit Ganguernet, histoire de rire. D'ailleurs l'étage n'était pas haut, et puis, les prêtres c'est comme les chats, ça retombe toujours sur les jambes, et celui-là en est une fameuse preuve, car s'il ne sauta point par la fenêtre de la rue, il sauta par la fenêtre du jardin : si bien qu'au bout d'une demi-heure, et quand il y avait déjà plus de quatre ou cinq mille personnes dans la rue, la police étant arrivée et ayant forcé la porte de Mariette, on trouva l'oiseau déniché. Mais il avait laissé ses plumes dans la cage, et, si elles ne purent pas faire reconnaître l'individu, elles apprirent du moins de quelle espèce il était. — Ainsi, dit Luizzi, on ne trouva pas l'abbé de Sérac ? Mais comment sut-on que c'était lui ? — Pardieu ! répondit Ganguernet, on le sut parce que je le reconnus deux jours après à l'église de Saint-Sernin, où je le rencontrai dans un coin priant et pleurant comme un fou. Il me reconnut aussi, car il se leva, et peut-être, si nous eussions été dans un endroit écarté, aurait-il essayé de prendre sa revanche. — Et peut-être n'aurait-il pas eu tort, dit Luizzi. — C'est possible, repartit Ganguernet, mais je vous garantis que je l'aurais ramené à la raison après le lui avoir fait perdre. Après tout, ça ne lui a pas fait grand mal, ça ne l'a pas empêché d'être nommé grand vicaire, parce que sa famille a assoupi l'affaire, et surtout parce que les jésuites n'ont pas voulu donner aux libéraux la satisfaction de voir punir un prêtre. On ne l'a pas même envoyé un mois ou deux en retraite : c'eût été reconnaître le coupable et le désigner au mépris public, qu'il avait certes bien mérité. — Vous trouvez ? dit Luizzi. — Enfin, dit Ganguernet, sans faire attention à l'interruption de Luizzi, il y a gagné de savoir ce qu'il ne savait peut-être pas et d'avoir eu pour maîtresse la plus belle fille de Toulouse. — Quoi ! reprit Luizzi, l'abbé de Sérac a revu cette Mariette ? — Si bien, repartit Ganguernet, que j'ai été obligé un soir de le mettre à la porte à grands coups de pied. — Si bien, repartit la femme voilée qui était remontée dans la voiture, qu'il vous a jeté au bas de l'escalier un jour que vous vouliez entrer chez Mariette.

Ganguernet et Luizzi tressaillirent à cette voix qu'il leur sembla reconnaître, et tous deux sans doute allaient interroger la femme voilée qui se cachait dans un coin, lorsque le notaire, à qui l'histoire de Ganguernet avait donné l'envie de raconter la sienne, dit d'un ton doctoral :

— Voilà qui est très-drôle ; mais ce que vous ne savez pas assurément, c'est le motif pour lequel monsieur de Sérac s'est fait prêtre. — Vous le savez ? s'écria Luizzi, qui croyait voir s'éclaircir pour lui le mystère dont était entourée l'histoire de la malheureuse Lucy. — Hum ! dit le notaire, je le sais n'est pas le mot ; mais il me semble que je le devine, car voici ce qui se passa le jour même du mariage de mademoiselle Lucy de Crancé avec le marquis du Val.

XIII

COSI FAN TUTTE.

— Voyons, voyons ! dit Armand.

Et l'ex-notaire commença ainsi :

« Comme vous le savez, ce mariage eut lieu durant les Cent-Jours. Monsieur le comte de Crancé, père de mademoiselle Lucy, avait fait comme tant d'autres nobles, je suis bien fâché de le dire devant monsieur le baron : il s'était dévoué tout entier au service de ce gueux de *Buo-na-par-té* (nous écrivons ce nom de la manière qu'on vient de voir, pour montrer comment le prononçait monsieur Faynal). Or, quand il revint de l'armée, en 1814, après la chute de ce brigand de *Bu-o-na-par-té*, il trouva que sa femme, qu'il avait laissée à Toulouse pour faire les honneurs de sa maison pendant qu'il allait faire la guerre avec l'usurpateur, avait pour habitude de recevoir tous les jours monsieur le marquis du Val. Le général Crancé, car il était devenu général au service de cet infâme *Bu-o-na-par-té*, demanda à sa femme ce que le marquis du Val venait faire si souvent chez elle. Madame de Crancé, une créole qui n'avait peur ni de Dieu ni du Diable quand il lui prenait fantaisie de quelque chose, mais qui avait une grande peur de monsieur de Crancé son mari, parce qu'il lui aurait rompu les jambes et les bras immédiatement et tout de suite, s'il s'était douté, pendant une seconde seulement, de ce que le marquis du Val venait faire chez lui, madame de Crancé répondit donc que monsieur du Val venait tous les jours dans sa maison pour faire la cour à mademoiselle Lucy. « Puisqu'il y est venu pour cela tous les jours, répondit le général, il y est venu trop souvent pour qu'il ne l'épouse pas. » Dans le premier moment, cela ne fit pas grand effet à madame de Crancé, parce qu'elle s'imagina qu'avec un peu de câlinage et de cajolerie elle ferait revenir son mari de cette résolution. Mais le mari était entêté comme un âne gris et méchant comme un âne rouge. Il avait dit : Le marquis du Val épousera ma fille, et il fallut bien qu'il l'épousât. Madame de Crancé n'y consentit qu'en apparence, parce qu'elle était encore très-amoureuse du marquis; mais celui-ci y consentit tout à fait, attendu qu'il n'était plus amoureux de madame de Crancé. Cependant il joua assez bien la comédie pour faire croire à la mère qu'il n'épousait sa fille que pour sauver son honneur. Tant que la comtesse fut dans cette croyance, elle laissa aller les choses, elle les aida même, car elle chassa de chez elle monsieur de Sérac, à qui elle avait déjà promis la main de sa fille en l'absence du général ; et, malgré les désespoirs de mademoiselle Lucy, elle la força à accepter un mariage que la pauvre enfant détestait, sans toutefois prévoir combien il la rendrait malheureuse.

« Cependant les choses marchaient, et l'on arriva au jour de la signature du contrat. Il paraît que ce jour-là madame de Crancé s'était aperçue que ce qu'elle croyait un sacrifice de la part du marquis était un véritable bonheur pour lui; il paraît qu'elle l'entendit parler à mademoiselle Lucy d'un ton où il y avait plus d'amour qu'elle n'en avait jamais inspiré à son amant. Et, pourtant, il n'y avait pas moyen de rompre : les parents, les témoins étaient invités des deux côtés, les contrats étaient passés, et le soir on devait en faire la lecture en présence des deux familles. Je vivrais cent ans que je me rappellerais ce jour comme si c'était hier. C'était dans le grand salon de l'hôtel de monsieur de Crancé. Toute la famille était en cercle, le général au milieu, étendu sur une chaise longue; car il avait été pris d'une violente attaque de goutte, et il lui fallut un grand courage pour quitter son lit et venir assister à la lecture du contrat. Mon confrère Barnet fit cette lecture, qui n'était que de pure forme, et aussitôt qu'elle fut achevée, les mariés signèrent, le général, sa femme et ses parents après eux. A peine le général eut-il apposé sa signature au bas du contrat, qu'il s'excusa sur sa santé; quatre domestiques le portèrent du rez-de-chaussée au premier étage, où était sa chambre à coucher. Immédiatement après, les parents se retirèrent, et nous restâmes seuls dans le salon, madame de Crancé, sa fille, le marquis, mon collègue Barnet et moi. Pendant toute la soirée, madame de Crancé n'avait pas prononcé un mot, mais j'avais remarqué que son regard semblait égaré comme celui d'une folle; lorsqu'elle avait signé, elle était si troublée qu'elle ne voyait pas la place où elle devait écrire, et que sa main laissa deux fois tomber la plume avant de pouvoir s'en servir. Voici comment nous étions posés : j'étais assis devant la table, sur laquelle je rangeais les contrats ; le marquis était avec Lucy dans l'embrasure d'une croisée, et semblait s'excuser de devenir son mari, tandis que la pauvre fille ne pouvait s'empêcher de pleurer ; à l'autre coin du salon, Barnet expliquait à madame de Crancé les avantages énormes que ce contrat assurait à sa fille, tandis que celle-ci, au lieu de l'écouter, tenait ses yeux ardents fixés sur sa fille et son futur gendre. Comme j'observais l'expression sinistre de son visage, je la vois quitter soudainement M. Barnet s'élancer vers le marquis, à qui elle arracha la main de sa fille, dont il s'était emparé, en lui disant :

« — Vous mentez, monsieur, vous mentez ! vous n'aimez pas cette fille, vous ne pouvez pas l'aimer, ou vous êtes un infâme ! — Je l'aime ! repartit violemment le marquis. — Eh bien ! si tu l'aimes, reprit madame de Crancé, tu ne l'épouseras pas ! — Je vous jure que je l'épouserai ! — Tu ne l'épouseras pas ! repartit madame de Crancé, arrivée à un état d'exaspération qui tenait de la folie. Ma fille ! reprit-elle en s'adressant à la tremblante Lucy, regardez bien cet homme ! cet homme a été mon amant, cet homme a été l'amant de votre mère, voulez-vous en faire votre mari ?

« Tout cela fut l'affaire d'un éclair, et nous nous regardions, Barnet et moi, épouvantés de ce que nous venions d'entendre, quand nous vîmes la malheureuse Lucy tomber aux genoux de sa mère :

« — Madame, madame, ne dites pas cela ! s'écria-t-elle ; d'autres que moi pourraient vous entendre et vous croire. Mon père aussi pourrait vous entendre. — Eh bien ! qu'il m'entende, répondit madame de Crancé, qu'il vienne et qu'il me tue ! car si cet homme est assez infâme pour vous épouser, et vous, ma fille, assez infâme pour y consentir, eh bien ! lui, du moins ne permettra pas cet abominable inceste.

« On eût dit que tout le sang de la créole était monté à la tête de cette femme ; elle paraissait ivre de colère et de jalousie. Elle se tourna vers le marquis et lui dit d'une voix pleine de rage :

« — Tu l'aimes, dis-tu, misérable et ingrat ? tu l'aimes : mais elle ne t'aime pas, elle du moins ! elle en aime un autre, auquel elle se donnera, comme je me suis donnée à toi ; elle en aime un autre qui te déshonorera, je l'espère, comme tu m'as fait déshonorer mon mari. Elle aime M. de Sérac. Prends garde, prends garde à lui !

« Et elle continuait ainsi à accabler le marquis de reproches furieux, tandis que celui-ci s'efforçait vainement de la calmer, et que sa fille, retombée à terre, poussait d'affreux sanglots et de sourds gémissements. Nous nous étions retirés, Barnet et moi, tout à fait à l'extrémité du salon, pour être le moins possible témoins de cette déplorable scène. Nous étions déjà même résolus à essayer de nous échapper, pour ne pas courir le danger de voir des gens si puissants rougir devant nous, lorsque madame de Crancé, qui, je puis l'attester, était véritablement devenue folle, saisit le bras du marquis et l'entraîna avec force en s'écriant :

« — Viens, viens, il faut que mon mari nous voie ensemble, il faut que je lui dise la vérité devant toi.

« A ce moment même la porte du salon s'ouvrit et le général parut. Je ne sais si quelqu'un de vous l'a connu, mais il était impossible de supporter sans baisser les yeux ce regard terne et froid qu'il semblait appuyer sur vous lorsqu'il vous parlait. Enveloppé d'une longue robe de chambre rouge, avec ses longs cheveux tout blancs et ses longues moustaches blanches, il nous fit l'effet d'une apparition : c'était comme le fantôme de la Mort, qui vient quand on l'appelle avec de certaines paroles. Il s'arrêta sur le seuil de la porte, et dit d'une voix basse, mais dont je n'oublierai jamais l'accent :

« — Que se passe-t-il donc ici ?

« Il le demandait, et il avait son épée nue

à la main, oubliant que c'était assez dire qu'il le savait. Sa fille courut à lui en criant :

« — Grâce, grâce, mon père !

« Le général se pencha vers elle, et d'une voix dont rien ne peut vous faire comprendre la suppliante et cruelle expression, il répondit à la pauvre Lucy :

« — Grâce pour vous, n'est-ce pas, Lucy ? grâce pour vous, n'est-ce pas, ma fille ? parce que vous avez un autre amour dans le cœur, et que vous avez peur que votre père en soit irrité ! mais je sais que cet amour est innocent, et je vous le pardonne ; car, s'il avait été coupable, si cet amour avait dû laisser planer le plus léger soupçon sur l'honneur d'une femme qui porte mon nom, j'aurais tué cette femme, je la tuerais à l'instant même.

« Et, en prononçant ces mots, le général fit quelques pas vers madame de Crancé. Lucy se jeta au-devant de lui en criant :

« — Mon père, mon père ! grâce !

« Et son père lui répondit, en la recevant dans ses bras et d'une voix douce, mais désolée :

« — Oui, ma fille, je vous aurais tuée si vous aviez déshonoré le nom de Crancé ; et comme je ne veux pas que ce nom soit déshonoré...

« — J'épouserai le marquis du Val, répondit Lucy en tombant à genoux devant son père. — Merci, ma fille ! dit le général en laissant échapper son épée. Puis, se tournant vers nous, il ajouta d'une voix calme : A demain, messieurs, je vous invite à la cérémonie.

« Nous étions à peine à quelques pas de la porte du salon, que le général fut pris d'une douleur si violente à la poitrine qu'on fut obligé de le coucher en toute hâte sur des matelas, et qu'on ne put le remonter chez lui... »

— Et le mariage se fit le lendemain ? dit Luizzi. — Le mariage se fit le lendemain, repartit l'ex-notaire. Deux jours après M. de Crancé était mort, sa femme avait quitté Toulouse, et le jeune Sérac était entré dans un séminaire pour se faire prêtre.

XIV.

SUITE.

Luizzi avait écouté avec un vif intérêt cette lamentable histoire. La diligence venait de s'arrêter au pied d'une montée très-longue et très-roide. Tous les voyageurs étaient descendus, et Armand cheminait à côté du notaire, en se laissant aller aux sombres réflexions que ce récit lui avait inspirées, quand Ganguernet, qui voulait prendre les devants pour aller boire quelques petits verres de rhum dans un bouchon qu'on apercevait en haut de la montée, lui dit en passant :

— Il paraît que l'histoire du notaire vous a touché au cœur, monsieur le baron ? — En effet, reprit Faynal, elle paraît vous préoccuper beaucoup. — C'est qu'elle a commencé à me dévoiler le secret d'un malheur et d'un égarement que je ne pouvais comprendre. — Et que je puis vous expliquer tout à fait, dit la femme silencieuse et voilée de la diligence. — Vous ? — Moi. Me reconnaissez-vous, monsieur le baron ? Et cette femme leva son voile. Luizzi se rappela l'avoir vue, mais il n'eût pu dire en quel temps, ni en quel lieu, lorsque cette femme ajouta à voix basse :

— Je suis la servante qui vous ai introduit la nuit chez la marquise du Val. — Mariette ! s'écria Luizzi. — Oui, Mariette, répondit-elle ; c'est mon nom, je l'ai porté comme servante de la marquise, et je le portais aussi quand je fis évader l'abbé de Sérac de ma chambre. — Quoi ! c'était vous ? reprit Luizzi, qui allait de surprise en surprise. — Oui, c'était moi, qui, devenue folle d'amour pour ce prêtre, ne trouvai d'autres moyens de me l'attacher et de le ramener chez moi que de l'épouvanter de sa faute ; puis, lorsque j'eus vaincu sa conscience, de lui faire peu à peu une habitude de la débauche, jusqu'au jour où, devenu plus débauché que moi, il me força à prix d'or et avec des menaces atroces de servir ses infâmes projets. — Contre qui? dit Luizzi. — Ecoutez! reprit Mariette. Depuis sept ans que mademoiselle de Crancé était mariée, depuis sept ans qu'il était prêtre, il l'avait toujours aimée, mais il l'avait aimée d'un amour où le désespoir avait mis presque de l'innocence. Lorsque l'abbé de Sérac fut devenu l'amant d'une fille publique, car j'étais une fille publique ou à peu près, lorsqu'il eut éteint en lui tout noble sentiment en continuant à se plonger dans des orgies que je ne partageais plus, l'abbé de Sérac aima encore la marquise du Val, mais ce fut d'un amour horrible, d'un amour encore plus sale que criminel. Hélas! je n'avais pas prévu jusqu'où pouvait s'emporter l'esprit ardent et le caractère opiniâtre de cet homme, une fois qu'il serait lancé dans une mauvaise route. Je fus la première à porter la peine du vice où je l'avais poussé; il me maltraitait, il me faisait mourir tous les jours de ses frénétiques accès de jalousie, quoiqu'il ne m'aimât pas. Ce fut six mois après l'aventure que Ganguernet vient de vous raconter que l'idée de devenir l'amant de la marquise du Val s'empara de cet homme. Pour y parvenir, il me força à entrer comme servante chez elle. Depuis que j'étais à lui, il m'avait fait quitter mon quartier et m'avait logée dans une petite maison de l'autre côté de l'eau, où il venait tous les soirs, déguisé tantôt en bourgeois, tantôt en militaire, jamais avec le même habit ou le même uniforme, de façon que personne ne pouvait soupçonner que ce fût le même homme qui vînt tous les soirs chez moi. Il me tenait exactement enfermée; et il aurait pu me tuer que personne ne lui eût demandé ce que j'étais devenue. D'ailleurs il me faisait peur, et, s'il m'avait demandé d'aller commettre un crime où j'eusse dû périr, je ne sais si j'aurais osé refuser. Je fus donc obligée de consentir à ce qu'il voulait; je ne puis dire comment il s'y prit, par quelles vieilles dévotes il me fit recommander, mais, dès que je me présentai chez la marquise du Val, je fus acceptée. Lorsque j'entrai à son service, elle n'était pas heureuse, mais toute refugiée en Dieu; elle passait son temps en pratiques religieuses, car la pauvre femme n'avait pas même, pour se consoler et se distraire, la plus douce et la plus sainte occupation des femmes, celle d'élever ses enfants.

Luizzi écoutait cette fille avec non moins d'étonnement que d'intérêt. Elle s'en aperçut, et continua :

— Mon langage vous étonne, Monsieur, mais pendant trois ans que j'ai vécu auprès de la marquise du Val, j'ai appris bien des choses et bien des sentiments que j'ignorais auparavant. Comme je vous le disais, elle était malheureuse ; elle n'avait pas d'enfant, car dès le premier jour de son mariage elle s'était séparée de son mari, et jamais il n'a franchi le seuil de la chambre où elle dormait... quand elle dormait. Oui, monsieur le baron, j'ai appris bien des choses, et celle qui m'a le plus étonnée, c'est de découvrir combien l'esprit et les manières peuvent garder de grâce et d'élégance quand l'âme et le corps sont jusqu'au fond gangrenés de vices. J'ai lu quelquefois les lettres que l'abbé de Sérac me forçait de porter à madame du Val, et jamais, je l'avoue, je n'ai vu amour plus pur et plus respectueux s'exprimer avec plus de douceur et de charme. Je remettais avec désespoir ces lettres à la marquise. Après avoir longtemps refusé de les recevoir, l'infortunée avait fini par se laisser persuader par moi, qui lui mentais parce que j'avais peur, et qui regrettais le succès de mes paroles à l'instant même où je venais de tout tenter pour réussir. Il se passa trois mois avant que la marquise voulût lire une des lettres de l'abbé ; il se passa trois mois encore quand elle eut consenti à les lire, avant

A peine Mariette avait-elle prononcé ce mot qu'une chaise de poste. — Page 138.

que de permettre à l'abbé de se présenter dans sa maison. Je la poussais malgré moi vers un crime que mon affection pour elle redoutait bien plus que la morale dans laquelle j'avais été élevée : je n'étais pas épouvantée, moi, que la marquise prît un amant ; je ne pensais pas à un sacrilége en croyant qu'elle pouvait se donner à un prêtre ; je pensais qu'elle allait être la proie d'un misérable qui avait tous les vices et toute la brutalité de ces vices. Une espérance me soutint cependant : j'espérais en la marquise elle-même. Il me semblait que le jour où cet homme voudrait lui parler un langage qu'elle ne voudrait pas entendre, elle saurait bien le faire taire. Puis je connaissais si bien la marquise, que je ne pouvais imaginer par quel moyen cet homme surprendrait la vertu d'une femme si pure et si forte à la fois. Hélas ! monsieur le baron, j'avais oublié que je lui avais donné moi-même une leçon bien hideuse... — Quoi ! s'écria Luizzi, ce fut... ? — Oui, monsieur, reprit Mariette, ce fut en mêlant des substances pernicieuses dans le peu de vin qu'elle buvait, ce fut en l'enivrant, elle cette sainte et noble créature, ce fut en l'abrutissant, comme moi j'avais enivré l'abbé de Sérac, qu'il triompha de sa vertu de femme comme j'avais triomphé de sa vertu de prêtre. Il la prit vierge à son mari, comme je le pris vierge à son Dieu. C'est abominable, n'est-ce pas, monsieur le baron?

Mariette s'arrêta et Luizzi posa sa main sur ses yeux comme s'il eût été pris d'un éblouissement. Puis il marcha silencieusement près de Mariette qui se taisait. Ce silence fut long; on eût dit que le baron avait besoin de tout ce temps pour mesurer l'infamie de cette action. Enfin il reprit:

— Oh! oui, c'est abominable! — Mais, ajouta Mariette en baissant la voix et en se rapprochant de Luizzi, une chose que vous ne pourriez concevoir, si elle n'était vraie et si je ne vous l'attestais sur la vie, c'est que cette femme noble, élégante, jeune, entourée du monde le plus brillant, chercha dans le pouvoir qui l'avait livrée à l'abbé de Sérac l'oubli de la faute qu'il lui avait fait commettre. Elle fit un vice de ce qui avait été un malheur. Dès qu'elle était seule, elle se procurait des liqueurs fortes, elle les volait dans sa maison malgré ma surveillance, et elle en abusait jusqu'à ce qu'elle tombât sans force et sans raison; car pour elle la force c'était le pouvoir de souffrir, la raison c'étaient le remords et ses déchirements. Elle a vécu deux ans ainsi, protégée par moi, qui la cachais aux yeux du monde et de sa maison, qui aurais voulu la cacher à vos yeux, monsieur le baron. Un jour elle me dit dans un de ces mouvements de folie que ce vice faisait souvent naître en elle: « Oui, je me débarrasserai de ce bourreau qui me tue, et, puisque je n'ai ni un frère, ni un mari qui puisse m'arracher à lui, je prendrai un autre amant. Ce matin Luizzi est venu me voir, Luizzi qui semblait m'aimer quand il était encore enfant et qui

eut aussi sa part de douleur dans ma misère quand je me mariai; Luizzi est venu me voir; s'il veut m'aimer, je l'aimerai; je suis encore assez belle pour qu'il m'aime, n'est-ce pas? Oh! oui, reprit-elle en levant les yeux au ciel et en invoquant Dieu, tant sa folie l'égarait dans ces horribles moments! oui, je l'aimerai, et vous me pardonnerez cet amour, mon Dieu, vous le prendrez en pitié; car s'il ne veut pas m'aimer, je braverai tout à fait votre éternelle damnation, je me tuerai. » Et c'est parce qu'elle l'eût fait, monsieur, que j'ai été vous attendre à la porte de son hôtel, que je vous ai introduit auprès d'elle en vous faisant échapper à la surveillance de l'abbé de Sérac que j'avais vu debout en face de la porte où vous alliez vous présenter; c'est parce qu'elle se fût tuée que je vous ai laissé pénétrer dans cet oratoire dont un prêtre avait fait un boudoir. D'ailleurs je l'avais laissée plus calme. J'espérai un moment qu'elle oserait tout vous dire, et que vous seriez assez généreux pour la protéger sans la perdre davantage. Mais elle avait profité de mon absence pour s'affermir, comme elle disait, la malheureuse! dans la résolution qu'elle avait prise. Et lorsqu'elle entra dans l'oratoire, où vous l'attendiez, monsieur le baron...

Mariette s'arrêta comme n'osant achever sa phrase, et Luizzi reprit lentement:

— Et lorsque l'infortunée se livra à moi au milieu de sanglots et de transports que je ne comprenais pas... — Elle était ivre, monsieur le baron, elle était ivre!

XV

A peine Mariette avait-elle prononcé ce mot qu'une chaise de poste, passant rapidement près d'elle et de Luizzi, les força de s'écarter aux cris de Gare! que poussait le postillon. Luizzi jeta un regard dans la chaise, et reconnut Fernand et Jeannette qui en occupaient le fond. Fernand se pencha à la portière et cria à Armand sans faire arrêter ses chevaux :

— N'oubliez pas ma lettre à M. de Mareuilles, je vous le recommande ; c'est un de mes bons amis.

Luizzi crut remarquer que la mouche qui avait piqué Fernand ne l'avait point abandonné, et qu'elle avait agité et fait frémir ses ailes au moment où ce jeune homme lui avait fait sa recommandation.

Luizzi était tellement préoccupé de tout ce qu'il venait d'entendre et de tout ce qu'il avait vu, il eût payé si cher un moment de repos et de solitude pour pouvoir réfléchir à son aise, qu'il n'entendit pas le cri de surprise que poussa Mariette en voyant Jeannette dans la chaise de poste. Cependant, tout en causant ainsi, Luizzi était arrivé au sommet de la montagne, et il fallait remonter dans la diligence. Luizzi commençait à croire que que le Diable se mêlait de sa vie plus que par des récits ; déjà il soupçonnait que c'était lui qui, probablement fatigué de toujours raconter, l'avait mis dans cette diligence en compagnie de Ganguernet, de l'ex-notaire et de Mariette, lorsqu'il en resta tout à fait persuadé en voyant accourir vers lui Ganguernet qui lui dit :

— En voilà bien d'une autre ! le grand essieu de la diligence vient de se casser, et nous en avons pour dix ou douze heures avant que nous puissions repartir ; nous voilà enfermés pour tout ce temps dans une misérable auberge, où il y a tout au plus des œufs pour faire une omelette, de la piquette et de l'eau-de-vie de pomme de terre pour l'arroser. — Quoi ! s'écria Luizzi avec impatience, il n'y a pas moyen de réparer plus tôt ce malheur ? — Ma foi ! dit Ganguernet, il y en a un pour vous si vous avez de l'argent à perdre et de l'argent à dépenser, c'est-à-dire si vous voulez abandonner le prix de votre place à la diligence et prendre une berline de poste qui va à Paris et qui relaye là-haut. — Avec plaisir, dit Luizzi, je la prends et tout de suite, et à tout prix. — Il paraît que le gousset est bien garni ! dit Ganguernet en frappant sur le ventre de Luizzi.

Cette observation rappela au baron qu'il n'avait point du tout pensé jusque-là à l'état pécuniaire où il se trouvait, et lui fit mettre la main dans sa poche : il en tira quelques poignées d'or. Il ne supposa donc point que ce fût pénurie d'argent, mais des circonstances qui lui restaient inconnues et que le Diable avait fait naître, qui l'avaient forcé à prendre la diligence.

Il imagina encore que cette berline de poste ne se trouvait si à propos sur sa route que parce que le Diable avait pris soin de l'y mettre ; et, bien décidé à se laisser guider par lui, il fit décharger ses effets, après avoir, au préalable, examiné sur la feuille du conducteur en quoi ils consistaient, car il l'ignorait absolument. Parmi ces effets se trouva un grand portefeuille enveloppé d'une chemise de cuir, que le baron ne savait pas posséder. Il se réserva de vérifier son contenu pendant qu'il serait seul dans la berline, et il se sépara de ses compagnons de voyage après avoir donné à Mariette son adresse à Paris. Une fois qu'il fut seul dans sa voiture, il s'empressa d'ouvrir le portefeuille, et s'aperçut qu'entre autres choses il renfermait des lettres à son adresse, dont il s'empressa de prendre connaissance, bien qu'elles fussent décachetées et qu'il parût qu'un autre ou bien lui-même les eût déjà lues. La première était signée du procureur du roi de l'arrondissement de..... et était ainsi conçue :

« Monsieur le baron,

« Les faits que vous nous annoncez sont d'une telle gravité que j'ai dû en référer à M. le procureur général près la cour royale de Toulouse. Une femme enfermée depuis sept ans dans une prison, sans que personne en ait jamais eu le moindre soupçon, est une chose qui passe toute croyance. Dès que j'aurai reçu de M. le procureur général une réponse pour savoir ce que je dois penser des avis que vous me donnez, je vous transmettrai sa réponse.

« J'ai l'honneur d'être, etc. »

— Oh! oh! fit Luizzi, il paraît que j'ai dénoncé le capitaine Félix; allons, voyons ce qui est arrivé de cette affaire. Il chercha dans son portefeuille, et il ouvrit une lettre qui commençait ainsi :

« Monsieur, vous êtes un infâme... »

— C'est le capitaine Félix probablement, se dit Luizzi, et il m'accuse de ce que je n'ai pas voulu laisser son crime impuni...

« Vous m'avez fait tuer un jeune homme et déshonorer une femme qui portait mon nom; si vous n'êtes pas un lâche, vous me rendrez raison de votre indigne conduite.

« *Signé* : DILOIS. »

Cette seconde lettre rendit Luizzi beaucoup plus soucieux que la première, et il désira savoir comment il avait répondu à cette provocation. Pour cela, il chercha dans le portefeuille une lettre qui l'instruisit du résultat de cette affaire; mais il n'y trouva autre chose que des comptes passés avec ses agents d'affaires et son intendant. Il lui sembla, en les examinant, qu'il n'avait point du tout négligé ses intérêts et les avait assurés d'une manière qui l'étonna lui-même. Tout en parcourant, tout en triant ses nombreux papiers, il découvrit dans un coin un fragment de lettre brûlée au bord, comme si elle avait été enlevée à la flamme d'un foyer au moment où elle allait être entièrement consumée :

« .... Avant de mourir, l'infortunée Lucy m'a appris le secret de ma naissance. Fallait-il que ce fût vous, Armand, qui fussiez l'agent de ma perte et de mon déshonneur ! Le ciel est juste ! »

« *Signé* : SOPHIE DILOIS. »

Tout ce qu'Armand fit pour découvrir de nouveaux renseignements dans ses papiers ne servit qu'à l'embrouiller davantage dans cet inextricable dédale d'aventures où il était mêlé. Il lui restait la ressource d'appeler Satan pour lui demander l'explication de ce qu'il venait de lire, mais, outre qu'il n'était pas sûr de l'obtenir, il ne se sentait pas en humeur de recommencer cette vie incessamment agitée qui ne lui avait pas laissé un instant de réflexion. Il remit à son arrivée à Paris à apprendre ce qui était advenu de sa dénonciation contre la famille Buré, comment il avait répondu à la provocation de M. Dilois, et pourquoi Mme Dilois l'appelait Armand, comme s'il eût été son frère ou son amant.

— Ma foi, se dit-il en lui-même, ce serait une assez drôle de chose que, dans cette époque de ma vie dont je n'ai aucun souvenir, j'eusse été l'amant de Mme Dilois ! J'en suis bien capable. Probablement j'aurai cherché à me faire pardonner ma sotte indiscrétion, et j'aurai obtenu plus que mon pardon. C'est qu'elle est belle et jolie comme un ange, Mme Dilois, et j'ai dû être bien heureux ! Comment diable cela s'est-il fait ? En vérité, c'est une chose odieuse que ma situation ! n'avoir pas même le souvenir d'un bonheur qui a dû être plein de charmes par l'immensité des torts que j'avais eus envers cette femme !

S'éprenant de cette idée, il ajouta :

— Pardieu, je veux un jour m'en donner la joie. Obtenir une femme dont on a blessé la vanité et l'amour ou perdu la position, ce doit être un triomphe adorable. Et si je retrouve certes jamais Mme Dilois, je veux la ramener à moi, je veux... à moins que cela ne soit déjà fait.

Puis il s'écria avec impatience :

— Oui, vraiment, c'est déplorable, et je consens à ce que le diable m'emporte, si jamais je lui donne un seul jour de ma vie, eût-il à me raconter des histoires aussi effrayantes que celles du révérend Mathurin, ou aussi ennuyeuses que les contes du vénérable M. de Bouilly! — Je retiens ta parole, dit une voix qui sembla entrer par une portière et sortir par l'autre, et qui épouvanta tellement Luizzi qu'il n'osa plus, pendant près de deux heures, ni bouger, ni parler, ni penser.

Cependant il continua son voyage sans rencontre fâcheuse, et, le 25 février 182., il entra dans Paris, bien décidé à ne plus s'occuper de ce qui s'était passé à Toulouse, à vivre de sa vie passée, et à laisser au hasard le soin de lui découvrir le mystère de tous les événements dont il avait été le témoin depuis qu'il avait fait connaissance avec Satan. Une résolution qu'il crut prendre aussi très-fermement, ce fut d'appeler le moins possible le Diable à son aide, et surtout de ne se servir, sous aucun prétexte, ni pour aucun usage, des renseignements qu'il pourrait en recevoir; et, pour tenir cette résolution, il convint avec lui-même de ne voir aucun des individus qui avaient eu des rapports avec lui durant le voyage qu'il venait de faire. Luizzi pensa donc à reprendre ses premières habitudes de jeune homme lorsqu'il était à Paris, et à revoir ses anciennes connaissances. Pour ne pas manquer à sa résolution, il se contenta, le soir de son arrivée, de faire remettre à leurs adresses les diverses lettres que Fernand lui avait données, même celle destinée à M. de Mareuilles, bien qu'elle lui eût été particulièrement recommandée.

Luizzi comptait s'être mis ainsi à l'abri de toutes recherches, lorsque, le lendemain même de son arrivée, son valet de chambre lui annonça M. de Mareuilles. Luizzi trouva que c'était un fort beau jeune homme, fort bien mis, et voilà tout. Il se contenta de lui raconter tout simplement comme quoi il avait servi de témoin à Fernand; mais il était décidé quelque part que Luizzi ne se débarrasserait pas aussi aisément qu'il le pensait de ce qui tenait au Diable, même par un fil imperceptible. Ainsi, ce M. de Mareuilles, ami de ce Fernand dont le Diable s'était emparé, se prit d'une véritable passion pour Luizzi, et, comme le pauvre baron était l'homme du monde qui savait le moins se débarrasser d'un ennuyeux, il se laissa volontiers accompagner toute la journée par sa nouvelle connaissance au Café de Paris, aux Italiens, au bois, partout où vivent les hommes qui n'ont de monde que les hommes. En même temps il se laissa conduire dans une maison où M. de Mareuilles était reçu, et bientôt il pensa que le hasard l'avait parfaitement servi en le mettant en rapport avec un bon garçon fort riche, fort noble et fort niais, mais qui l'introduisait dans des salons où lui, Armand, était parfaitement inconnu, et dont la fréquentation ne pouvait que le faire considérer comme un homme d'une vie régulière et à l'abri de tout reproche. Il ne se doutait pas que dans ce monde, aussi bien que dans tout autre, il se présenterait à lui des occasions qui exciteraient sa curiosité et le remettraient aux griffes de Satan, et que dans sa position il valait encore mieux, pour lui, vivre avec le vice qui marche le front nu, qu'avec celui qui s'habille d'hypocrisie et de faux semblants de vertu. Il est à remarquer que Luizzi n'avait pas encore songé au vrai but de son marché avec le Diable, et que sa destinée exceptionnelle ne l'avait pas affranchi de la loi commune de l'humanité, qui est de subir la vie avant de la juger, et de marcher avant d'avoir choisi une route. L'aventure qui devait remettre Luizzi en entrevues réglées avec son mentor ne se fit pas attendre.

Les trois fauteuils.

XVI

Deux jours après son arrivée, Luizzi aborda un monde assez peu connu dans Paris, ce fut celui de la finance retirée. Entendons-nous bien : il ne s'agit pas ici de la finance de la restauration, de la finance libérale, qui luttait d'argent avec les grandes fortunes nobiliaires, qui tapissait de soie et d'or ses appartements comblés de commis d'agents de change, au jour des grandes réceptions ; qui, voulant se créer des galeries historiques, se faisait peindre dans une partie de chasse et admettait le visage de son cocher et celui de son piqueur parmi les portraits de famille ; dont tous les diamants, gauchement étagés sur des femmes riches et criardes, n'ont jamais pu atteindre à la séduction d'un grand air de tête aristocratiquement porté ou d'un bout de ruban amoureusement lacé dans les cheveux d'une belle fille de l'Opéra. La finance dont il est question ici datait de plus loin que la restauration ; elle avait commencé avec le directoire et s'était mêlée à ce pillage ravissant des fonds de l'État et des plaisirs de la vie. En effet, la France, arrivée au directoire après la république et la terreur, ressemblait volontiers à une armée qui, après avoir traversé un pays hérissé de précipices, d'ennemis, de coupegorges, d'embuscades où elle a laissé le meilleur de son avant-garde, atteint enfin une ville amie où il y a quelques heures abondance et sécurité. Alors, ma foi ! c'est un charme de se revoir, de se fêter, de boire, de manger, de rire, de s'embrasser, de danser, bras dessus bras dessous, pêle-mêle, tous à la fois, sans trop faire attention au rigorisme de la toilette, ni de la tenue, ni des actions, sans s'occuper ni des regards curieux, ni des propos méchants ; car tout le monde est entraîné dans le même tourbillon. On va, on court, on se rue au bruit des orchestres, au bruit de l'or des tables de jeu, au bruit des verres qui se choquent : superbe carnaval, magnifique orgie, où les souvenirs servent d'excuse et de défense contre les souvenirs ! car si un homme eût dit à un autre :

— Je vous ai rencontré hier, vous étiez gris !

Le dernier pouvait répondre :

— C'est vrai, je m'en souviens, vous étiez ivre.

Car si une femme eût dit à une autre :

— Vous étiez bien déshabillée hier à l'Opéra !

Celle-ci pouvait lui répondre :

— Vous étiez en chemise à Longchamp.

Car si la première eût ajouté :

— Vous avez donc pris le petit Trénis pour amant ?

La seconde pouvait répliquer :

— Je ne vous ai jamais rien volé, etc.

Et mille autres choses pleines de délire et d'ivresse, qui ont dû faire de singulières consciences à la plupart de ces femmes devenues vieilles, laides, prudes et dévotes. Et voici comment cela arriva.

A cette belle époque, si décolletée et si transparente, on vit revenir une foule d'émigrés. Beaucoup étaient très-jeunes quand ils avaient quitté la France, et la plupart avaient passé leurs belles années de dix-huit à vingt-cinq ans dans les privations, la misère et souvent la mauvaise compagnie. Ce fut donc avec un merveilleux entraînement qu'ils se précipitèrent dans ce monde féerique qui mettait les nudités lointaines de l'Opéra à la portée de la main. Ces nouveaux venus avaient peu d'argent ; leurs fortunes, ébranlées ou ruinées par la confiscation, n'étaient pas encore rétablies ou refaites. Ils empruntaient donc aux maris, donnaient aux femmes et engageaient leur avenir pour dorer le présent. Plus tard, quand l'orgie fut passée, quand les classes commencèrent à se séparer, quand les fortunes se rassirent, la noblesse du faubourg Saint-Germain ne put rompre complétement avec cette finance à qui elle devait beaucoup en capital et intérêt. On dépense vite les millions, on les paye lentement. Cette liquidation dura plus longtemps que l'empire. Déjà la haute finance du directoire s'était peu à peu retirée des affaires. Elle avait habilement cédé les siennes à des commis intelligents qui furent la source de cette finance de la restauration, dont il a été parlé tout à l'heure ; mais elle n'accepta ni leur monde mal-appris ni leurs mœurs de boutique. Habituée aux grands noms et aux grandes influences politiques, elle ne put se résoudre à n'admettre que des célébrités de bourse et d'écus dans ses salons, qui avaient été peuplés à la fois des hommes dont les ancêtres avaient fait l'histoire de l'ancienne France et des hommes qui venaient de faire l'histoire de la France nouvelle. Plus tard, quand la restauration arriva, cette finance princière se tourna complètement de son côté. De cette façon, elle garda ses intimes rapports avec le faubourg Saint-Germain et en copia assez adroitement les grands airs, les grandes prétentions et plus particulièrement la dévotion luxueuse et extérieure. On y rencontrait, à la vérité, peu de femmes de la très-haute aristocratie ; mais on y trouvait les hommes du monde le plus élevé. Beaucoup avaient gardé des relations d'affaires ou d'affection dans cette finance. Il y avait par ci par là de belles filles et de beaux garçons qui avaient des figures et des mains de vieilles races nobiliaires, bien que le titre de comte ou de baron de monsieur leur père ne datât que de l'empire, et les grands seigneurs qui prenaient intérêt à eux le faisaient avec une supériorité protectrice si bien entendue, que personne ne cherchait une raison à cette préférence.

Or, de tous les salons qui lui parurent propres à établir la saine réputation dont il avait besoin, Luizzi surtout préféra celui de madame Marignon ou de Marignon, selon que ceux qui en parlaient lui faisaient l'honneur d'aller chez elle ou avaient l'honneur d'y être reçus. Madame de Marignon était à cette époque (182.) une femme de cinquante à soixante ans, d'une taille très-élevée, assez élancée, passablement osseuse ; elle avait les dents magnifiquement conservées, le visage parcheminé, des bonnets très-élégamment montés, des cheveux gris tenus avec un soin extrême, des yeux étincelants, un nez pincé, des lèvres minces ; toujours lacée, serrée, elle n'avait d'autres parures que des douillettes de superbes étoffes toujours de la même forme ; du reste, ayant si franchement accepté son rôle de vieille femme, que les hommes lui en savaient un gré infini et que les femmes de son temps la détestaient cordialement. Elles prétendaient que cet abandon de toute prétention n'était pas sincère ; elles disaient que c'était une vengeance au moyen de laquelle madame Marignon (en ces circonstances on supprimait le *de*) sacrifiait, grâce à l'implacable épigramme des dates, des succès qui ne lui étaient plus permis, mais qui n'avaient pas encore déserté des charmes qui s'étaient mieux maintenus que les siens.

Madame de Marignon recevait beaucoup de monde, et Luizzi fit chez elle des connaissances assez précieuses pour acquérir le droit de saluer aux Italiens ou à l'Opéra ce qu'il y avait de mieux en fait d'hommes dans les meilleures loges. Du reste, les règles de la maison étaient fort sévères. On y faisait de la musique d'artiste ; la musique d'amateurs paraissait trop dangereuse à madame de Marignon, qui avait une fille d'une beauté ravissante et d'un talent supérieur. Les chanteurs payés amusaient la compagnie, mais il était interdit à la compagnie de s'y amuser elle-même. On y jouait le whist à cinq cents francs la fiche, mais madame de Marignon n'eût pas toléré un écarté à cent sous ; on y dînait beaucoup, on y dansait rarement, on n'y soupait jamais. Tout semblait si régulier, si ordonné, si tenu dans cette maison, que Luizzi n'avait pas encore été pris de l'envie de savoir les histoires les plus secrètes de ce monde, dans lequel son nom, sa fortune, son luxe l'avaient fait accueillir à merveille, quoiqu'il y fût inconnu. Voici le petit événement qui lui suggéra cette envie, et qui lui fit agiter la sonnette infernale qui avait mis le Diable à ses ordres.

Un soir qu'il y avait concert chez madame de Marignon, au milieu d'un morceau chanté par madame D...., une femme de trente ans arriva jusqu'à la porte du salon, après avoir imposé silence aux domestiques qui avaient voulu l'annoncer; les hommes qui encombraient la porte se rangèrent, et elle se trouva debout à l'entrée d'un cercle immense. Il restait en face du piano un fauteuil vide. Cette femme, que Luizzi ne connaissait pas, traversa le salon en faisant un signe d'excuse à madame de Marignon, qui la salua sans se lever et avec une humeur manifeste, et alla prendre la place inoccupée. Cette entrée fit effet, quoique cette femme fût pâle et d'une beauté presque fanée. Luizzi le remarqua, et il remarqua aussi qu'elle était parée avec une élégance parfaite. Mais ce qui produisit un bien autre effet, c'est que les deux femmes qui occupaient les fauteuils à droite et à gauche de celui dont la nouvelle arrivée venait de s'emparer, se levèrent aussitôt et disparurent dans le troisième salon, où les joueurs étaient relégués. Le morceau de chant durait toujours, par conséquent l'insulte était éclatante. Le scandale fut énorme, mais silencieux; les regards seuls s'interrogèrent et se répondirent; la chanteuse acheva son air au milieu de l'inattention universelle. Quand ce fut fini, madame de Marignon sortit pour rejoindre les deux personnes qui avaient si cruellement insulté la nouvelle venue. Comme maîtresse de maison, elle pouvait tout réparer en allant s'asseoir près de la victime, en causant cinq minutes avec elle; mais, bien qu'elle eût paru très-contrariée de ce qui venait de se passer, elle semblait même chez elle ne pas oser prendre la responsabilité de cette réparation.

Luizzi connaissait les deux femmes qui venaient de faire cette étrange algarade, comme on connaît les gens qu'on rencontre dans un salon. Le fauteuil de droite était occupé par madame la baronne du Bergh, femme de quarante-cinq ans, renommée pour sa dévotion extrême et ses relations avec les hommes religieux le plus à la mode; on la citait pour sa bienfaisance, la protection qu'elle accordait aux écoles, et l'irréprochabilité de sa conduite. La seconde, celle qui occupait le fauteuil de gauche, était madame de Fantan. Madame de Fantan avait cinquante ans, et sa beauté était si surprenante à son âge qu'elle avait fait une coquetterie de sa vieillesse. On ne savait rien d'elle, si ce n'est qu'elle avait été fort malheureuse durant un premier mariage, et qu'elle avait dû se séparer de ses enfants. On disait aussi que son union avec M. de Fantan ne lui avait pas fait oublier ses premiers malheurs, et l'on s'étonnait que tant de *charmes* eussent résisté à tant de *larmes*. Du reste c'était pour elle, comme pour madame du Bergh, une admiration respectueuse pour la manière héroïque dont elles avaient supporté leurs infortunes et pour l'excellente éducation qu'elles donnaient à leurs enfants; car madame de Fantan avait une fille comme la baronne avait un fils. Luizzi ne chercha donc pas à s'informer de ce côté, croyant n'avoir rien à apprendre, et il demanda le plus naturellement qu'il put à l'un de ses voisins quelle était cette femme qu'on laissait si honteusement isolée entre deux sièges vides.

— Pardieu ! lui répondit-on, c'est la comtesse de Farkley. — Je ne la connais pas. — La fille naturelle du marquis d'Andeli. — Ah ! fit Luizzi, de l'air d'un homme qui n'est pas plus avancé après ce renseignement. — Eh ! oui, reprit l'interlocuteur avec impatience, Laura de Farkley, celle dont on a dit si spirituellement *qui la voudra l'aura*. Vous comprenez le calembour? — Oui, vraiment. Mais c'est son histoire qui me semble curieuse à connaître. — Son histoire, tout le monde vous la dira. — Vous avez bien raison de dire tout le monde, reprit un monsieur qui s'introduisit alors dans la conversation sans bouger du carcan de sa cravate

A quatre heures sous l'horloge du foyer. — Page 150.

blanche dressée à l'empois, élégant fort renommé à cette époque pour le cassé de ses plis et la régularité de ses nœuds; vous avez bien raison de dire tout le monde, car personne ne peut la savoir complétement. — Mais, reprit celui auquel Luizzi s'était adressé, voilà Cosme de Mareuilles, qui a été, dit-on, son amant, et qui doit avoir des renseignements exacts à donner à M. Luizzi. — Bah ! fit l'autre, Cosme est comme nous tous, il connaît celui qui l'a précédé et celui qui l'a suivi. — Et celui qui a partagé, peut-être. — C'est probable, mais il n'est pas homme à faire des recensements; il faut être très-habile arithméticien pour faire des additions d'une certaine longueur, et ce n'est pas là le talent de Cosme. — Je voudrais pourtant savoir, reprit Luizzi... — Ah ! mon cher, s'écria l'un des deux fats, j'aimerais autant vous réciter les Mille et une Nuits. D'ailleurs, comme je vous le disais d'abord, personne ne peut vous raconter cette histoire, si ce n'est madame de Farkley elle-même ; et encore faudrait-il, pour qu'elle fût exacte, que tous les matins elle en publiât une nouvelle édition, revue, corrigée et surtout augmentée.

Luizzi n'entendit pas cette dernière charmante plaisanterie ; car, lorsqu'on lui avait dit que madame de Farkley pouvait seule raconter son histoire, il avait pensé sur-le-champ qu'il pouvait l'apprendre d'une manière complète de celui qui lui en avait déjà tant conté, et il se réserva de satisfaire sa curiosité. Mais, afin de rendre cette nouvelle épreuve plus profitable que les autres, il voulut d'abord connaître madame de Farkley par elle-même. Il désira savoir quelle espèce de récit elle faisait sur son propre compte ; il supposa que jamais meilleure circonstance ne s'était présentée de mesurer le vice dans son plus haut développement, soit que cette femme portât son inconduite avec une impudence à braver tous les outrages, soit qu'elle prétendit la cacher sous une hypocrisie qui semblât ne pas les apercevoir.

Dès qu'il eut pris ce parti, il pénétra dans le salon envahi alors par les hommes, il alla saluer quelques femmes, et, se rapprochant insensiblement de madame de Farkley, il s'assit à côté d'elle. Celle-ci ne put s'empêcher de regarder l'homme qui prenait cette place abandonnée. Ce regard de feu, rapide et profond, pénétra Luizzi d'une sorte d'effroi ; il lui sembla que ce n'était pas la première fois qu'il subissait le charme de ce regard, il eut même l'idée qu'il avait connu dans toute sa jeunesse et sa pureté ce visage pâle et fatigué. Toutefois, n'ayant rien trouvé dans ses souvenirs à quoi rattacher cette émotion, il se décida à entamer la conversation. La musique qu'on venait d'entendre était un texte assez naturel. Luizzi commençait une phrase assez insignifiante, lorsque madame de Marignon reparut tout à coup dans le salon. En voyant Luizzi à côté de madame de Farkley, la maîtresse de la maison parut éprouver contre lui un sentiment de vif mécontentement. Toutefois elle s'approcha de madame de Farkley et lui dit d'un ton parfaitement dégagé : Je viens vous chercher, ma chère madame de Farkley, pour vous demander votre avis sur un cachemire que je veux donner à ma nièce. Outre que vous avez un goût exquis, je sais que vous vous y connaissez à merveille. — Je suis à vos ordres. — J'abuse de votre obligeance. — Point du tout. — Et, à propos, comment se porte M. d'Andeli ? — Toujours bien, comme un homme heureux. — Il ne vieillit pas ? — Si peu, qu'il m'attend cette nuit au bal de l'Opéra. — Voilà ce qu'on appelle un bon père. — Oui, vraiment, excellent...

Ce petit dialogue avait lieu pendant que madame de Farkley prenait sur son fauteuil une écharpe, un éventail, un bouquet, tout l'élégant attirail d'une femme en habit de bal. Elle quitta le salon avec madame de Marignon. Aussitôt madame de Fantan et madame du Berg reparurent, puis, un moment après, madame de Marignon rentra seule. On ne chasse pas une femme d'un salon plus manifestement qu'on venait de le faire de madame de Farkley. Luizzi était resté à sa place, il se leva quand les deux prudes rentrèrent. Mais on le remercia si sèchement de sa politesse, qu'il devina la haute inconvenance qu'il venait de commettre. Madame de Marignon lui dit beaucoup plus explicitement ce que les regards courroucés des autres lui faisaient supposer. Comme elle passait près de Luizzi, elle se détourna d'un air d'étonnement dédaigneux et lui dit :

— Comment ! vous êtes encore ici ? je croyais que vous aviez un rendez-vous au bal de l'Opéra ?

A ce mot, Luizzi tomba dans une de ces étranges perplexités qui font souvent de l'homme la plus méchante bête qui existe. Tout son cœur se révolta d'abord contre l'odieuse accusation que madame de Marignon venait de lancer contre madame de Farkley.

— Quoi! pensa-t-il, elle suppose que cette réponse fort indifférente, faite à une question indifférente, est un avertissement de madame de Farkley? cela veut me dire qu'on la trouvera cette nuit à l'Opéra, c'est un rendez-vous! Non, c'est impossible; il n'y a pas une femme capable d'une pareille impudeur. Madame de Marignon est aveuglée par une prévention qui lui fait donner un sens détestable aux paroles les plus innocentes. La conduite de madame de Farkley peut avoir été très-légère, très-coupable même, mais de là à se jeter à la tête du premier venu il y a trop loin. Madame de Farkley est assez jeune et assez élégante pour être sûre d'être au moins désirée et recherchée. On met cette femme plus bas qu'il ne convient, car enfin elle ne me connaît pas. Je ne suis pour elle qu'un étranger fort insignifiant...

Ce flot de bonnes pensées et qui avait envahi l'esprit de Luizzi s'arrêta tout à coup, car il remarqua les chuchotements dont il était l'objet; et, par un retour soudain, il s'écria, toujours en lui-même :

— Ah çà! est-ce que je serais un niais? est-ce que je serais le seul à supposer dans cette femme une retenue qu'elle n'a pas? cette fois-ci, comme tant d'autres, perdrai-je l'occasion de quelques heures de plaisir par une bonne opinion des autres et une trop mauvaise opinion de moi-même? Voilà assez souvent que j'ai été trompé par de faux semblants de vertu pour n'être pas encore abusé par des scrupules qui ne viennent que de moi. J'en veux avoir le cœur net : allons à l'Opéra.

Que de trahisons, que de lâchetés, que de vanteries cette crainte de passer pour niais a fait commettre à des hommes qui fussent restés sans cela passablement honnêtes! En quittant le salon de madame de Marignon, Luizzi fit une de ces lâchetés. Il prêta au méchant propos de cette femme toute l'authenticité d'une chose certaine. Le propos avait été entendu; Luizzi était observé, il fut suivi. Un des fats qui lui avaient si bien parlé de madame de Farkley feignit de sortir en même temps que lui, le laissa passer le premier, et entendit le valet crier au cocher : A l'Opéra! Il rentra aussitôt et vint raconter l'aventure à quatre ou cinq intimes. On en rit assez haut pour que chacun s'informât de cette gaieté presque inconvenante.

D'abord on répondit :

— Ce n'est rien, une plaisanterie! Ce pauvre Luizzi! il avait l'air d'un triomphateur... Un bon garçon au fond, mais qui ne mérite guère mieux. — Mais qu'est-ce donc? dit madame de Marignon. — Cela ne vaut pas la peine d'être répété. — Vous parliez de M. de Luizzi? — De lui comme d'un autre. — Est-ce qu'il est parti?

Un monsieur fit un signe affirmatif, accompagné d'un sourire si fin que tous les autres en rirent aux éclats. — Mais qu'est-ce donc? reprit madame de Marignon. — Il est au bal de l'Opéra, répondit le monsieur en appuyant sur chaque syllabe, pour leur donner un sens très-positif... — Quelle horreur! s'écria madame de Marignon avec mépris; c'est scandaleux! — Et surtout de mauvais goût, ajouta Cosme de Mareuilles. — Oui, reprit madame de Marignon; je sais que vous y avez mis plus de mystère. — Ah! vous me calomniez, dit le fat en se dandinant. — Je vous calomnie! Vous niez donc? — Eh non, reprit un autre; si vous le calomniez, c'est en l'accusant de mystère, il ne s'en est jamais caché. — Ah! messieurs, messieurs! reprit madame de Marignon de ce ton en partie composé de l'indignation extérieure et de la joie interne que procure à une prude une méchanceté bien articulée.

Puis elle s'éloigna et alla retrouver ses deux amies. Bientôt s'établit entre elles et quelques personnes qui vinrent se joindre à ce groupe un entretien où les étonnements affectaient les exclamations les plus cruelles, à mesure que madame de Marignon racontait les paroles imprudentes de madame de Farkley et le départ de M. de Luizzi. Les plus sévères arrivèrent, contre la malheureuse qu'on avait chassée, à des mots qui ne se trouvent guère qu'au coin des rues. Si Luizzi avait pu entendre cette conversation, il aurait appris un grand secret, c'est celui de la pruderie des termes dans un certain monde. Ainsi, telle femme qui refusera d'entendre raconter l'histoire la moins égrillarde voilée de mots élégants, acceptera et même dira au besoin les paroles les plus grossières; il s'agit d'insulter une autre femme et de stigmatiser le vice. Dans cette circonstance, la vertu de madame de Fantan poussa ce droit aussi loin que possible.

— Oui, dit-elle à madame de Marignon, oui, elle est venue faire ici le métier que font certaines demoiselles sur les promenades publiques. — Oh! madame, reprit un homme assez âgé pour avoir connu madame de Fantan dans sa jeunesse. — Oui, Monsieur, s'écria madame de Fantan irritée d'une ombre d'opposition à la justice de ses arrêts, oui, Monsieur, madame de Farkley est venue dans ce salon pour y... — Oh! oh! oh! ne dites pas cela, reprit encore le vieux monsieur en couvrant de ses oh! oh! oh! le mot fatal, qui, s'il ne fut pas entendu, fut cependant prononcé.

— L'émotion de cet événement fut telle dans le salon de madame de Marignon que tout le talent des chanteurs qui se succédèrent au piano ne put la dominer de longtemps. Quelle excellente musique en effet peut valoir une bonne médisance! Cependant il se passa une chose bien singulière. Au moment le plus animé des chuchotements et des commentaires, un homme vêtu de noir, le visage maigre et anguleux, le front élevé et étroit, les yeux enfoncés sous d'épais sourcils et brillants d'une lueur fauve, la bouche mince et moqueuse, un homme se mit au piano. Dès qu'il le toucha, tous les regards se tournèrent vers lui. On eût dit que la corde, au lieu d'être frappée par le marteau de buffle de l'instrument, était pincée par une griffe de fer. Le piano criait et grinçait sous ses doigts redoutables. L'aspect de cet homme captiva l'attention que son prélude avait appelée; bientôt l'accent sinistre et railleur de sa voix fit courir un léger frémissement dans tout le cercle de ses auditeurs, et il commença l'air de la calomnie du *Barbier*. Ce mot, la *calomnie*, retentit avec un tel accent de sarcasme que par un mouvement soudain tout le monde se tut. Le chanteur continua avec un éclat sauvage d'organe et un mordant d'intonation qui glacèrent l'assemblée. Tout le temps qu'il chanta, il tint ses yeux fauves fixés sur le trio principal, composé de mesdames du Berg et de Fantan, qui avaient repris leurs siéges, et de madame de Marignon, qui s'était mise à la place de madame de Farkley, comme pour réhabiliter cette place de la flétrissure qu'elle avait subie C'est ainsi qu'on élève une croix à la place où a été commis un meurtre. Ce regard railleur, devenu insultant par sa ténacité, sembla épouvanter madame de Marignon, au point qu'elle tenait de ses mains crispées les deux bras de son fauteuil et se rejetait au fond de son siége. On eût dit qu'elle craignait qu'il ne partît de cet œil tendu sur elle un trait brûlant qui vînt l'atteindre à sa place. Enfin, quand le chanteur arriva à la péroraison de cet air dont la dernière phrase peint avec tant d'énergie le cri de douleur du calomnié et la joie du calomniateur, cet homme donna à son chant une expression si acerbe, à sa voix un éclat si puissant, que les cœurs tressaillirent et que les cristaux vibrèrent à la fois. C'était un sentiment d'attente et d'anxiété inouï qui s'était emparé de tout ce monde. Puis, quand le chanteur eut fini, un silence glacé régna pendant quelques secondes, le chanteur salua et disparut dans le premier salon. Aussitôt, et comme si le charme eût cessé, madame de Marignon se leva, et, s'adressant à celui des musiciens qui était chargé de l'organisation des concerts, lui demanda quel était cet homme : celui-ci ne le connaissait pas et pensait que c'était un amateur de la société de madame de Marignon. Elle s'informa si cet homme n'avait pas été amené par quelqu'un qui désirait produire un artiste encore ignoré : personne ne le connaissait. Alors on chercha cet homme lui-même, on ne put le retrouver ; les domestiques interrogés déclarèrent n'avoir vu sortir personne depuis une demi-heure. On s'inquiéta, et, tandis que le salon s'entretenait en tumulte de ce singulier chanteur, les domestiques visitèrent l'appartement ; on ne découvrit rien. Cependant madame de Marignon ne cessait de dire à tout le monde :

— Quel peut être cet homme ? — Ma foi ! dit un des fats dont nous avons déjà parlé, ce ne peut être qu'un voleur. — A moins que ce ne soit le Diable, s'écria gaiement le vieillard qui avait voulu arrêter l'élan des propos de madame de Fantan.

Ce vulgaire dicton, le plus souvent jeté et accueilli très-indifféremment dans la conversation, fit pâlir madame de Marignon, et, dans son trouble, elle laissa échapper ces paroles :

— Le Diable ! quelle idée !...

Presque aussitôt elle se retira. Un moment après on vint annoncer qu'elle était indisposée. Les salons se dépeuplèrent rapidement, et chacun se retira avec un sentiment pénible dans le cœur.

Cependant Luizzi s'était rendu au bal de l'Opéra, ce champ de bataille des beautés de détail ; c'est là, en effet, que triomphent les tailles fines et souples, les mains petites et effilées, les pieds menus et cambrés. On a fait beaucoup de contes sur les passions nées de toutes ces perfections secondaires, et qui finissent par rencontrer un visage disgracieux, désenchantement de leurs beaux rêves. Mais il y a un autre sentiment qui n'est possible qu'au bal de l'Opéra, c'est celui qu'éprouve un homme lorsque, après avoir détourné son attention d'une femme médiocre de visage, il découvre en elle des charmes qu'il n'avait pas remarqués. Autant elle était au-dessous des autres femmes dans un salon où l'éclat de la fraîcheur et la perfection des traits éclipsaient un teint sans pureté et un visage peu régulier, autant elle leur est supérieure quand elle se trouve dans ce bal de l'Opéra, où le regard, qui ne peut percer le masque, ne cherche que des beautés dédaignées ailleurs. Ce sentiment, Luizzi l'éprouva un peu. D'abord il remarqua un domino femelle qui s'arrêta soudainement à son aspect et le considéra un moment. Ce ne fut que quelques secondes : le domino reprit sa marche et suivit le flot des promeneurs. Luizzi était à l'entrée du foyer de l'Opéra, et ce masque se promenait dans le corridor des premières loges. Armand le suivit des yeux et admira d'abord sa taille flottante et gracieuse. Le masque se retourna pour voir Luizzi, et ce corps élancé et flexible se tordit doucement comme une corde de soie. Luizzi attendit que ce masque repassât pour mieux l'examiner. Il regarda les pieds de cette femme : ils étaient minces et élancés ; l'éclat de leur blancheur perçait le bas de soie noire dont ils étaient vêtus ; ils se posaient en marchant avec une fermeté élégante ; le pied était à l'aise dans un soulier de satin, et le ruban qui tournait autour de la cheville ne faisait que montrer la rondeur fuselée du bas de la jambe. Cette femme fit plusieurs tours sous l'inspection du regard avide de Luizzi. Le doux balancement de sa démarche, l'élégance de sa taille, la distinction de tout cet ensemble, le frappèrent si vivement qu'il fit un pas vers elle pour mieux la voir. Elle s'en aperçut, et, comme si elle avait craint d'être reconnue, elle pressa vivement de la main la barbe flottante de son masque contre son visage. Cette main était couverte d'un gant ; mais ce gant, dont la blancheur se dessina sur le satin noir, révélait la main la plus élégante, la plus oisive, la plus distinguée. Luizzi s'écria en lui-même :

— Quelle est donc cette femme qui est si belle ?

Il restait immobile à sa place pendant qu'elle passait et repassait. Mais déjà il comprenait le ridicule de cette attention sans but, et il s'apprêtait à quitter sa place et à chercher madame de Farkley, lorsque cette femme quitta le bras de son promeneur et s'approcha vivement de Luizzi ; elle se pencha à son oreille, et lui dit tout bas :

— Vous êtes monsieur de Luizzi, n'est-ce pas ? — Oui. — A quatre heures, sous l'horloge du foyer, j'ai à vous parler.

Luizzi n'avait pas eu le temps de répondre, que cette femme s'était éloignée et que Cosme de Mreuilles lui disait d'un air railleur :

— Eh bien ! quelle heure votre bonheur ? — Quel bonheur. — Eh pardieu ! celui que madame de Farkley compte vous donner. — Quoi ! c'est là madame de Farkley ? — Elle-même. — Mais elle m'a paru chez madame de Marignon d'une beauté plus que contestable, et ici... — Elle est ravissante, n'est-ce pas ? Elle le sait bien, et c'est pour cela qu'elle donne ses rendez-vous au bal de l'Opéra ; et elle vous y a pris. — Moi ? — Allons, ne faites pas le modeste ; il paraît que les avances ont été même un peu vives. Madame de Marignon est furieuse ; mais enfin vous n'êtes plus dans son salon, et je vous conseille d'être exact avec Laura, elle n'aime pas à attendre. D'ailleurs elle en vaut la peine, parole d'honneur ! — Vous le savez ? — C'est un bruit public.

Cosme s'éloigna, et Luizzi chercha madame de Farkley des yeux. Elle descendait un des escaliers qui conduisent dans la salle ; le lustre l'éclairait de toute sa splendeur. Quelques paroles lui furent adressées en passant. Elle se retourna pour répondre, et tout ce qu'elle avait de souplesse, d'élégance, de beau mouvement, se montra à cet instant. Luizzi s'écria encore :

— Mais cette femme est admirable !

Il regarda à sa montre : il était à peine une heure et demie, il avait deux heures et demie d'attente. Luizzi se sentit dans le cœur une impatience qui l'étonna lui-même.

— Ah çà ! se dit-il, est-ce que je me troublerais pour cette femme ? est-ce que je la désirerais assez pour m'en occuper ? est-ce que je l'aimerais ? une femme que tout le monde a possédée, qu'il est presque honteux d'avoir eue et de ne pas avoir eue ! c'est une folie. Cependant il me reste trop longtemps à attendre pour que je reste là comme un idiot à la suivre des yeux. Cherchons une occupation.

Madame de Farkley repassa et lui fit un signe d'intelligence. Il la trouva merveilleusement gracieuse, et le cœur lui battit.

— Allons ! reprit-il, c'est un parti pris ; je suis le préféré de la soirée. Eh bien, soit ! Mais je ne veux pas être plus gauche que les autres, je veux même qu'elle me distingue dans ses souvenirs. Tous ceux qui m'ont précédé connaissent la plupart de ses aventures ; mais il doit y en avoir dont elle seule a le secret, et ce sont celles-là que je veux révéler, après lui avoir laissé croire qu'elle avait trouvé une dupe.

Aussitôt il s'écarta de la foule, tira sa petite sonnette, l'agita, et un monsieur en habit noir passa près de lui...

— Me voici, lui dit Satan, que veux-tu ? — Je veux savoir l'histoire de cette femme qui passe là-bas. — De celle qu'on a si ignominieusement chassée de chez madame de Marignon ? — Oui. — Et dans quel but veux-tu la savoir ? — Parce que, avant de la connaître par elle-même, je veux la connaître par toi, pour apprendre jusqu'à quel point une femme peut pousser l'audace dans son dessein de tromper un homme. — Tu as raison. Te voilà dans un monde tout nouveau, et dans lequel tu as mis à peine le pied ; il est bon que tu le connaisses, pour ne pas être exposé à des chutes fréquentes. Mais l'expérience ne serait pas complète si je ne te racontais d'abord l'histoire des deux femmes qui ont fait chasser madame de Farkley. — Y aurait-il quelque chose à dire contre elles ? — En ma qualité de Diable, je ne me permettrai pas de juger si cela leur fait honneur ou déshonneur ; mais tu ne sauras ce qu'est véritablement madame de Farkley, qui est une femme perdue selon le monde, que lorsque tu sauras ce que valent mesdames de Fantan et du Bergh, qui sont des femmes honorables selon le monde. — Soit ! dit Luizzi.

Ils entrèrent tous les deux dans une loge, et Cosme de Mareuilles, qui passait en ce moment, dit à un jeune homme qui était avec lui.

— Pardieu ! madame de Marignon voulait savoir quel était le singulier chanteur de son concert ; Luizzi pourra le lui dire, car les voici ensemble dans une même loge. — C'est sans doute le baron qui l'avait amené ? — Il en est bien capable, il est si inconvenant !

XVII

PREMIER FAUTEUIL.

Et le Diable commença en ces termes :

— Madame du Bergh s'appelait, il y a vingt-cinq ans, mademoiselle Nathalie Firion. Elle était la fille de monsieur Firion, fournisseur riche d'une fortune princière, élégant, d'un parler distingué, et qui possédait au suprême degré l'art de faire accepter son argent. C'est l'homme que j'ai vu acheter le plus de femmes, en leur laissant la liberté de croire qu'elles ne s'étaient pas vendues. Des magistrats, des généraux d'armée, des administrateurs, ont reçu de lui des millions qu'ils croyaient légitimement gagnés, et lui ont, en retour, rendu des services qu'ils disaient gratuits, parce que le mode de payement n'avait pas été direct. C'est qu'il ne faut pas vous imaginer, mon cher Luizzi, que la corruption par l'argent soit une chose facile. On achète un laquais, un espion de police, une fille entretenue pour une somme dont on convient et qu'on accepte de quelque manière qu'elle soit offerte ; mais un député, un écrivain, une femme du monde, il y faut des façons infinies ; cela demande du tact, de l'adresse, et surtout une grande volonté. Si jamais vous allez dans le monde des princesses impériales, je vous raconterai l'histoire d'une tête couronnée qui s'est vendue à un marchand de modes. C'est ce que je connais de mieux en ce genre. — Plus tard, dit Luizzi, mais à cette heure je désire surtout savoir l'histoire de madame du Bergh. — Pour arriver plus vite à madame de Farkley ? soit. Comme je vous le disais, M. Firion était l'homme de France qui savait le mieux faire accepter ses marchés ; et de tous ceux qui prétendent qu'on a tout ce qu'on veut avec de l'argent, il était peut-être le seul qui eût le droit de le dire sans fatuité. Il en était résulté pour lui une étrange facilité à promettre et à donner ce qu'on lui demandait. Quelque chose que désirât sa fille unique Nathalie, elle n'éprouvait jamais de refus. A toutes ses demandes, M. Firion répondait : *Je te l'achèterai*, que ce fût une parure, une robe, un tableau, une maison, ou même un objet appartenant à une personne étrangère. On avait souvent fait la guerre à M. Firion sur sa facilité, sans s'apercevoir que c'était une manie. A mesure qu'il s'était engagé dans cette espèce de lutte et qu'il avait trouvé plus de difficultés à tenir ses promesses, il s'y était intéressé. Il en était résulté que cet homme, qui n'avait presque jamais trouvé d'obstacles à l'accomplissement de ses désirs, s'était fait une occupation des peines que les caprices de sa fille lui suscitaient. Il aimait à raconter comment il les avait surmontés, à dire tout ce qu'il lui avait fallu d'habileté, d'esprit, de ruse, pour parvenir à se procurer tout ce qu'on avait exigé de lui. Il citait comme son chef-d'œuvre d'avoir enlevé à une vieille baronne allemande un carlin dont elle faisait ses délices. Un prince illustre, ayant appris cette négociation, lui offrit l'ambassade de Saint-Pétersbourg : Firion refusa. « Dites à Son Altesse, répondit-il, que je ne suis ni assez noble, ni assez pauvre, ni assez bête, pour faire un bon ambassadeur. « La carrière politique de Firion n'alla pas plus loin. Cependant, tandis qu'il s'endormait dans le ravissement que lui faisaient éprouver ses triomphes, Nathalie devenait pensive et triste. A la place de ces bizarres désirs qu'elle exprimait à tous propos comme pour mettre en jeu l'obéissance de son père, elle ne lui répondait plus que par de longs soupirs jetés au vent, de longs regards jetés au ciel, de longs hélas! jetés au hasard : Nathalie avait seize ans. M. Firion s'alarmait et se réjouissait de cette préoccupation. Il s'en alarmait parce que sa fille s'allanguissait ; on voyait dans ses yeux des traces de larmes, dans sa pâleur des traces d'insomnie. Pour la première fois il y avait un chagrin dans cette âme jusque-là si innocemment tyrannique et volontaire. Était-ce un désir de mariage? M. Firion l'espérait; il s'attendait à voir sortir de cette tristesse une exigence bien extraordinaire qu'il se faisait fête de satisfaire. Sa fille eût-elle été éprise d'un prince, il calculait qu'il possédait assez de millions pour le lui donner. Eût-elle jeté ses vues sur un homme marié, il arrangeait un divorce qui pût rendre libre l'homme qu'elle avait choisi. Je te l'ai dit, c'était une manie qui s'était emparée de Firion; et il en était venu à ce point de donner à sa fille ce qu'elle voulait, bien plus pour sa propre satisfaction que pour celle de Nathalie. Firion attendait donc et se préparait en silence. Il connaissait assez sa fille pour supposer qu'il n'aurait à vaincre que des obstacles de position. Nathalie était belle, grande, distinguée; elle était faite pour exciter de l'amour et des désirs, mais elle n'était pas faite pour en éprouver. Une tête d'enfant sur un corps largement développé ne laissait aucune chance ni à ces pensées dévorantes qui égarent la raison et la vertu, ni à ces accès de fièvres nerveuses qui ont le même résultat. Un égoïsme profond la défendait contre ces tendresses de cœur qui fondent les natures les plus dures et font plier les volontés les plus absolues. Firion se croyait donc assuré de n'avoir à satisfaire que des désirs d'ambition et de vanité. Toutes les prévisions de ce bon père furent renversées par une chose à laquelle il n'avait pas du tout pensé, par l'influence littéraire de l'époque où il vivait. — Comment cela? dit Luizzi. — Tu vas voir! repartit le Diable en souriant joyeusement, car il venait d'apercevoir un filou qui enlevait la montre d'un dandy, pendant que celui-ci lorgnait un masque des secondes loges.

Il toussa, puis continua :

— Une des plus merveilleuses niaiseries de l'humanité est enfermée dans cette phrase : *Je veux être aimé pour moi-même!* Si l'on demande à ceux qui la prononcent d'un ton pénétré ce qu'ils entendent par *moi-même*, ils arrivent, pour peu qu'on les pousse, à une suite d'absurdités inouïes. Je ne voudrais pas, disent-ils, être aimé parce que je suis riche : c'est un amour intéressé. Je ne voudrais pas être aimé parce que je suis beau : c'est un sot amour. Je ne voudrais pas être aimé parce que j'ai de l'esprit : c'est un amour de tête. Oh! s'écrient-ils dans leur enthousiasme d'amour pur, je voudrais être aimé pour moi-même! Oui! fussé-je laid, bête et pauvre, je voudrais être aimé; car le seul amour véritable est celui qui ne s'adresse ni à la fortune, ni à la beauté, ni à l'esprit, mais seulement au cœur. Les hommes étaient surtout à cette époque empoisonnés de cette manie d'eux-mêmes; ce qui n'eût pas empêché que, si une femme se fût avisée de préférer à l'un de ces messieurs un malotru fait comme ils auraient voulu l'être,

Du Bergh, reprit-il, était dans une bergère. — Page 158.

ils eussent souverainement méprisé cette femme. Cette manie avait produit, outre de sots propos de salons où être aimé pour soi-même était la prétention à la mode, cette manie, dis-je, avait produit une foule de romances, de contes et d'opéras comiques avec force princes et princesses déguisés en bergers et bergères. Il en était résulté une action du monde sur la littérature, et de la littérature sur le monde, qui avait fait de cette manie une rage, un délire, une fureur.

Cependant la tristesse de Nathalie augmentait de jour en jour; elle devint même si alarmante, que M. Firion s'en occupa très-sérieusement. S'il s'était fait une loi de satisfaire les moindres désirs de Nathalie dès qu'elle les avait exprimés, il y avait mis la précaution de ne jamais les deviner. Cette fois, cependant, il s'écarta de son système. Un soir, dans une fête splendide où Nathalie étincelante de beauté et de parure était entourée des hommages les plus soumis et les plus flatteurs, elle se laissa aller à éclater subitement en larmes et en sanglots; puis elle se précipita dans les bras de son père en lui criant :

« Emmenez-moi d'ici; sortons! sortons! j'étouffe, je me meurs! »

Cet esclandre épouvanta M. Firion, il craignit un amour violent excité par la jalousie. Il enleva sa fille et la porta à moitié évanouie dans sa voiture. Mais à peine Nathalie fut-elle seule avec son père qu'elle se mit à arracher violemment sa couronne de fleurs; elle détacha ses bijoux de jeune fille, déchira sa robe de mousseline de l'Inde, parure fort rare dans ce temps de blocus continental, et les foula aux pieds en répétant :

— O malheureuse! malheureuse que je suis! — Mais qu'as-tu? que veux-tu? lui dit son père vivement alarmé. — Je veux ce que vous ne pouvez me donner. — Qu'est-ce donc? — Je veux être aimée pour moi-même! s'écria Nathalie en regardant son père d'un air triomphant.

Cette réponse abasourdit M. Firion, elle dérangeait tous ses calculs. Il est difficile d'acheter un cœur qui aime sans intérêt. On ne paye pas ce qui n'existerait plus du moment que cela se serait vendu. La diplomatie financière de M. Firion demeura sans présence d'esprit, et il tomba dans les lieux communs les plus ordinaires.

— Comment peux-tu croire qu'on ne t'aime pas pour toi-même? Tu es jeune et belle, tu as de l'esprit, de la fortune. — Et voilà ce qui fait que je suis si malheureuse! répliqua Nathalie. Le fils du duc de... m'accable de ses soins, mais il n'aime en moi que les millions avec lesquels il pourra redorer son blason moisi. Le colonel V... m'adore. Je le crois désintéressé, mais il promènera sa femme avec le même sentiment d'orgueil que son uniforme de hussard. Pourvu qu'elle soit plus belle que la femme du général B... qu'il déteste, il sera satisfait. Mille autres me font une cour assidue dont je rougis pour moi et pour eux, car aucun n'éprouve ce véritable amour qui part du cœur pour s'adresser au cœur : il y a chez tous une raison honteuse ou frivole de m'aimer. Mais si j'étais une pauvre fille sans fortune, alors sans doute je rencontrerais un homme qui ne serait touché que de moi seule. Oh! que les misérables sont heureux! ils sont sûrs de l'affection qu'ils inspirent.

Nathalie continua longtemps sur ce ton, et pour la première fois Firion, désarçonné par le caprice de sa fille, ne put pas lui répondre : Je te l'achèterai. Toutefois il espéra que ce caprice passerait comme la plupart de ceux qu'il avait satisfaits. Mais c'était une nouveauté pour Nathalie, que désirer longtemps quelque chose : elle s'entêta donc dans sa manie, et bientôt elle fut sérieusement prise d'un véritable dégoût du monde. Sa santé s'altéra, sa vie fut un moment en danger. M. Firion, qui avait mis en elle toutes ses espérances, tout l'avenir de sa richesse, Firion qui avait caressé pour sa fille des rêves de grande dame, oublia tout pour la sauver; et pour la sauver il se prêta autant que possible à sa manie de se faire aimer pour elle-même. En conséquence, il la conduisit secrètement aux eaux de B..., et là, sous le nom de Bernard, il se logea dans une modeste maison. Ils n'avaient ni chevaux ni livrée. Une seule femme servait le père et la fille; ils sortaient à pied, modestement vêtus, et si quelque élégant de Paris les eût rencontrés, il eût hésité à les reconnaître. Du reste, personne ne les remarquait, et ce que Firion avait cru très-propre à guérir sa fille ne fit qu'aggraver son mal.

— Voyez! lui disait-elle; vous avez sous les yeux la preuve de la fausseté de tous ceux qui me poursuivaient de leurs hommages. Je ne suis ni moins belle ni moins bonne que je l'étais à Paris, et personne ne me fait plus la cour parce que je ne suis plus riche. Oh! que c'est un affreux malheur d'avoir un cœur fait pour aimer et de ne trouver personne pour le comprendre!

Firion ne savait trop que répondre; car sa fille, cette fois, avait cruellement raison. Cependant il guettait toutes les occasions de la produire, et, dès qu'un homme jetait un regard sur Nathalie, il en éprouvait une vive reconnaissance, il le saluait, lui souriait, l'agaçait. A la fin, il joua ce rôle si maladroitement qu'il fit dire sur son compte les choses les plus singulières. Cela alla si loin qu'on les évitait comme des intrigants de bas étage.

Le père et la fille en étaient venus au point de douter d'eux-mêmes; Firion n'avait plus d'esprit, Nathalie devenait gauche et laide.

Il faut que tu saches, mon cher Luizzi, que le succès est comme l'ivresse : il donne une portée réelle à certains esprits et à certaines beautés. Il y a des hommes qui ne savent que réussir et des femmes qui ne savent qu'être heureuses; la moindre résistance annule les uns, et l'abandon enlaidit les autres. Il en est de ces gens-là comme des chevaux de course : du moment qu'ils ne peuvent plus faire le tour du Champ de Mars en moins de trois minutes, les meilleurs coureurs deviennent des rosses.

Cependant la saison se passait, et aucun homme n'avait encore adressé la parole à Nathalie, lorsque le baron du Bergh parut à B... Le baron du Bergh était un gentilhomme du Quercy, qui venait user aux eaux les restes d'une belle fortune et d'une pauvre santé. Orphelin, il avait livré aux émotions du jeu et de la débauche une nature frêle et délicate. Bien jeune encore, il avait à peine vingt-cinq ans, il en était arrivé à aborder une friponnerie et une femme sans émotions, le cœur ne lui battait plus ni de honte ni d'amour : c'était le vice dans sa perfection. C'était aussi un homme supérieur; il le fut assez du moins pour distinguer Nathalie dès qu'il la rencontra. La connaissance n'était pas difficile à faire : il se présenta, il fut accueilli. Cette jeune et belle fille, souffrante et pauvre, était la seule conquête qu'il pût espérer en sa qualité d'homme ruiné. Il s'attacha donc à elle avec assiduité; il l'entoura de soins, d'hommages, et bientôt Nathalie crut avoir trouvé ce qu'elle avait si longtemps espéré : elle se crut aimée pour elle-même, elle redevenait belle, joyeuse, sémillante, elle faisait peur à son père de son exaltation. Du Bergh était de toutes les promenades, de tous les projets, de toutes les conversations. Elle arrangeait à part son mariage avec lui, elle s'en faisait un bonheur, une gloire, un triomphe. Firion, qui connaissait la valeur morale, physique et pécuniaire de du Bergh, faisait la sourde oreille. Mais comme il n'était pas dans le secret de la sécheresse morale et physique de sa fille, il ne savait jusqu'où pouvait aller cette exaltation. Le bonhomme s'alarmait à tort. Avec un caractère comme celui de Nathalie, être aimée pour soi-même voulait dire être aimée pour rien. Elle prétendait inspirer une passion bien absolue, bien désintéressée; elle supportait à peine que du Bergh lui dît qu'elle était belle. Toutefois, ne se sentant aucune envie de se défigurer pour éprouver la sincérité de l'amour de du Bergh, elle se donnait tous les torts possibles de caractère pour bien établir cet empire excessif que les femmes prétendent plus ou moins exercer. Il est inutile de te dire que du Bergh ne se soumit pas longtemps à ce régime; bientôt il montra, par des absences fréquentes, qu'il aimait les femmes pour quelque chose. Cet abandon causa à Nathalie une véritable rechute; elle aimait du Bergh par vanité, et surtout comme expédient.

— Hein! fit Luizzi à ce mot du Diable, elle l'aimait comme expédient? — Assurément. Nathalie s'était fourvoyée dans une fausse route, et, grâce à l'entêtement particulier à tous les petits esprits, elle y persévérait comme un enfant mutin; mais elle avait été ravie de rencontrer un homme qui l'aidât à en sortir. Elle éprouva donc une rage indicible lorsque du Bergh parut s'éloigner d'elle. C'était une chute d'orgueil : rien n'est plus dangereux pour les femmes, et Nathalie en tomba sérieusement malade. Firion alla chercher un médecin. — Pour sa fille? dit Luizzi en bâillant. — Non, pour du Bergh. — Pour du Bergh? — Oui : il alla chez une espèce de bourreau très-connu pour les soins mortels qu'il donnait à ses malades. Firion aborda le médecin en lui racontant naïvement la vérité, en lui disant tout simplement combien il avait de millions et par quel caprice de sa fille il les dissimulait. Firion retrouva tout son esprit en cette circonstance, car c'est chose difficile de mentir avec la vérité. Puis, sans laisser au médecin le temps de se reconnaître, il lui apprit que sa fille avait rencontré enfin l'homme qu'elle désirait, et que cet homme était le baron du Bergh. — Du Bergh? dit le médecin stupéfait. — Oui! reprit Firion sans se déconcerter, et je donnerai cent mille francs à l'homme qui le guérira de la maladie mortelle dont il est atteint. — Comment, une maladie mortelle? reprit le docteur, dont l'oreille et l'intelligence s'ouvrirent à la fois au mot de cent mille francs. Une légère irritation de poitrine, voilà tout. Mais, s'il veut écouter mes avis, en deux mois il sera aussi bien portant que vous et moi. — Eh bien! dit Firion, voyez-le, guérissez-le, mais gardez-moi le secret. Je mets en vous toute ma confiance. — Elle ne sera point trompée. — Je l'espère.

Firion avait eu raison : la confiance qu'il avait dans le docteur ne fut pas trompée. A peine l'avait-il quitté que le discret médecin s'empressa de se rendre chez du Bergh et de lui raconter ce qu'il venait d'apprendre de M. Bernard.

..... A ce moment, le Diable s'arrêta, et, considérant Luizzi avec attention, il sembla tout à coup abandonner son récit; puis il reprit :

— Vous êtes un homme sensé, mon cher Luizzi; mais, ainsi que tous les hommes sensés, vous n'admettez comme chose possible que ce qui s'explique. Le grand secret des intuitions vous est inconnu; vous rejetez dans les rêves de la littérature fantastique les merveilleuses découvertes faites par un sens qui vous manque et qui ne peut s'appeler que l'instinct. Ainsi vous comprendrez difficilement la manière dont du Bergh reçut cette nouvelle. — Elle devait tout au moins lui sembler invraisemblable, dit Luizzi. Un millionnaire de plusieurs millions qui se cache, cela mérite explication, et du Bergh nia sans doute... — Pas le moins du monde, fit le Diable en interrompant Luizzi. — Il dut s'étonner cependant qu'un homme riche et puissant comme Firion consentît à lui donner sa fille. — Ceci n'est pas mal observé. Et puis? — Et puis il supposa sans doute que la tendresse paternelle l'aveuglait assez pour la sacrifier, et... — Mauvais! repartit le Diable, très-mauvais! — Après tout, repartit Luizzi, je t'ai appelé pour me raconter une histoire et non pour me proposer une énigme. Qu'est-ce que fit du Bergh? — Il devina tout de suite (je t'ai dit que l'instinct du vice était merveilleux en lui), il devina tout de suite que Firion ne cherchait à le faire guérir par le docteur en question que pour se défaire de lui plus sûrement. — Quelle horreur! s'écria Luizzi. — Du Bergh trouva la chose très-spirituelle, repartit le Diable, et il dressa ses batteries en conséquence. Il revint auprès de Nathalie, et, averti du rôle qu'il devait jouer, il finit par lui persuader aussi complétement que possible qu'il l'aimait pour elle-même. Nathalie, d'autant plus heureuse de ce triomphe qu'elle avait craint un moment de le perdre, voulut absolument récompenser cet amour si désintéressé, si puissant, si vrai : elle déclara donc à son père que M. du Bergh était le seul homme qu'elle consentît à épouser. Contre toute espèce de raison, Firion ne refusa point; seulement il remit à deux mois la célébration de ce mariage. Il avait calculé que du Bergh, grâce aux soins du médecin qu'il lui avait choisi, ne pouvait aller plus loin. En effet, du Bergh devenait plus pâle et plus faible de jour en jour, et, malgré tous ses efforts, il ne put cacher à Nathalie le véritable état de sa santé. La pauvre fille s'en désespéra sincèrement; elle accusa le sort, elle inventa une foule de phrases très-ridicules contre le destin qui semblait s'acharner à la poursuivre en lui enlevant la seule espérance qui lui restât en ce monde. Du reste, reprit le Diable en prenant une prise de tabac, vous autres hommes, vous avez une foule de mots inouïs qui n'ont aucune espèce de sens, et dont vous usez avec une confiance admirable. Tel est le mot destin, par exemple. Eh bien! moi, je déclare que, s'il existe dans l'univers quelqu'un qui puisse me dire ce que l'humanité entend par le destin, je m'engage à lui servir de domestique, n'en eût-il jamais eu ou l'eût-il été lui-même, deux chances immanquables d'être traité comme un nègre.

Le Diable devint pensif, et Luizzi, auquel ce récit n'avait pas jusque-là inspiré un grand intérêt, lui dit d'un air assez méprisant :

— Tu n'es pas en verve ce soir, maître Satan, et je ne sais quelle instruction je pourrai jamais tirer de la sotte histoire que tu me racontes.

Le Diable attacha sur Luizzi son plus cruel regard, puis reprit en ricanant :

— Crois-tu à la vertu de madame du Bergh?
— Tu ne m'as rien dit, jusqu'à présent, qui puisse m'en faire douter. — Crois-tu qu'une femme qui a si insolemment traité ce soir une autre femme puisse être empoisonneuse et adultère? — C'est impossible! s'écria Luizzi, madame du Bergh empoisonneuse et adultère! — Oh! la chose ne s'est pas faite d'une façon ordinaire. C'est un secret entre elle et moi, et c'est pour cela que j'ai voulu te le raconter. — Mais il n'y a donc rien de vrai dans ce monde? — Il y a de vrai la vérité. — Et qui la sait, mon Dieu? — Moi, s'écria le Diable, et je vais te la dire. Écoute-moi bien, et ne perds pas une parole de mon récit.

Or, Nathalie se désespérait, du Bergh se mourait, et Firion se félicitait; mais un nouveau caprice de Nathalie vint mettre le couteau sur la gorge de son père. Nathalie se trouva un sentiment tout fait dans une phrase de roman. Voici cette phrase de roman : « Oh! si je ne puis être à lui, je veux du moins porter son nom! Son nom, je ne l'entendrai jamais prononcer sans qu'il résonne saintement à mon oreille. Toutes les fois que je m'en entendrai appeler, il me dira le cœur que j'ai perdu et le bonheur que j'aurais pu espérer. » Il n'en fallait point tant à Nathalie pour se fabriquer une volonté contre laquelle toutes les remontrances de son père ne purent rien. « S'il meurt sans que je l'épouse, je me tue sur sa tombe... Je veux son nom... Je le veux... Que ce soit le gage d'un amour digne de moi! » Nathalie s'était tellement exaltée dans cette idée, qu'elle s'était procuré du poison pour la mettre à exécution. Firion se consulta d'abord, il consulta ensuite un médecin assez renommé et assez habile, un autre que celui auquel il avait confié du Bergh. Celui-ci, qui avait appris chez le pharmacien du lieu les ordonnances de son confrère, n'hésita pas à dire à Firion que du Bergh était un homme mort. Firion sortit la joie dans le cœur et les larmes dans les yeux, niaise perfidie dont il eût pu se dispenser; et il courut annoncer à Nathalie qu'il consentait à tout.

— Pardieu! s'était-il dit, une femme veuve deux jours après son mariage, une veuve vierge, ce sera assez extraordinaire pour donner à Nathalie cet attrait supérieur qui lui manque.

Le jour du mariage fut donc fixé, et du Bergh, qui avait été informé du vrai nom de Firion, mais qui était censé ignorer sa fortune, fut transporté à la chapelle dans une chaise à porteurs. Il en sortit mourant pour s'asseoir sur le fauteuil nuptial et reçut la bénédiction du prêtre au moment même où on le croyait près d'expirer. Il eut cependant assez de force pour être ramené chez Firion, et déposé sur *cette couche d'hyménée* (style de l'époque) qui devait être une couche de mort. Aux yeux de Nathalie, tout cela ne manquait pas d'une certaine poésie à laquelle elle se laissait aller d'assez bonne foi pour que son père crût devoir l'enlever de la chambre où du Bergh allait bientôt expirer. Il craignait sur l'esprit de sa fille l'effet de cette mort, quoiqu'elle fût certaine et prévue. Mais, dès que Nathalie s'aperçut de l'intention dans laquelle on venait de la faire sortir, elle se mit à pousser de tels cris qu'on jugea moins dangereux de la laisser retourner près de son mari malade. Dès que Nathalie fut libre, elle marcha gravement vers cette chambre fatale, où elle déclara vouloir entrer et veiller seule. La nuit était venue. C'était une belle scène que celle qui allait se passer ! Comprends-tu cette jeune fille en présence de ce premier et saint amour prêt à remonter vers le ciel ? La vois-tu à genoux à côté de ce moribond qui l'adore et qui exhale son dernier soupir en lui disant : Nathalie, je t'aime ! Sens-tu quel beau et déchirant spectacle que la douleur de cet homme à côté de cette jeune et belle femme qui vient se donner à lui, et qui lui adoucira les derniers moments de sa vie en lui apprenant qu'elle était riche ; que, s'il pouvait vivre, il aurait une vie de luxe et de délices ? Y a-t-il beaucoup de choses plus dramatiques que de faire lever de joyeuses espérances autour d'un mourant à mesure qu'il perd le pouvoir de les réaliser ? Par l'enfer dont je suis le roi, c'était une belle situation que celle où Nathalie allait se trouver ! Il y avait là de quoi faire un merveilleux effet à son retour à Paris ; et cette scène, elle était là, derrière la porte qui la séparait de du Bergh. Cette insatiable soif du cœur féminin, cette soif d'extraire d'une position tout ce qu'elle a d'émotions terribles et funestes, poussa Nathalie ; elle ouvrit la porte et la ferma derrière elle. Du Bergh...

— Du Bergh était mort ! s'écria Luizzi.

Le Diable le regarda d'un air de pitié.

— Du Bergh, reprit-il, était dans une bergère, un verre de vin de Bordeaux à la main, un cigare à la bouche, et fredonnant l'air *Enfant chéri des dames.* — Quelle imprudence ! s'écria Nathalie à l'aspect du vin... — Excellent, ma chère, dit du Bergh en se levant et en jetant son cigare par la fenêtre, c'est, après vous et ses millions, ce que cher beau-père possède de mieux.

A cet aspect de du Bergh leste et bien portant, Nathalie recula ; elle resta dans un état de stupéfaction indicible, pendant que du Bergh, lui prenant insolemment la taille, lui disait :

— C'est une surprise que je te ménageais, cher ange. Allons ! ne sois donc pas bégueule, mon amour. Je ne suis pas ton mari pour être moins bien traité qu'un amant. Ne fais donc pas l'enfant. — Ah ! s'écria Nathalie, c'est une trahison de mon père... — Une trahison de votre père, chère amie ! qu'entendez-vous par là ? Est-ce que vous lui avez formellement demandé un mari défunt ? reprit du Bergh. Est-ce que vous étiez du complot ? — De quel complot ? — Ah ! voici, reprit du Bergh en se versant un second verre de vin ; je vais tout vous dire, afin que nous sachions à quoi nous en tenir sur notre compte respectif à tous les trois. D'abord, monsieur votre père, qui est un homme fort distingué, ne s'est pas décidé à donner sa fille à un homme comme moi sans une raison péremptoire. Or, qu'est-ce qu'un homme comme moi ? un libertin, un joueur, un faussaire ! — Un faussaire ! s'écria Nathalie. — Pour une bagatelle de 2,000 guinées ; et votre père tiendra trop à l'honneur de son gendre pour ne pas étouffer cette affaire. Nous avons le temps ; la lettre de change ne se présentera chez E..... que dans un mois, et le papa Firion fera taire toutes les réclamations en la payant... — Un faussaire! répéta Nathalie, dont la pensée avait peine à rester droite sous le choc des étranges paroles qu'elle entendait. — Je ne pense pas que votre père fût précisément instruit de cette circonstance; mais, en tout cas, il en savait assez sur mon compte pour ne pas vouloir vous donner à moi s'il n'avait espéré que ma mort le débarrasserait bientôt de son gendre. — Mon père avait prévu votre mort? dit Nathalie toujours immobile. — Il avait mieux fait, le vieux rusé! il y avait aidé. — Mon père a voulu vous assassiner? — Non, non, je ne dis pas cela. Il est trop du monde pour commettre de ces vilenies, mais il m'avait choisi un médecin qui devait s'en charger. J'ai encore chez moi l'assortiment complet que le drôle a voulu me faire prendre. Je crois même que le pharmacien m'a fait remettre son mémoire. J'espère que M. Firion a trop d'honneur pour refuser de l'acquitter. — Ainsi, dit Nathalie, cette maladie, cette faiblesse, ce dépérissement... — Bien joué! n'est-ce pas? ma Nathalie. — Ainsi vous saviez qui j'étais? — A peu près, mon ange. — Que j'étais riche? — Immensément riche, mon idole! — Et vous avez osé...? — Hein! fit du Bergh, madame ma femme.

Nathalie se détourna et cacha sa tête dans ses mains. Du Bergh les écarta violemment et la regarda. Elle pleurait.

— Vous pleurez parce que je ressuscité? Vous auriez ri si j'étais mort?

Nathalie laissa échapper des sanglots étouffés.

— Ah çà! reprit du Bergh brutalement, expliquons-nous un peu. Est-ce ainsi que vous entendez aimer les gens pour eux-mêmes? Vous qui demandez cet amour à cor et à cri, ne m'aimez-vous qu'en qualité de cadavre? Grâce au ciel! je ne le suis pas, madame la baronne du Bergh. Allons, réjouissez-vous : j'ai encore assez de force pour manger toute la fortune de monsieur votre père, s'il veut me la donner. Oh! le digne scélérat! quelle figure il va faire demain au matin, quand, au lieu de me trouver râlant et prêt à rendre l'âme, il me verra amoureusement couché dans les bras de sa fille! C'est une surprise que je veux lui donner.

Et du Bergh embrassa Nathalie. Il était à moitié ivre, elle recula d'horreur et de dégoût. Du Bergh se mit en devoir de fermer les contrevents et les rideaux, en marmotant :

— Ah! vieux Firion, tu voulais me faire tuer médico-légalement, mon doux père..... Nous verrons..... nous verrons.....

Nathalie s'élança pour sortir.

— Que nenni, ma colombe! dit du Bergh en l'arrêtant. — Monsieur, je vais appeler. — Pourquoi? pour dire que vous êtes désolée que votre mari adoré ne soit pas mort?... O bon père! ta fille est digne de toi!.....

Ce mot passa comme une lueur infernale devant Nathalie; cependant elle frissonna en détournant la tête comme pour ne pas la voir.

— Monsieur, dit-elle à du Bergh, il faut nous séparer. — Plaît-il? Et pourquoi? — Parce que nous ne pouvons vivre ensemble.. — C'est précisément le contraire que j'espère. — Jamais. — Il y a des lois qui assurent les femmes à leurs maris. — Eh bien! Monsieur, partons, fuyons la France..... — Mon enfant, dit du Bergh d'un ton outrageusement paternel, tout ce qui vous arrive vous a un peu bouleversé la tête. Nous partirons demain pour Paris. Je suis bon homme au fond; et, pourvu que le beau-père nous assure deux ou trois cent mille livres de rente, un hôtel, un château, etc., je le respecterai et ne lui parlerai même pas de ses projets à mon égard. — Est-ce donc un parti pris? — Parfaitement pris. Songez donc, Nathalie, que depuis deux mois je ne rêve pas autre chose. Allons, enfant, la nuit avance... Ma Nathalie, m'aimes-tu?... Viens. — Tout à l'heure, répondit Nathalie d'un air presque tendre. — Que fais-tu là? — Rien..... c'est une habitude que j'ai... Je renferme mes boucles d'oreilles dans ce secrétaire. — Avec son mari, on n'a plus peur des voleurs... — Sans doute, dit Nathalie en souriant et en présentant son front à du Bergh, tandis que sa main prenait dans le secrétaire un flacon imperceptible. — A la bonne heure, cher cœur, dit du Bergh; voilà comme je t'aime. Et il porta la main sur le blanc fichu de Nathalie. — Oh! lui dit-elle, regarde si personne n'est à cette porte... — Enfant! je t'en prie!

Il alla vers la porte, l'entr'ouvrit, et revint vers Nathalie. Elle était près de la table, pâle et tremblante...

— Qu'as-tu? — Je souffre, je voudrais un verre d'eau. — Prends ce verre de vin de Bordeaux, il te remettra. — Le vin me fait mal, dit Nathalie; mais comme il n'y a pas d'autre verre ici, je vais jeter ce vin, et puis... — Inutile, mon amour, dit du Bergh, je suis économe quand je m'en mêle, je ne gaspille rien qu'à mon profit.

Il prit le verre de vin et l'avala d'un trait.

— Et maintenant? — Maintenant je suis à toi, dit Nathalie.

— Quoi! s'écria Luizzi, et elle se donna alors à cet homme, et ce jeune du Bergh qui existe, c'est le fils...? — Ce jeune du Bergh, dit le Diable, c'est une autre histoire; car il y avait trois gouttes d'acide prussique dans le flacon de Nathalie, et du Bergh n'avait pas fait un pas qu'il tomba mort. — Mort! reprit Luizzi..... et après?... — Mon bon ami, dit le Diable, il est trois heures, et madame de Farkley vous attend. — Pourtant je veux savoir... — Ne savez-vous pas déjà quelque chose qui pourra vous guider dans votre amoureuse aventure? Je vous ai enseigné un peu ce qu'était la vertueuse madame du Bergh. Allez apprendre ce que c'est que la femme dépravée qui s'appelle Laura de Farkley.

Et le Diable disparut, laissant Luizzi seul dans sa loge...

XVIII

COMMENT LES FEMMES ONT DES AMANTS.

Lorsque Luizzi approcha de l'horloge où il devait retrouver Laura, il fut obligé de percer un groupe assez nombreux de jeunes élégants qui se pressaient autour de deux femmes qui les accablaient de railleries. L'une d'elles se tourna vers lui; c'était madame de Farkley. Elle s'empara rapidement du bras d'Armand et perça le cercle dont elle était entourée. On lui fit place avec cette courtoisie moqueuse qui respecte la femme parce qu'elle est femme, mais qui montre en même temps que le respect ne s'adresse qu'au sexe et non à la personne. Armand et madame de Farkley étaient à peine à quelques pas du groupe, que celle-ci lui dit d'un ton languissant :

— Vous êtes monsieur de Luizzi, n'est-ce pas? — Oui, Madame. — Vous arrivez de Toulouse? — Oui, Madame. — C'est vous que j'ai eu le plaisir de voir chez madame de Marignon? — Oui, Madame. — Mais savez-vous bien, Monsieur, que vous avez été précédé ici par une réputation colossale? — Moi, Madame? et à quel titre, mon Dieu? Je suis l'homme le plus obscur de France. — Obscur, parce que vous êtes discret, Monsieur; car il vous est arrivé, dit-on, des aventures qui auraient suffi pour mettre un homme à la mode; si elles n'étaient datées de Toulouse. — En vérité, Madame, je n'ai aucune envie de me rappeler le passé quand je suis près de vous. — En vérité, Monsieur, vous êtes ingrat envers le passé; car on m'a assuré qu'il est difficile de rencontrer une personne plus complétement belle que cette pauvre marquise du Val, et une femme plus charmante que la petite marchande, Madame... Madame... comment l'appeliez-vous? — Je puis vous jurer que ces souvenirs n'ont rien de bien flatteur, et que, ne fussé-je pas près de vous, je voudrais encore les oublier. — Voilà

Abordant les paysans qu'il rencontrait et causant amicalement avec eux. — Page 168.

qui est mal, Monsieur, et en quoi les hommes manquent tout à fait de justice et de générosité. Je ne pense pas qu'une liaison doive être éternelle; qu'un homme que des intérêts graves, une grande ambition, peuvent entraîner loin d'une femme qu'il a aimée, doive lui garder une inaltérable fidélité d'amour. C'est impossible. Mais, du moment qu'il ne l'aime plus ou qu'il en est séparé, qu'il se fasse son ennemi ou son détracteur, voilà ce qui me semble odieux et méprisable. — Ce sont des crimes dont je ne suis pas coupable, dit Luizzi, et je vous proteste que personne ne professe un plus profond respect pour les deux femmes dont vous venez de parler. — Ah! voici une autre sorte de ridicule, repartit madame de Farkley en se jetant doucement en arrière pour s'appuyer ensuite plus doucement sur le bras de Luizzi et lui faire sentir cette frêle élasticité de son corps qui se pliait et se tendait à chaque pas par un mouvement d'un abandon et d'une volupté indicibles. — Que voulez-vous dire, Madame? une autre sorte de ridicule? y en a-t-il donc à respecter des femmes qui méritent de l'être?

Madame de Farkley se pencha vers Luizzi de manière à ce que ses deux bras fussent passés dans le sien, et marchant ainsi, la poitrine appuyée à son épaule, elle lui dit presque dans l'oreille :

— Vous êtes un enfant, baron.

Cette parole fut prononcée de ce ton de supériorité séduisante qui, dans la bouche d'une femme comme madame de Farkley, semble dire à un homme comme Luizzi : « Vous ne savez pas tout ce que vous valez, et vous perdrez mille chances de réussir, parce que vous êtes trop modeste. » Le baron crut devoir le prendre ainsi ; cependant il répondit :

— Je ne comprends pas plus que je sois un enfant que je ne comprenais pourquoi j'étais ridicule. — Ni ridicule ni enfant, si vous le voulez ; je vous demande pardon de l'expression. Vous n'êtes pas vrai, ou plutôt vous n'êtes pas naturel. — Il y a une chose que je suis assurément ; c'est bien gauche, car je ne comprends pas davantage. — Eh bien ! reprit madame de Farkley en continuant ce manége de coquetterie physique pour ainsi dire qui consiste dans une attitude de corps, dans des inflexions de voix, dans une main ravissante habilement dégantée pour relever une barbe de masque qui découvre des lèvres pleines de volupté jouant sur des dents virginales, dans ces mille petites ruses qui détaillent une femme, beauté à beauté, aux yeux d'un homme qui l'examine; eh bien! reprit-elle, je vais m'expliquer tout à fait. Vous avez de l'honneur dans le cœur, monsieur le baron, et personnellement j'aurais à vous remercier de l'intention d'une bonne façon à mon égard, si vous ne vous étiez trompé comme tout le monde sur ce qui est arrivé ce soir : c'est pour cela que j'oserai vous donner, à vous qui êtes encore un assez jeune homme, un conseil que vous ferez bien de suivre. Vous ne savez ni avouer ni nier une femme, et cependant c'est en cela que consiste tout l'art de savoir vivre avec nous. Je vous prends pour exemple. Je viens de vous parler de deux femmes. Je suppose, car je ne sais rien de ce qui est, je suppose que l'une des deux seulement vous ait appartenu ; eh bien! vous m'avez répondu sur l'une et sur l'autre avec la même phrase insignifiante et banale. Si cette phrase a un sens, si elle est vraie, vous faites injure à l'une d'elles en protégeant du même mot celle qui a fait une faute et celle qui n'en a pas fait ; si cette phrase est, comme je le disais, insignifiante et banale, vous faites encore injure à celle qui n'a pas été coupable en ne la défendant pas mieux que celle qui l'a été. — Mais si aucune ne l'a été, Madame, que pouvais-je répondre ? — Oh! reprit Laura vivement, ne changeons pas la question : j'ai supposé qu'il y en avait une de coupable ; en ce cas, croyez-vous m'avoir bien répondu? — Oui, Madame, car la discrétion est une vertu du monde tout au moins. — Et c'est cette vertu avec laquelle on déshonore presque toutes les femmes. Tout se sait, tout se sait exactement dans de pareilles aventures, Monsieur; mais, lorsqu'on ne peut pas douter d'une intrigue et qu'on voit un homme la nier, les femmes lui en savent gré, et elles ont grand tort; en effet, le lendemain, si cet homme se trouve par hasard dans leurs relations habituelles, il est assez probable qu'on lui supposera une nouvelle intrigue, et, comme ces femmes n'ont pas cru pour une autre les protestations de cette vertu que vous appelez discrétion, on ne croira pas davantage pour elles les mêmes protestations discrètes. — Mais à ce compte, Madame, reprit Luizzi, il faudrait donc à la première question répondre la vérité ? Puis, considérant madame de Farkley d'un air impertinent, il ajouta : Il y a des femmes pour qui cette théorie devrait être bien dangereuse. — Qui sait, Monsieur, répondit madame de Farkley sans paraître émue, qui sait quelles sont les femmes qui auraient à redouter cette exacte vérité? Un amant, Monsieur, c'est comme le chiffre 1 posé dans la vie d'une femme; s'il arrive après lui un fat qui se vante de ce qu'il n'a pas obtenu, le monde pose ce zéro après le chiffre fatal, et le monde lit 10, répète 10. Soyez sûr, Monsieur, que, dans l'existence d'une femme et en bonne arithmétique galante, un amant et un fat équivalent à dix amants.

Luizzi trouva que madame de Farkley plaidait sa propre cause d'une manière assez directe. Comme il crut pouvoir lui répondre sans trop de détour, il reprit :

— Et sans doute, Madame, vous poussez ce système numérique dans toutes ses conséquences, et vous supposez qu'un second fat équivalant à un second 0, la renommée d'une femme va de 10 à 100, à 1,000 amants, ainsi de suite, selon le nombre des fats ? — En vérité ! Monsieur, reprit madame de Farkley, j'en connais qui n'auraient pas eu un jour à donner à ceux qu'on leur prête, si l'on en faisait une liste exacte ; mais il y a encore des femmes plus malheureuses que celles dont je viens de vous parler. — Cela me paraît difficile, dit Luizzi. — J'espère vous le prouver. Il y a telle femme à qui l'on prête tous les amants du monde et qui n'en a pas eu un seul. — Pas un seul! dit Luizzi en finassant sur le mot et en regardant Laura d'un air plein de raillerie. — Pas un seul! monsieur le baron, répondit-elle, pas même vous.

Luizzi demeura assez embarrassé de cette apostrophe, et répondit assez gauchement.

— Je n'ai jamais eu cette présomption, Madame. — Et vous avez tort, car vous êtes peut-être le seul homme pour lequel on eût bien voulu laisser une fois à la calomnie le droit de n'être que la vérité. — Et sans doute j'ai fait évanouir maladroitement toute cette bonne volonté? — C'est ce que je ne puis vous dire ce soir, Monsieur, car j'aperçois mon père et il faut que j'aille le rejoindre.

— Ne le saurai-je jamais ? dit Luizzi.

— C'est aujourd'hui samedi ; lundi c'est le dernier bal de l'Opéra. Si vous voulez vous trouver ici à la même heure, peut-être aurai-je quelque chose de plus à vous apprendre, à moins que ce que j'ai à dire à mon père ne m'oblige à vous revoir plus tôt.

Madame de Farkley s'éloigna et laissa Luizzi fort embarrassé de ce qu'il venait d'entendre. Avant d'entrer chez lui, il fut l'objet des plaisanteries de tous les élégants dont il était connu. M. de Mareuilles, entre autres, lui dit d'un ton presque de mépris :

— Il paraît, mon cher Armand, que vous avez beaucoup de temps à perdre ? — En quoi, s'il vous plaît ? répondit le baron. — Deux bals masqués pour madame de Farkley, mon cher, car nous avons entendu votre rendez-vous pour lundi, c'est beaucoup trop en vérité, et vous me paraissez le plus grand niais de la terre, si demain vous n'êtes pas chez elle à midi pour vous excuser de ne pas y être à présent.

Luizzi réfléchit un moment ; puis, voulant se tirer de la perplexité où l'avait mis la conversation étrange de cette femme, il regarda Mareuilles d'un air sérieux, et lui dit :

— Etes-vous bien sûr, monsieur de Mareuilles, de ne pas faire de fatuité pour mon compte dans ce moment ?

M. de Mareuilles se troubla vivement à ces mots de Luizzi ; mais le baron ne put savoir si c'était la honte d'être véridiquement accusé de mensonge, ou l'indignation d'en être faussement accusé, qui fit pâlir le fat. Tous les amis de Mareuilles crurent, à ce qu'il paraît, à ce dernier sentiment; car ils éclatèrent tous de rire en disant à celui-ci :

— Ah ! très-bien ! très-bien ! ne va pas te fâcher au moins ! Luizzi est superbe, parole d'honneur ! il croit à la vertu de notre belle Laura, il est capable de l'épouser en troisièmes noces ; car vous saurez, mon cher monsieur le baron de Luizzi, qu'elle est déjà veuve de deux maris.

De Mareuilles, qui, dans le premier moment, avait paru prêt à répondre à Luizzi par une provocation, prit tout à coup un air bon homme, et, tendant la main au baron, il lui dit :

—Voyons, mon cher Armand, pas d'enfantillage! Cette femme a encore un plus grand tort que celui d'avoir beaucoup d'amants, c'est celui de les compromettre et de les exposer d'une manière indigne. Son premier mari a été tué en duel pour elle ; le second de même, et ce n'est point sa faute si beaucoup d'entre nous ne se sont pas coupé la gorge ensemble pour une vertu sur laquelle nous avons eu du moins le bon esprit de nous expliquer avant d'en venir à des extrémités. Du reste, madame de Farkley vous a donné un rendez-vous pour après-demain ; après-demain c'est le lundi gras ; eh bien! si le mardi au matin il vous prend encore fantaisie de vous battre pour elle, ce jour-là je serai à votre disposition, ce jour-là seulement, entendons-nous bien! car j'aime à faire les choses en leur temps, et je vous déclare que le mercredi des cendres les folies du carnaval sont finies pour moi. — Ma foi! répondit Luizzi, mécontent de lui, mécontent de tout le monde, ne sachant véritablement ce qu'il devait penser, et impatient de cette perplexité perpétuelle où il passait sa vie, ma foi, dit-il, je ne vous réponds ni oui ni non : à mardi au matin. — A mardi au matin, dirent tous les jeunes fous en ricanant ; nous irons vous demander à déjeuner, baron, et nous espérons que madame de Farkley daignera nous faire les honneurs de la table.

Tant d'assurance laissa Luizzi confondu. Il reculait devant l'idée que le monde pût parler avec ce mépris d'une femme qui ne l'aurait pas mérité. Il rentra chez lui bien décidé encore une fois à ne s'en rapporter qu'à lui-même de l'opinion qu'il devait avoir des autres, et il s'endormit dans cette sage résolution. Mais il était écrit quelque part que de nouveaux incidents le forceraient d'en changer malgré lui. Le lendemain, au moment où il se levait, son valet de chambre lui remit plusieurs lettres. L'une d'elles était de madame de Marignon, et le style et le sujet étonnèrent grandement le baron. Voici quelle était cette lettre :

« Monsieur,

« Lorsque M. de Mareuilles vous présenta chez moi, il m'en demanda la permission. Le nom que vous portez et la considération qui devrait en être la suite, ne sont pas, je dois vous le dire, une autorité suffisante pour que vous ayez cru pouvoir vous dispenser de ce devoir. Assurément, l'artiste que vous avez amené sans m'en prévenir est un homme d'un immense talent ; mais il y a des convenances au-dessus de tous les mérites, il y en a aussi au-dessus de tous les noms, et, quoique le vôtre soit illustre, monsieur le baron, il ne l'est pas assez pour vous affranchir de celles que le monde impose à tous ceux qui cherchent à s'y faire respecter. Je ne m'explique pas davantage. Pardonnez à une femme, qui par son âge pourrait être votre mère, de vous donner des conseils dont votre jeunesse a besoin, et veuillez croire à la sincérité des regrets que j'éprouve de ne plus pouvoir vous compter au nombre des personnes qui veulent bien honorer mon salon de leur présence. »

Lorsque Luizzi lut cette lettre qui lui donnait un congé si formel, il bondit dans son lit, en poussant les exclamations les plus extravagantes.

— Ah çà, se disait-il, est-ce que je deviens fou ou stupide ? qu'est-ce que c'est que ce chanteur que j'ai mené chez madame de Marignon ? En quoi ai-je manqué aux convenances, de façon à me faire chasser (car on me chasse) de chez elle ? Est-ce pour avoir été m'asseoir à côté de madame de Farkley? Cette femme est donc une fille publique, et je suis son jouet? c'est se compromettre que de la regarder, que de lui parler? Ah! je veux avoir le cœur net de tout ceci.

Après cette réflexion, il chercha une plume pour répondre à madame de Marignon; mais, au moment où il commençait sa lettre, il se prit à penser que l'impertinence qu'on venait de lui faire méritait une sévère leçon :

— On me fait honte de m'être assis à côté de madame de Farkley, on la chasse et on me chasse; eh bien, pardieu! je veux apprendre à madame de Marignon que, lorsqu'on fait son amie intime d'une madame de Berg et d'une madame de Fantan, on devrait être moins scrupuleuse sur le compte des gens qui se présentent chez vous.

Et se montant sur cette idée, il ajouta encore :

— Et, madame de Marignon elle-même, quelle est-elle? d'où vient-elle? quelle est sa vie? Il faut que je le sache à l'instant même, et que ce soit elle qui me demande en grâce de lui faire l'honneur de rentrer chez elle.

Et sur ce Luizzi fit sonner sa sonnette et le Diable parut aussitôt.

— Mons Satan, lui dit le baron, point de préambule, point de réflexion, point de dissertation morale ou immorale; tu vas me raconter tout de suite la fin de l'histoire de madame du Berg, puis celle de madame de Fantan, puis celle de madame de Marignon. — Cela fait trois histoires à t'apprendre, trois histoires de femmes! En voilà pour trois semaines au moins, il faut que tu m'accordes un délai. — Non, je veux, j'exige que tu commences tout de suite, et, puisque le bruit de cette clochette a le don de te faire sentir plus cruellement tes éternelles tortures, je les rendrai si épouvantables que tu obéiras sans délai. Commence donc! — Pour commencer tout de suite, c'est la moindre des choses, mais c'est finir qui est diabolique. Je suis tout prêt à commencer, si tu veux me dire quand tu veux que j'aie fini. Je t'ai demandé trois semaines. — Je ne te donnerai pas trois jours, repartit Luizzi. — Je n'en n'exige que deux, répondit le Diable. C'est aujourd'hui dimanche, il est midi. Eh bien! mardi, à pareille heure, quand tu sauras de madame de Farkley ce qu'elle est, à l'heure où tous tes amis viendront ici te demander une explication, tu pourras leur répondre, tu pourras répondre aussi à madame de Marignon, car tu sauras ce que tu veux savoir.. — Soit! dit Luizzi; et, puisque ce récit doit être si long, tâche de commencer tout de suite. — Je tâcherai surtout de l'abréger, repartit le Diable, et, si tu veux m'y aider, cela te sera facile. — Et comment? — En ne m'interrompant pas et en me laissant conter à ma guise. — Soit!

Luizzi était couché, le Diable se mit dans un vaste fauteuil, il tira la sonnette et dit au valet de chambre de Luizzi :

— Le baron n'est chez lui pour personne, entendez-vous bien? pour personne.

Le valet de chambre se retira. Le Diable, ayant allumé un cigare, se tourna vers Luizzi et lui dit :

XIX

SUITE DU PREMIER FAUTEUIL :
UNE AFFECTION.

— As-tu jamais lu Molière? — Satan, Satan! tu abuses de ma patience; je t'ai demandé la fin des aventures de madame du Berg. — J'y viens, monsieur le baron, j'y viens. — Sans doute, mais par des détours qui m'ennuieront. — Et que tu allonges indéfiniment.

Luizzi contint son impatience, et répondit :

— Parle donc, parle comme tu l'entends! — Eh bien! dit le Diable, as-tu jamais lu Molière? — Oui, je l'ai lu, lu et relu. — Eh bien! puisque tu l'as lu, lu et relu, as-tu jamais remarqué que ce poëte bouffon avait la pensée la plus grave de son époque? as-tu jamais remarqué que cet écrivain, qui a parlé de tout en termes si crus, a été l'âme la plus chaste de son temps? as-tu jamais remarqué que ce moqueur si plaisant a été le cœur le plus mélancolique de son siècle? — Oui, oui, oui, oui, dit Luizzi avec emportement et comme s'il eût compris une seule des questions que le Diable venait de lui faire; oui, oui, ajouta-t il, j'ai remarqué tout cela; mais qu'en veux-tu conclure? — Rien du tout, repartit le Diable; mais je veux te demander encore si tu as remarqué que dans cet auteur à la pensée grave, à l'âme chaste, au cœur mélancolique, il y a cette phrase dans une pièce appelée le Malade imaginaire : « Monsieur Purgon m'a promis de me faire faire un enfant à ma femme. » — Oui, je connais cette phrase, répondit Luizzi; mais je ne vois pas... — Tu ne vois rien, repartit le Diable en l'interrompant. Seulement, si jamais, comme tu en as l'intention, tu fais imprimer et publier ces souvenirs, n'oublie pas de mettre en épigraphe cette phrase à l'anecdote que je vais te raconter. — Sur madame du Berg? dit Luizzi. — Sur madame du Berg, repartit le Diable. — Enfin! s'écria Luizzi. — Nous y voilà! dit Satan... Or, quand du Berg fut mort, Nathalie demeura quelque temps en face de ce cadavre, et la première chose qu'elle se demanda, ce fut si elle devait faire à son père la confidence de son crime. Nathalie était une fille beaucoup trop supérieure pour garder longtemps cette incertitude, elle savait le secret de son père, son père ne savait pas le sien; il fut décidé par elle qu'elle se tairait. Pour cela, il lui fallut un courage bien extraordinaire, celui de passer la nuit près de ce cadavre, de le déshabiller, de le mettre dans son lit, et de faire en sorte que, lorsqu'on entra le lendemain dans la chambre, on pût croire qu'elle avait dormi à ses côtés. D'après ce que je t'ai raconté cette nuit, il ne te paraîtra pas extraordinaire que la mort du Berg n'ait pas ex-

cité le moindre étonnement et qu'il ait été très-judiciairement enterré, sans qu'on se soit occupé autrement de la manière dont il était mort. Firion lui-même n'en eut pas le moindre soupçon et crut au désespoir très-réel de sa fille; cependant quelque chose l'intriguait, sur quoi il eût bien voulu être éclairé, c'était de savoir si du Berg était mort seulement de son médecin, ou bien si une premier nuit de noce, si imprudemment offerte à un moribond, n'avait pas contribué à l'achever. Firion eut bientôt l'explication la plus formelle de son doute.

Le lendemain de la mort de du Berg, il pénétra dans la chambre de sa fille; celle-ci en avait fait fermer les rideaux, ne voulant point laisser pénétrer jusqu'à elle une lumière qui lui était devenue insupportable depuis qu'elle avait perdu le seul être qu'elle pût aimer. Ce fut avec de pareilles phrases qu'elle reçut monsieur son père, et le père les écoutait d'un air de contrition convaincue et y répondait de même, quand Nathalie laissa tomber, au milieu de ses sanglots, cette phrase au moins extraordinaire pour une jeune fille :

— Si du moins il m'avait laissé un gage de sa tendresse! Si, après lui, je pouvais aimer dans ce monde un être qui me le rappelât!

Le père Firion crut avoir enveloppé de toutes les précautions oratoires possibles la question qu'il voulait faire à sa fille lorsqu'il lui dit doucement :

— Pauvre enfant! n'as-tu donc pas quelque espérance de voir réaliser ce bonheur?

Nathalie ne put s'empêcher de regarder son père en face et de lui répondre d'une voix dans laquelle il n'y avait plus ni sanglots, ni larmes, ni lamentations :

— Non, mon père, non, je n'ai point cette espérance; mais j'en ai une autre que vous comprendrez mieux que personne, parce que mieux que personne vous savez ce que c'est qu'aimer son enfant.

Firion était toujours sur ses gardes, car il ne savait jamais jusqu'où pouvaient aller les caprices de la charmante Nathalie. Le ton qu'elle venait de prendre lui causa un véritable effroi ; cependant il cacha ses sentiments et lui répondit le plus paternellement qu'il put :

— Je suis heureux de savoir qu'il te reste encore une espérance, et je suis persuadé que celle-ci est digne de toi, qu'elle est raisonnable et qu'elle ne repose pas sur des utopies de sentiment, qui seraient le bonheur si elles existaient, mais qui n'existent pas.

— Vous avez raison, mon père, reprit Nathalie en redonnant à ses paroles et à son visage toute la sentimentalité possible. Oh ! vous avez raison ; je sais maintenant que l'amour est un rêve impossible ; je sais que c'est une passion égoïste, cruelle, et dont les infâmes calculs du monde ont altéré la divine essence. Aussi je vous le jure, mon père, j'ai fermé mon cœur à ce vain sentiment. Non, je ne veux plus aimer ni espérer d'être aimée ; mais il est une affection plus grande, plus sainte, plus profonde que l'amour, à laquelle je veux vouer ma vie. Mon père ! mon père ! ajouta-t-elle avec des larmes, votre tendresse pour moi m'a éclairée sur la plus puissante des affections : mon père, je veux être mère.

Cette déclaration fit bondir Firion sur sa chaise, plutôt pour ce qu'elle avait d'extravagant dans la manière dont elle était dite que dans le désir lui-même. Il se remit un peu de son trouble, puis répondit à sa fille :

— Eh bien ! mon enfant, quand le temps de ton deuil sera écoulé, ou, si tu le veux absolument, après les dix mois que la loi impose aux veuves avant de leur permettre de se remarier, je te donnerai un nouvel époux : et d'ici là je te chercherai un parti convenable.

A cette réponse, Nathalie considéra son père d'un air à la fois plein de curiosité et de réflexion, et, du ton d'un client qui demande à son avocat le sens d'un texte de loi qu'il s'imagine avoir découvert le moyen d'éluder, elle dit à Firion :

— Mais pourquoi, mon père, impose-t-on ce délai aux femmes avant de leur permettre de se remarier ?

Firion parut fort embarrassé de la question. Mais il était de ces hommes qui pensent qu'une femme peut et doit savoir la vie et les obligations que lui impose la loi écrite. Ainsi, après avoir entendu sa fille répondre si nettement à la question qu'il lui avait faite, il crut pouvoir répondre aussi clairement que possible à la question qu'elle venait de lui poser :

— Dans les dix mois qui suivent la mort d'un mari il peut naître un enfant, quoique ordinairement la grossesse d'une femme ne dure pas plus de neuf mois ; cet enfant appartenant au mari décédé, la prévoyance de la loi n'a pas voulu que la femme contractât de nouveaux liens avant qu'elle fût bien sûre de sa position vis-à-vis de la famille qu'elle quitte et de la famille dans laquelle elle va entrer.

Nathalie devint toute pensive, pendant que Firion continuait d'un air dégagé :

— Mais ceci tient à des considérations de fortune, de droits de succession, à des questions d'état qui seraient beaucoup trop longues à te bien expliquer. — Je vous crois, mon père, dit Nathalie, je vous crois ; de sorte que, si je devenais mère d'ici à dix mois, mon enfant serait celui de M. du Bergh ? — Sans doute, dit le père redevenu fort embarrassé. — Légalement parlant ? veux-je dire, repartit Nathalie.

Firion commençait à ne plus comprendre, ou plutôt il commençait à avoir peur de comprendre. Il chercha donc à détourner la conversation, et dit à Nathalie :

— Demain, nous partons, nous retournons à Paris ; là tu trouveras des hommes dignes de toi, de ta fortune, des hommes qui te mettront dans une position si élevée, que les bonheurs de la vanité remplaceront ceux de l'amour auxquels tu veux renoncer. — Mon père, je ne porterai pas d'autre nom que celui du seul homme que j'ai aimé. — Mais alors, dit Firion poussé dans ses derniers retranchements, que veux-tu dire, Nathalie? — Mon père! répondit l'intéressante veuve vierge en tombant aux genoux de son père avec des larmes et des sanglots, mon père, je vous l'ai dit, je veux être mère!

— Un inceste! s'écria Luizzi. — Mon cher, vous êtes stupide! dit le Diable avec emportement, vous n'avez pas la moindre idée des ressources de la vie; vous êtes de la littérature de notre époque d'une manière effrénée, vous faites tout de suite un drame abominable d'une chose qui me paraît très-divertissante. Il n'y a pas le moindre inceste dans tout ceci. — Eh bien! voyons, dit Luizzi avec impatience, dis-moi le reste de cette conversation. — Le reste de cette conversation, repartit Satan, dura juste les deux minutes que tu viens de me faire perdre par ta sotte interruption, et, comme tu sais qu'entre nous les instants sont précieux, je ne te raconterai pas la fin de cette conversation, je t'en dirai le résultat. — Je t'écoute, repartit le baron, qui cette fois se promit bien de ne pas interrompre, quelque extravagance qu'il plût au Diable de lui raconter.

Et le Diable reprit :

— Le lendemain de ce jour, le père Firion s'en allait dans les environs de B..., marchant à travers champs, abordant les paysans qu'il rencontrait et causant amicalement avec eux. Le premier était un homme de quarante-cinq ans, laid et rachitique; Firion s'éloigna immédiatement; le second était gros, court, robuste, mais ignoblement sale et pauvre; le troisième était un vieillard de soixante ans. Firion passa rapidement. Il allait se diriger d'un autre côté, lorsqu'il aperçut un superbe jeune homme de vingt-quatre à vingt-cinq ans, qui travaillait avec une ardeur qui annonçait une vigueur peu commune et qui chantait; sa voix promettait une poitrine largement développée. Après l'avoir considéré en silence, Firion, qui venait de quitter sa fille, s'approcha de lui et lui dit... — Comment! s'écria Luizzi, pris à la gorge par l'outrecuidance de la position, comment! il lui dit... — Vous êtes un imbécile! reprit le Diable. Vous oubliez que Firion était un homme d'esprit. Firion dit au beau goujat : — Mon bon ami, voulez-vous être remplaçant? — Remplaçant de qui? dit le jeune homme. — Remplaçant d'un de mes neveux qui est frappé par la conscription. — Merci, merci! répondit l'autre; je me trouve exempt comme fils de femme veuve, et je n'ai pas envie d'aller faire pour un autre le métier qui m'aurait déplu pour mon propre compte. D'ailleurs, vous trouverez assez de jeunes gens dans le pays disposés à faire votre affaire. — Pardieu! dit Firion, ce sera difficile, parce que mon neveu est un très-beau garçon, et que le gouvernement veut absolument qu'on lui rende des hommes d'une qualité égale à celle des hommes qu'on lui enlève. — Ma foi, dit le goujat en se rengorgeant et en se posant sur la hanche, ce sera difficile comme vous dites, et je crois que ça vous coûtera cher. — Oh! dit Firion, le prix n'y fait rien; je payerais bien un garçon comme toi mille écus. — Je crois bien! dit le paysan en prenant sa bêche et en se remettant au travail : excellente précaution pour écouter sans avoir l'air de vouloir entendre. Je crois bien, il y a une vieille veuve dans le pays qui me reconnaîtrait plus que ça en mariage, si je voulais devenir le remplaçant du défunt. — Bon! dit Firion, je me suis trompé, ce n'est pas mille écus que je voulais dire, c'est deux mille écus. — Votre neveu a un bon oncle, dit le paysan en se baissant jusqu'à terre et en sifflotant un petit air qui semblait ne pas être de la circonstance. — Trois mille écus! dit Firion. — Ça pourrait bien aller à ce grand rouge qui est de l'autre côté du chemin. — Quatre mille écus! dit Firion.

Il trouva une femme tout en pleurs. — Page 175.

Le paysan se releva sur sa bêche, et dit alors d'un air dont il ne fut plus le maître :
— Qu'est-ce que ça fait quatre mille écus? — Cela fait douze mille francs. — Douze mille francs c'est un beau denier. Et combien qu'on a de rentes avec douze mille francs! — Six cents francs. — Six cents francs! dit le paysan en réfléchissant et en ayant l'air de calculer. Ça fait-il trois francs cinq sous de rente par jour? — Non : trois francs cinq sous de rente par jour font à peu près douze cents francs de rente par an, repartit Firion, qui n'avait pas gagné tous ses millions sans avoir une certaine habitude des calculs. — Eh bien! dit le paysan, trois francs cinq sous de rente par jour, douze cents livres par an, combien faut-il d'argent pour cela? — Vingt-quatre mille francs. — Si vous avez vingt-quatre mille francs, je suis votre homme. — Est-ce dit? — C'est dit. — Alors suis-moi tout de suite chez le médecin. — Qu'est-ce que vous voulez dire

avec votre médecin? — Mon bon ami, je ne veux pas acheter chat en poche, et, comme tu seras obligé de passer à la visite du conseil de recrutement, je ne veux pas qu'on te refuse pour quelque vice de conformation que je ne connais pas. — C'est pour ça? dit le manant. Allons, allons; je suis un honnête homme de cœur et de corps, entendez-vous? et je n'ai rien à cacher, rien du tout. — J'en suis enchanté, dit Firion; allons, viens.

Et, sans autre explication, Firion emmena le manant devant le médecin le plus célèbre des eaux.

A ce moment, le Diable s'arrêta et dit à Luizzi :

— Tu ne m'interromps plus. — C'est qu'il me semble que je comprends, dit Luizzi, et que je n'ai pas besoin de supplément d'explication. — Eh bien! que comprends-tu? — Mons Satan, répondit Luizzi, il y a de ces choses que le Diable peut raconter ou penser, mais qu'un homme du monde serait fort embarrassé de dire en bons termes. Toutes les choses que tu me racontes sont d'ailleurs si extraordinaires! — Extraordinaires! En quoi? dit le Diable. La seule chose extraordinaire, c'est que cela ne se passe pas toujours ainsi; c'est qu'un père de famille ne prenne pas pour sa fille les précautions que l'État prend pour ses régiments. Tu me rappelles à ce propos une pièce du plus honnête homme de votre littérature, jouée il y a quelques mois *. Il a voulu mettre une scène pareille au théâtre; tous les bégueules du parterre ont outrageusement sifflé la scène comme immorale. J'ai dit tous, car, en fait de bégueulisme, les femmes ne passent qu'après les hommes. Eh bien! sur les trois ou quatre cents imbéciles qui ont été révoltés de ce qu'un père s'occupait de tout ce qu'était son futur gendre, il y en avait assurément cent cinquante qui ne se fussent pas tirés avec autant d'honneur que le beau

goujat de Firion de la visite médicale qu'on lui fit subir. — Tout cela, dit Luizzi, me paraît très-joli; mais le dénoûment me semble difficile à amener, surtout avec mademoiselle Nathalie. — C'est surtout avec mademoiselle Nathalie que le dénoûment était la chose du monde la plus facile. Il n'y a rien de tel que de bien s'entendre avec soi-même sur ce qu'on veut. Je t'ai déjà dit que les femmes ont le tort de ne pas être franches avec les hommes, elles ont, de plus, le tort de ne pas être franches avec elles-mêmes. Elles poussent la prétention de la finesse jusqu'à vouloir se tromper, et il y en a qui, après avoir fait tous les préparatifs de leur chute, finissent par se persuader qu'elles ont été surprises. — Je suis assez de ton avis, dit le baron, mais je ne comprends pas davantage comment, en pareille circonstance, une fille comme Nathalie pouvait faire les préparatifs de sa chute. — Mon bon ami, dit le Diable d'un air de mépris, tu n'es pas même capable de faire un opéra-comique. Il y a mille moyens très-simples et mille moyens très-ingénieux d'arriver à un pareil but. — Peut-être, dit Luizzi; mais, si les obstacles ne venaient point de la pudeur de la femme, ils pouvaient naître de la retenue du paysan. Il s'agissait, ce me semble, de faire comprendre à ce malotru qu'il pouvait plaire à une femme dont le père l'achetait vingt-quatre mille francs, et pouvait consoler une veuve qui avait perdu son mari la veille. Crois-tu cela très-aisé? — La question posée dans ces termes, reprit le Diable, eût été une question difficile à résoudre, je le conçois. Les gens de bas étage ont pour les femmes d'un certain rang un mépris et un respect également bêtes; ils croient volontiers qu'elles ont pour amants tous les hommes de leur monde qui ont le droit d'entrer chez elles, et, en conséquence, il n'est mauvais propos qu'ils ne tiennent sur leur compte. Mais, d'un autre côté, ils ne sauraient s'imaginer que les faiblesses de ces femmes

* *Le Faux Bonhomme*, de M. Lemercier.

puissent descendre jusqu'à des gens de leur espèce, et, sous ce rapport, il faut qu'elles se donnent ou plutôt qu'elles s'offrent de la manière la plus formelle, pour qu'ils osent comprendre qu'elles veulent leur appartenir. Sous ce point de vue donc, la chose eût été fort difficile à conclure. Mais il se trouva, dans une petite habitation isolée où Firion conduisit le manant en sortant de chez le médecin, une jolie servante, vive, accorte, qui fit les honneurs de la maison au nouveau venu, et qui lui laissa voir assez adroitement que la chambre où elle demeurait n'était pas loin de celle qu'on avait destinée au remplaçant. — Quoi! dit Luizzi, Nathalie joua un pareil rôle! cette femme se dégrada au point d'exciter par des coquetteries l'amour d'un goujat? — Mon cher baron, reprit le Diable, vous avez la rage des sottes explications. Je vous préviens que c'est un énorme ridicule que celui de saisir au passage une phrase ou un récit pour les faire finir d'une façon toute contraire à la vérité. Il y a beaucoup de gens dans le monde qui ont cette funeste habitude. Je ne sais comment les autres s'en arrangent; mais ils me font l'effet de ces goujats qui mettent les doigts dans votre plat et qui mordent dans votre pain ou dans votre pêche, et qui enlèvent ensuite le morceau entamé en disant: « Ah! ce n'était pas à moi, reprenez votre bien, ce qui en reste est bon, vous pouvez l'achever. » Défie-toi de ce penchant, il peut être mortel. Il y a tel homme qui ne te pardonnera jamais de lui avoir ravi l'effet d'un bon mot. Du reste, s'il y a quelque chose de piquant ou plutôt d'inusité dans le fait de mademoiselle Firion, ce n'est pas d'avoir eu un amant le lendemain de la mort de son mari : l'histoire de la matrone d'Éphèse est contemporaine des livres saints, et l'humanité est faite de la même chair depuis qu'elle existe. Ce qui rend l'aventure de mademoiselle de Firion assez exceptionnelle, c'est qu'elle ne connaît pas, c'est qu'elle n'a jamais vu, c'est qu'elle n'a jamais voulu ni voir ni connaître celui qui devait lui donner la plus sainte et la plus forte des affections, l'amour d'une mère pour son enfant. — Hein? fit Luizzi. — Oui, mon cher, repartit le Diable. Quand la jeune servante eut suffisamment fait comprendre au paysan que les beaux garçons étaient faits pour les belles filles, Firion trouva moyen, quand la nuit fut venue, de le faire promener durant une heure loin de la maison. Pendant ce temps, une voiture en partit, une autre y arriva; puis, quand le paysan revint, Firion veillait seul, la petite était rentrée chez elle. Puis Firion se retira en recommandant au grand gaillard d'aller dormir dans sa chambre. Ce ne fut point dans sa chambre qu'il alla : il ne se trompa point de porte, il retrouva celle de la jolie servante, et pénétra dans sa chambre au milieu d'une obscurité profonde. — Et Nathalie était là? dit Luizzi avec une manière d'étonnement et d'indignation très-respectables. — Qui peut dire que c'était Nathalie? repartit le Diable. Ce n'est pas le goujat, assurément, qui sortit avant le jour de la chambre, et qui fut envoyé le lendemain matin à vingt lieues de là par Firion. — Si ce n'est le goujat, dit Luizzi, c'est du moins Firion? — Il est mort. — C'est Nathalie elle-même, n'est-ce pas? — Il y a encore autre chose, dit le Diable, c'est l'inscription faite, neuf mois et deux jours après la mort du baron du Bergh, sur les registres de l'état civil du troisième arrondissement de la ville de Paris, et constatant la naissance légale de M. Anatole-Isidore du Bergh, ce charmant petit jeune homme que les imbéciles qui ont eu l'avantage de connaître feu le baron du Bergh disent ressembler prodigieusement à monsieur son père. — Ainsi, dit Luizzi, cette femme a été... — Cette femme, répondit le Diable, a été ce que j'avais dit, empoisonneuse et adultère; car l'adultère consiste surtout à introduire des enfants étrangers dans la famille de son mari vivant, mais il me semble encore plus original de les introduire dans la famille de son mari mort. C'est de l'adultère posthume, quelque chose de neuf. — Et personne au monde ne peut lui jeter ses crimes au visage et lui en faire reproche? dit Luizzi. — Personne, si ce n'est toi, et je te laisse à juger si tu es en mesure de le faire? — Et... dit Luizzi, elle n'a pas eu d'autres caprices? — Pas d'autres. — Mais c'est une aventure impossible! — Un cœur froid, un esprit froid et un corps froid suffiront à te l'expliquer. Si Nathalie fût née à une autre époque, ou si elle eût été sérieusement élevée, il est probable qu'elle eût fait ou l'une de ces abbesses sèches et rigides qui ont poussé jusqu'à un despotisme barbare le respect d'une vertu que la nature leur avait rendue très-facile, ou une de ces vieilles filles vertueuses qui appartiennent à la classe des femmes comme les sourds et muets à l'humanité : elles n'ont pas plus l'idée de l'amour que les sourds n'ont l'idée du son. Seulement, comme ceux-ci, elles voient qu'il existe; les intelligences établies entre deux amants leur apparaissent comme les intelligences établies par la voix apparaissent aux sourds; et, comme rien ne peut faire comprendre ni aux uns ni aux autres ce sens qui leur manque, ils deviennent envieux de ceux qui le possèdent. C'est ce qui fait que les vieilles filles et les sourds et muets sont presque toujours soupçonneux, médisants et impitoyables. Dans toute ta vie, baron, méfie-toi des êtres incomplets; il n'y a que ceux-là de véritablement méchants.

XX

PETITE INFAMIE.

Comme Luizzi allait répondre à cette nouvelle théorie du Diable, son valet de chambre entra et lui remit un billet en même temps qu'il lui annonça M. de Mareuilles. Avant que Luizzi eût pu rappeler au valet de chambre l'ordre qu'il lui avait donné de ne laisser entrer personne, le dandy parut sur le seuil de la porte de la chambre à coucher, et, montrant du bout de sa canne le billet que Luizzi n'avait pas encore ouvert, il s'écria en riant :

— Je parie que c'est de Laura? — Je ne le crois pas, dit Luizzi avec humeur, car il me semble que je connais cette écriture, et jamais je n'ai reçu de lettre de madame de Farkley.

En ramenant son regard sur la porte de sa chambre à son lit, Luizzi s'aperçut que le fauteuil occupé un instant auparavant par le Diable était vide.

— Eh bien! où est-il? s'écria le baron dans un premier mouvement de surprise. — Qui ça? dit Mareuilles. — Mais, repartit Luizzi, à qui un nom propre ne venait pas suffisamment vite pour remplacer celui qu'il n'osait prononcer; mais ce monsieur qui était là tout à l'heure. — Ah çà! vous devenez fou, repartit le dandy, je n'ai vu personne. Du reste, je vous demande pardon de vous déranger si matin; mais hier, après votre départ de l'Opéra, j'ai été informé de la résolution de madame de Marignon à votre égard, et je viens vous en parler. Je ne veux pas vous faire de sermon, mon cher ami, parce qu'entre jeunes gens cela n'a pas le sens commun; mais, en vérité, vous m'avez compromis d'une façon très-peu obligeante. Vous savez à quel titre je suis reçu chez madame de Marignon; vous savez que sa fille est un parti considérable, et auquel ma famille a songé depuis longtemps pour moi; je mets toute la discrétion possible dans mes folies de jeune homme, pour que tout cela ne me nuise pas; vous avouerez donc qu'il est insupportable d'être compromis pour celle des autres.. — Ma foi! monsieur de Mareuilles, reprit Luizzi, je suis charmé que cela vous ait déplu; car j'ai reçu de madame de Marignon un billet qu'une femme sans mari et sans ls pouvait seule écrire. Si, en votre qualité de futur gendre, il vous plaît de prendre la responsabilité de son insolence, vous me rendrez un véritable service. — Qu'à cela ne tienne, répondit M. de Mareuilles, sans préjudice de ce que nous nous sommes promis pour mardi ! — C'est trop juste, reprit Luizzi ; et, comme je crois qu'il y a autant de folie à se battre pour le respect qu'on doit au monde de madame de Marignon que pour la foi que je puis avoir en madame de Farkley, vous trouverez bon que ce soit demain, un jour de carnaval. — Vous faites de l'esprit, monsieur Luizzi ! repartit M. de Mareuilles d'un ton de dédain. — Et vous de la fatuité, repartit le baron. — Pas tant que vous, dit Mareuilles en riant ; car vous avez celle de croire qu'une femme qui vous écrit le lendemain du jour où elle vous a vu pour la première fois n'a pas pu en faire autant pour moi et beaucoup d'autres. — Mais ce billet n'est pas de madame de Farkley ! répondit Luizzi, qui croyait de plus en plus en reconnaître l'écriture. — Eh bien ! dit Mareuilles, si cela n'est pas, j'aurai eu tort une fois par hasard. Pourtant je suis tellement sûr du contraire, que je m'engage à lui en faire des excuses si je me suis trompé ! Mais, s'il est de madame de Farkley, je vous donnerai un conseil d'ami, c'est de ne pas faire de tout ceci un scandale sérieux et sanglant, de venir chez madame de Marignon lui témoigner vos regrets de tout ce qui est arrivé, et de ne pas vous exposer à vous faire montrer au doigt pour une femme qui n'en vaut pas la peine.

Luizzi ne répondit pas, mais il brisa le cachet avec impatience et courut à la signature : c'était celle de madame de Farkley.

Il est difficile d'exprimer le sentiment de dépit et de douleur qui s'empara de Luizzi à cette vue. S'il eût mieux connu les sentiments intimes du cœur d'un homme, il eût compris que cette femme ne lui était pas indifférente, par le chagrin qu'il éprouva de lui voir justifier la mauvaise opinion qu'on avait d'elle. Il lut le billet, qui était ainsi conçu :

« Monsieur,

« Je crains de ne pouvoir me rendre au rendez-vous que je vous ai donné pour demain au bal de l'Opéra ; si vous tenez à l'explication des derniers mots que je vous ai dits, je puis maintenant vous la donner ; veuillez m'attendre ce soir chez vous, j'y serai ce soir à dix heures. »

Luizzi demeura confondu, et, dans l'étonnement où le plongea l'impudeur de cette femme, il passa silencieusement le billet à de Mareuilles, qui partit aussitôt d'un grand éclat de rire.

— Ceci passe toute croyance ! s'écria-t-il. Mais tenez, si vous voulez m'en croire, vous ne resterez pas chez vous, vous viendrez ce soir chez madame de Marignon. Je saurai bien lui apprendre tout doucement le sacrifice que vous lui faites : elle vous saura bon gré, et tout vous sera pardonné. — Vous avez raison, dit Luizzi, quoiqu'il m'en coûte de ne pas apprendre à madame de Farkley que je ne suis point sa dupe, et quoique je regrette de ne pas lui donner la leçon qu'elle mérite. — La meilleure et la plus cruelle, repartit de Mareuilles, c'est de lui répondre que vous l'attendrez, et de ne pas l'attendre.

Luizzi crut devoir suivre la moitié de ce conseil, en se réservant, suivant ses idées du soir, de suivre ou de ne pas suivre l'autre moitié ; c'est-à-dire qu'il commença par répondre qu'il attendrait Mme de Farkley chez lui. Le soir venu, Luizzi avait oublié son ressentiment. Il se rappelait cette femme de l'Opéra, si suave et si gracieuse ; il se faisait un reproche de sacrifier à de vaines considérations du monde quelques heures d'un plaisir qu'il supposait devoir être très-piquant. Luizzi était un de ces êtres destinés à avoir une vie très-agitée au milieu des aventures les plus ordinaires. Ces gens-là font de la moindre décision une matière à combats intérieurs. Ils balancent aussi longtemps à passer le ruisseau de la rûe que César à franchir le Rubicon, et parce qu'ils se sont fort intéressés à ce débat avec eux-mêmes, ils pensent avoir fait une chose très-intéressante. Ainsi le baron passa deux heures à plaider devant lui-même la cause de son plaisir contre la considération.

Quant à la réputation de madame de Farkley, il n'y pensa pas le moins du monde. Ajouter une aventure scandaleuse de plus à toutes les aventures scandaleuses de Laura ne lui semblait pas un grand crime. La seule chose qu'il regrettât d'elle, c'était l'amusement de sa défaite. Dans tous les combats qu'il eut à supporter en ce grand jour, il n'y eut que l'égoïsme d'engagé contre la vanité. Cependant il triompha de ses regrets, mais seulement parce qu'il imagina qu'il y avait bien plus de *fanfare à faire* à n'avoir pas eu cette femme qu'à l'avoir eue. A neuf heures trois quarts il sortit de chez lui; et, comme dix heures sonnaient, on annonça monsieur le baron Luizzi chez madame de Marignon.

Il est impossible de rendre l'effet que produisit son entrée à cette heure : tous les regards se portèrent d'abord sur la pendule, et saluèrent ensuite Luizzi de l'applaudissement le plus flatteur. Toutes les femmes l'accueillirent avec une grâce et des prévenances inouïes. Madame du Bergh poussa l'admiration de ce trait d'héroïsme jusqu'à lui présenter son fils, monsieur Anatole du Bergh. Madame de Marignon tendit la main au baron, et lui demanda presque pardon de la lettre qu'elle lui avait écrite. Mademoiselle de Marignon, qui jamais n'avait adressé la parole à Luizzi, le consulta avec une familiarité charmante sur de nouveaux albums qu'on lui avait envoyés. Quant à madame de Fantan, elle engagea Luizzi à vouloir bien l'honorer de ses visites. Cette invitation calma un peu l'humeur de monsieur de Mareuilles, épouvanté du succès qu'il avait ménagé à son ami Luizzi; il en prit occcasion pour lui dire tout bas :

— Mademoiselle Fantan est une très-jeune personne qui est fort belle et qui sera fort riche ; prenez bonne note de ceci.

L'enivrement de Luizzi fut tel, que deux heures s'écoulèrent pour lui sans qu'il sentît autre chose que la joie de son succès ; jamais il ne porta plus haut la tête et la parole. Durant ces deux heures, il fut véritablement le roi de la conversation chez madame de Marignon ; il eut de la verve, de l'esprit, des mots heureux, et à minuit il quitta, superbe, triomphant, et plein de bonne opinion de lui-même, ce salon dont la veille il était sorti presque furtivement et avec un remords. C'est que la veille il avait tenté de lutter avec le monde pour une femme que le monde avait éprouvée, et que ce soir-là il venait de livrer cette femme au monde avec une honte de plus. Ceci explique peut-être pourquoi l'homme est un méchant animal, comme dit Molière. Les quelques minutes qui séparaient la demeure de Luizzi de celle de madame de Marignon ne suffirent pas pour dégriser le baron de son délire, et jamais il n'avait jeté ses gants, son chapeau et son manteau avec plus d'aisance et de bonne grâce que ce soir-là. Luizzi n'était pas un homme à faire de la fatuité vis-à-vis d'un valet; mais il était tellement gonflé de lui-même en ce moment, que ce fut d'un ton tout à fait particulier et extravagant qu'il s'écria :

— Est-ce qu'il est venu quelqu'un ce soir?
— Oui, monsieur le baron, répondit le valet de chambre; une dame. — C'est vrai, dit Luizzi, d'un air étonné, je l'avais oubliée, je ne comprends pas comment je l'ai oubliée. Et qu'est-ce qu'elle a dit ? — Elle a dit qu'elle attendrait le retour de monsieur le baron. — Ah! fit Luizzi, dont cette nouvelle changea subitement le ton et l'assurance. Et combien de temps a-t-elle attendu? — Mais, monsieur le baron, elle a attendu jusqu'à présent, dit le domestique ; elle est dans votre chambre.

— Dans ma chambre? reprit Luizzi. — Oui,

monsieur le baron, je vais aller la prévenir que vous êtes rentré. — C'est inutile, dit Luizzi avec humeur ; laissez-moi, et vous ne viendrez que lorsque je vous sonnerai.

Aussitôt Luizzi entra dans sa chambre.

XXI
SECOND FAUTEUIL : QUI LA VOUDRA, L'AURA.

Le sentiment qui dominait le cœur du baron, quand il ouvrit la porte, était un mélange assez incohérent de colère, de surprise et de dépit. Cette femme venait de lui gâter le succès qu'il avait obtenu chez madame de Marignon, et il était probable qu'elle n'était pas restée pour la même raison qui l'avait fait venir. Luizzi s'attendait tout au moins à une scène ; il fut donc bien étonné lorsque, au lieu d'une femme irritée, comme il avait supposé que devait être madame de Farkley, il trouva une femme tout en pleurs, et qui, lorsqu'il s'approcha d'elle, joignit les mains et lui dit d'un ton désespéré :

— Oh ! Monsieur ! Monsieur ! il vous était réservé de me frapper de mon dernier malheur ! — Moi ! Madame ? reprit Luizzi d'un air fort dégagé, je ne sais en vérité ce que vous voulez dire ni de quel malheur vous voulez me parler.

Madame de Farkley considéra Luizzi d'un air de stupéfaction et lui dit plus paisiblement.

— Regardez-moi bien, Monsieur. Me reconnaissez-vous ? — Je vous reconnais, Madame, pour une femme fort belle, que j'ai vue hier chez madame de Marignon, que j'ai retrouvée à l'Opéra, et que je n'espérais pas avoir le bonheur de recevoir chez moi ce soir. — Alors, reprit Laura, quel a été le motif qui vous a fait asseoir près de moi chez madame de Marignon ?

Luizzi baissa les yeux modestement et répondit avec l'humble impertinence d'un homme qui craint de se vanter d'un succès :

— Mais, Madame, il ne doit pas vous sembler extraordinaire de voir... qui que ce soit, chercher à vous connaître.

A cette réponse, la figure de madame de Farkley se décomposa, une pâleur subite la couvrit. Elle répondit d'une voix altérée :

— Je vous comprends, Monsieur, il ne doit pas me paraître extraordinaire que... qui que ce soit prétende devenir mon amant... — Oh ! Madame ! — C'était votre pensée, Monsieur, reprit madame de Farkley, qui contenait mal au fond de ses yeux les larmes prêtes à couler, et au fond de sa voix les sanglots prêts à éclater.

Et tout aussitôt, par un violent mouvement nerveux, il sembla que Laura se rendît maîtresse de cette émotion. Elle reprit d'une voix qui affectait une gaieté pénible :

— C'était votre pensée, Monsieur ; mais je ne crois pas que vous en ayez mesuré toute l'audace. Devenir l'amant d'une femme comme moi, savez-vous que c'est bien dangereux ? — Je ne suis pas moins brave qu'un autre, répondit Luizzi avec un sourire plein d'une suprême impertinence. — Vous croyez ? reprit madame de Farkley. Eh bien ! moi, je vous jure, Monsieur, que vous auriez peur si j'acceptais vos hommages. — Veuillez essayer mon courage, dit Luizzi, et vous verrez ce dont il est capable. — Eh bien ! dit madame de Farkley en se levant, je serai votre maîtresse, Monsieur ; mais, auparavant, il faut que vous sachiez bien ce que vous soupçonnez déjà sans doute, c'est que je suis une femme perdue. — Qui dit cela ? reprit Luizzi en essayant de calmer l'agitation de madame de Farkley. — Moi, Monsieur, qui ne m'abuse pas ; moi, Monsieur, qui souffre depuis de longues années pour toutes les calomnies dont je suis la victime ; moi, Monsieur, qui veux les mériter une bonne fois, qui vous ai choisi pour cela, et qui suis à vous... si vous osez me prendre.

Cette déclaration si brusque et si formelle prit le baron à l'improviste, et pendant quelques instants il fut très-embarrassé de sa personne. Madame de Farkley se rassit et lui dit avec un triste sourire :

— Je vous disais bien, Monsieur, que vous auriez peur. — Ce n'est pas le mot, reprit Luizzi cherchant à se remettre ; mais j'avoue qu'un bonheur si grand et si subit me confond, et que j'étais loin de m'attendre... — Vous mentez, Monsieur, reprit madame de Farkley ; seulement vous le croyiez encore moins facile, et vous comptiez sur les honneurs d'une défense dont vous voyez que je sais m'affranchir.

Luizzi était hors des gonds ; il n'avait imaginé rien de pareil à tant d'impudence, ou bien il ne supposait pas que, si madame de Farkley eût voulu se jouer de lui, elle l'eût fait dans sa maison et à pareille heure. Il resta un moment silencieux, et finit par lui dire :

— En vérité, Madame, je ne vous comprends pas... — Alors, dit madame de Farkley, il ne me reste plus qu'à me retirer ; seulement, reprit-elle en posant les mains sur ses gants, je vous suppose assez d'honneur pour affirmer, de manière à vous faire croire, que la femme qui est entré chez vous à dix heures du soir, et qui en est sortie à une heure du matin, ne vous a pas cédé, comme on dit qu'elle a cédé à tant d'autres.

Laura se leva comme pour sortir, et dans ce moment Luizzi comprit tout l'immense ridicule dont il allait se couvrir vis-à-vis de cette femme. Il devina aussi que l'impertinence qui avait fait son succès chez madame de Marignon passerait pour une niaiserie parmi ses amis. D'ailleurs, ce qui avait été une impertinence de bon goût à dix heures du soir devenait une brutale grossièreté à minuit. On peut ne pas accepter le rendez-vous d'une jolie femme, mais on ne l'en chasse pas quand on l'y trouve. Il prit donc les mains de madame de Farkley, et, la forçant à se rasseoir au moment où elle allait se lever, il lui dit avec plus de politesse qu'il n'en avait montré jusque-là :

— Je ne sais vraiment quelles folies nous disons là tous les deux. Vous avez le droit d'être irritée de la grossièreté de mon absence, mais est-il des fautes qui ne puissent se racheter ? Une heure ou deux de mauvaises façons, ou plutôt de véritable délire, ne peuvent-elles être pardonnées en faveur d'un dévouement ou d'un amour que vous savez si bien inspirer ?

Madame de Farkley reprit sa place, et d'un ton encore très-sérieux elle répondit à Luizzi :

— Je serais curieuse de voir, Monsieur, comment vous expliquerez ces mauvaises façons ou ce délire, ainsi qu'il vous plaît de les appeler.

A ce moment une idée étrange vint à Luizzi : celle qu'il s'était promis de réaliser s'il retrouvait madame Dilois. Avoir eu madame de Farkley à dix heures quand elle s'était présentée chez lui, l'avoir eue comme tant d'autres à qui elle avait cédé ou auxquels elle s'était donnée, cela n'avait rien de bien attrayant ; mais avoir cette femme après lui avoir montré qu'il n'en voulait pas, l'amener à croire sérieusement à une passion sincère et presque folle après l'avoir insultée du dédain le plus complet, cela parut à Luizzi quelque chose de neuf, d'original et qui méritait la peine d'être tenté, surtout vis-à-vis d'une femme aussi habile que madame de Farkley. Dès ce moment, il la désira comme s'il l'avait aimée. Ces réflexions passèrent comme un éclair dans la tête du baron, et il reprit en se penchant doucement vers Laura :

— Non, Madame, non, il n'est pas si difficile de vous expliquer ces mauvaises façons et ce délire. Vous avez été assez franche avec moi pour que je puisse vous donner cette explication ; mais, si vous ne l'aviez pas été si complètement, j'avoue qu'il m'eût été impossible de me justifier. — Je serai charmée de voir, reprit madame de Farkley, qu'une fois dans ma vie ma franchise m'aura

Il lui sembla qu'elle se fondait dans l'air. — Page 183.

servi à quelque chose; car elle m'aura servi, Monsieur, si grâce à elle vous parvenez à me prouver que votre absence n'a pas été un outrage et que tout ce que vous m'avez dit depuis votre retour, n'était pas une nouvelle insulte. — Je ne me servirai pas de votre franchise pour en manquer avec vous. Oui, Madame, mon absence était un outrage et mes paroles une insulte. — Et vous prétendez les excuser? dit amèrement madame de Farkley. — Je ne sais à quoi j'arriverai, dit Luizzi; en tous cas, je vous dirai la vérité, puis vous me jugerez. — Je vous écoute. — Vous m'avez dit un mot bien grave, Madame, et je vous demande pardon du fond de mon cœur de vous le répéter... Vous m'avez dit : Je suis une femme perdue...

Ce mot, que madame de Farkley avait prononcé dans l'amertume de sa colère, ce mot, lui venant par la bouche de Luizzi, la fit pâlir. Il s'en aperçut et en fut touché; il se rapprocha d'elle, mais elle l'arrêta d'un léger signe de la main, et lui dit d'une voix étouffée :

— Ce n'est rien, continuez. — Eh bien ! Madame, reprit Luizzi, comme un homme qui se fait violence pour parler, ce mot vous explique ma conduite. — Oui, dit Laura tristement, je comprends votre mépris, et cependant il est rare qu'un homme en frappe si cruellement une femme, quelle qu'elle soit, surtout quand cette femme ne lui a fait aucun mal. — Oh ! ce n'est pas cela, Madame, reprit Luizzi.

Et à ce moment, s'éprenant de la pensée qui le guidait au point de parler avec un accent plein d'émotion, il continua :

— Ce n'est pas cela, Madame, qui m'a fait vous outrager; ce qui m'a rendu grossier, si indigne, si cruel, c'est que j'ai senti que j'allais vous aimer. — Vous ? s'écria Laura, qui ne put contenir l'expression d'une anxiété pleine d'espérance ; vous ! m'aimer ? — Oui, Madame, reprit Luizzi s'exaltant dans l'action de sa comédie, oui, et vous devez comprendre qu'au moment où j'ai senti naître en moi cet amour, j'ai dû avoir peur comme vous l'avez dit; car, comme vous l'avez dit aussi, vous êtes perdue! Et cependant vous êtes belle, Madame, d'une de ces beautés puissantes qui égarent l'imagination ; vous portez en vous un de ces attraits inexplicables qui font que les hommes se couchent à vos pieds comme des esclaves; vous êtes une de ces femmes pour qui il me semble qu'on doit pouvoir perdre sa vie, plus encore, son honneur et sa réputation. Voilà comme vous m'êtes entrée à la fois dans le cœur et dans la pensée, comme une femme perdue et comme une femme que je pourrais adorer jusqu'à l'oubli de tout. Eh bien! Madame, à l'heure où je me suis senti encore le pouvoir de le faire, j'ai reculé devant cet amour, il m'a épouvanté. La seule atteinte que j'en ai éprouvée m'a donné par avance l'idée des souffrances qu'il me ferait endurer lorsque je lui aurais donné toute ma vie à éteindre. Un pareil amour, Madame, doit être odieusement jaloux; car je sens qu'il l'a déjà été : non pas jaloux de l'avenir et du présent, mais jaloux du passé, jaloux de ce qu'aucun pouvoir au monde, pas même celui de Dieu, ne peut empêcher d'avoir été. On tue l'amant d'une femme qui nous trompe, on peut tuer l'amant dont le souvenir nous est odieux; mais ce que l'on ne tue pas, Madame, c'est une réputation perdue, c'est une vie que je ne dirai pas coupable, mais égarée. Comprenez-vous l'horreur d'un amour absolu et qui s'est donné tout entier, en face d'un amour que le passé vous dispute par lambeaux et dont celui-ci, celui-là, dix, vingt, trente amants, peuvent réclamer chacun une part? Ce serait un supplice de l'enfer, Madame, un supplice devant lequel j'ai préféré votre haine.

Madame de Farkley était pâle et tremblante pendant que Luizzi parlait ainsi ; il s'en aperçut et reprit plus doucement :

— Je vous semble bien brutal, n'est-ce pas? et certes je l'eusse été moins si je vous avais aussi peu estimée que le font tant d'autres, si je n'avais vu en vous qu'une femme qui ne mérite qu'un amour de quelques jours, si je n'avais été dominé par ce charme inouï qui vous entoure et qui dans ce moment m'égare au point de me faire dire des choses que vous ne devriez pas entendre.

Tandis qu'il parlait ainsi, madame de Farkley regardait Luizzi avec une joie craintive et un ravissement auxquels elle semblait ne pouvoir échapper. Enfin elle fit un violent effort et répondit au baron :

— Armand, ne me trompez-vous pas ? Armand, songez que vous tenez dans vos mains la dernière espérance d'une vie qui a été toute de malheurs; Armand, songez que me tromper c'est m'assassiner ; Armand, repondez-moi comme vous répondriez à Dieu : m'aimez-vous, comme vous le dites ?

Le baron, qui venait de jouer assez passionnément sa comédie, ne fut pas fâché de savoir au juste comment Laura jouerait la sienne. Il lui répondit avec une sublime exaltation :

— Oui, Laura, oui, c'est ainsi que je vous aime, c'est une passion d'insensé ! une passion de l'enfer ! — Non ! s'écria Laura, c'est le ciel qui vous l'a inspirée, Armand. Cet amour, c'est une expiation ; et cet amour sera un bonheur, car vous n'aurez pas à en rougir.

A cette parole, Luizzi eut toutes les peines du monde à ne pas faire la grimace ; il se remit dans son fauteuil, s'attendant à une histoire bien romanesque d'où madame de Farkley sortirait blanche comme une colombe. Mais, au lieu de continuer, madame de Farkley s'arrêta soudainement :

— Pas ce soir, Armand, pas ce soir ! dit-elle avec un doux accent, triste et heureux. Demain je vous dirai l'histoire de ma vie : un seul mot suffirait cependant à vous l'expliquer, mais ce mot je n'ai pas le droit de le prononcer encore. A demain !

Luizzi ne la retint pas, il se contenta de répondre avec empressement :

— A demain ! Dans quel endroit ? — Pas ici, répondit Laura ; mais je vous le ferai dire, car maintenant je ne peux plus rentrer chez vous que baronne de Luizzi.

Armand eut la bonne grâce de ne pas éclater de rire à ce dernier mot, et se contint jusqu'à ce qu'il eût reconduit Laura ; mais, en rentrant dans sa chambre, il ne put s'empêcher de parler tout seul :

— Voici qui est par trop fort, se dit-il, et ma ruse a obtenu un trop beau succès ; madame de Farkley baronne de Luizzi ! Il faut que je sois un bien grand comédien, ou que cette femme me prenne pour un grand imbécile !

Luizzi en était là de son monologue, lorsqu'il vit le Diable assis dans le fauteuil d'où il avait disparu le matin même, et achevant tranquillement son cigare commencé.

— Ah ! te voilà ! lui dit le baron en riant ; pourquoi t'es-tu donc enfui ce matin comme si tu t'étais emporté toi-même ? — Crois-tu que je ne sois pas assez ennuyé d'être obligé de perdre mon temps avec toi, pour consentir encore à être un tiers dans une conversation avec un M. de Mareuilles ? — Au fait, tu as raison, dit Luizzi, j'oubliais que c'était lui qui t'avait mis en fuite. Et que viens-tu faire ici ? — Te dire l'histoire de madame de Fantan, que tu m'as demandée. — Oh ! ma foi, dit Luizzi, je n'ai aucune envie de la savoir. Encore des aventures scandaleuses, sans doute ? Je m'aperçois que la vie des femmes ne se compose pas d'autre chose ; je t'avoue que je commence à en être rassasié. — Baron, reprit le Diable, tu as fait de grande sottises pour m'avoir forcé à parler quand je ne le voulais pas ; prends garde d'en faire une plus grande encore en refusant de m'entendre quand je veux bien être confiant ! Regarde, il est une heure : tu as encore une heure pour m'entendre, une heure pour... — Mons Satan, dit Luizzi en interrompant le Diable, j'ai envie de dormir. D'ailleurs je n'ai plus besoin d'être désobligeant envers madame de Marignon ; je me soucie fort peu de ce qu'a pu être madame de Fantan ; je te prie en conséquence de me laisser en paix.

Satan obéit, et Luizzi se coucha l'âme satisfaite comme un négociant qui a payé ses échéances, ou comme un aumônier de régiment qui a fait faire la première communion à une douzaine de vieux soldats.

XXII

SUITE DU SECOND FAUTEUIL :
CORRESPONDANCE.

Le lundi au matin, Luizzi, en s'éveillant, reçut la lettre suivante :

« Armand,

« Je suis heureuse d'un bonheur que vous ne pouvez imaginer, heureuse d'avoir retrouvé enfin celui à qui je puis tout dire et qui peut tout s'expliquer de ma vie. Ce bonheur m'emporte, car j'avais juré de ne pas révéler ce secret avant que celui qu'il intéresse autant que moi l'eût permis. Mais, en sortant de chez vous, je me suis senti le cœur si plein d'une douce espérance que je n'ai pu attendre. Je vous écris une étrange confidence, car je n'y mettrai pas les noms de ceux qu'elle concerne; mais votre cœur, vos souvenirs, vos regrets, je ne veux pas dire vos remords, les devineront. Ecoutez-moi donc, Armand, écoutez-moi, vous qui m'avez dit que vous m'aimiez. Vous souvient-il de cette conversation presque folle que nous avons eue hier au bal de l'Opéra, et dans laquelle je vous disais comment une femme qui a une fois oublié ses devoirs peut passer pour les avoir mille fois oubliés ? Eh bien ! aujourd'hui je vais vous apprendre comment une femme qui n'a jamais fait une faute peut être perdue par un concours inouï de circonstances. »

— Hum ! hum ! fit Luizzi à cette phrase, voilà qui me semble un assez joli tour d'adresse. Je voudrais seulement que l'histoire que je vais lire ne fût pas une cinquantième édition des œuvres de madame de Farkley, et qu'elle se fût donné la peine d'en composer une inédite à mon intention.

Après cette observation Luizzi se posa commodément dans son fauteuil, comme un abonné de cabinet de lecture à qui l'on a envoyé la nouvelle, le conte ou le roman à la mode. Cette nouvelle, ce conte ou ce roman commençait ainsi :

« Vous savez que je suis la fille naturelle de M. le marquis d'Andeli ; je ne l'ai su, moi, que le jour où le malheur m'avait déjà flétrie. Vous ignorez quelle est ma mère, et moi-même je ne sais que son nom. Ma mère était d'une grande famille de Languedoc : elle se maria fort jeune à un homme qui, forcé de suivre les armées, l'abandonna à elle-même. Elle avait une fille ; mais l'amour de cette enfant ne pouvait suffire à cette âme ardente. Elle rencontra le marquis d'Andeli ; le marquis d'Andeli l'aima, elle aima le marquis d'Andeli. A cette époque il occupait une position administrative très-brillante dans la ville qu'habitait ma mère. Il perdit cette position et fut forcé de se séparer d'elle six mois avant ma naissance. Ma mère accoucha dans une cabane de paysan, où elle s'était cachée. La femme qui la servait m'emporta et me confia à une autre vieille femme, qui m'éleva jusqu'à l'âge de quinze ans, sans rien me révéler de ma naissance. On disait qu'elle m'avait trouvée sur le seuil de sa porte et qu'elle m'avait recueillie par charité. Je le croyais, et je ne voyais rien qui pût me faire soupçonner que ce n'était pas la vérité. Ainsi j'avais déjà quinze ans lorsque la première fille de ma mère se maria. Il est inutile que je vous dise comment elle apprit mon existence; mais un jour je vis arriver dans ma misérable maison une des plus belles et des plus riches personnes de notre ville. Dans un entretien où je n'appris malheureusement qu'une partie de la vérité, elle me dit que j'étais fille d'une personne très-haut placée, qui était de sa famille et dont elle déplorait les erreurs sans pouvoir les condamner. Je ne savais alors ce que c'était qu'une mère et le respect qu'inspire ce nom. Je croyais que l'orgueil seul de son rang empêchait cette femme de me faire connaître la mienne. Jugez quel fut mon étonnement lorsqu'elle ajouta :

« Les égarements de votre mère n'ont pas
« cessé. Devenue veuve, elle a déshonoré
« son veuvage comme son union. Une autre
« enfant a été abandonnée par elle ; une autre
« enfant va vivre dans la misère ; une autre
« enfant va être livrée à un malheur qui ne
« trouvera peut-être pas une pitié pareille
« à celle qui vous a protégée ; il faut que
« vous vous chargiez de cette enfant. C'est
« votre sœur, donnez-lui la mère qui lui
« manque ; je vous fournirai à toutes deux la
« fortune que vous n'avez pas. »

« J'acceptai, Armand. La première bonne

action de ma vie que j'aie pu faire me valut mon premier malheur. J'avais quinze ans, j'étais belle; on ne me supposa pas à quinze ans la charité qu'avait eue pour moi une femme de soixante, et parce qu'on ne voulut pas me reconnaître un peu de vertu, on m'accusa d'un crime. J'avais dit que je serais la mère de cette enfant, on m'en fit véritablement la mère.

« Heureusement, un honnête homme qui demeurait dans la maison où j'étais logée savait mieux que personne que la vie que j'avais menée rendait cette faute impossible. Il brava tous les propos tenus sur mon compte et m'honora de son nom. Mon père, qui avait appris enfin mon existence, le paya de ce service, autant qu'un pareil service peut se payer, en m'assurant une dot très-considérable. Je vécus ainsi pendant quelque temps heureuse et presque considérée, ou plutôt oubliée par la calomnie.

« Un autre événement bien extraordinaire amena ou plutôt prépara mon malheur. Le père de ma jeune sœur, dont j'ignorais le nom, le père de cette enfant que j'aimais comme ma fille, malgré tout ce qu'elle m'avait apporté de chagrins, son père avait jeté autrefois le désordre dans une autre famille que celle de ma mère; et la noble étrangère qui m'avait déjà confié une orpheline m'apprit qu'un jeune homme, abandonné comme j'avais été abandonnée, comme ma sœur l'avait été, languissait presque dans la misère. Moi, qui savais ce qu'il y a d'horreur dans cette vie isolée qui ne s'appuie à aucune affection, je voulus venir aussi à son secours; je lui ouvris la maison de mon mari, je lui fis une position honorable, je lui donnai une famille. Cette seconde bonne action fut la cause de mon second malheur. Un homme qui eût dû me remercier de ce que j'avais fait, un homme qui eût dû me dire : Merci pour moi de ce que vous avez fait pour cet infortuné! cet homme jeta inconsidérément des propos trop cruels sur le murmure public, qui déjà me reprochait mon protégé. Une affreuse plaisanterie lui échappa, et l'orphelin que j'avais sauvé me fut donné pour amant. Mon mari l'apprit; son honneur outragé, sa colère ne demanda aucune explication; il provoqua ce jeune homme et le tua; quelques jours après il était détrompé, et demandait compte au calomniateur de l'honneur de sa femme et du sang qu'il avait versé..... »

A ce passage de la lettre de madame de Farkley, Luizzi demeura confondu. Cela ressemblait si singulièrement à ce qui s'était passé à Toulouse, qu'il sentit un effroi soudain s'emparer de lui. Mais, en rapprochant les dates, en se rappelant qu'il n'y avait pas deux mois qu'il avait très-imprudemment joué l'honneur de madame Dilois, il se rassura. Puis, comme les méchantes actions ont un art infini pour se trouver des excuses et un art infini pour condamner celles des autres, il se dit à part soi : « Madame de Farkley aura su l'aventure qui m'est arrivée à Toulouse, et la voilà qui se l'attribue et qui l'encadre dans sa vie passée pour mieux me la faire croire; mais la ruse est trop grossière, et je ne m'y laisserai point prendre. » Délivré de ce petit mouvement d'anxiété, il reprit la lettre et lut ce qui suit :

« Cependant avant ce fatal duel et dans un premier mouvement d'épouvante, je m'étais retirée vers celle qui m'avait fait connaître ma naissance et le nom de mon père. Dans un premier mouvement de désespoir, j'étais allée lui reprocher de m'avoir amené cette enfant qui m'a valu toutes mes douleurs; mais je n'eus rien à lui répondre que des larmes, lorsqu'elle me dit :

— Cette enfant, c'est votre sœur! cette enfant, c'est... notre sœur! — Notre sœur! lui dis-je. — Oui, reprit-elle, nous sommes toutes trois les enfants d'une mère bien coupable. — Sainte et noble martyre, misérable sœur qui n'es plus, ai-je à me plaindre de ce que j'ai souffert, moi, à qui tu dis alors le secret de ta vie? Mais à ce moment je l'ignorais, et je m'écriai :

« — Et qu'est-elle devenue, celle qui nous a ainsi livrées au malheur? — Elle a quitté la France. Je n'ai pas voulu savoir ce qu'elle est devenue. J'ignore sous quel nom elle a caché sa vie, et que Dieu nous garde de l'apprendre jamais! Mais, reprit-elle, ce que tu ne sais pas, ce qu'il y a de plus affreux encore, c'est que l'homme qui veut te perdre est le frère de cet orphelin que tu as sauvé... »

« Je ne rentrai chez moi que pour savoir qu'il était mort. C'est alors qu'imprudente j'écrivis à ma sœur cette fatale lettre que l'on rendit publique. Je m'étais enfuie de la maison de mon mari, et j'appris qu'il avait trouvé la mort dans son second duel, en apprenant qu'il savait que j'étais innocente.

« Vous me comprenez maintenant, Armand, vous comprenz cette lettre que je vous ai écrite et que vous n'avez pas reçue, sans doute, puisque vous n'y avez jamais répondu... car maintenant cette histoire n'a plus pour vous de mystère, n'est-ce pas? vous devinez tout. Je ne vous rappellerai pas les confidences de ma pauvre sœur : hélas! elle m'avoua tout, l'infortunée! Je ne vous en dirai pas davantage. De trop douloureux souvenirs se mêleraient à mon récit, et aujourd'hui, Armand, je ne veux pas m'abandonner à d'inutiles récriminations. »

Luizzi se frotta les yeux, il n'était pas bien sûr qu'il fût éveillé; il sentait comme une espèce de déraison qui s'emparait de lui; il était dans l'état d'un homme qui rêve et qui poursuit des ombres qui lui échappent sans cesse; il se leva, se promena dans sa chambre, cherchant une explication à ce qu'il venait de lire, et, obligé de croire ou à sa folie ou à la folie de la femme qui lui avait écrit. Enfin, pour s'arracher à cet horrible état où sa tête se perdait, il reprit la lecture de cette lettre; elle continuait ainsi :

« Je passe à une autre époque de ma vie.

Mon père, informé de tous mes malheurs, m'appela près de lui; il m'emmena en Italie et me fit épouser M. de Farkley; il me fit changer jusqu'à mon nom de baptême, pour que rien ne rappelât au monde ce que j'avais été et les calomnies dont j'avais été l'objet. Mais à Milan un homme de notre pays, qui s'appelait Ganguernet, me reconnut; deux jours après on savait, non pas l'histoire vraie de ma vie, mais l'histoire que les apparences en avaient faite. On m'insulta, on me chassa du monde. Mon mari voulut me défendre, il y périt aussi. Comprenez-vous maintenant qu'une femme dont on peut dire qu'un amant et deux maris ont péri en duel pour sa mauvaise conduite, ait pu passer pour une femme perdue et être traitée comme telle? Je m'arrête. Ce soir, vous viendrez me voir, n'est-ce pas? Mon père sera là. J'obtiendrai votre pardon, et peut-être consentira-t-il à vous apprendre ce qu'est devenue ma mère. Il m'a dit qu'elle existait et qu'il saurait bien la forcer à protéger désormais la fille qu'elle a perdue.

« Aimez-moi, Luizzi, aimez-moi; il y a bien des larmes entre nous, et, malgré la promesse de mon père, vous êtes encore ma seule espérance.

« Laura. »

La tête de Luizzi s'égarait de plus en plus; il sentait ses idées errer dans son cerveau comme une foule prise de vertige; il ne pouvait ni les calmer ni les réunir, et, dans un mouvement de désespoir, il s'écria :

— Oh! attendre jusque-là c'est impossible; j'en deviendrais fou!

Aussitôt, et avec un mouvement de rage convulsive, il agita l'infernale sonnette. Le Diable ne parut pas, mais la sonnette de l'appartement de Luizzi sembla lui répondre comme un écho sinistre. Ce bruit le glaça, et il était resté immobile à sa place, quand madame de Farkley entra dans sa chambre.

— Laura, Laura! s'écria-t-il, au nom du ciel!

expliquez-moi cette lettre, je sens ma raison qui s'en va... Laura, Laura, qui êtes-vous? et quel nom avez-vous donc porté d'abord? — Vous me le demandez! répondit madame de Farkley d'un ton de moquerie élégante; ah! c'est pousser trop loin l'oubli de ses torts. — Laura, par grâce! qui êtes-vous? comment vous appeliez-vous quand cet enfant vous a été remis? — Je me nommais Sophie. Les enfants de l'adultère n'ont pas deux noms. — Mais quand vous avez été mariée? — Je m'appelais Sophie Dilois. — Vous? Mais il y a deux mois à peine... s'écria-t-il. Puis il reprit: Ah! c'est impossible... c'est....

La porte de la chambre de Luizzi s'ouvrit, et son valet de chambre lui remit une lettre. Par un mouvement plus fort que lui, il l'ouvrit, et voici ce qu'il lut: VOUS ÊTES PRIÉ D'ASSISTER AU CONVOI, SERVICE ET ENTERREMENT DE MADAME DE FARKLEY, QUI AURONT LIEU LUNDI MATIN... FÉVRIER 182... Luizzi laissa échapper cette lettre, et se retourna froid et anéanti vers cette femme qui était à côté de lui. Il lui sembla qu'elle se fondait dans l'air comme une légère vapeur, et il rencontra sous son regard le visage de Satan armé de ce sourire de feu qui lui avait déjà fait tant de mal. Luizzi dans sa fureur voulut s'élancer vers lui, une force surhumaine le tint cloué à sa place.

— M'expliqueras-tu cet horrible mystère, Satan? s'écria Armand, suffoquant de rage et de désespoir. — L'explication est bien facile, car c'est une affaire de dates et de chiffres, dit le Diable en ricanant. En 1795, à l'âge de seize ans, madame de Crancé eut une fille légitime qui s'appelait Lucy. En 1800, elle eut une fille adultérine qui s'appelait Sophie. En 1815, devenue veuve, elle eut une fille naturelle, celle que tu as vue chez Sophie, et à qui tu peux donner toi-même un nom, car elle est la fille de ton père, le noble baron de Luizzi.... — Cette enfant était ma sœur? — Et Charles était ton frère, autre enfant adultérin abandonné par ton père, le vertueux baron de Luizzi. — Mais moi, j'ai rencontré tous ces êtres vivants il y deux mois à peine; j'ai vu Sophie il y a deux mois, et je la retrouve aujourd'hui remariée et méconnaissable. Oh! c'est impossible, te dis-je, tu me trompes. — Mon maître, je ne te trompe pas aujourd'hui, mais je t'ai trompé.. — Toi? — Tu te souviens du premier jour où nous nous sommes vus et où tu te disais si bon ménager de ta vie: pauvre fou qui me l'as livrée une fois! — Tu en as pris six semaines, m'as-tu dit. — J'en ai pris sept ans. — Sept ans? — Il y a sept ans que Lucy est morte, sept ans que Dilois est mort, sept ans que Charles ton frère est mort; il y a sept ans que tu les as assassinés tous les trois avec une plaisanterie. — Et Laura, Laura? s'écria Luizzi dont la tête suffisait à peine à comprendre coup sur coup ces horribles événements. — Laura, repartit le Diable, il n'y a que douze heures qu'elle est morte, assez martyre dans cette vie pour que Dieu même ne puisse pas la poursuivre au delà du tombeau. L'outrage que tu lui as fait hier a porté le dernier coup à ce courage fatigué; elle venait ici te raconter cette vie que tu n'aurais pas comprise; elle a su pourquoi tu n'étais pas chez toi, et chez qui tu étais allé la sacrifier. Il y a douze heures que tu l'as tuée. — Mais, hier au soir, cette femme que j'ai vue là... — C'était moi, reprit le Diable en riant. Une sorte de pitié m'avait pris pour cette femme, et je suis venu jouer la scène qui aurait eu lieu si elle t'eût attendu. Je m'en suis assez bien tiré, ce me semble? — Et cette lettre! — C'est un autographe de ma main. Tu pourras en mettre un fac-simile dans tes mémoires. — Misérable! misérable que je suis! s'écria Luizzi. Que de crimes! que de crimes! et je ne puis les réparer! — Tu le peux, repartit le Diable en caressant Luizzi de la flamme de ses regards, comme une coquette qui veut persuader un niais; tu le peux, car il te reste

encore deux devoirs d'honnête homme à remplir : le premier, de veiller sur l'enfant de ton père, que la malheureuse Sophie a placée dans un couvent ; juge de ce que le monde peut lui réserver de souffrances par ce qu'ont souffert ses deux sœurs ! le second, de venger Sophie de l'injure que lui ont faite les amies de madame de Marignon, injure qui a été la cause de tout ce qui arrive ; mais l'oseras-tu, mon maître ? — Oh ! donne-moi ce pouvoir ! s'écria Luizzi parmi des sanglots et des cris de rage, et je réparerai le mal par le mal ; car je vois enfin que le bien m'est défendu. Dis-moi ce que sont ces femmes qui ont si cruellement insulté la malheureuse que que j'ai tuée. — Je t'ai dit l'histoire de l'une d'elles. — Mais l'autre, l'autre ? — L'autre, dit le Diable en se dandinant, celle dont je voulais te raconter l'histoire à une heure de la nuit lorsque Laura vivait encore, et que je croyais t'avoir intéressé à son sort ? — Celle-là, s'écria le baron. — Celle-là, repartit le Diable, dont l'histoire t'eût fait courir chez Laura pour lui demander grâce, te vouer à la défendre, et la sauver peut-être de son désespoir, si tu avais voulu m'écouter ?
— Oui ! oui ! répondit le baron éperdu ; parle... parle...

XXIII

TROISIÈME FAUTEUIL.

Le Diable se posa comme s'il allait commencer un long récit ; puis il répondit d'un ton dégagé :

— Madame de Fantan s'appelait, en 1815, madame de Crancé. — Sa mère ! sa mère ! Horreur ! dit Armand, saisi d'un tremblement convulsif à l'idée de tant de perversité.

Le Diable se prit à rire, et Luizzi, brisé et anéanti, sentit sa tête s'égarer, son cœur faillit, et il tomba évanoui.

XXIV

LES BONS DOMESTIQUES.

Luizzi resta évanoui pendant trente-six jours. C'était beaucoup, sans manger. Aussi le premier sentiment qu'il éprouva, quand il revint à lui, fut un terrible appétit. Il voulut sonner, mais il ne put remuer ni bras ni jambes. « Allons, se dit-il, encore une chute ; il me semble cependant que je ne me suis pas jeté par la fenêtre comme la première fois ; ce ne doit être qu'un engourdissement général. » Le baron tenta un nouveau mouvement et s'aperçut alors qu'on l'avait solidement attaché dans son lit. Il appela d'une voix faible, mais personne ne parut. Seulement une femme assise à son chevet, et qui trempait une belle croûte de pain dans un grand verre de vin sucré, se leva doucement, le regarda, avala une bouchée de son pain, une gorgée de son vin, et se rassit tranquillement ; elle posa son verre à côté d'elle, prit un volume de roman, et se mit à lire en marmotant chaque phrase. Armand se serait bien frotté les yeux pour s'assurer qu'il était complètement éveillé, mais, selon l'expression de la bonne femme au pain et au vin, il était *hermétiquement* lié.

— Pierre ! Louis ! s'écria le baron ; Louis ! Pierre !

Quelques éclats de rire, accompagnés d'un bruit de verres, répondirent seuls au baron.

— Louis ! Pierre !... canaille ! quelqu'un, hé ! reprit Luizzi avec une nouvelle violence.

— Dieu, qu'il est embêtant ! murmura la femme.

Et, sans se déranger, elle prit une énorme éponge qui trempait dans un seau d'eau glacée, et l'appliqua vigoureusement sur la figure d'Armand. Le remède opéra ; il fit réfléchir le baron. « Bon ! se dit-il, j'ai été malade, j'ai eu sans doute un fièvre cérébrale ; mais je dois être complètement guéri, car je ne me sens qu'un peu de lassitude dans le corps, et point de gêne dans les idées. Je me rappelle parfaitement tout ce qui m'est arrivé, je le raconterais d'un bout à l'autre. » Et comptant ses souvenirs en lui-même, comme un mendiant qui compte sa fortune

Qu'est-ce qu'il y a? dit Pierre. — Page 187.

sur ses doigts, il se laissa aller à parler tout haut.

— Je me souviens très-bien : madame de Fantan, c'est madame de Crancé; Laura, madame Dilois; elle est morte, la malheureuse, je l'ai tuée!... Oh! Satan! Satan! — Allons, marmotta la garde, voilà que ça lui reprend; est-il tannant!

Elle appela à son tour :

— Monsieur Pierre! monsieur Pierre!

Pierre parut enveloppé dans la robe de chambre de son maître, et trempant un biscuit de Reims dans un verre de vin de Champagne.

— Qu'est-ce qu'il y a, madame Humbert? répondit-il en chancelant et en balbutiant.

— Il y a qu'il faut envoyer chercher des sangsues. M. Crostencoupe m'a bien recommandé, si le délire revenait, d'en appliquer soixante-dix sur l'estomac, et en même temps de renouveler le *sinapise* aux intérieurs des cuisses et sur la plante des pieds.

— En fait-il, le docteur, en fait-il des consommations de sangsues et de graine de moutarde! dit le valet de chambre. Le baron fait bien d'avoir de la monnaie, le docteur Crostencoupe est homme à lui manger son héritage en mémoire d'apothicaire. — La santé ne peut pas se payer trop cher, monsieur Pierre, c'est le premier des biens de la terre, reprit madame Humbert. — C'est égal, j'aimerais mieux être malade toute ma vie que de payer trente sous une méchante sangsue. — On voit bien que c'est monsieur Crostencoupe qui fait les mémoires. A ma dernière maladie d'homme seul, je ne les ai comptées que treize sous pièce. C'est vrai que le défunt n'était qu'un courtier marron qui n'avait fait que trois faillites. — Il paraît qu'il y a du beurre? — Pas si gras, monsieur Pierre! il n'y avait pas de quoi se relicher les babouines. — Il me semble que le baron est plus tranquille. Est-ce que vous ne pourriez pas lui épargner les sangsues? — De quoi! Je vous dis qu'il a le délire; il a recommencé ses contes sur ces dames, vous savez? D'ailleurs, ce qui est acheté est acheté. Je ne peux pas priver le pharmacien de sa vente. — C'est pas la bourse du baron que je vous dis d'épargner, c'est sa peau. Il a le ventre et l'estomac grêlés comme une vieille écumoire. On dirait qu'il a eu une petite vérole de sangsues. Mettez-les sur le compte, mais ne les lui mettez pas sur le ventre. — On va vous suivre votre ordonnance tout de suite, monsieur Pierre. Avec ça que monsieur Crostencoupe ne s'en apercevrait pas demain! il chercherait les trous, il lui faut son compte de trous à cet homme. A propos de ça, prenez une centaine de sangsues au lieu de soixante-dix, parce qu'il y en a toujours qui ne mordent pas... — Et que vous emportez chez vous, madame Humbert, pour les repasser aux pratiques? — Tiens! est-ce que vous voulez que je les laisse se promener ici la canne à la main? — Dites donc, madame Humbert, une idée! — Qu'est-ce qu'il y a?

— Vous qui avez beaucoup pratiqué le malade, avez-vous jamais vu des sangsues se faire l'amour? — Voulez-vous vous taire, grosse bête! dit madame Hubert en prudifiant sa voix. Allez me chercher ce que je vous demande, et envoyez-moi, avec, un petit verre de vin et un biscuit : je me sens l'estomac dans le dos et dans les talons. — Voulez-vous du champagne? — Merci, je hais la mousse, ça m'acidule l'estomac. Donnez-moi toujours du même. — Du bordeaux? — Oui, du bordeaux. — Vous avez là un drôle de goût! c'est un vin de coco qui endort. — A propos de ça, n'oubliez pas mon café. Je me sens tout endormaillée. — C'est bon, c'est bon; on va vous donner ce qu'il vous faut. Je vas vous apporter tout ça ici moi-même. Louis ira chez le pharmacien. — Le cocher? il n'a pas dégrisé depuis à ce matin. — Bon, c'est comme ça qu'il faut le prendre; puisqu'il ne conduit jamais si bien que quand il est ivre-mort, il se mènera bien lui-même quand il n'a qu'une petite pointe. — Le vin ne vous fait pas de tort non plus; vous êtes aimable tout de même. — Moi, est-ce que je suis gris? — Pas du tout; vous avez des yeux qui brillent comme des portes cochères. — C'est pour mieux vous voir, madame Humbert, dit le valet de chambre en s'approchant de la garde-malade, qui, contre la coutume, n'était ni trop vieille ni trop laide, qui avait trente ans et de l'embonpoint. C'était mieux que ne méritait monsieur Pierre. — Hé bien! hé bien! monsieur Pierre, vous avez le vin trop tendre. — Ah! si vous vouliez l'être un peu! — Et monsieur Humbert, qu'est-ce qu'il dirait? — Tiens! il y a donc un monsieur Humbert? — Plaît-il, s'il vous plaît? s'il y en a un! où croyez-vous donc que j'ai pris mon nom de madame Humbert? dans l'almanach, peut-être, ou dans la hotte d'un chiffonnier? — Ne vous fâchez pas : il y a tant de madames sans monsieur! — C'est possible, mais je ne suis pas de la *catéorie* :

entendez-vous, monsieur Pierre ? — Est-ce que ça empêche quelque chose, madame Humbert ? s'écria Pierre. — Voulez-vous m'allez chercher mes sangsues, vilain rougeot ! que si vous recommencez à me prendre comme ça, je vous en mets une sur le bout du nez. — Au fait, ça les changerait et vous aussi. — Ne dites donc pas de bêtises. — J'aimerais mieux en faire. — Drôle ! s'écria Luizzi d'une voix irritée.

Ce mot arrêta soudainement les entreprises amoureuses du valet de chambre. Il resta tout interdit, puis il se mit à rire en disant :

— Suis-je bête ! j'oublie qu'il est fou. — Il a plus de bon sens que vous. Tenez, voilà minuit qui sonne; le pharmacien sera fermé, et je n'aurai pas mes sangsues. — On y va et on revient, répondit Pierre.

Et il sortit en envoyant des doigts un tendre baiser à madame Humbert.

— Hum ! grand landore, murmura la garde-malade; si je voulais un amoureux, il serait un peu plus actif que toi.

Cette réflexion n'empêcha point madame Humbert d'arranger la table qui était près du lit du baron et d'en approcher deux bons fauteuils, signe non équivoque de l'espérance qu'elle avait de passer encore quelques moments avec le galant valet de chambre.

Nos lecteurs s'étonneront peut-être du silence de Luizzi durant tout cet entretien; mais nos lecteurs n'oublieront pas que ce n'est point la première fois que Luizzi se trouve en pareille position, ayant derrière lui une lacune de son existence vide de souvenirs. L'éponge glacée qu'on lui avait appliquée sur la face et la menace immédiate de soixante-dix sangsues l'avaient suffisamment averti que, pour peu qu'il s'emportât, il serait traité comme fou. Il comprit également que, dans l'ignorance où il était de ce qui lui était arrivé depuis sa dernière entrevue avec le Diable, il pouvait dire de telles choses qu'il parût véritablement avoir perdu la raison. Il préféra donc garder le silence, et, moitié réfléchissant, moitié écoutant ce qui se disait, il chercha le moyen de sortir de la position gênante où on l'avait placé. Il crut le moment favorable quand il se trouva seul avec madame Humbert, et, pour lui prouver qu'il avait toute sa raison, il se mit à lui parler d'un ton languissant.

— Madame Humbert, j'ai soif. — Dieu, quelle éponge d'homme ! repartit la garde-malade : il n'y a pas cinq minutes que je vous ai donné à boire. — Pardon, madame Humbert, reprit doucement Luizzi ; il y a plus de cinq minutes, car voilà une demi-heure que vous causez avec Pierre. — Tiens ! reprit madame Humbert en prenant une bougie pour mieux voix le baron; tiens ! si on ne dirait pas qu'il a sa raison, quand il parle comme ça ! — C'est que j'ai toute ma raison, madame Humbert ; et une preuve, c'est que je vous prie de vouloir bien détacher un de mes bras pour m'aider à boire moi-même. — Bon ! reprit madame Humbert, la même histoire que l'autre jour ; pour me jeter la tisane au nez, et m'arracher un bonnet de seize francs, tout neuf, de l'année dernière ? Tenez, buvez et taisez-vous. — Je vous jure, madame Humbert, reprit Luizzi, que je ne vous ferai aucun mal et que je suis dans mon bon sens. — C'est bon, c'est bon, repartit la garde-malade; buvez d'abord, et puis dormez. — Qu'est-ce qu'il y a ? dit Pierre en entrant avec une bouteille sous chaque bras, un saladier plein de sucre d'une main et une assiette de biscuits de l'autre. — Il y a, dit madame Humbert en se retournant au moment où elle présentait une tasse de tisane au malade ; il y a qu'il est dans un de ses moments lucides et qu'il me demande de le détacher. — Ne faites pas ça, reprit Pierre ; vous devez vous rappeler la dernière fois ? il nous a donné assez de peine pour le remettre au lit; si bien que j'y ai attrapé, pour ma part, une bonne douzaine de coups de pied. — Et tu ne peux pas les manquer, drôle, reprit Luizzi avec colère, lorsque je serai debout.

Le valet de chambre se plaça au pied du lit de son maître, ayant toujours ses bouteilles sous le bras, son saladier et son assiette à la main ; il regarda le baron en lui faisant une grimace un tant soit peu avinée, et dit gracieusement :

— Plus que ça de pourboire ! merci. — Misérable ! s'écria le baron en faisant un violent effort pour se soulever.

Dans ce mouvement, il heurta la tasse que lui présentait madame Humbert, et la renversa. La garde-malade s'écria avec colère :

— Faut-il être enragé de taquiner comme ça un homme fou ! C'était la dernière tasse de tisane, et je la ménageais pour que ça lui fît toute sa nuit ; maintenant il faut que j'en fasse d'autre, ou bien qu'il s'en passe. — Tiens ! pardieu ! il s'en passera, reprit Pierre. — Ça vous est bien facile à dire ; il va hurler la soif toute la nuit, et je ne pourrai pas dormir une pauvre miette. Du reste, ça ne sera pas long ; il y a une bouilloire au feu, et je vas mettre ma ciguë dedans. — Un moment, reprit Pierre, votre eau chaude doit d'abord nous servir à faire fondre ce léger morceau de sucre. — Pourquoi faire ? repartit madame Humbert. — C'est que, outre la bouteille de bordeaux, j'ai apporté là un cognac soigné, avec quoi nous allons faire un petit saladier d'eau-de-vie brûlée que nous avalerons sans fourchette. — Avez-vous une rage d'eau-de-vie brûlée ! dit madame Humbert ; c'est tous les soirs à recommencer avec vous ; ça finira par vous brûler le corps et l'âme, si bien qu'un jour vous prendrez feu comme un vieux paquet d'étoupes. — Le feu est tout pris, repartit le valet de chambre en faisant une mine agaçante à madame Humbert. — Allez-vous recommencer vos bêtises ? reprit celle-ci. — Je parle du feu du punch, repartit Pierre d'un air malin, voyez quelle belle flamme bleue ça fait ! — C'est vrai, ça vous rend tout vert, vous avez l'air d'un mort.....

Tout à coup madame Humbert poussa un cri, et reprit avec un effroi véritable :

— Dieu ! que vous êtes bête, Pierre ! n'éteignez donc pas la lumière comme ça, ça me fait des peurs atroces.

Le valet de chambre, qui avait voulu faire une aimable farce, avait en effet soufflé sur les bougies et s'était posé derrière la flamme du punch. Son visage, éclairé par cette lueur sinistre, avait pris une teinte verdâtre, et l'horrible grimace qu'il faisait pour donner plus de charme à sa plaisanterie lui prêtait un aspect effrayant. Il laissa échapper un son rauque et prolongé de sa poitrine, et madame Humbert, tout épouvantée, se prit à dire :

— Voyons, Pierre, en voilà assez, rallumez les bougies. — Heu, heu, heu ! fit Pierre d'une voix sépulcrale. — C'est une horreur ! s'écria madame Humbert, peut-on faire des bêtises comme ça ! — Heu, heu, heu !... fit Pierre d'une voix encore plus formidable. — Tenez, si vous ne finissez pas, je vais appeler, dit madame Humbert véritablement tremblante, et en se dirigeant du côté de la porte. — Vous ne sortirez pas d'ici, repartit Pierre d'une voix caverneuse ; je suis venu de l'enfer pour vous emporter, toi et ton malade. — Voulez-vous vous taire ? criait madame Humbert ; Pierre, Pierre, taisez-vous donc ! — Je ne suis pas Pierre, je suis le Diable. — Satan, est-ce toi ? s'écria Luizzi, dont l'imagination, ébranlée par une longue maladie, devait se laisser prendre facilement à une scène qui, pour lui, pouvait n'avoir rien de surnaturel.

A cette interpellation du baron, le valet de chambre et la garde-malade poussèrent un grand cri et se jetèrent l'un contre l'autre, tandis que Luizzi, dans son délire, continuait de s'écrier :

— Satan, viens à moi, Satan, je t'appelle. — Vous en avez fait une belle, dit madame

Humbert toute tremblante, voilà que vous l'avez remis dans un pire état qu'il y a huit jours ; il recommence à invoquer le Diable comme un enragé. — Ce serait tout de même drôle, dit Pierre d'une voix qu'il s'efforçait vainement de rendre rassurée, ce serait tout de même drôle si le Diable avait paru. — Voyons, finissez, reprit madame Humbert avec impatience, ou je vais appeler quelqu'un.

Elle ralluma les bougies, pendant que Pierre versait de l'eau-de-vie brûlée dans les verres.

— Tenez, lui dit-il, prenez-moi ça, ça vous remettra un peu, car vous avez une fière peur. — Ne faites donc pas tant le fier, reprit la garde-malade, vous êtes blanc comme un linge. Donnez-m'en donc encore un petit verre : ça m'a porté un coup si terrible quand il s'est mis à appeler le Diable, que mes jambes tremblent encore dessous moi.

En parlant ainsi, elle s'assit devant la table. Pierre se plaça près d'elle, et, tout en lui versant un verre de punch, il lui dit :

— C'est pourtant pas la première fois que vous entendez le baron appeler le Diable. — Pardi, non ! repartit madame Humbert en buvant son verre à petits coups, il n'a pas fait autre chose dans tout le commencement de sa maladie.

L'espèce d'hallucination qui avait saisi le baron s'était dissipée devant l'effroi de la garde-malade et du valet de chambre ; et, bien persuadé qu'il n'obtiendrait rien d'eux en leur parlant raisonnablement, il se résigna au silence, décidé à écouter tranquillement leur conversation, quoi qu'ils pussent dire.

— C'est tout de même une drôle de folie, dit Pierre, que de s'imaginer qu'on a le Diable à ses ordres. — Il y en a de bien plus extraordinaires que celle-là, et, moi qui vous parle, j'en ai vu de bien étonnantes ; j'ai servi pendant un an entier une jeune fille de la Gascogne qui s'imaginait avoir fait un enfant, et avoir été enfermée pendant sept ans dans un souterrain.

Malgré sa résolution de se taire, Luizzi fut tellement surpris par cette nouvelle, qu'il s'écria tout à coup :

— N'est-ce pas Henriette Buré ?

La garde-malade sursauta, et Pierre lui dit :

— Qu'avez-vous donc ? — C'est son nom, repartit la garde-malade ; d'où donc votre maître sait-il ça ? — Bon ! il est Gascon aussi, il aura connu ça dans son pays. Laissez-le jaboter tout seul, et racontez-moi cette histoire-là. — Je n'en sais pas autre chose, si ce n'est qu'elle a été amenée ici par un monsieur de sa famille. Du reste, elle n'est pas méchante du tout, et elle ne fait pas autre chose que d'écrire son histoire depuis le matin jusqu'au soir.

Ce que Luizzi venait d'entendre lui causa un véritable effroi. Il comprit comment, avec cette accusation de folie, on pouvait séquestrer jusqu'à la tombe la révélation de certains crimes. Il songea que lui-même était considéré comme insensé, et que peut-être il y avait autour de lui des gens intéressés à accréditer cette opinion. Il venait de reconnaître qu'il sortait d'une maladie où le délire avait longtemps régné. Pendant ce temps il avait pu raconter les aventures de madame du Bergh et de madame de Fantan, et si le bruit en était arrivé jusqu'à ces deux femmes, il n'était pas douteux qu'elles avaient dû plus que personne prétendre qu'il était fou. Il pensa aussi que ce n'était pas seulement durant quelques jours qu'elles avaient besoin de cette opinion sur son compte, et Luizzi dut craindre qu'elles ne tentassent tous les moyens de faire disparaître du monde un homme qui avait montré qu'il connaissait le secret de toutes leurs infamies. Le silence qui avait suivi la réponse de madame Humbert avait donné à Luizzi le temps de faire toutes ces réflexions. Le silence avait été occupé par l'absorption de quelques biscuits légèrement arrosés de punch, et Pierre reprit :

— C'est tout de même singulier qu'un être perde comme ça sa raison tout d'un coup et sans dire gare. — Est-ce que votre maître n'avait jamais donné des signes de folie avant ces dernières six semaines? — Non, dit Pierre. D'ailleurs, il n'y avait guère que quinze jours que j'étais à son service, et il était à peu près comme tout le monde, si ce n'est que, quand il était enfermé, il avait l'habitude de parler tout seul. — Et ça ne vous a pas averti? dit madame Humbert. — Ma foi! non, répondit le valet de chambre, parce que je sortais précisément de chez un député qui passait toute sa journée à déclamer devant une grande glace posée en face d'une petite tribune qu'il avait fait faire dans son salon pour s'exercer à avoir de l'éloquence. — Il devait avoir l'air d'un fameux bobèche! reprit la garde-malade. — Bien au contraire, repartit le valet de chambre, c'est un avocat en grande réputation, et qui passe pour avoir plus d'esprit qu'il n'est gros. — C'est égal, ça doit être bien bête un homme qui est là en face d'un miroir et qui se fait des discours à lui-même.

Luizzi, qui voyait la conversation s'égarer loin de ce qui l'intéressait, voulut la ramener sur lui-même, et demanda encore une fois à boire.

— Est-il altéré ce soir! dit madame Humbert avec humeur. — Avec ça que la tisane que vous lui avez donnée a dû joliment le rafraîchir : elle est toute tombée dans les draps. — Tiens, c'est vrai, et j'ai oublié d'en faire d'autre; et maintenant voilà qu'il n'y a plus d'eau dans la bouilloire et qu'il faut que je rallume le feu. — Ne vous donnez pas la peine, madame Humbert, je m'en vais arranger cela. Où est le paquet qu'il faut mettre dedans? — A gauche, là, sur la cheminée, près de cette petite sonnette d'argent qui a une si drôle de forme.

Luizzi, à ce mot, souleva sa tête et aperçut son talisman. Le premier sentiment qu'il éprouva fut une vive satisfaction; mais peu à peu, en réfléchissant à la position où l'avaient conduit les confidences du Diable, il se promit bien de ne plus avoir recours à lui. Pendant que Pierre préparait la tisane et que madame Humbert continuait la dégustation de l'eau-de-vie brûlée, le cocher entra, portant d'une main un bocal de sangsues et de l'autre un énorme paquet de farine de graine de moutarde. Cette vue, mieux que toutes ses réflexions, inspira à Luizzi l'idée de se tenir en repos. Il frémit de penser qu'on allait lui appliquer de pareils topiques, et, pour que le désir de lui porter secours ne vînt pas à ces deux excellents serviteurs, l feignit de dormir. Pour rendre la comédie plus complète, il essaya même d'un léger ronflement.

— Hein! dit Pierre en se retournant. Dieu me damne! je crois qu'il râle. — Sûr, dit le cocher en s'avançant vers le lit. — Pas possible! dit madame Humbert en se soulevant à peine de son fauteuil. — Ça ne m'étonnerait pas, reprit Pierre qui vint à son tour examiner le malade, il y a plus de huit jours qu'il nous lanterne comme ça : tâtez-y donc un peu le pouls.

Madame Humbert se leva à son tour, mais l'eau-de-vie brûlée ayant agi plus qu'elle ne pensait, elle arriva en trébuchant, et, au lieu de prendre le poignet du malade pour y chercher le pouls qui battait encore vigoureusement, elle promena son doigt sur le dos de la main. Ne sentant point les pulsations de l'artère, elle répondit doctoralement :

— Ma foi, je crois que c'est fait. — *Requiescat in pace*, dit Pierre en lui jetant le drap sur le visage, j'ai mon beurre fait. — *De profundis*, répondit le cocher en nasillant, les chevaux ont mangé tout le foin et toute l'avoine. — Un moment, dit madame Humbert, je suis responsable; ne touchez pas aux effets, ça se reconnaît : l'argent comptant, je ne dis pas. — Y en a pas d'argent comptant, dit Pierre. — D'où le sais-tu? repartit le cocher; t'as donc visité les commodes et les secrétaires? — Je te dis que je sais qu'il n'y en a pas. — Bon, bon! fit le cocher, compte là-dessus; les commissaires de police ne sont pas faits rien que pour les chiens : tu vas me donner tout de suite ma part, ou je vais chez le magistrat et je babille. — Avise-t'en, et je te ferai demander si depuis six semaines les chevaux ont mangé six cents bottes de foin et vingt sacs d'avoine. — Pierre a raison, dit madame Humbert, il ne se mêle pas des affaires de l'écurie, ne vous mêlez pas des affaires de la chambre. — Combien qu'il vous donne donc de remise pour prendre ainsi son parti? — Rien du tout, entendez-vous bien; je suis une honnête femme, et je n'ai rien pris que ce que les malades m'ont donné, et monsieur Pierre est témoin que tout à l'heure le défunt m'a offert une demi-douzaine de couverts d'argent pour me récompenser des bons soins que je n'ai cessé de lui prodiguer. — C'est-il écrit quelque part? dit Louis. — Non, puisqu'il est toujours *hermétiquement* lié dans son lit. — Eh bien, repartit le cocher, si vous ne mangez jamais que dans cette argenterie-là, vous courez grand risque de vous servir votre soupe avec vos doigts. — C'est vrai tout de même, reprit Pierre; c'est bien fâcheux qu'on n'ait pas pu lui donner l'idée d'un testament à cet homme; je parie qu'il nous aurait fait des rentes à tous. — C'est possible, repartit Louis, il était un peu bête; mais ce qui est fait est fait, n'y pensons plus, et tâchons de nous arranger entre nous comme d'honnêtes gens que nous sommes. — Soit! dit Pierre, asseyons-nous là et parlons bas, il ne faut pas que le groom puisse nous entendre. — Ouiche! je l'ai laissé qui ronflait sur le canapé du salon, et, s'il s'éveille, ce ne sera pas pour venir nous déranger, mais pour aller se fourrer dans son lit. — Ferme toujours la double porte, reprit le valet de chambre, et assemblons-nous un peu en conseil.

Luizzi entendit, au mouvement des chaises, que les trois nobles interlocuteurs avaient pris place autour de la table, et le choc des verres lui apprit que l'exercice de l'eau-de-vie brûlée avait recommencé.

— Voyons, dit Louis, sois franc, Pierre : qu'est-ce que tu as trouvé dans le secrétaire? — Dix mille cinq cents francs, répondit le valet de chambre, et pas un sou de plus. — Parole d'honneur? — Parole d'honneur! Et toi, combien as-tu eu de l'avoine et du foin? Onze cent vingt-deux francs. — Ce n'est pas lourd, dit madame Humbert. — Dame! fit le cocher, chacun apporte ce qu'il a. — Ma foi, pour un homme riche à millions, reprit madame Humbert, vous ne ferez pas là un bien riche héritage. — Il est vrai de dire, repartit Louis, qu'un bon testament nous aurait mieux été. Est-ce qu'il n'y a pas moyen d'en avoir un? — Je ne sais pas assez bien écrire, reprit Pierre; d'ailleurs, Monsieur avait une écriture de pieds de mouche tout à fait drôle. — Est-ce que vous en avez par là? dit madame Humbert. — Je ne sais pas, répondit le valet de chambre; je n'ai jamais vu l'écriture de Monsieur que quand il me donnait des billets à porter. — Cré mâtin! dit Louis en frappant sur la table, que les gens instruits sont heureux! Penser que j'ai des gueux de parents qui ne m'ont pas seulement appris à écrire et que je manque peut-être ma fortune à cause de cela!

Malgré l'horreur que Luizzi éprouvait à entendre un pareil entretien, l'idée de ce testament lui donna une espérance. Au moment où le cocher frappa sur la table avec violence, il laissa échapper un long soupir, et les trois interlocuteurs épouvantés écoutèrent attentivement.

— Louis, Pierre! murmura doucement le baron. — Il n'est pas mort, se dirent tout bas les trois interlocuteurs; et Pierre, qui était le mieux assuré sur ses jambes, alla tirer le

drap du lit de dessus le visage de son maître.
— Ah! c'est toi, mon bon Pierre? dit Luizzi comme s'il revenait à lui; où suis-je donc, et que m'est-il arrivé?— Tiens! dit tout bas madame Humbert, on dirait que la raison lui est revenue. — Quelle est cette dame? demanda le baron en s'adressant à Pierre. — Je suis votre garde-malade, répondit madame Humbert en saluant. — Il y a donc bien longtemps que je suis en danger? repartit le baron.

Les domestiques se regardèrent entre eux, n'étant pas très-assurés que ce fût un véritable retour à la raison. Cependant Louis reprit:

— Voilà six semaines que vous êtes au lit, monsieur le baron. — Et depuis ce temps-là vous me veillez chaque nuit, mes enfants? — Ça, c'est vrai, dit Pierre; nous ne nous sommes guère couchés que le jour depuis votre maladie. — Vous recevrez la récompense de ce zèle, repartit Luizzi, soit que je guérisse, soit que je succombe, car je me sens bien faible. — J'ai été chercher des sangsues; si Monsieur en veut, ça le remettra peut-être? — Je crois que c'est inutile, dit Luizzi. Je voudrais avant toute chose pouvoir écrire un mot à mon notaire.

Les domestiques se regardèrent.

— Je ne crains pas la mort, reprit Luizzi; mais enfin on ne sait pas ce qui peut arriver, et il est nécessaire que je mette un peu d'ordre dans mes affaires. Je ne vous oublierai pas, mes enfants, je ne vous oublierai pas.

La ruse de Luizzi eut tout le succès possible, quelque grossière qu'elle fût, c'est qu'elle s'adressait directement à la cupidité, et il faut reconnaître que, si cette passion est l'une des plus ingénieuses à se créer des moyens d'arriver quand elle agit de son seul mouvement, elle est aussi la plus facile à se laisser prendre aux appâts les moins déguisés: c'est le propre de tous les instincts voraces, physiques et moraux. Le désir que le baron venait de témoigner fut rapidement accompli. Cependant il remarqua que Pierre et madame Humbert tenaient un conciliabule à voix basse, tandis que Louis lui donnait l'encre et le papier nécessaires. Une nouvelle frayeur saisit le baron. En effet, s'il faisait venir un notaire et lui confiait un testament, ne devait-il pas craindre qu'une fois persuadés qu'il renfermait des dispositions favorables pour eux, les misérables qui l'entouraient ne voulussent hâter le moment où ils pourraient en profiter? Et il s'arrêta pour chercher un moyen de prévenir ce nouveau danger.

— Monsieur le baron n'écrit pas? lui dit Louis en l'examinant. — Hé! comment veux-tu qu'il écrive? dit Pierre; tu sais bien qu'il n'a pas les mains libres.

Et aussitôt, s'étant approché, il écarta les couvertures et défit les liens qui attachaient les bras du baron. Luizzi tira ses mains de son lit avec une joie d'enfant; mais cette joie se calma aussitôt à l'aspect de l'horrible maigreur de ses bras. Le malade dont le visage dépérit de jour en jour et qui suit, dans un miroir, les ravages de sa maladie, se rend difficilement un compte exact de l'altération graduelle de ses traits; mais celui qui se voit tout à coup après un long espace de temps, et qui découvre l'état où le mal l'a réduit, celui-là éprouve le plus souvent une terreur qui lui est plus fatale que le mal même. Il en fut ainsi pour Luizzi. A peine eût-il vu ses bras, qu'il s'écria d'une voix épouvantée:

— Un miroir! donnez-moi un miroir!

La servilité obséquieuse qui avait fait place dans l'âme des domestiques à l'ignoble indifférence qu'ils montraient auparavant, ne résista pas à ce désir du baron: madame Humbert remit un miroir à Luizzi, et le posa sur son séant. Quand il se vit alors avec son visage pâle, sa barbe longue, ses cheveux en désordre, ses yeux hagards et brillants de fièvre, le nez pincé, les lèvres blanches, il

Ils s'approchèrent tous deux. — Page 195.

resta un moment immobile à se contempler. Ce prétendu courage, dont notre héros se croyait si bien pourvu, s'évanouit soudainement, et il s'écria en larmoyant :

— Ah! mon Dieu! mon Dieu! mon Dieu!

Puis, laissant échapper le miroir, il retomba sur son lit dans un état d'affaissement et de désespoir véritables, laissant couler de ses yeux de grosses larmes qu'il ne cachait pas à la curiosité avide de ses domestiques; car en ce moment la lâcheté avait vaincu la vanité, ce courage de la plupart des hommes. Il sembla que les bons serviteurs de Luizzi furent véritablement alarmés de ce spasme de faiblesse, car madame Humbert lui dit de la voix la plus douce possible :

— Est-ce que monsieur le baron ne veut pas écrire à son notaire? — Je suis donc bien mal? dit Luizzi en regardant la garde-malade d'un œil inquiet. — Non, Monsieur, non; mais les bonnes précautions sont excellentes à prendre, et toujours est-il qu'il vaut mieux mourir après s'être mis en règle avec les hommes et avec Dieu. — Avec Dieu ! repartit Luizzi en éclatant en larmes, avec Dieu ! moi, me reconcilier avec Dieu ! jamais, jamais ! l'enfer s'est emparé de moi, et... — Put ! voilà que ça le reprend, dit Pierre ; c'était une fausse joie. Voyons, il faut le rattacher.

— Oh ! reprit Luizzi presque en pleurant, ne me liez pas, je vous en prie : je ne dirai rien, je me tairai, mais ne me liez pas. Je vais écrire ; je vais écrire à mon notaire.

Cette nouvelle assurance fit encore son effet, et Luizzi prit la plume qu'on lui présentait. Mais il ne voyait pas le papier ; sa main ne savait plus conduire sa plume ; il put à peine tracer quelques mots, et, épuisé par ce dernier effort, il retomba sur son lit.

— Dépêche-toi, Louis, dit Pierre à voix basse ; il n'y a pas de temps à perdre.

Le cocher sortit rapidement et forma la porte avec bruit.

— Ne me laissez pas seul, dit Luizzi tremblant ; ne me laissez pas seul.

Pierre et madame Humbert s'assirent en silence à côté du lit, observant les moindres mouvements du malade, et s'empressant d'arranger son oreiller et de le placer le plus commodément possible. Tout le désordre de la chambre avait disparu, enlevé par Pierre, pendant que Luizzi écrivait ; de façon que, lorsqu'il regarda de nouveau autour de lui, il ne vit plus les traces de cette orgie nocturne dont il avait été le témoin. La tête affaiblie par la maladie et par le choc des vives impressions que lui avait causées la scène honteuse qui venait de se passer, il eut peine à garder une conscience exacte de tous ses souvenirs, et bientôt il en arriva à se demander si ce n'était pas encore un des rêves de son délire. Rassuré par ce doute, il se laissa aller à une somnolence fiévreuse, qui lui représentait tantôt sa maison au pillage, tantôt des myriades de sangsues le poursuivant de tous côtés. Enfin la lassitude l'emporta ; il s'endormit tout à fait et ne s'éveilla le lendemain que lorsque le jour commençait à se lever. Ce fut le bruit de la sonnette de son appartement, violemment agitée, qui l'arracha à son sommeil. Puis il vit entrer Pierre, qui dit tout bas à madame Humbert d'un ton affairé :

— Voici le notaire.

Louis entra un moment après, et madame Humbert leur dit à voix basse :

— Il dort.

Le baron résolut de profiter de l'erreur de ses domestiques pour s'assurer de la vérité de ce qui s'était passé durant la nuit. Il écouta donc ce qu'ils se disaient entre eux.

— Tu as été bien longtemps ? dit Pierre à Louis. — C'est que je n'ai pas trouvé le notaire chez lui ; on m'a dit qu'il était allé au concert dans le faubourg Saint-Germain, et il m'a fallu courir du boulevard à la rue de Babylone. Arrivé là, je l'ai fait demander ; mais un valet de pied m'a déclaré n'avoir pu le trouver dans les salons, et j'allais revenir, lorsqu'un cocher de mes amis, qui me demandait ce que j'étais venu chercher, m'a appris qu'il venait de voir partir la voiture du notaire et qu'il avait entendu donner l'ordre de le mener place Royale chez un de ses clients qui donnait un grand bal. J'ai couru jusque-là et je n'ai pas eu de peine à le faire demander, attendu qu'ils n'étaient plus que quatre ou cinq attablés à une partie d'écarté. Il m'a fallu attendre encore une grande heure et demie, parce que la partie était un peu chaude ; enfin je l'ai attrapé au passage et je vous l'amène en bas de soie et en claque. — C'est bon, dit Pierre ; pourvu que le baron ne soit pas retombé, c'est tout ce qu'il faut. — S'est-il aperçu de quelque chose ? reprit Louis. — De rien, repartit le valet de chambre ; il a cru que nous étions en train de le veiller.

A ce moment un bruit de voix se fit entendre dans le salon, et le docteur Crostencoupe entra, suivi du notaire Bachelin.

— Je vous dis que c'est impossible, disait

le docteur d'un ton impératif; ces imbéciles auront pris un moment de folie tranquille pour un retour à la raison, il y a encéphalite aiguë et persistante, nous sommes bien loin d'une guérison. — Diable! répondit alors le notaire, ce n'était pas la peine de me déranger et de me faire lever à une pareille heure. Quand on a veillé une partie de la nuit pour ses affaires, il n'est pas agréable de se lever au point du jour. — Vous avez parfaitement raison, repartit le médecin; mais votre présence ici est, je le crois, très-inutile. — J'en serais désolé, dit le notaire; voyons cependant monsieur de Luizzi, et assurons-nous de son état.

Ils s'approchèrent tous deux, et Luizzi ouvrit les yeux pour voir le médecin à qui il était confié. C'était un homme d'une taille très-élevée, le front chauve, quoiqu'il ne parût pas d'un âge très-avancé, mis avec une élégance particulière, et portant sa tête d'une façon théâtrale. Il se posa au pied du lit du baron, et, le regardant fixement avec un léger froncement de sourcils, il tendit le doigt vers lui et dit d'une façon toute doctorale:

— Voyez! les traits sont saillants, la face est pourpre et vultueuse, les yeux sont rouges et animés; le globe de l'œil est en rotation, le mouvement respiratoire est irrégulier et tremblotant, la peau est halitueuse, la maladie n'a pas diminué d'intensité. — Je crois que vous vous trompez, docteur, reprit doucement le baron. — Voyez, repartit monsieur Crostencoupe en souriant, il y a encore délire; il dit que je me trompe. — Je vous jure, docteur, reprit Luizzi, que j'ai toutes mes facultés; et la meilleure preuve que je puisse vous en donner, c'est que voici les raisons qui m'ont fait appeler mon notaire.

Aussitôt le baron se mit à raconter au médecin la manière dont il était soigné par ses domestiques et leurs projets en cas de mort.

— Dieu de Dieu! s'écria madame Humbert, en voilà-t-il une lubie! J'ai passé la nuit tranquillement toute seule à côté de lui, et j'ai été obligée d'aller éveiller Louis qui dormait dans l'antichambre. — Une preuve, reprit Pierre d'un air courroucé, c'est qu'on n'a qu'à voir dans le secrétaire et dans les armoires s'il manque quelque chose. — C'est bon, c'est bon, dit monsieur Crostencoupe; vous n'avez pas besoin de vous défendre: il est bien certain que la folie continue. — Mais c'est vous qui êtes fou! s'écria Luizzi furieux en se levant sur son séant. — Comment, vous l'avez détaché? reprit vivement le docteur en voyant ce mouvement violent. — Dame! il a bien fallu pour qu'il pût écrire à monsieur le notaire, repartit madame Humbert. — Allons, remettez-lui ses liens, dit le docteur. — Ne vous en avisez pas, misérables! cria Luizzi avec une fureur croissante. — Dépêchons, dépêchons, reprit le médecin, ne faites nulle attention à ses cris. — Qu'est-ce qu'il y a? qu'est-ce qu'il y a? dit le notaire en s'éveillant en sursaut; car, fatigué de la nuit qu'il venait de passer à ce qu'il appelait ses affaires, il s'était assis sur un fauteuil et s'était laissé gagner par le sommeil pendant le récit de Luizzi. — Mon Dieu! repartit le médecin, le délire le reprend avec plus de violence que jamais. — Monsieur Bachelin, criait Luizzi, venez à mon aide: c'est un assassinat prémédité. — Vous l'entendez, reprit le docteur, la folie est complète. — Envoyez-moi un autre médecin, disait Luizzi, je ne connais pas celui-là; c'est un intrigant, un misérable; je suis dans les mains de gens qui spéculent sur ma mort. — Attachez-le plus solidement que jamais, disait le docteur, tandis que le baron se défendait le mieux qu'il pouvait.

Enfin, épuisé de force, suffoquant de rage, il tomba affaissé et haletant sur son lit.

— Pauvre homme! dit le notaire en le regardant, lui que j'ai vu si fort et si gaillard! Ce sera un bel héritage pour les Crancé. — Jamais, reprit Luizzi, ma fortune n'ira à une famille à laquelle appartient l'infâme madame de Fantan. — Bon! le voilà tout à fait reparti, dit le médecin. Eloignez-vous, Monsieur; l'idée d'un testament ne peut que l'exaspérer encore plus.

Le notaire jeta en partant un regard de pitié sur le malheureux Luizzi et emporta sa dernière espérance. Dès que le médecin fut seul, il reprit en s'adressant à madame Humbert :

— Voyons, quel a été cette nuit l'effet des sangsues et des sinapismes? — Je ne les ai pas appliqués, la nuit ayant été très-calme. — C'est peu probable, jamais le pouls n'a été si agité. Vous allez les lui appliquer immédiatement. Vous pourrez en mettre cent. — Très-bien, dit madame Humbert. — Je reviendrai ce soir, reprit le docteur, voir où nous en sommes.

Et il sortit aussitôt. Dès qu'il ne fut plus dans la chambre, les trois domestiques se regardèrent en face et semblèrent s'interroger; mais, sur un signe de Pierre, ils sortirent à leur tour et laissèrent Luizzi seul. Le malheureux baron resta donc en présence de ses réflexions. Il était entre les mains d'un bourreau ignorant qui devait le tuer de toute nécessité par ses remèdes, et au pouvoir de domestiques dont il avait dévoilé les coupables projets sans persuader personne, et qui avaient un intérêt certain à ce qu'il ne se rétablît point pour éviter le châtiment qu'il pourrait vouloir leur infliger. Luizzi se sentit perdu. Il n'avait nul moyen de prévenir ses amis, et d'ailleurs pouvait-il dire qu'il eût des amis? C'en était fait de lui, sans doute. Ses domestiques tenaient un conciliabule dans l'antichambre pour consommer un crime devenu nécessaire. Que faire? que devenir? à qui s'adresser? au Diable? Luizzi recula encore devant l'idée de se remettre en rapport avec cet agent infernal : n'était-ce pas lui qui l'avait mis dans l'épouvantable position où il se trouvait? Peut-être Satan ne l'en retirerait-il que pour le plonger dans une position plus abominable! Cependant c'était sa seule ressource, et dans l'abandon où il se trouvait de tout secours humain, le baron appela Satan. Mais Satan ne parut pas, et Luizzi reconnut que cette espérance encore lui était enlevée. En effet, la sonnette souveraine était hors de sa portée, et il n'avait pas plus de moyen de faire obéir son esclave infernal que ses domestiques humains. Grâce à cette impossibilité, l'espoir que Luizzi avait mis dans Satan en désespoir de tout autre, lui parut un moyen assuré de salut qui lui était enlevé, et il le désira d'autant plus ardemment qu'il ne pouvait plus en user; il déplora amèrement de n'avoir pas profité des moments où ses domestiques lui obéissaient pour demander son talisman, et il s'écria dans un mouvement de rage :

— Oh! je donnerais dix ans de ma vie pour avoir cette sonnette! — Vrai? dit le Diable en paraissant soudainement au pied de son lit. — Ah! c'est toi, Satan? lui dit Luizzi, délivre-moi, sauve-moi. — Et tu me donneras dix ans de ta vie? — Ne m'en as-tu pas déjà assez pris? — Pas assez, puisque tu as fait tant de sottises. — C'est toi, infâme qui m'y as poussé. — En t'obéissant. — En me cachant la vérité. — En te la disant. Seulement, baron, sache bien une chose, c'est que celui qui a fait ce monde est un habile ouvrier; quand il a mis aux yeux des hommes des paupières, ç'a été pour qu'ils ne devinssent pas aveugles sous l'éblouissante clarté du soleil; quand il leur a donné l'ignorance, l'erreur, la crédulité, ç'a été pour qu'ils ne devinssent pas idiots et fous devant la foudroyante lueur de la vérité. — S'il en est ainsi, je n'ai donc plus rien à te demander? — Cela te regarde. — Puis-je me sauver de la position où je suis? — Tu le peux. — Eh bien! rends-moi seulement cette sonnette. — Non, parbleu! c'est du bon temps que je prends, je suis libre. — Pourquoi donc es-tu venu? — Parce que tu m'offrais un marché avantageux. — Je ne veux pas l'accomplir. — Tu en es le maître.

— Dix ans de ma vie! dit Luizzi douloureusement, jamais! — A quoi donc t'a-t-elle servi, pour que tu y tiennes tant? — C'est précisément parce qu'elle ne m'a servi à rien que je veux ménager ce qui m'en reste. — Eh bien! reprit le Diable, en échange de ce mot-là, je te donnerai un conseil. Tu viens de dire la plus haute des vérités : l'homme ne tient tant à sa vie que parce qu'il en a fait un mauvais ou un ennuyeux emploi; il croit sans cesse que le lendemain lui donnera ce qu'il a laissé échapper la veille, et il court toujours après une chose qu'il a toujours laissée derrière lui. — Tu n'es pas changé, maître Satan, et tu fais toujours de la morale. Quel est ce conseil que tu veux me donner? — Marie-toi, lui dit le Diable. — Moi? s'écria Luizzi. — Vois, mon maître; si tu n'étais pas seul en ce moment, rien ne serait de tout ce qui t'arrive. — C'est un piége que tu me tends. — C'est un marché que je te propose. Prends une femme, je te tire de ton lit sans te demander rien. — Une femme de ta main, ce serait un triste présent. — Tu choisiras, je ne m'en mêlerai pas le moins du monde. — Tu sais que je choisirai mal. — Foi de Satan! je n'y ai pas regardé, mais j'ai la chance pour moi. Tu es vain, tu es faible, tu es riche, tu tomberas sur quelque intrigante. — Et quel est le délai que tu m'imposes? — Six mois. — Et si au bout de ce temps je n'ai pas choisi? — J'aurai dix ans de ta vie. — Mais si je me marie, quel profit en retireras-tu? — C'est ma liberté que j'achète, dit Satan en riant; ta femme te donnera assez à faire pour que tu ne t'occupes plus de moi. Tu es vain, tu la prendras jolie, par conséquent tu seras jaloux : énorme occupation; tu es faible, c'est-à-dire que tu seras le serviteur de tous ses caprices; tu es riche, cela lui donnera le droit d'en avoir assez pour que tu n'aies pas de temps à perdre avec moi. — Tu profites de tes avantages, Satan; tu n'oserais me parler ainsi si j'avais ma sonnette. — Tu vois bien que je ne suis pas si diable qu'on le dit, puisque j'agis comme un homme. — Ton conseil, j'en suis sûr, est une perfidie. — Saint Paul a dit : *Melius es nubere quam uri*, il vaut mieux se marier qu'être brûlé. — Mais enfin, dois-je périr ici? — Qui sait? — Tu veux être trop fin, Satan, reprit Luizzi en riant; je t'ai pris à ton propre piége; tu m'as demandé dix ans de ma vie, c'est que j'ai encore dix ans à vivre. — Oui! mais de quelle manière? Tu es entre les mains d'un médecin qui te croit fou. — Il faudra bien qu'il reconnaisse le contraire. — Crois-tu qu'Henriette Buré soit folle? — Plaît-il! s'écria Luizzi; et tu penses que je pourrais aller finir mes jours dans une maison d'aliénés? — Il y en a de plus raisonnables que toi qui y sont morts. — Tu calomnies la société, Satan. — Je t'en ferai juge un jour. — Quand cela? — Peut-être demain, peut-être dans dix ans : cela va dépendre de la résolution que tu prendras. — Mais enfin ne peux-tu me dire une seule chose? La honteuse scène que j'ai vue cette nuit était-elle vraie, ou bien était-ce l'effet de mon délire? — Tu as bien vu, tu as bien entendu. — Cela fait lever le cœur, dit Luizzi. — C'est que tu es malade, baron, et que tu as le goût dépravé. — Prêcheur de vice, oserais-tu le défendre même sous cette ignoble forme? reprit le baron. — Bon! fit le Diable, je laisse faire à la bonne compagnie. — A la bonne compagnie? — A la meilleure et à la plus bégueule, mon cher, reprit le Diable en soufflant du bout des lèvres comme s'il eût été assailli par une mauvaise odeur; seulement tu as eu en action l'avant-goût d'une littérature qui fera fureur dans quelques années. — En France? demanda Luizzi, chez le peuple le plus élégant et le plus spirituel du monde? — Oui, mon maître, chez le peuple le plus élégant et le plus spirituel. Il se créera bientôt une littérature consacrée à l'histoire de la loge, de la mansarde, du cabaret; les héros en seront des portiers, des marchands d'habits, des revendeuses à la toilette; la langue sera un argot honteux; les mœurs, des vices de bas étage; les portraits, des caricatures stupides... — Et tu crois qu'on lira de pareils ouvrages? — On les dévorera, grandes dames et grisettes, magistrats et commis d'agent de change. — Et l'on estimera de pareilles productions? — Je n'ai pas dit cette bêtise. Il en sera de cette littérature comme d'une femme galante, on la méprise et on court après elle. — C'est bien différent. — C'est absolument la même chose, baron; c'est le privilége des plaisirs faciles. Pour se plaire à l'amour d'une femme distinguée, il faut de la hauteur dans le cœur et dans les idées; il faut savoir trouver son bonheur dans un mot, dans un regard, dans un geste, dans quelque chose de délicat et de voilé, de saint et de grave. Avec une fille de joie, au contraire, le plaisir vient au galop, bien franc, bien ouvert, bien débraillé; on n'a aucune peine à le poursuivre, il se jette à votre cou, il vous excite, il vous entraine, il vous égare. Le lendemain au matin on en rougit, le soir on recommence. Il en est de même en littérature : on ne racontera pas à tout venant qu'on a été dans un mauvais livre, mais on y va. — Et des scènes pareilles à celles que j'ai vues pourront y prendre place? — Ne dois-tu pas écrire mes mémoires? — Et tu veux qu'un pareil tableau s'y trouve? — Pourquoi non? Crois-tu qu'à la distance où je suis de l'humanité je fasse beaucoup de différence entre les vices d'un grand seigneur et ceux d'un manant? Crois-tu que, pour celui qui voit l'homme à nu, l'habit qui recouvre ses difformités soit une chose importante? Tu as vu la cupidité dans sa plus basse expression, veux-tu la voir dans ce qu'on appelle le monde? — Qu'entends-tu par le monde? — Oh! il y en a de bien des étages; mais je n'y ai jamais vu de différence que dans la tenue et le mystère. — C'est-à-dire qu'il y a plus d'hypocrisie en haut qu'en bas; ce n'est qu'un vice de plus. — Mon bon ami, dit Satan, l'hypocrisie, à la bien prendre, est le grand lien social de l'humanité. — Plaît-il? fit Luizzi. — Ecoute, baron! Dans une ville où règne la peste, si une administration imprévoyante laissait encombrer les rues de malades et de cadavres, si elle laissait l'air se corrompre et les imaginations s'épouvanter, il n'est pas douteux qu'en peu de temps le fléau gagnerait les trois quarts de la population : mais si au contraire elle fait disparaître toutes les traces de la maladie, si les moribonds sont cachés dans des hôpitaux et les victimes enlevées rapidement, l'épidémie se réduit à ses propres forces. Il en est du vice comme de la peste. Il a ses miasmes qui corrompent l'air moral; c'est ce que vous appelez le mauvais exemple. Ne blâme donc pas l'hypocrisie qui recouvre les plaies de l'humanité : c'est la salubrité morale de la société. — Et qu'est-ce donc que la vertu? — La vertu, mon maître, c'est la santé. — Où est-elle? — Cherche. — Et comment puis-je la découvrir d'après ce que tu viens de me dire? qui m'assurera que l'hypocrisie, cet habit trompeur, ne cache pas d'affreuses maladies? — Regarde sous les vêtements. — C'est-à-dire qu'il faut que j'écoute les histoires que tu me raconteras? Je n'y ai vu que des crimes. — Ce n'est pas moi qui ai choisi les sujets. — Mais si par hasard je rencontrais un être pur, ne le salirais-tu pas par tes récits? — Je ne mens ni ne calomnie, c'est l'arme des faibles et des lâches. — Puisqu'il en est ainsi, maître Satan, puisque j'ai la certitude de savoir la vérité sur toute femme que je rencontrerai, j'accepte le marché que tu m'as proposé, mais à une condition, c'est que j'aurai deux ans pour faire un choix. — Deux ans, soit! repartit le Diable. — C'est convenu? — Convenu. — Alors guéris-moi. — Je n'y puis rien, repartit Satan. Je ne touche point aux choses matérielles de ce monde, tu le sais bien. — Alors tu m'as donc trompé? — Tu es toujours le même : défiant, parce que tu es faux. Va; dans trois semaines tu

seras aussi bien portant que tu peux l'être.
— Et comment? dit Luizzi.
Le Diable n'y était plus.

XXV

UNE BELLE CURE.

Luizzi se trouva fort désappointé de la subite disparition de Satan ; mais, rassuré par ses promesses, il considéra sa position d'un esprit plus calme et finit par comprendre qu'elle n'était pas aussi désespérée qu'il se l'était imaginé. C'est que l'effroi lui avait fait voir des monstres dans les obstacles qu'il avait à vaincre. Un moment après, madame Humbert rentra; mais, au lieu de l'énorme bocal de sangsues, de la provision de farine de graine de moutarde qu'il s'attendait à voir entre les mains de la matrone, il s'aperçut qu'elle portait un petit plateau sur lequel se trouvaient une tasse de bouillon et un verre d'excellent vin. Nous avons dit que Luizzi s'était réveillé avec un terrible appétit. L'aspect du bouillon irrita vivement cet appétit, et la faim suggéra au baron l'idée de séduire en secret madame Humbert et de la détacher du complot de ses domestiques : tant il est vrai que l'estomac est le siége du génie dans la plupart des hommes ! Il appela madame Humbert et lui dit :

— Est-ce pour moi que vous apportez cet excellent déjeuner? — Pour vous, Monsieur? oh! non, vous êtes trop malade pour rien prendre. — Allez-vous recommencer à me traiter comme si j'étais fou? — Seigneur Dieu ! reprit madame Humbert ; je sais bien que Monsieur le baron a toute sa raison, mais il n'en est pas moins vrai que je ne puis pas me permettre de lui donner à manger. Mon devoir est d'accomplir les ordres du médecin. — Sans doute, dit Luizzi, mais ce n'est pas votre intérêt. — Ce n'est pas l'intérêt qui me dirige, monsieur le baron. — Tant pis! parce que si vous aviez voulu me donner ce bouillon, je vous l'aurais payé comme de l'or potable. — Et si le docteur Crostencoupe venait à le savoir ? — Je le mettrais à la porte, s'il se fâchait. — C'est-à-dire qu'il me mettrait à la porte, moi, et qu'il placerait auprès de vous quelque vieille méchante garde-malade qui ferait tout ce qu'il veut. — Vous avez raison, madame Humbert, je ne lui dirai rien. Voyons ce bouillon.

Madame Humbert le remua dans la tasse et dit encore :

— C'est qu'il faudrait lui dire aussi que vous avez pris tous les remèdes. — Je le lui dirai madame Humbert. Donnez-moi ce bouillon.

Elle prit la tasse et s'approcha du lit.

Il y a aussi Pierre et Louis qui pourraient lui rapporter que vous ne suivez pas les ordonnances, repartit madame Humbert d'un air embarrassé ; et elle replaça le bouillon sur le plateau. — Je pardonne à Pierre et à Louis s'ils veulent me garder le secret; mais donnez-moi ce bouillon. — Buvez doucement, au moins. — C'est bien, c'est bien. — Attendez que je défasse les courroies qui vous attachent. — A la bonne heure, madame Humbert, vous êtes une brave femme.

Luizzi avala le bouillon, et se trouva si réconforté que l'espérance lui revint au cœur en même temps que la chaleur à l'estomac. Vers le soir le docteur Crostencoupe arriva, et demanda si on avait exactement suivi ses ordonnances.

— Ah! docteur, reprit Luizzi, que j'ai éprouvé une étrange chose aujourd'hui ! Imaginez-vous qu'il m'a semblé qu'un voile descendait de mes yeux. Je souffrais d'horribles piqûres sur la poitrine et des cuissons brûlantes aux cuisses. — Bon ! dit le docteur en fronçant le sourcil, les sangsues et les sinapismes. Après? — Après, docteur? à mesure que cette douleur augmentait, je sentais ma tête se dégager, et bientôt il m'a semblé sortir d'une nuit profonde. — Enfin !

s'écria le docteur Crostencoupe, vous êtes sauvé, monsieur le baron ! Il ne s'agit plus que de persévérer dans les mêmes voies ; encore deux cents sangsues et quinze applications sinapisées, et vous serez en état de monter à cheval. — Je l'espère, docteur, dit Luizzi. — Mais ce que je vous recommande surtout, c'est la diète la plus exacte. — Comment, docteur, pas le moindre aliment ? — Pas un verre d'eau sucrée. La plus legère nourriture, c'est la mort. — La mort ? dit Luizzi alarmé. — La mort immédiate et foudroyante. — Bah! fit le baron d'un air railleur. — Nouvelle congestion au cerveau, délire, frénésie, ramollissement du cervelet, coma et mort. — O Molière ! pensa Luizzi. — Vous m'entendez bien, madame Humbert ? dit le docteur Crostencoupe. — Sans doute, sans doute, monsieur le docteur. — A demain.

Et il sortit. Le lendemain matin il arriva, apportant une énorme boîte de pastilles et une bouteille cachetée, qu'il déposa sur le lit du malade.

— Voici, dit-il, qui doit compléter votre guérison. Vous prendrez une de ces pastilles d'heure en heure, et, dans l'intervalle, vous ne manquerez pas de boire une cuillerée à café de cette liqueur. — Je le ferai, docteur, je vous assure.

M. Crostencoupe sortit, et immédiatement après madame Humbert apporta un bouillon à Luizzi, qui le prit avec la joie d'un enfant.

Huit jours se passèrent ainsi, pendant lesquels le docteur ne manquait pas de faire une visite tous les matins et une visite tous les soirs, et recommandait l'usage exact de ses pilules et de son julep, qu'on jetait exactement d'heure en heure par la fenêtre. Le baron assurait qu'il se trouvait trop bien de ce régime pour y manquer. Toutefois, au bout d'une semaine, il se hasarda à demander au docteur la permission de prendre un peu de bouillon.

— Du bouillon ! repartit le docteur, du bouillon ! vous voulez donc détruire l'effet de tous mes soins ? du bouillon ! prenez de l'arsenic, ce sera plutôt fait. — C'est que, voyez-vous, docteur, reprit Luizzi en souriant, voilà huit jours que j'en prends. — Bah ! fit le docteur, sans trop d'étonnement.

Il réfléchit à part :

— Je comprends, les pilules et le sirop ont prévenu l'effet de cette détestable nourriture. Je suis ravi de ce que vous me dites, cela prouve qu'elles sont encore plus souveraines que je ne le croyais. — Ainsi, je puis continuer le bouillon ? — Oui, mais en le coupant de beaucoup d'eau et en doublant la dose des pilules et du sirop. — Je n'oublierai pas, dit Luizzi.

A peine le médecin fut-il sorti, que le baron cria d'une voix triomphante :

— Madame Humbert, faites-moi cuire une côtelette et jetez toutes les heures deux pilules et deux cuillerées de sirop par la fenêtre. Il faut que le docteur ait son compte.

M. le docteur Crostencoupe revint le lendemain, et, sur l'assurance qu'on avait avalé double ration de pilules et de sirop, il admira combien le malade revenait à vue d'œil.

Au bout d'une semaine, Luizzi recommença la même comédie.

— Docteur, lui dit-il, il me semble qu'il serait peut-être temps de me permettre une côtelette ou une aile de volaille ? — Ah ! ah ! pour cette fois, non, monsieur le baron. Soumettre l'estomac à une digestion pénible, porter le désordre dans les papilles nerveuses de l'estomac, qui ont un rapport si direct avec le cerveau, ce serait vouloir ramener toutes les fureurs de la maladie. — Vous croyez ? — J'en suis sûr. Ceci, voyez-vous, est à la portée du praticien le plus vulgaire ; c'est le pont aux ânes de la médecine. — Eh bien ! je vous dirai, docteur, que depuis huit jours je mange ma côtelette tous les matins. — Prodigieux ! s'écria Crostencoupe en se reculant. Et vous n'avez rien éprouvé ? — Rien qu'un bien-être charmant. — Admirable ! Pas de gêne dans les idées ?

Rien ne parut sur son visage. — Page 20?.

— Non. — Point de tintements d'oreilles? — Non. — Point de vertiges? — Non, rien, absolument rien. — Ah! je n'aurais pu y croire. — A quoi? — A l'invincible puissance de mon sirop et de mes pastilles. Voyez, baron, malgré les imprudences que vous avez commises, vous voilà presque guéri. Doublez la dose : quatre pastilles par heure et deux larges cuillerées à bouche de sirop. — Et je pourrai continuer ma côtelette? — Hum! pour ceci, je ne sais pas. — Les pastilles sont si puissantes! — Une demi-côtelette. — Le sirop est si souverain! — Eh bien! la côtelette, va pour la côtelette.

Puis il appela :

— Madame Humbert, écoutez : je vous rends responsable de la vie de monsieur le baron. Je lui ai permis une côtelette, une côtelette maigre s'entend, et bien cuite; veillez à ce qu'on ne passe pas l'ordonnance d'une bouchée de pain. Pas de crudité surtout, pas de crudité ! — Certainement, monsieur le docteur.

Crostencoupe sortit, et Luizzi, rejetant ses couvertures et se levant, s'écria :

— Madame Humbert, il me faut un dîner à trois services, et surtout une salade et des artichauts à la poivrade. — Ah ! monsieur le baron, faites donc attention ! dit la garde-malade en baissant les yeux et en rougissant. — Bon, dit Luizzi, est-ce la simplicité de ma toilette qui vous épouvante ? Il me semble que cela n'a rien de nouveau pour vous. — Rien de nouveau, monsieur le baron, fit madame Humbert avec un sourire, un hochement de tête et un regard de satisfaction inouïs.

Le baron embrassa madame Humbert. Pierre entra. Cela fit penser au baron que, dans son délire de bonne santé, il se faisait le rival de son valet de chambre. Il en fut humilié, et redevint impérieux vis-à-vis de lui.

— Il paraît que monsieur est tout à fait guéri ? dit Pierre.

On lui servit à dîner, et il mangea admirablement. Huit jours encore se passèrent ainsi. Un matin que le docteur le trouva levé, il lui dit en souriant :

— Hé ! hé ! monsieur le baron, je pense que vous reconnaissez le bon effet de la précaution que j'ai prise en vous interdisant de manger autre chose qu'une petite côtelette ?

— Allons donc, docteur ! voilà huit jours que je me bourre d'excellents ragoûts et de toutes sortes de crudités. — Inouï ! inouï ! inouï ! s'écria le docteur en parcourant la chambre à grands pas ; c'est une conclusion admirable à ajouter à mon mémoire. Oui, reprit-il en tirant un manuscrit de sa poche, voici un mémoire qui fera ma gloire et ma fortune : c'est l'historique de votre maladie et de votre guérison. Je l'envoie demain à l'Académie des sciences ; il est impossible qu'elle ne soit pas frappée des prodigieux résultats de mon traitement au milieu des dangers que le malade semblait créer à plaisir. Car vous avoir guéri si vous aviez exactement suivi mes ordonnances, c'était tout simple ; mais vous avoir guéri malgré cette infraction incessante au régime prescrit, c'est la preuve la plus manifeste de l'excellentissime effet de mes pilules et de mon julep. Ils passeront à la postérité, monsieur le baron ! pilules de Crostencoupe ! sirop de Costencoup ! demain je les ferai annoncer dans tous les journaux. Vous me permettrez de citer votre nom, monsieur le baron ? c'est le seul salaire que je vous demande. — Faites, docteur, dit le baron en riant ; je serai ravi de savoir l'opinion de l'Académie des sciences sur ce médicament. — Alors, monsieur le baron, je vais mettre la dernière main à ce mémoire. J'aurai l'honneur de vous le lire. Je suis sûr de vous trouver chez vous, car vous ne sortez pas encore. — Comment ! dit le baron, je ne puis pas sortir ? Cependant, si je prenais huit pilules ? — Vous pouvez en prendre huit, mais je vous défends de sortir.

Aussitôt que le docteur fut sorti, le baron ouvrit sa fenêtre, jeta la boîte aux pilules et toutes les bouteilles de sirop par la fenêtre, et cria d'une voix de stentor :

— Louis, mettez les chevaux.

Puis, dans sa joie, il prit sa sonnette pour sonner son valet de chambre ; le Diable parut.

— Qui t'appelle ? dit le baron. — C'est toi. — En effet, reprit Luizzi, tu as raison : dans mon empressement, je me suis trompé de sonnette. — Eh bien ! dit le Diable, que penses-tu de ton médecin ? — Je n'aurais pas cru, dit Luizzi, que la médecine fût une sotte chose. — Ton valet de chambre a raison, tu es tout à fait guéri, te voilà redevenu suffisant. — En quoi ? — Je t'ai demandé ce que tu pensais de ton médecin, et non pas de la médecine. Du reste, la sottise humaine est partout la même, elle étend toujours aux choses les torts des individus, à la religion les fautes des prêtres, à la loi l'erreur des magistrats, à la science l'ignorance de ses adeptes. — C'est possible, dit Luizzi avec impatience ; mais je n'ai nulle envie d'un sermon. — Aimes-tu mieux une histoire ? — Encore moins, pour le moment s'entend ; car tu sais ce que tu m'as promis, et, si par hasard je rencontrais une femme pure et noble, tu sais que tu dois me dire la vérité sur son compte. — Je le ferai. — Es-tu bien sûr de le pouvoir ? — Enfant ! dit le Diable avec une rage jalouse et mélancolique, crois-tu que je ne connaisse pas les anges ? Oublies-tu que j'ai habité le ciel ? — Ainsi à ton compte une femme noble et pure c'est le ciel ? Où la trouverai-je ? — Cherche, reprit le Diable en ricanant ; cherche, mon maître, et n'oublie pas que tu n'as plus que deux ans. — N'oublie pas non plus que j'ai ressaisi mon talisman. — J'ai meilleure mémoire que toi, repartit Satan, car j'ai tenu ma parole, je t'ai rendu la santé. — Toi ? ne m'as-tu pas refusé de te mêler de ma guérison ? — Matériellement oui, mais moralement... — Et comment cela ? — Avec une mauvaise pensée. J'ai inspiré à madame Humbert le projet de te rendre ton délire en te donnant à manger, et je t'ai laissé le désir de désobéir à ton médecin. — Tu donnes à toutes choses une horrible explication : j'avais oublié l'infamie de ces valets. — Les crois-tu beaucoup au-dessous de toi pour t'avoir voulu perdre dans leur intérêt, toi qui pour une seconde de rire vas laisser un empirique s'appuyer de ton nom pour vendre un poison public ? — Je les chasserai. — Baron, baron ! fit Satan, tu feras bien ; car tu as pleuré devant eux, tu as fait avec eux des niches d'écolier à ton médecin, tu as joué au plus habile avec eux, et ils te méprisent. — Le mépris de mes valets ! s'écria Luizzi furieux. — Baron, reprit le Diable en riant, c'est celui qu'on a toujours le premier, il ne précède que de peu celui du monde. — Ainsi... ?

Le Diable sortit, en jetant un regard moqueur sur le baron. Un quart d'heure après, Luizzi parut en brillant équipage dans les Champs-Élysées. Il faisait un jour de printemps chaud et languissant : il trouva tous ses amis, les uns en voiture, les autres à cheval, mais aucun ne voulut le reconnaître. Madame de Marignon, entre autres, qui passa en calèche découverte avec M. de Mareuilles, détourna visiblement la tête. Le baron rentra chez lui furieux et décidé à se venger. Alors la pensée lui vint pour la première fois de demander la liste des personnes qui étaient venues s'informer de lui. Il ne trouva que deux noms, ceux de Ganguernet et de madame de Marignon.

AMOUR PLATONIQUE.

XXVI

UN MARQUIS.

Quand Luizzi vit ces deux noms, il demeura étourdi de ce qu'ils se trouvaient sur sa liste et de ce que tant d'autres y manquaient ; l'absence de celui de M. de Mareuilles ne lui permit pas de douter qu'il ne fût de moitié dans l'insolence de madame de Marignon, et il chercha un moyen de les en punir. L'homme livré à lui-même ne manque pas de mauvaises pensées, celui qui se trouve en commerce avec Satan doit en être gorgé. M. de Mareuilles devait épouser mademoiselle de Marignon : n'y avait-t-il pas moyen de lui voler sa femme ? Luizzi y pensa longtemps, mais il n'avait guère d'autre moyen d'opérer cet enlèvement qu'en se mettant lui-même sur les rangs pour épouser ; et, malgré la nécessité où il se trouvait de prendre femme dans le délai de deux ans, il n'était nullement tenté de tourner ses vues du côté d'un monde où il avait découvert tant de crimes. L'imagination n'était pas le côté brillant du baron, et probablement il en serait resté sur son projet de méchanceté sans trouver aucun moyen de l'accomplir, lorsqu'on lui annonça la visite de M. Ganguernet.

— Eh! bonjour, baron, fit le farceur du bout du salon. Que m'a-t-on dit? que vous aviez été malade? vous voilà rose et frais comme une pomme d'api! — Oui, je suis tout à fait rétabli. — Eh bien! que dites-vous de Paris, mon cher? quelle ville, quel peuple dans les rues! quel brouhaha! C'est un pays de dieux. — Et de déesses aussi, n'est-ce pas, monsieur Ganguernet? — Ah! baron, les femmes y sont froidasses en diable. Elles n'ont pas cet œil noir, cette tournure qui dit Suis-moi! de nos grisettes de Toulouse. — Et qu'êtes-vous venu faire dans la capitale? — Comment! fit Ganguernet, je ne vous l'ai pas dit? je viens pour un mariage. — Vous aussi! reprit Luizzi imprudemment. — Bon! vous vous mariez, et avec qui? — Avec une femme accomplie. Et vous? — Moi, je ne vous ai pas dit que je venais pour me marier. Je viens pour un mariage, mais c'est pour celui de monsieur mon fils. — Votre fils, à vous? je n'ai jamais entendu parler de madame Ganguernet.

Le farceur sourit et répondit :

— Je ne pouvais pas épouser une femme en puissance de mari. — Encore! s'écria le baron avec dégoût; de façon que votre fils porte un nom qui ne lui appartient pas? — Je vous demande bien pardon; il lui appartient, car il l'a payé. — Comment! il a acheté un nom? — Pas très-cher; c'est un rusé compère, je vous jure. Connaissez-vous une pièce de M. Picard appelée l'*Enfant Trouvé*? — Oui, je crois l'avoir vu représenter il y a peu de temps. — Eh bien! monsieur mon fils a mis la pièce en action. C'est un beau gaillard, qui a assez longtemps joué les Ellévious en province. Il a fait fureur parmi les femmes. Se trouvant sans engagement, il est venu à Paris, après avoir passé par Toulouse, où nous avons fait de fameuses bombances ensemble. Il était à peine parti que je reçois une lettre d'un vieux farceur d'ami, un ancien militaire de l'empire, qui était à Toulouse avec le maréchal Soult. Il m'invitait à venir me regoberger dans son château du Taillis, près de Caen, en m'annonçant qu'il avait une nièce et une petite-nièce à marier avec deux millions de dot. — Deux millions de dot! reprit Luizzi. — C'est une drôle d'histoire, allez! reprit Ganguernet en riant. — Je le crois, mais n'embrouillons pas la première. — Voici. J'ai écrit sur-le-champ à monsieur mon fils pour lui faire part de l'aventure. En nous entendant bien, lui ai-je dit, tu auras une des donzelles; c'est une excellente farce à jouer à mon ami Rigot. Il n'y avait qu'une difficulté, c'est que monsieur mon fils s'appelait Gustave tout court, et que Rigot est un trop vieux chenapan et d'une famille trop peuple pour ne pas vouloir un homme comme il faut et d'un grand nom pour sa nièce ou sa petite-nièce. — Voilà qui m'étonne! répartit le baron. — Bah! fit Ganguernet; chacun veut sortir de sa crasse par lui ou par les siens. Il en est de cela comme des femmes galantes, elles élèvent presque toujours bien leurs filles. — Vous croyez? dit Luizzi en riant.

Ganguernet boursoufla ses joues et repartit d'un ton mélodramatique :

— Connaissant les écueils, elles savent sauver les autres du naufrage. — C'est possible; mais où votre fils a-t-il pris son nom? — Voici. Quand il reçut ma lettre, il était en train d'engagement avec le théâtre de l'Opéra-Comique. Il y a dans ce théâtre un individu bien extraordinaire, un chef de claqueurs. — Il y en a partout. — C'est que celui-là est à part, c'est tout simplement le marquis de Bridely. — Le marquis de Bridely, de Toulouse? — Le dernier des quatre fils de ce marquis de Bridely dont vous venez de parler. A l'époque de la révolution il était dans un séminaire. Il jeta la soutane aux orties; et, tandis que son père et ses trois frères allaient à l'armée de Condé, il s'engageait bravement dans les armées républicaines. Son père et ses trois frères ayant été tués, il est devenu marquis de Bridely, mais pas autre chose. Il est resté simple soldat tant que ça peut s'étendre. Brave comme un lion, il a gagné la croix à Austerlitz ; mais il n'a jamais pu attraper le grade de caporal, attendu qu'il se grisait quatorze fois par semaine, excepté en temps de bataille. Licencié à Toulouse en 1815, il a fait le métier de vieux soldat. — Qu'est-ce que c'est que ça ? — Vous ne savez pas ? dit Ganguernet prenant un air de grognard, se posant militairement et faisant une grosse voix. Vieux soldat de l'empire, qui a vu toutes les capitales de l'Europe, sacredieu ! vive Napoléon ! brave Français, patriote jusqu'à la mort ! la croix gagnée sur le champ de bataille, vingt blessures ! vive l'empereur ! Avec ça, et un état de service un peu propre, il a attrapé pendant deux ou trois ans des pièces de cent sous à l'effigie de l'empereur à tous les bonapartistes, officiers, généraux, etc., chez qui il se présentait. — C'est un drôle de métier ! — Très-connu, dit Ganguernet. Mais la concurrence l'a gâté, et il a fallu en chercher un nouveau. Alors il a pris le métier opposé : grande famille ruinée. — Qu'est-ce que cela encore ? fit Luizzi.

Ganguernet prit une figure longue, dédaigneuse, une pose impertinente et souple à la fois, puis reprit, en parlant légèrement du nez et du bout des lèvres :

— Le marquis de Bridely ! un dévouement qu'on croit récompensé par une stérile décoration (en ce cas le ruban rouge de la Légion d'honneur devient le ruban rouge de Saint-Louis) ! Une fidélité inviolable aux Bourbons, malgré leur ingratitude ! Et avec ça on attrape aux royalistes des napoléons à l'effigie de Louis XVIII. — Et ce métier-là s'est usé comme l'autre par la concurrence ? — Non, par l'usage. Notre marquis allait vite : il épuisa Paris en trois ou quatre ans. Il eût bien pu continuer en province, mais Paris lui était nécessaire ; et, après avoir vendu des contre-marques en sous-ordre, il est devenu chef de claque au théâtre où monsieur mon fils voulait s'engager. — Enfin ! dit Luizzi, nous voici arrivés ; et qu'a fait monsieur votre fils ? — Au reçu de ma lettre, il a été trouver M. le marquis et lui a offert mille écus s'il voulait épouser sa portière, le reconnaître et le légitimer. Le marquis a accepté, et le fils de M. Aimé-Zéphyrin Ganguernet et de Marie-Anne Gargablou, fille Libert, est maintenant le comte de Bridely gros comme le bras. — Est-il beau garçon, votre fils ? — Elléviou pur, Elléviou. — A-t-il de bonnes manières ? — Elléviou tout craché, baron. — Cela demande réflexion, monsieur Ganguernet. — Quoi ? dit celui-ci. — Rien, oh ! rien. Et quand partez-vous pour aller chez votre ami... monsieur...? — Rigot ? Dans sept ou huit jours, le temps de faire faire des costumes de père au marquis. Nous l'emmenons ; il va boire avec Rigot, et le charmer. La mère est censée malade... J'espère qu'en voilà une bonne farce ! — Très-drôle, en effet, dit Armand réfléchi.

Puis il reprit en voyant M. Ganguernet se lever :

— Comment ! vous me quittez déjà ? Il se fait tard, et je dois retrouver Gustave au restaurant pour aller ensuite voir *les Deux Forçats* à la Porte Saint-Martin. Le marquis nous a donné des billets. — Si je n'étais malade, dit Luizzi, peut-être irais-je vous y retrouver. J'ai beaucoup entendu parler de cette pièce. — On dit que c'est très-bien. Il s'agit d'un forçat qui, sachant le secret d'un autre de ses camarades, l'oblige... — A lui donner sa fille en mariage, dit rapidement Luizzi. — Non, puisque c'est le jour de ses noces. Ce n'est pas qu'on puisse faire une pièce avec ce que vous venez de me dire. — Peut-être mieux qu'une pièce, repartit Luizzi, toujours occupé de son idée de vengeance. — Au fait, quand on a le secret de quelqu'un, on le fait passer par tous les chemins qu'on veut. — Vous avez raison, s'écria Luizzi. Revenez me voir demain au matin. — A demain donc. — Excusez-moi, je vous prie, si je ne vais pas chez vous ; mais je ne sors qu'avec les plus grandes précautions.

Ganguernet se retira.

Et à peine Luizzi fut-il seul, qu'il agita la sonnette et que le Diable parut : il était en habit noir avec un énorme portefeuille sous le bras.

— D'où viens-tu? lui dit Luizzi. — Je viens de préparer un contrat de mariage dont peut-être un jour tu sauras le résultat. — Est-ce le mien ? — Je t'ai dit que je ne me mêlerais pas de cette affaire, si ce n'est pour te raconter ce que tu me demanderais. — Tu sais sans doute pourquoi je t'ai appelé ? — Je le sais, lui dit Satan, et t'approuve. Tu comprends enfin le monde, tu lui rends le mal pour le mal. — Trêve de leçons ! dit Luizzi, je fais ce que je veux.

Le Diable sourit avec mépris :

— Esclave ! s'écria le baron.

Satan rit aux éclats. Le baron agita la sonnette. Le Diable se tut.

— Il me faut l'histoire de madame de Marignon. — Tout de suite ? — Tout de suite, et sans commentaires. — Es-tu bien sûr de n'en pas faire? Le monde est petit, mon maître, pour qui le voit de haut, et tu ne prévois pas ce que tu vas apprendre. — Sans doute encore des horreurs ? — Peut-être. — Des crimes ? — Me prends-tu pour un mélodramaturge ? — Tu dois être pourtant l'Apollon de ces messieurs? — Je suis le roi du mal, baron ; je laisse le mauvais à l'esprit humain. — Tu ferais pourtant un véritable homme de lettres, car tu as la plus haute de leurs qualités : la vanité. — Je n'ai que celle de mal faire. Qu'ils la prennent et ils la justifieront aussi bien que moi. — Tu fais toujours de l'esprit, mons Satan. — Tu vois bien que je ne suis pas un faiseur de mélodrames. — Assez, s'il vous plait, reprit le baron, et commençons. — Voici, reprit Satan.

Et il commença.

XXVII

MADAME DE MARIGNON.

Elle est la fille d'une certaine madame Béru. Pour comprendre la fille, il faut connaître la mère. Madame Béru était la femme de monsieur Béru. Pour bien comprendre la femme, il faut connaître le mari. Monsieur Béru était violon à l'Opéra ; c'était un homme d'un immense talent. Cependant il n'était pas artiste, l'artiste n'existait pas encore à cette époque. Quand le musicien ne dînait pas en 1772, c'est qu'il n'avait pas le sou. Quelquefois il riait de sa misère, souvent il en enrageait ; mais il ne s'en drapait jamais pour se poser en victime hautaine. L'art, ce dieu voilé que tous vos grands hommes font à leur image, n'avait pas encore une religion et des martyrs. Béru était un grand violon, et il s'était longtemps crotté à courir le cachet, sans s'inventer un génie aux ailes de flamme qui portât sa pensée au-dessus de la boue des ruisseaux où il pataugeait avec des souliers percés. Il avait un habit troué, et non un magnifique haillon. Son violon était son gagne-pain, et non la voix divine par laquelle il confiait son âme à la foule, ni l'aliment immortel qui le nourrissait d'un rayon d'harmonie dérobé au concert des anges. Si la perruque de Béru était en désordre, ce n'était pas que le délire l'eût échevelée, c'est que le perruquier du coin avait refusé de la retaper convenablement. Béru disait franchement : « Je suis le premier violon de mon temps ; » mais il eût regardé avec des yeux d'idiot quiconque lui aurait dit : « Tu es un de ces êtres passionnés, à qui Dieu a confié un des mots du grand mystère ! Et quand ce mot harmonieux chante et pleure sur ta corde obéissante et esclave, les hommes t'écoutent avec étonnement et les femmes rêvent dans leurs cœurs, car tu éveilles alors un de ces échos éternels qui murmurent en nous toutes les fois que le génie, cette voix du ciel exilée sur la terre, nous parle un langage qui nous ravit sans que nous puissions le comprendre. » Si on eût dit cela à Béru, il n'eût point compris du tout. Cependant, pour n'avoir pas fait de son talent le Pilade métaphysique et imaginaire d'un Oreste vivant et ennuyé, comme nos jeunes artistes sont aujourd'hui, Béru n'avait pas moins une grande conscience de son mérite. Dès qu'on parlait musique, il devenait chaud parleur, éloquent, colère, tranchant, impitoyable. Béru, grand glukiste, traitait Piccini de drôle, de malhonnête homme, de gredin, de voleur : il avait toutes les extravagances de la passion musicale. C'était un véritable et grand musicien, et la plus grande preuve que je puisse en donner, c'est que son talent avait résisté au succès après avoir résisté à la misère.

Vers 1770, Béru s'était marié. Il avait épousé mademoiselle Finon, la maîtresse d'une maison où les jeunes seigneurs de la cour avaient l'habitude d'aller souper et jouer. La Finon était, à cette époque, une femme de trente ans, pour qui avoir grand monde, table ouverte et riche toilette, était la vie par excellence : *in principio*, elle avait fait servir sa beauté personnelle à se procurer tous ces agréments. Puis, en femme d'esprit qui sait se résigner, elle avait spéculé sur la beauté des autres pour continuer un état de maison dont sa personne ne pouvait plus faire la dépense. Cependant elle avait cru prudent, afin que sa maison n'attirât point trop les regards de monsieur le lieutenant de police, de prendre un mari qui lui donnât un état avoué. Le choix était difficile. Il fallait un homme qui non-seulement acceptât la position gênante de la maison, mais encore qui ne s'effarouchât point des galanteries personnelles de la maîtresse du lieu ; car, si la Finon n'était plus la déesse des vieux traitants et des jeunes marquis, elle savait encore se ménager par ci par là quelques bons gros sous-fermiers qui payaient les mémoires des fournisseurs, ou quelques chevaliers de Saint-Louis, aussi nobles que râpés, qui l'accompagnaient au spectacle et lui donnaient le bras dans les promenades. Elle entendit parler de Béru, violon à douze cents francs d'appointements, que tous les grands seigneurs connaissaient de longue date parce qu'il allait faire quelquefois sa partie dans les orchestres de leurs petites maisons. La Finon pensa que cet homme n'apporterait pas dans la sienne une figure avec laquelle il fallût faire connaissance et qui pût déplaire, et que, pour peu qu'il eût le caractère bien fait, on pouvait s'entendre avec lui. Elle fit avertir monsieur Béru de venir chez elle. Dès la première entrevue, elle jugea que cet homme lui convenait sous tous les rapports. Il reçut avec une indifférence sublime toutes les plaisanteries qu'on voulut bien faire sur sa personne et sur sa figure. Il mangea et but avec une intrépidité que rien ne put détourner, et, à la fin du souper, il était assez ivre pour qu'on fût obligé de le coucher.

Un jour après, monsieur Béru était marié. Ce grand événement ne toucha guère qu'à son extérieur. Sa femme lui donna un tailleur et un perruquier, et lui laissa ses douze cents francs d'appointements pour en faire tel usage qu'il voudrait. Une fois l'hymen conclu, les choses continuèrent comme devant : la maison resta le rendez-vous des femmes à la mode et des hommes les plus riches et les mieux nés, et monsieur Béru alla jouer du violon à l'Opéra les jours d'opéra, et passer sa soirée au café Procope quand il y avait relâche. Jamais il ne répondit à aucune des plaisanteries que ses camarades lui adressèrent à propos de sa femme ; jamais il ne donna à ses envieux la joie d'avoir l'air de les comprendre, et il continua avec un flegme sublime à s'enivrer et à jouer du violon. Au bout de quelques mois son inertie avait usé la verve des plus moqueurs, et c'est tout au plus s'ils retrouvèrent quelques épigrammes lorsque, un an après son mariage, Béru fut déclaré le père légal d'une petit fille qui venait de naitre. A ce propos, on afficha sur le tuyau du poêle du café Procope une épigramme ainsi conçue :

Hier la Béru dit, d'un air triomphant,
A son mari : « Vous avez un enfant !
« — Un enfant, moi ! lui repart le bonhomme,
« Et pourrait-on savoir comme il se nomme?
« — Béru, Monsieur, comme vous, c'est la loi.
« — Mais, sera-t-il bourgeois ou gentilhomme?
« — Bourgeois, Monsieur, vous l'êtes, je le croi.
« — Soit, pour bourgeois, Madame; nous en somme,
« Ce bel enfant, qui me l'a fait? — C'est moi. »

Quand Béru entra dans le café, il fit comme tout le monde et alla droit au poêle; il lut l'épigramme d'un bout à l'autre, tout en caressant de la main le tuyau brûlant sur lequel était collée la feuille de papier. Rien ne parut sur son visage qui pût annoncer la moindre émotion. Il reprit son chapeau qu'il avait posé sur le marbre du poêle, sa canne qu'il avait appuyée contre une chaise, et gagna en chantonnant la table à laquelle il avait l'habitude de prendre place. Un des habitués, outré de cette cynique apathie, se mit à lui crier tout haut :

— Eh! monsieur Béru, n'avez-vous rien lu sur le poêle qui vous intéresse? — Monsieur, je ne sais pas lire, répondit Béru avec un calme admirable. — En tout cas, vous savez entendre, reprit l'habitué; et je vais vous dire ce qui s'y trouve écrit. »

Béru s'accouda comme pour mieux écouter, et l'habitué déclama, le plus pompeusement qu'il put, les huit méchants vers que je viens de te citer.

— Ah! c'est sur le poêle? dit Béru en mesurant l'habitué d'un regard menaçant.
— Oui, Monsieur, reprit l'habitué en se posant comme un homme qui s'attend à une querelle. — Eh bien! dit Béru en achevant un verre de liqueur commencé, puisque ça y est, que ça y reste.

— Il y a donc de ces maris? dit Luizzi en interrompant le Diable. — Il y en a, mon maître, et des plus huppés, crois-moi. Si j'étais député, je ferais insérer tout de suite dans les lois qui régissent l'avancement des fonctionnaires : « Un tiers des places sera accordé à l'ancienneté (c'est-à-dire à l'incapacité); un autre tiers à la faveur (c'est-à-dire à la corruption); et le dernier tiers aux femmes (c'est-à-dire aux cocus). » — Tu ferais là un joli gouvernement! — Vous n'en avez pas d'autre, monsieur le baron; et c'est parce que ce qui n'est pas écrit dans les lois est dans les mœurs que tout marche si bien.
— Voyons, voyons, revenons à Béru.

Le Diable reprit :

Il n'y avait rien à faire contre un pareil courage; aussi toutes les plaisanteries et toutes les épigrammes cessèrent-elles à partir de cette solennelle épreuve. Tout continua sur le même pied, si ce n'est qu'il y avait une enfant en plus dans la maison. On avait nommé cette enfant Olivia. Elle grandit sans que personne fît attention à elle, oubliée à l'office comme dans le salon, écoutant à la fois les théories de friponnerie domestique émises en argot de valets, et les théories de corruption galante déduites en termes d'un libertinage précieux. Olivia avait dix ans qu'elle ne savait ni lire ni écrire; mais en revanche, cajolée sans cesse par des hommes du meilleur ton, jouant dans un salon où se réunissaient les notabilités du vice élégant, elle avait un babil délicat et parlait de toutes choses avec une bonne grâce parfaite. Puis, tout d'un coup, elle trouvait aussi les reparties les plus saugrenues, réminiscences de l'office, qui avaient un succès de fou rire dans le salon.

A cette époque, il arriva deux grands événements dans la maison de madame Béru : son mari mourut d'une indigestion mêlée d'apoplexie, et elle fut attaquée de la petite vérole. Elle se releva de cette maladie, après y avoir laissé les restes d'une beauté qui avait occupé tout Paris, ou plutôt qui avait été occupée de tout Paris. Ce fut alors que ma-

Messieurs, je viens vous proposer un traité. — Page 211.

dame Béru se retourna vers sa fille et s'aperçut que ce serait une enfant d'une ravissante beauté. Alors elle songea à son éducation. Olivia n'apprit que deux choses, l'orthographe et la musique : la musique qui lui permit de faire entendre la plus belle voix du monde; l'orthographe qui lui permit de mettre sur le papier les phrases délicatement travaillées qu'elle avait apprises dans les conversations du salon de sa mère. A mon sens, Olivia savait tout ce qu'une femme doit savoir; car à ces deux distinctions dont nous venons de parler elle joignait celle de s'habiller à ravir et de marcher divinement. Un des plus grands vices des femmes élégantes de votre temps, c'est de ne pas savoir marcher : la plupart se traînent mollement, s'imaginant que c'est une attestation d'oisiveté, et par conséquent de richesse, que de poser douloureusement à terre des pieds qui ne sont habitués qu'aux tapis des appartements et aux voitures. Les femmes ont tort :

une de leurs grâces les plus vives ne se trouve que dans une marche nette, droite et légèrement rapide. Il n'y a que dans une pareille marche que peuvent se montrer ces airs de tête soudains et décidés à une rencontre imprévue, ces saluts doucement inclinés du haut du corps et que la rapidité du pas ne donne point le temps de faire plus profonds, et par conséquent gauches et cérémonieux. C'est dans une pareille marche que peuvent éclater sans effronterie ces regards bien articulés qui partent et brillent comme l'éclair, et qui, comme l'éclair, ne durent qu'un moment; ces regards à plein œil qui vous éblouissent et vous font retourner comme si quelqu'un vous eût heurté le cœur. Aujourd'hui les femmes ignorent tout cela : la mode est pour les inflexions molles de la tête, les balancements fatigués de la taille, et le regard à demi voilé qui s'appuie de loin sur un autre regard. Aussi n'avez-vous plus que des histoires de passions jaunes, effeuillées et languissantes, et presque plus de ces vertes histoires d'aventures amoureuses qui s'accomplissaient dans vingt-quatre heures, comme les comédies classiques. La tournure des femmes est-elle une cause où un résultat de votre littérature? c'est ce que je ne puis dire; mais ce qu'il faut reconnaître, c'est qu'il y a entre elles une concomitance très-remarquable.

Or Olivia, femme d'esprit, grande musicienne, s'habillant à ravir, marchant délicieusement, était une femme parfaite. La seule chose que la nature lui eût refusée, c'était un type d'originalité nécessaire à une grande fortune : heureusement pour elle, sa mauvaise éducation y avait suppléé. Ainsi Olivia, vive, bonne, spirituelle, n'ayant guère que les vices de la faiblesse, eût manqué de cet attrait piquant et inattendu qui aiguillonne une passion et la pousse au délire, sans ces soudains revirements du ton le plus précieux aux expressions les plus grotesques. Cela lui avait donné un cachet particulier, qui, aux yeux d'un observateur consciencieux, explique bien mieux que sa parfaite beauté et ses talents réels le succès prodigieux qu'elle obtenait.

Le 1er mars 1785, Olivia atteignit quinze ans. C'était une personne d'une taille élevée, peut-être un peu maigre; sa poitrine était large, bien effacée, et encore d'une enfant; ses bras étaient minces, sa main petite, mais très-effilée; ses pieds étroits, la cheville grêle, son visage long, à peine coloré. On comprenait que c'était une de ces femmes destinées à une haute beauté, mais qui ne se développent que tardivement dans toute leur splendeur, parce qu'il faut du temps à la nature, comme à l'homme, pour produire quelque chose de complet.

Ce jour-là, il y eut grand souper chez la Béru, qui avait fait des frais extraordinaires pour célébrer l'anniversaire de la naissance de sa fille. Les convives hommes étaient au nombre de douze : c'était l'élite des habitués de la maison. Ce fut un beau souper de dignes libertins. On y raconta les aventures, fausses ou vraies, des femmes les plus éminentes de la cour et de la finance, et on immola aux pieds d'une jeune fille de quinze ans, destinée à être courtisane, les plus hautes réputations et les noms les plus vénérés; on lui apprit comment on trompait un mari, et, ce qui est bien plus amusant, comment on aimait deux amants. On lui donna enfin un assez grand mépris de ce qu'on appelait les honnêtes gens, pour qu'il y eût presque bénéfice morale à ne pas être de la compagnie. Puis, quand on eut vidé jusqu'à l'ivresse le fond des bouteilles et le fond des cœurs, le marquis de Billanville, mestre de camp du roi, qu'il avait servi avec distinction dans plusieurs ambassades, fit signe à la Béru de faire retirer sa fille. La Béru emmena Olivia, malgré les instances et les protestations des autres convives, et un moment après elle reparut seule. A ce moment le marquis se leva, se posa en orateur qui va haranguer l'assem-

blée, et prononça le petit discours suivant :
— Messieurs, je viens vous proposer un traité. Si vous êtes raisonnables, vous l'accepterez... — Voyons... voyons! répondit-on de tous côtés. — Vous venez tous d'admirer la fille de madame Béru, de l'excellente madame Béru, que je prie de m'écouter avec attention; car c'est surtout à sa tendresse maternelle que je m'adresse en cette circonstance, pour m'aider à vous faire goûter mon projet. Olivia a quinze ans : bel âge, Messieurs, celui où les femmes se doivent à l'amour! Et cependant, si vous m'en croyez, nous ne lui ferons pas encore payer cette dette; nous lui donnerons un délai d'un an...
— Qu'est-ce que cela veut dire? s'écria-t-on de tous côtés. — Cela veut dire que, plus la fleur sera épanouie, plus elle sera belle à cueillir.
— Mais c'est abominable, dit Luizzi, c'est le vice sans masque! — Voilà tout son vice, repartit le Diable. Je le disais bien, que l'hypocrisie est le grand lien social. — C'est bon, fit Luizzi en haussant les épaules, tu me fais l'effet d'une outre bien remplie. Lorsqu'on y ouvre le moindre passage, l'eau s'en échappe avec fureur. Je ne te croyais pas si plein de pédanterie, tu pars à la moindre interruption. C'est pour toi que La Fontaine a fait sa fable *du Pédant et de l'Ecolier*.

Luizzi s'arrêta, le Diable ne continua pas son récit.

— Eh bien! lui dit Luizzi, que fais-tu? — Je t'écoute mettant cette fable en action.

Luizzi se mordit les lèvres, et reprit avec humeur :

— Continue. — Or, reprit Satan, le marquis ajouta : Cela veut dire, Messieurs, qu'avant un an écoulé, aucun de nous ne cherchera à obtenir Olivia. D'ici là, chacun pourra tenter de lui plaire; mais il n'ira pas au delà. Engageons-nous d'honneur à la respecter pendant un an. Au bout de ce temps, la lice sera ouverte, et heureux celui qui alors emportera le prix! car il obtiendra la beauté la plus parfaite et la plus achevée. — Et qui sait, marquis! s'écria le vicomte d'Assimbret, qui sait où je serai dans un an? Dieu seul en a le secret, et pour ma part je ne suis pas de votre avis. D'ailleurs, pendant que nous resterons à passader devant Olivia, il peut se trouver quelqu'un qui ne sera pas de la société et qui nous la soufflera. J'entre en campagne dès demain. — Messieurs, messieurs, dit la Béru avec la dignité d'un femme laide, vous oubliez devant qui vous parlez.
— Au contraire! s'écria le marquis de Billanville, et c'est parce que je vous sais très-raisonnable que je pense que vous serez de mon avis. — Eh non! reprit le vicomte, ma Béru ne veut pas attendre, elle n'attendra pas, elle n'a pas le sou; je sais l'état de sa bourse, et j'offre cent mille livres comptant.
— Oh! oh! oh! fit alors un gros homme qui n'avait pas parlé; cent mille livres, voilà un fameux denier! J'en offre cinq cent mille. — Comptant? » s'écria la Béru, emportée par l'offre.

Le gros homme, qui était sous-fermier de la gabelle, se tut.

— Je les offre dans un an, reprit-il, car je suis de l'avis du marquis : il faut attendre.
— Toi, mons Libert, gros sac d'écus, tu veux attendre? dit le vicomte.

— Libert! s'écria Luizzi. Je connais ce nom, n'est-ce pas?

Mais le Diable ne prit pas garde à l'interruption du baron, ou plutôt il ne voulut pas l'entendre, et il continua à dire l'apostrophe du vicomte au sous-fermier. Elle finissait ainsi :

— Tais-toi donc, mons Libert! dit le vicomte; tu n'as d'autre envie que d'attendre la mort de ta femme, qui t'arracherait les yeux si elle te savait une maîtresse un peu du monde. Tu lui as donc choisi un bon médecin, que tu es sûr d'être libre dans un an?
— Nous sommes deux de l'avis d'ajourner, reprit le marquis; vous devez être avec nous, l'abbé? vous ne pouvez pas avoir Olivia avant

d'être sûr de votre évêché. — C'est vrai ; je suis pour l'ajournement, reprit l'abbé. — Eh bien ! soit, dit le vicomte, j'accepte, mais à une condition. Écoutez : ce gros Libert nous enlèvera Olivia, c'est sûr. Pas vrai, la Béru ? car il t'a achetée six fois ce que tu vaux. Il n'y a ni qualité, ni nom, ni avantage, ni esprit, qui puisse lutter contre les écus de ce ventre d'or. Je propose donc que chacun de nous dépose cent mille livres chez un notaire. Cela fera douze cent mille livres, puisque nous sommes douze. Eh bien ! à la condition, pour Olivia, de choisir un de nous, ces douze cent mille livres lui appartiendront. Nous avons tous de cette façon douze cent mille livres à lui offrir. Cela va-t-il ? — Oui ! oui ! s'écria-t-on de tous côtés. — Oui ! oui ! dit le fermier d'un gros air fier. — Très-bien ! mons de la sacoche, dit le vicomte ; mais avec engagement d'honneur pour nous qu'aucun n'ajoutera un écu à cette somme, et menace pour toi de cent coups de bâton si tu offres un rouge liard de plus. — Alors je me retire, dit Libert. — Non ! non ! reprit le conseiller, cela augmenterait la mise de fonds, sans nous donner plus de chances ! car, qu'il y soit ou non, cela ne fera rien. — Excepté pour l'argent, n'est-ce pas ? dit le sous-fermier avec colère. Eh bien ! j'en suis, et je jure de ne rien faire de plus que vous, et c'est moi qui aurai la fille. — Et j'en suis ravi, si ce n'est pas moi, dit le vicomte, parce qu'elle te fera cornard le lendemain. — C'est ce que nous verrons, dit le fermier. — Je n'en doute pas, dit le vicomte, et à la santé d'Olivia ! Et comme il ne faut pas que tu en souffres, madame Béru, les soixante mille livres d'intérêt, produit des douze cent mille, te seront comptés mois par mois.

La Béru, que ce marché ravissait, accepta par un signe de tête, et le fermier reprit :

— Mais si l'un de nous meurt ? — Cela profitera aux survivants, l'homme aux chiffres. — Alors c'est une manière de tontine ? — Tu l'as dit. Béru, amène ici Olivia.

Comme la Béru se levait, Olivia entra et dit d'un air tout mutin :

— Vous me traitez comme une petite fille, maman ; j'ai quinze ans, et je ne vois pas pourquoi je ne serais pas du souper jusqu'au bout ! — Pardon, Mademoiselle, dit le conseiller d'un ton doctoral ; nous avions à parler d'une affaire très-grave, et cela vous eût ennuyée. Vous êtes si spirituelle ! — Bravo ! dit le vicomte, la guerre commence. Olivia, si tu prends jamais un amant, ma fille, méfie-toi des gens de robe. — Et ne croyez pas aux gens d'épée, dit le conseiller. — Pourquoi cela ? reprit Olivia. — Parce que, si une jolie fille veut avoir deux amants, repartit le gros fermier en riant, les gens d'épée tuent leur rival et les gens de robe les font enfermer au Châtelet. — Tandis que les bons fermiers partagent, n'est-ce pas ? reprit le conseiller. — J'aime mieux cinquante pour cent d'une bonne affaire que de n'en avoir rien. — C'est donc pour ça, cria le vicomte, que tu n'as jamais eu qu'un pour cent de ta femme ? — C'est vrai, dit Libert. Je me réduis autant que je peux dans les mauvaises opérations. — Jour de Dieu ! s'écria le vicomte, tu me rappelles ce pauvre Béru. Seulement il avait de l'esprit.

Le souper continua de ce style, pendant qu'Olivia considérait les convives avec une curiosité qui devait assurément avoir un intérêt caché, tant elle était à la fois alerte et intentionnée. C'est qu'Olivia avait entendu la conversation des bons amis de sa mère. Olivia était beaucoup plus avancée qu'ils ne le croyaient : c'était déjà une fille faite, et la meilleure preuve que je puisse t'en donner, c'est qu'elle rêva tout de suite au moyen de tromper ses prétendants. Entourée comme elle l'était par les soins jaloux des douze associés, cela lui eût été difficile, si elle eût voulu s'adresser à un homme de leur monde ; mais, tandis qu'ils s'observaient les uns les autres, Olivia regarda en dehors de leur cercle et rencontra l'occasion sous la forme de son maître de clavecin.

C'était un garçon d'une trentaine d'années, bien taillé, la jambe belle, les dents propres, et qui représentait assez bien un amant. Olivia se décida à l'aimer. Mais il y avait au fond de cet homme une si grossière nature, il sentait si bien son rustre endimanché, qu'Olivia n'y serait jamais parvenue sans l'aide de sa mère. En effet, madame Béru avait remarqué le soin qu'Olivia mettait dans sa toilette toutes les fois que son maître devait venir, et aussitôt elle se posa en sentinelle auprès de sa fille. M. Bricoin eut tout l'attrait du fruit défendu. Le sang d'Ève, ma première maîtresse, parla dans Olivia.

— Eh quoi? Ève!... dit Luizzi. — A fait son mari cornard comme les autres. Caïn était de moi! repartit le Diable. Puis il reprit :

Olivia, qui était depuis quelques jours très en peine de ne pas trouver Bricoin insupportable, le vit aussitôt sous l'aspect le plus séduisant. Mons Bricoin n'eût pas été un énorme fat qu'il se fût aperçu de l'attention de la jeune fille; il se sentit adoré, et, malgré la beauté d'Olivia, le drôle eut l'impudence de se faire désirer, car elle le désira. Sa tête était partie, et bientôt elle se sentit véritablement folle du maître de clavecin. Un tendre aveu fut échangé, et la surveillance de madame Béru fut trompée. Huit jours après, les illusions d'Olivia n'existaient plus. Tenant cercle tous les soirs, au milieu d'hommes qui prêtaient à leurs vices des formes élégantes, dont l'esprit rieur avait toujours pour elle cette adoration flatteuse vouée par le libertinage à la beauté, elle établit une fâcheuse comparaison entre ceux qu'elle avait voulu tromper et celui pour qui elle les avait trompés. Bricoin était le véritable amant de la femme perdue : despote, brutal, injurieux, menaçant à tout propos de découvrir le secret d'Olivia quand elle n'obéissait pas à toutes ses volontés. Il lui fit bientôt un supplice perpétuel de la vie, et la pauvre fille, innocente de cœur et dépravée d'esprit, ne cessait de se répéter :

— Certes, j'aurai des amants, mais je n'aimerai plus.

La fatale année s'écoula ainsi, et lorsque, dans un souper pareil à celui que nous venons de rappeler, il fallut qu'Olivia se prononçât entre les douze concurrents, la belle fille se leva et dit d'une voix assurée :

— Je choisis le sous-fermier. — Dans deux jours, s'écria le financier, dans deux jours, ma reine, tu seras dans le plus bel hôtel de Paris.

L'assemblée resta supéfaite; le vicomte seul se tut, et dans la soirée il s'approcha d'Olivia :

— Cela n'est pas clair, lui dit-il; tu as choisi cette boule dorée, ce n'est pas par avarice : on n'en est pas là à ton âge. Il y a quelque chose là-dessous. Si tu as besoin d'avoir pour amant en titre un imbécile, c'est qu'il y a un autre amant à cacher.

Olivia, pressée par le vicomte, lui avoua tout. Huit jours après, quand Bricoin vint pour donner la leçon à la jeune Olivia, à son nouvel hôtel, au lieu de trouver le financier établi le matin chez elle, il y trouva le vicomte. Bricoin voulut faire du bruit et menaça de tout dire au Mondor. Le vicomte prit une canne et la cassa jusqu'à la poignée sur le dos du drôle, puis il lui dit :

— Ceci, c'est pour t'avertir de ne plus reparaître ici. Quant au rapport dont tu nous menaces, si tu dis un mot, je te couperai exactement les deux oreilles.

Quelque temps après, le vicomte, rencontrant le financier, lui dit :

— Eh bien! veau d'or, êtes-vous content de la petite Olivia? — Hum! hum! j'ai bien peur que la Béru ne se soit moquée de nous. — Et moi, je te le jure, dit le vicomte en tournant sur la pointe du pied et en flanquant son épée dans les jambes du financier, je te jure qu'Olivia se moque de toi.

XXVIII

UN ELLÉVIOU.

Satan en était là de son récit, lorsque Luizzi entendit frapper à sa porte.

— Qui est là? s'écria-t-il avec impatience.
— Monsieur, répondit Pierre, c'est M. Ganguernet avec le M. comte de Bridely.

Luizzi demeura quelque temps incertain, puis il répondit à travers la porte : Priez-les d'attendre un moment. Je vais les recevoir.

— Tu étais si pressé de savoir l'histoire de madame de Marignon ! lui dit Satan. — C'est qu'il me semble, repartit Luizzi, que je la saurai encore mieux quand j'aurai causé un instant avec Ganguernet. Il y a certaine interruption à laquelle tu n'as pas répondu et que cet homme pourra peut-être m'expliquer. Cependant ne t'éloigne pas.

En disant ces mots, Luizzi regarda le Diable. Son habit noir et son portefeuille avaient disparu. Il était vêtu d'une longue robe de soie avec des babouches, une seule mèche de cheveux pendait du sommet de sa tête, et il se curait les dents avec l'ongle de son petit doigt.

— Est-ce que tu vas au bal masqué? lui dit le baron. — Non, je vais en Chine! et je reviens à l'instant. — En Chine? s'écria Luizzi stupéfait, et qu'y vas-tu faire ? — Arranger encore un mariage ; ne sommes-nous pas un vendredi? — Jour de malheur, dit Luizzi. — C'est-à-dire jour de Vénus, repartit le Diable. — Et quelle espèce de mariage vas-tu faire? — Je vais persuader à un mandarin d'épouser la fille de son ennemi mortel, afin de faire cesser des haines de famille. — Voilà qui est admirable de ta part, reprit le baron; mais réussiras-tu? — Je l'espère parbleu bien ! Cela doit avoir de trop-beaux résultats. — C'est presque une vertu que l'oubli de la haine, et tu comptes y arriver ? — C'est-à-dire je compte arriver à son plus actif développement. Il naîtra dix enfants du mariage : cinq qui prendront le parti de leur père, cinq le parti de leur mère. De là querelles, troubles, fratricides. — Infâme ! dit le baron. — Tu me trouvais si bon tout à l'heure ! — Tu ne réussiras pas, je l'espère. — Bon ! fit le Diable, déjà le mari a envoyé à la femme les présents d'usage. — Plaît-il? dit le baron ; il me semble avoir lu dans le livre d'un de nos plus savants géographes que c'était la famille de la femme qui envoyait les présents au mari. — Eh bien! pour un savant, il ne s'est pas trop trompé : il y a au moins des présents dans l'affaire, c'est quelque chose. Vous avez tant d'académiciens qui mettent des villes où il y a des marais, et des déserts où il y a des villes, que celui dont tu parles mérite bien la réputation dont il jouit. — Tu oublies que je vais te rappeler. — Je t'ai dit que je courais à Pékin et que je revenais à l'instant.

Le Diable disparut, et Luizzi donna l'ordre qu'on introduisît M. Ganguernet et le comte de Bridely. Ce nouveau monsieur était véritablement un très-beau jeune homme, les doigts passés dans les entournures de son gilet, et qui eût paru assez distingué sans l'énorme frisure qui le couronnait, les boutons de diamant et les chaînes d'or qui obstruaient sa chemise, les bagues qui cerclaient ses gros doigts. Après les salutations d'usage, le baron se trouva assez embarrassé d'entamer le sujet de conversation pour lequel il avait reçu Ganguernet, car il ignorait si M. Gustave le savait instruit de son secret. Cependant il n'y avait pas à reculer il se jeta donc franchement en avant, et dit à Gustave :

— Vous êtes donc décidé à quitter le théâtre! Monsieur? — Eh! monsieur le baron, repartit celui-ci en passant ses mains pommadées dans le fourré de ses tire-bouchons, que voulez-vous qu'un homme de quelque talent fasse encore au théâtre? — Mais il me semble qu'il y a place pour tout le monde? — Je le crois bien, fit l'Elléviou en se dandinant, car il n'y a personne. Mais les médiocrités sont à la mode, et je ne suis pas assez intrigant pour les chasser. — Il me semble encore, reprit Luizzi, que le public est un juge qui classe mieux les vrais talents que l'intrigue? — Pour cela, monsieur le baron, il faudrait que le public connût les vrais talents. — Les directeurs sont intéressés à les engager. — Est-ce qu'ils s'y connaissent? Le talent qu'ils estiment, c'est celui de la flatterie. D'ailleurs, les jalousies de certains individus qui tiennent les premiers emplois sont insurmontables. Tenez, il y a huit jours, avant d'avoir retrouvé mon père... car vous savez que j'ai eu le bonheur de retrouver mon père, le comte de Bridely? — Oui... oui... fit Luizzi en regardant Ganguernet qui se mit à rire de son gros rire. — Eh bien! comme je vous le disais, Monsieur, il y a quinze jours j'étais chez le directeur de l'Opéra-Comique. Il était fort embarrassé, car son premier ténor refusait de jouer le soir, un dimanche : c'était quatre mille francs de recette perdus. Pendant que nous discutions les clauses de notre engagement, il envoya le médecin dans la loge du ténor pour constater le bon état de sa santé... je ne dis pas de sa voix... elle est aux incurables depuis longtemps. Nous étions sur le point de conclure, lorsque le régisseur vint dire que le premier ténor consentait à jouer une petite pièce en un acte.

— Bon! m'écriai-je, il sait que je suis ici. — Il est possible, Monsieur, me dit le régisseur, qu'il vous ait vu entrer. — Eh bien! repris-je, voulez-vous que je le fasse jouer? — Pardieu! vous me rendriez un grand service, me dit le directeur. — Alors priez-le de descendre, lui repondis-je.

En effet, le ténor arriva d'un air d'humeur. Je me tenais dans un coin.

— Je ne puis jouer, s'écria-t-il en arrivant, je suis fatigué et malade.

Je ne fis pas la moindre observation, mais je commençai une gamme ascendante de l'*ut* d'en bas à l'*ut* aigu, *do ré mi fa sol la si do ré mi fa sol la si do do do*, avec une tenue assez soignée. Le ténor me regarda, et dit au directeur :

— Je jouerai demain dans deux grandes pièces.

— Cela me semble merveilleux, repartit Luizzi. — Eh bien! monsieur le baron, croiriez-vous qu'un moment après, lorsque je venais de lui donner quatre mille francs de recette avec une gamme, ce drôle de directeur me refusa un engagement de mille écus? — Je le comprends très-bien, reprit le baron, qui avait encore l'oreille écorchée de la double gamme de l'Elléviou. — C'est tout simple, fit celui-ci en saluant, il est l'esclave de ce misérable ténor. — C'est probable, repartit Luizzi; mais j'ai oublié de demander à M. Ganguernet ce qui me valait sa nouvelle visite à cette heure! — D'abord, reprit Ganguernet, je suis venu pour vous présenter M. le comte de Bridely : en passant sous vos croisées, j'ai vu de la lumière chez vous, et j'ai pensé que vous n'étiez pas encore couché. Ensuite je voulais vous prier de garder le plus profond secret sur l'histoire de ce matin : je sais que vous êtes amateur de scandale... — Moi? je vous jure que je n'en dirai mot à personne, pas même à M. le comte de Bridely. — Qu'est-ce donc? fit le comte. — Cela vous amuserait fort peu, je crois, Monsieur, lui répondit le baron avec hauteur.

Puis, s'adressant à Ganguernet :

— Pour que je vous garde le secret, il faut que vous répondiez à une question. Avez-vous jamais entendu parler d'un certain M. Libert, financier? — Tiens! s'écria Ganguernet, si je connais mon beau-frère! — J'en avais le pressentiment, dit Luizzi; alors c'était le frère de cette madame...?—Marianne Gargablou, fille Libert; Antoine Libert, un gros homme de Tarascon, Provençal enté sur Normand; l'avarice et l'ostentation greffées sur la friponnerie et la rapacité. — Vrai Turcaret, à ce qu'il me semble ! Pur — Turcaret, car il abandonna sa femme dans un coin pour entretenir des maîtresses, et laissa sa sœur mourir de faim. — Eh bien ! j'espère, reprit Luizzi, pouvoir vous donner de ses nouvelles. — Il est mort. — J'espère du moins pouvoir vous donner des nouvelles de sa fortune, et il n'est pas impossible qu'elle retourne aux vrais héritiers de M. Libert. — A moi ! s'écria Gustave, emporté par le souvenir des nombreux millions de monsieur son oncle. — Est-ce que cela vous regarde, monsieur le comte? fit Luizzi d'un ton dédaigneux. — Vous le savez bien, baron, dit Ganguernet. Allons, reprit-il en s'adressant au comte de Bridely, ne me fais pas tant de signes ; M. Luizzi sait tout. — Et j'entre dans la conspiration. — D'ailleurs, reprit Ganguernet, l'affaire du vieux Rigot est bien chanceuse : il donne deux millions de dot, mais à qui ? — A sa nièce, m'avez-vous dit ? — Hé non ! Rigot est un bien autre original ! Il a fait une dotation de deux millions, sans qu'on sache si c'est à la mère ou à la fille. Il a décidé qu'elles se marieraient le même jour ; mais ce ne sera qu'en sortant de l'église que le notaire décachètera la donation bien scellée que Rigot lui a remise. — Pardieu ! reprit Luizzi, voilà qui est singulier ! — Sans doute, mais ce n'est pas de cela qu'il s'agit. Comment retrouverons-nous les millions de l'oncle Libert ? — Je vous le dirai demain. Allez voir les *Deux Forçats*, et étudiez cette pièce aussi bien que l'*Enfant Trouvé*. — Je comprends ! il s'agit d'un secret avec lequel on peut forcer le détenteur à rembourser. — C'est quelque chose comme cela. Bonsoir ! j'attends la personne qui doit me donner les derniers renseignements. — Adieu donc et à demain ! dirent les deux Ganguernet, dont un comte, et ils sortirent.

Luizzi sonna le Diable.

— Ah çà ! mon cher, tu me parais devenir un peu plus qu'impertinent, dit Satan en entrant. — Moi ? répondit Luizzi, tout étourdi de l'apostrophe. — Toi. Comment, voilà vingt minutes que tu me fais faire antichambre ! — Tu es leste, répondit Luizzi avec dédain ; tu en as sans doute fini avec ton mandarin ? — Comme toi avec les Ganguernet. — Tu as semé le mal pour récolter le crime. — C'est bon pour un niais comme toi ! J'ai semé le bien pour faire croître des forfaits, j'ai prêché la réconciliation pour fomenter la haine. — Cela me paraît un chef-d'œuvre dont je t'envie peu la gloire. — Tu travailles assez bien à la tienne dans ce genre pour n'avoir rien à m'envier. — Prétends-tu parler de mon projet de faire épouser mademoiselle de Marignon à M. Gustave Ganguernet ? — Il me semble que c'est une assez jolie infamie. — Bon ! fit Luizzi, une vengeance, ou plutôt une mystification. — Je sais que, vous autres hommes, vous avez des noms sonores et pompeux, et des noms plaisants et sans conséquence à donner à vos crimes. Tu t'y entends déjà assez bien ; un peu plus et tu ferais le Ganguernet, tu appellerais cela une bonne farce. — Prétends-tu me détourner de mon projet ? — Ni t'en détourner ni t'y servir. — C'est cependant ce que tu vas me faire en disant la fin de l'histoire de madame de Marignon. — Pauvre femme ! dit le Diable d'un air de pitié qui fit rire Luizzi. — Il est certain qu'elle est bien digne que tu la plaignes ! — Pauvre femme ! pauvre femme ! répondit le Diable en secouant la tête. — Tu deviens ridicule, Satan, tu t'attendris. — Tu as raison, je m'attendris, et toi tu fais le méchant : nous sortons tous deux de notre rôle. — Reprends donc le tien, et surtout reprends ton récit. — M'y voilà.

XXIX

SUITE DU RÉCIT.

Avant de te montrer Olivia dans le monde, il est nécessaire que j'entre dans quelques

Ils passèrent ainsi les longues heures de cette soirée. — Page 220.

considérations particulières sur l'état de son esprit. Elle commença sa vie de femme à la mode avec une singulière erreur dans le cœur. Olivia s'imagina avoir connu l'amour : le caprice d'enfant qui l'avait jetée à Bricoin avait eu des anxiétés, des espérances, des scènes de violence, quelques moments de plaisir, si faciles à confondre avec le bonheur quand on ne s'y connaît pas ; puis étaient venus les regrets, les larmes, la terreur. Cette aventure enfin avait traîné après elle tout l'attirail de l'amour. Olivia, qui n'avait pas d'expérience, s'y était laissé tromper, et elle conçut de cette passion une très-mauvaise idée. Or, en fille sage et spirituelle, elle se jura, comme je te l'ai déjà dit, qu'on ne l'y prendrait plus. On pourrait justement s'étonner qu'un cœur de seize ans n'ait pas gardé en lui assez de fraîches illusions, de vagues désirs, de languissantes pensées, pour retrouver par instants le vrai sens de l'amour : cependant il n'en fut pas ainsi.

Dans une autre position, et surtout à une autre époque, Olivia eût sans doute reconnu son erreur ; mais que pouvait s'imaginer de l'amour la fille de madame Béru ? Quelle signification pouvait avoir pour elle le titre d'amant ? En partant du point de vue de madame Béru, l'amour était un commerce dont la maîtrise appartenait à la beauté. En le considérant du côté du monde qu'elle voyait, l'amour n'était encore qu'un échange de plaisirs où il était convenu que la fortune et la flatterie pouvaient tenir lieu de passion à l'amant, et la fidélité du lit de tendresse de cœur à la maîtresse. Il ne faut pas oublier non plus que la société corrompue où vivait Olivia était l'expression la plus naïve des mœurs courantes de la fin du dix-huitième siècle. Le sensualisme, la négation de toute règle et de tout lien moral, gouvernaient souverainement cette société décrépite, et Olivia fût-elle sortie de la sphère spéciale de corruption où elle était enfermée, il lui eût encore été très-difficile de trouver un abri contre la démoralisation qui lui arrachait, si jeune, cette fleur de l'âme, la foi en l'amour !

Elle trouva cependant une compensation à la perte de toutes les émotions amoureuses qui font de la jeunesse une vie qui souffre presque toujours tant qu'elle dure, et qu'on regrette presque toujours quand elle est passée. Ces compensations furent l'habitude d'un monde brillant, le goût des choses exquises, une appréciation rapide et tranchée des hommes et des événements, une espèce de passion pour les grandes causes de l'humanité, passion due à cette philosophie dont l'Encyclopédie tenait école permanente, et, au milieu de cette galanterie dissolue où l'on prenait un nouvel amant comme une robe nouvelle, une préférence singulière pour les plaisirs de l'esprit, les succès de conversation, l'empire du bon mot et la réputation de femme supérieure. Ce n'est pas qu'Olivia, arrivée à l'éclat de toute sa beauté, ne fût aussi l'esclave d'une nature ardente et impérieuse ; mais, il faut le dire, elle ne réunit jamais sur le même homme le choix de son esprit et celui de ses yeux. Elle eut presque toujours ensemble un amant en qui elle voulait un nom, de la réputation, du succès, et dont elle était fière, et un amant à qui elle ne demandait rien de tout cela et qu'elle cachait soigneusement. Elle se donnait à tous deux, mais avec cette différence qu'elle se laissait longtemps désirer par le premier et qu'elle cédait facilement au second. C'est qu'entre ces deux hommes il y avait aussi cette différence qu'elle était au premier et que le second était à elle.

Les plus jeunes années de la vie d'Olivia se passèrent dans ce double dévergondage. Le financier avait grossi la fortune que lui avait procurée l'association des douze, et bientôt les princes, les ambassadeurs, les traitants se succédant rapidement dans les bonnes grâces d'Olivia, elle arriva à une de ces fortunes scandaleuses qui font honte à la société où on peut les acquérir. Quand la révolution arriva, Olivia était en Angleterre avec un membre de la chambre des lords, qui dépensait pour elle plus que les revenus d'une fortune formidable. Elle était prête à revenir en France pour sauver ses biens de la confiscation, lorsque l'émigration lui envoya à Londres tous ses amis de Paris. Olivia se montra, en cette circonstance, bonne, noble et spirituelle. Elle diminua le train de sa maison pour pouvoir y accueillir plus facilement tous ces grands seigneurs ruinés, sans qu'on pût les accuser de s'attacher au char d'une courtisane princière ; puis, des économies prises sur sa dépense, elle aida secrètement les plus pauvres. Elle mit assez de délicatesse dans ses bienfaits pour exiger d'eux des engagements en règle ; et, sûre qu'elle leur donnait, elle prenait toutes les précautions possibles pour leur faire croire qu'elle n'entendait que prêter.

Pendant ce temps, les amants se succédaient comme par le passé, d'autant plus qu'Olivia, toujours précieuse dans le choix de ses amis patents, s'était depuis longtemps dégradée dans le choix de ses amants cachés ; et peut-être eût-elle fini par sa perdre tout à fait dans ces honteuses habitudes, si une maladie de langueur, occasionnée par le climat de Londres, n'eût mis sa vie en danger. Tous les soins des médecins ayant été inutiles pour vaincre cette disposition mélancolique qui avait presque anéanti les forces de son corps, et qui déjà voilait les grâces de son esprit, il fut décidé qu'Olivia devait quitter l'Angleterre sous peine de mort. Tous ses amis de l'émigration lui conseillaient d'aller en Italie : il y avait dans ce conseil un singulier sentiment de jalousie. Forcés d'abandonner aux manants parvenus qui les avaient chassés de France leur fortune, leur rang, leur patrie, ils se sentaient pris de dépit à la pensée que ces hommes de sang, comme ils disaient, pourraient aussi usurper leurs plaisirs. Et certes ils avaient droit de le craindre, car la vertu d'Olivia était encore plus fragile que la vieille monarchie. Olivia ne les écouta pas : elle voulut revoir Paris, un autre Paris que celui qu'elle avait connu, gouverné par d'autres hommes, agité par d'autres idées, se ruant à d'autres fêtes; car, à l'époque dont je te parle, le directoire siégeait déjà au Luxembourg. Olivia obtint facilement sa radiation de la liste des émigrés, et les débris de la fortune qu'elle emportait d'Angleterre lui procurèrent une aisance qui lui permit de disposer de sa personne en faisant les conditions de son marché.

Quoiqu'elle eût alors plus de trente ans, Olivia était d'une beauté si élevée et si pure, qu'elle fut bientôt entourée des assiduités des merveilleux les plus renommés de Paris. Femme de luxe et de plaisir, elle se fit remarquer dans les pompes si peu gazées de Longchamp et dans les bals si mystérieux de l'Opéra et de Frascati. Cependant elle ne retrouvait ni sa santé ni l'indépendance légère de son esprit. Ses accès de mélancolie et de découragement devenaient de jour en jour plus fréquents, et ce n'avait été qu'à grand'-peine qu'un soir de l'hiver de 1798 on l'avait déterminée à assister à une fête intime, donnée par un des plus riches fournisseurs de l'armée. Olivia y tint mal sa place : de toutes les femmes, elle fut la seule qui y fut sans esprit, sans coquetterie, sans délire. De tous les hommes, un seul aussi demeura froid, insouciant et comme fatigué de cette joie qui l'entourait.

Cet homme pouvait avoir trente-cinq ans. Il s'appelait M. de Mère. On citait de lui de grands traits de passion. Bien jeune encore, il avait quitté sa famille et laissé à un cadet tous les avantages d'une brillante fortune pour suivre en Hollande une femme qu'il aimait. Après l'avoir aimée assez pour la respecter pendant trois ans, il la vit se livrer légèrement à un autre. Cette première déception le poussa à un libertinage honteux, et cet homme, si distingué par son nom, son rang, son caractère et son esprit, se plongea dans les excès de toutes sortes. Revenu en France et rentré dans la bonne compagnie, il s'éprit encore d'une femme à laquelle il voua sa vie ; cette seconde passion fut plus violente et moins respectueuse que la première, mais elle fut encore trompée. M. de Mère avait vingt-sept ans quand cela lui arriva. Comme la première fois, il en conçut assez de désespoir pour s'en vouloir venger ; mais, cette fois, ce ne fut pas lui-même qu'il choisit pour victime. Il voulut faire payer à toutes les femmes les torts de deux d'entre elles : il donna à sa vie la singulière occupation de séduire celles qu'on disait les plus vertueuses, et de les abandonner le lendemain du jour où il les avait perdues. Cette misérable vengeance fatigua bientôt celui qui y avait mis tout son bonheur, et au bout de deux ans de cette vie il se trouva en face de lui-même, jeune encore, mais flétri par le mépris qu'il s'était donné pour toutes les femmes. Les événements de la révolution l'arrachèrent à ce dégoût profond et tournèrent les facultés de son esprit vers les intérêts publics : en 92, il partit parmi les volontaires de sa province, heureux de sentir battre son cœur au bruit du tambour, et de tressaillir encore à une émotion quelconque. A cette époque, la fortune s'empara avec trop d'avidité de tous ceux à qui elle put jeter ses faveurs pour que M. de Mère n'en fût pas comblé. En 1798, il était déjà général de brigade, et si dans ce moment il n'était pas présent à l'armée avec un grade plus élevé, c'est qu'une blessure dangereuse avait rendu nécessaire sa présence à Paris.

Comme Olivia était la femme la moins jeune de toutes celles qui avaient été invitées pour cette fête, de même M. de Mère était le plus âgé des hommes qui y assistaient. Tous deux avaient été placés à table loin l'un de l'autre, car Olivia était l'objet des désirs des plus jeunes et des plus ardents, et M. de Mère le but des coquetteries des plus folles et des plus agaçantes. Ni les uns ni les autres n'obtinrent le moindre succès. Olivia et le général regardèrent en pitié ces joies fiévreuses, ces délires amoureux qu'ils avaient épuisés l'un et l'autre jusqu'à la lie. Olivia était trop belle pour accepter l'amour d'un jeune homme, dont la passion l'eût mise au rang des vieilles femmes qui font des éducations, et M. de Mère n'aimait plus assez le plaisir pour risquer encore une désillusion. Le soir venu, le hasard, ou plutôt la solitude que tous deux cherchèrent dans un salon écarté, les fit se rencontrer ensemble. M. de Mère savait ce qu'était Olivia, mais Olivia ne connaissait pas M. de Mère. Il entama la conversation avec elle, non pas avec ce respect qu'appelle une réputation intacte, mais avec cette retenue qu'un homme distingué accorde à toute femme habituée à un monde élégant. Ils échangèrent d'abord quelques mots sur le peu de part qu'ils prenaient aux plaisirs de la soirée, et tous deux l'attribuèrent au fâcheux état de leur santé, car tous deux croyaient être assez une exception dans ce monde pour ne pas parler de l'état fâcheux de leur âme. S'intéressant fort peu l'un à l'autre et à eux-mêmes, ils abandonnèrent bientôt cette conversation pour parler de choses d'un intérêt général. Les guerres de la République et les succès de Bonaparte étaient alors dans toute leur splendeur, et M. de Mère en parla avec une chaleur et un enthousiasme qui attestaient qu'il y avait encore en lui bien plus de feu et de jeunesse qu'il ne le supposait. D'un autre côté, la littérature, les théâtres, les arts, la musique recommençaient à se montrer, et Olivia en parla avec un tact, une supériorité et un intérêt qui montraient aussi que son cœur était plus susceptible de douces émotions qu'elle n'eût voulu le croire. Ils passèrent ainsi les longues heures de cette soirée, s'écoutant tour à tour avec plaisir, mais sans réflexion; puis tous deux, avertis par le silence de la fête qu'elle était finie, se trouvèrent avoir de beaucoup dépassé le moment où leurs habitudes plus rangées les rappelaient chez eux. Il fallut se séparer. M. de Mère, qui avait encore quelques semaines à perdre à Paris, ne voulut pas laisser échapper l'occasion de diminuer les ennuis de son séjour par le commerce d'une femme qu'il avait trouvée pleine d'esprit et de convenance : il demanda donc à Olivia la faveur d'être reçu chez elle. Il le fit dans les termes les plus flatteurs, et elle lui répondit sans s'étonner et sans le repousser :

— Je n'ai pas besoin de savoir votre nom, Monsieur, pour être charmée de recevoir un homme aussi distingué que vous ; mais encore faut-il que je le connaisse pour ne pas m'étonner de la visite que je recevrai, si par hasard vous ne mettez pas en oubli la demande que vous venez de me faire? — Eh bien! Madame, si on vous annonçait M. de Mère demain au soir, le recevriez-vous? —

M. de Mère! reprit Olivia en le regardant, voilà un nom qui pouvait se passer de la recommantion de ce soir pour faire accueillir avec plaisir celui qui le porte.

Tous deux, on le voit, se disaient sans embarras le plaisir qu'ils avaient éprouvé à se rencontrer; tous deux se croyaient tellement à l'abri d'une coquetterie ou d'une séduction, que ce fut sans embarras aussi qu'ils reçurent cette assurance. Ni l'un ni l'autre n'emportèrent aucun trouble de cette soirée. Olivia passa toute la journée sans se rappeler que M. de Mère devait venir le soir, et celui-ci ne se souvint qu'il devait aller chez Olivia, que comme d'un emploi de son temps plus amusant qu'une représentation à l'Opéra ou une bouillotte dans le salon d'un directeur.

Il était neuf heures du soir, et Olivia était chez elle avec Libert, le gros financier qu'elle avait jadis choisi à seize ans, et qu'elle avait repris pour amant en titre, parce qu'il était le plus esclave de ceux qui avaient régné comme lui. Une immense fortune, gagnée dans les dilapidations de la monarchie, s'était encore accrue dans les dilapidations de la république, et Olivia s'en servait pour satisfaire des caprices peut-être plus exigeants et plus impérieux que ceux de la vanité et de l'amour des plaisirs, car ils venaient de l'ennui. En ce moment, le financier, devenu fournisseur, lui racontait les chances d'une nouvelle opération, et Olivia, n'ayant rien de mieux à faire, s'amusait à lui démontrer que son entreprise était stupide, quoique au fond elle fût très-persuadée que l'instinct cupide de Libert était supérieur à tout ce qu'elle pouvait avoir de bonnes raisons. Ils en étaient presque venus à se quereller, lorsqu'on annonça M. de Mère. Olivia éprouva un mouvement de dépit; et, bien que tout Paris sût qu'elle était la maîtresse de Libert, elle fut singulièrement contrariée d'être trouvée avec lui par un homme comme M. de Mère. Elle le reçut cependant avec cette aisance qui tient plus à l'habitude qu'à la bonne disposition, et la conversation s'établit sur la fête où ils s'étaient rencontrés. Elle fut railleuse et embarrassée de la part d'Olivia, dédaigneuse de la part du général, sur le compte de leurs convives de la veille. Tous deux étaient gênés et humiliés de la présence du financier, car elle disait trop ce qu'était Olivia. Libert quitta le salon avant M. de Mère. Dès qu'il fut parti, Olivia dit à celui-ci :

— Vous vous êtes trompé, général. Vous croyiez sans doute venir dans un salon où vous trouveriez une nombreuse réunion, une conversation brillante, et vous voilà tombé chez une pauvre femme toute seule, et qui passe ainsi la plus grande partie de ses soirées. — Je ne venais chez vous, Madame, chercher que vous, répondit le général. — Et ce n'est pas moi seule que vous avez trouvée; est-ce là ce que voulez dire? — Non, en vérité; mais je dois vous avouer que je n'imaginais pas troubler un entretien aussi intime. — Je ne sais comment je dois prendre votre réponse. — Comme l'expression de l'étonnement que j'éprouve à voir la belle Olivia seule. — Seule! — Oui, vraiment; il me semblait avoir découvert en elle une supériorité d'esprit qui ne devait pas se satisfaire du commerce de certaine vulgarité.

Olivia regarda le général avec un sourire moitié triste, moitié railleur, et reprit :

— Si j'étais la franche coquette que vous croyez, je vous répondrais peut-être que je n'étais si seule que parce que je vous attendais; mais, en vérité, ce serait mentir, et il y a bien longtemps que je ne prends plus cette peine-là. — Vous ne m'attendiez donc pas, Madame? répondit M. de Mère. — Je vous jure, Monsieur, que je vous avais complétement oublié. — Je vous remercie de votre franchise, quoiqu'elle soit peu flatteuse. — Elle l'est plus que vous ne pensez, peut-être; car je pense beaucoup à fuir les importuns. — Tenez, dit le général avec plus de gaieté qu'il n'en avait éprouvé depuis longtemps, vous faites de l'esprit avec moi ; vous n'êtes pas naturelle comme hier, et j'en suis fâché. — C'est que je suis peut-être fâchée aussi. — Et de quoi? — De ce que vous êtes venu. — Vraiment? et pouvez-vous me dire pourquoi? — Si je vous le dis, vous ne serez pas trop fat?— Oh! mon Dieu! je vous jure qu'il y a bien longtemps aussi que je ne me donne plus cette peine-là. — En ce cas, je vais vous avouer la cause de mon humeur. Je vous ai rencontré hier dans un monde insupportable, vous ennuyant comme moi au milieu de gens qui s'amusaient; vous m'avez fait passer une bonne et douce soirée; je n'ai pas compté le temps, croyez que c'est beaucoup pour moi; vous ne vous êtes pas aperçu que vous perdiez le vôtre, et c'est sans doute aussi quelque chose pour vous. Plus tard, ce souvenir me serait revenu et à vous aussi. Il est sans doute bien pâle à côté de tous ceux de votre vie, et il eût été bien effacé pour moi, si j'avais été forcée d'aller le rechercher dans les souvenirs bruyants de mes premières années ; mais, dans l'existence déserte que je mène et vous aussi, il eût pris une heureuse place. — Et pourquoi voulez-vous qu'il l'ait perdue? repartit le général, en interrompant Olivia. — Oh! dit-elle, ne faites pas de la vieille galanterie avec moi; je vaux mieux ou moins que cela. Le souvenir a perdu sa bonne place, parce que vous êtes venu ici, parce que vous y avez rencontré M. Libert, parce que j'ai senti que vous me jugiez selon ma position, et parce que véritablement vous m'avez jugée comme je vous le dis.

Pendant qu'Olivia parlait ainsi, le général la regardait : il s'aperçut alors de sa beauté souveraine, plus touchante depuis qu'elle était alanguie par la douleur physique et la tristesse. Il reprit après un moment de silence :

— De tout ce que vous venez de me dire, la seule chose que je ne comprenne pas, c'est cette vie déserte dont vous me parlez. — Et voilà qui m'étonne tout à fait, dit Olivia, non pas que je ne puisse avoir autour de moi un cercle de brillants adorateurs : le succès de certaines femmes doit me faire croire qu'il ne me manquerait pas si je daignais l'appeler. Mais, dites-moi, quel intérêt voulez-vous que j'y prenne? celui d'un entretien aimable? Je vous avoue que j'ai été bien gâtée de ce côté. Serait-ce le besoin d'hommages... amoureux? Je vous avoue encore que ces hommages ayant perdu, dans le monde que je pourrais voir, la séduction que leurs prêtaient jadis un grand nom et de grandes manières, je suis peu tentée de les accueillir et de faire un nouvel apprentissage de l'amour. — L'amour! dit M. de Mère. Mais voilà ce dont vous ne parlez pas et ce qu'il me semble étrange de ne pas trouver ici. — Comment! dit Olivia d'un air tout étonné ; il me semble que je viens de vous dire à l'instant même que j'y avais renoncé. — Pardon! dit M. de Mère en souriant doucement : il me semble, à moi, que vous avez parlé de tout autre chose que de l'amour. — De quoi donc? — Je ne sais trop comment vous le dire. — Oh! soyez franc, reprit Olivia avec vivacité. Parlez, je sais tout entendre, je suis une bonne femme; et, si vous voulez que je vous mette plus à votre aise, parlez, parlez, je suis une vieille femme.

M. de Mère hocha la tête, et, souriant encore, il repartit :

— Je parlerai parce que vous le voulez, voilà tout. Il me semble que ce n'est pas à l'amour que vous avez renoncé, d'après ce que vous disiez vous-même, mais à ce que nous autres, soldats assez grossiers, nous appelons des aventures galantes. — Oh! je vous comprends, reprit Olivia en riant: mais je vous dirai que je suis encore plus jalouse de repousser ce que vous appelez sans doute l'amour, que de renoncer à ce que vous appelez des aventures galantes. — Il vous a donc bien fait souffrir? dit le général. — Oui, reprit Olivia avec une expression de honte et presque de dégoût ; il m'a fait mal, un mal ignoble, repoussant honteux; je n'ai aimé d'amour qu'une fois, et je voudrais l'oublier. — Eh bien! moi aussi, répondit le général, j'ai horriblement souffert de l'amour. J'ai été trompé dans les sentiments les plus saints, trahi dans le dévouement le plus complet, joué dans ma confiance et ma vénération pour celle que j'aimais, et cependant je ne donnerais pas pour beaucoup le souvenir de ces tourments passés. — Vraiment? dit Olivia, en s'appuyant sur le bras de son fauteuil et en regardant le général avec une surprise étrange. — Et ne le comprenez-vous pas comme moi? reprit le général en s'exaltant; ne comprenez-vous pas que, lorsque le cœur est pauvre et épuisé, il se rappelle avec bonheur le temps où il était riche et abondant en douces ambitions et en nobles espérances? Aimer! aimer, avec cette pensée qu'il y a une âme à côté de vous qui épie tout ce que vous faites de bon et de beau pour en être heureuse, un être faible qui a foi en vous, qui vous donne son bonheur en garde, qui s'endort et s'éveille tranquille à l'abri de votre protection, ou qui, s'il se trouve enchaîné par des devoirs plus impérieux, mêle votre pensée à toute attente, à tout regret, qui vit en vous comme vous vivez en lui, qui vous comprend dans un regard si vous êtes muet, qui sait ce que vous pensez mieux que vous-même, dont le bonheur vous est plus cher que votre vie, qui tient enfin votre cœur dans cette perpétuelle émotion de joie et de désir qui élargit l'existence, et lui donne une étendue immense pour être heureux ou pour souffrir! oh! vous me trompez, Madame, ou vous ne rejetez pas de pareils souvenirs ou vous n'avez jamais aimé!

A ces mots, Olivia porta la main sur son cœur; quelque chose de douloureux et d'inconnu semblait y avoir retenti. Elle regarda M. de Mère dans une muette contemplation, comme si ses yeux étaient illuminés d'un nouveau jour, à travers lequel elle ne voyait pas encore distinctement, et elle finit par lui dire d'une voix lente et basse :

— Et vous avez aimé ainsi, vous! — Et vous avez dû être aimée ainsi, repartit le général, ou du moins vous avez dû éprouver pour quelqu'un un sentiment pareil à celui que je viens de vous dire!

Olivia baissa les yeux et rougit. En ce moment elle fut honteuse d'elle-même, elle éprouva le regret de sa vie perdue dans les plaisirs. Pour échapper à cette pensée, elle reprit la conversation presque interrompue par son silence et dit à M. de Mère :

— Et vous en êtes aux souvenirs, vous, si jeune encore! et vous croyez que cette passion que vous connaissez si bien ne vous maîtrisera plus! — J'espère que non, dit le général en souriant, et cependant je ne voudrais pas m'y fier. Il ne faudrait pas qu'une femme comme vous se donnât la peine de me rendre amoureux. — Oh! s'écria Olivia avec une vraie joie d'enfant, que je voudrais que vous fussiez amoureux de moi! — Est-ce que cela vous amuserait beaucoup? — Oh! ne dites pas cela, reprit Olivia avec prière, je vous jure que je serais fort maladroite à jouer avec de pareils sentiments. J'ai été bien folle, bien rieuse; mais j'avoue que je n'aurais jamais voulu blesser une passion aussi sincère. — Alors, vous devez avoir eu bien des pitiés, dit le général, si vous n'avez jamais rendu malheureux ceux à qui vous l'avez inspirée? — Si je l'ai inspirée, reprit Olivia, je ne l'ai jamais comprise. — En ce cas vous ne l'avez donc jamais partagée? — Jamais! répondit Olivia.

L'accent ingénu avec lequel cette femme de trente-deux ans prononça ce mot, étonna à son tour M. de Mère. Il la regarda, comme pour s'assurer qu'elle ne jouait pas une comédie; mais il y avait tant de sincérité dans l'attitude et dans l'étonnement d'Olivia, qu'il ne put pas douter de la vérité de ce qu'elle lui disait. Il demeura longtemps en silence devant elle, admirant sur ce beau visage, qui semblait avoir été éprouvé par les passions, la surprise naïve d'une jeune fille à qui l'on vient de découvrir son cœur et qui s'étonne des nouvelles émotions qu'elle ressent. Olivia se taisait toujours, et toujours M. de Mère la regardait. Enfin elle leva les yeux sur lui et s'écria douloureusement :

— En vérité, vous venez de me faire bien du mal ! — Et comment ? — Je ne puis vous le dire ; mais cette vie que je mène, et qui m'était déjà insupportable, va me devenir impossible ; mais la présence de cet homme qui me déplaisait va maintenant me faire honte ; mais tous ces plaisirs qui ne me semblaient que frivoles vont me paraître odieux ; ce que je croyais la satiété n'est plus que le vide de mon cœur. — Avez-vous donc renoncé à l'occuper ? — A mon âge, reprit Olivia en souriant, à mon âge aimer, et aimer comme une enfant, ce serait une folie ; ce serait pis encore, ce serait ridicule. — On n'est jamais ridicule, Madame, dit le général, lorsqu'on est belle comme vous l'êtes et qu'on a un sentiment vrai dans le cœur. — C'est comme si on vous disait, à vous, reprit Olivia, de vous exposer encore à ces tumultueuses émotions dont vous me parliez tout à l'heure ; assurément vous ne voudriez pas y consentir. — Moi, Madame, je bénirais l'heure, le moment où je pourrais sentir ce que j'ai éprouvé autrefois ; et je dois vous dire toute la vérité. Il me semble que, depuis si longtemps que mon cœur est muet, il a retrouvé dans son repos toute sa jeunesse, toute sa force, tout son délire.

En parlant ainsi, le général regardait Olivia de façon à lui faire croire que c'était à elle que s'adressait l'espérance de cette passion. Elle en fut troublée et lui dit en riant :

— Allons ! ne faisons pas d'enfantillage. Vous oubliez que pour l'amour nous sommes des vieillards, et que les jeunes fous avec qui nous avons passé la soirée étaient plus maîtres d'eux que nous ne le sommes nous-mêmes. Voyons, ajouta-t-elle, parlons de vous qui avez des espérances... des espérances de gloire, j'entends. — Pourquoi me donner la préférence ? reprit le général. — Oh ! répondit Olivia, parce qu'il n'y a plus rien à dire de moi, parce que j'ai jeté un voile sur mon passé et que je ne veux pas regarder dans mon avenir. Une vie ennuyeuse et dépourvue de tout intérêt, voilà ce qui me reste. J'y suis résignée ou je m'y résignerai. Mais vous, vous avez une belle carrière : vous y avez déjà fait de grands pas, et il vous en reste de plus grands à faire encore. C'est si beau de penser qu'on peut arriver à occuper de son nom la France, le monde, la postérité ! et vous avez tout cela, vous autres hommes. Quand les passions de l'amour sont éteintes, l'ambition vous reste : vous êtes bien heureux ! — Croyez cependant, reprit le général, que cette ambition serait encore plus puissante si on savait qu'un autre cœur s'intéresse à ce succès. — Allons ! allons, dit Olivia en souriant, vous voilà tout à fait redevenu jeune homme. Vous avez repris la folle ardeur de vos premières années, vous continuez vos belles illusions. — Pourquoi n'en pas faire autant de votre côté ? repartit le général. — C'est que, si on continue à votre âge, on ne commence pas au mien.

Elle dit cette dernière parole avec un trouble et un chagrin évidents, et, avant que le général ait eu le temps de répondre, elle sonna vivement et lui dit :

— Je vous chasse... je vous chasse ce soir, entendez bien. Je ne vous dis pas de revenir, mais je suis toujours chez moi. J'ai besoin d'être seule, je suis souffrante. Cette soirée d'hier m'a fatiguée. Adieu, et à bientôt.

Elle mentait, ce n'était pas la soirée de la veille qui l'avait fatiguée, ou plutôt troublée si profondément. Puisqu'elle mentait, qu'éprouvait-elle ? Le général sortit après lui avoir baisé la main, qu'elle voulut retirer

Olivia faible, épouvantée, s'appuya sur un meuble. — Page 230.

dans un premier moment d'émotion. Olivia demeura seule avec ses nouvelles pensées...

Luizzi écoutait ce récit avec une grande attention, et remarquait l'intérêt avec lequel le Diable racontait l'histoire d'Olivia.

— Je comprends, lui dit-il, pourquoi tu veux me rendre cette femme moins odieuse qu'elle ne l'est véritablement : mais tu auras beau faire, je ne verrai jamais dans cette histoire que beaucoup de dévergondage finissant par une ridicule passion de femme usée. — Sot et méchant! s'écria Satan avec un éclat qui fit trembler Luizzi, ne jugeras-tu jamais les choses que sur la stupide apparence que leur prêtent vos idées? Ne vois-tu pas que cette femme était arrivée au plus misérable des malheurs? — Plaît-il? fit Luizzi. — Oui! à ce malheur suprême de n'avoir plus d'illusion sur le passé, à ce malheur horrible de savoir, autant que le cœur humain peut le savoir, que toute faute est irréparable. Et encore cette terrible science resta-t-elle pour elle dans le doute, tandis que, moi, je la possède dans toute sa foudroyante étendue. Ne comprends-tu pas, pauvre, sec et froid misérable, ce que c'est que d'avoir pu habiter les cieux, et se voir condamné à la fange des enfers? Et, pour ne parler que d'Olivia, comprends-tu ce désespoir qui la saisit, lorsqu'elle découvrit qu'elle avait pu aimer et être aimée, ce qui est votre ciel, et qu'elle n'avait jamais été qu'une marchandise d'amour, ce qui est votre dernier avilissement? — Je comprends un peu ta prédilection pour cette femme, dit Luizzi avec dédain, elle est un écho lointain des regrets qui te dévorent. — Avec cette différence, reprit Satan, que j'ai fait ma destinée et qu'on lui a fait la sienne. — Et ce fut là sans doute, reprit Luizzi, l'objet des pensées d'Olivia? — Et peut-être un jour ce sera l'objet des tiennes. — Dis-moi celles de ta protégée, cela m'épargnera peut-être les mêmes regrets. — Écoute donc, reprit Satan, et tâche de me comprendre si tu peux :

Olivia était donc restée seule, étonnée d'un trouble qu'elle n'avait jamais ressenti, la main posée sur son cœur qui se serrait dans sa poitrine ou se dilatait avec violence, éprouvant à la fois quelque chose d'heureux et d'inquiet, ayant peur de son émotion et s'y abandonnant avec joie, livrée enfin à ce combat instinctif du cœur pris d'un premier amour, et qui se défend avec effroi, comprenant qu'il va devenir l'esclave d'une passion plus violente que sa volonté. Cette agitation, qui dure si longtemps dans l'âme d'une jeune fille, dut bientôt faire place à d'autres sentiments chez une femme comme Olivia. Chez la vierge, en qui l'amour a soufflé ce premier désir dont le feu fait bouillonner tout son être, il n'y a plus d'étonnement que dans Olivia; mais il y a une ignorance de l'avenir de cette grande passion, qui la lui rend moins suspecte. Aimer est pour la jeune fille une ivresse dont elle ne comprend pas le réveil; pour Olivia, au contraire, cette ivresse lui semblait devoir arriver, comme les autres, au dégoût. Malheur aux lèvres d'un homme qui touchent une coupe avec la certitude qu'une fois le vin épuisé il ne restera plus dans sa bouche qu'une saveur fétide et nauséabonde ! malheur à la femme dont les lèvres ne peuvent toucher à un baiser sans être sûre qu'il lui répugnera avant d'être fini! C'était la position d'Olivia. Aimer, pour elle, ne pouvait plus être espérer le bonheur; couronner cet amour en devenant la maîtresse de M. de Mère n'était encore pour elle que de donner sans doute et recevoir assurément une désillusion. Cette nuit d'Olivia se passa tout entière, tantôt dans ces effrois, tantôt dans le charme inouï de la douce sensation que trouvait son âme à se reposer sur le souvenir de son entretien avec M. de Mère, comme un voyageur tourmenté de spleen et de fièvre qui rencontre une couche fraîche, blanche et odorante, où, pour la première fois depuis longtemps, il trouve un délassement à sa constante lassitude.

Toutefois, l'esprit du monde se mêla bientôt à ces sensations du cœur et dicta à Olivia une résolution qui lui parut raisonnable. Ce qu'Olivia craignait, avant tout, c'était le ridicule. Pour l'éviter, elle voulut fuir une passion qui pourrait lui en donner un aux yeux de tous ceux qui la connaissaient; mais elle ne voulut pas fuir cette passion en femme qui a l'air d'avoir peur, et, ne voulant ni éviter M. de Mère ni subir encore une fois le trouble qu'il lui avait donné, elle se décida à reprendre, pour quelque temps, une vie assez occupée de plaisirs pour que l'obsession de la pensée de M. de Mère ne pût y trouver place. Ainsi, lorsqu'il vint le lendemain, au lieu de rencontrer Olivia seule, comme il l'avait peut-être espéré, il entra dans un salon où étaient réunis le peu d'hommes de bonne compagnie que Paris possédait alors, et les quelques femmes splendidement galantes qui faisaient les frais de tous les scandales. Parmi celles-là, une entre autres avait été l'objet des attentions du général. Séduite en quelques jours et abandonnée en quelques heures par lui, elle en avait gardé une vive rancune. Avec tout autre homme que le général, elle eût peut-être tenté la vengeance la plus raffinée des femmes en pareille circonstance : c'était d'inspirer de l'amour à celui qui l'avait humiliée, afin de l'humilier à son tour par les refus les plus insultants : mais cette femme croyait trop bien connaître le général pour espérer qu'un pareil manége pût réussir vis-à-vis de lui, et, en franche ennemie, ce fut en l'attaquant de front qu'elle voulut se venger. Il est toujours facile d'amener la conversation d'un salon sur l'inépuisable sujet de l'amour. Mme de Cauny, c'était son nom, s'en chargea, et, après quelques thèmes généraux, elle commença une diatribe cruelle contre ces hommes en qui la débauche a usé tout noble sentiment, tout respect, toute pitié, et à qui elle a donné le dernier des vices, la lâcheté. Le général, qui avait écouté avec assez de dédain les furieuses déclamations de Mme de Cauny, ne put cependant s'empêcher de tressaillir à ce dernier mot. Elle s'en aperçut, et, s'adressant directement à lui, elle continua avec un ton plein de sarcasme :

— Oui, général, c'est la dernière des lâchetés que celle qui s'adresse à une femme, et en vérité je ne veux pas dire que la plus infâme soit celle qui consiste à flétrir sa réputation par des paroles. Car, si cette femme est pure, elle a le témoignage de son honneur pour se défendre, et il y a encore des gens dans ce monde dignes de l'écouter et de la comprendre ; si cette femme ne mérite aucun respect, le mal qu'on lui fait n'est pas bien grand, et il lui reste la chance de trouver dans un nouvel amant, sinon un cœur assez haut, du moins un courage assez déterminé pour punir l'infâme qui l'a outragée. Quoi qu'il en eût, le général se trouva si inopinément et si violemment attaqué qu'il ne fut pas le maître de cacher son trouble. Il écoutait Mme de Cauny, la pâleur sur le front, les dents serrées, prêt à éclater, car Olivia écoutait aussi cette femme en regardant le général. Mme de Cauny, suffoquée par la rage, s'était arrêtée. Il ne faut pas croire cependant qu'en me servant de ce terme je veuille le dire que ces reproches avaient été adressés au général avec l'expression haletante d'une femme emportée, dont la voix crie dans la gorge et dont les yeux étincellent dans leur orbite. Tout cela avait été dit d'une voix fine et moqueuse, avec des yeux à moitié cachés sous de longues paupières. Seulement un imperceptible tremblement des lèvres, une altération presque insaisissable de la voix, montraient assez que la colère qui s'échappait par cette issue si étroitement contenue aurait éclaté avec fureur, si elle n'eût obéi à ce frein puissant qu'on appelle le respect du monde. C'est en cela que la plupart de vos faiseurs de romans modernes me semblent ignorants à représenter les passions. Dans quelque monde et à quelque époque qu'ils les fassent vivre, ils les poussent toujours jusqu'à leur expression la plus énergique ; ils font à tout propos éclater le volcan, oubliant que, sous le poids de vos mœurs policées, il brûle intérieurement et gronde plus souvent qu'il ne lance ses flammes et ses scories. Olivia était trop femme de votre monde pour ne pas avoir compris, sous la nonchalante raillerie de Mme de Cauny, tout ce qu'il y avait de fureur rugissante en elle ; mais, peu soucieuse de la modérer, pourvu qu'elle apprît jusqu'à quel point allait cette fureur, elle lui dit :

— Et quelle est donc cette lâcheté plus grande encore que toutes celles dont vous venez de faire le tableau ? — Cette lâcheté, la voici, répondit Mme de Cauny en s'accoudant sur les bras de son fauteuil pour regarder de bas en haut le général qui était debout appuyé à la cheminée ; cette lâcheté, c'est de profiter d'un beau nom, de quelques avantages personnels, d'un esprit qui a le don de parler le langage du cœur, et de s'approcher d'une femme, d'une femme, entendez-moi bien, qu'on ne connaît pas, qu'on n'a jamais rencontrée, qui, par conséquent, ne vous a jamais blessé dans vos intérêts, dans votre vanité, dans vos affections, d'une femme à côté de qui l'on pouvait passer sans la regarder, mais qu'on désigne du doigt, en se disant : « Je ferai du mal à cette femme. » Comme je vous le disais tout à l'heure, on s'approche d'elle ; on la flatte d'abord en la rendant fière des soins d'un homme distingué; on la prend dans son repos pour l'occuper d'un amour qu'elle ne cherchait pas ; on l'arrache à sa vie paisible pour lui donner les inquiétudes d'une passion qu'elle avait résolu de fuir ; on lui offre un dévouement sans bornes, on la persuade de la sincérité de ce dévouement; on lui donne la joie d'être aimée, et on lui demande après de se laisser aller aussi à la joie d'aimer ; on l'émeut, on l'enivre, on l'égare, on obtient tout de cette femme ; et, le lendemain, on ne la revoit plus, sans prétexte, sans querelle, sans reproche, sans raison, sans nécessité; on la laisse d'abord avec l'amour qu'elle a, puis avec la honte qui lui vient, avec une attente horrible et une perplexité que rien ne peut éclairer, car elle ignore ses torts, et enfin avec une certitude d'abandon ignoble qu'on ne se donne pas même la peine de rendre complète. Puis l'on court à une autre femme pour recommencer la même lâcheté; car, voilà ce que j'appelle une lâcheté, une basse et lâche lâcheté, et je suis sûre, général, que vous êtes de mon avis.

C'était pour la première fois peut-être que les suites d'une aventure galante avaient été traitées dans ce monde sur un ton aussi sérieux. En toute autre circonstance, des quolibets et des plaisanteries auraient pu répondre à la cruelle plainte de Mme de Cauny ; Olivia peut-être en eût donné l'exemple ; peut-être le général y eût-il trouvé une excuse contre cette terrible accusation. Mais l'accent de Mme de Cauny domina toutes les dispositions railleuses de ce salon. Olivia avait continué de l'écouter, les yeux toujours fixés sur M. de Mère ; et, quoiqu'elle n'eût plus dit un seul mot, celui-ci avait bien vu qu'elle s'était épouvantée à la prévision d'un pareil malheur. Cependant le général ne pouvait pas rester sans essayer au moins une réponse, quelque futile qu'elle fût. Il reprit donc :

— Que voulez-vous, Madame ! Le cœur est facile à se tromper : on croit aimer et il se trouve qu'on n'aime pas, le désir qu'inspire toute femme belle et spirituelle peut abuser et apparaître comme un amour véritable, puis, quand ce désir est éteint, on s'aperçoit qu'après lui il n'y avait rien. — Pas même l'homme d'honneur? dit Mme de Cauny ; pas même l'homme qui, dépouillé de son illusion, ménage à une femme les douleurs qu'il va lui causer? Il ne reste rien, dites-vous, général, pas même l'homme de bonne compagnie qui enveloppe au moins de politesse la plus honteuse et la plus basse des injures ? Oh ! vous avez raison, il ne reste rien, absolument rien, que le méchant qui frappe le faible, et le manant qui insulte à toute distinction. — Madame, s'écria le général emporté par sa colère, pour aussi bien connaître ces hommes, il faut en avoir rencontré. Oseriez-vous les nommer? — Peut-être, reprit Mme de Cauny en regardant Olivia, serait-ce un service rendre à d'autres femmes ; mais je ne puis pas pousser l'obligeance jusque-là.

Cette conversation s'arrêta, car aussitôt madame de Cauny se leva et se retira. A peine fut-elle partie, que la frivolité reprit l'empire de la conversation, et quelques personnes se mirent à railler madame de Cauny sur sa fureur. Olivia seule, Olivia, qui la veille encore aurait été la plus ardente à jeter de joyeux propos sur ce désespoir, demeura sérieuse, et plus que sérieuse, triste. Tout en se félicitant de la résolution qu'elle avait prise, elle éprouvait la terreur du danger auquel elle avait pu être exposée et le regret de voir si complétement dépoétisé un homme par qui elle ne voulait pas se laisser persuader, mais dont les paroles l'avaient si vivement émue. Le général s'aperçut, de son côté, qu'il avait été profondément atteint dans la considération qu'Olivia semblait avoir pour lui, et il en conçut une sorte d'impatience douloureuse dont il ne voulait pas se rendre compte. Elle fut assez vive pour qu'il crût devoir tenter de se justifier d'une de ces roueries dont jadis il avait fait sa gloire, et, pendant que le salon se divisait en petits groupes, il s'approcha d'Olivia demeurée seule, et lui dit :

— La philippique de madame de Cauny vous a donné une bien odieuse opinion de moi? — Non, repartit Olivia d'un air de franchise, non, ce n'est pas ce qu'elle a dit : beaucoup de légèreté peut expliquer une conduite si cruelle. Mais ce qui m'a étonnée, c'est que vous ayez répondu... — Quoi donc? — Qu'on peut se tromper sur ce qu'on appelle amour; qu'un désir peut vous en donner toutes les émotions, tout le trouble, tout l'enivrement, et qu'une fois ce désir éteint, il n'en reste plus rien. Est-ce vrai, cela?

Monsieur de Mère réfléchit longtemps, puis répondit :

— Non, cela n'est pas vrai, cela ne doit pas être vrai, quoiqu'il me semble que je l'aie éprouvé; c'est qu'on manque de franchise avec soi-même, c'est qu'on s'interroge mal, ou plutôt c'est qu'on y met de la négligence.

A ce mot, Olivia regarda le général d'un air tout surpris, et répéta :

— De la négligence? — Oui, je ne saurais m'exprimer autrement. On ne prend pas garde à ce qu'on éprouve malgré la violence des émotions, parce qu'il leur manque un sens intime qui n'appartient qu'à l'amour, un sens qui parle quand c'est véritablement de l'amour qu'on éprouve, un sens qui vous avertit et qui vous dit : « Prends garde! » Oh! non, Olivia, non, quand on aime ou qu'on est menacé d'aimer véritablement, on ne se trompe pas. — En êtes-vous sûr? reprit Olivia. — Écoutez, reprit le général, et ne vous moquez pas de moi. Vous avez remarqué tout à l'heure mon embarras, ma colère, disons plus, mon humiliation. Il y a peu jours, ce qui m'arrive ce soir me fût arrivé qu'en vérité j'en aurais été ravi. J'aurais été fier, moi qui ai beaucoup souffert, d'avoir rendu à quelqu'un une partie du mal qu'on m'avait fait; j'aurais peut-être retrouvé assez de cet esprit caustique que j'avais autrefois pour tourner à mon avantage les invectives de madame de Cauny et lui renvoyer l'humiliation et le ridicule de cette sortie. Eh bien! aujourd'hui j'ai été honteux, pris au dépourvu, blessé, malheureux. — Qu'en voulez-vous conclure? dit Olivia, cherchant dans les paroles de M. de Mère l'explication de ce qu'elle éprouvait, car en toute autre circonstance elle aussi n'eût pas été triste et blessée de ce qui venait de se passer. — Le voici, repartit le général. C'est que j'ai besoin de l'estime de quelqu'un devant qui on me ravalait, besoin de la foi de cette personne en ma sincérité; c'est que j'ai dans le cœur le désespoir d'avoir perdu sa confiance; c'est que je viens de découvrir que je l'aimais, car, si je ne l'aimais pas, rien de tout cela ne m'arriverait. — C'est étrange! dit Olivia émue. — Voilà un de ces symptômes auxquels on ne se trompe pas, un de ces avertissements souverains qui vous disent : « Tu n'es plus maître de ton âme, elle ne t'appartient plus, elle t'appartient si peu que, si elle fait peur à celle à qui tu veux l'offrir, tu en seras honteux et désespéré. » — Est-ce ainsi, dit Olivia avec effort, mais sans pouvoir donner à l'accent de sa voix ni à l'expression de son regard la raillerie qu'elle voulait mettre dans ses paroles, est-ce ainsi que vous avez joué la comédie vis-à-vis de madame de Cauny?

Le général se mordit les lèvres, puis lui répondit en se levant et en la saluant :

— Peut-être.

Il quitta le salon. Olivia rentra chez elle pour être seule un moment, et, en franchissant le seuil de sa chambre, Olivia faible, épouvantée, s'appuya sur un meuble, pressa son cœur de sa main fermée avec colère, et s'écria tout haut comme pour chasser le poids qui pesait sur sa poitrine :

— Mon Dieu! mon Dieu! je crois que j'aime cet homme.

— Olivia, aimer! reprit Luizzi en interrompant le Diable et en ricanant, et de quel amour? — De l'amour le plus jeune, le plus saint, le plus pur, reprit Satan; car cette femme impudique avait oublié sous son opprobre la virginité de son âme, cette virginité qu'on ne perd pas sans joie, qu'on ne perd pas sans douleur; et elle la retrouva à ce moment, et il arriva que la courtisane devint amoureuse, non pas comme celle qui aime pour la dixième fois, mais comme la jeune fille au lever de son âme, comme Henriette Buré, heureuse comme elle, rêveuse et pleine de longues contemplations comme elle. Et cependant cet amour fut encore plus pur chez la femme perdue que chez la jeune fille égarée. — Cela me semble étrange, dit le baron. — Écoute, repartit le Diable, dont la voix était presque descendue à une émotion humaine, écoute! Olivia aimait en effet cet homme; et monsieur de Mère l'aimait aussi, cette femme. Mais tous deux, confus et surpris de cette passion, s'évitèrent soigneusement. Monsieur de Mère alla rejoindre l'armée, et ils furent près de six mois sans se voir. Ce fut à l'Opéra qu'ils se retrouvèrent. Ils se reconnurent d'un bout de la salle à l'autre au premier regard. Le général, confiant dans sa longue absence, alla se présenter dans la loge d'Olivia : il croyait la retrouver telle qu'elle était avant qu'il la connût. Effectivement, elle était belle de toute sa parfaite beauté, parée de tout ce que son goût exquis avait d'élégance; elle était souriante, presque gaie; et, quand le général entra dans sa loge, elle lui tendit la main et serra les siennes avec une bonhomie charmante : grâce adorable, que la coquetterie ne peut jamais imiter!

— Bonjour! lui dit-elle avec un beau et doux sourire; que je suis heureuse de vous voir! Que j'ai de choses à vous dire! Comme vous avez fait de belles choses dans cette immortelle campagne de Bonaparte! Je vous le disais bien, que vous aviez une noble et belle carrière devant vous! Que je me sais gré d'avoir deviné que vous la suivriez glorieusement! »

Et, en parlant au général avec cette joie, Olivia avait presque des larmes dans la voix. Et lui, tout ému, tout surpris, lui répondit :

— Merci! vous venez de mieux me récompenser que je ne l'ai été sur le champ de bataille. Votre approbation, c'est plus qu'une approbation, c'est la réalisation d'une espérance que j'avais emportée de Paris; cette espérance, c'était que vous ne m'oublieriez pas. — Vous oublier? dit Olivia; vous vous rappelez trop haut et trop bien au souvenir des gens qui vous connaissent. — Il y en a tant d'autres qui ont plus fait que moi! — Oh! mais ceux-là, on n'y pense pas.

L'orchestre commença, le général dut se retirer.

— Quand vous voit-on? dit-il à Olivia. — Toujours, toujours seule. — Et toujours ennuyée? Moins ennuyée, reprit-elle doucement, mais peut-être plus malheureuse. Venez, nous causerons de tout cela.

Le lendemain le général trouva Olivia complétement seule; mais déjà tous deux s'étaient mis en garde contre l'émotion inattendue de la veille. La conversation fut d'abord plus calme. Olivia s'informa du général; elle se plut à lui demander le récit de toutes ses heures, de tous ses dangers, des grands combats auxquels il avait assisté. Puis enfin le général lui dit :

— Parlez-moi donc de vous. Qu'avez-vous fait ? Qu'êtes-vous devenue ? — C'est mal de m'interroger, moi, pauvre femme, heureux que vous êtes ! Ce que je suis devenue ? Au dehors, je suis restée ce que j'étais, fuyant le monde ou ne le cherchant que là où il est assez nombreux pour ne pas être importun, fatiguée de cette exclusion qui me relègue dans une société qui me semble méprisable maintenant et que je n'ai pourtant pas le droit de mépriser, pensant beaucoup à vous, qui m'avez fait tant de mal, et ne trouvant que là la consolation du mal que vous m'avez fait. — Olivia, est-ce vrai ? reprit monsieur de Mère. — Oui, c'est vrai je vous aime. Oh ! je puis bien vous le dire sans danger. Mais à quoi cela me mènera-t-il ? A être votre femme ? c'est impossible, je le sais..... Croyez que bien sincèrement je n'ai pas cette prétention. A être votre maîtresse ? jamais, Victor, jamais ! — Vous savez mon nom ! lui dit le général tout surpris. — Oui, je l'ai demandé à madame de Cauny. — Vous m'aimez, reprit monsieur de Mère, vous m'aimez ! et vous croyez que je ne vous mériterai pas, moi, qui n'ai plus d'intérêt que votre pensée ! car vous m'aviez compris hier, quand je vous ai remerciée ; vous m'avez compris tout à l'heure, quand je vous racontais avec quel soin je cherchais à vous faire parvenir, par la voix publique, le peu de gloire que je n'osais vous dédier. Et vous croyez que je ne voudrai pas obtenir tout votre amour ? — Non, dit Olivia en détournant la tête, non, car vous avez de cet amour tout ce qui en est bon et saint. Ne demandez rien à la femme, rien, entendez-vous ? Ne me faites pas rougir ; pour moi, ce ne serait pas de la pudeur, ce serait de la honte. Restons où nous en sommes. Ne m'ôtez pas le bonheur que vous m'avez donné. — Folie ! dit le général en souriant ; n'êtes-vous pas plus belle qu'aucune femme au monde ? — Vous me trouvez belle ? reprit Olivia en souriant et en caressant Victor du regard ; tant mieux ! vous aussi, reprit-elle en riant, je vous trouve beau, très-beau, en vérité ! ce grand front bruni par le soleil d'Italie, cette cicatrice qui le pare d'une si noble couronne... Oui... oui, je vous trouve beau, et je vous aime.

Le général prit les mains d'Olivia et s'approcha. Elle lui dit :

— Demeurez-vous longtemps à Paris ? — Deux mois. — Deux mois ! c'est beaucoup, quand on a de si belles choses à faire ailleurs. — Ne m'aiderez-vous pas à les trouver courts ? — Pas souvent. Je ne suis pas libre comme autrefois. Je suis très-entourée maintenant. J'ai retrouvé des parents de mon père qui étaient dans la misère. Il y avait là deux jeunes filles, je les ai prises près de moi ; je m'en occupe, je les élève.

Puis elle ajouta avec un soupir et une larme :

— J'en ferai d'honnêtes femmes. Ainsi, vous voyez ! je vous verrai quelquefois, pas souvent, et nous causerons comme aujourd'hui.

Olivia avait laissé ses mains dans celles du général, qu'elle pressait doucement en parlant ainsi. Victor, qui la regardait et l'écoutait avec avidité, l'attira doucement dans ses bras. Mais elle se dégagea avec vivacité, et lui dit :

— Non, Victor, non ! que vous importe une femme de plus ? Ne jouez pas une amie contre un moment de triomphe. Je pourrais vous haïr, Victor ; je pourrais plus peut-être, je pourrais ne plus vous aimer...

Et alors, le regardant avec amour, elle se pencha rapidement vers lui, lui donna un baiser sur le front, et lui dit avec une joie charmante :

— Et je vous aime !

Puis elle ouvrit la porte de sa chambre et se réfugia vers ses jeunes élèves qui étudiaient le piano.

— Adieu, dit-elle au général. Voici l'heure

de notre leçon. Il n'y a plus ici qu'une mère de famille, qui reçoit ses vieux amis en famille.

Monsieur de Mère sortit. Je ne saurais mieux t'expliquer les sentiments qu'il éprouva qu'en rapportant ici la lettre qu'il écrivit en rentrant chez lui :

« Olivia, je vous remercie de m'aimer, et je vous remercie de ce que je vous aime. Vous ne pouvez savoir ce que j'ai de reconnaissance pour vous. Vous m'avez rendu ma vie, mon âme, mon avenir ; je suis fier, j'ai espérance en tout, foi en tout ; je suis redevenu jeune, je suis redevenu jaloux. Oui, jaloux ; car en sortant de chez vous j'ai vu s'arrêter à votre porte l'équipage d'un de ces brillants jeunes gens qui avaient place dans votre loge à l'Opéra, où moi je suis entré comme un étranger. Olivia, ne me trompez pas, je vous le demande à genoux. Je savais qu'on recommence sa vie, sa fortune, sa gloire ; j'ignorais qu'on pût recommencer son cœur, et vous me l'avez appris. Mon cœur bat, ma tête brûle, je pleure et je ris. J'aime, j'aime. Oh ! ne me trompez pas, Olivia ; ne faites pas une dernière dérision de ce dernier bonheur. Je vous remercie, je vous remercie à genoux. Aimez-moi ! aimez-moi !... Je vous aime jusqu'à avoir peur de vous. »

Cette lettre resta sans réponse ; quelques jours après, le général alla la chercher. Olivia n'était pas seule ; un des merveilleux du temps était avec elle. Le général eut toutes les impatiences, toutes les excitations d'un amour jaloux, et Olivia toutes les soumissions d'un amour vrai. Elle renvoya le merveilleux ; elle le renvoya très-maladroitement, assez maladroitement pour que, le lendemain, tout Paris fût informé que monsieur de Mère était son amant en titre. Il l'apprit, et il accourut furieux et désolé chez Olivia. Elle le savait aussi, et répondit en souriant à la colère du général :

— Je vous sais gré de vous être ainsi emporté pour moi. Vous venez de me faire plus de bien que je n'en ai éprouvé de ma vie. Mais je vous avoue que cette calomnie ne m'a point blessée. J'ai le droit de dire que c'est une calomnie, non point au monde, mais à moi qui n'ai pas voulu être à vous et qui ne vous appartiendrai jamais.

Et ce mot : Jamais ! fut vrai ; et cela doit te paraître d'autant plus surprenant qu'Olivia eut à combattre non-seulement le penchant de son cœur, mais encore l'attrait de cet homme ardent, dont la parole vibrait, dont regard rayonnait d'amour, et qu'elle ne pouvait entendre ni regarder sans être troublée comme une enfant et palpitante de désirs. Ce ne fut pas le combat d'un jour, ce fut un combat long et douloureux dont elle sortit vingt fois triomphante, ce fut un combat contre tous les délires de la passion ; car monsieur de Mère la poursuivit partout, à toute heure. Obligé de la quitter pour rejoindre l'armée, il profitait d'un congé de quinze jours, d'un repos de quelques semaines, pour revenir à Paris de deux cents lieues de distance ; il arrivait chez elle tout à coup, quand elle rêvait à lui, le croyant bien loin, et il lui disait en entrant :

— Je viens de Rome pour passer une heure avec vous.

Alors Olivia lui tendait les bras, le serrait sur ce cœur qui bondissait d'un bonheur ineffable ; puis c'était un long regard qui ne le quittait pas, qui le dévorait, qui lui envoyait son âme et s'enivrait à la sienne, et c'était tout. Car elle fuyait, s'il voulait enfreindre la résolution inébranlable qu'elle avait prise. C'est qu'Olivia aimait l'amour si nouveau qu'elle éprouvait ; elle aimait ce sentiment fier, absolu, exclusif, qui la dominait et qu'elle inspirait, et elle n'eût pas voulu le risquer dans un abandon d'elle-même qu'elle savait mieux que personne suivi de tant de déceptions. Cela dura deux ans entiers.

— Deux ans ! s'écria Luizzi, deux ans ! Et

Le postillon guigna l'écu d'un air goguenard. — Page 236.

au bout de ce temps sans doute...? — Au bout de ce temps, repartit Satan, monsieur de Mère fut tué. Olivia le pleura saintement, comme elle l'avait aimé saintement; elle garda de lui les moindres souvenirs qu'elle put s'en procurer. Puis, au bout d'un an, s'étant donné par l'amour la nécessité d'une vie plus honorablement posée, elle épousa le seul homme dont elle fût assez maîtresse pour lui faire faire la plus grande des folies, elle épousa le financier Libert, qui acheta la terre de Marignon et qui devint monsieur de Marignon. — Ah! s'écria Luizzi, l'instinct de ma vengeance ne m'avait pas trompé! Olivia, la courtisane, la prostituée, devait être cette insolente madame de Marignon, qui a chassé la malheureuse Laura! et elle a fini par épouser ce misérable Libert, le parvenu gorgé d'or et de vols! digne association du libertinage et de la rapine, qui a enfanté probablement l'impudente vanité et la soif de briller! Ah! madame de Marignon, vous méritez un gendre comme monsieur de Bridely, et vous l'aurez, je vous le jure!... Eh bien! Satan, tu ne dis rien? — J'attends, pour achever l'histoire de madame de Marignon. — N'est-elle pas achevée? — Pas encore. Après son mariage, elle profita de la fortune de son mari et de ses anciennes relations pour se faire ce monde dont tu as vu les restes. Elle le paya cher, elle devint l'esclave de ses moindres exigences. Vulnérable par tant de côtés, il lui fallut accepter servilement les plus cruelles humiliations. Mais elle les souffrit patiemment, car elle était mère, elle avait une fille, et le besoin de ne pas rougir devant elle lui fit accepter le voile de pruderie qu'on la força de jeter sur son passé. — Et c'est pour l'honneur de son passé qu'elle a chassé madame de Farkley? — Oui, mon maître; et ce qu'il y a d'admirable en ceci, c'est que le vice et le crime, poussés à leur plus honteuse dépravation, ont pris le malheur et la faiblesse à la gorge, pour la forcer à servir leurs infâmes proscriptions : c'est que mesdames de Fantan et du Bergh ont obligé madame de Marignon à exclure Laura de son salon. Mais si tu avais vu, si tu avais su voir, tu aurais reconnu que cette femme avait adouci l'insulte autant qu'elle le pouvait; tu aurais vu que, seule de tout ce monde, elle s'est informée de la santé du misérable gisant sur son lit. — Oh! fit Luizzi, qui se promenait activement dans la chambre, tu me décides. Je craignais de rencontrer dans un caractère inflexible un obstacle insurmontable à mes projets; mais Olivia est la femme qu'il me faut, tremblante devant un scandale, faible devant un souvenir. — Celle-là qui est ainsi, dit Satan, n'est pourtant pas la plus méchante de celles qui t'ont blessé. Et mesdames du Bergh et de Fantan? — Ah! assez, maître Satan, dit Luizzi : tu ne me persuaderas pas. Je te connais. En m'irritant contre ces deux autres femmes, tu veux me faire croire que ta prédilection pour madame de Marignon est désintéressée; je ne me laisserai point prendre à ce piège, et je te jure que, si je ne frappe que la moins coupable, c'est que je n'ai aucun moyen d'arriver aux autres. — Eh bien! dit Satan, veux-tu que je te nomme le plus coupable de tous les acteurs de cette histoire, celui dont tu peux au moins flétrir la mémoire sans remords? car c'est lui qui a mené Olivia par la main à son premier désordre. — Quel est-il? — Ne te souviens-tu pas de ce joyeux marquis de Billanville qui avait inventé ce honteux marché qui devait livrer Olivia à l'un des douze? — Oui. Eh bien! Quand tu sauras son véritable nom, tu sauras toute la vérité de cette histoire, tu sauras celui qu'il faut livrer au mépris des hommes. Cet homme, tu le connais. Il s'appelait le baron de Luizzi. — Mon père! — Ton père. — Toujours! toujours! répéta Luizzi furieux.

Le Diable n'était plus là.

Comme nos lecteurs ont dû le remarquer, Luizzi n'était déjà plus le jeune homme vaniteux et confiant qui s'aventurait gaiement dans le monde, n'y regardant pas de trop près, se laissant aller à son émotion du moment, tout disposé à faire le bien et à y croire, ayant les défauts de sa position sans en avoir les vices, un peu fat, un peu railleur, aussi oublieux du service que de la haine de la veille, s'imaginant que chacun est à sa place et n'enviant celle de personne. Mais le Diable était venu, le Diable qui avait soufflé sur les apparences et arraché les masques; et alors Luizzi s'était révolté contre ce qu'il croyait être le véritable état du monde. La colère lui avait donné ses mauvais conseils, et il les écoutait. Après avoir fait comme la plupart des hommes le mal sans réflexion, sans calcul, un mal pour ainsi dire innocent, il rêvait le mal bien calculé, le mal préparé de longue main, le mal coupable. C'est que Luizzi, il faut le dire encore, était comme sont presque tous les hommes obéissant par vanité à de fausses idées, prenant de mauvaises voies qu'il croyait justes, sinon bonnes. Luizzi, c'est le vulgaire, et il suivit la foule vulgaire, parce qu'il n'y avait en lui ni une vertu ni une raison assez supérieures pour le retenir ou pour l'éclairer. Il ne comprenait pas l'homme fort qui voit le mal et choisit le bien, parce qu'il sait que le bien mène au bien, parce qu'il sait que la société accepte le vice et le crime, mais ne les accueille pas comme l'humanité accepte les infirmités, mais ne leur ouvre pas volontairement ses portes. Il était fort au-dessous de ces hommes à qui la Providence a donné ce guide absolu qu'on appelle foi, et qui, voyant un phare au bout de l'horizon, y marchent sans s'inquiéter de la tourbe qui s'égare et qu'ils ne regardent pas. Il n'était point de ces âmes privilégiées qui vont, qui vont sans cesse, et qui, si elles n'arrivent pas seules à la vertu, arrivent presque toujours seules au bonheur.

Voilà où en était Luizzi quelques jours après cette entrevue avec Satan, bien décidé à poursuivre son projet contre madame de Marignon, se croyant une grande expérience parce qu'il avait écouté le Diable raconter de méchantes actions. Puis, comme il était en train de vengeance, il s'ingénia à en inventer une contre Ganguernet : il trouva plaisant de le punir à sa façon, c'est-à-dire de le mystifier. Cette idée se développa rapidement en lui, et bientôt, la façonnant à sa guise comme un auteur fait d'un drame, il lui trouva toutes les conditions nécessaires pour réussir. Il se résolut à laisser Ganguernet et monsieur son fils poursuivre madame de Marignon, tandis qu'il irait lui-même chez M. Rigot qui avait deux nièces à marier. Le hasard lui avait appris cette circonstance, et Luizzi l'accueillit d'autant plus favorablement que c'était un hasard.

— J'ai voulu trouver dans un monde élégant, disait-il, un monde honnête et vertueux, et je me suis trompé. En cherchant une femme pure et noble dans ce monde, je me tromperais probablement encore. Laissons-nous aller au chemin qui s'ouvre devant nous. Les îles Fortunées ont été la découverte de gens qui ne savaient où ils allaient. Voilà qui est décidé. Je vais tenter le mariage auprès de M. Rigot. Je me crois assez noble pour épouser une femme de rien, assez riche pour me soucier peu de me tromper dans le choix que je ferai. Et, s'il faut que je m'adresse à celle qui est sans dot, je serai d'autant plus en droit d'exiger d'elle le respect du nom que je lui donnerai et une vive reconnaissance pour la fortune qui remplacera sa misère.

C'est ainsi que se parlait le baron de Luizzi, allant à la recherche d'une honnête femme, et ne comptant que sur des calculs d'égoïsme et de devoir de position pour la rencontrer, ne se confiant plus déjà ni au frein de la morale ni à ce saint amour du bien qui est le partage de certaines âmes.

Quelque prévention qu'il eût contre Satan, il le regardait cependant comme extrême ressource pour se sauver du danger d'être trompé. Luizzi, à moitié dépouillé de ses bons sentiments, était à l'égard du Diable dans la position d'un joueur en face de la roulette, lorsqu'il a laissé le meilleur et le plus liquide de sa fortune aux mains dévorantes du banquier : il ramasse les débris de ses capitaux et se résout à tenter une spéculation commerciale bien hasardeuse, mais au bout de laquelle il entrevoit encore le non-succès et la ruine. Alors il place une dernière espérance à côté de cette mauvaise chance ; il se réserve une petite somme avec laquelle il retournera au jeu et réparera peut-être les pertes qu'il a subies et celle qu'il prévoit. Luizzi était ce joueur, ou plutôt, selon sa pensée, il était le navigateur qui s'embarque avec un fort vaisseau pour aller chercher une nouvelle terre, qui s'approvisionne largement, arme son navire de toutes les précautions possibles, et qui, malgré tout cela, emporte avec lui une chaloupe et un canot pour leur demander un asile après le naufrage, et tenter sur une frêle embarcation le salut que son puissant vaisseau lui aura refusé. Luizzi, une fois qu'il fut bien décidé, mit à l'exécution de ses projets la rapidité d'un homme qui à l'argent donne toutes les facultés, l'activité et surtout la résolution. Deux jours après les confidences du Diable sur madame de Marignon, le baron courait en poste sur la grande route de Caen. Toutefois, avant de partir, il avait instruit Ganguernet et monsieur son fils de tout ce qu'il savait sur le compte d'Olivia, et avait donné à celui-ci une lettre d'introduction auprès de madame de Marignon. Elle ne manquait pas d'une certaine habileté, et madame de Marignon devait nécessairement s'y laisser prendre. La voici :

« Madame,

« Votre nom est le seul que j'aie trouvé inscrit chez moi durant ma longue maladie. Si je ne vais pas vous remercier personnellement, c'est que je craindrais de manquer de reconnaissance en faisant connaître au monde une bonté et une indulgence si rares. Toutefois, comme je ne saurais mettre dans un billet tout ce que j'éprouve de gratitude, j'ai chargé l'un de mes amis d'aller vous la témoigner. Cet ami est le comte de Bridely. Il porte un des plus beaux noms de France ; si vous voulez lui permettre de se présenter chez vous, il apprendra à le bien porter. Le besoin d'un air plus pur me force à quitter Paris, et je pars avec le regret de ne pouvoir vous dire moi-même quels sentiments, quel respect et quelle reconnaissance vous m'avez inspirés.

« ARMAND DE LUIZZI. »

Deux millions de dot.

XXX

LA DERNIÈRE POSTE.

Il était sept heures du soir lorsque Luizzi arriva à Mourt, petit village à quelques lieues de Caen et le dernier relais de poste de la route de Paris à cette capitale de la Basse-Normandie. A peine fut-il devant la porte de l'hôtel de la poste, qu'il fit appeler l'un des postillons et lui demanda si, avant la nuit close, il avait le temps de se faire conduire au Taillis, propriété de M. Rigot. Celui à qui il adressa cette question était un homme déjà vieux, maigre, qui avait laissé sur la selle de son cheval tout ce que la nature avait pu lui accorder de chair à l'endroit des cuisses et des jambes, mais qui n'avait pas laissé de même au fond de son pichet de cidre ce que sa qualité de Normand lui avait transmis de ruse et de malice. Au lieu de répondre à Luizzi directement, il appela un garçon d'écurie et lui dit :

— Sais-tu, toi, ce qu'il y a de chemin d'ici au Taillis ? — Ma foi ! non, répondit le garçon en rentrant dans l'hôtel et en échangeant un imperceptible sourire avec le postillon. — Comment ! s'écria le baron, vous autres gens du pays, vous ne savez pas au juste la distance qu'il y a de votre village à un château voisin ?
— Vrai ! non, je ne sais pas, répondit le postillon ; nous autres, bons Normands, nous sommes de braves gens qui allons tout droit notre chemin ; et mon droit chemin, à moi, c'est la grande route. Quant à ce qui se passe à droite et à gauche, je m'en soucie comme d'un verre de cidre. — Peut-être vous vous soucierez un peu plus d'une pièce de cent sous, reprit Luizzi, et elle vous rendra la mémoire !

Le postillon guigna l'écu d'un air goguenard, et repartit :

— Hai ! vous m'en donneriez dix fois autant que je ne pourrais pas vous dire ce que je ne sais pas. — En ce cas, repartit Luizzi, qu'on me donne des chevaux ! Probablement le postillon qui sera chargé de me conduire saura mieux sa route que vous. — Vous n'avez point de chance, reprit le Normand ; pour le moment il n'y a ici ni d'autres postillons que moi ni d'autres chevaux que les miens, et nous revenons de Caen il n'y a pas cinq minutes. — Eh bien! donne-moi ces chevaux et demande ton chemin. — Vous croyez comme ça, dit le Normand en s'en allant, que je vais tuer mes bêtes pour une méchante poste à trente sous et quinze sous de guide? Il faudra que vous attendiez comme les autres. — Est-ce qu'il y a des voyageurs, dit le baron, qui comme moi ne peuvent continuer leur route? — De vrai, il y en a trois ou quatre dans la grande salle, qui sont tout aussi pressés que vous et qui attendent en jabotant les uns avec les autres. — Puisqu'il en est ainsi, dit Luizzi, faites remiser ma voiture; je passerai la nuit dans cette auberge, et je partirai demain au grand jour. Il se fait déjà tard, et je n'ai pas envie d'aller patauger dans les chemins de traverse pour arriver au milieu de la nuit chez un homme que je ne connais pas.

Le postillon s'arrêta à cette dernière parole de Luizzi; et, parlant toujours avec un sourire équivoque et cet œil normand qui regarde d'autant mieux qu'il fait semblant de ne pas voir, il lui dit :

— Vous ne connaissez pas M. Rigot? — Pas le moins du monde. Est-ce que vous le connaissez, mon garçon? — Que oui, que je le connais! c'est moi qu'il préfère toujours pour le conduire. — Diable! fit Luizzi. Et vous ne savez pas où est son château?

Tout l'air de ruse du bas Normand fit place aussitôt à une expression de complète stupidité, et le postillon repartit :

— C'est bien simple. M. Rigot vient ici avec ses chevaux, et je le mène à Caen ou à Estrées; mais je n'ai jamais été chez lui. — Pourtant, pour le connaître aussi bien, tu as dû le voir ailleurs que sur la grande route, car ce n'est pas quand tu es sur ton cheval et lui dans sa voiture que vous avez pu faire connaissance.

— Et les cabarets donc! dit le postillon. C'est que M. Rigot est un brave homme qui a pitié des gens et des bêtes; il ne peut pas voir un bouchon sur la route sans me crier du fond de sa calèche : « Eh! Petit-Pierre, tu vas laisser un peu souffler tes chevaux, mon garçon. » Alors il descend, et ne boit pas un verre d'eau-de-vie ou une chopine de cidre, qu'il ne m'en offre généreusement la moitié; c'est un vrai bas Normand, qui a le cœur sur la main. Et tout en trinquant, nous causons. — Et de quoi causez-vous? dit Luizzi, charmé de prendre des renseignements positifs sur M. Rigot. — Oh! ma foi, dit le postillon, nous causons de ci et de ça, des uns et des autres; puis je remonte à cheval et je reprends tout droit mon chemin, parce que moi, voyez-vous, je ne m'occupe pas des affaires du tiers et du quart. — Ainsi vous ne connaissez pas les nièces de M. Rigot? — Que si, que je les connais la mère et la fille, et la grand'mère aussi. — Et, reprit Luizzi regardant le postillon, sont-elles jolies? — Oh! fit le Normand, la grand'mère a été une bien belle femme dans son temps. — Mais la fille et la petite-fille? — Quant à ça, dit le postillon, ça dépend des goûts; mais la grand'mère, voyez-vous, elle a été, je puis le dire, une perfection de beauté. — Vous l'avez donc connue dans sa jeunesse? — Dame! dit le Normand, ce sont des enfants du pays. J'ai été élevé avec le père Rigot et sa sœur; il y a de ça quarante-cinq ans, quand elle était petite servante dans cette auberge, et lui postillon comme moi. Ils ont quitté le pays et ont été s'établir à Paris, où la petite Rigot s'est mariée. Quant à son frère, il s'est engagé dans la cavalerie, où ses connaissances dans les chevaux l'ont poussé rapidement au grade de maréchal-ferrant. Du reste, de braves gens, d'honnêtes gens, de vrais Normands, le cœur sur la main, comme moi, marchant droit leur chemin, comme j'ai pu le faire toute ma vie! voilà tout le mal que j'en peux dire.

A ce moment une servante s'approcha de Luizzi, qui était demeuré avec le postillon dans la cour de l'auberge, lui apprit qu'on allait servir un souper pour les voyageurs qui attendaient le retour des chevaux, et lui demanda s'il voulait en être ou s'il préférait être servi à part. Luizzi, qui n'avait rien de mieux à faire qu'à ne pas rester seul, répondit qu'il souperait avec les voyageurs. Il se préparait à suivre la servante, lorsque le postillon lui fit un signe d'intelligence.

— Quoique vous soyez arrivé le dernier, lui dit le Normand, vous partirez le premier si vous le voulez. Au milieu du souper, je passerai dans la salle, vous direz que vous allez vous coucher, vous trouverez votre voiture attelée, là, derrière la grande grange, et nous filerons rapidement sans que personne s'en doute. — Mais vous ne savez pas le chemin? lui dit Luizzi. — Je viens de m'en informer, répondit l'imperturbable postillon, que Luizzi n'avait pas perdu de l'œil. — Ma foi, non! reprit le baron, je ne suis pas si pressé d'arriver. — Tiens! dit le postillon d'un air véritablement stupéfait, vous n'allez donc pas pour épouser ?

Luizzi resta un moment silencieux, tant il fut surpris à son tour de ce qu'il venait d'entendre, et à tout hasard il répondit :

— Non, non, je viens pour d'autres affaires.
— A la bonne heure! dit le postillon, en reculant et en examinant le baron d'un air peu persuadé.

Il entra dans une grange où Luizzi crut entendre un bruit de chevaux et un murmure de voix. Il s'approcha de la porte pour vérifier un soupçon qui venait de naître tout à coup en lui, et il entendit le postillon dire tout bas :

— En voilà encore un pour le Taillis, mais ce n'est pas le plus malin de la bande.

La cloche, qui annonça que le souper était servi, empêcha Luizzi d'en entendre davantage; mais le peu que nous venons de rapporter avait suffi pour lui apprendre que les voyageurs avec lesquels il allait souper avaient sans doute le même but que lui. En conséquence, il entra dans la salle à manger, avec l'intention d'observer ses convives et de se tenir en garde contre leur curiosité.

A la tête de toute comédie, il y a une page ignorée du romancier et qui lui serait d'un grand secours s'il l'introduisait dans son œuvre. Cette page s'appelle *liste des personnages*. Je déclare m'emparer de ce moyen rapide et rationnel de mettre mes acteurs en scène, sans cependant demander un brevet d'invention et de perfectionnement, comme je le ferais si j'avais découvert la pommade du lion ou le racahout des Arabes. J'abandonne au contraire mon invention à qui voudra la prendre, à moins que les faiseurs de pièces, qui n'ont pas d'autre métier que de voler les idées des romanciers et de s'en nourrir, ne me fassent un procès comme ayant attenté à leur propriété littéraire.

Liste des personnages.

Monsieur Rigot, riche propriétaire des environs de Caen : cinquante-huit ans, habit bleu, boutons brillants, pantalon gris-clair en entonnoir, gilet de satin broché d'or, cheveux gris et taillés en brosse, mains noires et sans gants, ongles nullement taillés.

Madame Turniquel, sa sœur : soixante-cinq ans, grosse, courte, voix rauque, poings sur la hanche.

Monsieur Bador, avoué : trente-six ans, costume exactement noir de la tête aux pieds, remarquable par le lustre de ses bottes et celui de ses cheveux.

Monsieur Furnichon, commis d'agent de change : vingt-sept ans, très-bel homme, barbe en collier, chapeau de Bandoni, habit de Chevreuil, pantalon de Renard, gilet de Blanc, chemise de Lami-Housset, bottes de Guerrier, gants de Boivin, cravate de Pouillet, n'ôtant jamais son chapeau.

Monsieur Marcoine, premier clerc de notaire : joli pied, jolies mains, joli visage, jolie tournure, jolie mise, jolie voix, jolie écriture, jolis cheveux, joli, joli, joli.

La comtesse de Lemée, voisine de M. Rigot, dont la propriété touche à la sienne, veuve d'un pair de France : quarante-cinq ans, maigre, longue, plate, grands airs et grandes dents, nez aquilin, faisant venir ses robes de Paris et faisant faire ses chapeaux à Caen, gants tricotés, les yeux légèrement chassieux, le fond du visage couperosé, écumant légèrement des coins de la bouche en parlant.

Le comte de Lemée, son fils : vingt-deux ans, moins bien mis que l'agent de change et beaucoup plus élégant, moins joli que le clerc de notaire et beaucoup plus agréable, fumant des cigares de la Havane, portant de grandes moustaches et de longs éperons, dînant avec ses gants.

Madame Eugénie Peyrol, nièce de M. Rigot : trente-deux ans, grande et blonde, robe de mousseline blanche, souliers aile de mouche, bas de fil d'Écosse unis, cheveux en bandeaux, pieds et mains d'une rare finesse, belles dents, grands yeux languissants et légèrement incertains, vue basse.

Ernestine, sa fille : quinze ans et demi, grande et déjà formée.

Akabila, roi d'une race de Malais, le visage tatoué et la tête rasée, bottes à retroussis, culotte de peau, veste de jockey.

La première scène se passe dans la salle à manger de l'auberge de Mourt. Les personnages en scène sont l'avoué, le clerc de notaire et le commis d'agent de change. Au moment où Luizzi entre dans la pièce où ils sont réunis tous les trois, chacun d'eux est occupé à lire des papiers, qu'il remet aussitôt dans un portefeuille ; tous trois regardent Luizzi d'un air mécontent et étonné, puis se regardent entre eux, comme pour se demander si quelqu'un connaît ce nouveau venu.

— Messieurs, dit Luizzi en saluant, je suis honteux de venir m'emparer d'une part de votre bien, car je crains que le souper qu'on n'avait préparé que pour un n'ait paru au maître de cette auberge suffisant pour deux, puis pour trois, puis pour quatre. — Qui que vous soyez, répondit l'avoué en saluant gracieusement, soyez le bienvenu ! Si je me permets de vous recevoir comme si j'étais le maître de la maison, continua-t-il en regardant alternativement ses deux compagnons, c'est que j'y ai des droits incontestables...

M. Bador suspendit sa phrase débitée avec art pour voir l'effet qu'elle avait produit, et reprit après un moment de silence :

— Ces titres, cependant, se réduisent à deux : l'un, c'est d'être arrivé le premier dans cette auberge ; l'autre, c'est d'être pour ainsi dire du pays. — Monsieur est un habitant de Mourt ? dit le baron. — J'y ai quelques clients, répondit l'avoué. Je suis de Caen, toute ma famille est de Caen, j'y exerce quelque influence ; mon étude, sans être la première de la ville, n'en est pas la plus mauvaise. — Monsieur est notaire ? dit M. Marcoine. — Avoué, répondit M. Bador, autrefois avocat-avoué, quand on voulait bien nous permettre de plaider devant les tribunaux. Je n'ai pas été comme mes confrères, j'ai accueilli avec joie l'ordonnance qui nous a interdit la parole. J'aime peu à parler, je ne suis pas bavard, ça me fatigue la poitrine ; et, malgré le chagrin de mes clients et leurs supplications, je ne signai pas la protestation de tous mes confrères contre l'ordonnance du roi. J'ai attaché à mon étude quelques jeunes avocats dont je fais la fortune, les plaidoyers et la réputation. Grâce à moi, le jeune barreau de Caen donne de grandes espérances ; ces bons jeunes gens en profitent, j'y mets de la discrétion, et tout va le mieux du monde. — En ce cas, reprit Marcoine, vos clercs doivent être bien heureux, Monsieur. Ils doivent trouver la besogne toute mâchée ; ce n'est pas comme chez nos patrons de Paris, dont nous faisons les affaires et qui perçoivent les bénéfices. — Ah ! monsieur est dans la cléricature ? dit M. Bador en regardant le jeune homme par-dessus l'épaule. — Et dans le notariat, répartit le jeune homme, en mesurant M. Bador d'un air très-dédaigneux. — Ma foi ! Messieurs, dit le baron, puisque chacun de vous veut bien dire ce qu'il est, je crois devoir vous montrer la même confiance; je m'appelle Armand de Luizzi et je ne fais rien. — Voilà un bel état! dit Furnichon, en se levant de toute sa belle taille et en se cambrant devant un petit miroir; mais il faut espérer que cela nous viendra, car j'ai assez de la Bourse et du trois pour cent. — Eh! fit le petit clerc de notaire, il me semble, en effet, que je vous ai vu à Paris. — Eh! eh! je vous connais bien aussi, répondit M. Furnichon en lâchant sa grosse voix par ses grosses lèvres roses; nous avons fait un écarté ensemble au Veau-qui-Tête, à la noce d'un de mes camarades qui a épousé la fille d'un ex-cordonnier. — Laquelle lui a apporté quatre cent mille francs de dot, repartit le clerc de notaire, avec quoi il a acheté, six mois après, la charge de M. P...: ça été une belle affaire pour lui. — On peut en faire de meilleures, dit le commis en caressant sa cravate. — Ce n'est pas dans notre pays, fit l'avoué. — Qui est-ce qui vous parle de votre pays? repartit le clerc de notaire. — Au fait, reprit Furnichon, qui est-ce qui vous parle de votre pays? — On dit cependant qu'il y a de grandes fortunes dans le Calvados, dit Luizzi, pendant qu'il s'asseyait avec ses convives devant le souper qui venait de leur être servi. — Oui, oui, dit M. Bador, en mangeant si nonchalamment son potage qu'il se brûla abominablement, quelques fortunes foncières, de l'argent placé à deux et demi, mais du reste point de capitaux disponibles, point de dot en argent comptant, des pensions hypothéquées sur des propriétés, voilà tout ce qu'on trouve chez nous. — Il y a peut-être des exceptions? dit M. Furnichon d'un gros air fin. — Vous en connaissez? fit le clerc d'un ton indifférent, en se servant du petit bout des doigts une mauviette. — Peut-être, reprit somptueusement le commis d'agent de change en s'emparant d'une énorme côtelette de veau en papillote. — Et Monsieur vient leur rendre visite? dit M. Bador en examinant attentivement le visage du commis. — Non, je viens chasser dans les environs. — Au mois de mai? reprit Luizzi. — Probablement, repartit M. Bador en guignant le commis, le gibier que Monsieur poursuit est de toutes les saisons? — En effet, répondit le clerc de notaire, en avertissant ses convives de l'œil, Monsieur doit aimer la grosse bête.

Mais le commis ne comprit pas et reprit:

— Et vous, monsieur Marcoine, que diable venez-vous faire ici? — Je ne suis pas si heureux que vous, je n'y suis pas pour mon plaisir; je suis venu visiter une propriété pour un de nos clients. — Si vous voulez me la nommer, je vous donnerai tous les renseignements que vous pouvez désirer, dit l'avoué; car je connais toutes les propriétés un peu considérables du pays. — Oui-dà! fit le clerc, pour nous mettre une surenchère? — Vous me croyez de Paris, reprit M. Bador d'un petit air moqueur. — Non, dit le clerc de notaire; mais je ne vous crois pas de votre village.

Cette accusation de mauvaise foi passa dans la conversation comme le mot le plus indifférent, et l'avoué normand, se croyant rassuré sur les motifs de la présence à Mourt des deux Parisiens, se mit à observer Luizzi. Celui-ci lui paraissait plus dangereux que les autres. En effet, l'un avait quitté la diligence et l'autre la malle-poste pour s'arrêter au dernier relais, tandis que ce dernier venu était arrivé en magnifique berline attelée de quatre chevaux.

— Et vous, Monsieur, lui dit-il, peut-on savoir sans indiscrétion ce qui vous appelle dans notre pays? — Moi, reprit Luizzi, j'y viens à peu près pour les mêmes motifs que vous tous; j'y viens chasser sur les mêmes terres que Monsieur, et visiter la même propriété que Monsieur.

Le clerc et le commis d'agent de change se regardèrent, et l'avoué parut fort étonné de la réponse.

Luizzi vit arriver les deux prétendants. — Page 245.

— Bah! fit le commis d'agent de change, vous venez chasser sur les terres de …? — Bah! dit le clerc en même temps, vous venez voir la propriété de…? — Oui, répondit le baron, en ayant l'air de chercher ses mots ; je viens chasser sur les terres de… et de voir la propriété de… C'est drôle ! je suis comme vous, j'ai oublié les noms: aidez-moi donc un peu à les retrouver. — Eh bien! sur les terres de… de… de… M. Rupin, dit d'un côté le commis. — Eh bien ! vous allez voir la propriété de… de… Valainville, dit le clerc.

Tous deux parlaient au hasard et pour ne pas avoir l'air d'être pris au dépourvu.

— Je ne connais pas M. Rupin ni de propriété de Valainville dans le pays, repartit l'avoué. — C'est un nom à peu près comme ça, dirent ensemble le commis et le clerc. —. Oui, fit Luizzi en continuant à se donner l'air de chercher, Rupin, Ripon, Ripeau, Rigot; c'est ça, ce doit être ça.

Les trois interloculeurs regardèrent Luizzi en face, pendant qu'il continuait :

— Et votre propriété de Valainville doit être quelque chose comme Valainvilli, le Vailli, le Taillis, c'est ça, le Taillis. — Ah! fit l'avoué, pendant que le clerc et le commis restaient tout stupéfaits de la plaisanterie de Luizzi, vous allez au Taillis, chez M. Rigot?
— Oui, Monsieur, répondit le baron ; et si ces Messieurs n'ont pas de moyens de transport, je leur offrirai des places dans ma voiture. Nous partirons demain de bonne heure.
— Ah! vous partez demain au matin? dit l'avoué ; vers dix heures, n'est-ce pas? Il ne faut pas arriver trop tôt au Taillis : on ne se lève pas de bonne heure au château. — Nous partirons quand ces Messieurs le voudront, dit le baron. Voilà un bon souper, nous allons y ajouter quelques bouteilles de champagne, si c'est possible, et nous attendrons gaiement l'heure de nous mettre en route. — A votre aise, Messieurs, dit l'avoué, c'est un régime parisien auquel vous êtes sans doute faits, mais qui n'irait pas à nos habitudes de province. Je vais donc vous demander la permission d'aller me coucher, en vous souhaitant une bonne nuit.

Sur ce, l'avoué se leva et se retira.
— A nous donc, Messieurs! dit le baron en débouchant une bouteille de vin et en servant le commis d'agent de change, qui lui tendit bravement son verre, et le clerc de notaire, qui semblait écouter ce qui se passait dans la cour.

Un moment après, en effet, on entendit le bruit d'un cabriolet qui sortait de l'auberge. M. Marcoine se leva de table, ouvrit la fenêtre qui donnait sur la grande route, et regarda le cabriolet s'éloigner.

— Qu'avez-vous donc, dit M. Furnichon, et qu'est-ce qu'il vous prend? — Oh! ce n'est rien, dit le clerc, un éblouissement... La route m'a fait porter le sang à la tête. — C'est drôle, dit le commis ; c'est comme moi, j'ai les jambes tout enflées. — Je me sens vraiment indisposé, reprit M. Marcoine, en tirant sa montre (il n'est que dix heures, murmura-t-il tout bas), et je vous demanderai la permission de me retirer comme M. Bador.
— Faites, faites comme M. Bador, dit Luizzi ; j'espère que Monsieur ne m'abandonnera pas ainsi que vous.

Le clerc sortit, et le commis d'agent de change, demeuré seul avec Luizzi, reprit :

— Quelle idée leur a poussé de s'aller coucher! J'aime mieux passer la nuit à boire que de m'étendre dans un mauvais lit d'auberge entre des draps humides. — Pour ma part, dit Luizzi, je ne crois pas que ce soit l'humidité des draps qui enrhume ces messieurs. — Pourquoi ça? dit le commis d'agent de change. — Vous allez le voir tout à l'heure.

En effet, un moment après, ils virent le clerc de notaire qui passait, précédé d'un postillon et juché sur un grand cheval, à la selle duquel il était accroché de ses deux mains.

— Eh! dites donc, farceur, où allez-vous donc comme ça? lui cria le commis d'agent de change.

Mais le clerc de notaire ne répondit pas. M. Furnichon se retourna vers Luizzi et répéta sa question :

— Où va-t-il donc, ce farceur-là? — Probablement visiter la propriété sur laquelle vous venez chasser.

Le commis lâcha un juron épouvantable et reprit :

— Où a-t-il trouvé un cheval? — Je crois que, si vous en demandiez un d'une manière un peu absolue, on vous le procurerait.

Le commis sortit à son tour de la salle à manger, et Luizzi l'entendit tempêter et crier dans la cour. Un moment après, une vieille guimbarde, attelée de deux rosses, sortit encore de l'auberge, chargée du commis et de son immense bagage ; et, comme Luizzi se laissait aller à rire, il fut interrompu par quelqu'un qui lui frappa doucement sur l'épaule. Il se retourna et reconnut le vieux postillon.

— Eh bien ! dit-il au baron d'un air de confidence, ils sont partis tous les trois, l'avoué dans son cabriolet, le petit notaire à franc étrier, et le grand godelureau en carriole. Est-ce que vous ne vous mettez pas en route aussi, vous ? — Tes chevaux sont donc reposés ? lui dit Luizzi. — Il n'y a plus qu'à atteler, repartit le postillon. Je leur ai donné triple ration d'avoine. — Triple ration fait marcher bêtes et gens en Normandie, dit Luizzi. — En Normandie comme partout. — Oui, mais pour cela il ne faut pas s'y prendre trop tard. — Bon, dit le postillon, je sais un chemin qui nous raccourcira de moitié ; vous arriverez avant eux, je vous en donne ma parole d'honneur !

Luizzi réfléchit quelque temps, assez peu empressé de faire partie de cette course à la dot. Mais l'idée d'assister à l'entrée successive des concurrents l'emporta, et il répondit au postillon :

— Écoute, deux louis pour toi si j'arrive le premier au Taillis ; quinze sous de guide si je n'arrive que le second. — En ce cas, dit celui-ci, rien de fait. Cet avoué est un finot, et il a pris la petite traverse : il sera au château avant nous. — Trois louis si nous arrivons, dit Luizzi. — Il n'y a pas moyen, dit le postillon en secouant la tête : il est trop tard, comme vous le disiez tout à l'heure. Et c'est pour une méchante pièce de six livres que ce méchant procureur m'a donnée tout à l'heure que je perds ce pourboire-là ! Il me le payera. — Quoi ! dit Luizzi, la pièce de six livres qu'il t'a donnée pour m'empêcher de partir ? — Et vous aussi vous êtes bête ! vous ne dites rien, dit le postillon en s'en allant. — Un moment, drôle, dit Luizzi ; n'oublie pas que je veux être au Taillis demain au matin avant que personne ne soit levé. — C'est bon ! dit le postillon, on sera prêt.

En effet, le jour ne commençait pas encore à poindre, que le baron, qui s'était jeté tout habillé sur son lit, entendit qu'on attelait les chevaux à sa voiture ; il se leva, paya la dépense et partit immédiatement.

La rencontre des trois individus qui avaient soupé avec lui rappela à Luizzi une certaine phrase du Diable : « Tu as vu la cupidité dans sa plus basse expression, veux-tu la voir dans le monde ? » Il réfléchit que le hasard qui le mettait en présence de ces trois coureurs de femmes n'était peut-être que l'accomplissement de la proposition de Satan, et il résolut de bien profiter de la leçon sans être obligé d'en appeler aux confidences du Diable. Ce fut en faisant ces beaux projets qu'il arriva à la grille du parc du Taillis, qui était fermée et derrière laquelle il entendait gronder depuis très-longtemps les voix formidables de deux ou trois chiens. Il pensait que son arrivée avait éveillé l'attention de ces animaux, lorsque, à droite et à gauche de la grille et le long du mur d'enceinte, il aperçut de chaque côté une ombre qui allait et venait.

Luizzi n'était pas peureux ; mais la présence de deux hommes à cette porte, et quand le jour paraissait à peine, la rage des chiens surtout, lui firent craindre d'avoir affaire à des gens malintentionnés, et il se hâta de sonner à la grille du parc. A peine la cloche avait-elle retenti, qu'immédiatement il vit accourir les deux ombres. Luizzi n'eut que le temps de s'appuyer à la grille en tirant un petit poignard engaîné dans sa canne, et il fit face à M. Furnichon et à M. Marcoine. Tous deux étaient gelés, transis, grelottants : ils avaient le visage violet, les cheveux pendants d'humidité. Luizzi les regardait alternativement d'un air stupéfait, lorsque M. Marcoine s'écria :

— Sonnez ! sonnez tant que vous voudrez ; du diable si on vous ouvre ! — Mille sacré mille !... voilà huit heures que nous sommes là, dit le commis dans un état de rage qui aurait dû le réchauffer un peu ; nous avons fait un carillon d'enfer, et, si ce n'avait été ces grandes bêtes de chiens, je vous donne ma parole d'honneur que j'aurais escaladé le mur. — Le château était donc fermé quand vous êtes arrivés, Messieurs? dit Luizzi, à qui prenait peu à peu une envie de rire. Pourquoi donc n'êtes-vous pas revenus à l'auberge? — Et de quelle manière? dit le clerc. J'arrive et le postillon me défait mes deux porte-manteaux, en me disant : « Vous n'avez qu'à sonner un peu fort, on va vous ouvrir. » Sur ce, je le paye; mais, pendant que j'étais en train de lui donner son argent, ce qui a duré assez longtemps, vu que j'avais l'onglée, voilà Monsieur qui arrive en carriole. Il avait été encore plus adroit que moi : il avait payé d'avance. Sitôt qu'il me voit, il saute à terre, et il s'écrie : « Déchargez mes malles. Ah! ah! monsieur Marcoine, j'ai été aussi fin que vous. Vous ne serez pas le premier à voir M. Rigot, etc., etc. » Et mille autres sottises. — Plaît-il? fit le commis. — Eh! oui, des sottises. Monsieur s'imagine que je viens ici pour... Mais laissons cela. Enfin, Monsieur, pendant que nous nous disputions, voilà la carriole qui s'en retourne et qui laisse Monsieur, comme moi, à la porte. Je me mets à sonner... une fois... deux fois... rien. Je resonne... nous resonnons... rien. Enfin, au bout d'une heure, nous nous apercevons qu'on nous a joués, qu'on nous a conduits à un château inhabité. — Ou seulement habité par des chiens, dit Luizzi en riant. — Et nous voilà tous deux forcés de rester là, forcés de monter la garde à côté de nos paquets, et ne pouvant les emporter. — Tonnerre d'enfer! s'écria le commis, je veux être pendu si je ne casse pas ma canne sur le dos du gredin qui m'a conduit. — Oh! certes, je ferai un procès, dit le clerc, à celui qui m'a joué ce tour. — Ah! pourquoi ça? dit Petit-Pierre en s'approchant. Vous leur avez demandé de vous conduire au château du Taillis, chez M. Rigot : vous y êtes. — C'est impossible! on nous aurait ouvert! Nous avons sonné à briser la sonnette. —

Laquelle? dit le postillon. — Pardieu! celle-là, dit M. Furnichon en tirant la chaîne avec rage et en faisant aller la cloche à grande volée, tandis que les chiens hurlaient de plus belle. — C'est que ce n'est pas celle-là, dit le postillon; on ne l'entend pas du château, qui est à plus d'un quart de lieue à l'autre bout du parc. En voici une qui aurait fait votre affaire.

Petit-Pierre tira alors un petit bouton caché dans un retrait du mur à une grande hauteur.

Dieu! que vous êtes gauche! s'écria Furnichon en s'adressant au petit clerc de notaire, vous avez passé plus d'une heure à chercher s'il n'y avait pas une autre sonnette. — Et comment voulez-vous que je la trouve? je ne peux pas y atteindre, dit le petit bonhomme avec colère. Vous êtes bien plus gauche, vous qui êtes grand comme un Goliath et qui êtes resté à jurer comme un portefaix au lieu de chercher aussi; vous l'auriez trouvée, vous, rien qu'en allongeant le bras. — Aussi, comment est-on petit comme vous! répondit le commis furieux. — Aussi, comment est-on bête comme vous! repartit le clerc plus furieux encore. — Messieurs, messieurs! dit Luizzi en cherchant à les calmer et en riant aux éclats. — Allez vous promener, dit le commis avec vos rires, monsieur de la berline! voilà un habit déformé, un chapeau perdu, et des bottes impossibles à remettre! Et il se laissa aller à donner un grand coup de poing à son chapeau, en s'écriant : Oh! petit imbécile de notaire! — Je vous trouve drôle, dit le clerc; je suis percé jusqu'aux os, j'y attraperai peut-être une fluxion de poitrine par votre faute. — Par ma faute? dit le commis. — Laissez-moi donc tranquille, repartit le clerc hors de lui, occupez-vous de votre chapeau. — En voiture, monsieur le baron, dit le postillon, voilà qu'on vient ouvrir la grille. — Messieurs, dit Luizzi en montant dans la berline et en riant à se tordre, je vais vous envoyer quelqu'un et dire qu'on vous allume du feu.

Aussitôt il remonta dans la berline, et le postillon entra triomphalement dans le parc, en passant devant le commis et le clerc, qui restèrent à la grille gardant leurs malles et leurs paquets. Une demi-heure après, de la fenêtre de la chambre où une vieille femme l'avait conduit, Luizzi vit arriver les deux prétendants, embarrassés de paquets, les tirant après eux le mieux qu'ils pouvaient, et maladroitement aidés par une espèce de jockey à figure étrange, moitié rouge, moitié bleue, qui piqua vivement la curiosité de Luizzi.

XXXI

LES QUATRE ÉPOUSEURS.

Déjà Luizzi était au Taillis depuis deux heures, et rien ne lui annonçait qu'il dût être présenté au maître de la maison, pour lequel Ganguernet lui avait remis une lettre d'introduction, lorsqu'il entendit frapper légèrement à sa porte. Presque aussitôt il vit entrer une grosse femme de soixante ans, au moins, ridée comme une mare où barbotent des canards, vêtue d'une robe de soie d'un rouge feu terrible, et surmontée d'un bonnet hérissé de nœuds de satin jaune. Elle fit à Luizzi une révérence profonde, à laquelle elle s'appliqua beaucoup, tandis qu'elle relevait par un sourire gracieux les deux coins de sa bouche édentée. Le baron rendit la salutation.

— Monsieur, lui dit cette honorable personne, je suis venue voir s'il ne vous manque rien. Mon frère est M. Rigot : je suis mademoiselle Rigot, femme Turniquel. J'ai eu le malheur de perdre mon mari en 1808 d'un coup de sang, qui lui est provenu d'une chute qu'il a faite en tombant d'un quatrième, d'un échafaudage où il portait du mortier. — Ah! fit Luizzi, monsieur votre mari était... — Architecte, Monsieur; mais c'était pour montrer l'exemple à ses ouvriers, parce qu'il était architecte du gouvernement, et que l'empereur aimait que les chefs fussent toujours les premiers à l'ouvrage. Un bel homme, Monsieur! Ma fille, qui est de lui, lui ressemble comme deux gouttes d'eau ; elle a aussi tous mes traits. Vous la verrez, Monsieur. Ah! si elle n'avait pas eu des malheurs... Enfin, ce n'est pas sa faute ni la mienne, car je l'ai élevée comme une duchesse, toujours dans du coton. J'étais donc venue pour voir s'il ne vous manquait rien, parce que mon frère est un excellent homme, mais qui n'entend pas les égards qu'on doit à un étranger tel que vous êtes. — J'ai été parfaitement reçu, dit Luizzi ; rien ne m'a manqué. — C'est que les domestiques, reprit madame Turniquel en prenant une serviette et en époussetant les meubles, ce sont des fainéants; pourvu que ça mange, que ça boive et que ça dorme, ils ne s'inquiètent pas du tout si l'ouvrage est FAITE. Par exemple, voilà une chambre : c'est balayé tout juste au milieu, les côtés s'approchent s'ils en veulent. C'est pas étonnant : quand on arrive comme mon frère de chez les sauvages, on ne peut pas avoir idée de la société, comme moi qui l'ai toujours habitée. — Cela se conçoit, dit Luizzi en ouvrant la fenêtre pour échapper au nuage de poussière que les soins de madame Turniquel élevaient autour de lui. — Faites attention, lui dit la bonne dame, n'ouvrez pas la fenêtre; ce n'est pas sain pour les fraîcheurs qu'il fait dans cette saison. Je puis vous dire ça, parce que j'en ai l'expérience, ayant étudié en médecine pour être sage-femme. — J'ai un excellent moyen de combattre cette fâcheuse influence : j'ai l'habitude de fumer un cigare tous les matins. — Et vous avez raison, Monsieur, c'est excellent pour l'estomac. J'en ai fait l'épreuve quand j'étais en mer, où je fumais beaucoup à cause de l'*escorbut* qui avait pris tout l'équipage. — Ah! dit Luizzi, Madame a beaucoup voyagé? — J'ai été deux fois en Angleterre pour y rejoindre Génie et lui porter son enfant: Génie, c'est ma fille, Monsieur... Tenez, la voilà qui passe dans la cour, là-bas!

En ce moment, Luizzi vit en effet une grande et belle femme passer rapidement sous ses fenêtres. Madame Turniquel lui cria de toutes ses forces :

— Bonjour, Génie, bonjour.

La personne ainsi interpellée leva la tête et parut fort surprise d'apercevoir le visage de Luizzi à côté de celui de sa mère. Elle salua avec un peu de confusion et fit un petit signe à cette espèce de jockey que Luizzi avait déjà remarqué. Il s'approcha d'un air craintif et soumis, écouta avec une attention profonde ce que sa maîtresse lui dit, puis partit aussitôt comme un trait et entra dans le château. A peine Luizzi l'avait-il perdu de vue qu'il entendit ouvrir sa porte et vit le jockey qui s'avança jusqu'à la fenêtre où était madame Turquinel en lui criant :

— Ha-haa, mama à la bas, ha-haa. — Qu'est-ce que me veut cette figure de tapisserie? dit madame Turquinel en se retournant. — Ha-haa, fit le jockey, ha-haa, mama à la bas... Génie, Génie. — Ah! ma fille me demande, n'est-ce pas?

Le jockey fit de la tête un signe affirmatif, et montra la porte à madame Turniquel.

— C'est bon, c'est bon. A l'honneur, Monsieur, on va déjeuner dans une petite demi-heure, vous entendrez la cloche.

— Je vous remercie de votre bonne visite.

Et il reconduisit la bonne femme, pendant qu'elle se confondait en révérences magnifiques. A peine eut-il fermé la porte qu'il se laissa aller à rire tout haut, et presque aussitôt il entendit un petit rire aigre répondre au sien. Il se retourna et vit le jockey qui se mit à contrefaire la grosse et pesante tournure de madame Turniquel en riant aux éclats. Ce jockey était un être bien remarquable : il avait le visage tout tatoué, des cheveux noirs et lisses, des yeux brillants et pleins d'astuce, les dents longues, étroites et étincelantes; il paraissait âgé de vingt-cinq ans. Son aspect arrêta le rire de Luizzi, qui se mit à le considérer avec une certaine curiosité. A peine le jockey se vit-il ainsi regardé, qu'il se tut, baissa la tête et se rangea le long de la muraille, en lançant de côté sur le baron des regards pleins de défiance. Luizzi continuant à le regarder avec la même attention, le jockey commença à porter autour de lui des regards de plus en plus inquiets; puis, ayant aperçu dans un coin de la chambre une paire de bottes, il s'en empara en poussant un cri de joie et l'emporta avec rapidité, avant que Luizzi eût tenté d'adresser une question à cet être singulier. A peine fut-il sorti que le baron commença à se demander s'il n'était pas dans une maison de fous, et il réfléchissait aux deux singulières visites qu'il venait de recevoir, lorsqu'il entendit s'arrêter une voiture dans la cour du château. Il se mit à la fenêtre pour voir quelle nouvelle caricature venait s'ajouter à celles qu'il avait déjà vues. Il était dans la destinée de Luizzi de se tromper presque toujours. Une femme mise avec une certaine élégance et un beau jeune homme descendirent de cette voiture. A peine les nouveaux venus avaient-ils mis pied à terre, que madame Turniquel courut au-devant d'eux et s'écria :

— Comment vous va, madame la comtesse? — Assez mal, lui répondit la belle dame en embrassant la vieille. Ce vent d'ouest m'a donné un mal de nerfs épouvantable. — Oh! que je connais ça! répondit madame Turniquel; j'en suis toujours prise par ces temps-là; ça me donne des crampes terribles dans les jambes.

Puis elle se retourna vers le beau jeune homme, et reprit :

— Et vous, monsieur le fils, comment que cela va ce matin? — Très-bien, très-bien, répondit le jeune homme en donnant une poignée de main à la sœur de monsieur Rigot, si ce n'est que les chemins sont si mauvais pour arriver chez vous que je suis tout brisé. — Oh! oh! je connais ça, reprit la vieille.

Quand je conduisais les bêtes aux champs, il y avait des fondrières où l'on enfonçait jusqu'aux genoux. — Ah ! madame Turniquel, dit l'élégant, vous avez dû faire une charmante bergère ; vous étiez Estelle, et il devait y avoir plus d'un Némorin.

La belle dame fit un signe de mécontentement au jeune homme, tandis que madame Turniquel disait :

— Qu'est-ce que c'est, Estelle et Némorin ?
— Ah ! mon Dieu, dit la dame, c'est un roman de monsieur de Florian. — Monsieur de Florian ! dit madame Turniquel, je l'ai beaucoup connu ; il avait beaucoup d'estime et de considération pour moi, et il me lisait tous ses livres.

Probablement la conversation eût continué longtemps sur ce ton, si madame Peyrol n'était encore venue interrompre les récits de madame sa mère. Tout le monde rentra dans la maison, et Luizzi entendit un moment après sonner la cloche qui annonçait le déjeuner. Il descendit, et, grâce au bruit de la conversation de madame Turniquel, il arriva dans un assez beau salon, où étaient réunies déjà une douzaine de personnes. Luizzi y retrouva l'avoué, le clerc et le commis ; il y avait en outre la dame et le jeune homme qu'il avait vus descendre de voiture, plus une jeune personne d'une rare beauté, qu'à sa ressemblance avec madame Peyrol le baron jugea devoir être la petite-nièce de monsieur Rigot. Celui-ci était dans un coin du salon, causant avec l'avoué et jetant des regards interrogateurs sur toutes les personnes qui étaient présentes. Lorsqu'on annonça le baron, il se retourna et vint à lui.

— Mille pardons, lui dit-il avec un ton de franchise, je suis un vieux soldat très-mal élevé. Nous autres, nés dans le ruisseau, comme on dit, nous ne savons pas les bonnes manières. Je n'ignore pas que j'aurais dû vous faire une visite en ma qualité de maître de maison ; mais, nous autres gens du peuple, nous ne connaissons pas les usages. Pas vrai, dit-il en se retournant vers la dame qui était arrivée en voiture, pas vrai, madame la comtesse de Lémée ?

Il revint ensuite à Luizzi, et dit :

— J'ai reçu la lettre de mon ami Ganguenet, qui m'annonce votre arrivée, c'est-à-dire que je me la suis fait lire, parce que nous autres paysans, voyez-vous, nous sommes des ignorants, nous ne savons rien ; mais je vous déclare que je suis enchanté de recevoir chez moi monsieur le baron Armand de Luizzi, qui a deux cent mille livres de rentes, à ce que dit monsieur Ganguernet. J'ai bien l'honneur de vous saluer.

Monsieur Rigot quitta Luizzi, que tous les regards examinèrent avec curiosité, particulièrement ceux du jeune comte de Lémée, et il alla vers les deux convives parisiens du souper du baron.

— Qui de vous, Messieurs, est le notaire ? demanda monsieur Rigot. — C'est moi, dit monsieur Marcoine d'un air charmant, en tirant des papiers de sa poche. L'acquisition de votre hôtel du faubourg Saint-Germain est terminée, en voici le contrat ; j'ai été spécialement chargé de cette affaire, et je crois qu'elle a été menée avec quelque habileté ; j'ai obtenu l'hôtel à plus de cent mille francs au-dessous de l'estimation. — Je vous en remercie, dit monsieur Rigot, parce que, voyez-vous, nous autres petit monde, c'est bon à gruger. — J'ai voulu moi-même vous apporter ce contrat, reprit le clerc d'un ton précieux, afin de vous en mieux faire apprécier les avantages. — Vous êtes bien aimable, repartit monsieur Rigot, parce que, voyez-vous, nous autres gros Normands, nous n'entendons rien du tout aux affaires.

Puis il se tourna vers le commis d'agent de change et lui dit :

— Et vous, Monsieur, à quoi dois-je l'honneur de votre visite ? — Monsieur, répondit le commis, je suis venu pour le placement des fonds que vous avez laissés chez votre banquier. — Est-ce que je n'avais pas dit à votre maître de m'acheter du trois pour cent? — Le placement lui a paru peu avantageux, reprit le commis. — Je veux du trois pour cent, dit monsieur Rigot, je veux des fonds de nobles et d'émigrés : j'ai déjà une terre de marquis, j'ai un hôtel de duc, je veux de l'indemnité des émigrés. — Nous avions pourtant mieux que cela à vous offrir. — Je veux ce que je veux, dit monsieur Rigot avec emportement; c'est possible que nous autres, petites gens, nous soyons des imbéciles, mais c'est comme ça.

Presque aussitôt, un domestique vint annoncer que le déjeuner était servi, et le petit clerc, s'approchant du baron, lui dit d'un air fin :

— Je ne crois pas que monsieur Furnichon ait de grandes chances de succès.

Les honneurs du déjeuner furent faits par madame Peyrol et sa fille Ernestine avec une bonne grâce et une élégance qui tranchaient singulièrement sur les façons de monsieur Rigot et de sa sœur. Luizzi et monsieur de Lémée étaient à côté de madame Peyrol, et le clerc et le commis à côté d'Ernestine. L'avoué tenait un des bouts de la table entre monsieur Rigot et madame de Lémée, et madame Turniquel était assise à l'autre bout entre deux personnages dont nous n'avons pas encore parlé, et dont l'un était le curé de l'endroit et l'autre le percepteur des contributions de la commune. Le premier voué au célibat, le second déjà marié, étaient chargés de jouer dans cette scène le rôle de personnages muets, attendu le peu d'intérêt qu'ils avaient à son dénoûment. A peine fut-on à table que madame Turniquel, ayant compté le nombre des convives, s'écria :

— Nous sommes juste douze, c'est bien heureux! car si nous avions été treize, moi, je n'aurais pas déjeuné, d'abord. — Comment une femme aussi distinguée que vous, dit l'avoué, peut-elle avoir de ces préjugés? — Qu'appelez-vous préjugés? dit monsieur le comte de Lémée; je suis tout à fait de l'avis de madame Turniquel, j'ai vu des exemples de grands malheurs arrivés parce qu'on avait bravé cette croyance populaire. — Allons donc! fit le commis d'agent de change, c'est bon pour les frères ignorantins d'avoir des idées comme celle-là. — N'y mettez pas tant de dédain, reprit madame de Lémée; les gens du plus haut rang ont eu de ces opinions qui vous paraissent des préjugés, et la reine Marie-Antoinette, que j'avais l'honneur de servir avant la révolution, était très-épouvantée de ce nombre treize. — Je le sais bien, moi, dit madame Turniquel; la reine me l'a dit elle-même, un jour que j'étais allée chez elle en députation avec les dames de la Halle à propos de la naissance de la duchesse d'Angoulême. — Maman, dit rapidement madame Peyrol en couvrant les derniers mots de la phrase de sa mère, voulez-vous un peu de ce poulet? — Merci, je finis mon hareng saur, puis je mangerai un peu de crème, et ce sera tout. — Quant à moi, dit monsieur Rigot, je suis fataliste; le grand Napoléon était fataliste, tous les grands hommes sont fatalistes. — Je le sais bien, dit madame Turniquel, je l'ai entendu dire cent fois à l'empereur, moi qui vous parle. — Ah! ah! fit Luizzi, vous avez connu l'empereur, Madame? — Comme je vous connais...

Et pendant qu'Ernestine interrompait sa grand'mère en lui offrant de la crème, madame Peyrol disait tout bas à Luizzi d'un air de prière plein de charme et de dignité :

— Epargnez ma mère, Monsieur, je vous en prie.

Pour changer la conversation, elle s'adressa alors au jeune clerc de notaire, qui avait gardé un prudent silence, et lui dit :

— Eh bien! Monsieur, quelles nouvelles intéressantes nous donnerez-vous de Paris? — J'en sais fort peu, Madame, répondit-il d'un air modeste; je m'occupe beaucoup en ce moment des affaires de l'étude, et j'en instruis à fond le second clerc qui va me remplacer. — Ah! ah! dit monsieur Rigot,

Il n'alla pas plus loin. — Page 251.

vous quittez le notariat, jeune homme? — Non, Monsieur, non, fit le clerc de notaire d'un air d'indifférence, j'achète une charge, la meilleure charge de Paris, assurément. — Alors vous vous mariez! reprit le commis d'agent de change. — Mais oui, fit le clerc, je trouve de très-beaux partis. Le notariat, voyez-vous, c'est une carrière qui plaît aux parents, c'est un placement sûr et honorable de l'argent, une fonction solide et estimée dans le monde, des rapports avec tout ce qu'il y a de mieux dans la capitale, et, au bout d'un certain temps, une fortune considérable, un nom bien posé qui ouvre la porte à toutes les ambitions, si l'on en a. — Moins que la charge d'agent de change, dit le commis. En fait de fortune, s'il faut la chercher quelque part, c'est là; en fait de monde, celui de la banque est un peu plus élégant que celui du notariat, et, quant à l'ambition, il me semble qu'elle arrive plus vite par la bourse que par l'étude. — Nous avons trois notaires de Paris députés, et quatre qui sont maires de leur arrondissement ou membres du conseil général, repartit le clerc avec vivacité. — C'est possible, reprit le commis, mais il y a deux agents de change colonels de la garde nationale. Le comte P..... qui a été banquier, et qui est maintenant pair de France, a commencé par être agent de change. Le change est une bien autre carrière que le notariat. — Et sans doute vous comptez la parcourir jusqu'au bout? dit monsieur Rigot. — Et, pour y entrer, vous voulez aussi acheter une charge? reprit Luizzi. — Oui, Monsieur, répondit le commis d'agent de change. — Et, pour payer cette charge, repartit monsieur Rigot, vous épouseriez sans doute une femme dont la dot... — Oh! non, fit le commis d'un air sentimental et avec un regard plein d'exaltation, qu'il partagea également entre madame Peyrol et Ernestine. Oh! moi, je n'épouserai jamais que la femme que j'aimerai. Je ne cours pas après la fortune, je ne demande qu'un cœur qui m'aime. — Ma foi, reprit monsieur de Lémée d'un ton assez fat, je suis parfaitement de votre avis, Monsieur, et j'avoue, pour ma part, que je regrette quelquefois d'être dans la brillante position que le hasard m'a donnée. J'ai vingt-deux ans, la mort de mon père m'a rendu pair de France, j'ai un nom qui a quelque éclat... — Et vous êtes fâché de posséder tous ces avantages? dit le baron. — Oui vraiment, Monsieur, répondit monsieur de Lémée. J'ai lieu de craindre que, si jamais je me marie, ce que vous appelez des avantages, ne soit la seule chose qui charme la femme à laquelle je m'adresserai. Il y en a beaucoup qui cherchent plutôt dans le monde une haute position qu'une tendresse sincère et un homme de cœur; et peut-être, si je n'étais ce que je suis, me verrais-je préférer un petit monstre bien laid, bien bête, bien égoïste, à qui le hasard aurait donné tous ces biens que je possède. — Comment, mon fils, dit madame de Lémée d'un ton doctoral, pouvez-vous si mal parler d'une position qui doit être l'ambition de toute femme bien née? — Oh! pour ça, vous avez raison, fit madame Turniquel; si je me remarie jamais, moi, je serai bien heureuse d'être la femme d'un pair de France, d'abord. — Pas la mienne, n'est-ce pas, madame Turniquel? dit monsieur de Lémée en souriant gracieusement, car je suis pauvre, moi. — Mon fils! fit madame de Lémée. — Pourquoi se cacher d'une chose que tout le monde sait? repartit le comte; c'est là ce qui me console; car si jamais je rencontre une femme digne de me comprendre, je pourrai croire que ce ne sera ni mon nom ni mon rang qui l'auront séduite, si elle ose partager ma pauvreté.

Toutes les intentions de ce discours furent adressées à madame Peyrol d'une façon si directe, que Luizzi s'imagina que monsieur de Lémée, en sa qualité de voisin et d'habitué du château du Taillis, avait des données assez exactes sur celle des deux futures à qui les deux millions de dot avaient été donnés. Pour s'assurer de la vérité, Luizzi s'adressa à monsieur Bador, qu'il supposait dans les confidences intimes de monsieur Rigot.

— Vous devez sans doute peu estimer, lui dit-il, les professions de notaire et d'agent de change, et je suppose que vous ne conseilleriez pas à une femme de choisir entre elles.

A cette question, assez grossièrement directe pour que tout le monde en fût embarrassé, madame Peyrol regarda le baron d'un air tout à fait étonné, comme si elle ne s'attendait pas à pareille chose de sa part. L'avoué seul resta calme, et répondit avec une négligence assez dédaigneuse :

— Pour ma part, Monsieur, je crois que la profession d'un homme est une chose assez indifférente. Seulement il me semble qu'il faut que sa position soit faite, assise, régulière, et qu'elle ne repose pas sur des espérances presque toujours illusoires; je crois enfin qu'il faut qu'un homme ait fait ses preuves avant de penser à se marier. — Voilà qui est bien raisonné, dit le baron, et c'est parler comme un homme établi. — Oui, Monsieur, reprit l'avoué, comme un homme qui connaît le monde et qui l'a expérimenté : comme un homme qui sait que le bonheur n'est pas dans ce luxe de fêtes et de bals au sein desquels une femme d'agent de change ou de notaire passe sa vie ; comme un homme qui sait que le bonheur n'est pas pour une femme dans ce que vous appelez une position élevée, où on lui rend souvent en impertinences la fortune qu'elle a apportée. Enfin, j'en parle comme un homme qui croit que le bonheur est dans une vie douce, honnête, retirée, au milieu d'une famille honorable, avec un mari qui s'occupe avant toute chose de prévenir les moindres désirs de sa femme, de les accomplir, et de n'avoir d'autre pensée qu'elle.

L'avoué débita tout ce petit discours avec une grande affectation et en tenant les yeux sans cesse fixés sur Ernestine, qui sembla l'écouter avec un véritable intérêt. Tandis que Luizzi observait ce nouveau manége, ne sachant plus laquelle des deux, de la mère ou de la fille, était destinée à la dot, le clerc de notaire ne voulut pas laisser sans réponse la touchante théorie de l'avoué :

— C'est un bonheur de province dont vous nous parlez là ; et, en tout cas, croyez-vous qu'il ne se trouve pas, à Paris aussi, des hommes empressés de prévenir et d'accomplir les désirs de leur femme ? — Sans doute, dit le gros commis d'agent de change, qui crut devoir un moment s'unir au clerc de notaire pour venir en secours à la félicité parisienne vivement ébranlée par la harangue de l'avoué, sans doute à Paris aussi il y a des maris qui font le bonheur de leur femme.

— Seulement, reprit le clerc, ce bonheur à quelque chose d'un peu plus élégant. Au lieu de vos gros plaisirs de province, ce sont les plaisirs les plus délicats ; au lieu de vos tristes et froides réunions, ce sont les bals les plus brillants. — Avec Collinet et Dufresne, dit le commis d'agent de change. — Au lieu de vos soirées ennuyeuses, occupées à faire de la tapisserie, ce sont les Italiens et l'Opéra. — Avec M. Tulou et Rossini, dit l'agent de change... — Au lieu de vos plaisirs champêtres, reprit le clerc, ce sont... — Ce sont, dit l'agent de change en l'interrompant, des courses au champ de Mars, des chevaux superbes, des toilettes magnifiques, — Et tout cela est bien misérable encore ! dit M. de Lémée. Parlez-moi d'un homme qui peut ouvrir à sa femme tous les salons, non-seulement ceux de la France, mais ceux de l'Europe, qui lui donne accès dans les cours de tous les grands États, qui la voit recherchée, considérée partout où il la présente, et qui peut la présenter partout.

En ce moment, l'avoué, le clerc et le commis, attaqués dans leur roture, se mirent en devoir de répondre à M. de Lémée, et déjà ils parlaient tous ensemble, lorsque M. Rigot prit la parole, et immédiatement un profond silence s'établit.

— Mais vous, monsieur le baron, dit-il en s'adressant à Luizzi, que pensez-vous de tout cela ?

Armand allait répondre et chacun se penchait pour l'écouter : car il avait acquis par son silence l'autorité de l'homme qui n'a encore rien dit, auquel on suppose des idées de réserve et dont il me semble que les paroles vont clore toute discussion.

— Je pense, dit Luizzi.....

Il n'alla pas plus loin, car il fut interrompu par une paire de bottes admirablement cirées, que le jockey dont nous avons parlé posa sur son assiette en laissant échapper un petit rire satisfait. A cet aspect, M. Rigot éclata de son côté. Tout le monde l'imita jusqu'à madame Peyrol, qui ne put s'empêcher de céder au rire homérique de toute la table. Pendant ce temps, Akabila sautait autour de la salle à manger comme un chat sauvage, et on se leva de table avant qu'on pût connaître l'opinion de Luizzi sur l'importante question qu'on venait d'agiter.

XXXII

HONNÊTE TRANSACTION.

Quelques heures s'étaient passées depuis ce mémorable déjeuner, si singulièrement interrompu par l'assiette de bottes qu'Akabila avait servie à Luizzi. Le baron voulut en demander l'explication à Rigot, qui ne répondit qu'en riant comme un possédé. Madame Turniquel se contenta de dire :

— Cette bête de sauvage n'en fait pas d'autres, mais c'est une manie de Rigot, ça l'amuse, il faut le laisser faire.

Quant à Ernestine, ce n'était pas une fille à qui l'on pût demander quelque chose qui ne l'intéressât point personnellement. Occupée de sa personne, de sa figure, de sa toilette, elle semblait avoir pris pour les façons aisées et peu prétentieuses de Luizzi le mépris le plus profond ; c'est à peine si elle daignait écouter le peu de mots qu'il lui adressait de temps en temps. Il avait eu recours à madame Peyrol, qui lui avait excusé la folie du jockey d'une manière assez plausible.

— Mon oncle, avait-elle dit, a ramené ce Malais de Bornéo, et il a voulu le rendre utile. Il a tenté d'en faire un groom, un cocher, un valet de chambre, que sais-je ? Mais, n'ayant pu y réussir, il lui a assigné pour tout emploi celui de cirer les bottes. A vrai dire, mon oncle le traite un peu comme un singe, et, quand Akabila a bien fait son devoir, il lui donne un verre de rhum dont le malheureux est très-friand. Aujourd'hui on aura oublié de lui donner sa ration, et, pour l'obtenir, il a pris les premières bottes qu'il a trouvées, les a cirées, et les a triomphalement apportées pour recevoir sa récompense.

Luizzi se contenta de cette explication, quoique la présence de ce Malais dans cette maison l'étonnât malgré lui et que la circonstance des bottes l'inquiétât sans qu'il pût dire pourquoi. Cependant il se remit à observer ce qui se passait autour de lui, et il se donna le spectacle réjouissant des tourments du maître clerc et du commis promenant leurs hommages de la fille à la mère et de la mère à la fille, tandis que le comte de Lémée tenait bon auprès de madame Peyrol, et l'avoué auprès d'Ernestine. Le peu d'attention que celle-ci fit aux premières paroles de Luizzi engagea Armand à s'occuper plus particulièrement d'Eugénie, et il crut remarquer en elle un esprit droit, élevé, sérieux, une haute intelligence de ses devoirs envers sa mère et sa fille, et une résignation pleine de dignité au rôle ridicule que son oncle lui avait imposé. Cependant le parti de Luizzi était pris à peu près; il comprit qu'eût-il rencontré un ange, il était presque impossible que lui, jeune, beau, élégant et riche, s'associât à une pareille famille, et il se décida à quitter le lendemain cette maison. Il était assez embarrassé de s'expliquer avec M. Rigot, mais le soir même celui-ci lui en offrit l'occasion. Après le dîner, le maître de la maison pria les hommes de venir lui tenir compagnie, pour vider ensemble quelques bouteilles. Lorsque les dames furent retirées et qu'ils furent seuls, M. Rigot prit la parole et leur dit :

— Messieurs, je sais pourquoi vous êtes tous venus ici : il y a deux millions à gagner, et vous en avez tous envie.

Chacun se récria, excepté Luizzi, qui, fort de sa résolution, se garda le droit de répondre avec hauteur à cette impertinente proposition.

— Je vous dis qu'il y a deux millions à gagner et que vous en avez envie ; ne faites donc pas les bégueules, et écoutez-moi. — Vous êtes toujours plaisant, mon cher Rigot, repartit l'avoué en lui versant à boire. — Et nous entendons la plaisanterie, dirent les autres en trinquant avec l'ex-maréchal-ferrant. — Eh bien! Messieurs, je dois vous dire une chose, c'est que je commence à être fatigué de la visite de tous les épouseurs qui, s'ils n'attrapent pas les dots, attrapent les dîners. Je dois donc vous avertir que j'ai signifié à mes nièces de faire leur choix dans les vingt-quatre heures. Vous voilà cinq beaux jeunes gens de tout âge et de toutes professions. J'ai d'excellents renseignements sur votre compte et vous me convenez tous. Arrangez-vous donc pour faire aussi votre choix et vous décider. Tâchez de deviner juste; car, je vous le déclare, la dot de deux millions est donnée, et celui qui ne l'aura pas n'aura pas un sou.

Le jeune pair et l'avoué échangèrent un regard d'intelligence, et le commis et le clerc semblèrent fort désappointés. M. Rigot continua :

— Demain au soir le choix sera fait, après-demain les bans seront publiés, et dans huit jours nous célébrerons le mariage, à moins qu'il ne faille plus de temps à ces Messieurs de Paris pour faire venir leurs papiers de famille.

Le commis et le clerc de notaire se regardèrent d'un air encore plus embarrassé. Mais le beau M. Furnichon, prenant de l'audace dans sa sottise, osa répondre :

— Ma foi! ce n'est pas moi qui vous ferai attendre. J'ai mes papiers en poche.

M. Rigot se mit à rire, et, s'adressant au clerc, il lui dit : — Et vous, jeune homme ?

— Je ne suis pas plus bête que M. Furnichon, répondit-il effrontément. — Quant à ces Messieurs, dit M. Rigot, ils sont prêts depuis longtemps, il ne nous reste plus qu'à savoir les intentions de M. le baron.

Armand venait de recevoir une de ces rares leçons auxquelles peu d'hommes sont admis. Il venait de voir jusqu'à quel point la cupidité poussée à bout pouvait supporter l'humiliation; il se sentit révolté de tant de bassesse, et, prenant en main la cause de la dignité humaine, il répondit :

— Je ne ferai jamais un marché honteux du lien le plus sacré, de l'engagement le plus solennel, et ces Messieurs peuvent courir la chance des deux millions sans que je leur fasse concurrence.

M. Rigot devint rouge de colère à cette réponse du baron; mais il se calma presque aussitôt en jetant sur Luizzi un regard d'une méchanceté telle, qu'elle eût alarmé le baron s'il avait pensé que cet homme pût quelque chose contre lui. En même temps les quatre épouseurs se récrièrent sur ce que le baron les insultait, et ils voulurent lui en demander raison.

— Silence! cria M. Rigot. S'il y a insulte, elle est pour moi; et si j'ai envie de la venger, cela me regarde. N'en parlons plus, monsieur le baron. A vous le champ libre, Messieurs! nous allons rejoindre ces dames.

Il sortit aussitôt pour gagner le salon. L'avoué et M. Lémée suivirent M. Rigot; mais, au moment où ils passaient la porte, M. Bador tira son mouchoir de sa poche et laissa tomber un papier, que Luizzi ramassa. Il allait appeler l'avoué pour le lui remettre, lorsqu'il vit le clerc faire un petit signe au commis qui revint sur ses pas. Luizzi s'arrêta pour les écouter.

— Ah çà, voyons! dit Marcoine, parlons peu et parlons bien. Nous faisons ici un métier de dupe. Vous n'avez pas remarqué, vous, comme l'avoué et le pair de France s'entendent?

— Je ne vois pas trop en quoi ils pourraient s'entendre, reprit Furnichon. Madame ou mademoiselle Peyrol aura la dot, tant mieux pour celui qui choisira bien! — Et tant pis pour celui qui choisira mal, n'est-ce pas? — C'est tout simple. — C'est vous qui êtes simple, mon cher, reprit le clerc en ricanant. — Plaît-il? reprit le commis. — Oui, et nous serions deux imbéciles si nous ne connaissions pas un peu mieux les affaires. Liguons-nous, et nous aurons les deux millions. — Comment ça? — Écoutez-moi bien, voici la manière de procéder. Je suppose que la fille me choisisse et qu'elle ait les deux millions, vous voilà avec la mère sur les bras et zéro. — C'est vrai, et j'avoue que cela me fait peur. — Et cela ne m'épouvante pas moins ; mais il y a moyen de prévenir ce malheur, ou du moins de l'adoucir. — Lequel ? — Supposons encore que l'une des deux futures ait quinze cent mille francs de dot, et l'autre cinq cent, cela ne vous encouragerait-il pas ? — Tiens ! je le crois bien. — Alors vous devez me comprendre ? — Pas le moins du monde. — Mon Dieu ! que vous êtes peu fort en affaires d'argent, pour un homme de bourse ! — Expliquez-vous plus clairement. — Il faut absolument vous mettre les points sur les *i*. Eh bien ! fixons un dédit par lequel celui qui aura la femme aux deux millions s'engagera à donner cinq cent mille francs à celui qui aura la femme et zéro.

Furnichon resta ébahi et ne répondit pas d'abord. Enfin il dit :

— Lâcher cinq cent mille francs comme cela, c'est cher. — Mais si vous n'avez rien ? — C'est possible, au fait. — Eh ! consentez-vous ? — Ça va. — Mettez-vous là, je vais rédiger au crayon un petit bout d'acte ; nous en conviendrons, puis je monterai le copier au galop dans ma chambre ; je redescendrai, nous signerons, et ce sera fini. — Dépêchez-vous, les autres gagnent du terrain pendant ce temps-là. — Avez-vous un peu de papier blanc ? — Ma foi, non.

A ce moment Luizzi entra, et leur dit :

Que cherchez-vous donc ? — Oh ! rien, un bout de papier. — En voici un, dit Luizzi d'un ton indifférent ; mais il est écrit d'un côté. — Bon, dit le clerc, je vais écrire au dos.

Pendant que le clerc griffonnait, l'avoué rentra suivi de M. de Lémée. Il avait l'air de chercher quelque chose. Il tourna et retourna tout dans la salle à manger. Puis, ayant aperçu Luizzi qui, retiré dans un coin, faisait semblant de lire un journal, il lui dit :

— N'auriez-vous pas aperçu par là un petit chiffon de papier ? — Je crois que ces Messieurs le tiennent, répondit Luizzi. — Comment ! c'est vous qui avez trouvé ce papier, Monsieur, s'écria l'avoué en s'adressant au clerc, et vous avez eu l'indiscrétion... ? — — Pas le moins du monde, dit le clerc d'un air indifférent, c'est Monsieur qui nous l'a remis, et je vous assure que je n'en ai pas lu une syllabe. — En ce cas, vous allez me le rendre, je vous prie, reprit l'avoué.

Puis il se pencha, et dit tout bas à l'oreille de M. de Lémée :

— C'est notre projet d'acte. — Quelle imprudence ! dit le pair. — Eh bien ! reprit l'avoué presque aussitôt, avez-vous fini ? — Un moment, dit le clerc, je ne savais pas que ce papier vous appartint et j'ai écrit au crayon des choses que je vous prie de me donner le temps d'effacer.

Comme il allait commencer, Luizzi s'approcha des quatre interlocuteurs, et, leur faisant signe d'approcher, il dit au clerc de notaire :

— Pourquoi effacer, monsieur Marcoine ? Il est très-probable que ce qui est à l'encre au recto est la même chose que ce qui est écrit au crayon au verso. — Plaît-il ? firent les quatre épouseurs. — Comment donc ! reprit Luizzi un projet d'acte rédigé par un avoué et revu par un notaire ; c'est ce qu'il y a en général de mieux conditionné. Lisez, lisez ; je suis sûr que vous serez charmés de la science l'un de l'autre.

Le clerc qui tenait le papier le retourna par un mouvement de curiosité plus fort que lui. Il en lut les premières phrases écrites par l'avoué : « Entre les soussignés le comte de Lémée et M. Bador, etc., etc., il a été convenu qu'en cas de mariage de l'un d'eux avec madame ou mademoiselle Peyrol, etc... etc... »

— Continuez, reprit Luizzi.

Marcoine retourna le papier et lut : « Entre les soussignés M. Marcoine et M. Furnichon, etc., etc., il a été convenu qu'en cas de mariage, etc., etc. »

— Allez donc! dit Luizzi.

Le clerc marmotta encore quelques phrases, tantôt d'un côté, tantôt de l'autre; puis, arrivé à un certain endroit du côté de l'écriture à l'encre, il s'écria en lisant : « Celui qui aura touché la dot ci-dessus énoncée s'engage à donner cinq cent mille francs à... Il retourna le papier et lut, du côté de l'écriture au crayon : « S'engage à donner cinq cent mille francs à... »

— Hein! fit le commis toujours ébahi. — Ma foi! on ne fait pas mieux un acte à Paris, dit le clerc. — Mais il paraît qu'on le fait aussi bien qu'en province, repartit l'avoué prenant le papier. Puis il s'écria, après avoir lu : C'est mot pour mot la même chose. — En effet, dit le pair, il semble que c'est copié. — C'est calqué, reprit le commis. — Il y a un proverbe qui dit que les beaux esprits se rencontrent, repartit Luizzi. — Eh bien! soit, dit l'avoué; ligue contre ligue, deux contre deux. — Et pourquoi la guerre et non pas l'alliance? reprit le clerc rapidement; pourquoi ne pas faire l'acte en quatre expéditions? car enfin vous pouvez ne pas être choisis tous les deux, ni nous non plus, et alors vous n'auriez rien. On peut choisir l'avoué et moi, ou bien le comte et moi, ou bien le commis et le comte, ou bien encore le commis et l'avoué : voilà quatre combinaisons où nous sommes tous pris au dépourvu.

— Il a raison, dit l'avoué, ceci est très-fort. Faisons l'acte à quatre : celui qui aura la dot et la femme payera cinq cent mille francs à celui qui n'aura que la femme quel qu'il soit. — Et celui qui n'aura rien? — Eh bien! répondit le clerc, il n'aura rien. — Ah si! ah si! fit le commis, il faut au moins faire ses frais. Je propose dix mille francs d'épingles pour les deux évincés. — Va comme il est dit, reprit l'avoué, et dépêchons. Mais comme on peut nous surprendre, faisons chacun notre copie, ça ira plus vite. Voici du papier timbré, des plumes et de l'encre.

L'avoué tira un portefeuille armé de tous ses ustensiles; chacun s'assit devant la table, et, l'avoué dictant, tous les quatre se mirent à écrire.

— Entre les soussignés Messieurs...

Et chacun répondit au regard de l'avoué par l'énonciation de ses nom, prénoms et qualités. Le comte commença.

— Alfred-Henri, comte de Lémée, pair de France. — Louis-Jérôme Marcoire, maître clerc de notaire. — Désiré-Anténor Furnichon, commis d'agent de change. — Et François-Paulin Bador, avoué à Caen, il a été convenu, etc., etc., etc.

Et durant dix minutes l'avoué dicta, chacun répétant la fin de la phrase pour avertir qu'il avait écrit.

C'était un spectacle honteux devant lequel Luizzi restait en contemplation, ne sachant s'il devait rire ou s'indigner, lorsqu'il se sentit légèrement frappé sur l'épaule et reconnut le vieux Rigot, qui lui dit :

— Que font-ils donc là?

Luizzi ne voulut pas dire la vérité, soit qu'il ne vît aucun intérêt à dénoncer ces quatre requins de dot, soit qu'il voulût se ménager le plaisir de cette comédie jusqu'au bout, et il répondit :

— Je crois qu'ils écrivent chacun un billet doux à l'une de ces dames. — Très-bien, très-bien! fit le père Rigot, j'ai seulement une petite confidence à faire à ces Messieurs. — C'est qu'il est vraiment fâcheux, dit Luizzi, de les déranger; l'inspiration amoureuse est si prompte à s'envoler! — Cependant, reprit Rigot, je ne peux pas leur laisser ignorer le fait. — Qu'est-ce donc de si important? — Cela vous intéresse fort peu, dit Rigot, puisque vous n'êtes pas parmi les concurrents. Quoique je n'aie rien dit de votre refus, songez-y, je vous laisse vingt-quatre heures pour réfléchir. — C'est tout décidé. — Bon! c'est ce que nous verrons, fit le bonhomme en hochant la tête. En attendant je vais leur annoncer la nouvelle. — Faites, repartit le baron; je me retire. — Vous pouvez rester, cela vous amusera peut-être.

En disant ces mots, Rigot entra tout à fait dans la salle à manger, à la porte de laquelle il était resté avec Luizzi. Les quatre amoureux venaient de signer et d'échanger leur transaction, et ils se retournèrent fort troublés en entendant la voix du maître de la maison.

— Pardon, Messieurs! leur dit M. Rigot, je ne vous ai pas fait part de tous mes projets, parce que j'ai pensé que cela ne pouvait pas vous regarder; cependant ma sœur vient de me faire comprendre qu'elle ne devrait pas être moins favorisée que sa fille et sa petite fille, et je viens vous dire ce que je compte faire pour elle. — Quoi? s'écrièrent ensemble les quatre associés épouvantés, est-ce qu'elle est des deux millions? — Non, non, Messieurs, reprit M. Rigot, je tiendrai ma parole; les deux millions appartiendront à madame Peyrol ou à sa fille, mais j'ai décidé qu'il y aurait aussi un million pour madame Turniquel. Et ce million-là n'a pas de mauvaise chance, car je le donnerai bien certainement à ma charmante sœur. Par conséquent, celui de vous qui réussira à lui plaire est sûr de son affaire; vous n'avez qu'à voir si cela vous tente, vous avez jusqu'à demain soir.

M. Rigot quitta la salle à manger sans ajouter un mot à cette nouvelle proposition, et laissa les concurrents dans une étrange perplexité.

— Diable! fit l'avoué, voilà qui change étrangement les choses. — Est-ce que vous auriez le courage d'affronter la grand'mère? dit M. de Lémée. — Je crois que c'est au-dessus des forces humaines, repartit le clerc de notaire. — Bah! dit M. Furnichon, on a vu des choses plus extraordinaires que cela, et s. pour ma part j'étais sûr de réussir... — Oui, mais je vous préviens que vous ne réussirez pas, dit M. Bador. Il y a de par le monde un certain Petit-Pierre, postillon à Mourt, qui a été dans les bonnes grâces de mademoiselle Rigot avant qu'elle fût madame Turniquel, et celui-là, je crois, aura la préférence. — Est-ce sûr? demanda encore Furnichon.

Le cœur levait à Luizzi; mais, M. Bador ayant déclaré la vieille imprenable, tous se récrièrent à l'envi contre l'idée de se sacrifier à une femme comme madame Turniquel, et Furnichon plus haut que les autres.

— Allons, allons, se dit tout bas le baron, la cupidité ne va pas encore si loin que je le croyais.

Ils en étaient là, lorsque le clerc reprit la parole :

— Mais en quoi donc trouvez-vous que cela change la face des choses, monsieur Bador? — En ce que la fortune, qui n'était que de deux millions, arrive à trois; car enfin quelqu'un héritera de ce million, et c'est autant d'assuré, tandis qu'au train dont va le vieux Rigot, il sera ruiné dans un an. — C'est vrai, dit M. Furnichon, cet homme finira par nous retomber sur les bras. — Ce sera encore une charge, ajouta le clerc, à laquelle il faut penser. — Mais où diable M. Rigot a-t-il pris tous ses millions? dit le commis. — Oh! ça, Dieu le sait, répondit l'avoué. Tout ce que je puis vous dire, c'est qu'ils existent en bonnes propriétés bien et dûment soldées, et en dépôt de fonds à la Banque de France. — Ma foi! reprit Furnichon, cela ne nous regarde pas, c'est son affaire.

Immédiatement après ils rentrèrent tous dans le salon, où ils trouvèrent ces dames assemblées. Ernestine était rayonnante, et la mère Turniquel avait arboré un bonnet encore plus lardé de nœuds roses et bleus que celui du matin. En ce moment madame de Lémée lui faisait des compliments sur l'excellent goût de sa toilette, et la grande dame s'humiliait devant l'imperturbable sottise de la vieille femme. Quant à madame Peyrol, elle était seule dans un coin. On voyait qu'elle avait pleuré, et ce ne fut qu'avec peine qu'elle parvint à surmonter sa douleur pour repondre aux hommages em-

Rigot commença par lui donner un coup de pied. — Page 259.

pressés de ces Messieurs. Luizzi trouva la comédie si drôle qu'il voulut y ajouter : il alla se placer à côté de madame Turniquel et commença un éloge de sa beauté et de sa parure, auquel la vieille femme répondit avec une foule de sourires édentés et de grâces enfantines à faire reculer un régiment de cuirassiers. La plaisanterie fut poussée si loin, que madame Peyrol en devint toute rouge. Elle s'approcha de M. Rigot et lui dit :

— Mon oncle, par grâce, faites cesser cette cruelle inconvenance; si ce n'est pas pour moi, qui souffre tant de voir ma mère si ridicule, que ce soit pour ma fille qui n'est déjà que trop portée à manquer de respect à sa grand'mère. C'est une bien misérable méchanceté de la part d'un homme comme M. de Luizzi! — Bah! bah! qui sait? dit le vieux Rigot, on a vu des choses plus impossibles que ça.

Madame Peyrol haussa les épaules et

s'approcha du baron, qui disait en ce moment à madame Turniquel :

— Oui, Madame, heureux l'homme qui, revenu des folles illusions de la jeunesse, saura préférer un cœur mûr et une âme éprouvée à toutes ces vaines séductions d'un âge plus tendre ! — Plaît-il ? dit madame Turniquel d'un ton très-supérieur, qu'appelez-vous illusion ? Je ne suis pas si décrépite, je vous prie de le croire ; j'ai un corps superbe et une jambe...

Elle allait montrer sa jambe, lorsque madame Peyrol l'interrompit et regarda Luizzi d'un air à le rendre honteux ; puis elle lui dit tout bas :

— C'est de la barbarie, Monsieur !

Luizzi devint confus de ce qu'il avait fait, et suivit madame Peyrol pour s'excuser. Il y réussit assez bien, en avouant franchement comment il avait voulu donner une leçon à ces quatre limiers acharnés après les deux millions et qui la poursuivaient ainsi que sa fille. Madame Peyrol écouta Luizzi attentivement ; puis, faisant un violent effort sur elle-même, elle lui dit :

— Eh bien ! Monsieur, je voudrais avoir un entretien d'un moment avec vous. — Je suis à vos ordres, Madame, dit Luizzi.

Mais il aurait fallu, pour qu'il fût permis à madame Peyrol et à Armand d'avoir cet entretien, que la société des épouseurs n'eût pas été alarmée du petit *aparté* qui venait d'avoir lieu ; et, malgré la déclaration de Luizzi qu'il se retirait du concours, ils s'approchèrent en masse de madame Peyrol et forcèrent le baron à la retraite. Bientôt l'heure de se retirer arriva pour tous, et Eugénie sortit du salon en suivant Luizzi des yeux et en lui donnant ainsi une espèce de rendez-vous.

XXXIII

UNE NUIT BIEN OCCUPÉE.

Lorsque Luizzi fut rentré dans son appartement, il fut très-étonné d'y rencontrer Akabila tenant à la main les fameuses bottes qu'il avait servies au déjeuner. D'après l'explication que madame Peyrol avait donnée au baron, il s'imagina que le jockey était venu pour chercher le verre de rhum qui était d'ordinaire le prix de son bon travail. Luizzi, curieux d'examiner de près cet être extraordinaire, lui fit signe de la tête qu'il allait satisfaire son désir ; mais, n'ayant point de rhum dans sa chambre, il s'apprêta à sonner un domestique pour s'en faire apporter. Au moment où il allait saisir le cordon, le Malais l'arrêta par le bras en secouant vivement la tête et en disant avec un son guttural :

— No ! no ! no ! — Quoi ! reprit le baron en accompagnant ses paroles d'un geste imitatif pour les mieux faire comprendre, quoi ! tu ne veux pas boire du rhum que tu aimes tant ?

Le Malais répondit encore négativement ; puis, s'approchant de la porte, il écouta s'il n'y avait personne de l'autre côté et revint près de Luizzi. Alors il commença une scène de pantomime dont il nous serait difficile de donner une description exacte ; il contrefit avec une perfection merveilleuse l'arrivée de l'avoué en cabriolet, celle du commis et du clerc traînant après eux leurs paquets, et, après chacune de ces caricatures, il secouait la tête avec mépris. Ensuite il vint à Luizzi et le représenta largement assis au fond de sa berline, entrant au galop de ses quatre chevaux dans la cour du Taillis. Il continua ses démonstrations en se boursouflant et en se grandissant, et il finit par faire comprendre à Luizzi qu'il le prenait pour un grand seigneur ; puis il lui dit d'un air superbe, en désignant toujours le baron : Roi ! roi ! Luizzi, qui voulait voir cette confidence jusqu'au bout, fit signe au Malais qu'il ne s'était pas trompé. Aussitôt le jockey se jeta aux genoux de Luizzi, comme pour implorer sa protection : puis, se relevant, se grandissant encore et se plaçant à côté de Luizzi comme pour montrer qu'il était son égal, il sembla désigner du geste quelque chose de bien lointain, et répéta ce mot : Roi ! roi ! Luizzi suivait cette pantomime avec un vif intérêt : il fit signe au Malais de continuer. Alors celui-ci parcourut la chambre, et, désignant du doigt les flambeaux dorés, montrant les boutons de chemise de Luizzi, puis un bouchon de carafe taillé à facettes comme un diamant, il lui dit, car son geste était si expressif que la parole n'eût pu rien y ajouter, qu'il avait possédé une immense quantité de tous ces objets. Jusque-là le baron avait parfaitement compris tout ce que le Malais avait voulu lui dire. Celui-ci continua. Il représenta un orage, en imitant avec la voix et le geste le sifflement des vents et les roulements de la foudre ; puis un vaisseau qui flotte à l'aventure, un coup de vent qui le lance sur un récif, un homme qui nage avec désespoir parmi les vagues furieuses, et qui, arrivé au rivage, y tombe à bout de forces. Luizzi ne savait pas bien quel était l'homme que le Malais voulait ainsi désigner, lorsque celui-ci, montrant le pauvre naufragé qui se relevait avec effort, lui fit voir qu'il s'agissait de M. Rigot, par l'imitation exacte des gestes et de la tournure du vieux richard ; puis il le contrefit exténué de fatigue, se traînant avec désespoir sur le rivage, rencontré par des habitants qui voulaient le massacrer, délivré par un vieillard qui était venu à son secours et qui l'avait amené dans sa demeure. A ce moment la pantomime d'Akabila cessa d'être aussi claire. Seulement Armand devina qu'il s'agissait d'un homme assassiné, de trésors enlevés ; mais les détails de ce singulier récit se perdirent dans les contorsions et les larmes du Malais. Le baron allait essayer de le faire mieux s'expliquer, lorsque tout à coup la voix retentissante de M. Rigot se fit entendre dans le corridor, appelant Akabila de toutes ses forces. Le Malais devint tout tremblant, et il allait se cacher derrière un rideau, lorsque M. Rigot ouvrit brusquement la porte et l'aperçut.

— Que fais-tu là ? lui dit-il d'un air furieux.

Le jockey prit son plus gracieux sourire, et, montrant les bottes qu'il avait déposées sur une chaise, il lui dit d'un ton de voix plein de douceur :

— Rhum, rhum.

M. Rigot commença par lui donner un grand coup de pied où il est reçu de donner des coups de pied, en lui disant :

— Animal ! est-ce qu'on met des bottes pour se coucher ?

Le Malais ne poussa pas la moindre plainte, mais il jeta à Luizzi un regard qui voulait dire qu'il comptait sur lui. Un moment après M. Rigot quitta la chambre du baron, non sans s'être excusé de la petite scène qui venait d'avoir lieu.

— Nous autres manants, dit-il, nous avons le pied et la main un peu leste ; mais, avec des brutes pareilles, il n'y a pas de meilleur moyen de se faire comprendre.

Luizzi, demeuré seul, réfléchit à l'étrange confidence qu'il venait de recevoir, et se demanda s'il n'était pas de sa probité d'avertir les magistrats de ce qu'il soupçonnait. Cependant il craignit de se laisser aller encore à une démarche inconsidérée, comme il avait fait pour Henriette : démarche dont les résultats lui étaient restés à peu près inconnus, à l'exception de la présence de cette malheureuse victime dans une maison de fous. En conséquence le baron voulut savoir toute la vérité sur cette aventure, dont il croyait avoir deviné les principales circonstances, et il s'apprêtait à appeler le Diable lorsqu'il entendit frapper légèrement à sa porte. On entra chez lui immédiatement, et il vit madame Peyrol, qui resta un moment immobile et confuse, et comme épouvantée de l'action qu'elle venait de faire. Cependant Luizzi s'avança vers elle, et, lui présentant un siége, il lui dit :

— Pourrais-je savoir, Madame, ce qui me vaut l'honneur de votre visite ?

Rien ne saurait peindre l'embarras et le trouble de cette malheureuse femme. Elle chercha à s'excuser en balbutiant; puis enfin, pressée par les questions de Luizzi, elle sembla reprendre courage, et lui répondit en tenant les yeux baissés :

— Vous savez ma position, Monsieur : je suis sans fortune. La mort de M. Peyrol m'a laissée dans la misère; car, comme il est mort sans enfants, sa famille a réclamé et repris tous les biens qu'il possédait... — Quoi! dit Luizzi étonné, mademoiselle Ernestine..

— N'est pas la fille de M. Peyrol, répondit Eugénie en relevant la tête; c'est une triste histoire, Monsieur.— Qui vous coûterait peut-être trop à raconter, reprit le baron d'un air froid; je ne veux pas vous imposer cette obligation, mais je suis prêt à entendre le motif qui vous a amenée chez moi. — Non! reprit tristement madame Peyrol, blessée du ton de Luizzi.

Alors elle se leva et elle ajouta en secouant la tête :

— Non, c'est impossible! pardonnez-moi mon imprudente démarche, Monsieur, et oubliez-la. — Comme il vous plaira, Madame, dit Luizzi en s'apprêtant à la reconduire. Mais, au moment où madame Peyrol allait ouvrir la porte, elle s'arrêta et se retourna vivement vers Luizzi :

— Cependant, s'écria-t-elle avec résolution, votre présence dans ce château m'autorise à vous parler. Le choix de ma fille est fait. M. Bador, en s'adressant à elle, a montré qu'il la connaissait bien et qu'il me connaissait bien aussi; il sait que, si la fortune que mon oncle nous destine me tombe en partage, ma fille sera aussi riche que moi; il sait que, si Ernestine a été favorisée par mon oncle, elle ne détournera rien de sa fortune au profit de sa mère. — Quoi! vous croyez, Madame...! dit Luizzi. — J'en suis sûr, Monsieur. Ce malheur peut encore m'arriver, mais enfin il peut arriver aussi que cette fortune m'appartienne, et alors je vous annonce que je suis encore plus épouvantée de la partager avec l'un des hommes que vous avez vus dans cette maison, que de garder ma misère. Vous seul, Monsieur, n'avez montré ni cupidité ni lâche empressement. Je n'ai eu qu'un jour pour vous juger, et je n'ai qu'une heure pour vous dire qui je suis; mais, puisque vous êtes venu dans ce château pour le même motif qui y amène tous ceux que j'y vois, je puis vous parler franchement et vous dire que j'ai fixé mon choix sur vous. Je vous le dis, Monsieur, parce que j'ai à vous demander votre engagement d'honneur de me permettre de disposer de la moitié de cette dot, si la volonté de mon oncle a été de me la donner.

Luizzi fut très-embarrassé de cette étrange déclaration; mais il résolut de couper court à cette nouvelle proposition, en répondant à Eugénie :

— Si monsieur votre oncle avait été plus franc avec vous, Madame, il vous eût épargné une démarche qui vous a sans doute été bien pénible et qui était inutile : j'ai déclaré à M. Rigot que je ne me mettais pas sur les rangs pour obtenir une faveur que je ne crois pas mériter.

A cette réponse, madame Peyrol devint pâle, et, saluant profondément le baron, elle se retira sans lui dire un mot. A peine Luizzi fut-il seul, qu'il ferma sa porte au verrou pour éviter de nouvelles visites; et, plus décidé que jamais à consulter le Diable sur les secrets de cette maison, il tira sa sonnette et l'agita avec rapidité. Comme à l'ordinaire, le Diable parut aussitôt; mais, contre son habitude, il n'avait ni l'air grognard ni la malice cruelle qu'il semblait se donner à plaisir. Son regard avait repris toute sa sinistre splendeur, son sourire toute son amère fierté, et il aborda Luizzi avec une impatience visible. Sa voix était stridente et grave.

— Tu as l'air bien soucieux, maître Satan! lui dit Luizzi.

— Que me veux-tu ? — Ne le sais-tu pas ? — A peu près ; mais enfin parle, que me veux-tu ? — Tu es bien laconique, toi d'ordinaire si bavard ! — C'est que ce ne sont plus les intérêts d'un homme qui m'occupent, ce sont ceux d'un peuple. — Que tu vas pousser aux révoltes et aux séditions ?

Le Diable se tut, et Luizzi reprit :

— Allons, puisque tu es si pressé, réponds : Quelle est l'histoire de ce Malais ? — Il te l'a dite. — C'est-à-dire que j'ai cru la deviner ! — Tu as montré de l'intelligence une fois en ta vie, c'est beaucoup. — Tes airs impertinents deviennent de l'insolence. — Je grandis avec les circonstances. Adieu ! — Un moment ! Ce n'est pas tout. J'ai compris l'histoire d'Akabila jusqu'au moment où Rigot fut sauvé par un vieillard. Après ? — Ce vieillard, repartit le Diable, était le père d'Akabila. Il avait un immense trésor, amassé depuis cent ans dans sa famille. Je suppose que tu sais que l'île de Bornéo est riche en diamants et en pierreries. L'Européen civilisé arriva chez cette race de Malais, que vous appelez exécrable parce qu'ils massacrent sans pitié les hommes qui viennent s'emparer de leurs terres ; la civilisation apporta ses crimes parmi les crimes de la barbarie. Rigot, d'abord l'esclave, et ensuite l'ami et le confident d'Akabila, lui persuada d'assassiner son père et de s'emparer de ses immenses trésors. Il lui promit de le mener dans un pays où il trouverait des jouissances inconnues à sa nation. Une fois le crime accompli, tous deux s'échappèrent et abordèrent un navire portugais, qui les débarqua à Lisbonne. Mais une fois sur la noble terre de la civilisation, les rôles changèrent : Akabila devint le domestique de son ancien esclave, et tu as vu comment lui a profité son parricide ! — Mais comment se fait-il que Rigot garde auprès de lui un pareil confident de son crime ? — Oh ! ceci passe ton intelligence, mon maître. Pour comprendre ce que fait Rigot, il faut avoir son âge, être de sa race et avoir été esclave. — Que veux-tu dire ? — Il faut avoir vécu manant sur une terre de gentillâtre qui ruina la famille de Rigot pour un délit de braconnage, il faut avoir reçu la bastonnade pour n'avoir pas apprêté assez vite la pipe de son maître. — Ainsi, c'est une vengeance ? — Et un plaisir. Tu ne peux t'imaginer la volupté que cet homme éprouve à donner des coups de pied au cul à un fils de roi ; tu ne te fais aucune idée de sa joie à voir ramper autour de lui ces basses cupidités, qui encombrent sa maison. — Il est certain, dit Luizzi, qu'elles sont ignobles. — De quel droit les juges-tu si sévèrement ? — Il me semble qu'elles ne peuvent guère être plus honteuses. — Il y en a de plus honteuses encore. — Et quels hommes peuvent pousser plus loin l'abandon de toute pudeur ? — Toi peut-être, dit le Diable. — Moi ? s'écria Luizzi. — Toi, maître, si jamais la misère t'arrive, si jamais tu es sevré de ces plaisirs que tu crois dédaigner parce qu'ils abondent dans ta vie ; toi, qui te crois un cœur sans ambition parce que tes désirs n'en voient pas de difficile ; toi, qui serais peut-être le plus plat de ces coureurs de dot si tu avais auprès de toi un luxe qui t'enivrât et auquel tu ne pourrais pas atteindre par d'autres moyens ; toi, qui méprises si souverainement des gens qui n'ont que le tort d'être pauvres. — Tu te trompes, Satan, reprit Luizzi avec dédain. Je puis aimer la fortune, je puis être ambitieux, mais jamais je ne me ravalerai à épouser une femme aux conditions qu'y a mises ce misérable qui est le maître ici. Jamais je ne donnerai mon nom à une femme dont la vie a commencé, sans doute, en se donnant à quelque manant qui est le père de mademoiselle Ernestine. — Tu es bien dur, mon maître, dit Satan. Tu oublies que pareille faute a été commise par Henriette Buré. — Oh ! ceci est bien différent : c'était une jeune fille bien élevée qui avait reçu une éducation honorable, et dont les nobles sentiments ont été surpris par un entraînement auquel la rigueur de sa famille l'a poussée.

— La faute n'en est que moins excusable; car Henriette avait pour se défendre l'exemple des bonnes mœurs, l'autorité d'une saine éducation. Mais la pauvre fille du peuple qui succombe, n'a pas autour d'elle les mille protections qui défendent une fille du monde.

— Tu vas encore plaider la cause du vice.

— Peut-être celle du malheur. — En ce cas, fais-toi romancier et laisse-moi tranquille.

— Ainsi, dit le Diable, tu es bien décidé à ne pas épouser madame Peyrol? — Très-décidé. — Que Dieu te garde! dit le Diable.

Le bruit d'un courrier qui entrait avec fracas dans la cour interrompit la conversation de Satan et de Luizzi, et le Diable reprit aussitôt :

— C'est toi qu'on demande, baron, je te laisse à tes affaires.

XXXIV

RUINE.

A peine le Diable avait-il disparu que Luizzi vit entrer son valet de chambre Pierre, qu'il avait laissé à Paris.

— Quelles grandes nouvelles y a-t-il donc, lui dit-il, pour que tu sois venu à franc étrier?

— Des lettres très-pressées venues de Toulouse, de Paris, de partout, des huissiers qui se sont présentés pour saisir dans votre appartement. — Chez moi? dit Luizzi. — Chez vous, monsieur le baron.

A ces paroles Luizzi devint pâle et glacé. L'idée d'une ruine ne lui paraissait pas possible, mais la menace insolente que lui avait faite le Diable, l'adieu moqueur qu'il lui avait lancé en disparaissant, l'épouvantèrent. Il fit signe à Pierre de le laisser seul et décacheta les lettres qu'il venait de recevoir. La première lui annonçait la disparition de son banquier. Le coup fut terrible, mais enfin Luizzi avait des propriétés qui lui laissaient encore une fortune considérable. Il ouvrit ses lettres de Toulouse; elles lui apprenaient que tout ce qu'il croyait posséder ne lui appartenait pas. Un homme avait paru dans le pays, un homme armé d'actes authentiques qui prouvaient que les propriétés de M. le baron de Luizzi père lui avaient été vendues par acte sous seing privé, à la condition par l'acquéreur d'en laisser jouir le baron tant qu'il vivrait. Si cet homme ne s'était pas présenté à l'époque de l'ouverture de la succession, c'est qu'il était alors en Portugal, où il avait transmis ses droits à un certain M. Rigot qui faisait poursuivre l'expropriation.

Il est inutile de chercher à peindre la rage et l'épouvante de Luizzi à la lecture de ces fatales lettres. Un moment il crut rêver, et il s'agita comme pour repousser l'horrible cauchemar dont il était poursuivi; il ouvrit sa fenêtre, comme si la fraîcheur de l'air devait chasser le délire qui battait dans sa tête; puis il s'imagina un moment que Satan avait voulu lui donner cet effroi pour le punir de son jugement sur le compte des autres, et, dans un violent accès de rage, il agita de nouveau son infernale sonnette. Le Diable reparut, toujours triste, toujours calme, toujours sérieux.

— Est-ce vrai? s'écria Luizzi. — C'est vrai, répondit le Diable. — Ruiné? — Ruiné.

— C'est ton œuvre, Satan! c'est ton œuvre! s'écria le baron.

Et, dans un moment d'égarement indicible, il s'élança vers le Diable; mais sa main ne put saisir ce corps puissant qui était devant lui et qui lui glissait entre les doigts comme un serpent. Luizzi, emporté jusqu'à la folie par son impuissance, s'acharna à poursuivre cet être insaisissable, jusqu'à ce que, épuisé de rage et de lassitude, il tombât sur le sol avec des cris, des larmes et des sanglots furieux. Sa douleur s'abattit plutôt qu'elle ne se calma, et il n'avait pas encore rassemblé ses idées, qu'il revit Satan debout devant lui, le regardant avec son triste et cruel sourire. En ce moment Luizzi, soulagé par ses larmes, pressa sa tête dans ses mains en s'écriant :

— Que faire ? que faire ? — Te marier, lui répondit le Diable.

Quand le baron fut revenu tout à fait de ce furieux désespoir, il se trouva seul et reconnut que le château était plongé dans le plus profond silence. Alors il se mit à réfléchir sur sa position, et peu à peu il se laissa aller à murmurer en lui même ce honteux monologue :

— Me marier, a dit Satan, et avec qui ? Avec l'une de ces deux femmes que j'ai repoussées ? m'unir à cette famille où la bassesse des mœurs est égale à celle des manières ? Et qui sait encore si, en choisissant l'une de ces deux femmes, je ne prendrai pas précisément celle qui sera pauvre ? car, moi, j'ai eu l'impudence de ne pas prendre part au contrat que ces hommes ont passé entre eux. Oh ! si je le pouvais encore ! Il n'y a que les fripons d'heureux.

Il sembla qu'un éclair passât devant les yeux de Luizzi à ce moment et qu'il lui montrât les pensées où il était descendu, comme durant un orage nocturne un éclair fait voir à un homme dans quel précipice fangeux il est tombé. Luizzi eut horreur de lui-même, et, revenu un instant à des idées plus saines et plus calmes :

— Non, se dit-il, je ne ferai pas cette infamie : d'ailleurs à quoi cela me servirait-il ? Le choix d'Ernestine est fixé, sa mère me l'a dit. Elle, je l'ai repoussée ! cependant il est peut-être encore temps.

Il s'arrêta encore devant cette idée ; il en était déjà moins épouvanté. Pourtant il voulut chercher une distraction à sa douleur dans sa douleur même ; et, pour cela, il reprit les lettres qu'il avait foulées aux pieds dans un accès de rage. Elles ne firent que lui confirmer sa ruine, et bientôt un abattement profond succéda au tumulte de ses premières émotions. Alors il mesura la vie qu'il avait devant lui, une vie de misère, de privations, et par-dessus tout une vie en butte à la raillerie et au mépris de tous ceux qu'il avait connus. La vanité, le plus détestable des conseillers après la misère, la vanité se fit entendre ; et Luizzi, courant au mal comme un furieux à la mort sans vouloir regarder devant lui, se décida à tenter la fortune par un mariage. Il ne prit pas le temps de faire la moindre réflexion, et rappela encore une fois Satan, qui lui apparut avec la même tristesse et le même calme.

— Esclave, dit Luizzi avec un courage pour accomplir sa mauvaise action qu'il ne s'était jamais trouvé pour faire le bien ; esclave, peux-tu me dire une fois dans ma vie une vérité qui me soit utile ? — Je t'en ai dit vingt que tu n'as pas voulu croire. — Eh bien ! repartit Luizzi, dis-moi à laquelle de ces deux femmes appartiendra la dot que leur oncle doit donner à l'une d'elles. — Tu es donc décidé à faire ce que tu trouvais si méprisable ? — Trêve de morale, Satan ! lui dit Luizzi avec emportement ; je n'ai pas la prétention d'être meilleur que les autres hommes, car je commence à croire que c'est un rôle de dupe. — Tu n'as jamais valu mieux que les autres, reprit Satan. Tu as été, tu es même à cette heure plus vil et plus bas qu'aucun de ceux que tu as si cruellement blâmés, car ils ont eu de longues années pour arriver pas à pas à l'oubli de toute générosité et de tout bon sentiment, ils ont eu l'humiliation imposée par de plus riches qu'eux, ils ont eu la misère, le malheur, le mépris ; et toi, qui n'as rien subi de tout cela, tu as perdu comme eux toute générosité, toute grandeur, à la menace seulement des douleurs qu'ils ont souffertes. — Mais qu'est-ce donc que ma vie ? s'écria Luizzi, en qui s'agitaient encore des restes d'honneur et de fierté. — C'est la vie humaine, la vie que les autres mettent douze ou quinze ans à accomplir et qui pour toi n'a duré qu'un quart d'heure. Je t'avais volé sept ans de ton existence, mais tu as rattrapé le temps perdu, tu n'as pas à te plaindre. — Implacable et froid railleur, repartit Luizzi, achève ton exécrable mission, arrache-moi la dernière de mes illusions, apprends-moi que cette femme que je vais épouser est une fille perdue, dis-moi toutes ses infamies, ne m'en cache aucune, afin que je boive jusqu'à la lie la coupe amère de mes propres bassesses. — Tu es donc bien décidé à épouser cette femme? Ne préfères-tu pas me donner dix ans de ta vie? — Pour me retrouver vieux dans la misère? non, reprit le baron, non. Quelle que soit cette femme, je l'épouserai. — Tu as encore près de deux ans pour tenter la fortune par des moyens honorables, reprit le Diable. — Non, repartit Luizzi avec une espèce d'acharnement sans raison; que ferais-je? et que sais-je faire? irais-je demander un emploi misérable à tous ces hommes que j'ai écrasés de mon luxe? me faudra-t-il mendier un travail que je ne saurais pas accomplir, et montrer une incapacité qui doublerait ma honte et mon désespoir? Non, je veux épouser cette femme, je l'épouserai. — Tu es bien décidé? repartit Satan. — Oui, répondit le baron en montrant un siége au Diable et en lui faisant signe de s'asseoir. — Eh bien donc! reprit celui-ci, apprends ce qu'elle est.

Eugénie.

XXXV

PAUVRE ENFANT.

Eugénie naquit le 17 février 1797, ou plutôt, le 20 février 1797, une enfant fut portée à la mairie du deuxième arrondissement et inscrite sous le nom d'Eugénie Turniquel, fille de Jeanne Rigot, femme Turniquel, et de Jérôme Turniquel, son mari, la dite fille étant née le 17 du même mois.

— Pourquoi cette restriction? La déclaration était-elle fausse? demanda Luizzi en interrompant le Diable. — Je ne t'ai pas dit cela. — Cette enfant n'était-elle pas celle qu'on désignait sous ces noms? — Je ne t'ai pas dit cela non plus, je t'ai dit un fait; et ce que je puis t'assurer, c'est que la femme que tu connais, madame Peyrol, dont je vais te raconter la vie, est celle qui fut présentée à la mairie du deuxième arrondissement, le 20 février 1797. — Continue donc, repartit Luizzi; car, au point où tu prends ton récit, j'ai bien peur qu'il ne dure jusqu'à demain au soir. — Ne m'interromps donc plus, reprit le Diable, et il continua:

Tu n'as aucune idée de la vie du peuple, mon maître, et peu de personnes ont idée de la vie du peuple parisien à cette époque. Aujourd'hui c'est une chose rare, même parmi les pauvres, que d'habiter longtemps la même maison. On change volontiers d'appartements comme d'habits, et, de même que la provincialité est détruite en France, ainsi le voisinage a disparu de Paris. A l'époque dont je te parle, au contraire, chaque quartier avait une communauté d'existence qui faisait dire à ses habitants: « Je tiens à mon quartier, j'y suis né, j'y suis connu, j'y mourrai. » Cette confraternité, qui attachait les habitants d'une rue les uns aux autres, liait encore plus intimement entre eux les locataires d'une maison. Celle qu'habitaient les parents d'Eugénie était située rue Saint-Honoré, à l'endroit où l'on a ouvert depuis la rue qui mène au marché des Jacobins. C'était une immense maison, dont le premier était occupé par M. de La Chesnaie, sa femme, sa fille et son fils. Tous les étages supérieurs étaient divisés en petits logements, dont Jérôme Turniquel occupait le moindre. Ce que tu connais de madame Turniquel ne doit guère te faire comprendre ce qu'était son mari. Jérôme était maçon. Il avait vingt ans lorsque Jeanne Rigot en avait trente. Dans l'état misérable où Jérôme était né, il avait commencé sa vie par le travail; il était orphelin, et, à peine âgé de huit ans, il servait les maçons pour gagner son pain. Des principes de probité qui semblaient

Aussitôt on frappa à la porte de Jérôme. — Page 268.

nnés en lui, car il n'avait reçu aucune espèce d'éducation, l'avaient toujours préservé de l'entraînement des mauvais exemples. Aussi, à vingt ans, Jérôme était-il déjà sorti de sa position de manœuvre, ses maîtres lui confiaient la direction de travaux importants et le montraient en exemple à tous leurs ouvriers. Cette fermeté que Jérôme avait contre lui, il ne l'avait que rarement contre les autres, à moins qu'il ne s'agît de l'exécution rigoureuse de ses devoirs. Jérôme était une de ces natures bonnes, simples, candides, qui se blessent elles-mêmes quand il leur faut frapper sur les autres ; peut-être aussi se mêlait-il à cette bonté de Jérôme, je ne dirai pas du dédain pour sa profession, à laquelle il se livrait avec ardeur, mais une sorte de dégoût à se trouver incessamment en contact avec des êtres brutes, grossiers et insolents, et qu'on ne peut souvent dominer que par les brutalités et l'insolence. Toute l'espérance de Jérôme était donc d'arriver assez vite à la fortune, ou plutôt à l'aisance, pour que ce contact ne fût plus si immédiat. Ce n'était pas fierté, c'était délicatesse ; il ne méprisait pas ses camarades. Ses camarades le blessaient. C'était comme une main fine et blanche forcée de presser une main rude et calleuse dont l'étreinte la faisait souffrir. Aussi, dans tout le quartier Saint-Honoré, les femmes ne l'appelaient-elles pas autrement que le beau Jérôme. En effet, Jérôme était véritablement beau, et son caractère retiré, triste et mélancolique, ajoutait à cette beauté une distinction dont les gens de sa classe se défendaient de ressentir l'influence par jalousie, mais qui avait son expression la plus complète dans un seul mot des petits enfants du quartier : ils appelaient Jérôme *monsieur* Jérôme. Il avait vingt ans, et, le front courbé vers le sillon du travail qu'il traçait devant lui, il n'avait pas encore levé sa tête pour regarder la sainte espérance qu'il se faisait de l'avenir : car il avait peur de la voir trop loin de lui et de perdre courage. Il n'avait encore ni aimé, ni rêvé. C'était un homme enfant, un homme par le caractère, un enfant par le cœur.

Tout à coup il fut arraché à la préoccupation de son labeur par une lettre du maire de son arrondissement, qui l'avertissait qu'il serait bientôt atteint par la réquisition. Jérôme fut anéanti. Il savait mieux que personne, lui qui avait avancé pas à pas vers une moindre misère, que les fortunes n'arrivent vite à personne. Il ne pouvait se faire illusion sur son avenir militaire, car il ne savait ni lire ni écrire ; puis il y avait derrière lui un point d'où il était parti et qui était déjà bien loin. C'était un long chemin qu'il avait mis douze ans à parcourir ; il tenait toute la distance qui sépare l'aide du contre-maître, et voilà qu'il le fallait quitter tout à coup pour en reprendre un autre. Tout ce qu'il avait eu de courage et de persévérance le mettait dans la position où se trouvaient les mauvais sujets qui avaient passé leur vie dans les cabarets et la fainéantise. Il lui fallait être soldat comme eux ; Jérôme ne trouvait pas cela juste. Et, de même qu'il y a des natures hardies et aventureuses qui savent quitter une carrière et en aborder une autre, qui rééditifient courageusement et rapidement une nouvelle fortune sur les ruines de l'ancienne, ainsi il y en a d'autres, puissantes seulement par la patience, qui se sentent l'incapacité de regagner ce qu'un désastre leur enlève. Jérôme avait cette dernière nature, et l'obligation de devenir soldat lui causa un véritable désespoir. Ce désespoir fut, selon son caractère, profond et taciturne ; il ne déborda pas en imprécations comme celui des esprits légers. Aussi ne se calma-t-il point en quelques jours, dévoré par sa propre violence. Aucun de ses camarades ne le devina, car il ne le confia à aucun d'eux. Il sentait trop bien qu'il ne serait pas compris. Une seule femme s'aperçut que la mélancolie habituelle de Jérôme s'était changée en découragement. Cette femme était Jeanne Rigot, revendeuse rue Saint-Honoré, qui demeurait dans la même maison que Jérôme. Son logement était en face de celui du contre-maître, et le soir, quand il rentrait de l'ouvrage, il causait quelquefois avec Jeanne, qui lui racontait les bénéfices de la journée. Souvent le maçon avait prêté de petites sommes à la revendeuse pour l'aider dans son commerce de tous les jours ; souvent Jeanne avait préparé un peu de bouillon à Jérôme, quand sa santé, assez faible, succombait à la persévérance qu'il mettait dans ses rudes travaux. Il faut te dire d'abord que la vieille femme que tu as vue ici a été une très-belle fille.

— Je le sais, dit Luizzi, le postillon Petit-Pierre, qui doit la connaître, m'en a dit quelque chose. — Le postillon Petit-Pierre en a menti ! La fatuité, mon maître, n'est pas le privilège des grands seigneurs, quoique de tous leurs vices ce soit celui que le menu peuple leur a pris le dernier. Jeanne était une belle fille, et elle était sage, quoique intéressée; d'ailleurs, crois-moi, autant les mauvaises mœurs ont une large place dans l'existence de la fainéantise, autant elles ont peu d'endroits où se glisser dans une vie de labeur. Ces gens-là se levaient à quatre heures du matin, restaient toute la journée absents de chez eux et n'y rentraient guère le soir que pour le repos. Les désirs s'épuisent dans les fatigues du corps, et jamais, entre le laborieux Jérôme et l'active Jeanne, il n'y avait eu ce trouble des sens qui égare tant de gens du monde. Je ne te parle pas des rêves d'amour : Jérôme en était seul capable, et, s'il les eût ressentis, ce n'eût pas été à une grosse fille bien gaie, bien alerte, bien réjouie, qu'il les eût adressés. Cependant ces deux êtres s'aimaient; il y avait entre eux un lien commun. Ce lien était une probité incorruptible; Jeanne était pour Jérôme la plus honnête femme qu'il connût. Jérôme était pour Jeanne l'ouvrier le plus rangé, le plus probe, le plus exact, le plus digne d'une bonne fortune. Si la tristesse de Jérôme n'avait été que dans ses paroles, peut-être Jeanne ne s'en fût-elle pas aperçue, mais pendant plusieurs jours, au lieu de s'arrêter un moment chez elle, au lieu de dire un bonsoir amical à tous ses voisins dont les portes, incessamment ouvertes sur le long corridor, laissaient voir la vie de chacun et regardaient dans la vie des autres, au lieu de cela, Jérôme rentra dans sa chambre sans prononcer une parole, sans répondre aux bienvenues qui l'accueillaient de tous côtés.

Un soir qu'il avait paru plus triste que de coutume, Jeanne prit une grande résolution : elle attendit que tout le monde fût couché, puis elle alla frapper à la porte de Jérôme. Il ouvrit étonné qu'on vînt chez lui à pareille heure; il fut encore plus étonné quand il aperçut Jeanne, qu'il croyait endormie depuis longtemps. La pauvre fille ne fut pas longue à expliquer le motif de sa visite; elle dit à Jérôme comment elle soupçonnait qu'il avait perdu le peu d'argent qu'il possédait, et elle lui offrit ses misérables économies pour le tirer de l'embarras où il était. C'était la première marque d'intérêt désintéressé que Jérôme recevait, car la prédilection de ses maîtres tenait surtout à la supériorité de Jérôme sur ses camarades. Le pauvre garçon en fut touché jusqu'aux larmes; mais il désabusa Jeanne, et, lui accordant une confiance toute nouvelle pour lui, il lui raconta le véritable sujet de ses chagrins. A son tour la pauvre fille demeura découragée et triste : le malheur qui arrivait à Jérôme dépassait de beaucoup ce qu'elle pouvait pour le sauver, et tous deux se séparèrent sans aucune espérance de parer un coup si terrible. Le lendemain, tout le corridor, toute la maison, tout le quartier savait la cause de la tristesse de Jérôme : les uns se moquaient de ce grand garçon qui avait peur de se faire soldat, les autres plaignaient ce bon ouvrier forcé de perdre son état. Jeanne, attentive à tout ce qui se disait, n'y trouvait pas une grande consolation, lorsqu'un propos d'un de ses voisins la mena à réfléchir plus profondément qu'elle ne l'avait encore fait. « Dame! dit-il, il n'y aurait que deux chances pour Jérôme de n'être pas soldat, ce serait d'être marié et il ne l'est pas, ou ce serait qu'une fille déclarât qu'il l'a rendue grosse et qu'elle demandât à épouser son séducteur. » Ces mots étaient à peine achevés que le parti de Jeanne fut pris : elle décida qu'elle irait devant le magistrat déclarer qu'elle était grosse du fait de Jérôme. Te dire que Jeanne comprit son dévouement dans toute sa portée, qu'elle mesura le sacrifice qu'elle faisait de son honneur, de sa bonne réputation, ce serait lui supposer des sentiments qu'elle n'avait pas. Pour Jeanne, faire l'action qu'elle allait tenter c'était aller mentir au gouvernement, et pour le peuple le gouvernement est un ennemi naturel qu'il se croit toujours en droit de tromper; puis c'était venir dire à ses voisins le tour qu'elle avait joué à la municipalité, sans douter un instant qu'elle pût trouver un seul incrédule quand elle dirait que cette grossesse était une supposition.

Elle sortit donc un matin de bonne heure, alla chez le maire, et, là, devant le conseil municipal assemblé, elle fit cette déclaration, sans honte, sans embarras, et rentra chez elle toute joyeuse de ce qu'elle avait fait. Elle se réservait d'en donner la surprise à Jérôme comme d'une bonne nouvelle. Quelques jours s'étaient passés lorsque celui-ci reçut une lettre de la mairie, et, comme de coutume, il se la fit lire par un voisin. L'étonnement de l'un et de l'autre fut immense lorsqu'ils apprirent que le maire demandait à Jérôme s'il reconnaissait la véracité de la déclaration de Jeanne Rigot, l'invitant, en ce cas, à se préparer à épouser sa victime. Jérôme jura ses grands dieux que tout cela était faux, et dix minutes n'étaient pas écoulées que tout le corridor savait la grande nouvelle. On parlait de chasser Jeanne et Jérôme de la maison, et de descendre en masse chez le propriétaire pour le prier de donner congé à ces deux mauvais garnements hypocrites. C'est que tous ces ouvriers avaient des jeunes filles à qui l'exemple de l'inconduite de Jeanne pouvait être fatal. Ce jour-là toutes les portes restèrent fermées, le corridor était en deuil. Le soir venu, Jeanne rentra toujours joyeuse, fredonnant de sa grosse voix une chanson populaire; puis s'écria et s'étonna à l'aspect de ce voisinage clos et fermé un jour ouvrable, comme si c'eût été un jour de fête. Elle appelait déjà les uns et les autres, lorsque Jérôme entr'ouvrit sa porte et lui fit signe d'entrer. Plus d'un œil collé à un judas vit cette visite, et l'indignation générale ne fit que grandir. On ouvrit doucement, on échangea quelques paroles furtives d'un coin à un autre; il fut décidé que la démarche près du propriétaire serait faite immédiatement. Un vieux cordonnier et un tisseur de bas ôtèrent leur tablier, donnèrent une rincée d'eau à leurs mains et descendirent au nom de la communauté.

Pendant ce temps, Jérôme interrogeait Jeanne sur les raisons qui l'avaient poussée à faire ce qu'elle avait fait, et Jeanne lui contait tout naïvement comment elle avait voulu le sauver de la réquisition en se moquant de monsieur le maire. Alors Jérôme lui apprit les terribles résultats de son imprudence. Ce ne furent ni le désespoir ni la douleur qui entrèrent dans l'âme de la grosse fille, ce furent la colère et l'indignation. Elle ne parlait pas moins que de faire taire les mauvaises langues en leur arrachant les yeux, lorsqu'un grand murmure se fit entendre dans le corridor. On distingua la voix du cordonnier qui s'écriait :

— Oui ! Monsieur, ils sont enfermés ensemble !

Aussitôt on frappa à la porte de Jérôme, qui, craignant encore plus l'exaltation de Jeanne que l'irritation de ses voisins, se plaça sur le seuil pour empêcher l'une de sortir et les autres d'entrer. Mille accusations s'élevèrent alors, et tous, hommes, femmes, enfants, crièrent au propriétaire :

— Jeanne est dans la chambre ! Jeanne est dans la chambre ! — Oui, elle y est, dit Jérôme. — En ce cas, répondit le propriétaire, vous comprenez que je ne puis vous garder plus longtemps, je ne puis permettre un tel scandale dans ma maison. — C'est sa maîtresse ! c'est une coquine ! c'est un vaurien ! Il lui a fait un enfant ! s'écriait-on de tous côtés. Qu'on le chasse, s'il ne veut pas l'épouser ! — Eh bien ! je l'épouserai, répondit Jérôme, et malheur à qui osera lui adresser une injure à présent !

Puis il se tourna vers Jeanne et lui dit :

— Venez, Jeanne, et ne craignez plus que personne vous fasse le moindre reproche, car vous êtes ma femme maintenant.

Ce fut ainsi que Jérôme, le beau jeune homme au cœur doux et mélancolique, épousa la grosse fille réjouie et brutale dont tu vois aujourd'hui les restes. Huit mois après ce mariage, Eugénie, comme je te l'ai dit, fut portée à la mairie et inscrite sur le registre de l'état civil, comme étant la fille de monsieur et madame Turniquel. Eugénie fut longtemps une pauvre et chétive créature, bien mièvre, bien pâle, bien maladive. Joueuse comme un papillon, elle échappait le plus qu'elle pouvait à la surveillance de sa mère, qui la punissait brutalement de ses moindres défauts d'enfant. A vrai dire, elle bravait ses châtiments avec une résolution qui irritait surtout cette femme brusque et violente, dont la grossière nature ne pouvait comprendre tant de courage dans un corps si frêle; mais, lorsque le soir venait et que Jérôme rentrait de l'ouvrage, s'il voyait sa fille en pénitence dans un coin, et s'il lui disait doucement, en tournant vers elle ses beaux yeux si doux et si tristes : « Eugénie, tu n'as pas été sage! » l'enfant fondait en larmes et demandait humblement pardon à son père, non pas d'avoir mal fait, mais de lui avoir causé du chagrin.

Jeanne ne voyait pas sans haine contre son enfant cette soumission à Jérôme et cette révolte contre elle : c'était en la battant cruellement qu'elle se vengeait de la préférence de sa fille pour son père. Il était souvent obligé de s'entremettre pour que l'enfant ne succombât pas aux mauvais traitements qu'elle recevait. Pour laisser à Jeanne moins d'occasions d'être irritée contre sa fille, il l'envoya à l'école, et l'enfant fit de si rapides progrès que son père en était ravi. Mais madame Turniquel ne pouvait estimer une instruction qu'elle ne connaissait pas et dont elle n'avait jamais senti le besoin. Pour elle, une enfant pâle, chétive, sauvage, frêle, n'était qu'une charge insupportable; et, lorsqu'un des riches locataires de la maison, la rencontrant par hasard sur un palier, s'informait à Jeanne de sa fille Eugénie, cette enfant si mièvre et si distinguée, elle répondait brutalement : « Je ne sais pas comment m'est venu ce petit laideron rachitique. »

Jérôme au contraire adorait sa fille; et, toute petite qu'elle était, Eugénie devint pour lui une consolation. Tous deux, sans que le père osât le dire à l'enfant, sans que l'enfant pût s'en rendre compte, souffraient silencieusement de cette tyrannie brutale qui marchait à côté d'eux, la parole en main et le poing levé. Eugénie était une enfant bizarre, faisant retentir la maison de ses cris et de ses rires tant que son père était absent, fuyant sa mère et se faisant poursuivre par elle d'étage en étage. Souvent elle avait trouvé un refuge chez le marquis de La Chesnaie, qu'elle amusait par son babil. Ce fût une des plus graves circonstances de sa vie; car, lorsque les filles de la maison découvraient Eugénie dans l'antichambre, se cachant derrière un domestique pendant que sa mère tempêtait sur l'escalier, elles s'emparaient d'elle et s'amusaient à l'habiller de mille façons qui lui seyaient toutes à merveille, tant il y avait de grâce particulière dans ce jeune corps et dans cette douce et naïve figure! Eugénie se plaisait à cette occupation et aimait surtout, non pas à s'entendre dire qu'elle était jolie, mais qu'elle avait l'air d'une demoiselle; et ce n'était qu'avec peine qu'elle reprenait ses habits grossiers et taillés sans grâce. C'était en elle un besoin d'élégance inné que ce badinage développa encore. Cependant, dès que son père paraissait, elle quittait tout pour lui. Elle rentrait dans sa pauvre mansarde, et les petites filles de son âge passaient vainement devant sa porte en lui criant : « Eugénie! nous allons jouer dans le jardin; » elle demeurait à côté de son père, lui lisant un livre grave, un chapitre de l'histoire romaine qu'elle ne comprenait pas, mais heureuse parce qu'elle voyait son père satisfait. Et lui, prenant alors son enfant sur ses genoux, serrait doucement ses petits pieds délicats et ses petites mains, et lui disait tout bas : « Oh! va, tu ne seras jamais la femme d'un ouvrier, la femme d'un brutal; tu y mourrais, pauvre petite. » C'est qu'il y mourait, lui, le malheureux jeune homme, pauvre âme poétique et ignorante qui ne savait où répandre ses douleurs et qui s'en accusait quelquefois! D'autres jours il s'en allait avec son enfant, l'emmenant à travers la campagne, la portant dans ses bras jusqu'à de beaux sites qu'il aimait, et là il lui montrait la nature. Saintement inspiré, il lui disait : « Vois comme c'est beau! comme il fait bon respirer et dormir ici! » Et il berçait son enfant sur ses genoux; et l'enfant, bientôt endormi, s'éveillait quelquefois au bruit des sanglots étouffés de Jérôme, et elle lui jetait ses bras autour du cou, lui disant : « Pauvre père! pauvre père! » Et il lui répondait : « Pauvre enfant! pauvre enfant! » Puis ils revenaient bien lentement ensemble, le plus lentement qu'ils pouvaient, et Jérôme disait à Eugénie : « Tu ne diras pas à ta mère que nous avons pleuré. »

Il fallut cependant que Jérôme cédât à la volonté formelle de sa femme et qu'il permît d'utiliser le peu de force de cette enfant inutile. Jeanne la trouvait assez savante, mais pas assez productive. On mit Eugénie en apprentissage chez une couturière. Là encore elle montra une adresse rare et une vive intelligence. Mais, là encore, l'habitude de voir sans cesse de brillantes étoffes et d'élégantes toilettes lui rendit de plus en plus odieux le lourd accoutrement dont sa mère l'affublait. Le malaise de sa nature, dans la vie misérable qu'elle menait, se révélait par les seules choses dont elle pût se rendre compte, par un soin excessif de sa personne, par le désir des délicatesses matérielles, en attendant que celles de l'âme fussent intelligibles pour elle. Ne crois pas cependant, baron, que cette enfant, si maltraitée par sa mère, eût été instruite à la révolte contre elle. Tant que ce ne fut qu'une toute petite enfant, l'antipathie de sa nature résista instinctivement à l'autorité maternelle, parce qu'elle était grossière; mais, dès que sa jeune intelligence put comprendre l'idée du devoir,

Jérôme lui apprit combien était sacré le titre de mère, il lui apprit tout ce qu'il demandait de soumission et d'obéissance; et Eugénie, confiante en la parole de son père, accepta sans murmurer cette obéissance et cette soumission. Elle avait onze ans, et rien n'annonçait encore qu'elle dût devenir un jour la femme grande et belle que tu connais. Le terme de son apprentissage approchait, tant elle avait d'amour pour un travail où elle touchait sans cesse de la soie, de la mousseline, de fines batistes, des choses douces, frêles, élégantes comme elle. Un jour, une autre enfant de la maison, appelée Thérèse, vint chercher Eugénie en pleurant et en criant qu'on venait de rapporter son père blessé. L'enfant ne fit qu'un bond du magasin chez elle. En entrant dans la chambre où ils logeaient, elle vit Jérôme étendu sur son lit, évanoui et couvert de sang. Jeanne criait et pleurait, les voisins s'empressaient; mais personne ne portait de secours utiles au pauvre blessé. Eugénie, qui ne pleurait pas, elle qui pleurait si souvent, s'écria :

— Qu'est-ce qu'a ordonné le médecin? — On n'en a pas trouvé dans le voisinage, lui dit-on. — Je vais en chercher un, répondit-elle résolûment.

Et tout aussitôt la voilà qui sort et qui va de maison en maison demandant un médecin; et, lorsqu'elle en découvrait un, elle montait, sonnait, demandait le médecin, et lui disait d'une voix brève et impérative :

— Allez tout de suite rue Saint-Honoré, n°..., il y a mon père qui se meurt.

Elle alla ainsi chez trois ou quatre médecins, et ne rentra que lorsqu'elle fut assurée qu'ils viendraient. Ce fut le premier acte de ce caractère ferme, décidé, rapide, qui a régi toute la destinée de cette femme et dont tu as eu toi-même à juger ce soir lorsqu'elle est venue te dire en face ce qu'elle espérait de toi et ce qu'elle en pensait. Eugénie ne revint près de son père que pour l'entendre condamner par les médecins. On tenta cepen-

dant une saignée. L'enfant tenait la cuvette où tombait le sang de son père. Cette opération ne réussit qu'à rendre un moment de connaissance à Jérôme. Il chercha sa fille des yeux, et, l'ayant aperçue près de son lit, il lui tendit la main en murmurant doucement :
— Pauvre enfant !

Puis le délire de l'agonie le saisit, et il mourut en balbutiant jusqu'à son dernier soupir :
— Pauvre enfant ! pauvre enfant !

Jeanne avait aimé son mari comme elle pouvait aimer, sans comprendre qu'il ne fût pas le plus heureux des hommes ; car elle valait bien pour le moins les femmes des autres ouvriers qui se trouvaient heureux. Elle éprouva donc un violent désespoir quand fut prononcé le mot fatal : « Il est mort ! » et ce désespoir fut tel que des voisins furent obligés de l'emporter et de la retenir chez eux. On oublia Eugénie, qui n'avait point poussé de cris et qui était restée à genoux au pied du lit du mort ; et, la nuit venue, l'enfant veilla auprès du cadavre de son père, sans que personne s'occupât d'elle. Tu n'as jamais vu mourir personne, baron ; tu n'as jamais passé les douze heures d'une longue nuit à côté du lit d'un mort ; tu ne sais pas ce que c'est que de contempler à la lueur d'une lampe vacillante un visage qui, quelques heures auparavant, vous souriait avec amour, de regarder des lèvres immobiles et froides qui vous disaient : « Enfant, je t'aime ! » de tenir dans sa main brûlante une main glacée qui, quelques heures auparavant, se posait sur votre tête et vous couvrait de sa protection : tu ne sais pas l'immense enseignement qui se résume dans ces quelques heures, ce qu'elles apportent de réflexion et de maturité à la pensée, ce qu'elles donnent de résignation à l'âme. Oh ! s'il m'était permis à moi, Satan, de vouloir rendre les hommes bons et saints, je les enverrais souvent regarder mourir et je les enverrais souvent s'entretenir avec la mort. Ce n'est pas à onze ans qu'on se rend compte de la vie ; mais à tout âge on comprend quand on souffre, et Eugénie souffrait. Ce mot : Pauvre enfant ! que son père lui disait dans toutes ses douleurs et qu'il lui avait laissé comme un dernier adieu, ce mot résonnait sans cesse à son oreille. Toute petite, elle se levait sur la pointe des pieds pour voir ce visage doux et calme de son père, espérant que ce triste mot : Pauvre enfant ! qu'elle demandait autrefois avec un sourire, viendrait encore une fois lui dire d'espérer ; mais rien ne répondait. Oh ! c'était pour elle un effroyable désespoir que cette immobilité de la mort contre laquelle on frappe vainement sans l'agiter, que ce silence de la mort qui dit sans voix : « Rien, rien, plus rien ! » Puis, à travers l'étroit espace qui la séparait de la chambre où on avait emporté Jeanne, elle entendait les gémissements de sa mère et les consolations empressées qu'on lui prodiguait ; et, se voyant ainsi abandonnée, elle sentit que la vie, comme la mort, lui répondait : « Rien, rien, plus rien ! » Alors elle voila la figure de son père, se mit à genoux et pria Dieu.

Luizzi écoutait le Diable avec un singulier et muet étonnement depuis le commencement de son récit, mais il ne put s'empêcher de se récrier au ton solennel et triste avec lequel l'archange déchu prononça cette dernière parole. Satan regarda Luizzi de son œil fauve et brûlant, et reprit :

— Elle pria Dieu, mon maître, elle pria Dieu et reprit espérance ; car Dieu, vois-tu, Dieu a gardé l'espérance dans sa main pour la répandre sur les hommes qui le prient. Elle pria Dieu, l'enfant, et il lui envoya une goutte de cette rosée céleste dont je suis sevré depuis l'éternité jusqu'à l'éternité ; car, moi, je ne prie pas Dieu. Non, non, j'ai trop d'orgueil, maître, je ne le prie pas : il me pardonnerait !

Si les intentions humaines peuvent faire comprendre ce que Satan paraissait éprouver, on eût dit qu'il semblait dédaigner le blasphème contre l'Éternel en parlant de l'appui qu'il donna à une si faible et si petite créature; on eût dit qu'il cherchait à se grandir en attestant que la persistance de sa révolte n'était pas une nécessité imposée par Dieu, mais un effet de son implacable volonté de roi du mal; on eût dit enfin qu'il ne glorifiait si haut l'inépuisable bonté de l'Éternel que pour mieux se vanter de l'inépuisable offense qu'il lui opposait. Puis il continua:

— Ainsi l'enfant était entrée bien insoucieuse et légère dans cette chambre de mort; ainsi elle en sortit prévoyante et sérieuse. Du reste, aucun des enseignements de cette grande leçon qu'on appelle la mort ne lui manqua. Après avoir vu la vie s'en aller de ce corps, elle vit ce corps s'en aller de cette chambre; et, après être restée seule avec un cadavre, elle resta seule avec rien. On ne voulait pas laisser rentrer Jeanne dans son logement avant quelques jours écoulés, et Jeanne ne demandait pas sa fille. Quand Eugénie fut seule, tout à fait seule, elle eut peur, elle pleura, elle sortit. Quel accueil elle reçut! des regards qui la suivaient avec plus de curiosité que d'intérêt, des chuchotements à son passage, sans qu'on lui adressât une parole; puis des enfants, plus cruels ou plus pitoyables que leurs parents, et qui lui dirent:

— Est-ce vrai, pauvre Eugénie, qu'on va te renvoyer aux Enfants-Trouvés?

Ce mot épouvanta Eugénie et lui rappela une circonstance à laquelle jusqu'à ce moment elle avait fait peu d'attention. Son père avait une cassette dont il gardait la clef, et souvent il avait dit à sa fille: « Tiens, vois-tu cette cassette? il y a là un secret qui te regarde et que je te dirai un jour. » Dans un moment de terreur, elle voulut s'emparer de ce petit meuble, comme si tout ce qui avait été de son père devait la protéger. Elle rentra dans la chambre qu'elle venait de quitter; sa mère y était revenue et tenait en main la cassette qu'elle avait ouverte et dont elle avait jeté au feu le contenu, une liasse de papiers. Par une espèce d'intuition inouïe, Eugénie comprit qu'on lui enlevait quelque chose, qu'on lui enlevait une dernière espérance, et elle s'écria en courant vers sa mère:

— Cette cassette est à moi, ce qui est dedans est à moi. — Il n'y a rien ici à toi, lui répondit sa mère en la repoussant violemment; il n'y a rien ici à toi, pas même le pain que tu manges, car tu ne le gagnes pas.

— Je n'ai pas mangé depuis que mon père est mort, répondit intrépidement l'enfant, et ce n'est pas votre pain que je mangerai, ma mère!

Voilà comment se retrouvèrent cette mère et cette fille, après la mort du mari de l'une et du père de l'autre! Un moment après, Jeanne sortit; car il fallait songer aux besoins du jour et du lendemain. Les pauvres ont cela de malheureux, qu'ils n'ont pas même le loisir de se repaître de leur malheur. Jeanne laissa à sa fille le soin d'arranger cette chambre où son père était mort.

Si jamais Eugénie t'appartient, dit le Diable en s'interrompant, et si tu vois suspendu à son cou, par un brin de soie, un petit sachet, ne le lui arrache pas comme le souvenir impie d'un premier amant: il renferme un petit morceau de linge sur lequel il y a une goutte du sang de Jérôme, c'est le seul débris de cette noble vie, c'est le seul auquel elle puisse adresser son adoration pour son père, c'est son culte à elle, c'est le plus saint après celui que j'ai renié.

Cependant l'orgueilleuse réponse de l'enfant à sa mère n'avait pas été une vaine parole. Eugénie sortit à son tour; elle alla chez la couturière qui la faisait travailler et lui demanda un salaire pour ce qu'elle pourrait faire en dehors des heures qu'elle lui devait. L'enfant, dont les jours étaient engagés, vendit ses nuits, et elle rentra à la maison pouvant dire à sa mère: « Je gagne mon

Le parfumeur ouvrit la porte et l'Anglais le regarda. — Page 279.

pain! » Mais ce ne fut bientôt plus le pain de l'enfant qu'il lui fallut gagner, ce fut celui de sa mère, à qui Jérôme avait fait abandonner son commerce de revendeuse, et qui trouva la place prise et les habitudes changées lorsqu'elle voulut le recommencer. Ne crois pas qu'Eugénie disposât de l'argent qu'elle gagnait; elle le remettait à sa mère, et sa mère, tous les matins, lui coupait un morceau de pain, lui donnait un sou et lui disait : « Va travailler. » Ne ris pas, maître ! ne ris pas, orgueilleux possesseur de millions qui touches à la misère! tu peux apprendre bientôt le prix d'un sou. Un sou, pour le plaisir, ce n'est rien ; un sou, pour le besoin, c'est un trésor. Le soir venu, la pauvre enfant, presque toujours rentrée la première, préparait la table et le frugal repas du soir; et, après le repas, le travail encore, les nuits passées à la lueur d'une pauvre chandelle! Les premières furent cruelles, crois-moi; il lui fallut faire l'habillement de deuil de sa mère et le sien. Cependant ceci fut une grave circonstance pour elle, et voici pourquoi :

Pour la première fois elle disposa de l'étoffe qui devait la vêtir, et, pour la première fois, son instinct de haine contre les formes disgracieuses eut le champ libre : elle donna à sa robe grossière la mode la plus nouvelle et la plus distinguée. Ne pense pas qu'elle le fit étourdiment, par une vanité imprévoyante. Elle savait bien que les rustiques façons de Jeanne s'en irriteraient. Elle prévit qu'elle serait battue, et elle fut battue; mais elle fut belle ainsi. On murmura autour d'elle qu'elle ne semblait pas faite pour être une ouvrière; elle eut dans sa mise la tournure de son cœur, et elle fut contente.

— Ah! je comprends que tu aimes cette femme, dit Luizzi; cette femme, c'est l'orgueil au plus bas de son échelle. — L'orgueil n'est jamais bas, mon maître; il n'y a que la vanité qui, si haute qu'elle soit, rampe toujours dans la fange.

Luizzi accepta sans répondre l'injure de Satan et lui fit signe de continuer. Le Diable reprit :

XXXVI

PAUVRE FILLE.

Je te l'ai dit, baron : l'enfant n'était plus, la jeune fille avait commencé. Maintenant laisse-moi te dire ce que c'est que la vie d'une pareille jeune fille. C'est le travail sans doute, mais c'est aussi la liberté. A six heures du matin, Jeanne et Eugénie quittaient la maison; la mère, pour ressaisir tant bien que mal un peu des profits qu'elle faisait autrefois, femme du peuple, toujours dure et grossière, mais toujours honnête et laborieuse; la fille, pour aller à son atelier, puisant dans cet orgueil que tu blâmes la force d'accomplir ses devoirs. Comprends-tu maintenant qu'il faut quelque vertu à cette vie confiée à elle-même pour résister à toutes les séductions qui peuvent l'entourer, et à laquelle l'occasion ne manque pas pour faillir? Car, à défaut de sagesse, il n'y a pas autour d'elle, comme autour de l'existence de vos jeunes filles, la vigilance toujours présente d'une mère et les obstacles matériels de votre monde, qui ne laissent pas à ce qu'on appelle une demoiselle une heure où elle ait à subir l'entraînement d'un entretien que personne n'entend et ne surveille. Comprends-tu que cette vertu doit être bien grande, non-seulement pour résister à cette liberté, mais encore à l'immense étendue qu'a la séduction pour se déployer devant elle? Car vos femmes, baron, quand vous les séduisez, ou plutôt quand elles se laissent séduire, vous n'avez pas à leur montrer cet infernal paradis de la richesse et du luxe qu'elles habitent comme vous. Lorsqu'elles s'y égarent, elles n'ont d'excuse que la soif de l'amour. Mais ces malheureuses filles qui sont à la porte de ce beau jardin aux fruits d'or, qu'elles voient et qu'elles ne peuvent goûter, celles-là ont de bien plus dures tentations à repousser. Vos femmes se perdent dans les palais et les frais bocages où elles traînent leur oisiveté; les filles pauvres se perdent aussi quelquefois, mais c'est parce que la route qu'elles parcourent leur brise les pieds et que le fardeau de leur misère les écrase. Vous vous croyez riches en jeunesse et en espérances, vous, gens gorgés d'or, et vous êtes les vrais pauvres en cette seule et véritable richesse de l'homme, car vos rêves ne peuvent aller qu'à un pas devant vous, et les rêves de ceux qui n'ont rien ont d'immenses espaces à parcourir. Ce n'est pas dans les beaux salons que se font les plus beaux contes d'avenir dont la jeunesse s'amuse, ce n'est pas sous sa robe de soie qu'une noble fille est en proie à tous les désirs; c'est sous une robe de toile que battent tous les entraînements, c'est dans un atelier de pauvres belles filles que s'enfantent les plus grandes et les plus joyeuses espérances, les beaux amants, les riches atours, les plaisirs dorés, les triomphes inattendus; c'est là qu'est presque tout le bonheur de la jeunesse, l'espérance. Comprends-tu enfin que, lorsqu'il se trouve dans cette position commune de toutes les filles du peuple une fille à qui la nature a donné plus que le désir d'une vie de distinction, à qui elle en a donné le besoin; comprends-tu que, lorsque cette jeune fille ajoute à la vulgarité de ces rêves le rêve des entretiens nobles, des occupations élevées, des plaisirs délicats de l'esprit, des succès du talent, il lui faut une grande vertu pour ne pas acheter tout cela par une faute qu'on lui dit être, à elle seule, le bonheur? Et je ne te parle pas de l'amour, mon maître, car vous l'avez aussi pour excuse aux égarements de vos femmes, qui sans cela n'en auraient aucune. Eugénie était cette fille dont je viens de te parler. Elle avait déjà dix-sept ans lorsque l'événement que je vais te raconter changea en malheur actif la souffrance passive et résignée de son âme. Elle était belle alors. Cette frêle et chétive nature s'était développée soudainement; sa taille s'était rapidement élancée, elle était flexible et menue comme le jeune arbre planté à l'ombre, qui se hâte de gagner le soleil. Une blancheur éclatante répandue sur son visage prouvait cependant que les forces vives de ce beau corps ne s'étaient pas développées aussi vite que sa taille, et Eugénie, après avoir été une chétive petite enfant, était une grande et faible jeune fille.

A l'époque dont je te parle, elle était chez madame Gilet, l'une des plus célèbres couturières de Paris, qui demeurait aussi dans la rue Saint-Honoré. Ses ateliers occupaient le côté d'une cour dont l'autre côté était habité par monsieur de Souvray, évêque sans évêché, qui, après avoir longtemps végété en Angleterre, était revenu vivre en France de la pension accordée par Napoléon aux prêtres sans emploi. Dans les ateliers de madame Gilet, Eugénie avait choisi une amie: c'était cette Thérèse avec qui elle avait été enfant dans ses jours de bonheur, et qui lui plaisait par un air de distinction et une coquetterie de parure qui faisait douter du peu qu'elle était. C'était, dis-je, par là qu'elle plaisait à Eugénie, plus que jamais en proie à ce besoin d'élégance inné en elle, et leur amitié n'avait guère que ce lien frivole d'être les deux plus belles et les deux mieux mises de leur magasin. Les habitudes du voisinage avaient introduit ces deux jeunes filles chez monsieur de Souvray. Cette liaison d'un homme comme l'ancien évêque et de deux enfants placées si loin de lui s'était faite par l'intermédiaire d'une certaine madame Bodin, qui tenait la maison du vieil évêque. Madame Bodin était une femme de trente ans à peu près, dont la beauté avait excité des soupçons qu'à ton sourire je vois que tu partages. Cependant il n'en était rien, et, si monsieur de Souvray était attaché à cette femme, c'est qu'elle le servait avec zèle et dévouement, et, s'il aimait à faire causer les deux jeunes amies, c'est qu'il y a un charme infini pour les vieillards à laisser effeuiller sur leurs jours fanés les paroles roses de la jeunesse. Quelques vieux gentilshommes faisaient toute la société de monsieur de Souvray, et jamais Eugénie n'y avait trouvé d'autre jeune homme qu'un monsieur de Mednitz, lieutenant du vaisseau et neveu de l'évêque, lequel avait habité sa maison durant quelques mois, vers le commencement de 1813.

Un jour, ce fut un terrible jour pour tout un peuple et un bien plus terrible jour pour Eugénie, ce jour, le 30 mars 1814, le canon grondait autour de Paris; la ville haletante s'épouvantait à l'idée de voir se précipiter tout à coup dans ses rues ces nuées d'ennemis amassés depuis tant d'années de tous les bouts de l'Europe contre la France. Elle s'effrayait surtout de ces hordes barbares de cosaques dont elle savait que la férocité avait si cruellement sillonné la Champagne. Tout tremblait, et cependant, au centre de Paris, les jeunes ouvrières de madame Gilet, assemblées comme de coutume, bâtissaient d'élégants canezous de mousseline, de légers fichus de gaze, s'épouvantant et riant en même temps à côté de cet empire qui tombait. Il était dix heures, lorsque tout à coup madame Bodin entra dans l'atelier et dit à Eugénie de lui venir parler. Celle-ci la suivit, et madame Bodin, les dents serrées, le visage pâle, contenant à grand'peine des douleurs atroces, lui dit :

— Eugénie, mène-moi chez toi à l'instant; ta mère est absente, n'est-ce pas ? — Oui, dit Eugénie ; mais pourquoi ? — Je te le dirai, Eugénie ; viens, mais viens vite.

La pauvre fille, tout étonnée, emmena madame Bodin, qui ne pouvait que se traîner et qui, à peine arrivée dans la chambre d'Eugénie, tomba sur une chaise en s'écriant :

— Sauve-moi, ma fille ! sauve-moi ! je vais accoucher. — Ici ? s'écria Eugénie en reculant. — Oui, ici ou dans la rue; car monsieur de Souvray m'a chassée, quand ce matin je lui ai avoué que j'étais grosse. — Grosse ? reprit Eugénie. — Oui, c'est son neveu qui m'a trompée, son neveu qui devait revenir à Paris et qui m'a abandonnée.

Avant qu'Eugénie eût eu le temps de faire une réponse, les douleurs de l'enfantement devinrent si vives et si atroces, que madame Bodin coupait avec ses dents les draps du lit sur lequel elle était couchée. Eugénie courait par la chambre en criant :

— Que faire ? mon Dieu ! que faire ? — Oh ! tais-toi, lui dit madame Bodin, ne me perds pas ; j'aurai le courage de ne pas crier, moi qui souffre des douleurs de l'enfer. Va chercher mon médecin, il est prévenu ; va !

Eugénie ne vit plus qu'une femme qui allait mourir, elle alla et revint avec l'accoucheur.....

Ah ! mon maître, fit le Diable en s'interrompant et en regardant Luizzi d'un air tristement railleur, vos sœurs et vos filles n'ont pas de ces horribles spectacles, elles ne sont pas admises à de pareils secrets; la vie a pour elles un voile qui ne se lève ou qui du moins ne devrait se lever qu'au jour du mariage. Il n'en est pas ainsi du pauvre ; il a toute occasion d'apprendre tout, et la première fois qu'Eugénie sortit de son ignorance de jeune fille, ce fut pour assister à un accouchement, pour recevoir un enfant illégitime et cacher la honte d'une femme qu'elle connaissait à peine. La délivrance de madame Bodin fut heureuse et rapide. Pendant que le médecin lui donnait les derniers soins, Eugénie alla chez monsieur de Souvray et dit au vieillard ce qu'elle avait été forcée de faire. Il l'écouta sans comprendre ou sans vouloir comprendre l'héroïque dévouement de cette enfant, et lui répondit froidement :

— C'est tout ce que je voulais. Cet accouchement ne pouvait avoir lieu chez moi ; il m'eût trop compromis ; vous devez sentir cela, Eugénie, surtout à un moment où le retour des Bourbons me donne l'espoir de reprendre la place qu'on m'a enlevée. Il n'eût fallu pour me perdre que les mauvais propos que cela eût pu faire naître.

N'admires-tu pas, baron, le flegme de cet homme qui calculait sa fortune sur la chute d'un empire et qui avait peur des méchants propos de quelques voisins ? et cela, à soixante-dix ans, quand il n'avait déjà plus la force de coiffer la mitre et de porter le bâton pastoral ? Puis, quand il eut bien mis à nu tout l'égoïsme de sa sécurité, oubliant que ce qui pouvait lui enlever tout au plus un reste d'ambition de vieillard pouvait perdre le vaste avenir d'une jeune existence, il promit de prendre les dernières précautions pour cacher l'enfant.

Dès que le jour fut assez sombre pour que l'on pût sortir de la maison d'Eugénie sans être vu, la fille innocente et le médecin sortirent ensemble ; elle emportait sous son châle le nouveau-né, dont elle étouffait les cris, et, quand elle rencontra sa mère sur l'escalier obscur, elle lui dit, pour excuser sa sortie :

— Madame Bodin est venue à la maison, elle a été prise d'un coup de sang, il a fallu la saigner ; maintenant je vais avertir monsieur de Souvray et chercher un fiacre pour ramener cette dame chez elle.

A la porte de la maison, l'évêque attendait le médecin et Eugénie, et tous trois allèrent à Saint-Roch présenter à Dieu l'enfant d'un crime et lui demander charité et espérance pour lui. Ils eussent mieux fait de le demander pour eux, Eugénie surtout, Eugénie qui ne savait pas qu'elle venait de salir sa vie de la faute d'une autre.

Quelques jours se passèrent, durant lesquels Eugénie s'aperçut que les voisins jetaient sur elle d'étranges regards, interrogeant sa tournure, sa marche, son visage. Mais elle courait si légère, elle rangeait son misérable ménage en chantant si joyeusement, que le soupçon disparut ou plutôt ne se montra plus. Le soupçon, mon maître, est comme un corps qu'on lance dans un bassin ; il est rare que l'onde le rejette ; il coule quelquefois jusqu'au fond et se cache dans la boue, mais il reste toujours sous l'eau. Qu'il vienne un mauvais vent qui agite cette eau : il reparaît à la surface, imprégné de vase et de fange. Eugénie ne savait pas cela, et, parce que les voisins reprirent vis-à-vis d'elle leurs manières accoutumées, elle s'imagina que l'explication qu'elle avait donnée du bruit entendu chez elle avait été admise. Thérèse seule comprit et devina la vérité. Mais elle pressa vainement Eugénie de lui donner le droit de railler cette madame Bodin, dont les airs d'honnête femme lui déplaisaient. Eugénie avait juré de se taire, et elle avait toutes les probités, même celle du serment.

Quelques jours après ce que je viens de te dire, et durant ces belles heures de midi que la fin d'avril donne quelquefois à la terre, Eugénie, Thérèse, et une autre jeune fille étaient allées se promener aux Tuileries, au sortir de la messe.

Après un tour de jardin, elles s'aperçurent qu'elles étaient suivies par deux Anglais, de ceux que l'invasion avait fait accourir en France à cette époque. C'est te dire suffisamment combien ils devaient être odieux à ces enfants du peuple, habitués à aimer l'empire par cette sympathie instinctive pour le grand qui tient les masses, parce que les masses sont grandes. Ces deux hommes leur parurent plus qu'odieux, ils leur semblèrent ridicules.

Vous autres hommes, et particulièrement vous autres Français, vous avez d'abord la faculté la plus misérable que je sache au monde : c'est celle de vous passionner pour la mode, de vous engouer pour la moindre chose nouvelle ou rajeunie qu'un impertinent propose à votre admiration. Puis, après cette faculté misérable, vous avez la plus déshonorante de toutes pour l'humanité : celle de mépriser, et du plus profond mépris, ce que vous avez aimé, et de l'amour le plus excessif ; et cela en quelques années, en quelques mois, en quelques semaines ! A ces deux facultés, vous ajoutez cependant une disposition qui semble inconciliable avec elles : c'est l'inintelligence de tout ce qui ne part pas de vous-même, et un dédain superbe qui vous conduit à une moquerie stupide de ce que vous ne connaissez pas. On dirait que vous avez deux grands vices dans l'esprit ; on dirait qu'il est à la fois trop étroit pour garder deux adorations à côté l'une de l'autre, et trop obtus pour entrer rapidement dans le vif des choses. Cependant vous passez pour le peuple le plus spirituel, et c'est vrai. Explique cela, si tu peux ; un jour peut-être je t'en dirai le secret.

Or, à l'époque dont je te parle, rien ne semblait plus ridicule à vos yeux qu'un Anglais, par la seule raison qu'il n'était pas rasé comme vous, habillé comme vous, chaussé comme vous. On pourrait encore comprendre cela d'un peuple comme les Orientaux, à qui la magnificence de leur costume doit aisément rendre méprisable le costume européen qui affecte une recherche de pauvreté ; mais vous autres qui sortiez de l'habit carré des incroyables, du frac en queue de poisson des muscadins, et des cravates à lance de mousseline des merveilleux, il vous fallait les furieuses vanités dont vous êtes doués pour mépriser le frac étriqué et la tenue régulière de l'Anglais.

Toujours est-il que nos trois jeunes filles, se voyant ainsi suivies, laissèrent ces Anglais s'attacher à leurs pas, au lieu de les avertir par une tenue sévère, comme elles l'eussent fait pour des Français, que leur poursuite s'adressait mal. C'était en effet, pendant toute une longue promenade, une occasion de se moquer d'eux, de les examiner, puis d'échanger des rires sans fin sur ces odieux *insulaires*, si laids et si ridicules, qui avaient la grossière et sotte prétention de croire qu'ils n'avaient qu'à se présenter pour frapper des Françaises d'une subite passion.

Ce que je te raconte là est arrivé à mille femmes peut-être. Mais pour elles une pareille rencontre et une telle plaisanterie sont restées sans conséquences. Il a fallu un bien étrange concours de circonstances pour que cette rencontre eût des suites si graves pour l'une de ces jeunes filles ! Écoute, et comprends bien qu'il m'est permis, à moi, Diable, de te dire de l'invraisemblable, parce que je te dis du vrai. A part les circonstances que j'ai à te raconter, il faut que tu saches que l'un des hommes à qui s'adressaient ces moqueries, était un de ces êtres qui mettent un intérêt sérieux, ou plutôt ardent, à tout ce qu'ils veulent ; c'était une nature vaniteuse, égoïste et corrompue ; c'était un de ces oisifs qui apprennent dans un mauvais livre une vie à suivre et qui s'y attèlent de toutes leurs facultés. Arthur Ludney, à vingt ans, s'était proposé Lovelace pour modèle. Mais ne t'imagine pas que ce fut le Lovelace qui, passé de l'original en traduction, de traduction en imitation, est arrivé à être une espèce de sot bellâtre qui se fait adorer en dandinant sa fatuité devant les femmes. Arthur avait remonté à la source. C'était le vrai Lovelace anglais, c'est-à-dire le désir ardent, altéré, persévérant, puis le mépris complet, sec, froid, implacable, lorsque le désir est satisfait ; et cela, non pas avec de la frivolité, des grâces légères, du papillonnage, comme font vos séducteurs, mais avec calme et persévérance, sérieusement et l'esprit tendu vers un but de séduction comme vers l'ambition et vers la fortune.

Tu connais ce beau D......., de l'ambassade anglaise, qui aborde un diplomate et un tailleur avec le même esprit sérieux, qui discute le bouton d'un gilet avec le même soin qu'un article de traité, et qui, ne se fiant qu'à lui seul pour ce qui est difficile, rédige de sa main les dépêches diplomatiques les plus importantes et coupe ses pantalons ? Puisque tu as vu jusqu'où peut aller, dans un esprit distingué, l'amour du dandysme, tu dois comprendre aisément jusqu'où peut aller, chez un homme d'un caractère encore plus persévérant, la prétention au Lovelace. D'ailleurs, le Lovelace est un type anglais que vous n'avez pas ; il est trop absolu pour vous, et surtout trop patient et trop méchant. Tel était l'un des hommes qui s'étaient attachés à la poursuite des jeunes filles, et qui, irrité comme *Lovelace*, comme Anglais, comme grand seigneur, que des enfants, des Françaises et des filles du peuple n'eussent pas été frappées de sa beauté, se jura de les punir, non pas une des trois, mais toutes trois. Il sembla cependant qu'Eugénie dût être préservée de la poursuite et de la vengeance de cet homme. Au sortir des Tuileries, elle quitta Thérèse et Désirée pour rentrer chez elle ; et, après un moment d'hésitation, les deux Anglais s'attachèrent aux pas de ses deux jeunes amies. Le lendemain l'atelier de madame Gilet riait de l'aventure arrivée la veille et du récit grotesque de Thérèse contrefaisant l'Anglais raide, empesé, gauche, et murmurant derrière elles :

— Hooh! les belles mademoiselles! Hooh! qué châmant touniure! Hooh! biaucoup, biaucoup châmant!

Eugénie était félicitée d'avoir été dédaignée par ces vilains englishmen quand Thérèse s'écria :

— Oh! pour vilains, on ne peut pas dire ça. Il y en a un des deux qui est beau comme un amour : un petit jeune homme qui a vingt ans tout au plus, avec de grands yeux noirs, de grands cheveux noirs, et des dents comme des perles! — Alors ce n'est pas un Anglais, lui dit-on de tous côtés; les Anglais sont tous rouges. — C'est un Anglais, il me l'a dit. — Tiens! s'écria-t-on encore; vous lui avez donc parlé? — Oui, reprit Thérèse, quand Eugénie nous eut quittées, parce qu'elle, vous savez, elle est bégueule : lorsqu'un homme la regarde, il semble qu'il lui vole quelque chose. Nous leur avons parlé pour nous amuser. Il y en a un qui s'appelle Back, comme la rue du Bac, je m'en souviens très bien : celui-là c'est le laid, le rousseau. L'autre s'appelle Arthur... Arthur, puis un nom anglais, je ne sais pas. C'est le fils d'un lord qui est très-riche. — Et qu'est-ce qu'ils vous ont dit? — Bah! fit Thérèse en se posant devant les volants d'une robe qu'elle achevait pour voir s'ils avaient bonne grâce; hah! des bêtises d'Anglais! qu'ils nous donneraient des cachemires et des voitures si nous voulions les adorer. C'est-à-dire, c'était le laid qui disait ça ; l'autre est bien plus sentimental, et il répétait toujours : « Hooh! hooh!... J'aimerai biaucoup vous, biaucoup, si voo volez aémer un petit peu moi. » — Et ils vous ont suivies toujours ? dit Eugénie. — Oui, jusqu'à la porte de Désirée. — Et lorsque tu as été seule et que tu es rentrée ?... »

Thérèse devint rouge et répondit en emportant la robe :

— Ils n'y étaient plus.

Cette rencontre n'avait laissé aucun souvenir dans l'esprit d'Eugénie, et le dimanche suivant elle n'y pensait plus. Elle alla à la messe comme de coutume, et elle s'apprêtait à quitter la nef lorsqu'à l'angle d'un pilier elle aperçut le bel Anglais qui semblait l'observer depuis longtemps. L'audace du regard de cet homme l'aurait blessée en tout autre endroit; elle lui parut un insolent sacrilége dans une église, et elle s'éloigna rapidement. Comme elle descendait les marches de Saint-Roch, elle s'aperçut qu'elle était suivie; et, poussée par un premier mouvement d'effroi, elle courut vers sa maison. Cependant, au moment d'y arriver, elle pensa que ce serait apprendre sa demeure à cet inconnu, et elle retourna vivement sur ses pas, puis entra dans un magasin de parfumerie.

Ecoute bien toutes ces circonstances puériles, maître, elles te feront comprendre ce que j'ai à te raconter. Le parfumeur, en voyant entrer Eugénie tout alarmée, Eugénie qu'il connaissait comme une enfant du quartier, lui demanda ce qu'elle avait. Elle lui raconta ainsi qu'à sa femme les poursuites de l'Anglais, et le parfumeur irrité lui dit d'un ton fanfaron :

— Bon! bon! je m'en vais vous en délivrer; mais... montrez-le-moi. — C'est lui, dit Eugénie, qui regarde à travers les carreaux de la boutique.

Le parfumeur ouvrit la porte, et l'Anglais le regarda. Il y avait dans ce regard une menace et un mépris qui arrêtèrent le bonhomme; et, au lieu d'aller vers Arthur, il se mit à chantonner d'un air indifférent sur le seuil de sa porte, puis un moment après il rentra.

— Eh bien! lui dit sa femme, c'est tout ce que tu dis à ce godelureau d'englishman? — Dame! fit le mari, je ne peux pas aller dire à cet homme : Passez votre chemin. Il regarde l'étalage, c'est son droit; la rue est à tout le monde. — Allons donc, vieux capon! reprit la marchande; il t'a fait peur. Nous sommes chez nous, et il n'est pas dit que des canailles viendront nous insulter dans notre rue et à notre porte. Je m'en vas te le rembarrer comme il faut. — Laissez, laissez, dit Eugénie, j'attendrai qu'il soit parti. — Ah bien oui! il va se planter là comme un piquet. Ne crains rien, ma fille, ça ne sera pas long.

A son tour la maîtresse sortit, et aussitôt l'Anglais s'approcha d'elle. Avant qu'elle eût eu le temps d'ouvrir la bouche, il la salua, et lui montrant un petit flacon du doigt, il lui dit :

« Combien cela? »

C'était un objet d'un petit écu. Mais la marchande irritée lui répondit avec humeur :

— Quarante francs, Monsieur! — Donnez-le-moi, dit l'Anglais en entrant dans la boutique, et en tirant sa bourse.

La marchande, tout ébahie, ouvrit la montre, en tira le flacon et le remit à Arthur, qui le paya sans cesser de regarder Eugénie, retirée dans le fond du magasin.

— C'est bien, c'est bien, dit l'Anglais tout haut, je reviendrai acheter beaucoup.

Et il sortit, et Eugénie comprit, au peu d'empressement qu'on mit à lui continuer une protection si efficace, que l'on ne voulait pas risquer pour elle une si excellente pratique. Une pensée l'occupa surtout, c'est que le regard de cet homme qui lui avait fait peur avait aussi fait peur à un homme, et alors elle s'effraya de l'idée de le rencontrer. Cet inconnu devint pour elle un être redoutable. Elle pensa aussi à l'abandon dans lequel elle vivait, n'ayant ni père, ni frère, ni parents qui s'occupassent d'elle. Ce fut à cette époque qu'elle revit son oncle Rigot, qui, ne voulant pas rester en France après la déchéance de son empereur, commença à lui parler de son intention de s'embarquer pour tenter la fortune. Ce ne fut toutefois qu'après les événements de 1815 qu'il accomplit ce projet.

Cependant Eugénie avait quitté la boutique du parfumeur, bien décidée à tromper les poursuites de l'Anglais, si elle le retrouvait; et, pour cela, au lieu de rentrer chez sa mère, elle alla chez madame Gilet. Arthur la suivit encore et ne quitta la rue qu'après deux ou trois heures d'attente. Eugénie rentra chez elle.

Il y a longtemps que je ne te parle plus de madame Turniquel, et tu t'imagines peut-être que cette femme, touchée du courage d'Eugénie, lui laissait au moins le repos de son existence laborieuse. Voici ce qu'il en était. A peine Eugénie eut-elle atteint l'entrée du corridor où elle logeait que sa mère courut à elle en lui criant :

« D'où viens-tu, coquine, coureuse?... »

Je ne te dis pas les vrais mots, baron, car si, comme tu m'en as menacé, tu publies jamais ces confidences, ils te seraient inutiles, tu n'oserais pas les faire imprimer. Eugénie voulut répondre pour se justifier. Elle avait à peine prononcé quelques mots, qu'elle reçut une paire de soufflets. J'appelle les choses par leurs noms. Et ce n'était pas la première fois que cela arrivait, ce n'était pas la seule torture qu'eût à souffrir la pauvre fille. Pour te le prouver, il faut que je te dise une circonstance bien misérable de cette misérable vie.

Eugénie donnait à sa mère tout le fruit du travail de sa journée : on savait quel en était le prix, il n'y avait donc pas moyen d'en rien distraire. Rentrée chez elle, elle travaillait encore jusqu'à l'heure où l'on se couchait. Jeanne avait calculé ce que cela pouvait rapporter, et elle avait dit : puisque tu peux encore gagner dix sous dans ta soirée, il faut me les donner. Mais l'amour de la toilette tenait Eugénie, et lorsque sa mère dormait de son rude sommeil, elle se relevait, travaillait encore, et amassait lentement le salaire de ses nuits après avoir donné à Jeanne celui de ses jours : et tout cela pour une fantaisie, pour avoir un beau spencer de soie.

Laissez-moi! Laissez-moi. — Page 283.

Après bien des nuits passées, elle put l'acheter et le faire. Puis un jour elle le prit dans sa main, et entra dans la chambre de sa mère pour être punie de ce qu'elle avait osé faire. C'était entre la fille et la mère une lutte que tu ne dois guère comprendre, parce qu'elle se manifeste par des détails trop vulgaires pour ce que tu sais de la vie. C'était la lutte de la haine jalouse du peuple contre tout ce qui paraît dédaigner ses grossières habitudes, et du dégoût insurmontable qu'éprouve une nature délicate pour ces habitudes grossières. La rage que Jeanne en éprouvait était d'autant plus vive, que c'était sa fille qui l'insultait incessamment par le mépris qu'elle semblait faire de la vie où elle était née. Et, je dois le dire, toutes deux y mettaient une singulière obstination. Ainsi, lorsqu'Eugénie parut sonspencer à la main, et qu'elle eut avoué à sa mère qu'il lui appartenait, Jeanne resta stupéfaite de tant d'audace; elle voulut arracher ce vêtement à Eugénie, et comme celle-ci le jeta dans la chambre, Jeanne la frappa, et Eugénie se laissa frapper, car elle avait calculé que cette parure lui coûterait trente nuits passées et les violences de sa mère. Mais, lorsque Jeanne parla de déchirer ce spencer, Eugénie le défendit; elle se plaça devant la porte, disant qu'il faudrait la tuer pour le lui arracher. Ces violences, baron, étaient de tous les jours, et, jusqu'à la dernière que je viens de te dire, elle n'avait produit que des pleurs que la jeunesse essuyait bien vite. Ce jour-là Eugénie, alarmée de la poursuite de l'inconnu, rentrait avec une pensée pieuse et bonne; elle venait près de sa mère pour lui confier ses craintes, pour lui demander de la conduire à son atelier et de la ramener durant quelques jours; elle revenait avec cette confiance que sa mère lui saurait gré de cette précaution, et voilà que tout aussitôt elle est accueillie par l'injure et la violence. Elle en fut si indignée qu'elle repoussa sa mère et qu'elle lui cria :

— Prenez garde! ma mère, prenez garde! vous me pousserez au mal. — Elle me menace, la malheureuse! elle me menace!

Et, irritée par une résistance qu'elle n'avait jamais éprouvée, elle se jeta sur Eugénie, que des voisins lui arrachèrent des mains, tandis que Jeanne faisait retentir le corridor d'invectives honteuses contre sa fille.

— Elle a fait mourir Jérôme de chagrin, elle tuera son enfant! dit quelqu'un à l'oreille d'Eugénie.

Et pour la première fois l'enfant se demanda si elle devait, après le labeur de sa vie, sa vie elle-même à la femme qui s'appelait sa mère.

— Mais cette femme était un monstre! s'écria Luizzi. — Non, mon maître, non. Si Jeanne eût eu une fille comme elle, Jeanne ne l'aurait pas battue si souvent, parce que cette fille eût été de la nature de ses habitudes. Mais votre monde est si bien moralisé que ce qui est une qualité en haut est un défaut en bas : que le soin que vous demandez à vos enfants, le peuple le reproche aux siens; qu'enfin on est honteux chez vous de la femme qui se néglige, et chez lui de la femme qui se pare. D'un autre côté, lorsque Jeanne aurait battu la fille qui lui eût ressemblé, celle-ci aurait moins souffert, le corps seul eût pâti. Jeanne avait été élevée ainsi : cela avait produit une honnête femme, car elle était une honnête femme, et cela ne lui avait cassé ni bras ni jambes. Elle trouvait donc qu'il était juste de traiter sa fille comme elle avait été traitée. Ce jour-là, quand on l'eut bien sermonée, elle jura à ses voisins de ne rien faire à Eugénie lorsque celle-ci rentrerait dans leur logement. Elle y revint en effet, et sa mère l'accueillit par de nouvelles injures.

Après l'en avoir rassasiée, elle lui dit :
— Demande-moi pardon! — De quoi? de ce que vous m'avez battue? — Demande-moi pardon! — De ce que je ne pourrai pas travailler de huit jours? — Demande-moi pardon! — De ce que je ne veux pas être une mauvaise fille? — Demande-moi pardon! demande-moi pardon! criait Jeanne, pour qui c'était un motif de rage furieuse que son impuissance à vaincre ce courage passif qui se couchait par terre et qui disait : « Battez-moi, tuez-moi... je ne céderai pas! »

Jeanne avait promis de ne pas battre sa fille, elle ne la toucha pas, mais elle lui dit avec un ton de menace :
— Oh! tu me payeras ce que tu viens de me faire.

Voilà ce qu'était la vie d'Eugénie! Cependant quelques jours se passèrent sans de nouveaux troubles dans la maison. Seulement Eugénie retrouva à la porte de madame Gilet cet homme qui lui avait valu sa dernière souffrance. Elle recula dans un premier mouvement d'effroi, et comme il voulut l'approcher, elle s'enfuit en lui disant avec terreur :

— Laissez-moi ! laissez-moi !

En te racontant tout cela, baron, il est une chose que je veux surtout te faire comprendre, c'est comment Arthur ne resta point un être indifférent pour Eugénie, ainsi qu'il eût pu arriver à tout autre. Que ce fût de la terreur et presque de l'aversion qu'il lui inspirât, c'est possible ; mais il occupa sa pensée, il prit place dans sa vie, il s'y établit. Elle n'eut pas un jour où le souvenir de cet homme ne vînt la troubler. Le dimanche suivant, Thérèse voulut entraîner Eugénie aux Tuileries. Mais c'était aux Tuileries qu'elle l'avait rencontré cet Anglais, et elle refusa d'y aller. Elle pleurait cependant d'être obligée de sacrifier ainsi son beau dimanche, le seul jour où elle pût aller respirer l'air à pleine poitrine, où elle pût redresser son corps frêle, courbé toute la semaine sur son travail ; elle pleurait amèrement. Quant à Arthur, oh ! c'était bien l'homme comme vous êtes tous, impertinents petits grands seigneurs : il s'étonnait, dans sa vanité de dandy, de fils de lord et de riche Anglais, qu'une petite fille, à laquelle il avait daigné montrer qu'il la trouvait belle, n'en eût pas été immédiatement ravie et reconnaissante.

— Tu exagères toujours, dit Luizzi en interrompant le Diable ; et, puisque tu as l'air de m'adresser tes observations, je te dirai qu'à part quelques sots très-vaniteux, je n'ai jamais rencontré parmi nous l'homme que tu me peins, et que, surtout, je ne l'ai jamais rencontré dans un âge si peu avancé.

— Voilà ce qui te trompe, baron, répondit le Diable ; il n'y a de pire égoïsme, de pire fatuité, que ceux de l'extrême jeunesse. Lorsqu'à vingt ans on n'a plus l'innocence de son cœur et qu'on n'a pas encore l'expérience de la vie, on est sans frein et sans pitié, parce qu'on ignore le châtiment des mauvaises actions et les regrets qu'elles peuvent donner. Aussi Arthur poursuivait-il Eugénie sans s'occuper, ou plutôt sans savoir le mal qu'il lui faisait ; et, s'il l'avait su, peut-être eût-il ricané avec dédain de la douleur qu'elle ressentait. C'est parbleu si peu de chose pour un homme à qui son oisiveté pèse que d'enlever à une pauvre fille le seul jour de loisir que sa mère lui permette ! D'ailleurs n'était-il pas là pour tout compenser ? et le bonheur de lui avoir plu ne valait-il pas tous les pauvres plaisirs qu'elle perdait ? Cependant, ce jour-là, Eugénie ne voulut point aller aux Tuileries ; mais, pressée par Thérèse, elle consentit à la suivre à l'exposition des tableaux. C'était un dimanche, un jour du peuple, et l'on n'avait pas de chance de rencontrer le bel Anglais. On l'y rencontra cependant, soit que cet homme fût servi par ce que vous appelez le hasard, soit qu'il fût conduit par la main souveraine qui l'avait désigné du doigt pour être un agent de malheur. L'orgueil d'Eugénie se révolta de la présence de cet homme et de l'effroi qu'il lui inspirait ; elle eut honte d'avoir encore l'air de le fuir, et elle voulut lui montrer que, si petite qu'elle fût, elle avait pour lui un mépris assez grand pour être plus grande que lui. Elle osa le regarder en face, pour bien lui témoigner son dédain ; mais, encore une fois, elle baissa les yeux devant le regard implacable et absolu de ce jeune homme. Cependant elle parvint à se perdre dans la foule et à rentrer chez elle sans avoir été suivie. Là seulement elle se croyait en sûreté. Puis, restée seule chez elle, regardant avec désespoir la misérable chambre dont on lui faisait une prison et qui n'avait pour elle qu'un grand souvenir, celui de la mort de son père, et que de misérables souvenirs, ceux des mauvais traitements de sa mère, elle se mit à pleurer, à pleurer, à pleurer de ce malheur qui n'a pas de nom quand vous ne le calomniez pas et que vous ne l'appelez pas envie, de ce malheur qui regarde toujours au-dessus de lui, et qui ne cesse même pas lorsqu'il se nomme résignation ; elle se mit à pleurer de ce malheur que les gens de sa classe n'eussent pas compris, parce qu'ils étaient au-dessous des sentiments qu'elle avait dans le cœur; de ce malheur que les gens du monde n'eussent pas compris non plus, parce qu'ils n'auraient pas voulu reconnaître qu'elle avait des sentiments aussi haut placés que les leurs. Exilée d'en bas par sa nature, exilée d'en haut par sa misère, elle pleura toute seule. Toutefois elle voulut encore espérer que la poursuite d'Arthur se fatiguerait devant son infatigable résistance, et depuis quelques jours elle croyait avoir prouvé à cet inconnu que toutes ses tentatives étaient inutiles, lorsqu'un soir, au moment où elle sortait de chez madame Gilet, sa voisine, madame Bodin lui dit, en l'arrêtant un moment sur l'escalier :

— Entrez donc un moment voir M. de Souvray, voilà plus de trois semaines que vous n'êtes pas venue lui faire une visite.

Eugénie, qui trouvait là un motif de dépasser l'heure ordinaire de ses sorties et de tromper ainsi l'attente d'Arthur, entra chez le vieil évêque.

— Va, va, ma fille, lui dit madame Bodin; Monsieur est dans le salon.

Le jour commençait à baisser, et Eugénie s'aperçut, en entrant chez M. de Souvray, qu'il n'était pas seul, sans pouvoir distinguer la personne qui l'écoutait et qui était levée pour se retirer. Le vieil évêque lui disait en ce moment :

— Oui, monsieur de Ludney, je suis charmé que monsieur votre père se soit souvenu du bon accueil qu'il m'a fait autrefois en Angleterre et qu'il ait assez compté sur moi pour être sûr que je le rendrais en France à son fils. Venez me voir souvent; vous ne trouverez pas seulement chez moi des vieillards dont la société ne pourrait vous convenir, vous y trouverez aussi quelques jeunes gens de votre âge, avec lesquels je veux vous faire faire connaissance. Ce sont les fils de mes vieux amis de province que j'ai eu le crédit de faire entrer dans la maison du roi, de braves et loyaux royalistes, qui savent tous ce que la classe des Bourbons doit de reconnaissance à l'appui de l'Angleterre. Soyez sûr qu'ils s'estimeront heureux d'offrir leur amitié à l'héritier d'un des plus beaux noms de cette généreuse nation.

Monseigneur l'évêque, qui avait la promesse de ressaisir sa crosse et sa mitre, avait débité tout cela d'un petit ton de prêche, comme homme qui veut reprendre l'habitude d'une parole facile et onctueuse. Eugénie s'en était aperçue et un sourire muet égayait l'habituelle mélancolie de son visage, lorsqu'elle entendit répondre ces seuls mots :

— Oui, Monseigneur, j'aurai l'honneur de vous voir souvent, et j'espère trouver dans ces visites plus de bonheur que vous ne croyez.

Cette voix et ces paroles arrêtèrent le sourire d'Eugénie et frappèrent son cœur comme une menace; c'était la voix d'Arthur qu'elle connaissait bien, quoiqu'elle l'eût à peine entendue dans les mots rapides qu'il lui glissait en la poursuivant. L'émotion qu'elle éprouvait fut si vive que, dans un premier mouvement d'effroi et de doute, elle s'écria :

— Qui est là? — Celui qui vous aime et qui vous obtiendra, répondit Arthur à voix basse et en passant rapidement devant elle pour sortir. — Eh bien! ma fille, dit alors l'évêque qui était resté sur sa chaise longue, qu'est-ce que m'a dit madame Bodin? tu deviens triste, mélancolique, tu pleures sans cesse? Est-ce que ta mère te maltraite toujours? — J'y suis habituée, repartit Eugénie. — Il y a donc du nouveau?... Est-ce que madame Gilet est mécontente de toi et voudrait te renvoyer? — Non, repartit tristement Eugénie; elle m'a augmentée depuis huit jours. — Ah çà! ce que l'on m'a dit serait donc vrai? est-ce que tu serais une petite ambitieuse qui n'es contente de rien et qui élèverais tes désirs plus haut que tu ne le dois? — Non, mon Dieu! non, dit Eugénie. Qu'on me laisse tranquille où je suis, je ne demande pas autre chose. — Voyons, voyons, repartit l'évêque en faisant signe à Eugénie d'approcher; est-ce qu'il y aurait de l'amour sous jeu? Prends garde, Eugénie, prends garde, cela mène à mal; souviens-toi de madame Bodin! — Mais moi, je ne l'aime pas, reprit Eugénie en pleurant. — Ah! ah! fit le vieil évêque, il y a donc quelqu'un? — Oui, dit Eugénie résolûment, oui, et c'est ce jeune homme qui sort d'ici qui me poursuit partout, qui m'obsède partout, et qui n'est entré chez vous, Monseigneur, j'en suis sûre, que pour me voir et me parler. — Peste! fit l'évêque d'un ton rogue : votre petite vanité me garde là un joli rôle, Mademoiselle! Défiez-vous, s'il vous plaît, de cette confiance très-sotte qui vous fait croire qu'un homme du rang et de la fortune de sir Arthur s'occupe d'une petite fille comme vous : c'est un conseil que je vous donne, quoique je sache que vous avez de très-grandes prétentions et que vous vous croyez une demoiselle bien superbe, parce que vous suivez dans vos habits les modes des femmes du monde.

L'enfant du peuple était venue au prêtre de la religion établie pour affranchir le peuple, la jeune fille abandonnée avait confié ses craintes au vieillard puissant, et voilà comme elle fut reçue, voilà comment elle fut rejetée dans son inexpérience et son abandon! Je ne te dirai pas que ce fut par méchanceté ni par corruption, car je vois encore à ton sourire, mon maître, que tu t'imagines que moi, Satan, je me plais à calomnier un vieux prêtre inutile : non, baron, ce ne fut ni corruption ni méchanceté dans cet homme, ce fut cette large et dédaigneuse indifférence du grand pour le petit, ce fut cette haute opinion du grand seigneur et du gentilhomme, qui n'admet pas qu'un gentilhomme et un grand seigneur puisse avoir un tort vis-à-vis de ces misérables créatures dont la société fait litière pour tenir chaud aux pieds de l'orgueil et de la luxure.

Après cette scène, Eugénie, rentrée chez elle, résolut de ne plus sortir de longtemps; elle fit dire à sa maîtresse qu'elle la priait de vouloir bien lui envoyer du travail dans sa chambre, et elle s'y enferma, espérant qu'elle avait enfin trouvé un asile où n'oserait pénétrer son persécuteur. Huit jours se passèrent encore ainsi. Puis, un autre dimanche étant venu, Thérèse alla voir Eugénie et lui proposa d'aller se promener loin, bien loin, à la campagne.

— Ta mère, lui dit-elle, ne rentrera pas aujourd'hui; car tu sais que madame Bodin lui a trouvé une bonne occupation. — Oui, reprit Eugénie, voilà deux jours qu'elle est allée veiller une vieille Anglaise, et voilà deux jours que je suis seule ici.

Si madame Bodin avait procuré à Jeanne la vieille Anglaise à veiller, tu dois soupçonner, toi, qui avait enseigné la vieille Anglaise à madame Bodin.

— Mais tu dois t'ennuyer à périr, ma pauvre fille? reprit Thérèse. — Il est vrai que je ne m'amuse guère, repartit Eugénie, qui commençait à regretter sa pauvre vie insouciante, alors que l'effroi de la rencontre d'Arthur était un peu calmé, depuis huit jours qu'elle ne l'avait vu. — Eh bien! viens donc.

Eugénie hésita un moment, puis elle répondit :

— Non, bien décidément, non. Dimanche prochain ou dans quinze jours je sortirai, mais pas aujourd'hui. — Eh bien! je ne veux pas te laisser seule, je passerai la soirée avec toi; je vais aller prévenir à la maison que je suis ici.

Elle sortit en effet et rentra bientôt. Toutes deux s'établirent alors près d'une petite table, et le chagrin d'Eugénie devint naturellement le sujet de la conversation; mais celle-ci avait vu sa confiance trop mal accueillie par un homme qui eût dû la comprendre, pour la donner à une femme qu'elle savait légère, folle, inconséquente, et qui quelquefois lui avait fait entendre des conseils qui l'avaient épouvantée. Ce n'est pas que Thérèse fût une bien habile maîtresse en fait de corruption, ce n'est pas qu'elle vantât avec un art infini tout ce qu'une belle fille peut gagner à se perdre ; c'est que Thérèse avait de puissants auxiliaires dans le malheur d'Eugénie et dans le dégoût qu'elle éprouvait pour la vie misérablement honteuse qui lui était imposée. Vainement Thérèse pressait son amie de questions les plus directes, elle n'en pouvait rien obtenir, lorsqu'on frappa légèrement à la porte de la chambre, et presque aussitôt un homme entra. C'était Arthur. Eugénie poussa un cri, et Thérèse dit d'un air dégagé :

— Eh bien ! oui, c'est lui. — Tu le connais, toi ? tu as osé l'introduire ici ? — Voyons, voyons ! dit Thérèse, ne sois pas mauvaise camarade. Oui, je le connais ; je ne peux pas le voir à la maison à cause de mes parents qui ne le veulent pas. Toi, tu es plus heureuse, tu es libre, ta mère ne rentrera pas, tous les voisins sont à la promenade, tu peux bien nous laisser causer un instant ensemble.

Il se passa en ce moment quelque chose de bien étrange dans l'âme d'Eugénie, et il fallut tout le trouble que la découverte de l'intelligence de Thérèse et d'Arthur lui fit éprouver, pour qu'elle ne chassât pas ensemble Arthur et Thérèse.

D'après ce qu'elle venait d'entendre, Arthur poursuivait Thérèse ; c'est Thérèse qu'il venait voir. Qu'avait-elle donc craint, elle, Eugénie ? quel rêve avait-elle fait ? son orgueil s'était-il égaré jusqu'à croire qu'elle inspirait un amour auquel on n'avait même pas pensé ? tout ce qu'elle s'imaginait de sa beauté et de sa distinction avait-il été placé par un homme comme Arthur au-dessous de la beauté et de la bonne grâce de Thérèse ? Eugénie fut cruellement humiliée à ses propres yeux. En se rappelant les paroles du vieil évêque, elle se demanda si elle n'était pas véritablement une folle impertinente égarée par sa vanité. Elle ignorait que, s'il en eût été ainsi, elle ne se serait pas fait cette question ; à aucune époque, devant aucune déception, la vanité ne doute d'elle.

— Tu détestes bien la vanité, Satan ! dit Luizzi. — Parce que votre sottise humaine la met quelquefois à côté de l'orgueil et que l'orgueil n'est qu'à moi, entends-tu, maître ? — A toi et à Eugénie. — A elle aussi, à la pauvre enfant qui voulut se punir d'avoir même espéré une injure, et qui, honteuse de la place où cette découverte la rejetait, laissa à côté d'elle cet homme parler d'amour à Thérèse et lui bien enfoncer dans le cœur cette vérité qu'elle n'était ni désirable, ni belle, ni recherchée, que c'était par hasard qu'on avait joué avec son effroi ; car Thérèse lui avait dit :

— Maintenant que tu sais tout, tu n'auras plus de ces sottes frayeurs ; et vous, monsieur Arthur, ne vous amusez plus à la tourmenter : elle est si enfant que vous lui feriez perdre la tête.

Tu ne peux te faire une idée de l'anéantissement d'Eugénie. Une seule espérance avait fait vivre cette femme : c'est qu'un jour ce qu'elle avait de haut et de supérieur en elle se ferait reconnaître. La poursuite d'Arthur l'avait blessée, parce qu'elle était insolente, et qu'elle voulait à la fois l'amour et le respect. Mais l'assurance qu'on avait joué avec elle la brisa dans son espoir et dans sa confiance, et elle resta immobile et muette, oubliant ce qui se passait à côté d'elle, n'ayant qu'une pensée, c'est qu'elle n'était rien, absolument rien, moins que Thérèse. Celle-ci, il faut le dire, était la vraie fille vulgaire du peuple. Elle aimait le plaisir, la joie, les rires, les folles ivresses, et, sur un mot d'Arthur, elle sortit en s'écriant :

— Ah ! nous allons passer une bonne soirée. Nous souperons à trois, ce sera très amusant.

Et elle sortit pour se procurer tout ce qui était nécessaire. Cet homme avait-il préparé cette scène, ou bien avait-il cette destinée du mal qui arrive toujours juste au moment où il y a une brèche dans l'âme par laquelle il peut pénétrer? c'est son secret ou le mien. Mais une seule circonstance pouvait le faire écouter par Eugénie, et cette circonstance, il la tenait. La pauvre fille était là, désespérée, son orgueil ployé et couché à terre, doutant d'elle, comme l'homme de génie qui se voit préférer la médiocrité et qui se demande dans son désespoir s'il n'est pas au-dessous de la médiocrité. Ce fut à ce moment qu'il osa lui dire la vérité.

— J'ai trompé Thérèse, s'écria-t-il ; c'est vous que j'aime, c'est vous que j'ai voulu voir. Dans la colère où me mettaient vos refus, j'ai écrit à Londres pour avoir des lettres et pénétrer chez ce vieillard où vous alliez quelquefois.

Eugénie écoutait, elle écoutait avec son orgueil qui se releva un peu à l'idée de n'avoir pas été une sotte vaniteuse comme tant d'autres qu'elle méprisait. Arthur continua :

— Vous m'avez fui encore; mais j'ai juré que je vous reverrais, et j'ai persuadé à cette fille que je l'aimais pour pouvoir vous dire que je vous aime.

Oh! comme l'orgueil d'Eugénie écoutait toujours, et comme il se relevait, voyant redescendre bien au-dessous d'elle cette fille qui un moment avait paru la dominer!

— Oui, reprit Arthur, je l'ai trompée, je l'ai sacrifiée au besoin de vous voir un moment, une minute, pour vous dire qu'il n'est aucun moyen que je ne sois décidé à employer pour arriver jusqu'à vous.

Elle ne se trompait donc pas! elle était aimée avec excès, avec fureur par un homme qu'on avait jugé trop au-dessus d'elle pour l'avoir regardée; elle était aimée par un homme que la fille au-dessous de laquelle elle s'était placée aimait jusqu'à oublier ses devoirs, et qu'elle, Eugénie, n'aimait pas. Oui, baron, oui, Eugénie écouta avec joie cette déclaration d'amour, et Arthur n'avait pas fini, que l'orgueil de la pauvre fille s'était relevé et qu'elle en était presque à remercier celui qui l'avait fait douter d'elle, mais qui lui avait rendu si soudainement sa confiance, une plus haute confiance que jamais.

Thérèse rentra au moment où Eugénie eût dû s'apercevoir que la présence d'Arthur chez elle était une faute qu'elle laissait commettre pour son compte. Mais elle éprouva le besoin de voir comment cet homme soutiendrait, entre ces deux femmes, le rôle qu'il s'était imposé. Tout jeune encore, il était habile, ou plutôt il avait ce don infernal de parler avec art le langage de l'amour; et, tandis qu'il charmait Thérèse par la fatuité de ses aveux, il relevait l'orgueil d'Eugénie par le respect de ses soins que la vaniteuse Thérèse prenait pour de l'indifférence, tandis que l'orgueilleuse Eugénie mesurait avec bonheur la distance qu'on mettait pour la première fois entre elle et celle qu'on appelait sa camarade. C'en était assez pour Arthur : il savait qu'à certaines heures de certains jours il pouvait entrer impunément dans cette chambre; et, quoique Eugénie lui eût assigné de ne plus reparaître, il revint. Il revint une fois, dix fois. Après avoir trouvé un moyen pour entrer chez monsieur de Souvray, après avoir forcé madame Bodin à y amener Eugénie, après avoir séduit Thérèse pour pénétrer dans l'asile de celle qu'il poursuivait, il trouva mieux que cela : il trouva sa mère pour lui enseigner madame Gilet comme couturière, puis madame Gilet pour lui enseigner Eugénie comme la plus habile ouvrière de cette femme; et il amena sa mère, lady Ludney, à monter à ce cinquième étage et à commander à Eugénie un travail qu'elle ne put pas refuser, car il lui fut offert devant Jeanne, et le prix en fut réglé à un taux si élevé que la cupidité de la femme du peuple eût fait payer un refus à Eugénie par les plus odieux traitements.

Il arrive une heure aussi, mon maître, continua joyeusement Satan, une heure qui est mon domaine, une heure où la vertu est lasse de lutter contre la mauvaise fortune, contre l'abandon, contre toutes les tentations. Cette heure commença pour Eugénie, lorsqu'ayant dit à sa mère le secret d'Arthur, celle-ci lui répondit :

— Pardieu! il ne te mangera pas; tu n'as qu'à te défendre, ça n'est pas difficile. Crois-tu qu'on ne te dira jamais rien? Une fois Petit-Pierre a voulu m'aborder, je l'ai reçu si bien qu'il en a eu le visage en sang pendant un mois.

Voilà ce que Jeanne entendait par se défendre! Sa fille, toute rouge d'une pudeur nouvelle, eût voulu vainement lui faire comprendre qu'il y avait dans ces visites d'autres dangers que ceux d'une brutalité. Peut-être Eugénie n'eût-elle su comment lui expliquer, comment lui dire qu'un homme d'un caractère aussi absolu, aussi persévérant, n'entre pas impunément dans la vie d'une jeune fille avec tant d'autorité et de menace. En effet, l'effroi qu'Eugénie éprouvait auprès de ce jeune homme ne pouvait l'empêcher d'écouter Arthur, qui venait tous les jours au nom de sa mère et qui lui parlait sans cesse d'amour, étourdissant cette jeune tête de toutes les idées de grandeur et de domination qu'elle avait rêvées; car il s'était fait esclave jusqu'au point, lui grand seigneur aux mains blanches, de s'immiscer dans les soins matériels de ce grossier ménage. Et il ne le faisait pas avec cette gaieté française qui joue avec tout, qui s'assouplit de si bonne grâce à toutes choses qu'elle les rend sans conséquence; on voyait qu'il souffrait à faire ce qu'il faisait, c'était du fer qui ployait. Enfin cet homme, aux pieds duquel rampait la pauvre Thérèse qui le voyait lui échapper, rampait à son tour devant tous les caprices de l'orgueilleuse Eugénie.

— Voulez-vous que j'abandonne Thérèse? lui disait-il, que je la reçoive mal? — Qu'est-ce que cela me fait?

Alors, quand Thérèse arrivait le soir chez Eugénie, sûre d'y trouver celui qui l'avait tant poursuivie et qu'elle poursuivait à son tour, Arthur la maltraitait parce qu'elle ne pouvait même exciter la jalousie de sa rivale. Cependant le temps se passait et Arthur n'avançait point dans le cœur d'Eugénie; car, tout en flattant son orgueil par sa servilité, il le blessait par l'offre d'un amour qui ne parlait que d'amour. Dans un cœur aussi endurci et aussi absolu que celui d'Arthur, un tel état de choses ne pouvait durer longtemps; et, sentant son impuissance à dominer cette fille par la séduction, il employa la menace.

Un soir, un dimanche, note bien ce jour, il a sa place marquée dans presque toutes les fautes des peuples catholiques, Arthur vint le soir. Comme à l'ordinaire tout le monde était absent, et il avait donné à Thérèse un rendez-vous assez lointain pour qu'elle n'eût pas le temps de revenir assez tôt et le surprendre. Il entra chez Eugénie, et là il osa vouloir arracher par la violence une victoire qui échappait à son infernale séduction. Elle lui échappa encore; mais ce fut après un combat long, douloureux, atroce, combat où une jeune fille ne laisse pas sans doute son honneur, mais où elle laisse sa pureté, où elle voit déchirer des voiles sacrés, où elle arrache tout meurtri des bras d'un misérable le corps blanc et vierge dont son regard seul savait la beauté. Ainsi, lorsqu'Arthur, fatigué de son infâme poursuite, s'arrêtait debout, haletant et furieux devant elle, Eugénie était sur sa misérable chaise, innocente encore, mais pleurant la fleur de sa pureté; c'est le duvet si doux qui enveloppe le fruit mûr et qu'une main grossière lui enlève, sans que pour cela le fruit soit tombé ou cueilli. Et comme elle pleurait ainsi à grands sanglots et à grandes larmes, Thérèse parut, Thérèse jalouse, qui avait deviné qu'Arthur lui avait trop promis de venir pour qu'il tînt sa parole. Et Thérèse, voyant alors le désordre de l'un et de l'autre, osa accuser Eugénie; elle lui reprocha d'être

Elle reconnut le bonnet qu'elle avait prêté la veille à Thérèse. — Page 293.

la complice d'Arthur et de l'avoir trompée avec lui. C'était trop pour la malheureuse; elle se releva, elle les chassa tous deux, et le soir même elle écrivit à lady Ludney qu'elle ne pouvait continuer à travailler pour elle.

Il y a une chose que tu ne sais pas, mon maître, c'est jusqu'où peut descendre l'amour quand il a brisé les liens de l'honneur : je vais te l'apprendre. Thérèse jalouse d'Eugénie, Thérèse qui se savait abandonnée pour elle, Thérèse qui la haïssait, Thérèse revint le lendemain lui demander son pardon et le pardon d'Arthur. Arthur l'avait voulu, et elle avait obéi. A ce prix, il lui avait promis de l'aimer encore, et elle l'avait cru, et elle était allée vers sa rivale s'humilier pour obtenir la grâce de son amant. Ah ! c'est que vous êtes de cruels tyrans, mon maître, quand vous tenez dans vos mains une pauvre fille dont vous avez rendu le cœur fou ou la tête folle, quand vous pouvez, après l'avoir

37

perdue devant elle, la perdre encore devant sa famille, la faire chasser, la livrer au mépris. Arthur savait qu'il pouvait tout cela, et il en usait. Eugénie eut pitié de tant d'humiliation; elle aurait tant souffert d'être descendue si bas, qu'elle ne voulut pas ajouter à une souffrance qui lui semblait si atroce. Elle pardonna à Thérèse de l'avoir soupçonnée et la laissa rentrer dans sa maison. Arthur osa y revenir en plein jour devant Jeanne, et il vint de la part de sa mère s'étonner de ce que la pauvre fille, qui avait promis son travail contre un riche salaire, refusât de tenir sa parole. Elle voulut s'excuser, mais Jeanne devint pâle de colère à la nouvelle de cette décision de sa fille, décision prise sans sa volonté, et elle se contenta de répondre :

— Laissez, Monsieur, laissez; je me charge de lui faire finir son ouvrage.

Arthur se retira, soit qu'il ignorât par quels moyens Jeanne comptait arriver à vaincre la résistance de sa fille, soit que la férocité de son désir ne reculât pas devant l'idée de la livrer aux mauvais traitements de sa mère, pour qu'ils la lui livrassent brisée dans son cœur et dans son corps. Mais Eugénie osa tout dire à sa mère, et il fallut bien que celle-ci consentît à ce que l'honneur de sa fille avait décidé. Mais, obligée de céder sur ce point, elle attribua à Eugénie l'insolence qu'elle avait subie.

— Si tu ne faisais pas ainsi la grande dame, lui dit-elle, si tu n'attirais pas les regards de tout le monde en te parant comme si tu avais des rentes, on ne courrait pas après toi. Mais cela finira. Je jetterai au feu toutes ces robes et ces fichus brodés, et, quand on verra que tu n'es qu'une honnête et pauvre ouvrière, on te respectera. On ne méprise que ceux qui ont l'air de mépriser leur état; et, si ce jeune homme ne t'avait pas méprisée, il ne t'aurait pas traitée ainsi.

— Crois-tu qu'il y ait beaucoup de cœurs assez puissants pour résister à une pareille interprétation de leurs malheurs ? crois-tu qu'il n'y a pas des heures où l'on voudrait avoir commis toutes les fautes qu'on vous reproche, pour ne pas en être réduit à maudire son innocence ou sa vertu, le pire des désespoirs ? Cette heure venait pour Eugénie. Elle sentit qu'elle en avait assez de ces injures grossières, assez de ces mauvais traitements, assez de sa résistance méconnue, assez de ses larmes cachées et de son supplice de tous les jours; elle sentit qu'elle en était venue au point de réaliser le mot qu'elle avait dit à sa mère :

— Prenez garde! vous me pousserez au mal.

Et, dans l'effroi de ce désespoir qui pouvait la livrer à une faute, elle préféra un crime. Voilà ce que j'appelle de l'orgueil, mon maître ! De peur de succomber faiblement à son malheur, elle voulut le briser avec elle. Eugénie, égarée, éperdue, courut vers la fenêtre et s'élança... Sa mère la retint par sa longue chevelure, dénouée dans les mouvements désespérés qui avaient précédé cette résolution; elle la retint et la tira de toute sa force vers l'intérieur de la chambre sur le carreau, où elle demeura comme morte, une épaule démise et la tête sanglante.

Tu vois, mon maître, que ces petites grisettes dont vous parlez du bout des lèvres sont bien heureuses d'être aimées par vous, et que l'honneur que vous leur faites doit suffire à la joie de toute leur vie !

— Trêve de leçons ! dit Luizzi; tu les adresses à un homme qui du moins n'a pas de pareils torts à se reprocher. — Je les adresse, repartit Satan, à l'homme qui tout à l'heure m'a dit pompeusement du haut de son titre de baron : « Raconte-moi toutes les infamies de cette femme. » Ah ! tu veux savoir des infamies, je vais t'en dire.

Quelques jours après, et lorsque Jeanne avait été forcée de quitter sa fille malade pour retourner à ses occupations, Arthur revint. C'était un soir. Il était en grande toilette et sans chapeau. Il entra rapidement. Eugénie poussa un cri en le voyant, et se serra dans son lit autant qu'elle le pouvait avec son bras attaché.

— Eugénie! s'écria Arthur, il y a une heure, j'ai appris que vous étiez malade, et me voici. Ma mère sait pourquoi je l'ai amenée ici, et ma mère m'a défendu de sortir. Elle a ordonné aux domestiques de me surveiller, en me menaçant de me faire repartir pour l'Angleterre si je vous revoyais. Mais ce soir il y a bal chez elle, et je me suis échappé. Je suis venu sans chapeau; je suis venu, toujours courant, vous demander pardon.

Cet homme qui parlait ainsi n'avait que vingt ans. Crois-tu qu'on doive se défier à dix-sept ans d'un enfant de vingt ans qui parle haletant, la voix entrecoupée, les larmes dans les yeux? Eugénie, la pauvre fille isolée, souffrant dans son lit, eut pitié de la souffrance de cet homme qui avait quitté un bal pour elle. Eugénie crut à la folie d'un amour qu'elle ne partageait pas, et elle répondit doucement:

— Eh bien, je vous pardonne; mais laissez-moi, ne revenez plus, vous me tueriez.

Il promit de ne plus revenir, et revint tous les soirs, durant un instant qu'il savait dérober à la surveillance de sa mère, surveillance à vrai dire assez insouciante et endormie par l'apparence d'une entière soumission à ses ordres. Pendant ce temps, un médecin que le hasard semblait avoir conduit chez Jeanne, et qui, disait-il, avait appris d'un voisin la maladie d'Eugénie, un médecin envoyé par Arthur était venu la soigner. Lui-même, chaque soir, apportait furtivement les médicaments ordonnés. C'était un dévouement, un repentir, un respect, qui touchèrent Eugénie. Au bout de quelques jours elle ne lui dit plus de ne plus revenir, et quelques jours encore après, lorsque Eugénie commençait à reprendre espérance en la vie et foi en la sincérité d'une vraie affection, l'implacable coureur de femmes, qui s'était dit: « Cette fille sera à moi, » recommença avec cette femme, étendue sur un lit, désarmée de ses vêtements, faible de sa blessure, la lutte épouvantable où il avait été vaincu la première fois. Je ne te dirai pas ce qu'elle eut d'horrible et de désespéré du côté de la victime, ce qu'elle eut de féroce et d'acharné du côté du bourreau; mais ce fut en tombant de ce lit sur le carreau qu'Eugénie, brisée de douleur et de désespoir, perdit les forces de son corps et de son âme, et ce fut sur ce carreau qu'elle ferma les yeux et se dit: « Il n'y a pas de Dieu! » Elle m'appartenait.

— Elle t'appartenait! s'écria Luizzi; elle t'appartenait parce que la force lui avait manqué, à la pauvre fille, parce qu'elle était la proie d'un monstre à qui tu avais soufflé ta rage! Ah! non, mons Satan, non, elle ne t'appartenait pas. — Pauvre fou! reprit le Diable, qui me crois presque aussi méchant et aussi stupide que les hommes! elle ne m'appartenait pas parce qu'un misérable l'avait possédée, mais parce que son orgueil avait une flétrissure à cacher, parce qu'elle était assez perdue pour pouvoir douter de Dieu. Écoute-moi bien et ne me demande pas compte de ce que je vais te dire. Ce que je vais te dire est vrai, tu l'expliqueras si tu peux, si ton intelligence arrive à comprendre l'inflexibilité de ces caractères trempés dans l'orgueil. Eugénie était tombée, tombée innocente; elle se releva coupable. Elle n'aimait pas cet homme, elle le haïssait, et quand cet homme lui dit qu'il reviendrait, elle lui dit:

— Revenez, revenez, et je serai votre esclave, et je vous appartiendrai jusqu'à ce que vous soyez las de moi; mais vous ne direz pas que vous m'avez perdue. Pour vous garder le secret de votre crime, j'en prendrai la complicité, si voulez m'en sauver la honte.

— Ah! ah! ajouta Satan, tu vois bien qu'elle m'appartenait. — Elle t'a échappé depuis? — Tu verras. Mais ce que tu peux déjà voir, mon maître, c'est que tous les vices mènent au même but. La faiblesse de Thérèse, la soif d'un amour désordonné l'avaient faite l'esclave de cet Arthur, et l'orgueil d'Eugénie, la soif de cette supériorité qui avait été le rêve de sa vie, la jetèrent un instant au rang de la rivale qu'elle méprisait. Qu'Arthur la menaçât de divulguer sa honte, et Eugénie trompait sa mère pour le recevoir; qu'il la menaçât de dire qu'elle était sa maîtresse, et elle allait chez lui en secret, déguisée en homme. Thérèse n'en eût pas fait davantage. Cependant, de tous les regards éclairés dont Eugénie s'épouvantait, ceux de Thérèse l'eussent humiliée plus que tous les autres, et elle fit jurer à Arthur qu'il avait complétement et pour jamais abandonné cette fille. Il faut te dire aussi que ce n'était pas vainement que cet homme, si fort qu'il fût, avait lutté contre cette femme. Tout vainqueur qu'il était, il était sorti du combat avec de graves atteintes. Le triple bronze de sa vanité, de son égoïsme et de son libertinage s'était brisé contre ce cœur d'acier et avait laissé de larges ouvertures à la crainte et à l'amour. A son tour Arthur avait peur d'Eugénie, et il en avait peur, le misérable, parce qu'il n'avait pu la mépriser. Il la tyrannisait d'autant plus qu'il sentait qu'elle lui était supérieure; il n'avait eu de cette femme que son corps, il le comprenait, et il voulait avoir son âme. C'est pour cela qu'il la trompait. Voici comment :

Thérèse était revenue chez Eugénie, Thérèse plus calme et ne parlant plus d'Arthur. Écoute bien, mon maître. Ce que je vais te dire est une scène bien vulgaire, mais elle a décidé de l'existence d'Eugénie, il faut donc que tu la connaisses dans tous ses détails pour connaître toute cette femme. Un jour, Thérèse demanda à son amie de lui prêter quelques objets de toilette, dont elle avait besoin pour le lendemain. Elle avait, disait-elle, à se présenter chez une grande dame qui voulait l'établir, et elle voulait s'y présenter convenablement. Eugénie lui donna tout ce qu'elle avait de plus beau. N'oublie pas que c'est l'histoire d'une ouvrière que je te raconte : en t'expliquant les sentiments d'élite qui vivaient avec elle, je t'ai fait perdre de vue peut-être l'aspect extérieur de cette histoire, tant vous êtes peu habitués à comprendre les supériorités de cœur, si elles ne sont pas vêtues de grands noms, et si elles ne marchent pas dans de hautes sphères. Je reviens donc aux misères matérielles de cette vie si poétique. Eugénie prêta à Thérèse, comme je te l'ai dit, tout ce qu'elle avait de plus beau. Ce ne fut ni par indifférence ni par crainte qu'elle agit ainsi, ce fut par pitié pour cette pauvre fille à qui elle avait enlevé, sans le vouloir, l'amant qu'elle adorait, et à l'égard de laquelle elle n'avait pas même l'excuse d'aimer cet amant. Elle voulut l'aider autant que possible à trouver ailleurs une compensation à son désespoir, et elle s'offrit à la parer elle-même pour la faire mieux venir des personnes chez qui elle devait se présenter. Mais Thérèse refusa, et bientôt après elle quitta Eugénie, en promettant de lui apprendre le lendemain le résultat de sa visite. Le soir de ce lendemain, Arthur devait venir chez Eugénie, mais depuis longtemps ses visites avaient été remarquées, et Jeanne, avertie par le murmure des voisins, déclara à sa fille que, si elle osait croire ce qu'on lui avait raconté, elle la chasserait de sa maison. Quinze jours auparavant, si Jeanne eût fait une pareille menace à sa fille, celle-ci l'aurait bravée et en eût peut-être prévenu l'accomplissement en quittant la maison de sa mère. Ce n'eût été alors qu'un malheur de plus, et un malheur immérité; mais, à ce moment, c'était devenu une dégradation publique, un juste châtiment, du moins aux yeux des étrangers; elle courba donc la tête sans répondre et sans que sa mère reconnût sa faute dans sa soumission. Cependant, le lendemain venu, au lieu de se rendre directement à l'atelier de madame Gilet, chez qui elle était rentrée, elle voulut aller prévenir Arthur de ne pas venir dans sa maison, où elle savait qu'elle serait espionnée. Elle gagna rapidement son hôtel, passa devant le concierge en lui jetant le nom de lady Ludney, mais, au lieu de s'arrêter au premier étage, elle monta jusqu'au petit appartement qu'Arthur occupait au second. Cet appartement se composait d'une petite antichambre, d'un salon et d'une chambre à coucher qui se suivaient en enfilade. Par un singulier hasard, Eugénie trouva ouverte la porte qui donnait sur l'escalier ; elle traversa rapidement l'antichambre et le salon, et arriva jusqu'à la porte de la chambre d'Arthur. Elle était fermée au verrou, et celui-ci, entendant l'effort qu'on faisait pour l'ouvrir, demanda :

— Qui est là ? — C'est moi c'est Eugénie, répondit la pauvre fille toute tremblante ; et presque aussitôt elle crut entendre dans la chambre une autre voix que celle d'Arthur. Il était sept heures du matin, et Eugénie ne s'étonna pas quand Arthur lui répondit à travers la porte :

— Attendez un moment ; je me lève, je suis à vous.

Elle s'assit dans un coin du salon, écoutant si le murmure qu'elle avait cru entendre se renouvellerait. Elle allait s'approcher de la porte, lorsqu'elle aperçut un bout de ruban rose passant sous les plis d'un rideau fermé. A cet aspect, comme si elle eût été frappée d'un coup terrible et soudain, elle se leva et marcha, pâle et tremblante, vers ce ruban. Elle hésita un moment à y toucher, comme si elle allait mettre la main sur un fer rouge ; enfin elle écarta le rideau, et reconnut le bonnet qu'elle avait prêté la veille à Thérèse ; elle regarda alors autour d'elle avec une indignation et une épouvante indicibles, et, sous le coussin d'un canapé, elle reconnut le beau fichu qu'elle avait prêté la veille à Thérèse. Elle continua sa recherche et elle trouva, jetés dans un coin, les beaux bas qu'elle avait prêtés la veille à Thérèse : tout cela souillé, tout cela jeté honteusement à travers la chambre, tout cela attestant le désordre du moment où cette fille s'était dépouillée de cette parure si soigneusement et si virginalement conservée par Eugénie. Cette misérable circonstance fut grande pour la pauvre fille ; elle lui offrit une image parlante de ce qu'était devenue Thérèse, l'ouvrière si coquette, si élégante, si rangée ! Elle s'épouvanta et se demanda si elle-même, livrée au même séducteur, n'en viendrait pas à jeter ainsi autour d'elle tout sentiment de retenue, comme étaient jetés ces habits : et l'effroi du vice était si fort dans l'âme d'Eugénie, que cette première pensée domina la colère et l'indignation que toute autre femme eût éprouvées à sa place. Arthur entra dans la chambre au moment où Eugénie tenait dans ses mains ce bonnet, ces bas, ce fichu. Il s'en aperçut et s'approcha d'elle, ne sachant s'il devait prévenir par la menace ou par les larmes une scène scandaleuse et violente. Eugénie ne lui donna pas le temps de se tromper sur la voie qu'il devait suivre ; elle le regarda avec un froid mépris, et lui dit avec le dernier dédain :

— Milord, lorsqu'on est le fils d'un pair d'Angleterre et qu'on a une maîtresse pauvre, on ne la laisse pas aller mendier de quoi se vêtir, pour qu'elle ne vienne pas avec des haillons dans le riche hôtel de son amant. Dites à la vôtre, milord, que je lui fais l'aumône de ce qu'elle m'a emprunté.

Aussitôt elle jeta à Arthur tout ce qu'elle tenait dans ses mains et se disposa à sortir. Il voulut la retenir par la force et se plaça rapidement devant la porte. Mais elle ne lutta pas, elle le couvrit encore une fois du même regard méprisant qu'elle lui avait lancé et alla s'asseoir sur un fauteuil.

— Eugénie, lui dit-il en s'approchant d'elle, Eugénie, écoute-moi et pardonne-moi.

La pauvre fille le regarda en face, et pour la première fois le regard fauve et ardent d'Arthur se baissa devant le regard froid et résolu d'une femme.

— Eugénie, reprit-il en se mettant à genoux, ne veux-tu pas m'écouter? c'est toi seule que j'aime, toi seule que je veux aimer. Et, en parlant ainsi, il lui prenait les mains et voulait l'attirer dans ses bras. — Prenez garde, lui dit-elle, vous allez blesser votre enfant. — Grand Dieu! s'écria-t-il, tu serais mère? Oh! si c'est vrai, Eugénie, compte sur moi. Je le prendrai, cet enfant; je l'élèverai, je lui donnerai mon nom. — Ce ne sera que justice, milord; car vous savez s'il vous appartient.

Elle se leva et sortit. Alors les larmes éclatèrent, les sanglots rompirent la barrière que leur avait opposée l'orgueil de la fille humiliée, et un moment elle fut prise de cet abandon de soi-même qui mène droit au suicide. Mais ce désespoir ne fut que d'un moment, car ce qui faisait la faiblesse de cette femme faisait aussi sa force, et elle s'imagina que sa mort serait un trop beau triomphe pour le misérable qui l'aurait ainsi vaincue jusqu'à la tombe. Elle résolut de vivre, mais elle ne voulut pas vivre entourée de tout ce qui pouvait deviner son malheur et l'en humilier. Avant d'être rentrée chez elle, son parti était pris; avant d'avoir revu sa mère, elle avait vendu sa vie pour pouvoir quitter la France.

XXXVII

PAUVRE FILLE ENCORE.

A cette époque, de riches capitalistes cherchaient de tous côtés des ouvrières intelligentes pour importer en Angleterre les modes de la France, qui y étaient fort recherchées. Autant qu'ils le pouvaient, ils choisissaient des ouvrières jeunes et belles, pour qu'elles pussent faire valoir par leur grâce personnelle les nouvelles parures qu'on voulait faire adopter aux Anglaises. Il avait été souvent question chez madame Gilet des magnifiques avantages qu'on offrait aux jeunes filles qui consentiraient à s'expatrier. Mais un séjour en pays étranger épouvantait les familles parisiennes, pour qui un voyage en France était déjà une hardiesse extraordinaire, et les capitalistes trouvaient difficilement des personnes convenables à leur projet. Aussi, lorsque Eugénie se présenta, elle fut accueillie avec empressement. Elle était connue pour son habileté, et, si elle n'obtint pas des conditions très-supérieures à celles qu'on lui souscrivit, ce fut parce que, pour elle, il ne s'agissait pas d'un salaire plus ou moins élevé, mais de quitter la France sur-le-champ. Elle stipula que les appointements qui lui étaient alloués seraient payés entre les mains de sa mère; elle ne se réserva que les besoins de la vie et le droit de revenir en France, si l'Angleterre lui déplaisait. La nature humaine n'a qu'un certain degré de force, et, avec quelque énergie qu'on l'emploie, elle se fatigue et s'abat. Tout autre qu'Eugénie eût pu user la sienne dans les cris, dans les larmes, dans le désespoir; elle la fit servir à l'accomplissement de cette brusque détermination. En rentrant chez elle, Eugénie tomba pour ainsi dire épuisée, et ce fut à cet épuisement qu'elle dut de laisser encore arriver jusqu'à elle les prières d'Arthur. Il lui avait écrit. Par une étrange coïncidence, sa lettre conseillait à Eugénie de faire précisément ce qu'elle avait fait.

« Quittez Paris, lui écrivait-il; Thérèse a entendu le terrible aveu que vous m'avez fait, et elle m'a menacé de divulguer votre position. Partez pour l'Angleterre. Je vous en fournirai les moyens. D'ici à peu de semaines j'irai vous rejoindre. N'oubliez pas que vous m'avez dit que cet enfant que vous portez dans votre sein m'appartenait. Vous me le devez, vous n'êtes plus maîtresse de disposer de votre vie, elle m'appartient jusqu'à ce que je possède ce trésor qui est à moi.

D'ici au moment où il viendra au jour, j'obtiendrai, je l'espère, un pardon dont je sens maintenant que je ne puis plus me passer. Si Arthur qui vous aime a perdu le droit de vous supplier de vivre, le père de votre enfant a presque le droit de vous l'ordonner. »

Cette lettre, dont je ne te dis que quelques mots, fut remise à Eugénie par cet ami d'Arthur qui l'accompagnait la première fois qu'elle l'avait rencontré aux Tuileries. Eugénie la lut d'un bout à l'autre, sans prononcer une parole, et lorsque Back lui demanda ce qu'il devait répondre à Arthur, Eugénie réfléchit un moment, puis lui dit d'un ton calme et résigné :

— Dites-lui, Monsieur, que dans quinze jours je serai en Angleterre et que, si je l'y revois, j'écouterai, non pas sa justification, un père n'en a pas besoin vis-à-vis d'une mère pour le persuader de l'interêt qu'il prend à son enfant; mais dites-lui aussi que ce ne sera que là, et seulement à ce titre, que je le reverrai jamais.

Pour qu'Eugénie pût tenir l'engagement qu'elle avait pris en elle-même de ne plus revoir Arthur, il aurait fallu que celui-ci consentît à ne plus la poursuivre. Il s'attacha aux pas d'Eugénie, forcée de sortir tous les jours pour les préparatifs de son départ. Il l'obligea à écouter les assurances sans cesse renouvelées de son repentir. Ce n'était plus le jeune homme amoureux et violent qui parlait; c'était le père qui comprenait toute la portée de ses devoirs, l'honnête homme un moment égaré qui était décidé à réparer son crime.

Eugénie voulut le croire. Elle ne l'aimait pas d'amour, mais elle lui avait appartenu, mais il était le père de son enfant, et elle accueillait avec joie l'espérance qu'à ce titre du moins il mériterait son estime. Enfin il alla assez loin dans ses promesses pour qu'elle eût le droit de croire qu'il pouvait venir un jour où elle n'aurait plus à rougir, et, pour la première fois de sa vie, elle se laissa aller à dire à cet homme : « Non, Arthur, je ne vous haïrai pas, si vous voulez être noble et bon. »

Eugénie ne savait où elle irait habiter dans Londres. La maison de commerce qui l'avait engagée se trouvait, au moment où elle partit, en marché pour louer plusieurs appartements, entre lesquels on n'avait pas encore choisi. Elle fut donc forcée de convenir avec Arthur qu'elle lui écrirait de Londres l'endroit où elle se trouverait, et pour cela il lui remit son adresse. Cet homme avait d'astucieuses petites habiletés pour faire croire à son dévouement. Il semblait craindre qu'Eugénie ne perdît ce précieux renseignement et que sa mémoire inhabile à retenir les mots d'une langue étrangère ne pût le lui rappeler. Il écrivit son adresse sur son passe-port, au fond d'une malle; il l'écrivit sur un mouchoir, il l'écrivit à l'angle d'une caisse à chapeaux, il l'écrivit sur tous les objets qu'Eugénie emportait; il la fit graver sur une bague, et la força ainsi de l'accepter. Eugénie lui sut gré de tant de soins minutieux. La pauvre fille qui s'enfuyait de son pays sans fuir son malheur, l'enfant qui quittait sa mère avec une honte au front qu'elle ne lui avait pas avouée, la malheureuse qui s'en allait parmi des étrangers dont elle ignorait les mœurs et le langage, avec d'autres étrangers de son pays dont elle ne savait pas le caractère, Eugénie n'osait repousser l'espérance de trouver où elle allait une personne à qui un jour elle eût le droit de demander appui et secours. Et ce jour devait nécessairement arriver, le terme en était certain.

Je t'ai raconté bien rapidement, mon maître, cette dernière douleur d'Eugénie, sa résolution, son espérance, son départ; mon récit a été court, comme le temps qui suffit à toutes ces actions. Mais ce récit aurait été trop long pour les heures que tu as à me donner, si j'avais voulu te dire tout ce qui passa de désespoir par cette âme dans ce court espace de temps. Ce serait te donner le vertige ; ce serait te mettre sur le bord d'un torrent, pour te montrer et te nommer tous les débris qui passent, arbres, rochers, maisons, cercueils, berceaux, heurtant et déchirant les rivages; ce serait t'en parler encore quand ils seraient déjà loin et remplacés par d'autres. Entre les anciennes douleurs d'Eugénie et ses douleurs nouvelles, il y avait la même différence qu'entre le pic du mineur qui met de longues heures à percer un trou dans la roche, et la charge de poudre qu'il y enferme et qui en une seconde fait voler la pierre en éclats.

— Oui, répondit Luizzi, je comprends le malheur de la pauvre fille. — Pauvre fille, soit! repartit Satan; garde-lui encore ce nom, car votre langue n'en a pas d'autre pour la désigner, jusqu'à ce que vienne le moment où, après l'avoir appelée pauvre enfant et pauvre fille, je l'appellerai pauvre femme et pauvre mère. Écoute donc.

Eugénie était arrivée en Angleterre. De même qu'il y a des malheurs si rapides qu'on ne peut les voir dans tous leurs détails, de même il y en a de si profonds qu'on ne peut mesurer les petites douleurs qui s'agitent au fond. Ainsi je ne ne saurais te faire comprendre que, dans la triste position d'Eugénie, il y eut mille cruelles circonstances qui vinrent encore la blesser. Je ne suis pas de ceux qui pensent que c'est le privilége des grandes infortunes de ne pas souffrir des petites contrariétés. Napoléon, sur son rocher de Sainte-Hélène, souffrait de l'insolence d'un sergent anglais qui ne le saluait pas ou d'un manquement au service de sa table. C'est que tous ces petits événements sont des échos qui vous renvoient plus ou moins fort le cri de votre désespoir et en frappent incessamment votre oreille. Ainsi le voyage d'Eugénie abandonnée seule dans une voiture publique, la grossièreté des douaniers anglais, la curiosité brutale du peuple au passage d'une Française, tout cela lui disait à chaque moment: « Tu as fui la France, tu as fui ta mère, tu as fui la vie de ta jeunesse, parce qu'il s'est trouvé sur ta route un misérable qui t'a violemment poussée vers une autre. » Il est des existences fatalement vouées au crime et d'autres au malheur. Vous en accusez Dieu, sans vous apercevoir que tout le secret de ce que vous appelez des inégalités révoltantes est écrit dans une page de vos livres saints que vous n'avez jamais comprise. Toute la race humaine a méconnu l'ordre du Seigneur dans la faute du premier homme, et toute la race humaine a été condamnée à accomplir l'expiation de cette faute; mais Dieu n'a pas choisi les victimes, Dieu n'est pas injuste, Dieu a dit seulement à l'humanité tout entière : « Tu souffriras et tu espéreras. » Mais de même qu'il y a dans votre vie sociale de la place pour tous les hommes, du labeur pour tous les hommes, et des moissons pour tous les hommes, et que cependant il y a des hommes qui prennent tout le repos et toutes les moissons, et qui laissent tout le labeur à d'autres, ainsi il y a pour l'humanité de la douleur pour tous et de la joie pour tous, et il y a aussi des riches qui prennent toutes les joies et des pauvres à qui ils laissent toute la douleur. La faute de ce mauvais partage social appartient aux lois politiques que vous avez faites; la faute de ce mauvais partage humain appartient aux lois de morale que vous avez faites. Dieu n'y a pas touché, et la mission du Christ n'a pas eu d'autre but que de vous apprendre cependant que Dieu tiendrait compte de leurs douleurs à ceux qui avaient payé à la grande expiation plus qu'ils ne lui devaient de souffrance; c'est pour cela que ceux qui croient sont si forts. Mais Eugénie ne croyait plus, à l'heure de malheur où elle était arrivée, ou plutôt elle doutait; elle était sur le penchant de l'abîme où je règne, et il ne fallait plus qu'une secousse pour l'y faire tomber. Cette secousse arriva. Avant de te raconter cet extrême effort du mal, il faut que je te dise quelles étaient les

Où suis-je? dit Eugénie. — Page 302.

personnes avec qui Eugénie était partie.

Le riche marchand qui avait entrepris d'élever à Londres une maison de modes françaises, c'est-à-dire le commerce qui peut parer une femme, ce marchand s'appelait Legalet. Il avait à Paris un riche établissement dont il confiait la direction à sa femme et à sa fille Sylvie; et il éleva celui de Londres, qu'il fit diriger par sa sœur, madame Bénard. Maintenant que les noms sont établis, je continue mon récit, car l'heure se passe, mon maître; la nuit avance, et la circonstance où tu te trouves est trop solennelle pour que tu ne doives pas tout savoir. Cette madame Bénard était la veuve du chef d'orchestre d'un de vos plus grands théâtres, et, avant son mariage, elle avait eu l'occasion de connaître un grand nombre d'acteurs et d'actrices. A peine arrivée à Londres, elle retrouva quelques-unes de ses anciennes liaisons, et il s'opéra dans sa maison un singulier mélange de quelques négociants français qui s'étaient établis à Londres et des actrices qui s'y trouvaient par hasard. Entre celles-ci il y en avait une déjà vieille par la débauche, auprès de laquelle madame Béru, vendant sa fille à l'association des douze, était une vertu de premier ordre. Madame Firet avait été nommée par ses camarades elles-mêmes le *vice sur deux jambes*. Elle se fit présenter chez madame Bénard, en lui procurant la fourniture des plus élégantes actrices de Londres : elle fut bientôt comme de sa maison. A ce moment, c'était au commencement de 1815, un chapeau français, une robe française, un fichu français, se payaient des prix désordonnés ; c'était le plus haut degré de luxe possible pour les femmes. Les hommes avaient cherché la mode du même côté, et une maîtresse française était pour un dandy tout ce qu'il y avait de plus fashionable. Les chevaux de course et les grooms n'étaient plus qu'en seconde ligne. Toutes les premières venues avaient été enlevées à un prix fou, et la rage était telle que le cours montait de jour en jour. Madame Firet savait tout cela, et, lorsqu'elle sut l'arrivée de madame Bénard avec une suite de jeunes et jolies filles, elle comprit qu'il y avait là quelque bon droit de commission à gagner. Il n'y avait pas un mois que madame Bénard était à Londres, que tout ce qu'il y avait de fastueux libertins se disputaient entre eux à qui aurait les belles Françaises. Les paris étaient ouverts, et les propositions arrivaient de tous les côtés. Madame Bénard, qui voulait en épargner la tentation à celles qui auraient pu y succomber, et l'injure à celles qui s'en seraient trouvées justement offensées ; madame Bénard, soit vertu, soit calcul d'une bonne commerçante, sut empêcher toutes les tentatives de pénétrer dans le parloir où elle renfermait ses ouvrières et où les *ladies* entraient seules. Mais avec les ladies entrait madame Firet, et madame Firet avait juré de donner Eugénie à lord Stive, qui avait aperçu un jour la belle Française à Argile-Room.

Ne crois pas que ce fut besoin de distractions ou l'amour du plaisir qui conduisit Eugénie à ce théâtre, alors exploité par des acteurs français sous le patronage des plus hautes notabilités de Londres, et dans lequel on n'était admis que par invitation. Mais la fureur des modes françaises était si puissante, que telle duchesse qui n'eût pas permis qu'on admit dans le théâtre un gentleman d'un rang douteux, employait tout son crédit pour faire inviter madame Bénard la marchande, sur sa promesse de lui donner les modes de Paris quarante-huit heures avant qui que ce fût. Madame Bénard choisissait d'ordinaire, pour se faire accompagner, les jeunes filles les plus distinguées de son magasin et les habillait avec une recherche qui fit, pour ainsi dire, montre de l'élégance de son goût. Eugénie, belle et charmante, parant toute parure de sa beauté, était toujours préférée, et, malgré sa résistance, madame Bénard avait fini par l'obliger à la suivre. C'est ainsi que lord Stive avait vu Eugénie. Cependant il y avait à peu près deux mois que la pauvre fille était à Londres ; elle avait envoyé plusieurs fois chez lord Ludney pour savoir si son fils était arrivé, mais on lui avait toujours fait répondre qu'il était encore en France.

La folle espérance à laquelle la malheureuse s'était rattachée s'en allait donc de jour en jour, et sa tristesse habituelle se changeait en un morne abattement, lorsqu'un soir madame Firet s'approcha d'elle et lui demanda si elle avait jamais remarqué une danseuse assez médiocre qui venait quelquefois faire des emplettes dans le magasin. Eugénie lui répondit qu'elle se la rappelait. Alors voilà madame Firet qui lui raconte avec de grands étonnements, à propos de la figure et de la tournure de la danseuse, l'immense bonne fortune qui vient de lui arriver. Des grands seigneurs, tous riches à millions, se l'étaient disputée, et enfin elle appartenait à un lord qui lui donnait des chevaux, des valets, une maison. Eugénie, qui ne prêtait pas grande attention à ce récit, répondit nonchalamment :

— Elle est bien heureuse !

La vieille coquine prit ce mot banal pour l'expression d'un désir envieux, et elle répondit :

— Eh bien ! ma toute belle, tout cela n'est rien en comparaison de ce que je sais qu'un lord veut faire pour une femme qu'il aime. D'abord il lui offre trente mille livres de rentes à elle bien acquises et qu'il ne pourra jamais lui ôter ; puis, pendant tout le temps qu'elle restera en Angleterre avec lui, un hôtel à Londres, un château à la campagne, deux voitures à quatre chevaux, des diamants, un train de princesse, une fortune telle enfin qu'elle dépassera toutes les espérances de la plus ambitieuse. — Et quelle est l'heureuse personne qui a inspiré cette belle passion ? dit Eugénie, qui, penchée sur son ouvrage, bâtissait alors les plis d'une robe lamée. — Cette heureuse personne c'est vous, et cet homme c'est lord Stive.

Et avant qu'Eugénie eût le temps de repousser cette odieuse proposition, la vieille s'éloigna, en se répétant probablement le mot dont elle se servait en parlant de son infâme métier :

« J'ai jeté le levain dans la pâte, il faut lui laisser le temps de fermenter. »

Elle savait, l'habile corruptrice, qu'on n'accepte pas sur-le-champ de telles propositions, et qu'un premier refus, échappé à un mouvement d'indignation, enchaîne quelquefois un consentement qui ensuite n'ose plus se prononcer. Dans une âme comme celle d'Eugénie, de pareilles propositions ne tourmentent pas par la séduction, mais elles torturent par le doute ; elles font regarder où arrive le vice et où conduit la vertu.

Malgré l'indignation qu'éprouva Eugénie, cette pensée se glissa dans son esprit, et bientôt, les jours se passant lentement sans qu'Arthur reparût, le doute de ce qui est bien s'empara d'elle au point de lui faire croire qu'elle était capable de se laisser emporter à une faute. Mais pour que la tentation eût été puissante, il aurait fallu qu'elle n'eût pas de complice. Eugénie, qui eût osé peut-être, dans l'égarement de son orgueil blessé, aller se proposer à un homme, recula surtout devant l'idée qu'une femme comme madame Firet pût être de moitié dans le mal qu'elle aurait voulu faire. Aussi, lorsque la vieille reparut, elle lui imposa silence avec un mépris que l'autre accepta, mais qu'elle ne tint pas pour invincible.

Cependant, on s'apercevait chez madame Bénard de la tristesse d'Eugénie : les nuits passées dans les larmes creusaient ce beau visage et altéraient cette jeune santé. On lui avait laissé entrevoir qu'on ne s'opposerait pas à son départ en France, malgré le préjudice qu'en devrait souffrir la maison, car toutes les belles dames de Londres avaient pris en affection la jeune fille, si belle, qui semblait oublier sa beauté. Eugénie répondait toujours que son mal n'était qu'une langueur causée par le climat et qu'elle dominerait bientôt ; un jour arriva cependant où, ne pouvant plus supporter l'incertitude qui la déchirait, elle se décida à s'assurer elle-même de l'absence d'Arthur ; elle prétexta le besoin de marcher un peu pour sa santé, prit une jeune Anglaise, qui parlait français pour la guider et lui servir d'interprète, et se fit conduire par elle chez lord Ludney. La jeune Anglaise, arrivée à la porte de l'hôtel, refusa d'y entrer, et Eugénie seule fut introduite. Après une assez longue attente, on la fit passer dans un salon, où elle vit un vieillard à l'air sévère, à côté duquel se trouvait un homme de quarante ans à peu près qui la lorgna d'un air encore plus étonné qu'impertinent. Elle s'adressa à lord Ludney, qui lui répondit :

— *I do not understand french.* — Monsieur vous dit qu'il n'entend pas le français, fit aussitôt l'étranger avec empressement ; je vais lui transmettre votre question.

Il répéta à lord Ludney les paroles d'Eugénie, qui s'informait si Arthur était en Angleterre. Le vieillard se retourna et s'écria :

— *Who is she?* Il me demande qui vous êtes, Mademoiselle, dit le dandy en adoucissant la question du vieux lord par le ton qu'il y mit. — Je suis Française, Monsieur, et je m'appelle Eugénie.

A ce nom, que le vieillard comprit sans doute, il se leva en s'écriant et en menaçant la pauvre fille. Quoiqu'elle ne devinât qu'à son geste les injures dont elle était l'objet, elle se retira épouvantée vers l'inconnu, qui cherchait à calmer le vieillard et qui pouvait du moins entendre la malheureuse. Ce fut en se jetant presque dans ses bras qu'elle s'écria :

— Ah ! je suis innocente, Monsieur, je suis innocente !

La colère de lord Ludney croissait de moment en moment.

— Calmez-vous, dit l'inconnu à Eugénie, il croit que c'est vous qui avez empêché depuis trois mois son fils de revenir. — Mais il y a trois mois que je suis à Londres, répondit-elle.

L'étranger répéta ces mots au vieux lord, et, pendant qu'il lui parlait, Eugénie crut entendre qu'il prononçait un nom qui lui était connu, celui de Thérèse. Lord Ludney se calma doucement, il regarda la jeune fille d'un air moins courroucé, et, après quelques paroles prononcées, il quitta le salon.

— Lord Ludney m'a chargé de ses excuses, Mademoiselle, dit alors l'inconnu. A votre qualité de Française, il vous a prise pour une femme qui a retenu Arthur à Paris plus qu'il ne lui était permis d'y rester ; mais je l'ai désabusé, car je sais que cette personne ne porte pas le nom que vous vous êtes donné. — Ne s'appelle-t-elle pas Thérèse ? s'écria vivement Eugénie. — Oui, Thérèse ; c'est du moins ce nom que m'a dit Arthur. — Il est donc à Londres ? — Oui, depuis huit jours. — Où demeure-t-il ? — Dans Covent-Garden, n°... — Oh ! j'y vais, j'y vais, dit-elle avec désespoir. — Voulez-vous me permettre de vous y conduire ?

Eugénie, la tête égarée, accepta, sans faire attention à la conséquence d'une pareille démarche. Peut-être que si, en sortant, elle eût rencontré la jeune Anglaise qui l'avait accompagnée, sa présence lui aurait rappelé qu'elle avait un guide plus convenable qu'un homme qu'elle ne connaissait pas ; mais celle-ci, fatiguée de l'attendre, s'était retirée, et Eugénie monta dans la voiture qui attendait le grand seigneur. Durant toute la route, la pauvre fille, suffoquée de larmes et de sanglots, ne put remarquer la joie de satyre et la curiosité inquiète avec lesquelles son compagnon la regardait. Ils arrivèrent enfin chez Arthur. La porte s'ouvrit rapidement sous les coups pressés du marteau qui annonçait une visite de grande importance. L'inconnu entra, tenant Eugénie par la main ; il passa rapidement devant les domestiques, monta au premier étage, et, ouvrant brusquement la porte d'un salon, dit à Arthur qui était étendu sur un divan le dos tourné à la porte et lisant un journal :

— Arthur, je vous amène une personne que j'ai rencontrée vous demandant chez votre père.

Le jeune homme se souleva sans se retourner et répondit d'un ton nonchalant :

— C'est quelqu'un de mes créanciers que vous avez pris sous votre protection, n'est-ce pas, milord ? Vous en êtes bien capable pour me jouer un méchant tour. — C'est moi, Arthur, dit Eugénie en s'avançant.

A cette voix Arthur se retourna tout à fait. Il regarda Eugénie d'un air insouciant, et reprit en arrangeant ses cheveux devant une glace :

— En ce cas, la rencontre n'est pas tout à fait aussi désagréable. Eh bien ! miss Eugénie, que me voulez-vous ?

La pauvre fille regardait Arthur avec des yeux si étonnés, qu'on y lisait qu'elle n'était pas bien sûre de ce qu'elle voyait et de ce qu'elle entendait.

— Soyez assez bonne pour vous hâter, lui dit Arthur, on m'attend à déjeuner quelque part. Voyons, que me voulez-vous, miss? — Ce que je vous veux, Arthur, ce que je vous veux... Mais vous oubliez donc qui je suis? Cet enfant que je porte... — Et qui ressemblera probablement à son frère, dit Arthur en se nettoyant les dents. — Son frère! dites-vous, milord? — Oui, un charmant enfant. — Ah! dit Eugénie, vous êtes fou ou je suis folle. De qui parlez-vous? de quel enfant?... — Mais de celui qui est né le 30 mars 1814, dans cette chambre où j'ai eu, six mois après, l'infamie d'attenter à votre vertu.

Cette accusation porta un épouvantable coup à Eugénie, mais elle lui rendit de la force. Il sembla qu'il relevât sa raison prête à succomber. Elle comprit une calomnie et une erreur; mais elle fût devenue folle devant une si atroce cruauté sans motifs. Alors elle s'écria, éclairée par cette calomnie même :

— Ah! je vois d'où vient le crime; c'est Thérèse, Thérèse, qui a osé vous dire... — Thérèse et mieux que Thérèse, un témoin qui a vu... madame Bodin.

Eugénie, anéantie sous tant d'infamie, poussa un cri sourd en cachant sa tête dans ses mains. Ce geste de désespoir pouvait aussi bien venir de la honte de voir toutes ses fautes découvertes que de sa juste horreur. Arthur le traduisit comme l'expression d'une impudence qui voit tomber son masque, et reprit d'un ton de protection insolente :

— Je vous pardonne cependant, miss : je sais que c'était un amusement pour ce qu'on appelle les grisettes françaises de faire payer à ces grands niais d'Anglais les peccadilles de leur jeunesse. Vous n'avez donc pas été plus coupable qu'une autre, et je veux me montrer généreux. Si votre position est malheureuse, je viendrai à votre secours : mes créanciers ne m'ont pas encore tout à fait ruiné. — Assez; milord! dit Eugenie. Taisez-vous, je m'en vais... taisez-vous... je pars... Taisez-vous.

Elle voulut se lever du siége sur lequel elle était tombée; mais, à peine fut-elle debout, que la force lui manqua et qu'elle s'appuya au mur pour ne pas rouler sur le tapis.

— Oh! je sais, reprit Arthur, que vous êtes une habile comédienne.

Ce mot parvint à l'oreille d'Eugénie et la soutint assez pour qu'elle pût sortir de la chambre sans succomber; mais elle était à peine au haut de l'escalier que toute force lui manqua et qu'elle resta évanouie sur la première marche qu'elle voulut descendre.

— Tu charges le tableau, Satan, dit Luizzi; aucun homme n'a tant de barbarie. — Oublies-tu que celui-là était presque un enfant, qu'il avait à peine vingt et un ans? — Et c'est pour cela que tant de cruauté m'étonne. — Vous vous étonnez de tout, vous autres qui ne savez rien regarder à fond. On vous jette des idées générales que vous adoptez sans les examiner sous tous leurs aspects, puis vous marchez avec elles comme si vous aviez la vérité à votre droite. De toutes ces idées, la plus vraie peut-être, c'est que les grandes générosités sont le privilége de la jeunesse. Mais cette idée a son revers, et ce revers c'est que les cruautés les plus implacables sont aussi son partage. Arrête-toi un jour, baron, dans une rue de Paris, et lis d'un bout à l'autre la liste des jugements rendus par vos cours d'assises; tu verras que les neuf dixièmes des forfaits commis dans votre société appartiennent à l'extrême jeunesse. C'est le résultat inévitable de tout ce qui est désir et force. Selon la route qu'ils prennent, ils vont aux grandes actions ou aux grands crimes; la prudence retient l'âge mûr, l'impuissance arrête la vieillesse. Voilà ce qu'il faut que tu saches à présent pour que la suite de cette histoire ne te donne pas encore de ces niais étonnements que tu viens de montrer.

Puis le Diable reprit :

Quand Eugénie revint de son évanouissement, elle était dans un appartement somptueux qu'elle ne connaissait pas. L'étranger qui l'avait conduite chez Arthur, étant sorti presque sur ses pas pour la poursuivre, la trouva mourante sur l'escalier, l'emporta dans sa voiture et la fit conduire chez lui. Eugénie, en revenant à elle, se vit dans les mains d'une vieille femme qui lui faisait respirer des sels et qui s'éloigna aussitôt sur un signe de l'étranger.

— Où suis-je? dit Eugénie. — Chez moi, lui dit l'inconnu, chez moi, qui ne vous abandonnerai pas comme cet indigne Arthur; chez moi qui suis persuadé de votre innocence, car je sais tout ce dont est capable la rivale qui vous a calomniée, chez moi qui vous offre un asile. — Et qui êtes-vous? mon Dieu! dit Eugénie, à qui un langage si nouveau faisait fondre le cœur en larmes. — Je suis lord Stive, miss, répondit celui-ci, en examinant sur le visage de la jeune fille l'effet de ses paroles. — Lord Stive ! s'écria-t-elle en se levant et en regardant autour d'elle avec épouvante, lord Stive ! répéta-t-elle en se reculant. — Ne craignez rien, miss; je vois à votre effroi qu'on vous a mal expliqué qui j'étais, qu'on vous a mal fait comprendre ma seule espérance. Je vous aime, miss; mais ce n'est pas, comme Arthur, pour vous livrer à la misère et à l'abandon. Je vous aime, mais pour vous donner le rang et l'éclat que vous méritez, pour vous arracher à une vie indigne de vous, pour vous placer au-dessus des misérables femmes qui ont osé vous calomnier. Car, moi, je crois à votre innocence et je ne condamne pas sans rémission la faute qui vous a livrée à Arthur. Cette faute, je l'oublierai, elle est oubliée... mon amour ne veut pas la connaître. Ce qu'il a appris ne changera rien à ce qu'il a résolu, et, si vous daignez m'écouter, dans quelques jours, demain, vous pourrez mépriser du haut de votre fortune et braver tous ceux qui ont voulu vous faire du mal, Arthur lui-même, l'insolent Arthur.

La tentation était assez bien arrivée, ce me semble, dit Satan en s'interrompant; l'heure n'en pouvait être mieux choisie, le langage n'en pouvait être mieux approprié à l'oreille qui devait l'écouter.

— Oui, dit Luizzi; mais toutes ces rencontres me semblent au moins invraisemblables. — C'est que le vrai est presque toujours au delà de votre intelligence. C'est pour cela que vos hommes de génie ont inventé le vraisemblable; c'est de leur part une lâcheté, c'est une flatterie pour la sottise commune. D'ailleurs, à quoi me servirait d'être le Diable, si je n'arrangeais pas un peu mieux les événements de mes drames que ne font vos romanciers? — Ainsi, dit Luizzi, tu employas tout ce que tu as de puissante ruse pour faire succomber une pauvre fille ? — Oui, repartit Satan, et j'ai été vaincu. — Vaincu? répéta Luizzi. — Oui, reprit le Diable. Après ce qu'Eugénie venait d'entendre, elle répondit à lord Stive :

— Milord, en me disant que vous me croyez innocente, vous me dictez la conduite que je dois tenir. Cette estime que vous m'avez montrée, quoique la proposition que vous m'avez faite me prouve combien peu elle est sérieuse, je veux y croire ; vous cependant, je veux vous y faire croire en vous prouvant que je la mérite. — Miss, reprit lord Stive, réfléchissez; ne refusez pas un homme qui peut se dire l'un des plus puissants de l'Angleterre... — Non, milord, non, reprit Eugénie d'une voix froide, mais entrecoupée par l'oppression de son cœur. Je n'accepte pas... Je ne veux pas accepter... Je vous pardonne... Je ne vous en veux pas... Je ne vous demande que de me permettre de me retirer. — Pas ainsi, miss, pas ainsi : tant de calme après un si violent désespoir doit me faire craindre une funeste résolution. —

Non, milord, non, je ne mourrai pas. Je suis mère, je vivrai.

C'est alors qu'elle m'échappa, s'écria Satan. Trois fois j'ai eu le suicide contre cette femme, trois fois elle en a été sauvée. L'effroi de la misère me restait : je l'essayai. Lord Stive, qui voulait savoir jusqu'au fond l'âme d'Eugénie pour pouvoir mieux s'en emparer, reprit aussitôt :

— Osez implorer notre loi anglaise, allez déclarer devant un magistrat le nom du père de votre enfant, et il sera forcé de le reconnaître, d'assurer son existence et la vôtre.

— Oh ! milord, dit Eugénie en détournant la tête, nous autres filles françaises, nous ne savons pas étaler notre honte comme un droit. J'aimerais encore mieux mourir. — Croyez-moi, cependant, miss Eugénie, n'abandonnez pas cette extrême ressource, n'attendez pas la pauvreté, elle mène aussi à la mort ; et, si cette démarche vous répugne tant, croyez qu'il suffit d'en menacer Arthur pour lui faire réparer son infamie, croyez que si je lui parlais... — Si vous lui parlez jamais de moi, dit Eugénie en interrompant lord Stive et en se levant, dites-lui, milord, que la victime vivra pour donner le jour à l'enfant de son bourreau, que la femme pauvre travaillera pour nourrir l'enfant de l'homme riche ; dites-lui qu'il y a un nom qui ne sortira plus de cette bouche qu'il a flétrie, et que pour la dernière fois la fille du peuple a prononcé devant vous le nom du très-noble comte sir Arthur Ludney. Adieu, milord, adieu. Nous n'avons plus rien à nous dire maintenant.

Elle sortit de cette maison, elle m'échappait encore.

— Ah ! fit Luizzi avec une joie singulière.

— Oui, reprit Satan d'un ton sinistre, oui, elle m'échappa ; mais je me promis bien que je rendrais au Seigneur son maître la victime assez torturée et assez meurtrie pour que, tout-puissant qu'il est, il lui soit difficile de guérir de telles tortures. Écoute toujours, et n'aie pas peur.

Elle sortit de cette maison, et je la saisis à son premier pas. Je ne néglige pas les petits maux, moi ; j'ai inventé l'art d'égratigner les larges blessures pour en redoubler la cuisson. Elle sortit de cette maison, mais elle ne savait pas son chemin. Elle erra longtemps perdue de son corps dans la route qu'elle demandait et qu'on lui indiquait, parce qu'à deux pas de l'endroit où on l'avait renseignée sa tête et sa mémoire se perdaient dans le dédale de ses douleurs ; et, si tu veux bien comprendre ce qu'elle était à cette heure, regarde la aller, venir, retourner, regarder aux maisons, arrêter les passants, recevoir une injure pour toute réponse, et reprendre sa route pour aller, venir et retourner encore dans le même espace ; imagine-toi qu'il en était en elle comme hors d'elle, que sa pensée allait, venait dans les douleurs de sa vie, s'égarant, se heurtant, se brisant, sans qu'elle ait pu devenir folle, sans que Dieu l'ait prise en pitié, ni moi non plus. Un vieillard la tira de cet horrible état et la ramena chez elle mourante de douleur et de fatigue. La nuit, une fièvre brûlante s'empara d'elle, et ce ne fut que huit jours après qu'elle put revenir prendre sa place parmi ses compagnes. Ces huit jours avaient été mis à profit. Lord Stive n'avait pas renoncé à s'emparer de la jeune fille ; et il tenta par le désespoir ce qu'il n'avait pu obtenir par la corruption. Il informa madame Firet du secret d'Eugénie, en lui recommandant ce qu'il fallait pour la faire succomber. J'aime madame Firet, c'est une femme intelligente et habile. Elle entendait le mal d'instinct, et il ne lui fallait pas de longues explications. Une fois le passage ouvert, cela coulait de source. La vieille n'alla pas, selon le désir très-vulgaire de lord Stive, tenter encore Eugénie en lui faisant honte de son état et en lui montrant qu'elle était bien heureuse de ce qu'elle trouvait un si haut protecteur après une si honteuse faute ; elle fut plus adroite. Elle arriva chez madame Béhard l'indignation dans les yeux et la tristesse dans la voix; elle lui apprit qu'elle, l'honnête madame Bénard, était indignement trompée par l'hypocrisie d'Eugénie, et qu'elle avait découvert que la malheureuse n'avait quitté la France que pour cacher une grossesse. Si madame Bénard avait été seule à entendre cette confidence, peut-être le but n'eût-il pas été atteint; mais madame Firet parla de cette voix qui a l'air de se cacher et qui perce les murs légers d'une cloison. Deux minutes après, tout le magasin connaissait l'état d'Eugénie, et quelques jours après, quand elle descendit, elle trouva pour tout accueil des sourires moqueurs, des rires méprisants, des plaisanteries dont elle frémit de comprendre le sens, jusqu'au moment où, ne pouvant plus supporter cette incessante injure, elle s'écria dans un transport de colère, au moment où une jeune fille s'éloignait d'elle avec un air de mépris :

— Mais qu'avez-vous donc, que vous sembliez craindre de me toucher ? — J'ai peur de blesser votre enfant, lui répondit l'autre.

Voilà comment lui fut renvoyé le mot qu'elle avait adressé à Arthur dans un moment de désespoir. Et il faut que je te dise tout, baron, pour que tu apprennes l'âme humaine, que tu veux connaître. Celle qui l'insulta avec tant de barbarie était accouchée il y avait six mois, et elle avait tué son enfant, et elle marchait la tête haute, dans l'assurance où elle était que nul ne savait son crime.

— Ce sont des monstres dont tu me parles ! s'écria Luizzi. — Non, ce sont les produits nécessaires de vos mœurs. Comme vous êtes sans pitié pour la faute connue, on cache sous le crime la faute dont on ne veut pas rougir : voilà tout. Ah ! si vous aviez une justice exacte dans vos mœurs, comme elle se rencontre quelquefois dans vos lois, si vous pesiez la faute comme vous pesez le crime, si vous daigniez regarder qu'il peut y avoir une excuse à certaines chutes comme à certains meurtres, et si le tribunal humain absolvait quelquefois ceux qui ont failli comme vos cours d'assises absolvent quelquefois ceux qui ont tué, peut-être y aurait-il moins de ces femmes perdues qui sont les plus implacables ennemies des femmes qui ne sont que malheureuses, peut-être y aurait-il moins de fripons pour déshonorer et mettre en faillite un débiteur honnête homme. On ne se fait pas méchant à plaisir, mon maître! rien ne vient sans cause dans ce monde. Seulement vous avez trop de paresse ou de stupidité pour chercher où est la racine de tous vos vices et la couper d'une main hardie. — Tu as peut-être raison, dit Luizzi; mais enfin, comment Eugénie put-elle supporter tant de douleurs sans y périr ? — Parce que l'âme est faite comme le corps, et que celui-ci meurt souvent d'une chute de quelques pieds, tandis que celui-là résiste quelquefois à tous ses membres déchirés de blessures. D'ailleurs une femme eut pitié d'Eugénie, ou peut-être pitié du repos de sa maison. Madame Bénard offrit à la pauvre fille de retourner en France, et pour que le tourment de sa faute ne l'y poursuivît pas, elle lui offrit aussi de la recommander à son frère, de la placer chez lui et de la dépayser dans cet immense Paris, où tout peut se cacher et où tout se découvre aussi comme dans le plus petit village. Eugénie était venue seule en Angleterre avec une bien faible espérance, elle s'en retourna seule en France sans aucun espoir. Elle n'avait pas avoué sa grossesse à sa mère avant de partir, et elle n'avait pu l'avouer par écrit à la femme qui ne savait pas lire sans publier sa faute partout. — Mais c'est une horrible histoire que tu me dis là, car je tremble de penser à ce que tu vas me raconter de l'accueil de Jeanne à sa fille. — Eh bien! mon maître, tu te trompes encore, reprit Satan. Les douleurs d'enfant d'Eugénie, ces douleurs délicates de jeunes filles, le malheur d'une vie déplacée, n'avaient pu percer l'écorce grossière qui revêtait le cœur de cette femme;

Celle-ci la lut la tête baissée et la rendit de même à sa maîtresse. — Page 311.

mais le malheur complet, réel, intelligible pour elle, la toucha et entra au plus profond de ses entrailles. Elle ne maudit point sa fille, elle ne l'insulta pas, elle la plaignit; elle l'aida à cacher sa grossesse, à cacher son accouchement; car, parmi toutes les souffrances dont je t'ai parlé, je ne t'ai pas dit celles d'une contrainte de tous les moments pour dissimuler un état qui chaque jour se manifestait davantage. C'était sa vie qu'Eugénie y jouait. Elle n'y a perdu que la santé. Cette femme a eu tous les malheurs. Pour t'apprendre jusqu'au bout, mon maître, ce que c'est que souffrir, pour ne pas te laisser croire que tu es le plus infortuné des êtres, s'il faut que la misère t'arrive, je vais t'en faire un tableau qui n'est pas cependant le plus triste de ceux que j'ai peints. La mère d'Eugénie, nourrie par la pension que lui faisait sa fille, avait quitté sa maison et demeurait dans une chambre dont les fenêtres ouvraient sur une petite cour carrée. Eugénie partageait avec elle le seul lit qui occupât cette chambre. Elle avait prévenu une sage-femme qu'elle irait accoucher chez elle; mais, comme il en coûtait six francs par jour dans cette maison misérable, il fallait attendre le dernier moment pour que le séjour n'y fût pas trop long et trop dispendieux. On avait dépensé déjà beaucoup d'argent pour la layette, et ce qui restait était calculé, à quelques sous près, pour le temps qu'Eugénie devait passer hors de chez elle. Aller au delà, c'était s'exposer à ne pouvoir payer strictement, c'était s'exposer à entendre venir réclamer tout haut dans la maison le prix des soins donnés à la fille accouchée. Eugénie attendait toujours le moment fatal. Une nuit, il était deux heures du matin, elle se sentit prise des premières douleurs. Il lui fallut se lever et songer à partir; il lui fallut s'habiller au hasard dans l'obscurité, car une lumière allumée dans cette chambre à pareille heure eût montré, à travers la fenêtre sans rideaux, la mère et la fille s'apprêtant à sortir au milieu de la nuit; il lui fallut descendre doucement, et sur la pointe du pied; quand ses jambes se refusaient presque à porter son corps; il lui fallut passer en courant devant la loge du portier, quand elle avait à peine la force de se traîner. Et il restait un long chemin à faire, un chemin qui pouvait durer vingt minutes et qu'elles mirent quatre heures à parcourir: la mère traînant sa fille et l'arrachant à chaque borne sur laquelle elle s'asseyait, ne pouvant plus avancer. Enfin Eugénie arriva pour tomber sur un lit et entre les mains d'une femme ignorante qui lui laissa souffrir plus de douleurs que Dieu, dans sa colère, n'en a promis à l'enfantement de la femme. Ce ne fut que dans la nuit suivante qu'elle accoucha de cette Ernestine que tu connais. Cinq jours après, elle était chez elle, et encore quinze jours était admise dans les riches magasins de M. Legalet, au haut de la rue Saint-Denis.

Le Diable s'arrêta et Luizzi parut respirer comme un homme qui atteint le sommet d'une montée pénible et s'asseoit pour reprendre haleine.

— En route, en route, mon maître, cria le Diable, l'heure se passe, le jour approche, et nous n'avons pas de temps à perdre; en route, si tu veux arriver bien renseigné à l'heure où tu dois décider de ta vie. — Va donc, dit Luizzi.

Satan reprit:

— La pauvre fille... — Encore? dit le baron. — Toujours la pauvre fille, mon maître. La pauvre femme et la pauvre mère viendront. Tu entendras et tu verras.

XXXVIII

PAUVRE FILLE TOUJOURS.

Eugénie m'avait échappé, je te l'ai dit; mais ce n'est pas parce qu'elle avait résisté à l'entraînement le plus rapide que je désespérais de la voir céder. J'avais trop d'expérience pour ne pas savoir que celui qui tient bon contre un choc violent tombe quelquefois sous la plus légère impulsion; tout l'art consiste à la donner à propos, quelquefois lorsqu'on a bien ébranlé un corps et qu'il vacille, d'autres fois quand on le pousse tout d'un coup et à l'improviste. Eugénie avait été si constamment malheureuse, qu'elle avait été toujours en garde; et, comme elle était forte, elle était toujours restée debout. Je voulus lui donner de la sécurité, et, durant la première année de son séjour chez M. Legalet, elle vécut aussi heureuse que possible, elle eut le repos de ses douleurs. Richement appointée pour une fille de son âge et de sa position, elle faisait vivre sa mère dans un petit village aux environs de Paris, où elle avait placé son enfant en nourrice. Tous les quinze jours elle allait passer l'un des deux dimanches qui lui étaient donnés auprès de sa mère et de son enfant. La seule persécution qu'elle eût à souffrir fut encore celle d'Arthur; il la rencontra un jour et la suivit. Mais il n'était plus temps de supplier ni de menacer. Il voulut l'arrêter, et elle lui dit d'un ton assez haut pour attirer l'attention des passants :

— Que me voulez-vous, Monsieur ? je ne vous connais pas. — Je veux mon fils, mon enfant ! dit Arthur, pâle de rage et d'humiliation. — Comment se nomme-t-il, cet enfant ? — Eugénie, prenez garde ! dit-il. — Prenez garde vous-même ! lui répondit-elle avec mépris, il y a près d'ici des agents de police pour arrêter les passants ivres qui insultent des femmes.

Arthur, le misérable et implacable Arthur, fut vaincu à son tour ; l'injure le souffleta impunément, et il n'était pas revenu de la fureur muette qu'il éprouvait que déjà Eugénie avait disparu dans la foule. Ce fut peu de temps après son retour en France qu'eut lieu cette rencontre, et aucune autre, grâce à moi, ne vint la troubler dans le repos où elle dormait. Cette [année écoulée, il arriva à Paris un jeune homme de province nommé Alfred Pyrol. Il était venu acheter son instruction commerciale dans une maison de banque de Paris et avait été recommandé par son père à M. Legalet. Il se présenta chez ce négociant et fut accueilli comme le fils d'un ancien ami ; il plut à madame Legalet, il plut surtout à mademoiselle Sylvie Legalet. Il était jeune, gai, ardent, conteur spirituel, avec cette teinte d'originalité que donne le sans-façon des mœurs de province. Il racontait le plus drôlement du monde ses étonnements à l'aspect de Paris. Il mettait une telle bonne foi dans ses admirations, et il avait de si singulières admirations, qu'il traînait après lui le rire, mais non le ridicule : car il y a eu rarement au monde un esprit mieux doué pour le deviner chez les autres et plus soigneux de l'éviter pour lui-même. Du reste, c'était une organisation hardie, résolue, habile, patiente, qui eût pu aller bien loin sans la crainte puérile où il était de l'opinion ; c'était un combat perpétuel entre la nature et l'éducation. Pendant longtemps Eugénie ne prit point garde aux attentions qu'il avait pour elle. Elle en fut singulièrement avertie. Mademoiselle Sylvie s'était laissé prendre par le joli provincial, qui venait passer presque toutes les soirées dans l'atelier où étaient réunies une douzaine de jeunes filles. Quoiqu'il eût déjà vingt-quatre ans, il était très-jeune de cœur et d'esprit, et la vie retirée qu'il avait menée dans sa famille l'avait lancé dans le monde avec un caractère formé pour les affaires et un esprit très-ignorant des choses les plus vulgaires du monde. Tout cela en faisait un aimable jeune homme. Un soir, Sylvie, demeurée seule avec Eugénie pour terminer un travail pressé, s'approcha d'elle, et parlant bas, quoique tout le monde fût couchée, elle lui dit :

— Avez-vous remarqué que M. Alfred me fait la cour ? — Non, vraiment ! dit Eugénie qui n'avait peut-être pas deux fois levé les yeux sur Alfred depuis qu'il venait chez madame Legalet. — Vous croyez donc qu'il ne m'aime pas ? reprit Sylvie tout alarmée. — Je ne dis pas cela ; seulement je n'ai rien vu. C'est ma faute, je suis si distraite ! — Eh bien ! Eugénie, je vous en prie, examinez-le. — Et pourquoi ? — C'est que... je voudrais savoir... si je ne me trompe pas. — Que vous importe ? — C'est que je l'aime, moi, dit Sylvie en baissant les yeux.

Eugénie la regarda. Aimer pour elle était un mot qu'elle avait souvent entendu prononcer, mais qui avait une terrible signification. Il lui sembla voir apparaître d'une part tous ses malheurs, de l'autre tous les désordres de Thérèse. Mais, lorsqu'elle observa la figure candide et charmante de Sylvie, elle crut apercevoir qu'il y avait un autre amour qu'elle ne connaissait pas et qui était doux au cœur. Puis elle reprit bien lentement :

— Ah ! vous l'aimez ? — Oui, je l'aime. Quand je le vois entrer, j'ai ce que j'ai attendu toute la journée. Quand il me parle, il me semble que je n'entends pas sa voix comme celle d'un autre, il me semble qu'elle me touche comme s'il me touchait avec sa main. Je l'entends de partout. Quand il me fait un compliment, oh! je suis heureuse! heureuse à pleurer! Quand il rit de moi, je suis triste, triste à pleurer aussi! — Oh! dit Eugénie, qu'il doit vous aimer de l'aimer ainsi! — Mais il ne le sait pas; on ne dit pas ces choses-là. — Et lui, ne vous a-t-il rien dit? — Est-ce qu'il oserait? Louis, qui a épousé ma sœur, l'a aimée deux ans sans le lui dire, au point que mon père a été forcé de le déclarer lui-même à ma sœur.

Quelle vie différente de celle dont Eugénie sortait! quel amour différent de celui dont elle avait entendu parler! quelles ombres fraîches et toutes nouvelles pour le cœur qui avait traversé de si terribles précipices, et dont l'existence ne se heurtait plus à mille obstacles aigus, parce qu'elle était dans un désert! Des larmes vinrent aux yeux d'Eugénie, mais elle les refoula, parce qu'elle n'en aurait pu expliquer le secret à celle qui lui disait si naïvement le sien. Et, curieuse de voir marcher devant elle dans ce beau sentier où elle ne pouvait plus aller, Eugénie promit à Sylvie de regarder si Alfred l'aimait. Le lendemain elle faisait attention à ce jeune homme. Elle remarqua qu'il était pour Sylvie ce qu'il était pour les autres, et que si plus d'attentions avaient été pour une seule, c'avait été pour elle-même. Mais elle ne s'arrêta pas à cette observation, qui ne fut pas même une pensée. La nuit venue, Sylvie vint auprès d'Eugénie.

— Eh bien! lui dit-elle, n'est-ce pas qu'il m'aime? Il a trouvé que j'étais coiffée à ravir.
— Oui, sans doute, dit Eugénie, qui craignait de voir s'engager imprudemment cette âme si naïve, oui, il vous l'a dit; mais il me l'a dit aussi, à moi. — Il l'a bien fallu, pour que cela n'eût pas l'air trop marqué. Puis, comme il a ramassé ma broderie quand je l'ai laissée tomber! comme il l'a trouvée jolie! comme il l'a gardée longtemps dans ses mains pour toucher ce que j'avais touché! et comme il me regardait en me la rendant! c'était au point que cette broderie m'a brûlée quand je l'ai reprise. — C'est vrai, dit Eugénie... c'est vrai, reprit-elle, en courbant la tête et en regardant tristement devant elle.

Sylvie reprit :
— A quoi pensez-vous donc? — A rien, à rien. Puis elle dit : Je ne veux pas cependant vous tromper et vous laisser l'aimer si vous ne devez pas être aimée de lui, car on doit bien souffrir d'être dédaignée. — Qu'y a-t-il donc? dit Sylvie. — N'avez-vous pas remarqué qu'à un certain moment une des demoiselles a laissé tomber son mouchoir et qu'il l'a ramassé aussi, puis qu'il l'a gardé longtemps? — Oui, oui, dit Sylvie : mais c'était le vôtre. Puis il l'a chiffonné en le nouant et, le dénouant, il s'en faisait un voile et le mettait sur son visage; mais il jouait alors, il riait, il était gai, c'est bien différent.

La veille, Eugénie avait découvert ce qu'était l'amour d'un cœur d'enfant. A ce moment elle découvrait l'aveuglement naïf qui accompagne toujours cette passion, et, craignant de froisser cette âme si délicate en lui arrachant son erreur, elle attendit pour oser lui dire la vérité. D'ailleurs ne pouvait-elle pas elle-même se tromper, et n'était-il pas possible qu'elle ne sût plus voir dans les choses innocentes? Les jours se suivirent ainsi; et Eugénie, observant sans cesse les moindres actions d'Alfred, fut presque forcée de reconnaître que c'était à elle que s'adressaient ces regards furtifs, ces mots à double sens, ces moments de joie, ces éclairs de tristesse, par lesquels parle sans cesse un amour qui se tait encore. Cependant Sylvie ne voyait rien, ou plutôt elle ne voyait que ce qui pouvait flatter son espérance; et, confiant chaque soir à Eugénie sur quels frêles indices elle croyait deviner l'amour d'Alfred, elle enseignait à sa rivale que les indices plus graves que celle-ci voyait seule étaient ceux d'un véritable amour. Eugénie avait pitié de cette enfant, et s'accusait d'être aimée comme si elle l'avait trahie. Trop endolorie encore des rudes atteintes auxquelles elle échappait, elle voulut éviter tout ce qui pourrait remettre sa vie dans une lutte quelconque. Elle chercha à mettre entre elle et Alfred des obstacles qu'il lui fût difficile de franchir. Sous prétexte que l'endroit où elle était placée était trop loin d'une lampe qui brûlait près de madame Legalet, elle se retira dans un coin et derrière la longue ligne de ses jeunes compagnes. Elle ne fit que donner à Alfred l'occasion de lui montrer qu'il la cherchait partout et que partout il savait l'atteindre. Il volait son ouvrage à celle-ci, il faisait appeler celle-là; il dérangeait une autre, et, de chaise en chaise, il arrivait à côté de madame Legalet et d'Eugénie, à qui il ne pouvait rien dire et à qui il n'eût osé rien dire, mais dans l'air de laquelle il respirait. Madame Legalet riait beaucoup de toutes ces folies de jeune homme, et l'appelait gaiement le tyran de l'atelier. Puis, le lendemain, Sylvie voulait aussi s'asseoir dans le coin retiré de sa mère; et, comme il y revenait encore, elle s'imaginait qu'il y était venu pour elle, parce qu'elle l'y avait suivie. Un autre soir, si Eugénie avait attaché un ruban noir autour de son cou, il s'écriait que les rubans noirs étaient une parure délicieuse. Et Sylvie disait à Eugénie :

— Vous voyez qu'il désire que je mette un ruban noir, qu'il trouve qu'un ruban noir m'irait aussi à merveille.

Elle mettait ce ruban. Eugénie quittait le sien, et, le soir venu, Alfred mécontent disait tout bas à Sylvie, de manière cependant à être entendu d'Eugénie et en lui jetant un regard de reproche :

— Vous êtes bonne et aimable, vous! vous n'avez pas peur de mettre ce qui me plaît.

L'heure des confidences arrivée, Sylvie disait à Eugénie :

— Vous voyez comme il m'a remerciée d'avoir mis un ruban noir ! oh ! bien certainement, il m'aime.

L'écho du cœur d'Eugénie répétait : Il m'aime. Et c'était un étrange spectacle que cette jeune fille si naïve, si ignorante, avertissant sa rivale de tout ce qu'on lui adressait d'hommages et faisant l'aveu d'un amour que sans tout cela elle n'aurait peut-être pas su comprendre. Le déplaisir qu'Eugénie éprouvait de se trouver la confidente de Sylvie et la manière froide dont elle accueillait les aveux de cette enfant, ne pouvait imposer silence à cette jeune passion. Malgré tous ses efforts, elle était obligée d'en entendre sans cesse parler, et comme un jour elle avait dit à Sylvie que sa mère lui en voudrait peut-être si elle apprenait qu'elle l'aidât à nourrir un amour qu'elle n'approuvait pas, Sylvie lui répondit aussitôt :

— Oh! ma mère le sait, et elle ne m'en veut pas : Alfred est un si honnête jeune homme, si respectueux, si bien élevé ! C'est ma mère qui m'a dit tout cela, et certainement on l'acceptera le jour où il me demandera en mariage.

Tous les mots de cette enfant portaient coup à Eugénie; ce mot « mariage » lui fut bien douloureux. Pouvait-elle se marier, elle, pauvre fille perdue ? Et, à supposer que l'amour d'Alfred fût aussi sincère qu'elle devait le croire d'après ce qu'on lui disait d'un amour pur, ne devait-elle pas y renoncer ? Et, vois comme la passion est ingénieuse à s'introduire dans le cœur! Du moment qu'Eugénie s'imagina qu'on la trouvait indigne d'être aimée, elle souffrit de l'idée de ne pas l'être, et cet amour d'Alfred qu'elle craignait de voir grandir, elle craignit de le perdre. Alors elle douta, elle voulut savoir si elle aussi n'était pas prise comme Sylvie d'un fol aveuglement, et elle évita l'approche d'Alfred, non plus pour le fuir, mais pour l'éprouver. Il la poursuivit avec la même adresse et la même persévérance. Il arrivait près d'elle par mille moyens que je ne puis te dire. Eugénie le suivait avec anxiété dans toutes ces petites manœuvres, et, lorsqu'il avait réussi et qu'elle ne pouvait plus douter qu'il fût heureux d'être auprès d'elle, elle était heureuse d'être auprès de lui. Elle lui était reconnaissante de l'aimer malgré sa faute, comme s'il l'avait connue, et elle s'endormait quelquefois en rêvant le bonheur, car elle aimait aussi. Elle l'ignorait encore lorsqu'un jour, revenant de voir sa fille à la campagne, on lui apprit qu'une nouvelle ouvrière avait été admise chez madame Legalet. Le lendemain sa terreur fut extrême à l'aspect de cette nouvelle ouvrière : c'était Thérèse. Celle-ci l'aborda effrontément comme une amie. Mais Eugénie ne put contenir la révolte de son cœur. Après une réponse glacée à toutes les avances de Thérèse, elle se retira loin d'elle et évita de lui parler.

La vie va vite dans certaines circonstances. Eugénie n'avait été occupée toute la journée que de la crainte de voir Thérèse divulguer son secret. Cette crainte n'avait pourtant pas eu toute la portée que tu peux croire. Le calme de son âme lui avait rendu de la force, le témoignage de sa conscience la soutenait, elle s'était dit qu'en désespoir de cause elle quitterait cette maison et chercherait un autre asile ; mais lorsque le soir vint et qu'Alfred parut, l'effroi que Thérèse avait inspiré à Eugénie et contre lequel elle s'était senti la force de lutter, domina complétement son âme. Dans le premier mouvement de cet effroi, elle voulut cacher l'amour d'Alfred et redoubla de précautions contre lui. Elle aimait donc cet amour, puisqu'elle le protégeait contre une dénonciation. Puis, quand elle eut compris, avant la soirée finie, que Thérèse l'avait devinée, elle sentit qu'elle n'aurait pas contre le mépris d'Alfred la force qu'elle avait contre le mépris des autres, et un moment l'orgueilleuse Eugénie eut la pensée d'implorer la pitié de cette Thérèse qui l'avait perdue. Elle passa la soirée entière les yeux baissés sur son ouvrage et remplis de larmes, et, lorsqu'elle se leva pour se retirer, Thérèse s'approcha d'elle et lui dit d'un ton où regnait la basse ironie du vice :

— Il est gentil ton nouvel amoureux, mais il a l'air un peu niais. C'est une bonne dupe à prendre.

Eugénie fut trop révoltée de l'infamie de ce mot pour se sentir la force d'y répondre, elle se détourna avec dégoût. Thérèse se vengea du mépris qu'elle méritait en le renvoyant à celle qui ne le méritait pas. En peu de jours la fille expérimentée connut l'amour d'Eugénie et connut aussi celui de Sylvie. Alors elle se rapprocha de cette jeune fille, appela des confidences qu'Eugénie repoussait depuis longtemps, et, assurée de l'erreur de Sylvie, elle la lui arracha, déchirant impitoyablement ce jeune cœur, pour que dans son désespoir il frappât sans pitié sur celui d'Eugénie.

— Oh ! s'écria Sylvie quand Thérèse lui eut dit qu'Eugénie aimait Alfred, oh ! c'est impossible ! elle à qui j'ai tout dit, elle à qui j'ai confié tout ce que j'ai dans le cœur, elle me trompait, elle se moquait de moi, j'en suis sûre ! C'est une cruauté et une perfidie sans exemple ! Je dirai tout à ma mère ! — Et vous ferez bien, repartit Thérèse qui voulait ménager habilement ses moyens de vengeance.

Sylvie courut raconter cette grande trahison à sa mère. Celle-ci montra une bien plus grande indignation encore que Sylvie, car elle se croyait le droit d'en vouloir à Eugénie plus que sa fille même. Le lendemain, madame Legalet fit appeler Eugénie, et, avant d'entrer avec elle en explications, elle lui remit une lettre. Cette lettre était celle par laquelle madame Bénard avait recommandé Eugénie à sa belle-sœur. Cette lettre disait tous les secrets de la pauvre fille. Celle-ci la lut la tête basse et la rendit de même à sa maîtresse.

— Vous le voyez, Mademoiselle, dit madame Legalet, je savais tout, et cependant je n'en ai jamais dit un mot, jamais je n'ai prononcé une parole qui pût vous humilier devant vos camarades; je vous ai même épargné le chagrin d'avoir à rougir devant moi, et vous m'en récompensez en excitant par vos coquetteries l'amour d'un jeune homme que je destine à ma fille, d'un jeune homme qu'elle aime, cette pauvre enfant, qu'elle aime d'un amour innocent, tandis que le vôtre n'est qu'un bas et odieux calcul.

Ainsi, après avoir calomnié la vie d'Eugénie, on calomniait son amour même. Elle sentit les larmes la reprendre. Cependant elle se contint et répondit :

— Non, Madame, non, je n'ai rien fait pour attirer M. Alfred et je ne l'aime pas. — Eh bien ! alors, mademoiselle, puisque c'est lui seul qu'il faut guérir, je lui dirai ce que vous êtes et qui vous êtes. — Oh ! Madame, s'écria Eugénie en tombant à genoux; je quitterai votre maison, je m'en irai ; mais ne lui dites rien, ne me déshonorez pas à ses yeux. Que vous importe de me faire du mal, quand je ne serai plus là ?

Madame Legalet réfléchit un moment et répondit :

— Oui, je sais que vous avez été plus malheureuse que coupable, mais ne le devenez pas en trompant l'amour d'un honnête homme, évitez-le, avertissez-le qu'il n'a rien à espérer : une jeune personne en a toujours les moyens quand elle le veut; et vous les trouverez si vous le voulez. A ce prix, je ne vous renverrai pas ; à ce prix, je vous promets de me taire encore.

— Enfin, dit Luizzi, voilà une bonne femme. — Bah ! fit le Diable, si on voulait bien regarder au fond de cette indulgence, on y trouverait peut-être bien un petit infâme calcul. — Encore ! s'écria le baron. —
Oui, madame Legalet avait peut-être pensé que, si Eugénie sortait de chez elle, Alfred pourrait bien n'y plus revenir ; et alors, adieu tous ses beaux projets d'établissement pour sa fille avec un jeune homme qui avait douze bonnes mille livres de rente à lui et dont le père était fort riche ! — Tu es un cruel commentateur, Satan, repartit le baron. — Non, mais je suis l'esprit de contradiction endiablé, et je trouve presque toujours vos dédains aussi stupides que vos admirations. — L'heure passe, dit Luizzi, et...

Le Diable reprit :

Eugénie accepta le marché de madame Legalet, et plus encore elle accepta les longues soirées passées en présence d'Alfred, tandis qu'un regard scrutateur l'observait, tandis qu'il lui fallait repousser avec aigreur des avances que tout le monde voyait alors : raillée lorsqu'elle avait réussi à donner assez d'humeur à Alfred pour qu'il allât adresser à une autre des paroles qui devaient faire croire à Eugénie que cet amour dont elle était heureuse n'avait pas tenu contre le plus léger obstacle ; insultée quand elle n'avait pas fatigué la poursuite ; car on lui disait qu'elle n'y avait pas mis assez de rigueur ; toujours menacée de voir son secret dénoncé, et souffrant tout cela parce qu'elle aimait, tant l'amour dompte les plus fortes natures ! tant il soumet les âmes les plus délicates à boire jusqu'à la lie les plus amers dégoûts ! C'est l'histoire de la faim et de la soif, mon maître : lorsque ces deux besoins tiennent l'homme, qu'il ait vécu de pain noir ou de bonne chère, il boit et mange avec avidité ce qui avant lui eût fait lever le cœur. La présence d'Alfred et le son de sa voix étaient les aliments dont Eugénie se nourrissait, et elle ne se sentait pas la force de s'en priver, quelques lâches saletés qu'on y mêlât. Il faut te dire aussi, pour que tu comprennes cet amour dans toute sa portée, que le secret d'Eugénie n'était pas resté dans les mains seules de madame Legalet pour fustiger Eugénie. Thérèse, l'impudente Thérèse, l'avait laissé glisser parmi toutes les jeunes filles du magasin, et les insolences et les tortures de Londres recommencèrent, mais plus vives, plus atroces, plus intimes, car elles s'adressaient à un cœur où elles blessaient à la fois l'orgueil et l'amour.

Alfred avait cependant compris qu'un changement si soudain dans la conduite d'Eugénie et dans les habitudes de ses camarades devait avoir une cause; il pensa justement qu'on avait deviné son amour, et il devina les projets de madame Legalet. Un soir, bien résolu de ne laisser à personne de folles espérances et à rendre la force à celle qu'on tyrannisait sans doute à cause de lui, il déclara, en ayant l'air de ne parler à personne, qu'il comptait se marier; car depuis huit jours il avait atteint l'âge de vingt-cinq ans. Il déclara aussi qu'il se souciait fort peu de la fortune, parce que, n'en eût-il pas une toute faite, il saurait s'en faire une indépendante; il ajouta qu'aucune menée ne pourrait l'empêcher d'épouser la femme qu'il aurait choisie et qu'il aimerait, fût-elle sortie de la dernière classe du peuple, fût-elle pauvre, fût-elle servante. Madame Legalet avait senti à qui s'adressait un pareil discours, et, toute prête à faire comprendre à Alfred qu'il ne devait plus remettre les pieds dans sa maison, elle voulut se venger de la perte de ses espérances. A peine Alfred avait-il fini de parler qu'elle ajouta :

— Voilà de nobles sentiments, Monsieur ; mais je suppose qu'à toutes les qualités que vous souhaitez dans celle que vous voulez épouser, vous ajoutez encore celle d'être une honnête fille.

A ce mot, Alfred se leva et Eugénie aussi. Alfred la regarda et Eugénie le regarda. Il pâlit à l'effrayante expression du visage d'Eugénie : il y avait un adieu éternel dans ce regard. Elle posa son ouvrage sur la table et sortit pour ne pas tomber éperdue et brisée de honte devant celui qu'elle aimait. Elle courut depuis le magasin, qui était au rez-de-chaussée, jusqu'au cinquième de la maison. J'avais une belle chance, mon maître, la fenêtre était haute et ouverte; Eugénie accourait au suicide, haletante, folle, furieuse; quelques pas encore, et elle était à moi. Alfred l'avait suivie. Oubliant toute retenue, brisant ses liens si faibles et si forts pour lui que vous appelez convenances, il avait poursuivi Eugénie, et il l'atteignit au moment où elle allait franchir le seuil de sa porte. Il l'arrêta.

— Vous m'avez compris, lui dit-il. Je vous aime, je sais que vous êtes pauvre, je sais que vous vivez du travail de vos mains, mais je vous en aime davantage. N'ayez peur de personne; je vous donnerai mon nom, je vous ferai riche, et, je vous le jure, personne alors n'osera vous insulter ni vous calomnier.

Eugénie regarda ce noble jeune homme qui, à genoux devant elle, tenait ses mains qu'il pressait avec amour.

— Vous m'aimez? lui dit-elle, eh bien ! moi aussi je vous aime, et je vais vous en donner une preuve, c'est que je ne veux pas vous tromper.

Elle ouvrit un tiroir, y prit une lettre et la remit à Alfred. Cette lettre n'avait que ces deux lignes :

« Mademoiselle, tâchez de venir dimanche, votre fille est un peu malade, et votre mère m'accuse de ne pas bien soigner votre enfant. »

Quand Alfred eut lu cette lettre, il demeura immobile devant Eugénie. Elle le regardait, car c'était la vie ou la mort qui allait sortir de la bouche de M. Peyrol. Elle voyait son visage agité, ses mains tremblantes, ses yeux égarés qui l'évitaient. Enfin Alfred, sentant lui-même que sa raison se perdait dans ce conflit de pensées si diverses, répondit à Eugénie :

— Demain, demain, je vous répondrai.

Et le diable, sans plus de façons, lui mit ses lunettes sur le nez. — Page 319.

Après ces mots, il s'enfuit, ne voulant rien entendre, et Eugénie resta seule.

Ecoute, mon maître, je veux te faire sentir ce que peut être un pareil jour d'attente, ce que c'est que l'incertitude. Voici ce que j'ai à te dire : Peut-être n'es-tu pas si ruiné que tu le crois...

— Grand Dieu ! dit Luizzi. — Mais peut-être l'es-tu plus que tu ne le penses. Du reste tu sauras cela demain au soir. — Dis-tu vrai ? s'écria Luizzi.

Et aussitôt, au lieu d'écouter le Diable, il se mit à parcourir la chambre en poussant les exclamations les plus folles et les plus désespérées.

— Oh ! s'il était possible ! disait-il ; mais non, tu me trompes, tu te railles de moi, tu me donnes cette espérance pour me rendre ma misère plus horrible. J'en avais accepté le fardeau, tu m'as peut-être trouvé trop de courage, et tu veux en redoubler le poids par une rechute... Cependant, si tu voulais me dire... Et pourquoi attendre à demain ?... Satan, parle, ne me donne pas des incertitudes plus affreuses que mon malheur.

Le Diable regarda Luizzi avec mépris et lui répondit :

— Eugénie fut plus noble et plus forte que toi, elle n'eut pas de cris convulsifs, elle ne se promena pas comme une folle en renversant les meubles, en criant à éveiller tout une maison; et cependant c'était plus qu'une fortune qu'elle pouvait perdre, c'était la suprême et dernière espérance de son cœur. — Et elle la gagna, dit Luizzi, puisqu'elle est devenue madame Peyrol ? — Oui, dit le Diable. Le lendemain, Alfred lui écrivit ces seuls mots : « Voulez-vous être ma femme ? — Et alors elle fut heureuse, dit Luizzi, qui n'écoutait plus. Elle fut riche et aimée, elle eut une famille et un monde, et cette triste histoire se dénoua dans le bonheur; elle fut moins à plaindre que je ne le pensais. — Alors, dit le Diable, commença le nouveau chapitre de cette histoire : *Pauvre Femme !*

XXXIX

PAUVRE FEMME.

— Sans doute, dit Luizzi, c'est un chapitre comme il y en a tant : un mari amoureux pendant quelques mois, puis qui abandonne sa femme, puis qui lui reproche ce qu'il a fait pour elle et qui la livre au mépris, à la solitude... — Non, mon maître, reprit le Diable, ce n'est pas cela. Ce chapitre, si tu pouvais l'entendre, durerait bien plus longtemps que tous ceux qui l'ont précédé; mais, en vérité, tu es devenu trop incapable de m'écouter. A présent que tu as une espérance personnelle, l'égoïsme est entré avec elle dans ton âme, tu es comme le monde où fut jetée Eugénie, tu crains de perdre ton temps à t'occuper d'elle, parce qu'elle n'est plus la seule planche de salut qui te reste. — Tu te trompes, Satan, dit Luizzi; je t'écouterai, mais voilà le jour qui vient, hâte-toi. — Soit, dit Satan, et je te parlerai comme tu m'écouteras, sans m'arrêter aux détails, sans appeler une attention que tu n'as plus. Maintenant, voici pourquoi Eugénie fut une pauvre femme :

Ce fut parce qu'elle entra dans le monde avec un témoignage vivant de sa faute, parce qu'elle avait un mari qui l'aimait assez pour la croire innocente, mais qui n'était pas assez fort pour la faire accepter comme innocente; parce que pour elle rien ne garda le sens vulgaire des actions ordinaires, quand ces actions même n'avaient pas un sens particulier. D'abord, M. Peyrol emmena sa femme dans sa province; mais il l'avait épousée contre la volonté de sa famille, quoique du consentement de son père. Celui-ci recevait sa bru et la protégeait presque autant que son mari; mais il y a des choses contre lesquelles on ne protége pas, c'est l'accueil glacé des belles-sœurs et des beaux-frères, c'est l'impertinence de certains oublis, c'est le nom froid et cérémonieux de *madame* sans cesse adressé à Eugénie par des gens dont la familiarité ne se servait entre eux que d'un prénom amical, c'est cette adresse méchante qui, ne pouvant la chasser d'un salon, semblait l'exclure de la famille, puis les mille circonstances qui poignent le cœur sans qu'on puisse s'en plaindre. C'était à la promenade un salut qui n'était pas rendu, circonstance qu'Eugénie n'osait pas expliquer par une distraction, comme eût pu le faire toute autre femme. C'était une visite refusée et dont on faisait d'autant plus remarquer l'absence que l'on passait dix fois sous les fenêtres de madame Peyrol pour entrer chez une personne de sa nouvelle famille. C'était surtout cette enfant, à qui monsieur Peyrol n'avait pu donner son nom et sur lequel on demandait à tous propos une explication, lorsqu'on n'ignorait pas qui il était et ce qu'il était. Si Eugénie la conduisait par hasard dans un salon ou dans une promenade, aussitôt on s'en emparait pour lui dire :

— Oh! la belle petite fille! quelle est votre maman? — C'est madame Peyrol. — Et votre papa? — Je ne le connais pas. — Pauvre petite, qu'elle est jolie! c'est bien malheureux de ne pas avoir de papa.

Cela se disait devant Eugénie, et elle faisait sortir Ernestine avec une bonne ; cela se disait encore plus cruellement en l'absence d'Eugénie. Et l'enfant rentrait et racontait ingénument tout cela à sa mère, qui alors l'empêchait de sortir. C'était un nouveau sujet de larmes ; car la petite fille, qui voyait jouer autour d'elle les autres enfants, demandait avec des pleurs, qui appelaient les pleurs de sa mère, pourquoi elle n'avait pas les jeux de son âge. Afin de remplacer pour elle ce qu'on n'osait lui donner, on satisfaisait ses moindres caprices, et il en résulta qu'Ernestine fut bientôt la petite fille la plus volontaire, la plus absolue et la plus capricieuse.

Monsieur Peyrol eut tous les dévouements et soutint la lutte contre sa famille : il la soutint jusqu'à se brouiller avec ses frères et ses sœurs ; il ne voyait plus son père que furtivement et quand il le savait seul. En effet, le courage de celui-ci avait fini par céder ; et menacé, ou de l'abandon de tous ses autres enfants auxquels il n'avait rien à reprocher, pas même une noble action, ou de celui d'Alfred, il s'était prononcé contre le fils qu'au fond de l'âme il estimait le plus. Car c'était un noble vieillard que cet homme! Mais pour arriver à un tel résultat, il y eut mille horribles petites scènes : c'était à table où l'on servait tout le monde, excepté Eugénie ; c'était au jeu où l'on refusait d'être le partner d'Eugénie ; c'était dans un bal où l'on n'invitait pas Eugénie à danser, quand on l'avait invitée à venir, ce qui n'arrivait pas toujours ; c'était ainsi partout et toujours, jusqu'à ce qu'on la laissât seule chez elle. Alfred suivit sa femme dans la solitude qu'elle s'était imposée, et Eugénie eut la dernière des douleurs, celle de voir qu'elle avait fait perdre le bonheur à celui qui s'était dévoué au sien.

Ce que je te raconte là en quelques paroles dura de longues années ; cela dura jusqu'au moment où Alfred fut las de lutter contre toutes ces petites haines de province, que ne purent calmer ni la conduite exemplaire d'Eugénie ni le respect dont la couvrait son mari. Ce n'était pas, à vrai dire, des malheurs horribles ; c'était ce supplice pour lequel vous avez trouvé un mot si vrai, la torture à coups d'épingle. Alors Alfred se décida à venir à Paris ; il se perdit un moment dans cette ville immense, en cachant ce qu'était Ernestine et en la faisant passer pour sa fille. Grâce à un mensonge, il obtint quelques jours de repos. Il commençait à reprendre espérance, lorsqu'il fut tué en revenant du Havre, il y a dix-huit mois, par l'explosion d'une machine à vapeur.

Alors, aux malheurs de la fausse position succédèrent ceux de la ruine. Tu les connais, ceux-là, et tu as été sur le point d'en devenir fou, toi un homme, toi qui n'as que toi-même à faire vivre, tandis qu'Eugénie restait avec une enfant habituée au luxe, avec une enfant qui lui reprocha sa misère, qui...

— Voici le chapitre *Pauvre mère* qui commence, n'est-ce pas? Va vite, je t'écoute. — Non, fit le Diable, il est jour, tu le verras.

XL

PAUVRE MÈRE, ETC.

Le Diable avait disparu, et Luizzi s'aperçut, en ouvrant les volets et les croisées, que le jour était moins avancé qu'il ne le croyait. Le premier objet qui frappa ses regards fut la correspondance qui lui avait apporté la nouvelle de sa ruine : il la relut encore. L'espérance que le Diable lui avait rendue et qui l'avait égaré un moment s'effaça devant une nouvelle lecture. Il savait trop bien que le Diable ne lui avait jamais offert une bonne chance que pour l'attirer dans quelque piége. En outre, Satan n'avait-il pas dit : Tu n'es peut-être pas ruiné, mais peut-être l'es-tu plus que tu ne le penses.

Le baron se décida donc à agir comme si sa ruine était certaine. D'ailleurs il n'avait pas entendu vainement le récit de Satan : Eugénie lui semblait la femme telle qu'il l'avait rêvée. Tous les déplaisirs qui étaient nés de sa situation ne l'épouvantaient plus, une fois Ernestine mariée et portant un nom derrière lequel on n'irait pas chercher celui qu'on devait y supposer. Luizzi descendit au salon, résolu à accepter l'offre de madame Peyrol et à se faire admettre en cinquième dans le contrat des prétendants. Cependant une chose l'étonna : ce fut que le jour, au lieu de grandir et de se lever dans toute sa splendeur, baissât sensiblement. Une singulière crainte s'empara de lui : ce récit, qu'il croyait n'avoir duré qu'une partie de la nuit, avait-il été prolongé par le Diable jusqu'à la fin du jour fatal? Il ne put en douter en traversant la salle à manger, où la table était à peine desservie, comme après le dîner. Alors, pris à l'improviste par une nouvelle ruse du Diable, il courut vers le salon et entra comme un fou au milieu d'un grand cercle selencieusement rangé autour d'une large table. Son entrée et l'étonnement peint sur son visage occasionnèrent un mouvement de surprise; chacun le regarda avec un air de pitié. Monsieur Rigot s'avança vers lui et lui dit assez haut pour que tout le monde l'entendît :

— Ah! vous voilà, monsieur le baron! J'ai appris les mauvaises nouvelles qui vous sont arrivées, et j'ai défendu qu'on allât vous déranger dans votre chambre. Dâme! quand on est ruiné tout d'un coup de fond en comble, cela frappe, surtout vous autres grands seigneurs, qui n'êtes pas habitués à la misère comme nous, pauvres manants. Mais je vous remercie d'avoir assez pris sur vous pour assister à notre fête de famille.

Luizzi, remis un peu de son trouble, balbutia quelques mots et jeta un regard sur Eugénie, qui se tenait humblement dans un coin. On voyait qu'elle avait pleuré toute la journée. Elle regarda aussi Luizzi, qui la salua avec un respect qu'il ne lui avait pas montré lorsqu'elle était venue vers lui, mais qu'il essaya de rendre manifeste lorsqu'il allait à elle. Parmi les personnages présents à cette scène, il y en avait un que Luizzi n'avait pas encore vu : c'était le notaire, qui le considérait d'un regard tout particulier à travers le verre de ses lunettes. Il sembla à Luizzi qu'il connaissait cet homme : l'expression de son visage, plus que ses traits, l'avait déjà frappé, et il allait chercher dans ses souvenirs en quel lieu et à quelle époque il l'avait rencontré, lorsque sept heures sonnèrent.

— Voici le moment! s'écria Rigot; l'opération va commencer. Mettons d'abord les trois noms de ces dames dans un chapeau; on les tirera l'un après l'autre pour savoir qui choisira la première. Monsieur le baron va nous rendre ce service, lui qui n'est pas au nombre des concurrents. — Je n'ai pas dit cela, murmura Luizzi, poussé par l'épouvante de la misère qui l'attendait, et retenu cependant par un reste d'honnêteté. — Ah! ah! fit M. Rigot, la nuit porte conseil, à ce que je vois, monsieur le baron. J'en suis charmé.

Luizzi baissa la tête devant cette injure, qu'il avait trouvée si lâche d'accepter quand elle s'adressait à d'autres qu'à lui. Il entendit alors le petit rire sec et aigu du notaire, et il lui sembla qu'il avait déjà entendu ce rire malfaisant, mais il ne put se rappeler en quelle circonstance. Le petit rire aigre domina le murmure de mécontentement qui s'éleva parmi les concurrents et qui finit par éclater en apostrophes grossières.

— Ah! ah! fit l'avoué, monsieur Rigot a raison; la nuit porte conseil et la ruine aussi.

— Bon! fit le maître clerc, je suis sûr que, s'il en avait le temps, ce ne serait pas seulement un contrat de mariage que Monsieur voudrait signer. — La résolution de monsieur le baron, ajouta le pair de France, lui fait d'autant plus d'honneur qu'elle est plus tardive : ce n'est qu'en face du danger que les grands courages se montrent. — Je voudrais qu'il y en eût à vous dire que vous n'êtes qu'un fat, reprit Luizzi, pour que vous fussiez bien persuadé de ce courage. — J'en chercherai la preuve quand il vous plaira. — Tout de suite, Monsieur.

Et ils s'apprêtaient à sortir quand monsieur Rigot s'écria :

— Celui d'entre vous qui sortira d'ici pour aller se battre sera exclu du concours.

Il faut dire, à l'honneur du baron, que ce fut monsieur de Lemée qui s'arrêta le premier.

Monsieur Rigot continua :

— Et le premier qui fait une menace sera de même exclu. — Je n'ai pas prononcé une parole, fit le beau commis d'agent de change.

Le plus absolu silence suivit ce petit incident, et monsieur Rigot reprit :

— Ma sœur, ma nièce, ma petite-nièce, voici cinq beaux gaillards très-convenables, et de tout âge. Faites attention à bien vous assortir sous ce rapport. La convenance des âges est la première base du bonheur. Récapitulons : monsieur de Lémée a vingt-cinq ans... — Trente, vous voulez dire, fit le petit jeune homme en lançant un regard à madame Peyrol. — Bien ! dit monsieur Rigot. Monsieur l'avoué est un peu plus âgé, n'est-ce pas ? — Vingt-neuf ans, s'écria monsieur Bador en se cabrant devant Ernestine. — Monsieur Marcoine a... — Je ne sais pas mon âge, fit le clerc. — Et monsieur Furnichon ? — J'ai l'âge qu'on veut. — Quant à monsieur le baron, il a trente-deux ans, je le sais. Nous pouvons donc commencer. Mais, puisque monsieur le baron est du nombre des prétendants, il ne peut plus nous rendre le service de tirer les noms. Ce sera ce drôle d'Akabila qui nous servira d'enfant de loterie. Allons, marche, gredin, ou je me fais des pantoufles avec la peau de ton derrière !

Et avant que le malheureux Akabila eût compris ce qu'on voulait de lui, il fut admonesté par le pied de M. Rigot, lequel sembla aller s'informer de ses futures pantoufles. Le fils de roi comprit, mit la main dans le chapeau, et ramena un nom. C'était celui d'Ernestine. L'avoué, qui était près d'elle, poussa un soupir, qui fut répété en chœur par M. Marcoine et M. Furnichon. Akabila plongea encore la main dans le chapeau, et cette fois le notaire lut le nom d'Eugénie. Ce fut le tour de M. de Lémée de pousser un énorme soupir, auquel firent écho le clerc et le commis. Il ne restait plus que le nom de madame Turniquel, qui fit une horrible moue en disant :

— Après les autres, s'il en reste; c'est bien régalant! — Il en restera, gardez-vous d'en douter, dit l'avoué d'un air très-satisfait. — Et de beaux ! dit le commis. — Et de bons! dit le clerc. — Et de nobles! fit M. de Lémée.

Luizzi se tut.

— Et de bien amoureux ! cria une voix de la porte du salon.

C'était Petit-Pierre qui entra tout botté en disant :

— C'est vous que je cherche, monsieur le baron; je viens de la part d'un monsieur de Paris, qui m'a dit que vous alliez tout de suite le trouver ou qu'il allait venir. — Un moment, dit le notaire, nous ne pouvons pas procéder comme cela ; et, si monsieur se retire, je demande qu'il soit exclu.

Luizzi s'arrêta incertain entre l'espérance que le Diable lui avait donnée et la menace qu'il lui avait faite, et il dit à Petit-Pierre :

— Et quel est ce monsieur ? — C'est une espèce de grand, sec, noir, qui a un portefeuille sous le bras et deux estafiers qui le

suivent ; ça m'a tout l'air d'un homme de justice. — D'un huissier ? s'écria Luizzi. — Possible, reprit Petit-Pierre, car il a demandé la demeure du juge de paix, et je l'ai laissé griffonnant sur des papiers timbrés.
— Il paraît que monsieur le baron a des lettres de change sur la place ? dit l'avoué.
— Si j'en ai, je les payerai, fit Luizzi d'un ton de dédain. — Avec quoi ? reprit le pair de France.

Ce mot fit pâlir Luizzi, et le notaire, après avoir encore ri de son petit rire, reprit :

— En finirons-nous, oui ou non ? — C'est juste, dit M. Rigot. Que ceux qui n'en veulent pas s'en aillent.

Luizzi fut près de sortir : il sentait bien qu'il se déshonorait aux yeux de cette femme qui lui avait parlé en termes si méprisants des hommes qui poursuivaient les chances de sa dot. Mais il se rappela en même temps qu'il avait accepté des lettres de change montant à une assez forte somme, dans un compte avec son banquier, et qu'il les avait endossées. A la crainte de la misère se joignit celle de la prison, et le baron, à qui la nature n'avait pas départi une dose suffisante de résolution et de bon sens pour le guider dans les moments difficiles, le baron resta. Petit-Pierre se rangea dans un coin, et mademoiselle Ernestine fut appelée à déclarer le choix qu'elle avait fait.

Nous n'avons pas la prétention de peindre le visage des assistants, car des positions semblables à celle que nous racontons se trouvent rarement dans la vie humaine ; mais si l'on veut bien s'imaginer une assemblée d'héritiers au jour de l'ouverture d'un testament, qui prenant un air indifférent et se mordant les lèvres pour en cacher le tremblement, qui la bouche ouverte et les yeux hors de la tête, qui le regard quêteur et trépignant des pieds, des mains, des doigts, du nez, qui la mine défaite et les jambes mal assurées, on aura une idée de la tenue de cette assemblée. Ernestine se leva, baissa gracieusement les yeux, et, tandis que l'avoué soupirait à faire éclater son cœur dans sa peau, elle dit modestement :

— Je choisis M. le comte de Lémée.

Celui-ci, qui regardait amoureusement madame Peyrol, releva soudainement la tête, poussa un cri de joie, courut vers Ernestine, et, lui baisant les mains :

— Vous avez compris mon cœur, lui dit-il, oh ! vous sentiez que je vous aimais et que je vous aimais seule.

Madame Peyrol laissa échapper un sourire de mépris, tandis que l'avoué, se rapprochant d'elle par une savante manœuvre, affectait un air plein de joie et s'écriait :

— C'est tout simple, la jeunesse avec la jeunesse ; c'est un choix très-judicieux, il faut être à peu près du même âge pour être heureux ensemble. — Quel âge avez-vous donc ? reprit M. Rigot ; vous nous avez dit vingt-huit ans. — J'en ai, parbleu ! trente-cinq bien sonnés, reprit l'avoué en regardant madame Peyrol. — Qui est-ce qui n'a pas trente-cinq ans ? dit le clerc avec humeur, voilà un beau mérite ! — Et si on ne les a pas, on les aura un jour, dit le commis. — Silence, silence ! fit M. Rigot, c'est le tour d'Eugénie.

Elle ne quitta pas sa chaise et promena son regard autour d'elle. Puis elle dit, comme si les paroles qu'elle prononçait lui déchiraient la poitrine :

— Je choisis monsieur le baron de Luizzi. — Moi ! s'écria Armand.

Il se rappela alors qu'il avait demandé à Satan le secret de la donation et que celui-ci n'avait pas répondu.

— Acceptez-vous ? dit M. Rigot. — Hé ! hé ! hé ! hé ! fit le notaire.

A ce moment, Luizzi reconnut le rire du Diable et s'arrêta soudainement.

— Acceptez-vous ? répéta M. Rigot. — Un moment, fit le notaire ; monsieur le baron n'était pas là quand on a lu les contrats, et peut-être veut-il en prendre connaissance avant de se décider. Il faut qu'il sache qu'en cas de décès de la femme, le contrat donne au mari survivant une part d'enfant; venez voir cela, monsieur le baron, venez voir.

Luizzi alla vers le notaire, sentant son cœur faillir; car, en acceptant l'offre de madame Peyrol, il se condamnait peut-être à une misère plus grande que celle qu'il redoutait, si elle n'avait rien de la dot, et c'était peut-être la nouvelle dont le Diable l'avait menacé. Il s'approcha de la table, s'y appuya pour ne pas tomber, et vit à côté des contrats un grand paquet cacheté contenant la donation des deux millions.

— C'est là, dit le notaire en posant ses doigts aigus sur le contrat, lisez!

Armand ne le put pas, sa vue était troublée, il était saisi d'une espèce de vertige.

— Mettez mes lunettes, dit le notaire; vous verrez mieux, monsieur le baron.

Et, sans autre façon, le notaire mit ses lunettes sur le nez de Luizzi, en lui montrant toujours du doigt l'endroit où il devait lire. A peine Luizzi eut-il porté les yeux sur le papier, qu'il s'aperçut que les lunettes de Satan lui avaient rendu cette puissance de vision, grâce à laquelle il avait pu lire l'histoire d'Henriette Buré à travers les murs et la nuit. Il regarda alors la donation, il se pencha vers la table, tandis que tout le monde le suivait d'un regard plein d'anxiété, et il lut, sous l'enveloppe de la donation, que M. Rigot donnait la somme de deux millions à Ernestine Turniquel, fille naturelle d'Eugénie Turniquel, femme Peyrol.

— Eh bien! acceptez-vous? demanda monsieur Rigot pour la troisième fois.

Luizzi se laissa aller sur la chaise du notaire, et répondit : « Non. »

Ce fut un cri de joie pour tous les concurrents et un cri de honte et de désespoir d'Eugénie. Quant à monsieur Rigot, il répétait avec rage :

— Non! ah! vous dites non... non!... nous verrons... Allons, Eugénie, choisis un autre mari. Je te réponds que ces messieurs accepteront. — A mon tour de dire non, répartit Eugénie; donnez votre fortune à ma fille, mon oncle, et laissez-moi aller vivre dans quelque village obscur. — Eh bien! non aussi, s'écria Rigot avec emportement; vous aurez chacune un mari ou vous n'aurez rien. — Je préfère la misère, dit Eugénie. — Et moi je garde mes millions. — Gardez-les, mon oncle; je n'ai pas oublié que le travail m'a nourrie, je sais travailler. — Bien, dit Jeanne, et je t'aiderai, moi. — Ah! s'écria Ernestine, c'est une indignité! — Ernestine! dit Eugénie. — Oui, madame, oui, c'est une indignité! Ce n'est pas assez de m'avoir donné une existence misérable et sans nom, de m'avoir fait passer une enfance honteusement exilée de partout, de m'avoir refusé de me faire connaître mon père qui était un homme d'un grand nom, je le sais. Vous m'enlevez par votre refus la seule chance que j'aie d'avoir un nom et une fortune. Oui, c'est une indignité! — Oh! s'écria madame Peyrol en cachant sa tête dans sa main; Ernestine, ma fille! — Et tu souffres qu'une drôlesse comme ça te parle avec cette insolence? reprit madame Turniquel; ah! que je lui ferais chanter une autre gamme, moi...!
— Madame, dit Ernestine, je ne sais ce que vous me voulez, je ne vous connais pas. — Ah! tu ne me connais pas, malheureuse! s'écria la vieille Jeanne; et quand ta mère, au lieu de te mettre aux Enfants-Trouvés, comme tant d'autres, travaillait pour te nourrir, qui est-ce qui te berçait et te soignait chez ta nourrice, méchante bâtarde? — Si je le suis, s'écria Ernestine, ce n'est pas ma faute, c'est celle de ma mère. — Oh! malheureuse! malheureuse! s'écriait Eugénie, en se tordant avec désespoir et en suffoquant de sanglots, malheureuse! — Et il n'y a pas un honnête homme ici à qui donner cette honnête femme! s'écria monsieur Rigot hors de lui.

Le baron eut un moment le désir de courir

à Eugénie. Il se leva à moitié de son siége, mais le Diable lui montra la donation du doigt et lui dit :

— Lis, lis.

Luizzi retomba assis sur son fauteuil. L'avoué prit la balle au bond, et comprenant la colère de monsieur Rigot, il s'écria :

— Monsieur, que madame Peyrol soit riche ou pauvre, il y a ici d'honnêtes gens tout prêts à lui offrir leur main. — Oui, oui, dirent ensemble le commis et le clerc, oui, nous sommes là. — Et moi itou, dit Petit-Pierre. — Eugénie, écoute, dit le vieux Rigot : choisis un mari, ceux-ci ne sont pas si mauvais que je le croyais; voilà qui me raccommode avec ces messieurs. — Non, mon oncle, non, je ne le puis. C'est trop odieux. — Demandez pardon à votre mère, dit tout bas monsieur de Lemée à Ernestine, ou nous sommes perdus.

Ernestine resta un moment indécise, tandis que Luizzi contemplait cette scène, et, reconnaissant partout la main de Satan, il lui dit tout bas :

— Tu avais raison. Pauvre mère! — Attends, attends, répondit Satan.

Alors Ernestine s'approcha d'Eugénie, et, se mettant à genoux, elle lui dit d'une voix très-attendrie, mais avec des yeux très-secs :

— Pardonnez-moi, ma mère, c'est un moment de folie et d'égarement... C'est un amour peut-être trop violent qui m'a emportée... Hélas! vous savez, vous, quelles fautes il peut faire commettre. — Tais-toi, tais-toi, malheureuse! lui dit sa mère, ne m'outrage pas dans tes prières comme dans ta colère, tais-toi. Puisque Dieu a marqué ma vie pour qu'elle soit la pâture des autres, je la donnerai jusqu'au bout; puisque tu ne peux être riche et heureuse que par le dernier sacrifice que je puisse faire, je te le ferai.

Elle s'arrêta, et, se retournant vers l'avoué, elle fut prête à lui parler, mais la force sembla lui manquer, et elle leva un dernier regard sur Luizzi, un regard où elle s'offrait encore à cet homme à qui elle croyait quelque honneur dans l'âme, parce qu'il avait refusé. Mais le Diable fit entendre son petit rire aigu, et Luizzi baissa les yeux.

— Monsieur, dit Eugénie à l'avoué, voulez-vous de moi, vous ?

— Oui, Madame, dit M. Bador, et Dieu m'est témoin que je vous honorerai et vous respecterai toujours. — Eh bien! voilà qui est dit, s'écria M. Rigot; et maintenant, notaire, ouvrez la donation. Je la maintiens, qu'on se marie ou qu'on ne se marie pas; ceux qui ne seront pas contents n'auront qu'à s'en aller. Lisez, tabellion, lisez...

Le notaire prit lentement la donation et brisa les cinq cachets l'un après l'autre. Il semblait jouer avec l'attente des épouseurs; le clerc et le commis, désintéressés pour leur part, examinaient en ricanant la figure pantoise des deux épouseurs, tandis que Luizzi regardait tristement la malheureuse Eugénie qui cachait sa tête dans ses mains. Le notaire déploya le papier solennellement, et prit ses lunettes, qu'il essuya pendant quelques minutes.

— Bon, bon! fit monsieur Rigot, ne vous pressez pas, ça viendra.

Enfin le notaire mit ses lunettes, et, après tous les toussements d'usage, il lut l'acte de donation sans passer une syllabe du protocole barbare de cet acte, puis il arriva au fameux article par lequel monsieur Rigot déclarait donner la somme de deux millions, actuellement déposés à la Banque de France, à sa petite-nièce Ernestine Turniquel, fille naturelle d'Eugénie Turniquel. Ernestine poussa un cri de joie et le comte de Lémée tomba à ses pieds, pendant que madame de Lémée les pressait tous deux dans ses longs bras, démesurément maternels. Eugénie suspendit ses larmes et dit à monsieur Bador :

— Oh! Monsieur, pardonnez-moi! — Laissez, laissez, dit l'avoué; j'ai un acte en bonne

A cet aspect, à ces paroles, Luizzi se sentit saisi d'une espèce de vertige. — Page 324.

orme dans ma poche, et dès cet instant monsieur de Lémée vous doit cinq cent mille francs. — Comment! s'écria Ernestine à son futur, vous avez osé disposer de ma dot? — Et si vous ne l'aviez pas eue? dit l'avoué. — Nous discuterons la teneur de l'acte, répondit le pair. — Il est en règle, repartit l'avoué. — Nous verrons. — Très-bien, très-bien, fit monsieur Rigot, vous savez que vous êtes les maîtres de ne pas épouser, car ce qui est fait est fait; et la dot sera donnée comme il est dit. — Si monsieur de Lémée veut reconnaître la validité de l'acte? fit l'avoué. — Je vous le défends! cria Ernestine à son futur. — C'est un acte immoral, dit monsieur de Lémée, qui m'a été arraché d'une manière subreptrice. — Par exemple! dit le commis, et mes dix mille francs? — Encore! dit Ernestine. — Et les miens? ajouta le maître clerc. — Et ceux du baron, sans doute? dit monsieur Rigot. — Je ne suis pour rien dans cet infâme marché, Monsieur, dit le baron.

— Hé! hé! hé! hé! fit le notaire en riant si vite et si aigrement que tout le monde s'arrêta pour l'écouter. C'est que l'acte n'est pas fini, Messieurs, dit-il, écoutez. Et il continua: Ladite somme sera placée sur l'État en rentes à cinq pour cent. — Bon! fit le commis, la rente est à cent dix, cela fait 90,909 fr. 09 — J'aurais trouvé mieux que cela sur hypothèque, fit le clerc. — Ecoutez donc, dit monsieur de Lémée. — Et ladite rente, continua le notaire, considérée comme usufruit de la somme de deux millions, sera payée à madame Eugénie Turniquel, femme Peyrol, qui en jouira jusqu'au jour de son décès, sa fille n'en ayant que la nue propriété. — Voilà qui est admirable! s'écria l'avoué. — Voilà qui est stupide! s'écria monsieur de Lémée, et avec quoi vouliez-vous que nous vivions pendant ce temps-là? — Vous avez votre acte qui vous assure cinq cent mille francs, dit le clerc. Monsieur Bador le trouvait si bon tout à l'heure! — En effet, reprit monsieur de Lémée, et cette transaction... — Est nulle, dit aussitôt l'avoué; je ne touche pas, je ne peux pas payer. — Vous êtes un fripon, dit le pair. — Et vous un misérable. — Voyons, s'écria monsieur Rigot de sa voix de stentor, acceptez-vous, monsieur le comte, oui ou non? — Ma foi! dit le pair en se promenant à grands pas, deux millions à attendre je ne sais combien de temps... c'est un bel avenir, sans doute, mais un avenir bien éloigné... — Ah! Monsieur, voilà votre amour! fit Ernestine. — Eh! Mademoiselle, reprit-il, votre mère est bien jeune! — Quelle horreur! s'écria Eugénie. — Ne vous tourmentez pas comme ça, fit l'avoué, vous vous rendrez malade.

Eugénie se détourna encore et rencontra le regard de Luizzi, qui semblait celui d'un homme pris de vertige.

A ce moment, M. Rigot s'écria encore:

— Eh bien! monsieur le comte, acceptez-vous?

Le comte hésita, et le notaire lui dit tout bas:

— Madame Peyrol est jeune, mais la grand'mère est vieille, et, en l'amadouant un peu, vous aurez avant deux ans le million qui lui revient. — C'est vrai, dit Ernestine. — Eh bien? eh bien? fit M. Rigot. — J'accepte, dit le comte. — Faut-il des chevaux de poste à ces messieurs de Paris? fit Petit-Pierre. — Que le diable t'emporte! s'écria le clerc. — Cela ne lui manquera pas, repartit le notaire. — Que le diable vous emporte tous et moi aussi! reprit le commis furieux. — C'est son devoir, dit encore le notaire, et il le remplira.

Puis il continua:

— Tout n'est pas fini, nous avons encore à connaître le choix de madame Turniquet. — C'est vrai, dit Petit-Pierre en s'avançant d'un air galant. — Je n'en suis pas, moi, d'abord, s'écria le commis. — Ni moi, repartit le clerc. — En ce cas, répliqua le notaire, il n'y a plus que Petit-Pierre et le baron de Luizzi. — Moi? s'écria Luizzi. — Il est bon de remarquer, dit le tabellion d'une voix si aigre qu'elle se fit entendre par-dessus le murmure de tout le monde, que le contrat de madame Turniquel est tout à fait à l'avantage du futur; car, au lieu d'avoir un million constitué en dot, elle reconnaît que le futur apporte un million, ce qui fait que ledit futur est le véritable propriétaire de la fortune et en peut disposer de son plein gré. — C'est bien différent! s'écria le commis. — Cela change la thèse, reprit le clerc. — Du tout, du tout, dit la vieille; vous avez fait les dégoûtés, merci de vous, messieurs les mirliflors! — C'est juste, fit Petit-Pierre; des muscadins, c'est pas ça votre affaire, la belle Jeanne. — Peut-être que si, fit madame Turniquet; et, puisque ma petite fille qu'est si fière est comtesse, je ne serai pas fâchée d'être baronne. — C'est comme ça? dit Petit-Pierre; adieu, Jeanne, vous méprisez vos vieux amis, vous vous en repentirez.

Il fit mine de sortir, puis il revint tout à coup.

— A propos, dit-il, monsieur le baron à quatre chevaux, je m'en allais sans vous remettre une lettre que m'a donnée ce grand sec noir, je l'avais oubliée dans ma poche.

Petit-Pierre jeta la lettre sur la table, et Luizzi la prit pour la lire, pendant que chacun allait et venait dans le salon, l'avoué calmant Eugénie, et monsieur de Lémée se querellant avec Ernestine parce que l'héritage de la grand'mère leur échappait. La lettre était ainsi conçue :

« Monsieur, un jugement de prise de corps exécutoire sur l'heure a été rendu contre vous pour une somme de cent mille francs. Toutes mes mesures sont prises pour vous arrêter, les autorités sont informées; veuillez donc me solder le montant de votre condamnation, ou vous rendre vous-même à Mourt, où je vous attends, si vous voulez éviter le désagrément et le scandale d'une arrestation publique.

« LALOGUET, *garde du commerce.* »

— Un million! s'écria le notaire, comme pour ramener l'ordre et le calme dans la société; un million, vous avez entendu? un million dont le futur conjoint aura la propriété et la libre disposition ! — Est-ce que tu renonces tout à fait, Petit-Pierre? dit monsieur Rigot. — Elle ne veut pas de moi, l'ingrate! dit le postillon d'un ton pleurard. — Ne t'en va pas, Petit-Pierre; car, si je ne suis pas baronne, je veux être paysanne, tout l'un ou tout l'autre. — Voilà qui est bien dit, repartit le notaire, tout l'un ou tout l'autre : c'est le sort de bien des gens, riches ou pauvres, menant joyeuse vie ou pourrissant à Sainte-Pélagie. — Voyons, dit monsieur Rigot, est-ce que vous dormez, baron? êtes-vous mon beau-frère ou mon prisonnier? car je vous préviens que c'est moi qui suis porteur de la lettre de change, et je vous jure que vous ferez vos cinq ans. Voulez-vous... une fois?

Le baron s'enfonça les ongles dans la poitrine.

— Deux fois?

Le baron se déchira la peau avec rage.

Trois fois? c'est la dernière, voulez-vous?

— Oui! s'écria le baron en se levant et en regardant autour de lui avec un tel air de menace qu'aucun rire, qu'aucun mot n'osa sortir de la bouche de personne. — Ç'a été dur, dit monsieur Rigot. — Pas tant que je le croyais, fit le notaire.

XLI

VERTIGE.

— Puisqu'il en est ainsi, reprit M. Rigot, à table, Messieurs, à table ! Le souper nous attend, un souper auquel j'ai invité tous les riches propriétaires des environs. A table, et que chacun donne la main à sa femme; nous allons faire une présentation en règle.

M. de Lémée prit la main d'Ernestine, l'avoué offrit le bras à Eugénie, et Luizzi ferma la marche avec madame Turniquel. Le baron allait comme un homme ivre, ne sachant ce qu'il faisait ni ce qu'il disait. On le mit à table entre sa future et un homme d'une trentaine d'années, qu'on appelait M. de Carin. Durant le commencement du souper, il l'entendit parler bas à M. de Lémée et lui dire : — Eh bien ! mon cher ami, avez-vous fait une bonne affaire ? — Pas trop bonne, deux millions après la mort de la mère. — C'est mon marché retourné, vous attendez la fortune et moi la pairie. — En effet, dit M. de Lémée.

Luizzi écoutait, cherchant partout des infamies pour justifier la sienne, lorsque le notaire s'écria :

— Allons, buvons! qu'est-ce qui veut me faire raison ? — Moi, parbleu ! dit M. de Carin. Je ne sais rien de mieux que de boire quand on a fait une sottise.

Et tous deux trinquèrent. Et quand le notaire eut bu, il sortit une fumée blanche de sa bouche comme si on eût jeté le vin dans un cylindre rouge où il se serait évaporé en fumée.

— Buvez donc, baron, dit M. de Carin ; cela fait supporter les vieilles femmes, les beaux-pères et les belles-mères. — Oui, reprit Armand avec fureur, buvons, j'ai besoin de ne pas penser.

Il but. Il but coup sur coup avec une rage telle que bientôt il vit la salle et les convives danser autour de lui. Du reste il n'était pas le seul ; le notaire demandait raison à tout le monde et secouait sur l'assemblée une espèce d'ivresse folle, d'entraînement général qui gagnait les plus rassis.

— Bravo! dit M. Rigot, voilà que ça s'allume, commençons les feux. Les grands verres!

Et l'on apporta d'immenses verres qui contenaient une bouteille presque entière de vin de Champagne, et on les remplit.

— A la jeune et jolie Ernestine, la future du comte de Lémée!

— A la belle Ernestine! s'écria-t-on de tous côtés. — Embrassez votre femme, monsieur le comte, dit M. Rigot à moitié ivre.

Et M. de Lémée embrassa sa femme.

— Continuons les feux, et redoublons les doses. D'autres verres!

On apporta des verres encore plus grands.

— A ma nièce Eugénie! dit le vieux Rigot en balbutiant. — A la belle Eugénie! répéta-t-on de tous côtés. — Avoué, embrassez votre femme.

Et l'avoué, qui avait pris part au festin, embrassa Eugénie qui se cachait, honteuse de cette orgie.

— C'est bien, poursuivons les feux, continua M. Rigot. Les verres grand format!

On apporta des verres colosses, et M. Rigot s'écria, quand ils furent remplis :

— A la superbe Jeanne Rigot, veuve Turniquel, future baronne de Luizzi! — A la superbe Jeanne! répéta-t-on. — Embrassez votre femme, cria M. Rigot.

Et Luizzi l'embrassa.

Un rire aigre et perçant retentit alors au-dessus de tous les cris de l'orgie, et il sembla à Luizzi que tout ce qu'il voyait prenait des formes extraordinaires : c'était une assemblée de diables, cornus, bizarres, monstrueux, ayant des serviettes au cou et buvant des verres qui ne désemplissaient jamais. Il lui sembla encore que le notaire, ou plutôt Satan, était monté sur la table, s'était assis sur une pointe de couteau, et riait de son grand rire de Diable. Puis il l'entendit crier :

— Ah! ah! ah! mon maître, te voilà donc plus bas que tous ceux que tu as méprisés !... Tu as pu épouser le seul ange, la seule femme que je n'aie pu vaincre sur la terre, et tu l'as dédaignée parce que tu l'as crue pauvre. Ah! ah! mon maître, la cupidité t'a assez aveuglé pour t'empêcher de lire jusqu'au bout l'écrit qui devait t'éclairer et que je t'ai mis dans les mains; et toi, baron de Luizzi, noble depuis 908, riche à millions, âgé de trente-deux ans, tu as accepté pour femme la fille d'un manouvrier, la veuve Turniquel âgée de soixante-quatre ans. Ah! ah! mon maître, tu as vraiment quelque chose de grand et de noble... Allons, à ta santé et à ton honneur! Maintenant, trinque avec moi, mon maître, trinque avec moi.

A cet aspect, à ces paroles, Luizzi se sentit saisi d'une espèce de frénésie, et, saisissant un couteau, il s'élança sur l'infernal fantôme et le lui plongea dans le sein. Un horrible cri partit, et tout aussitôt le charme s'évanouit, et il entendit vingt voix murmurer autour de lui :

— Il a tué le notaire, il a tué le notaire.

— Non, s'écria Luizzi, j'ai tué le Diable, le Diable est mort.

Puis il tomba sous le poids de l'horreur qui le tenait.

Quand il revint à lui, il était étendu sur un lit et dans une chambre dont les barreaux garnis de fer lui apprirent qu'il était en prison : il vit Satan debout devant lui.

— Pas encore, lui dit le Diable, je ne suis pas encore mort, mon maître. — Où suis-je? — En prison. — Pourquoi? — Pour avoir tué le notaire Niquet. — Moi? — Oui, toi, dans un moment d'ivresse, il est vrai; ce qui probablement te donne la chance de finir tes jours aux galères. — Aux galères, moi! — Aimes-tu mieux être guillotiné? — Satan, c'est encore un rêve que j'ai fait. — Peut-être. — Oh! ne t'expliqueras-tu jamais avec moi? — Je n'ai pas le temps aujourd'hui. — Et quand te reverrai-je? — Dans l'autre monde, sans doute. — J'ai donc égaré ma sonnette? — Elle est au greffe. — Je suis perdu! — Voilà un joli mot de vaudeville. — Laisse-moi, Satan. J'ai perdu mon talisman, mais j'ai mieux profité de tes leçons que tu ne le crois : je n'ai pas oublié l'histoire d'Eugénie, et comment elle t'a échappé. — Parbleu! tu me fais penser à elle. — Qu'est-elle devenue? — L'avoué prie Dieu tous les jours pour la conservation de sa femme, et tous les jours sa fille me prie pour la mort de sa mère. — Pauvre mère! — Hé! hé! hé! fit le Diable, tu vois que je tiens mes promesses. — Excepté avec moi. — Ne t'ai-je pas tiré de ton lit? ne t'ai-je pas rendu à la liberté gaillard et bien portant? — Oui, pour me plonger dans une plus horrible situation. — A laquelle je puis encore t'arracher. — Comment cela? — C'est mon affaire. — A quel prix, veux-je dire? — Le voici. J'ai fait marché avec toi pour t'arracher de ton lit, à la condition de te marier dans un délai de deux ans, ou de me donner dix ans de ta vie. Je vais te proposer un autre marché. — Et lequel? Il me semble que tu n'en peux faire de plus avantageux dans la position où tu m'as mis. Si je suis condamné, je ne me marierai pas, et tu auras ces dix années de ma vie. — Qui sait, mon maître? j'aurai peut-être besoin de toi dans deux ans. — Et quelle est la nouvelle convention que tu me proposes? — Voilà deux mois que notre marché est passé, il te reste encore vingt-deux mois pour chercher une femme. Donne-moi vingt mois et je te tiens quitte de tout, même du mariage. — En ce cas, Satan, tu sais que je ne serai pas condamné. — C'est possible, dit le Diable; veux-tu en courir la chance? Adieu. — Un moment, reprit Luizzi. — Dépêche-toi, maître, c'est aujourd'hui le 26 juillet 1830; le 26 février 1832 je te délivre et te rends ta liberté, ta fortune, ta bonne réputation qui sont perdues. — Tu me trompes encore. — Regarde!

Comme le Diable prononçait cette parole, on ouvrit la porte de la prison, et un juge entra accompagné d'un greffier. Ils étaient suivis d'un médecin, et Luizzi reconnut avec terreur le fameux docteur Crostencoupe, à qui le savant mémoire qu'il avait publié sur la guérison de Luizzi avait valu la place de médecin des prisons. Le juge lui dit :

— Voyez, Monsieur, si l'accusé est en état de subir un interrogatoire. — Et avez-vous des nouvelles de la victime? — La blessure est grave et paraît mortelle, l'accusé sera probablement condamné. Niquet était adoré dans le pays, c'était le meneur des idées libérales; le jury est composé de libéraux qui seront d'autant plus rigoureux que l'accusé est un homme ayant un nom, un titre, un homme qui tient à la vieille noblesse; l'affaire est mauvaise. Les ayants cause de Niquet se sont portés partie civile sur l'instigation de Bador, qui remuera ciel et terre pour faire condamner l'accusé et qui s'est emparé de l'affaire. D'ailleurs, les antécédents du meurtrier ne sont pas de nature à attirer l'indulgence des juges : au moment où on l'a arrêté pour son crime, il allait être arrêté pour dettes et ensuite pour une escroquerie à laquelle il a prêté les mains. — C'est donc un repris de justice? — Pas encore. — Et quelle est cette escroquerie? — Il a introduit à Paris chez une madame de Marignon un certain marquis de Bridely, lorsqu'il savait que cet homme avait lui-même pris un faux nom par l'acte faux qui le légitimait.

Et comme ce marquis de Bridely a escroqué une assez forte somme d'argent chez cette dame et a disparu depuis, on suppose que le baron de Luizzi est son complice. — Le baron de Luizzi! s'écria Crostencoupe qui causait ainsi avec le juge, pendant que le porte-clefs préparait tout l'attirail nécessaire pour écrire; le baron de Luizzi! Je le connais. — Eh bien! le voilà. — Il est fou, archifou. C'est moi qui l'ai guéri une première fois, mais il m'a échappé, et la folie l'a repris tout de suite, si bien qu'il est parti sans me payer. — Ainsi, dit le juge, vous croyez qu'il est inutile de l'interroger? — Parfaitement inutile. — Cela suffit, dit le juge, nous ferons constater la folie.

Luizzi allait se récrier; le Diable lui fit un signe, et on les laissa seuls.

— Tu vois ton seul moyen de salut, baron! La folie bien constatée te sauvera du danger d'une instruction judiciaire et d'un jugement.

— Tu me trompes encore, Satan. — Quand t'ai-je trompé, mon maître? est-ce quand tu m'as demandé l'histoire de madame de Marignon, dont tu n'as profité que pour essayer une mauvaise action dont tu portes aujourd'hui la peine? t'ai-je trompé lorsque tu m'as demandé l'histoire d'Eugénie, quoique tu aies été sur le point de m'échapper et de trouver ce qui doit te délivrer de ma servitude, le bonheur? ne t'ai-je pas même montré du doigt ce qui devait te décider à épouser cette femme? est-ce ma faute si tu n'as pas su lire jusqu'au bout, si, comme tous les hommes, tu t'es fié aux premières apparences des choses, et si tu es resté ce que tu es et ce que sont tous les hommes, égoïste, cupide et présomptueux? Non, ce n'est pas ma faute, mon maître; non, je ne t'ai pas trompé. — Mais ma fortune? s'écria Luizzi. — Donne-moi les vingt mois que je te demande, et je te tirerai d'ici riche, innocent, et, ce qui est plus, considéré.

— Comment feras-tu? — Je te le dirai alors. — C'est vingt mois de sommeil, dit Luizzi. — Voilà tout. — Prends-les donc.

Le Diable toucha Luizzi du bout du doigt, et celui-ci s'endormit.

Le lendemain, quand il s'éveilla, il se retrouva dans la même chambre : rien n'était changé, seulement il aperçut sa sonnette à côté de lui. Il appela Satan et lui dit :

— J'ai dormi d'un sommeil admirable, quoique assez court; mais en pensant que ce soir je vais m'endormir pour vingt mois, ce que je crains surtout, c'est l'emploi de ma journée. Vingt mois de sommeil, il y a de quoi en devenir fou. — Lis pour te distraire, reprit le Diable. — Peux-tu me faire donner des livres? — Je puis mieux faire, je puis t'en faire prendre, je puis même t'en fournir d'inédits. Suis-moi.

Le Diable marcha devant Luizzi, qui le suivit.

Ils arrivèrent bientôt dans une chambre assez bien meublée. Luizzi prit les fameuses lunettes que le Diable lui avait déjà prêtées et qui lui faisaient voir clair en plein minuit; il aperçut alors une femme d'une rare beauté qui dormait d'un profond sommeil.

— Quelle est cette femme? dit Luizzi. — Madame de Carin, la femme de ce charmant garçon avec qui tu as passé une soirée si délicieuse. — Une horrible soirée! — Pour toi, peut-être. — Mais pas pour toi, Satan. — Oui, j'ai un peu ri, vous avez été tous d'abominables gredins.

Il fit entendre alors son petit rire de notaire, qui arriva au cœur de Luizzi comme un remords et à son oreille comme un son faux. Le baron secoua violemment la tête et reprit :

— C'est toi qui es abominable, toi qui t'acharnes à me montrer le monde sous les plus hideux aspects. Mais laissons cela, et dis-moi pourquoi cette madame de Carin loge dans cette prison : a-t-elle commis quelque crime ? — Tu vas le savoir, repartit le Diable.

Il ouvrit le secrétaire de Mme de Carin, y prit un manuscrit et le remit à Luizzi.

— Puisque tu as peur de mes récits, lui dit-il, puisqu'il te semble que la manière dont je te montre le monde est une abominable satire, juge-le par toi-même. Je me bornerai à te mettre sous les yeux les pièces du procès. Voici la première et la plus importante.

Luizzi prit le manuscrit et le lut avec attention. Il commençait ainsi :

« Edouard, vous dont les soins m'aident à supporter mes souffrances et l'horreur de ma position, vous m'avez demandé l'histoire des malheurs qui m'ont amenée où je suis. Apprenez-la, et pardonnez-moi les détails minutieux qui l'accompagneront ; car il faut que je vous persuade encore plus de ma raison que de mon malheur. »

— Qu'est-ce que cela veut dire ? reprit Luizzi. — Lis, répondit le Diable. Est-ce que dans les romans nouveaux tu t'arrêtes à toutes les phrases que tu ne comprends pas ?
— Non, j'aurais trop à faire ; mais ceci n'est pas sans doute un roman, et par conséquent le cas est exceptionnel. — Aussi le résultat le sera-t-il ; car tu comprendras. — Ce sont encore des malheurs ? — Peut-être. — Des crimes ? — Peut-être. — D'où sort donc cette femme ? — D'une des plus nobles familles de France. — Et elle a été malheureuse ! — Peut-être plus qu'Eugénie. — Mais à coup sûr elle n'a pas été l'objet d'un marché honteux comme cette pauvre femme. Sa haute position l'en a préservée. — Lis, tu verras si la fille de noble famille et la fille du peuple ont quelque chose à s'envier.

Luizzi, qui connaissait les allures du Diable et qui savait qu'on ne lui faisait point dire ce qu'il voulait taire, se décida à emporter le manuscrit. Il se jeta sur son lit, fatigué qu'il était d'avoir fait quelques pas, et voici ce qu'il lut.

La Fille d'un Pair de France.

XLII

EXPOSITION

« Je suis la fille du marquis de Vaucloix, que l'émigration ruina comme tant d'autres. En 1809, il épousa ma mère à Munich ; elle était Française comme lui, et comme lui d'une grande famille. Ma naissance lui coûta la vie, et j'avais à peine quatre ans lorsque mon père rentra en France en 1814. Le roi Louis XVIII, voulant récompenser sa fidélité, le nomma pair de France et lui donna une charge dans sa maison. Les émoluments de cette charge ne suffirent point aux dépenses de mon père, et, lorsque l'indemnité du milliard fut votée, la part qui lui revint ne lui servit qu'à payer les nombreuses dettes qu'il avait contractées depuis son retour en France. Quant à moi, j'étais élevée dans une pension où je recevais une éducation telle qu'on croyait devoir la donner à une jeune fille d'un haut rang et d'une grande fortune. Je dessinais bien, je chantais avec goût, je dansais à merveille et je m'habillais à ravir. J'avais une opinion sur la littérature courante, j'avais pris parti pour la musique italienne, je causais avec une facilité qui passait pour de l'esprit. Du reste, j'étais parfaitement ignorante de la situation de mon père, qui se plaisait à encourager mon goût pour le luxe.

« J'avais dix-huit ans, et je commençais à m'ennuyer de ma pension, lorsqu'un matin mon père vint me surprendre en m'annonçant que j'allais enfin entrer dans ce monde que je n'avais vu que par fugitives échappées, et que je m'imaginais si charmant. Je ne vous peindrai pas ma joie de jeune fille lorsque je me trouvai maîtresse de disposer de mon temps à ma volonté, rêvant les plus doux succès, m'arrangeant une existence de plaisirs, le cœur prêt à de bonnes amitiés et quelquefois laissant arriver jusqu'à moi de lointaines pensées d'amour. Vous voyez, je procède par ordre, je vous dis comment j'étais à dix-huit ans et combien je me trouvais désarmée contre toute espèce de malheur. Peu de mois suffirent à m'enlever cette confiance. Mon père prit un jour pour recevoir, mais il ne venait guère à ses réunions que des hommes : les uns passaient la soirée à jouer, les autres parlaient politique. Cinq ou six vieilles femmes accompagnaient leurs maris et m'accablaient de témoignages d'un intérêt si protecteur, qu'elles me déplaisaient souverainement. Dans le salon de mon père, ce qui m'étonnait le plus, ce n'était pas l'absence de jeunes gens ou de jeunes filles de mon âge, c'était la présence de certaines personnes dont le nom et les manières disaient la grossière bourgeoisie.

« Pendant les premiers jours de réunion, mon père me fit chanter pour montrer ce qu'il appelait mon talent. La première fois on m'écouta avec politesse, la seconde fois j'entendis au milieu du trait le plus brillant de ma cavatine un des joueurs de wisth s'écrier d'une voix formidable : « Six de try et quatre d'honneurs, nous la gagnons triple. » La troisième fois ce fut à peine si les personnes qui étaient près du piano suspendirent leur conversation. Je renonçai à charmer la société, comme disaient deux ou trois des moins barbares, et l'obligation de recevoir le monde de mon père me devint presque insupportable.

« L'hiver vint enfin, et j'entendis beaucoup moins parler de fêtes et de bals que dans ma pension même. Je cherchais à m'expliquer cette solitude; car ma jeunesse, mes pensées, mes espérances m'isolaient complétement de tous ceux qui m'entouraient. Peu à peu je me laissai gagner à un profond ennui, sans que mon père s'en aperçût ou voulût s'en apercevoir. Un soir que la réunion était plus nombreuse, je m'étais retirée dans un coin du salon, et, le coude appuyé sur un bras du canapé, je me reportais avec regret à nos soirées joyeuses de la pension et à nos confidences de jeunes filles sur nos rêves d'avenir. Je n'étais pas cependant de celles qui se font une espérance romanesque de la vie. Je n'avais pas compté dans la mienne des amours idolâtres et une fortune souveraine. Un cœur qui m'aimât, un esprit qui fût d'accord avec le mien, et une aisance de mon rang : voilà tous mes vœux. Ils n'étaient pas bien extravagants, à moins qu'espérer une vie de calme, d'honnêteté et de bonheur ne soit en ce monde la pire des extravagances. Quoi qu'il en fût, j'en étais à regretter mes illusions, et j'avais dix-neuf ans; j'étais belle, je me sentais dans l'esprit et dans le cœur tout ce qui fait qu'une femme est aimable et peut être aimée. Sans doute ma préoccupation m'avait entraînée bien loin, car j'entendis tout à coup derrière moi une voix qui me dit :

— Cœur qui soupire n'a pas ce qu'il désire.

— Ce gros dicton populaire ne m'aurait pas semblé inconvenant, que la personne qui me l'adressa l'eût rendu grossier. C'était un vilain homme à figure réjouie, portant de très-petites cravates et d'énormes cols de chemise, enfermant mal sa personne monstrueuse dans de vastes gilets de piqué de couleur, et constamment vêtu d'un habit marron très-clair avec un pantalon noir très-court, des bas de coton blanc et des souliers à rosette.

« La présence de cet homme chez M. de Vaucloix était un de mes étonnements, et, sans qu'il m'eût jamais parlé plus qu'un autre, il me déplaisait plus que personne. Il avait une expérience brute des hommes et des choses qui lui faisait deviner presque toujours les raisons intéressées de tout ce qu'on racontait devant lui, et il les exposait avec un cynisme de mépris pour l'humanité qui blessait toutes mes jeunes idées. Si quelque autre que lui se fût aperçu de ma tris-

J'étais restée dans l'entrée du cabinet. — Page 333.

tesse, je m'en serais excusée sans doute et je l'aurais attribuée à une indisposition; mais je fus choquée d'être ainsi comprise par ce brutal observateur, et je lui répondis assez sèchement :

« Je n'ai rien à désirer, Monsieur, et je ne désire rien. — Hum! hum! fit le gros homme, en s'asseyant près de moi sans façon et en se mouchant bruyamment dans un mouchoir de cotonnade bleue; toute fille qui n'a pas un mari désire quelque chose. — Hé! qui vous a dit, Monsieur, que je désirasse me marier?

« Il me regarda fixement et me rit au nez avec une rare impertinence.

— Je n'ai pas besoin qu'on me dise ça : ça se voit tout seul. — Vous êtes bien adroit! lui dis-je d'un ton tout à fait méprisant, tant cet homme m'avait irritée. — Je suis plus adroit que vous ne pensez, me répondit-il sans prendre garde que je lui avais tourné le dos; car je vous ai trouvé ce que vous désirez, un mari. — Un mari! m'écriai-je en me retournant. — Hai! hai! hai! fit-il en clignant des yeux, comme le mot vous fait dresser l'oreille! — Monsieur, lui dis-je, blessée de cette façon de traduire mon étonnement, permettez-moi de ne pas continuer un entretien que mon père ne trouverait pas convenable. — Pardon, mille pardons : mais c'est parce que j'y suis autorisé par monsieur votre père que je me permets de vous parler comme je le fais.

« Par un mouvement de surprise, je regardai autour de moi pour chercher M. de Vaucloix, et je l'aperçus dans un coin du salon qui m'observait. Un léger signe de tête m'avertit qu'il désirait que j'écoutasse monsieur Carin.

« Puisque j'ai écrit ce nom, vous devez comprendre quel était l'homme qui me parlait ainsi. Il continua, et me dit :

« Vous le voyez, je ne suis pas si inconvenant que mes gros souliers en ont l'air; et, puisque le mot de mari est lâché, il est inutile que je batte l'eau plus longtemps. Il s'agit de monsieur mon fils. — Votre fils! lui dis-je d'un air de stupéfaction, et en le regardant de la tête aux pieds, comme pour deviner quel pouvait être le fils d'un pareil personnage.

« Aucune pensée n'échappait à cet homme, et il me répondit d'un ton d'amère plaisanterie :

— N'ayez pas peur; il se met bien, monsieur mon fils, c'est un faraud qui se brosse les ongles avec du savon de Windsor, et qui se met de l'huile antique dans les cheveux. C'est un homme comme il faut, qui parle du bout des lèvres et qui a un lorgnon. Il est baron; je lui ai acheté un titre de baron, je lui achèterai un titre de marquis, si vous voulez être marquise.

« Je n'eus pas la force de répondre à cette grossière proposition; mais je fus si humiliée que je détournai la tête pour cacher les larmes qui me venaient aux yeux. Monsieur Carin s'en aperçut, se leva brusquement et me dit :

— Ecoutez, mademoiselle, vous voilà avertie : songez-y toute la nuit. Demain je vous présenterai le jeune homme, vous vous déciderez demain au soir; il faut que cette affaire finisse, je n'ai pas de temps à perdre.

« Il s'éloigna et me laissa stupéfaite de cette façon d'agir et alarmée de cette proposition de mariage comme de la menace d'un malheur. Je cherchai à m'approcher de monsieur de Vaucloix; mais il m'évita avec un soin qui me fit comprendre qu'il ne voulait aucune explication. Contre mon habitude, je demeurai dans le salon jusqu'à l'heure où il n'y avait plus que quelques joueurs acharnés, espérant forcer mon père à m'entendre. Mais il s'assit à une table de jeu, après m'avoir dit en passant :

— Demain, tenez-vous prête de bonne heure, vous aurez l'honneur d'être présentée à la famille royale.

« Cette seconde nouvelle m'étonna autant que la première, mais elle me rassura. J'associai naturellement l'idée de ma présentation à celle de mon mariage, et je ne puis dire par quelle confiance du cœur je me figurai qu'on ne pouvait me sacrifier dans un mariage qui se ferait sous de si nobles auspices. Monsieur Carin m'avait dit de penser toute la nuit à la proposition qu'il m'avait faite. Il avait eu raison : je ne dormis pas et ne fis que pleurer, tant ce qui m'arrivait était en dehors des idées que je m'étais faites d'un mariage. Un mot que les jeunes filles ne prononcent jamais, mais qu'elles murmurent sans cesse dans leur cœur, le mot amour, n'avait encore aucun sens pour moi; mais si vous saviez, Édouard, combien de fois mes compagnes et moi nous avions conclu tous nos heureux projets sur cette phrase : « Oh! moi, je n'épouserai jamais que celui que j'aimerai, » vous comprendriez mes terreurs, lorsque je me trouvai tout à coup menacée de me donner à un homme, que je ne connaissais pas, vous comprendriez la douleur que laisse après elle une jeune espérance qui s'en va. Je n'avais jamais prévu que je pusse être obligée à avoir une volonté contraire à celle de mon père; et, quand je m'interrogeai sur ce point, je me sentis une faiblesse qui me semblait insurmontable. J'avais bien entendu parler de jeunes filles qui avaient opposé une énergique résistance aux projets de leur famille; mais c'était pour moi comme un de ces contes romanesque qui intéressent, et qui ne sont pas de notre vie. Quelquefois, le soir, entre nous, jeunes cœurs ignorants, il s'était glissé un récit qui disait comment telle jeune fille avait préféré la mort à un mariage qui lui répugnait, nous avions poussé de grands hélas! sur son malheur et donné des pleurs d'admiration à un si haut courage; mais quand cette pensée me vint pour moi-même, je ne puis dire que je la repoussai ou qu'elle me fît peur, car je me sentis trop incapable de l'exécuter. J'étais comme un misérable à qui l'on parle du faste d'un grand seigneur, et qui détourne la tête pour reprendre son pain abreuvé de larmes, sans mouvement d'espérance ou d'envie, tant il se sent éloigné d'une si haute fortune. J'avais le cœur pourvu de courage, et oser mourir était une fortune trop au-dessus de moi. Je ne prévoyais donc rien qui pût m'arracher au malheur dont j'étais menacée, car j'avais pensé aussi à me jeter aux genoux du roi et à me mettre sous sa protection. Mais tout cela était insensé; car enfin je n'aurais su comment lui dire de quel malheur j'étais si malheureuse. D'ailleurs, parler au roi, me jeter à ses pieds, faire un acte violent de ma volonté, comment en aurais-je eu la force, moi qui ne me sentais pas celle d'opposer un refus à mon père, dont l'autorité n'avait jamais été que bienveillante pour moi?

« Si je vous raconte tout cela, Édouard, c'est pour bien vous montrer que je suis une très-faible femme, qui ne puis rien pour les autres ni pour moi-même.

« Le lendemain arriva. Monsieur de Vaucloix me fit dire de me tenir prête pour l'heure de la messe. Je lui fis demander un instant d'entretien; on me répondit de sa part que nous aurions le temps durant le trajet de l'hôtel aux Tuileries. Je descendis donc dans le salon, et j'entendis dans le cabinet de mon père la voix de monsieur Carin; j'allais me retirer, lorsqu'il ouvrit la porte et dit d'un ton péremptoire :

— Faites entendre raison au roi. Pour ma part, je n'ai qu'une chose à vous dire, comme les Espagnols : *Si no, no*.

« Je me détournai pour ne pas voir en face cet homme qui me semblait disposer de moi bien plus que mon père lui-même. Il s'arrêta, puis reprit :

— Et, après le roi, faites entendre raison à Mademoiselle; car je ne prétends pas donner mon argent pour qu'on me fasse une mine de pendu. Merci!

« Il sortit, et je levai les yeux sur monsieur de Vaucloix ; il était rouge de honte. Je devinai que ce n'était ni d'indignation ni de colère, car il évita mes regards.

— Allons, allons, me dit-il, l'heure est venue.

« Il passa devant moi. Je le suivis en pensant qu'une autre que moi eût osé ne pas le suivre, et eût provoqué une explication. Quand j'arrivai dans la cour, il était déjà monté en voiture ; il froissait avec colère des papiers qu'on venait de lui remettre. Son irritation était si grande que je ne pensai pas devoir lui adresser la parole. C'est à peine s'il fit attention à moi ; il lisait ces papiers avec rage et en murmurant :

— Il faut en finir. Assez, assez…

« Quand il fut plus calme, il plia ces papiers, les mit dans sa poche et en tira d'autres qu'il lut attentivement et avec une sorte de complaisance.

— Il ne peut me refuser, disait-il tout bas

à chaque phrase : ce serait trop d'ingratitude. Et cependant ils sont si ingrats!

« J'avais presque oublié ma douleur devant le chagrin de mon père et je lui dis doucement :

— Il vous est arrivé de tristes nouvelles, n'est-ce pas ? — D'où le savez-vous ? — J'ai cru m'en apercevoir. — Non, Louise, me dit-il en se remettant soudainement ; je touche au contraire au but de tous mes vœux, à un riche établissement pour vous avec un homme distingué et appelé à une fortune politique aussi élevée que l'est sa fortune pécuniaire. — Est-ce du fils de M. Carin que vous voulez parler ? — C'est de lui : un homme bien au-dessus de sa naissance, un homme à larges idées et à grandes conceptions, un homme dont je suis fier d'assurer la position et l'avenir.

« Je ne comprenais pas bien mon père, mais il me semblait que ces éloges sortaient péniblement de sa bouche. Je pris ma résolution à deux mains pour frapper un grand coup, et je lui dis en tremblant cette phrase qui me semblait le comble de l'audace :

— Je ne l'ai pas encore vu ce... — Oh ! vous le verrez, me dit M. de Vaucloix avec un ton de raillerie cruelle ; on ne vous mènera pas à l'autel comme une victime. Le temps est passé de ces mariages barbares, auxquels de nobles familles sacrifiaient le bonheur de leurs enfants. N'ayez pas peur de toutes ces sottises, si habilement exploitées par les philosophes et les jacobins, si stupidement accueillies par les bourgeois libéraux.

« Le ton dont ces paroles furent dites était plus qu'il n'en fallait pour m'empêcher de faire d'autres observations. Nous arrivâmes bientôt au château. Ce fut alors seulement que mon père fit attention à moi. Il remarqua ma pâleur et mon air de tristesse, et me dit brusquement :

— Qu'avez-vous ? que vous est-il arrivé ? que voulez-vous qu'on pense en vous voyant une figure pareille ? On croira que je vous sacrifie... que je vous...

« Il s'arrêta probablement devant le mot qu'il allait prononcer ; mais, si ignorante que je fusse, je le devinai. Cette horrible phrase de M. Carin : « Je ne prétends pas donner mon argent pour qu'on me fasse une mine de pendu, » me revint à l'esprit. Je compris qu'on pouvait dire qu'il me vendait. J'éclatai en larmes. Mon père frappa du pied avec colère, puis se remettant :

— Allons, Louise, reprit-il, soyez raisonnable, rien n'est fini, et, si ce jeune homme vous déplaît, nous verrons ailleurs ; mais soyez calme devant tout ce monde qui va nous observer. J'ai assez d'ennemis à la cour qui ne demandent pas mieux que de me calomnier.

« En parlant ainsi, il m'essuyait les yeux avec mon mouchoir. J'arrêtai mes larmes.

— Voilà qui est bien, ma Louise ; vous êtes une bonne fille. Espérez, espérez, nous serons bientôt heureux.

« Nous descendîmes de voiture, et il me conduisit vers la chapelle.

« Edouard, je vous ai raconté toute cette scène dans ses moindres détails, pour bien vous faire comprendre comment je fus tout à coup saisie dans ma vie imprévoyante par la menace d'un malheur que je ne pouvais préciser, comment je sentis que je marchais dans une route pleine d'écueils sans les voir distinctement autour de moi, comment je dus craindre le but où l'on me menait, sans savoir où il était et ce qu'il était. C'est que ce fut là toute ma vie : des craintes sans fondement matériel, et que je ne pouvais cependant repousser comme des folies ; un malheur qui n'avait pas de corps et qui cependant était toujours près de moi, comme l'ombre de ma vie : la peur d'un fantôme invisible, une douleur sans blessure apparente ! Mais toutes ces réflexions vous diront moins bien ce que j'ai souffert que le récit qui me reste à vous faire.

« Nous arrivâmes à la chapelle. Le roi n'était pas encore arrivé. Je m'aperçus que j'étais regardée avec curiosité ; mais la sainteté du lieu borna toute cette attention à quelques regards furtifs, qui retournaient vite aux pages ouvertes d'un livre de messe. Quelques mots furent murmurés comme eussent pu l'être ceux d'une prière. Je pris la place qui m'avait été réservée, et bientôt le roi parut. J'avais été élevée dans des habitudes religieuses plutôt que dans de sincères pensées de religion. Je remplissais mes devoirs de chrétienne avec respect plutôt qu'avec élan ; jamais jusqu'à ce jour je ne m'étais tournée vers Dieu pour lui demander miséricorde et secours du plus profond de mon cœur. Je n'avais pas encore senti le besoin de ce secours et de cette miséricorde. Ce jour-là mon effroi donna un sens aux prières, pour ainsi dire muettes, que j'adressais à l'Éternel. Comme la plupart des femmes qui m'entouraient, comme je l'aurais fait peut-être moi-même en toute autre circonstance, je n'assistai point au servic. divin comme à un spectacle plus solennel où le recueillement est un devoir : non, je priai avec ferveur et désespoir, et ce fut à peine si je m'aperçus que les derniers mots de la cérémonie venaient d'être prononcés. Monsieur de Vaucloix m'avait recommandé de venir le rejoindre aussitôt après la messe finie. Je sortis, et il m'entraîna rapidement dans une longue galerie. Puis il s'arrêta, en me disant :

— Le roi va passer ; faites attention à lui répondre convenablement, s'il vous interroge.

« Charles X parut bientôt en effet. Il était suivi de monsieur le dauphin et de madame la dauphine. Il accueillit avec une grâce pleine de bienveillance quelques placets qui lui furent remis. Il causait d'un air de satisfaction avec les personnes qui l'accompagnaient ; mais, lorsqu'il aperçut mon père, un léger nuage de mécontentement parut sur son visage.

— C'est vous, Vaucloix ? lui dit-il.

« Mon père salua et me prit par la main pour me présenter. Le roi, qui ne vit pas ce mouvement, passa en disant :

— Suivez-moi.

« Mon père obéit, et je restai toute confondue, ne sachant que faire, croyant que le roi avait évité de me voir ; je portai autour de moi des regards presque éperdus. Je rencontrai ceux de madame la dauphine ; elle s'approcha de moi, et me dit avec un geste plein de bienveillance :

—Accompagnez votre père, Mademoiselle.

« Je la saluai et j'obéis, sans avoir la présence d'esprit de répondre un mot. Le roi marchait assez vite ; j'eus peine à me faire jour à travers les personnes de sa suite, et nous avions traversé plusieurs salles sans que j'eusse pu arriver près de lui, lorsqu'il entra dans un nouveau salon où monsieur de Vaucloix le suivit seul. J'arrivai juste à ce moment, et, prête à me trouver seule, je ne pus m'empêcher d'appeler et de dire : « Mon père ! » Le roi se retourna et me regarda avec une sévérité qui sembla peu à peu s'effacer pour faire place à une expression d'intérêt.

— Vous êtes mademoiselle de Vaucloix ? me dit-il.

— Oui, sire. — Eh bien ! suivez-nous.

« J'entrai avec mon père, qui parut vivement contrarié de ma présence, et l'on ferma les portes sur nous. J'étais restée à l'entrée du cabinet de Charles X, que monsieur de Vaucloix avait suivi jusqu'à l'angle opposé de cette pièce. Mon père parlait à voix basse, et je ne pouvais entendre ce qu'il disait, mais il semblait solliciter instamment une grâce que le roi ne voulait pas accorder. La discussion s'échauffait, on oubliait que j'étais là, car j'entendis le roi répondre assez vivement :

— Oui, oui, je sais que c'est votre mot, à vous autres... Ingrat comme un Bourbon...

« Mon père sembla s'excuser, mais Charles X continua avec vivacité :

— Et c'est avec ce mot que vous nous faites faire toutes ces choses qui nous sont si durement reprochées.

« Monsieur de Vaucloix répliqua, et je crus entendre qu'il parlait de services.

— Je ne les ai point oubliés, repartit le roi.

— Et vous me refusez cependant, sire, ce que vous avez accordé à plusieurs de mes collègues, au comte C..., au marquis de B...! Ceux-là n'ont pas perdu leur fortune dans l'émigration; au contraire, ils l'ont gagnée à servir la république et l'empire.

« Le roi se détourna avec dépit, puis il finit par répondre :

— Mais enfin quel est cet homme ?

« Le roi écouta avec attention ce que lui répondit mon père, qui, voulant sans doute conclure son discours par quelque chose de puissant, tira des papiers de sa poche et les remit à Charles X. Mais, à peine Sa Majesté les eut-elle dans les mains qu'il s'écria :

— Pardon, sire, je me suis trompé, ce n'est pas cela.

« Le roi retint les papiers et regarda mon père avec une sévérité qui lui fit baisser les yeux.

— Laissez, dit-il, laissez, monsieur de Vaucloix; voilà qui m'instruira mieux que tout ce que vous pourriez me dire.

« Puis le roi se mit à parcourir les papiers. De loin, à leur format et au cordonnet rouge dont ils étaient cousus, je les reconnus pour ceux qui avaient si vivement irrité mon père. La figure de Sa Majesté devenait de plus en plus sombre à mesure qu'elle les parcourait, et elle finit par s'écrier :

— C'est effrayant un pareil désordre! une pareille somme !

« Monsieur de Vaucloix fit un signe au roi, qui leva les yeux sur moi. Je compris qu'il avait été averti par ce signe de ne pas dire devant la fille des paroles qui pourraient accuser le père. En effet, il me regarda un moment, et je vis que j'étais devenue le sujet de leur entretien ; car leurs gestes et leurs regards se dirigeaient à leur insu de mon côté. Ce nouvel entretien à voix basse eut un terme, et j'entendis le roi dire avec sévérité :

— Si je le fais, Monsieur, ce sera pour elle, pour qu'elle ne meure pas dans la misère ; ce sera pour la dignité du nom que vous portez.

« Après ces paroles que j'entendis, quoique le roi les eût prononcées d'une voix peu élevée, il s'avança vivement vers moi. Mon père marchait derrière lui ; son visage était bouleversé ; il leva sur moi des regards désespérés, et joignit les mains comme pour me supplier. Ce geste me fit une peine horrible.

— On veut vous marier, Mademoiselle ? me dit brusquement le roi. — Oui, sire. — Et vous êtes heureuse de ce mariage ?

« Je regardai mon père, qui fit un mouvement.

— Laissez-la parler, Monsieur, dit le roi, qui s'aperçut du mouvement.

« Puis il reprit :

— C'est avec joie que vous acceptez ce mariage?

— Oui, sire, avec joie, répondis-je d'un ton si exalté que le roi en fut surpris.

« Sa Majesté me regarda tristement et d'un air de pitié profonde, puis elle me dit doucement :

— C'est bien, Mademoiselle ; je n'ai pas le droit de m'opposer à un si noble dévouement. C'est bien !

« Il tira le cordon d'une sonnette.

— Sire, plus tard, dit monsieur de Vaucloix. — Non, non, je ne veux plus en entendre parler.

« Un huissier parut, et Charles X fit mander un secrétaire, qui arriva bientôt avec un portefeuille. Le roi, qui se promenait dans son cabinet, dit aussitôt :

— L'ordonnance concernant le gendre de monsieur de Vaucloix!

« Le secrétaire la lui présenta. Le roi la signa et la tendit à mon père.

— Voilà, Monsieur, lui dit-il.

« Puis il se tourna vers moi et me dit en me saluant :

— Soyez heureuse, Mademoiselle.

« Nous sortîmes, et nous traversâmes avec rapidité les appartements; nous descendîmes, et notre voiture avança.

— À l'hôtel, dit mon père, et brûlez le pavé.

« Nous partîmes, et aussitôt l'agitation qui semblait le tenir éclata avec une violence qui me confondit.

— Nous l'avons, s'écria-t-il, nous l'avons... Ce n'a pas été sans peine... Sans toi, j'étais perdu... mais tu as été admirable... Et jusqu'à ces papiers que j'ai si gauchement remis au roi... Je l'aurais fait exprès que je n'aurais pas mieux réussi... Voilà la première fois que des papiers d'huissier sont bons à quelque chose... Mais il y a des jours de bonheur où tout sert... Ah! ma pauvre Louise, tu seras heureuse aussi : une fortune colossale, dont tu leur apprendras à faire les honneurs... C'était un coup de maître... Il fallait réussir aujourd'hui... car sans cela, demain..... Mais je la tiens, la voilà, la voilà!...

« Et il lisait avec complaisance l'ordonnance que le roi lui avait remise.

« Quant à moi, j'étais aussi inquiète de la joie de mon père que je l'avais été de son désespoir. Comprenez-vous, après la scène que j'avais vue, tout ce qu'il devait y avoir en moi d'incertitudes et d'anxiétés? Je venais, à ce qu'il semblait, d'accomplir un grand sacrifice, et j'ignorais quel était ce sacrifice. On avait eu l'air de me plaindre et je ne savais de quoi. Je tremblais d'interroger mon père, car maintenant je craignais qu'il ne fût plus temps. Je le regardais tristement s'agiter dans sa joie, espérant et redoutant une explication qui ne pouvait être éloignée. Nous arrivâmes ainsi à l'hôtel...

XLIII

PREMIÈRE ENTREVUE :
ASSEMBLÉE DE CRÉANCIERS.

« Nous étions arrivés. Au moment où nous descendîmes de voiture, le concierge dit à mon père :

— Monsieur Carin est dans le salon... — Très-bien! très-bien! dit mon père en l'interrompant. Venez, ma fille; allons lui annoncer cette heureuse nouvelle.

« Il m'entraîne, et nous entrons dans le salon.

— La voilà! la voilà, s'écrie mon père en montrant l'ordonnance du roi. — Signée? dit monsieur Carin en s'élançant vers mon père. — Signée! repartit celui-ci. Venez par ici, que je vous conte tout cela.

« Et tous deux sortent ensemble et me laissent seule au salon, avec un jeune homme qui était à notre entrée dans l'embrasure d'une fenêtre et que monsieur de Vaucloix n'avait pas sans doute aperçu. Il m'avait saluée silencieusement, et je lui avais à peine rendu son salut que mon père et monsieur Carin avaient disparu. Je demeurai d'abord fort embarrassée; car, en passant devant lui, je rencontrai le regard ou plutôt le lorgnon de ce jeune homme dirigé sur moi. Je le trouvai si impertinent que je ne baissai pas les yeux et le regardai en face. Je puis vous dire la vérité, Édouard : il était d'une rare beauté. Il s'aperçut du sentiment de colère qu'il m'avait inspiré, et il baissa ce lorgnon avec une grâce si particulière qu'on eût dit d'un vaincu qui rendait son épée. J'allais me retirer, lorsqu'il s'avança vers moi, en me disant sans aucun embarras :

— Mademoiselle de Vaucloix veut-elle bien me permettre de me présenter moi-même?

« Je ne sus que répondre, je me sentis rougir et je ne pus que faire une légère inclination. J'étais d'autant plus dépitée de mon embarras, que je voyais qu'il était observé et qu'il l'était par un homme qui devait y mettre une vive curiosité; car j'avais entendu, moi, toute la phrase du domestique que mon père avait interrompue : Monsieur Carin est au salon avec monsieur son fils, avait-il dit. C'était donc mon futur mari que j'avais en face de moi. Rappelez-vous toutes les sensations que je venais d'éprouver, ce mystère qui m'entourait, cette pitié qui m'avait accueillie, l'étrangeté de tout ce qui se passait, et, pour comble de singularité, cette entrevue soudaine, sans intermédiaire, sans préparation. Il y avait de quoi troubler une jeune fille moins timide que je ne l'étais. Il faut tout vous dire aussi, Edouard. Dans les terreurs de la nuit, l'image du mari qui m'était destiné n'avait pas été la dernière à me poursuivre. Ne le connaissant pas, je m'étais fait son portrait d'après mon père, et le savon de Windsor et l'huile antique vantés par monsieur Carin m'avaient fort épouvantée. Jugez donc de ma surprise quand je rencontrai, au lieu de la caricature que je m'étais figurée, un homme d'une élégance achevée, et, je dois le répéter, d'une beauté parfaite. Sa vue me frappa d'une surprise toute nouvelle : il dépassait de bien loin tous les beaux amoureux que les femmes rêvent quand elles n'ont pas encore aimé. Et cela me venait au moment où je me croyais livrée à un monstre! passez-moi le mot, parce qu'il me semble que j'éprouvai un peu de l'heureux étonnement de la vierge qui, livrée au fleuve Scamandre qui doit la dévorer, trouve à sa place un beau jeune homme qui la prie à genoux. Cependant je me taisais, et il me semblait que mon futur devait être aussi embarrassé que moi, car il ne disait rien. Je me hasardai à le regarder pour me rassurer par son trouble. Il était immobile devant moi et il me regardait avec un sourire dont je n'oserais vous dire l'expression, maintenant que je crois l'avoir comprise : il me fit peur alors sans que je pusse m'en rendre compte, si bien que mon trouble et le dépit que j'en éprouvai allèrent presque jusqu'aux larmes. Son assurance m'irritait, et je lui en voulais en même temps de n'en pas user pour venir à mon aide. En ce moment j'aurais donné beaucoup pour avoir, je ne dirai pas la présence d'esprit, mais l'impertinence de certaines femmes. J'étais honteuse d'être dominée si complétement. Je voulus à tout prix sortir de cette sotte position, et j'en sortis par une grande gaucherie.

— Vous désirez parler à mon père, monsieur? dis-je d'un ton que j'essayai de rendre sec. — Non, en vérité, mademoiselle, c'est à vous que je désire parler. — Je ne sais si je dois... — A la manière dont mon père et le vôtre mènent les choses, il est à craindre qu'ils oublient longtemps encore qu'il était nécessaire de nous présenter l'un à l'autre. Faisons donc comme s'ils ne l'avaient pas oublié, puisque enfin il faudra que cela arrive tôt ou tard, et permettez-moi d'avoir avec vous un entretien que je souhaitais ardemment.

Tout cela me fut débité avec un accent et une précision qui attestaient combien l'homme qui parlait ainsi était libre de sa pensée et de ses paroles. Je me trouvai une toute petite fille devant cet homme, et, si je n'avais vu qu'il était jeune, j'aurais cru entendre parler un grave rhéteur qui va traiter une question où il compte triompher. Il m'avait offert la main et m'avait fait asseoir; il se plaça auprès de moi.

— On veut nous marier, me dit-il en minaudant; mais cette volonté a besoin d'une haute sanction. Pensez-vous qu'elle puisse l'obtenir? — Vous avez vu la joie de mon père, Monsieur. Autant que je puis en juger, le roi a permis... — Pardon, Mademoiselle; le roi peut permettre ce que vous pouvez vouloir défendre.

« Je rougis et détournai la tête.

— Le roi, reprit-il, peut dire oui où

A ces paroles, mille cris, mille injures. — Page 340.

vous pouvez dire non... Que direz-vous?

« Cette question si directe me blessa plus qu'elle ne m'embarrassa. Cet homme savait trop bien ce qu'il disait, à côté de moi dont le trouble devenait extrême. J'eus recours à une de ces phrases toutes faites que l'on apprend dans les récits les plus vulgaires, et je répondis en balbutiant :

— Monsieur, j'obéirai à mon père...

« Par un léger mouvement, monsieur Carin se retira de moi, et, sans que je le regardasse, je vis qu'il me considérait d'un air qui devait être d'une impertinence complète. Il se tut un moment, puis, me prenant la main, il la baisa d'un air tout particulier et reprit avec un léger accent de raillerie :

— On n'est pas plus belle et plus... bonne.

L'intonation de la voix, la manière dont il prononça ce mot *bonne*, me semblèrent une insulte. Un éclair de colère me traversa le cœur : un éclair, en vérité, car il ne dura pas assez longtemps pour m'inspirer une réponse également impertinente ou me donner la force de me retirer. Mon père rentra avec le sien.

— Hé! hé! dit M. Carin, voilà la connaissance toute faite. Eh bien! Guillaume, je te l'avais bien dit, que je te donnerais une femme de toute beauté..., un peu embarrassée, un peu timide... — Monsieur veut dire un peu bête? repris-je aussitôt, outrée du ton de monsieur Carin. — Mademoiselle a raison, dit monsieur Guillaume en ricanant.

Je levai les yeux sur mon père, il était rouge et confus; je restai ébahie de le voir accepter, sans se récrier, l'insulte qui m'était faite; et je ne sais quelle pitié, pour lui et pour moi, me prit au cœur, lorsqu'il essaya d'arranger la phrase de M. Guillaume en ajoutant:

— En effet, ma fille a raison, monsieur Carin; vous avez l'air de lui faire un mauvais compliment. — Bon, bon! fit M. Carin, voilà un gaillard qui lui apprendra comment l'esprit vient aux filles.

Et, avant que j'eusse le temps de m'étonner de cette nouvelle grossièreté, il ajouta :

— Allons! il n'y a pas de temps à perdre maintenant. Toi, Guillaume, tu vas aller à l'église, à la mairie et chez le notaire; vous, monsieur de Vaucloix, allez chez vos... vous savez... Offrez vingt-cinq pour cent pour donner quarante, ils seront trop heureux. Moi, je me suis réservé les plus récalcitrants, et je promets de les enlever. Assemblée générale ici ce soir! il faut que tout soit fini aujourd'hui même. Vous comprenez que nous ne pouvons publier les bans qu'après l'arrangement signé; si l'on se doutait de la chose, nous n'obtiendrions pas un sou de remise, et ce n'est pas là notre affaire. Fais bien attention, Guillaume, qu'on ne publie que dans trois jours. — C'est convenu, mon père, dit Guillaume avec impatience; est-ce que vous me prenez pour un imbécile?

— M. Guillaume a raison, dis-je aussitôt, emportée par le désir de rendre son imper-tinence à mon futur, et sans m'apercevoir que la phrase que je répétais ne s'appliquait pas directement à celle qu'il avait dite.

Guillaume fit une légère grimace, qui me montra que je n'avais fait que confirmer la pauvre opinion qu'il avait de moi, et dans ma colère je frappai la terre du pied. Mon père, quoiqu'il devinât ce que je souffrais, s'irrita de ce signe d'impatience.

— Allons, Louise, me dit-il sévèrement, pas d'enfantillage; réfléchissez et songez à m'obéir. — Mademoiselle m'a fait espérer ce bonheur, dit Guillaume. Puis il salua et sortit avec son père et le mien.

Je restai seule. Telle fut ma première entrevue avec mon futur. Un hasard, en me mettant soudainement en face de lui, me donna un trouble bien naturel à une jeune fille, et me montra à Guillaume sous un aspect qu'il crut vrai et qu'il ne chercha point à rectifier. Vous verrez plus tard qu'il était de ces hommes pour lesquels une première impression est d'une grande importance par la foi qu'ils ont de l'infaillibilité de leur jugement. Édouard, vous qui me connaissez, vous savez si je suis vaniteuse! Cependant vous devez comprendre l'humiliation d'une jeune fille qui n'est pas assez jeune pour qu'on la traite comme une enfant, qui sait qu'elle a été jugée sotte, et assez sotte pour qu'on puisse le lui dire en face sans qu'elle s'en doute. Écoutez-moi bien, Édouard, et ne vous ennuyez pas de tous ces détails de ma vie; ils sont nécessaires pour vous faire sentir que le malheur n'est pas toujours dans ce qu'on appelle un malheur. En effet, j'étais malheureuse ce jour-là, sans que je pusse dire à personne qu'il me fût arrivé rien de malheureux. Je me contentai de pleurer, en m'excitant à la résolution extrême de résister à M. de Vaucloix. Cette résolution ajoutait encore à mes angoisses, car je sentais que je reculerais devant un ordre ou une parole de mon père, et que je ne ferais que donner des armes contre moi. Et cependant j'avais tellement honte de m'abandonner moi-même avec tant de faiblesse, que je n'osais me dispenser de tenter cet effort, tout inutile que je le savais. C'était un devoir envers moi-même. J'attendis mon père toute la journée dans cette anxiété, mais je l'attendis vainement. Avant son retour, dix ou douze personnes d'assez commune apparence étaient arrivées à l'hôtel et avaient envahi le salon. De temps en temps les domestiques venaient jusque chez moi, pour me dire que tous ces gens demandaient mon père avec une insolence inouïe, tenant des propos fâcheux sur son compte, disant qu'il se jouait d'eux, menaçant de partir et de lui apprendre à donner des rendez-vous où il manquait, selon son habitude, comme à tous ses engagements. D'après ce que je vous ai dit des habitudes de mon père et des demi-mots prononcés devant moi, vous devinez, vous, qu'il s'agissait d'une assemblée de créanciers. Mais vous devinerez aussi combien, moi, je devais être dans une complète ignorance de ce qui arrivait. La seule chose qui ressortit pour moi de ce que j'avais entendu et de ce qu'on me répétait, c'était la déconsidération de mon père. Cependant, le bruit qui se faisait dans le salon devint si indiscret, au dire des domestiques, que je ne pus les en croire et que je sortis pour m'en assurer, résolue à me présenter, s'il le fallait, pour le faire cesser. Au moment où je m'arrêtais à une porte vitrée pour regarder par le coin d'un rideau quels étaient ces hommes et écouter leurs propos, je vis entrer mon père, et j'entendis un cri général, puis des acclamations ironiques :

— Ah ! vous voilà !.. c'est bien heureux !.. Voyons, que nous voulez-vous ? Encore des promesses ?... Si vous n'avez que ça à nous offrir, merci ; ça n'a plus cours.

Et mille autres choses dites de tous les coins du salon par des voix qui semblaient enchérir d'insolence les unes sur les autres.

— Il ne s'agit pas de promesses, répondit mon père d'un ton et d'un air qui me parurent bien obséquieux ; il s'agit d'argent, et d'argent comptant. — A toucher dans trois mois ? dit quelqu'un. — A toucher demain, ce soir, si vous le voulez. — Alors l'affaire est toute simple, reprit un autre ; payez, vous serez considéré. Vous me devez dix mille neuf cent vingt-trois francs, la quittance sera prête aussitôt que les écus.

Il se fit un moment de silence, et mon père reprit :

— Vous devez supposer, Messieurs, que je n'ai trouvé l'argent nécessaire pour vous satisfaire qu'en m'imposant les plus rudes sacrifices. Je dois donc vous déclarer que ces sacrifices seront inutiles, si vous ne venez à mon aide, et si vous ne m'accordez une réduction sur vos créances.

Il sembla qu'une seule voix, composée de vingt voix, répondit :

— Pas un sou.

Puis l'un reprit :

— On me doit ou l'on ne me doit pas ; je veux tout ou rien.

Et un autre :

— Je puis bien acheter douze mille francs le droit de dire qu'un marquis pair de France m'a friponné.

Et un autre :

— Venez, venez, c'est toujours la même histoire ; il n'y a pas un sou au bout de tout ça.

Mon père tira un portefeuille de sa poche, le posa sur la table, l'ouvrit et montra une grande quantité de billets de banque. Je ne puis vous dire le mouvement ignoble qui précipita tous ces hommes vers la table ; mon père disparut à mes yeux dans un cercle de vautours, dont les derniers se hissaient sur la pointe des pieds pour mieux voir ce qui leur était offert. Cependant deux de ceux-là s'écartèrent du cercle et se firent un signe ; ils se rapprochèrent vivement de la porte où j'étais.

— Où diable a-t-il pris tout cet argent ?

dit l'un, que je reconnus pour le tapissier de l'hôtel. — Il ne lui reste plus rien à vendre, cependant. — Pas même son vote à la chambre. — A moins que ce ne soit sa fille. — Il en est bien capable! — C'est peut-être le roi qui paye ses dettes encore une fois, Charles X aime beaucoup le marquis. — Tiens! c'est une idée; combien a-t-il montré là? — Douze à quinze paquets de dix mille. — Cinquante mille écus à peu près; ce n'est pas le quart de ce qu'il doit. — S'il offre le quart, il donnera la moitié; s'il donne la moitié, il a le tout en poche, je ne signe pas. — Prenez-y garde! — Eh! non, laissons faire les autres. Soyez sûr qu'il payera en entier ceux qui tiendront bon. — Écoutons: le voilà qui va faire ses propositions.

En effet, mon père reprit, comme s'il répondait à une question :

— Ce que j'offre, Messieurs? j'offre vingt-cinq pour cent.

Les deux interlocuteurs se poussèrent du coude.

— Vingt-cinq pour cent! s'écria un gros homme. Je vous ai livré les quatre roues de votre berline, et vous m'avez trop éclaboussé *avec* pour que je me contente d'être payé d'une seule. Je rabats cinq pour cent, tout le bénéfice de ma vente. Je consens à avoir travaillé pour rien, mais je n'ajouterai pas un pour cent de diminution.

Sur ce, le carrossier vint s'asseoir à côté du tapissier, à qui il dit :

— Qu'en pensez-vous? — Moi, répondit-il, j'accepte les vingt-cinq pour cent, j'aime mieux ça que rien, si nous les avons; on va nous compter dix, puis on nous promettra le reste dans deux ou trois ans. — Vous croyez? dit le carrossier. — Eh! M. de Vaucloix doit un million deux cent mille francs; et, parce qu'il vous a montré soixante ou quatre-vingt mille francs, il vous semble avoir vu le Pérou. Quant à moi, il me doit plus de cinquante mille francs; si l'on voulait m'en donner dix mille sur table, je les prendrais sur l'heure. — Diable! diable! fit le carrossier, c'est votre avis? — Absolument. C'est encore un atermoiement. Ah! si ce n'était le privilége de la pairie, il y longtemps qu'il pourrirait à Sainte-Pélagie. Mais avec ça il se moque de nous. Aussi, quoi qu'il offre, je l'accepte. — Écoutez, le voici qui parle.

Mon père parlait en effet; et, comme ceux qui étaient près de moi gardaient le silence pour l'écouter, je pus l'entendre.

— Je vous ai tous assemblés pour que vous fussiez bien sûrs de ce que je vais faire. J'offre vingt-cinq pour cent; mais je vous déclare que, s'il y a un seul récalcitrant, je ne donne rien.

Il s'éleva un *hourra* général.

— Rien, reprit mon père : je ne veux pas m'imposer un si énorme sacrifice pour ne point y gagner mon repos et pour être poursuivi de mille criailleries. Ainsi voyez et décidez-vous. Je vous laisse une demi-heure pour réfléchir. — Mais c'est un vol! s'écriat-on de tous côtés, on ne traite pas des honnêtes gens avec cette impudence! — Hé, messieurs les négociants, reprit mon père, lorsque vous faites faillite, vous traitez bien autrement vos créanciers! vous leur donnez dix, et vous les estimez bien heureux.

A ces paroles, mille cris, mille injures plus exaspérées les unes que les autres partirent de tous les coins du salon. Mon père parut vouloir y échapper et se rapprocha, pour sortir, de la porte où j'étais. Le tapissier l'arrêta et lui dit à voix basse, pendant que les autres se consultaient en tumulte :

— Donnez quarante, et j'arrange votre affaire. — Je donne vingt-cinq. — Alors, vous n'obtiendrez rien. — Ni eux non plus. — Votre mobilier est très-riche, on peut le faire vendre. — Croyez-vous qu'il vaille cent cinquante mille francs, vous qui me l'avez vendu?

Le tapissier fit un geste d'impatience et repartit :

— Il ne s'agit pas de cela. Voyons, faites un effort, allez jusqu'à trente-cinq.

Mon père hésita, et finit par dire à voix basse :

— Trente. — Non, trente-cinq. — Trente, et je reste sans le sou. — Parole d'honneur ? — Monsieur ! — Eh bien ! trente, soit, et laissez-moi faire.

Mon père sortit et m'aperçut ; il me dit d'un ton irrité :

— Que faites-vous là ?

Je baissai les yeux.

— Vous avez entendu ? reprit-il.

Mon silence fut encore ma seule réponse. Mais il sembla tout à coup m'oublier et se rapprocha de la porte, en prêtant l'oreille au bruit des conversations du salon. Je m'attendais à la colère de mon père, je la désirais même ; j'avais besoin qu'il reprît un peu de dignité, ne fût-ce que vis-à-vis de moi. Il ne dit rien et se mit à regarder comme je l'avais fait moi-même. Il murmurait tout bas : « Ah ! bien !... Ils signent... Très-bien ! très-bien ! » Cette attente dura longtemps, mais mon père ne quitta pas la porte un moment, tantôt souriant, tantôt agité ; enfin le bruit se calma peu à peu, et tout à coup mon père recula comme pour faire place à quelqu'un qui approchait. En effet le tapissier entra.

— Eh bien ? lui dit mon père. — Quittance générale. — A vingt-cinq ? — Non, à trente, comme vous me l'aviez dit. Voilà l'état que vous aviez préparé, il ne reste plus qu'à me remettre les fonds. Vous avez promis l'argent ce soir, il ne faut pas faire attendre. J'ai eu bien de la peine, et j'espère que vous ne l'oublierez pas ; mais dame ! quand on a été honnête homme toute sa vie, on en trouve la récompense. Vous ne seriez arrivé à rien, vous.

Que d'horribles paroles j'entendais seule ! car mon père n'écoutait point et vérifiait les quittances en les comparant à l'état de ses dettes.

— Et la vôtre ? dit-il au tapissier. — La mienne ? dit l'autre ; il me semble, monsieur le marquis, que j'ai assez fait pour vous et que je ne mérite pas de perdre comme les autres. — Je ne puis rien de plus, répondit mon père. — Eh bien ! dit le tapissier en reprenant les quittances, rien de fait.

— Un moment, dit mon père, je vous donne trente-cinq. — Tenez, je suis bon homme, moi. D'ailleurs, on gagne assez dans mon état. Donnez-moi soixante, et c'est fini. — Non, trente-cinq.

Le tapissier alla vers la porte, les quittances en main.

— Cinquante, dit-il, et pas un mot.

Mon père hésita, le tapissier ouvrit.

— Quarante, dit mon père. — Cinquante, dit le tapissier. — Soit ! cinquante, repartit mon père.

Le tapissier ferma.

— C'est vingt-cinq mille francs de perdus, dit-il en soupirant. Voyons, faisons le compte : six cent vingt-cinq mille francs de dettes à trente, cent quatre-vingt-six mille francs ; plus vingt pour cent en sus pour ma quote-part, qui est de cinquante-deux mille francs ; dix mille quatre cents francs ; en tout cent quatre-vingt-seize mille quatre cents fr.

Mon père vérifia ses calculs et dit :

— Voilà cent quatre-vingt-dix-sept mille francs ; vous me devez six cents francs. — Ce sera pour mes honoraires, dit le tapissier. — Non, certes ! — Allons, ne faites pas le méchant ; si je vous avais laissé faire, vous n'auriez rien obtenu. — Allez donc, dit mon père, et débarrassez-nous de tous ces vampires. — Le temps de régler le compte de chacun, et vous n'entendrez plus parler d'eux. Mais ne rentrez pas, car vous auriez de singuliers compliments à recevoir.

Le tapissier sortit, emportant l'état des dettes, et s'établit devant une table, où tout le monde l'entoura.

— Vous avez touché ? lui dit-on. — J'ai touché, répondit-il.

Ce fut un cri général. Une voix dit : —
— Si nous ne nous étions pas si pressés, nous aurions eu trente ou quarante.

A ce moment, mon père me fit signe de le suivre.

Vous devez vous étonner, Édouard, de me voir vous raconter tous ces détails avec une pareille précision. Ce n'est pas qu'alors je comprisse le moins du monde ; mais plus tard l'habitude d'entendre parler d'affaires m'a donné la clef de ce langage, que je ne comprenais pas. Je ne puis mieux comparer ce souvenir qu'à ce qui arrive à une personne qui entend prononcer des mots d'une langue étrangère. Ces mots lui restent dans la mémoire, et plus tard, en apprenant cette langue, elle s'explique ce qu'on a dit devant elle. D'ailleurs ces détails me furent bientôt répétés, et ils devinrent assez souvent le sujet de conversation tenues devant moi pour qu'aujourd'hui je les connaisse à fond.

Cependant j'avais suivi mon père dans un petit salon qui m'appartenait, et la première phrase qu'il prononça fut celle-ci :

— Puisque vous avez tout entendu, j'en suis ravi. Cela vous montrera mieux que je ne puis le faire la nécessité où vous êtes d'épouser M. le baron de Carin. C'est grâce à ce mariage que j'ai pu acquitter toutes mes dettes, comme vous venez de le voir.

Je vous ai déjà dit combien je suis faible ; je vous ai dit aussi que j'avais cependant résolu de faire quelques observations à mon père. Mais dès que je vis une raison de me dispenser de toute résistance, je l'acceptai avec joie. J'entrevis que ce sacrifice qu'on faisait de moi, et que je n'avais pas voulu accepter sans le connaître, pouvait se traduire honorablement. Je me dis que je sauvais mon père, et, trop heureuse de n'avoir pas à lutter contre sa volonté, je me résignai par faiblesse, en appelant ma lâcheté un acte de courage. Je suis franche, Edouard, je vous dis la vérité sur moi : le premier sentiment que j'éprouvai fut le bonheur d'avoir une raison de céder.

— Mon père, lui répondis-je alors, votre volonté est ma loi, et je suis fière de penser qu'en y obéissant je vous rends une part de tout ce que vous avez fait pour moi. — C'est bien, Louise ! me dit mon père légèrement ému ; votre prétendu va venir, soyez plus gracieuse envers lui, c'est un homme distingué. — Ce qu'il fait pour vous, mon père, lui assure déjà ma reconnaissance.

Un soupir amer fut la seule réponse de mon père, et monsieur de Carin, suivi de son fils, parut aussitôt. De l'entrée de la porte monsieur Carin s'écria :

— Gloire à vous, mon cher, je n'aurais pas mieux fait ! Ils ont accepté les vingt-cinq pour cent. — Vous voulez dire trente, reprit mon père. — Vingt-cinq. Le carrossier, que j'ai rencontré, m'a dit vingt-cinq. Il m'a montré ce qu'il venait de recevoir. — J'ai donné trente, vous dis-je, et voici comment cela s'est passé ; ma fille en a été témoin...

Alors mon père lui raconta l'histoire du tapissier.

— Eh bien ! lui dit monsieur Carin, l'honnête homme a empoché cinq pour cent sur la totalité de l'affaire, c'est-à-dire trente et un mille francs ; plus vingt-six mille francs pour son compte, à cinquante pour cent, cela fait cinquante-sept mille francs. Cela solde honnêtement un compte de cinquante-deux mille francs. — Mais c'est un fripon ! s'écria mon père. — N'y a-t-il pas moyen de lui faire rendre gorge ? dit Guillaume. — J'y aviserai, repartit monsieur Carin ; mais nous verrons cela plus tard.

Plus tard, j'appris que le tapissier n'avait été que le mandataire de monsieur Carin lui-même, qui avait ainsi recouvré une partie du prêt fait à mon père. Cependant il ajouta :

— Je suis allé au ministère de la justice pour en finir avec l'ordonnance ; mais on ne peut rien faire qu'après le mariage. Ainsi, Guillaume, tu ne seras véritablement héritier de la pairie de M. le comte de Vaucloix que dans quinze jours.

Ce mot fut un éclair pour moi; il m'expliqua le sens de la scène qui avait eu lieu chez le roi. A ce moment je reconnus que dans tout ce qui se passait je n'avais compté pour rien. On avait acheté la pairie de mon père, et on me prenait sans doute comme une des charges du marché. Cette explication m'arriva si soudaine et si nette, que je ne pus m'empêcher de pousser un cri de surprise.

— Est-ce qu'on ne saurait rien? dit monsieur Carin. — J'allais lui expliquer tout cela quand vous êtes arrivé, répondit mon père avec humeur. — Diable! fit monsieur Carin d'un ton tout alarmé, et il se tourna vers moi : Vous consentez, n'est-ce pas? C'est que moi j'ai lâché mon argent de confiance.

Mon père fit un vif mouvement d'impatience.

— Pas de nouvelles rouerics, j'espère, monsieur Vaucloix! reprit monsieur Carin en s'animant. Ce serait une friponnerie, cette fois ; c'est que je n'ai ni carte ni billet des deux cent cinquante mille francs de pot-de-vin que je vous ai remis; il faut s'expliquer un peu.

Vous le dirai-je, Édouard? mon père, dont l'humilité m'avait fait tant de peine, se montra tout à coup à moi sous un jour encore plus triste. Car, profitant de cette absence d'engagement que lui reprochait monsieur Carin, il lui répondit avec hauteur :

— Hé, Monsieur, si ma fille ne consentait pas, il me semble que je ne pourrais pas la traîner de force à l'église. — Qu'est-ce que ça veut dire? reprit monsieur Carin devenu pâle de colère. — Ça veut dire, reprit monsieur Guillaume d'un air froid et sec, que nous sommes filoutés par monsieur le marquis. — Monsieur! s'écria mon père en le menaçant.

« Je me jetai entre eux, et je dis à monsieur Guillaume :

— Rassurez-vous, monsieur, vous ne perdrez pas votre argent. — A la bonne heure! reprit le père; vous êtes une honnête fille, ça vaut mieux que d'avoir de l'esprit.

— Monsieur Guillaume s'approcha de moi, et me dit avec sa grâce si précise de geste et de terme :

— C'est mon bonheur que j'aurais perdu.

« Édouard, pardonnez-moi ce que je vais vous dire : mais cette phrase me fit pitié, mon futur mari me parut un sot, et, pour que vous ne vous révoltiez pas contre ce mot, il faut que je vous explique tout de suite ce caractère dont peu de personnes se figurent l'insupportable tyrannie. Je ne vous parle plus des pensées de la jeune fille; j'ai voulu vainement dans ce récit me reporter aux émotions telles que je les éprouvai à cette époque, mais il en est de cela comme de ces calculs dont je vous parlais plus haut. Maintenant que j'en sais le secret, elles ont perdu pour moi leur premier sens, et je chercherais vainement à le retrouver. Je ne sais si je me fais comprendre, mais figurez-vous qu'on vous montre des masses blanches à l'horizon : par un premier regard vous croyez que ce sont des nuages: puis quelqu'un vient qui vous dit que ce sont des montagnes, qui vous les montre, qui vous les détaille, qui vous en mesure la hauteur et la profondeur. Eh bien! une fois cette explication donnée, vous avez beau essayer de ressaisir votre première illusion, vous ne pouvez plus voir de nuages à l'horizon, les montagnes réelles se dessinent sans cesse à vos yeux. Ainsi, je me rappelle bien que ce mot de Guillaume me blessa; cependant je ne me dis point alors sur mon compte ce mot que je viens d'écrire. Mais l'expérience vint, l'expérience qui me fit voir clair, qui donna un sens au déplaisir que j'avais éprouvé, et qui effaça à tout jamais celui de ma première émotion. Cependant elle ne m'avait point trompée; car elle m'annonça le malheur.

XLIV

LA FEMME D'UN SOT.

Oui, Édouard, il est des défauts qui entraînent à leur suite plus de chagrin que les vices les plus coupables. Je vous l'ai dit : Guillaume était beau, il avait reçu une instruction peu profonde, mais très-variée ; il avait une immense fortune ; aucun genre de succès ne lui avait manqué. Je ne vous parle pas de ses maîtresses, quoiqu'il ne m'ait épargné le récit d'aucune de ses bonnes fortunes. Je suis trop peu savante dans l'histoire du cœur humain pour savoir s'il a jamais été aimé ; mais je crois connaître assez le monde pour être certaine qu'il a possédé beaucoup de femmes. Guillaume avait la manie de faire des vers et la manie plus fatale encore de les lire. Nous avons eu dans notre salon quelques hommes distingués qui voulaient bien quelquefois nous confier leurs productions, mais je n'en ai jamais vu obtenir un succès qui approchât de celui de mon mari. Il était très-médiocrement musicien, et se piquait de composer et de chanter ses compositions ; c'étaient alors des cris d'enthousiasme à travers lesquels moi seule je devinais les louanges railleuses des hommes d'esprit. Quant à Guillaume, il s'en pâmait d'aise, ne doutant pas qu'il eût été, s'il l'eût voulu, le rival des premiers poètes et des plus grands compositeurs. J'essayais quelquefois de timides observations sur ces enthousiasmes furieux ; alors on m'accusait d'envie. Dans le commencement de notre mariage, comme j'étais la première confidente des productions de Guillaume, je voulus lui signaler quelques défauts et même relever de grossières fautes de musique ; il n'y eut pas assez de mépris pour mes prétentions. Car, il faut bien le dire, j'étais pour mon mari une jolie poupée bien bête, à laquelle il imposait silence à la première phrase pour la garantir de quelques grossières balourdises. Jamais je vous le jure, je n'ai vu une confiance en soi plus complète que celle de Guillaume. Il tranchait sur toutes les questions avec une conviction qui embarrassait souvent les hommes les plus éclairés. Son père lui-même avait soumis la rude indépendance de ses opinions à l'empire de son fils. C'est qu'il était un point où il égalait la supériorité de son père : c'était dans le maniement des affaires d'argent, c'était dans l'adresse à conduire des spéculations usuraires. Monsieur de Carin, le voyant si habile dans une chose où il était lui-même un maître passé, lui croyait la même science dans tout ce qui lui était étranger. De temps en temps j'essayais bien de faire sentir par quelque légère épigramme que je n'étais pas dénuée de tout esprit et de tout jugement ; mais le trait léger glissait sur la triple cuirasse de vanité dont mon mari était protégé. Plusieurs fois enfin, outrée du dédain dont on m'accablait, je lui lançai des sarcasmes violents ; mais je n'obtenais pas même l'avantage de l'irriter, il en riait comme d'une grosse injure d'enfant. Nous avions une loge à l'Opéra et aux Italiens, et j'essayai de me réfugier dans ce plaisir des oreilles et des yeux : ce fut en vain. La présence et les observations de Guillaume me le gâtaient à tout propos. Se piquant d'indépendance dans ses opinions, il approuvait tout ce qui passait pour mauvais, et vantait tout ce qu'on trouvait médiocre. Je tentai de lutter, mais il avait autour de lui une cour de complaisants, qui abandonnaient lâchement ce que je savais de leur opinion, pour se ranger à la sienne, et j'étais toujours battue. Vous ne pouvez pas imaginer, Édouard, ce que le monde a de misérables servilités ; et, pour que vous compreniez combien j'ai eu à en souffrir, il faut vous dire quel monde je voyais.

Nous nous étions mariés quinze jours après la scène que je viens de vous rapporter. Cette cérémonie fut faite avec un luxe qui

Écoutez, me dit Guillaume avec colère. — Page 351.

m'éblouit; l'hôtel où je fus conduite, et dont on m'avait gardé la surprise, était d'une magnificence rare. Nous ne donnâmes point de fêtes, mais quelque temps après notre mariage nous eûmes une réunion splendide. J'étais allée quelques jours auparavant faire mes visites de noces et porter pour ainsi dire mes invitations. Si j'avais eu quelque connaissance du monde, ces visites auraient été pour moi un premier enseignement. Nous allâmes indifféremment dans les maisons de haute noblesse, où le nom de mon père me forçait à me présenter, et dans les riches maisons de finance qui constituaient les liaisons de mon mari. Dans les premières je reçus personnellement un accueil bienveillant; dans les secondes toute la bonne grâce fut pour mon mari. J'y fis peu d'attention, et ce ne fut que quinze jours après que j'appris qu'une femme peut obtenir hors de sa maison des égards qu'on lui refuse dans la sienne, parce qu'on les refuse au maître de cette maison. Aussi aucune des personnes du monde auquel j'appartenais ne vint à notre réunion, et nos salons ne furent peuplés que des connaissances personnelles de mon mari. Sa vanité en fut choquée, mais cette vanité ne voulait pas croire qu'une naissance commune et une fortune acquise en spéculations mal famées eussent éloigné cette société si orgueilleuse, et ce fut à moi qu'il en attribua l'abandon. Ce fut un jour cruel, je vous le jure, Édouard, que celui où cent lettres arrivées minute à minute vinrent nous apporter les refus mal déguisés de nos conviés. J'aurais voulu les soustraire à mon mari ; mais par une précaution qui, je crois, fut une insulte bien combinée, elles lui furent toutes adressées personnellement. Elles le poursuivirent jusqu'à l'heure de la réunion, et de proche en proche elles amenèrent entre nous une explication assez vive et assez prolongée pour qu'on vînt nous avertir que déjà on arrivait dans nos salons. Nous n'avions songé ni l'un ni l'autre à notre toilette. N'oubliez pas, Edouard, que c'est une femme qui vous écrit ; soyez indulgent pour ce que vous appelez des frivolités et pour ce qui quelquefois a de bien pénibles résultats ; un rien y suffit, une vie mal commencée s'égare loin du bonheur pour la plus légère cause ; c'est comme le trait qui au départ dévie de la ligne droite de l'épaisseur d'un cheveu et qui à la hauteur du but en est bien loin.

Après cette insulte, que Guillaume pouvait me reprocher, sinon personnellement, du moins comme faisant partie de cette *caste insolente* qui le repoussait, vint une de ces misères de la vie qui ne semblent rien, mais qui sont quelquefois beaucoup. J'avais attendu trop tard ; il me manquait un coiffeur ; pour ne pas tarder à paraître dans les salons, je me confiai à une femme de chambre qui ne fut pas assez habile pour me parer des magnifiques diamants que m'avait donnés mon mari. J'oubliai aussi un éventail peint par R..., et dont il avait parlé ; j'eus toutes les maladresses possibles. Je me hâtai de gagner le salon ; j'entrai. Épouvantée du regard irrité que me jeta Guillaume quand je parus avec des fleurs, j'entrai mal, je ne sus pas réparer le tort d'arriver tard chez moi, je fus gauche, interdite, et l'on vint à mon aide avec une si pressante pitié que je sentis les larmes me gagner ; je fus ridicule. Comprenez-vous, Edouard, toute la portée de ce mot vis-à-vis d'un homme comme mon mari ? A partir de ce moment, ma cause fut perdue. Je ne puis vous dire la sotte scène qui suivit cette réunion ; elle fut assez vive pour me faire douter de moi, et douter à ce point que, dans les réunions plus intimes, je n'osai pas me mettre au piano et chanter, quoique des succès passés m'eussent appris que je pouvais le faire sans trop d'audace.

Figurez-vous maintenant la vie d'une femme sans énergie et à qui l'on met incessamment le pied sur la tête ! je devais succomber dans la lutte. Car, malgré cette faiblesse, je luttai. J'appris alors une chose bien triste pour l'humanité, c'est qu'on a plus de force pour sa vanité que pour son bonheur. Mon bonheur, je l'avais abandonné au premier choc ; ma vanité, je lui portai longtemps secours. Mais enfin j'y épuisai le peu de forces que j'avais ; car on me prenait par des endroits si vulgaires, que je me trouvais le plus souvent sans défense. Ce que je recommandais à mes domestiques était toujours de travers ; mes observations étaient toujours mal placées ; j'avais tort de recevoir à telle heure et tort de ne pas recevoir à la même heure. C'était une conviction si bien entrée dans la tête de mon mari que j'étais une sotte, qu'il blâmait tout ce que je faisais, tout ce je disais, sans se donner la peine de l'examiner. Et il me blâmait avec cette forme abrutissante contre laquelle rien n'est fort que le silence, avec la dérision et le ricanement. C'est ici qu'il faut vous expliquer comment je me trouvai seule dans ma cause. Vous avez vu que ceux de ma *caste*, comme disait mon mari, m'avaient abandonnée ; je me trouvais donc reléguée dans une société qui ne m'accueillait que par rapport à lui. Je vous ai parlé de la servilité des hommes : je me l'explique maintenant. La plupart avaient besoin de Guillaume et des immenses capitaux dont il disposait, et ils le flattaient en l'aidant à me railler. Ma naissance, ce qu'on nommait ma gentillâtrie, me fit des ennemies de toutes les femmes de ce monde financier ; et, bien que quelques-unes ne craignissent pas de donner de rudes leçons à la présomption de Guillaume, ce ne fût jamais à mon profit, car je leur avais enlevé le plus riche et le plus beau parti de leur espèce. Vous devez vous étonner, Édouard, que dans cette cruelle position je n'aie pas trouvé un appui. Un seul homme, le comte de Cerny, brava l'anathème lancé contre notre maison. Il vint plusieurs fois et se fit mon champion. Je lui fus reconnaissante de ce courage, et je le lui témoignai par un accueil plus empressé. Un mois après, toute la Chaussée-d'Antin s'indignait du scandale de ma conduite. Les élégants de la Bourse, qui n'avaient pas songé à moi, se trouvèrent très-humiliés de ce qu'ils appelaient le succès de l'ambassadeur du *faubourg Germain*. Je dus prier monsieur de Cerny de m'épargner sa bienveillance.

Édouard, il me semble que je vous vois lire ma lettre et que vous êtes prêt à en tourner les feuillets pour chercher si au milieu de tout cet abandon je ne nommerai pas enfin celui à qui je devais avoir recours. Hélas ! n'ai-je pas déjà trop cruellement parlé de mon père, et faut-il que je sois réduite à l'accuser encore ? Mon père ne demeurait point avec nous et ne venait que rarement nous rendre visite, et cette visite, savez-vous quel en était toujours le motif ? un besoin d'argent, un emprunt à faire à mon mari.

Si vous saviez, Édouard, par quelles humiliations Guillaume faisait acheter à mon pauvre père les secours qu'il lui donnait, vous comprendriez que je ne voulusse pas ajouter la confidence de mes chagrins à cet horrible supplice. Je suis bien misérable maintenant, Édouard, et vous vous étonnez quelquefois de mon courage à supporter certaines privations : c'est que, mieux que personne, j'ai appris ce qu'il en coûte d'avoir des désirs au-dessus de sa fortune. Puis une passion terrible égarait mon père : il était joueur, et, moi, vous savez, je ne suis pas assez forte pour avoir aucune passion. J'ai vécu de luxe sans en jouir ; je vis de misère sans en souffrir.

Vous le voyez, Édouard, j'étais abandonnée de tous côtés, dominée par l'aveugle sottise de Guillaume, bafouée par la servilité de ses commensaux et tournée en ridicule par la haine de leurs femmes. Je me résignai, je me tus, je passai condamnation, et il fut avéré, au bout d'un an de mariage, que j'étais une idiote qui voudrait bien être méchante, mais qui ne savait pas l'être. Tout me manqua. Je devins grosse et fus malade : la vanité de mon mari, qui voulut me conduire à une course pour monter de magnifiques chevaux neufs qui s'emportèrent et me causèrent une frayeur cruelle, me fit faire une fausse couche ; Guillaume eut la brutalité de me dire « que je n'étais pas même bonne à faire des enfants ». Comprenez-vous cette vie, Édouard ? Vous figurez-vous ce qu'elle a d'odieux, d'insultant, d'horrible ? N'oubliez pas qu'elle était même sans solitude et sans recueillement ; on la traînait tous les jours dans les bals, dans les fêtes, dans les spectacles. J'étais chargée, sans m'en douter, de satisfaire une des vanités de mon mari. Au bout de quelque temps je compris que les parures sans cesse renouvelées qu'il me prodiguait n'étaient pas une attention de sa part, comme je le supposais. C'était un défi jeté au luxe des plus riches, et je crois que, s'il eût pu mettre des robes lamées ou des colliers de prix à son cheval, il m'eût laissée dans un coin.

Voilà comment j'ai vécu depuis deux ans, arrivée au bout de ce temps à un abandon de moi-même qui justifiait presque tout ce qu'on en supposait, lorsqu'un événement immense en lui-même, puisqu'il fut une révolution pour notre pays, vint changer toute ma vie et amena la catastrophe qui m'a mise en l'état où je suis. Je m'étais mariée au mois de juillet 1828 ; deux ans après éclata la révolution qui exila les Bourbons. Nous étions à la campagne, aux environs de Blois, quand *le Moniteur* nous apporta les ordonnances. Vous ne pouvez vous figurer la joie folle de mon mari à cette nouvelle.

— Enfin, s'écria-t-il, on va réduire à l'obéissance cette chambre des députés, si insolente et si bavarde ; un ramassis d'avocats et de marchands qui n'ont ni sou ni maille, et qui seront trop heureux de baiser la semelle des bottes du roi quand il osera leur tenir tête ! Il est temps que le maniement des affaires revienne à qui de droit, aux grands noms et aux grandes fortunes. C'est maintenant à la chambre des pairs à prendre la véritable place qui lui convient, la place de la chambre haute. Ah ! si j'en étais en ce moment ; si... A propos avez-vous reçu des nouvelles de votre père ?...
— Oui ; il m'a écrit des Pyrénées ; les eaux d'Aix lui ont fait beaucoup de bien.

Mon mari laissa percer un mouvement de dépit, dont je ne compris pas alors l'affreuse signification.

— Enfin, reprit-il après un moment de silence, il faudra bien que cela vienne ; et, en attendant, voilà qui ne rend pas la position plus mauvaise. L'aristocratie peut espérer maintenant une solide constitution. Elle marchera à la tête du pays, au lieu d'être remorquée à sa suite comme une vieille machine usée. Une aristocratie jeune, forte, riche, connaissant les besoins nouveaux de l'époque et habile à reconstituer le passé !

Mon mari se promenait activement en parlant ainsi, lisant et relisant *le Moniteur*. Puis il s'écriait de temps en temps avec une impatiente colère :

— Et ne pas être là, maintenant ! — Ne pouvons-nous partir pour Paris ? lui dis-je.
— Est-ce que je parle de cela ? me répondit-il en haussant les épaules et en me regardant avec mépris.

Vous le voyez ! j'étais bien sotte, je ne comprenais pas que ce fût la vie de mon père qui excitât ces vifs regrets dans l'âme de mon mari. Hélas ! je n'ai pas gardé longtemps cette erreur. Sans m'être occupée de politique, j'étais naturellement du parti de mon père et du parti de mon mari, je ne trouvais donc rien de déraisonnable dans son enthousiasme ; mais j'eus bientôt occasion de reconnaître combien ces idées avaient peu de bonnes raisons à leur appui. Monsieur Carin père, qui était venu à la campagne avec nous, était hors du château quand cette importante nouvelle arriva. Il revint au plus fort des exclamations de son fils. Son père l'écouta d'abord d'un air soucieux, puis se leva tout à coup et dit en secouant la tête :

— Tout cela est bel et bon, mais je soutiens, moi, que c'est une énorme sottise.
— Bien, repartit mon mari, vous venez de chez monsieur D***, libéral enragé, et il vous a monté la tête ! — Je viens de chez le comte M***, ultra-enragé, qui m'a appris cette nouvelle, et j'ai vu qu'il était fou et toi aussi. — Ah çà ! mon père, vous ne pensez pas ce que vous dites ? reprit mon mari d'un ton ricaneur : — Je pense ce que je dis, et je dis ce que je pense : cette mesure est une énorme sottise, je l'ai dit et je le répète. — Soit ! répondit mon mari avec le souverain mépris qu'il opposait à tout ce

qui n'était pas de son avis ; une sottise selon vos idées. — Et mes idées valent bien les vôtres, monsieur le baron de Carin ! reprit son père avec colère. J'ai excusé le stupide enthousiasme du comte de M*** : c'est un noblillon qui s'imagine qu'il sera beaucoup plus grand seigneur parce que les patentés n'iront pas aux élections. Mais toi, penses-tu que la France acceptera ce soufflet sans le rendre ? — La France ! oh ! la France ! reprit mon mari avec le même air dédaigneux. Où est-elle donc, la France ? Qu'est-ce que c'est que ça, la France ? Est-ce qu'elle se compose de cinquante mille électeurs stupides et de deux cents députés insolents ? La France se taira et elle fera bien. — Elle ne se taira pas, monsieur le baron ! s'écria monsieur Carin avec un emportement que je ne lui avais jamais vu envers son fils. Les cinquante mille électeurs stupides et les deux cents députés insolents sont l'élite de la nation, entendez-vous, monsieur le baron ? et ils ne se laisseront pas insulter pour le plus grand avantage d'une caste qui vous a mis à la porte, vous, monsieur mon fils, Guillaume Carin ! — Je ne rends pas la cause du roi responsable des insolences de quelques hommes. — Eh bien ! tant mieux pour toi, tu as provision de grandeur d'âme ; mais ce ne sera pas de même partout, je t'en réponds. Je suis royaliste, moi, je l'ai prouvé. Je n'ai pas oublié que ce tyran de Bonaparte a voulu me faire mettre en jugement pour les fournitures de 1813, et que, sans l'arrivée des alliés, je la dansais et mes millions aussi. Je suis royaliste enfin de cœur et d'âme ; mais je suis royaliste pour le roi, et non pas pour ce tas d'émigrés qu'il nous a ramenés et qui nous dévorent. — Et à qui on a pris tous leurs biens, dit mon mari. — Et tu en manges de ces biens-là, dit monsieur Carin. D'ailleurs, vois-tu, moi je hais les nobles ; c'est dans ma peau, comme dans la tienne de les adorer. Tu es mon fils, je veux bien le croire, mais ce n'est pas par là du moins. — Et je m'en fais honneur, dit Guillaume avec colère. — Tu t'en fais honneur, monsieur Guillaume ! et d'où sors-tu donc ? — Mon père, prenez garde, on pourrait vous entendre. — Eh ! qu'est-ce que ça me fait à moi ? est-ce que je rougis de ma naissance ? Mon père était charpentier et ma mère marchande de marée. Ils ont fait leur fortune, c'est vrai, et je l'ai continuée ; mais je n'en suis pas plus fier, et je ne prétends pas qu'un tas de noblillons, de gueux, me marchent sur le pied. — Il ne s'agit pas de cela, mon père, reprit mon mari alarmé de la violence de monsieur Carin ; il s'agit d'une mesure dictée par la nécessité et qui était dans le droit et dans le devoir du roi. — Tu me fais rire avec tes droits et tes devoirs ! Ah çà ! est-ce que vous croyez que, parce qu'un ministre a fait un gros discours de jésuite en tête des ordonnances, ça va persuader les électeurs de se laisser dépouiller de leurs droits sans mot dire ? qu'on supprimera d'un trait la liberté de la presse sans que le peuple en soit vexé ? — Est-ce que le peuple s'occupe de ces choses-là ? Que lui fait l'élection ? il n'y participe pas. Que lui fait la liberté de la presse ? il ne sait pas lire. — Tu me fais pitié, mon pauvre garçon ! Je sais bien qu'il ne participe pas à l'élection, mais elle est dans les mains des bourgeois en qui il a confiance. — Ils sont plus insolents que les nobles.— Oui, mais ils ne sont pas nobles, et l'ouvrier et le bourgeois sont parents par la roture. Leur cause était la même en 89, et vous la rendrez la même en lui rendant les mêmes ennemis, la noblesse et le clergé. Vous êtes de grands politiques sur le papier, messieurs les savants d'aujourd'hui, mais vous ne connaissez pas le peuple ; vous ne tenez compte ni de ses haines, ni de ses souvenirs, ni de ses craintes. — Mais il ne s'agit pas de noblesse et de clergé, il s'agit de la royauté. — Et qu'est-ce qu'elle veut, la royauté ? — Elle veut être respectée ; cette royauté de quatorze siècles ne veut pas être l'esclave d'une chambre rebelle née d'hier. — Ah çà! mais vous êtes fou! Est-ce qu'il y a une chambre à la condition qu'elle ne sera pas une chambre? Et toi, tout le premier, si tu étais où tu veux être, t'arrangerais-tu qu'on te mît à la porte, parce que tu ne serais pas de l'avis du gouvernement? — Ah! la chambre des pairs, c'est autre chose! c'est vraiment l'élite de la nation. — Jolie élite dont tu feras partie. — Mais mon père... — Laisse-moi donc tranquille! On mettra encore une fois les Bourbons à la porte, et ils ne l'auront pas volé. — C'est ce que nous verrons. — C'est tout vu. Paris sera en insurrection demain. — Vous vous croyez encore en 93, mon pauvre père. — Je crois à ce que je sens, vois-tu! Quand j'ai lu ce *Moniteur*-là, le cœur m'a gonflé comme si on m'avait donné un soufflet. Je n'ai pas raisonné ce sentiment-là; j'ai été furieux. Et moi, je suis fait comme tout le monde; tout le monde est fait comme moi, et tu verras ce qui arrivera.

« La discussion dura longtemps; et, bien qu'elle n'apportât d'aucun côté des lumières bien grandes sur cette grave question, j'étais, dans mon silence, de l'avis de monsieur Carin. Je me fiais à cet instinct de colère populaire dont il était saisi, et je jugeais de ce qu'elle pourrait être dans les masses qui n'avaient pas comme lui des raisons de fortune et d'alliance pour résister à leur premier emportement. Comme il arrive toujours aux hommes doués d'une grande infatuation, l'enthousiasme de mon mari devint d'autant plus exagéré qu'il avait trouvé quelque résistance. Il accueillit avec son dédain habituel la nouvelle des premiers mouvements populaires, en s'écriant :

— Une compagnie de gardes du corps la cravache à la main, et tout sera fini.

« Puis, quand il eut vu qu'il avait suffi de trois jours pour renverser cette royauté de quatorze siècles, il ne démentit pas sa furieuse confiance en lui-même; et, ne voulant pas convenir qu'une mesure qu'il avait approuvée pût être mauvaise, il se tourna contre ceux qui l'avaient mise à exécution. Il dit que tout avait manqué par leur faute, que quelques régiments de plus dans Paris auraient assuré le succès. Il ne quitta guère ce ton tranchant que lorsque les journaux nous apportèrent la nouvelle de l'élection de Louis-Philippe au trône et celle de l'acceptation de la nouvelle charte.

« C'est ici, Édouard, que commence pour moi une autre série de chagrins que je ne crains pas de confier à votre honneur. Ne vous semble-t-il pas singulier, cependant, que la vie d'une femme ait pu être torturée pour un article de la constitution politique de son pays? La charte nouvelle, votée par les deux chambres et acceptée par le roi, disait qu'une loi serait présentée dans le délai d'un an pour régler définitivement ce qui concernait l'hérédité de la pairie. La tempête qui s'éleva dans le cœur de Guillaume, à cette nouvelle, fut vraiment folle. Son père se plut à l'irriter, en le raillant sur la perte de ses espérances; et vous devez comprendre que, dans tout cela, c'était moi qui recevais le contre-coup de la colère du fils et des moqueries du père. Je ne vous raconterai pas la scène qui eut lieu à cette occasion; elle fut suivie d'autres si cruelles, qu'elle n'a plus compté comme une douleur dans mon souvenir. Quelques jours se passèrent encore, pendant lesquels mon mari reçut des lettres de mon père, qu'il ne me communiqua pas. Monsieur Carin était allé à Paris et en était revenu. Pendant ce temps, mon père avait quitté les eaux d'Aix et était arrivé dans notre château; sa douleur était extrême. Chez lui l'opinion politique était une foi, la fidélité aux Bourbons une religion; et, dès les premiers moments de son arrivée, il nous annonça son intention de les suivre encore une fois dans l'exil.

— Nous reparlerons de cela demain, dit mon mari d'un ton plus affectueux qu'à son ordinaire; il faut d'abord vous reposer.

« Le soir venu, et lorsque je fus rentrée chez moi, Guillaume vint dans mon appartement, et, en ayant exactement fermé les portes, il m'annonça son intention d'avoir avec moi un entretien important. Ma surprise fut grande, et mon mari, qui s'en aperçut, crut devoir me rassurer à sa manière sur l'importance de ce qu'il attendait de moi.

— Ne vous effrayez pas! me dit-il, il ne s'agit pas d'une mission bien extraordinaire. Je désire seulement que vous vous chargiez de persuader votre père de ne pas quitter la France. Ce départ vous causerait, je le crois du moins, un assez vif chagrin pour que vous trouviez de bonnes raisons qui déterminent monsieur de Vaucloix à changer d'avis. — Je ne puis faire valoir que ce chagrin lui-même, et j'espère assez dans la tendresse de mon père pour qu'il m'épargne cette séparation. — C'est bien dit, repartit mon mari; persuadez-lui bien que vous en serez au désespoir et moi aussi. — Je vous remercie de ce sentiment, dis-je à mon mari; et, puisque vous voulez bien compter sur moi pour cette démarche, je crois qu'il est d'autres raisons que je pourrais invoquer. — Et quelles sont ces raisons? me dit Guillaume en s'asseyant devant moi et en m'examinant.

« Vous le dirai-je, Édouard? j'ai cru entrevoir une espérance de détruire en quelques points l'opinion de Guillaume sur mon compte, et je m'appliquai pour ainsi dire à lui développer ces raisons que je croyais devoir le toucher.

— Mon père est vieux, lui dis-je, et quitter la France à son âge, ce serait vouloir mourir à l'étranger. — C'est juste, c'est juste. — Il n'a pas besoin de donner aux Bourbons cette dernière preuve de dévouement, sa vie répond assez pour lui. — C'est très-bien, très-bien. — Il peut d'ailleurs leur montrer sa fidélité par un dernier acte de sa volonté. Il peut, comme quelques autres, refuser au gouvernement actuel le serment qu'on lui demande comme pair de France, et protester par sa retraite. — Je vous supplie, me dit Guillaume, de ne pas lui dire un mot de cela. — Et pourquoi? — Ah! pourquoi? reprit-il, parce que ce n'est pas pour cela que je vous ai épousée. — Que voulez-vous dire? — Écoutez, Louise; tâchez de me comprendre une fois en votre vie. Ce n'est pas trop, n'est-ce pas? — J'essayerai, monsieur. — Oh! ne prenez pas votre air de victime, je vous en prie; ce que je vais vous dire est grave. Écoutez-moi bien. La loi qui réglera l'hérédité de la pairie ne sera présentée que dans un an. Ce n'est pas sans raison qu'on a ajourné une pareille mesure; on a voulu laisser aux esprits le temps de se calmer. D'après mon opinion, il est plus que probable que l'abolition de l'hérédité ne sera pas prononcée. Qu'il en soit ainsi, et mes droits subsistent, si votre père prête serment. Or, vous comprenez que je n'entends pas les sacrifier à un caprice de fidélité surannée; ils m'ont coûté assez cher.

« Je ne pouvais disconvenir que l'observation de Guillaume fût raisonnable; mais il avait un art de jeter l'odieux sur tout ce qu'il disait. Ce reproche brutal du prix dont il avait acheté ses espérances me révolta, et je lui répondis :

— Il est des questions d'honneur que chaque homme juge souverainement pour lui-même, et je n'ai pas le droit de donner un pareil conseil à mon père. — Oh! oh! dit mon mari, où avez-vous appris cette belle phrase? Elle est très-sonore, mais je vous avertis qu'elle est fort déplacée. Je veux, entendez-vous bien? je veux que vous persuadiez à monsieur de Vaucloix de prêter serment. — Je ne puis me charger d'une pareille mission, je ne l'accepte pas. — Écoutez, me dit Guillaume avec colère; votre père prêtera serment quand je voudrai, et comme je le voudrai; mais il ne me convient pas de le pousser moi-même à cette détermination. Il faut que ce soit vous qui la lui inspiriez. Je répugne à employer des moyens violents, et votre refus m'y forcerait. — Des moyens violents vis-à-vis de mon père! m'écriai-je, et vous osez m'en menacer! — Ne faisons pas de tragédie, s'il vous plaît. Voulez-vous, oui ou non, m'épargner le désagrément de faire une scène à votre père? Allez le trouver ce soir même, je l'ai prévenu que vous vouliez lui parler en secret, il vous attend. Et, puisque vous êtes en train de belles phrases, il en est une que je vous engage à lui dire : c'est que la seule dot qu'il vous ait donnée est l'hérédité de sa pairie, et qu'il est d'un homme d'honneur de me la conserver par tous les moyens qui sont en son pouvoir. — Par tous, excepté par un parjure. — Sottise et entêtement! c'est un peu trop, dit Guillaume furieux. Vous me refusez? Faites-y attention, je hais les scandales et les cris ; mais, s'il faut en venir là, je le ferai, et alors...Mais vous irez.

« La première menace de Guillaume contre mon père m'avait peu alarmée, mais le ton dont il proféra ses dernières paroles m'épouvanta véritablement. Je me contins et je lui dis :

— Mon refus doit vous importer peu ; car vous pouvez être sûr que cette démarche, lors même que je la ferais, serait parfaitement inutile. — C'est ce que nous verrons. — Vous le voulez? lui dis-je. Eh bien! j'essayerai demain. — Ce soir, vous ai-je dit. — Ce soir? soit! J'irai tout à l'heure. — Tout de suite... Mon Dieu! j'ai mes raisons. Suivez-moi; je vais vous accompagner jusqu'à l'appartement de votre père, et n'oubliez pas qu'il faut que vous réussissiez.

« Quoique je fusse convaincue de l'inutilité de mes efforts, je consentis à suivre mon mari, pour éviter à mon père cette scène dont il le menaçait. Je croyais que ma condescendance suffirait à l'exigence de Guillaume. Il me conduisit jusqu'à la porte de la chambre de mon père, et me fit signe d'entrer.

XLV

UN SERMENT POLITIQUE

« J'obéis en tremblant à mon mari, et j'entrai dans la chambre de mon père. Mais j'en ressortis aussitôt.

— Il est tout habillé sur son lit ! dis-je à Guillaume. — Oh! je le sais bien, me répondit-il. — Mais il dort! — Eh bien! s'écria-t-il violemment, réveillez-le. — Qui est là? dit mon père en se levant.

« Mon mari me poussa dans la chambre, et je répondis :

— C'est moi. — Tu as bien tardé, Louise, et je craignais d'être forcé de partir sans te dire adieu. — Quoi! m'écriai-je, vous nous quittez si tôt? — Je ne veux pas rester sur le territoire de la France après que le roi l'a quitté. Je vais le rejoindre. — Hélas! mon père, lui dis-je, avez-vous bien songé à un pareil exil à votre âge? — Le roi est plus vieux que moi. — Avez-vous pensé que vous me laissiez seule en France? — Seule, Louise! seule avec ton mari; tu ne penses pas à ce que tu dis. — Mais sait-il vos projets de départ? — Qu'importe! il doit les approuver. — Cependant, mon père, vous pourriez le consulter. — Pourquoi? pour faire mon devoir, je n'ai besoin de l'avis de personne. — Cette séparation inattendue peut l'irriter. — L'irriter! et pourquoi?

« Je m'armai de tout mon courage, et je dis en baissant les yeux :

— Son mariage lui avait donné des espérances que votre départ va détruire. — Je ne te comprends pas. — En vous exilant, vous renoncez à la pairie. — Et quand je resterais, pense-t-il que je puisse la conserver? — Il a peut-être le droit de l'espérer.

« Mon père me releva la tête, que je tenais baissée, et, me regardant en face, il me dit :

— Louise, est-ce de vous-même que vous me parlez ainsi? — Je désire ne pas me séparer de vous, et je voudrais vous persua-

Sortez ! me dit mon mari. — Page 355.

der... — De devenir parjure ! — Non, mon père, mais... — On t'a forcée de venir ici, Louise; tu n'as ni ambition ni lâcheté dans le cœur. Je te pardonne, mais n'en parlons plus. — Avec elle, soit! dit mon mari en entrant et en fermant violemment la porte derrière lui; mais avec moi, c'est une autre affaire. — Je ne m'étais donc pas trompé, et ces insinuations de votre dernière lettre...
— Ces insinuations, vous les avez comprises, à ce que je vois; et, lorsque vous avez laissé votre voiture à la poste aux chevaux, j'ai compris aussi que vous comptiez m'échapper. — Eh! qui pourrait m'empêcher de partir? — Moi. — Vous êtes fou. — Pas tant que vous croyez. Écoutez-moi bien, monsieur de Vaucloix! La lettre que vous m'avez remise il y a une heure et qui porte à la chambre des pairs votre démission, est entre les mains d'un courrier qui est en bas à cheval. Si vous le voulez, il partira. Demain au matin il sera à Paris, demain à midi vous ne serez

plus pair de France, et tous les priviléges de la pairie cesseront pour vous; après-demain un jugement consulaire autorise contre vous la contrainte par corps. Ce jugement sera exécutoire sur l'heure; avec de l'argent on a tout ce que l'on veut, et, avant que vous soyez arrivé dans une ville quelle qu'elle soit, pour vous embarquer, vous serez arrêté, et vous irez à Sainte-Pélagie faire de la fidélité à S. M. Charles X. — Mais c'est un crime abominable! m'écriai-je avec désespoir. — Oh! dispensez-nous de vos interruptions, madame; monsieur votre père me comprendra beaucoup mieux que vous.

« En effet, le premier mouvement de colère que j'avais aperçu sur la figure de mon père avait fait place à un air de calme véritable.

— Je vous comprends, dit-il, monsieur de Carin. Vous avez raison; qu'il en soit comme vous voudrez. Rendez-moi ma démission, je ne l'enverrai pas.

« Je n'eus pas le temps de m'étonner de cette condescendance de mon père, car mon mari s'écria:

— Vraiment! et si votre démission ne part pas, vous resterez pair de France et libre le temps d'aller à Paris, puis au Havre? De là, quand vous serez en sûreté sur un vaisseau anglais, vous renverrez cette démission à votre aise? Non, monsieur de Vaucloix, non. Je ne suis pas si niais. — Que voulez-vous donc que je fasse? — Je veux, reprit mon mari, que d'ici à une heure le courrier qui est en bas parte pour Paris; je veux ou qu'il emporte votre démission, et alors vous savez ce qui vous attend, ou qu'il emporte votre serment de fidélité au nouveau gouvernement, et alors... — C'est une infamie que je ne ferai pas, repartit mon père. — Tenez, monsieur de Vaucloix, ne donnons pas aux mots plus d'importance qu'ils n'en ont. Figurez-vous qu'un serment au roi est une lettre de change que vous signez. Vous savez mieux que personne comment on ne paye pas à l'échéance. — Et vous savez aussi bien que moi ce qui arrive à ceux qui ne payent pas. — On prend des arrangements avec eux quand on a besoin, et c'est ce que je viens vous proposer. Prêtez serment, et je vous obtiens quittance de toutes vos nouvelles dettes. — Non, repartit mon père, non. Que ma démission parte! — Vous avez fait attention que c'est votre pension comme pair de France que vous sacrifiez? — Oui. — Vous savez que c'est la seule ressource qui vous reste? — Oui. — Vous n'avez pas oublié que c'est Sainte-Pélagie que vous choisissez? — Oui. — Monsieur, m'écriai-je, vous n'oserez pas!

« Mon mari me lança un regard qui me fit frémir, et mon père reprit:

— Il l'osera, Louise: tu ne le connais pas encore. Il y a longtemps que je le sais capable de tout. — Il le savait même avant notre mariage, reprit Guillaume en ricanant, et vous devez le remercier de l'empressement qu'il a mis à le conclure.

« Je courbai la tête pour ne pas voir ces deux hommes, dont l'un était mon père et l'autre mon mari. Cependant je reculai devant le malheur qui menaçait l'un et le crime que méditait l'autre, et j'osai élever encore la voix.

— Au nom du ciel! leur dis-je, prenez un jour pour réfléchir tous deux, et alors plus calmes... — Il faut que cette décision soit prise sur l'heure, repartit Guillaume; demain il serait trop tard. — Hé bien! reprit mon père en se levant, que le courrier parte!

« Mon mari poussa un meuble avec violence sur cette décision, et montra combien peu il s'y attendait.

— Oui, reprit mon père, en qui la colère de Guillaume affermit la résolution, oui, qu'il parte. Je finirai une carrière de fidélité et d'honneur par un dernier acte d'honneur et de fidélité. — De l'honneur! s'écria Guillaume furieux; vous parlez d'honneur, vous qui vous êtes fait un jeu des engagements les plus vulgaires de la probité, vous qui avez spéculé sur votre fille, vous... — Faites partir votre courrier, Monsieur, repartit mon père; je préfère la misère, je préfère la prison à l'infamie d'un pareil serment. Oui, reprit-il en s'exaltant, l'honneur de ma fidélité est intact, et je le mets assez au-dessus de tous les autres pour espérer qu'il me fera pardonner d'avoir été pauvre et de n'avoir pu le supporter. Mais aujourd'hui qu'il faut le sacrifier à cette fortune qui m'a toujours échappé, je la repousse. Oui, je resterai misérable, oui, je mourrai en prison. Mais cette pairie, objet de votre ambition, vous échappera; je rachèterai ainsi le tort que j'ai eu de vouloir vous en faire l'héritier. — Soit! s'écria mon mari avec rage.

« Il ouvrit la fenêtre et appela.

— Monsieur, m'écriai-je, attendez.

« Il se retourna. Mon père, malade encore et accablé de cette discussion, était tombé dans un fauteuil. Mon mari referma la fenêtre et sembla se calmer soudainement.

— Un mot encore, dit-il; cet entretien a pris une tournure telle que je n'ai pu vous faire entendre une parole raisonnable. Calmez-vous et écoutez-moi bien. Ne pensez pas, monsieur de Vaucloix, que, lorsque je vous propose de prêter serment, je vous propose une trahison. Non. Mais ne savez-vous pas, comme moi, qu'un serment politique est un lien qui n'a jamais engagé personne? — Excepté les gens d'honneur. — Mais il y en a, de ces gens d'honneur, qui vont le prêter pour ne pas abandonner tout à fait le champ de bataille. Que va devenir la cause des Bourbons, si tout le monde la déserte ainsi? Ne vaut-il pas mieux rester en mesure de la défendre pied à pied, et d'ébranler le nouveau pouvoir par une opposition active? — L'opposition d'un seul, l'opposition d'un homme qui n'a d'autre recommandation que celle de la fidélité. — L'opposition d'un homme qui deviendra l'espérance du parti. Écoutez, signez ce serment, et je vous affranchis de toutes dettes, je vous ouvre ma maison, où vous serez le maître; ce sera le centre de toutes les réunions des vrais royalistes. — Votre maison où je serais à vos gages, n'est-ce pas? où je serais le valet de votre ambition? — Non, dit mon mari; je vous donnerai une indépendance au-dessus de ce que vous espérez. Vous aimez le luxe, le jeu, la dépense; j'y fournirai. — Vous me donnerez dix mille francs par an, comme à un commis. — Ni dix mille, ni vingt mille : ce sera quarante mille francs par an.

Mon père secoua la tête.

— Cinquante, soixante mille.

Il secoua encore la tête en me regardant.

— Sortez! me dit mon mari.

Je me levai et je sortis. Je ne craignais plus de violence de la part de Guillaume. Je venais de voir fléchir sous la tentation de l'argent un vieux reste d'honneur, et je me retirai pour épargner à mon père la honte d'avoir un témoin de ce triste marché. Je sortis; mais, au lieu de rentrer chez moi, je m'arrêtai dans un petit salon qui précédait la chambre de mon père et qui n'était pas éclairé. Là je m'assis dans un coin, anéantie de ce que je venais de voir et d'entendre, et j'y demeurai sans oser réfléchir à ce qui arrivait. Quelques minutes ne s'étaient pas écoulées, que mon mari sortit et traversa le salon sans me voir. Comme il entrait dans l'antichambre, il rencontra son père qui probablement l'attendait et qui lui dit :

— Est-ce fait? — Oui. — Combien? — Cent mille. — Cent mille francs par an! Tu es fou; c'est ruineux. — Oui, s'il fallait payer. — Tu t'es donc réservé un moyen? — La loi qui abolira l'hérédité ne sera pas présentée avant un an; d'ici là nous avons bien le temps de voir, il est usé! — Il y a bien de la ressource dans ce corps-là.

Je n'entendis plus rien, car Guillaume baissa la voix et monsieur Carin aussi. Enfin mon mari reprit :

— En attendant, il faut faire partir ce courrier. — Viens.

Ils sortirent tous les deux.

Ces paroles n'auraient eu peut-être aucun sens pour moi, si je les avais entendues en toute autre circonstance; mais, après la scène dont je venais d'être témoin, elles s'éclairèrent d'un jour horrible. On spéculait sur la mort prochaine de mon père. Mais que ferait-on si cette mort ne venait pas assez tôt? Je reculai devant la pensée d'un crime abominable, et je cherchai à me persuader que mon effroi prêtait à ces paroles un sens qu'elles n'avaient pas. Cependant je voulus rentrer chez mon père pour lui dire tout. Au moment de franchir le seuil de la porte, je m'arrêtai : car il fallait accuser mon mari de projets exécrables, sans autre preuve que quelques mots que mon trouble avait peut-être mal compris. Je voulus me donner le temps de réfléchir, et je rentrai chez moi dans cette horrible incertitude, choisissant la cause de mon père parce qu'il était le plus malheureux, mais n'osant prononcer en sa faveur entre lui et mon mari. Toutefois je n'avais pas été vainement exposée à tant d'émotions désolantes ; une fièvre violente s'empara de moi, et durant plusieurs jours je ne vis point mon père, qu'on me dit être également retenu dans sa chambre par une forte indisposition. Mes soupçons ne m'avaient pas quittée, et chaque matin je m'informais avec anxiété des nouvelles de mon père. Les domestiques qui m'approchaient me répondirent avec embarras. Je crus qu'on me cachait sa mort, et, dans un mouvement de désespoir, je me levai pour aller jusque chez lui. On s'opposa à ma sortie; mais mes angoisses et la fièvre qui me tenait me donnèrent une énergie si inaccoutumée, qu'on recula devant moi. Je m'élançai à moitié nue à travers les corridors du château. J'allais arriver à l'appartement de M. de Vaucloix, lorsque j'entendis au rez-de-chaussée de bruyants éclats de voix. J'écoutai, et je reconnus celle de mon père qui dominait les autres. Le tumulte était assez violent pour qu'il me semblât qu'il y avait une querelle : tout à coup une porte s'ouvrit et me fit connaître la nature de ce bruit. On était à table, on riait, on discutait, or parlait à tort et à travers. C'était une orgie.

Une femme de chambre m'avait suivie ; je me retournai vers elle :

— Qu'est-ce que cela? lui dis-je. — Oh! mon Dieu, Madame, c'est comme cela tous les jours depuis une semaine que vous êtes malade. — Et mon mari est là? — Oui, Madame. — Et mon père? — M. le marquis est le moins raisonnable de tous, me répondit cette fille en baissant les yeux.

Certes, Édouard, si une femme racontait qu'elle a été forcée de se jeter entre son mari et son père, sur la poitrine duquel le premier lève le poignard, on dirait que cette femme a subi le plus atroce des malheurs, et cependant ce malheur eût été à mille lieues de celui qui m'atteignait alors. J'avais une horrible certitude des projets de Guillaume, et je ne pouvais ni les prévenir ni les dénoncer. Car par quels moyens pouvais-je, moi, femme, faire cesser des orgies qui étaient un meurtre prémédité? Comment, moi, fille, aurais-je dit à mon père : On abuse du désordre d'une vie facile à se laisser entraîner à tous les excès, pour tuer cette vie qui gêne et qui est trop longue? Peut-être une autre plus forte que moi en serait devenue folle, un autre qui eût pu se représenter dans tout son excès l'horreur de cette position. Peut-être aussi une autre plus forte eût osé dire en face à son mari : « Voilà vos projets; » ou à son père : « Voilà comment on vous tue par vos vices. » Mais je ne le pus pas. Je rentrai chez moi plus malade, mais avec une volonté de guérir qui me servit mieux que les soins qu'on me donnait. Je dois le dire, Édouard : j'avais, dans mes nuits de solitude, examiné toutes les manières de sauver mon père, et j'avais reconnu que la plus sûre était de lui dire la vérité; mais, en le reconnaissant, j'avais toujours fléchi devant le poids d'une si énergique démarche. Vous ne savez pas ce que c'est que cette faiblesse qui prend certaines âmes en face de toute action qui exige de la résolution. Vous avez peut-être rencontré des lâches dans votre vie, de ces hommes à qui nulle injure ne peut inspirer de braver un danger, que le péril même n'irrite pas assez pour les porter à un effort de courage pour sauver leur vie : ce que sont ces hommes en face d'une épée ou d'un pistolet, je l'étais, moi, en face d'un acte vigoureux de ma volonté. Je voulais guérir et je guéris, non pas pour épouvanter mon mari, non pas pour avertir mon père, mais pour me placer entre eux et détourner le crime. Oui, Édouard, je m'imposai ce triste rôle d'assister à toutes ces orgies, d'essayer de les modérer par ma présence. Sous le prétexte de la santé de mon père, je tentai quelques timides observations que je redoutais de rendre peu respectueuses pour lui et que je tremblais de voir comprises par mon mari. Je craignais à la fois de les voir sortir du château et de les y voir rester. Si mon père montait dans une voiture, je l'examinais avec anxiété; s'il choisissait un cheval pour une promenade, je craignais ce cheval. Je l'accompagnais partout où je pouvais : je le suivais à la chasse, je l'asseyais à table près de moi, je le fatiguais de mes questions, je lui dérobais son verre. Que vous dirai-je? je passai six mois dans une vie d'effroyables angoisses, veillant sur la victime sans oser regarder l'assassin en face, voyant s'éteindre la santé de mon père et ne doutant plus des projets de mon mari; car le soin qu'il mettait à exciter les désirs de ce malheureux vieillard me le disait assez. Si vous saviez comment lui, si vaniteux, si froid, si impérieux, s'était fait l'esclave des moindres désirs de mon père! C'était pour lui une obligeance, une bonhomie, une attention qui

le ravissaient. Cela dura longtemps sans que je renonçasse à la triste tâche que je m'étais imposée, heureuse quand j'avais gagné quelques jours de calme et de repos pour mon père, désespérée quand mon mari avait trouvé quelque nouveau motif de l'entraîner dans ces excès mortels. Cependant j'étais prête à céder à la nécessité : le moment était venu ou de parler ou de cesser une surveillance devenue inutile, et qu'on repoussait comme une folie ridicule et ennuyeuse. Il me fallait devenir complice muette du crime ou le dénoncer, lorsque mon père, à bout de ses forces, tomba tout à fait malade. A ce moment, et par une horrible fatalité, la loi qui abolissait l'hérédité de la pairie fut apportée aux chambres ; et, dès les premiers journaux reçus, il ne fut pas douteux pour nous qu'elle passerait.

On raconte aisément des faits matériels, Édouard ; mais il est bien difficile de faire comprendre ceux qui ne nous sont révélés que par une sorte d'intuition. Le jour où le *Moniteur* nous apporta la nouvelle de cette loi, mon mari était au pied du lit de mon père. Dieu seul est dans le secret de la pensée des hommes : qu'il brise ma plume entre mes mains, si je mens! Mais je jure que Guillaume, un doigt sur la date du *Moniteur* et l'œil fixé sur le malade, supputa lentement que le temps nécessaire à la discussion et à la sanction de la loi suffirait pour que mon père mourût avant que cette loi ne le dépouillât. Un sinistre sourire suivit cette muette contemplation de Guillaume, et je me sentis devenir froide quand il dit à mon père : « Ce ne sera rien : deux jours de repos, et après-demain une promenade en calèche et un bon dîner, il n'y paraîtra plus. » A ce moment encore je fus prête à crier à mon père : « On vous tue, on veut vous tuer! » Mais une de ces vagues espérances auxquelles ma lâcheté cherchait toujours à se rattacher m'apparut encore, et m'entraîna dans cette déplorable ressource d'attendre du temps et du hasard un salut que je pouvais peut-être conquérir sur l'heure. Je pensai que je pourrais garantir la vie de mon père jusqu'après la promulgation de cette loi fatale, et qu'alors Guillaume abandonnerait un crime qui ne pouvait plus avoir de résultat pour lui. Je m'installai près de mon père, je me fis dresser un lit dans un cabinet contigu à la chambre qu'il occupait, et là, l'œil sans cesse ouvert, je surveillai les soins qui lui étaient donnés ; je préparais moi-même les boissons calmantes ordonnées par les médecins ; j'écartais les visites des étrangers ; j'étais un geôlier insupportable. Cependant je ne pouvais empêcher mon mari d'entrer ; et, presque assurée qu'il n'oserait attenter matériellement à cette vie que je protégeais à toute heure, je le voyais cependant l'attaquer encore moralement dans le peu de forces qui lui restaient. Guillaume faisait à mon père une lecture assidue et régulière des journaux. Certain de l'exaspérer en agitant une question qui le touchait si directement, il choisissait les discours les plus irritants, les articles de journal les plus cruels, pour faire naître une discussion. Alors il l'excitait, le poussait aux plus violentes colères, et ne le quittait que lorsque la force manquait au malheureux vieillard. Je les suppliai vainement d'éviter de pareils sujets de conversation. Comme ce n'était point par des querelles que Guillaume irritait mon père, comme c'était au contraire en flattant ses haines et en applaudissant à ses diatribes qu'il le poussait à ces fureurs mortelles, mon père attendait avec impatience les nouvelles de chaque jour ; et Guillaume avait si bien fait, qu'il eût été aussi dangereux de les lui cacher qu'il l'était de les lui apprendre.

Je vivais ainsi entre cette victime et ce bourreau, recevant la douleur de tous les coups sans pouvoir en parer un seul, soutenue cependant par l'espérance qui m'avait fait taire ; car la fin de cette discussion approchait, et, avec elle, la fin du retentissement meurtrier qu'elle avait dans notre maison. La loi avait été apportée à la chambre des pairs ; et, par une précaution dont rien ne pouvait me faire soupçonner le but, Guillaume avait flatté mon père de l'espérance que cette loi serait rejetée par la chambre dont elle abolissait le plus puissant privilége. Sur la foi de cette espérance, j'avais obtenu quelques jours de calme, et la bien légère amélioration qu'ils avaient apportée dans l'état de mon père m'avait fait espérer qu'une vie régulière et exempte de violentes émotions rétablirait aisément sa santé. Guillaume semblait même avoir renoncé à son affreux dessein ; il n'apportait plus les journaux, disant qu'ils étaient insignifiants, et que la loi ne serait point discutée de longtemps. Avec ma faiblesse ordinaire, jugeant de la persistance des autres d'après la mienne, je crus que mon mari s'était fatigué de l'épouvantable rôle qu'il s'était imposé, et je ne gardai d'autre anxiété que de le lui voir reprendre lorsque la discussion de la loi se renouvellerait. Je retrouvais déjà quelque confiance dans l'avenir et j'écartais la prévision de nouveaux dangers, car c'était une charge très-lourde pour moi. Vint un jour qui calma, pour ainsi dire, toutes mes inquiétudes. Durant un long entretien qui avait eu lieu dans sa famille, toute politique avait été oubliée, et nous n'avions parlé que de projets de voyage, d'avenir heureux, du seul soin de jouir d'une fortune à l'abri de toute révolution. Le soir venu, je m'étais retirée la joie dans le cœur, et je m'étais laissé paisiblement gagner par le sommeil, que je combattais depuis longtemps. J'étais tranquille d'ailleurs, parce que je fermais exactement la porte de mon père, et que personne ne pouvait entrer chez lui. Tout à coup je fus réveillée par un fracas terrible. Je me lève soudainement, et je vois entrer mon mari avec quelques domestiques qui avaient brisé la porte.

— Qu'y a-t-il ? m'écriai-je en m'élançant vers mon père. — Comment ! s'écria mon mari avec violence, voilà une demi-heure que votre père sonne en désespéré, et vous, qui êtes près de lui, vous demandez ce qu'il y a? et, depuis dix minutes que nous frappons inutilement à cette porte, vous refusez de l'ouvrir? — Moi! m'écriai-je, je dormais. — Nous vous trouvons levée.

A ce mot, je crus voir ensemble le crime qui avait été commis et le calcul qui devait m'en faire accuser, et je me retournai vers mon père. Il était assis sur son lit et nous dit en riant :

— Ah ça! vous êtes tous fous. J'ai sonné faiblement, parce que je ne voulais pas éveiller cette pauvre enfant; j'ai sonné plus fort quand je n'ai vu venir personne, et je dois dire que votre impatience a été bien vive, car je me disposais à me lever pour vous ouvrir cette porte, lorsque vous l'avez enfoncée avec fracas. — Et que voulez-vous donc mon père? — Tout simplement un peu de tisane; celle que j'ai trouvée là sur ma table, près de moi, avait une odeur si nauséabonde, que je ne l'ai même pas goûtée.

Je voulus saisir la tasse. Mon mari s'en empara et jeta le contenu dans les cendres en disant :

— Voilà le soin que vous avez de votre père! ce n'est pas la peine de nous fermer sa porte.

Je le jure encore : le visage bouleversé de mon mari et le soin qu'il prit de faire disparaître cette boisson dont l'odeur avait déplu à mon père, me persuadèrent qu'un crime avait été tenté, et je m'épouvantai du concours de circonstances qui m'en auraient rendue responsable s'il eût réussi. Mon père prit une tasse de tisane qui lui fut présentée par mon mari, tandis que je restai anéantie sous l'idée du danger auquel lui et moi venions d'échapper.

— Maintenant que l'alerte est finie, dit mon père en souriant, rentrez chez vous, car je me sens en disposition de reposer encore.

Tout le monde sortit et je restai seule.

— Eh bien! tu ne regagnes pas ton lit? me dit mon père. — Oh! mon Dieu, mon Dieu! m'écriai-je en fondant en larmes, protégez-moi! — Qu'as-tu donc, Louise? Pourquoi ne réponds-tu pas? Mais qu'as-tu donc? — Oh! ne me demandez rien, mon père; mais par grâce, par pitié, ne mangez rien, ne buvez rien que je ne vous le présente. — Louise! Louise! tu es folle. Songes-tu à la gravité de tes paroles? — Écoutez mon père, écoutez! Vous souvient-il de cette soirée terrible où Guillaume vous força d'envoyer votre serment? — Oui. — Eh bien! voilà ce que je lui ai entendu dire, lorsqu'il sortit d'avec vous...

Je lui répétai les paroles de Guillaume et celles de M. Carin. Je lui expliquai comment j'avais été épouvantée de toutes ces imprudences auxquelles on le poussait. Je lui dis pourquoi je m'étais ainsi placée sans cesse à côté de lui. Je lui dis tout, enfin. L'exaspération de mon père fut au comble. Il ne parlait que de vengeance. Il m'ordonna un silence complet à l'égard de Guillaume.

— Il ne se tiendra pas pour battu, me dit-il; il recommencera, et, une fois que j'aurai en main les preuves de son crime, ce sera mon tour de le faire obéir.

Je me suis servi du mot exaspération pour vous peindre la colère de mon père, parce qu'à vrai dire il n'y eut en lui ni étonnement ni indignation. Sa seule pensée fut de rendre le mal pour le mal, et de profiter de ce qu'il venait d'apprendre. J'avais sauvé mon père, mais ce fut pour le voir tendre incessamment un piége à mon mari. Il voulait le perdre. Que vous dirai-je? Le lendemain de cette scène, mon père accueillit Guillaume avec des remercîments pleins de bonhomie sur son inquiétude de la veille. Je fus blâmée de fermer une porte qui devait rester ouverte à un si bon gendre la nuit et le jour. Mais Guillaume devina le piége, ou peut-être n'eut-il pas besoin de cette perspicacité; peut-être, pendant que je l'accusais, était-il derrière cette porte qui lui était maintenant ouverte, mais qu'il ne voulait pas franchir. Mon père, pour laisser à Guillaume la liberté d'une nouvelle tentative, exigea que je quittasse son appartement. J'obéis. J'étais lasse de tant d'horreurs; mon cœur et ma tête ne suffisaient plus aux terreurs dont j'étais assiégée. Tous les matins je m'attendais ou à apprendre que mon père était mort ou à voir notre maison envahie par des magistrats appelés contre mon mari. Rien de cela n'arriva et, huit jours après, mon père, rassuré sur le compte de Guillaume, me disait que j'étais une folle dont l'imagination avait bâti de lugubres histoires.

Il semble, Édouard, que mon malheur ne pût aller au delà de cette extrémité. Détrompez-vous! ce mot folle que mon père m'avait dit en souriant, mon mari me l'appliqua sérieusement. Je fus livrée à des médecins, à qui il osa dire tout ce que j'avais pensé contre lui comme une preuve de cette folie. On plaignit l'infortuné mari d'avoir une pareille femme, et je fus soumise à une surveillance de toutes les heures. Deux mois après, et lorsque la loi qui abolissait l'hérédité de la pairie fut votée, mon père mourut. Guillaume vint me l'annoncer, et, dans mon indignation, je ne pus m'empêcher de m'écrier:

— C'est trop tard, n'est-ce pas?

Le médecin était présent et il dit tout bas:
— C'est une idée fixe.

Huit jours après j'étais dans une maison de santé; c'est celle d'où je vous écris, Édouard, c'est celle que j'habite depuis un an et où je mourrai bientôt, si vous ne parvenez à m'en arracher.

Le manuscrit était fini, et le Diable était debout devant le baron.

— Où sommes-nous donc? s'écria Luizzi.
— Dans une maison de fous, reprit le Diable.
— Et cette femme qui dormait? — C'est madame de Carin. — Mais est-elle folle? reprit Luizzi. — Demandez-le aux médecins. — Son mari a-t-il tenté tous ces crimes? — Demande-le à la justice. — Comment peut-elle le savoir? repartit Luizzi. — En s'adressant à celui qui sait tout. — A toi, Satan, n'est-ce pas? Eh bien! dis-moi la vérité. — Bon! fit le Diable en sifflotant, tu dirais que je calomnie la société. Mais n'as-tu rien deviné dans cette histoire? — J'ai deviné que probablement j'ai dormi les vingt mois que je t'ai livrés. — Il y a des jours où tu es intelligent. — Et, pendant ce temps, il s'est fait une révolution? — C'est-à-dire une drôle de comédie. — Je pense que tu me la raconteras, car je ne puis rentrer dans le monde sans connaître les détails d'un événement si important. — Tu m'en demandes beaucoup: des parvenus plus impertinents que ceux qu'ils ont remplacés, des servilités plus basses que celles qu'on se fait honneur de mépriser, des oppositions désordonnées de la part des hommes qui avaient condamné toute opposition, les mêmes fautes, les mêmes crimes, les mêmes sottises, avec une autre livrée! voilà tout. — Je veux les savoir. — Eh bien! peut-être te les dirai-je, si la tâche qui te reste à remplir te laisse le temps de m'entendre. — Quelle est donc cette tâche? — Henriette Buré est ici, et sa sœur, cette jeune fille que tu as vue chez madame Dilois, se meurt dans la misère. — Il faut les sauver. — Soit! Sortons d'abord d'ici. Suis-moi... Et le Diable marcha devant.

La sœur de charité.

XLVI

UNE SCÈNE DE CHOUANS.

Il s'agissait de s'enfuir de cette maison de fous, et Luizzi suivit le Diable. Tant qu'ils marchèrent dans cette immense demeure, tout alla le mieux du monde: les portes et les murs s'ouvraient devant Satan pour lui faire un passage facile, et Luizzi se glissait prestement après lui. Mais, dès qu'ils

Cependant Luizzi suivait toujours le Diable. — Page 362.

furent en rase campagne, le baron eut grand'peine à suivre son guide infernal. La nuit était tout à fait noire; un vent violent chassait sur le visage d'Armand une pluie glacée et continue. La terre du chemin, détrempée par cette pluie, s'attachait aux souliers du baron et le faisait marcher sur des espèces de patins de boue, jusqu'au moment où la boue emportait à son tour les souliers et laissait notre ami un pied en l'air et quêtant de l'orteil sa chaussure dans l'obscurité. Quant à Satan, il allait avec autant d'aisance sur ce terrain fangeux que s'il eût marché sur des charbons ardents, macadamisage ordinaire de son empire. Il s'arrêtait silencieusement toutes les fois qu'Armand s'arrêtait en jurant comme un damné, et il attendait patiemment que celui-ci se fût rechaussé. Ils étaient en ce moment dans un chemin étroit, bordé des deux côtés de hautes levées de terre couronnées de haies impénétrables. De loin en loin de grands chênes ou des ormes centenaires s'élevaient du milieu de ces haies et étendaient leurs bras immenses sur ce chemin étroit qu'ils couvraient dans toute sa largeur en allant s'appuyer sur les haies opposées. Comme une troupe de cavaliers aériens lancés au galop, le vent passait tout d'un trait à travers ces arbres et ces haies, criant, hurlant et emportant avec lui des nuées de feuilles qui semblaient dans la nuit un vol d'oiseaux fuyant à tire-d'aile. Puis tout à coup, comme si ces escadrons invisibles en eussent rencontré de plus puissants, ils s'arrêtaient et paraissaient se briser. On les entendait reculer et revenir par raffales inégales et plaintives ; les feuilles dispersées repassaient en tourbillonnant et s'abattaient çà et là sur la terre humide, pareille à une bande de passereaux qu'ont dispersée et décimée les plombs éparpillés d'un coup de fusil. Alors tous les grands bruits se taisaient un moment pour laisser entendre les murmures de la pluie tombant sur les arbres, le cri lugubre d'une chouette et le chant lointain d'un coq. L'orage reprenait ensuite, allant, venant, luttant, frappant de grands coups sourds et poussant des sifflements aigus : non pas un de ces orages bouillants et superbes que sillonnent de puissants éclairs, qui parlent majestueusement par de grands éclats de foudre, qui jettent dans l'âme une sainte terreur pleine d'admiration, auxquels on s'expose tête nue, pour s'imprégner de leurs chaudes émanations et respirer leur atmosphère électrique ; mais un de ces noirs orages qui serrent le corps de froid et le cœur de tristesse, auxquels on ferme soigneusement sa fenêtre et sa porte pour s'accoter au coin de l'âtre qui brûle ou se rouler dans les couvertures de son lit.

Cependant Luizzi suivait toujours le Diable, et il avait assez à faire de le suivre pour ne pas l'interroger. A mesure qu'ils avançaient, les difficultés de la marche devenaient de plus en plus grandes, et le baron finit par s'écrier dans un mouvement d'impatience :

— C'est dans le chemin de l'enfer que nous sommes ! — Le chemin de l'enfer, mon maître, repartit Satan, est facile et uni ; il a une belle chaussée au milieu pour les gens en voiture, et des trottoirs en asphalte pour les piétons ; il est ombragé d'arbres frais et fleuris ; il est bordé de grands tilleuls et de jolies maisons, avec de gais cabarets, de grands restaurants, des jeux de roulette logés comme des princes, et des filles de joie habillées comme d'honnêtes femmes. On y mange, on y boit, on y dort ; on y joue sa santé, sa vie et sa fortune à toute heure et à tout pas. Le chemin de l'enfer est presque aussi beau que le boulevard Italien le sera un jour. — Alors celui-ci est probablement le chemin de la vertu ? repartit le baron en ricanant. — Peut-être. — En ce cas il est rude et désobligeant. — Te fatigue-t-il déjà ? dit le Diable. Tu n'es pourtant pas un enfant à peine vêtu et à peine nourri comme ceux de ce pays ; tu n'es pas un vieillard aveugle courbé sur un bâton ; tu n'es pas une fille pâle et débile, et tu ne suis pas ce chemin pour aller porter secours à un malheureux que tu ne connais pas ; tu es un homme dans la force de l'âge, et tu marches pour te sauver toi-même et retrouver ta fortune et ta liberté. — Ainsi soit-il ! répondit Luizzi ; mais je doute fort qu'il y ait d'autres êtres humains que moi qui se promènent à pareille heure et par un temps semblable, à moins que ce ne soient des voleurs, et, en général, ces messieurs ne sont pas de faibles enfants, des vieillards aveugles et des jeunes filles pâles et débiles. — Au bout de ce chemin, à l'endroit où il se croise avec plusieurs sentiers, tu rencontreras l'enfant, le vieillard et la jeune fille. Demande-leur un asile pour cette nuit. — Sous quel prétexte ? — Tu leur diras que tu es un voyageur égaré. — Ces gens-là ne me croiront pas ; car il n'est pas naturel qu'un homme distingué se trouve au milieu de la nuit à pied, à travers des chemins perdus. Ils me prendront pour un voleur. — N'y a-t-il donc rien dans le monde entre le riche qui court les grandes routes en berline de poste et le voleur qui se glisse la nuit dans les sentiers obscurs ? Il y a l'économie, il y a la pauvreté, il y a le malheur, qui bravent de bien autres tempêtes. — Mais s'ils me demandent mon nom, comment supposeront-ils que le baron de Luizzi soit en pareille équipage dans ce pays? — Si tu leur dis que tu es le baron de Luizzi, ils te prendront pour le fou échappé de la maison que nous venons de quitter, car ton nom doit être connu dans son voisinage. Cherche un nom et une profession, et arrange-toi pour te tirer de ce mauvais pas. — Tu comptes donc m'y laisser? — Que t'ai-je promis? de te rendre la liberté, et tu es libre; ta fortune? tu retrouveras à Paris tes deux cent mille livres de rente. Ton banquier, contrairement à beaucoup d'autres, a profité de la révolution de Juillet pour rétablir ses affaires, et Rigot a été débouté de ses prétentions sur tes propriétés. — Tu m'as promis de me rendre aussi ma bonne réputation. — Tu as été acquitté en cour d'assises ; tout le monde a témoigné en ta faveur, en déclarant que tu étais en démence depuis longtemps ; et, comme le notaire était guéri et se portait bien, on n'y a pas regardé de trop près. — De façon que je rentre dans la société comme une espèce de forçat libéré? — Tu te trompes, mon maître: le crime que tu as commis est un de ceux que la société pardonne aisément. — Pourquoi cela? — Parce qu'il n'avait pas de motif apparent. Si tu avais essayé de tuer un homme pour lui prendre son argent, sa femme ou son nom, tu serais un misérable ; si tu avais tenté de le tuer par vengeance ou par haine, tu serais un horrible scélérat. Mais tu as voulu le tuer pour le tuer ; tu es monomane, un homme frappé de vertige, pour qui la science a une foule d'arguments irrésistibles qui te rendent très-intéressant. C'est une invention moderne que je dois au jeune barreau et que j'espère voir fructifier à mon profit. D'ailleurs, au milieu de la grande tourmente qui vient d'agiter la France, ton affaire a passé complètement inaperçue. La plupart des gens qui te connaissent l'ignorent tout à fait, et, en changeant de monde, tu seras un homme tout neuf pour celui où tu entreras. — Mais à quelle distance suis-je de Paris? — A quatre-vingts lieues. — Quel est ce pays? — C'est la commune de Vitré. — Comment pourrai-je arriver jusqu'à la capitale sans argent? — Ce n'est pas mon affaire. — Mais il doit y avoir un moyen de s'en procurer? — Il y en a trois: en emprunter, en voler ou en gagner, tu choisiras. Quant à moi, j'ai tenu ma promesse, adieu.

Et comme ils arrivaient à l'endroit où le chemin se partageait en plusieurs sentiers, le Diable disparut, et Luizzi se trouva à quelques pas d'un petit groupe de personnes prêtes à passer devant lui.

— Qui va là? cria une voix forte. — Hélas! dit Luizzi, je suis un pauvre voyageur qui ai été arrêté par une troupe de brigands; ils m'ont dépouillé de mon argent et de mes papiers, après m'avoir entraîné dans un bois, et je me suis égaré en cherchant à retrouver la grande route de Laval à Vitré.

A peine Luizzi avait-il fini de parler, qu'un enfant d'une douzaine d'années, qui avait tourné autour de lui en l'examinant soigneusement, cria d'une voix un peu dédaigneuse :

— C'est un monsieur, grand-père. — Regarde-le bien, Mathieu, répondit le vieillard.

Et aussitôt une femme reprit doucement:
— Et que demandez-vous, brave homme?
— Un asile pour cette nuit, si cela ne vous dérange pas. — Cela ne nous dérangera pas, Monsieur, dit le vieillard; on ne dort guère chez nous, cette nuit, et un de plus ou de

moins autour de la cheminée, ça ne refroidira personne. Venez donc, Monsieur, et suivez-nous ; vous devez avoir besoin de vous réchauffer. — Grand-père Bruno, dit l'enfant, nous sommes à deux portées de fusil de la maison ; je vais courir en avant et dire que c'est nous avec la sœur Angélique et un monsieur. Il n'y a plus moyen de se tromper maintenant ; vous n'avez qu'à suivre tout droit par ici. — C'est bon, répondit le vieillard en s'engageant dans le sentier où son petit-fils l'avait conduit, dépêchons-nous.

Luizzi s'étonnait de la facilité avec laquelle l'aveugle avait accueilli sa fable ; mais il s'étonna davantage encore lorsque celui-ci l'interrogea en lui parlant de son aventure imaginaire comme d'une chose toute naturelle.

— Ceux qui vous ont attaqué étaient-ils nombreux ? — Une douzaine, repartit Luizzi dont la vanité ne marchandait pas sur le nombre de ses vainqueurs. — Et vous n'avez pas remarqué parmi eux un grand sec avec une peau de bique sur le dos, un bonnet rouge sous son chapeau ? — En effet, dit Luizzi, j'ai cru remarquer un homme très-grand, habillé à peu près comme vous dites. — J'en étais sûr, repartit l'aveugle ; c'est la bande de Bertrand. Oh ! si je n'avais pas perdu les yeux, le vieux gueux n'oserait pas tourner comme ça dans les environs. Il sait que je tire droit, ou plutôt que je tirais droit autrefois. — Mais, dit la sœur Angélique qui marchait à côté du vieillard, ce Bertrand n'a-t-il pas été votre ami ? — Oui ! oui ! Du temps de la république, nous avons crié ensemble *Vive le roi !* et je crois bien que, si je ne l'avais pas ramassé à moitié mort sur la lande de la Croix-Bataille, il y serait enterré depuis longtemps avec les saints prêtres qui ont tous péri dans cette fameuse journée. Mais nous faisions de la bonne guerre dans ce temps-là ; nous n'attaquions pas les maisons isolées pour les piller et nous gorger de vin ; nous n'arrêtions pas les voyageurs attardés sur les routes pour les dépouiller et les voler ; car ils vous ont tout pris, n'est-ce pas, Monsieur, ces brigands-là ? — Tout ! absolument tout ! repartit le baron. — Hum ! les lâches gredins ! fit le père Bruno. — Vous m'avez pourtant dit qu'ils s'étaient battus bravement il y a quelques heures ? reprit la sœur de charité. — Ça, c'est vrai ; et si, au lieu de favoriser la retraite des culottes rouges en leur ouvrant les barrières de la closerie, nous avions voulu les prendre en queue, il n'en serait pas resté un vivant. — Est-ce à ce moment que l'officier qui a été blessé s'est réfugié chez vous ? demanda la sœur Angélique. — Il ne s'y est pas refugié, il a été blessé devant la haie de la cour ; et, comme il avait été le premier quand il avait fallu avancer, il se trouvait le dernier à la retraite. De cette façon, ses soldats, qui étaient déjà loin, ne l'ont pas vu tomber, et, quand les chouans qui les poursuivaient sont passés à côté de lui, ils l'ont sans doute cru mort. C'est plus de deux heures après, qu'en tournant autour de la maison nous l'avons aperçu gisant par terre et que nous l'avons transporté chez nous. Mon fils Jacques a été chercher le médecin ; et, comme il ne s'est pas trouvé un de nos gars de charrue assez décidé pour aller vous querir, je m'en suis chargé. Seulement, comme depuis six mois j'ai eu le malheur de perdre les yeux et que je n'ai pu apprendre les chemins, Mathieu m'a accompagné.

En parlant ainsi, le vieux Bruno, la sœur Angélique et Luizzi arrivèrent à l'entrée d'un petit enclos fermé de barrières, comme dans les routes défendues de nos forêts royales. Un petit passage était libre de chaque côté ; et, lorsque nos trois voyageurs l'eurent franchi, le baron, inquiet de l'approche de deux chiens qui le flairaient curieusement, put voir une assez longue suite de bâtiments inégaux n'ayant qu'un rez-de-chaussée. Une porte était ouverte et eût laissé voir dans l'intérieur de la maison qui paraissait éclairé par une vive lumière, si plusieurs personnes n'avaient été groupées devant cette porte.

— C'est vous, père? cria une voix formidable, tandis que le vent et la pluie redoublaient. — C'est moi, Jacques, dit le vieillard.

Aussitôt la porte resta libre, ceux qui l'occupaient s'étant retirés. Le vieillard entra le premier, puis se débarrassa du manteau de peau de chèvre qu'il portait et que son petit-fils alla pendre à un clou dans l'intérieur de la cheminée, où plusieurs autres étaient déjà en train de sécher.

L'homme qui avait parlé était assis au coin de cette cheminée, le pied appuyé sur l'un des crochets de la crémaillère, le coude sur son genou et le menton dans la main. Il suivit d'un œil attentif la manière dont le petit Mathieu conduisit et plaça son grand-père auprès du feu; puis se tourna légèrement vers la sœur de charité, à qui une servante venait d'enlever sa grande mante noire, et lui montrant une porte du doigt :

— La femme est là avec le malade, lui dit-il; entrez-y un moment, vous verrez l'ordonnance que le médecin a laissée et qu'il a dit de vous montrer. S'il n'y a rien de pressé, revenez vous sécher un peu, car il fait un triste temps.

La sœur de charité entra dans la chambre qui lui était désignée, et le maître de la maison, se tournant alors vers le baron, ajouta :

— Asseyez-vous, monsieur, et chauffez-vous. Ils ne vous ont donc pas laissé un manteau pour vous garantir? ajouta-t-il, en voyant le baron dont les habits ruisselaient d'eau; vous ne pouvez pas rester comme ça, il y aurait de quoi enrhumer une grenouille. Femme, cria-t-il, tu porteras du linge et des habits dans la chambre du blessé, et on laissera à monsieur un petit moment pour s'habiller et se déshabiller... Pardon, monsieur! mais nous n'avons que ces deux chambres, et nous faisons comme nous pouvons.

Luizzi allait remercier le paysan, lorsque celui-ci cria d'une voix irritée :

— Qui a laissé cette porte ouverte? Avez-vous envie qu'on nous envoie des coups de fusil jusqu'au coin de notre feu? Fermez et tirez les verrous. — Père, c'est moi, dit le petit Mathieu; mais Lion et Bellot sont dans la cour, et ils ne laisseront approcher personne qui soit étranger à la maison. — C'est bon! dit Jacques en se radoucissant.

Puis il reprit entre ses dents :

— Ce ne sont pas ceux que les chiens ne connaissent pas que je redoute, ce sont ceux qui sont souvent entrés ici comme des amis. — Tu as raison, reprit le vieil aveugle qui avait posé ses pieds sur ses sabots comme sur une espèce de tabouret, pour mieux les exposer à la chaleur du feu; tu as raison. D'après ce que m'a dit monsieur, c'est la bande Bertrand qui l'a attaqué. — Connaissez-vous ce Bertrand? dit Jacques. — Non, reprit Luizzi; mais, d'après le portrait que m'en a fait votre père, un homme très-grand... — Il y a plus d'un chouan de la taille de Bertrand, et, si vous ne l'avez pas vu... — Il faisait nuit quand il a arrêté ma voiture, reprit Luizzi. — Votre voiture! fit Jacques d'un air étonné; où ça? — Mais sur la grande route de Vitré à Laval, dit Luizzi qui regrettait déjà d'avoir prononcé le mot voiture. — Et vous veniez...? — De Vitré, répondit Luizzi de plus en plus embarrassé. — Et que sont devenus les chevaux et le postillon qui vous conduisaient? — Je vous avoue que je n'en sais rien, répondit le baron. — Bonfils, dit le maître de la maison à un garçon de charrue qui réparait une fourche dans un coin de cette grande pièce, tu vas aller à la poste savoir des nouvelles de la voiture arrêtée. Combien de temps y a-t-il à peu près? — Deux heures, dit étourdiment le baron. — Deux heures! répéta Jacques, c'est singulier!

En prononçant ces paroles, il jeta un regard soupçonneux sur Luizzi. Mais à l'instant même Marianne, la femme de Jacques, parut en disant :

— Tout est prêt dans la chambre pour monsieur.

Jacques fit signe au baron d'entrer et le suivit attentivement des yeux. Comme Armand allait passer la porte qui conduisait dans la chambre du malade, il rencontra la sœur de charité qui en sortait et vit pour la première fois son visage. Les traits de cette femme frappèrent le baron, comme ceux d'une personne qu'il avait autrefois rencontrée, et il lui parut que sa figure produisit le même effet sur la sœur, car elle s'arrêta soudainement et laissa échapper une légère exclamation ; mais tous deux passèrent cependant, sans que personne qu'eux-mêmes eût remarqué ce mouvement. Luizzi se trouva dans une chambre beaucoup moins vaste que la première : un des angles était occupé par un grand lit à colonnes et à rideaux de serge verte entièrement fermés, de façon que la lumière répandue par une petite lampe à pied ne pouvait pénétrer jusqu'au malade. Luizzi vit déposés sur une chaise les habits qui lui étaient destinés. Il s'en revêtit, tout en cherchant à retrouver en quel lieu et à quelle époque il avait pu rencontrer la sœur de charité ; mais ce souvenir, qui d'abord lui avait apparu si vif, se brouilla entièrement dans sa tête, et il en conclut qu'il avait été frappé par la ressemblance de la sœur Angélique avec quelque personne de sa connaissance. Cependant il profita de ce premier moment de solitude pour réfléchir sur sa situation. Il reconnut que, grâce à son imprudence, elle était devenue tout à fait équivoque, et que la manie de dire toujours mes gens, ma voiture, avait rendu sa prétendue aventure assez difficile à expliquer. En effet, une voiture ne disparaît pas sans qu'on en retrouve quelque trace, et il cherchait par quels moyens il pourrait sortir d'embarras, lorsqu'il pensa qu'il pouvait peut-être confier son nom à l'officier blessé et se mettre ainsi sous sa protection. Si c'est un jeune homme, se dit Luizzi, il se laissera facilement persuader que j'ai été enfermé sans motifs dans une maison de fous, et il m'aidera à regagner Paris. Pour s'assurer de son espérance, le baron entr'ouvrit les rideaux ; mais il ne put distinguer la figure du malade, cachée dans l'ombre des rideaux, et il allait prendre la lampe pour l'examiner, lorsqu'il vit Jacques debout sur la porte entr'ouverte.

— Vous êtes curieux, monsieur ! lui dit le paysan.

Luizzi, fort surpris de cette interpellation, voulut faire de la présence d'esprit et répondit avec une légèreté inconsidérée :

— J'ai quelques amis qui servent dans le régiment en garnison dans ce pays ; je craignais que ce fût l'un d'eux qui eût été blessé, et j'ai voulu m'en assurer. — Il vous aurait suffi de nous demander son nom, dit Jacques. — Le savez-vous ? — Oui. — Et comment se nomme-t-il ? — Dites-moi d'abord comment se nomment vos amis.

Le baron jeta quelques noms au hasard, et le paysan répondit sèchement :

— Ce n'est pas lui.

Puis il ajouta rudement :

— On vous attend pour souper.

Luizzi se rendit à cette invitation et rentra dans la grande chambre. En son absence, on avait mis le couvert sur la longue table qui occupait le milieu ; une chaise pour le maître de la maison en occupait le bout, et le reste des convives était de chaque côté assis sur des bancs de bois. Il y avait, outre les personnes dont nous avons parlé, deux servantes et trois garçons de labour. Tout le souper, consistant en un plat de choux et des galettes de blé de sarrasin, était servi. Quand Luizzi eut pris la place qui lui était assignée, entre le vieux Bruno et sa bru, et en face de la religieuse, chacun murmura à part soi un *Benedicite*, et on s'assit. Luizzi seul n'avait pas pris part à cet acte de dévotion, et cela fut remarqué avec déplaisir. De petites cruches de cidre étaient çà et là sur la table, et chacun en usait tant qu'il voulait. Jacques seul avait une bouteille de vin à côté de lui ; mais il ne s'en servit point, et se contenta d'en verser à son père et à la sœur Angélique, qui refusa.

— Buvez, buvez, lui dit-il, cela donne du cœur pour passer une nuit sans sommeil. — Je suis accoutumée à la veille, et je n'ai pas l'habitude de boire du vin, repartit la sœur ; mais je crois que vous feriez mieux d'en offrir à monsieur, qui ne doit pas aimer le cidre.

Jacques parut mécontent de cet avis de la jeune religieuse. Cependant il n'osa le montrer trop ouvertement, et présenta la bouteille à Luizzi, qui refusa aussi, disant qu'il n'avait ni soif ni faim ; puis il ajouta :

— Je vous ai demandé un asile pour quelques heures, et, dès que le jour paraîtra, je vous débarrasserai d'un importun. — Comme il vous plaira ; mais, je vous avertis que nous n'avons pas de lit à vous offrir. — Je n'y ai pas compté, reprit le baron, et j'attendrai le jour en causant avec sœur Angélique, si elle veut bien le permettre.

Celle-ci fit un signe d'assentiment et baissa les yeux que, depuis le commencement du souper, elle tenait constamment fixés sur Luizzi. Le baron l'examinait avec non moins d'attention ; et, sans pouvoir se dire où il avait vu ce pur et beau visage de jeune fille, il était forcé de reconnaître qu'il éveillait en lui des souvenirs confus. Cependant le souper était fini ; le silence le plus absolu régnait autour de la table et laissait entendre l'effort de la tempête qui ébranlait violemment les portes et les contrevents. Tout le monde paraissait soucieux et embarrassé, lorsque sœur Angélique dit à Jacques :

— L'ordonnance du docteur porte qu'il faut imbiber les compresses de l'appareil avec l'eau la plus froide possible pour calmer l'irritation. Si je pouvais avoir de l'eau de puits, cela serait excellent. — Jean, dit le fermier, va tirer un seau d'eau.

Le garçon de ferme sortit, et Luizzi remarqua alors que celui à qui son maître avait dit d'aller à la poste n'était plus dans la maison. Il prévoyait un nouvel embarras, lorsque Jacques, se levant, dit d'une voix pleine d'humeur :

— Allons, un dernier coup au rétablissement du malade, et que ceux qui doivent dormir cette nuit aillent se coucher !

Chacun, se versant à boire, s'apprêtait à finir le repas pour répondre à l'invitation de Jacques, lorsqu'un homme parut à la porte laissée ouverte par le garçon de ferme, et dit d'un ton railleur :

— Vous ne boirez pas sans moi, j'espère !

A peine cet homme avait-il prononcé ces mots, que tout le monde se leva et que le vieil aveugle s'écria en saisissant un couteau sur la table :

— Bertrand ! c'est ce gueux de Bertrand !

Jacques arrêta son père, tandis que les autres convives, debout et immobiles autour de la table, laissaient percer un sentiment de terreur profonde. Marianne, la femme de Jacques, s'était jetée au-devant de son mari ; mais celui-ci, la repoussant doucement, dit d'un ton froid au nouveau venu :

— Si tu as soif, il y a ici du cidre pour toi.

— Et du vin aussi, à ce que je vois, dit Bertrand en s'avançant pour prendre la bouteille.

C'était un homme d'une taille très-élevée. De longs cheveux rouges, mêlés de mèches blanches, tombaient sur ses épaules. Il avait la peau de bique que portent d'ordinaire tous les paysans du bas Maine et de la Bretagne. Il était armé d'un fusil à deux coups d'un certain prix et d'un couteau de chasse assez orné. On se regardait, on attendait dans un état d'anxiété cruelle ce qui allait arriver, lorsque Jacques, posant la main sur la bouteille que Bertrand allait saisir, lui dit d'un ton résolu :

— Je donne ce que j'offre, je refuse ce qu'on veut prendre. — Comme tu voudras, dit Bertrand, sans paraître irrité de cette résistance.

Il saisit une cruche de cidre et la vida d'un trait. A peine avait-il fini, qu'un grand bruit se fit à la porte.

— Qu'y a-t-il? demanda Jacques. — C'est moi, reprit Jean du dehors. — C'est l'eau froide pour le blessé, dit sœur Angélique; laissez passer ce garçon. — Ah! fit Bertrand d'un air sombre, l'officier est donc ici? Laissez passer, ajouta-t-il, et gardez bien la porte.

Le valet de ferme rentra et posa son seau d'eau dans un coin.

— Ferme la porte, dit son maître.

Le valet hésita à obéir.

— Laisse la porte ouverte, dit Bertrand; mes gars pourront voir du moins le feu de la cheminée, cela les réjouira.

Aussitôt deux hommes se placèrent de chaque côté de l'huis, le corps moitié en dedans, moitié en dehors de la maison, et leur fusil à la main.

— Tout le monde est-il à son poste? dit le chouan. — Oui, répondit l'une des deux sentinelles. — C'est bien, repartit le chef des chouans qui s'était rapproché de la porte et qui avait jeté un regard hors de la maison.

Jacques le suivait d'un œil attentif, et Marianne suivait avec anxiété les moindres mouvements de son mari.

— Et maintenant, reprit Jacques, me diras-tu ce que tu veux?

Bertrand s'assit au coin du feu. Jacques fit signe à sa femme, à son fils et à ses domestiques de se tenir au fond de la chambre, et se plaça debout à l'autre angle de la cheminée, à côté de son père. La religieuse et Luizzi s'avancèrent entre le chouan et le paysan, se posant pour ainsi dire comme des intermédiaires désintéressés dans la question qui allait s'agiter. Bertrand, la tête baissée, jouait d'un air embarrassé avec la bandoulière de son fusil et semblait ne pas oser parler. On entendait l'orage qui battait la maison de tous côtés.

— J'attends, dit Jacques après un moment de silence. — N'as-tu pas recueilli chez toi un officier de la ligne qui a été blessé? dit Bertrand brusquement, comme ravi d'être enfin interpellé. — Oui. — Il faut nous livrer cet officier. — Il est mourant! s'écria la religieuse, et ce serait le tuer. — Et quand il se porterait aussi bien que moi, je ne le livrerais pas, répondit dédaigneusement Jacques Bruno. — Écoute, Jacques! reprit Bertrand. Je suis venu ici en ami, et je te demande avec douceur ce que je puis obtenir par la force. — C'est vrai, dit Jacques, tu peux nous faire tuer ici, moi, mon père, ma femme et mes enfants; tu peux nous assassiner si c'est ton bon plaisir; tu peux... — Tu sais bien que je ne le ferai pas, Jacques, répondit le chouan avec impatience, quoique tu aies refusé de marcher pour la bonne cause. — Tu le feras, répondit le fermier, parce que je ne te livrerai pas l'officier, et que si tu veux l'avoir, il faudra me passer sur le corps pour arriver jusqu'à lui. — Tu es bien changé, et tu aimes bien le nouveau régime, répliqua Bertrand froidement, que tu t'exposes ainsi pour un homme que tu ne connais pas! — Je m'expose parce que cet officier, quel qu'il soit, est dans ma maison, et que je ne veux point qu'on touche à cet homme, pas plus qu'à ma femme, pas plus qu'à mon père...

Jacques sembla s'irriter tout à coup dans sa propre pensée, et s'écria :

— Je ne veux pas qu'on y touche, pas plus qu'à un chalumeau de paille ou à un clou de cette maison. — Eh! on ne touchera ni à un clou ni à un chalumeau de paille chez toi, dit Bertrand... Mais cet officier est étranger, et il t'importe peu de nous le livrer. D'ailleurs, écoute-moi! Ce matin

Les porteurs s'étaient arrêtés. — Page 372.

Georges a été pris par les gendarmes; on le conduit dans les prisons d'Angers. Nous avons besoin de quelqu'un qui nous réponde de la vie de Georges; si tu veux nous livrer cet homme... — Il fallait le ramasser ce matin, dit Jacques, lorsqu'il était mourant sur la route. — Il fallait l'y laisser, nous l'y aurions retrouvé, repartit Bertrand. — Vous l'y auriez retrouvé mort, dit la sœur Angélique. — C'est possible, repartit le chouan, et en ce cas c'eût été un de moins. Mais, puisqu'il vit, il faut qu'il nous serve à quelque chose. Nous pourrons l'échanger contre Georges. Voyons, où est-il?

Bertrand se leva et se dirigea vers la chambre du malade. La sœur Angélique se précipita devant la porte.

— N'entrez pas! La moindre commotion violente peut le tuer, s'écria-t-elle d'un ton suppliant. — Bertrand, cria d'une voix forte le vieil aveugle, tu m'as demandé il y a quelque temps pourquoi mon fils n'avait pas

47

pris le fusil et pourquoi je l'en avais détourné par mes conseils. C'est parce que je n'ai pas voulu qu'il s'associât à une guerre d'assassins et de voleurs. — Est-ce pour moi que tu parles ainsi? dit Bertrand. — Pour toi, répondit le père Bruno en s'avançant vers Bertrand. — Je te répondrai tout à l'heure, dit celui-ci: mais auparavant il faut que je voie cet officier. Pardon, ma sœur ajouta-t-il en s'adressant à Angélique, ne me forcez pas à user de violence; je passerai, car je veux passer. — Osez donc le faire! dit Angélique en s'adossant à la porte et en présentant à Bertrand le Christ pendu à son chapelet.

Bertrand ôta son chapeau et se signa. Il promena autour de lui un regard irrité, mais il n'osa relever la tête devant la jeune fille et alla se rasseoir à sa place, grondant comme un dogue qui cherche sur qui il pourra s'élancer.

— As-tu bientôt fini tes comédies? lui dit Jacques. — Tout de suite, si tu le veux, s'écria Bertrand avec éclat et en se relevant soudainement.

Et, par un mouvement rapide, il ajusta Jacques; mais pendant que le chouan s'approchait de la porte du malade, le petit Mathieu s'était glissé derrière son père et lui avait remis son fusil caché dans un coin de la chambre. Dans le même instant, Jacques avait de son côté couché en joue son ennemi, tandis que l'enfant, se précipitant sur Bertrand, avait abaissé le canon de son arme. Tout cela fut l'affaire d'un éclair, et Jacques cria d'une voix retentissante :

— Au premier qui bouge ou qui fait un pas dans la chambre, Bertrand tombe mort!

Il y eut un terrible moment de silence, pendant lequel on entendit gémir les sourdes rafales du vent et de la pluie fouetter la pierre du seuil; puis un coup de feu partit, et le fusil de Jacques tomba de son épaule fracassée par une balle. C'était un des hommes de Bertrand qui, caché dans l'ombre de la cour, avait glissé le canon de son fusil entre les deux sentinelles et avait ajusté le paysan à son aise.

— Qui a tiré? s'écria le père Bruno. — C'est un chouan, dit Jacques.

Presque aussitôt les cris de Marianne et ceux du petit Mathieu avertirent le vieillard aveugle que c'était son fils qui avait été frappé, et il s'en suivit une scène de tumulte inexprimable et de terreur étrange. Le vieillard aveugle, armé d'un grand couteau, se jeta du côté où il croyait qu'était le chef des chouans :

— Bertrand! Bertrand! cria-t-il.

Mais celui-ci l'évita, et le vieillard se mit à parcourir la chambre le couteau levé, et criant avec fureur :

— Bertrand! Bertand! où es-tu? tueur! assassin! où es-tu? Ah! tu recommences?

Il alla ainsi à travers cette grande salle, se heurtant aux meubles, brandissant son arme et criant toujours : Bertrand! où es-tu? tandis que tous ceux qui étaient sur son passage s'échappaient en lui disant leur nom avec terreur. Il arriva ainsi jusqu'à son fils qu'il saisit par le bras et lui dit d'un ton rauque et furieux :

— Qui es-tu? — C'est moi, mon père. Tenez-vous tranquille; vous allez nous faire tous tuer. Ils t'ont blessé? — Ils m'ont cassé un bras! c'est celui que vous tenez; vous me faites mal.

L'aveugle recula en poussant un cri, laissa échapper le bras de son fils, et le couteau tomba de ses mains.

Bertrand repoussa l'arme du pied, et reprit tranquillement :

— Tu l'as voulu, Jacques. — Assassin et voleur! cria le vieil aveugle! — Ni l'un ni l'autre, dit Bertrand; mais je veux ce que je veux, il me semble que tu devrais le savoir. Si Jacques n'avait pas pris son fusil, il ne lui serait rien arrivé. Il a voulu parler, on lui a répondu. — Ton tour viendra, reprit Bruno. — Quand il plaira au ciel. — Osez-vous l'in-

voquer après un pareil crime? dit Angélique.
— Oui, ma sœur, reprit Bertrand ; car je ne suis pas comme quelques-uns d'entre nous, je ne fais pas le mal pour le mal, et je ne tue que ceux qui m'attaquent.—Mais tu dévalises ceux que tu ne tues pas, dit le père Bruno, pour qui peut-être un vol était un plus grand crime qu'un meurtre, parce qu'il n'avait pas l'excuse politique que les chouans donnaient à leur révolte.—Tu m'y fais penser, dit Bertrand, et voilà sans doute, ajouta-t-il en montrant Luizzi, le voyageur qui s'est plaint d'avoir été arrêté? Eh bien! je vous jure que si ce sont quelques-uns des nôtres qui ont fait cette action, ils seront sévèrement punis, et que cet étranger n'ira pas dire que nous sommes des voleurs de grande route.

Cependant Marianne et la sœur de charité avaient coupé la veste de Jacques et mis à nu sa blessure. Pendant qu'elles la lavaient, Bertrand reprit sa place sur sa chaise. Le feu s'était à peu près éteint faute d'aliment, et la flamme de la lampe, agitée par le vent qui s'engouffrait dans la chambre, éclairait d'une lueur triste et mourante cette scène de désolation. Bertrand prit la parole, et, s'adressant à Luizzi :

— En quel endroit avez-vous été arrêté? lui dit-il. — Je ne puis trop vous le dire, repartit le baron, qui avait senti son courage l'abandonner en présence de dangers si nouveaux et si inconnus pour lui.— Mais enfin, reprit Bertrand, à quelle distance, étiez-vous de Vitré ? — Je dormais dans ma voiture, repartit le baron, et je ne puis savoir... — Ne tremblez pas ainsi, répliqua le chouan, nous n'avons rien à vous reprocher, personne ne vous en veut ici : répondez. Que vous a-t-on pris? — Mais, repondit le baron en balbutiant tout à fait, mes papiers, mon argent... — Quels étaient ces papiers ?... combien aviez-vous d'argent?... — Il y avait un passe-port, dit Luizzi, des lettres. — Et combien d'argent? — Combien d'argent... je ne sais. — Comment! vous ne savez? — Deux mille francs environ, dit le baron. — En or ou argent? — En or, repartit le baron, qui répondit rapidement pour cacher son trouble. — Et dans quel voiture voyagiez-vous ? — En chaise de poste. — Il y en a de beaucoup d'espèces, reprit Bertrand qui examinait le baron d'un regard qui contribuait singulièrement à troubler celui-ci. — C'était, c'était... en calèche. — Ah!... Et il y avait sans doute des malles, des portemanteaux? — Oui, oui, dit le baron. — Et dans ces malles, qu'y avait-il? — Mais, fit le baron avec impatience, ce qu'il y a dans des malles... du linge, des habits. — C'est que je veux que tout vous soit exactement rendu, à l'exception des armes, si vous en aviez.

Ceci n'étant pas une question, Luizzi se dispensa de répondre, et Bertrand reprit :
— Et quel est votre nom! — Mon nom, dit le baron, je ne peux pas vous le dire... — Nous le verrons sur votre passe-port, dit Bertrand, si vous avez véritablement un passe-port qui puisse se montrer. — Il me semble, reprit le baron, qui avait fini par comprendre dans quel embarras il s'était mis par son mensonge et ses hésitations, il me semble qu'il vous importe peu de savoir qui je suis. Je ne vous redemande ni ma voiture ni mon argent ; laissez-moi libre, c'est tout ce que je veux de vous. — Ouidà! fit le chouan, j'en suis convaincu, et je crois même que vous n'avez pas lieu de tenir beaucoup à l'argent et à la voiture que vous avez perdus.

Comme il achevait ces paroles, le garçon de ferme envoyé à la poste par Jacques Bruno rentra en courant.

— Eh bien! Bonfils, dit Bertrand, tu as fait la commission de ton maître?

Le garçon s'arrêta, regarda Jacques blessé et baissa la tête.

— Répondras-tu, failli gars? dit Bertrand avec colère. J'ai entendu cet homme à la croix de Véziers raconter son histoire au père Bruno, et je sais où l'on t'a envoyé ; ainsi parle, qu'as-tu appris ? — Ma foi, dit Bonfils, je vas vous le dire : il n'est point passé de chaise de poste depuis deux jours à Vitré. — Je m'en doutais, fit Bertrand. Holà ! vous autres ! prenez-moi ce gueux-là, attachez-le comme un veau par les quatre pattes, et jetez-le-moi au fond de la grande mare. — Moi ! s'écria Luizzi en reculant devant les quatre ou cinq paysans armés qui entrèrent à la fois ; moi ! et pourquoi ? — Parce que c'est ainsi que nous traitons les espions. — Mais je ne suis pas un espion, je suis étranger à ce pays, — Et qui es-tu donc enfin ? dit Bertrand. — Je suis... je suis le baron de Luizzi ! — Le baron de Luzzi ! répéta soudain une voix de femme ; et tout aussitôt la sœur Angélique s'approcha d'Armand, et, le regardant en face, elle lui dit : Vous êtes le baron de Luizzi ? — Oui, Armand de Luizzi. — En effet, dit la sœur en l'examinant ; oui, c'est vrai... — Mais qui êtes-vous, ma sœur, vous qui paraissez me connaître ? Seriez-vous donc entrée quelquefois dans la maison d'où je sors ? — Je ne sais d'où vous sortez, répondit Angélique... et quant à moi... je suis... Mais peut-être m'avez-vous oubliée, depuis dix ans... J'ai à vous parler, Armand, quoique je vous aie retrouvé trop tard.

Tandis que le baron, sauvé par cette intervention inattendue, cherchait à donner un nom à cette femme dont les traits l'avaient si vivement frappé, Bertrand s'avança et dit à la sœur Angélique :

— Ainsi vous connaissez cet homme ? — Oui. — Vous en répondez ? — Oui. — Qu'il reste donc, reprit Bertrand. Et nous autres, ajouta-t-il en élevant la voix, allons-nous-en, car le jour approche. — Et l'officier, l'officier ? crièrent les voix des chouans restés à la porte. — Le brancard est prêt, n'est-ce pas ? allez le prendre, et qu'on ne lui fasse pas de mal.

Bruno se leva de sa chaise et dit à Bertrand :

— Tu es le plus fort aujourd'hui, Bertrand ; mon tour viendra. — Tiens-toi tranquille, répliqua le chouan, ne leur donne pas l'idée de brûler ta maison et de piller ta grange. J'ai fait tout ce que j'ai pu pour éviter un malheur.

Jacques, entouré par sa femme et ses domestiques, ne parla pas ; et tandis que ce groupe se serrait au fond de la chambre, Luizzi et la sœur se rangèrent pour laisser sortir le brancard sur lequel était l'officier blessé. Au moment où le brancard allait passer devant la sœur Angélique, elle regarda le blessé, et, reculant comme avec épouvante, elle s'écria :

— Henri !...

Le blessé se retourna, et, se soulevant un peu, poussa un cri, puis retomba en murmurant d'une voix éteinte :

— Caroline ! Caroline !...

Les porteurs s'étaient arrêtés ; mais ils continuèrent leur marche sur un geste de Bertrand, tandis que la sœur de charité se cachait dans les bras de Luizzi, en s'écriant :

— Oh ! mon frère ! mon frère !

XLVII

UNE INTRIGUE DE COUVENT.

— Caroline ! Caroline ! disait Luizzi avec surprise, comme si le nom de la femme qu'il avait devant lui n'éveillât dans son esprit qu'un souvenir confus, semblable à celui que ses traits lui avaient rappelé. Caroline ! Caroline ! répétait-il, sans attacher au mot frère qu'elle avait prononcé un sens plus intime que celui qu'il prêtait au mot sœur, lorsqu'il nommait la religieuse de ce nom. — Quoi ! reprit la jeune fille avec douleur, ne vous souvient-il plus ?

Mais elle s'arrêta en regardant autour d'elle, et Jacques, qui vit ce mouvement, se hâta de dire :

— Si vous avez à parler en particulier à ce

monsieur, entrez dans cette chambre ; vous y serez seuls, et j'espère que vous n'y serez troublés par personne maintenant.

La religieuse remercia Jacques d'un geste affectueux et passa la première, en murmurant tout bas :

— Mon Dieu ! mon Dieu ! que c'est étrange !

Luizzi la suivit et ferma la porte ; puis il s'approcha de la sœur Angélique et lui dit :

— Caroline ! Caroline ! Oui, je connais ce nom, mais tant de choses me sont arrivées depuis que je l'ai entendu prononcer...

La sœur de charité releva les grands bords de sa coiffe blanche, qui cachait son visage, et reprit :

— Regardez-moi, Armand, regardez-moi bien. Ne retrouverez-vous rien dans mon visage qui vous soit connu ? — Oui, dit Armand en examinant attentivement la belle et sainte figure de la jeune fille. Mais le souvenir qui se présente à moi est bien singulier : on dirait qu'il est double. Je crois vous avoir vue beaucoup plus jeune, et il me semble en même temps que je vous ai vue beaucoup plus âgée. — Et vous avez raison, Armand ; car vous vous rappelez à la fois l'enfant que vous avez vue à Toulouse, et la noble femme, la pauvre sœur qui m'a tenu lieu de mère, et à laquelle on dit que je ressemble tant. — Oh ! Caroline ! ma sœur ! s'écria Luizzi. Caroline ! pauvre enfant ! devais-je vous retrouver ainsi, vous ! — Hélas ! reprit la jeune fille, depuis que Sophie, vous savez, madame Dilois ? fut obligée de quitter Toulouse... — Par mon crime, dit le baron. — Depuis ce temps, Armand, j'ai bien souffert ! — Et maintenant qu'elle est morte... — Morte ! reprit la religieuse. — Oui, morte sous le nom de Laura de Farkley, et toujours par mon crime, répondit Armand ; car j'ai été fatal à tous ceux que j'ai aimés ou qui m'ont approché. — Et comment ? mon Dieu ! dit Caroline. — Je ne peux pas... je ne dois pas vous le dire. Mais vous, Caroline, qu'êtes-vous devenue depuis dix ans ? Quelle a été votre vie ? — La vie bien triste et bien douloureuse d'une pauvre enfant sans famille. — Il faut me dire vos malheurs, Caroline ; il faut que je les répare... — Je vous dois cette confidence, mon frère, et je vais vous la faire. Je vous dirai tout. Que Dieu me pardonne, et vous aussi, de parler encore sous ce saint habit de fautes dont j'ai reçu un si cruel châtimen, de sentiments que la pénitence n'a pu éteindre, et que le Seigneur laisse sans doute vivre en moi pour qu'ils soient mon éternelle torture ! — Parlez, Caroline, parlez, je serai indulgent. La destinée, qui a voué au mal tous ceux de notre famille, a pesé sur vous comme sur moi, je le crains ; mais vous, vous n'aviez ni richesse, ni nom, ni personne pour vous protéger, et je ne pourrai que vous plaindre.

Luizzi donna un siége à sa sœur et prit place à côté d'elle, triste déjà de cette pensée qu'il allait apprendre l'histoire d'une vie coupable ou égarée. La jeune fille se recueillit un moment, et commença ainsi :

— Vous savez comment Sophie fut obligée de quitter Toulouse. Cependant son désespoir ne lui fit pas oublier la pauvre enfant qu'elle avait adoptée : elle plaça sous mon nom une somme de soixante mille francs chez M. Barnet, son notaire et le vôtre, je crois. Cette somme doit m'être remise à ma majorité selon le vœu de Sophie. Une partie des revenus a servi à payer les frais de mon entretien et de mon éducation ; l'autre a été placée par M. Barnet pour être jointe au capital, et il y a peu de jours que j'ai reçu une lettre de ce digne homme qui m'annonce que ma fortune s'élève aujourd'hui à près de quatre-vingt mille francs, et que c'est une dot assez considérable pour que je trouve un parti honorable, si je veux rentrer dans le monde, car je n'ai pas encore prononcé mes vœux. — Et vous ne les prononcerez jamais, je l'espère, dit le baron. — Je les prononcerai bientôt, mon frère, répondit Caroline ; je connais le monde, et je sais tout ce qu'il renferme de duplicité. — Où donc avez-vous vécu, pauvre sœur, pour en prendre une si mauvaise opinion ? — Depuis le jour où Sophie a quitté Toulouse jusqu'à l'heure où je vous parle j'ai vécu au couvent. — Et vous prétendez connaître le monde ? — Assez pour ne pas vouloir le connaître davantage, répondit Caroline en poussant un profond soupir et en laissant échapper quelques larmes de ses beaux yeux bleus tournés vers le ciel. — Mais est-ce donc en vous plaçant dans un couvent que M. Barnet crut accomplir les vœux de l'infortunée Sophie ? — Le bon notaire fit pour le mieux. Vous vous rappelez peut-être madame Barnet, et combien elle était acariâtre et dure ? Pour ma part, après deux semaines passées dans sa maison, j'acceptai comme un bienfait de mon tuteur la proposition qu'il me fit de me placer au couvent des sœurs de la charité. Une raison, que M. Barnet ne m'a jamais expliquée, sembla aussi le déterminer, et je n'ai jamais oublié les paroles étranges qu'il me dit à ce sujet : Vous êtes la fille d'un Luizzi, me dit-il, bien que vous n'ayez pas le droit de porter ce nom. Le monde a été un écueil fatal pour tous les membres de cette famille : il semble qu'une fatalité implacable les y poursuive. Entrez dans un couvent, mon enfant ; et puisse Dieu vous inspirer le désir d'y rester jusqu'à ce qu'il vous appelle à lui ! Puissiez-vous y trouver un asile contre le sort qui a frappé tous ceux de votre sang ! »

Caroline s'arrêta, et Luizzi devint tout pensif.

— Barnet vous a-t-il dit cela ? dit le baron après un moment de silence. — Il me l'a dit, mon frère ; et peut-être m'expliquerez-vous cette fatalité dont il m'a menacée. — Je puis la connaître, mais je ne puis vous l'expliquer ; cela m'est défendu. Toutefois elle est bien terrible et bien puissante, puisqu'elle vous a atteinte jusque dans la maison de Dieu, et que vous y êtes devenue coupable et malheureuse. Mais parlez, ma sœur, je vous écoute.

Caroline reprit :

— J'avais onze ans lorsque j'entrai chez les sœurs en qualité de pensionnaire. Je vécus heureuse et gaie jusqu'à seize ans, un peu gâtée par la bonté des religieuses, si j'eusse voulu croire les propos de mes compagnes. Car, disaient-elles, on espérait me faire prononcer mes vœux et acquérir ainsi au couvent la modeste fortune que je possédais et qui passait pour considérable aux yeux de femmes qui font vœu de pauvreté. — Cela n'est pas impossible, dit le baron. — Ne le croyez pas, Armand, répondit Caroline avec une candide expression de foi ; jamais on ne m'a adressé une parole touchant ma fortune ; jamais on ne m'a fait une allusion qui me donnât le droit de supposer que le peu que je possède fût un objet de convoitise pour les mères.

Le baron pensa que cela pouvait bien ne prouver que beaucoup d'adresse. Mais il garda cette réflexion, autant pour ne pas interrompre le récit de la jeune fille que pour lui épargner une désillusion sur les personnes avec lesquelles elle paraissait décidée à vivre. Caroline continua :

— Mes premiers ennuis commencèrent dès que j'eus atteint seize ans. Jusqu'à cet âge, j'avais vécu avec les jeunes pensionnaires entrées comme moi au couvent ; nous avions grandi ensemble, toutes du même âge, toutes avec des goûts semblables, et aimant et cherchant les mêmes plaisirs, livrées aux mêmes occupations, partageant les mêmes études et les mêmes travaux. Un seul chagrin venait de temps à autre troubler ma douce insouciance. Il y avait des jours marqués où mes compagnes sortaient du couvent pour aller dans leurs familles, et, ces jours-là, elles s'invitaient entre elles chez leurs parents ; puis, quand elles étaient rentrées au couvent, elles faisaient aux autres le récit de leurs plaisirs. Jamais je ne reçus une telle invitation; j'en demandai souvent la cause à la supérieure, qui me répondait que les familles de ces demoiselles, ne me connaissant pas, ne pouvaient m'inviter; puis elle séchait mes larmes, en me donnant quelque objet que je souhaitais vivement, ou une exemption de travail, et je me consolais en jouant de n'avoir ni famille ni amis. Cependant, une fois que je devais aller passer quelques jours à la campagne chez M. Barnet, j'engageai une de mes bonnes amies à venir m'y voir; elle y consentit, mais elle ne tint pas sa promesse. Je lui en fis des reproches à notre retour au couvent, mais elle se contenta de répondre : « Maman me l'a défendu. » Je courus humiliée chez la supérieure : elle chercha à me persuader que la mère de ma jeune compagne, sachant que chez M. Barnet je n'étais pas dans ma famille, avait trouvé mon invitation insuffisante. Pour la première fois cette explication ne put me satisfaire; pour la première fois l'idée de mon isolement dans le monde me vint à l'esprit, et m'inspira une tristesse que les soins des sœurs parvinrent à dissiper d'abord, mais que le nouvel isolement où je me trouvai bientôt dans le couvent me rendit avec plus de force. Peu à peu, jour à jour, toutes les compagnes avec lesquelles j'avais passé mes premières années quittèrent le couvent pour rentrer dans leurs familles; d'autres les remplaçaient, mais elles n'étaient plus de mon âge. Je restai enfant tant que je le pus, pour ne pas rester seule : mais personne ne vieillissait avec moi. Dès que toutes les pensionnaires avaient atteint quinze ou seize ans, elles retournaient chez leurs parents et à dix-neuf ans j'étais aussi seule qu'un vieillard dont la vie s'est prolongée trop tard et qui a vu tomber avec lui tous ses amis. Si jeune encore, mes souvenirs d'enfance n'étaient qu'à moi, et je n'avais personne à qui je pus dire ce mot si doux : « Te souviens-tu ? » A cette époque, je demandai et j'obtins la faveur de prendre l'habit de novice; à cette époque aussi Juliette entra au couvent. — Qu'est-ce que cette Juliette? dit Luizzi. — Juliette a été ma seule amie en ce monde après Sophie, répondit Caroline. — Était-elle de Toulouse? — Je ne le sais pas; elle était fille d'une pauvre veuve, madame Gelis, qui habitait Auterive. Celle-ci y tenait un petit établissement de mercerie et louait des livres. Mais les produits de son commerce étaient si minimes, que, ne pouvant espérer un établissement convenable pour sa fille, elle la destina à prendre l'habit; car madame Gelis et sa fille étaient des femmes bien nées, et Juliette préférait la pauvreté du cloître à une position dans le monde dépendante de gens dont les façons grossières eussent pu l'humilier. Il paraît cependant que cette résolution lui avait coûté; car, lorsqu'elle entra au couvent, elle était triste, pâle, et paraissait si souffrante, que bientôt je me sentis prise pour elle du plus vif intérêt. J'espérai une compagne. Il y avait bien quelques novices de mon âge; mais, il faut le dire, celles qui se destinaient au service des malades étaient la plupart de pauvres filles de campagne ignorantes et grossières, et celles qui devaient se livrer à l'éducation des pensionnaires affectaient déjà un ton si doctoral et une tenue si revêche, que je ne savais avec qui partager mes rires insouciants quand j'étais joyeuse, ni à qui confier mes larmes lorsque j'étais triste. Juliette fut la compagne que je désirais. Elle n'avait que deux ans de plus que moi, quoiqu'à son arrivée sa pâleur et sa maigreur la fissent paraître plus âgée. Au premier abord elle me déplut, ou plutôt elle me fit peur : elle avait les yeux petits, mais leur regard était si perçant qu'ils semblaient pénétrer dans la conscience de ceux qu'elle regardait; ces cheveux, d'un blond presque rouge, lui donnaient un air extraordinaire. Elle était grande, élancée, et ses mouvements étaient si lents et si mous, qu'il semblait que toute sa vie s'était concentrée dans le feu de ses yeux, comme toute sa grâce et son expression dans un sourire plein de caresse ou de sarcasme, selon son humeur, qui me parut d'abord assez bizarre. Durant les premiers jours de notre rencontre au couvent, nos rapports furent assez froids ; mais bientôt nous nous entendîmes mieux, et lorsque j'eus appris son histoire et que je lui eus raconté la mienne, nous nous jurâmes l'une à l'autre une sincère et éternelle amitié. Cette amitié fut un doux espoir pour moi et une consolation pour elle. Je redevins confiante et paisible comme je l'avais été, et sa santé se rétablit tout à fait. Je l'aimais d'autant plus qu'elle était traitée avec beaucoup de dureté par la supérieure et par les sœurs converses, et souvent je parvins à adoucir la sévérité qu'elles lui montraient, sans doute parce qu'elle était pauvre. Juliette n'était pas ingrate ; et, soit que j'oubliasse d'accomplir un devoir de mon noviciat, soit que je manquasse en quelque chose à la règle de la maison, elle cachait mes fautes avec soin et m'épargnait ainsi ou une punition pénible ou l'ennui plus pénible encore d'aller me confesser et demander grâce à la supérieure. C'était entre nous une bien sainte et sincère amitié ; je n'avais rien qui ne lui appartînt, je n'avais pas un désir qu'elle n'y souscrivît avec empressement. Cependant un jour vint où je doutais qu'elle m'aimât aussi véritablement qu'elle le disait. Elle reçut une lettre de sa mère, et je la vis pleurer toute la journée. Je lui demandai vainement la cause de ses larmes, elle refusa obstinément de me la dire. Le soir venu, comme nous nous promenions ensemble dans le jardin, je la suppliai avec tant d'instance qu'elle finit par me répondre :

— Pourquoi veux-tu que je t'apprenne un malheur auquel ni toi ni moi ne pouvons porter remède ? car c'est ma pauvre mère qu'il a frappé. — Mais qu'est-ce donc ? — Tu n'y comprendrais rien, me répondit-elle, toi qui n'as jamais vécu hors de ce couvent ; ma mère a été victime de la friponnerie d'un négociant, elle a répondu pour lui. — S'agit-il d'une lettre de change ? lui dis-je.

Juliette me regarda avec une telle surprise, que je ne pus m'empêcher de rire malgré ma douleur.

— Qui t'a appris ce mot ? me dit-elle. As-tu donc oublié qu'avant d'entrer ici je demeurais chez M. Dilois, et que, tout enfant que j'étais, j'avais déjà ma place dans les bureaux de la maison de commerce que dirigeait ma mère adoptive ?

— Oui, oui, dit Luizzi, en interrompant le récit de Caroline, je me rappelle cette jolie enfant assise derrière un grand bureau et écrivant d'un air si mutin les factures que lui dictait Charles. — Le pauvre Charles ! répondit Caroline ; il est mort aussi ! — Oui, oui, lui, mon pauvre frère, repartit le baron accablé de ce douloureux souvenir, qui, de même que tous ceux qu'il évoquait, ne lui présentait que des malheurs qui étaient son ouvrage.

Mais aussitôt, et comme pour les écarter, il ajouta :

— Continuez, Caroline, continuez.

Elle reprit :

— C'était une lettre de change en effet que cette bonne madame Gelis ne pouvait acquitter et pour le remboursement de laquelle elle était menacée de voir saisir et vendre ses marchandises. Il s'agissait d'une somme de douze cents francs, je crois. Comment ! m'écriai-je, tu ne m'as pas dit cela ? mais je puis te les donner. — Je ne demande pas l'aumône, ni ma mère non plus, répondit Juliette avec une fierté qui me parut blessante, mais que j'excusai presque aussitôt. — Si tu ne veux pas que je te les donne, lui dis-je, je puis te les prêter. — Oh ! que de reconnaissance ! s'écria-t-elle... Puis elle s'arrêta et reprit : Mais non. Si l'on apprenait cela dans le couvent, Dieu sait ce qu'on dirait ! On prétendrait que je t'ai priée, que j'ai mendié, que j'ai abusé de ton amitié... Non, non. — Et, par crainte de quelques méchants propos, tu

C'était de toutes parts une activité, une vie. — Page 380.

refuses de sauver ta mère? — Ma pauvre mère, ma bonne mère! s'écria Juliette en éclatant en larmes... Faut-il que je n'aie rien, pas la moindre ressource, pas un bijou, rien à lui envoyer! — Mais j'ai de l'argent, moi, dis-je à Juliette. — Non, me dit-elle, la supérieure me punirait cruellement d'avoir accepté ce service, en disant que je te l'ai extorqué. — Elle n'en saura rien, lui dis-je. — C'est impossible. — Je te l'assure. — Mais comment feras-tu? — Cela me regarde, pourvu que tu acceptes.

Juliette hésita longtemps. Mais, à force de supplications, et surtout lorsque je lui eus bien promis que la supérieure ignorerait ce que j'allais faire, elle laissa vaincre sa fierté et finit par consentir. J'écrivis aussitôt à M. Barnet et le priai de venir me voir. Il accourut sur l'heure, tant ma lettre était pressante. Dès que nous fûmes seuls dans le parloir, je lui dis :

— Monsieur Barnet, il me faut douze cents francs. — Hé! mon Dieu, pourquoi faire?

s'écria-t-il tout ébahi. — Il me faut douze cents francs, lui dis-je ; vous avez ma fortune dans les mains, et je vous demande cette somme. — Mais encore faut-il que je sache à quel usage elle est destinée ; car si c'est la supérieure qui vous a suggéré de me faire une pareille demande, je ne veux pas me rendre complice d'une telle extorsion. — Au contraire, lui dis-je, il faut que la supérieure l'ignore. — Mais c'est encore plus grave ; et assurément je ne vous donnerai pas une pareille somme sans savoir de quoi il s'agit. — Il s'agit, lui dis-je, de sauver une pauvre femme qu'on veut ruiner.

Et tout aussitôt je lui racontai le malheur de la mère de Juliette. M. Barnet réfléchit longtemps, puis il me répondit :

— C'est possible.... Je veux même croire que c'est vrai, car on ne doit pas toujours mal penser de ses semblables ; d'ailleurs, mon enfant, c'est la première demande d'argent que vous me faites, et c'est pour une bonne action. Peut-être cela vous portera-t-il bonheur ; peut-être cela conjurera-t-il ce mauvais sort qui vous poursuit... Je ne veux pas vous refuser. Je vous apporterai les douze cents francs. — Pas ici, lui répondis-je ; et, pour que vous soyez bien sûr que je ne vous trompe pas, envoyez directement cet argent à madame Gelis, à Auterive. — Caroline, me dit alors affectueusement M. Barnet, je n'ai pas eu un moment l'idée que vous me trompiez, j'ai pu croire que vous étiez trompée. — Ah ! Monsieur ! — Je ne le crois plus.... J'enverrai l'argent ce soir même, et vous serez contente de moi.

Je remerciai cet excellent homme, comme s'il m'eût sauvée moi-même, et je courus apprendre cette bonne nouvelle à Juliette. Elle me dit un mot qui me peignit toute la délicatesse et toute la fierté de son âme.

— Tu es bien heureuse ! me répondit-elle en cachant ses larmes, tu peux faire du bien à ceux que tu aimes.

Je la consolai le mieux que je pus du service que sa pauvreté l'avait forcée d'accepter, et nous fûmes l'une à l'autre plus que jamais.

— Quoi que vous ayez fait, Caroline, interrompit le baron, voilà une action qui vous sera comptée en compensation de bien des fautes ; car il est bon d'avoir commencé sa vie par un bienfait. — Hélas ! ce bienfait a été cependant la source de tous mes malheurs. Le bienfait dans lequel M. Barnet semblait espérer... ce bienfait m'a perdue. — Quoi ! murmura Luizzi à voix basse, partout et toujours le mal est le prix ou la conséquence du bien ! Mais, dites-moi, Caroline ; comment cette action a-t-elle pu être la source de vos malheurs ? — Le voici. Ce que je viens de vous raconter se passait dans le mois d'août. Vers la fin de septembre, madame Gelis vint à Toulouse, et nous la vîmes au couvent. La manière dont cette excellente et malheureuse femme me remercia me rendit confuse. Sa reconnaissance n'avait pas d'expressions assez vives pour celle qui lui avait sauvé l'honneur et la vie ; car, me dit-elle dans un moment d'exaltation, j'étais résolue à mourir.

— Et je ne vous aurais pas survécu, ma mère, s'écria Juliette en tombant dans les bras de madame Gelis.

Le spectacle de cette tendresse mutuelle me fit mal. Je compris mieux que je ne l'avais fait jusque-là combien j'étais seule en ce monde ; il me sembla que j'aurais préféré la misère et le malheur de cette fille, qui avait une mère, à ce bonheur et à cette fortune qui l'avait sauvée. Cependant, parmi les témoignages de la reconnaissance de madame Gelis, elle m'en offrit un qui me fit un vif plaisir.

— Je viens chercher ma fille pour quelques jours, me dit-elle, daignez l'accompagner dans la maison que je dois à votre bienfaisance. Venez, vous y serez reçue comme un ange sauveur. Ne me refusez pas ; ce serait m'humilier, ce serait me reprocher le bien que vous m'avez fait en ayant l'air d'en rougir. — Et ce n'est pas mon intention, Madame, lui dis-je, et j'accepte avec joie, si madame la supérieure veut me permettre de vous accompagner. — Il vous suffira de le lui demander.

Je courus chez la supérieure, qui me refusa d'abord avec une froideur que je ne lui avais jamais vue à mon égard. Cette rigueur m'irrita, et je ne pus me contenir assez pour ne pas lui dire que ce n'était pas ainsi qu'elle me rendrait supportable le séjour du couvent. Elle me traita alors avec une sévérité qui me montra combien mon emportement était déraisonnable. Etonnée moi-même de mon audace, je changeai de ton et la suppliai de m'accorder comme une grâce ce que je lui demandais.

— Hélas! lui dis-je, c'est la première fois que moi, pauvre orpheline, je trouve quelqu'un qui veuille bien me recevoir, quelqu'un qui ne me repousse pas, et vous m'enlevez la première consolation qui me fasse oublier combien je suis abandonnée!

Mes larmes parurent toucher la supérieure plus que je ne m'y attendais d'après la manière dont elle m'avait accueillie, et elle finit par me répondre :

— Allez, Angélique (en commençant mon noviciat j'avais pris ce nom), allez, me dit-elle; j'aurais désiré que c'eût été ailleurs que chez madame Gelis que vous eussiez été passer ces huit jours; mais, puisque vous le souhaitez si ardemment, je vous le permets, je veux vous prouver que vous trouverez toujours ici indulgence pour vos fautes et empressement à satisfaire vos désirs.

Voilà, pensa Luizzi, une condescendance que les soixante mille francs de ma sœur peuvent seuls m'expliquer. Il renferma cependant cette réflexion en lui-même, afin de ne pas interrompre le récit de Caroline, qui continua ainsi :

— Le lendemain au matin nous partîmes pour Auterive, dans une voiture découverte que madame Gelis loua pour ce petit voyage. Je ne puis vous dire, Armand, quelles vives et douces sensations j'éprouvai durant cette route. Vous les comprendriez si vous saviez ce que c'est que d'avoir vécu bien des années dans les murs d'un couvent, dans une habitation dont on connaît tous les passages, dont on sait par cœur tous les appartements, où toutes choses sont si constamment pareilles qu'une pierre qui se détache d'un mur, une dalle qui se brise dans un corridor, y sont un événement et un sujet d'entretien; vous le comprendriez si vous saviez, mon frère, combien ce sont de tristes promenades que celles qui se bornent à un enclos dont on connaît tous les arbres, dont on a foulé mille fois toutes les allées, dont on a compté toutes les fleurs, et dans lequel on ne descend avec quelque curiosité que le lendemain d'un orage, pour voir s'il n'y a pas des branches brisées, des plantes arrachées, un dégât à réparer, qui donnera aux heureuses recluses un ou deux jours de soins nouveaux et inaccoutumés. Ce jour-là j'entrais dans un horizon qui ne se bornait pas à un vieux mur chargé de lierre : j'allais dans une route qui n'aboutissait pas à une porte doublée d'une grille et qui ne s'ouvrait jamais. Je ne rencontrais pas à chaque instant des visages austères passant près de moi en silence, les yeux gravement baissés. Je n'entendais pas ces voix éternellement monotones, et dont j'aurais pu dire les paroles avant qu'elles fussent prononcées. C'étaient, tout le long de la route, de hardis voyageurs, marchant avec rapidité et parlant tout haut du but de leur voyage; des jeunes filles alertes, riant entre elles et n'arrêtant les bruyants éclats de leur rire qu'à l'aspect de notre habit religieux, et pour nous envoyer un salut plein d'humilité, comme si devant nous toute joie devait se taire. Puis, à peine étions-nous passées qu'elles reprenaient leurs chants et leurs vifs entretiens. D'un autre côté, c'étaient des voitures qui nous croisaient, pleines de dames élégantes; et, comme c'était le temps des vendanges, nous voyions passer de nombreuses troupes d'hommes, de femmes, d'enfants, avec leurs paniers; les mules et les chevaux avec leurs *comportes* * remplies de raisin, allant se verser au pressoir et en revenant vides ou chargées alors de petits enfants qui gesticulaient et chantaient en saluant les passants du haut de cette espèce de chaire ambulante. C'était de toutes parts une activité, une vie, qui me surprenaient et me charmaient à la fois. Je regardais et j'écoutais. Tout m'était nouveau : les maisons rouges qui bordent la route, les longues avenues qui mènent aux grands châteaux, les lointains clochers qui marquent les villages. Je m'intéressais à tout ce qui se passait, j'admirais ces grandes charrettes traînées par dix chevaux, je suivais des yeux le pauvre mendiant monté sur son âne. Tout m'étonnait, depuis ces grandes Pyrénées que je voyais au loin blanches et bleues, jusqu'aux fossés de la route, où l'eau courait parmi les joncs fleuris; depuis les ormes immenses vivant en liberté et sous lesquels s'abritaient des cabanes de bergers jusqu'aux ronces des sentiers où les enfants venaient cueillir des mûres toutes noires. Nous arrivâmes le soir à Auterive, chez madame Gelis. Ce n'était pas une grande et belle maison comme celle de madame Dilois; mais ce n'était pas non plus une étroite et pauvre cellule fermée à clef et à travers la porte de laquelle on sent le vent qui se glisse et le froid qui vous glace. Il y avait un grand feu dans l'âtre; la servante nous servit un souper bien préparé, et nous pouvions parler tout haut, rire et défaire notre guimpe, sans être sévèrement admonestées ou menacées d'être mises à genoux au milieu d'un réfectoire. Nous fûmes bien heureuses ce soir-là. Je partageai la chambre de Juliette, et nous eûmes tout le loisir de causer ensemble sans être séparées par la cloche qui sonne à une heure dite

*Espèce de baquet qu'on accroche aux selles des chevaux.

l'heure invariable du repos, comme si le repos se commandait. Ce fut alors que je commis ma première faute. Je parlai à Juliette de notre voyage avec tant d'enthousiasme, qu'elle sourit en m'écoutant.

— Que dirais-tu donc, me répondit-elle, après m'avoir laissée rappeler tous mes souvenirs; que dirais-tu, si tu voyais la fête de Sainte-Gabelle qui doit avoir lieu demain? — Une fête? — Oui, la plus belle fête des environs. — Ne pouvons-nous y aller? — Avec nos habits de religieuses? Cela ne serait pas convenable. — Tu as raison. — Ce n'est pas qu'il y ait grand mal à aller regarder des jeux et des danses où toutes les mères conduisent leurs filles; c'est que notre costume nous ferait remarquer, et que, si l'on nous remarquait, ce ne serait pas à notre avantage. — Pourquoi cela? — Parce qu'on n'est pas belle avec une guimpe et un bandeau. Tiens, toi, par exemple, si tu avais les cheveux bien arrangés, tu serais jolie comme un amour, la plus jolie de toute la fête. — Ne te moque pas de moi, Juliette. — Je te dis vrai : tu as le visage si blanc, les yeux si doux! »

Caroline s'arrêta un moment, et dit à son frère en baissant les yeux :

— Je vous répète ces folies, parce que je veux que vous sachiez toute la vérité. D'ailleurs Juliette me parlait ainsi, parce qu'elle m'aimait tant qu'elle me vantait à tout propos. — Je le crois, dit Luizzi; mais continuez, Caroline. — Pendant que Juliette me disait tout cela, reprit la jeune sœur, elle m'ôtait ma guimpe, mon bandeau, et dénouait mes cheveux qui tombèrent sur mes épaules nues; elle s'arrêta un moment, me contempla d'un air presque fâché, et me dit à voix basse :

— Oui, vraiment, vous êtes belle, trop belle peut-être!

Mais presque aussitôt elle sembla chasser cette fâcheuse idée, et reprit avec gaieté :

— Tu serais admirablement jolie avec tes

cheveux nattés comme cela, fit-elle en les disposant autour de mon visage. Et si je te mettais une de mes pauvres robes que je ne dois plus mettre, je suis sûre que tu aurais une taille charmante. Veux-tu essayer? — Laisse-moi voir d'abord dans la glace quel visage me fait cette coiffure. — Non, non; quand tu seras tout à fait habillée, tu te regarderas; je suis certaine que tu ne vas pas te reconnaître.

Et, sans me laisser le temps de lui répondre, elle m'ôta tous mes lourds vêtements, et m'habilla avec une robe de soie, un fichu brodé; elle me coiffa, me para le mieux qu'elle put, puis elle me conduisit devant une grande glace, et me dit :

— Tiens, regarde!

Elle avait raison, je ne me reconnus pas, et je m'écriai : Est-ce bien moi!

— C'est-à-dire, reprit Juliette, que si tu paraissais ainsi à la fête, tu ferais tourner la tête à tous les danseurs. — A condition que je ne danserais pas, lui répondis-je en riant de son enthousiasme. — Toi? Mais on danse toujours à merveille avec une jolie taille comme la tienne; et puis c'est si facile de danser comme on danse aujourd'hui! il suffit de marcher en mesure.

Et comme elle disait cela, elle se mit à chanter un air et à danser avec une grâce parfaite, malgré ses habits de novice; elle souriait avec son charme si attrayant, et ses yeux vifs doucement voilés semblaient balancer leur doux regard au mouvement de son corps et de son chant.

— C'est toi, m'écriai-je, qui serais jolie ainsi habillée! Tiens, mets ta robe. — Oh! j'en ai bien d'autres; me dit-elle. Tu vas voir; nous allons faire un bal à nous deux.

Et avec une rapidité merveilleuse elle jeta ses habits de novice et se rhabilla avec une robe qui laissait voir son cou et la naissance de ses épaules. Vous ne pouvez vous imaginer comme elle était charmante ainsi, souple et légère, ses cheveux tombant en longs anneaux le long de ses joues!

— Tiens, me dit-elle en cambrant sa jolie taille, marche ainsi. Suppose qu'un beau jeune homme passe et qu'il te salue : si on ne le connaît pas, on détourne ainsi les yeux d'un air froid; si c'est une simple connaissance, on le salue légèrement en s'inclinant; si c'est un ami, on lui fait ainsi un signe de la tête et de la main.

Et Juliette faisait tout ce qu'elle disait avec une aisance et une grâce qui me ravissaient. Puis elle me dit :

— Allons, essaye.

Et pendant que je l'imitais, elle s'écriait à tout propos :

— Mais tu es charmante! il me semble que tu n'as pas fait autre chose toute ta vie. Vrai! si tu voulais, je parierais qu'en deux leçons tu danserais aussi bien que moi. — Oh! pour cela, non, lui dis-je. — C'est ce que nous allons voir, répondit-elle; je vais commencer, tu feras comme moi.

Et voilà que nous nous plaçons en face l'une de l'autre et qu'elle se met à chanter et à danser : puis moi après elle, et malgré moi j'y prenais un vif plaisir, car Juliette semblait heureuse et fière de me voir si jolie. Elle me le répétait à chaque instant, en me disant toujours :

— C'est au point que, si la supérieure et M. Barnet te rencontraient à la fête, ils ne te reconnaîtraient pas. — Ni toi non plus. — Eh c'est si amusant! me dit-elle; des marchands de toute espèce, des danses sous les arbres, des jeux, et puis un monde! toutes les belles dames des environs avec leurs filles et leurs maris; les jeunes gens du pays venus à cheval ou en calèche, se promenant dans la foule, adressant des compliments aux plus jolies, les invitant à danser, les regardant d'un air amoureux! Si tu pouvais y aller, tu aurais une cour à faire enrager toutes ces petites bégueules qui n'ont pas voulu t'inviter chez elles. — Oui! oui! lui dis-je tristement; mais c'est un plaisir qui ne nous est plus permis. — C'est vrai, reprit Juliette, tu as raison, et il vaut mieux dormir que de penser à tout cela, maintenant que nous ne pouvons que le regretter.

Nous quittâmes nos jolies robes et nous nous couchâmes; mais pendant longtemps je ne fis que rêver danse, musique, beaux jeunes gens, fête, plaisir; on me disait que j'étais jolie, que j'étais aimable, qu'on m'aimait. Jamais au couvent je n'avais eu un sommeil si fatigant, et il était bien tard quand je perdis l'agitation qu'avait fait naître en moi cette bonne et innocente soirée. Le lendemain, quand je m'éveillai, j'étais seule dans la chambre. Lorsque je voulus me vêtir, je ne trouvai plus mes habits de novice; la robe que j'avais essayée la veille était seule sur une chaise. J'appelai Juliette, mais elle était au rez-de-chaussée, dans le petit magasin de sa mère; elle ne m'entendit pas. Je m'habillai du mieux que je pus, et je descendis. J'entrai étourdiment dans le magasin, et je me trouvai en face d'un jeune homme qui rapportait des livres chez madame Gelis. Je fus si honteuse que je m'enfuis dans l'arrière-boutique. Juliette m'y suivit; elle portait son costume du couvent.

— Qu'as-tu fait de mes habits? lui dis-je.
— Ils sont dans ta chambre. — Je ne les ai pas trouvés.

Juliette se mit à rire et répondit :

— On cherche toujours mal ce qu'on n'a pas envie de retrouver. — Je te jure... — Est-ce que j'ai l'air d'une supérieure? reprit Juliette. Ne jure pas et ne mens pas : l'avantage de la liberté, c'est de nous sauver d'un vice affreux, de l'hypocrisie. Là où l'on ne fait pas des fautes des moindres actions, on n'a pas besoin de mentir pour les cacher. Tu t'es trouvée jolie ainsi habillée, tu as voulu rester jolie, ce n'est pas un grand crime. — C'est mal, Juliette, de me soupçonner; viens là-haut toi-même, et tu verras. — Tout à l'heure, repartit Juliette, il faut que j'aille remettre à monsieur Henri les livres qu'il demande.

Juliette me laissa seule et je remontai dans la chambre. Je cherchai dans tous les coins, je ne pus découvrir mes habits. J'attendis alors pour qu'on vînt m'expliquer cette disparition étrange; et, ne sachant que faire, pardonnez-moi, mon frère, de vous dire de telles puérilités, je me mis à me regarder dans une glace, je me laissai aller à imiter les poses, les sourires, les regards de Juliette, et ma vanité s'oubliait à ce jeu quand Juliette rentra.

— Très-bien, me dit-elle, très-bien! Si monsieur Henri t'avait vue ainsi, il te trouverait bien plus belle encore.

Je devins si confuse que je me sentis prête à pleurer.

— Allons, allons, reprit Juliette en riant, cherchons tes habits maintenant; car je veux que tu les reprennes. C'est bien mal à moi, n'est-ce pas? mais je serais trop laide à côté de toi avec mes voiles et mes grands jupons noirs, et je serais jalouse. — Folle! lui dis-je en l'embrassant.

Et nous nous mîmes à retourner toute la chambre, sans rien pouvoir découvrir. Au moment où Juliette commençait à s'impatienter, madame Gelis survint et nous expliqua ce qui était arrivé. Il paraît que la servante avait renversé une lampe sur mes habits, en voulant les nettoyer, et madame Gelis était allée les porter chez un dégraisseur. Celle-ci menaçait de chasser la servante, qui ne voulait pas absolument avouer sa faute; mais Juliette, toujours bonne et indulgente, pria si bien sa mère, que celle-ci pardonna. Nous restâmes seules avec Juliette.

— Allons, dit-elle avec sa douce bonté et sa gaieté facile, il est décidé que tu seras la seule jolie. Nous allons visiter un peu la ville. J'aurai l'air d'une sévère matrone à qui on a confié une belle pensionnaire. On te regardera, et je te dirai gravement : Baissez les yeux, Mademoiselle. — Mais, si je sors ainsi, ne peux-tu faire comme moi? lui dis-je en la suppliant. — Oh! non, me répondit-elle, si on venait à l'apprendre au couvent, je serais cruellement punie. Toi, tu es riche, on te pardonnera; mais moi... — Nous sommes à mille lieues de Toulouse, personne ne le saura. — Je n'ose pas.

Je la suppliai tant, qu'elle consentit. Je l'habillai à son tour. Elle était charmante, ainsi vêtue; la flexibilité de sa taille se montrait dans toute sa grâce; le feu de son regard, le charme de son sourire, animaient d'une expression dont je n'avais pas d'idée son visage encadré dans de longs cheveux bouclés; sa robe entr'ouverte laissait voir la souplesse et la blancheur de son cou, autour duquel elle avait attaché un étroit ruban de velours; elle avait beau me vanter, elle était bien plus jolie que moi. Quand nous fûmes prêtes, nous sortîmes ensemble. Nous rencontrâmes mille personnes, toutes se dirigeant du côté de Sainte-Gabelle; beaucoup nous parlèrent, disant toujours à Juliette: « Ne venez-vous pas à la fête avec cette charmante personne? Nous nous verrons à Sainte-Gabelle, n'est-ce pas? » Juliette répondait avec embarras : « Je ne sais, je ne crois pas. » Je lui demandai alors pourquoi elle ne répondait pas franchement que nous ne pouvions y aller.

— Je n'ose pas, me dit-elle. — Et pourquoi? — Oh! c'est que l'on n'a pas ici les mêmes idées qu'au couvent. Si je disais gravement que de saintes femmes en Dieu comme nous ne peuvent se mêler à de pareils plaisirs, on nous traiterait de dévotes ridicules. Ce serait d'ailleurs avoir l'air de blâmer toutes ces jeunes filles qui vont à la fête, leurs mères qui les y conduisent, car c'est un plaisir honnête, quoiqu'il nous soit défendu. — Tous les plaisirs ne nous sont-ils pas défendus? lui dis-je en soupirant. — Oh! reprit Juliette d'un ton indifférent, peu m'importent toutes ces réunions! je les connais, moi. Je ne les regrette que pour toi

qui n'en as aucune idée. Oui, reprit-elle en souriant et en me regardant doucement, je comprends ta curiosité, c'est si amusant une fête de village ! Et, en vérité, si j'osais... — Tu m'y mèneras?—Seule! s'écria Juliette, oh! non... cela ne se peut pas; mais je prierais ma mère de nous y accompagner. — Ta mère? lui dis-je; mais que peut-on dire si ta mère nous y accompagne? — Rien, sans doute, et cependant... Mais je n'oserais jamais lui en parler... Si tu voulais le lui dire, toi... — Mais je n'oserais pas non plus. — Je suis sûre cependant que tu lui ferais grand plaisir. — Oh! non, lui dis-je; elle se croirait obligée à consentir; dans ma position, une pareille demande serait peut-être une exigence...

Juliette parut blessée de cette réflexion; cependant elle me répondit, après un moment d'hésitation :

— Je ne puis t'en vouloir de ce scrupule, tu es si ignorante des sentiments du monde que tu ne peux penser autrement; mais, crois-moi, c'est une plus noble délicatesse de donner à quelqu'un l'occasion de paraître reconnaissant d'un bienfait que de dédaigner d'en parler. — Oh! s'il en est ainsi, m'écriai-je, je lui demanderai tout ce que tu voudras, je lui demanderai de nous conduire à cette fête. — Et je t'en remercierai pour ma mère, dit Juliette, car ainsi tu te montreras bonne pour elle et pour moi. »

Dès que nous fûmes rentrées chez madame Gelis, sa fille alla la prévenir que je lui voulais parler. Comme elles demeurèrent assez longtemps enfermées ensemble, je craignis que Juliette n'eût parlé à sa mère de la demande que je voulais lui faire et que celle-ci ne voulût pas me l'accorder; mais, dès que j'en eus parlé à madame Gelis, elle accepta avec un empressement qui me montra que je m'étais trompée. Cette excellente femme était si heureuse de pouvoir satisfaire un de mes désirs, que je compris que Juliette avait raison de penser que c'est une bonne chose ajoutée à un bienfait que d'en solliciter la reconnaissance.

Le baron écoutait sa sœur avec étonnement. Cette jeune fille, qui disait avoir fait une triste expérience du monde, en parlait avec une si naïve bonne foi qu'il ne put s'empêcher de sourire de cette dernière réflexion. Mais, bien décidé à ne laisser rien voir à sa sœur des sentiments que lui inspirait son récit, il se tut encore. La jeune fille s'était arrêtée, et ce moment de silence leur avait laissé entendre les tristes efforts de la tempête gémissant autour de la maison. Ce long et sombre murmure de la pluie, traversé par les longues plaintes du vent, sembla l'attrister d'avance sur ce qu'il allait apprendre, et il pria Caroline de continuer.

— Nous partîmes pour la fête, dit-elle. Oh! quelle belle et douce journée! vous savez, mon frère? une de ces journées d'automne de notre Midi, presque aussi belles que les beaux jours du printemps. Ce n'est pas la nature active et pétulante de la première saison, qui rompt ses enveloppes et éclate en jets verdissants; c'est la nature allanguie et fatiguée, qui semble se dépouiller pour s'endormir. Ce ne sont pas les bouffées subites des vents tièdes de mai, emportant les émanations fortes et embaumées des lilas et des chèvrefeuilles; c'est l'air tiède et doux de septembre, tout imprégné du parfum éthéré qui s'échappe des trèfles séchés, des chaumes jaunis, des fruits mûrs, des feuilles qui commencent à joncher la terre. Ce n'est pas en soi le sang qui bout, la poitrine qui se gonfle, le cœur qui voudrait crier et pleurer sans raison; c'est la lassitude de l'âme, le regret d'un passé qu'on n'a pas eu, le souvenir d'un rêve qui ne s'est pas accompli, des larmes qui passent dans les yeux sans venir d'une douleur. Je ne puis vous dire quel charme suave j'éprouvais à me sentir dans cette vie inconnue; si j'avais été seule, je me serais assise au pied d'un arbre à regarder et à écouter, car je devenais plus triste à mesure que j'approchais du lieu de la fête. Tous ceux qui passaient près de nous étaient si joyeux! Ils s'appelaient et se hâtaient d'arriver; car c'était la dernière fête de l'année, et l'hiver allait venir, et ils ne se reverraient qu'au printemps. C'était ma première fête à moi, et ce devait être la dernière de ma vie; car mon hiver ne finira qu'avec la tombe, et je n'aurai de printemps que dans le ciel.

Des larmes tombèrent des yeux de Caroline, et Luizzi lui dit:

— Vous pleurez, ma sœur! Allons, chassez ces sombres idées, et espérez!

— Voilà ce que me dit Juliette en me voyant pleurer, car je pleurais alors comme aujourd'hui, et je ne puis vous dire quel soudain vertige s'empara de moi. J'éprouvai un mouvement de colère invincible contre ma destinée. Tous ces gens qui passaient, les uns par bandes nombreuses où s'échangeaient tout haut les noms de frère, de mère, d'enfant; les autres par couples isolés, où on lisait sur les lèvres des mots qu'on n'entendait pas; les bruits lointains et continus de l'orchestre, les cris joyeux des danseurs, ce mouvement, cette vie, ce tumulte, tout cela m'étourdit, m'enivra: et, par je ne sais quel entraînement inouï, moi, qui un moment auparavant marchais si pensive et si triste vers cette fête, je pressai Juliette en lui disant: « Viens, viens, allons danser! Allons, une fois... au moins, une fois! » Ce fut le vertige du voyageur placé sur le bord d'un torrent, et qui s'y précipite pour courir avec les flots qui passent, qui passent et passent sans cesse. Nous arrivâmes. Il y avait mille jeux que je regardais avec désir, des étalages de bijoux et de parures dont je me revêtais en pensée. Tout me faisait envie: j'aurais voulu être parmi les paysannes, qui se disputaient en courant librement un ruban ou une dentelle; j'aurais voulu m'asseoir au repas étalé sur l'herbe à l'abri d'un sycomore; j'aurais voulu danser en rond et chanter avec

Je me levais la nuit. — Page 388.

les jeunes filles ces chansons de nos montagnes où l'on parle de la beauté des bergères et de l'amour subit des chasseurs qui les rencontrent. J'étais sous l'empire d'une puissance intérieure qui me poussait vers tout ce qui arrivait à moi. Puis nous entrâmes dans la salle de danse. Nous n'étions pas assises que nous étions invitées. Je revis Henri, celui que j'avais aperçu le matin chez Juliette : il dansa avec elle. Un autre jeune homme me prit la main et me conduisit. Je ne savais pas danser, mais on eût dit que, par une singulière disposition, j'imitais facilement et à mon insu ce que je voyais faire ; et il arriva qu'on me regarda plus qu'une autre ; on murmura autour de moi que j'étais belle, et je me trouvai heureuse. C'était une joie étourdie, qui me rendait légère et ne m'étonnait pas. Déjà je n'avais plus ma raison ; déjà moi, fille de Dieu, vouée à la pauvreté et à la réclusion, je levai mes yeux devant des regards ardents, et mon âme devant des triomphes de vanité. Puis, quand la contre-danse fut finie, Henri s'approcha de moi et m'invita à mon tour. Je n'étais pas remise de l'émotion de ce premier essai, quand il vint me prendre; l'orchestre commença, mais ce n'était plus la même danse. Henri m'entoura la taille de l'un de ses bras, et m'entraîna en me faisant rapidement tourner sur moi-même. Je fus d'abord si surprise, que je me laissai aller en fermant les yeux; mais peu à peu il me sembla que mes pas s'accordaient mieux aux sons de la musique, on eût dit qu'une harmonie plus sensible que celle de l'orchestre me marquait la mesure. Je rouvris les yeux pour regarder où j'étais. Ce fut une sensation que je ne puis vous dire; j'étais emportée dans un cercle immense avec une rapidité effrayante; mille visages passaient en fuyant à mes côtés; un air brûlant se glissait dans ma poitrine, et je sentais mes vêtements voler autour de moi, comme fouettés par un vent qui courait à fleur de terre; mes cheveux fuyaient mes tempes, comme pour livrer tout mon visage à des yeux dont je n'apercevais les regards que comme des éclairs qui s'allumaient et s'éteignaient presque aussitôt. Ma main s'attachait à l'épaule d'Henri, tandis que je m'appuyais de tout mon corps sur son bras puissant; mon cœur bondissait, ma poitrine haletait; je sentais mes lèvres frémir et mes yeux se voiler, jusqu'au moment où je rencontrai ceux d'Henri, son visage près de mon visage, son haleine brûlant mon front, ses regards pénétrant dans les miens. Alors ce fut une fascination inconcevable : on eût dit que son souffle m'enlevait de la terre. J'éprouvai que j'étais liée à lui par une force invincible. Je ne sentais plus son bras qui me soutenait. Il me sembla que je tournais au bout de son regard et qu'il fallait rompre quelque chose en nous pour nous séparer. J'eus peur et froid, le cœur me tourna, la vue me faillit, je tombai dans ses bras. Lorsque je revins à moi, j'étais près de madame Gelis, qui disait : « Ce n'est pas raisonnable de faire valser si longtemps une enfant qui n'en a pas l'habitude. » Valser ! J'avais donc valsé ! Je ne savais de cette danse que son nom proscrit au couvent, c'était un mot sacrilége. Je me serrai près de madame Gelis comme une enfant qui a fait une faute et qui cherche un abri près de sa mère. Mais elle m'avertit froidement de maîtriser mon émotion. Je sentis que je n'étais pas protégée, et je me laissai aller à pleurer. Je devins ainsi l'objet d'une curiosité qui me fit honte; je me révoltai contre moi-même et j'osai regarder devant moi. Je vis combien ceux qui en avaient l'habitude portaient avec légèreté ce plaisir qui m'avait accablée, et la tristesse me ressaisit. Mais elle se fondit bientôt en une douce mélancolie, où j'étais pour ainsi dire absente de moi-même. Je refusai de danser, mais je regardai danser et valser. L'aspect de cette joie faisait vibrer en moi la sensation adoucie des délices que je venais d'éprouver, et j'y baignai mon âme en souriant. Mais lorsque Juliette me remplaça là, dans les bras d'Henri, j'éprouvai une curiosité inquiète et presque jalouse, s'il faut vous le dire; elle allait avec une légèreté, une aisance, un abandon qui me faisaient douter que j'eusse pu paraître aussi séduisante à tous les yeux, surtout aux regards brillants d'Henri, qui semblaient se perdre dans les regards animés de Juliette; et, lorsqu'elle revint près de moi, elle répandait autour d'elle un parfum de joie et de triomphe qui m'oppressa. Je redevins tout à fait triste. J'oubliai la fête, la danse, et je pensai à vous, mon frère. — A moi? s'écria Luizzi. — Oui, à vous, Armand : à vous à qui j'aurais voulu parler comme je vous parle aujourd'hui, à vous à qui j'aurais voulu dire : Arrachez-moi au couvent, à la tombe, au désespoir, pour aller... Je n'aurais pu vous le dire... Mais je comprenais qu'on m'avait exilée d'une vie dont je venais d'éprouver les premiers tressaillements, et, sans la connaître encore, je haïssais presque la prison qui allait m'en séparer pour jamais. Cependant la nuit était venue. Henri offrit de nous accompagner; il donnait le bras à madame Gelis, et nous marchions derrière eux avec Juliette. Je ne pus m'empêcher d'être froide avec elle. Soit qu'elle ne devinât pas un sentiment que je ne pouvais moi-même comprendre, soit que son amitié si dévouée lui fît me pardonner mes injustes caprices, elle ne fut jamais si affectueuse.

— Eh bien, me dit-elle, je te l'avais prédit, ton succès a été complet. — Je le laisse, lui dis-je, à celles qui l'ont mérité jusqu'à la fin. — Non, non, me dit-elle en riant, tu as fait comme ces héros des romans de chevalerie qui entrent dans la lice pour remporter d'abord le prix sur le plus vaillant, et qui regardent dédaigneusement la mêlée où les autres combattent. — Je ne croyais pas avoir à me glorifier d'une victoire si haute. — Et cependant le vaincu est devant toi. — Qui cela? — Ce pauvre M. Henri Donezau, qui donnerait beaucoup pour que nous pussions marcher devant lui, ne fût-ce que pour voir dans la nuit l'ombre de la belle fée qui l'a enchanté. — Tais-toi, Juliette, m'écriai-je en sentant mon cœur se gonfler et prêt à éclater, comme si on lui eût versé une espérance trop grande pour lui, tais-toi; tu te trompes. — Enfant, me dit-elle, oublies-tu que moi je n'ai pas vécu toute ma vie dans un couvent, que j'ai vu aimer... que j'ai aimé peut-être, et que je ne me trompe pas? Henri t'aime, c'est une de ces passions subites qui s'enflamment comme la foudre au ciel. — Et qui s'éteignent comme elle, n'est-ce pas? — Non, mais qui s'abattent sur un cœur comme la foudre sur un chaume tranquille, et qui le dévorent jusqu'à la cendre.

Le ton de Juliette, le choix des mots qu'elle employait, me surprirent et me troublèrent.

— As-tu donc éprouvé tout cela, lui dis-je, pour en parler comme tu le fais? — Il y a plus d'une école pour apprendre ces secrets, me dit Juliette. N'ai-je pas vécu jusqu'à présent chez ma mère, et crois-tu que l'ennui ne m'a pas poussée quelquefois à lire quelques-uns des livres que j'entendais vanter tous les jours! — Et ils t'ont enseigné ce que c'est que l'amour? — Non, me répondit-elle, jamais aucun n'a tracé fidèlement ce qui se passe dans un cœur qui commence à aimer, tant les émotions de l'amour sont abondantes et diverses! Mais ils éclairent quelquefois sur ce qu'on éprouve; ils donnent un nom à la douleur ou à la joie dont on se plaît à vivre, et ce nom c'est le même; c'est un trait commencé qui vous rappelle un visage connu, une syllabe dont on achève le mot. Car l'amour, vois-tu, ne naît pas, il s'éveille, et Dieu l'a mis au fond de nos cœurs à côté de son image, éternel et puissant comme lui.

Oh! mon frère, comme ce langage résonnait doucement à mon oreille! J'en avais perdu le sens, qu'il vibrait encore en moi comme ces sons lointains dont la mélodie échappe, mais dont la douceur fait rêver. Je ne répondis pas, je craignis de répondre; et, quand nous fûmes arrivés, j'eusse voulu rester seule, je regrettai ma cellule où j'aurais pu veiller et rêver sans qu'on me regardât. Le lendemain venu, je parcourais les tablettes de la bibliothèque de madame Gelis, comme si j'eusse voulu deviner lequel de ces livres pourrait me dire ce que j'éprouvais. Je n'osais le demander, ni à Juliette qui avait repris son air indifférent ou résigné, ni à madame Gelis pour qui tous ces trésors de l'esprit et du cœur n'avaient de valeur que le prix qu'ils lui apportaient. Je n'osais non plus en dérober un au hasard; c'était plus que le désir que j'éprouvais ne pouvait me donner de force, mais j'en découvris un oublié dans la chambre de Juliette.

Luizzi trembla en pensant quel pouvait être le livre laissé à dessein sous la main de Caroline; car il croyait deviner que, soit légèreté, soit corruption, cette Juliette avait tout fait pour égarer un cœur ignorant. Mais il se rassura et crut même que ses soupçons pouvaient être injustes, lorsque Caroline lui dit en baissant la voix : « C'était un volume appelé *Paul et Virginie*. »

Luizzi respira et dit en souriant :

— Et vous l'avez lu? — Oui, et je reconnus la vérité de ce que m'avait dit Juliette, que l'amour ne se révèle pas toujours au cœur par les mêmes impressions, mais que seul il nous donne tous ces troubles divers qui n'ont qu'un nom. Je reconnus qu'une fois éveillé, il occupe toute l'âme, soit qu'il y ait grandi avec les années, soit qu'il l'ait soudainement envahie. Je lus ce livre, puis d'autres. Je me levais la nuit tandis que Juliette dormait d'un sommeil profond, et je dévorais ces livres à la lueur terne d'une lampe de nuit, le corps glacé, mais ne pouvant m'arracher à ces émotions inconnues dont j'avais soif. Je lus ainsi une tragédie de Shakspeare, *Roméo et Juliette*, où ceux qui s'aiment s'étaient aimés au premier regard comme j'avais aimé Henri. Je lus la *Nouvelle Héloïse*. — La *Nouvelle Héloïse* ? dit Luizzi. — Oui, répondit Caroline, je la lus depuis la première page où il est dit que celle qui lira ce livre est une fille perdue. Puis, quand Henri venait le soir, car il venait tous les soirs, je le regardais parler bas à Juliette, car je savais qu'il parlait de moi ; elle me racontait comment il n'osait me dire l'amour qui l'égarait, comment ma vue le rendait tremblant et muet, comment il n'eût osé me regarder ni me parler ; et, voyant qu'il éprouvait tout ce que j'éprouvais, je me disais qu'il m'aimait comme je l'aimais. Cependant le jour de notre départ approchait. Je ne puis dire que je le voyais venir avec terreur ; non, il était une espérance pour moi. Ce sentiment qui n'avait ni épanchement ni solitude; qui ne pouvait parler et qui n'avait point de lieu où rêver ; cet amour dont l'aveu me montait aux lèvres et qu'il fallait faire taire ; cette présence d'Henri qui me serrait le cœur, sans le faire éclater, tout cela était un tourment insupportable. Le muet à qui la voix manque pour crier au secours lorsqu'il va périr, le nageur à qui la force échappe quand il touche déjà le rivage de la main, doivent éprouver un supplice pareil à celui que je ressentais tous les soirs lorsque Henri s'approchait de moi et me parlait avec une contrainte aussi pénible que la mienne. J'invoquais la solitude du couvent contre cette lutte sans issue, quand le matin même de mon départ je trouvai dans un livre que je lisais une lettre à mon adresse. Je ne la lus pas, car je devinai qu'elle venait de lui, et je voulus la lui rendre. Mais il ne parut pas, et Juliette n'osa la donner à sa mère pour qu'elle la remît à Henri.

— Tu peux le dédaigner, me dit-elle, mais tu ne peux le lui montrer à ce point ; il y aurait de la cruauté, ce serait le pousser à quelque acte de violence dont une passion comme la sienne ne s'épouvanterait pas. Il te suffira de ne pas lui répondre.

— Et vous ne lui avez pas répondu? dit Luizzi. — Hélas ! répondit Caroline, pour ne pas lui répondre, il eût fallu ne point lire cette lettre. Mais je ne sais comment cela se fit ; le matin, en reprenant mes habits de religieuse et ne sachant qu'en faire, je cachai ce papier sous ma guimpe. Je l'emportai. Oh ! le cilice, que nos austères recluses ceignaient quelquefois dans leur enthousiasme de pénitence, ne doit pas plus brûler et déchirer que ce papier qui posait à nu sur mon sein. Vous dire mes combats durant toute la route, combien de fois je portai la main à ma poitrine pour en ôter cette lettre qui me dévorait, et combien de fois ma main retomba sans force comme si j'eusse dû m'arracher le cœur, ce serait vous montrer une folie dont je rougis et qui n'est pas guérie. J'arrivai ainsi à Toulouse, presque résolue à ne pas lire cette lettre ; mais une chose étrange me fit perdre tout mon courage. Lorsque je reparus au couvent, on s'étonna si fort du changement de mon visage, chacune se récria avec tant de pitié sur ma pâleur et mon air de souffrance, que je ne doutai plus de la puissance d'un amour qui avait si rapidement altéré en moi les principes d'une santé calme et d'une vie sereine. Et, vous le dirai-je? ce fut parce que tout me dit que je portais en moi un mal dévorant, qu'il me devint impossible de résister à l'idée d'irriter ce mal qui faisait et tuait ma vie. Le soir venu, enfermée dans ma cellule, je lus cette lettre. — Et vous répondîtes? dit encore Luizzi. — Vous la lirez mon frère, celle-là et toutes les autres; vous lirez aussi mes réponses. — Vous les avez? repartit le baron. — Les voici toutes, dit Caroline en lui remettant un paquet enfermé dans un petit sac de soie; elles vous diront ce qui me força à répondre à Henri, et comment mes propres lettres me sont revenues dans les mains. Je les ai gardées, non comme une espérance, mais comme un remords; car elles me disent chaque jour jusqu'à quel point je fus coupable et malheureuse.

Luizzi prit les lettres, et il s'apprêtait à les lire, lorsque Caroline l'arrêta en lui disant:

— Dans un instant, quand je ne serai plus là. Je vais aller auprès du lit du blessé; je vais m'agenouiller pour prier Dieu, afin qu'il me pardonne l'amour qui a brûlé dans mon cœur, et qui, je viens de l'éprouver tout à l'heure, n'y est pas encore éteint.

Voici ce que lut Armand:

LXVIII

CORRESPONDANCE : DE HENRI DONEZAU A CAROLINE.

« Pardonnez-moi d'oser vous écrire, moi qui n'ai pas osé vous parler. Hélas! lorsque j'étais devant vous, je me sentais si interdit, si tremblant, que jamais je n'ai pu trouver la force de vous adresser une parole que votre sévérité eût repoussée. En ce moment même, lorsque je me figure que cette lettre sera dans vos mains, que vous la rejetterez peut-être avec dédain ou que vous la lirez avec indignation, j'hésite, car je sens que je ne pourrais supporter ces témoignages de votre mépris ou de votre colère : je m'arrête, je tremble encore. Cependant je n'ai pas, d'un autre côté, le courage d'accepter le désespoir de toute ma vie sans avoir tenté de m'y soustraire. Je vous aime, Caroline. Ce mot, que je ne devrais pas vous écrire et qui doit vous irriter, ce mot m'échappe comme le cri d'une douleur dont je ne suis plus le maître et que vous ne pouvez concevoir. Plus hardi près de votre amie, j'ai osé lui parler d'un amour qui vous semble peut-être une offense. Hélas! en voulant m'ôter l'espérance, elle n'a fait qu'accroître la passion qui m'égare; elle m'a dit combien vous étiez isolée en ce monde, elle m'a dit avec quel courage saint et quelle noble résignation vous supportiez cet abandon; elle m'a appris ce qu'il y avait de généreuse bonté en vous; et moi, qui vous aimais déjà pour tout ce que vous avez de beauté céleste et de grâce parfaite, je vous ai aimée pour tout ce que la vertu a de plus noble et de plus pur. Alors, n'espérant rien en moi, j'ai espéré en vous. La sainte pitié qui vous a fait venir au secours de madame Gelis se tournera peut-être un moment vers la plainte d'un malheureux. Toutes les douleurs ne sont pas dans la misère, et vous pardonnerez à celui qui vous aime, comme Dieu pardonne à celui qui souffre. Mais si votre âme noble et bonne vous inspire ce pardon pour une faute qui ne torture que moi, comment le saurai-je? Qui me dira que je ne vous ai pas offensée? Oh! pardonnez-moi; mais il faut que je l'apprenne, il faut qu'un mot de vous me le dise, ou il faut que je meure. Oui, je le sens, si j'avais eu la force de me taire, j'aurais gardé toute ma vie dans le fond de mon âme le désespoir d'un amour ignoré; mais, maintenant que j'ai parlé, il faut que je sache si je n'ai pas été trop coupable. Il suffira de votre silence pour me l'apprendre. Si d'ici à huit jours rien n'est venu me dire que je ne me suis pas attiré le mépris de celle que je respecte comme l'image des anges sur la terre, vous n'entendrez plus parler de moi; car la tombe est muette, et le désespoir y trouve un asile contre le mépris.   HENRI DONEZAU. »

Quand Luizzi eut fini cette lettre, il lui prit envie de rire. Elle lui parut niaisement ridicule. Ce monsieur, qui dès l'abord parlait de la tombe comme d'un asile tout prêt où il allait entrer, ni plus ni moins que s'il eût été question d'ouvrir son parapluie en cas d'orage, ce monsieur lui parut un pauvre séducteur, à moins qu'il ne fût véritablement amoureux. Car notre baron savait qu'en fait de folles imaginations et d'emphase sentimentale, il n'y a rien de tel que l'amour véritable; puis il pensa que, si la séduction était arrivée à copier le langage du véritable amour, même dans ce qu'il a d'outré, elle n'en était que plus savante. Il se rappela aussi que cette lettre n'était pas destinée à une femme du monde, à qui la bonne santé de tous ceux qui ont dû mourir pour elle répond de la vie de tous ceux qui menacent de se tuer, mais que cette lettre s'adressait à une jeune recluse que rien ne pouvait prémunir contre un mensonge, et qui, dans le récit qu'elle venait de faire, avait montré jusqu'à quel point son imagination était facile à exalter. Il passa donc à la seconde lettre; mais il s'aperçut qu'il avait oublié le *post-scriptum* de celle d'Henri, qui disait ceci : « Je me suis assuré du jardinier du couvent; quoi que vous puissiez lui confier, il me le remettra facilement. » Après ce paragraphe, le baron fredonna en lui-même: *Enfant chéri des Dames*, des *Visitandines*, et, poussant un gros soupir en pensant à ce qu'il allait apprendre, il reprit la lecture des lettres et se laissa aller à murmurer d'un ton alarmé : *Ah! daignez m'épargner le reste!* toujours des *Visitandines*.

Voici quelle était la réponse de Caroline :

DE CAROLINE A HENRI.

« Pourquoi vous mépriserai-je, Monsieur? Je n'ai pas le droit de regarder comme une faute un sentiment qui, dans le monde, mène à des liens légitimes. Si, dans la position où je suis, l'expression vous en est échappée, c'est qu'on ne vous a pas assez dit sans doute que j'avais renoncé à toute autre espérance que celle de me vouer au service de Dieu. Je vous pardonne donc, et, si ce pardon ne suffit pas à vous donner le courage de vivre, sachez que toutes les douleurs n'habitent pas le monde et que le silence du cloître en cache de bien cruelles.

« CAROLINE. »

DE HENRI A CAROLINE.

« J'ai reçu votre lettre, Caroline. Oui, vous êtes sainte devant Dieu, vous qui avez eu pitié d'un insensé! et cependant vous souffrez; les anges pleurent donc? Oh! vous qui d'un mot avez soumis le désespoir de mon âme et l'avez calmé, vous êtes peut-être sans consolation! Je ne sais quelles sont vos douleurs, Caroline, mais, s'il était au pouvoir d'un autre que de vous-même de les faire cesser, n'oubliez pas qu'il y a quelqu'un ici-bas qui ne vit que par vous, et qui ne vivra que pour vous. Pardonnez-moi ma folle supposition; mais, si je pensais que les vœux que vous devez prononcer bientôt vous sont dictés par la tyrannie de votre tuteur ou par celle des personnes qui vous entourent, croyez que je saurais vous en délivrer. Je m'égare peut-être, mais je ne puis supposer que tant de grâce et tant de beauté doivent être ensevelies dans un cloître. Ce n'est que le désespoir ou le remords qui se cache dans ces asiles obscurs; la vertu même, lorsqu'elle s'y réfugie, n'y brille pas de tout son éclat! elle n'atteint pas à son plus noble but, celui de guider les faibles et de ramener les égarés par son exemple. Et vous, Caroline, qui feriez aimer la vertu de l'amour ardent qu'inspire votre beauté, vous à qui le ciel doit le bonheur en retour de tout ce que vous pouvez en donner, il faut que vous viviez inconnue à tous, excepté à moi, indifférente à tous, excepté à moi? non, cela n'est pas possible. Il y a, il doit y avoir une puissance à laquelle vous n'osez vous soustraire, qui vous impose cet horrible sacrifice. Oh! s'il en est ainsi, je le saurai, et si je ne me suis pas trompé, malheur à ceux qui oseraient vous faire violence! Je connais le tuteur qui dispose de votre destinée ; je le verrai, je l'interrogerai. Ce n'est plus maintenant ma douleur qui me déchire, c'est la vôtre : vous souffrez, vous me l'avez écrit, j'ai donc un droit sur vous... J'ai le droit de vous protéger, de vous sauver peut-être... Ma vie a un but, je suis heureux, je suis fier... Comptez sur moi.

« HENRI. »

— Hum! hum! fit Luizzi en lui-même après la lecture de cette lettre, voici un gaillard qui va vite, et je tremble de lire la réponse de ma pauvre sœur ; elle doit avoir un de ces cœurs de religieuse, qui, à force de s'imprégner de l'amour de Dieu, prennent feu à la première étincelle d'amour humain qui tombe sur eux.

Tout en faisant ces réflexions, Luizzi parcourut le *post-scriptum* de la lettre de Henri ; il était assez insignifiant. « Vous trouverez sous ce couvert, disait-il, une lettre de madame Gelis pour sa fille. Je vous l'envoie pour qu'elle ne passe pas à l'examen de la supérieure. » Luizzi passa et lut la réponse de Caroline.

DE CAROLINE A HENRI.

« Si je vous écris encore, Monsieur, si je fais une nouvelle faute, c'est pour réparer celle que j'ai commise en vous répondant. Je suis libre, Monsieur, et c'est librement que je prendrai le voile ; dispensez-vous donc de toute démarche qui pourrait faire croire que je ne me trouve pas heureuse du sort qui m'attend. Je n'en ai jamais espéré d'autre, et je n'en veux pas d'autre.

« Sœur Angélique. »

« P. S. Vous trouverez ci-joint la réponse de Juliette à sa mère. »

— Voilà qui est parfaitement explicite, pensa Luizzi ; je serais curieux de voir ce que M. Henri a trouvé à répondre à un congé si formel.

DE HENRI A CAROLINE.

« Mademoiselle,

« Lisez cette lettre, ce n'est plus celle de l'insensé qu'un moment de joie et d'espérance a égaré encore plus que son désespoir c'est celle d'un homme d'honneur qui vous demande le droit de se justifier. Daignez m'écouter. Je connais aussi bien que vous-même votre position, je sais que vous êtes sans famille et sans amis, et que vous n'avez à attendre de personne ni conseil ni protection. Si dans de telles circonstances vous aviez quitté le monde à un âge où l'on a pu l'apprécier, j'aurais dû croire que vous cherchiez au couvent un refuge contre un isolement que vous n'auriez pas voulu faire cesser. Mais, placée dès votre enfance sous la direction de personnes qui ont un intérêt direct à vous faire prendre une résolution qui leur livre votre fortune, j'ai pu croire qu'on vous avait égarée, j'ai pu supposer que des menaces, des violences même vous avaient inspiré une détermination que maintenant je sais être volontaire. Ce soupçon m'était permis pour vous qui êtes seule en ce monde, lorsque je vois des familles dont toute l'autorité ne peut arracher leur enfant à des engagements pris sous l'empire d'idées habilement suggérées, lorsque je vois les larmes d'une mère impuissantes à fléchir l'implacable avidité de ces femmes qui vous gouvernent et qui opposent au désespoir maternel une vocation due seulement à la terreur qu'elles savent inspirer aux infortunées dont elles se sont emparées. Ce qui est vrai pour tant d'autres, j'ai pu le croire vrai pour vous; j'ai dû le croire, lorsque vous m'avez dit que le silence du cloître cachait aussi des douleurs bien cruelles. J'ai mal interprété votre pensée : que ce soit là mon excuse ! Vous êtes heureuse, c'était là tout mon désir. Ce bonheur, je n'ai pas su le comprendre, pardonnez-le-moi. L'idée que le monde nous en donne est si éloignée de l'idée qu'on vous en a faite, que vous ne comprendriez pas non plus, si je vous parlais de celui qui pourrait vous y attendre. Vous n'avez pas de mère, vous n'avez pas de famille, Caroline ; mais, lorsqu'une femme a donné à celui qu'elle aime le titre sacré de son mari, elle trouve tout ensemble une mère et une famille. Le présent lui est doux par la tendresse de celle qui l'a adoptée pour fille, par le bonheur qu'elle répand autour d'elle; l'avenir lui est beau, car un jour viendra où de jeunes existences lui demanderont l'amour sacré d'une mère et lui rendront l'amour soumis et respectueux de l'enfance. Elle aimera, et elle sera aimée : ce que Dieu a laissé de bonheur sur la terre est dans ces deux mots. Et je ne vous parle pas de l'amour de celui que vous auriez choisi ; je ne vous dis pas par quelle constante adoration il vous eût payée du bonheur que vous lui auriez donné. Vous ne me comprendriez pas, Caroline, si je vous disais avec quel orgueil il vous eût montrée à tous les yeux, en disant : Celle-là est la plus belle, celle-là est la plus noble, celle-là est la plus pure. Vous me comprendriez encore moins, si je vous disais le charme enivrant qu'il y a dans cette union de deux êtres confondus dans une même vie, se souriant l'un à l'autre, et vivant l'un de l'autre, heureux partout et de tout ; soit que dans une fête le plaisir les entraîne ensemble parmi les joies du monde, soit que dans la solitude ils s'arrêtent à rêver ensemble aux bruits légers de la campagne, soit qu'ils partent légers et joyeux pour un spectacle brillant où l'on enviera leur bonheur, soit qu'ils rentrent le soir les bras enlacés, se confiant tout bas leurs douces espérances et leurs pensées de chaque moment ; soit qu'ils restent autour du foyer, au milieu d'une famille et d'amis qui les chérissent, heureux d'un bonheur facile, entourés d'affections sincères au milieu desquelles leur amour avoué semble encore être un secret, tant ils sont seuls à savoir combien il est grand ! Ah ! c'est qu'il y a dans toutes ces choses d'ineffables félicités auxquelles le cœur aspire à son insu. Mais pour les rêver, pour y chercher une espérance qui calme la torture qu'on éprouve, il faut aimer, il faut souffrir ; et vous n'aimez pas, et vous êtes heureuse. Il faut être comme le damné qui envie le bonheur des anges, et vous êtes dans le ciel ; il faut être moi, et non pas vous. Adieu donc, Caroline, adieu. Vous n'entendrez plus parler de moi. Dieu a donc envoyé les anges sur la terre pour y semer le désespoir et la mort ?

« Henri. »

Luizzi fit la grimace. La lettre de Henri lui sembla d'un amour assez ridicule, mais d'une raison assez solide. A tout prendre, une jeune fille, belle, spirituelle, distinguée, lui paraissait avoir quelque chose de mieux à faire qu'une religieuse. Il se hâta d'ouvrir la lettre qui suivait pour lire la réponse de Caroline, mais il trouva encore une lettre d'Henri d'une date postérieure de plus d'un mois à la lettre précédente.

DE HENRI A CAROLINE.

« Il y a dix jours le jardinier du couvent m'a remis un paquet cacheté à mon adresse : je l'ai ouvert tremblant d'une joie folle, plein d'une espérance insensée. Il contenait la réponse de Juliette à la lettre de sa mère que j'avais jointe à la dernière que je vous ai écrite, et où je vous disais adieu pour jamais. Vous dire ce que j'ai éprouvé d'affreuse dé-

Ils aperçurent Bertrand. — Page 400.

ception m'est impossible : c'est le ciel ouvert qui se ferme tout à coup pour vous laisser dans les ténèbres. On doit souffrir ainsi, quand on meurt ; mais on ne meurt pas toujours, quand on souffre ainsi. Lorsque le délire de ma douleur fut calmé, j'envoyai la lettre de Juliette à madame Gelis, et je restai anéanti. Puis il me sembla que cette lettre m'appartenait, cette lettre que vous aviez touchée ! et j'eusse voulu la ressaisir au prix de mon sang. On devait y parler de vous, je le comprenais ; et, si je l'avais eue dans mes mains, je ne sais si je ne me serais pas laissé égarer jusqu'à en briser le cachet. Mais elle était partie, et, ne pouvant la reprendre, j'ai voulu la connaître. Je suis allé à Auterive, j'ai vu madame Gelis, je lui ai demandé des nouvelles de sa fille. « Elle est heureuse, » m'a-t-elle dit. Je n'osais lui parler de vous. Enfin j'ai prononcé votre nom en tremblant. Alors elle m'a répondu ces seules paroles: « Ma fille me dit que mademoiselle Carolin est toute changée, et qu'elle passe toute la nuit dans les larmes, tous les jours en prière. « Je me suis fait répéter cette phrase, et je suis parti comme un insensé. J'ai couru à votre couvent, et ce n'a été qu'au moment de frapper à la porte de la prison où vous êtes que je me suis rappelé qu'il y avait entre nous des murs infranchissables. Oh! ces murs, je les eusse brisés de mon front, si j'avais pu vous sauver ainsi ; mais un reste de raison m'a dit de cacher à tous les yeux une folie dont on pourrait vous punir. J'ai erré toute la nuit autour de cette demeure, où vous pleurez, où vous souffrez. J'allais comme un insensé avec la rage de mon impuissance. Oh! Caroline, écoutez-moi. Vous souffrez, vous pleurez, je le sais ; vous ne pouvez avoir d'autre désespoir que celui de votre position. Osez vous confier à l'honneur d'un homme qui n'a jamais manqué à sa parole, et je vous délivrerai; puis jamais vous n'entendrez parler de moi. Ou bien me tromperai-je? Ce désespoir viendrait-il d'une douleur pareille à la mienne? Aimeriez-vous et seriez-vous séparée de celui que vous aimez? Eh bien! Caroline, s'il en est ainsi, osez me le dire encore. Dites-le-moi, et celui que vous aimez deviendra mon frère ; je le chercherai ; je le trouverai, je vaincrai les obstacles, je vous réunirai, et puis encore vous ne me verrez plus. Vous ne me verrez plus quand vous serez heureuse. Je fuirai loin de vous, car je haïrais trop celui qui vous donnerait ce bonheur. Un mot, un mot de grâce ! Oh! fiez-vous à moi, Caroline! L'amour est aussi une religion, et cette religion a ses martyrs qui savent se sacrifier au culte auquel ils se sont voués. J'attends ; songez que j'attends ; et que, si je ne reçois pas de réponse, je ne répondrai plus de ce que je puis faire. Ayez pitié de moi et pitié de vous.

« Henri. »

Luizzi se gratta l'oreille après cette lecture.

— Ceci, se dit-il, est un amour d'une trempe assez méridionale; il y a là-dedans du gascon superlatif, ou je ne m'y connais pas. Cependant, reprit-il, les journaux sont pleins de récits de suicides amoureux, de crimes amoureux, d'atrocités amoureuses. On ne peut donc pas nier ces caractères-là. Cet Henri, qui, je le comprends très-bien, n'est autre que le lieutenant blessé qu'on vient d'emporter d'ici, doit être, d'après ce qu'en a dit le père Bruno, un brave soldat ; cela ne suppose pas d'ordinaire un malhonnête homme. Allons, il est possible que je n'y comprenne rien.

Et il continua sa lecture.

DE CAROLINE A HENRI.

« Pourquoi m'écrire encore, Monsieur ! pourquoi me persécuter dans mon désespoir! Laissez-moi à mon malheur. Toutes vos suppositions sont fausses. Non, je n'aime pas. Que deviendrai-je, mon Dieu, si j'aimais ?

« Caroline. »

DE HENRI A CAROLINE.

« J'avais raison, Caroline : vous aimez, le dernier mot de votre lettre me l'a appris. Permettez maintenant à l'ami à qui vous vous êtes confiée de répondre froidement à la triste question que vous vous faites. Que deviendrais-je, dites-vous, si j'aimais? Ignorez-vous donc que vous êtes libre et que votre position si cruelle d'abandon a du moins cet avantage qu'elle vous laisse maîtresse de vous-même? A l'âge où vous êtes parvenue, Caroline, votre tuteur vous doit compte de votre fortune; bientôt vous pourrez, sans avoir besoin du consentement de qui que ce soit, en disposer ainsi que de votre personne. Les souveraines du couvent où vous êtes ne l'ignorent pas, et elles sauront bien vous l'apprendre le jour où elles pourront tourner vos volontés à leur profit.

Vous demandez ce que vous deviendriez, Caroline ? vous deviendriez l'épouse honorée et chérie de celui que vous aimez, la sainte mère de famille qui répand son amour autour d'elle comme une douce chaleur qui fait éclore de jeunes vertus ; vous deviendriez la maîtresse absolue d'un cœur qui se ferait votre esclave : vous deviendriez la joie et l'honneur d'une nouvelle famille, le modèle des grâces les plus parfaites, l'objet de l'admiration et des respects de tous ; vous seriez tout ce que Dieu a voulu que vous fussiez. Voilà cette destinée qui vous épouvante, cette destinée qui est à vous, si vous osez la prendre. Mais je tremble, en vous faisant entrevoir le bonheur, d'avoir ajouté un nouveau désespoir à vos souffrances. Car enfin, puisque vous n'osez vous donner à celui que vous avez choisi, serait-ce donc qu'il est indigne de vous, serait-ce qu'il ne vous aime pas ? Ces deux suppositions sont également folles. Votre cœur ne me permet pas de croire à l'une ; le mien me dit que l'autre est impossible. Qu'est-ce donc qui vous fait tant souffrir ? Quel secret me cachez-vous ? Oh ! dites-le-moi, Caroline : je vous aime assez pour apprendre que vous en aimez un autre et pour vous donner à lui et vous sauver, dussé-je en mourir !

« Henri. »

— Par ma foi, pensa Luizzi, voilà qui est d'une niaiserie complète ou d'une adresse effrayante ; ou ce monsieur ne devine rien, ou il veut absolument qu'on lui dise tout. Voyons ce qu'aura dit ma pauvre sœur.

DE CAROLINE A HENRI.

« Henri, sauvez-moi donc ! »

DE HENRI A CAROLINE.

« Vous m'aimez ! c'est moi ! Tu m'aimes, Caroline ?... Oh ! laisse-moi me mettre à tes genoux... laisse-moi te remercier et t'adorer. Oh ! je voudrais vous dire ce que j'ai souffert de bonheur à ce mot qui m'a brûlé et anéanti ; j'ai fermé les yeux, j'ai chancelé, j'ai cru mourir... Puis je suis tombé à genoux en vous appelant de toute ma force : Caroline, Caroline ! Oh ! vous qui vous êtes confiée à moi, vous serez heureuse, je vous le jure... Vous serez heureuse pour que je vive ; car votre félicité sera l'âme de ma vie, elle sera le cœur de mon cœur qui cessera de battre devant une de vos larmes. Aujourd'hui je ne puis vous en dire davantage... Je m'égarerais... A ce moment je pleure... je tremble... je doute.... j'ai peur d'être fou... Est-ce vrai que vous m'aimez ? »

DE CAROLINE A HENRI.

» Oui, Henri je vous aime, je vous aime parce que vous avez pris en pitié la pauvre fille isolée et triste, je vous aime pour la noble bonté de votre âme ; je vous aime aussi, sans doute, parce que Dieu l'a voulu, car je vous aimais avant tout cela. »

A partir de ces deux lettres, ce n'était plus qu'une correspondance amoureuse où Henri et Caroline se racontaient leur cœur : naïves confidences de l'une, rêves emportés de l'autre, espérances sincères, désirs égarés, tout ce qui est l'entretien de l'amour, source inépuisable et abondante qui commence à s'arrêter du jour où l'on y trempe ses lèvres ! Parmi toutes ces pensées qui planaient au ciel, s'en glissait quelques-unes cependant qui étaient de la terre. D'abord Henri enseignait à Caroline quels étaient ses droits. Ensuite venaient toutes les mesures à prendre pour un enlèvement et une fuite. A ce propos il y avait une lettre véritablement admirable de Henri, où il avouait sa pauvreté à Caroline, et une réponse de Caroline, qui fit venir les larmes aux yeux à Luizzi. Elle demandait si naïvement pardon à Henri d'être plus riche que lui, que le baron fut sur le point de croire à la vérité des sentiments vaudevilliques du Gymnase. Puis il admira avec quelle adresse, ce point une fois établi, Caroline se dévoua pour qu'il n'en fût plus question. Elle osa exiger des comptes de M. Barnet et faire remettre chez madame Gelis les sommes provenant des revenus de sa fortune, depuis qu'elle avait atteint l'âge de dix-huit ans. Enfin de lettre en lettre, de billet en billet, Luizzi arriva au moment où tout était préparé pour la fuite. Henri devait venir attendre Caroline à une porte que le jardinier s'était engagé à ouvrir. Luizzi croyait toucher au dénoûment; il restait un petit billet à lire, il ne contenait que ces quelques mots :

DE HENRI A CAROLINE.

« Vous m'avez indignement trompé; je vous renvoie vos lettres, je ne veux rien de vous qui me rappelle jusqu'à quel point j'ai été prêt à m'égarer. « Henri. »

Luizzi resta confondu et réfléchit longtemps à ce singulier dénoûment. Puis il appela sa sœur, et la considérant avec une pitié curieuse :

— Et depuis le jour où vous avez reçu ce billet, vous n'avez rien appris? — Rien. — Vous n'avez pas revu Henri? — Depuis le jour où je quittai Auterive, c'est aujourd'hui la première fois que je l'ai vu. — Vous ne savez pas qui a pu vous calomnier à ses yeux? — Je l'ignore. — Mais cette Juliette? — Elle? oh non! ce n'est pas elle; elle ne l'avait pas revu plus que moi. Elle ignorait jusqu'à mes projets; car, depuis que j'étais devenue coupable, je n'osais plus me confier à elle. Je ne me sentais pas la force de rougir devant tant de résignation et de vertu. Je ne voulais pas la rendre complice de ma faute, car son amitié n'eût pas voulu me trahir et sa conscience lui eût amèrement reproché sa faiblesse. D'ailleurs vous avez pu voir quel secret Henri me recommandait. — Mais comment se fait-il que vous soyez ici? — Le soir venu où je devais partir avec Henri, je m'étais échappée de ma cellule; je traversai le jardin tremblante et pouvant à peine me soutenir; la nuit était sombre; tout dormait dans le couvent. J'arrive enfin à la porte fatale : « Eh bien? dis-je au jardinier. — M. Henri est venu, me dit-il, mais il a disparu presque aussitôt, après m'avoir remis ce paquet et ce petit billet. » Je pensais que quelque obstacle imprévu avait retardé l'exécution de nos projets. Je demandai au jardinier si Henri devait revenir dans la nuit; il n'avait rien dit de plus. J'aurais voulu pouvoir lire ce billet, afin de m'assurer de ce qui nous arrivait; mais je n'avais point de lumière dans ma cellule. Enfin, je pensai à la chapelle, qui était tout près de la porte du jardin; je m'y glissai furtivement, et là, à la lueur d'un cierge qui brûlait près d'une relique de saint Antonin, je lus ces mots affreux, qui me brisèrent le cœur au point que je tombai évanouie. Lorsque je revins à moi, j'étais étendue sur le pavé de la chapelle. Je m'éveillai comme d'un songe horrible, ne comprenant pas pourquoi j'étais dans cet endroit, ne pouvant me rappeler ce qui m'y était arrivé. Enfin, quand je pus me souvenir, j'éprouvai un si vif désespoir que, si la sainteté du lieu n'eût parlé à mon âme, j'aurais brisé ma tête sur les dalles comme on avait brisé mon cœur. Je regagnai ma cellule en chancelant; je passai le reste de la nuit dans un désespoir sombre, où mon âme s'égarait sans résolution ni pour vivre ni pour mourir. Le jour, en m'apportant la lumière, me montra pour ainsi dire une voie à suivre. Dès que je pus voir cette demeure où j'avais tant aimé, tant souffert et tant espéré, je me sentis incapable de l'habiter plus longtemps; et, au bout de quelques jours, j'avais obtenu de la supérieure de m'envoyer dans une des maisons centrales des sœurs de charité. Ce fut à Evron que je dus finir mon noviciat. J'y vins seule, emportant avec moi mon secret et mon désespoir. Depuis six mois que j'y habite, j'ai passé ma vie dans les plus rudes travaux, attachée à l'hôpital de Vitré, demeurant sans cesse au chevet du lit des malades, espérant que l'aspect de la douleur des autres calmerait les devorantes ardeurs de la mienne. Mais j'envie vainement ces souffrances du corps sous lesquelles je vois tant d'hommes fléchir. Je venais ici remplir les saints devoirs auxquels je suis vouée, lorsque j'ai revu celui qui a tué ma vie; car je ne vis plus, mon frère, je ne vis plus. — Espérez, Caroline, dit vivement Luizzi; il y a dans tout ceci quelque affreuse machination que je découvrirai. — Mon frère, que voulez-vous faire? — Je verrai Henri, je l'interrogerai. — Hélas! il n'est peut-être plus temps. — C'est ce que je vais savoir.

Et Luizzi entra dans la chambre où veillait encore le père Bruno.

XLIX

— Monsieur Bruno, dit le baron, y a-t-il quelqu'un ici qui puisse me conduire à l'endroit où se cache la bande de Bertrand? — Jadis j'aurais pu vous y conduire, repartit le père Bruno; je connais toutes les retraites des chouans, il n'en est pas une où je n'eusse été autrefois les yeux fermés; mais, maintenant que je suis aveugle, je ne pourrais être aussi sûr de ne pas me tromper...

Le baron ne put s'empêcher de sourire de la singulière prétention du vieillard, et du démenti qu'il lui donnait au même instant. Il reprit :

— Mais, à défaut de vous ne pourrais-je trouver quelqu'un qui me guiderait? Je le récompenserais en conséquence. — Hum! fit l'aveugle, Mathieu est un petit gars qui sait les chemins sur le bout de son doigt. En lui indignant l'endroit où doit être Bertrand à cette heure, il vous y mènerait tout droit; mais ce serait vous exposer l'un et l'autre à un bon coup de fusil, à moins que vous ne fussiez avec quelqu'un qui pût répondre de vous. — Si vous m'accompagniez, Caroline? dit Luizzi, en se tournant vers sa sœur. — Moi? répondit-elle en rougissant.

Elle sembla hésiter un moment, puis elle finit par dire en balbutiant :

— Quel empire aurai-je sur ces hommes? Vous avez vu que je n'ai rien pu pour Henri, quand j'ai tenté de le sauver sans le reconnaître. — Sans doute, dit Bruno; mais vous avez vu aussi qu'un mot de vous a suffi pour sauver Monsieur, que vous connaissiez. — N'importe! répondit Caroline, renoncez à ce projet, mon frère, ne vous exposez pas à quelque affreux danger, pour obtenir une explication qui ne sera peut-être qu'une nouvelle douleur pour moi. — N'oubliez pas, repartit Luizzi qu'il y va de votre honneur... et de votre bonheur, peut-être. — Est-ce comme ça? dit le père Bruno en se levant; en ce cas, me voici. Je vous accompagnerai, moi, et le petit Mathieu nous guidera. — Mais n'est-ce pas vous exposer vous-même au danger dont vous me menaciez tout à l'heure? dit Luizzi. — Oh! c'est bien différent; il y a entre moi et Bertrand des choses qui le rendront prudent. — Cela n'a pas sauvé votre fils de ses violences, reprit Caroline. — Ce n'est pas Bertrand qui a fait le coup; il ne l'a pas commandé non plus. Je ne vous demande qu'une chose, sœur Angélique, à vous qui êtes si bonne et si charitable pour les pauvres gens. Est-il vrai que votre bonheur dépend de ce que ce Monsieur rejoigne la bande de Bertrand et voie le prisonnier?

Caroline hésita encore, puis elle répondit en baissant les yeux :

— Je ne puis m'opposer à la volonté de mon frère, et, s'il veut absolument voir M. Henri... — Oui, ma sœur, je le veux. Songez aussi que Henri est livré sans défense à des hommes qui peuvent lui faire payer de la vie le courage qu'il a montré contre eux. C'est lui aussi qu'il s'agit de sauver. —

Sauvez-le donc, mon frère, et que Dieu vous protége! Quand pouvons-nous partir? reprit Luizzi. — Le plus tôt sera le mieux, repartit Bruno, le temps d'éveiller Mathieu et de le faire lever. Ecoutez, dit une voix sortant du grand lit qui occupait le coin de la vaste salle.

Luizzi et sa sœur s'en approchèrent et virent Jacques qui s'était assis sur son séant.

— Écoutez, continua-t-il, je veux bien laisser partir mon père et mon fils, puisqu'il s'agit de l'honneur de la sœur Angélique. Quand ma pauvre petite fille qui dort ici à côté a manqué mourir de la petite vérole, la sœur Angélique est venue chez nous sans craindre la contagion; elle a passé les nuits et les jours près du lit de mon enfant, et l'a sauvée. Pour la vie de celle-là qu'elle m'a gardée, je peux bien risquer la vie d'un autre; Mathieu vous suivra donc. Quant à vous, mon père, vous savez ce que vous faites et je n'ai rien à dire contre votre volonté. Mais il me faut votre parole d'honneur, Monsieur, que vous ne profiterez de ce que vous allez voir que pour vous-même. Il faut que vous me juriez devant Dieu que vous ne direz à personne la retraite de Bertrand, et que, si les chefs des troupes qui occupent le pays apprenaient que vous avez pénétré jusqu'à l'endroit où se cachent les chouans, vous ne leur donnerez pas de renseignements qui pourraient les y conduire. — Je vous donne cette parole, reprit le baron, quoique je m'étonne que vous me la demandiez, vous qui avez été la victime de ces misérables. — C'est un compte à régler entre Bertrand et moi, dit Jacques. C'est du sang qu'il me redoit et que je ne veux pas qu'il paye à d'autres. Maintenant, allez faire vos affaires; je ferai les miennes quand il en sera temps.

Un moment après, le petit Mathieu était prêt. Il fut convenu que Caroline attendrait chez Bertrand le retour de Luizzi. Le baron partit, accompagné du jeune gars et du vieil aveugle. Tant que dura la nuit, qui était sur le point de finir, leur marche fut silencieuse. C'étaient toujours des chemins creux et effondrés qu'il fallait longer, en suivant partout des haies épaisses. Dès que le jour commença à poindre, ils rencontrèrent des paysans qui s'en allaient travailler la terre; puis le mouvement devint plus actif, et ils virent les chemins se couvrir des étroites charrettes du pays, avec leurs immenses attelages qui consistaient pour le moins en trois paires de bœufs et quatre chevaux retenus par des traits d'une immense longueur. D'une part, le déplorable état des routes nécessite l'emploi de ces forces considérables pour transporter les moindres charges et arracher les chariots aux fondrières dans lesquelles ils s'embourbent; d'une autre part, les paysans font une affaire de vanité de la quantité de chevaux et de bœufs qu'ils peuvent atteler à un seul chariot pour porter quelques sacs de blé à un marché. Luizzi, occupé de l'importance de la mission qu'il s'était donnée, regardait tout cela sans y faire véritablement attention; il ne remarquait pas non plus l'aspect étrange des paysans qui conduisaient ces voitures, enveloppés dans leur cape de peau de chèvre, la tête coiffée d'un large bonnet rouge d'où s'échappaient leurs longs cheveux plats, leurs pieds nus dans leurs sabots, et les jambes nues dans des guêtres de cuir qui se joignaient mal, avec une culotte courte ouverte sur le côté extérieur des genoux. L'espèce de chant doux et monotone qui accompagne presque toujours la marche de ces paysans ne le distrayait point de ses réflexions; cependant il fut frappé de la manière dont on parlait au père Bruno toutes les fois qu'on le rencontrait.

— Hé! comment va-t-on chez vous? Jacques en a-t-il pour longtemps de son épaule? la blessure est-elle grave? » lui disait-on à tout moment.

L'événement arrivé à la chaumière depuis

trois ou quatre heures à peine était déjà connu de tout le monde; chacun s'en informait avec intérêt, mais personne ne faisait la plus simple observation de blâme ou de louange sur la conduite de Jacques ni sur celle des chouans. Cependant Luizzi témoigna sa surprise à Bruno de ce que la nouvelle de la blessure de son fils se fût si rapidement propagée.

— Cela n'a rien d'extraordinaire, répondit le bonhomme; la moitié des gars que nous venons de rencontrer étaient peut-être de la bande. A présent qu'ils ont fait leur coup, ils sont rentrés dans les closeries, et les gendarmes y pourront aller sans se douter de rien. — Je ne comprends pas cela, dit Luizzi.
— C'est pourtant bien facile. On sait combien il y a de *chapeaux* et de *têtes blanches* (d'hommes et de femmes) par maison. Que les gendarmes arrivent à l'heure du dîner, par exemple : ils demandent le compte des gens, il faut leur déclarer ceux qui sont aux terres et ceux qui sont au marché, et, s'il en manque, ils en prennent note. Mais comme les gars, lorsque le jour reparaît, sont là ou à l'ouvrage, il n'y a pas moyen de savoir ceux qui font partie des bandes. C'est si vrai que souvent on demande des renseignements sur un mauvais coup précisément à ceux qui l'ont fait. Pour que l'on pût découvrir les gueux qui font de la fausse chouannerie, il faudrait tomber tout d'un coup dans les maisons au milieu de la nuit, et il ne fait pas bon pour les gendarmes de se promener la nuit dans nos chemins.

— Alors, dit Luizzi, nous trouverons Bertrand chez lui? — Oh! non pas; il est connu, lui! et s'il va quelquefois dans la maison, ce n'est plus qu'après le soleil couché. Nous le trouverons à la Grande-Lande avec quatre ou cinq autres qui sont forcés de se cacher pour la même raison. — Ainsi, reprit le baron, nous avons rencontré quelques-uns des hommes qui ont attaqué cette nuit votre maison? — Mieux que ça, dit Bruno, je parierais que nous avons parlé à celui qui a tiré le coup de fusil... vous savez ce petit trapu qui m'a dit : Faut espérer que ça ne sera rien.
— Ce n'est pas lui, grand-père, dit le petit Mathieu; je sais qui, moi. — Et l'as-tu dit à ton père? reprit Bruno, sans s'étonner du secret qu'avait gardé l'enfant. — Je le dirai d'abord avec mon sabot au gars Louis, le fils à Petithomme, la première fois que je le rencontrerai au pâturage. — Ah! c'est Petithomme? dit le vieillard froidement; il y a longtemps que Jacques aurait dû s'en méfier. Mais toi, petiot, prends garde au gars Louis, il a deux ans de plus que toi; tape-le sur l'œil, c'est un bon endroit. — Soyez tranquille, grand-père, ce ne sera pas la première fois qu'il portera de mes marques.

Et, sans s'inquiéter davantage de ce qui pourrait arriver de la querelle de son petit-fils, Bruno s'arrêta et sembla flairer autour de lui.

— Nous devons être tout près de la Grande-Lande, dit-il. — Oui, grand-père, répondit Mathieu. — Alors; cherche à gauche un petit sentier dans les genêts; Bertrand doit être au trou du Vieux-Pont.

L'enfant eut bientôt trouvé le sentier, et Luizzi, qui voyait s'étendre devant lui une lande de plus d'une lieue de diamètre, demanda si le chemin à parcourir était encore bien long.

— Nous allons au milieu de la lande à peu près, répondit Bruno. — Comment! repartit le baron, les chouans se cachent dans un endroit si découvert? — Regardez : vous verrez en face de vous, un peu à gauche, une petite éminence. C'est au pied de ce petit monticule qu'est le Vieux-Pont. Une sentinelle, placée au sommet et cachée dans les genêts, domine facilement toute la lande. Au moment où je vous parle, Bertrand sait que trois personnes y ont mis le pied et s'avancent vers sa retraite. Il nous attend, parce que nous ne sommes que trois; mais, si on lui eût signalé un corps de troupes, il serait déjà en route pour s'enfuir du côté opposé. — Mais s'il s'en présentait de plusieurs côtés à la fois? — Quand elles viendraient de dix côtés, peu lui importerait. Il y a vingt sentiers inaperçus qui sortent de la lande; les gars se disperseraient et fileraient à travers les soldats comme un lièvre entre deux chasseurs. Il n'y a jamais eu qu'un moyen de faire la guerre aux chouans. — Et lequel? — C'est de prendre leurs femmes et leurs enfants, et de les emmener tranquillement à la ville sans leur faire de mal. Ah! comme les pauvres diables se lasseraient vite s'ils n'avaient ni gîte ni lit! Ce serait l'affaire de huit jours. Ils rapporteraient au galop leurs fusils et leurs munitions pour ravoir leurs familles, et, une fois désarmés, il faudrait bien qu'ils se tinssent tranquilles.

Le père Bruno s'arrêta tout à coup, puis reprit :

— Écoutez! avez-vous entendu ce *houhou*? on envoie quelqu'un pour nous reconnaître.

Ils continuèrent à marcher, et Luizzi remarqua que cette lande, qui au premier aspect lui avait semblé si unie, était traversée en tous sens par de profondes tranchées ou des ravins creusés par les pluies, et coupée de distance en distance de champs de genêts qui n'avaient pas moins de cinq ou six pieds de hauteur. Au moment où ils sortaient de ces épais fourrés, ils aperçurent Bertrand debout devant eux, qui leur cria :

— Où allez-vous comme ça? — Nous allons où nous sommes arrivés, dit Bruno; car c'est toi que nous cherchions. — Puisque vous m'avez trouvé, dites-moi ce que vous me voulez. — Ce monsieur va te l'expliquer, car c'est lui que ça regarde. — Diable! fit Bertrand, est-ce qu'il n'en a pas assez d'avoir manqué aller au fond de la mare, comme ça lui serait arrivé sans l'intervention de la sœur Angélique? — C'est en son nom que je viens encore, fit Luizzi. — Pour sauver l'officier? dit Bertrand d'un ton sombre. — Pour le sauver. — Que la sœur Angélique se mêle de ses affaires! repartit Bertrand avec emportement. Du reste, tant pis pour vous de vous être mêlé de tout ça! tant pis pour toi, Bruno, de t'en être mêlé aussi! tu as fait une faute, tu as enseigné à un étranger le chemin du Vieux-Pont; c'est une trahison, ça, et tu sais ce que ça se paye! — Le motif qui amène ici ce Monsieur, repartit tranquillement Bruno, ne regarde pas la chouannerie; ça intéresse la sœur Angélique toute seule. Expliquez-lui ça, monsieur, et faites votre affaire.

Luizzi allait parler, quand Bertrand reprit la parole en disant :

— Puisque vous avez voulu voir le trou du Vieux-Pont, dit Bertrand, il faut y venir tout à fait à présent; et puisque vous êtes si curieux, je vais vous montrer un chemin que vous ne connaissez ni les uns ni les autres.

Aussitôt, Bertrand se mit en marche, en prenant une espèce de fossé à moitié plein d'eau. Comme Luizzi hésitait à le suivre, Bruno lui dit tout bas :

— Il ne s'agit point de reculer maintenant. Il doit y avoir des gars à droite et à gauche de nous, et peut-être derrière, qui vous saleraient les reins d'une balle, si vous faisiez mine de broncher.

Luizzi se mit à marcher, et, au bout de dix minutes, ils arrivèrent dans le creux d'un ravin dont les deux bords avaient été joints autrefois par un pont à deux arches; l'une d'elles était encore entière et sous laquelle huit ou dix hommes étaient assemblés autour d'un feu qu'ils y avaient allumé. Ils regardèrent à peine Bruno et son petit-fils; mais ils tournèrent autour de Luizzi, en murmurant entre eux :

— C'est l'espion de cette nuit.

Cette dénomination parut de mauvais augure à Luizzi. Mais, comme il ne s'était pas décidé à la démarche qu'il avait faite sans prévoir qu'il pouvait courir quelque

Le père Bruno était encore debout. — Page 407.

danger, il parut ne pas s'apercevoir des mauvaises dispositions des chouans. Toutefois, il remarqua que le petit Mathieu s'approcha d'un des chouans qui se tenaient à l'écart, et lui dit d'un ton jovial :

— Bonjour, père Petithomme, comment va le gars Louis ? — Ça va comme ça peut, dit le chouan. — Tu es donc là, Petithomme ? dit Bruno d'un ton amical. — Oui, père Bruno. Et ça va bien, j'espère, chez vous ? — Pas mal, pas mal.

Ni l'enfant ni le vieillard ne montrèrent la moindre émotion, en parlant l'un à l'assassin de son père, l'autre à l'assassin de son fils. D'un autre côté, Luizzi ne vit rien qui lui annonçât que le lieutenant eût été porté en ce lieu, et il attendit que Bertrand l'interrogeât. Celui-ci s'assit sur une grosse pierre, s'accouda sur ses genoux, et lui dit en se penchant vers le feu :

— Que demandez-vous ? — Ce que je crains bien, dit Luizzi, que vous ne puissiez plus m'accorder : je voudrais voir votre prisonnier. — Qu'est-ce que vous voulez lui dire? — C'est un secret entre lui et moi.

Bertrand releva la tête, et examina Luizzi d'un air surpris; puis il reprit sa position en étendant les mains vers le feu, et cria à l'un de ses gens :

— Va chercher le blessé!

Un moment après, Henri parut, et Luizzi put l'examiner à son aise. C'était un homme de vingt-cinq ans à peine, de formes herculéennes, la tête petite, le front déprimé, et qui devait être rose sous sa barbe noire, quand la maladie ne l'avait pas atteint.

— Vous pouvez causer ensemble, dit le chouan. Ne vous gênez pas. Nous vous laisserons le temps. — Êtes-vous venu ici, monsieur, dit Henri, pour traiter de ma liberté? — Non, reprit le baron; je viens au nom de la personne qui vous a reconnu chez Jacques. — De mademoiselle Caroline, qu'on appelle la sœur Angélique, et qui a deux noms de baptême faute d'un nom de famille, dit brutalement Henri; qu'est-ce qu'elle me veut? — Rien monsieur, dit Luizzi révolté de cette grossièreté; mais j'ai droit d'attendre de vous une explication.

Le militaire regarda autour de lui d'un air insouciant, et répliqua :

— Une explication ici! L'endroit n'est pas commode, j'ai le bras droit en écharpe, mais c'est égal. Si ces paysans ont deux mauvaises lattes bien éguisées à nous prêter, je suis votre homme. — Vous ne me supposez pas le mauvais goût, je pense, reprit Luizzi de son grand ton de gentilhomme, d'être venu vous demander une pareille explication ici et dans l'état où vous êtes?

— En ce cas, je n'en ai pas d'autre à vous donner, reprit Henri en lui tournant le dos.

Luizzi resta tout abasourdi de surprise en voyant le ton et les manières de ce monsieur, que, d'après ses lettres, il s'était figuré un beau et mélancolique jeune homme. Il ne trouva rien à dire d'abord à la brutale réponse d'Henri, et peut-être l'eût-il laissé s'éloigner, si celui-ci ne se fût retourné et ne lui eût dit d'un ton insultant :

— Mais j'y pense, je voudrais bien que vous me fissiez le plaisir de me dire de quel droit vous venez vous mêler de mes affaires?

— C'est que vos affaires sont les miennes, monsieur, dit le baron avec hauteur; c'est que je suis le baron de Luizzi, et que Caroline est ma sœur.

A cette révélation Henri sembla pétrifié, et, quand Luizzi ajouta : « Je sais tout, monsieur! » le lieutenant se laissa emporter à d'effroyables juremants.

— Eh bien! s'écria-t-il, que vous sachiez tout, c'est bon; allez me dénoncer à mes chefs, faites-moi casser en tête du régiment. Après tout, ça m'est égal; d'ailleurs voilà des gueux qui depuis hier me promettent de m'achever. A leur aise maintenant, j'aime autant que ça finisse tout de suite.

Luizzi se figura qu'un délire de fièvre occasionné par la blessure exaltait la tête de ce jeune homme. Flatté d'ailleurs de l'impression qu'avait faite la simple énonciation de son nom, il reprit plus doucement :

— Écoutez, monsieur, je crois l'autorité militaire fort peu curieuse de punir une faute comme la vôtre, surtout quand elle peut se réparer. — Eh! comment diable voulez-vous que je la répare avec douze cents francs d'appointements? répondit Henri en haussant les épaules.

Luizzi, qui s'était fait une idée chevaleresque de la mission qu'il venait remplir et qui ne renonçait pas à atteindre le but qu'il s'était proposé, écouta à peine cette singulière réponse, la rejeta toujours sur le compte de la fièvre, et repartit vivement :

— Votre manque de fortune, Monsieur, ne saurait être un obstacle ; la fortune personnelle de ma sœur est peu de chose à la vérité, mais je puis l'accroître à tel point qu'elle satisfera à toutes les exigences d'une position honorable.

L'épaisse intelligence du sous-lieutenant sembla s'éveiller lentement, et, comme un homme qui cherhe à comprendre ce qu'on veut lui dire, il regarda Luizzi et lui dit en balbutiant :

— Caroline était déjà un assez bon parti... Tant mieux pour elle si vous la faites plus riche... Il est possible que j'eusse mieux fait de l'épouser..., si je n'avais pas écouté... — D'indignes calomnies, dit Luizzi. — Je ne dis pas que mademoiselle Caroline ait jamais rien fait de répréhensible, répondit Henri en gromelant entre ses dents. — Mais vous l'avez cru peut-être un moment, et ce moment a suffi pour détruire à jamais son bonheur, et aussi le vôtre sans doute. Mais il en est temps encore, Monsieur ; elle n'a pas prononcé ses vœux, elle vous aime toujours, et, si vous êtes enfin désabusé, prouvez-le-moi en acceptant sa main.

Pour faire cette proposition, Luizzi s'était posé d'une façon tout héroïque, en se campant sur la hanche, la main tendue vers Henri. Il avait parlé d'un ton théâtral auquel il ne manquait absolument qu'un manteau espagnol et une rapière pour être du meilleur dramatique, et il continua de même en voyant l'air ébouriffé de Henri.

— Je suis venu loyalement à vous, Monsieur. Répondez-moi de même : Êtes-vous libre ? — Libre de me marier ? dit Henri. Oui, si je deviens libre de partir d'ici. — En ce cas, que dirai-je à Caroline ? — Ma foi ! que je suis tout prêt à l'épouser, dit encore Henri, dont les yeux attestaient une étrange surprise et une espèce d'égarement. — Merci pour elle, mon frère, reprit le baron, toujours monté sur son dada chevaleresque.

Puis, s'adoucissant jusqu'au ton paternel, par une habile transition il reprit :

— Qui donc avait pu vous égarer au point d'écrire à Caroline un billet pareil à celui-ci ?

Henri prit le billet et le lut. Il resta silencieux et comme plongé dans de profondes réflexions.

— Je sais, dit Luizzi qui était en train de phrases, je sais que l'amour, qui souvent se refuse à l'évidence, croit aussi au crime sur les plus légers soupçons. Mais vous pouvez me dire quel a été l'auteur des calomnies ? — Oh ! dit Henri, les yeux toujours fixés sur le billet, je ne puis ni ne dois nommer une personne... — Je vous comprends, dit Luizzi ; mais je crains que cette Juliette...

Henri tressaillit ; mais il répondit presque aussitôt :

— Non, sur l'honneur, jamais Juliette ne m'a dit un mot contre la bonne réputation de Caroline. — Ce serait donc,..? — Ne cherchez pas, monsieur de Luizzi ; vous ne connaissez pas ceux qui m'ont trompé. — Comme vous voudrez. Je respecte votre scrupule. Mais ce qui maintenant doit nous occuper, c'est de trouver les moyens de vous délivrer. Laissez-moi me charger de cette négociation, ajouta le baron d'un air ravi de sa supériorité ; je ferai entendre raison à ces gens-là. — Essayez, dit Henri ; mais soyez assez bon pour me confier cette correspondance. — Vous y retrouverez tout à fait votre cœur, repartit Luizzi d'un ton charmant.

Et il remit le paquet de lettres à Henri, qui se prit à les lire avec une attention qui fit sourire Luizzi. Aussitôt le baron s'avança vers Bertrand.

— Enfin c'est fini, lui dit le chouan. Bruno vient de m'expliquer l'affaire ; il paraît que la religieuse est votre propre sœur. Tant mieux pour vous, car c'est une sainte femme. Puisque vous n'avez plus rien à faire ici, partez : le plus tôt sera le mieux. — C'est que je ne puis partir seul, car Bruno ne vous a pas tout dit. Je suis le frère de la sœur Angélique, comme vous l'appelez ; mais cet officier était son fiancé depuis longtemps ; des malheurs les ont séparés, et aujourd'hui qu'ils se sont retrouvés, je veux assurer leur bonheur en les mariant. — Marier une religieuse ! dit un des chouans. — Elle n'a pas prononcé ses vœux, repartit Luizzi.

Un sourd murmure courut parmi tous ces hommes.

— Taisez-vous, cria Bertrand, ça n'est pas notre affaire! et pour vous le prouver, Monsieur, dit-il à Luizzi, je vous dirai tout bonnement que l'officier et la religieuse pourront se marier tant qu'ils voudront, quand on nous aura remis Georges en échange de notre prisonnier. — Vous ne voulez donc pas me le rendre?

Bertrand regarda Luizzi d'un air tout ébahi.

— Et pourquoi voulez-vous que je vous le rende? — Il y va de l'honneur d'une femme, du bonheur de celle que vous appelez une sainte. — Jolie sainte, dit Bertrand, qui a des galants dans la ligne! — Vous oubliez à qui vous parlez! dit Luizzi. — Vous l'oubliez vous-même! s'écria Bertrand en s'avançant vers le baron, la crosse de son fusil en l'air. Est-ce que je vous connais, moi? Je vous ai laissé approcher quand j'aurais pu vous faire détaler à coups de fusil, je vous ai permis de parler à cet officier parce que le père Bruno vous accompagnait et que j'ai causé un malheur à son fils, mais est-ce que je vous dois quelque chose, à vous? Décampez donc, je vous le conseille; éloignez-vous pendant que j'ai encore la bonne volonté de vous laisser partir, et ne me fatiguez pas de vos airs de monsieur de Paris, entendez-vous?

Probablement Luizzi allait faire quelque sotte réplique, lorsque Bruno prit la parole.

— Voyons, Bertrand, ne sois pas méchant; il a raison, ce monsieur. — Ne te mêle pas de ça, Bruno, dit Bertrand; tu ne t'en es déjà que trop mêlé. — Et je m'en mêlerai tant que je voudrai, entends-tu, Bertrand? repartit l'aveugle d'un ton irrité. Penses-tu me faire peur avec ta grosse voix? je l'ai entendue trembler et prier, Bertrand! — Tais-toi, dit le chouan en tournant son farouche regard vers l'aveugle, tais-toi! tu t'attirerais quelque malheur. — Et si je ne veux pas me taire, et si je veux dire ce que tu as fait! Bertrand, ne me force pas à parler... — Je t'en empêcherai bien, reprit le chouan en armant son fusil. — Ne touchez pas le bonhomme, s'écrièrent les autres chouans; c'est assez de Jacques.

Le chef s'avança en relevant son fusil avec colère, et Bruno lui dit d'un ton impératif:

— Viens ici, Bertrand, viens ici.

Bertrand obéit et suivit le vieillard à quelques pas de Luizzi. Les chouans se retirèrent en dehors de l'arche du pont; mais, l'ellipse de la voûte servant de conducteur aux paroles de Bruno, le baron put les entendre comme s'il eût été à côté de l'aveugle. Il disait à Bertrand:

— As-tu oublié l'attaque d'Andouillé? as-tu oublié que Balatru, notre chef, y fut tué d'une balle entre les deux épaules, quoiqu'il marchât le premier devant nous? Il n'y a que moi, qui étais à côté de toi, qui sache qui a tiré cette balle. Veux-tu que je le dise tout haut? — Balatru nous trahissait, dit Bertrand en baissant la tête. — Tu étais l'amant de la femme à Balatru et tu l'as épousée, voilà tout. — Eh bien! après? repartit Bertrand dont la main se crispait de colère. — Après? quand je t'ai menacé de te dénoncer aux chefs, tu m'as prié à genoux sur la terre et tu m'as dit: « Ne me trahis pas; si tu me demandes jamais la vie ou la mort d'un homme, je le sauverai ou je le tuerai à ton plaisir. » — Est-ce que tu me demandes la vie de cet officier? — Ça d'abord, puis autre chose. C'est Petithomme qui a tiré sur Jacques. — Qui te l'a dit? — Est-ce que ce n'est pas lui? Mathieu l'a vu. — Oui, c'est lui. — Je ne veux pas qu'il puisse recommencer. Tu sais qu'il a dû épouser Marianne; il a tenté cette nuit de faire ce que tu as fait autrefois, et... — C'est bon, dit Bertrand, je t'en réponds. D'ailleurs, c'est un failli gars dont je me méfie; c'est la moindre des choses... Mais pour l'officier, je ne le peux pas. — Tu le peux, si tu le veux...

Comme ils allaient continuer, on entendit

un petit bruit au sommet du ravin, et un chouan descendit, en se laissant glisser à travers les ronces et en disant à voix basse :
— Hé ! les gars ! voilà les culottes rouges !
— Où ça? fit Bertrand. — A la lisière du grand bois. — C'est bon, répondit le chef, tenez-vous en repos, et remontez là-haut. Puis, se tournant vers Bruno, il reprit : — Comment veux-tu que je fasse pour proposer cela aux autres ?

Il n'avait pas achevé qu'un second chouan parut.

— Hé ! les gars ! voilà les culottes rouges !
— De quel côté ? — Vers la grande mare.
— Remonte, et qu'on attende, reprit Bertrand.

A cette nouvelle, Henri s'était levé pour s'approcher du baron; mais celui-ci lui avait fait signe de ne pas interrompre l'entretien des deux paysans. En ce moment, Bruno disait à Bertrand :

— Voilà une bonne occasion ; renvoie tes hommes et laisse ici l'officier avec nous. — Je vais voir si c'est possible, dit Bertrand d'une voix tranquille.

Aussitôt il s'éloigna de quelques pas, en jetant un regard de menace sur le vieillard. Luizzi s'approcha de Henri, qui lui dit :

— Voilà un secours qui nous arrive fort à propos... — J'en doute, dit Luizzi. Puis il s'approcha de Bruno et lui glissa tout bas ces mots : Prenez garde, j'ai peur de quelque trahison.

Presque aussitôt Bertrand reparut : il semblait violemment agité.

— Nous sommes vendus, dit-il, ils sont plus de trois cents venant de tous les coins.

Les chouans se rapprochèrent de Bertrand, et le mot : *vendus ! vendus !* circula parmi ces douze ou quinze hommes réunis.

— Vendus et perdus ! dit Bertrand ; ils s'avancent en faisant le cercle et en fouillant la lande comme des rabatteurs de gibier. — C'est le père Bruno qui nous a dénoncés, cria le chouan Petithomme, pendant que Bertrand regardait quel effet produirait cette accusation. — Si je vous avais dénoncés, dit Bruno en haussant les épaules, est-ce que je serais au milieu de vous ? — Il a raison ! il a raison ! — Mais vous me semblez bien vite démontés, vous autres, reprit Bruno ; comment ! vous ne pouvez pas vous échapper et glisser entre une centaine de soldats ? Est-ce que vous ne connaissez pas le sentier du...
— Je connais tous les sentiers, dit Bertrand en interrompant Bruno ; mais, à la manière dont ils s'y prennent, nous serons bien heureux s'il n'y en a pas trois ou quatre d'entre nous arrêtés ou tués. Pourtant, il y a un moyen de tout sauver, sans qu'aucun de nous coure le moindre risque. — Voyons... — Le voici, reprit Bertrand en s'adressant à Henri; vous connaissez le terrier où vous avez été enfermé, il peut tous nous contenir et nous pouvons nous y cacher. Vous laisserez approcher les soldats jusqu'ici, et quand ils arriveront, vous leur déclarerez qu'il y a plus de deux heures que nous avons quitté la lande. Les recherches cesseront de ce côté, et nous, nous resterons ici tranquilles comme des poissons dans l'eau. — Soit ! dit Bruno, je te le promets. — Et moi aussi, ajouta le baron. — Mais moi, je ne peux pas m'engager à trahir les miens, dit Henri. — Vous, dit Bertrand, ça ne m'embarrasse pas, et je vous réponds que vous ne parlerez pas. — Que veux-tu donc faire ? dit Bruno. — Il nous suivra de bonne volonté et il ne criera pas quand nous le tiendrons, ou bien il restera ici et ça fera un cadavre de plus dans la lande. — N'oublie pas que je t'ai demandé la liberté de cet officier ! dit Bruno. — Pour qu'il nous livre ! repartit Bertrand. — Sauvez-vous, Henri, repartit le baron, et jurez sur l'honneur de ne pas révéler le lieu de leur retraite. — Cela m'est impossible, répondit Henri. — En ce cas, dit Bertrand en tirant son couteau de chasse, marchez devant et ne bronchez pas. — Vous pouvez me tuer, dit Henri, car je ne ferai pas un pas. — Va

comme il est dit, fit Bertrand en se reculant comme pour asséner un coup plus sûr à Henri. — Si vous commettez un tel crime, s'écria Luizzi, je retire ma parole. — Eh bien! ça sera pour vous comme pour lui. — Ils se resserrent et se rapprochent ! murmura une voix partie du haut du pont. — Voyons, décidez-vous, cria Bertrand. — Un moment, dit Luizzi. Vous oubliez une chose ; c'est que, si nous restons seuls ici, les militaires qui vont venir et qui ne nous connaissent pas ne croiront point à nos assertions et n'en continueront pas moins leurs recherches... — C'est juste, dit-on de toutes parts. — Tandis que, si un de leurs officiers, continua Luizzi, leur certifie que vous êtes partis depuis longtemps, ils n'en douteront pas. — C'est encore juste, repartit Bertrand, mais il faut qu'il le veuille. — Consentez, Henri, dit le baron. — Les voilà qui viennent ! cria un chouan qui descendit du monticule où il était en sentinelle. — Voyons, dit Bertrand, qui jeta brusquement son fusil en bandoulière pour pouvoir se mieux servir de son couteau de chasse : une fois, deux fois, voulez-vous jurer de dire que nous sommes partis depuis le matin ?

Henri hésita encore.

— Ma foi, tant pis pour lui ! dit Bruno en haussant les épaules. — Vous ne le voulez pas ? reprit Bertrand ; alors, bonjour.

Il leva son couteau de chasse. Henri pâlit et recula.

— Je vous jure sur l'honneur, dit-il d'une voix altérée, de me taire sur ce que vous avez fait. — Ce n'est pas cela, dit Bertrand ; il faut dire que nous sommes partis depuis longtemps. Allons, ne faites pas tant de façons ! votre peau est devenue trop blanche depuis un moment pour que vous n'y teniez pas. — Ils arrivent... ils arrivent ! murmura une voix dans les broussailles. — Allons, finissons ! dit Bertrand en levant son couteau.

— Eh bien ! fit Henri, je vous donne ma parole de militaire de déclarer ce que vous voulez. — Soit ! répartit Bertrand.

Luizzi fut charmé de la résolution de Henri, quoiqu'elle lui parût trop tardive; il pensa qu'il est de ces occasions où il est maladroit de laisser approcher le danger d'assez près pour montrer qu'on en a peur.

— Songez, dit Bertrand, que les Bruno nous répondront de vous et qu'ils y passeront tous, hommes et femmes, si nous sommes trahis. — C'est bon ! c'est bon ! dit Bruno ; pensez à vous, le reste nous regarde.

Bertrand fit signe aux siens de le suivre. Il marcha quelque temps dans le ravin, du côté par lequel on avait amené Henri, puis il disparut avec ses gens dans les broussailles ; mais, avant qu'ils se fussent éloignés, Luizzi vit Bertrand désigner Bruno au chouan Petithomme. Il fit part de sa remarque au vieillard, qui sembla méditer un moment sur ce qu'il venait d'apprendre.

— Diable... diable ! faisait-il en secouant la tête. — C'est votre faute aussi, grandpère, dit Mathieu avec colère ; pourquoi allez-vous dire à Bertrand que nous savons que c'est Petithomme qui a tiré sur mon père ? — Tu as raison, petiot, j'ai eu tort. Mais je ne puis croire que Bertrand ose faire un coup comme ça. — Vous lui avez fait un cruel reproche, dit Luizzi à voix basse, et... — Vous l'avez entendu ? reprit de même Bruno.

Luizzi fit un signe de tête affirmatif. Bruno sembla hésiter un moment, puis il dit assez haut :

— Nous avons un meilleur moyen de sauver les gars que de rester ici : c'est d'aller au-devant des soldats et de les empêcher d'approcher, en leur disant que toute la bande est partie. — Vous avez raison, reprit Henri ; allons vite et prenons le chemin le plus court.

Aussitôt ils quittèrent le ravin et entrèrent dans un sentier bordé des deux côtés de hauts genêts. Ils marchèrent d'abord rapidement, mais Bruno s'arrêta tout à coup et parut écouter. Ils n'entendirent que les cris lointains des soldats qui s'avertissaient les uns les autres de l'endroit où ils se trouvaient. Bruno reprit sa marche, mais au bout de cinquante pas il s'arrêta encore.

— Nous sommes suivis, c'est sûr. Mathieu, n'as-tu rien entendu? — C'est vrai, dit Mathieu, à gauche dans les genêts, j'y vas. — Reste ici, petiot, dit le vieil aveugle.

Mais l'enfant ne l'écouta pas et s'enfonça intrépidement dans le fourré. Luizzi et Henri suivirent sa marche des yeux au mouvement qu'il imprimait aux genêts qu'il agitait en avançant. A trente pas à peine de l'endroit où ils étaient restés, ce mouvement devint tout à coup plus vif, comme s'il y avait eu une lutte. Il recommença, en s'éloignant, comme si Mathieu eût repris sa course, puis il disparut tout à coup.

— Petiot! Mathieu! reste ici, enragé! criait le vieillard en se démenant.

Point de réponse. Un effroi singulier s'empara de Luizzi, qui s'avança vers l'endroit où avait disparu l'enfant. Henri le suivit et s'arrêta à dix ou douze pas de Bruno, qui continuait à appeler Mathieu.

— Ce petit garçon est au diable, dit le lieutenant; vous avez bien vu les genêts continuer à s'agiter dans la direction qu'il a prise.

Comme Luizzi allait faire part à Henri de ses craintes, ils entendirent un coup sourd et un cri affreux. Ils se retournèrent. Le père Bruno était encore debout, se dressant sur la pointe des pieds, les bras étendus; son visage se tordait dans d'horribles convulsions; ils coururent vers lui; mais, avant qu'ils fussent arrivés, le vieillard s'abattit la face contre terre, les bras en avant, et ils virent qu'un coup épouvantable, frappé par derrière, lui avait brisé le crâne. Henri et Luizzi se regardèrent d'un commun mouvement d'épouvante, puis ils portèrent autour d'eux un regard effaré. Tout était tranquille, rien ne bougeait, et ils n'entendirent que les appels incessants des soldats qui se rapprochaient de plus en plus. Il s'en fallait que Luizzi fût un lâche, et Henri passait pour un brave soldat; mais la pâleur livide répandue sur leurs visages montrait cependant la profonde terreur dont ils étaient saisis. Luizzi essaya d'articuler quelques paroles; mais ses lèvres s'agitèrent vainement, la voix lui resta dans la gorge comme refoulée par un poids invincible. Ils étaient en face l'un de l'autre, immobiles, glacés. Un léger bruit se fit entendre. Ils se retournèrent soudainement et s'appuyèrent dos à dos l'un contre l'autre, comme pour faire face au danger qui pouvait les menacer. Ils restèrent ainsi près d'une minute, et ce ne fut qu'au bout de ce temps qu'ils s'aperçurent que le bruit venait des dernières convulsions de Bruno qui s'agitait dans les étreintes de l'agonie. Un même mouvement de pitié les fit se baisser pour lui porter secours; un même mouvement de terreur les fit se redresser pour regarder autour d'eux. Rien ne bougeait, et ils se serrèrent encore plus près l'un contre l'autre. Cependant cet effroi immobile sembla se rompre tout à coup, et, après les avoir tenus comme anéantis, il s'échappa en cris et en mouvements désordonnés. Luizzi tira son mouchoir, et, l'agitant au-dessus des genêts, il se mit à crier d'une voix perçante, mais épouvantée :

— Par ici! par ici! par ici!

Et presque aussitôt Henri se mit à pousser les mêmes cris. L'agitation de leur effroi fut peut-être plus puissante que son immobilité; car ils élevaient encore leurs mouchoirs et criaient encore que déjà ils étaient entourés de soldats. Luizzi raconta alors à un capitaine les tristes événements dont il avait été témoin. Pendant son récit, des soldats apportèrent le corps du petit Mathieu. L'empreinte de doigts fortement enfoncés autour du cou du malheureux enfant prouva qu'il avait été saisi à la gorge et étranglé par une main d'une force effrayante. Les cris de Luizzi et d'Henri, en appelant un grand nombre de soldats au point où gisait le corps de Bruno, avaient rompu le cercle qui se resserrait lentement autour des ruines du Vieux-Pont, et l'on fut forcé de reconnaître que les chouans avaient profité du désordre excité par un si atroce attentat pour se glisser de ce côté et se jeter hors de la lande; car on n'en trouva pas un seul dans l'espèce de caverne qu'ils avaient désignée comme devant leur servir de retraite, et la battue ne put faire découvrir la trace d'aucun d'eux.

Cependant Luizzi, qui devait retrouver Caroline chez Jacques, fut choisi pour être le triste messager de la mort du père et du fils de ce malheureux homme. Le bonheur qu'il croyait apporter à Caroline l'occupait à peine à côté du cruel devoir qu'il avait à remplir. Il s'achemina en tremblant vers la maison du fermier, tandis que Henri, auquel il donna rendez-vous à Vitré, suivait les soldats.

Le baron s'arrêta un moment à la porte de l'enclos avant d'y pénétrer. La maison était fermée, et personne ne paraissait. Il se décida à entrer. Tout le monde était assemblé dans la grande salle, Jacques assis au coin du feu, sa femme agenouillée par terre et pleurant sur les genoux de son mari, les domestiques réfugiés dans les coins et se regardant avec terreur, les petits enfants pressés entre les jambes de Jacques et les bras de leur mère, et Caroline debout à côté d'eux. Quand Luizzi parut, Jacques se leva.

— Nous savons tout, Monsieur, lui dit-il.
— Qui a pu vous l'apprendre? s'écria Luizzi.
— Un ami... Petithomme, qui a passé par ici.
— Petithomme! s'écria le baron; mais c'est celui qui a tiré hier sur vous, c'est celui à qui j'ai vu Bertrand désigner votre père comme une victime. — Petithomme! répéta Jacques en abaissant un regard terrible sur sa femme, tandis que celle-ci, se rejetant en arrière, semblait fléchir sous ce terrible regard.

Pas un mot ne fut prononcé de part ni d'autre. Jacques s'essuya le front du dos de la main, car il était inondé de larges gouttes de sueur; puis il reprit d'une voix tranquille:

— Sœur Angélique, vous avez retrouvé votre fiancé. Épousez-le, si c'est le seul homme que vous ayez aimé. Vous n'avez plus rien à faire ici. Adieu. — Je ne voudrais pas vous abandonner au milieu de cette affliction, dit Caroline.

Jacques ne répondit pas; ses sourcils se froncèrent légèrement, et il montra à la religieuse la porte de la maison d'un geste impératif. Elle sortit, accompagnée de son frère.

L

CONCLUSION SELON LUIZZI.

A peine Luizzi et Caroline furent-ils éloignés de cette scène de désolation, que le baron raconta à sa sœur son entrevue avec Henri. Mais il la lui raconta en homme qui veut arriver au but qu'il s'est proposé, c'est-à-dire qu'il passa sous silence les singulières réponses du lieutenant au moment où il l'avait abordé. Il ne dit point non plus à sa sœur l'air stupéfait et réservé du jeune homme; il lui inventa un étonnement et une joie qui firent doucement rougir Caroline. Cependant, comme elle insistait pour savoir quelles avaient été les calomnies qui avaient déterminé son amant à lui rendre si brutalement ses lettres, Luizzi, qui ne voulait pas avouer combien il avait été léger dans son explication avec Henri, ne trouva rien de mieux que de rejeter toute la faute sur une personne dont la nature acceptait volontiers la responsabilité de tous les mauvais propos, et dont l'éloignement ne permettait pas à Caroline de s'informer exactement de la vérité. Madame Barnet, la notairesse aux manières si acariâtres, au parler si aigre, dont l'aiguille

A ce nom Caroline poussa un cri de surprise. — Page 412.

s'occupait sans cesse à réparer les trous des bas de son mari, et la langue à faire des brèches à la réputation des autres, madame Barnet devint l'éditeur responsable des calomnies qui avaient dû dicter la conduite d'Henri. Caroline se laissa facilement persuader par son frère. Tous deux concertèrent les mesures à prendre pour qu'elle quittât la maison succursale des religieuses où elle se trouvait. Pour éviter des contestations qui pourraient être fort longues, Luizzi décida qu'elle n'y rentrerait point, et qu'ils se rendraient sur-le-champ à Laval. Un obstacle cependant les arrêtait l'un et l'autre : c'était le manque absolu d'argent. Luizzi pensa qu'il serait très-facile à Henri de lever cette difficulté. Il se rendit à pied à Vitré avec sa sœur, demanda un logement dans l'auberge la moins misérable de la ville, et y laissa Caroline pour aller voir le lieutenant. Il le trouva levé, malgré sa blessure, et écrivant. Quand Luizzi eut exposé sa demande au lieutenant, celui-ci devint fort embarrassé; il balbutia des excuses assez peu convenables, quoique cependant il parût très-plausible qu'un lieutenant ne fît pas d'économies sur ses maigres appointements. Le baron, pour qui, avec ses deux cent mille livres de rente, il semblait impossible qu'un homme connu ne pût pas se procurer sur-le-champ quelques milliers de francs, proposa très-naturellement à Henri de les emprunter à ses camarades ou à l'officier payeur du régiment. Mais le lieutenant lui fit comprendre avec mauvaise humeur qu'il ne pouvait avoir recours à la bourse d'officiers qui étaient aussi pauvres que lui; puis il finit par dire :

— Si nous étions à Paris, je ne serais pas embarrassé pour vous donner de quoi quitter ce maudit pays, dussé-je mettre mes épaulettes en gage; mais dans ce trou il n'y a pas même un mont-de-piété. On a bien raison de dire que la Bretagne est un pays de sauvages.

Le baron trouva singulier que le mont-de-piété fût pour Henri un thermomètre de bonne civilisation; mais il n'en resta pas moins fort inquiet des moyens par lesquels il sortirait de sa fâcheuse position. Henri n'avait aucune ressource, et, d'après ce qu'il crut voir, Luizzi supposa que, s'il mettait tant de discrétion à s'adresser à la bourse de ses camarades ou de ses chefs, c'est qu'il avait été déjà plus qu'indiscret à cet égard. L'impression de cette entrevue ne fut point favorable à Henri dans l'esprit du baron. Toutefois, celui-ci s'était fait un si beau plan de conduite, il s'était créé un si noble rôle de protecteur, de frère dévoué et généreux, qu'il travailla le plus qu'il put à détruire en lui-même cette fâcheuse impression. Il se dit que c'est assez le fait d'un lieutenant d'endetter sa jeunesse, et que tous ceux de la bonne comédie et des bons opéras-comiques, qui séduisent si galamment les femmes, ont presque toujours autant de papier timbré que de billets doux dans leurs poches. Luizzi regagnait la maison où il avait laissé sa sœur en s'entretenant avec lui-même, lorsqu'il fut tiré de sa rêverie par un cri de surprise et par son nom prononcé d'une voix étonnée. Luizzi regarda et vit un voyageur qui descendait d'une diligence qui relayait. Cet homme, c'était M. Barnet, le notaire.

— Pardieu! s'écria Luizzi, c'est le ciel qui vous envoie. — Et c'est lui qui me fait vous rencontrer. Que diable êtes-vous donc devenu, depuis dix-huit mois? Je vous ai écrit vingt fois, et mes lettres sont toutes restées sans réponse. — J'ai fait un voyage à l'étranger, répondit le baron avec embarras. Mais vous, quel motif vous amène dans ce pays ? — Un très-important comme affaire, et un autre non moins important comme affection. Le premier est un procès d'où dépend la fortune d'un de mes clients, plus d'un million et demi, ma foi! C'est une affaire grave : il ne s'agit pas moins que d'un testament supposé, qui priverait le marquis de Bridely de soixante mille livres de rente. — Le marquis de Bridely! dit Luizzi, je le connais, ce me semble; n'est-ce pas le troisième fils du vieux marquis... une espèce de misérable ?... — Non... non... dit Barnet tout bas d'un air de confidence, il est mort; il s'agit de son fils, qu'il a reconnu et légitimé. — M. Gustave! s'écria le baron, mais c'est un autre intrigant... — Ses droits n'en sont pas moins incontestables, repartit le notaire; et le bon droit, voyez-vous, monsieur le baron, est toujours respectable, même quand il s'applique à un fripon. D'ailleurs, M. de Bridely s'est montré ce qu'il devait être en cette circonstance. C'est moi qui ai découvert l'héritage que le hasard lui envoyait, il m'a chargé de la direction de l'affaire, et, si elle réussit, il s'agit pour moi d'une somme de cent mille francs. — Cela vaut bien la peine de faire deux cents lieues, repartit le baron. — Et cependant, répliqua Barnet, peut-être l'espérance d'un pareil bénéfice ne m'eût-elle pas décidé à quitter Toulouse, si je n'avais pas dû voir dans ce pays une personne qui vous intéresse aussi, monsieur le baron. — Caroline ? dit Luizzi. — Vous l'avez vue ? — Oui, je l'ai vue, elle est ici. — Allons, allons, en voiture ! cria le conducteur. — Ne vous arrêtez-vous pas à Vitré ? dit Luizzi à Barnet, qui s'avança vers la diligence. — L'affaire Bridely se plaide demain à Rennes ; je n'arriverai que ce soir, et je serai forcé de passer la nuit avec l'avocat qui est chargé de notre cause, pour lui donner connaissance des pièces importantes que je lui apporte. — Mais Caroline ? dit le baron. — Je comptais lui écrire et la voir à mon retour. L'époque de sa majorité approche, j'ai à lui rendre compte de sa fortune, et je suis ravi que vous soyez présent pour juger de l'usage que j'en ai fait, quoique je regrette que tout cet argent doive passer dans un couvent. — Mais non, reprit vivement Luizzi ; Caroline se marie. — Bah ! fit Barnet en quittant le marchepied de la diligence, et avec qui ? — Avec un militaire, un certain M. Henri Donezau.

Barnet fronça le sourcil.

— Je connais ce nom-là, il me semble...
— En voiture donc ! cria le conducteur. Il n'y a plus que vous, Monsieur. Nous avons deux heures de retard sur Laffitte et Caillard, et nous ne les rattraperons pas. — Adieu donc ! dit Barnet, donnez-moi votre adresse ici. — Je compte partir demain, je retourne à Paris. — A Paris donc ! J'y repasserai pour vous voir, car nous avons bien des affaires et de bien graves à décider ensemble. — Un moment ! dit Luizzi. Par un accident trop long à vous expliquer, j'ai été arrêté par des chouans, dépouillé et volé, et je me trouve ici... — Sans argent, dit Barnet. Diable ! c'est embarrassant ; moi-même je n'ai pris que juste ce qu'il me fallait pour mon voyage, car je savais que j'aurais à traverser un pays en pleine guerre civile. Voici donc tout ce que je puis pour vous : c'est une lettre de change sur un négociant de Rennes. Vous devez facilement trouver à la faire escompter, à moins que vous ne préfériez que je vous en envoie les fonds. Vous les aurez demain à midi au plus tard. — J'aime mieux cela, dit Luizzi, qui pour de bonnes raisons ne se souciait pas d'aller chez un banquier, où l'on aurait pu lui demander un passe-port répondant de son identité.

Luizzi et Barnet se séparèrent, et le baron dit sa rencontre à sa sœur. Celle-ci n'avait point de si bonnes nouvelles. L'une des sœurs du couvent, ayant appris ce qui s'était passé chez Jacques et ne voyant pas Caroline rentrer, était venue pour la questionner à ce sujet. Irritée de la nouvelle résolution de Caroline, elle la menaça de la dénoncer aux autorités, et, bien qu'elle n'eût aucun droit, cette menace épouvanta la jeune fille. Luizzi en fut encore plus troublé : car, s'il lui fallait paraître devant un magistrat quelconque, il n'avait aucun moyen de justifier ou ce qu'il était ou les droits qu'il pouvait avoir sur la jeune religieuse. Il se décida donc à quitter Vitré dès qu'il le pourrait. A peine avait-il pris ce parti, qu'il reçut un billet d'Henri, qui lui écrivait pour lui dire que la fièvre venait de le reprendre et qu'il lui était impossible d'aller demander son pardon à Caroline. Luizzi se rendit en hâte auprès du lieutenant, qu'il trouva véritablement alité. Il fut convenu entre eux que Luizzi partirait immédiatement pour Paris, que pendant son séjour il obtiendrait la permission du ministre de la guerre, ferait publier les bans, et qu'aussitôt sa blessure guérie Henri les rejoindrait. Tout cela réussit à merveille, du moins quant aux projets de départ de Luizzi. Le lendemain il reçut l'argent promis par Barnet, et trois jours après il était à Paris.

Aussitôt après son arrivée, toutes les journées de Luizzi furent occupées à enseigner à Caroline le monde extérieur où elle allait entrer. Ce furent des acquisitions nombreuses de meubles, d'étoffes, de robes, de parures ; ce furent des spectacles où il rencontra beaucoup de ses anciens amis, qui l'accueillirent comme un homme revenu d'un voyage en Italie ou en Angleterre, et qui ne s'enquièrent point du motif de son absence. Il en présenta quelques-uns à sa sœur, et en peu de jours la loge de Luizzi à l'Opéra devint le rendez-vous des plus élégants, qui demandaient la faveur de venir offrir leurs hommages à la belle Caroline de Luizzi. Tout marchait au gré des désirs du baron. Il venait d'expédier à Henri la permission du ministre de la guerre, et le lieutenant annonçait que sa blessure lui permettrait bientôt de se mettre en route, lorsqu'un matin que le baron était seul avec Caroline dans son appartement, on vint annoncer à la jeune fille qu'une dame demandait à lui parler. Caroline ne connaissait aucune femme à Paris; Luizzi n'avait voulu la présenter nulle part avant son mariage, embarrassé qu'il était du nom sous lequel il pouvait la produire dans le monde. Ils furent donc tous deux fort étonnés de cette visite, et Caroline fit demander le nom de la personne qui se présentait. Le domestique revint et annonça :

— Mademoiselle Juliette Gelis.

A ce nom, Caroline poussa un cri de surprise et s'élança vers l'antichambre, où elle se précipita dans les bras de Juliette avec la joie d'une amie confiante qui retrouve son amie la plus chère. Puis elle l'entraîna rapidement vers le salon et la présenta à son frère. Luizzi regarda cette femme avec curiosité pendant qu'elle le saluait les yeux baissés. Il vit que le portrait que sa sœur lui en avait fait n'était point flatté; mais ce qu'il remarqua et ce qui avait dû échapper à l'ignorance de Caroline, c'était l'air de langueur ardente qui respirait dans les traits légèrement fatigués de mademoiselle Gelis, c'était la souplesse rompue de ce corps élancé et svelte, qui semblait lui attribuer le pouvoir d'*enlacement* d'un serpent, quand elle voulait saisir une proie, ou la grâce flexible d'une bayadère amoureuse, quand elle voulait étreindre un amant de ses caresses. Cependant Luizzi ne s'arrêta point à ces pensées, et il résolut d'écouter attentivement Juliette, pour la juger sur de meilleurs indices que le visage et la tournure.

Après les premiers épanchements d'un doux revoir où deux amies se jettent vivement les paroles, les baisers et les serrements de mains, il fallut bien arriver aux explications. Luizzi se chargea de raconter sa rencontre avec Caroline et sa rencontre avec Henri Donezau. Il le fit, en observant l'effet que son récit produirait sur Juliette. Celle-ci écouta le baron le sourire sur les lèvres, avec de doux mouvements de tête qui semblaient approuver tout le bonheur que son amie devait au hasard; puis, quand on en vint à Henri, ce fut un étonnement joyeux. Elle se tourna vers Caroline, en lui tendant la main, et lui dit avec un accent du cœur où semblait vibrer l'écho de la joie de Caroline.

— Tu seras donc heureuse! Oui, heureuse, car il t'aimait bien. Et c'est un noble jeune homme.

Puis, se tournant vers Luizzi, elle continua avec une grâce charmante :

— Je vous remercie pour elle, Monsieur. C'est votre sœur; mais vous ne savez pas comme moi combien elle mérite le bonheur que vous lui donnez. En la faisant heureuse, vous payez la dette des autres.

Une larme brillait dans les yeux de Juliette, une larme dorée où se reflétait le rayonnement d'une âme reconnaissante, qui, ne pouvant rien pour celle qu'elle aimait, remercie celui qui a le pouvoir de récompenser. Tous les doutes, tous les soupçons de Luizzi s'effacèrent devant tant de dévouement et de sincère affection, et il s'apprêta à écouter avec intérêt le récit que Caroline demandait instamment à Juliette.

— Hélas! répondit celle-ci, rien n'est plus simple que ce qui m'est arrivé. Quand tu as été loin du couvent, je m'y suis trouvée bien isolée, car toi seule y étais mon amie; bien persécutée, car toi seule m'y protégeais. Le courage, ou plutôt l'amitié qui m'avait soutenue, cette force que je croyais en moi et qui n'était qu'en toi, m'abandonna tout à coup. Je pris en effroi l'avenir que je me faisais, et l'impossibilité où j'étais d'y échapper ne fit qu'accroître mon désespoir. Je n'osais l'avouer à ma mère, qui eût peut-être accepté la charge que ma présence chez elle lui eût apportée, mais dont je ne voulais pas augmenter encore la gêne. Cependant elle avait deviné ma douleur et elle s'en accusait. Ce fut alors qu'elle t'écrivit pour te remettre l'argent que tu avais amassé pour toi...

Juliette s'arrêta, et Caroline lui dit :

— Mon frère sait tout...

Juliette continua :

— Ses lettres et les miennes restèrent sans réponse. — La supérieure de Toulouse a dû supprimer les vôtres, et celle d'Évron en a sans doute fait autant pour celles de madame Gelis, dit le baron.

Juliette baissa les yeux, et répondit doucement :

— Je n'accuse personne d'une telle infamie, quoique les traitements que j'ai eus à supporter doivent me faire croire que ces pieuses femmes en ont été capables. — Mais enfin, dis-moi ce qui t'a amenée à Paris? reprit Caroline avec impatience. — Une mauvaise action dont je viens me confesser à toi, repartit Juliette, mais une mauvaise action qui n'est pas irréparable. Au moment où le courage me manquait tout à fait, un vieil ami de ma mère, qui habite Paris, lui écrivit pour lui proposer l'acquisition d'un établissement pareil au sien, un cabinet de lecture. C'était une affaire précieuse, et avec de l'argent comptant on pouvait l'avoir à un tiers de sa valeur réelle. Caroline, et vous, Monsieur, vous ignorez ce que c'est que la pauvreté : vous ignorez ce que c'est qu'une mère à qui l'on offre l'espérance d'arracher sa fille à une existence de misère, de se réunir à elle, de lui faire un avenir.

Juliette s'arrêta encore, comme suffoquée par l'aveu qu'elle allait faire; puis elle reprit d'un accent étouffé :

— Ma mère, ne l'accusez pas! ma mère osa disposer de l'argent que tu lui avais fait remettre, elle acheta cet établissement, et nous vînmes à Paris... Mais cet argent est prêt, reprit vivement Juliette, dont la voix avait baissé en faisant ce pénible aveu. Il est prêt, et je te l'apporte. Depuis huit jours que je sais que tu es à Paris, c'est pour pouvoir te le rendre que j'ai tardé à venir te voir; j'ai fait ressource de tout, et maintenant je viens sans peur et sans honte te dire que je t'aime et que je suis heureuse de te revoir.

En disant cela, Juliette fit un geste comme pour chercher dans la poche de sa robe.

— Que fais-tu? s'écria Caroline; je ne veux pas, tu t'es gênée peut-être. Non, Juliette, non. Veux-tu que ce soit mon cadeau de noces, non pas à toi, mais à ta bonne mère?... — Acceptez, Mademoiselle, dit Luizzi tout attendri des nobles sentiments de Juliette et de la gracieuse libéralité de sa sœur.

Juliette se défendit longtemps et finit par accepter. Luizzi jugea à propos de les laisser ensemble, pensant qu'il devait y avoir entre ces deux cœurs de jeunes filles bien des confidences naïves qu'elles n'oseraient se faire devant lui, et, tout à fait rassuré sur l'avenir de sa sœur par le témoignage de Juliette et par l'intérêt qu'elle-même lui avait inspiré, il s'éloigna.

LI

SUITE.

A partir de ce jour, Juliette vint tenir fidèle compagnie à Caroline; elle la suivait aux spectacles, aux promenades. La jeune fiancée se plaisait à parer son amie, elle en faisait pour ainsi dire les honneurs avec une naïveté qui faisait sourire Luizzi ; elle disait souvent à Juliette avec une douce joie :

— Oh ! je te marierai, je te trouverai un bon parti.

Mais, quoi qu'elle en eût, Caroline ne put obtenir pour Juliette le succès d'égards et d'hommages respectueux qu'elle-même trouvait sans le chercher, et Juliette lui répondait avec un sourire dont Caroline n'osait blâmer l'amertume :

— Que veux-tu, mon enfant, je suis pauvre !

Quant à Luizzi, ravi d'avoir trouvé une compagne si aimable pour sa sœur, il cherchait par mille soins à faire oublier à Juliette ce prétendu tort de la fortune. Un mois s'était passé ainsi. Tout était prêt pour le mariage de Caroline, et, sans s'en apercevoir, Luizzi s'était laissé gagner à l'habitude de voir Juliette tous les soirs, au point d'éprouver quelque ennui de son absence, quand elle tardait à venir. Il encourageait Caroline dans l'affection libérale qu'elle montrait à son amie. C'était lui qui donnait par les mains de sa sœur, et l'innocente fille ne voyait dans tout cela qu'une générosité qui, après l'avoir comblée elle-même, se répandait jusque sur ceux qu'elle aimait. Quant à Juliette, elle affectait ou elle avait une complète ignorance de ces bienfaits ; car elle gardait envers Luizzi un ton de modeste confiance, qui lui disait trop qu'elle ne s'apercevait pas de ses soins. Sans être précisément amoureux de cette femme, Luizzi subissait un peu son empire. Il semblait qu'elle eût deux natures qui agissaient également sur lui. Sa personne, son air, son regard, son sourire, respiraient une volupté qui jetait le baron dans des troubles extrêmes ; sa parole, ses sentiments, sa tenue, avaient une si grave pureté, qu'il n'osait écouter les désirs qui s'élevaient en lui. D'ailleurs il n'avait aucune occasion de voir Juliette seule, et Luizzi se laissait aller à un sentiment indéfinissable pour cette fille. Il ne lui était jamais entré dans la pensée qu'il pût en faire sa femme, et il répugnait à l'idée d'en faire sa maîtresse, d'abord par respect pour sa sœur, dont il n'eût pas voulu déshonorer l'amitié, ensuite parce qu'il pensait qu'il avait trop d'avantages dans une séduction pareille pour qu'elle ne fût pas véritablement coupable. Cependant il ne pouvait voir Juliette ou la sentir près de lui sans être pour ainsi dire enivré du parfum d'amour qui semblait flotter autour d'elle. Il la regardait alors, non pas avec cette douce extase de l'amour saint qui semble fondre sous ses rayons la forme humaine de celle qu'on aime, pour arriver à son âme et l'étreindre dans une caresse ineffable ; il la regardait pour chercher sa personne au delà de ses vêtements, pour achever du regard les lignes capricieuses et souples de ses épaules fluides ou de son pied délicat, pour la rêver nue comme une bacchante avec ses longs cheveux ardents épandus autour d'elle, livrant à ses baisers mordants ses lèvres sans cesse humides et dont la caresse devait dévorer, pour entendre cette voix éclater en cris joyeux de plaisir et de lubricité, pour sentir ce corps délié se tordre avec des accents de délire dans les ardeurs de l'amour, comme une corde de harpe qui se coule et se plaint dans le foyer où on l'a jetée. Puis venait une parole grave et naïve de la jeune fille, et tout aussitôt il se reprochait ces désirs insensés, ces rêves ardents où s'égarait son imagination.

Tout était prêt cependant : Luizzi avait fait disposer pour Henri et sa sœur l'appartement qui était au-dessus du sien, et dans lequel une chambre avait été réservée à Juliette. Le contrat était dressé, et Luizzi l'avait fait rédiger selon la volonté de sa sœur. En lui donnant une dot de cent mille francs, il se plia à la noble susceptibilité de la jeune fille ; elle ne voulut pas, vis-à-vis des personnes qui devaient assister à la signature, même vis-à-vis du notaire, que Henri parût lui devoir toute sa fortune, et il fut stipulé que le futur apportait une fortune de deux cent cinquante mille francs, et Caroline une dot égale. Henri arriva le matin même de la signature du contrat; le mariage devait se célébrer le lendemain. Luizzi et Juliette étaient présents quand Henri entra dans le salon où se trouvait Caroline. Le baron ne put s'empêcher de remarquer l'air gauche et embarrassé avec lequel le lieutenant s'approcha de sa prétendue. Les torts d'Henri étaient une excuse suffisante pour motiver cet embarras, et Luizzi pensa que sa présence et celle de Juliette ne feraient que l'accroître. Il dit alors à celle-ci qu'il désirait la consulter sur une acquisition qu'il venait de faire et qu'il ne voulait montrer qu'à elle seule, pour en garder la surprise aux futurs époux. Juliette n'eut pas l'air d'entendre; elle resta assise à côté de Caroline, qui, les yeux baissés, répondait en balbutiant aux paroles presque incohérentes d'Henri. Juliette les observait d'un regard si attentif que le baron en fut étonné, quoiqu'il supposât que ce ne pouvait être que la curiosité d'une fille innocente qui regarde parler d'amour. Toutefois le baron, voyant Henri et sa sœur se troubler de plus en plus, renouvela son invitation. Cette fois Juliette se leva soudainement et dit d'un accent ému :

— Oui, vous avez raison : je vais voir ce que vous avez acheté, mais c'est pour l'admirer, parce que je sais que tout ce que vous donnez est du meilleur goût et de la plus grande richesse, et qu'une femme ne peut avoir un désir que vous ne puissiez et ne sachiez le satisfaire avec un charmant empressement; je dis cela devant votre futur beau-frère, pour qu'il sache combien Caroline a été gâtée en fait d'attentions et de délicatesses.

Luizzi trouva qu'il y avait dans ces paroles une intention de leçon qui lui parut extraordinaire, et il emmena Juliette, tandis que Henri la suivait d'un regard presque irrité, et que Caroline confuse et tremblante semblait implorer son frère contre l'émotion à laquelle il la livrait sans défense. A peine furent-ils sortis que Juliette dit à Luizzi :

— Eh bien! monsieur, voyons ce présent secret que vous destinez à notre Caroline?

— A vrai dire, répondit le baron, le présent n'en vaut pas la peine; c'est un service d'argenterie pour la maison de nos jeunes époux, et le véritable présent que je crois leur avoir fait, c'est le tête-à-tête où nous les avons laissés. Ils pourront enfin se parler d'amour selon leur cœur.

Luizzi avait conduit Juliette dans un boudoir qui faisait partie de son appartement, et il lui offrit un siége : mais elle ne l'accepta pas et répéta d'un air distrait les derniers mots de Luizzi.

— Se parler d'amour selon leur cœur? dit-elle. — Pensez-vous qu'il y ait une meilleure occupation pour des amants qui ne se sont pas vus depuis si longtemps?

Juliette ne répondit pas d'abord. Elle semblait préoccupée d'une pensée inquiète; enfin elle dit :

— C'est ce soir qu'on signe le contrat, n'est-ce pas? et c'est demain qu'ils se marient? il faut les laisser à leurs amours.

Après ces paroles, Juliette parut revenir à elle-même; elle s'assit sur le divan qui occupait le fond du boudoir, et, se penchant en arrière sur les coussins, elle y appuya sa tête de manière à regarder le plafond. Dans cette posture elle profilait admirablement la ligne onduleuse de son corps si souple et si élancé; sa robe, appuyée sur sa hanche, en marquait le contour saillant et accusé, tandis que, se trouvant légèrement relevée par cette traction du corps elle découvrait la naissance d'une jambe menue, coquette, hardie. Jamais Luizzi n'avait vu Juliette dans un pareil abandon de sa personne, et le charme provocateur qui s'évaporait de cette femme se joignant à l'attrait de cette pose voluptueuse, il se sentit pris d'un ardent désir de la posséder. Il se souvint en cet instant de l'aventure de la diligence, de la défaite de madame

Buré, surtout de ce moment de délire qui lui avait livré la marquise du Val, et il espéra pouvoir remporter une victoire non moins rapide. Il s'assit à côté de Juliette, et, reprenant les dernières paroles qu'elle avait prononcées, il lui dit :

— Ils parlent de leur amour, ils sont heureux.

Juliette répondit avec un sourire presque dédaigneux, et les yeux toujours fixés au plafond.

— Qu'ils le soient. — Et ce bonheur, dit le baron, vous ne l'enviez pas ?

Juliette se releva tout à coup et jeta sur le baron un regard plein de surprise. Il s'arrêta d'abord sur celui d'Armand, tout vibrant de désir. Un nouvel étonnement se montra sur le visage de la jeune fille, et ses yeux, un moment fixés sur ceux du baron, semblèrent vouloir pénétrer jusqu'au fond de sa pensée. Elle dit lentement, et d'une voix où la surprise perçait encore :

— Vous me demandez si j'envie leur bonheur ? — Oui, reprit le baron d'un ton passionné. N'avez-vous jamais pensé qu'il est doux de s'entendre dire : Je vous aime !

Juliette laissa échapper une longue et lente exclamation, comme quelqu'un qui vient d'avoir l'explication de son étonnement, et qui découvre une pensée secrète longtemps douteuse.

— Ah ! dit-elle seulement.

Et ce ah ! semblait vouloir dire : Ah ! vous avez amour de moi. C'est donc cela ! Et ce ah ! n'avait ni colère ni honte, car un sourire imperceptible de joie et de triomphe glissa sur les lèvres de Juliette. Mais elle baissa subitement les yeux, et reprit sa tenue froide et réservée. Luizzi continua :

— Vous ne m'avez pas répondu. Ne m'auriez-vous pas compris ? — Mieux que vous ne croyez peut-être, repartit Juliette.

— Et quelle est votre réponse ? — Suis-je obligée de vous en faire une, et vous dois-je les confidences de mon cœur ? — On peut les faire à un ami. — En fait d'amour, il n'y a que les hommes qui ont des amis. Une femme ne doit parler de ce qu'elle éprouve qu'à elle-même ou à celui qui le lui fait éprouver. — Vous en savez beaucoup sur les mystères de l'amour ! — Plus que vous ne croyez, peut-être. — Ah ! s'écria Luizzi, je serais ravi de vos révélations. — Il est possible, monsieur le baron, repartit gravement Juliette, que cela vous amusât un moment ; mais vous ne voudriez pas vous donner ce plaisir, en me forçant à agiter en moi des souvenirs qui ne me permettent encore d'être heureuse par l'amitié qu'à la condition de les laisser reposer au fond de mon âme. — Ainsi vous avez aimé ? dit le baron. — Oui, fit Juliette avec effort. — Vous avez été aimée ? ajouta Luizzi. — J'ai été trahie, repartit tristement la jeune fille.

Luizzi était bien loin de la tentation toute sensuelle qui l'avait entraîné ; cependant il se trouvait engagé dans un entretien sentimental, il crut de son honneur et de sa position de le soutenir, et il repartit en donnant à son mot une expression de finesse :

— Un infidèle... peut-être ?

Juliette fronça légèrement le sourcil et lui répondit :

— Non, monsieur le baron. Celui qui n'a jamais aimé n'est pas infidèle dans le sens le plus étendu de ce mot ; et dans le sens que vous lui prêtez, peut-être, celui à qui l'on n'a rien accordé n'est pas non plus un infidèle. — Pardon ! reprit Luizzi ; vous m'aviez dit que vous aviez été trahie. — Oh ! trahie comme aucune femme ne l'a été en sa vie ! Imaginez-vous une pauvre fille à laquelle la seule amie en qui elle croie en ce monde lui persuade qu'elle est aimée par un jeune homme qu'elle rencontre par hasard ; supposez que ce jeune homme consente à entretenir cette erreur par tous les moyens possibles, par la poursuite la plus persévérante et la correspondance la plus passionnée, et figurez-vous que, lorsqu'il a obtenu un aveu

On remit les deux épées aux ennemis. — Page 422.

de la pauvre fille abusée, il l'abondonne sans raison... car la comédie est jouée, car il n'a plus besoin d'elle pour servir de voile à son intrigue avec l'amie de l'infortunée jeune fille. — Oh! certes, c'est affreux! dit Luizzi; mais un tel crime a-t-il pu se commettre? — Oui, oui, répondit Juliette avec une expression étrange, et les détails de cette trahison vous étonneraient grandement. Mais vous devez comprendre qu'il me soit pénible d'en parler... — Sans doute, dit Luizzi qui entrevit une issue pour échapper à ces confidences sentimentales, et je comprends maintenant votre étonnement douloureux lorsque je vous ai demandé si vous ne portiez pas envie à ces amants qui sont si heureux près de nous.

Juliette sourit, et se rejeta en arrière, en reprenant cette posture séduisante à laquelle elle se laissait aller avec un abandon tel qu'il devait laisser supposer que la jeune fille ignorait ce que cette pose avait de provoquant. Elle attacha son regard perçant sur le baron, et mille expressions diverses passèrent sur son visage en quelques secondes. Puis toute cette agitation se calma, pour faire place à une contemplation longue et ardente qui troubla Armand, et lui rendit ce tumulte de ses sens qui le dominait un instant auparavant.

Il s'approcha de Juliette, et se trouva presser doucement son corps contre le sien; la jeune fille resta immobile et ne baissa pas les yeux.

— Juliette! murmura doucement Luizzi, oh! dites-moi : pour un amour trahi renoncerez-vous à tout amour? — Et à quoi me servirait d'aimer! dit Juliette d'un ton légèrement ému ou railleur. — C'est que vous ne savez pas que l'amour a des plaisirs enivrants, et que, de toutes les femmes que j'ai rencontrées, il n'en est aucune dont la présence me l'ait fait si puissamment éprouver que vous.

Juliette ne rougit pas, mais elle parut piquée; puis elle se remit, et, agaçant Luizzi par un sourire qu'elle semblait vouloir cacher en mordant doucement ses lèvres frémissantes, elle reprit :

— Et ces plaisirs enivrants, pourriez-vous me les apprendre?

Cette question eût été d'une trop franche coquine si elle eût été dite avec intention, pour ne pas être d'une naïveté presque ridicule.

— Vous les apprendre, Juliette? repartit Luizzi en s'approchant encore au point de sentir la saveur d'amour qui émanait de cette femme ; vous les apprendre? oh! ce serait le délire du bonheur!

Et il s'empara de la main de Juliette, qui ne la retira point.

— Pour vous peut-être? dit l'ex-religieuse avec une bonne foi désespérante. Quant à moi, je ne crois qu'aux peines de l'amour.

— Il a ses heures de félicité, croyez-moi, dit Luizzi en glissant son bras autour de la taille de Juliette, qui se cambra, comme un arc tendu, par l'effort qu'elle fit pour résister, s'appuyant ainsi de la hanche au corps de Luizzi et rejetant en arrière son sein palpitant et son visage altéré. — Croyez-moi, Juliette, murmura encore le baron d'une voix troublée. c'est là qu'est la vie et l'oubli de tous les désespoirs. — Mais je ne vous comprends pas, répondit-elle d'un accent entrecoupé et frissonnant.—Oh! ne sentez-vous pas, dit le baron en attirant tout à fait la jeune fille dans ses bras, que c'est déjà une ivresse inouïe que de sentir battre un cœur contre le sien?

Et le baron, emporté par le désir qui le brûlait, appuya ses lèvres sur la bouche entr'ouverte et haletante de Juliette; il sentit tout son corps vibrer, il vit ses yeux à demi fermés se voiler et se perdre sous leurs paupières, il saisit ce corps si souple, si abandonné; et, résolu à profiter d'un de ces égarements des sens qui perdent les femmes douées d'une nature impérieuse, il écartait déjà par la force les derniers obstacles que lui imposait l'immobilité de Juliette, lorsque tout à coup, se redressant comme le serpent foulé aux pieds, elle se releva, repoussa Armand, en s'écriant d'une voix altérée et pendant que tout son corps tremblait et que ses dents claquaient avec violence :

— Non, non, non, non!

Elle parlait comme si elle s'adressait à elle-même plutôt qu'au baron. Armand, confus, chercha quelques paroles; mais elle ne lui laissa pas le temps de s'excuser ou de poursuive, et lui dit du même ton agité :

— Rentrons chez votre sœur.

Elle quitta le boudoir et entra brusquement dans le salon où étaient Henri et Caroline. Le lieutenant était assis tellement près de sa future, qu'il recula vivement quand il entendit ouvrir la porte. Caroline baissa les yeux; elle était rouge, honteuse, troublée; et Luizzi trouva au moins extraordinaire le regard équivoque que Juliette lui lança, et qui, de la part d'une autre, eût pu vouloir dire :

— C'était ici comme ailleurs.

LII

CONSÉQUENCES D'UNE PLAISANTERIE.

Presque au même instant quelques personnes arrivèrent, et Luizzi ne fut pas médiocrement étonné d'entendre annoncer entre autres M. le marquis de Bridely. Au moment où le baron allait le saluer avec une froideur qui devait avertir l'ex-Elléviou du peu de plaisir que sa visite causait à son hôte, le valet de chambre d'Armand lui remit une lettre fort pressée dont on attendait la réponse. Luizzi la prit, et à l'instant même le marquis lui tendit un billet, en lui disant d'un air charmé de son à-propos :

. . . . . C'est encore une lettre,
Qu'entre vos mains, Monsieur, on m'a dit de remettre.

Luizzi, pressé qu'il était de se débarrasser de la présence de ce monsieur, la reçut froidement et l'ouvrit la première. Après l'avoir lue, il dit tout haut :

— Ah ! M. Barnet est ici ?

Si Luizzi n'eût pas été dans un coin du salon avec M. Gustave, il eût remarqué l'effet singulier que produisit cette nouvelle sur ceux qui l'entendirent. Juliette et Henri échangèrent un regard rapide et tremblant, mais le marquis s'était hâté de répondre :

— Nous sommes arrivés il y a une heure, et je me suis hâté d'accourir. Mais le billet de M. Barnet n'est pas le seul que vous ayez reçu... Je vous laisse à votre correspondance.

Aussitôt le beau Gustave s'avança avec une aisance qui avait plus que de la fatuité d'opéra-comique vers les personnes restées à l'autre coin du salon. Cette fois il fallut que l'attention du baron fût bien occupée par la lecture de la lettre que Pierre lui avait remise pour qu'il n'entendît pas l'exclamation de Gustave à l'aspect de Juliette et de Henri. Caroline la remarqua ; mais Henri, s'étant approché rapidement de Gustave, l'entraîna à l'autre coin du salon et lui dit quelques mots. Gustave n'avait pas eu le temps de répondre, que Luizzi, se tournant de son côté, lui dit d'un ton plus qu'impertinent :

— Cette lettre vous concerne, Monsieur.

— Moi ? fit Gustave d'un air très-peu respectueux. — Vous, répliqua Luizzi avec un accent de colère méprisante, et j'ai besoin d'avoir avec vous une explication à ce sujet. Veuillez me suivre. — Me voici, me voici ! dit Gustave, que les grands airs du baron n'avaient point du tout déconcerté.

Ils passèrent dans le boudoir où venait d'avoir lieu la scène entre Juliette et Luizzi, et Gustave dit au baron en le toisant assez impertinemment :

— Qu'y a-t-il, monsieur le baron ? — Il y a, Monsieur, dit Luizzi, que vous êtes...

Il s'arrêta, puis reprit :

— Je répugne à me servir de certaines expressions ; mais vous les trouverez écrites dans ce billet dont je partage tous les sentiments.

Gustave le prit, et lut ce qui suit :

« Monsieur,

« J'ai présenté sans le savoir un intrigant et un homme sans honneur chez madame de Marignon. Cet homme sans honneur et cet intrigant, c'est vous ; elle m'a pardonné l'erreur où je suis tombé. Vous lui avez présenté, EN LE SACHANT, un autre intrigant de votre sorte. Cet homme est un prétendu marquis de Bridely : ceci, je ne le pardonne pas. Si, comme le bruit en a couru, vous êtes fou, je vous enverrai mon médecin. Si vous avez votre raison, je vous enverrai dans une heure mes témoins.

« COSMES DE MAREUILLES. »

Le marquis garda un moment le silence, pendant que le baron fixait sur lui un regard irrité. Enfin le jeune Elléviou rendit le billet à Luizzi, et lui dit en ricanant :

— Vous partagez tous les sentiments de ce billet? — Oui, Monsieur! repartit le baron, emporté par sa colère. — En ce qui vous concerne comme en ce qui me regarde? fit Gustave en se dandinant. — Monsieur, s'écria le baron à qui son emportement avait fait oublier combien la lettre de M. Mareuilles était outrageante pour lui-même; Monsieur, tant d'insolence mérite une correction. — Ce sont deux duels au lieu d'un, monsieur le baron? reprit Gustave avec sang-froid : comme il vous plaira. Je suis du reste d'assez bonne composition, et je passerai le premier ou le second, selon votre bon plaisir. — Je ne me bats pas avec des gens de votre sorte, dit le baron avec mépris, je les chasse.

Gustave pâlit de colère, mais il se contint et repartit :

— Un moment, s'il vous plait! Vous vous battrez, monsieur le baron : car, puisque nous sommes seuls, nous pouvons nous parler à cœur ouvert. Vous saviez très-bien qui j'étais lorsque vous m'avez donné une lettre de recommandation pour madame de Marignon. J'ai été à votre compte l'instrument d'une petite vengeance, instrument qu'aujourd'hui vous voudriez bien jeter de votre salon dans la rue, mais il n'en sera pas ainsi, mon cher Monsieur. J'ai un titre plus noble que le vôtre. J'ai une fortune presque aussi considérable, car j'ai gagné mon procès comme légitime héritier de feu le marquis de Bridely; je suis aujourd'hui par jugement irrévocable marquis de Bridely, et je ne souffrirai pas, je vous prie de le croire, des airs que je n'aurais pas soufferts quand j'étais le comédien Gustave, fils adultérin d'Aimé-Zéphyrin Ganguernet et de Marie-Anne Gargablou, fille Libert.

En disant ces paroles d'une voix basse, mais ferme, Gustave s'était approché de Luizzi avec un regard menaçant.

— Tout cela ne me fera pas oublier, lui répondit froidement le baron, que vous devez votre titre et votre fortune à une basse friponnerie... — Basse friponnerie que vous avez trouvée charmante quand elle vous servait... — Mais enfin, Monsieur, que voulez-vous? — Je vais vous le dire. Notre affaire est la même en cette circonstance, nous ne pouvons pas la séparer. M. de Mareuilles ne doit pas pouvoir répéter impunément de telles accusations contre vous et contre moi. Ou je me battrai avec lui, et je vous jure que je saurai bien l'y forcer, et alors vous serez mon témoin dans cette affaire; ou vous vous battrez contre lui, et je vous accompagnerai. — Je refuse. — Prenez-y garde! dit Gustave avec le sang-froid d'un homme pour qui un duel est une chose d'assez peu d'importance pour pouvoir en calculer exactement les résultats; prenez-y garde! Me refuser pour témoin, et je le ferai savoir à M. de Mareuilles, c'est dire que vous avez commis la mauvaise action qu'il vous reproche; m'accepter, c'est paraître persuadé de la loyauté de ce que vous avez fait, c'est avoir affirmé en ami ce qui est maintenant une vérité légale et incontestable, c'est m'avoir cru ce que je suis, le marquis de Bridely.

Luizzi réfléchit, puis il reprit tout à coup :

— Vous auriez peut-être raison, si vous n'oubliez point qu'il a été question d'une affaire d'escroquerie qui ne déshonore pas moins M. le marquis légal de Bridely que M. le comédien Gustave. — Allons donc! fit Gustave; j'ai été renvoyé de la plainte d'escroquerie sans jugement; ne faites pas tant le difficile, vous qui avez été absous comme fou pour assassinat! — Quoi! vous savez? s'écria Luizzi avec épouvante. — M. Niquet était le notaire de la famille qui a plaidé contre moi. — Et M. Barnet?... — Mon cher Monsieur, un hasard bien extraordinaire m'a appris cette circonstance. C'est une singulière histoire, je vous jure! — Vous pensez que je ne dois pas en être très-curieux. —

Je le pense. Vous aviez un secret à moi ; j'ai voulu en avoir un à vous, et je l'ai gardé.

Luizzi réfléchit encore et dit :

— J'accepte votre proposition, mais à une condition, c'est que je me battrai le premier contre M. de Mareuilles. — C'est votre droit. — Maintenant il me faut un autre témoin. — Que ne prenez-vous M. Henri Donezau ? C'est lui, il me semble, que j'ai vu dans votre salon. — Vous le connaissez ? dit Luizzi. Ah ! je comprends, reprit-il : vous l'avez vu sans doute à Toulouse quand vous étiez avec Ganguernet ? — Précisément, fit Gustave. — Je ne le puis, reprit le baron, il épouse demain ma sœur. — Votre sœur ! s'écria le marquis avec un étonnement que le baron traduisit ainsi : — Ma sœur, oui, mon cher Monsieur, ma sœur, la fille de mon père comme vous êtes le fils de Ganguernet — Et vous la donnez à Henri ? reprit Gustave avec surprise. Au fait, ajouta-t-il d'un air suffisant, dans sa position, n'ayant pas de nom, pas de de famille... — Il n'y a pas des pères marquis à revendre ! dit Luizzi, choqué du ton d'impertinence de Gustave.

Celui-ci se laissa aller à rire, et dit avec une fatuité superbe :

— N'est-ce pas que je joue bien mon rôle ? — Vous pourriez vous en dispenser avec moi, repartit le baron. Mais nous avons autre chose à faire. Je vais aller chez un ami. Il faut que ma sœur et Henri ignorent ce qui va se passer. Veuillez entrer un moment au salon ; puisque vous connaissez Henri, vous devez avoir à lui expliquer votre position. — Oh ! j'ai pour cela un admirable conte d'enfant perdu. — C'est bien. Dites-leur que la lettre de M. Barnet m'a forcé de sortir sur-le-champ. Vous recevrez les témoins de M. de Mareuilles ; prenez le rendez-vous pour demain, à sept heures. Le mariage se fait à dix heures à la mairie et à onze heures à l'église : le tout à huis clos, autant que possible. Si je suis le plus heureux, nous serons de retour avant dix heures ; sinon, vous remettrez une lettre à ma sœur, qui excusera mon absence, et on fera la cérémonie sans moi. — Voilà qui est entendu, dit le marquis.

Luizzi répondit un mot à Cosmes et sortit. Aussitôt Gustave rentra dans le salon. Henri s'empara de lui, sous prétexte de visiter le nouvel appartement que lui avait fait préparer le baron ; Caroline et Juliette restèrent seules.

Tout se passa comme Luizzi l'avait arrangé : les témoins de M. de Mareuilles vinrent prendre l'heure, et tout fut convenu pour le lendemain au matin.

Lorsque le baron rentra, son notaire était déjà arrivé, et l'heure de la lecture du contrat était passée depuis longtemps. Juliette, Gustave et les intéressés étaient seuls présents, Luizzi ayant voulu éviter à sa sœur le déplaisir d'entendre dire d'elle ces mots douloureux : « père et mère inconnus, » par d'autres que par ceux qui savaient déjà cette circonstance. Henri, à qui Luizzi avait remis la somme qui était reconnue lui appartenir par le contrat, donna également un portefeuille contenant la dot de sa sœur, attendu que, selon la coutume, le contrat emportait quittance. Henri s'étonna d'une pareille précaution et en témoigna son embarras à Luizzi.

— Les affaires doivent être faites régulièrement, dit le baron en souriant gracieusement ; j'ai des raisons dont je vous ferai part demain, je l'espère du moins, et qui m'obligent à agir avec cette rigueur.

Juliette, Gustave et Henri se regardèrent furtivement, et le reste de la soirée, déjà fort avancée, se passa sans que le baron, trop préoccupé du duel qui l'attendait le lendemain, prît garde à la tristesse inquiète, mais silencieuse, qui s'était emparée de Caroline.

Le lendemain venu, ses témoins étaient chez lui à six heures et demie du matin. Luizzi remit à Gustave la lettre qui devait prévenir Henri de son absence en cas de malheur, et tous les trois partirent pour le bois de Vincennes. Entre gens qui sont très-décidés à se battre, les préliminaires d'un duel ne sont pas longs. Cependant celui-ci amena des explications qui le retardèrent pendant quelque temps.

— Je croyais, dit M. de Mareuilles avec sa fatuité ordinaire, que monsieur le baron de Luizzi, qui vient sans doute ici pour réhabiliter son honneur, se serait fait accompagner par des témoins honorables... Je ne parle du reste que pour un seul, reprit-il en saluant le second témoin de Luizzi.

Gustave voulut prendre la parole; mais Luizzi le prévint, et repartit avec une hauteur qui calma l'extrême confiance de M. de Mareuilles :

— Il faudrait d'abord que je fusse venu ici afin de réhabiliter mon honneur, Monsieur, pour que le choix de mes témoins, quel qu'il fût, mais que je tiens pour honorable, pût vous paraître extraordinaire ; mais j'y suis venu pour corriger la fatuité d'un sot et l'insolence d'un manant, c'est ce dont il faut que vous soyez bien persuadé. — Et je continuerai la leçon, Monsieur ! reprit Gustave. Et moi, marquis de Bridely, je vous ferai l'honneur de me battre avec vous, monsieur de Mareuilles, gendre de madame Olivia de Marignon, fille de la Béru, tenant jadis maison publique de jeux et de femmes galantes !

Cosmes, qui savait à peu près les précédents de madame de Marignon, pâlit à cette apostrophe de Gustave et s'écria avec rage : — Misérable ! — Allons, allons ! lui dit Gustave, ne vous emportez pas ainsi, mon petit monsieur de Mareuilles. J'arrive de la Bretagne, où l'on m'a parlé de vous.

Cosmes se troubla visiblement et dit à l'un de ses témoins, jeune homme d'une charmante figure d'enfant pâle et douce :

— Allons, du Bergh, finissons-en ! — Oh ! fit Luizzi en ricanant, c'est là monsieur du Bergh ? Je suis charmé de voir monsieur du Bergh ; il aurait manqué à ce duel. — Que voulez-vous dire ? reprit le jeune homme avec une voix flûtée. — Voyons, Messieurs, nous ne sommes pas ici pour des reconnaissances, dit Cosmes ; où sont les épées ? — Les voici, dit le second témoin de Luizzi.

Le terrain sur lequel on était ne fut pas jugé convenable, et il fallut s'enfoncer dans le bois pour en trouver un autre. Après une grande demi-heure de marche, on trouva un endroit uni et découvert.

On remit les épées aux deux ennemis, et ils s'attaquèrent avec une franchise qui prouvait que tous deux avaient le courage complet de leur action, et en même temps ils montrèrent une adresse et une précaution qui faisait voir que chacun ne défendait pas sa personne avec moins d'intérêt qu'il n'en mettait à atteindre celle de son adversaire. Cependant Cosmes, emporté par l'irritation qu'avaient fait naître en lui les paroles de Luizzi et de Gustave, mit plus de violence dans son attaque, et bientôt Luizzi rompit devant lui. Après quelques bottes, Mareuilles s'arrêta.

— Vous êtes blessé ? dit-il à Luizzi. — Je ne m'en aperçois pas, reprit Armand en attaquant Mareuilles, qui le fit rompre de nouveau jusqu'à ce que le baron fût acculé jusque près d'un petit champ planté de luzerne.

Cosmes s'arrêta encore et dit d'un air de mépris :

— Je veux bien vous tuer, mais je ne peux pas vous faucher. Quittons ce jeu, je n'aime pas le *trèfle* ajouta-t-il en ricanant. — Vous faites de charmants calembours, reprit le baron du même ton de plaisanterie. Et, poussant une botte à Cosmes : Voyons donc, ajouta-t-il, qui de nous deux restera sur le *carreau*. — Charmant ! dit Mareuilles en parant légèrement et en rompant à son tour devant l'attaque impétueuse du baron. Qui s'y frotte s'y *pique*, ajouta-t-il presque aussitôt ; car il venait de blesser de nouveau le baron au bras. — Allons donc jusqu'à ce que le *cœur* me manque, repartit Luizzi, jouant comme son adversaire avec les mots; tous deux se jetant, à travers le grincement de leurs épées et de leur rire furieux, des calembours qu'à tout autre moment ils auraient laissés aux pauvres esprits qui en font métier. — Très-joli! dit Mareuilles, continuons la *partie*.

Mais au même instant le baron lui porta un si terrible coup d'épée que Mareuilles eut l'épaule percée.

— Voilà un maître *atout!* s'écria Gustave en voyant tomber Cosmes, nous ferons la *levée* du corps.

Presque aussitôt Luizzi, dont le sang coulait abondamment de ses deux blessures, et que la colère avait seule soutenu, fut pris d'une défaillance et tomba auprès de son adversaire. A côté de ces deux hommes évanouis, les témoins n'eurent d'autre pensée que de les secourir. Luizzi revint le premier à lui, et, s'étant assuré que monsieur de de Mareuilles respirait encore, il quitta le terrain et regagna sa voiture.

— Voulez-vous rentrer chez vous? lui dit Gustave. — Non, ma sœur s'alarmerait; ce serait un trouble, un événement. Elle voudrait remettre la cérémonie, et je vous assure que je n'ai nulle envie de recommencer les démarches ennuyeuses auxquelles j'ai été condamné. Ces blessures ne sont rien, elles ont frappé dans les chairs du bras. — Oui, dit Gustave, mais elles sont bien près du poignet; en pareil cas, le tétanos est à craindre. Il ne faut pas jouer avec les coups d'épée. — Ne pouvez-vous me conduire chez vous? — Avec plaisir, dit Gustave, quoique je ne sois que dans un hôtel garni; mais nous y trouverons Barnet, qui loge à côté de chez moi, et je vous confierai à lui pendant que j'irai prévenir votre sœur. — Voilà qui est à merveille, dit Luizzi.

Ils arrivèrent une heure après rue du Helder. Barnet était absent.

On envoya chercher un médecin, qui saigna le baron en lui recommandant un absolu repos. Il était près de dix heures.

— Courez chez moi, dit Luizzi à Gustave, et dites à ma sœur que ma volonté expresse est qu'elle se marie malgré mon absence, et que je serai de retour vers deux heures; alors vous préviendrez Henri, et je me ferai transporter chez moi. — Cela n'est pas prudent, dit le médecin. — Nous verrons, repartit Luizzi. En tout cas faites dire dans la maison qu'on m'envoie monsieur Barnet dès qu'il rentrera.

Gustave fit ce que voulait Luizzi et partit.

La perte de sang que le baron avait éprouvée par ses blessures et la saignée que l'on avait pratiquée l'avaient rendu excessivement faible.

Dès que le soin de toutes ces mesures à prendre ne l'occupa plus, il tomba dans un accablement qui touchait au sommeil; il n'en calcula pas la durée, mais il en fut tiré par le bruit de sa porte qui s'ouvrait et par celui d'une pendule qui sonnait midi. La personne qui ouvrait la porte n'était autre que monsieur Barnet. Le baron lui fit signe d'approcher, et le notaire s'écria :

— Eh! que viens-je d'apprendre? Vous avez été blessé dans un duel? — Ce n'est rien, ce n'est rien, répondit le baron, étonné de sa faiblesse et de la vive douleur que lui causaient les deux blessures qu'il croyait si légères. — C'est trop, repartit Barnet, pou un homme dont les affaires réclament la présence immédiate. Savez-vous que vous avez failli être ruiné par un vieux coquin appelé Rigot? — Oui, oui, fit Luizzi; mais il a perdu sa cause. — En première instance, oui; mais il en a appelé. En votre absence, j'ai traîné le procès d'incidents en incidents; mais vous êtes jugé décidément le mois prochain, et il faut aviser à tous nos moyens de défense.

Le baron se rappela en ce moment que le Diable lui avait dit que sa fortune lui avait été rendue, et certes, s'il eût été seul, il l'eût appelé pour lui faire une querelle. Mais Barnet reprit presque aussitôt :

— Comme ce n'est pas l'instant de vous parler d'affaires fort embrouillées, dites-moi pourquoi vous ne vous êtes pas fait transporter à votre hôtel, où je ne m'étonne plus de ne pas vous avoir rencontré. — Si vous avez été chez moi, vous avez dû le deviner, car vous avez vu Caroline, sans doute? — Pas le moins du monde, répartit Barnet d'un ton aigre; elle m'a fait répondre par une grande fille, assez impertinente, qu'elle n'était pas visible. — Excusez-la, dit Luizzi : le jour du mariage, une femme a tant à faire! — Quoi! s'écria Barnet avec éclat, elle se marie? — A l'heure qu'il est, dit Luizzi en jetant les yeux sur la pendule, ce doit être une affaire faite. — Et vous l'avez mariée à monsieur Henri Donezau? s'écria encore Barnet, en accentuant chaque syllabe avec étonnement et colère. — Oui vraiment, répondit Luizzi. — Ah! mon Dieu! je suis arrivé trop tard. — Qu'est-ce donc? s'écria Luizzi en se levant sur son séant. Ce monsieur Donezau m'aurait-il trompé?... Il est peut-être temps encore...

Gustave ouvrit la porte et entra, suivi de Henri et de Caroline, qui se précipita avec des cris sur le lit de son frère.

— Ce n'est rien, ma bonne sœur, moins que rien... calmez-vous... dit Luizzi. — Vous m'avez promis d'être courageuse, dit Gustave, ne vous effrayez pas ainsi. Songez que le médecin a déclaré qu'une émotion un peu vive serait dangereuse pour le baron, et que vous pouvez le rendre plus malade qu'il ne l'est véritablement. — Je me tais, je me tais, répondit Caroline en essuyant ses larmes; mais il ne peut rester ici, il faut qu'il rentre à l'hôtel... — Vous avez raison, dit Luizzi. Gustave, soyez assez bon pour faire tout préparer.

Gustave quitta la chambre, mais Henri resta; et sa présence, silencieuse jusque-là, rappela à Luizzi le mot de Barnet. Le baron, alarmé malgré lui de cette exclamation du notaire, dit cependant au lieutenant d'un ton qu'il s'efforça de rendre amical :

— Dois-je vous appeler mon frère, monsieur? La cérémonie est-elle terminée? — Oui, mon frère, mon frère! répondit Henri d'un accent vivement ému et en tendant la main au baron.

Luizzi remarqua que Barnet examinait Henri et qu'il fit un petit mouvement d'approbation à la réponse du lieutenant. Bientôt tout fut en mouvement pour le départ de Luizzi; et, tandis que chacun s'empressait, le baron fit un signe à Barnet et lui dit tout bas :

— Que signifie ce mot : Je suis arrivé trop tard? — Rien, rien; cela avait rapport à d'autres projets... Je vous aurais peut-être proposé un autre parti... — Croyez-vous qu'Henri ne soit pas un homme d'honneur? Je ne dis pas cela; mais il n'est pas riche, et peut-être... — Est-ce que vous auriez pensé à monsieur le marquis de Bridely? — Mais il a soixante bonnes mille livres de rentes, reprit Barnet d'un air joyeux, comme s'il eût saisi avec plaisir l'occasion qui lui était offerte d'expliquer ainsi ses paroles. — Que ne m'avez-vous écrit! dit Luzzi, qui gardait toujours de la défiance dans le fond de son cœur. — Ah! dame! c'est que... fit Barnet en hésitant, c'est que le marquis n'avait pas gagné son procès, ajouta-t-il rapidement, comme si cette bonne raison lui était survenue tout d'un coup.

Tout était prêt pour la translation du baron. Il descendit d'un pas assez ferme l'escalier; mais, une fois en voiture, le mouvement l'étourdit tellement qu'il fut plusieurs fois sur le point de perdre connaissance. Enfin il arriva chez lui, et ce ne fut pas sans un certain sentiment d'effroi qu'il se retrouva malade dans ce lit où il avait été sur le point de périr entre les mains de ses domestiques. Cependant les soins de sa sœur et de Barnet le rassuraient; mais, malgré lui et par un sentiment tout nouveau,

Et c'est pourtant pour ça que je t'aime. — Page 430.

il ne comptait pas la présense d'Henri parmi ses motifs de sécurité. Cette idée le tourmenta tellement pendant le cours de la journée, que le soir une fièvre violente s'était déclarée, et lorsque le médecin revint, il ne parut pas content de l'état des blessures.

— Il faut, dit-il, un repos absolu de corps et d'esprit, monsieur le baron ; sans cela les accidents peuvent être graves. — Je passerai la nuit près de mon frère, dit Caroline.

Gustave fit une grimace assez comique en regardant Henri, qui reprit :

— Mon frère pense sans doute que c'est inutile ? — Pourquoi donc ? répondit aigrement Juliette ; personne ne peut donner au baron de meilleurs soins et de plus assidus. Une religieuse s'entend à panser des blessures. — Mais n'avez-vous pas été religieuse aussi ? reprit Gustave d'un ton moqueur. — Croyez-vous, repartit Juliette en prenant un air de dignité blessée, qu'il serait convenable que moi je demeurasse dans la chambre d'un homme? — Cela serait du moins généreux, dit Gustave en montrant de l'œil Henri à Caroline.

Juliette se mordit les lèvres avec colère et ne répondit pas.

— Je resterai, dit Caroline, je resterai, je le veux; et, comme il se fait déjà tard, vous allez vous retirer... je vous en prie. — Allons, Henri, dit Gustave... allons, résignons-nous, mon cher...

Henri sortit d'un air dépité, tandis que Juliette le suivait d'un regard ardent et curieux. A peine furent-ils hors de la chambre que Juliette s'approcha de Caroline et lui dit :

— Je resterai dans la maison, je me jetterai tout habillée sur mon lit, et, si tu as besoin de moi, monte, je serai prête.

Puis elle se tourna vers le baron; et, se penchant sur lui assez près pour que la chaleur de son haleine le fît tressaillir, elle lui dit à voix basse :

— Bonne nuit, monsieur le baron! Bonne nuit, Armand !

Luizzi écoutait encore cette voix vibrante et passionnée qui venait de lui jeter son nom comme un aveu, que Juliette avait déjà disparu. Resté seul avec Caroline, il réfléchit à tout ce qu'il avait cru voir et entendre d'équivoque dans cette journée. Mais ce n'étaient que des gestes imperceptibles, des regards furtifs, des mots interrompus qu'il se fatiguait vainement à ressaisir, et qui lui échappaient sans cesse. De temps en temps, sa raison le reprenait assez pour qu'il se dît que son imagination, exaltée par la fièvre, prêtait un sens caché à mille petits accidents qui n'en avaient aucun. Mais presque aussitôt cette tourmente de son esprit recommençait. Tous ces petits accidents passaient et repassaient devant lui comme les débris d'un naufrage que les vagues promènent çà et là dans l'ombre, sous les yeux du naufragé qui, debout sur un rocher, tente vainement d'en saisir quelqu'un. Le vertige physique

que le naufragé finit par éprouver gagnait insensiblement la pensée de Luizzi. Il le sentait, il voulut s'y arracher, et, ne pouvant détourner son attention des doutes qui flottaient en lui, il résolut de les éclairer et saisit sa sonnette. Cependant il regarda Caroline assise au pied de son lit dans un large fauteuil : elle s'était insensiblement assoupie. La voix et la présence du Diable n'étaient d'ailleurs perceptibles que pour le baron. Il agita son talisman, mais il ne rendit aucun son, et à l'instant même son bras fut saisi d'une rigidité invincible, son corps se courba en arrière comme un arc qu'aucune force humaine n'eût pu détendre, ses mâchoires se serrèrent à briser ses dents. Il comprit qu'il était atteint de cette terrible maladie qu'on appelle le tétanos, résultat assez fréquent des blessures qui ont déchiré des muscles. Il lui fut impossible de faire un mouvement pour ébranler sa sonnette, de pousser une plainte pour appeler, et presque aussitôt il lui sembla qu'on lui assénait un coup terrible sur la tête. Il ferma les yeux et il vit...

LIII

TÉTANOS

Il vit une lumière telle que jamais ses yeux n'avaient subi un si éblouissant éclat. Elle était si intense, si pénétrante, qu'elle traversait les corps opaques comme une lumière ordinaire qui glisse à travers le cristal ; elle était si fulgurante qu'elle dessinait sur les murs l'ombre de la flamme des bougies allumées. Ce n'était pas ce prestige qui avait écarté devant le baron les murs, la distance, l'obscurité, les corps intermédiaires qui l'auraient empêché de voir Henriette Buré dans son horrible cachot; c'était une transparence qui laissait voir les objets eux-mêmes, quoique l'on vît au delà d'eux ; c'était, pour tout ce qui se présentait à lui, l'effet de la vitre qui ne cache rien, et qu'on aperçoit cependant; c'était un spectacle inouï, éblouissant, où tout rayonnait et était pénétré de lumière. Ainsi Luizzi crut voir au delà de sa chambre son salon vide et meublé comme il l'était; au delà du salon, sa salle à manger avec tout ce qui l'occupait, puis l'antichambre où Pierre dormait sur une banquette. Au-dessus de sa tête il lui sembla voir, à travers le plafond, l'appartement de sa sœur; il en reconnut de même chaque pièce, et suivit cette étrange inspection avec une curiosité ravie. Il cherchait avec soin s'il ne se trouvait pas quelque meuble qui lui échappât; il fixait son attention sur les meubles mêmes, et découvrait dans leur intérieur les plus petits objets. Il plongea pour ainsi dire son regard de chambre en chambre, les parcourant dans tous leurs détails d'ornement, car elles étaient inhabitées, et il s'émerveillait à cet étrange spectacle qu'il eût voulu voir plus animé, lorsqu'il reconnut la chambre de Juliette. Elle y était et Henri s'y promenait à grands pas. Juliette lui parlait avec action. Le baron écouta, et il entendit comme il voyait. Le son lui arriva droit et net comme s'il n'eût rencontré aucun obstacle où il se brisât, comme s'il eût volé dans un espace vide de tout, excepté de l'air qui doit lui servir de conducteur. Et voici ce qu'il entendit :

— Tu auras beau faire, Henri, tu as envie de me tromper ; je te connais, tu t'es amouraché de cette petite imbécile de Caroline.

C'était Juliette qui parlait ainsi.

— Quel diable de rage te prend? répondit Henri. Il faut pourtant que je couche avec ma femme. — Et si je ne le veux pas, moi ! s'écria Juliette avec fureur. — Allons, partons ! Je ne demande pas mieux. J'ai en poche les cinq cent mille francs du beau-frère, profitons du moment où il est dans son lit; en deux jours nous pouvons être hors de France.

— Hier, c'était possible ; mais, aujourd'hui que Barnet est à Paris, ça pourrait être dangereux. Au moindre soupçon, il est homme à courir à la police, à nous dénoncer, et le télégraphe va plus vite que la malle-poste.

— Mais il sait donc tout, ce vieux serpent de notaire? — Il ne sait pas les détails, reprit Juliette ; il ne se doute pas, le méchant gueux, que c'est moi qui avais jeté la lampe sur les habits de Caroline pour la forcer à en mettre d'autres et la pousser à aller à la fête d'Auteville. Personne n'a pu lui dire probablement comment j'ai persuadé à l'idiote que tu étais amoureux d'elle, et comment ta tendre correspondance, qui nous servait si bien à nous écrire, l'a rendue folle de toi. — Elle m'aime donc? dit Henri avec une vanité de taureau.

— Vante-t'en, repartit Juliette. Va, mon cher, si je ne t'avais pas dicté ta première lettre, et si tu n'avais pas fait écrire les autres par ton sergent-major, le beau Fernand qui faisait d'assez jolis vaudevilles, je ne crois pas qu'elle eût jamais perdu la tête pour toi.

— Ces lettres? dit Henri d'un air méprisant, elles ne sont pas déjà si fameuses ! Tu ne peux pas te faire d'idée comme elles m'ont embêté, lorsque le baron me les a remises chez les chouans et que je les ai lues. — Tu les as pourtant écrites? — Copiées ; et je veux que le diable m'emporte si je les comprenais. Mais je les ai étudiées par nécessité, et maintenant je dirais tout comme un autre : Tu seras l'âme de ma vie, et le cœur de mon cœur. Je ferais du sentiment platonique par dessus les maisons. — C'est ça, dit Juliette, que tu avais mis Caroline dans un joli état la première fois que tu es resté seul avec elle, et je ne sais pas, si nous n'étions pas arrivés...

— Parle un peu de ça, toi! tu étais rouge comme un coq quand tu es rentrée avec le baron. — Oh ! moi, c'est différent. — Hein ? fit brutalement Henri. — Que veux-tu, mon cher, dit Juliette, le baron est joli homme, il a deux cent mille livres de rente, et puisque tu es marié... — Avise-t'en ! repartit Henri en montrant le poing à Juliette. — Eh bien ! que feras-tu après tout? — Je vous casserai les bras à tous, à toi comme à lui, répondit

Henri, dont le visage prit une horrible expression de férocité. — Bah! ta, ta, ta, tu es devenu un criard, voilà tout, dit Juliette. — Tiens, reprit Henri, ne parlons pas de ça ; tu m'as fait faire assez de sottises dans ma vie, et la dernière est la plus grosse de toutes. — Merci! fit Juliette ; je t'ai donné une femme de cinq cent mille francs ! — C'est-à-dire que je l'aurais très-bien épousée sans toi. — Vrai? Tu l'aurais épousée si je ne te l'avais pas fait connaître? tu l'aurais enflammée avec tes beaux yeux, si je n'avais pas soufflé le feu ! Et puis, n'est-ce pas? on t'aurait reconnu deux cent cinquante mille francs de dot, si je ne lui avais pas fait amener son frère à cette clause du contrat? — Oh! je sais que tu es habile quand tu t'en mêles... Mais cette pauvre femme, parole d'honneur, elle me fait pitié. — Et le baron me fait pitié aussi, mon cher, car il a une envie, une envie... — Encore! — Je te jure que j'y ai mis de la vertu. Et pas plus tard qu'hier... dans son boudoir, j'ai voulu jouer avec lui... mais ma foi! j'ai vu le moment où la tête n'y était plus, et s'il avait bien, bien voulu...

— Juliette! murmura sourdement Henri furieux. — Hé! va coucher avec ta femme et laisse-moi tranquille. — Tu as parbleu raison, dit Henri avec colère, j'y vais.

Et il s'apprêta à sortir.

— Henri, s'écria Juliette en se levant, si tu sors d'ici cette nuit, c'est fini entre nous! — Alors, reprit Henri en revenant, ne m'ennuie pas avec ton baron, et parlons un peu sérieusement. Et, pour en revenir à ce Barnet, qui te fait croire qu'il se doute de quelque chose ? — Le voici, puisqu'il faut tout te dire : c'est pour ces six mille francs qu'il avait donnés à Caroline, que j'avais déposés chez ma mère et qui devaient servir à votre prétendue fuite... — Eh bien! ces six mille francs, nous les avons empochés, et tu es venue faire tes couches à Paris, grâce à ce petit secours que le bon Dieu et toi vous nous aviez procuré. — Eh bien! ces six mille francs, dit Juliette, Barnet s'en est inquiété d'abord à Toulouse où j'étais encore, et les sœurs ont répondu qu'elles n'en avaient pas entendu parler, mais que Caroline les avait sans doute emportés à Evron. Comme le bonhomme Barnet savait que, pour avoir sa fortune, les religieuses laissaient leur protégée faire à peu près ce qu'elle voulait, il a paru se contenter de cette raison. Mais dernièrement, en revenant de Rennes, il s'est détourné pour aller à Evron, et il a demandé à la supérieure si Caroline avait apporté de l'argent ; elle lui a dit que non. — Mais ce que tu as raconté à Caroline arrange tout. — Pour elle, oui, mais non pas pour Barnet, qui, à Vitré, a eu d'assez mauvais renseignements sur ton compte. Et cela, joint aux six mille francs... — Hé mais! dit Henri, n'a-t-elle pas pu rapporter cet argent à Paris? — Très-bien! fit Juliette, et tu crois que, si Caroline avait eu six mille francs, le baron eût été obligé d'emprunter de l'argent à Barnet pour faire la route de Vitré à Paris? C'est ça qui a surtout donné l'éveil à ce méchant gredin ; alors il s'est rappelé les premiers douze cents francs donnés à ma mère, et il a pensé que les six mille avaient bien pu passer par le même chemin. — Mais qui t'a dit tout ça? — Eh bien! c'est Gustave, qui était avec ce hibou de notaire, et qui, ne sachant rien de rien, lui a dit qu'il me connaissait, un jour que Barnet m'a nommée devant lui. — Et qu'est-ce qu'il lui a dit ? — Pas grand'chose, heureusement! Il lui a dit qu'il m'avait connue figurante au théâtre de Marseille. — Pas ailleurs au moins? dit Henri. — Eh non! Gustave n'est jamais venu à Aix quand j'étais chez ma mère. — Oh! la gueuse!... s'écria Henri, comme si ce mot d'Aix lui rappelait d'ignobles souvenirs. — Eh bien! là... elle faisait son métier. — Et elle t'en avait donné un joli! — Pardine! dit Juliette, il valait bien le tien ; et sans la révolution de juillet, où tu as trouvé moyen de tirer un coup de fusil à ce vieux Bequenel, sous prétexte que c'était un espion, et de lui voler les fausses signatures que tu lui avais fait escompter, je voudrais bien savoir où tu serais. Ça ne t'en a pas moins valu une épaulette de lieutenant, grâce à la belle pétition que je t'ai faite, tandis que tant d'autres, qui se sont véritablement et bravement battus contre les Suisses et la garde royale, ont été laissés de côté, ou envoyés à Alger comme simples soldats. Ne fais donc pas tant le renchéri sur ce que j'ai été avant que tu me connusses. — Tu as bien continué un peu depuis... — Et tu n'y as pas trouvé à redire, tant que ça a pu servir à te mettre du pain sous la dent, repartit Juliette avec une expression de dégoût; mais aujourd'hui que tu as des rentes... — Eh bien! moi, aujourd'hui je ne veux pas que le baron tourne autour de toi. — Eh bien! moi, je ne veux pas que ta femme soit ta femme. — Mais enfin, comment veux-tu que je fasse? — Il n'y a qu'à ne rien faire, elle est innocente comme une enfant de deux jours, je t'en réponds. — Oui, mais on peut la questionner; son frère... Barnet... — Tu crois ça? dit Juliette d'un ton de raillerie méprisante, tu crois que Barnet va aller dire comme ça à Caroline : « Madame, faites-moi le plaisir de me dire si votre mari... » Laisse-moi donc tranquille. Tiens, vois-tu, mon cher, tu ne pourras jamais te faire aux façons des gens comme il faut. — Toi, c'est tout le contraire; tu prends des airs de princesse, des tons de prude... — Ah! s'écria Juliette avec une expression d'exaltation, c'est qu'une femme, vois-tu, a autre chose dans la tête et dans le cœur que vous autres hommes. Si j'étais née dans la révolution, je serais maréchale... ou bien si j'étais née auparavant, j'aurais été la Dubarry... Mais il n'y a rien à faire maintenant avec des hommes qui sont aussi bégueules qu'avares. — Et moi, pourquoi me comptes-tu, s'il vous plaît? — Oh! toi, je t'aime, c'est bien différent. Mais tiens, si tu n'étais pas jaloux comme une bête, ce baron, vois-tu, je ne lui laisserais pas un sou de ses deux cent mille livres de rente... — Je suis assez riche comme ça. — Voyons, dit Juliette... Je te laisse Caroline, ça m'est égal, et je prends le baron. — Ça va, dit Henri...

Puis il reprit, et s'écria :

— Non, décidément, non. — Tu ne veux pas? — Non, non, je déteste ce baron; vois-tu. Je le déteste parce que tu l'aimes; il te plaît, avec son jargon, ses gants jaunes, son air de grand seigneur... Si c'était un vieux, je ne dis pas, ça me serait égal. Mais lui, non, mille fois non. — Soit. Mais avise-toi de penser à Caroline, et tu verras! — Eh bien! nous verrons. — Prends garde! Elle me dit tout, et je saurai bien ce qui arrivera. — Et si ça arrive? — J'ai tes fausses lettres de change, mon cher. — Tu les as gardées, misérable gueuse? — Elles sont en lieu sûr, je prends mes précautions.

Henri se frappa le front de colère, et Juliette continua :

— Oh! je te connais, mon poulet. Je te l'ai dit, tu ne demanderais pas mieux que de me planter là maintenant; mais merci... Du reste, si ça te plaît, va chercher ta femme... tu es libre... — Que le diable t'emporte avec ma femme! je ne m'en soucie guère. — Plus que tu ne dis. — Je te donne ma parole d'honneur que non : c'était seulement pour la forme. Car enfin je passe ici une singulière première nuit de noces. — Je comprends que la chambre nuptiale t'eût convenu beaucoup mieux que la mienne. — Elle restera vierge, je t'en réponds. — Pour cette nuit, du moins, j'en suis sûre.

Henri s'arrêta tout à coup devant Juliette et parut frappé d'une idée soudaine. Il contempla longtemps sa complice comme pour absorber par le regard ce que cette femme avait de lubricité en elle, et lui dit :

— Peut-être que non... — Pourtant Caroline n'y montera pas. — Mais tu y viendras, toi. — Moi...?

Et Juliette se laissa aller à sourire à cette

détestable proposition, puis elle ajouta :
— Au fait, ça serait drôle... Mais non, je ne veux pas, je ne suis pas d'assez bonne humeur. — Allons donc! dit Henri en lui prenant les mains et en l'attirant, ne fais pas la bégueule, la bonne humeur te viendra. — Laisse-moi tranquille, repartit Juliette, tu me fais mal; tu es toujours brutal. — Tu sais bien qu'il n'y a que toi pour moi au monde, reprit Henri en l'entourant de ses bras. — Ah! tu es insupportable, dit Juliette en se laissant aller, ça te prend comme un vertige. — Viens, viens donc. — Non, dit Juliette, cette chambre est au-dessus de celle du baron. — C'est précisément là l'amusant, dit Henri.

Et, enlevant Juliette dans ses bras herculéens, il l'emporta à travers l'appartement, tandis qu'elle disait :

— Henri, quelle idée!... Quelle rage tu as!... Oh! quel monstre tu fais!

Puis elle reprit soudainement en l'entourant aussi de ses bras :

— Et c'est pourtant pour ça que je t'aime, gredin!

Luizzi les vit s'avancer vers la chambre nuptiale. Ils en franchirent la porte. Dans un mouvement d'indignation et d'horreur, le baron voulut s'écrier, et véritablement il poussa un cri terrible. Mais toute cette vision délirante disparut; il se sentit plongé dans une obscurité profonde; il appelait vainement en poussant des cris. Il ne vit plus rien, n'entendit plus rien en sentit, plus rien. Puis tout à coup il ouvrit les yeux, et il vit...

LIV

RENCONTRES.

Il vit Juliette, Henri et Caroline qui, penchés sur son lit, l'empêchaient de se briser les membres dans les horribles convulsions que le tétanos avait fait succéder à son immobilité. Malgré les douleurs atroces qu'il éprouvait, il avait, comme il arrive souvent dans cette inexplicable affection, la parfaite perception de tout ce qui se passait autour de lui et l'entier usage de sa raison. En voyant Henri et Juliette qui lui prodiguaient des soins empressés, le baron dut se dire qu'il avait été durant quelques heures sous l'empire d'un délire extravagant, et dans ce moment une idée soudaine sembla venir l'éclairer sur le danger de sa position. Il se rappela que déjà, à deux reprises, il avait été pris pour un fou; il comprit qu'étant sans cesse sous l'obsession des révélations du Diable, toute chose certaine devenait un doute pour lui, toute apparence un mensonge, qu'il traduisait en crimes et en vices tout ce qu'il ne pouvait expliquer autrement. Alors la crainte de voir cette propension de son esprit s'arrêter à une idée fixe et se tourner en démence s'empara tellement du baron, qu'il résolut de ne plus chercher à sonder les mystères de la vie et de continuer à marcher comme le vulgaire des hommes, en se guidant, non plus sur les fausses clartés de l'enfer qui teignaient tout d'une sanglante couleur, mais à l'aide des simples lumières de son jugement, et en regardant les choses et les hommes de leur meilleur côté. Peut-être Luizzi fit-il alors à l'égard du Diable ce qu'Orgon fit à l'égard de Tartufe. Quand l'hypocrite a quitté la maison du bourgeois crédule, celui-ci s'écrie : *C'en est fait, je renonce à tous les gens de bien.* Une fois Luizzi voulut chasser de sa tête cette manie d'apprendre, il s'écria en lui-même : *Maintenant, je croirai que tous sont gens de bien.*

La convalescence assez pénible qui suivit ce grave accident, si rebelle à la guérison, dissipa entièrement toutes les craintes de Luizzi, que la maladie avait exalté jusqu'à une si épouvantable vision. Henri fut pour lui d'une attention extrême. Quant à Juliette, elle lui tint compagnie, lui faisant des lectures, causant avec une bonhomie, une grâce et une modestie qui ne se démentaient point.

Elle n'en avait que plus d'attrait pour le baron; car à ce charme d'une société douce et facile elle joignait cet enivrement magnétique que le baron subissait toujours malgré lui. Enfin, lorsqu'il fut capable de sortir, il était tout à fait amoureux de Juliette, ou plutôt, pour en revenir à la singulière passion que lui inspirait cette femme, il la désirait comme un séminariste et la redoutait comme un enfant. Un notable changement eut lieu, du reste, dans la position du baron. De même qu'il avait envoyé le marquis de Bridely pour avoir des nouvelles de M. de Mareuilles, de même celui-ci avait chargé le jeune du Bergh de s'informer de la santé d'Armand. Ces visites s'étaient renouvelées chaque jour des deux côtés. Gustave avait trouvé le moyen de dire chez madame de Marignon, où Mareuilles demeurait depuis qu'il était son gendre, qu'il avait, lui marquis de Bridely, soixante mille livre de rente; et cela sembla une excuse pour les peccadilles passées; sa tentative d'escroquerie devint une folie de jeune homme à qui l'espoir d'une grande fortune avait permis d'être moins circonspect qu'un pauvre diable, attendu la certitude qu'il avait de pouvoir grandement réparer ses torts. On s'était accoutumé à le voir; et, s'il n'était pas des intimes de la maison, on laissait cependant échapper avec quelque vanité le nom du marquis de Bridely parmi les beaux noms des jeunes gens qui fréquentaient la maison de madame de Marignon. On murmura même que la belle et jeune madame de Mareuilles regrettait, sinon la personne et la fortune de Gustave, du moins son titre de marquis. D'une autre part, Luizzi avait reçu avec politesse les visites d'abord cérémonieuses, ensuite plus amicales de M. Edgard du Bergh. L'air fin et doux de ce très-jeune homme, qui baissait les yeux comme une fille et parlait d'une petite voix mièvre et flûtée, avait plu à Luizzi. Il l'avait invité à venir pour son compte, et Edgard avait profité de l'invitation. Il en était résulté une espèce de rapprochement par intermédiaires entre Luizzi et M. de Mareuilles; et le baron, sans envie de pousser les choses plus loin, mais en homme qui sait vivre, consacra sa première sortie à son adversaire, dont la guérison était beaucoup moins avancée que la sienne.

La réconciliation de deux hommes qui s'étaient assez bravement battus l'un contre l'autre pour mêler à leur combat des quolibets, quelque mauvais qu'ils fussent, n'était pas difficile à amener. Mareuilles tendit la main à Luizzi; ils s'embrassèrent et ne s'en voulurent plus, car ils étaient trop libres de se haïr ouvertement pour se garder une rancune cachée. D'ailleurs ils n'avaient guère voulu que se tuer l'un l'autre, et on ne s'en veut pas dans le monde pour si peu. Si Mareuilles et Luizzi avaient été rivaux pour une cause politique, pour des succès de femmes, pour une supériorité de chevaux ou de coupe d'habit, c'eût été une haine à mort; mais pour du sang il n'y avait que des manants qui auraient pu se le rappeler. Après avoir vu Mareuilles, Luizzi demanda à voir madame de Marignon, par laquelle il fut reçu avec cette grâce de bonne compagnie d'une femme qui sait oublier et se souvenir à propos. Luizzi chercha à retrouver dans cette vieille dame si bien tenue, si posée, si digne, la folle Olivia, la libertine Olivia, et il reconnut qu'il y avait, au-dessous de cette apparence de roideur, un fond d'indulgence et de facilité qui obéissait aux pruderies dont elle était entourée, mais qui les détestait. Madame du Bergh, qui se trouvait là, remercia Luizzi du bon accueil qu'il avait fait à son fils. Il retrouva madame de Fantan, qui lui annonça que sa fille était mariée, puis la belle madame de Mareuilles. Luizzi sortit de chez madame de Marignon tout à fait raccommodé avec ce monde que le Diable lui avait montré si odieux. D'ailleurs, depuis sa première et fatale maladie, le baron s'était si souvent trouvé en contact avec les vices ridicules et grossiers de la bourgeoisie et du peuple, qu'il se sentit revivre dans l'atmosphère facile et légère de ce salon; il écouta avec un plaisir tout nouveau cette parole dorée et flatteuse des gens qui ont du savoir-vivre, et il se promit bien de ne plus recommencer ses perquisitions hors de cette sphère élevée.

Cependant quelques jours s'étaient à peine écoulés depuis la première sortie de Luizzi lorsqu'il reçut une lettre de Barnet, qui avait quitté Paris deux jours après le fameux duel. Dans cette lettre, le notaire conjurait le baron de venir à Toulouse pour mettre ordre à ses affaires, et il lui faisait part d'un projet qui sourit assez à Armand. Le député d'un arrondissement où Luizzi avait ses plus riches propriétés venait de mourir, une nouvelle élection allait être faite. Barnet, qui disposait d'un assez grand nombre de voix, ne voulait les donner, par opinion, ni au candidat de l'opposition extrême gauche, ni au candidat légitimiste : il ne voulait pas, en outre, pour cause de haine particulière, les donner au candidat ministériel, qui avait emporté sur lui une place de receveur particulier que Barnet eût préférée à son étude; il les offrait donc au baron, à qui il assurait le succès s'il voulait venir lui-même tenter la chance. Le baron fit part de cette lettre à sa famille, dont Juliette faisait presque partie, et ce fut avec un vif sentiment de plaisir qu'il vit pour la première fois cette jeune fille s'animer dans l'expression des vœux qu'elle faisait pour lui et se complaire dans le tableau brillant qu'elle traçait de l'avenir d'un homme politique. Luizzi se laissa d'abord gagner à cet enthousiasme; mais il se rappela à quelles investigations sont soumis les malheureux candidats, et il eut peur que son passé ne fût pas facile à expliquer à des électeurs bourgeois et très peu fantastiques. Cependant une étrange découverte et un événement non moins étrange le poussèrent à accepter. En effet, se trouvant quelques jours après chez madame de Marignon, il parla d'un ton assez dégagé de la candidature qu'on lui offrait. Ce fut de tous côtés un concert de félicitations sur sa bonne fortune.

— Vous vous ferez élire, n'est-ce pas? lui dit un vieux monsieur à figure cambrée et aristocratique; il serait temps que la France se fît représenter par quelques noms qui pourraient lui rappeler que toute sa gloire n'appartient pas à cette époque. Les Luizzi datent, dans l'histoire, de la guerre des Albigeois; on les trouve à côté des Lévis et des Turenne dans ces mémorables événements.

— Il serait temps aussi, mon cher monsieur d'Armely, reprit madame de Mareuilles, que nos députés ne fussent pas tous des avocats de canton, des médecins de campagne ou des marchands de fer et de cotonnade. Ces messieurs, avec leurs habits marrons, leur linge malpropre et leurs mains sans gants, envahissent tous les salons; ils sont chez le roi, ils sont chez les ministres, ils sont partout, et une pauvre femme ne sait à qui parler, à moins qu'elle veuille discuter l'impôt sur le sel ou le tarif des douanes. Ils ne dansent pas, ils n'écoutent pas, ils ne rient pas. — C'est vrai, mais ils votent, dit une dame qui passait pour faire des mots charmants! c'est leur grande affaire. — Et surtout celle des ministres, ajouta un monsieur qui était renommé pour la hardiesse de ses opinions. — En vérité, ma chère Lydie, reprit une jeune femme dont Luizzi ne pouvait apercevoir les traits, car elle était adossée à une fenêtre et presque cachée sous son chapeau, mais dont la voix le frappa singulièrement, en vérité, dit-elle, je ne suis pas de votre avis. Vous feriez bien mieux de ne pas nous enlever les derniers hommes de salon qui nous restent, et de ne pas conseiller à monsieur le baron d'aller se perdre dans cette cohue d'honorables, fort honorables, je veux le croire, mais qui suent la politique et l'ennui à empester tout un salon dès qu'ils y entrent. C'est un mal qui se gagne, une odeur dont on

Il appela le Diable, et le Diable parut. — Page 439.

s'imprègne; et tenez: mon mari, qui a à peine l'âge requis pour occuper son siége à la chambre des pairs, est déjà empoisonné de cette manie. Quand il rentre d'une séance de la chambre haute, c'est comme M. de Mareuilles quand il revient du club des jockeys; mon mari sent la politique et le vôtre le tabac. J'aime presque autant un capitaine de la garde nationale.

Luizzi cherchait à se rappeler où il avait entendu cette voix, lorsqu'il fut distrait par l'accent mâle et hardi d'une autre femme qui, grandement belle dans toute l'étendue du mot, repartit avec une sorte d'impétuosité passionnée :

— Et que voulez-vous qu'on fasse à notre époque, si on ne se livre pas à la carrière politique? Le but de tout homme qui a l'intelligence de sa force n'est-il pas, toujours et en tout lieu, d'imposer sa supériorité à ses rivaux, et de se faire un nom et un pouvoir dont on soit obligé de reconnaître l'ascendant? La carrière politique est la seule qui, aujourd'hui, puisse mener à ce but; tout homme qui a quelque ambition virile doit donc la suivre. — A ce compte, dit la jeune femme d'un ton assez aigre, vous eussiez trouvé bon que, dans les jours les plus abominables de la révolution, un homme d'honneur eût recherché ce pouvoir et ce renom dont vous parlez? Vous eussiez approuvé qu'un vrai gentilhomme se fît, par exemple, le soldat de Bonaparte pour arriver à une épaulette de général ou à un bâton de maréchal, et qu'un marquis de vieille race se fît sénateur pour être comte de l'empire? — Assurément, Madame. — Voilà des sentiments qui m'étonnent de la comtesse de Cerny, de la fille du vicomte d'Assimbret, d'une femme qui porte deux des plus beaux noms de France! — Et que je ne m'étonne pas, moi, répondit avec dédain la belle femme, de ne pas voir partager à la comtesse de Lémée! — La comtesse de Lémée? s'écria Luizzi... Fille Turniquel, murmura-t-il en lui-même, comme s'il eût voulu achever la pensée de madame de Cerny. — Moi, dit la jeune femme en saluant gracieusement Luizzi, moi, monsieur le baron, qui étais curieuse de savoir si vous me reconnaîtriez. — Ah! vous vous connaissez, dit madame de Marignon, voulant rompre le cours des reparties qui commençaient à s'aigrir entre ces deux dames. — Nous avons passé quelques jours ensemble chez M. de Rigot, mon oncle, dit madame de Lémée. J'espère, monsieur de Luizzi, que vous ne m'en voulez pas du méchant procès qu'il vous a fait? Il l'a perdu, et j'en suis ravie. C'est un peu la faute d'un certain M. Bador, à qui il en avait confié la direction; mais, quoique sa maladresse m'ait fait perdre d'assez belles espérances d'héritage, j'en remercie ce cher monsieur, puisqu'il a fait qu'il ne peut y avoir aucune rancune entre nous.

Luizzi écoutait, admirant l'imperturbable aplomb de mademoiselle Ernestine Turniquel, lorsque celle qu'on avait appelée la comtesse de Cerny dit à Luizzi :

— Ah! vous avez connu monsieur... de Rigot? — J'ai eu cet honneur, répondit assez froidement le baron, qui désirait se mettre du parti de madame de Lémée, afin qu'elle le ménageât de son côté, tandis qu'il cherchait à se rappeler où il avait entendu prononcer le nom de Cerny. — Je vous en félicite bien sincèrement, Monsieur, reprit la comtesse d'un ton presque impertinent et en regardant Luizzi attentivement.

Madame de Marignon, voulant encore rompre la conversation sur le compte de Rigot, dit à Luizzi :

— Et pourrait-on savoir dans quel département vous comptez vous faire élire? — Dans l'Aude, dit Luizzi, à N... — Mais vous avez là un terrible concurrent, dit le vieillard qui avait parlé le premier. — Qui donc, mon cher d'Armely? demanda madame de Marignon.

Ce nom avait déjà été pour Luizzi un sujet d'étonnement, et il faisait de fâcheuses réflexions, en voyant chez madame de Marignon et sur ce pied d'intimité le père de l'infortunée Laura, lorsque celui-ci reprit :

— Oui, monsieur le baron, vous avez un terrible concurrent, un homme qui peut compter sur les efforts de tous nos amis politiques. — Et c'est?... — Monsieur de Carin, dit le marquis. — Monsieur de Carin?... répéta Luizzi. — Le connaissiez-vous donc aussi? reprit la comtesse avec un intérêt très-marqué. — Oui, beaucoup..., beaucoup... répondit lentement Luizzi, devenu pensif à tous ces noms évoqués un à un comme pour le frapper de mille affreux souvenirs...

— Ah! reprit madame de Cerny, voilà ce que j'appelle un homme de cœur et de haute capacité. Avec un caractère moins ferme que le sien, c'était une vie manquée; marié à une idiote qui a fini par devenir folle, il a eu à subir de tels chagrins que tout autre y eût succombé. — Du moins n'a-t-il pas eu celui d'être trompé par sa femme, dit le baron amèrement.

Tout le monde éclata de rire, et madame de Cerny devint rouge jusqu'au blanc des yeux.

— Allons, reprit en riant madame de Fantan, il faut tout pardonner à la folie : la pauvre femme ne savait ce qu'elle faisait. D'un autre côté, Cerny avait été fort dérangé avant de vous épouser, et on ne perd pas si vite de mauvaises habitudes.

Ceci rappela à Luizzi que le comte de Cerny était celui qui avait essayé d'être moins grossier que les autres hommes qui entouraient madame de Carin. Pendant qu'il réunissait un à un tous ces souvenirs, des regards équivoques couraient autour de ce cercle comme des éclairs à l'horizon. Mais madame de Cerny les arrêta d'un coup d'œil impérieux et reprit :

— Quoi qu'il en puisse être, monsieur de Carin a cherché une distraction à ses malheurs dans une vie noblement occupée, et il en a triomphé. Ah! monsieur le baron, si monsieur de Carin est le concurrent que vous avez à combattre, je désespère de votre succès.

— Eh bien ! je tenterai, reprit Luizzi avec une énergie dont personne ne devina le secret, et qui venait de l'indignation qu'avaient fait naître en lui les éloges de la comtesse pour monsieur de Carin et la calomnie des autres contre l'infortunée Louise ; je le tenterai, et peut-être ne serai-je pas aussi malheureux que vous le pensez. — C'est un courage que j'honore, repartit madame de Cerny. — Faites-en donc provision, reprit le vieux marquis d'Armely. Carin m'a écrit qu'il avait déjà un concurrent redoutable, un riche maître de forges du pays, un certain capitaine Félix Ridaire. — Félix Ridaire! répéta Luizzi. — Oui, et monsieur de Carin est d'autant plus inquiet qu'à part ses opinions, qui sont fort exagérées, on dit que ce monsieur Ridaire est un homme d'une capacité incontestable et d'une probité au-dessus de tout soupçon. — Le capitaine Félix Ridaire! répéta Luizzi en souriant dédaigneusement. — Le connaîtriez-vous aussi? s'écria-t-on de tous côtés. — Oui, oui, dit Luizzi avec la même expression énergique : je le connais et je combattrai ce concurrent comme l'autre. — Vous connaissez toute la terre! dit la comtesse en riant.

Luizzi s'approcha d'elle, pendant que quelques personnes qui se levaient faisaient rompre le cercle avec bruit.

— Et je crois avoir l'honneur de vous connaître aussi, dit-il tout bas à la comtesse.

Cette réponse de Luizzi lui avait été dictée par un singulier sentiment de dépit contre tous ces éloges si libéralement accordés à des gens qu'il en savait si complétement indignes. D'un autre côté, si le nom de madame de Cerny lui avait rappelé le récit de madame de Carin, le nom d'Assimbret lui avait remis en mémoire le vicomte libertin, habitué de la maison de la Béru, qui avait si gaiement volé à Libert les nuits de son Olivia et si rudement chassé ce rustre de Bricoin. Un vague désir de troubler cette femme, en lui disant qu'il était dans la vie de chacun des choses avec lesquelles on peut le dominer poussa le baron, et lorsque la comtesse lui répondit en riant :

— Je ne crois pas, monsieur le baron...

Celui-ci continua :

— Cependant, madame, je pourrais vous expliquer comment une femme telle que vous, oubliant avec indulgence les égards de position qu'elle doit au nom du comte de Cerny, se trouve chez madame de Marignon par complaisance sans doute pour son nom de mademoiselle d'Assimbret. — Quoi! Monsieur, dit rapidement la comtesse d'un ton alarmé et en jetant un regard significatif sur madame de Marignon, vous savez...? — Beaucoup de choses, dit Luizzi, encouragé par l'effet qu'il produisait ; et peut-être aussi, continua-t-il, pourrais-je vous rassurer sur le résultat des attentions de monsieur de Cerny pour l'infortunée madame de Carin.

Ce mot qui, pour Luizzi, ne faisait allusion qu'à l'innocence de Louise dont il se croyait assuré, sembla confondre madame de Cerny. Une rougeur subite se répandit sur son visage, elle regarda Luizzi avec un singulier effroi et balbutia d'une voix altérée :

— C'est impossible... Monsieur... vous ne savez pas... — Je sais tout, repartit Luizzi, charmé de pousser jusqu'au bout cette mystification dont le succès était si inattendu pour lui.

Et, tandis que madame de Cerny le suivait d'un regard épouvanté, il la salua et sortit en se disant : « Il n'y a donc aucune femme sur la vie secrète de laquelle on ne puisse frapper, même au hasard, sans y éveiller le souvenir d'une honte ou d'un remords ? » Cette réflexion attrista Luizzi ; il fut au moment de rentrer dans tous ses doutes sur le compte de Henri et de Juliette. Cependant il réfléchit que, pour ce qui concernait madame de Carin, il n'avait d'autres renseignements que ceux qu'il avait puisés dans le manuscrit de cette infortunée. Il se souvint que le Diable l'avait laissé dans le doute sur la véracité du récit de Louise et que son histoire avait tout le caractère d'une idée fixe ; d'un autre côté, il se dit qu'en supposant même que cette histoire ne fût pas le résultat d'une folie, il était assez naturel que madame de Carin n'y eût point fait l'aveu d'une faiblesse qui eût pu donner des armes contre elle. En conséquence de ces bonnes raisons, l'indignation qui avait poussé Luizzi lorsqu'il avait entendu parler de monsieur de Carin et de Félix se calma devant le doute qui le prit, et la résolution où il avait été un moment de se servir contre eux, dans sa lutte électorale, de ce qu'il savait sur leur compte, lui parut tout au moins imprudente. Il était dans ces dispositions au moment où il rentrait à son hôtel ; il se repentait de l'entraînement qui l'avait conduit à se prévaloir un moment de connaissances dont il ne pouvait révéler l'origine, lorsqu'une autre voiture que la sienne s'arrêta à sa porte. Le valet de pied ouvrit la portière, et Luizzi put remarquer que le brillant équipage était occupé par une femme. Du fond de la porte cochère où il était descendu, il put entendre une voix qui dit avec vivacité :

— Tout de suite pour monsieur le baron de Luizzi... ; puis à l'hôtel.

Une main élégante, d'une grande richesse de forme et d'une blancheur éblouissante, remit un billet au domestique qui ferma la portière. Celui-ci entra chez le concierge et lui jeta le billet, en lui répétant l'ordre de sa maîtresse :

— Tout de suite pour monsieur le baron de Luizzi.

Puis il remonta à son poste, en criant au cocher :

— A l'hôtel !

Et l'équipage disparut au grand train de ses deux superbes chevaux. Le baron avait cru reconnaître la voix de la femme qui avait parlé, et il ne s'était pas trompé. Il lut le billet, qui était ainsi conçu :

« Monsieur,

« Les paroles que vous m'avez dites rendent une explication indispensable entre nous. Je crois m'adresser à un homme d'honneur, je n'hésite donc pas à vous dire que je vous attends ce soir à dix heures. Nous serons seuls.

« Léonie de Cerny. »

Ce billet charma Luizzi, et il se fit un assez doux devoir de répondre à une telle invitation. Mais, en y réfléchissant bien, il pensa qu'il serait fort embarrassé de résoudre les doutes de madame de Cerny ; il reconnut que le peu qu'il savait des relations du comte et de Louise ne suffirait pas à une femme sans doute très-jalouse ; car il fallait un sentiment bien puissant pour la pousser à une démarche aussi extraordinaire que celle qu'elle venait de faire ; il se dit enfin que, dans tous les cas, il lui faudrait expliquer la source de tous ces renseignements, et Luizzi ne se souciait nullement de raconter d'aucune façon comment il avait pu entrer dans la maison de fous habitée par madame de Carin. Il en conclut qu'il serait plus facile et plus raisonnable d'écrire un billet d'excuse, et il monta chez lui, en se réservant d'y réfléchir.

Il trouva tout le monde assemblé chez Caroline. On projetait une partie de mélodrame à la Porte-Saint-Martin, et tout le monde était d'un entrain complet. Caroline surtout semblait ravie, et Juliette était d'une gaieté charmante, ainsi que Henri. Luizzi, du reste, avait remarqué que les manières du lieutenant s'étaient polies au contact des gens comme il faut, et il s'associa facilement à la joie commune. Le jeune du Bergh et Gustave étaient de la partie. Luizzi refusa d'y aller, sous prétexte de santé, et parce que d'ailleurs, dit-il, il avait vu cette pièce. Il voulut être libre, sans parti bien arrêté cependant de se rendre chez madame de Cerny. Seulement, pendant le dîner, il parla de sa visite chez madame de Marignon ; il nomma la comtesse avec affectation, pour voir si Edgard du Bergh pourrait lui apprendre quelque chose sur son compte. Il fut satisfait, sinon dans sa curiosité, du moins dans le but qu'il s'était proposé ; car Edgard parla de madame de Cerny avec un enthousiasme ardent pour sa beauté et le respect le plus profond pour sa vertu. Cette fois encore Luizzi, en écoutant du Bergh, laissa échapper l'occasion de remarquer le trouble que le nom de Cerny produisit sur Juliette ; mais il était tout à la comtesse, et il répondit à Edgard :

— Je sais combien elle est belle, dit le baron, je ne doute pas qu'elle ne soit irréprochable : mais ne la croyez-vous point très-jalouse ! — Elle ? s'écria du Bergh, pas le moins du monde, je vous jure. Sans être mal avec la comtesse, nul ne mène une vie plus indépendante que son mari. Je ne la crois pas jalouse par caractère, et le comte, d'ailleurs, ne lui en donne guère le sujet. Après avoir été l'un des hommes les plus à la mode de Paris, il a changé tout à fait de manière de vivre, il a tourné à l'ambition, et comme sa femme a, je le crois, plus de cette passion dans le cœur que d'aucune autre, ils s'entendent à merveille.

Ces renseignements ne concordaient pas avec l'effroi de la comtesse à propos des paroles de Luizzi sur la prétendue intrigue de monsieur de Cerny et de madame de Carin ; il demeura donc dans sa perplexité et laissa sa compagnie se préparer au plaisir des horreurs de *la Tour de Nesle*, qui était alors dans sa nouveauté. Chacun était allé s'apprêter ; Juliette seule était restée dans le salon avec le baron, qui réfléchissait à part lui. Alors la jeune fille, l'arrachant à sa rêverie, lui dit fort simplement :

— J'ai bien peur que nous n'ayons pas grand amusement au spectacle, car vous n'avez pas voulu braver, pour nous accompagner, l'ennui d'une seconde représentation. — Vous avez tort, dit Luizzi nonchalamment, cette pièce est au contraire d'un intérêt très-vif, et, si je n'étais bien faible encore... — Et quel est le sujet de cet ouvrage ? — Le sujet ? dit Luizzi en regardant Juliette... Ma foi, il est assez difficile à expliquer. Je laisse à l'auteur le soin de s'en charger... — Il s'agit d'une reine de France, dit Juliette, qui avait des amants... — Qu'elle faisait jeter dans la Seine après des nuits d'ivresse et d'orgie, répondit le baron.

Le visage de Juliette s'éclaira d'un regard fauve et d'un sourire luxurieux, et le baron fut frappé de l'idée soudaine qu'une nature comme celle de Juliette pouvait expliquer la férocité et la lubricité des crimes attribués à Jeanne de Bourgogne. Par un mouvement emporté du désir incessant que cette femme réveillait en lui, il se rapprocha d'elle et lui dit :

— Il y a dans ce drame une peinture merveilleuse de ces plaisirs frénétiques, de ces baisers furieux, de ces ivresses délirantes où jette l'amour, et ce tableau vous surprendra, j'en suis sûr.

Juliette leva sur Luizzi des yeux humides, où son regard tremblait comme les rayons d'une étoile dans la brume. Armand en fut pour ainsi dire inondé. Dans un mouvement irréfléchi, il osa prendre Juliette dans ses bras, et, plus hardi qu'il ne l'avait été jusque-là, il l'attira sur ses genoux, chercha ses lèvres de ses lèvres, et l'attacha à lui. Juliette sembla se tordre sous ce baiser; mais, s'arrachant encore une fois à Luizzi, elle s'enfuit en s'écriant :

— Oh! non! non! non!

Luizzi allait peut-être se décider à suivre Juliette au spectacle, persuadé que cette jeune fille cachait sous sa réserve un amour qui la dévorait et qui la lui livrerait le soir même, s'il savait profiter de l'exaltation que pouvait faire naître en elle un drame pareil à *la Tour de Nesle*; mais au moment où il flottait entre le désir de posséder Juliette et l'obligation de se rendre à l'invitation de la comtesse, il reçut un nouveau billet ainsi conçu :

« Monsieur le baron de Luizzi ne m'a pas
« fait dire s'il se rendrait à mon invitation.
« J'attends sa réponse, et j'attends surtout
« monsieur de Luizzi.   LÉONIE. »

Encore une fois le baron se dit qu'il serait mal d'abuser de la faiblesse de l'amie de sa sœur; et, pour ne pas céder à une nouvelle tentation, il répondit sur-le-champ qu'il aurait l'honneur de se présenter à dix heures chez madame de Cerny. Pendant ce temps, il avait entendu Henri et Caroline causer gaiement et rire dans leur chambre, où ils étaient allés depuis longtemps achever leur toilette. Juliette rentra cependant avant eux, et, comme on les entendait approcher en s'appelant avec la douce familiarité du bon ménage, Juliette alla vers le baron et lui dit :

— Il faut que je vous parle ce soir absolument. — A quelle heure ? — A notre retour du spectacle. — Il sera minuit, dit Luizzi, qui calculait qu'il pouvait être de retour de chez madame de Cerny. — A minuit, soit! plus tard s'il le faut! dit Juliette... — Où vous verrai-je ? — Chez moi, si vous ne craignez pas d'y monter, quand moi je ne crains pas de vous y recevoir.

Luizzi fit un signe de consentement et chercha la main de Juliette, qui la retira en disant d'un air particulier et avec un soupir violent :

— Nous verrons... nous verrons...

Henri et sa femme rentrèrent, puis bientôt après Gustave et Edgard, et ils partirent. Luizzi resta seul à réfléchir sur ses deux rendez-vous, et voici les pensées qui lui vinrent à ce propos : « Plus je regarde le monde, plus je vois que la chose qui y tient le plus de place, c'est l'amour, ou ce qui passe pour l'amour, le plaisir. Les femmes ne s'occupent guère d'autre chose légitimement ou illégitimement. Or il est difficile qu'elles s'en occupent tant, si les hommes ne s'en mêlent pas un peu ; seulement ils dédaignent de paraître y trop penser, non par discrétion, mais par vanité, et pour se faire considérer comme des esprits graves et rassis. Il me semble donc que le rôle de curieux que je joue au milieu de tout cela est assez niais. Voici une double occasion d'en sortir. Juliette sera à moi quand je le voudrai, cette nuit même si je le veux ; mais une femme dont la défaite me charmerait bien autrement, ce serait madame de Cerny. Une femme vertueuse, une femme à idées arrêtées cela doit être un triomphe flatteur et un adorable passe-temps! »

Pour bien faire comprendre ce caprice du baron, qui abandonnait Juliette en pensée pour se reporter vers madame de Cerny, il faut dire encore que cette fille si singulière n'agissait absolument que sur les sens du baron, et que, dès qu'elle était absente, rien ne restait à son souvenir de cet empire pour ainsi dire physique qu'elle exerçait sur Armand. Madame de Cerny, au contraire, avait tous les charmes du nom, de l'esprit, de la bonne réputation, qui irritent par la pensée les désirs d'un homme, et Luizzi, troublé encore de son entretien avec Juliette, reporta sur la chaste madame de Cerny tous les désirs que la fille ardente lui avait inspirés. Cependant il persistait à courir après l'espérance de posséder la comtesse, sans voir le moyen d'y parvenir. Que dirait-il à cette femme? Après la prétention de finesse qu'il avait montrée, n'aurait-il pas l'air d'un sot, en n'ayant à lui raconter que la maigre circonstance du récit de Louise? Cette crainte du ridicule se mêlant à ses pensées, le baron réfléchit au hasard qui avait fait que, jusqu'à ce moment, les confidences du Diable ne lui avaient guère servi qu'à lui montrer sous un jour fatal ses actions passées, et non à le guider dans ses actions futures; il se décida donc à apprendre la vie de madame de Cerny, pour en user selon les circonstances de sa visite. Alors, se trouvant seul pour la première fois depuis longtemps, il appela le Diable, et le Diable parut soudainement sans que Luizzi crût d'abord que ce fût lui, tant il avait adopté une singulière tenue.

LV

UN ABBÉ

Il était en bas de soie d'un noir mat, qui dessinaient une jambe mince de la cheville et vigoureusement rebondie à l'endroit du mollet, une de ces jolies jambes à culotte courte qu'estimaient tant nos grand'mères et qui sont d'une affreuse difformité en belle nature. Il avait une culotte de casimir noir très-serrée au genou, genou très-mince, surmonté de cuisses fortes et courtes; un peu de ventre et beaucoup de hanches; un gilet de soie noire, une petite cravate en corde sur laquelle se posait un double menton potelé; un visage rose, frais et souriant; une petite bouche avec des dents charmantes, des yeux papelards, les cheveux légèrement frisés, des mains blanches et parfumées; du linge d'une finesse extrême et d'un éclat éblouissant, mais sans empois, sans cette horrible préparation qui donne à la toile l'air d'un morceau de carton; du linge flottant et gracieusement chiffonné; et enfin une petite redingote noire à un seul rang de boutons. C'était, à tout prendre, un adorable petit abbé, si ce n'eût été le Diable : chose fort difficile à deviner, car il avait caché son pied fourchu dans le plus joli petit soulier du monde, luisant, effilé, charmant.

Malgré son désir de l'interroger, Luizzi ne put s'empêcher de s'étonner de la forme que Satan avait prise pour lui apparaître.

— D'où viens-tu, dis-moi, en pareil équipage?

Le Diable lui répondit avec un fausset très-flûté :

— Je viens de griser un archevêque allemand et un chanoine. — Bel exploit pour un être comme toi! — C'est une des choses les plus difficiles que j'aie tentées. J'ai cru que jamais je ne les pousserais au doux péché mortel que vous appelez gourmandise et dont l'ivrognerie fait partie. — Des gens qui n'avaient bu que de l'eau durant toute leur vie, sans doute? — Bien au contraire, mon maître, des gaillards qui avaient une telle habitude des vins les plus dangereux que j'ai vu le moment où je tomberais sous la table. — Quel intérêt avais-tu à les griser aujourd'hui, si c'est leur habitude de tous les jours? — C'est qu'ils ne se grisent pas, et voilà où était le cas de conscience pour ces enragés jésuites. En effet, Dieu a donné à l'homme les aliments pour se restaurer, le vin pour se désaltérer, mais il n'a pas dit aux hommes : Vous mangerez tous les jours une livre ou deux d'aliments et vous boirez une bouteille de vin; il leur a dit qu'ils en prendraient chacun selon ses besoins. Or, il faut que tu saches que ledit archevêque et son chanoine avaient graduellement habitué leurs estomacs à de si vastes besoins, que tu en frémirais. A deux, ils étaient capables de faire un désert d'une table de douze couverts avec ses trois services, et un panier de cinquante bouteilles de vin de Bordeaux ne les embarrasserait nullement. — Mais c'est une horrible gloutonnerie! — Gloutonnerie, soit! mais gourmandise, non, car il n'en est jamais résulté ni ivresse ni indigestion. Or, en toutes choses, qu'est-ce qui fait la faute? l'abus. Qu'est-ce qui constitue le péché? l'excès. Donc, le jour où il aurait fallu disputer à quelques anges bouffis l'âme de ces prélats, j'aurais eu trop à faire, car je n'aurais pas pu dire qu'ils avaient jamais mangé ou bu au delà de leurs besoins naturels. J'ai prévu l'argument jésuitique qu'un adversaire habile pouvait tirer de cette circonstance, et je l'ai détruit par avance. C'en est fait, je viens de laisser les deux sacerdotaux ivres-morts sous la table, où je les ai couchés en croix l'un sur l'autre, à la plus grande gloire du Seigneur.

Luizzi écoutait Satan pendant qu'il parlait ainsi d'un ton légèrement aviné et quelque peu bredouillant. Ce n'était plus le Diable si sombre et si grave qui lui avait raconté l'histoire d'Eugénie, ni le Diable sceptique et railleur qui le poursuivait de ses cruels sarcasmes; c'était un joli Diable, gentil, musqué, pomponné.

— En vérité, lui dit-il, je te croyais occupé à des choses plus sérieuses que celles-là. — Et qu'y a-t-il de plus sérieux pour moi que de corrompre les hommes? Penses-tu que j'aie, moi, une classification de vices qui me fasse estimer les uns et mépriser les autres, comme vous faites entre vous? Crois-tu que le puissant, ivre de lui-même, qui sacrifie le repos d'un État à son ambition, soit pour moi moins méprisable que le manant qui joue le repos de son ménage contre quelques litres de mauvais vin? T'imagines-tu que je fais une grande différence entre la grande dame qui introduit par l'adultère les enfants de son amant dans la famille de son mari, et la fille publique qui met ceux du public aux Enfants-Trouvés? Gardez ces misérables distinctions, elles vous appartiennent. — Penses-tu que notre morale ne les condamne pas également? — Est-ce que vous vivez en vertu de votre morale, pauvres méchants que vous êtes? Eh! vous ne vivez pas même en vertu de vos passions, car la plus naturelle chez tout animal c'est l'amour, et vous mentez incessamment à celui que votre organisation vous inspire. — Je ne comprends pas. — Va donc dans la rue, mon maître, rencontre une belle fille admirable de beauté et de jeunesse : il est possible que tu la remarques, cachée sous ses haillons. Mais qu'il passe à côté d'elle une de ces mièvres créatures extraites d'un journal de modes, encapuchonnée de soie, coiffée de cheveux tellement lisses qu'une calotte de satin les remplacerait avec avantage, sanglée dans un corset qui lui fait une taille comme un goulot de bouteille, empaquetée de chiffons de mousseline empesée qui lui forment des hanches impossibles et immorales, tendant et balançant des formes qu'elle n'a pas et qu'elle exagère impudemment au delà des riches proportions de la Vénus Calipyge, et tout aussitôt tu laisseras la belle fille aux beautés naturelles et vraies pour suivre ce paquet de linge blanc et de soie éclatante. — Ceci, dit Luizzi, est une affaire d'illusion; on se trompe à l'apparence. — Tu mens! dit Satan; vous êtes sûr de ce qui en est. Il y a telle femme à qui vous savez que la nuit tout manque de la femme, excepté son sexe, et qui vous ravit le jour, parce qu'elle supplée habilement à toutes les absences de beauté. Vous l'adorez pour le corset qui lui fait un sein admirable, pour le polisson (c'est un mot de vous) qui lui prête une croupe andalouse; vous vous passionnez

En effet, la grande et blonde madame de Cerny... — Page 447.

pour sa taille roulée sous un lacet comme un saucisson ficelé. Vous n'aimez plus les femmes, mon maître; vous aimez le caoutchouc, l'empois et le coton. — Eh bien, en fait de femmes, dit Luizzi, que penses-tu de la comtesse de Cerny? — Une grande femme blonde, forte, bien femme de partout, excepté du cœur, car elle est, dit-on, décidée, hardie, ambitieuse; c'est un beau morceau de sculpture en chair. Si jamais elle prend un amant, elle en fera le valet, non de ses désirs d'amour, mais de ses désirs de pouvoir. Voilà du moins comme le monde la juge. — Si jamais elle prend un amant, dis-tu? elle n'en a donc jamais eu? — Jamais. — D'où vient alors l'effroi qu'elle a éprouvé lorsque je l'ai menacée de lui dire ses secrets? — Eh! mon maître, crois-tu que les femmes n'aient pas d'autres vices ou d'autres malheurs à cacher que ceux de l'amour? Ne penses-tu pas que souvent le ridicule peut leur faire plus de peur que la honte? — Quoi! s'écria

Luizzi en se penchant vers le Diable, qui, étendu sur un fauteuil, déboutonnait son gilet en soufflant comme un homme gorgé, la comtesse serait-elle dans l'impuissance d'avoir un amant? — Je te dis que c'est un admirable corps, une de ces femmes qui ont gardé le type primitif de leur race originelle, une de ces magnifiques natures normandes venues des pays slaves à la conquête de la France; natures princières, fécondes, riches, vigoureusement constituées; une femme, tout une femme enfin. — C'est donc que son ambition occupe tout ce qu'elle a de facultés sensibles? — Je ne puis te dire qu'elle les occupe, mais elle les distrait. — Qu'entends-tu par là? — Qu'elle est devenue ambitieuse pour ne pas être coquine. — Bon! c'est pourtant assez impuni et assez facile pour qu'elle y ait renoncé si jeune. — Cela pour elle n'est point facile, parce que cela ne resterait pas impuni. — Le comte est donc bien jaloux? — De sa femme? non. De ce que vous appelez son honneur? oui. — Sans doute il la surveille avec une rigueur de tuteur espagnol? — Tu entreras chez elle à dix heures, tu la trouveras seule, tu en sortiras quand tu le voudras, sans qu'il en prenne souci, à moins d'événements extraordinaires. — Ainsi cette visite n'aura pas le résultat que j'en espérais? — Peut-être obtiendras-tu en une nuit ce que beaucoup d'autres se sont vu refuser après des années d'amour sincère et de passion dévouée. — Tu crois? — Je suis même assuré que, si tu ne réussis pas, ce sera par ta faute. — Mais ne peux-tu me donner quelques conseils? — Moi? dit Satan en soupirant; hélas! non. Je n'ai jamais aimé qu'une femme mortelle depuis l'éternité, et je n'ai pu en triompher. — Et c'est?... — La Vierge Marie! fit le Diable avec son plus cruel sourire. Aussi en a-t-on fait la mère de Dieu. — Et toutes les autres? — Toutes les autres? J'ai laissé faire aux hommes, excepté, comme je te l'ai dit, pour Eve. Comme ils n'étaient que deux sur la terre, il a bien fallu que je m'en mêlasse pour qu'elle trompât son mari. S'il y avait eu seulement un horrible petit bègue, borgne, bossu et idiot à côté d'elle, je me serais épargné ce soin. Depuis ce temps, je ne m'en suis plus occupé; mes conseils ne seraient donc pas d'un maître très-inhabile. — Mais, dis-moi, est-ce une de ces femmes dont on puisse égarer la prudence par une surprise audacieuse? — Je ne crois point à de telles surprises, à moins que les femmes à qui elles s'adressent ignorent complétement ce qu'on veut d'elles; et il n'y en a guère aujourd'hui. — Surtout, reprit Luizzi, quand elles sont mariées. Mais serait-elle de celles dont on peut exalter l'imagination par des regards, des paroles, des tableaux lascifs? — Je ne crois pas à une puissance d'exaltation si rapide, quand ce n'est pas une habitude de l'esprit et des sens. On ne grise pas facilement un homme sobre; mais celui qui, tous les soirs, se laisse perdre la raison, est d'une ivresse très-facile. — Ce n'est pas ce que tu viens de me dire par rapport à ton archevêque. — Au contraire, dit le diable; car si l'archevêque buvait, il ne se grisait jamais. Il y a des femmes qui se donnent trois amants dans une nuit et qui ne vont pas jusqu'à l'ivresse de l'amour pour cela. C'est ce que Diderot appelle si justement la bête féroce, c'est ce que Juvénal explique si bien par son *Lassata viris et non satiata recessit.* — Mais, à ce compte, quelle est donc cette Juliette, dont la présence exerce sur moi une puissance si instantanée et si vive?

Le Diable parut embarrassé, puis il repartit:

— Tout ce qui excite ne satisfait pas quand on le possède. Il y a des mets dont l'aspect seul est appétissant. — Cependant, il me semble que cette Juliette... — Ne profitera pas probablement des désirs qu'elle fait naître, dit le Diable en interrompant le baron. Il y a un mot atroce qui a été dit à monsieur de Mère, dernier amant d'Olivia, un jour qu'il racontait comment une femme qu'il avait adorée s'est donnée tout à coup à un autre. — Et quel est ce mot ? — Il voulait dire, repartit le Diable, qu'il ne faut point ébranler les bons principes d'une femme, agiter son cœur, tourner sa tête, troubler ses sens, et ne pas être là au moment précis pour profiter de l'instant où elle est décidée à succomber si elle est forte, incapable de résister si elle est faible. Mais quel est ce mot ? — Il est d'une femme. — Le mot ? — Il est d'une femme de génie. — Le mot, le mot ? — Il est de madame de Staël. — Satan, tu te moques de moi ! — Ma foi, mon cher, je ne suis que le Diable ; je n'ai pas le droit d'être aussi explicite qu'une femme, et une femme de génie, surtout. — C'est ton costume d'abbé qui te rend si prude ? dit Luizzi en riant. — Au contraire, mon maître, je l'ai gardé parce que j'ai à te raconter un trait où il se mêle un peu de paillardise, et que mon récit jurerait avec toute autre forme. — Eh bien ! le mot ? le mot ? — Eh bien ! le mot... c'est que... *ce n'est pas toujours celui qui chauffe le four qui enfourne.* Retourne le met, et tu sauras ton histoire avec Juliette et madame de Cerny. — Ainsi tu crois, dit Luizzi ravi, que la comtesse sera à moi ? — Cela dépendra de toi. — Mais comment m'y prendrai-je ? — Voilà une question de lycéen, mon bon ami. — L'heure se passe, dit Luizzi, et tu ne me réponds rien. — Nous avons le temps, reprit Satan en riant : l'histoire de madame de Cerny n'est pas longue pour ce que tu as à en faire, celle de son mari non plus. Je te la dirai dans la voiture, pendant que tu me conduiras au faubourg Saint-Germain, où j'ai une jeune dévote à visiter. — Je croyais, dit Luizzi, que tu voyageais dans les airs. — Quelquefois, mais ces enragés m'ont fait tellement boire que je m'égarerais à travers les cheminées. — Eh ! parbleu, dit le baron, tu m'y fais penser, je ne sais où demeure la comtesse. — Rue de Grenelle-Saint-Germain n...; je vais d'abord à côté de sa maison, puis au ministère de l'intérieur. — Tu vas faire de la politique ? — Oui, j'ai à m'occuper de l'élection de N... — Où je me porte candidat. — Je ne te croyais pas décidé. — Je le suis, si tu veux répondre à une question. — Laquelle ? — Le récit de madame de Carin est-il vrai ? — Exactement vrai. — Monsieur de Cerny n'a pas été son amant ? — Non, certes. — Je puis l'affirmer à sa femme ? — Elle en est aussi sûre que toi. — Aussi sûre que moi ? Que peut-elle alors me vouloir ? — Je puis te dire ce qu'elle peut te vouloir, pour parler ton français ; elle veut savoir de toi comment tu sais que monsieur de Cerny n'a pas été l'amant de madame de Carin. — Il suffira de mon affirmation pour la convaincre ? — C'est probable, puisqu'elle en est déjà convaincue, fit le Diable en riant ; mais cela ne lui expliquera pas comment tu en es toi-même si certain. — Faut-il lui raconter que j'ai lu le manuscrit de Louise ? — Ce serait le moyen le plus simple et le plus raisonnable ; mais ce serait aussi celui de n'avoir auprès d'elle aucune chance de succès. — Il y en a donc un autre ? — Il est neuf heures et demie, montons en voiture. — Tu veux encore me tromper ? dit Luizzi, en sonnant pour qu'on fît avancer son coupé qu'il avait commandé depuis longtemps. — Non, je te jure sincèrement que tu sauras sur le compte de madame de Cerny tout ce qu'on peut et tout ce que tu dois en savoir.

Un moment après, ils étaient en voiture et roulaient vers le faubourg Saint-Germain.

— Maintenant, dit Luizzi, tu vas me raconter, s'il te plaît, l'histoire de madame de Cerny. — La voici, reprit le Diable,

LVI

HISTOIRE DE MADAME DE CERNY

Et le Diable reprit en s'accotant au coin de la voiture :

— Imagine-toi que je vais chez une petite femme qui est assurément une exception par le temps qui court. Elle est jolie, gracieuse, bien faite, de peau blanche et fine, tout à fait de bonne race, une femme d'avoué enfin, ni plus ni moins, par conséquent une femme très-propre à une passion compromettante ou une galante aventure. Elle avait, en outre, une certaine pointe d'exaltation dans le cœur et une forte dose de caprice volontaire dans l'esprit, qui devaient en faire, si elle était tombée en de bonnes mains, une de ces médiocres existences qui vivotent dans une foule de petits péchés secrets et de scandales à huis clos, existences, du reste, qui constituent le bonheur des femmes et presque toujours celui des maris. — Est-ce l'histoire de madame de Cerny que tu me racontes? — Elle viendra en son lieu, repartit le Diable... Puis il continua : Je ne supposai pas un moment que cette petite créature valût la peine que je m'en occupasse, et j'avais laissé aux hommes et aux femmes le soin de la perdre; mais sa mère ne s'avisa-t-elle pas de la confier aux soins d'un vieux curé, qui tourna vers la religion cette exaltation dont je comptais faire mon profit, vers l'accomplissement de ses devoirs cette obstination qui devait la faire persévérer dans le mal dès qu'elle y aurait mis le pied? Ma petite demoiselle devint pieuse; elle épousa avec amour un mari plein d'honneur, et la voilà bientôt calme et honnête femme, puis mère attentive et vigilante de deux jolis enfants. Ceci me parut aller trop loin, et je songeai à rectifier toutes ces bonnes qualités dans mon sens. Parbleu! madame, me dis-je, vous êtes pieuse, je vous ferai dévote; vous êtes persévérante, je vous ferai entêtée; vous êtes vigilante, je vous rendrai soupçonneuse; votre ménage est un paradis, j'en ferai un enfer. — Mais tu es sans pitié! — Allons donc! dit le Diable. Je suis meilleur chrétien que vous tous, je traite mon prochain comme moi-même. — Et par quel charmant moyen es-tu arrivé à un si beau résultat? — Je lui ai donné tous ces jolis défauts par le même moyen qui lui avait valu toutes ces belles qualités. — Comment cela? dit le baron. — Cette personne était devenue une charmante femme par les soins d'un saint directeur; je lui en donnai un mauvais. — Pour qu'il sapât les bons principes de cette femme et renversât l'œuvre de l'honnête curé? — Que nenni! fit le Diable, en se dorlotant sur les coussins soyeux du coupé. Je ne sapai point l'édifice de cette vertu, mais je l'élevai outre mesure : surcharger le sommet ou miner la base sont deux moyens excellents pour renverser un monument. Je m'avisai d'un cas de conscience des plus originaux qui aient été inventés. — Et quel est ce cas de conscience? — Il faut d'abord te dire qu'il y a une certaine morale religieuse qui consiste à considérer comme péché tout ce qui est plaisir. Les fakirs et les trappistes sont les sectaires de cette morale. Non-seulement pour ceux-là, manger plus que le nécessaire est un crime, mais manger le nécessaire avec plaisir est un péché. Or, ayant fait nommer mon curé à un vicariat général, d'abord pour le faire croire à son mérite, petit croc-en-jambe donné en passant à sa vertu, je le fis remplacer par un jeune prêtre de l'espèce des fakirs, chaud encore du séminaire et de la discussion théologique, et je lui adressai ma petite personne. — Et il en devint amoureux? — Bon Dieu! mon cher, que vous êtes bête quelquefois! dit le Diable d'un ton désolé; vous me désespérez vraiment. Je vous ai dit que je m'étais avisé d'un certain cas de conscience original. Cela n'a pas un grand rapport, il me semble, avec l'histoire très-vulgaire et très-commune d'un confesseur amoureux. — Voyons, finissons-en! dit le baron, mortifié de l'exclamation du Diable; quel est ce cas de conscience? — C'est celui dont je t'ai parlé, dit le Diable, celui qui consiste à considérer tout plaisir comme un péché, c'est ce scrupule dans toute son extravagance. Or, un jour que ma charmante dévote se confessait... — Elle en était donc à la dévotion? dit Luizzi. — Elle en était au cilice. — Comment, au cilice? — Oui, au cilice. — Où diable y en a-t-il de nos jours? s'écria Luizzi. — Où les gens de ta sorte ne peuvent les voir, attendu que les femmes qui en portent n'ont pas coutume d'y laisser regarder. — Ça doit être pourtant bien amusant une dévote! — Ah! ah! fit le Diable en se passant amoureusement la langue sur les lèvres... Voilà qui est d'une saveur adorable, d'un piquant superlatif, d'un sucré délicieux. Une dévote amoureuse, c'est un ragoût de miel et de poivre, de confiture et de piment qui écorche et caresse le palais; mais il faut des estomacs plus forts que le tien pour un tel régal. Il en faut pour cet amour qui soient de la trempe de mon archevêque pour la gloutonnerie, et l'un et l'autre se trouvent volontiers sous la même robe. Mais je reviens à ma dévote, le jour où elle était au confessionnal. Voici mon dialogue avec elle... — C'était donc toi? — Tout ce qui est mal c'est moi. L'abbé Molinet parlait, mais c'est moi qui le soufflais. Je dis donc doucement à ma poulette, et d'une voix onctueuse :

« Depuis que je dirige votre conscience, ma fille, j'ai reconnu que pour la plupart des choses de ce monde vous êtes dans la véritable voie du salut. Mais il y a un doute qui me tourmente, car lorsqu'on rencontre une vertu si pure que la vôtre, on la voudrait parfaite... s'il peut y avoir autre chose que Dieu qui soit parfait. »

— Tu as dit cela, toi, Satan? — Et pourquoi non? reprit le Diable. Dieu est parfait puisqu'il m'a fait, il n'est parfait même qu'à cette condition; car, si le mal ne venait pas de moi, il faudrait qu'il vînt de lui, et au diable alors sa perfection! Mais tu m'interromps sans cesse. Je dis donc cela à ma dévote, et elle me répondit :

— J'ai bien fouillé dans ma conscience, et je n'y découvre d'autres péchés que ceux que je viens de vous dire. — C'est qu'il est des péchés qu'on commet quelquefois par ignorance. — Dites-les-moi, mon père. — D'énormes péchés. — Oh! je les fuirai; parlez, je vous écoute. — Répondez-moi sincèrement : depuis combien de temps êtes-vous accouchée? — Depuis dix-huit mois. — Depuis dix-huit mois vous avez vécu dans la chasteté et l'abstinence? — Je suis mariée, mon père, et je ne crois pas manquer à mes devoirs religieux en obéissant aux désirs de mon mari. — Et que résulte-t-il de ces désirs? — Mon père, je ne sais que répondre, et... — Vous n'avez pas eu d'enfants depuis dix-huit mois? — Non, mon père; ma dernière couche a été très pénible, et mon médecin m'a fait craindre de graves accidents si j'avais un autre enfant. — L'infâme! m'écriai-je. — Ma santé est si faible... — Ah! misérable créature! repris-je en tonnant à voix basse, ta santé est faible pour procréer l'enfant qui veut naître, et elle est forte pour obéir aux désirs de ton mari, comme tu dis dans ton affreux langage! Mais votre union n'est plus un lien sacré, c'est un libertinage immonde qui échappe à la volonté du Seigneur qui a dit : Croissez et multipliez. — Mais je pensais... reprit-elle en tremblant. — Tu pensais, malheureuse; m'écriai-je en fureur... tu pensais... et voilà ce qui t'a perdue;. c'est la présomption, c'est la vanité... Tu pensais. »

Je poussai quelques exclamations et marmotai plusieurs bribes de mots latins, car avec quelques um, quelques us et quelques o bien lancés; au bout d'un petit murmure des lèvres, on fait de très bon latin de sacristie. Je parus m'être calmé et j'expliquai alors à ma pénitente comme quoi nos pères les plus instruits en théologie ont considéré comme un péché capital tout plaisir qui n'a d'autre but que le plaisir, et je l'épouvantai sur cette longue suite d'infanticides dont elle s'était rendue complice. — Mais c'est une idiote! dit Luizzi, et il a fallu qu'elle tombât sur un imbécile! — Mon maître, reprit le Diable, je

connais telle femme qui a changé neuf fois de confesseur pour obtenir l'absolution de ce crime et même pour trouver un prêtre qui ne l'interrogeât pas sur ce chapitre, sans pouvoir y parvenir. Alors elle y a renoncé. — A quoi? dit Luizzi, au péché? — Eh! non; à l'absolution. Mais il n'en a pas été de même pour celle-ci. — Et qu'en est-il résulté pour elle?
— Il en est résulté qu'elle a signifié à son mari qu'il eût à faire lit à part, à moins qu'il ne voulût avoir un troisième enfant. Le mari a crié d'abord, mais il a tenu bon; il a exigé, elle a répondu en dévote exaltée; il l'a traitée de folle, elle l'a traité d'infâme libertin. Ils se sont aigris, injuriés, fâchés; ils se détestent, et, grâce à la façon dont j'ai poussé l'affaire, la femme va se confesser tous les matins, et le mari va coucher en ville tous les soirs. — Ah çà, dit Luizzi, tu mens! — Si tu en doute, dit le Diable, je te ferai monter chez elle; car nous voilà à la porte de cette dame d'Arnetai. — Merci. Faut-il arrêter? — Inutile, dit le Diable. — Ouvre donc la portière. — Inutile, dit encore le Diable — Baisse les glaces. — Inutile, répéta Satan.

En effet, il passa le petit bout de l'ongle de son petit doigt sur les quatre bords du verre, et la glace se détacha comme si elle eût été coupée par le meilleur diamant de vitrier, et tout aussitôt Satan s'échappa par cette ouverture improvisée. Au même instant Luizzi se rappela que ce n'était point pour écouter l'histoire de madame d'Artenai qu'il avait emmené le Diable en voiture; il le rattrapa par la jambe; mais celui-ci ne lui laissa que son soulier dans la main. Luizzi allait se désoler, quand le Diable, qui s'était accroché à la portière, passa sa tête par la glace brisée.

— Rends-moi mon soulier, dit-il au baron.
— Dis-moi l'histoire de madame de Cerny.
— M. de Cerny a été un des plus beaux hommes de son temps, et l'un des plus libertins. Rends-moi mon soulier. — L'histoire de madame de Cerny! — M. de Cerny, ayant fait un voyage à Aix, mena une si joyeuse vie qu'il faillit en mourir, grâce à une jolie fille, fraîche de visage comme une rose. Rends-moi mon soulier! — L'histoire de madame de Cerny, ou point de soulier! — M. de Cerny, de retour après la longue maladie que lui avait inspirée la jeune fille, et corrigé de sa vie de débauches, rentra dans le monde et devint amoureux de mademoiselle Léonie d'Assimbret. — Enfin nous y voilà! Et mademoiselle d'Assimbret...? — M. de Cerny l'entoura de soins si particuliers qu'il finit par la compromettre. — Et Léonie...? — M. de Cerny fut sommé, par sa famille et celle de mademoiselle d'Assimbret, d'épouser mademoiselle Léonie. — Mais elle... elle? s'écria Luizzi avec impatience. — M. de Cerny s'y refusa de toutes ses forces. — Tu te moques de moi! — M. de Cerny, touché cependant de l'immense fortune de mademoiselle d'Assimbret, finit par l'épouser. — Très-bien! Et depuis ce temps? — La première nuit de leurs noces... — Satan, prends garde! j'ai ma sonnette! s'écria le baron. — La première nuit de leurs noces, M. de Cerny s'approcha du lit de sa femme d'un air solennel... — Elle l'avait trompé, peut-être? — M. de Cerny lui tint un long discours, un discours d'une longueur démesurée, et, après mille circonlocutions, il lui dit toute la vérité. — Quelle vérité? — Il lui apprit comment l'amoureuse maladie qu'il avait gagnée en un instant et qu'il avait faite durant six mois, l'avait rendu... — Impuissant, peut-être? — C'est toi qui l'as dit! repartit le Diable. M. de Cerny est impuissant, voilà toute l'histoire de madame de Cerny! — Impuissant! répéta Luizzi en se tordant de rire. — Mon soulier, je t'en prie! — Impuissant! — Mon soulier, vite mon soulier! car te voilà à la porte de madame de Cerny. — Impuissant! dit encore le baron en se rappelant sa réponse à madame de Cerny : *Je puis vous rassurer sur les résultats des soins de M. de Cerny pour madame de Carin!* et en riant de la traduc-

tion bien naturelle qu'elle avait dû donner à cette affirmation. — Mon soulier! mon soulier! répétait le Diable. — Impuissant! impuissant! répétait le baron.

Le soulier du diable.

LVII

LA FEMME.

La voiture s'était arrêtée, et Luizzi riait si fort qu'il n'avait point obtempéré à la réclamation du Diable. Il avait gardé le soulier dans sa main; il descendit en le tenant encore et en murmurant toujours, au milieu d'un rire étouffé, le mot fatal : Impuissant! impuissant! Il monta ainsi jusqu'à l'appartement de madame de Cerny et donna l'ordre à un domestique de l'annoncer. L'air réjoui de Luizzi parut sans doute fort singulier à ce domestique, car il examina le baron d'un air surpris et regarda à deux ou trois reprises ce qu'il tenait à la main. Armand, averti enfin par cet air d'examen étonné qu'il devait avoir quelque chose d'extraordinaire en lui, suivit le regard du domestique et s'aperçut seulement alors qu'il tenait à la main le soulier du Diable. Cela ne fit qu'accroître la disposition joyeuse où il se trouvait, et ce fut en riant plus fort qu'il dit au domestique d'annoncer le baron de Luizzi. Pendant que le valet entrait dans l'appartement, Armand, resté seul dans l'antichambre, regarda s'il ne verrait pas le Diable pour lui rendre son soulier. Ne l'apercevant pas, il se mit à examiner le soulier lui-même : ce soulier était charmant, étroit, gracieux, cambré, d'un cuir moelleux et luisant, doublé d'un satin rose brillant comme de l'émail, un de ces souliers destinés à être laissés au pied d'un lit de femme et à montrer l'élégance prétentieuse de celui qui les porte.

Luizzi était encore dans l'admiration de ce joli soulier, riant toujours et pensant que peut-être le Diable comptait l'oublier chez la jolie dévote à laquelle il allait rendre visite, lorsqu'il entendit le domestique revenir. Alors, ne sachant que faire de la chaussure de son ami Satan, il la mit dans la poche de côté de son habit et entra chez madame de Cerny. On lui fit traverser trois immenses pièces de divers styles : une salle à manger *romaine*, un salon *gothique* et une bibliothèque *renaissance*; il passa encore la chambre à coucher, qui était pur *Louis XV*, et entra enfin à l'extrémité la plus reculée de l'hôtel, dans un boudoir *chinois*, à huit pans, et du luxe le plus excentrique. Tous les panneaux étaient en laque noire; les tentures et les meubles d'un satin noir brodé de soie de couleurs très-tranchées. Les divans très-bas étaient d'étoffe pareille; le plafond en était couvert, de façon qu'au premier aspect ce boudoir pouvait ressembler à une chapelle ardente. Mais, lorsqu'à la lueur de la pâle bougie rose qui l'éclairait, enfermée dans une lampe de cristal de Bohême qui était suspendue au plafond par des chaînettes de bronze, on découvrait tous ces dessins bizarres, tous ces oiseaux fantastiques aux plumages si ardents, toutes ces figures grotesques faisant luire leur face jaune sur l'émail noir et brillant de la laque; lorsqu'on voyait toutes ces porcelaines transparentes et capricieuses, ces broderies aux larges soies illustrées, ces petits meubles surchargés de mille inutilités d'or tordu et d'argent ciselé, des fleurs admirables dans des vases difformes, des parfums pénétrants s'échappant de cassolettes inouïes, on comprenait qu'on était dans un sanctuaire de la mode dans tout ce que la mode a de plus bizarre et de plus impertinent. Puis, un instant après, quand on avait subi un moment l'influence de cet endroit prestigieux, on devinait que l'éclat sombre de ce réduit et la laideur recherchée de tous les ornements n'étaient peut-être pas aussi déraisonnables qu'ils le paraissaient d'abord. En effet, la grande et blonde madame de Cerny était à moitié couchée sur le satin noir de ces divans; elle était vêtue d'une robe de mousseline blanche, qui la montrait sur le fond sombre de l'étoffe comme une ombre blanche de fée dans la nuit; sa tête était appuyée sur un coussin dont l'édredon, se gonflant sous son fourreau noir, se relevait autour de son visage éblouissant et l'encadrait admirablement, tandis que les larges et longues boucles de ses beaux cheveux blonds s'épandaient en riches torsades dorées sur ce cadre sombre et sévère.

Madame de Cerny était belle; mais Luizzi reconnut, en la voyant, combien le Diable avait raison quand il lui parlait de cette séduction qui résulte des grâces empruntées dont une femme se pare. En effet, la beauté de madame de Cerny disparaissait en ce moment sous l'attrait magique de ce contraste hardi, et la blancheur éclatante de sa robe et le blond suave de ses cheveux firent tous les frais du premier sentiment d'admiration qui prit le cœur de Luizzi. Ce mouvement de surprise fit distraction à la gaieté qui s'était emparée du baron; il put saluer la comtesse sans lui rire au nez, et prendre gravement le siége qu'elle lui désigna de la main, car elle paraissait trop émue pour pouvoir parler.

— Je me suis rendu à vos ordres, lui dit le baron, et j'attends de vous l'explication du motif qui m'a valu la faveur que je reçois. — Je ne sais jusqu'à quel point on peut appeler faveur une explication qui peut devenir très-sérieuse, répondit madame de Cerny. — Vous avez raison, Madame, et rien ne peut vous regarder qui ne soit ou ne doive être très-sérieux. — Je voudrais vous mieux comprendre. — Je ne saurais mieux m'expliquer. — C'est pourtant à vous expliquer très-clairement que je veux vous réduire, reprit Léonie avec effort. Qu'entendez-vous en disant que rien ne peut me regarder qui ne soit très-sérieux? — Vous exigez une explication, j'obéis, dit Luizzi, à qui tout ce bon air qui l'entourait rendait l'aisance de sa bonne éducation. Oui, Madame, tout ce qui a rapport à vous doit être sérieux. Une liaison d'esprit sera sérieuse avec une femme dont la supériorité intellectuelle a étudié et résolu les plus hautes questions sociales et politiques. L'amitié sera sérieuse pour une femme qui porte dans ses préférences tout le dévoûment, toute la fermeté qui rendent cette affection si sainte; et enfin, si l'on osait aimer d'amour madame de Cerny, cette passion serait sérieuse, car elle reposerait à la fois sur la plus haute estime pour le plus noble caractère et sur l'adoration la plus vive pour la plus parfaite beauté.

La franchise directe de cet éloge, le ton sincère et respectueux dont il fut fait, embarrassèrent d'abord madame de Cerny, mais ne parurent pas l'irriter. Cependant, après un moment de silence, elle répondit en souriant :

— En vérité, j'admire combien vous nous méprisez, Messieurs! — Madame, s'écria Luizzi, que parlez-vous de mépris? Croyez que mon respect pour vous est aussi vrai... — Oh! ne vous excusez pas, vous ne m'avez pas comprise, dit la comtesse en interrompant le baron. J'admire combien vous nous prisez peu, si le mot mépriser vous fait peur, car vous ne pouvez rester un moment à côté d'une femme sans torturer la conversation de manière à lui dire qu'elle est belle et faite pour être aimée. — C'est qu'il est difficile, répondit Luizzi en souriant, d'admirer et d'embrasser beaucoup de choses du même regard. Les yeux de l'esprit, comme ceux du corps, s'arrêtent, sans choisir, sur ce qui les frappe le plus; et, pour ceux qui n'ont pas l'honneur d'avoir pu apprécier dans l'intimité tout l'éclat de vos hautes facultés, il est assez naturel de se laisser aller à contempler ce que vous ne pouvez leur cacher, l'esprit le plus délicat, la grâce la plus exquise et la beauté la plus pure.

Madame de Cerny se tourna vers le baron sans quitter sa place, le regarda attentive-

Le comte, en parlant ainsi, retournait le soulier en tous sens. — Page 455.

ment et lui dit avec un sourire franc :

— Vous êtes habile à revenir à votre thèse, mais je la crois fausse. Il me semble que l'admiration d'un homme pour une femme, si tant est qu'elle mérite cette admiration, doit embrasser tout ce qui fait qu'elle la mérite, qu'on n'oublie si aisément les hautes qualités dont vous parlez que dans le cas où on ne les lui reconnaît qu'à un degré bien bas. — Ah ! combien vous vous trompez, Madame ! reprit Luizzi avec vivacité : daignez m'écouter sans vous méprendre sur l'intention de mes paroles, et peut-être vous reconnaîtrez combien j'ai raison. — Je vous écoute, reprit madame de Cerny en joignant les mains au-dessus du noir coussin qui la soutenait, et en couchant gracieusement sa tête sur ses deux mains unies. — Il est une chose, reprit Luizzi, dont vous devez être bien persuadée, Madame, c'est le respect sincère et vrai que vous inspirez, l'estime profonde et pure qui vous est due. Ce dont vous devez être persuadée aussi, c'est qu'il est facile, sinon d'oublier ces deux graves sentiments, du moins de les laisser dominer par une adoration plus vive, plus ardente, quoique sans espoir. — Je vous accorde cela, Monsieur, dit madame de Cerny en souriant ; je ne suis pas d'assez mauvaise foi pour le nier. — Eh bien, Madame, reprit Luizzi, de même que l'amour le plus pur peut dominer un moment le respect que l'on vous doit, ainsi un désir insensé peut dominer un moment cet amour si pur. L'homme qui vous regarde du côté de votre beauté, de votre grâce, de votre esprit, vous aime malgré lui ; celui qui vous verrait ici, celui qui verrait ce beau visage si coquettement posé sur ces belles mains, ce corps si beau aussi se dessinant dans toute la grâce et toute la plénitude de sa perfection, ces cheveux égarés loin de la correction d'une coiffure apprêtée et se déroulant sur ces épaules divines ; celui qui sentirait ce parfum enivrant qui est l'air de cet asile, celui qui verrait cette lumière si voilée qu'elle semble un mystère, celui-là Madame, pourrait oublier un moment, un seul moment peut-être, le respect qu'on doit à votre vertu et le respect plus tendre d'un saint amour, pour sentir qu'il n'est aucune femme au monde qui répande autour d'elle un si puissant enivrement, pour rêver que ce serait le plus ineffable des bonheurs que celui qui lui livrerait tant de beautés.

Pendant que Luizzi parlait ainsi d'une voix timide et émue, madame de Cerny avait baissé les yeux ; elle avait lentement relevé la tête, et s'était assise sur le divan où jusque-là elle était restée couchée. Une vive rougeur éclatait sur son visage, et ses aspirations oppressées attestaient que les paroles de Luizzi lui avaient donné une émotion que le baron dut prendre pour l'embarras et la honte que lui causait une pareille déclaration. Aussi s'écria-t-il rapidement :

— Je ne vous ai point offensée, Madame, j'ai répondu à une question générale par une vérité que j'ai peut-être eu le tort de particulariser, mais qui ne doit pas vous blesser. J'ai parlé de l'éclair involontaire d'une flamme que toute femme belle comme vous peut faire éclater, mais que vous seule pouvez rendre pure sans l'éteindre.

Madame de Cerny ne répondit point encore, mais elle avait l'air moins embarrassée et moins préoccupée. Luizzi ne voulut pas lui laisser de fâcheuse impression ; il reprit :

— Faudra-t-il que je vous accuse pour me défendre ? faudra-t-il que je vous fâche pour vous calmer ? faudra-t-il que je vous dise que c'est votre faute d'être à la fois si sainte et si charmante ? — Non, non, reprit madame de Cerny en souriant, il est fort inutile de recommencer ; mais vous venez de m'apprendre une chose que je suis ravie de savoir, c'est qu'on peut dire poliment à une femme les choses les plus impertinentes. — Oh ! Madame... — Je ne vous en veux pas ; au contraire. C'est une science que je suis charmée de rencontrer en vous ; car enfin, Monsieur, nous n'avons pas encore abordé le sujet pour lequel vous êtes ici ; nous sommes bien loin de l'explication que je vous ai demandée. — Et quelle est cette explication ? dit Luizzi en jouant l'étonnement. — « Je puis vous rassurer, m'avez-vous dit, sur les résultats des soins de M. de Cerny pour madame de Carin. » Veuillez m'apprendre comment vous pouvez me donner cette sécurité que vous-même m'avez offerte ? — Pardonnez-moi de faire l'éloge de madame de Carin à côté de vous, Madame, reprit le baron, à qui il ne vint pas dans l'idée de répondre franchement ou impertinemment à cette femme ; mais j'engagerais mon honneur en garantie de l'innocence de l'infortunée Louise. — Vous avez donc des preuves de cette innocence ? — J'en ai la conviction. — Rien de plus ? — Rien de plus. — Ce n'est pas là ce que vos paroles semblaient vouloir dire, Monsieur. — Je vous prie, dit vivement le baron, de ne pas leur prêter un sens qu'elles n'ont pas. — Et quel sens aurai-je pu leur prêter, Monsieur, repartit la comtesse si ce n'est que vous savez d'une façon certaine et particulière que cette liaison, dont tout le monde a parlé, n'a pas eu les conséquences coupables qu'on lui prête? — Croyez-vous beaucoup à ces conséquences coupables? dit le baron en souriant.

La rougeur pourprée qui monta au visage de madame de Cerny, le regard interrogateur qu'elle attacha sur le baron, lui prouvèrent qu'il avait été trop loin. Léonie reprit :

— Et pourquoi voulez-vous que je ne croie pas à ces conséquences, Monsieur?

Luizzi chercha à reculer et balbutia d'un ton embarrassé :

— Les sentiments de M. de Cerny, ses principes... — Vous savez qu'en fait de principes de fidélité, M. de Cerny ne passe pas pour un modèle? — Sa position... — Sa position admettait très-bien une liaison avec la fille du marquis de Vaucloix. — Son amour pour vous... — Nous n'avons jamais passé pour des époux bien passionnés. — La vertu de madame de Carin, dont j'atteste la pureté... — Tout cela n'est pas me répondre, Monsieur. Pourquoi pensez-vous que je n'aie pas dû croire à l'infidélité complète de M. de Cerny?

Ce mot d'infidélité complète fit rire tout de bon le baron. Alors, se voyant pressé par des questions persévérantes et trouvant un mot qui pouvait servir de texte à une réponse équivoque, il dit en laissant échapper ses paroles le plus lentement possible :

— Une infidélité complète, dites-vous, c'est un crime d'amour, dont vous... vous ne pouvez croire M. de Cerny... capable.

Léonie semblait être au supplice, mais très-décidée aussi à arracher au baron une réponse catégorique, car elle reprit avec impatience :

— Eh! pourquoi n'en puis-je croire M. de Cerny capable? Voyons, Monsieur, vous qui avez l'art de tout dire, ne pouvez-vous trouver une périphrase convenable pour m'expliquer ce que vous avez à m'apprendre?

— Ai-je donc quelque chose à vous apprendre? et pourquoi me forcer à m'expliquer, repartit Luizzi d'un air suppliant, puisque vous m'avez si bien compris? — Moi? fit madame de Cerny d'un air d'étonnement merveilleux; je ne comprends rien, si ce n'est que vous avez des raisons que j'ignore de me cacher les motifs de votre conviction.

Le baron trouva la persistance de madame de Cerny si extraordinaire, qu'il voulut mettre fin à cette longue équivoque. Cependant, comme il aurait eu honte de blesser en quoi que ce fût une femme qui véritablement ne méritait que beaucoup de pitié pour son malheur et beaucoup d'estime pour sa résignation, Luizzi reprit doucement :

— Si j'avais eu le tort de vous alarmer sur la fidélité de M. de Cerny, peut-être, comme tant d'autres, me pardonneriez-vous? Je vous dirais d'oublier un propos inconsidéré et échappé à l'entraînement d'une conversation. Serez-vous moins indulgente, lorsque j'ai essayé de vous faire croire que votre mari n'avait pu vous être infidèle?

Luizzi avait dit cela du ton le plus suppliant, le plus soumis, le plus convenable; mais il marchait sur un terrain tellement glissant qu'à son insu la dernière partie de sa phrase eut encore l'air d'une méchante plaisanterie. Madame de Cerny lui répondit d'un ton haut et ferme :

— Ceci, Monsieur, n'est pas d'un homme d'honneur. Je vous demande décidément et franchement d'où vous vient cette conviction de l'innocence de M. de Cerny? Répondez-moi comme je vous interroge, sans ménagement. Je puis et je saurai entendre votre réponse, quelle qu'elle soit, sans que vous ayez besoin de l'habiller de mots convenables. Je vous écoute, Monsieur. — Eh bien, Madame, repartit Luizzi, à qui le ton de la question dicta celui de sa réponse, je sais tout ce que vous savez...

Puis il s'arrêta, ne pouvant se décider à faire un aveu plus formel à une femme dont la distinction le gênait encore plus que la vertu.

— Eh! que savez-vous, Monsieur, que je sache, et que vous n'osiez dire? repartit madame de Cerny avec hauteur; n'ai-je donc pas dû l'entendre, que vous ne puissiez le répéter? — Eh bien! puisqu'il faut vous le dire, je sais tout ce que M. de Cerny lui-même vous a appris, avec un embarras qui devait être encore plus grand que le mien, et cela la première nuit de vos noces.

Léonie cacha sa tête dans ses mains en poussant un cri. Au même instant la porte du délicieux boudoir s'ouvrit, et M. de Cerny parut.

LVIII

LE MARI.

Il tenait deux pistolets à la main. Il était pâle, tremblant; ses yeux fixes et immobiles étaient attachés sur le baron, auquel il dit d'une voix où frissonnait la colère :

— Qui vous l'a dit, Monsieur?

Il est assez difficile de peindre la stupéfaction de Luizzi et l'alarme réelle qu'il éprouva en voyant paraître M. de Cerny ainsi armé. Assurément, s'il se fût trouvé chez un homme de basse nature dont il eût découvert quelque crime abominable, il n'aurait pas craint de le voir se porter à de plus odieux excès pour éviter l'échafaud, que ce grand seigneur de haute naissance pour échapper au ridicule. Ne sachant que répondre à l'interpellation de M. de Cerny, Luizzi, à qui la vanité ne permettait pas de montrer la moindre faiblesse en face d'un homme de son rang, se tourna froidement vers la comtesse en lui disant :

— Ainsi, madame, c'était un guet-apens... ?

Mais l'épouvante et l'étonnement qui se peignaient sur le visage de madame de Cerny lui prouvèrent mieux que toutes ses réponses qu'elle était aussi étonnée que lui de l'apparition du comte.

— Vous, vous ici! s'écria-t-elle en s'adressant à son mari. — Oui, moi, dit le comte, moi qui ai appris chez madame de Marignon avec quelle chaleur Monsieur avait pris la défense de madame de Carin; moi à qui l'on a répété l'empressement qu'il avait montré à vous rassurer, moi qui ai su votre curiosité et qui l'ai partagée. — Eh bien! Monsieur? dit le baron. — Eh bien! Monsieur, repartit M. de Cerny, cette curiosité n'est pas satisfaite. — Et je ne puis la satisfaire. — Ce sera donc Madame qui le fera pour vous, Monsieur. — Moi? reprit la comtesse. — Vous, Madame, repartit le comte en poussant les verrous des deux portes qui conduisaient au boudoir. — Vous avez vu mon anxiété, vous avez entendu mes questions, Monsieur, dit la comtesse. — J'ai entendu la réponse de M. de Luizzi. Il sait, a-t-il dit, ce que je vous ai appris moi-même la première nuit de nos... de vos... enfin, dans cette première nuit de noces. Un secret tel que le mien peut à toute force se deviner; mais une circonstance comme celle dont M. le baron de Luizzi a parlé a dû être confiée. Nous étions seuls, Madame, et ce n'est pas moi qui ai fait des récits plaisants de cet entretien. — Mais, Monsieur, dit la comtesse, la manière dont j'ai interrogé M. de Luizzi a dû vous apprendre... — Que ce n'est pas à lui que vous avez fait des confidences, je n'en doute pas; mais vous les avez faites à quelqu'un assurément; et si vous me dites, vous, à qui vous les avez faites, et Monsieur, de qui il les a reçues, il est possible que j'apprenne par quelle filière elles ont passé. — Sur mon âme! Monsieur, je vous jure, s'écria la comtesse, que jamais aucun mot de moi n'a pu faire soupçonner... — Ne mentez pas contre l'évidence, Madame! répondit M. de Cerny, dont la fureur mal contenue éclata tout à coup. Puisque Monsieur sait tout ce qui s'est passé entre vous et moi, c'est que, vous ou moi, nous l'avons dit. — Mais enfin reprit, Luizzi, que prétendez-vous? que voulez-vous? — Vous ne m'avez donc pas compris encore? repartit le comte. Impuissant! avez-vous dit. Impuissant à donner la vie, je ne le serai pas du moins à donner la mort. — Un assassinat! s'écria madame de Cerny en se levant avec épouvante. — Non, Madame, repartit amèrement M. de Cerny; une vengeance, une vengeance que la loi a prévue, et que la loi autorise puisqu'elle l'excuse! Je trouve chez ma femme l'amant de ma femme, et je le tue. — Monsieur! s'écria la comtesse de Cerny, ce sont deux crimes abominables : vous tuez un homme et vous déshonorez votre femme... et il faudra me tuer aussi, car je vengerai à mon tour le meurtre que vous aurez commis. — Tous les deux alors, dit le comte amèrement. — Mais c'est impossible! s'écria la comtesse éperdue, tandis que Luizzi restait anéanti et muet. C'est impossible! on entendra nos cris... on viendra... Vous ne nous tuerez pas si bien l'un et l'autre que l'un de nous ne puisse appeler. — Avant d'approcher d'ici, dit le comte, j'ai éloigné tout le monde.

Puis il ajouta :

— J'ai prévu votre résistance, et rien ne peut vous sauver.

En parlant ainsi, il fit un pas en arrière et s'appuya à la porte comme pour prévenir toute fuite et donner l'espace nécessaire à la direction de ses coups. Il arma ses pistolets.

— Monsieur! s'écria la comtesse, c'est un crime horrible, un crime pour lequel il n'y a ni excuse ni pardon. — C'est un crime que votre trahison a seule appelé. — Quelle trahison? Je suis innocente, je vous le jure, innocente de toute trahison. Le nom que vous m'avez donné, je l'ai respecté. — Oui, dit le comte en ricanant, dans tout ce qui m'était devenu indifférent. — Ah! repartit la comtesse avec dégoût, ne me rappelez pas ce que vous avez osé me dire; c'est là votre premier crime, et, du jour où vous avez osé parler ainsi à votre femme, je devais m'attendre à vous voir couronner tant de lâcheté par un assassinat.

Le comte haussa les épaules, en laissant échapper un rire méprisant; puis il repartit d'un ton indéfinissable de raillerie :

— Allons donc! Madame, ne faites pas de la vertu hors de propos. Je vous ai dit, et je veux bien le répéter devant Monsieur, car il doit le savoir aussi, je vous ai dit que je voulais être généreux envers vous, que je ne voulais pas avoir enchaîné votre existence à celle d'un cadavre, que je saurais supporter sans vengeance ce que le monde appelle un affront et ce que je nommais, moi, une consolation; je vous ai dit qu'à part le scandale que je ne souffrirais jamais, j'étais disposé à tout permettre, me résignant d'avance à un sort que tant d'autres n'acceptent qu'après coup. Je vous ai dit cela, ç'a été peut-être une folie d'amour, la seule folie qui me fût permise, mais non pas une lâcheté. — Ç'a été une lâcheté, Monsieur, s'écria la comtesse exaspérée, une lâcheté! car vous avez prévu que mon adultère pouvait un jour détruire les soupçons que peut faire naître ma stérilité, et qu'un héritier de votre nom, sinon de votre sang, serait la meilleure réponse à toutes les suppositions. — C'est vrai, Madame, dit le comte avec l'horrible imprudence d'un homme qui, poussé au crime, en aborde franchement le cynisme.

Le baron se leva alors et répondit froidement :

— Finissons-en, Monsieur; car, si j'ai pu espérer tout à l'heure qu'à l'instant de le commettre, un double meurtre répugnerait à un homme que je ne croyais qu'égaré par une colère insensée, je dois reconnaître que celui qui a fait une telle proposition à une femme est capable de tous les forfaits lâches et bas.

A cette apostrophe du baron, le comte répondit encore par ce rire cruel qui décelait le transport furieux de son âme. Il garda un moment le silence, puis reprit tout à coup :

— Eh bien! Monsieur, cette proposition, je l'ai faite et je la renouvelle. — Que voulez-vous dire? reprit la comtesse. — Allons, monsieur de Luizzi, s'écria le comte amèrement, mon beau monsieur de Luizzi, qui parlez un si doux langage aux femmes et qui les raillez si spirituellement sur les malheurs de leur mari, en voici une que je vous donne à consoler... Elle est belle, elle est jeune, elle a tous les attraits, même celui qu'on ne rencontre guère chez une femme mariée... Eh bien! cette femme, je vous la livre, devenez son amant sur l'heure, et même devant moi, et je vous pardonne à tous les deux, à vous, parce que je vous crois très-capable de perpétuer le nom qui va s'éteindre en moi; à Madame, parce qu'elle aura à garder le secret d'une faute qui déshonore.

Madame de Cerny tomba assise en se cachant la tête dans les mains. Luizzi repartit :

— En vérité, Monsieur, je ne croyais pas qu'il fût possible d'ajouter quelque chose à votre infamie... et cette ignoble plaisanterie... — Une plaisanterie, monsieur le baron? dit le comte en ricanant toujours ; point du tout, je vous le jure. C'est sérieusement que je vous parle. Eh quoi! ce boudoir si coquet, cette femme si belle, ces parfums d'amour, tout cela ne vous transporte pas, ne vous exalte pas?... Comment donc! je crois que la peur vous a réduit à un plus misérable état que le mien. Montrez donc un peu de courage, un peu de présence d'esprit. Sur l'honneur je vous jure que, si vous êtes capable de faire ce que je vous demande, vous sortirez d'ici après avoir possédé la plus belle, la plus noble, la plus séduisante femme du monde; tout ce que vous avez d'esprit et de séduction ne vous donnera jamais une si charmante maîtresse... Mais, voyons donc, Monsieur : c'est dans les grandes circonstances que se montrent les grands cœurs! — Ah! repartit Luizzi avec dégoût, vous êtes un infâme! — Eh bien! s'écria la comtesse en se relevant d'un air égaré, j'accepte, moi. C'est par ma curiosité que j'ai conduit M. de Luizzi dans le piége où il doit périr; s'il faut mon honneur pour le sauver, qu'il le prenne ! Je me donnerai à lui... je le sauverai !

Le comte devint livide à cette réponse ; mais il renferma la nouvelle rage qui s'allumait en lui, tandis que Luizzi s'écriait :

— Oh! Madame, Madame, votre douleur vous égare... — Ceci n'est pas galant, monsieur le baron, dit le comte en riant. Voyez ! Madame se prête de bon cœur à la plaisanterie : est-ce que cela vous est plus difficile qu'à elle, mon cher Monsieur? Que vous manque-t-il donc pour obtenir le plus ineffable des bonheurs ?

Rien ne peut exprimer la rage de Luizzi, tremblant au bout d'un pistolet et pour un sujet pareil. D'ailleurs ce qui lui arrivait était tellement en dehors de toutes les positions où un homme peut se rencontrer, qu'il en était plus encore abasourdi qu'épouvanté. Ce fut alors que, ne sachant que dire, il s'écria :

— Allons, Monsieur, tirez là, au cœur. Finissons-en, tuez-moi vite : vous avez quelque intérêt à ne pas me manquer.

En disant ces paroles, le baron écarta violemment son habit pour mieux présenter sa poitrine à la balle de M. de Cerny, et le soulier du Diable, qu'il avait mis dans sa poche, s'échappa et roula sur le tapis. Par un mouvement machinal, le comte jeta les yeux sur cet objet; et, soit que le soulier l'étonnât véritablement, soit qu'il ne fût pas fâché de trouver un prétexte pour reculer encore l'exécution d'un crime qui l'épouvantait malgré lui, il reprit de son ton railleur :

— Pour Dieu! voilà un singulier portefeuille!...

A son tour Luizzi pensa que cet accident était un secours inespéré du Diable; et, reprenant quelque assurance, il répondit d'un ton non moins railleur :

— Un portefeuille qui renferme de terribles secrets, et qui peut-être dira un jour celui de l'attentat qui va se commettre ici. — Renfermerait-il le secret que vous avez dit à Madame? repartit le comte du même ton amer. — Oui vraiment, dit Luizzi; car c'est le soulier de celui qui me l'a raconté et qui l'a laissé tout à l'heure dans ma voiture.

Le comte, par un mouvement emporté, ramassa le soulier et l'examina avec une sombre attention.

— Il est d'une rare coquetterie, dit-il, et peu d'hommes pourraient le chausser. — Je le crois! dit Luizzi, qui se trouvait en veine de présence d'esprit.

Le comte jeta un regard rapide sur les pieds du baron, comme pour les comparer au soulier qu'il tenait. Il sembla reconnaître qu'il ne pouvait appartenir à Luizzi, et murmura d'une voix basse et lente comme un homme à qui vient une idée qui s'éclaircit peu à peu:

— Il y a peu d'hommes, en effet, qui puissent chausser un tel soulier; mais il y en a un que l'on vante pour l'élégance de son pied mignon et pour le soin qu'il a de le produire; et celui-là... celui-là peut-être est le seul à qui une femme oserait confier un tel secret, sans croire manquer à ses devoirs; celui-là serait peut-être aussi plus infâme qu'un autre, s'il l'avait trahi; celui-là...

Le comte, en parlant ainsi, retournait le soulier en tous sens, lorsque tout à coup il s'approcha vivement de la bougie, car il avait découvert un nom écrit, comme c'est l'habitude, au fond du soulier, et il s'écria tout à coup:

— C'est lui!... c'est l'abbé Molinet!... c'est votre confesseur, Madame! — L'abbé Molinet! s'écria madame de Cerny. Jamais, je vous le jure!... — Oh! ne mentez pas! dit le comte d'un ton devenu tout à fait sévère; ne détruisez point par des serments inutiles la seule chance que j'aie de vous pardonner. Un prêtre! un prêtre! trahir le secret de la confession! Mais celui-là est capable de tout. Le désordre qu'il a jeté dans la maison de M. d'Arnetai prouve assez jusqu'où il peut porter ses indignes investigations. Mais en vérité, Madame, je croyais qu'il n'y avait que la sottise d'une femme comme madame d'Arnetai qui pût se laisser dominer par les conseils impudiques d'un prêtre effronté.

La comtesse regardait Luizzi avec un étonnement que le baron comprenait, mais qu'il ne pouvait ni ne voulait expliquer: En effet, il croyait entrevoir la possibilité que la rage du comte se tournât contre un autre que lui-même, et, dans le péril pressant où il se trouvait, il ne se sentait pas la générosité de se sacrifier à la sûreté d'un innocent, que le Diable, après tout, saurait bien défendre, puisque c'était lui qui l'avait compromis. Le comte gardait aussi un terrible silence; enfin, il regarda tour à tour Luizzi et la comtesse:

— Ainsi, dit-il, vous êtes trois qui savez cet horrible secret? c'est toujours le même compte de victimes; car vous, Madame, je vous pardonne. Vous êtes dévote; je n'ai pas pu empêcher cette passion, je ne puis donc vous en vouloir. Quant à vous, baron de Luizzi, il faut mourir.

Ce mot, en détruisant l'espérance du baron, lui rendit son courage d'homme d'honneur, et il répondit froidement:

— En ce cas, épargnez-vous un crime inutile. Je ne connais point l'abbé Molinet, et ce n'est pas lui qui m'a dit votre secret. — Défaite misérable et tardive! dit le comte. Votre réponse a été trop franche; il était dans votre voiture tout à l'heure; il allait sans doute chez madame d'Arnetai, dont l'hôtel est à deux pas. D'ailleurs, je saurai bientôt si c'est lui. — Allons donc l'interroger, monsieur le comte! dit le baron. — Non, Monsieur, je ne l'interrogerai pas; je serai plus adroit, car j'aurais fait un excellent juge d'instruction, je vous le jure, et je vais vous le prouver. On n'oublie pas un soulier dans une voiture, à moins d'une circonstance qui

s'explique merveilleusement par les habitudes provinciales de M. Molinet. Comme notre abbé n'a pas une fortune princière, il en est réduit à faire à pied ses plus belles visites; il en résulte que la coquetterie de monsieur l'abbé brave la boue de la rue dans une chaussure *ad hoc*, qu'il remplace rapidement par ces charmants souliers au moment d'entrer dans une maison. Je vais chez d'Arnetai, où l'abbé doit être encore; s'il n'y est pas, je cours chez lui et je lui présente ce soulier de votre part. Son trouble me dira ce que je dois croire; je saurai bien le faire parler ensuite, et, si ce que vous m'avez avoué est vrai, son arrêt sera prononcé aussi irrévocablement que le vôtre, monsieur le baron. — Vous avez oublié le mien! dit la comtesse. Songez bien à ce que je vous dis, monsieur le comte; si vous commettez ce crime, je vous accuserai tout haut, et partout, je vous le jure devant Dieu! — Eh bien donc! il en sera pour vous comme pour eux, repartit M. de Cerny. — Soit! Monsieur, dit la comtesse, frappez; mais je ne veux pas vous laisser une erreur dans laquelle vous pourriez vous endormir. Après ces meurtres, il faudra recommencer. Je ne sais qui a dit la vérité à M. de Luizzi; mais ce n'est pas M. Molinet, car ce n'est pas à lui que je l'ai confiée. — Ce n'est pas à lui! s'écria le comte furieux. A qui donc, malheureuse?
— A un homme que j'aime, à un homme qui devinera pourquoi vous m'avez tuée et qui me vengera, monsieur le comte. — A un amant, peut-être? dit M. de Cerny en reprenant son froid ricanement. — Oui, Monsieur. — C'est une mauvaise ruse, Madame, à laquelle je ne crois pas, reprit-il en se remettant tout à fait. Non, Madame, la chose s'explique trop clairement. De vous à M. l'abbé, de l'abbé à Monsieur: voilà les intermédiaires, voilà les voix qu'il faut réduire au silence.

La longueur de cette discussion avait produit sur les trois acteurs de cette singulière scène une lassitude de leurs propres sentiments, qui faisait qu'ils étaient tous les trois bien loin de leur première exaltation. Luizzi n'en était plus à ces beaux mouvements de bravade où il invitait le comte à le tuer. Madame de Cerny, abattue par la nature des sensations qu'elle avait éprouvées, était tombée sur ce divan où elle paraissait si belle une heure auparavant, et le comte, retiré à l'entrée du boudoir, ne se sentait plus ce transport furieux qui aurait pu, dans un des divers endroits de cet entretien, lui faire exécuter son horrible projet. Mais, à mesure que le courage lui manquait, la réflexion revenait pour l'irriter. Il ne s'agissait plus pour lui, en effet, d'éviter un ridicule dont la crainte l'avait poussé à des menaces si épouvantables; c'étaient ces menaces mêmes dont il lui fallait anéantir le souvenir. La comtesse et Luizzi ne pouvaient sortir de ce boudoir après ce qu'il avait osé leur dire. Cette pensée tortura longuement la tête du comte, sans toutefois lui rendre la furieuse résolution qu'il avait usée dans cette longue dispute. Il en était réduit à cet horrible besoin de tuer par nécessité et non plus par colère, lorsque, s'exaspérant tout à coup contre lui-même, il reprit, comme un homme qui cherche à s'étourdir par ses propres cris et à s'animer par des mouvements désordonnés:

— Allons, baron, allons, Madame, vous l'avez voulu, que votre volonté soit faite!

En disant ces mots, il dirigea le bout de l'un de ses pistolets contre le baron, qui recula en poussant un cri.

— Ah! vous avez peur? dit M. de Cerny, qui, malgré lui, ne pouvant plus se monter jusqu'à l'égarement nécessaire à un pareil crime, saisit rapidement toute chance de l'éviter. — Peur! dit le baron, en surmontant ce premier mouvement de faiblesse; non, monsieur le comte. Mais il est des dangers auxquels nul homme n'est préparé; ceux d'un assassinat lâchement prémédité sont de ce nombre. — Eh bien! dit le comte,

Le comte, armé de ses pistolets, descendit fort embarrassé... — Page 464.

vous pouvez vous sauver tous les deux. Ce que je vous disais tout à l'heure, vous pouvez l'accomplir, et de manière à me satisfaire. Voici comment!: Madame va vous écrire quelques-unes de ces lettres qu'on envoie à un amant, des lettres à des dates différentes, entendez bien; vous ferez des réponses à ces lettres, telles qu'elles puissent prouver que Madame a été votre maîtresse. Je veux une véritable correspondance amoureuse d'amants heureux; et enfin vous m'en écrirez chacun une à moi-même, où vous direz que vous me remettez cette correspondance, en reconnaissant que je vous ai fait grâce de la vie à tous les deux, à l'un comme à un lâche, à l'autre comme à une femme déshonorée. Une fois que j'aurai ces preuves en main, vous pourrez vivre, et je vous rendrai la liberté de sortir d'ici, si cela vous convient. —Jamais! s'écria le baron.— Je ne veux pas de discussion, dit violemment le comte; je vous laisse une heure pour réfléchir et pour consentir à ce que je vous demande. Si dans ce délai tout n'est pas accompli, c'est que vous aurez préféré la mort. Quant à l'abbé Molinet, ajouta-t-il en jetant le soulier à terre, je sais un moyen certain de le faire taire.

Le comte sortit, laissant la comtesse et Luizzi en présence.

LIX

LE ROMAN D'UNE HEURE.

A peine furent-ils seuls que la comtesse se leva et poussa un verrou qui fermait la porte en dedans, puis elle se tourna vers Luizzi. Une résolution folle et terrible éclatait sur son visage ; elle se posa en face d'Armand et lui dit :

— Eh bien, monsieur le baron, que comptez-vous faire ? — Rien pour moi, Madame, dit le baron, tout pour vous. — Ce n'est pas répondre, Monsieur ; nous ne pouvons nous sauver l'un et l'autre sans nous perdre d'honneur l'un et l'autre. Nous ne pouvons sortir d'ici, vous qu'avec la réputation d'un lâche, moi qu'avec le renom d'une femme perdue. Voulez-vous sacrifier votre honneur ? — Oseriez-vous me sacrifier le vôtre ? — Il ne s'agit pas de moi, Monsieur, la position n'est pas égale : moi je ne puis plus vivre ou mourir que déshonorée ; mon mari ne peut exécuter impunément le crime qu'il médite qu'en m'accusant d'un adultère qu'il aura puni par un assassinat commis sous la protection de la loi. Vous... vous avez une meilleure chance, votre mort ne vous déshonorera pas... ce ne sera pas pour vous une honte d'avoir été mon amant.

Luizzi ne répondit pas d'abord, tant les idées que sa position faisait naître en lui se heurtaient sans ordre dans sa tête !

— Vous ne me répondez pas, Monsieur ? dit la comtesse ; voulez-vous écrire ces lettres ? — Non, dit Luizzi ; je n'achèterai pas ma vie au prix de votre honneur. — Dites plutôt du vôtre, reprit la comtesse en regardant Luizzi attentivement. — Comme il vous plaira, Madame, repartit le baron : je n'achèterai pas ma vie au prix de mon honneur. — Il faut donc mourir, dit madame de Cerny en baissant la tête, mourir innocente... innocente et déshonorée... ?

Le baron regarda alors la comtesse, qui s'était jetée sur un siège, le désespoir peint sur le visage... Jamais elle ne lui avait paru aussi belle. Il s'approcha de Léonie :

— La vie et la mort sont au même prix, dit le baron... c'est à vous à choisir entre elles.

La comtesse le regarda longtemps, comme pour pénétrer ce qu'il y avait de vrai dans le cœur de Luizzi. Puis elle se releva et lui répondit lentement, comme si elle eût voulu qu'il comprît bien chacune de ses paroles :

— Obéirez-vous à ce choix, quel qu'il soit, Monsieur ?

Le baron hésita et répondit :

— J'obéirai. — Écrivons donc, Monsieur, dit la comtesse. — Écrivons, dit Luizzi en poussant un profond soupir et dans un tel état de trouble que véritablement il ne savait si c'était pour son salut ou pour celui de la comtesse qu'il prenait cette lâche résolution. — Allons, lui dit madame de Cerny en ouvrant un petit secrétaire. Écrivez, Monsieur ; car je ne crois pas que ce soit d'ordinaire une femme qui commence une correspondance amoureuse.

Luizzi s'assit devant la tablette doublée de velours et prit une plume ; mais, au lieu d'écrire, il se mit à rêver.

— Eh bien, monsieur, lui dit madame de Cerny, refusez-vous de me sauver ? — Non, dit Luizzi. C'est moi dont les imprudentes paroles vous ont perdue, moi dont l'infernale curiosité, reprit-il vivement, a amené cette catastrophe... je dois vous sauver, puisque vous voulez vivre, vous sauver, au prix de mon honneur. C'est une condition de la fatale destinée à laquelle je suis voué; qu'elle s'accomplisse, je suis prêt...

Il prit encore la plume et écrivit très rapidement le mot Madame; mais, après cet effort d'imagination, il ne put aller plus loin. Rien ne lui venait de ces douces phrases avec lesquelles il avait tant de fois joué, et il se remit à rêver en regardant madame de Cerny. Elle s'était assise en face de lui et à côté du secrétaire; l'effroi de sa position avait ajouté à la beauté de ses traits une expression exaltée qui arrêta les regards de Luizzi. Il la contempla quelques moments, il admira cette noble et céleste figure si gracieuse et si souriante un moment auparavant, maintenant si pâle et si épouvantée. Le baron pensa alors que ce changement si triste pourrait être bientôt plus affreux, et que, s'il hésitait plus longtemps, cette femme si jeune et si belle serait bientôt un cadavre glacé et sanglant, et à l'instant même une noble résolution de la sauver le prit au cœur. Car, il faut le dire, à ce moment il s'oublia complétement lui-même, et, se bâtissant aussitôt dans la pensée le roman d'un homme qui a vu une femme, qui l'a entourée d'hommages et qui se décide enfin à parler, il écrivit sur-le-champ la lettre suivante :

« Madame,

« Il est des dangers auxquels la plus pure vertu ne peut faire échapper une femme, car il est des délires que toute sa modestie ne peut prévenir. Quand elle inspire l'amour, même sans le vouloir, il faut qu'elle se résigne à en entendre l'aveu. Si cet aveu lui paraît une offense et si sa fierté en souffre, elle doit penser qu'entre la fierté qui s'indigne et le cœur qui aime, la pitié doit être pour la plus cruelle souffrance, et elle doit pardonner; vous me pardonnerez donc, madame. D'ailleurs ce que j'ose vous écrire n'est pas nouveau pour vous. L'amour même, quand il est muet, porte avec lui une conviction qui persuade une femme; elle sent qu'elle est aimée longtemps avant qu'on le lui dise, c'est un langage du cœur au cœur qu'elle ne peut méconnaître. Celle qui écoute, avec sa vanité, les flatteurs hommages du monde, peut se laisser tromper; mais celle qui, comme vous, a gardé la naïveté de ses émotions, au milieu de plus sévères préoccupations de l'esprit, ne peut s'abuser sur ce qu'elle inspire. L'âme a une oreille qui n'entend que la voix de l'âme, et qui l'entend malgré tout. Ce n'est pas que je veuille dire qu'elle soit heureuse ou flattée de cette confidence d'un amour si vivement ressenti; mais ce que j'ose affirmer, c'est qu'elle n'en peut nier la sincérité, et c'est la seule consolation où j'aspire. En vérité, madame, vous ne pourriez refuser votre estime à un homme qui s'éprendrait avec ardeur pour la plus belle et la plus noble image de Dieu, qui se mettrait à genoux devant son œuvre la plus sainte et la plus parfaite; et faudra-t-il que je sois coupable parce que vous êtes cette céleste image et cette œuvre accomplie, et que je m'agenouille devant vous? Cela ne serait pas juste, et la justice vous appartient comme la beauté; car, comme elle, elle vient du ciel. Vous m'avez donc pardonné.

« ARMAND DE LUIZZI. »

Quand le baron eut fini cette lettre, il la remit à la comtesse, qui, les yeux tristement fixés sur lui pendant qu'il écrivait, semblait plaindre cet homme qu'elle avait mis dans cette affreuse alternative de la mort ou du déshonneur. La comtesse prit la lettre et la lut d'abord rapidement. Puis elle la recommença. Un doux et triste sourire effleura ses lèvres, et elle dit au baron :

— Voici qui est douloureux, monsieur; et qui fait évanouir bien des rêves. — Pourquoi donc, madame? — C'est qu'il faut reconnaître, monsieur, qu'un homme peut parler à une femme de l'amour qu'il n'a pas avec toute la conviction d'un amour vrai, c'est qu'il faut être assurée que ce qui à ce moment est pour vous une horrible nécessité peut devenir un jeu dans une heure de désœuvrement. — Ne croyez pas cela, madame, dit le baron. En écrivant ces quelques mots, je ne puis dire que j'éprouvais cet amour dont je parle, mais je me demandais comment on devrait vous aimer, si l'on osait vous aimer. — En vérité? dit madame de Cerny en le regardant. — Oui, madame; et, s'il n'y a pas dans cette lettre une expression assez complète et assez respectueuse à la fois du sentiment que vous devez inspirer, pardonnez-le à une préoccupation que vous devez comprendre. — Oui, oui, repartit la comtesse avec un soupir; vous êtes noble et bon pour moi, monsieur; vous sacrifiez votre honneur à la faiblesse d'une femme qui a peur; croyez que je vous en remercie du fond du cœur.

Elle s'arrêta en essuyant une larme tremblante au bord de ses longs cils, et elle reprit avec effort :

— A mon tour, monsieur; il faut que je réponde à cette lettre.

Et elle la relut encore et écrivit, tandis que Luizzi la contemplait avec le même sentiment de tristesse mélancolique, se disant aussi que son imprudence avait perdu cette femme et se reprochant ces pleurs qu'elle ne pouvait toujours essuyer assez vite pour qu'ils ne tombassent pas réels et amers sur ce papier où elle jouait le bonheur et l'amour. Voici ce qu'elle écrivit :

« Vous m'aimez, monsieur; vous me le dites trop bien pour que je ne le croie pas, et je le crois trop pour ne pas vous en faire l'aveu. Cet aveu de votre amour est une faute, je le sais, je le sens. Avouer l'amour qu'on inspire, c'est dire qu'il n'étonne ni ne blesse, c'est l'accepter même lorsqu'on ne peut y répondre, c'est s'en croire digne quand on doit y être ingrate, c'est demander un culte quand on n'a rien à accorder à la prière, c'est être injuste enfin, et je ne voudrais pas l'être pour vous. Oubliez-moi donc, monsieur, oubliez-moi pour toujours, et alors je me souviendrai avec orgueil que vous m'avez aimée, je me souviendrai avec reconnaissance que vous n'avez pas voulu être aimé.

« LÉONIE DE CERNY. »

La comtesse prit la lettre et la remit au baron, en lui disant, avec ce doux et triste sourire qui prêtait à son visage une si touchante mélancolie :

— Je vais bien vite dans cette lettre; j'en dis beaucoup plus qu'une femme ne le devrait, même avec un sentiment véritable dans le cœur. Mais nous ne sommes pas en position de faire de longs combats de sentiment. Lisez.

Le baron lut la lettre et la relut, comme la comtesse avait fait de la sienne, et il lui dit alors d'un ton de mélancolique raillerie :

— De quoi vous plaignez-vous donc, madame, en disant que les hommes peuvent faire un jeu de l'expression des plus doux sentiments? Croyez-vous que, lorsque le désespoir où vous êtes a pu vous dicter cette lettre, il n'est pas affreux de penser qu'une coquette eût pu l'écrire à un homme qui aimerait sincèrement? — Je ne crois pas, dit madame de Cerny avec une naïve franchise, qu'une coquette eût pu la faire ainsi; car j'ai interrogé mon cœur pour vous répondre, comme vous l'avez fait pour m'écrire. Je me suis demandé ce que j'aurais éprouvé si jamais j'avais été aimée de l'amour que vous m'avez exprimé, et voilà ce que j'ai pensé. — Oh! c'est donc ainsi que vous auriez répondu si cet amour eût été vrai? dit le baron, dont le regard embrassa ce charmant visage, si beau dans sa tristesse, si résigné dans sa douleur? — Oui, vraiment, je le crois, répondit madame de Cerny; mais qu'importe? Hâtons-nous, finissons cet épouvantable roman. A vous, monsieur... à vous.

Le baron prit la plume, mais cette fois il ne s'arrêta point à rêver avant de commencer sa lettre; il écrivit rapidement et presque avec l'action d'un homme qui écoute son cœur et qui le laisse parler. Et madame de Cerny suivait attentivement les agitations rapides du visage d'Armand, où se traduisaient déjà les sentiments divers qu'il traçait sur le papier. Il y avait une si franche vérité dans cette expression involontaire de ce que Luizzi feignait d'éprouver, qu'on eût pu croire qu'il l'éprouvait réellement. Aussi la comtesse, qui l'avait suivi attentivement du regard, n'attendit pas qu'il lui remît sa lettre. Elle lui dit dès qu'il eut fini :

— Voyons, voyons. Elle prit la lettre et la lut :

« Madame,

« Qu'est-ce donc que vous demandez à celui qui vous aime, quand votre seul aspect, votre seul abord, le ravissent et le troublent; quand ce que vous êtes pour tous en grâce et en beauté, quand ce que vous montrez au monde de votre âme suffit pour jeter dans la sienne l'amour le plus saint et le plus dévoué? De quel amour voulez-vous donc qu'il vous aime, lorsque vous soulevez pour lui un coin de voile impénétrable, derrière lequel se cachent les beautés chastes et innocentes de votre âme si pure; lorsque, dépouillant un moment pour lui ces attraits éblouissants que vous portez en tous lieux et qui appartiennent à tous, vous lui laissez entrevoir les charmes inconnus et mystérieux qui dépassent tous ses rêves? Oh! Madame, celui à qui vous daignez vous dévoiler ainsi en est-il digne? Le néophyte ébloui et ravi des lumières qui inondent le parvis du temple craint de ne pouvoir supporter le rayonnement de la clarté céleste qui s'échappe à travers le seuil entr'ouvert du sanctuaire; et, moi, devant vous, je suis incertain et tremblant comme lui, redoutant de ne pouvoir plus vous aimer davantage quand je vous aimais à peine assez pour ce que je connaissais de vous. Oui, madame, quand je vous aimais de tout le pouvoir de mon âme, je m'imaginais que vous ne pouviez me demander plus; et voilà que je découvre que j'ai donné tout mon cœur à ce qui n'était qu'une partie de vous-même. Vous avez été à la fois trop bonne et trop cruelle pour moi; vous avez fait comme l'ange de la beauté qui passe voilé devant un misérable mortel. A la majesté de son port, à la grâce de son allure, à la suavité de sa marche, l'insensé lui donne tout ce qu'il a d'admiration; puis l'ange, en passant, relève un pan de sa robe, soulève un coin de son voile, et l'infortuné se demande de quel hommage il saluera cette beauté du ciel qu'il ne soupçonnait pas. Alors il s'incline et demande grâce. Voilà donc ce que je dois faire aussi, moi; car cette lettre que vous m'avez écrite, c'est le seuil entr'ouvert du sanctuaire, c'est la robe qui s'écarte, c'est le voile qui se soulève, c'est votre cœur dont j'ai entrevu la lumière et la beauté. Oh! pardonnez-moi de ne pas vous aimer plus que je ne vous aimais, mais nul homme ne peut rien au delà de son cœur et de sa vie. On ne peut mourir qu'une fois pour celle qu'on aime, on ne peut l'aimer plus que l'âme ne peut contenir d'amour.

« ARMAND DE LUIZZI. »

Quand la comtesse eut achevé cette lettre, elle posa la main sur son cœur comme pour en contenir les battements, puis elle dit, en s'efforçant de jeter un sourire sur son émotion :

— Cette lettre est bien folle, monsieur; on n'en écrit guère de pareilles dans le monde, et vous ne donnerez pas beaucoup de vraisemblance au misérable roman que nous faisons. — C'est que peut-être, madame, dit Luizzi, ce n'est plus à la femme imaginaire que j'ai répondu avec une passion imaginaire, c'est que peut-être c'était à vous véritablement que je parlais; car j'ai raison dans cette lettre, je sais de vous ce que le monde en ignore, je sais ce qu'il y a de noblesse et de force en votre âme, je sais que nulle femme n'a autant mérité que vous l'adoration et le respect des hommes, et qu'aucun n'en peut avoir assez pour vous. L'expression de ce sentiment peut être folle, madame, mais il est sincèrement empreint dans mon cœur, je vous le jure, et c'est ce dont il faut que vous soyez bien persuadée. — Je voudrais vous remercier de votre bonne opinion, monsieur de Luizzi, répondit la comtesse en lui jetant un regard comme on tend la main à un ami. Mais le temps ne nous appartient pas ; il faut que j'écrive, ajouta-t-elle d'une voix trempée de larmes.

Elle reprit la plume, et écrivit :

« Je vous remercie de votre amour, monsieur ; je vous remercie même de cet enthousiasme qui va au delà de votre amour, non que je croie le mériter comme vous le dites, mais parce que je suis heureuse de l'avoir inspiré à un homme comme vous, même alors qu'il se trompe. Je ne suis pas l'ange voilé de la beauté ; car vous connaissez tout de moi, excepté peut-être ce que je n'ose montrer, de douloureuses blessures. Le sanctuaire de mon âme n'a pas ces lumières éblouissantes que vous imaginez, et peut-être seriez-vous bien étonné, en y pénétrant, de voir que c'est un sanctuaire de deuil et un asile de désespoir. Vous comprenez alors pourquoi je vous remercie de votre amour ; gardez-le tel qu'il est, bon et indulgent pour moi, noble et dévoué comme vous-même. »

En écrivant ceci, madame de Cerny laissait couler d'abondantes larmes qu'elle essuyait de temps en temps pour reprendre ensuite la plume et continuer.

— Voyez, dit-elle à Luizzi d'une voix entrecoupée, voyez ce que j'ai répondu. Ah ! je ne me sens plus le courage de continuer cet horrible jeu.

— N'oubliez pas qu'il y va de votre vie.

— A quoi me servira de la garder maintenant ? Une vie qui sera sans honneur et qui aura été sans amour !

La comtesse cacha son visage et ses larmes dans ses mains, pendant que Luizzi lisait sa lettre. Lorsqu'il eut terminé sa lecture, il regarda Léonie ; mais elle était toute à son désespoir, et le baron, s'asseyant alors en face du secrétaire avec un singulier mouvement de résolution, se mit à écrire rapidement :

« Vous ai-je mal comprise, madame ? Cette vie que le monde dit si sereine et si heureuse serait-elle une longue suite de tortures courageusement souffertes ! Ce calme de votre âme, qu'on a osé accuser de froideur, ne serait-il que le masque riant qui cache le regret et le désespoir ? Serait-il vrai que cet amour que je ressens pour vous, que cet amour, plus vrai, plus puissant que je ne vous l'ai dit, serait-il vrai qu'il vous fût une consolation ? Oh ! si je pouvais l'espérer, madame ! Si j'osais le croire, ces douleurs que vous souffrez, ces dangers que vous pouvez courir, je vous les épargnerais ! Ah ! dites un mot, Léonie, un mot, et je vous sauverai. Comprenez-moi, je vous en supplie. Quelque malheur qui vous menace, je puis vous y arracher en l'appelant tout entier sur moi. Oh ! s'il vous faut mon honneur, il est à vous, vous le savez... S'il vous faut ma vie, elle est à vous, et je ne puis pas la perdre sans qu'elle vous protége ! Prenez-la donc, madame : car elle me sera trop payée si vous devez me dire, avant que je ne l'engage dans une lutte mortelle : « Armand, j'aimerai votre mémoire ! »

Madame de Cerny pleurait encore quand Luizzi eut achevé la lettre.

— Tenez, lui dit le baron avec un vif accent de prière, lisez... lisez bien.

La comtesse parcourut d'abord la lettre sans pouvoir la lire, puis elle essuya vivement ses yeux et la relut lentement et avec une attention profonde. Quand elle l'eut achevée, elle leva sur le baron un regard haletant et interrogateur, et lui dit d'une voix où la joie murmurait à travers les larmes :

— A qui faut-il que je réponde, Armand? — A moi, Léonie! s'écria-t-il en tombant à genoux devant elle. — A vous, Armand, n'est-ce pas? à vous, ici, et à cette heure? — A moi, ici, à moi qui mourrai pour vous sauver. — Eh bien! Armand, s'écria Léonie, je vous répondrai à vous : Non, je n'aimerai pas votre mémoire... car je vous aime! — Oh! s'écria le baron en prenant toutes les lettres écrites et en les déchirant dans un transport d'héroïque fierté, vienne le comte maintenant, et il faudra qu'il m'assassine dix fois avant d'arriver jusqu'à vous, Léonie! — Non, Armand, non; si tu meurs, je mourrai, répondit la comtesse, dont le visage laissait éclater une exaltation égarée. Je mourrai déshonorée pour tous, innocente pour toi seul!...

Elle s'arrêta, et, regardant Luizzi d'un œil fier et flamboyant, elle reprit :

— Coupable pour toi seul, si tu le veux! — Léonie! s'écria le baron en la saisissant dans ses bras, dis-tu vrai? — Oui, oui!... reprit-elle d'une voix mourante, je suis à toi! à toi... que j'aime!

Et, en parlant ainsi, elle cachait sa tête dans ses mains, tandis que Luizzi l'emportait folle et désolée vers le divan, où elle était si belle et si paisible une heure auparavant.

Elle s'y laissa tomber en se cachant toujours les yeux de ses mains, et murmura d'une voix étouffée :

— Oh! cette lumière!

Luizzi voulut souffler la bougie qui brûlait dans la lampe de cristal, mais il ne put y atteindre; et tandis que Léonie enfonçait son visage dans les coussins pour se cacher sa faute à elle-même, le baron aperçut le soulier du Diable; il le prit rapidement et le posa sur la bougie en guise d'éteignoir.

Il se fit une nuit d'enfer, et le soulier du Diable dansa sur la bougie.

Explications.

LX

CHAPITRE DE ROMAN

Pendant que ceci se passait dans le boudoir, le comte était rentré chez lui et avait longuement réfléchi à l'horrible projet auquel l'avait poussé la crainte d'un ridicule qui est plus puissant qu'on ne peut l'imaginer; car il est des hommes qui ont mieux aimé y échapper par le suicide que le braver. Cependant, une fois seul avec lui-même, monsieur de Cerny considéra avec plus de calme l'action qu'il s'était cru le courage de commettre, et il reconnut qu'il avait espéré trop de lui-même. Il fallait pourtant un dénoûment à cette scène. Il ne pouvait pas aller ouvrir la porte à ses deux prisonniers et les laisser sortir librement, à moins qu'ils n'eussent écrit les lettres qu'il leur avait demandées, et il n'avait plus la résolution nécessaire pour obtenir par un crime un silence qui est le seul dont on puisse être assuré. Il se mit donc en devoir de chercher un biais avec lui-même, dans le cas où Luizzi et la comtesse auraient refusé d'écrire cette prétendue correspondance amoureuse, et, à force de chercher, il finit par s'apercevoir d'une chose assez simple : c'est que, si l'un et l'autre étaient gens à préférer la mort à une lâcheté qui pouvait les déshonorer l'un et l'autre, il devait y avoir en eux un principe d'honneur auquel il pouvait se confier sans crainte. La seul chose qui l'embarrassât, c'était la manière de profiter de cette circonstance. Enfin, il s'ingénia à inventer des moyens si extravagants, qu'il en revint au plus simple de tous pour l'exécution, comme il en était revenu à la plus simple des idées pour se tirer du mauvais pas où il était engagé. Ce moyen était de reconnaître franchement la fermeté de conduite du baron et de la comtesse, de les en féliciter comme un homme qui les en avait crus véritablement capables et qui n'avait voulu que tenter un épreuve de nature à les rassurer complètement. Puis il ajouterait que, maintenant qu'i les tenait pour des gens d'honneur, il se fiait à eux et ne leur demandait d'autre garantie que leur parole.

Le comte avait préparé un beau petit discours à cet effet, et il attendait avec impatience que l'heure fût expirée. Cependant il n'avait pas devancé le délai qu'il avait fixé lui-même, d'abord parce qu'il voulait conserver près de ses prisonniers l'air de résolution implacable qu'il avait pris vis-à-vis d'eux, ensuite parce qu'il gardait au fond de l'esprit l'espérance qu'ils pourraient écrire les lettres qui devaient les compromettre, et qu'il préférait encore cette garantie à toute autre. Enfin, lorsque l'heure fut sonnée, le comte, armé de ses pistolets, descendit fort embarrassé, quoi qu'il en eût, de la figure qu'il allait faire. Il avait pris ses armes, prévoyant encore que toutes ses combinaisons pourraient ne pas réussir et qu'une lutte pourrait s'engager, acceptant toujours le meurtre comme extrême ressource contre sa femme et le baron.

Tout dormait depuis longtemps dans l'hôtel, lorsque le comte traversa la longue suite d'appartements au bout desquels se trouvait le boudoir de sa femme. Arrivé à la porte, il écouta et n'entendit rien ; il supposa que le baron et Léonie, absorbés dans leur désespoir, gardaient un silence épouvanté. Alors il compta plus que jamais sur son apparition, le pistolet en main, pour obtenir d'eux tout ce qu'il en voulait, et il tourna le bouton ; mais la porte résista, et le comte fut très-étonné. Parmi toutes les idées simples qui avaient traversé la tête de M. de Cerny, celle que les prisonniers avaient pu se renfermer pour se défendre ne lui était pas venue ; et, dans un premier mouvement de colère contre cet obstacle imprévu, il s'écria :

— Ouvrez.

On ne répondit pas, et tout aussitôt le comte lança un violent coup de pied dans la porte pour l'enfoncer ; mais elle paraissait avoir été solidement assurée en dedans. Le comte s'irritant, en raison de la résistance qu'il éprouvait, se mit à frapper contre la porte comme un furieux, tantôt des pieds, tantôt du pommeau de ses pistolets.

Il y a beaucoup de maisons à Paris où les domestiques, retirés à l'office ou dans l'antichambre, peuvent impunément entendre les portes battre dans les appartements, les voix menacer, les meubles rouler d'un bout du salon à l'autre, les glaces tomber en éclats, les vitres se briser, les porcelaines voler par la fenêtre, sans s'inquiéter autrement que pour dire : « Monsieur et Madame ont une explication. » Alors, se renfermant dans la discrétion intelligente de valets bien élevés, ils laissent rugir l'orage en paix et la foudre éclater sur le mobilier ; puis ils en ramassent le lendemain les débris, en ayant soin de faire disparaître quelque joli petit objet précieux, qui est censé avoir péri dans la bagarre et qui va se cacher au fond de leur malle ou se montrer chez les marchands *d'occasion*. Mais, il faut le dire, la maison de M. de Cerny n'était pas faite à ces excellentes habitudes. Tout s'y passait avec une dignité et un calme constants ; de façon que, lorsque les domestiques entendirent frapper à une porte à coups redoublés, ils crurent que c'était un accident qui arrivait au comte ou à la comtesse, un incendie, des voleurs, qui sait ? et quelques-uns accoururent, moitié vêtus, au moment où le comte, après des efforts inouïs, brisait la porte et pénétrait dans la chambre, en renversant tous les meubles qu'on avait entassés derrière. Le comte se trouva dans la plus profonde obscurité et s'écria avec rage :

— Où êtes-vous tous les deux ? où êtes-vous ?

A ce moment il vit une ombre apparaître à la porte, et, plus prompt que l'éclair, il se

Mon brave, voulez-vous me vendre votre manteau ? — Page 471.

jeta de ce côté en tirant un coup de pistolet. Tout aussitôt il entendit la chute d'un corps humain, puis un grand cri; et une voix, qui n'était ni celle du baron, ni celle de la comtesse, se mit à crier :

— Au secours, au secours !

C'était la voix du valet de chambre de M. de Cerny. Dans la rage qui le transportait, le comte chercha encore ses prisonniers dans l'obscurité, décidé à leur faire payer le sang qu'il venait de verser. Il alla ainsi, frappant les murs, se heurtant aux meubles, jusqu'à ce qu'il arrivât à la croisée dont le rideau était baissé. Il supposa que les malheureux étaient cachés là, et tira le rideau avec violence. La fenêtre était ouverte.

De toutes les idées simples, la plus simple n'était pas venue au comte : c'est que les fenêtres sont des issues comme les portes, un peu plus dangereuses sans doute, mais en tout cas préférables à un coup de pistolet et à un déshonneur sans profit.

A cet aspect, le comte resta pétrifié, tandis que les domestiques accouraient et que le valet de chambre, sur qui le comte avait tiré, se tâtait pour s'assurer s'il n'avait rien de brisé. La stupéfaction du comte se changea en rage furieuse en se voyant ainsi entouré, et il donna l'ordre à ses gens de rallumer un flambeau et de se retirer. L'un d'eux, une de ces natures de valet qui apprennent leur devoir d'une certaine façon et qui ne l'accompliraient pas d'une autre façon au milieu des désastres les plus effrayants, avait été habitué à éclairer le boudoir en allumant la lampe de cristal qui veillait au milieu ; par conséquent, lorsque le comte demanda de la lumière, l'ingénieux valet, au lieu de laisser sur la cheminée le premier flambeau venu, se mit en devoir d'allumer la lampe ; il monta sur une chaise, et la première chose qu'il trouva fut le soulier du Diable, qu'il jeta à terre comme s'il eût touché un serpent, en s'écriant :

— Tiens ! qu'est-ce que c'est que ça ?

L'apparition de ce soulier et l'usage auquel il avait servi parurent au comte une méchante plaisanterie, et il le foula aux pieds avec fureur, en pensant qu'il était à la merci, non-seulement du propriétaire de ce soulier, mais encore à la merci du baron et de Léonie. Il dut cependant à cette rage inconsidérée de trouver quelque chose qui, sans cela peut-être, aurait échappé à son attention. Il aperçut à terre des papiers déchirés. C'étaient les morceaux épars des lettres écrites par Luizzi et la comtesse. M. de Cerny les ramassa avec soin et les rassembla de manière à en prendre connaissance. Il renvoya tous les domestiques et lut cette singulière correspondance. Il comprit alors que l'imprudence des fugitifs avait laissé des armes terribles dans ses mains.

Sans doute de pareilles lettres n'eussent pas suffi à faire condamner une femme comme adultère ; mais ces lettres, dont rien au monde, sinon l'assertion des accusés, ne pouvait faire soupçonner l'authenticité, pouvait les perdre, jointes comme elles étaient à leur fuite au milieu de la nuit, ensemble, par une fenêtre, et lorsque la conduite patente du mari, sa violence même qui avait eu des témoins, devait faire croire qu'il les avait voulu surprendre dans une *conversation criminelle*, et qu'ils s'étaient échappés au risque de leur vie. Toutes ces circonstances, disons-nous, parurent merveilleusement se grouper et s'entr'aider pour que le comte y démêlât, au premier coup d'œil, la base d'une accusation d'adultère contre sa femme. La vérité, d'ailleurs, ressemblait trop à un conte fantastique, quand bien même Luizzi et la comtesse oseraient la dire. Cependant ils le pouvaient, soit en allant sur-le-champ chez un magistrat, soit en se rendant directement chez le vieux vicomte d'Assimbret ; et M. de Cerny, avant de tenter une démarche dans un sens quelconque, voulut s'assurer de ce qui avait pu arriver.

Ne voulant mettre aucun de ses domestiques dans la confidence de ce qu'il allait faire, après les avoir mis malgré lui dans la confidence de la fuite de sa femme, le comte prit de l'or, une canne à épée, et sortit à pied. Il monta dans la première voiture qu'il rencontra et se fit conduire chez son beau-père. Il était à peu près une heure du matin quand il quitta son l'hôtel. Il n'entra point chez le vicomte, fit seulement appeler le concierge, et s'assura que personne n'était venu depuis onze heures, heure à laquelle il avait quitté le boudoir de sa femme. De là il se rendit chez le commissaire de police de son quartier et lui raconta, sans cependant formuler aucune plainte, la disparition de sa femme, puis s'assura qu'elle n'avait point paru de son côté chez ce magistrat. Sûr alors d'être toujours en mesure de porter l'accusation et non de la recevoir, il se fit conduire chez Armand. On veillait encore dans l'hôtel du baron. Le comte frappa sans bruit et demanda M. de Luizzi. Le concierge lui répondit qu'il n'était point rentré. M. de Cerny insista en disant qu'il s'agissait pour le baron d'une affaire qui l'intéressait au dernier point.

— Cela ne m'étonne pas, repartit le concierge, car il y a une demi-heure à peine un commissionnaire m'a remis une lettre pour M. Donezau, qui venait de rentrer avec sa femme et mademoiselle Gelis. Cette lettre était de la part de M. le baron et devait être remise sur-le-champ à M. Henri. Le commissionnaire était si pressé que je l'ai montée moi-même chez M. Donezau, où tous les domestiques étaient couchés. Je l'ai trouvé seul debout, ainsi que Madame, et à peine Monsieur a-t-il eu lu la lettre, qu'il a dit à sa femme : « Il faut que je sorte sur l'heure... » et, un moment après, je lui ai tiré le cordon. Il n'est pas revenu non plus. — Mais le baron va rentrer sans doute ? répondit M. de Cerny, et l'affaire est tellement urgente qu'il est nécessaire que j'attende son retour ou celui de M. Donezau, son beau-frère. — Cela vous est très-facile, repartit le concierge ; vous n'avez qu'à monter chez M. le baron, son valet de chambre vous ouvrira, et vous pourrez attendre son retour tant qu'il vous plaira. — Vous avez raison, dit M. de Cerny. Tenez, voilà deux louis. Il est inutile de dire à M. de Luizzi que quelqu'un l'attend ; excepté son valet de chambre, personne ne doit le savoir.

En effet, M. de Cerny monta chez le baron. Il sonna doucement, ne voulant pas qu'on pût entendre de chez Caroline, qui peut-être avait été instruite par la lettre apportée à son mari, de l'événement arrivé à son frère, et qui eût fait prévenir Luizzi que quelqu'un était chez lui. Il fit un nouveau conte au valet de chambre, conte appuyé d'une large gratification. D'ailleurs Pierre, en valet de chambre de bonne maison, connaissait tous les noms un peu sonores et presque tous les visages de l'aristocratie. Aussi, quand il vit le comte de Cerny, il le laissa pénétrer dans l'appartement de son maître et l'y installa.

Malgré l'étonnement de Caroline en voyant son mari la quitter si soudainement, malgré l'alarme qu'elle en éprouva, il y avait dans la maison une oreille plus éveillée que la sienne ; c'était celle de Juliette, qui attendait le baron. Lorsqu'elle entendit quelqu'un sonner au premier et bientôt marcher dans l'appartement, elle supposa que le baron était rentré, et alors elle s'attendit à le voir monter chez elle ; mais près d'une demi-heure se passa, et tout resta silencieux. Pierre dormait étendu dans le fauteuil à la Voltaire, qui le plus souvent lui servait de lit dans l'antichambre, et le concierge veillait seul, si, on peut appeler veiller cette manière de dormir debout qui appartient exclusivement aux portiers de Paris.

Le dépit de Juliette fut grand ; mais sans doute la passion qui la poussait l'était encore plus, car elle osa se décider à aller trouver Luizzi, qu'elle croyait chez lui. Le baron avait fait construire un petit escalier intérieur pour monter d'un cabinet voisin de sa salle à manger dans l'appartement de sa sœur. Juliette profita de cet escalier, descendit à pas discrets et s'approcha de la chambre du baron. Elle entendit marcher activement dans cette chambre et s'imagina que Luizzi était en proie à un de ces combats intérieurs qui précèdent le moment où l'on cède à une passion qu'on peut regarder comme coupable. Probablement elle craignit que ces incertitudes ne tournassent point à son profit, et elle poussa la porte. En entrant, elle se trouva face à face avec le comte de Cerny, qui, appelé par le bruit de la porte, s'était avancé vivement vers la personne qui entrait. Tous deux se regardèrent d'abord avec une étrange surprise, puis tous deux...

LXI

COMMENTAIRE DU CHAPITRE PRÉCÉDENT.

— En voilà assez quant à présent, dit le baron au Diable en l'interrompant.

En effet, c'était le Diable qui faisait ce récit au baron dans le petit salon d'un appartement d'hôtel garni, pendant que Luizzi l'écoutait avec une attention qu'il n'avait jamais eue jusque-là pour le terrible conteur. Il ne l'interrompait point, ne lui faisait nulle observation quant au style ou à la forme de sa narration qui était tout au moins extraordinaire; car elle avait l'air d'un chapitre extrait d'un livre qui raconterait des choses passées depuis longtemps. Cette discrétion du baron venait de ce qu'il connaissait l'habileté du Diable à profiter des moindres interruptions pour allonger indéfiniment, et mieux qu'aucun romancier ou qu'aucun feuilletoniste, ce qu'il avait à raconter, et pour se jeter dans des digressions morales ou immorales.

— En voilà assez quant à présent, dit-il au Diable, je sais tout ce que je veux savoir pour prendre un parti décisif. — Tu as tort, lui repartit Satan, écoute au moins la scène de Juliette et de M. de Cerny : ce sera l'affaire d'une demi-heure, quoiqu'elle ait duré plus de trois heures. — Je sais tout ce que je voulais savoir, car cela me prouve que le comte ne nous a pas poursuivis ou qu'il n'est pas sur notre trace. — Si peu, dit le Diable, qu'il est rentré à son hôtel et n'en est pas encore sorti. — Tout me sert à merveille, répondit le baron; nous pouvons partir sans crainte. — Tes précautions sont-elles bien prises? lui dit le Diable. — Voyons ! répondit le baron, comme pour récapituler tout ce qu'il avait fait et s'en rendre un compte exact. Aussitôt que j'ai eu déposé Léonie dans cet hôtel, j'ai écrit à Henri qui est venu et qui m'a apporté, comme je le lui demandais, l'argent nécessaire pour quitter Paris et fa re tous mes préparatifs de voyage. — Et lui as-tu dit pourquoi tu partais? — Non, certes. — Où tu allais? — Encore moins. — Tu fais des progrès, baron, tu gardes tes secrets pour toi ; et ensuite? — Ensuite, dit Luzzi, je suis allé moi-même louer un remise dont le cocher, grâce à ma libéralité, m'a honnêtement promis de crever les chevaux de son maître et de me mener en cinq heures à Fontainebleau. — Ce cocher me plaît; et ce remise doit-il venir vous prendre ici ? — Non, il nous attendra au coin de la rue Richelieu et du boulevard.

Le Diable se mit à rire, et le baron le regarda d'un air étonné.

— Qu'y a-t-il de si drôle là-dedans? — C'est l'endroit d'où tu pars qui me semble singulier, dit Satan; tu aurais pu mieux choisir que la porte d'une maison de filles et d'une maison de jeu. — C'est le cocher qui m'a donné ce rendez-vous, disant qu'il serait moins remarqué que s'il stationnait devant la porte d'une maison où tout serait fermé et tranquille. — Ce cocher est un galant homme, dit le Diable; voilà qui dénote une certaine entente des mauvaises affaires. Ce gaillard-là fera son chemin... Et enfin, où en es-tu? — J'en suis au point que je n'attends plus que ton départ pour pouvoir effectuer le mien, gagner Fontainebleau, et là prendre de village en village des moyens de transport jusqu'à Orléans, sans qu'on puisse soupçonner de quel côté nous allons. — Et ta députation? dit le Diable. — Je verrai. — N'oublie pas que je suis à tes ordres pour t'informer de tout ce que tu voudras savoir.

— Tu deviens trop obligeant, Satan. — Je veux être en règle avec toi, mon maître; je veux que tu ne puisses dire, comme tu l'as fait jusqu'à présent, que, si tu as commis beaucoup de sottises, c'est parce que je ne t'ai pas suffisamment éclairé; vois donc, réfléchis : n'as-tu plus rien à me demander? — Rien, quant à présent, dit Luizzi, en s'éloignant pour rentrer dans la chambre où Léonie écrivait à son père. — Baron, dit le Diable en l'arrêtant, tu sais que mes avis ne te sont pas toujours venus par mes récits, que j'ai souvent jeté à côté des personnages ou des événements qui parlaient en mon nom; souviens-toi bien de tout ce que tu as vu depuis ta sortie de prison, et demande-toi si, au moment où tu vas faire un acte de cette importance, rien dans tout cela ne mérite explication.

Luizzi réfléchit, mais, rapportant toutes les paroles du Diable à son aventure avec madame de Cerny, il ne trouva rien qui ne lui parût parfaitement clair. D'ailleurs la persistance du Diable à lui offrir ses confidences semblait au baron plus qu'intéressé, et il pensa que Satan voulait le détourner de la route qu'il prenait. D'un autre côté il était tout à madame de Cerny et avait hâte de savoir ce qu'elle avait écrit à son père. Le jour approchait, il était temps de fuir. Il rentra donc chez Léonie et la trouva assise devant la table où était sa lettre cachetée et achevée depuis longtemps.

— Léonie, lui dit-il, il est temps de quitter Paris ; donnez-moi cette lettre, je la ferai mettre à la poste. Ainsi on ne pourra surprendre et interroger ni un domestique de l'hôtel ni un commissionnaire étranger. Venez, Léonie.

La comtesse, qui avait le coude sur la table et le front dans les mains, leva lentement la tête. Une paleur froide était répandue sur ce beau visage, la veille si brillant de santé. Cette mate blancheur n'était animée que par le rouge bleuâtre qui courait autour des yeux, et qui annonçait une fatigue interne sous laquelle l'ardeur d'une fièvre violente l'empêchait seule de succomber. L'œil brillait d'un transport inquiet sous ses paupières pesantes et alanguies ; ses cheveux tombaient en désordre autour de ce visage, la veille si coquettement orné de leurs belles boucles blondes. Il y avait dans toute cette femme l'abattement d'un corps habitué au repos d'une vie calme et la lassitude d'une âme qui vient de soutenir sa première lutte avec la douleur. La comtesse regarda Luizzi longuement, et lui dit :

— Armand, il en est temps encore, pensez à vous avant que nous ne quittions Paris... Songez que c'est ma vie que vous perdez, et que je vous crois trop d'honneur pour ne pas être sûr que c'est la vôtre que vous perdez aussi. — Léonie, reprit Luizzi, pourquoi me demandez-vous de réfléchir à ce que je vais faire ? Est-ce donc que vous redoutez déjà votre avenir ! — Aujourd'hui comme hier ; aujourd'hui coupable, comme hier innocente, c'en est fait pour moi de tout honneur, de toute considération. Je ne rentrerai plus dans la maison de mon mari ; car, si j'y rentrais, je lui dirais ma faute, et alors il aurait le droit de me punir. Je suis résignée à un exil éternel en ce monde ; mais vous, Armand, vous ne prévoyez pas quelle existence vous donnez à votre avenir ? Plus de mariage possible !... Plus de famille, ou une famille flétrie au front du nom d'adultère que j'ai mérité ! Plus de monde même ; car on cherchera à vous faire payer par toutes les offenses possibles la faute que j'aurai commise à ses yeux. Réfléchissez-y, Armand ; je puis partir seule... J'aurai fui... Mais vous ne serez pas mon complice, il n'y aura que moi de compromise. — Léonie, reprit Armand, vous m'aviez permis de mourir pour vous ; ai-je mérité de ne pas vivre pour vous ? — Tu le veux, Armand ? dit Léonie en lui tendant la main ; eh bien donc ! je prends ta vie comme j'avais accepté ta mort, je la payerai de toute la mienne. — Partons alors ! partons ! dit Luizzi qui avait réglé d'avance sa sortie de cette maison.

LXII

FUITE.

Tous deux quittèrent l'hôtel dans le costume qu'ils portaient l'un et l'autre, lui en habit de visite, elle en robe de mousseline ; car, à l'heure avancée où ils étaient sortis du boudoir, à l'heure où ils s'étaient décidés à fuir ensemble, ni l'un ni l'autre n'avaient pensé à ces nécessités misérables de la vie matérielle qui jettent de si petites douleurs dans les plus grands désespoirs. D'ailleurs, aucun magasin n'était ouvert pour que Luizzi pût s'y pourvoir des objets accoutumés en voyage. Ils gagnèrent lentement leur voiture, rencontrés par quelques ouvriers qui prenaient sur la nuit l'heure de marche qui devait les conduire à leur labeur du jour, et qui s'étonnaient de cette femme en cheveux et en mousseline, de cet homme en gants jaunes et en bottes vernies, marchant à pied dans la boue. Cependant ils arrivèrent bientôt devant Frascati, et Luizzi, entendant dans la cour des voix joyeuses de femmes et d'hommes qui sortaient de ce lieu, ouvrit rapidement la portière de la voiture et fit monter Léonie avant que personne pût la voir. Puis, pendant que le cocher quittait son siège, il monta à son tour dans la voiture au moment où le groupe bruyant dépassait la porte de l'hôtel. Il put donc entendre une voix de femme qui s'écriait :

— Tiens ! qui est-ce donc qui s'en va en remise ? — Hé ! répondit un autre, c'est Palmyre, j'en suis sûre, qui joue un tour à son agent de change.

La comtesse s'enfonça violemment au fond de la voiture, tandis qu'une nouvelle voix ajoutait de ce ton criard et chanté qui caractérise particulièrement la fille de mauvaise vie :

— Hé ! Gustave, puisque vous avez retrouvé Juliette, dites-lui donc de venir voir un peu les anciennes amies. En voilà une lame qui couperait l'herbe sous le pied de la plus adroite !

Sans doute ces noms de Gustave et de Juliette n'eussent pas étonné Luizzi au point de l'alarmer, s'il n'avait cru reconnaître, dans la voix qui répondit à cette interpellation, la voix de Gustave Bridely lui-même, qui repartit de loin :

— Juliette a bien autre chose à faire maintenant...

Cette étrange coïncidence jeta un tel étonnement dans l'esprit de Luizzi, qu'il ne put s'empêcher d'avancer la tête à la portière pour voir s'il ne s'était pas trompé, et si c'était véritablement le marquis ; mais un « prenez garde ! » de Léonie, le fit rentrer dans la voiture, et le misérable état de la pauvre femme l'occupa tellement que bientôt il ne pensa plus à la circonstance qui était venue le frapper comme d'un nouvel avertissement. Léonie, retirée dans le fond de la berline, grelottait à la fois et du froid du matin et du froid de la fièvre qui s'emparait d'elle. Ce n'était plus cette femme fière et superbe, dont la beauté d'impératrice et la stature élevée semblaient attester un de ces courages masculins qu'on suppose habiter d'ordinaire les corps à puissantes et larges proportions. C'était une pauvre femme faible, timide, désespérée, pleurant, tremblant, souffrant, sortie soudainement d'une vie de résignation, d'habitudes où aucun malaise physique n'avait jamais pénétré, et jetée tout à coup dans une action à laquelle rien ne manquait, pas même le dénûment des choses les plus nécessaires. Luizzi se rapprocha d'elle et lui parla doucement, la suppliant d'avoir du courage.

— J'en ai, répondit-elle, j'en ai.

Mais ces paroles s'échappaient à travers le claquement de ses dents, et sa voix tremblait comme son corps.

— Oh ! Léonie ! reprenait Luizzi, que crains-tu ? Ta vie est à moi maintenant, et je la défendrai. — Va ! répondait Léonie d'un ton où il y avait plus de désespoir que de courage, je n'ai pas peur de mourir. — Je défendrai aussi ta vie de la calomnie ; et, si je ne suis pas assez fort contre le monde, nous fuirons dans quelque pays étranger, nous nous abriterons tous les deux sous un nom inconnu. — Oui, oui, n'est-ce pas, Armand, aussitôt que tu le pourras, nous fuirons la France, nous irons nous cacher là où nous seuls nous saurons ma faute ? — Ta faute, Léonie ? Est-ce donc une faute d'avoir voulu échapper à la mort, de n'avoir pas voulu donner ta vie à celui qui t'avait condamnée à n'être qu'une existence de résignation?—C'est une faute, Armand ; mais je ne me repens pas de l'avoir commise, si tu m'aimes. — Oh ! Léonie ! s'écria Armand, quel mot !

La comtesse, par un mouvement égaré, se jeta à genoux dans cette voiture et s'écria en levant ses mains suppliantes vers Luizzi :

— Oh ! Armand, aime-moi maintenant, aime-moi ; tu m'aimeras, n'est-ce pas ?... tu m'aimeras toujours ;... Oh ! si tu ne m'aimais pas, toi... que deviendrai-je... mon Dieu !

Luizzi prit Léonie dans ses bras et la rassura, par les serments les plus sacrés, sur la constance et le dévouement de cet amour qu'elle lui demandait. La comtesse était glacée, et elle frissonna dans les bras du baron.

— Vous souffrez ! lui dit-il ; et moi je n'ai rien prévu... je ne vous ai pas même protégée contre le froid. — Ce n'est rien, dit Léonie qui s'efforça d'arrêter le claquement nerveux de ses dents ; ne vous occupez pas de cela...
— Non, je vais faire arrêter avant de quitter Paris, je ferai ouvrir un magasin, je trouverai tout ce qu'il faut... — Non, non, dit Léonie avec effroi... Fuyons vite.

Cependant Luizzi voyait la souffrance de la comtesse s'accroître de minute en minute ; elle s'était enfoncée dans un coin de la voiture, et, vaincue par la lassitude, le froid et la fièvre, elle y restait immobile, grelottant, murmurant des plaintes inarticulées et répondant à tout ce que Luizzi lui disait par ces mots prononcés avec un accent bref et égaré :

— Je suis bien ! je suis bien !

Enfin il aperçut, à travers les glaces fermées de la voiture, la multitude de charrettes qui abordent Paris à la naissance du jour. Les hommes qui les conduisaient étaient tous couverts de cette espèce de manteau court en épaisse étoffe rayée qu'on nomme roulière. Luizzi, malgré la recommandation de la comtesse, fit arrêter la voiture, descendit, et appela un de ces charretiers qui passait.

— Mon brave homme, lui dit-il, voulez-vous me vendre votre manteau ? — Mon manteau ! dit le charretier d'un air ébahi... Hé, reprit-il en secouant sa pipe, qu'est-ce que vous voulez faire de mon manteau, monsieur le baron ?

Luizzi regarda cet homme, en s'entendant si bien qualifier. Il crut reconnaître celui qui lui parlait, mais il ne put se le rappeler complétement, et, ne voulant pas engager une conversation avec cet homme quel qu'il fût, il lui dit :

— J'ai oublié de prendre le mien et je suis transi ; je vous le payerai assez cher pour que vous puissiez en acheter dix, s'il le faut. — Tiens, tiens, dit le charretier, vous êtes donc redevenu riche, monsieur de Luizzi ? tant mieux, ajouta-t-il en dégrafant sa roulière. Ah ! ce n'est pas comme chez nous. Le vieux Rigot est ruiné, la pauvre mère Turniquel est morte, et madame Peyrol, qui a voulu donner tout son bien à sa fille, la pairesse, demeure avec le bonhomme Rigot dans une méchante petite maison à côté de l'ancien château de son oncle ; ils vivent là tous les deux d'une mauvaise pension que leur fait ce monsieur de Lémée, gendre de madame Peyrol. — Ah ! s'écria Luizzi, éclairé enfin par toutes ces circonstances ; c'est toi, Petit-Pierre ?... tu as donc quitté la poste ? — Eh ! oui-dà. Je l'avais quittée pour être cocher chez le bonhomme Rigot, qui m'avait fait de fameuses promesses ; mais il a bien fallu y renoncer... Ç'a été une terrible histoire... monsieur, mais moins terrible que la scène de la mère Turniquel. C'est que vous ne savez pas ? madame Peyrol n'était pas la fille de la mère Turniquel... — Quoi ! dit Luizzi... Eugénie... ? — Il paraît que c'est la fille d'une grande dame à qui on avait volé un enfant dans les temps. La vieille a gardé le secret jusqu'au dernier jour, attendu qu'elle avait peur d'être abandonnée par sa fille qui la nourrissait; mais, à l'article de la mort, la peur du diable a remplacé l'autre, et elle a tout avoué. — Et a-t-elle dit le nom de cette grande dame? — Attendez donc, attendez donc! dit l'ancien postillon, c'est une certaine madame de... Cliny... Cany... Cauny... Cauny, c'est ça. Mais où diable savoir ce qu'elle est devenue depuis trente-cinq ans? Ah! monsieur, tout ça ne serait pas arrivé si vous aviez voulu épouser cette pauvre femme. — Cauny! répéta le baron, mais je connais encore ce nom, je l'ai entendu prononcer quelque part.

Le baron allait peut-être encore interroger Petit-Pierre, quand celui-ci, qui tout en parlant s'était approché de la voiture, recula vivement en s'écriant :

— Ah! mon Dieu! voilà une pauvre femme qui se trouve mal. — C'est bien... c'est bien! s'écria le baron en jetant à Petit-Pierre cinq ou six louis et en remontant rapidement en voiture.

Il vit Léonie entièrement affaissée et renversée sur la banquette : il la releva et la plaça de façon que, ramassée sur elle-même, elle était couchée en travers dans la voiture, tout le haut de son corps reposant sur les genoux du baron, et sa tête appuyée à l'angle opposé de la berline. Luizzi la soutenait dans ses bras en protégeant sa tête contre le mouvement et les cahots de la voiture; il l'enveloppa dans la roulière et la contempla ainsi pâle, froide, presque mourante.

— Léonie, Léonie, lui dit-il tout bas en la serrant contre lui, du courage, du courage! — Merci!... merci! lui dit-elle, comme si elle eût été plongée dans un demi-sommeil. Oh! c'est bon... c'est chaud...

Une larme vint aux yeux de Luizzi, à ce mot d'une femme si noblement née, si richement posée, si brillante, et qui le remerciait de l'avoir garantie un moment du froid qui la gagnait. Il la serra plus près sur son cœur, l'enveloppa dans ses bras, comme s'ils eussent dû couvrir tout son corps; et, se penchant vers elle, il déposa un baiser sur son front glacé. Léonie dégagea doucement ses bras de la roulière qui l'enveloppait, et, les passant au cou d'Armand, elle se suspendit à lui et murmura doucement sans ouvrir les yeux :

— Tu m'aimes, n'est-ce pas? tu m'aimes? — Oui, Léonie, oui, je t'aime!... et Dieu m'est témoin que je mourrai avant d'avoir la pensée de ne plus t'aimer comme la plus noble et la plus sainte des femmes! — Merci!... merci!... repartit Léonie... Tu ne m'abandonneras pas, n'est-ce pas? — Oh! tais-toi, Léonie, tais-toi... moi t'abandonner! Oh! jamais... jamais...

La comtesse rouvrit ses yeux, dont l'éclat vitreux annonçait une fièvre ardente, et reprit en jetant un regard affaissé sur le baron :

— Oui, tu m'aimes!... oh! oui, tu m'aimes, n'est-ce pas? et si je meurs, tu ne me mépriseras pas! — Léonie!... s'écria le baron en laissant couler ses larmes sur le visage de la comtesse, que parles-tu de mourir?... Oh! tu souffres, tu souffres!... — Non... tu m'aimes!... Parle-moi, parle-moi ainsi... tu me fais du bien!

Et elle dénoua ses bras du cou du baron, prit une de ses mains et l'appuya sur son cœur, en lui disant doucement et d'une voix qui s'éteignait peu à peu dans l'affaissement somnolent produit en elle par la lassitude et la fièvre :

— Aime-moi... aime-moi beaucoup.., tu n'auras pas longtemps à m'aimer... non, pas longtemps... et pourtant je suis heureuse... bien heureuse... Armand... je t'aime!...

Et, en parlant ainsi, elle pressait la main d'Armand sur son cœur, et, à mesure que sa parole s'éteignait, cette pression diminuait aussi; puis elle laissa aller ses bras, sa tête

Viens maintenant, femme perdue, tu es à moi. — Page 479.

s'abandonna tout à fait, et elle sembla plongée dans un complet anéantissement. Luizzi la regarda alors. Pour la première fois de sa vie il sentit en lui quelque chose de cet amour qui appartient aux dernières années de la jeunesse d'un homme, de cet amour qui fait l'homme complet, de cet amour qui protége, qui se dévoue, qui s'appuie sur la confiance qu'on a en soi-même, et qui ne s'alarme pas sur son avenir, parce qu'il est basé sur des sentiments d'honneur que nul homme ne se croit capable d'abandonner jamais. Amour saint et pur qui n'a pas l'aveuglement des amours confiants et rêveurs de l'adolescence, ni la fougue impétueuse des passions d'une jeunesse qui a toute sa puissance, mais qui prévoit la lutte qu'il aura à soutenir, qui a compté tous les sacrifices qu'il lui faudra faire, toute la constance qu'il aura à montrer, et qui accepte la lutte avec courage, s'impose les sacrifices avec joie, se grandit du bonheur qu'il a et plus encore du bonheur qu'il donne. Jamais le cœur de Luizzi n'avait été plein d'un si noble sentiment, et, pour la première fois aussi, il se sentit presque fier de lui-même ; car il voyait une noble existence s'attacher à lui, et il se sentit le courage de ne point lui faillir. Ce fut aussi dans ce moment que, voyant Léonie assez complétement abattue pour ne pas être étonnée de son silence, il pensa à prendre les meilleurs moyens pour la faire échapper à toute poursuite. ruoP cela il avait besoin d'être certain de ce qui se passait à Paris; il appela donc Satan, sachant que sa voix n'était perceptible que pour lui seul, se promettant d'ailleurs de lui répondre de manière à ce que Léonie ne pût l'entendre et ne s'étonnât pas d'un entretien qui, pour elle, ne serait qu'un monologue sans raison.

LXIII

CONTRASTE.

Satan parut. Il avait dépouillé son costume d'abbé; il était exactement vêtu de noir, portait à sa boutonnière un ruban où se trouvaient réunies toutes les couleurs de l'arc-en-ciel, et qui devait probablement rassembler les signes distinctifs d'une douzaine de décorations. Si avec ce costume le Diable avait eu des mains propres et du linge blanc, il aurait passablement ressemblé à un de ces petits diplomates des petits États allemands, qui passent leur vie à solliciter tous les grands cordons de toutes les petites cours de la Confédération germanique; mais à part l'habit noir, la mauvaise tenue de Satan lui donnait un air de pauvreté crasseuse qui eût convenablement appartenu à ces intrigants de bas étage qui s'inventent des cordons pour escroquer un dîner à des aubergistes confiants ou pour vendre de la pommade aux adjoints de maires de village.

La position où se trouvait Luizzi ne lui laissait pas le temps de s'enquérir des raisons qui avaient engagé le Diable à choisir ce costume équivoque, et, aussitôt que celui-ci eut pris place dans la berline sur la banquette qui faisait face au baron, Armand lui dit à voix basse :

Apprends-moi ce que fait le comte à Paris à l'heure qu'il est. — Pour te renseigner convenablement, répondit Satan, je vais reprendre le récit au moment où je l'ai laissé. Avant que je le commence, cependant, laisse-moi te rappeler, mon maître, que c'est toi qui as refusé de l'entendre jusqu'au bout. — Je le sais. Mais hâte-toi, je ne t'interromprai pas plus que je ne l'ai fait lorsque tu l'as commencé. — Arme-toi donc de courage; car, avant de le commencer, je dois te dire aussi que tu vas entendre de singulières choses. Mais enfin, puisque tu veux savoir la vie humaine ou les événements humains dans ce qu'ils ont de plus caché, il faut oser les regarder en face. Ils sont hideux souvent : l'anatomie du corps humain touche à toutes les saletés, celle de la vie humaine serait imparfaite si elle s'arrêtait aux surfaces blanches et pures. — Mais, hâte-toi donc ! Tu excites sans cesse ma curiosité et tu ne la satisfais jamais qu'imparfaitement. — Écoute donc.

Et le Diable reprit :

— Je te l'ai dit : Juliette, te croyant rentrée et s'irritant de ce que tu n'allais pas au rendez-vous qu'elle t'avait donné, se décida à descendre dans ton appartement et pénétra dans ta chambre au moment où monsieur de Cerny s'avançait vers elle. A l'aspect d'un étranger, Juliette recula avec confusion; à l'aspect d'une femme, le comte s'arrêta et salua profondément.

« — Pardon, dit Juliette je croyais que monsieur de Luizzi était chez lui. — Il n'est pas encore rentré, répondit le comte, car je l'attends. »

Tous deux se saluèrent, lui pour rester dans la chambre, elle pour se retirer, mais tous deux en attachant l'un sur l'autre un regard étonné. Juliette sans doute se rappela la première en quelle circonstance elle avait vu l'homme qu'elle retrouvait là si inopinément, car presque aussitôt elle fut prise d'une espèce d'effroi ; elle se retourna avec rapidité, comme pour échapper au regard investigateur de monsieur de Cerny, puis marcha vivement vers la porte. Sans doute aussi l'effroi que sa vue inspira et la retraite précipitée de Juliette donnèrent aux souvenirs du comte la certitude qui jusque-là leur avait manqué ; car il s'avança plus rapidement encore entre la porte et la jeune fille et l'arrêta au moment où elle allait sortir.

« — Vous êtes Juliette Gelis ? lui dit-il. — Vous vous trompez, monsieur, lui répondit-elle effrontément ; je ne vous connais pas.
— Misérable coquine ! s'écria le comte en la saisissant violemment par le bras et en la traînant au milieu de la chambre ; ne fais pas semblant de ne pas me reconnaître, car moi je t'ai bien reconnue. »

Juliette baissa d'abord la tête, en mordant ses lèvres de rage ; puis, après un moment de silence, elle se mit à regarder le comte avec une impudence méprisante et lui répondit d'un ton grossier de bravade :

« — Eh bien ! oui, je suis Juliette Gelis : qu'est-ce que vous avez à dire, après tout ?
— Ce que j'ai à dire ! repartit le comte en s'approchant d'elle les poings fermés, comme un homme qui a toutes les peines du monde à se contenir assez pour ne pas se porter à d'extrêmes violences ; ce que j'ai à te dire, misérable ! ne te souviens-tu plus de ce qui s'est passé entre nous à Aix ?

— A Aix ? s'écria Luizzi en interrompant le Diable et en rapprochant cette circonstance du récit qu'il avait entendu la veille.

Le Diable regarda Luizzi d'un air méprisant et lui répondit :

— Tu m'avais promis de ne pas m'interrompre. — Tu as raison, Satan ! Mais prends garde, toi qui es mon esclave, que je ne t'attache à moi assez fortement pour que je t'enlève la joie de faire d'autres misérables ! —

Comme il te plaira ! répondit Satan ; mais ne crie pas si haut, n'éveille pas cette femme qui dort ! — Parle donc, parle donc !

Le Diable jeta sur son front ses longs cheveux gras et sales qui lui couvraient le visage, et reprit son récit en gardant ce sourire pendant et avachi qui reste seul à une bouche flétrie par une honteuse débauche.

« — Te souviens-tu, dit le comte à Juliette, de ce qui s'est passé entre nous à Aix ? — Eh bien ! répondit-elle, il me semble que ça vous a amusé autant que moi, pour le moins ! J'ai fait tout ce que vous avez voulu ; vous avez payé, nous sommes quittes. »

En disant ces paroles, Juliette s'avança vers la porte. Mais le comte l'arrêta et lui dit d'un ton encore plus irrité :

« — Pas encore ! car cette nuit d'orgie, je l'ai payée plus cher que l'or que je t'ai donné. Tu dois le savoir, misérable ! — Ma foi ! dit Juliette, c'est un malheur auquel on s'expose quand on va où vous êtes venu ; d'ailleurs, je n'en suis pas morte, ni vous non plus, et je crois que, dans ce bas monde, ce qu'il y a de mieux à faire, c'est de ne pas s'occuper du mal quand il est passé. »

Les premières paroles de Juliette avaient exaspéré le comte, mais la fin de la phrase lui fit contenir sa fureur. Il supposa avec raison que la persistance de sa colère pourrait être un aveu des fatales conséquences de sa première rencontre avec Juliette, et il répondit d'un ton plus calme :

« — Vous avez raison, n'en parlons plus ! Et surtout n'en parlez plus, ajouta-t-il en se jetant dans un fauteuil et en faisant signe à Juliette de s'approcher. Puis il continua : En vous voyant chez le baron de Luizzi, je suppose que vous devez avoir plus d'intérêt à mon silence que je n'en puis prendre au vôtre. Soyez donc franche avec moi et je serai discret pour vous. Vous êtes maintenant la maîtresse de Luizzi, n'est-ce pas ? — Non, monsieur le comte. — Avec les mœurs que je vous connais, et à l'heure où je vous trouve chez lui, c'est cependant l'explication la plus honorable que je puisse donner à cette visite.

Juliette répondit par un petit mouvement assez méprisant, et repartit froidement :

« — Il est possible que ce que vous dites fût arrivé, si je l'avais rencontré, quoique à vrai dire cela ne dût jamais arriver entre nous. — Le baron ne te trouve-t-il pas à son goût? dit de Cerny en la regardant de la tête aux pieds. — Il faudrait qu'il n'en eût pas ! répondit Juliette. D'ailleurs ne faites pas tant le fier, ajouta-t-elle en s'asseyant auprès du comte de Cerny, vous m'avez aimée plus d'une nuit, et, si je le voulais, vous me reviendriez bien de temps en temps. »

La figure du comte se contracta à ces paroles de Juliette; mais, comme elles lui prouvaient qu'elle était dans une ignorance complète de son désastre, il se contint et lui répondit :

« — Je ne dis pas non, quoiqu'il me semble que tu aies pris des airs de prude qui doivent t'empêcher d'être aussi amusante qu'autrefois. — Tout cela, c'est bon pour le baron, dit Juliette; mais je ne veux pas faire de bégueuleries avec toi. Et puis, vois-tu, tu es toujours beau, tu es même plus beau qu'autrefois. Ah! il faut le reconnaître, mon cher, la sagesse rapporte, » ajouta-t-elle en se penchant amoureusement vers le comte, qui, soumis à la fascination et aux regards lascifs de cette femme, recula en pâlissant.

Juliette s'en aperçut, et, se relevant soudainement, elle reprit :

« — N'ayez pas peur ! je ne vous violerai pas ; je sais d'ailleurs que vous êtes incapable de faire une infidélité à votre femme. — Qui t'a dit cela? s'écria le comte emporté par sa colère; c'est le baron Luizzi peut-être ? — Ma foi! non, répondit Juliette; c'est le petit du Bergh, qui aujourd'hui racontait à dîner que vous ne pensiez plus qu'à l'ambition et à la politique. D'ailleurs, je conçois très-bien que lorsqu'on aime quelqu'un on ne veuille pas le tromper. Eh! tenez! moi, par exemple, je vous jure que, si Henri n'était pas couché avec sa femme, je n'aurais guère pensé à lui faire une infidélité avec le baron. »

— Oh! s'écria Luizzi, éclairé tout à coup d'une fatale lumière, cette horrible vision que j'ai subie pendant ma maladie était donc vraie? — Ne m'avais-tu pas appelé, dit le Diable, pour apprendre les rapports de Juliette et de Henri? Je t'ai obéi, et je te les ai fait voir de la seule manière qu'il me fût permis d'employer alors. — Et pourquoi n'es-tu pas entré, dit Luizzi, pour me dire que c'était la vérité que j'allais voir? — Tu m'as demandé la vérité : tu étais dans le délire du tétanos, tu ne pouvais l'entendre; je te l'ai montrée, que pouvais-je faire de plus ? D'ailleurs, ne t'ai-je pas dit ce matin : Cherche, souviens-toi, n'as-tu rien à me demander?

La tête de Luizzi se perdait à travers les épouvantables révélations qui le frappaient coup sur coup. Il oubliait cette femme étendue dans cette voiture, et qui dormait d'un sommeil pénible et fiévreux.

Emporté alors par les craintes de toute sorte dont il était saisi, il s'écria vivement et sans modérer sa voix :

— Achève maintenant, dis-moi tout, Satan; je t'écoute, je t'écoute.

Et le Diable reprit avec sa froide et railleuse impassibilité :

— Quand Juliette dit au comte : Je n'aurais guère pensé à faire une infidélité à Henri avec le baron, M. de Cerny répondit à cette fille :

« — Vous eussiez eu d'autant plus tort que Henri n'est pas avec sa femme en ce moment et qu'il est sorti. — Pour courir chez une autre, peut-être? repartit Juliette. — Non, répondit le comte; il ne s'agit pas d'une affaire de femme pour votre Henri, quoiqu'une femme soit pour beaucoup dans la raison qui l'a fait sortir. — Tiens! dit Juliette, est-ce qu'il s'agirait d'une maîtresse de ce nigaud d'Armand? — Non, dit le comte avec emportement, non, la femme dont il s'agit n'a jamais été et ne sera jamais la maîtresse du baron de Luizzi. »

Satan s'arrêta à ce mot. Puis, fermant les yeux à moitié et riant de son plus mauvais rire, il dit à Armand, en regardant madame de Cerny qui s'agitait dans son sommeil :

— Qu'en dis-tu, mon maître? voilà bien un propos de mari! — Infâme! murmura Luizzi, je ne t'interromps pas, ne t'interromps pas toi-même et continue.

Le Diable prit une expression de malveillance que ne lui avait jamais vue le baron, et continua son récit sans répondre à cette injure d'Armand.

« — Elle n'a jamais été et ne sera jamais sa maîtresse, avait dit le comte. — Ni celle-là, ni une autre, repartit Juliette, à moins que je ne veuille le permettre; car le pauvre garçon est amoureux de moi comme un imbécile. »

— Moi, amoureux de cette fille! s'écria Luizzi avec éclat. Oh! je la déteste, je la méprise! misérable femme perdue, indigne créature!

A ce moment, Léonie se réveilla en poussant un cri et en se rejetant au fond de la voiture.

LXIV

UN RÊVE.

— Oh! Armand, de qui parles-tu? dit-elle avec un accent égaré; qui as-tu nommé infâme créature? qui as-tu appelé misérable femme perdue? — Oh! ce n'est pas toi, pauvre femme infortunée! s'écria Luizzi en tombant à genoux devant elle; toi, qui maintenant plus que jamais m'es attachée par les liens du malheur! car les douleurs que tu as souffertes et les douleurs que je prévois nous viennent sans doute de la même source. — Tu prévois donc des douleurs maintenant? reprit madame de Cerny. Armand, vous avez réfléchi trop tard. — Non, Léonie, ce n'est pas de toi que mes douleurs peuvent venir.

Comme il parlait ainsi, il entendit le rire aigre et saccadé du Diable, qui se tenait tapis sur le devant de la berline, dévorant de son fauve regard cette noble et belle femme qu'il avait enfin réussi à pousser au mal.

— Non, ce n'est pas de toi, continua Luizzi en élevant la voix, comme pour répondre à cette raillerie de Satan, ce n'est pas de toi que me viendront mes douleurs; et, s'il doit rester une consolation à ma vie, c'est de toi que je l'espère, de toi seule, entends-tu?

Et le rire de Satan résonna plus aigrement à l'oreille du baron, et celui-ci, irrité de l'insolente moquerie de son infernal esclave, s'écria avec emportement :

— Va-t'en! va-t'en!

Le Diable disparut alors, en disant à l'oreille de Luizzi :

— Maître, n'oublie pas que c'est toi qui me chasses!

La comtesse étonnée de cette exclamation d'Armand, qui semblait ne s'adresser à personne, le regardait avec inquiétude, lorsque le baron lui dit :

— Pardonnez-moi, Léonie, l'incohérence de ces paroles; mais pendant votre sommeil j'ai été poursuivi d'idées si tristes, de pressentiments si menaçants, qu'ils ont un moment égaré ma pensée loin de vous. — Et moi aussi, répondit-elle, pendant cet horrible sommeil qui m'a vaincue, j'ai eu de funestes avertissements, s'il est vrai que Dieu donne quelquefois à un rêve la puissance de comprendre un avenir que notre raison ou plutôt notre cœur n'oserait prévoir — Et quel a été ce rêve? lui dit Luizzi, dont l'imagination, toujours frappée par des révélations surnaturelles, cherchait incessamment des lumières en dehors des choses qui règlent la conduite des autres hommes. — Il me semblait, dit la comtesse de cette voix basse qui semble chercher un souvenir et avec ce regard qui plonge dans le passé pour n'en oublier aucun détail, il me semblait que j'étais dans une misérable chambre d'auberge, dans un pauvre village. Toute misérable qu'elle était, on me l'avait donnée dans la maison; car autrefois, m'avait-on dit, un grand personnage l'avait habitée... Attendez, ce grand personnage, c'était le pape. — — Une chambre où avait logé le pape? dit Luizzi; c'est étonnant. — Non, répondit madame de Cerny, cette chambre existe véritablement à Bois-Mandé ; et comme j'ai pensé plus d'une fois depuis hier à aller chercher un asile près de ce village, dans la maison de ma tante madame de Paradèze, il n'est pas étonnant que cette circonstance, que j'ai souvent entendu raconter, se soit mêlée au rêve qui m'a poursuivie : je le comprends maintenant. J'étais donc dans cette misérable chambre; j'étais malade, au milieu d'une nuit froide qui me glaçait à la fois le corps et le cœur... — Oui, dit le baron tristement, c'est le froid de ce moment qui pesait même sur votre sommeil et qui se mêlait à votre rêve; c'est votre souffrance vraie qui vous inspirait le sentiment de votre mal imaginaire. — C'est possible, dit la comtesse; mais ce qui ne se rapporte à rien de ce que j'ai souffert et senti depuis quelques heures, c'est ce qui m'est apparu dans cette chambre. c'est ce qui a si étrangement coïncidé avec les mots que j'entendais dans mon rêve... et que tu prononçais véritablement près de moi, ajouta la comtesse en se rapprochant de Luizzi. — Continue, continue, reprit le baron en la tutoyant comme elle venait de le tutoyer, tous deux quittant et reprenant à leur insu ce langage de l'intimité; le quittant quand ils abordaient un sujet où leur destin commun n'était pas intéressé, le reprenant aussitôt qu'ils avaient besoin de se rappeler l'un à l'autre que désormais ils étaient tout l'un pour l'autre.

Et la comtesse ajouta de ce même ton triste et épouvanté avec lequel elle avait recommencé son récit :

— Oui, j'étais seule et malade dans cette misérable chambre. Je dis que j'étais seule, Armand, car tu n'étais pas là; mais il y avait quelqu'un au pied et au chevet de ce lit fatal. Il y avait un homme et une femme. Cet homme, il me semble que je le reconnaîtrais, si je le voyais. Il était vieux, vêtu de noir de la tête aux pieds; son visage était pâle et portait les marques d'une vie flétrie et débauchée; il avait de longs cheveux noirs qui pendaient sur son visage, et la malpropreté de son linge et de sa personne me l'aurait fait prendre pour quelque misérable voyageur amené là par la curiosité, si je n'eusse remarqué à sa boutonnière un ruban de couleurs diverses qui semblait annoncer que cet homme était décoré de plusieurs ordres importants.

A cette description, qui ressemblait étrangement au costume que le Diable avait pris pour lui apparaître, Luizzi fut pris d'une terreur glacée, et, se rapprochant de Léonie, il lui dit tout bas et d'une voix dont le tremblement ne s'accordait guère avec les simples paroles qu'il prononçait :

— Ah! il avait un ruban à sa boutonnière?... — Oui, reprit Léonie, sans faire attention à ce mouvement du baron. Quant à la femme qui était au pied de mon lit, elle était jeune, et peut-être m'eût-elle paru belle sans l'éclat farouche de ses yeux qu'elle attachait sur moi et qui pénétraient dans mon cœur comme un fer ardent. — Mais cette fille, dit Luizzi, n'avez-vous pas remarqué son visage? — Non, pas précisément, dit la comtesse ; tantôt elle me semblait jeune comme un enfant de seize ans, pure et candide malgré l'ardeur toujours brûlante de ses yeux; tantôt elle me semblait plus âgée, et alors elle avait une expression d'effronterie licencieuse qui me faisait horreur. Cependant ils restaient tous les deux, l'homme au chevet de mon lit, la femme au pied. Ce fut la femme qui parla la première. Elle dit à cet homme :

— Eh bien! maître, es-tu content?

Cet homme tourna vers moi un regard plus affreux que celui de cette femme, puis il répondit :

— C'est bien pour celle-ci....

La comtesse s'arrêta, et, après quelque réflexion, elle reprit :

— Il a appelé cette femme Jeannette ou Juliette... Je ne sais. N'importe. « C'est bien pour celle-ci ,dit-il, elle a été infâme et adultère, elle m'appartient; mais l'autre a-t-elle renié Dieu, et l'inceste a-t-il été accompli ? — Pas encore, répondit la jeune fille. — Va donc, lui dit cet homme, et ne tarde pas, car le temps passe, et le délai fatal sera bientôt expiré. — Je pars, maître! répondit-elle.

Et alors, se tournant vers moi, elle ajouta avec un cruel sourire :

— Tu peux mourir maintenant; car, grâce à moi, ton amant t'a abandonnée, tu ne le reverras plus.

A peine avait-elle prononcé ces paroles qu'elle disparut, et que cet homme, posant sur mon cœur une main de fer, s'écria :

— Viens maintenant, femme perdue, créature infâme, tu es à moi!

C'est à ce moment que je me suis réveillée, et il m'a semblé que ces paroles que tu prononçais éclataient sur mon lit de mort, comme un écho de celles que j'entendais dans mon rêve.

— Ou plutôt c'étaient mes paroles mêmes, dit Armand, qui prenaient un sens dans ce songe à moitié éveillé, où la réalité se mêlait au délire de ton imagination.

Luizzi avait prêté une attention profonde au récit de la comtesse; il en avait pour ainsi dire partagé les terreurs, jusqu'au moment où l'homme de ce rêve avait parlé d'inceste et d'âme qui reniait son Dieu. Lorsque, emporté par l'effroi de ce qu'il venait d'apprendre de Satan, il avait cru entrevoir dans le rêve de Léonie un terrible avertissement de son terrible confident, il avait prêté un nom à chacun des acteurs de cette scène.

Pour lui, cette femme était Juliette, cet homme était Satan; mais cette circonstance d'inceste lui avait montré jusqu'à quel point il s'était laissé égarer, car il n'y avait rien dans sa vie qui pût répondre à ce mot. Il chercha donc, par toutes ces raisons qu'on appelle la raison, à chasser du cœur de Léonie les craintes chimériques qu'elle avait éprouvées, et il se persuada le premier en voulant la persuader.

Cependant le cocher de Luizzi lui avait tenu parole, ils étaient arrivés à Fontainebleau. Ils firent arrêter leur voiture à l'entrée de la ville; car, de même qu'ils n'avaient pas voulu que le cocher pût dire où il les avait pris, ils ne voulaient pas qu'il pût dire où il les avait menés. Le baron s'occupa aussitôt de toutes les précautions nécessaires pour que Léonie entrât dans la ville sans y être remarquée; il la laissa un instant dans la berline pour lui procurer les objets nécessaires à une femme qui doit aller à pied. Le beau et élégant baron s'en alla par les rues de Fontainebleau, entrant dans les magasins pour acheter un châle, un chapeau et un voile à la comtesse. Quand il fut revenu près d'elle, au grand étonnement de tous les passants qui regardaient cet homme portant à la main les emplettes qu'il venait de faire, tous deux rentrèrent dans Fontainebleau et allèrent se cacher dans l'hôtel du Cadran-Bleu, qui est à deux pas de la poste et sur la grande route. Cela leur permettait, soit de prendre une voiture particulière, soit de prendre la voiture publique, pour s'éloigner sans que Luizzi et la comtesse courussent le risque d'être reconnus, en traversant de nouveau à pied une ville qui, durant toute l'année, est un but de promenade pour les oisifs parisiens. Le premier soin que prit le baron en arrivant dans l'hôtel fut de faire donner un lit à la comtesse. Elle se coucha, et le repos de son corps lui rendit bientôt le calme de son esprit; elle put envisager sa position avec moins de terreur, sous toutes ses faces;

et la raisonner de manière à ne point l'agraver par des démarches inconsidérees. De son côté, Luizzi trouva le loisir nécessaire pour s'occuper des détails matériels du voyage qu'il leur restait à faire, et il fit venir à l'hôtel tous les marchands qui devaient lui fournir, ainsi qu'à la comtesse, des vêtements plus convenables que ceux qu'ils avaient.

L'or est une puissance dont on n'a pas encore caculé toute la portée, comme on n'a pas encore calculé toute la portée de la vapeur et des machines à dilatation. En effet, à force d'argent, Luizzi parvint à Fontainebleau (à Fontainebleau!) à trouver un tailleur, une couturière, une marchande de modes, qui en douze heures lui confectionnèrent tout ce dont il pouvait avoir besoin. Après avoir pourvu à tous ces détails, que la comtesse remarquait avec cette douce reconnaissance du cœur qui aime et qui tient compte de tout, même d'une épingle, si cette épingle peut signifier : « Je pense à vous ; » après avoir pourvu, disons-nous, à tous ces détails, Luizzi, à côté de celle qu'il perdait, crut pouvoir penser à celle qu'il abandonnait, et le souvenir de sa sœur, livrée à Juliette et à Henri, vint le désespérer. Le baron eût voulu savoir jusqu'au bout la scène de Juliette et du comte de Cerny ; mais il n'osait quitter la comtesse, dont la voix faible et désolée lui disait à tout moment :

— Restez, Armand ; j'ai peur quand je suis seule, il me semble que je ne vous reverrai plus.

D'une autre part, se fût-elle même endormie, il n'aurait pas osé appeler Satan à côté d'elle, redoutant les mouvements de colère où les récits du Diable pouvaient le pousser. Après bien des réflexions, cependant, il pensa qu'il en savait assez sur le compte de Juliette et de Henri pour vouloir arracher Caroline de leurs mains, et, ne sachant à qui s'adresser pour la protéger, il résolut de s'adresser à elle-même. Il lui écrivit :

« Caroline,

« Dès que tu auras reçu cette lettre, sors de la maison de ton mari, sans qu'il te voie ; ne dis point que je t'ai écrit, et pars immédiatement pour Orléans. Je t'y attendrai à l'hôtel de la Poste, où tu te feras conduire. Ne t'alarme pas de ce voyage et ne t'épouvante pas de ce que je te demande. S'il existe un danger au monde pour ta vie, c'est de rester plus longtemps à Paris ; songe que la mienne est peut-être intéressée à ce que tu suives mes conseils sans retard, et que je compte sur toi pour me sauver.

« Armand de Luizzi. »

Le baron ajouta cette dernière phrase à sa lettre pour déterminer Caroline, sachant bien qu'elle ferait pour lui ce que peut-être elle n'eût pas osé faire pour elle, lui connaissant une de ces âmes dont le dévouement est, pour ainsi dire, la vie, et que Dieu a consacrées au bonheur des autres. Quand sa lettre fut faite, le baron, entré par une faute dans une voie de bien et de protection, voulut venir aussi en aide à toutes les existences qu'il croyait avoir compromises, et il pensa à l'infortune d'Eugénie. La difficulté pour le baron était de trouver quelqu'un qu'il pût charger d'accomplir ce qu'il voulait faire pour madame Peyrol, et, dans la position où il se trouvait, il ne trouva personne à qui il pût mieux s'adresser que Gustave de Bridely. En rapportant la lettre qu'il lui écrivit, nous ferons suffisamment comprendre les raisons qui déterminèrent le baron à un choix qui, de prime abord, doit paraître assez singulier.

« Mon cher monsieur de Bridely,

« Vous vous rappelez sans doute M. Rigot et la singulière condition qu'il avait imposée au mariage de ses deux nièces ; vous devez vous rappeler aussi comment, par un caprice dont vous savez aussi bien le secret que moi, je me suis décidé à me rendre dans cette

Luizzi était heureux quand il voyait la comtesse. — Page 487.

maison à votre place. Voici maintenant ce qui arrive : M. Rigot a été ruiné, et madame de Lémée laisse effrontément dans la misère le vieillard qui lui a donné sa fortune et sa mère qui la lui a assurée.

« Dans le peu de jours que j'ai passés chez M. Rigot, si je n'ai pas acquis une profonde estime pour cet homme, j'ai du moins appris que madame Peyrol était la femme la plus honorable et peut-être la plus malheureuse que j'aie jamais connue. En la voyant si noble et si distinguée, au milieu d'une famille aussi grossière que la sienne, la pensée m'est souvent venue que cette femme était un enfant de noble famille, qui avait été dérobée à sa mère. Aujourd'hui cette supposition gratuite est devenue une vérité, et j'ai le droit de croire que madame Peyrol appartenait à une certaine madame de Cauny. Je ne puis vous garantir que ce soit le vrai nom de la mère de madame Peyrol ; mais vous l'apprendrez suffisamment d'elle-même, quand vous la verrez, car je désire que vous la voyiez le plus tôt possible. Elle demeure dans une petite maison, au pied du château du Taillis, à quelques lieues de Caen. Veuillez vous y rendre en personne et lui remettre, de ma part, l'argent de ce bon que je vous envoie sur mon banquier; vous lui ferez comprendre que ceci n'est point une aumône, que c'est un prêt que je lui fais et que j'en exigerai le remboursement lorsqu'elle aura retrouvé sa famille et la fortune à laquelle sans doute elle a droit.

« Ce qu'il y aura de plus difficile dans votre négociation, mon cher Gustave, ce sera de faire accepter cet argent à madame Peyrol; mais il est un moyen qui sera probablement plus puissant que toutes vos instances. Ce moyen, c'est l'espoir que vous lui donnerez de retrouver sa famille et d'avoir, par conséquent, la possibilité de faire une restitution complète. Vous êtes à même, je le crois du moins, de lui donner cet espoir d'une manière moins incertaine que moi; et, si je me le rappelle bien, maintenant que je suis plus calme, le nom de madame de Cauny s'associe dans mes souvenirs à celui de madame de Marignon, dont vous savez l'histoire aussi bien que moi. Interrogez-la donc à ce sujet, interrogez-la avec discrétion et les ménagements que demande son passé, quoique ce nom de Cauny ne me paraisse pas de ceux dont le souvenir puisse faire rougir madame de Marignon.

« Voilà ce que j'attends de vous, mon cher Gustave, comme d'un *ami* à qui j'ai le droit de demander quelques services. En faisant cela, vous me payerez de tout le passé, et vous vous assurerez ma reconnaissance la plus vive dans l'avenir.

« C'est une mission d'honneur que je vous confie; *le nom que vous portez* m'est un garant infaillible que vous l'accomplirez avec honneur.

« ARMAND DE LUIZZI. »

Lorsque le baron s'en mêlait, il savait prendre ses précautions tout aussi bien que le plus vulgaire des hommes. En effet, il avait longtemps pratiqué la vie ordinaire avant la vie fantastique à laquelle l'héritage de son père l'avait voué, et, pourvu qu'il ne consultât pas le Diable, il n'était ni plus méchant ni plus niais qu'un autre; à tout prendre, il était peut-être meilleur et plus habile que d'autres. Cette lettre qu'il venait d'écrire, et les précautions qu'il prit pour la faire parvenir à son adresse, en sont une preuve que nous nous plaisons à rapporter avec d'autant plus de soin que, si les malheurs n'ont pas manqué à la vie de cet infortuné jeune homme, les calomnies non plus ne lui ont pas manqué.

Au lieu de faire mettre sur les lettres le timbre dénonciateur de la poste, en les jetant dans une boîte publique à Fontainebleau, il les confia à un conducteur de diligence pour qu'il les jetât dans une boîte publique à Paris, et cette fois encore le pouvoir de l'argent l'emporta sur l'article de la loi qui défend expressément aux employés des diligences de se charger de lettres fermées. Mais ce pouvoir de l'argent ne pouvait pas être si souvent employé par Luizzi sans l'avertir qu'il s'en irait avec l'argent lui-même; et, lorsqu'il eut soldé les mémoires de tous les fournisseurs qu'il avait fait appeler, il s'aperçut que la somme qu'Henri lui avait remise pouvait lui suffire encore pour un assez long voyage fait dans des conditions ordinaires, mais que, dans le cas d'un événement imprévu qui le forcerait à quitter la France plus tôt qu'il ne le voulait, il serait assez embarrassé. Or, de tous les malheurs qui eussent le plus désespéré le baron, celui de voir se renouveler pour Léonie les misérables douleurs de la vie physique et les honteuses petites privations auxquelles elle avait été soumise aurait été sans doute le plus pénible, car c'était celui auquel il lui était le plus facile de pourvoir. Ne voulant cependant donner connaissance du lieu de sa retraite à aucune personne qui habitât Paris, il se décida à écrire à Barnet, pour lui demander tout l'argent qui lui était nécessaire durant au moins quelques mois. La seule difficulté qui restât à lever, c'était celle de l'endroit où il pourrait attendre la réponse du notaire. D'après la précaution que le baron prenait, il voulait ne point s'exposer à paraître dans une ville considérable, et ce fut pour cela qu'il écrivit à Barnet de ramasser tout l'or qu'il pourrait trouver, de l'enfermer dans une cassette solidement close qu'il remettrait à la poste en en déclarant le contenu, et de lui en envoyer la clef par un courrier différent dans une lettre adressée à... (ici manquait la désination de l'endroit, car il ne l'avait pas encore choisi). Ce choix était la grande question du moment, et le baron en référa à la comtesse. D'après ses calculs, Caroline devait être arrivée à Orléans presque aussitôt qu'euxmêmes, et un jour d'attente devait suffire pour qu'ils fussent tous réunis. Mais Orléans, comme Fontainebleau, était une ville trop rapprochée de Paris pour pouvoir y séjourner longtemps sans danger.

Le baron fit donc part à la comtesse de ses projets, afin qu'ils déterminassent ensemble la route qu'ils avaient à suivre et le lieu où ils devaient s'arrêter. Lorsqu'il eut raconté à madame de Cerny toutes les mesures qu'il venait de prendre, elle lui répondit doucement :

— Il faut que je vous fasse part à mon tour, je ne dirai pas de la résolution que j'ai prise, mais de l'idée qui m'est venue. Il est impossible, comme vous le voyez, que nous quittions tous deux la France, sans que vous ayez arrangé vos affaires de manière à ce que notre retour n'y soit pas nécessaire. D'après quelques mots que j'ai entendus chez madame de Marignon et qui ont été dits par un certain monsieur Gustave de Bridely, il paraîtrait que votre présence à Toulouse est d'une nécessité urgente pour rétablir complétement vos droits à une fortune qu'on vous a injustement disputée. — Il paraît que tout se sait dans ce monde, répondit Luizzi en souriant. — Ce n'est pas à vous de vous en étonner, repartit de même la comtesse : toujours est-il que je le sais. Eh bien ! mon ami, il serait plus raisonnable et plus prudent que vous allassiez tout droit à Toulouse ; vous y feriez mieux vos dispositions d'avenir que par une correspondance, dont le moindre hasard peut déranger toutes les combinaisons. — Vous avez peut-être raison, dit Luizzi, mais oserez-vous venir avec moi jusque dans une ville habitée par ce que la noblesse de France possède de meilleurs noms? — Je ne ferai point cette imprudence, dit madame de Cerny. Si je ne connais personne à Toulouse où je ne suis jamais allée, je connais beaucoup de gens de Toulouse que j'ai vus souvent à Paris : mais je puis vous attendre avec tranquillité dans un endroit où vous viendrez me reprendre, lorsque vous aurez terminé tous les arrangements nécessaires à notre fuite. — Non, Léonie, dit le baron, je ne vous laisserai pas seule dans un misérable village, exposée à la poursuite de votre mari, qui, malgré toutes nos précautions, peut parvenir à découvrir votre retraite, surtout si mon absence devait durer le temps nécessaire pour que j'allasse à Toulouse, que j'y terminasse mes affaires et que je revinsse vous chercher. — Si le malheur voulait, repartit Léonie, que le comte pût me découvrir, votre présence serait, croyez-moi, un malheur plus grand que votre absence. Je ne veux pas prévoir les conséquences de cette rencontre ; elles pourraient être affreuses. S'il me trouvait seule, au contraire, c'est que j'aurais fui seule ; et, dût-il employer l'autorité que la loi lui donne pour me forcer à rentrer chez lui, crois-moi, Armand, ajouta-t-elle en tendant la main au baron, je saurais lui échapper pour te rejoindre partout où tu me dirais de venir. — Je le crois, répondit Luizzi ; mais vous ne savez pas, Léonie, ce que c'est que la vie dans un misérable village où vous vous trouveriez seule, sans appui, sans personne à qui demander secours, dans le cas où il vous arriverait un accident, cet accident ne fût-il qu'une maladie. — Aussi, répondit Léonie, l'asile que j'ai choisi n'a-t-il pas tous ces inconvénients. — Vous avez donc choisi un asile? — Je crois vous avoir parlé d'une de mes tantes, madame de Paradèze; elle habite son château, qui est situé à quelques lieues de Bois-Mandé, de façon que le chemin que nous ferions pour nous y rendre nous conduirait en même temps au but de votre voyage. C'est chez elle que je compte séjourner pendant votre absence. — Mais, dit Luizzi, comment lui expliquerez-vous le motif de votre arrivée? — Je lui dirai de la vérité ce je dois lui en dire. Madame de Paradèze, dont je suis la seule héritière, a pour moi une tendresse de mère, et je suis assurée que sa bonté acceptera facilement la condition que je lui imposerai, de ne pas dire à mon mari que j'ai choisi chez elle un asile contre son affreuse persécution. — Êtes-vous bien sûre de sa discrétion? — Sûre de son amitié comme de votre amour, Armand. C'est une âme qui a beaucoup souffert, un cœur qui a beaucoup pleuré, une existence qui n'a jamais eu au monde que mon affection, et qui est à moi comme je suis à vous. — Mais, reprit encore Luizzi, sera-t-elle seule dans le secret de votre séjour en son château? — Je ne pourrai cacher mon arrivée à monsieur de Paradèze, son mari; mais c'est un vieillard plus qu'octogénaire, accablé par l'âge et les infirmités, et qui d'ailleurs n'a d'autre volonté que celle de ma tante, car il lui doit la fortune qu'il a et jusqu'au nom qu'il porte.

Armand et Léonie discutèrent encore assez longtemps la question : Luizzi s'épouvantant à l'idée d'abandonner un instant cette femme, elle persévérant dans sa généreuse résolution et lui faisant comprendre que le meilleur moyen d'assurer l'avenir c'était de lui donner une base solide dans le présent. Enfin, ce projet était si raisonnable et pouvait être d'une exécution si rapide que Luizzi finit par céder et lui dit enfin :

— Vous avez toutes les supériorités, Léonie, même celle de la raison, et vous n'en avez pas une dont je ne veuille être l'esclave. — Vous appelez raison, dit la comtesse, ce qui n'est qu'amour, mon ami; croyez-moi, quand on aime son bonheur, on trouve en soi tout ce qu'il faut de prudence et de force pour le défendre. Songez maintenant à l'heure à laquelle nous pourrons partir pour Orléans. Il est toujours bien convenu que nous prendrons une voiture publique, car l'achat d'une chaise de poste pour des gens qui sont venus à pied serait probablement plus remarqué que nous ne le voudrions. — Vous avez raison en tout, repartit le baron.

Il sortit aussitôt et rentra quelques minutes après, pour annoncer à la comtesse qu'ils ne pourraient quitter Fontainebleau qu'à cinq heures du matin, et encore dans le cas très-éventuel où ils trouveraient des places dans la diligence. Il lui apprit aussi que, dans le cas contraire, il s'était informé d'une voiture de louage qui, pour un prix qui n'épouvanterait personne et qui ne dépasserait pas le train de gens qui voulaient se cacher, les conduirait à Orléans.

LXV

AMOUR.

Cependant le reste du jour s'était écoulé dans tous ces préparatifs. Après un dîner servi fort tard, une servante d'auberge avait allumé deux bougies et était sortie de la chambre, en disant :

— On éveillera monsieur et madame demain au matin, à quatre heures.

Luizzi et Léonie restèrent seuls.

Il ne faut médire de rien en ce monde

d'une façon absolue; de rien, pas même de ces misères de la vie qui ce jour-là avaient paru si odieuses à Luizzi. Toute chose a un point qui la sauve d'une réprobation complète, et la pauvreté elle-même, ce détestable malheur que l'on n'a pas cru maudire assez en l'appelant un vice, la pauvreté elle-même garde parmi les lambeaux, les souffrances, les haillons qu'elle traîne à sa suite, des lueurs de joie, des heures de volupté qui deviennent les plus doux souvenirs de la vie. Le mot le plus vrai qui ait été dit peut-être par une bouche où l'amour a souvent murmuré, c'est celui de la courtisane arrivée à la fortune et à la renommée, et qui s'écriait dans sa triste gaieté de grande dame : « Qu'est devenu le bon temps où j'étais si malheureuse ? »

Cependant l'heure était venue où, après avoir pensé à toutes les chances de leur position, Luizzi et la comtesse n'avaient plus qu'à penser à eux-mêmes. Léonie était dans son lit et regardait le baron, qui, assis à côté du chevet et la tête baissée, cherchait s'il ne lui restait plus aucun soin à prendre. Léonie prenait plaisir à suivre cette préoccupation qui était pour elle, à côté d'elle, sans s'adresser à elle, lorsque Luizzi leva doucement les yeux sur la comtesse et rencontra un regard confiant qui se posait sur lui. Tous deux furent pris au cœur d'un même sentiment ; tous deux comprirent qu'en ce moment la gravité de leur position avait disparu, que la femme coupable et son complice n'étaient plus en présence, qu'il n'y avait plus que les deux amants dans cette étroite chambre d'auberge où il n'y avait qu'un lit. La comtesse baissa les yeux et rougit. Armand, averti par cette rougeur que la pensée qui lui était venue était venue aussi à Léonie, l'en remercia au fond de son cœur. Mais, en présence de cette pudeur qui s'alarmait dans cette femme si forte qui s'était donnée si courageusement à lui, cet homme se sentit pris d'une timidité d'enfant qu'il ne se croyait pas capable d'éprouver. Alors il lui arriva ce qui arrive à l'amant craintif qui n'a d'autre droit que celui de se savoir aimé, et qui a peur d'offenser celle qu'il aime en faisant valoir un aveu comme un droit. Habile à parler d'amour tant que cet amour n'est que l'expression d'un vœu du cœur, il le redoute lorsqu'il doit paraître l'expression d'un désir ; alors il cherche des biais pour ne pas laisser voir son trouble, car ce trouble est déjà lui-même une confidence de ce qu'il éprouve, et il arrive tout à coup à parler d'une chose qui est à mille lieues de sa pensée et de la pensée de celle à qui il parle. Sans doute Luizzi ne dut pas éprouver cet embarras dans toute sa force, mais il comprit que rien ne pouvait être plus blessant pour une femme comme Léonie, et, dans la situation où elle se trouvait, que l'ardeur empressée avec laquelle il chercherait une faveur qui, pour elle du moins, n'avait été jusque-là, pour ainsi dire, qu'un sacrifice au malheur. Cette crainte de la blesser fut assez vive pour qu'il cherchât ailleurs que dans une allusion à leur solitude un moyen de faire cesser l'embarras qui les séparait. Aussi lui dit-il doucement et d'une voix émue :

— Vous souffrez encore, Léonie?

Elle releva ses beaux grands yeux devenus si doux et lui répondit avec un léger mouvement de tête :

— Non, Armand, je suis mieux maintenant ; ces heures de repos m'ont tout à fait remise. — Tant mieux, dit Luizzi, vous avez besoin de forces pour la destinée que je vous ai faite. — J'en aurai, Armand, je sens que j'en aurai, je vous promets d'en avoir.

Elle s'arrêta, tandis que Luizzi baissait la tête, en sentant dans son cœur les mouvements inconnus d'un amour qu'il n'avait jamais soupçonné. C'est qu'on ne désire pas la femme qu'on aime d'un amour saint comme la femme qu'on aime d'une passion ardente. Les bonheurs qu'on rêve d'elle ne sont pas ceux qui s'appellent des plaisirs amoureux. Il y a, parmi ces bonheurs, des heures d'extase où la vie se fond en joie et qui n'ont d'autre source que deux regards qui se rencontrent, qui se mêlent, qui se perdent longuement l'un dans l'autre : il y a des ivresses calmes et sereines qui n'ont pas besoin des étreintes pressées de l'amour, mais qui glissent d'une âme à l'autre par une main posée dans une main brûlant du feu qu'elle reçoit en retour du feu qu'elle communique. Mais ce bonheur si rare, cette félicité si divine, on ne la cherche pas, on la trouve ; on la trouve un soir qu'on est assis l'un près de l'autre, sous quelque chêne majestueux, en face d'un vaste paysage dont l'immensité fait la solitude ; on la trouve dans le coin mystérieux et ignoré d'un théâtre, où tous les regards appelés vers la scène laissent à ceux qui s'aiment la liberté de leurs regards.

Luizzi était donc triste, n'ayant aucun de ces bonheurs et n'osant en demander d'autres ; il avait la tête baissée, et son cœur était oppressé et presque triste. Léonie le regardait alors, car il ne la regardait pas, et peut-être le comprit-elle comme il l'avait comprise, car à son tour elle lui vint en aide pour le tirer de l'embarras douloureux où il était. Elle lui dit donc bien doucement, afin de ne pas le tirer, pour ainsi dire en sursaut, de sa préoccupation :

— Et vous, Armand, vous devez souffrir aussi?..

Il releva la tête et la regarda ; elle tira doucement son bras du lit et lui tendit la main ; il la saisit avec transport et lui répondit d'une voix émue de bonheur :

— Merci !... Non, non, je ne souffre pas...

Et, se tournant tout à fait vers Léonie pour mieux la contempler, il ajouta :

— Je suis heureux ainsi... — Oui... n'est-ce pas? et moi aussi, Armand, je suis heureuse... je ne sens plus ce qui m'arrive... je suis heureuse...,

Et comme elle disait ces paroles, ses yeux se fermaient doucement : il semblait qu'elle pressât contre son âme le regard de tendresse qu'Armand lui jetait. Et ils demeurèrent longtemps à se regarder ainsi, goûtant dans toute sa plénitude une de ces félicités dont nous parlions tout à l'heure, et dont peu de cœurs savent le secret. Puis un moment vint où la fatigue de cette nuit et de cette journée, passées en soins actifs et sans un moment de repos, gagna insensiblement Armand. Sa tête se pencha lentement sur son épaule, sans que ses yeux pourtant quittassent ceux de Léonie. Par un mouvement rapide et involontaire, Léonie serra la main qu'elle tenait et l'attira vers elle.

— Vous souffrez, Armand, dit-elle avec une alarme si douce qu'elle alla au cœur du baron ; vous souffrez... la fatigue vous accable. — Non, répondit-il tristement, comme s'il regrettait qu'elle se fût aperçue de cette lassitude ; non, je suis fort. Ne le serai-je donc pas autant que vous? — Vous n'avez pas pris de repos, vous, Armand, vous devez en avoir besoin. Songez, ajouta-t-elle d'une voix timide et émue, songez que nous partons demain... et... qu'il faut vous reposer aussi... — Oui, dit Armand en jetant autour de lui un regard presque mélancolique, oui, je me reposerai quelque part... par là...

— Armand, dit Léonie, en lui serrant vivement la main et en laissant s'échapper une larme heureuse, Armand, vous êtes bon et noble, je vous remercie. — Léonie! — Oh! oui, je vous remercie, vous avez voulu oublier que je vous appartenais... Oui, je vous ai compris, Armand... et vous m'aimez... vous m'aimez bien... — C'est vous, Léonie, vous qui êtes bonne et noble, vous qui vous êtes donnée à moi. — Et qui t'appartiens toujours, Armand, lui dit-elle en lui tendant les bras... Oh! oui, s'écria-t-elle, oui, viens près de moi, je suis fière de t'appartenir.

Et tous deux furent bientôt dans les bras

l'un de l'autre, heureux d'un bonheur qu'on ne peut décrire, parce que ce bonheur n'appartient qu'à quelques-uns, et que la langue qui parle d'amour appartient à tous et n'a que le sens grossier avec lequel on l'écoute.

Puis, quand cette nuit fut passée; quand, dans les longs entretiens de ces heures si courtes, tout eut été dit de ces joies qui éblouissent tellement une vie que tout lui semble terne à côté; quand ces premières barrières d'une intimité qui doit durer longtemps furent doucement abaissées, le matin arriva, et, avec lui, les soins du départ.

Entre deux personnes de l'âge et des habitudes d'Armand et de la comtesse, ce ne pouvaient pas être ces joyeux transports d'une première jeunesse qui s'amuse des soins personnels auxquels elle s'oblige avec gaieté; ce fut un doux bonheur de se les rendre, de se sentir en tout s'appartenir si complétement l'un à l'autre. Luizzi était heureux quand il voyait la fière et belle comtesse de Cerny, si habituée à livrer sa personne à un soin étranger, dérouler et peigner sa belle et longue chevelure devant l'étroit miroir de cette chambre d'auberge et la relever presque maladroitement sur son front, en restant toujours belle, quoique moins parée. Elle était heureuse aussi quand, son regard cherchant une de ces mille futilités si nécessaires à une femme, elle voyait Luizzi défaire quelque volumineux paquet, ouvrir quelque vaste carton et y trouver ce qu'elle cherchait, lui prouvant ainsi qu'il n'avait rien oublié de ce qui était pour elle. Et ce bonheur mutuel, il était pur et sans arrière-pensée dans le cœur de l'un et de l'autre, car c'était un jour, une heure à passer ainsi; ils n'avaient pas besoin de se dire avec courage que ce serait toujours un bonheur. Dans quelques jours, tous deux devaient rentrer dans le luxe de leur vie, et ce moment deviendrait un souvenir sans regret, après avoir été un bonheur sans crainte.

Oh! l'amour! l'amour est une puissance suprême qui amollit et plie les plus fiers esprits, et leur fait goûter la joie des plus petites choses. Et cela fut si vrai pour Léonie et Armand, que, lorsqu'il fallut mettre la main aux derniers apprêts du départ, Léonie partagea les soins d'Armand et les lui disputa avec une si douce aisance, avec une âme si légère, qu'oubliant tous deux qu'ils venaient de perdre et jouer leur vie, ils trouvèrent un moment de gaieté heureuse pour leur fuite, comme il aurait pu arriver à deux époux qu'un hasard, un accident, eût jetés dans l'embarras d'une situation où rien ne leur manque que le luxe matériel de la vie.

Enfin l'heure sonna, et Armand, donnant des ordres pour qu'on chargeât les grands paquets qu'il avait faits, Léonie emportant dans ses mains les objets qui ne pouvaient la quitter, ils montèrent tous deux dans le coupé de la diligence qui se trouva libre et qu'Armand retint tout entier.

LXVI

RECONNAISSANCE.

Ils couraient en voiture pressés l'un contre l'autre, soumis encore au charme de cette nuit d'amour; car le cœur est comme un instrument qui a été vivement ébranlé par une main puissante et qui vibre longtemps encore après que l'archet qui l'a touché ne l'anime plus. Puis quand le grand jour fut levé, les pensées mystérieuses qui couraient autour d'eux s'effacèrent lentement, ainsi que les fantômes aimés disparaissent devant le soleil. Peu à peu la réalité de leur position leur revint avec toutes les réalités de la nature qui se levait lentement dans le jour. Ce fut alors que Luizzi dit à la comtesse :

— J'ai voulu ce que vous avez voulu, Léonie; mais êtes-vous bien sûre de la protection de madame de Paradèze ? — Aussi sûre qu'on peut l'être, en ce monde, d'un cœur bon et facile. — C'est quelquefois un signe de faiblesse, Léonie. — Sans doute, reprit madame de Cerny, et je ne vous donne pas ma tante comme un modèle de ce courage héroïque qui fait faire des actions éclatantes de dévouement. Cependant, si elle est faible, ce n'est que pour le bien; car elle est très-capable de résister à tout pouvoir qui la pousserait à une mauvaise action. — Je le crois, dit le baron; mais on peut lui faire considérer comme une chose heureuse pour vous votre retour auprès de votre mari. — Cela ne serait possible que dans deux cas : dans celui où elle aurait près d'elle quelqu'un qui eût intérêt à le lui persuader, ce qui n'est pas probable; ensuite dans le cas où cette personne, si elle existait, aurait sur ma tante un pouvoir qui pût balancer le mien. — Je ne doute de votre pouvoir sur personne, Léonie, reprit le baron en souriant; mais pardonnez-moi de prévoir tous les dangers pour mon bonheur, même celui d'une illusion... Sur quoi fondez-vous donc cette confiance en votre pouvoir ? — Sur l'affection qu'elle a pour moi, sur son cœur. Voyons, Armand, ajouta Léonie en souriant, êtes-vous rassuré? croyez-vous que ce soit là un bon garant? — C'est que tout le monde ne vous aime pas comme moi. Je commence à croire qu'il n'y a que deux amours puissants en ce monde, celui que j'ai pour vous... ou celui d'une mère pour son enfant. — Hé bien! madame de Paradèze est une mère pour moi... ou plutôt je suis une fille pour elle; car elle a eu le malheur de perdre la sienne. — Ah! dit Luizzi, sa fille est morte ? — Je ne puis vous le dire, repartit madame Cerny, car le mot *perdre* que je viens d'employer par hasard doit être pris dans son sens le plus exact. Cette fille a été véritablement perdue ou soustraite à sa mère. — Ah! dit Luizzi avec un étonnement marqué qui venait de la coïncidence de cette histoire avec celle d'Eugénie qu'il avait apprise la veille, on a enlevé la fille de madame de Paradèze ?

Le baron n'avait pas achevé sa phrase que le nom même qu'il venait de prononcer l'avertit qu'il se trompait, et que Paradèze et Cauny se ressemblaient assez peu pour que Petit-Pierre n'eût pris un nom pour l'autre. D'ailleurs c'eût été un hasard si extraordinaire que le baron en repoussa l'idée et qu'il se contenta de répondre :
— Ce n'est pas la seule mère qui se trouve dans une si triste position. Il y a bien peu de temps que j'ai appris une histoire toute semblable, si ce n'est que c'est la fille qui vient d'apprendre qu'elle n'appartenait pas à la femme du peuple, grossière et brutale, qu'elle avait toujours appelée sa mère, et qu'elle était l'enfant d'une noble famille à laquelle elle avait été enlevée. — Et a-t-elle retrouvé sa famille? dit madame de Cerny. — Je ne le pense pas, dit Luizzi. — Hélas ! reprit la comtesse, peut-être sera-ce un bonheur pour elle de ne pas la retrouver. Une pauvre jeune fille élevée dans le peuple, dans des habitudes basses et triviales, jetée tout à coup dans un monde si nouveau pour elle, dans un monde qui, après l'avoir plainte pendant deux jours, la regarderait ensuite avec curiosité, puis avec dédain et dérision, et qui ne lui épargnerait pas les moqueries les plus cruelles et les plus humiliantes... ce serait, je crois, une triste destinée! — Sans doute, tout cela est vrai pour une pauvre fille, comme vous venez de la peindre; mais il est peu de femmes qui fussent mieux placées, dans un monde, si élevé qu'il soit, que ne le serait madame Peyrol. — Madame Peyrol! répéta la comtesse avec étonnement, je crois avoir entendu prononcer ce nom. Mais n'est-ce pas la mère de madame de Lémée? — Précisément, la nièce ou plutôt la prétendue nièce de ce fameux oncle de Rigot. — Voilà qui m'étonne ! dit Léonie. Madame de Lémée est bien impertinente pour être de bonne souche. — Sa mère vous donnerait d'elle une autre opinion, et certes, plus qu'aucune autre, elle serait une preuve de la

Son mari fut arrêté. — Page 496.

puissance héréditaire d'un noble sang. — Mais est-elle d'un rang, d'une famille véritablement très-élevés? — Je ne saurais vous le dire. Avez-vous jamais entendu parler d'une certaine madame de Cauny? — Madame de Cauny? s'écria Léonie avec une étrange stupéfaction, mais c'est ma tante! — L'une de vos tantes... — Ma tante chez qui nous allons, reprit la comtesse, madame de Paradèze, autrefois madame de Cauny. — C'est étrange! dit le baron encore plus stupéfait que la comtesse. Et cependant... attendez que je me rappelle... Sa fille a donc disparu quelques jours après sa naissance? — Le jour même. — C'est à Paris qu'elle l'a perdue? — A Paris. — Vers 1797? — En 1797, en effet. — C'est elle alors! — En êtes-vous sûr? dit Léonie avec une vive émotion. — Autant qu'on peut l'être d'une chose d'après la coïncidence des dates et la ressemblance des événements. — C'est que ce serait une joie vive pour ma pauvre tante!

Oh! Armand, il faut vous informer. — Je le ferai, je le ferai. — Cependant, il faudrait être bien sûr de la réalité de tout cela avant d'en dire un mot à ma tante. Je ne sais si la pauvre femme aurait assez de force pour soutenir le bonheur de retrouver sa fille; mais je suis sûre qu'elle mourrait si elle concevait un moment cet espoir pour le perdre de nouveau et pour jamais. — Fiez-vous à moi, Léonie! Je prendrai toutes les précautions nécessaires, et, si je puis vous faire rendre une fille à sa mère, je crois que vous lui aurez richement payé l'hospitalité que vous allez lui demander. — Oui, Armand, et je serais bien heureuse de la payer ainsi, je vous le jure. Ma pauvre tante! elle a été si malheureuse, elle a tant souffert, que le ciel lui devait cette consolation dans sa vieillesse. — Mais, reprit Armand, dites-moi tout ce que vous savez des circonstances de cet événement, pour que je puisse diriger mes recherches d'une manière certaine. — Volontiers. C'est une histoire assez bizarre que j'ai tout le temps de vous apprendre, et qu'il faut que vous sachiez dans tous ses détails pour que le dénoûment ne vous en étonne pas.

Luizzi se rapprocha de Léonie pour écouter avec un intérêt de cœur une histoire qu'on lui disait intéressante, racontée par une voix dont chaque parole avait pour lui un son harmonieux.

Qu'on nous pardonne si les curieux à qui nous transmettons en fidèle secrétaire ces confidences de notre infortuné ami le baron de Luizzi, ne la lisent pas vec le charme qu'il éprouva à l'entendre; car nous ne sommes pas dans des conditions aussi favorables que Léonie pour obtenir l'attention et l'indulgence de ceux qui veulent apprendre le secret de la naissance de la malheureuse Eugénie. Voici cependant comment madame de Cerny la raconta :

LXVII

PREMIER RELAI.

— Il faut vous dire, mon cher Armand, à moins que vous ne le sachiez, car vous savez beaucoup de choses, que mon père, le vicomte d'Assimbret, et sa sœur, mademoiselle Valentine d'Assimbret, restèrent orphelins dès leur enfance. Leur tutelle fut confiée à M. de Cauny, le père du mari de ma tante, qui est mort au commencement de la révolution. Ce M. de Cauny était veuf, et sa sœur, qui ne s'était pas mariée, demeurant en Bretagne, il se trouva fort embarrassé de sa pupille et la plaça dans un couvent à quelques lieues de Paris. Quant au vicomte d'Assimbret, mon père, il fut élevé avec le fils de M. de Cauny. Ils suivirent les mêmes études, entrèrent en même temps dans la maison du roi et restèrent amis, quoique tous deux d'un caractère bien différent. Le regard que vous avez lancé sur madame de Marignon lorsque vous m'avez rappelé le nom de mon père me prouve que vous savez assez, pour que je n'aie pas besoin de vous le raconter, quelle a été sa jeunesse. — Oui, dit Luizzi, il a été fort brillant. — C'est le nom poli qu'on donne encore à l'homme qui a été plus que dérangé; je vous remercie de l'avoir choisi, répondit madame de Cerny... Toujours est-il que, tandis que mon père passait alternativement sa vie dans les salons les plus éminents de la cour et dans les boudoirs les moins discrets de la ville, M. de Cauny poursuivait sans relâche des études graves et sérieuses, et se livrait avec ardeur à la discussion et à la pratique des idées nouvelles qui se faisaient jour de toutes parts. Mon père et lui étaient, à vrai dire, les deux représentants les plus complets des deux mondes de cette époque. Mon père, insouciant, léger, brave, téméraire, méprisant les classes bourgeoises qu'il ne connaissait pas et auxquelles il n'accordait pas même la faculté de pouvoir penser, se moquant de ce qu'il appelait les doléances des manants, écoutant le mot « peuple » comme un vain son qui n'avait pas de sens, était le type le plus parfait de cette société qui vivait au jour le jour dans les petits salons de Trianon, en prenant, comme garantie de l'avenir, les quatorze siècles passés de la monarchie. Comme tant d'autres, il ne soupçonna qu'au moment où il se produisit avec fureur ce travail interne de la société qui se refaisait au-dessous des lambeaux du pouvoir royal et de la puissance du clergé et de la noblesse, et qui s'en débarrassa tout à coup comme d'un haillon usé pour se montrer dans toute sa force. Lorsque les premiers actes d'indépendance de la Constituante lui montrèrent qu'il y avait un véritable effort de la nation pour changer l'ordre du gouvernement, il traita ces premières manifestations d'impertinentes railleries, et le soulèvement du peuple lui parut une misérable révolte. Il était du fameux dîner des gardes du corps de Versailles, et il s'y fit remarquer par son exaltation. M. de Cauny, au contraire, était l'ami de la plupart des hommes qui occupaient alors la France de leur renommée. Il avait embrassé avec une ardeur extrême les idées de réforme sociale, sans s'apercevoir, peut-être comme tant d'autres, qu'on ne pourrait arriver à réaliser cette réforme qu'en commençant à détruire la constitution politique du pays. Peut-être aussi avait-il compris ses opinions dans toutes leurs conséquences probables, et sa conduite semble en être une preuve. Tandis que mon père passait ses nuits dans les fêtes de la Muette, de Luciennes et de l'Opéra, M. de Cauny passait les siennes dans les conciliabules où se tramait la propagation des idées de liberté, où se préparait le mouvement immense qui devait emporter ceux qui l'avaient fait naître.

Pendant que le vicomte d'Assimbret recherchait les suffrages des plus jolies femmes, M. de Cauny sollicitait ceux des hommes sérieux, et il s'éloignait pour jamais de la cour le jour même où mon père y fut remarqué des courtisans par la bonne grâce avec laquelle il ramassa l'éventail de la reine et le lui présenta, en lui débitant un quatrain qu'on a toujours attribué au comte de Provence, depuis Louis XVIII, mais qui appartient assurément à mon père. Il n'y avait même que l'entraînement de la circonstance qui en pouvait faire pardonner l'audace, non-seulement dans la bouche de mon père, mais dans celle du prince le plus haut placé, du moment que ce quatrain était adressé à Marie-Antoinette; mais la poésie et l'étiquette ne sont pas rigoureuses pour les impromptu, et le fameux quatrain :

> Prévenant vos moindres désirs,
> Au milieu des chaleurs extrêmes,
> Je vous rapporte les zéphyrs ;
> Les amours y viendront d'eux-mêmes.

fut jugé délicieux.

Eh bien ! comme je vous le disais, le jour même où mon père faisait l'envie de toute la cour par la bonne fortune de son esprit, M. de Cauny se faisait nommer par la sénéchaussée de Rennes député du tiers à l'assemblée des états généraux; et quelque temps après, lorsque mon père se faisait remarquer à Versailles par l'exaltation de son dévouement aux intérêts de Louis XVI, M. de Cauny donnait sa démission de la charge qu'il occupait dans la maison militaire du roi. Cette démission fut considérée comme un acte de lâcheté, et tous les officiers de la compagnie à laquelle appartenait M. de Cauny jurèrent de l'en punir. Vous savez, Armand, que plus on a aimé un homme, plus on le hait et on le méprise, lorsqu'on croit qu'il a manqué à l'honneur. Mon père, poussé par ce sentiment et outré de la trahison de M. de Cauny, se proposa pour cette vengeance et appela en duel celui qui avait été si longtemps son ami.

M. de Cauny refusa d'abord. Les principes philosophiques qu'il professait lui faisaient considérer le duel comme une barbarie. Sa position à l'Assemblée constituante lui faisait dire que l'on ne vidait pas des querelles politiques par des combats singuliers; mais ces motifs qu'il disait tout haut et le motif bien plus puissant qu'il ne disait pas ne purent tenir contre les provocations insultantes de M. d'Assimbret : une rencontre eut lieu, mon père y fut grièvement blessé. Cela fit un grand scandale, et l'on donna presque raison à mon père, en l'accusant de torts qu'il n'avait pas. On alla promenant partout le bruit que la cour, n'osant résister à l'Assemblée constituante en masse, voulait s'en défaire en détail. On mêla le mot infâme d'assassinat à un combat loyal dont six personnes avaient été témoins.

Comme vous devez le croire, tous ceux qui connaissaient mon père pour l'un des plus braves et des plus francs officiers des gardes furent indignés de cette accusation. Elle arriva jusqu'à la famille, qui crut devoir faire donner à mon père des témoignages de son intérêt; cela fut encore traduit comme on traduisait tout alors. On dit que Louis XVI avait fait complimenter mon père pour sa conduite et l'avait offerte en exemple à tous ses officiers. Il en résulta que le nom d'Assimbret fut marqué d'une renommée qui devait plus tard le faire inscrire l'un des premiers sur les listes de proscription.

Je ne vous ai pas dit le motif secret qui vous avait fait refuser si longtemps au comte de Cauny la réparation que lui demandait mon frère, mais vous l'avez sans doute deviné. Le comte était épris et sincèrement épris de Valentine, quoiqu'à cette époque elle eût à peine quatorze ans. Mais il paraît que déjà à cet âge c'était une personne accomplie en esprit et en beauté.

— Ah! dit Luizzi avec un amer soupir; alors, comme aujourd'hui, à ce que je vois, les couvents n'étaient pas un asile contre la séduction. — Il n'y eut pas de séduction, je vous assure, mon cher Armand; cette passion naquit et grandit avec l'âge chez le comte et Valentine. Toutes les fois que M. de Cauny le père envoyait le vicomte pour voir sa sœur, celui-ci, qu'un voyage de quelques heures aboutissant à un parloir ennuyait à périr, se faisait accompagner par son ami. Bientôt il arriva que mon frère, dont ces visites dérangeaient la vie de plaisirs, priait le comte, qui, disait-il, avait beaucoup de temps à dépenser en ennui, d'aller voir sa sœur et de lui rapporter les nouvelles du couvent, pour qu'il pût les apprendre à son tuteur comme s'il eût fait la visite lui-même. M. de Cauny, quoique bien jeune, aima d'abord Valentine comme une enfant charmante qui n'était guère protégée que par lui; car le vieux comte, toujours malade et impotent, ne quittait presque jamais son hôtel. Puis, lorsqu'elle devint grande et belle, il l'aima comme une femme. On avait coutume de voir venir M. de Cauny au couvent, où il représenta longtemps, à vrai dire, son père en qualité de tuteur de Valentine. Personne ne put soupçonner que ces visites n'avaient plus un intérêt aussi respectable, et, lorsque des dissensions d'opinions éclatèrent entre le vicomte d'Assimbret et M. de Cauny, personne n'ayant averti la supérieure qu'il y avait une séparation entre les deux familles, le comte continua à voir Valentine jusqu'au moment de ce déplorable duel...

LXXIX

SECOND RELAI.

A cet endroit du récit de madame de Cerny, on était arrivé à un relai, et la diligence s'arrêta. La comtesse se tut, car il lui aurait été difficile de se faire entendre à travers le bruit de chaînes et le jurement des postillons qui attelaient les chevaux. Pendant ce temps, Luizzi regarda quels étaient les voyageurs qui occupaient l'intérieur, la rotonde et les cabriolets supérieurs de la voiture, et qui étaient descendus pour la plupart. Il s'aperçut, à sa grande satisfaction, qu'il n'y avait parmi eux aucune figure qui lui fût connue de près ou de loin, car il commençait à se défier de ses souvenirs en fait de visages, ne reconnaissant presque jamais les gens du premier regard. Au moment où il achevait cette inspection, la tête hors de la portière, il fut appelé par madame de Cerny qui lui dit en riant :

— Armand, je vous demande l'aumône.

Le baron se retourna et aperçut à la portière une charmante jeune fille de quatorze ans à peu près, souffrante, malade, étiolée et parlant d'une voix dolente. Il tira une pièce de cent sous de sa poche et la remit à la mendiante, qui la regarda d'abord avec un étonnement plein de joie, puis reprit aussitôt sa tristesse.

— C'est beaucoup, dit-elle ; je vous remercie, Madame.

Elle s'arrêta, puis ajouta en s'éloignant et à voix basse, comme si elle se parlait à elle-même :

— C'est beaucoup, et pourtant ce n'est pas assez ! — Qu'est-ce donc ? dit vivement la comtesse en rappelant la jeune fille, dont le charmant visage l'avait intéressée ; pourquoi n'est-ce pas assez, mon enfant ? — Oh ! Madame, je ne demande pas davantage, c'est plus que je n'ai jamais reçu depuis que mon vieux père et moi vivons de la charité publique ; mais il faudrait que nous fussions arrivés à Orléans bien vite, et je me disais que ce n'était pas assez pour payer ma place et celle de mon père, là-haut, sur l'impériale. — Armand... dit la comtesse en regardant le baron avec prière.

Luizzi appela le conducteur et lui dit :

— Laissez monter cette enfant et son père sur l'impériale ; je payerai ce qu'il faut. — Merci, Madame ! merci ! s'écria joyeusement la mendiante, s'adressant toujours à la comtesse et comprenant par un instinct secret que le bienfait qu'elle recevait lui venait plutôt d'elle que de celui qui l'accomplissait... Merci ! dit-elle... Voilà votre argent, puisque vous payez pour nous. — Gardez, mon enfant, dit madame de Cerny, et, lorsque nous serons arrivés, venez me parler en quittant la voiture. — Oui, Madame ! dit l'enfant en faisant une révérence et en courant vers un vieillard qui était assis sur une pierre devant la porte de la poste.

La manière dont il écouta la jeune fille, sans relever la tête, montra qu'il était aveugle et que rien de ce qui se passait autour de lui ne lui arrivait plus que par l'oreille. Alors madame de Cerny, se tournant vers Luizzi, lui dit en souriant :

— Vous voyez, Armand ! je dispose de votre fortune. — C'est effrayant ! repartit Luizzi du même ton. Et ils échangèrent ensemble un de ces sourires et un de ces regards où il y a plus d'amour que dans les plus douces paroles. Puis la voiture se remit en marche, et la comtesse dit à Luizzi : — Maintenant, il faut que je reprenne mon récit :

Et elle continua ainsi :

— Comme je vous l'ai dit, le comte de Cauny avait continué à voir Valentine jusqu'au moment de son duel avec mon père. A cette époque, la délicatesse lui imposa un sacrifice qu'il n'avait pas cru devoir faire à des dissidences d'opinion, mais qu'il ne pouvait refuser au sang qu'il avait versé bien malgré lui. Il cessa d'aller au couvent, et, résolu à ne plus voir mademoiselle d'Assimbret, il lui écrivit pour la première fois et lui apprit la raison qui les séparait. Après avoir déploré dans cette lettre les résultats de ce funeste événement, le comte finissait par assurer Valentine que jamais il n'oublierait l'amour qu'il lui avait voué, et que, s'il venait des jours plus heureux où il pût retrouver l'amitié de son frère, il espérait retrouver l'amour de la sœur. Mais il ajoutait que pour lui cette espérance était bien éloignée, qu'il prévoyait que la marche des affaires amènerait d'épouvantables malheurs, et qu'il ne craignait pas de lui avouer qu'il était assez effrayé de l'avenir de la France pour déplorer la part qu'il avait prise au mouvement révolutionnaire. « Dans ce cas, ajoutait-il, si jamais vous et votre frère avez besoin d'un protecteur, je n'ose plus dire d'un ami, n'oubliez pas que je suis à vous maintenant comme autrefois, demain comme aujourd'hui, et que je ne recule pas dans la voie où je suis entré, parce que j'y aperçois l'espoir lointain de pouvoir protéger ceux que j'aime. »

Le récit que je vous fais, reprit Léonie, ne manque de rien de ce qui constitue un roman. J'y mets même les lettres amoureuses et je les cite textuellement. C'est que cette lettre de M. de Cauny eut pour lui d'épouvantables conséquences, et que la phrase que je vous cite fut le texte de sa condamnation.

— M. de Cauny a donc péri dans la révolution? — Lui, comme beaucoup de ceux qui ont voulu museler le lion après l'avoir déchaîné. Mais pour vous ce n'est pas cela qu'il est important de savoir. J'arrive rapidement à la circonstance qui a amené la perte de la fille de ma tante, de ma cousine.

— Non, non, dit Luizzi, dites-moi tout; car souvent le détail le plus insignifiant éclaire plus pour découvrir la vérité que les événements les plus graves. — Voici donc la suite de cette histoire, dit la comtesse.

Mon père, remis de sa blessure, resta en France jusqu'au 10 août, espérant toujours que l'ordre se rétablirait, ne tenant pas pour possible une révolution qui renverserait le trône, ne s'imaginant pas surtout que des sujets pussent jamais aller jusqu'à juger leur roi, à le condamner et à le faire exécuter. Au moment de la captivité de Louis XVI, le vicomte, qui avait été reconnu parmi ceux qui avaient le plus courageusement défendu les Tuileries, fut obligé de se cacher, et bientôt il alla rejoindre les princes émigrés. Sans doute il se souvint dans sa fuite qu'il laissait sa sœur en France sans protecteur, car le vieux comte de Cauny était mort; mais, d'une part, ses propres dangers ne lui permettaient pas d'emmener Valentine, à qui il les aurait fait partager, et, d'autre part, il pensait comme tant d'autres que cette émigration ne devait être qu'une absence de quelques mois, que bientôt il serait de retour à Paris, et qu'une campagne suffirait à mettre à la raison toute cette populace révoltée. Comme tant d'autres, il se trompa.

Pendant ce temps arriva l'entière dispersion des maisons religieuses, et un jour vint où des officiers municipaux, suivis d'un corps de soldats, forcèrent le couvent où se trouvait encore ma tante, et sur l'heure, sans laisser aux pauvres recluses le temps de faire les moindres préparatifs, on les expulsa, les laissant à la porte sans argent, sans ressources, sans guide. Chacune d'elles eut assez à faire de pourvoir à sa sûreté pour ne pas avoir à s'occuper de celle des autres; mais toutes à peu près savaient où elles devaient se retirer, car toutes celles dont la famille avait fui la France avaient depuis longtemps quitté le couvent. Il n'y eut donc que Valentine qui demeura véritablement dans la rue, ne sachant que faire ni devenir.

Hier, Armand, vous me plaigniez, moi, femme, qui suis dans la force de la vie et qui étais dans une voiture avec un homme qui m'a juré de me protéger, vous me plaigniez de ce que je souffrais un peu du froid et de la fièvre. Or, pensez quelles durent être les douleurs d'une pauvre jeune fille de quinze ans jetée tout à coup sur une grande route, vêtue d'un habit qui lui attirait les grossières injures des passants et souvent même les sévices des enfants des villages qu'elle traversait! Songez que ces enfants jetaient de la boue sur sa blanche robe en la poursuivant des plus épouvantables invectives. Ma pauvre tante passa deux jours entiers sans manger et coucha deux nuits dans les fossés des chemins. Voilà de ces douleurs dont on suppose que les gens de notre sorte n'ont jamais eu à souffrir; et certes, si vous aviez rencontré madame de Paradèze dans le magnifique château qu'elle habite, vous auriez pris pour un conte impossible la supposition qu'une femme de ce nom et de ce rang eût été plus misérable que la mendiante à qui nous venons de faire l'aumône. — Cela m'étonne moins que vous ne pensez, dit le baron, et moi-même j'ai dû à l'hospitalité d'un paysan de ne pas passer la nuit au grand air, et à une rencontre fort heureuse de ne pas être arrêté comme un mendiant et un vagabond. Mais veuillez continuer.

La comtesse reprit :

— Cette misère fut longue, elle dura près de quinze jours, durant lesquels Valentine parvint à gagner Paris. La seule chose qu'elle eût gardée de sa vie passée était la lettre de monsieur de Cauny.

Une femme ne perd jamais et ne quitte jamais la première lettre d'amour qu'elle reçoit. Elle l'avait gardée sans espérance, et, lorsqu'elle fut chassée de son seul asile, elle repoussa la pensée d'aller demander la protection de monsieur de Cauny, qui avait versé le sang de son frère; mais la misère est bien forte, et, après avoir erré deux jours entiers dans les rues de Paris en y vivant des aumônes que la faim lui avait appris à solliciter, elle se décida à s'adresser à celui qu'elle aimait. Elle se rendit à son hôtel et ne l'y trouva point; car le comte, ayant appris l'acte brutal commis au couvent qu'elle habitait, était parti immédiatement pour lui offrir un asile, et il la cherchait de tous les côtés, courant sur les traces de toutes les religieuses, par les routes qu'on disait leur avoir vu prendre, celle-ci d'un côté, celle-là d'un autre. Il en rencontra plusieurs, mais ce n'était point Valentine, et il revint désespéré à Paris, pour apprendre qu'une jeune fille, une religieuse, était venue le demander et qu'elle s'était retirée en apprenant qu'il n'y était pas et en disant se nommer mademoiselle d'Assimbret. Le comte s'irrita de ce qu'on ne l'avait pas reçue malgré son absence, et il maltraita le concierge, dont l'insolence lui fit supposer qu'il l'avait durement repoussée.

Cette légère circonstance, qui n'eût été d'aucune importance entre le comte de Cauny et l'un de ses gens, devint très-grave entre le citoyen Cauny et le citoyen Follard. Le lendemain, quand Valentine se présenta de nouveau à l'hôtel, au moment où le concierge chassé allait le quitter, Follard s'écria en montrant le poing à Valentine : « Ceux qui sortent le feront payer cher à ceux qui entrent. » Ce misérable faisait partie d'un club dont était président un ancien professeur de musique du comte, qui l'avait toujours bien traité et qui devait même à monsieur de Cauny la place qu'il avait. Cet homme, poussé par un sentiment de reconnaissance, vint le prévenir qu'il avait été dénoncé par son concierge comme donnant asile à des religieuses, et que, malgré tous ses efforts, le club avait décidé que monsieur de Cauny serait appelé dans son sein pour y rendre compte de son aristocratique pitié.

Monsieur de Cauny, qui comprenait déjà jusqu'où pouvait aller une dénonciation de cette espèce, crut ne pouvoir mieux répondre qu'en annonçant au club que le citoyen Cauny n'avait pu commettre un crime contre la sûreté publique en recevant chez lui la citoyenne Cauny, sa femme. Il remplit donc les formalités de mariage, très-expéditives à cette époque, et épousa ma tante, mademoiselle d'Assimbret. La nécessité de son salut détermina Valentine plus peut-être que ne l'eût fait son amour. Les jours de misère qu'elle avait passés, sans trouver personne à qui demander appui, avaient singulièrement frappé l'imagination de cette jeune fille, qui était presque encore une enfant; elle parlait toujours du malheur de rester seule et abandonnée dans le monde. La terreur qu'elle a conservée toute sa vie d'un pareil isolement n'a pas peu contribué sans doute à lui faire accomplir un acte que j'ai toujours regardé comme un malheur, et que mon père appelle encore une bassesse.

— Une bassesse! s'écria Luizzi, en interrompant madame de Cerny. — Laissez-moi achever ce récit, et vous comprendrez comment je puis avoir raison selon mes idées, et comment mon père peut parler ainsi selon les siennes.

Pendant plusieurs années, leur mariage ne donna que du bonheur à monsieur de Cauny et à ma tante; mais bientôt il valut à tous les deux une persécution que certes ils étaient loin de prévoir. Le simple hasard d'une visite amena un jour l'ancien maître de musique, dont je vous ai parlé, chez monsieur de Cauny, et le mit en présence de sa femme. L'attention avec laquelle cet homme la considérait la poussa à lui demander pourquoi il l'examinait ainsi, et monsieur Bricoin lui répondit que...

— Bricoin! s'écria Luizzi, interrompant encore madame de Cerny. — Le connaissez-vous donc aussi? dit la comtesse. — Non, répondit Armand; mais, si je ne me trompe, c'est le nom de l'homme qui fut assez heureux pour être le premier amant de madame de Marignon. — Puisque vous savez cela, repartit Léonie, vous savez sans doute aussi que ce fut celui que mon père chassa de chez elle à coups de bâton. Cet homme ne l'avait pas oublié; et lorsqu'il répondit à ma tante qu'il ne la regardait avec tant d'attention que parce qu'il était frappé de son étrange ressemblance avec un certain vicomte d'Assimbret qu'il avait connu, et que ma tante lui expliqua cette ressemblance en lui apprenant qu'elle était la sœur du vicomte, elle ne put deviner, dans le singulier adieu que lui adressa cet homme, des projets de vengeance terrible, car rien ne devait lui faire prévoir en quoi elle y était exposée. « Adieu, madame, lui dit cet homme en sortant; nous nous reverrons, nous nous reverrons! »

Cette circonstance que je viens de raconter fut vite oubliée par madame de Cauny, comme vous devez le penser, et elle fut bien loin d'y chercher la source de la persécution qui vint la frapper, lorsque, quelques semaines après, son mari fut arrêté sur un de ces mille prétextes avec lesquels on faisait alors si aisément emprisonner et tuer un homme.

Comme il avait écrit à mon père, on le dit en correspondance avec les émigrés; on fit, en conséquence, une perquisition dans ses papiers. Cette lettre dont je vous ai parlé, et dans laquelle il préjugeait les excès de la révolution, fut la base d'une accusation de trahison. Cependant, pour la seconde fois, ma tante se trouvait seule avec sa faiblesse et ses terreurs.

Une autre, moins ignorante du passé, moins ignorante aussi de la perfidie des mauvaises passions, se serait laissé tromper par la manière dont monsieur Bricoin vint lui offrir son appui, lorsqu'il eut appris dit-il, que le citoyen de Cauny avait été incarcéré. Vous dire comment cet homme, grâce à l'espérance qu'il offrait sans cesse à l'infortunée Valentine, s'introduisit chez elle, gagna sa confiance, apprit tous ses secrets, ce serait vous raconter l'histoire d'une pauvre femme abandonnée, seule au monde, et pour laquelle cet isolement était une profonde terreur. Sans doute Bricoin apprit d'elle tout ce qu'il voulut en savoir, car ce fut d'après ses conseils que le comte, prévoyant le sort qui l'attendait, fit pour sa femme un testament portant donation complète de tous ses biens dans le cas où il mourrait sans enfants, et lui en assurant la moitié dans le cas contraire. Cette clause avait été jointe au testament, parce qu'à l'époque dont je vous parle, madame de Cauny était grosse.

Cependant le régime de terreur qui avait pesé dix-huit mois sur la France, commençait à se lasser de son œuvre sanglante, et, quel-

Je m'amusai au clair des réverbères..... — Page 502.

ques mois après avoir fait ce testament, M. de Cauny pouvait concevoir l'espérance assez fondée d'être rendu à la liberté et de voir naître l'enfant que sa femme portait dans son sein, lorsque, le jour même de l'accouchement de Mme de Cauny, il fut enlevé de sa prison et périt sur l'échafaud. Qu'une femme comme ma tante fût plus qu'une autre facile à égarer par des terreurs imaginaires en toutes circonstances, cela se conçoit aisément; mais qu'en présence d'un si terrible événement on l'ait égarée jusqu'à des craintes impossibles, cela est moins étonnant encore.

Bricoin lui persuada que la rage des bourreaux s'étendrait jusque sur l'enfant qui venait de naître, et, grâce au désespoir de cette femme malade, faible, seule, prête à mourir de douleur et de maladie, il parvint à lui persuader de se séparer de son enfant, qu'il avait le moyen, disait-il, de confier à des mains sûres...

LXX

TROISIÈME RELAI.

La voiture s'arrêta encore, et madame de Cerny suspendit de nouveau son récit. Presque au même instant, la petite mendiante s'approcha de la portière de la voiture, montra sa jolie tête à la glace et dit d'un air charmant à la comtesse :

— Madame, voici mon père qui veut vous remercier lui-même de ce que vous avez fait pour nous.

Léonie vit s'avancer alors un vieillard aveugle, comme elle l'avait deviné, mais dont la figure sévère gardait un air de résolution et de fierté sous les longs cheveux blancs dont elle était inondée.

— Madame, lui dit-il, vous venez de faire une bonne action, et Dieu ne sera point juste s'il ne vous en récompense pas. Ce n'est pas seulement une aumône que vous avez donnée à cette enfant, c'est peut-être une famille que vous venez de lui rendre, en lui procurant les moyens d'aller jusqu'à la ville où elle peut trouver des renseignements sur les parents qui l'ont abandonnée.

La comtesse ne répondit pas au vieux mendiant; mais se retournant vivement vers le baron, elle lui dit :

— Voilà qui est étrange, Armand ! encore une fille abandonnée et perdue ! Combien y a-t-il donc de malheureux ainsi jetés dans le monde, que dans cette étroite voiture il s'en trouve pour ainsi dire deux ? — C'est étrange, dit en effet le baron d'un ton plus soucieux que ne le comportait un simple mouvement de surprise; c'est étrange, répéta-t-il en lui-même, se demandant si ce n'était pas le pouvoir infernal de son esclave qui amenait ainsi sur sa route toutes ces rencontres extraordinaires et qui l'avertissait de sa présence comme il l'en avait menacé.

Pendant ce temps la comtesse avait répondu au mendiant avec un intérêt très-vif et avec cette politesse de femme qui donne un rang au malheur :

— J'avais prié cette enfant, monsieur, de ne pas quitter Orléans sans venir me revoir; je vous prie de l'accompagner, car, si je puis vous être utile, je le ferai avec un grand plaisir. — Qui devrai-je demander? dit le vieil aveugle. — Vous demanderez, répondit rapidement Léonie, vous demanderez la...
— Prenez garde ! fit Luizzi en l'arrêtant soudainement, n'oubliez pas que votre nom prononcé tout haut peut être une imprudence... — Vous avez raison, dit-elle, et elle répondit à l'aveugle : Cela est inutile, je vous ferai loger dans la maison où nous descendrons.

La voiture était prête à se remettre en route. Les voyageurs purent reprendre chacun leur place; mais, cette fois, Léonie ne recommença pas immédiatement le récit qu'elle avait interrompu. La conversation entre elle et Luizzi s'engagea sur ce qui venait de se passer, et tous les deux se promirent bien, chacun avec une pensée particulière, de poursuivre jusqu'au bout l'éclaircissement de ce nouveau mystère. Ce fut alors que Luizzi dit à la comtesse :

— N'oublions pas que nous avons plus d'une tâche à remplir en ce genre, et veuillez m'apprendre enfin ce que devint la malheureuse madame de Cauny entre les mains de ce misérable Bricoin. — Hélas ! dit madame de Cerny, elle devint sa femme. — Quoi ! s'écria Luizzi, monsieur de Paradèze... — N'est autre chose que ce Bricoin, qui, lorsqu'il fut devenu riche par ce mariage, cacha sous un nom de terre la basse extraction de sa naissance. Mais, pour que vous n'accusiez pas ma tante d'avoir agi avec une légèreté et une inconséquence qui la rendraient trop peu respectable à vos yeux, il faut que je vous explique par quelle manœuvre coupable monsieur Bricoin parvint à un but qu'il avait espéré dès le premier moment de sa rencontre avec madame de Cauny. Si les terreurs que cet homme savait lui inspirer pour sa sûreté et celle de sa famille livraient Valentine sans défense à cet homme, le peu de sympathie qu'elle avait pour ses formes grossières, et d'ailleurs l'âge avancé de Bricoin, qui avait déjà plus de quarante ans à cette époque, la protégeaient contre toutes les déclarations mal déguisées dont il l'accablait. Ce fut alors qu'il lui arriva un malheur que je puis vous dire, à vous, Armand, et qui est peut-être une excuse à la faute qu'elle a faite en épousant monsieur Bricoin, quoique ce malheur soit lui-même une faute. Valentine, belle, jeune, charmante, isolée, rencontra parmi le peu d'hommes que son nom appelait chez elle, un homme distingué, d'une rare adresse à faire croire à des sentiments qu'il n'avait pas, d'un implacable cynisme à se vanter d'avoir joué ces sentiments, et qui s'étudia de tout le pouvoir de son infernale séduction à mettre madame de Cauny au nombre de ses victimes. Cet homme, dont ma tante n'a jamais voulu me dire le nom... — Cet homme dit Luizzi en interrompant la comtesse, cet homme s'appelait monsieur de Mère. — Vous le connaissez? dit la comtesse avec un nouvel étonnement. — Ne savez-vous pas, repartit Luizzi, que je sais toute l'histoire de madame de Marignon? — Monsieur de Mère a-t-il donc eu quelque rapport avec madame de Marignon? — Il a été son dernier amant, comme Bricoin avait été le premier.

A cette révélation, madame de Cerny devint pensive à son tour; elle s'étonna en elle-même de ces destinées qui agissent l'une sur l'autre sans paraître jamais s'être rencontrées, et elle répondit à Luizzi :

— Ce fut donc le dernier amant de madame de Marignon qui livra Valentine au premier!

Elle s'arrêta, puis elle continua :

— Vous savez, je le suppose, par quel lâche et insultant abandon ce monsieur de Mère paya l'amour d'une femme qui s'était noblement confiée à lui et envers laquelle il fut d'autant plus infâme qu'elle n'avait personne au monde pour la protéger. — Elle s'en vengea cependant autant que le peut une femme, dit le baron, en le traînant audacieusement dans la fange de sa propre infamie devant une nombreuse assemblée et en présence de madame de Marignon, qui n'était alors que la belle Olivia. — Oui, répondit madame de Cerny, je sais que, grâce aux relations que la belle Olivia, puisque vous l'appelez ainsi, avait gardées avec le vicomte qu'elle avait retrouvé en Angleterre, elle se crut autorisée à attirer madame de Cauny chez elle, malgré la honteuse position où elle vivait alors.

Luizzi ne put s'empêcher de remarquer le mot de honteuse position que venait d'employer madame de Cerny, et il admira combien les convenances apparentes du monde peuvent dominer les âmes les plus fortes et les plus justes, puisqu'il avait pu trente ans après rencontrer convenablement la comtesse chez cette femme dont elle qualifiait la vie d'autrefois avec tant de mépris.

Cependant madame de Cerny continua :

— Ce que je ne savais pas, car elle ne me l'a point dit, c'est que ma tante y avait retrouvé monsieur de Mère, et qu'elle y avait fait l'éclat dont vous me parlez; toujours est-il que, le cœur brisé par la fatale expérience qu'elle venait de faire de la perfidie de certains hommes, elle renonça à espérer aucun amour et sentit avec plus de force que jamais la douleur de son isolement. La chance devint belle alors pour Bricoin, qui, toujours assidu près de la jeune veuve, lui sauvant l'ennui de ses affaires, la protégeant contre la rapacité des intrigants, sinon contre la perfidie du monde, semblait être le seul protecteur qu'elle dût avoir jamais. D'ailleurs, il parlait toujours de mariage, et ce lien sacré, dont madame de Cauny avait apprécié la sainteté durant les deux années qu'elle avait passées avec son mari, était le seul qui pût attacher son existence à un homme qui ferait sa vie de sa vie, son bonheur de son bonheur. Une autre raison, que j'ai tardé à vous dire, parce que je ne puis croire à la manière dont mon père l'envisage, dut déterminer aussi l'infortunée Valentine. Depuis le jour de sa naissance, elle n'avait pas vu sa fille. Bricoin, pour des raisons fausses ou vraies, lui disait toujours que les gens à qui il l'avait confiée avaient quitté Paris et étaient sur le point d'y revenir. Peut-être mon père a-t-il raison ; peut-être cet homme fit-il espérer son enfant à une mère comme le prix d'un sacrifice qu'il lui demandait ; peut-être Bricoin promit-il à madame de Cauny de lui rendre sa fille le jour où elle consentirait à l'épouser. Quoi qu'il en soit, ce mariage eut lieu, et quelques jours après monsieur de Paradèze, car il prit ce nom en épousant ma tante, annonça à sa femme qu'il avait la presque certitude que sa fille était morte. — Le croyez-vous donc capable d'un crime ? dit Luizzi. — Ce que vous m'avez appris de madame Peyrol, répondit madame de Cerny, nous prouve, si tant est qu'elle soit cette malheureuse fille perdue, que Bricoin ne poussa pas jusque-là l'infamie. D'ailleurs, jamais il ne produisit une preuve légale de la mort de cette enfant ; et, depuis plus de trente ans, ma tante vit avec l'horrible incertitude de savoir si elle a une fille ou si elle n'en a pas. Toutes les recherches faites par mon père ont été vaines ; car, il faut vous le dire aussi, ce fut mon père qui, en haine de M. de Paradèze, essaya le plus activement de découvrir l'héritière de M. de Cauny. « Il a fait disparaître l'enfant, disait-il, pour s'emparer de toute sa fortune ; je le ferai reparaître, moi, pour faire rentrer ce drôle dans la misère dont il n'aurait jamais dû sortir. » Car voilà de quel style mon père parle toujours du mari de sa sœur. — Mais ne craignez-vous pas, dit le baron, qu'avec la haine qui existe entre ces deux hommes votre séjour chez M. de Paradèze ne soit très-dangereux ? — Je vous l'ai dit, repartit la comtesse, M. de Paradèze est maintenant un vieillard accablé d'infirmités et qui n'a plus la force de vouloir, car c'est à peine s'il a souvenir de ce qu'il a été.

Comme elle disait ces mots, ils entrèrent à Orléans.

Encore une histoire nouvelle et qui est vieille.

LXXI

LE DERNIER GROGNARD.

D'après ce qu'il avait écrit à sa sœur, Luizzi alla se loger à l'hôtel de la Poste sans déclarer son nom. On ne le lui demanda pas, vu la générosité qu'il montra envers le premier domestique qui s'empara de ses paquets. Quoi qu'en ait la police, l'or est un passe-port aussi excellent que celui qui est signé Portes, et que cet aimable et excellent homme délivre avec tant de politesse.

Lorsque Léonie et le baron furent installés dans leur appartement où on les avait servis, ils pensèrent à faire appeler le vieil aveugle et la jeune mendiante qui, d'après leurs ordres, les avaient suivis à l'hôtel. Ils les firent avertir de monter dans leur appartement et les engagèrent à leur raconter leur histoire.

— Si vous voulez me le permettre, dit l'aveugle, je commencerai par la mienne, elle ne sera pas longue ; la petite vous dira ensuite la sienne, et vous verrez ce que vous en pouvez tirer. — Parlez, lui répondit Léonie.

Et voici ce que dit le vieillard :

— Tel que vous me voyez, j'ai quatre-vingts ans sonnés ; je suis né en 1752, et j'étais soldat aux gardes françaises en 1770. Il ne faut pas vous étonner de ce que je vais vous dire, parce qu'à quatre-vingts ans et dans l'état où je suis réduit on a le droit de tout dire. J'avais donc dix-huit ans, et j'étais un des plus beaux hommes de la compagnie ; je dois avouer que je ne m'en étais pas aperçu, lorsqu'une très-belle femme du temps m'en fit avertir par sa chambrière. Il se trouvait que cette très-belle femme avait un mari qui n'était pas suffisant ; il s'appelait Béru et jouait du violon d'une façon merveilleuse, mais rien que de ça.

A ce nom de Béru, madame de Cerny et Luizzi se regardèrent avec un tel étonnement (car Léonie n'ignorait pas l'origine d'Olivia), que ni l'un ni l'autre n'entendirent, à vrai dire, la singulière phrase du vieux soldat qui continua :

— Il paraît que madame Béru s'ennuyait beaucoup de son mari ; il ne s'amusait pas beaucoup d'elle non plus, et, une fois qu'elle vint voir la parade où j'étais en superbe tenue, je crus remarquer qu'elle m'avait distingué face en tête sur toute la ligne. Je ne dis rien, mais je pensai en moi-même que ce pourrait être une maîtresse qui m'irait joliment, bien habillée, bien cossue, et qui devait avoir une fameuse cuisine chez elle ; je lui fis l'œil, elle n'en parut pas courroucée, et il me sembla qu'elle demandait à un des officiers de notre compagnie : « Quel est donc ce bel homme qui est le troisième du premier rang ? » Il paraît que l'officier lui dit mon nom et mon adresse à la caserne des gardes françaises ; car le soir je reçus un petit brin de poulet que je me fis lire par le caporal et qui m'engageait à passer chez la belle dame, sous prétexte de me demander des nouvelles du pays, attendu que je suis des environs d'Orléans et qu'elle en est aussi. Je me rendis à l'invitation. Je me tais par respect pour Madame et pour l'enfant qui nous écoute ; mais neuf mois après, jour pour jour, madame Béru accoucha d'une jolie petite fille qu'on appela Olivia. J'ai la mémoire des noms, et pour cause, ajouta le vieux soldat d'un ton significatif.

Léonie et Armand échangèrent un nouveau regard, l'un et l'autre de plus en plus confondus de l'étrange assemblage de toutes ces circonstances, et Luizzi véritablement alarmé au souvenir des menaces de Satan.

— Or, continua le soldat, il faut vous dire qu'outre les jolis petits cadeaux que me faisait la belle de mon cœur et qui me mettaient à même de porter du drap d'officier et du linge blanc deux fois la semaine, elle m'avait promis sa protection ; mais cette protection se fit si longtemps attendre qu'en 1789 j'étais encore soldat aux gardes françaises. Cependant ma fille avait fait fortune ; mais, comme ce n'était pas ma fille devant la loi, je n'avais rien à lui réclamer, et en 1793, lorsqu'elle était en Angleterre, j'étais soldat de la république. Depuis ce temps je ne puis pas dire que j'en aie eu des nouvelles, à moins que je n'eusse été en chercher en Italie, et l'Italie n'est pas précisément sur la route de Londres. Quand je revins à Paris, on me dit qu'on l'avait revue quelque part. J'étais toujours soldat de la république ; mais je me trouvais tellement en fonds, que, ma foi ! je ne pensai pas trop à aller chercher ma fille. Cet argent me venait d'une drôle d'affaire, qu'il faut que je vous conte.

Et il continua :

— Un soir que je passais le long d'un hôtel de la rue de Varennes, je fus heurté par un homme qui portait sous le bras un paquet qui criait. Il faisait nuit. Je regarde cet homme, qui avait l'air tout effaré. « Où allez-vous donc si vite, que je lui dis en l'arrêtant, que vous marchez sur le pied d'un grenadier de l'Italie, comme vous pourriez faire sur un moindre pavé ? — Je vais où vous pouvez aller pour moi, me dit-il, si vous voulez gagner une bonne récompense. — Ça se peut ! que je lui dis. — En ce cas, me répondit-il, prenez ces vingt-cinq louis et cet enfant, et allez le porter aux Enfants-Trouvés. » Je pris les vingt-cinq louis et je regardai l'hôtel d'où sortait cet homme. C'était une belle façade, une grande porte cochère, avec deux belles colonnes ; un vrai hôtel du faubourg Saint-Germain. Moi, qui avais vécu un peu dans les idées de l'ancien régime, je me dis : C'est bon ! connu ; une grande dame qui a frustré son mari en son absence ou une jeune personne sur le point de se marier, c'est tout simple! Je reçus l'enfant des mains du médecin, car ce devait être le médecin, les médecins n'ont jamais été bons qu'à ça, et je l'emportai le plus proprement et le plus doucement que je pus. On lui avait attaché au cou un papier que j'eus la discrétion de ne pas lire, attendu que je ne sais pas lire, ce qui m'est parfaitement égal à présent que je suis aveugle, et je m'amusai à regarder au clair des réverbères les langes en fine toile dont était enveloppé cet enfant, lorsqu'à mon tour je fus accosté par un homme qui fut tout aussi surpris que moi en me voyant en grande tenue et avec un poupon sous le bras. Le fait est que ça n'était pas naturel et que je n'eus pas le droit de me fâcher lorsqu'il me dit en m'abordant : « Eh! camarade, où diable avez-vous donc trouvé cet enfant? — Pardine! que je lui dis, saisi par son idée, je l'ai trouvé là-bas, du côté du Gros-Caillou, qui grognait comme un malheureux. — Et que comptez-vous en faire? me dit-il. — Je vais le porter à son domicile naturel, aux Enfants-Trouvés. Alors il s'arrêta et sembla réfléchir longtemps, puis il me dit : « Voulez-vous me donner cet enfant? — Un moment, camarade, que je lui réplique, on ne confie pas comme ça une pauvre petite créature au premier venu sans savoir ce qu'il en veut faire. — Je l'élèverai, me dit cet homme, je le nourrirai; je n'ai pas d'enfant, il deviendra le mien. D'ailleurs, j'en ai besoin. — Besoin d'un enfant! que je lui dis. C'est peut-être bon quand on est vieux; mais vous, vous m'avez l'air d'un blanc-bec. En effet, il était tout jeune, comme je le pus voir toujours à la clarté des réverbères. « Quoique vous soyez militaire, on peut vous compter ça, me dit-il. Ma femme, qui n'était pas une femme à cette époque, voulant me sauver de la réquisition, a déclaré que je l'avais rendue grosse, et, pour ce, j'ai été obligé de l'épouser; mais elle n'était pas grosse et elle ne l'est pas devenue. Le terme approche, on va découvrir notre ruse, et la fausse déclaration de ma femme peut l'exposer, ainsi que moi, à une peine sévère. — Ceci n'est pas du premier courage, que je lui dis; mais enfin, ce qui est fait est fait. D'ailleurs on ne fait pas de bons soldats avec de bons maris. Prenez l'enfant, et laissez-moi votre adresse pour que j'aille vous remercier de sa part. » J'avais mon idée en lui faisant cette question. Deux jours après, j'allai aux informations et j'appris que Jérôme Turniquel était un brave homme, qui était digne en tout de la confiance que je lui avais montrée. Quelque temps après, et lorsqu'il ne me restait plus de mes vingt-cinq louis que les dettes que ça m'avait aidé à faire en ayant du crédit, je pensai à retrouver ma fille; mais je fus obligé de quitter Paris immédiatement, pour m'occuper plus particulièrement des affaires de la France; j'étais comme toujours soldat de la république. Je partis pour l'Égypte, où je ne gagnai que la peste, dont je guéris, parce que j'étais bel homme et qu'une odalisque du sérail me soigna d'amour. Je fus absent plusieurs années dans les pays étrangers. Je revins vers 1803, dans l'espoir de retrouver ma famille; mais il paraît que ma fille s'était fondue en grande dame, et je n'en pus pas avoir la moindre nouvelle. J'étais alors soldat dans la garde consulaire. Je passai le reste de mon temps dans les diverses capitales de l'Europe jusqu'à la campagne de 1814 : j'étais alors soldat dans la garde impériale. Lorsque l'empereur fut renversé et que sa chute m'enleva tout espoir d'avancement, je ne quittai pourtant pas l'état militaire, toujours bel homme, toujours bien tenu, lorsqu'en 1830 un coup de fusil, qui alla tuer un vieux pékin qui n'en pouvait mais, me passa si près des yeux qu'il me rendit aveugle : j'étais alors soldat dans la garde royale.

Le vieux soldat s'arrêta, et, prenant une pose où il y avait plus de fierté que le récit qu'il venait de faire ne semblait le permettre, il ajouta :

— Tout ce que je vous dis là, croyez-moi, ce n'est pas l'histoire de vous raconter la mienne, c'est seulement pour vous dire qu'après soixante ans de services effectifs on m'a refusé une place aux Invalides, sous prétexte que ma blessure n'était pas une blessure et que d'ailleurs je l'avais attrapée en tirant sur le peuple; tout ça, c'est pour vous dire qu'on m'a liquidé une méchante pension de cent vingt-cinq francs, avec laquelle on me dit de mettre le pot au feu tous les jours ; tout ça, c'est pour vous dire comment un vieux soldat, ainsi que j'ai l'honneur d'être, a été réduit à se faire mendiant. Voilà toute mon histoire. Maintenant la petite va vous dire la sienne, à laquelle je ne comprends goutte, peut-être parce que je n'y vois plus, mais à laquelle vous pouvez croire, parce que, depuis le jour où elle m'a trouvé sur la route à moitié mort de faim et qu'elle m'a donné la moitié de son pain, j'ai reconnu que c'était une honnête fille. Elle m'a toujours rapporté exactement tout ce qu'on lui donnait, et j'ai toujours exactement partagé avec elle; pas vrai, ma fille?... parce que, voyez-vous entre nous, c'est d'honneur! c'est elle qui demande, c'est à moi qu'on donne. La vieillesse intéresse toujours, et ce n'est pas pour dire, mais je voudrais me voir, je dois faire un bel aveugle.

LXXI.

BONNE RÉSOLUTION.

Si nous n'avons pas suffisamment expliqué dans ce récit tous les mouvements de surprise que laissèrent échapper le baron et la comtesse, si nous n'avons pas dit que l'impression produite sur eux fut grave à ce point de leur faire oublier les formules grotesques du narrateur, c'est que nous avons supposé qu'on a deviné ces mouvements et cette impression, c'est que d'ailleurs nous allons en voir les résultats. A peine le vieux soldat avait-il fini de parler, que Léonie, qui semblait avoir été la plus curieuse d'entendre les aventures de la jeune mendiante, l'arrêta au moment où elle allait commencer, et lui dit doucement :

— Je me croyais plus forte que je ne le suis. Cette route m'a tellement fatiguée que mes yeux se ferment malgré moi ; remettons à demain le récit de vos malheurs, je serai plus capable de les entendre.

Luizzi comprit l'intention de la comtesse et fit reconduire le mendiant et la jeune fille dans les chambres qu'on leur avait préparées. Le visage de Léonie attestait une préoccupation qui flottait entre des craintes et des espérances également vagues, tandis que le visage de Luizzi semblait arrêté dans l'expression d'une terreur insurmontable. Tout à coup Léonie sembla à son tour avoir fait un choix entre les diverses émotions de son âme, et elle dit à Luizzi avec une confiance exaltée :

— C'est la voix de Dieu qui parle en tout ceci ; c'est son indulgence prévoyante qui a mis sur notre route toutes ces choses extraordinaires, comme pour nous présenter l'occasion d'une bonne action qui pût contrebalancer un jour devant sa justice la faute que nous commettons.

Luizzi ne répondit point à haute voix, mais il murmura en lui-même : « C'est plutôt la voix de l'enfer qui me donne tous ces avertissements ; c'est le pouvoir de Satan qui ouvre devant moi toutes ces voies inextricables où je dois m'égarer. »

— Ne pensez-vous pas comme moi? dit Léonie, étonnée de la sombre préoccupation d'Armand, qui, pour la première fois, avait été sourd à une de ses paroles... Croyez-vous, au contraire, continua Léonie, que tout cela soit une menace du sort? car tout cela est trop extraordinaire pour qu'il n'y ait pas une leçon cachée au fond de ces événements. — Je ne sais, répondit Armand d'un ton profondément découragé. Tout ce qui vient de moi me fait peur; ma vie est un mystère qui m'épouvante, et, je l'avoue, en ce moment, je n'ai foi qu'en la protection que Dieu doit vous accorder, à vous si sainte et si pure devant lui, à vous qu'il a mise sans doute à côté de moi pour m'empêcher de me perdre tout à fait dans la voie où je puis périr. — Armand! Armand! s'écria madame de Cerny, pourquoi cette faiblesse et cette terreur? Rien de ce qui pourrait nous alarmer sur notre destinée ne se mêle à ces étranges rencontres. — C'est que pour moi elles peuvent avoir un sens caché qu'elles n'ont pas pour vous.

L'expression du baron, pendant qu'il parlait ainsi, était empreinte de cette sombre résignation à une fatalité invincible qui prend l'homme dont tous les calculs pour bien faire ont abouti à faire mal.

La comtesse s'en étonna sérieusement et lui dit à son tour avec découragement :

— Vous avez peut-être raison, Dieu place le châtiment à côté de la faute. — Que voulez-vous dire?... demanda vivement le baron. — Qu'à peine sur le seuil de l'existence perdue à laquelle nous nous sommes condamnés l'un et l'autre, vous en avez peut-être le regret... — Léonie! s'écria le baron, avez-vous pensé ce que vous venez de me dire? Suis-je assez misérable pour que vous l'ayez pensé?

Il s'approcha d'elle, puis reprit :

— Oh! s'il en ainsi, vous avez raison, le châtiment est à côté de la faute, car j'ai déjà mérité votre mépris pour ma faiblesse. — Non, non, Armand, dit Léonie en s'approchant à son tour de lui et en écartant de sa main les longs cheveux d'Armand qui ombrageaient son front soucieux, comme si elle eût voulu avec eux en chasser la pensée qui l'assombrissait; non, je n'ai pas pensé cela de toi, mon Armand. J'ai eu peur, voilà tout! mais ce n'est pas de toi, je le jure! de toi, en qui je crois; de toi qui, je le sais, as eu une existence marquée de singuliers malheurs, et qui, je le crois, avais besoin d'être aimé pour être heureux. Et moi, je t'aime tant que je détournerai la fatalité qui t'a fait tant souffrir. — Oh! oui, lui dit Armand en la serrant contre son cœur, tu es l'ange de ma vie, tu es la main que Dieu me tend pour me sauver dans l'orage, tu es la lumière qu'il me montre pour me guider dans la nuit. Parle! ce que tu me diras de faire, je le ferai; ce que tu voudras, je le voudrai. — Eh bien! crois-moi, Armand, acceptons comme un signe de la protection de Dieu toutes les choses qui m'ont étonnée et qui t'ont épouvanté. Achevons par nos efforts l'œuvre qu'il semble nous avoir remise dans les mains. Rendons une mère à sa fille. Dieu, qui a mis les bienfaits au nombre des vertus, acceptera celui-là comme le plus saint et le plus grand qu'on puisse accomplir sur cette terre. — Tu as raison, dit Luizzi, ce sera un bienfait pour moi, et maintenant je puis te dire que j'y avais déjà pensé.

Alors il lui dit la lettre qu'il avait écrite à Gustave de Bridely, ainsi que la manière dont il lui avait recommandé madame Peyrol. Léonie écoutait le baron avec un doux sourire, et, lorsqu'il eut achevé, elle lui dit en déposant un baiser sur son front et comme si elle eût compris toutes les accusations que cet homme portait contre lui-même :

— Armand, tu vois bien que tu es noble et bon quand tu le veux, et qu'il n'y a que de de fausses lumières qui t'égarent...

Puis elle reprit :

— Il faudrait savoir si M. de Bridely a rempli ta mission. C'est hier au soir que tu as remis ta lettre à Fontainebleau, elle a dû être reçue ce matin, et à l'heure qu'il est, car la nuit est venue, si cet homme est digne de t'avoir compris, il doit être parti de Paris. Il faut écrire à madame Peyrol pour t'en assurer, et, s'il n'est pas près d'elle, nous irons nous-mêmes lui apprendre un secret qu'il serait imprudent de confier à une lettre, ou

Enfin c'est vous! -- Page 510.

plutôt nous lu donnerons rendez-vous dans cette maison où nous attendrons ta sœur et où nous serons trois alors qui te devrons notre bonheur. — Je vais t'obéir, dit Luizzi d'un ton pensif. Repose-toi; j'écrirai pendant ton sommeil, car il faut aussi que je fasse une longue lettre à mon notaire pour lui expliquer mes intentions, de manière qu'un séjour de vingt-quatre heures à Toulouse suffise à la conclusion de mes affaires.

La comtesse se retira dans la chambre du petit appartement qu'ils occupaient, et Luizzi demeura seul.

LXVII

L'ESCLAVE.

Sans doute Luizzi avait raison quand il dit à Léonie qu'elle était l'ange de sa vie. Car il sembla qu'en le quittant elle emportât avec elle tout ce qu'elle donnait à cet homme d'espérance, de foi et de charité : d'espérance en son avenir, de foi en l'indulgence de Dieu, de charité pour ceux qui souffraient près de lui. Aussitôt qu'il fut seul, ses doutes le reprirent; il recommença à calculer sa vie, en raison des bonnes et mauvaises chances qu'il se croyait le pouvoir de combiner et de maîtriser. Il se dit que le temps nécessaire pour recevoir la réponse de madame Peyrol ou l'attendre elle-même pouvait l'exposer, ainsi que la comtesse, à être découverts dans une ville qui est le rendez-vous de la moitié des grandes routes de la France. Il se dit qu'après tout il ne pouvait sacrifier sa sûreté et celle de la comtesse à une femme dont il n'avait pas fait la destinée, et qui, un jour plus tôt, un jour plus tard, retrouverait sa mère sans qu'il fût besoin de se compromettre pour elle. La mission de Gustave suffisait pour le moment à arracher madame Peyrol à une misère qui ne devait pas être une bien grande souffrance pour une femme élevée dans les rudes habitudes du peuple. La seule chose qui troublât le baron dans ce panégyrique bénévole qu'il faisait de lui-même, c'était de savoir si cette mission avait été remplie, et il y avait un moyen trop facile de l'apprendre pour ne pas y recourir. D'ailleurs Luizzi s'était aperçu de la facilité avec laquelle il se laissait dominer par la présence de celui qu'il appelait son esclave, et il résolut de reprendre vis-à-vis de lui cette autorité grâce à laquelle il avait quelquefois lutté contre ce génie du mal.

Il appela donc Satan, et Satan parut sous une forme encore plus extraordinaire que toutes celles qu'il avait choisies jusque-là. Il avait pris la figure et la forme grotesque d'Akabila lorsqu'il était vêtu de ses habits de jockey. Il avait l'extérieur de cette obéissance courbée et craintive de l'esclave malais, obéissance qui cependant semble toujours prête à se relever et à se venger. Luizzi était loin de croire que Satan lui avait inspiré toutes les fatales pensées qu'il venait d'avoir, mais il supposa que le Diable avait deviné sa résolution, et qu'il l'avertissait par cette forme d'esclave qu'il s'y était soumis d'avance. Luizzi le mesura d'un regard assuré, devant lequel Satan baissa les yeux; puis il lui dit d'une voix impérative :

— Gustave est-il parti pour le Taillis? — Il est parti, maître, dit Satan. — Accomplira-t-il ma mission ? — Ceci est de l'avenir, et je ne puis te le dire. — C'est juste, mais dans quelles intentions est-il parti? — Voici, repartit Satan, en jetant un parchemin sur la table, qui te l'expliquera mieux que ne pourrait le faire un long récit que tu n'as peut-être pas le temps d'entendre.

Luizzi ouvrit ce parchemin. C'était un arbre généalogique; le voici :

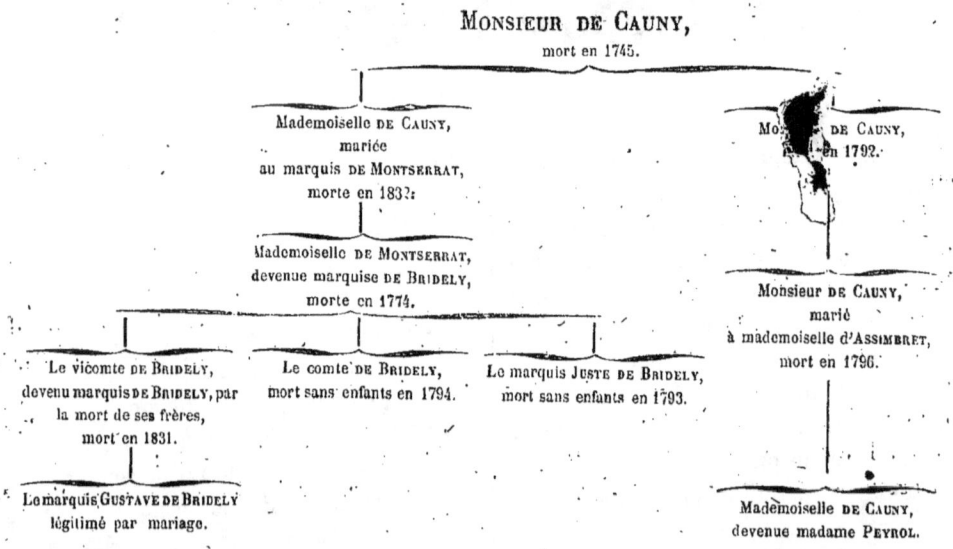

— Que veut dire cela? s'écria Luizzi. — Regarde bien et lis bien, reprit le Diable; tu es de trop bonne famille pour ne pas comprendre un arbre généalogique, tu as reçu une trop bonne éducation pour ne pas comprendre la loi qui régit les héritages, tu dois donc savoir que monsieur Gustave de Bridely et madame Peyrol descendent de la même souche, et que monsieur Gustave de Bridely a recueilli, par représentation de son père et de sa grand'mère, l'héritage de sa bisaïeule, qui sans cela aurait appartenu à la dernière héritière des Cauny, si la famille des Bridely avait été éteinte. — Et Gustave, cet héritier supposé, légitimé par un crime, sait-il cette circonstance? — Il la sait si bien, repartit le Diable, que ç'a été la matière du procès qu'il a gagné à Rennes, grâce aux soins de ton notaire Barnet. — Malheureuse Eugénie! à quelles mains t'ai-je livrée! s'écria Luizzi en levant un regard épouvanté et suppliant sur Satan.

Mais il ne rencontra plus l'esclave tremblant et grotesque qu'il avait tout à l'heure devant les yeux : c'était le Malais qui avait dépouillé la livrée ridicule et honteuse dont on l'avait couvert, debout et tout nu devant lui, avec son hideux sourire et son fauve regard de cannibale, contemplant la victime qu'il va dévorer. A cet aspect, Luizzi éprouva un moment de terreur indicible; sa tête s'égara; il sentit ses genoux prêts à fléchir devant ce roi du mal, il poussa un cri horrible, et il allait lui demander grâce lorsqu'une porte s'ouvrit.

LXXIII

SUITE DU CHAPITRE PRÉCÉDENT

La porte s'était ouverte, et madame de Cerny était entrée. Ainsi qu'il l'avait déjà fait une fois, et cependant contre l'ordinaire de ses habitudes avec Luizzi, Satan était resté dans le coin de cette chambre. Armand prêt à fléchir le genou devant son esclave, s'était relevé et s'était élancé vers Léonie, comme un enfant épouvanté vers sa mère. Si la terreur qu'il venait d'éprouver ne l'eût pour ainsi dire étranglé, il aurait sans doute demandé secours à Léonie avec des cris d'effroi; mais il ne pouvait articuler une parole, et ses regards étaient attachés à l'angle de ce salon, où le Diable se tenait immobile dans sa farouche attitude.

— Armand! Armand! s'écria Léonie, je vous ai entendu parler, vous agiter; vous paraissiez ne pas être seul... et cependant il n'y a personne ici, ajouta-t-elle en jetant autour d'elle son regard inquiet.

Luizzi s'était un peu remis de sa violente émotion.

— Personne, en effet, répondit-il, que le remords qui me dévore, que l'esprit infernal qui me possède.

A cette réponse, faite avec l'air du plus profond désespoir et d'une voix entrecoupée, Léonie regarda tristement le baron; puis elle posa sa main sur le front d'Armand, et elle reprit doucement :

— Si le passé est pour vous si terrible à considérer, ayez la force d'en détourner vos regards pour les reporter sur l'avenir.

Le Diable se mit à rire, et Luizzi tressaillit.

— Hélas! reprit Léonie à ce mouvement du baron; je crains qu'il ne vous épouvante autant que le passé, et c'est peut-être en le prévoyant que vous avez senti ce fatal désespoir?

Luizzi allait répondre pour rassurer Léonie, lorsqu'il entendit tout à coup un homme s'écrier violemment du dehors :

— Ils sont là! j'ai reconnu la voix de la comtesse.

Aussitôt la porte qui menait dans l'intérieur de l'auberge s'ouvrit à son tour, et monsieur de Cerny parut, accompagné d'un commissaire de police et de deux gendarmes.

— Voici la coupable et voilà son complice,

dit le comte en désignant d'abord sa femme, puis Armand.

Les gendarmes s'avancèrent vers madame de Cerny, qui leur dit avec plus de dignité que d'effroi :

— Ne me touchez pas, je vous suivrai. — Emparez-vous donc de monsieur ! dit le commissaire en désignant le baron.

Armand, égaré par cette rapide succession d'émotions et d'événements, jeta autour de lui un regard insensé, comme pour chercher une arme avec laquelle il pût se défendre et défendre Léonie ; mais il ne rencontra que le regard fauve de Satan, qui dirigea lentement son doigt vers la porte ouverte de la chambre de Léonie. Ce ne fut point la lâcheté, ce ne fut point un calcul qui précipita le baron vers cette issue ; il n'eut pas la basse résolution d'abandonner Léonie, il ne calcula pas qu'il pourrait lui venir plus efficacement en aide s'il était libre que s'il se laissait emprisonner. Ce fut un mouvement irraisonné et involontaire, ce fut un de ces élans vers le salut qui entraînent si invinciblement l'homme en danger, ce fut un acte de son corps qui le fit s'élancer hors du salon. Dans la chambre de Léonie, une autre porte ouverte se présenta à lui : il la franchit, rencontra un petit escalier, le descendit rapidement, se trouva dans la cour, la traversa, gagna la rue, et, comme poussé par une force supérieure, courut devant lui jusqu'à ce qu'il eût traversé toute la ville et qu'il se vit sur la grande route.

La nuit était close, les rues désertes. Ce fut à cette circonstance qu'il dut de pouvoir échapper : car, bien qu'à vingt pas de l'auberge il fût déjà hors de l'atteinte des gendarmes, cependant, si quelque habitant avait rencontré cet homme fuyant, la tête nue, l'air égaré, il l'aurait sans doute pris pour un fou ou pour un voleur. Lorsque la fatigue l'eut forcé à s'arrêter, il s'assit sur le bord de la route et sur un de ces tas de pavés qui disent aux voyageurs que l'administration a toujours la pensée de réparer les grand chemins, tandis que les ornières l'avertissent à tout instant qu'elle ne les répare jamais. Luizzi, assis sur cet étrange siége, y demeura quelque temps avant de pouvoir calmer les battements redoublés de son cœur excités par cette longue course. Il ne pensait pas encore, il était trop haletant pour avoir des idées. Ce ne fut que lorsque l'air entra plus librement dans sa poitrine que quelques réflexions entrèrent à sa suite dans la tête de Luizzi. Une fois la voie ouverte, elles s'y précipitèrent en foule. En se voyant seul au milieu de la nuit sur cette grande route, il se souvint de Léonie, qu'il venait de laisser sans défense entre les mains de son mari, et il eut à la fois honte et horreur de lui-même. Dans un premier mouvement de bonne résolution, il se releva pour retourner à Orléans ; mais, au premier pas qu'il fit, il entendit une voix qui lui dit dans l'obscurité :

— Niais !

Il se retourna et aperçut Satan, qui avait quitté la figure d'Akabila pour en revêtir une moins extraordinaire. Il était en habit de voyage, si toutefois il y a ce qu'on peut appeler un habit de voyage dans le costume régulièrement mesquin que nous portons en toute circonstance. Cependant son frac était boutonné jusqu'au menton ; il avait de longues bottes fourrées, qui lui montaient presque au haut des cuisses ; un grand manteau en forme de roulière pendait sur ses épaules, et une casquette, dont les bords étaient rabattus sur les oreilles, lui tenait lieu de cet informe rouleau de feutre noir qui se nomme chapeau. Luizzi était trop mécontent de lui-même pour ne pas s'en prendre à quelqu'un de son indigne conduite ; aussi dès qu'il eut reconnu Satan à l'éclat de ses prunelles qui répandaient autour de lui une clarté verte et livide, il s'écria :

— Qui t'a appelé, esclave ? — Toi. — Tu mens.

Le Diable reprit d'un air froid et en tournant le dos à Luizzi :

— Vous être fou, monsieur le baron. — Oui... oui, dit Luizzi, c'est vrai, c'est moi qui t'ai appelé, mais ce n'est pas ici, et je ne t'ai pas dit de me suivre. — M'avez-vous ordonné de vous quitter?

A cette réponse, Luizzi se sentit pris d'une de ces rages immodérées qui ont besoin de s'épandre au dehors par des actes violents. Certes, il aurait beaucoup donné à ce moment pour que l'être impassible qui était devant lui eût été un homme avec lequel il pût lutter pour le déchirer ou en être déchiré; mais il connaissait son impuissance vis-à-vis de son terrible esclave, et le sentiment de cette impuissance redoubla cette fureur qui, ne sachant où se prendre, se tourna alors contre lui-même. Se frappant la poitrine, il se mit à crier :

— Oh! je suis un misérable! — Niais! repartit le Diable sans sourciller. — Je suis un lâche! — Niais! — Oh! je suis fou, véritablement fou! — Niais! véritablement niais! dit le Diable. — Satan, prends garde! Je t'enchaînerai si bien à mes côtés que je te ferai regretter le temps qu'il te faudra employer à me perdre seul, tandis que mille victimes t'échapperont. — Soit! dit le Diable; où allons-nous? — A Orléans. — Allons.

Et ils se mirent en marche.

— Chez qui allons-nous? dit Satan, qui, ayant frappé sa première incisive avec l'ongle de son pouce, en fit jaillir une étincelle fulgurante, à laquelle il alluma une grande pipe d'une forme très-singulière. Le fourneau avait une capacité immense, et elle était ornée d'un de ces longs et souples tuyaux qu'on tourne autour de soi. Luizzi ne put s'empêcher de la regarder, et le Diable, s'en étant aperçu, lui dit : — Tu remarques ma pipe? Elle en vaut la peine. Depuis que l'architecture gothique est passée de mode, j'ai voulu utiliser les petits détails de la figure qu'elle m'avait donnée; alors je me suis fait une pipe avec ma queue et mes cornes.

Il y a des idées folles contre lesquelles rien ne tient; elles excitent l'âme par ce qu'on pourrait appeler un chatouillement moral si brusque et si imprévu, qu'elles lui arrachent un rire convulsif comme celui qu'on obtient du corps par le même moyen au milieu des souffrances les plus vives. Luizzi ne put donc s'empêcher de rire, et le Diable reprit en continuant à fumer paisiblement dans sa queue :

— Où allons-nous décidément? à Orléans? — Oui, retrouver Léonie. — Alors, nous aurons plus tôt fait de prendre ce chemin de traverse, qui nous mènera juste à la maison où sont enfermées les folles et les femmes de mauvaise vie. — Léonie dans une prison avec des femmes de mauvaise vie! s'écria le baron. — Du moment que son mari l'a fait arrêter, c'était probablement pour la faire mettre en prison; du moment qu'on la mettait en prison, on ne pouvait guère la loger avec des voleurs et des assassins. — Oh! Léonie! Léonie! que faire? s'écria le baron, qui s'arrêta, accablé de désespoir et ne sachant quel parti prendre.

A son tour le Diable s'assit sur un tas de pavés, croisa les jambes, et, tandis qu'il fumait d'un côté de sa bouche, se mit à siffloter de l'autre :

Enfant chéri des dames,
Je fus, en tous pays,
Fort bien avec les femmes,
Mal avec les maris.

— Satan, tais-toi! s'écria Luizzi, redevenu furieux à ce manque de convenances du Diable, qui semblait le railler sur sa bonne fortune. — C'est un peu vieil opéra-comique, reprit Satan; mais si cela t'ennuie, voici quelque chose de tout à fait nouveau.

L'or est une chimère.
Sachons nous en servir.

Luizzi était très-habitué au Diable : par conséquent il n'est pas étonnant qu'il eût une intelligence particulière de ses paroles, quelque étrangères qu'elles parussent à la circonstance présente. Aussi, à peine Satan avait-il fait entendre le refrain que nous venons de citer, que le baron consulta rapidement toutes ses poches. Il n'avait pas conservé une pièce de cent sous sur lui. Ce fâcheux incident, au milieu de sa cruelle mésaventure, ne fit qu'irriter sa colère, qui s'exaspéra encore une fois jusqu'à la rage, lorsqu'il entendit Satan, qui paraissait très-fort sur l'opéra-comique, reprendre avec un imperturbable sang-froid :

> J'ai tout perdu, je ne crains rien :
> Pour moi, la vie est-elle un bien ?

Luizzi se sentit pris d'une horrible frénésie. S'il avait tenu en ce moment un pistolet, il se fût assurément fait sauter la cervelle ; mais il était sans armes. Alors il se mit à considérer d'un regard fixe ce tas de pavés anguleux, comme pour en choisir un sur lequel il pût se briser la tête, lorsqu'il se sentit saisi par une main qui le tira doucement. Et une voix d'enfant lui dit presque aussitôt :

— Enfin, c'est vous !

Il se retourna, et, malgré l'obscurité de la nuit, il reconnut la petite mendiante.

— C'est toi, mon enfant ? s'écria vivement Armand ; qui t'envoie ? — C'est la dame. — Et comment l'as-tu vue ? — J'étais au pied de l'escalier quand elle descendait ; car ce qui est arrivé avait éveillé et mis sur pied toute la maison. La dame était accompagnée d'un monsieur avec une écharpe. Lorsqu'elle me vit, elle dit au monsieur : « Voilà une enfant, une pauvre mendiante, que j'ai amenée avec moi et à laquelle je voulais servir de protectrice ; permettez-moi de lui faire un dernier présent, qui la mette du moins pendant quelque temps à l'abri de la misère. » Comme le monsieur à l'écharpe lui faisait signe qu'il y consentait, les gendarmes revinrent, en disant qu'ils ne savaient pas où vous étiez passé ; « Je le sais bien, dis-je tout bas à la bonne dame. — Dieu soit béni ! me répondit-elle. Eh bien, cherche à le retrouver, tu lui remettras ceci, tu lui diras que je suis arrêtée, qu'il ne revienne pas à Orléans, qu'il aille à Toulouse, comme nous en étions convenus. Là je trouverai moyen de lui donner de mes nouvelles. »

En parlant ainsi, l'enfant remit à Luizzi une bourse dans laquelle était le peu d'or qui lui restait de ce qui lui avait été apporté par Henri.

— Mais elle ? dit le baron à la petite mendiante. — Elle ? répondit celle-ci, elle a ajouté : « Dis-lui que demain j'aurai écrit à mon père et que je n'aurai rien à craindre ; dis-lui que toi et le vieux soldat aveugle vous attendrez ici sa sœur, madame Donezau, et que vous la ferez partir secrètement pour Toulouse. » A ce moment le monsieur s'est approché pour lui dire de se dépêcher, et elle m'a quittée. Alors je suis partie et j'ai suivi la route toujours tout droit, pensant bien que, dans l'état où je vous avais vu quand vous êtes passé près de moi, vous n'aviez guère pensé à vous détourner. — Et te voilà arrivée jusqu'à moi ? dit Luizzi. — Et si j'ai bien compris le dernier regard que la dame m'a jeté, elle attend que je lui porte une réponse. Que faudra-t-il lui dire ? — Que je suivrai ses conseils, et que bientôt je serai de retour et en mesure de la sauver. Tu entends bien ? — J'ai bien entendu, et je lui répéterai ce que vous venez de me dire. — Dis-lui aussi, reprit Luizzi, qu'il a fallu le délire d'un instant de folie pour me pousser...

Le Diable se mit à rire, et Luizzi, s'apercevant qu'il se faisait bien petit en envoyant des protestations et des explications de cette nature à la femme qui venait de se montrer pour lui si simplement et si noblement courageuse, s'arrêta tout à coup et reprit :

— Dis-lui que je la sauverai, dussé-je y périr. — Je le lui dirai, répondit la mendiante. — Mais, j'y pense, fit Luizzi, comment pénétreras-tu dans sa prison ? — Oh ! ça sera bientôt fait, repartit la mendiante en s'éloignant. — Tu y connais donc quelqu'un? — Non, mais j'y entrerai, j'en suis sûre. — Cela est impossible; tu ne sais pas la rigoureuse surveillance de ces maisons. — Oh! fit la mendiante, qui était déjà à quelques pas de Luizzi, j'y ai pensé tout en courant après vous, et j'ai trouvé un moyen. — Lequel? — Je volerai.

Elle disparut, et le Diable, lâchant une immense bouffée de tabac, reprit, tandis que Luizzi restait stupéfait de cette naïve réponse:

— Alors il s'assemblera douze hommes: d'abord un charcutier dont toutes les idées de morale se bornent à savoir qu'il ne faut pas que les passants décrochent sans payer les saucisses pendues à sa porte; avec lui un maquignon, qui a appris par expérience que c'est avec le fouet et les corrections qu'on soumet les animaux vicieux; ajoutez-y un phrénologue, qui trouvera un chapitre concluant en faveur de la prédestination au vol dans l'action de cette enfant; flanque-les d'un marchand de dragées, qui sera ravi de dire, en rentrant, à sa petite fille qui a quatre ans et qui lui chippé des sucreries: « Si tu n'es pas sage, je te condamnerai à la prison comme la petite mendiante; » mets-y un avocat, qui a besoin d'éprouver s'il devinera juste l'application que la cour fera de la loi; joins à tout cela un ou deux imbéciles qui pensent qu'ils doivent répondre en conscience *oui* ou *non* sur la réalité du fait, sans s'occuper de ce qui arrivera de leur réponse; complète ton nombre par quatre ou cinq propriétaires ou négociants pressés de finir les affaires des assises pour retourner aux leurs; dis à ces hommes qu'ils s'appellent jurés et qu'ils sont chargés du salut de la société, imagine-toi qu'avec un mot tu leur as donné les saines idées du juste et de l'injuste, et on condamnera cette enfant à la prison, c'est-à-dire au vice, pour la plus noble action que la reconnaissance ait jamais inspirée. — Mais cette enfant trouvera un avocat qui la défendra? — Point d'argent, point d'avocat, mon maître. — La loi en donne un à tous les accusés. — Un avocat d'office, un débutant inexpérimenté, et le plus inexpérimenté de tous; car, s'il s'agissait d'un coupable qui eût empoisonné trois ou quatre personnes, d'une mère qui a tué ses enfants, d'un fils qui a égorgé son père; s'il s'agissait de quelque crime bien abominable, il y aurait queue à la porte du cachot pour obtenir du geôlier la défense d'une si belle cause. Mais un enfant qui volera un pain ou une paire de sabots! qui veux-tu qui s'en occupe? A défaut d'honoraires, quelle gloire cela rapportera-t-il? Quelle affluence de belles dames et de curieux cela traînera-t-il à la cour d'assises? Personne ne s'en occupera, mon maître, pas même toi, qui vas profiter du crime! — Implacable railleur! dit le baron, tu te crois bien fort, parce que tu attaques quelques vices épars de l'organisation sociale: c'est un métier que vingt petits déclamateurs de l'école libérale ont fait mieux que toi! — Et c'est un métier qu'ont tué vingt mauvais déclamateurs de l'école contraire avec un mot. — Les principes dont tu te fais le défenseur étaient bien faibles s'ils sont tombés devant un mot! — Oh! c'est que ce mot est tout-puissant dans ton spirituel pays, monsieur le baron! — Et quel est ce mot? — C'est le mot VIEUX! Criez à l'homme le plus en avant de son siècle: Hé! voilà vingt ans que vous nous dites la même chose, c'est usé, c'est ennuyeux, vous rabâchez; et celui que n'auraient pu faire taire les plus habiles, un fat le réduit au silence avec ce grand argument. C'est l'*ultima ratio* des sots. Vos arts, votre politique, votre philosophie, y sont soumis. Vingt ou trente ans de durée pour chaque école, voilà le maximum, puis il en vient une nouvelle, et le plus souvent une vieille rajeunie, qui subira la même insultante proscription. Pour moi, spectateur éternel de cette exaltation et de ce mépris périodiques des mêmes idées, ne crois-tu pas que j'en doive être singulièrement assommé? — C'est l'effort d'une société qui veut se dégager de ses vieilles enveloppes et qui cherche une issue pour s'élancer, libre et ailée, dans un plus vaste espace. — Tu te trompes, c'est l'extrême effort d'un cacochyme qui veut retrouver la vie. Vieux peuple usé! vous n'avez plus un seul de ces instincts primitifs qui mènent aux grandes découvertes et révèlent au génie les nouveaux mondes de l'intelligence. Sans cesse obsédés d'un désir de changement qui prouve le malaise où vous avez mis la société, vous rebâtissez votre vie décrépite avec les débris de tout ce que vous avez renversé; vous refaites de la religion à nouveau avec le Christ aboli par l'Être suprême, de la philosophie spiritualiste à nouveau avec Malebranche tué par Voltaire, de l'aristocratie à nouveau avec une noblesse rasée par 93, de la peinture à nouveau avec la manière rococo honteusement expulsée par le romain David; enfin, vous, les rois de la mode, vous empruntez votre architecture, vos meubles, vos modes à l'architecture, aux meubles et aux modes des siècles conspués il y a vingt ans. Si vous laissez naître encore quelque idée forte, c'est pour en prendre la fleur et pour lui dire ensuite : « Tu es vieille et usée » lorsqu'elle est à peine majeure. Et vous vous croyez vigoureux au milieu de cette sénilité mal repeinte et mal mastiquée : peuple éreinté, véritable vieillard caduc, auquel il faut, ou les jeunes enfants et leur virginité avortée, ou les courtisanes surannées et leurs baisers enduits de plâtre et de vermillon. Pouah!

Et, avec cette dernière exclamation, le Diable jeta autour de lui un si prodigieux nuage de fumée rougeâtre et flamboyante, que Luizzi en recula d'épouvante. Le lendemain, les journaux du département du Loiret disaient qu'une immense clarté ayant paru à l'horizon, on avait d'abord craint l'incendie de quelque ferme, mais que les astronomes du lieu avaient facilement reconnu que cette lueur provenait d'une aurore boréale dont ils venaient d'expédier la description à l'Académie des sciences, pour qu'elle pût l'enregistrer à la suite de toutes les aurores boréales observées jusqu'à ce moment.

Luizzi avait été heureusement distrait, par les diatribes du Diable, de la pensée du danger auquel la jeune mendiante allait s'exposer, et il cherchait un moyen de tenir la promesse qu'il avait faite à Léonie par son entremise, lorsqu'il entendit au loin les grelots des chevaux d'une diligence qui venait d'Orléans. Il laissa approcher la voiture et se mit à crier pour s'informer s'il y avait une place, dès qu'elle fut à portée de la voix. Contre toute probabilité, la voiture s'arrêta, et le conducteur qui était descendu dit à Armand :

— Allons, vite, là-haut, dans le cabriolet de l'impériale!

Le baron monta rapidement sur la diligence, et il s'aperçut que le Diable l'y avait précédé. Il allait sans doute chasser Satan, lorsque la troisième personne qui était dans le cabriolet dit tout haut :

LXXIV

UN POETE ARTISTIQUE, PITTORESQUE ET MODERNE.

— Voulez-vous accepter un foulard pour vous couvrir la tête, monsieur de Luizzi? car je vois que vous avez oublié votre chapeau à Orléans.

Le baron fut grandement étonné de s'entendre appeler par son nom. Il chercha à voir celui qui lui parlait ainsi, et il aperçut, à la clarté du crépuscule qui commençait à envahir l'obscurité, un jeune homme de vingt-huit à trente ans, hâve et maigre, portant une barbe en pointe, de longs cheveux mal peignés encadrant avec prétention les contours nobles, mais dé-

C'est donc toujours la même chose, toujours des larmes. — Page 520.

charnés, d'un beau visage. Ce jeune homme, s'étant aperçu de l'attention de Luizzi, continua d'un ton tant soit peu déclamatoire :

— Vous ne me reconnaissez pas, monsieur de Luizzi? Il n'y a pas cependant bien longtemps que nous nous sommes vus. Mais ce temps, qui n'a peut-être compté dans votre vie que pour quelques années, a presque mené la mienne à la vieillesse. La pensée, plus encore que les passions et le malheur, dévaste l'homme avec rapidité : c'est le miroir ardent où convergent tous les rayons sensitifs de l'être humain, pour y produire par la réflection ce feu dévorant qu'on appelle le génie. C'est pour cela que dans mes livres j'ai toujours écrit réflexion, *réflection*, par un c et un t, pour que le monde comprît que le procédé moral du feu créateur est tout à fait analogue au procédé matériel du feu destructeur. — Bien, très-bien! fit le Diable à voix basse, en jetant un regard protecteur sur le jeune homme et en faisant un mouvement de tête approbateur. — Ah! fit Luizzi, vous êtes écrivain? — Je suis poëte. — Vous faites des vers? — Oui, je suis poëte. — Et vous me connaissez? — Je vous connais, déclama le jeune homme, et il semble qu'une destinée étrange nous ait poussés l'un vers l'autre en des circonstances où vous seul pouviez me comprendre et où je pouvais vous comprendre seul. — Très-bien, très-bien! répéta le Diable, tandis que le baron se demandait quel pouvait être ce monsieur qui le connaissait. — Pardonnez-moi, lui dit Armand, de ne pas avoir conservé un souvenir très-exact de la circonstance et du lieu où nous nous sommes rencontrés et veuillez me dire où j'ai eu l'honneur de vous voir. — Tout ce que je puis vous dire, repartit l'inconnu, scandant sa phrase d'une manière toute particulière, c'est que j'étais en danger quand vous m'avez vu, et que je vous ai retrouvé en danger. C'est que je m'étais dit alors : Cet homme t'est venu en aide, et tu lui viendras en aide un jour. Cette parole que je m'étais donnée, je l'ai tenue. En passant à Orléans, j'ai entendu le murmure sourd d'une conversation, disant qu'une femme avait été enlevée par un homme, que cette femme avait été arrêtée, et que cet homme s'était enfui. Un pressentiment m'a poussé à demander quel était le nom de cet homme, et c'est le vôtre qui a été prononcé. Je me suis dit alors : Le temps est venu et l'occasion se présentera sans doute bientôt, car les choses humaines ne posent pas de vaines prémisses, elles ont toutes leurs inévitables conséquences, et je ne pouvais avoir ainsi entendu prononcer votre nom sans croire devoir vous rencontrer bientôt. C'est le garde-à-vous du destin qui m'avertissait de quelque événement. J'ai donc veillé tout autour de moi du haut de cette voiture, et, lorsque j'ai aperçu un homme sur le bord du chemin, la tête nue sous la fraîcheur de la nuit, je me suis dit d'abord : Le voilà! et j'ai dit ensuite au conducteur : Suspens ta course, voici un homme envers qui j'ai une dette à acquitter. Et il s'est arrêté, comme vous avez pu le voir. Et maintenant nous sommes quittes, baron de Luizzi.

Armand avait écouté cette tirade la bouche béante et l'œil tout grand ouvert, tandis que le Diable en accompagnait tous les mouvements avec un léger balancement de la tête, qu'il termina par une pamoison admirative. Quant à Luizzi, il lui fallut un peu de temps pour dégager le peu de sens qu'il y avait dans ce flux de paroles. Il faisait un travail pareil à celui de Musard, par exemple, cherchant un motif mélodique dans le tumulte compliqué d'un opéra de monsieur Meyerbeer. Luizzi parvint cependant à deviner à peu près ce que voulait dire le poëte; mais comme le chimiste auquel la difficulté d'une découverte accomplie rend plus désirable encore la découverte qu'il espère, Luizzi, grâce à la peine qu'il s'était donnée pour comprendre le poëte, devint d'autant plus curieux d'apprendre à qui il devait le service qui lui avait été rendu. Il dit donc à ce monsieur :

— J'ai beaucoup à vous remercier de votre bon vouloir et de votre intercession en cette circonstance. Mais ne pourrais-je savoir à qui je les dois et à quel événement je dois de vous les devoir? — Hé! hé! fit le Diable à cette phrase entortillée, pas mal, pas mal!

Luizzi n'eut pas le temps de s'étonner de cette approbation de Satan; car le poëte avait repris, en se tenant toujours sur le ton d'une mélopée chantante et nasale :

— Vous le saurez : l'heure et le lieu où vous devez le savoir approchent ensemble; il y a un endroit où je vous dirai le secret de notre première rencontre. Cet endroit servira de commentaire à mes paroles. Sa présence les éclairera du jour qui leur convient; alors vous me connaîtrez tout entier.

Ceci était plus clair, et Luizzi chercha à se rappeler quel pouvait être cet homme que le hasard où le Diable avait mis sur sa route pour le tirer d'embarras. En effet, il était fort possible que sans lui le conducteur de la diligence n'eût pas consenti à ramasser sur la route un individu sans passe-port, et, qui plus est, sans chapeau; car l'absence du chapeau est une preuve incontestable de fuite pour une méchante affaire. Un homme peut être sans chemise, sans bas, sans souliers, et n'éveiller aucun soupçon; mais il n'est pas un agent de l'autorité publique qui ne se croie le droit d'arrêter un homme sans chapeau. Le chapeau est la première garantie de la liberté individuelle. Je recommande cet aphorisme aux chapeliers.

Les souvenirs de Luizzi le servaient mal. Le poëte s'aperçut de la préoccupation du baron, et reprit :

— Ne cherchez pas, car vous pourriez trouver, et, si vous trouviez, je n'aurais rien à vous dire. — Beau! très-beau! marmotta le Diable. — Non, reprit le poëte, je n'aurais plus rien à vous dire, car vous ne pourriez plus me comprendre. — Il me semble, au contraire, dit Luizzi, qu'un souvenir ne peut nuire à une pareille confidence. — Vous vous trompez, car vous vous représenteriez l'homme que vous avez connu, ou plutôt que vous avez cru connaître, et vous le jugeriez alors selon votre âme et non selon la sienne. Puis, quand il viendrait vous dire : Voilà qui je suis, votre pensée flottante entre le rêve de vos opinions et la réalité de sa vie resterait un moment suspendue entre eux pour tomber ensuite dans le doute, ce grand abîme au fond duquel le siècle se débat.

Satan paraissait ravi; mais cela dépassait de beaucoup la portée de Luizzi, et il fit comme fait quelquefois le public, qui, s'étant donné beaucoup de peine pour comprendre les premières scènes d'un drame, le laisse aller ensuite à sa guise et attend un instant favorable pour deviner, si c'est possible, le sens de ce qu'on lui représente. Cependant le jour s'était tout à fait levé et le soleil se montrait au bord de l'horizon, qui était tout chargé de vapeurs. A ce moment le poëte tira sa montre et la consulta, puis il s'écria d'un air de triomphe :

— J'en étais sûr! — De quoi? fit Luizzi. — De la vanité de cette chose qu'on appelle science. — Et qu'est-ce qui vous donne cette opinion? — Ah! bien peu de chose en vérité; mais un instinct secret, une révélation de la pensée m'avait dit que ces hommes qui ont prétendu remplacer l'idée par l'expérience, la pensée par le calcul, berçaient l'ignorance populaire de contes absurdes et faux, sur lesquels ils ont basé une réputation qu'il est temps de saper, pour donner enfin les premières places aux hommes d'imagination. — Et, dit Luizzi tout surpris de ces paroles, en qui ce lever du soleil vous semble-t-il accuser la science d'absurdité et de fausseté? — En quoi? mais en un misérable fait, le plus vulgaire de tous, un fait sur lequel il semble que l'expérience des siècles ne devrait laisser aucun doute. — Mais lequel? — Sur l'heure précise du lever du soleil. Voyons, dit-il en lui montrant l'heure de sa montre et l'heure indiquée sur un calendrier, elles diffèrent entre elles de près de dix minutes.

Toute la reconnaissance de Luizzi pour le bon office de ce monsieur ne put tenir contre cette réponse, et il se laissa aller à rire, tandis que le Diable s'inclinait profondément devant le poëte.

— Vous riez, monsieur? dit celui-ci, et, dominé par la foi stérile du siècle dans la science matérielle, vous vous refusez à reconnaître ses erreurs, dans un de ses détails les plus infimes? — Je vous demande pardon, reprit Armand toujours en riant, mais, erreur pour erreur, j'aime mieux croire à celle de nos astronomes. — Ceci est un chronomètre excellent, dit le poëte, et qui ne varie pas d'une seconde en un an. — Vous avez pour votre montre une prétention qui est un grand hommage à la science, dit Luizzi courtoisement. — C'est que je fais une grande différence, monsieur, entre la science qui s'appuie sur des chiffres et celle qui s'appuie sur des faits physiques. — Mais, reprit Luizzi avec la timidité d'un homme qui a trop raison et qui ne peut se décider à montrer à un autre homme toute la portée de sa bêtise, mais le lever du soleil est un fait physique. — Sans doute, s'écria le poëte, mais c'est un fait physique très-mal observé, car enfin ce chronomètre est exact. Comment la science s'accommode-t-elle de cette différence? — Supposez, dit Luizzi, que votre chronomètre, réglé sans doute à Paris, marquât exactement l'heure qu'il doit être à quelques lieues d'Orléans, ce qui n'est pas précisément vrai; il y aurait une explication plus simple à donner à la différence que vous remarquez, c'est que le soleil n'est pas levé. — Hein? fit le poëte de l'air d'un homme qui vient de recevoir une insulte, ceci est une plaisanterie de mauvais goût, monsieur. Je vois le soleil, ce me semble. — Oui, monsieur, vous le voyez, et il est cependant au-dessous de l'horizon.

Le poëte se mit à ricaner d'un air superbe et reprit :

— Et la science explique cela, sans doute? — Parfaitement. C'est un effet de la réfraction. — Réflection, vous voulez dire? — Non, réfraction, monsieur. — Connais pas, dit le poëte en reprenant son lorgnon pour regarder le soleil, et il continua : Je vois ou je ne vois pas, voilà tout! Ce qui m'étonne cependant c'est que la science, cette duperie de tous les siècles, ait osé nier les plus simples miracles du moyen âge, lorsqu'elle prétend prouver que je ne vois pas ce que je vois. Mais tenez, monsieur, ne parlons plus de cela. J'ai là-dessus une opinion arrêtée, une conviction intime, c'est pour moi une affaire de conscience, je ne suis pas convertissable. — Mais quel est ce monsieur? dit Luizzi tout bas à l'oreille du Diable. — C'est une sommité littéraire et artistique, un homme d'art et d'imagination. — Mais on n'est pas d'une ignorance plus crasse! — C'est comme cela, fit Satan; car vous devez savoir qu'en style moderne le génie étant un aigle, il est prouvé que la science est une cage.

La conversation demeura un instant suspendue. Luizzi ne se sentait aucune envie de la reprendre, lorsque le poëte, qui s'était absorbé dans un lorgnement indéfini du soleil, s'écria :

— En vérité, voilà qui est nouveau et étrange! — Quoi donc? — C'est que personne encore n'ait compris poétiquement le lever du soleil, non-seulement avec son doux sourire et sa chevelure de nuages, mais encore avec sa pensée immense qu'il envoie à l'âme sur ses rayons d'or où elle glisse rapide comme un char sur les rainures d'un chemin de fer. — Vous avez raison, monsieur, s'écria le Diable, et c'est ce qui a fait dire à Shakspeare ces deux vers sublimes :

Quand on fut toujours vertueux,
On aime à voir lever l'aurore.

Luizzi, qui se rappela cette bonne romance tirée de l'opéra-comique de *Montano et Stéphanie*, se détourna pour ne pas éclater de rire au nez du poëte, tandis que celui-ci prenait un air d'admiration exaltée pour dire à Satan, qui avait tout à fait l'air d'un bonhomme :

— C'est vrai, cela, monsieur! Ah! ce Shakspeare a des idées à lui, des pensées de fer rouge, qu'on dirait trempées dans les larmes d'une jeune fille. Est-ce que vous faites une traduction de Shakspeare? — Non, mais j'adore Shakspeare. — Et vous avez raison, car c'est là le seul poëte, et ces quelques mots que vous venez de citer ont cette saveur douce et amère du chant anglais qui se fait reconnaître partout et par tous. Aussi c'est qu'il est venu dans un temps où la poésie était possible, dans un siècle de fer et de soie, d'acier et de velours, de grands combats et de légères courtoisies. Aussi a-t-il été grand et fécond, parce qu'il avait de l'espace pour mettre au monde les géants enfantés dans sa pensée. — Mais il me semble, dit Satan, que le monde est aussi large aujourd'hui qu'autrefois et que la place ne manque pas aux géants ? — Et où voulez-vous que s'attache la poésie dans ce siècle de petites choses égoïstes? quelle œuvre un peu sérieuse est possible en présence du peuple qui a concentré sa vie dans les intérêts matériels de son existence? — Mais je crois, dit le Diable, que les intérêts matériels ont toujours joué un rôle considérable dans l'existence humaine ! — C'est possible, reprit le poëte, mais les hommes des siècles passés avaient en même temps des passions grandes comme eux. Tout est rapetissé aujourd'hui à la taille des petits hommes du jour. La société est un vaste vaudeville dont le chœur est au Gymnase. — Adressez-vous alors aux siècles passés, et faites de la tragédie. — De la tragédie romaine? fit le poëte d'un air de mépris. — Non, de la tragédie française. — La tragédie est impossible sans religion et sans fatalité. — N'avez-vous donc pas une religion et une fatalité? — Religion et fatalité auxquelles le peuple ne croit plus. — Suivez alors le précepte d'Horace, et représentez les faits de votre histoire, *facta domestica*. — Monsieur, dit le poëte, Horace fut un très-galant homme, que je respecte fort, mais que je n'écoute guère. Il me fait l'effet d'un oncle de comédie qui ne donne que des conseils et pas d'argent à son coquin de neveu ; c'est vieux et inutile, et je m'en passe. La seule chose qui puisse être dramatique, ce sont les scènes enfouies dans nos vieilles chroniques et dans nos légendes.

Il sembla à Luizzi que le *facta domestica* d'Horace ne voulait pas dire autre chose que ce que prétendait ce monsieur, mais il le connaissait déjà assez pour comprendre qu'il méprisait Horace au même titre qu'il admirait Shakspeare. Il s'aperçut aussi que le poëte avait un certain nombre de mots dont il pavoisait les choses, comme si elles changeaient de sens parce qu'il en variait l'appellation. Ainsi pour lui le fait le plus palpitant raconté par l'histoire était vieux et plat, mais la dernière niaiserie revêtue du nom de chronique lui semblait d'un prodigieux intérêt. Luizzi écoutait, tandis qu'il reprenait :

— S'il faut vous dire le véritable but de mon voyage, il n'est autre que d'étudier notre histoire nationale sur les lieux et dans les souvenirs populaires de chaque contrée, où elle est véritablement écrite avec tout son pittoresque et toutes ses vérités. — Voilà un projet admirable! lui dit le Diable, et vous avez sans doute commencé vos observations? — Oui, fit le poëte d'un air indifférent, j'en ai déjà recueilli quelques-unes. — La place que vous avez prise sur le haut de cette voiture est excellente pour cela, dit le Diable.

La raillerie était assez grosse pour qu'elle étonnât le grand homme lui-même; mais, ayant considéré celui qui lui parlait, il lui trouva un air si candide qu'il ne pensa pas pouvoir s'en fâcher. Satan continua :

— On voit de loin ici. — Et de haut, repartit le poëte avec une sublime intrépidité de sottise. — Ma foi! je suis ravi de votre manière d'envisager l'art, repartit le Diable; et, puisque le hasard me met en rapport avec un homme de pensée et d'intelligence, je m'estimerai trop heureux de l'aider dans sa glorieuse entreprise et de lui raconter quelques-unes des histoires singulières de ma contrée, car je suis du pays. — Cela doit être curieux ! fit le poëte avec dédain. — Je ne sais si l'histoire est curieuse en elle-même, mais elle est tout au moins intéressante pour certaines gens.

Le Diable prononça ces paroles en les adressant du regard au baron, qui reprit aussitôt :

— Il s'agit donc d'une histoire contemporaine? — Pas précisément : mais il est telles personnes dont le nom remonte assez haut pour qu'elles écoutent certaines vieilles histoires avec un vif intérêt. — Est-ce une légende ou une chronique? dit le poëte en se posant en auditeur nonchalant. — C'est une chronique, dit Satan, en ce qu'elle a des faits qui appartiennent à la vérité matérielle et visible; c'est aussi une légende, car le Diable s'y trouve mêlé. — Vrai? dit le poëte en souriant, cela peut être amusant. — Je dispense Monsieur de nous les raconter, dit le baron, qui craignait toutes les révélations du Diable, de quelque date qu'elles pussent être. — Mais moi, je l'en prie.

La colère de Luizzi contre le Diable fut sur le point d'éclater; mais, espérant pouvoir échapper au récit de Satan et décidé à profiter du premier moment où ils seraient seuls pour s'en débarasser, il se jeta dans le fond du cabriolet pour ne pas écouter.

Cependant le narrateur ne prenait pas la parole.

— Eh bien! Monsieur, s'écria le poëte, votre histoire, ne vous la rappelez-vous plus? —M'y voici. J'attendais, pour la commencer, d'avoir tourné l'angle de la route, afin de pouvoir vous montrer le théâtre de l'aventure que j'ai à vous raconter, et qui, je le crois, traitée par un homme de votre génie, pourrait faire une tragédie passablement sombre. — Vous voulez dire un drame historique, mon cher Monsieur. Mais où est donc, repartit le poëte, le théâtre de cette histoire que vous dites destinée au théâtre?

Le Diable étendit la main dans la direction d'une petite colline qui s'élevait à une distance assez rapprochée de la route.

— Voyez-vous, dit-il, au sommet de cette petite hauteur escarpée, quelques larges pierres circulairement placées et qui semblent avoir été la base d'une vaste tour? — Je les vois parfaitement, dit le poëte. — Eh bien! reprit Satan, c'est tout ce qui reste de l'antique château de Roquemure. — Le château de Roquemure! s'écria Luizzi en bondissant à sa place. — Vous en avez entendu parler, Monsieur? dit Satan du ton d'un honnête bourgeois qui va raconter une anecdote de société. — Oui, dit Luizzi, et je serais curieux de savoir quelle histoire vous avez à raconter à ce sujet. — C'est celle de sa destruction.

Le baron examina attentivement Satan, qui, s'enveloppant dans son manteau, ne parut pas remarquer le regard interrogateur du baron, et commença ainsi :

Tragédie ou drame historique.

LXXV.

PREMIER ACTE.

Un jour du mois de mai 1179, une heure à peu près avant la nuit, dans la grande salle du château de Roquemure, étaient assises deux femmes. L'une était âgée de quarante ans à peu près et d'une taille élevée; la maigreur et la pâleur de son visage attestaient une âme malade et une santé délabrée; il y avait dans ses yeux une ardeur triste, et dans ses moindres mouvements une lenteur fatiguée. Cette femme avait dû être fort belle. A travers l'affaissement physique et moral sous lequel elle semblait plier, on voyait percer les restes d'une vigueur peu commune et d'un caractère très-décidé. On devinait, en la voyant, que cette femme devait avoir dans le cœur une grande douleur ou un grand remords. A côté d'elle était assise une jeune femme blonde, grande, mince, d'une blancheur rosée; ses yeux, d'un gris bleu, chatoyaient avec une expression de désir hardi et volontaire toutes les fois qu'elle ne les tenait pas voilés sous sa longue paupière; ses longs cheveux avaient à leur naissance cette ondulation pressée qui, selon quelques-uns, atteste l'ardeur du sang et la soif des voluptés. La première de ces deux femmes était Ermessinde de Roquemure, mariée à seize ans au vieux sire Hugues de Roquemure, qui en avait déjà plus de soixante à l'époque de ce mariage. La seconde était Alix de Roquemure, mariée depuis un an à peine à Gérard de Roquemure, fils de Hugues et de sa première femme, Blanche de Virelei.

A quelques pas de ces deux femmes était un homme debout devant un pupitre, sur lequel un livre était ouvert. Il lisait de temps à autre quelques lignes qu'il commentait et expliquait ensuite à une vingtaine d'hommes et de femmes assis autour de la salle sur des gerbes de paille battue; car il n'y avait d'autres sièges mobiles dans cette salle que ceux occupés par Alix et Ermessinde, et, si les auditeurs avaient voulu s'asseoir sur les bancs qui tenaient à la boiserie adhérente au mur, ils n'auraient pu entendre le vénérable Audoin, dont la voix affaiblie par la vieillesse n'eût point suffi à remplir cette immense salle. Chacun écoutait dans un saint recueillement la paraphrase que le clerc faisait des versets de la Bible, car il en expliquait une des parties les plus intéressantes. Il faisait là la classification des démons et enseignait leurs divers attributions. Tout le monde écoutait, si ce n'est Ermessinde et Alix, dont les regards, sans cesse fixés vers l'extérieur, disaient suffisamment que leur pensée était ailleurs que dans cette salle. Elles attendaient assurément la venue de quelqu'un, car elles tournaient toutes deux la tête au plus léger bruit partant de l'autre côté du préau qui s'étendait de cette vaste salle jusqu'à la tour, où se trouvait l'entrée principale du château de Roquemure.

Depuis deux heures duraient ensemble les commentaires du clerc, l'attention des assistants et la distraction des deux dames. Cependant, la faconde du commentateur s'épuisa avant l'attention de ses auditeurs: trait bien caractéristique de cette époque reculée et qui lui donne une couleur très-originale! Bientôt un silence profond régna dans la salle. Nul des subalternes qui étaient assemblés autour de leur maîtresse ne se permit ni de commenter le commentateur ni de se moquer de lui : autre trait grandement caractéristique et original! La seule chose qui restât de l'invariable couleur humaine, c'était l'impatience mal déguisée des deux femmes; elles brouillaient à tout moment la laine écarlate qu'elles filaient l'une et l'autre : seulement Ermessinde tentait patiemment de dénouer la sienne et s'arrêtait dans une distraction complète, après un travail auquel elle ne prêtait pas une grande attention, tandis qu'Alix rompait vivement ses fils et les rattachait au hasard, sans s'inquiéter des nœuds dont elle hérissait son travail. Tout le caractère de ces deux femmes était dans cette très-petite action : une résignation fatiguée d'un côté, une impatience colère et imprévoyante de l'autre.

Cependant le soleil se dessinait au sommet de la tour d'entrée qui était vers le couchant, et il était prêt à abandonner les créneaux les plus élevés, lorsque Ermissinde, qui s'en aperçut, dit tout bas à Alix :

— Il se fait tard, ma fille, et votre mari ne rentre pas. — Ni le mien ni le vôtre, dit Alix. Les attendiez-vous si tôt? — Non, répondit Ermessinde, ils ont dit qu'ils ne rentreraient que deux heures après le soleil coucher.

— C'est vrai, ajouta Alix, je l'avais oublié.

Ce n'était donc pas leurs maris que ces femmes attendaient.

— Très-bien! fit le poëte; ceci ne manquerait pas de grâce dans une exposition. — N'est-ce pas? fit le Diable; puis il continua : A peine avaient-elles prononcé ces paroles, qu'un grand bruit se fit entendre à la porte d'entrée et que les chaînes des herses et des ponts-levis crièrent dans leurs poulies de fer.

— Très-bien, dit le poëte : il y aurait ici matière à quelques vers dits par l'une de ces femmes :

Dans les anneaux de fer j'entends grincer la chaîne.
Le pont-levis se baisse et la herse de chêne
Se lève...

Il y a là un contraste assez pittoresque : *se*

baisse, se lève, cela ne serait pas mal. Continuez, fit le poëte en essuyant ses lèvres avec sa langue, comme pour y savourer le miel poétique qu'il venait d'en laisser couler.

Le Diable reprit :

— Ni l'une ni l'autre de ces femmes ne dirent cela. Mais Ermessinde, se levant soudainement, s'écria tout haut : C'est lui ! Et Alix jeta un regard rapide du côté de la porte et laissa échapper de sa poitrine un soupir profond. Ceci dit encore suffisamment qu'Ermessinde avait le droit de se féliciter tout haut de l'arrivée du nouveau venu, et qu'Alix ne le devait pas, malgré l'anxiété et le trouble qu'elle semblait en éprouver. Ces sentiments devaient être bien puissants en elle, car elle se leva tout aussitôt et dit à Ermessinde :

— Je me retire, Madame. Je ne veux pas gêner par ma présence l'entrevue d'une mère et de son fils après quatre ans d'absence. Vous m'excuserez auprès de sire Lionel de Roquemure, mon frère. — Allez, répondit Ermessinde ; et elle suivit Alix du regard, en se disant à elle-même...

Le poëte interrompant :

Elle hait donc mon fils, qu'elle fuit quand il vient ?
Peut-être l'aime-t-elle, et qu'en son âme en peine
L'amour en se cachant prend l'aspect de la haine !

Puis il ajouta :

— Ceci poserait assez bien l'action. — Sans doute, mais Ermessinde ne se dit point cela, reprit le Diable, attendu que son fils avait quitté le château de Roquemure depuis quatre ans, qu'Alix ne l'habitait que depuis un an, et qu'elle n'avait aucune raison de croire qu'ils se fussent connus avant ce temps et qu'ils pussent s'aimer ou se haïr ; mais elle se dit en voyant sortir Alix :

— Elle n'est pas heureuse non plus ; elle a trop soin de mon bonheur pour cela. Les gens heureux sont plus égoïstes.

Un moment après Lionel entra dans la grande salle, et, se mettant à genoux devant sa mère, il lui dit selon la coutume :

— Bénissez-moi.

Ermessinde tendit les mains sur la tête de son fils, en le contemplant, mais sans pouvoir parler. Puis elle fit signe à tout le monde de se retirer. A peine fut-elle seule avec Lionel qu'elle le releva et l'embrassa, regardant combien il était beau, combien il avait grandi, et s'alarmant de le voir si pâle ; tout cela en une minute. Puis les paroles se firent jour avec les larmes, et elle s'écria :

— Oh ! te voilà enfin !

De son côté, son fils avait regardé sa mère avec une attention triste et pleine de tendresse, et, au lieu de répondre au mouvement de sa mère, il lui dit :

— C'est donc toujours la même chose, toujours des larmes ici, et toujours pour vous ? — Je pleure de joie en te revoyant. — Oh ! non, ma mère, vous pleurez tous les jours. Les larmes de joie ne creusent pas les yeux et ne flétrissent pas si vite. — Ne parle pas de moi, Lionel, mais de toi. Tu me raconteras, n'est-ce pas, tout ce que tu as fait depuis quatre ans d'absence ? — Je vous le dirai, et à mon père aussi. — Oui, mais d'abord assieds-toi là ; écoute-moi, maintenant que tu es un homme, car tu as vingt-deux ans. Si mon mari.. si ton père ne t'ouvre pas les bras avec la même tendresse que moi, ne te montre pas trop irrité de ce froid accueil. Tu as vécu à la cour des princes, parmi des hommes de toute sorte, et tu sais qu'il faut savoir souvent cacher au fond de son âme le mécontentement qu'on éprouve. — Oui, ma mère, répondit Lionel, j'ai vécu dans beaucoup de contrées depuis que je vous ai quittée, mais partout j'ai vu les pères aimer leurs enfants quand ceux-ci n'avaient pas démérité de leur sang. — Oui, tu as raison, Lionel, reprit tristement Ermessinde, et cependant, je t'en prie, sois soumis envers lui et souffre ses paroles, quelque sévères qu'elles puissent être. — M'a-t-il donc rappelé auprès de lui pour me faire subir, comme autrefois, tous les mau-

C'était un grand vieillard. — Page 522.

vais traitements et toutes les humiliations? — Il t'a rappelé parce qu'il a besoin de toi. Les sires de Malize, cette race turbulente et vindicative, ne laissent point passer une saison sans lui donner de graves sujets de plainte. — Et mon père se plaint? dit amèrement Lionel. — Ton père a quatre-vingt-quatre ans, et le poids d'une armure est lourd à cet âge. — Eh! n'a-t-il pas son fils aîné, mon noble frère Gérard, son fils chéri, pour le défendre? — Pourquoi railler ainsi, Lionel?

Ton frère Gérard est né faible, petit, malade estropié... — Il est né surtout lâche, bas et menteur, ma mère... Ah! je ne comprends pas que, lui et moi, nous soyons du même sang.

Ermessinde rougit à cette exclamation de Lionel...

— Ceci peut se remplacer par un *aparté*, dit le poëte en interrompant le récit du Diable, car je commence à comprendre... — Comment un *aparté!* dit Armand, qui avait complétement oublié le point de départ de l'histoire vis-à-vis du poëte. — Monsieur fait son drame, reprit Satan... — Ah! très-bien, repartit le baron; en ce cas, continuez votre récit. — Hé! hé! il vous intéresse donc? dit le Diable en guignant Luizzi d'un air moqueur. — Oui, je suis curieux d'en savoir le dénoûment. — Hé! la! la! fit Satan, nous n'en sommes encore qu'à la seconde scène du premier acte. — Allons donc!

Le Diable reprit.

— Lionel ne remarqua point le trouble de sa mère, qui, entendant tout à coup un grand bruit vers la principale porte d'entrée, frappa dans ses mains. Tout le monde rentra, et Ermessinde dit tout à bas à Lionel :

— Il est inutile que sir Hugues sache que je t'ai entretenu en secret. Sois calme surtout.

Lionel, qui s'était assis aux genoux de sa mère, se releva aussitôt, en secouant sa longue chevelure brune avec un vif mouvement de tête. Sa taille haute et svelte, sa douce pâleur, l'élégance de ses membres presque menus, n'eussent pas fait deviner la vigueur du soldat, si l'agilité aisée de sa marche et sa prestance ne l'eussent attestée; car la grâce dans un homme c'est la force.

— Grâce et force impliquent contradiction, dit le poëte, mais c'est égal, continuez; le père, sire Hugues, arrivait, dites-vous? — Oui, reprit le Diable. C'était un grand vieillard avec une forêt de cheveux blancs en désordre, la lèvre pendante, l'œil chassieux, très-voûté, marchant avec peine, et se soutenant sur un long bâton. En franchissant le seuil de la salle, il jeta un regard rapide sur tous ceux qui s'y trouvaient et s'écria vivement :

— Que fait ici cette paille? — C'était pour asseoir les pages et les filles autour du père Audoin, dit Ermessinde. — Ne peuvent-ils l'écouter debout? Ils se parleraient d'amour et de danse toute une journée sans penser à s'asseoir; mais, quand c'est la parole d'un vieillard qu'il faut écouter, on ne saurait trop se mettre à l'aise, n'est-ce pas, Madame? car la parole d'un vieillard est bien fatigante.

Ermessinde voulut répondre, mais le vieux Hugues s'écria :

— Remettez cette paille aux aires. Le jour n'est pas loin peut-être où, enfermés tous ici par les lances des Malize, vous serez trop heureux de la trouver pour calmer votre faim.

Hommes et femmes obéirent en silence, tandis que le vieillard grommelait avec fureur :

— Et voilà les défenseurs du château de Roquemure, des hommes qui s'asseoient pour écouter un prêtre! Et pas un chef à tout cela! — Me voici, mon père! dit Lionel en s'avançant.

Le vieillard le regarda longtemps sans lui parler; il le mesura de la tête aux pieds, en contenant à grand'peine l'agitation qui semblait s'être emparée de lui. Après cet examen, il se détourna, alla s'asseoir sur l'un des bancs latéraux qui étaient de chaque côté de l'immense foyer qui brûlait à l'une des extrémités de cette salle, malgré la saison avancée, et fit signe à Lionel de s'approcher. Celui-ci était debout, et sa mère, placée en face de lui à côté du vieillard, le suppliait du regard de se contenir; car le visage enflammé du jeune homme montrait combien il était irrité de l'accueil qui lui était fait.

— Vous êtes arrivé bien tard! dit Hugues à son fils. — Je suis arrivé avant le danger, répondit Lionel en se croisant les bras. — Peut-être le danger ne fut-il pas venu si vous vous étiez rendu plus tôt à mes ordres. — Ma présence n'eût point sans doute empêché mon frère Gérard de courir les nuits sur les terres des sires de Malize et d'y enlever les filles et le bétail des vassaux, car c'est là ce qui a appelé le danger. — Qui vous a dit ces mensonges? s'écria le vieillard irrité. — Les plaintes des sires de Malize, arrivées jusqu'au roi Philippe-Auguste. — Et vous tenez pour justes les plaintes de vos ennemis? — Je leur ai dit devant le roi qu'ils en avaient menti; mais, devant vous, mon père, je dois avouer qu'ils ont raison. — Est-ce donc pour les soutenir que vous êtes venu ici? — Je suis venu ici pour les combattre; et ils ne toucheront pas une pierre de ce château tant que je serai debout entre eux et les remparts. — Voilà qui est bien! dit Hugues avec un sourire amer de satisfaction. Mais, reprit-il en suivant attentivement de l'œil l'effet de ses questions, depuis quatre ans que vous avez quitté ce château, qu'avez-vous fait que vous n'ayez pas trouvé un moment pour revenir en ce lieu? — Je suis allé en Aquitaine, et j'y ai combattu, pour la cause des nobles Gascons, contre Richard Cœur de Lion, Je l'ai trois fois rencontré dans les combats, et trois fois nous avons rompu notre lance l'un contre l'autre, sans qu'il ait plié d'un pouce, sans que j'aie reculé d'une ligne. — Je le sais; mais vous n'êtes pas toujours resté en Aquitaine? — L'année d'après, j'étais devant Rouen avec le roi Henri VII, et j'ai deux fois gravi le rempart, sans autre aide que mon épée. — Je le sais; mais, après, où êtes-vous allé? — J'ai été dans le Berri, au moment où le roi d'Angleterre Henri II s'en est emparé par trahison, et j'ai combattu contre lui. — Je le sais, et vous avez poussé votre bannière plus avant que celle d'aucun autre dans les rangs des ennemis. Mais, après avoir quitté le Berri, qu'êtes-vous devenu?

A ce moment, Lionel rougit et demeura embarrassé. Sa mère parut étonnée du silence qu'il garda, et elle lui fit signe de répondre. Alors Lionel, surmontant son trouble, dit avec quelque hésitation :

— Je me rendis, il y a six mois, à Arles, où j'assistai au couronnement de l'empereur Frédéric Barberousse. — Il y a six mois! dit Hugues; mais il y en a dix-huit, où étiez-vous? — J'ai peut-être alors un peu oublié les devoirs de la guerre, repartit Lionel, et j'ai suivi Henri Court-Mantel dans les jeux et tournois qu'il a donnés à Paris et dans toutes les Gaules. — Ah! fit Hugues en observant Lionel d'un regard plus attentif, vous l'avez suivi dans ses jeux qui plaisaient si fort aux belles dames? Puis il ajouta d'un ton de voix où tremblait une colère cachée : N'avez-vous eu alors aucune aventure digne d'être racontée à votre père? — Aucune! repartit Lionel en regardant sa mère. — Aucune? dit le vieillard en se levant.

Lionel baissa les yeux, et le vieillard sortit en se traînant péniblement et après avoir répondu :

— Il suffit!

Telle fut la première entrevue du père et du fils après quatre ans d'absence. Lionel et sa mère restèrent seuls...

A ce moment le Diable interrompit sa narration et dit au poëte :

— Vous comprenez que je ne fais qu'indiquer ici les principaux linéaments de cette scène. Pour qu'elle fît de l'effet au théâtre dans un drame bien torché, il serait bon de la prendre dans le sens que voici :

LE PÈRE. Où étiez-vous il y a dix-huit mois?

LE FILS. Il y a quatre ans, j'étais en Aquitaine, où je faisais ci, où je faisais ça, etc..

Une belle tirade là-dessus; description de combats, puis :

LE PÈRE. Où étiez-vous il y a dix-huit mois!

LE FILS. Il y a trois ans, j'étais en Normandie, où je faisais ci, où je faisais ça.

Une autre belle tirade avec tous les détails d'un siége de l'époque, puis encore :

LE PÈRE. Où étiez-vous il y a dix-huit mois?

LE FILS. Il y deux ans, j'étais dans la Provence, où je faisais ci et ça, etc.

Troisième belle tirade sur les carrousels et cours d'amour, toute la couleur historique possible, et enfin :

LE PÈRE. Mais où donc étiez-vous il y a dix-huit mois?

LE FILS. Il y a un an, j'étais en Picardie, où je fis...

Ici le père, vous comprenez? le père l'interrompt et lui dit : « J'en sais assez. » Et le public aussi, qui comprend qu'il s'est passé quelque chose d'extraordinaire il y a dix-huit mois.

— Vous vous occupez du théâtre? dit le poëte d'un air de confraternité protectrice au narrateur. — J'étudie beaucoup le drame moderne, repartit Satan. — C'est que c'est bien ce que vous venez de dire là! Ce fils qui vous raconte tout ce qu'on ne lui demande pas, et ce père qui interroge obstinément, cela jette un mystère étrange sur la pièce. — Mystère qui se découvrira probablement dans la scène suivante, dit le baron avec impatience. — C'est-à-dire, répliqua Satan, que nous levons un coin du voile, un très-petit coin, et voici comment. Ermessinde, demeurée avec son fils, lui dit aussitôt :

— Oh! dis-moi : qu'as-tu fait il y a dix-huit mois? pourquoi n'as-tu pas répondu à ton père sur ce que tu as fait à cette époque? — C'est que j'aimais alors, et que cet amour doit être un mystère; c'est que j'avais rencontré une femme que j'ai aimée avec toute la passion d'un cœur qui n'a pas encore aimé. — Et cette femme était-elle belle? — O ma mère! comment n'eût-elle pas été belle pour moi qui l'aimais, elle qui l'était pour ceux qui me disaient de la fuir, car elle était frivole et coquette? Elle était si belle, ma mère, et si séduisante, que ceux qui la haïssaient n'osaient ni la regarder ni l'écouter, tant ils avaient peur de l'aimer! — Et elle t'a trompé, Lionel? — Elle m'a trompé, ma mère; elle s'est donnée à un autre. — Et tu la pleures? — Je la hais, ma mère! — Et tu l'oublies? — Je la maudis tous les jours. — Oh! tu l'aimes encore, mon enfant! — Non, ma mère, non, je ne l'aime plus, reprend Lionel avec effort; je la verrais mourir sans regret. — C'est que tu l'aimes toujours. — Moi? oh! ma mère! dit le jeune homme avec rage, je la tuerais! — Alors tu l'aimes comme un insensé, répondit Ermessinde.

Lionel se tut et sa mère, le prenant dans ses bras, lui dit :

— Et le nom de cette femme? — Il y a un an, j'ai juré que ce nom ne sortirait jamais de mes lèvres. — Garde ton secret, mon fils, et surtout garde ta haine.

— Le premier acte pourrait finir ainsi, dit le poëte. — Au diable votre drame ou votre tragédie! s'écria le baron avec colère. J'écoute une histoire, et vous me la gâtez. — Ah! dame! monsieur est poëte, dit le Diable. — Monsieur de Luizzi, reprit le pâle homme de lettres, vous êtes riche et grand seigneur, je crois; à ce titre je vous pardonne votre mauvaise humeur, car nous n'écoutons pas cette histoire de la même oreille.

Le baron ne se crut pas obligé de répondre à cet essai impuissant d'impertinence, et il dit au Diable :

— Eh bien! Monsieur, en finirez-vous avec cette histoire? — Pardon! fit Satan. Je ne vois pas ce qui peut vous y intéresser si vivement.

Le baron furieux eût voulu pincer le bras de Satan jusqu'au sang, mais il savait qu'il ne ferait que se brûler les doigts, et il se remit dans son coin.

LXXVI

SECOND ACTE.

— Or, reprit le Diable, comme Lionel et sa mère finissaient cette explication, le vieux Hugues reparut dans la grande salle du château. On y préparait les tables pour le souper, et tous les habitants de la forteresse s'y rendaient un à un. La nuit était venue, l'on n'attendait plus que Gérard, et Gérard ne rentrait pas. Chacun s'en étonnait, à l'exception du vieillard. Il répondit aigrement à sa femme, qui s'inquiétait de cette absence :

— Ceux qui s'en vont chevaucher par les campagnes peuvent trouver souvent des obstacles qui les retardent, mais il est étonnant que ceux qui n'ont qu'une porte à traverser ne soient pas ici à l'heure exacte des repas. Où est Alix ? — Qu'on aille la prévenir, dit Ermessinde.

Pendant ce temps, le vieillard baissa la tête, mais son œil fauve, ombragé par ses longs sourcils pendants, s'attacha au visage de Lionel. Alix entra. Lionel demeura immobile et impassible. Le vieillard reprit d'un ton doucereux :

— Eh bien ! ma fille, vous ne voulez donc pas de notre compagnie, et, lorsque Gérard n'est pas au château, il n'y a donc plus personne ici qui vous plaise ? Voici cependant un beau et brave chevalier que je vous présente, c'est mon fils Lionel.

Alix et le jeune homme se saluèrent froidement. Hugues les considérait avec attention. Ermessinde, qui était près de son fils, lui dit tout bas :

— Ne t'étonne pas du froid accueil de la femme de ton frère, elle est encore bien timide.

Lionel sourit amèrement, puis repartit :

— Rien ne m'étonne, ma mère.

C'était, comme vous pouvez le voir, un étrange retour, un étrange accueil, et, entre une belle-sœur et un beau-frère qui étaient censés se voir pour la première fois, c'était une étrange entrevue. Cependant l'heure se passait, chacun gardait le silence ; le vieillard ne semblait ni s'irriter ni s'alarmer de l'absence prolongée de son fils aîné ; Alix ne s'en informait pas. Lionel, plongé dans ses réflexions, suivait de l'œil les jets capricieux de la flamme du foyer ; Ermessinde regardait son mari avec anxiété, comme si elle redoutait l'issue de ce silence. A ce moment on entendit un nouveau bruit à l'entrée de la forteresse, et presque aussitôt Gérard parut. Alix se leva et courut au-devant de lui avec un empressement qui semblait extraordinaire après l'indifférence qu'elle avait montrée. Mais, en le voyant, elle recula vivement, devint rouge et baissa les yeux avec une vive expression de colère et de ressen-

timent. Gérard était ivre à ne pouvoir se tenir ; il s'avança vers sa femme en trébuchant. Bossu, boiteux, laid, petit, rouge, souillé de vin et de boue, car il était tombé de cheval, Gérard eût fait lever le cœur à une fille de basse-cour. Alix ne put donc que se taire, malgré son désir d'accueillir gracieusement son époux. Quant à Hugues, quelque colère qu'il éprouvât de voir ainsi son fils chéri se dégrader devant tant de gens, il ne voulut pas que personne manifestât sa répugnance, et il étendit sur tous un regard qui semblait dire : Qui osera blâmer celui que je préfère ? Ermessinde tenait les yeux baissés ; Alix avait détourné la tête, et Lionel la regardait avec un sourire de dédain. Tous les autres ne paraissaient pas s'être aperçus de l'entrée de Gérard, et chacun se tenait dans son coin.

— He ! que m'a-t-on dit à la porte ? s'écria Gérard, que mon frère Lionel était ici ?... put !... hé ! bonjour... peuh ! bonjour, Lionel !... peueuh ! que je t'embrasse !

Lionel resta les bras croisés.

— Tu n'embrasses pas ton frère ! s'écria le vieillard avec colère.

Sur un regard suppliant de sa mère, Lionel obéit. Mais dans cette embrassade la boue et le vin qui étaient sur les habits de Gérard touchèrent la cotte de mailles du jeune chevalier, qui, appelant un page, lui dit d'un air dédaigneux :

— Essuie cette boue et ce vin ; l'acier le plus pur se ternit et se rouille quand on n'efface pas vite de pareilles taches, et il arrive un jour où la noble armure ainsi dévorée ne peut plus défendre son maître.

Il n'y avait pas grand'chose à redire au soin que Lionel venait de prendre ; mais Hugues sentit aisément que la cotte de mailles faisait allusion au nom des sires de Roquemure, et que c'était un amer avertissement du danger auquel l'exposait la conduite déréglée de Gérard. Hugues lança à son jeune fils un regard de haine, tandis qu'Ermessinde faisait servir le souper pour distraire l'attention de chacun, et qu'Alix essuyait une larme de dépit. Pendant ce temps, Gérard allait de çà, de là, tenant à haute voix des propos dissolus aux belles filles qui servaient dans cette noble maison. Hugues se taisait et supportait toutes ces insolences avec patience, ne voulant pas donner un blâme au fils de sa prédilection devant Ermessinde et Lionel. Enfin, le repas étant servi, chacun y prit place; Gérard s'y assit, quoiqu'il n'en eût certes pas besoin, et, au bout de quelques minutes, il s'endormit la tête appuyée sur la table. Durant tout le repas, Lionel s'occupa attentivement de sa mère, tandis qu'Alix, rouge de honte et d'indignation, dévorait silencieusement ses larmes. Lorsqu'il fut temps de se retirer, Hugues se leva et fit un signe, que comprirent trois ou quatre valets, pour lesquels sans doute cet ordre muet n'était pas nouveau : ils s'emparèrent de Gérard et se mirent en devoir de le transporter hors de la salle. Hugues leur désigna une porte du doigt, c'était la porte qui menait à la chambre d'Alix. Celle-ci, absorbée dans le sentiment de son humiliation, n'avait rien vu de ce qui s'était passé ; mais, au moment où les valets furent prêts à franchir la porte qui conduisait dans son appartement, elle se leva soudainement et s'écria avec violence :

— Pas chez moi, pas chez moi ! portez-le aux étables!

Le vieil Hugues la regarda de travers.

— Votre mari ! lui dit-il, votre mari ! — Un homme ivre ! répondit-elle avec une expression insurmontable de dégoût.

Et elle se leva pour sortir.

Ermessinde et Lionel se trouvaient sur son passage. La première essaya de lui parler pour la calmer; mais Alix, la repoussant, lui dit avec colère :

— Laissez-moi, laissez-moi, vous et votre fils !

Peut-être Alix voulait-elle parler de Lionel ; mais celui-ci, qui n'avait pas fait un geste, crut qu'il s'agissait de Gérard, et repartit :

— Son fils, il ne l'est pas, Madame.

A cette parole, et comme si le son de la voix de Lionel, s'adressant à elle pour la première fois, eût opéré en elle une révolution imprévue, Alix se retourna et dit aux valets :

— Mon père a raison, c'est mon mari, et l'amour doit excuser une faute si légère. Venez par ici.

Les valets obéirent. Elle les laissa passer devant elle; puis elle sortit, après avoir jeté à Lionel un regard de bravade insultante. Lionel était resté les yeux fixés sur la porte de la chambre où Alix venait d'entrer, tandis que sire Hugues examinait la pâleur livide du visage de son jeune fils et la contraction de ses lèvres. Le vieillard ne quitta pas sa place, il ne fit ni un signe ni un geste, mais quelqu'un qui eût été près de lui aurait pu l'entendre murmurer sourdement :

— Oh ! c'est vrai.

Un moment après, et comme s'il eût obéi à la pensée qui venait de le faire parler, il ordonna à tous les serviteurs de se retirer. Lionel et Ermessinde étant demeurés seuls avec Hugues, celui-ci dit à son fils :

— Retirez-vous, Lionel, votre mère aura à vous parler tout à l'heure.

Lionel sortit, et Ermessinde se trouva seule en présence de son mari. On eût dit que c'était chose rare et redoutable pour elle, car elle avait à la fois l'air étonnée et tremblante. Hugues n'eut pas plutôt entendu s'affaiblir au loin le bruit des pas de ceux qui se retiraient, que, montrant l'endroit par où Lionel était sorti, il s'écria avec violence :

— Il faut qu'il quitte le château demain. — Qui?... Lionel? — Demain, avant le lever du soleil. — Lionel ! répéta Ermessinde avec épouvante. — Et maudit soit le jour où il y est rentré, comme celui où il y est né ! dit Hugues en éclatant.

Ermessinde baissa la tête, tandis que le vieillard s'agitait avec colère et frappait la terre du pied. Ermessinde semblait anéantie. Enfin elle se hasarda à dire timidement :

— Mais qu'a-t-il fait pour être traité si sévèrement?

Hugues ne répondit pas, et, son silence enhardissant Ermessinde, elle reprit avec plus de confiance :

— Est-ce sa faute s'il a été le témoin d'une scène qui n'arrive que trop souvent dans cette maison? — Non, répondit le vieillard amèrement, mais je ne veux pas que cette maison revoie une scène plus honteuse. — Je ne vous comprends pas, repartit Ermessinde. — Mère de Lionel! s'écria Hugues d'une voix tonnante, tu ne me comprends pas?

Ermessinde baissa encore une fois la tête et répondit en balbutiant :

— Je n'ai rien oublié du passé, seigneur; mais je ne sais ce que vous prévoyez dans l'avenir. — Ecoute-moi donc, Ermessinde, dit le vieillard en se radoucissant : tu as flétri ma vieillesse et tu as mis dans mon âme le désespoir d'une injure que je n'ai pu venger, mais je t'ai rendue bien malheureuse. Voilà vingt-deux ans que tu pleures, je suis las de ma douleur et de la tienne, écoute-moi donc : Lionel aime Alix. — Il ne la connaît pas, il l'a vue ce soir pour la première fois. — Il la connaît depuis longtemps, il y a dix-huit mois...

— Voilà les fameux dix-huit mois! s'écria le poëte en interrompant le Diable qui nageait en plein dans son récit, où Luizzi le suivait avec une attention toute particulière.

Luizzi eut encore grand'peine à contenir un moment d'impatience, et il répliqua à l'interrupteur avec une politesse trop marquée pour ne pas être impolie :

— En vérité, vous seriez le plus aimable homme du monde si vous pouviez me laisser écouter ce récit d'un bout à l'autre sans l'interrompre à chaque instant. — Pardon! fit l'homme de génie, mais je crois que c'est pour moi que Monsieur fait ce récit. —

Tenez, reprit Satan, je crois que je commence à vous ennuyer l'un et l'autre, je vais en rester là. — Non, oh! non, dit le baron avec vivacité, parlez; je veux savoir la fin de cette aventure. — Est-ce que vous faites aussi du drame? reprit le Diable. — Je n'ai pas cette prétention, mais je ne suis pas moins curieux que Monsieur de ces sortes de ballades diaboliques. — Tiens! fit Satan d'un air étonné, vous connaissez donc celle-ci, puisque vous savez que le Diable s'en mêle? — Il me semble que vous nous en avez prévenus. Du reste, je vous prie... je vous serai obligé de finir. — Je le veux bien, dit le conteur.... Hugues, reprit-il, répondit donc ainsi à Ermessinde, qui l'écoutait avec stupéfaction :

— Il y a dix-huit mois, Alix était à Paris, et il y a dix-huit mois elle y rencontra Lionel dans ces joutes brillantes où il s'est acquis un si grand renom. J'ignorais cela lorsqu'elle vint voir à Orléans le seul proche parent qui lui restât, le sire de Péruse. Ce fut chez lui que je la vis, ce fut à lui que je m'adressai pour l'obtenir. Elle était orpheline, elle n'avait qu'une misérable terre qu'elle ne pouvait protéger ni contre la révolte de ses vassaux ni contre les agressions de ses voisins. Les fautes de sa mère avaient laissé à son nom une tache qui devait lui rendre difficile toute alliance honorable; mais elle était jeune, belle, séduisante, et j'espérai que l'amour qu'elle inspirerait à Gérard arracherait celui-ci à ses honteuses habitudes de débauche. Lorsque le sire de Péruse me donna la réponse d'Alix, il m'étonna cependant, en me disant qu'elle avait accepté avec joie la proposition d'être la bru du sire de Roquemure. Je supposai alors ou qu'elle avait compris le malheur de sa position, ou qu'elle était ambitieuse, et que l'espoir d'être la femme d'un riche héritier lui cachait les défauts de Gérard; car, je vous le jure, je n'avais pas trompé le sire de Péruse. Je devais partir d'Orléans le lendemain; nos paroles furent échangées, et il fut convenu que, quelques jours après, Péruse et sa nièce viendraient à ce château. — Ils y vinrent en effet, dit Ermessinde. — Oui, Alix y vint, et elle épousa Gérard sans temoigner ni répugance ni degoût. Ce ne fut que plus tard, et par le sire de Péruse lui-même qu'un voyage à Paris en avait informé, que j'appris qu'Alix y avait connu Lionel, et que l'amour de votre fils pour cette reine de la beauté s'y était signalé par les actions les plus éclatantes. — C'était donc elle! murmura Ermessinde.

Hugues n'entendit pas, et continua :

— Je ne suis pas injuste pour Lionel, je sais ce qu'il vaut. Je m'étonnai qu'Alix lui eût préféré Gérard ; mais Gérard sera l'héritier de ce château et de ses vastes domaines, et l'ambition m'expliqua tout. Je vivais dans cette sécurité, lorsque nos dissensions avec les sires de Malize me firent penser à appeler près de moi un homme capable de venger mes injures ; car j'ai un fils qui n'est pas un fils, il n'est pas même un homme, mais c'est mon fils à moi, et la honte qu'il me cause se double de l'orgueil que vous inspire votre Lionel. Cependant je consentis à le laisser entrer dans ce château. Vous savez, Ermessinde, quelles furent mes conditions. Je vous disais alors : Je rappellerai Lionel, je le traiterai comme s'il n'était pas l'enfant d'un adultère ; il l'ignore, et il ne le saura jamais. Je consentirai à lui devoir quelque chose ; mais je veux que vous vous engagiez à le faire partir dès le premier jour de son arrivée, si je vous l'ordonne. Ermessinde, je ne lui en veux pas de sentir qu'il est beau, brave et fort ; je ne lui en veux pas de s'irriter de la cruelle partialité de celui qu'il croit son père. Ce n'est pas parce qu'il méprise Gérard que je veux qu'il parte ; je veux qu'il parte parce qu'il aime Alix et qu'Ailx l'aime encore. — C'est impossible ! s'écria Ermessinde, emportée par son désir de trouver une réponse à l'arrêt qui devait la séparer encore de son fils. — Impossible, Ermessinde ! lui dit amèrement Hugues. Impossible ! dis-tu ? Mais quand je t'épousai, toi, tu aimais un page de ton père sans nom et sans richesse, et tu as préféré au vieillard le beau page sans nom et sans richesse : tu l'as introduit dans ce château comme un frère, et il t'a quittée comme un amant ! — C'est vrai ! dit Ermessinde en baissant les yeux, mais Alix n'oubliera pas ce qu'elle doit au nom de son mari. — Tu l'as oublié, toi ! Et cependant je n'étais ni un débauché honteux ni un misérable difforme et sans forme ; j'étais un vieillard, mais un vieillard qui avais un nom illustré par quelques victoires et quelques nobles combats. — C'est vrai ! dit Ermessinde en pliant sous ces déplorables souvenirs. — Et te souviens-tu de la nuit où je te surpris, nue et ivre d'amour, dans les bras de ton séducteur, dans les bras de ce misérable Génois, de ce Zi.....? Mais je ne prononcerai jamais ce nom infâme, je l'ai juré. Te souviens-tu, Ermessinde, que, faible et malade que j'étais, je voulus vous tuer tous les deux, et que je fus abattu d'un seul coup de la main de...?

Le nom s'arrêta encore dans la bouche du vieillard.

Il reprit :

— Je fus abattu comme un enfant sur ce lit où tu venais de m'outrager, et là, le poignard sur la gorge, j'allais mourir, lorsque Audoin parut. Ce fut lui qui, ne pouvant m'arracher de la main de fer de l'infâme, me persuada de jurer que, pour prix de la vie qu'il me laissait, je ne dirais jamais le secret de ton crime et que je te le pardonnerais. Je consentis à cette lâcheté. J'y consentis, Ermessinde, parce que je t'aimais encore comme mon enfant et mon espoir, parce que j'avais peur de voir tourner en dérision mes cheveux blancs par ceux qui m'avaient raillé le jour où je t'avais choisie pour épouse. Je donnai ma parole. Une heure après, je l'aurais rachetée au prix de mon salut, et, depuis vingt-deux ans passés, ce

A l'un des angles, une femme veillait. — Page 532.

souvenir me pèse et me ronge... Eh bien, je ne veux pas que mon fils hérite de ce malheur; je ne veux pas, une nuit, l'entendre crier grâce sous le couteau de ton fils, et moi courir, faible et tremblant, pour lui dire, comme le prêtre me disait : Jure d'oublier, jure de pardonner, et l'amant de ta femme te laissera vivre! Non, non je ne veux pas de cela... Je ne le veux pas!

Ermessinde se taisait, tandis que le vieillard parlait avec une exaltation de colère qui donnait à son corps une apparence de vigueur. Le cœur d'une mère a ses résignations bien hautes, et celle-ci, dans l'espoir de ne pas être séparée de son fils, s'humilia assez pour répondre :

— Toutes les femmes n'ont pas perdu, comme moi, le sentiment de leurs devoirs, et Alix...

Hugues la regarda avec pitié.

— Ton crime a été un grand crime, Ermessinde, et cependant je me ferais plutôt à toi, qui as été coupable, qu'à Alix que je crois encore innocente. Lionel partira, je le veux ! Tu sais ce qui te reste à faire. C'est toi qui le renverras de ce château. Je ne veux pas avoir à lui rendre compte d'une décision dont il pourrait me demander la cause, car je la lui dirais peut-être. — Oh ! non, non, s'écria Ermessinde, ne me faites pas rougir devant mon fils ! Je l'éloignerai. — J'y compte, il partira demain. — A la pointe du jour. — Faites-le donc appeler. — Je vais chez lui.

Elle quitta la salle, et Hugues appela deux valets qui le conduisirent dans son appartement en le soutenant sous les bras ; car ç'avait été une rude journée pour ce vieillard, auquel il ne restait d'autre force que celle d'une volonté inflexible.

— Ps, ps, ps, ps ! fit le poëte en interrompant encore le conteur, voilà qui manque tout à fait d'habileté : la pièce est finie, on connaît le mystère de la haine de Hugues, on sait l'amour de Lionel et d'Alix, la curiosité est satisfaite, le public s'en va ou bien il siffle, c'est une œuvre manquée. — Mais il me semble, repartit Satan, qu'il reste maintenant le développement de ces passions. — Le développement des passions, repartit le dramaturge, quelque chose dans le style de *Zaïr* et de *Phèdre* ? Il y a longtemps que le dix-septième et le dix-huitième siècle ont fait le cadastre parcellaire du cœur humain. D'ailleurs, mon cher collaborateur, (car, si je fais ce drame, vous serez mon collaborateur, je mettrai mon nom à la pièce et vous aurez le quart des droits), quelle couleur historique, je vous prie, peut avoir le développement d'une passion ? — La couleur historique dans un drame ne me paraît pas une nécessité de premier ordre, dit Luizzi. — Oh ! alors, reprit le poëte, nous retombons dans la tragédie admirative ou plaintive, ce qui est l'ennui en vers. — Pardon ! Messieurs, fit le narrateur, je crois que vous avez tort tous les deux. La passion peut avoir une couleur historique, car la passion procède en vertu des mœurs d'une époque et en reçoit un cachet particulier. Il y a loin d'un rude Normand du moyen âge prenant tout par l'épée à un raffiné du temps de Louis XIII farci de galanterie espagnole et de madrigaux ; il y a loin d'un roué de la régence faisant de l'orgie en dentelles à un hussard de l'empire faisant sa cour la cravache à la main. — C'est possible, dit le baron, mais, à part le développement de la passion et la couleur historique, il y a un dénoûment à cette histoire, et c'est surtout ce que je désire savoir. — Voyons ! ajouta le poëte, à défaut de drame, il y a peut-être là-dedans une nouvelle. — Je continue, reprit le narrateur, et j'espère que ce dénoûment vous prouvera que les passions ont une couleur historique, et qu'à part les développements elles procèdent en vertu de leur siècle et de ses mœurs.

Il poursuivit :

— Ermessinde était donc demeurée seule. L'exigence de son mari, à laquelle elle avait cédé si facilement tandis qu'il la tenait accablée sous le poids de ses cruels souvenirs, lui sembla épouvantable du moment qu'il fallait la faire subir à son fils. Que dirait-elle à Lionel pour que cet exil de la maison paternelle ne semblât pas à ce jeune homme le caprice odieux d'une tyrannie insupportable ? — Elle pouvait lui avouer la vérité, dit le poëte. — Oh ! non, Monsieur, s'écria le conteur, il y a des pudeurs maternelles bien plus grandes que celles de la virginité. Dire à un fils qui vous a toujours respectée comme la plus pure et la plus sainte des femmes : Je ne suis qu'une adultère ; dire à l'enfant, qui est fier du nom qu'il porte avec éclat : Ce nom n'est pas à toi ; ajouter à l'aveu de la faute l'aveu d'un mensonge qui dure depuis vingt-deux ans, non, cela n'est pas possible, aucune mère ne le ferait, du moins sans d'affreux combats, sans... — Sans un beau monologue, fit le poëte ; au fait, c'est le cas d'un beau monologue. Mais, le monologue passé, que fit cette mère ? — Voici ce qu'elle fit : elle se rendit chez son fils, qui, d'après les paroles de Hugues, attendait sa mère, et, s'armant de tout son courage, elle lui dit :

— Lionel, au point du jour il faudra quitter cette maison. — Je m'y attendais, ma mère.

A cette réponse, Ermessinde resta stupéfaite, et, après avoir regardé longtemps son fils comme pour deviner ce qui avait pu si bien l'avertir, elle reprit avec effroi :

— Et pourquoi t'y attendais-tu ! — Vous voyez que j'avais raison de m'y attendre. — Mais tu avais un motif pour redouter ce malheur ? — Oui, ma mère. — Et quel est-il ? — Pouvez-vous me dire celui qui fait que vous venez m'annoncer mon départ ?

La malheureuse mère se tut, elle se crut devinée et cacha sa tête dans ses mains en pleurant. Lionel s'approcha d'elle et lui dit tendrement :

— Son accueil ne devait-il pas m'avertir ? Mais ne pleurez pas, ma mère, car tout ceci finira. Mon père me hait. Pourquoi me hait-il ? je le saurai.

Ermessinde vit qu'elle s'était trompée, et, reculant encore devant l'idée de s'humilier devant son fils, elle lui répondit :

— Il sait ton amour pour Alix. — Et c'est pour cela qu'il m'éloigne ? repartit Lionel avec un sourire d'incrédulité. — C'est pour cela, je te le jure, Lionel. — Oui, reprit-il amèrement, cela peut être vrai, mais ce n'est pas pour cela qu'il m'a fait partir il y a quatre ans, ce n'est pas pour cela qu'il me hait depuis que je suis né ! N'importe, je partirai, je quitterai ce château pour n'y plus rentrer. Encore cette nuit, et mon père n'entendra plus parler de moi. — Tu as bien vite pris ton parti, Lionel. — J'ai voulu vous épargner la fatigue d'une supplication, ma mère; et maintenant que vous m'avez trouvé soumis et obéissant comme vous devez le désirer, à demain. Jusque-là allez vous reposer. — Ne te verrai-je donc pas avant ton départ ? — Oh! si, vous me verrez, nous ne nous séparerons pas ainsi. — Lionel, tu ne médites aucune violence, n'est-ce pas ? Ta résignation m'épouvante. — J'imite la vôtre, ma mère. — Oh ! la mienne, c'est bien différent ! Mais ne m'en veuille pas de redouter cette tranquillité affectée, ce n'est pas là le caractère que je te connais. — Le temps change toutes choses et ronge le marbre le plus dur. — L'humiliation qu'on dévore avec tant de patience rêve quelquefois une vengeance. — En rêvez-vous donc une ? — C'est ainsi par un silence obstiné que le malheur mène au crime, Lionel. — Le vôtre vous y a-t-il conduite ? — Non, mais il en est peut-être parti. — Ma mère ! s'écria Lionel en reculant... ma mère ! répéta-t-il d'une voix terrible.

Mais il se remit tout à coup, et, tombant à genoux devant sa mère, il lui dit :

— Oh! non, vous êtes la plus sainte et la plus pure des femmes; pardonnez-moi d'avoir oublié que vous êtes assez résignée pour vous accuser, afin que je n'accuse pas le mari qui vous fait souffrir, le père qui me chasse. Non, ma mère, non, vous n'êtes pas coupable, vous que j'ai vue, depuis que je suis au monde, donner à cette misérable maison l'exemple de la plus inaltérable vertu... non !... mais vous êtes malheureuse, et ce malheur, il faut qu'il finisse pour vous et pour moi. — Et que veux-tu faire ?... — Je ne vous le dirai que demain, ma mère. — Et jusque-là ? — Jusque-là je ne sortirai pas du respect qu'un fils doit à son père, je vous le jure.

Ermessinde quitta son fils, redoutant ce qui allait arriver, mais ne se sentant de force ni pour le prévoir ni pour l'empêcher. Ce n'est pas impunément que l'âme s'est pendant vingt ans accoutumée à une obéissance résignée. Le pli que l'on impose résolûment à un caractère ferme finit par être plus fort que lui. L'acier le mieux trempé ne se relève plus quand il a été trop longtemps courbé. Ermessinde en était là ; tout était brisé en elle jusqu'à l'amour maternel, qui, s'étant aisément plié à toutes les humiliations pour protéger et abriter son fils tant qu'il avait été petit et faible, ne pouvait plus se redresser jusqu'à lui, maintenant qu'il était grand et fort. A peine fut-elle sortie, que Lionel quitta à son tour la chambre et rentra dans la grande salle du château. A l'un des angles, une femme y veillait, ayant une lampe à côté d'elle. Au bruit des pas de Lionel, elle se retourna soudainement en poussant un cri. Lionel courut vers elle et reconnut Alix. Elle pleurait, elle voulut cacher ses larmes, mais cet effort fut vain ; la source était ouverte, elle ne se ferma pas à volonté. Alors, impuissante à cacher sa douleur, Alix lui donna un plus libre cours, et, honteuse d'avoir été trouvée pleurant, elle pleura davantage.

Le cœur de Lionel était cuirassé d'une double douleur; il avait le désespoir de son amour trompé et de sa tendresse filiale méconnue, il était assez malheureux pour être sans pitié, et il dit froidement à Alix :

— Votre noble époux vous a-t-il donc chassée de son lit, que je vous trouve au milieu de la nuit dans cette salle glacée ?

A cette parole, Alix, une heure auparavant, aurait répondu par quelque jactance insultante; mais à ce moment elle était tout à fait vaincue, et elle répondit en se tordant les bras :

— Oui, il m'a chassée.

Lorsque Lionel adressa à Alix cette dure parole, il avait cru la blesser par une supposition humiliante. Dès que cette supposition se trouva vraie, il comprit que ses paroles n'étaient plus un sarcasme, mais une brutale grossièreté.

— Chassée ! s'écria-t-il. — Oui, chassée ! répéta Alix ; chassée avec mépris, insultée, frappée, parce que..

Elle s'arrêta et se remit à pleurer. La pitié, le ressentiment, l'amour, luttaient dans le cœur de Lionel ; mais la colère l'emporta. Il avait tant aimé cette femme, il lui en voulait tant d'être descendue si bas, lui qui, en son cœur, l'avait mise si haut ; le malheur auquel elle s'était livrée lui rappelait si cruellement le bonheur qu'il lui eût donné, qu'il ne put lui adresser un mot de consolation. Il lui répondit amèrement :

— Nos destinées n'ont pas été unies, Alix, mais elles se ressemblent; celui qui devrait vous adorer vous maltraite, comme celui qui devrait me bénir me maudit. Vous êtes chassée de cette chambre, et moi chassé de ce château. — Vous! s'écria Alix avec effroi, vous quittez cette maison ? — Demain.

— Et qui me protégera donc ici ? dit Alix avec désespoir.

Lionel sentit son cœur prêt à s'ouvrir au pardon. Cet appel, fait avec tout l'abandon de la douleur, l'eût touché sans doute pour toute autre femme, mais Alix avait été trop coupable envers lui, et il se contenta de répondre :

— N'avez-vous pas choisi un protecteur qui ne quittera pas ce château ?

A cette froide réponse Alix reprit toute sa fierté.

— Messire, dit-elle, oubliez que vous m'avez trouvée ici pleurant et gémissant, et j'oublierai que je vous ai rencontré brutal et sans respect envers une femme qui pleurait.

Ce reproche alla droit à l'orgueil de Lionel. C'était ce sentiment qui l'avait rendu si implacable, ce fut ce sentiment qui le fit soudainement changer de langage. Lionel ne voulait pas qu'on pût dire qu'une femme en pleurs, quelle qu'elle fût, l'avait imploré et qu'il l'avait repoussée. Il dit donc à Alix après un moment de silence :

— J'oublierai tout, Madame, excepté ce que vous me dites d'oublier; j'oublierai le passé, où j'avais tant de raisons de vous maudire, pour me souvenir du présent, où vous avez droit de me mépriser. Je me rappellerai que je vous ai trouvée pleurant et désolée, et que je ne vous ai pas offert mon aide et mon secours; je vous demanderai pardon de cette indigne conduite, en vous priant de les accepter. — Je vous remercie, dit Alix; j'ai vécu ainsi depuis un an, je continuerai. — Quoi! reprit Lionel avec une véritable surprise, ce n'est pas la première fois que Gérard ose vous traiter ainsi? — Et ce ne sera pas la dernière, sans doute. — Mais l'ivresse et la débauche lui ont donc fait perdre la raison? — Vous vous trompez, Lionel; il avait sa raison quand il a agi ainsi. — Et pourquoi donc vous a-t-il chassée? — Parce que je l'ai repoussé, parce qu'il sait que je ne l'aime pas. Il n'est pas injuste comme votre père envers vous; car pourquoi vous chasse-t-il, lui? — Parce qu'il sait que je vous aime! répondit Lionel se croisant les bras et se posant devant Alix comme pour lui dire : Voyez à quel point je suis faible et lâche! — Oh! s'écria Alix avec l'accent d'une joie qu'elle ne put contenir, vous m'aimez donc? — Oui! je suis fou à ce point! reprit Lionel, honteux de son aveu. — Tu m'aimes encore, tu me l'as dit, Lionel, reprit Alix, qui tressaillait d'une émotion extraordinaire. — Te l'ai-je dit?... — Oui, Lionel, tu m'aimes, et...

Elle s'arrêta, jeta un regard furtif autour d'elle, et lui dit en s'approchant de lui :

— Et je t'aime. — Toi? — Tu le sais bien, Lionel. Tu sais bien, toi dont le cœur est plein d'orgueil, pourquoi j'ai épousé ton frère; tu sais bien que tu m'as dit un jour que ton père n'accepterait pas pour bru la fille d'une femme perdue de réputation. Tu m'as insultée dans ma mère, Lionel, tu as été implacable pour elle. — C'est que ta mère t'a donné son esprit frivole et son âme facile à la séduction. — Oh! tu ne parlerais pas ainsi si tu savais quel a été l'homme qui a séduit ma mère et à qui je dois le jour. Il te ressemblait, Lionel : il était ardent, implacable, beau et brave comme toi; elle l'aimait comme je t'aime, elle se perdit pour lui comme je me perds pour toi. — Eh! qui était-il donc? fit Lionel avec orgueil. — Un noble Génois qui avait toutes les beautés, tous les charmes, toutes les richesses, toutes les séductions, même celle d'être fatal à toutes les femmes qu'il aimait. — Et son nom? — Son nom... je puis te le dire maintenant, un nom étrange et inconnu; on l'appelait le beau Zizuli, et il a disparu de France comme il y avait paru, laissant dans l'abandon ma mère, qui avait quitté pour lui son époux et sa famille. — Tous ceux qui t'ont connue à Paris le savent. — Mais aucun de mes plus mortels ennemis ne me l'a reproché, et toi, tu m'as jeté durement ce reproche à la face. — Je te l'ai dit en t'offrant ma main et mon nom, Alix. — Oui, mais hors de France, pour porter ce nom comme un nom volé; eh bien! j'ai voulu te montrer que je l'aurais dans toute sa splendeur, je l'ai voulu, je l'ai eu. — Et il te pèse? — Assez pour vouloir le jeter à terre. Tu quittes ce château demain, Lionel. Si tu veux, demain je le quitterai aussi. — Toi! dit Lionel, en qui s'éveillèrent alors tous les désirs et toute la fureur d'un amour violent dans un corps robuste; amour des sens et de l'esprit, aveugle et volontaire, auquel vint s'ajouter la pensée de se venger en enlevant Alix à ce frère qui la lui avait enlevée et qui ne lui laissait pas de place au foyer paternel. Le veux-tu? reprit-il, le veux-tu? Hé bien, soit! Mais ce n'est pas demain, c'est cette nuit qu'il faut fuir, c'est dans une heure. — Dans une heure! repartit Alix, qui, en se voyant si près de l'action qu'elle allait faire, en fut épouvantée. — Oui, dans une heure, dit Lionel. Mais ne me trompes-tu pas encore? viendras-tu? — En doutes-tu, Lionel? — C'est que tu m'as déjà trompé, Alix.

Alors elle hésita, elle regarda avec terreur autour d'elle.

— Tu ne l'oseras pas! lui dit Lionel.

Alix se pencha vers la chambre nuptiale,

comme pour écouter le sommeil bruyant de son époux. Elle reporta son regard vers Lionel, qui, souriant avec dédain, reprit :

— Tu ne l'oseras pas.

En ce moment, comme saisie d'un vertige, elle s'écria en jetant sa lampe qui s'éteignit :

— Eh bien! viens, Lionel; fuyons!

La nuit était sombre; d'épais nuages, qui s'amassaient lentement, ajoutaient à son obscurité. Alors Lionel voulut mettre un crime entre Alix et sa faiblesse, et la prenant dans ses bras...

— Je comprends parfaitement, reprit le poëte; ici nous faisons nécessairement baisser la toile. — Ce me semble véritablement nécessaire, dit le baron en riant. — Qui sait? dit le Diable; le drame ne s'arrête pas à ces vétilles-là. — Monsieur plaisante? fit le grand homme d'un air badin. — Non, vrai, reprit Satan, on a vu des choses qui peuvent faire espérer beaucoup en ce genre; la seule chose qui rendrait la scène difficile, ce serait d'avoir là un acteur à point nommé...

— Surtout si la pièce avait cent représentations, dit le baron, qui s'oubliait assez jusqu'à se joindre à une plaisanterie d'aussi mauvais goût, surtout dans la circonstance où il se trouvait.

LXXVII

TROISIÈME ACTE.

— Donc, reprit le poëte, ceci serait la fin de notre second acte. — Soit! dit Satan; alors nous commençons le troisième au moment où Lionel, après avoir pris toutes les mesures nécessaires pour forcer Alix à le suivre, se rendit au milieu de la nuit chez le vieux Hugues. Pendant le temps qui s'était écoulé dans cette infernale obscurité, un affreux orage s'était levé et il grondait au dehors et au dedans avec d'horribles éclairs et d'affreux roulements. De son côté Ermessinde s'était rendue chez son mari et lui faisait le récit de la scène qu'elle avait eue avec son fils.

Ermessinde ne parlait cependant que de la soumission du jeune homme; elle espérait attendrir Hugues, en lui disant que l'amour de Lionel était bien faible, puisqu'il avait opposé si peu de résistance aux désirs de son père, et qu'il y avait peu de danger à le laisser près d'Alix, surtout à un moment où il serait plus souvent en campagne et la lance au poing qu'au château.

— Oh! c'est là qu'est le danger, Ermessinde, répondit le vieillard; car les femmes sont ainsi faites, qu'elles se laissent prendre par celui qui vit tous ses jours et toutes les heures de ses jours à leurs genoux, prêt à obéir à la moindre parole, esclave du caprice le plus fugitif, du désir le plus extravagant, valet attentif qu'elles récompensent de leur amour, ne pouvant le payer avec de l'or; ou bien elles se donnent à l'homme qui les regarde à peine, à l'homme qui a placé son ambition plus haut qu'elles; et un soir qu'il rentre au château tout couvert de sang et de poussière, l'œil flamboyant des restes d'une victoire, porté par les cris de triomphe de ses soldats, elles s'enivrent de sa vue et lui ouvrent leurs bras pour le reposer sur leur sein d'une si noble fatigue. Et voilà ce qui arriverait à Alix, un soir où le mari dormirait ivre sur son lit et où l'amant passerait le front haut devant la porte de l'épouse délaissée. Cela n'a-t-il pas été à peu près ainsi, Ermessinde?

Ermessinde garda encore le silence, puis finit par dire :

— Que votre volonté soit faite, seigneur! il obéira.

A ce moment la porte de la chambre s'ouvrit, et Lionel parut; il s'arrêta à l'aspect de sa mère, qu'il ne pensait pas trouver chez le vieillard.

— Qui vous a appelé? lui dit Hugues sévèrement et en se tournant de son côté. — Que viens-tu faire ici? s'écria sa mère, en s'élançant vers lui.

Lionel garda un moment le silence; il

avait l'air égaré d'un homme après son premier crime. Cependant il se remit, et, repoussant doucement sa mère, il répondit :

— Puisque le hasard l'a voulu, soyez donc témoin, ma mère, de ce que je venais dire à mon père. — Tu m'avais juré de partir, Lionel. — Et je partirai. — Tu m'avais juré de ne pas voir notre maître à tous deux. — Je vous ai juré, ma mère, de ne pas sortir du respect que je dois à mon père. Aussi c'est avec respect que je viens l'interroger. — Oh ! tais-toi, s'écria Ermessinde ; qu'as-tu donc à lui demander ? — J'ai à lui demander, ma mère, pourquoi vous pleurez sans cesse, pourquoi je suis toujours proscrit. — Tu veux le savoir ? s'écria Hugues en se levant soudainement. — Oh ! taisez-vous ! taisez-vous ! reprit Ermessinde, en quittant son fils pour s'élancer vers son mari.

Hugues la regarda, et la pitié le prit pour la mère et le fils.

— Va-t'en, dit-il à celui-ci, ne demande pas ce que je tiens caché dans mon cœur depuis vingt-deux ans.

Cette parole sembla éblouir Lionel comme le jet soudain d'une clarté fatale.

— Depuis vingt-deux ans ! dit-il lentement et en abaissant sur sa mère un regard où se lisaient tous les soupçons que cette date venait de faire naître en lui.

La mère ne put soutenir le regard terrible de son fils ; et, sa honte lui retombant sans cesse sur la tête comme l'éternel rocher de Sisyphe, elle se laissa aller sur ses genoux, en criant à son mari et à son fils :

« Grâce ! grâce ! »

Lionel resta immobile, ses yeux se fermèrent, puis il passa avec efforts la main sur son front pour en essuyer la sueur glacée qui l'inondait ; car sa pensée venait de faire un long et triste voyage en ce moment si court. Il avait remonté tout son passé, et tout son passé venait de lui être expliqué. Revenu au moment présent, il ouvrit les yeux pour s'assurer que ce n'était pas un rêve qu'il faisait, et vit Hugues le regardant avec une joie féroce et sa mère à genoux n'osant pas le regarder.

Lionel n'était pas un de ces êtres faciles et humains qui se sentent le cœur pris par de soudaines et hautes pitiés. Il ne pardonna pas à sa mère, quoiqu'il sût de quel long supplice elle avait payé sa faute ; mais entre la douleur d'Ermessinde et la joie de Hugues il n'hésita pas, et, se penchant vers sa mère, il lui dit :

— Relevez-vous, madame, et ne pleurez pas. Lionel de Roquemure vous protége maintenant. — Maintenant que tu as voulu savoir pourquoi je te haïssais, dit le vieillard, il n'y a plus ici de Lionel de Roquemure. — Tu as raison, vieillard ! garde ton nom, je rougis de l'avoir porté.

Le vieillard sourit avec mépris.

— Oh ! ne ris pas, sire Hugues de Roquemure, reprit Lionel ; à chacun ce qui lui appartient. Il y avait tout à l'heure ici un jeune homme qui avait étendu son épée sur la famille de Roquemure, et l'éclat qui jaillissait de cette épée était si vif que personne ne pensait à regarder au delà ; que personne ne savait que ce nom était tombé aux mains d'un vieillard sans force et d'un idiot sans courage. Maintenant qu'il n'est plus à lui ce nom, le bâtard retire son épée pour en soutenir sa marche, car il n'a plus que son épée pour appui, et il laisse les regards des hommes arriver jusqu'à vous. Qu'il en soit donc comme tu l'as dit, sire de Roquemure ! tu reprends ton nom, je reprends ma gloire. Je suis content du partage. — Et cette gloire si haute, à quel nom l'attacheras-tu pour la porter ? — A celui que je me ferai. — Que ne prends-tu celui de ton père ? tu en pourrais soutenir l'éclat. — Quel qu'il soit, il devait être noblement porté, puisque celui qui n'a pu me le léguer, a pu toucher le cœur de ma mère.

— C'était un noble et riche aventurier, en effet, ce magnifique Génois, qui plaisait aux femmes par sa beauté et qui leur laissait le déshonneur pour adieu. — Un Génois! un Génois!... répéta Lionel avec un affreux pressentiment; puis il ajouta d'une voix entrecoupée : Et son nom?... son nom?...

— Prends-le, Lionel, il a une haute renommée de bassesse, de crime, et de beauté; prends-le; beaucoup de femmes se donnèrent au beau Zizuli. — Zizuli! s'écria Lionel avec un éclat qui fit retentir tout le château.

Hugues en fut stupéfait, Ermessinde se releva comme au rugissement d'une bête féroce.

— Zizuli! Zizuli! répéta Lionel en regardant tour à tour sa mère et le vieillard.

Hugues, heureux de l'affreux désespoir de Lionel, en jouissait sans cependant en comprendre le motif. Et, s'adressant alors à Ermessinde, il lui dit avec un rire cruel :

— Regarde, Ermessinde, où mène l'adultère! — Tu ne le sais pas, Hugues? dit Lionel en s'approchant de lui; tu crois qu'il ne mène qu'à la douleur, au désespoir, à la folie? tu te trompes, il mène à l'inceste!

Hugues et Ermessinde reculèrent avec épouvante.

— Ne me comprenez-vous pas? s'écria Lionel en marchant sur eux. Ne sais-tu pas, lâche vieillard qui n'as pas tué l'amant de ta femme, que ta bru est la fille de mon père et que la fille de mon père s'est donnée à moi? — Alix! s'écrièrent ensemble le vieillard et Ermessinde, Alix! »

Ermessinde tomba par terre évanouie; mais le vieux Hugues, retrouvant quelque force dans sa colère, s'élança sur Lionel et le saisit, en criant :

A moi!... à moi! mes hommes d'armes, à moi! mort à Lionel! mort à l'infâme, mort à l'inceste!

Lionel, dont la raison chancelait sous le choc de cette horrible révélation, repoussa violemment le vieillard, qui alla tomber à côté d'Ermessinde, et, la tête perdue, il s'élança hors de cette chambre. Il franchit les longs corridors qui l'avaient conduit chez son père; il arriva ainsi pâle, glacé, tremblant jusque dans la grande salle, où devait l'attendre Alix.

— Tu as été bien longtemps! s'écria une voix près de lui.

Lionel se retourna, et, à la lueur des éclairs qui se succédaient avec rapidité, il vit sa sœur Alix devant lui.

— Quel crime viens-tu de commettre aussi? s'écria-t-elle en l'entendant frissonner et trembler. — Adultère et inceste! lui répondit Lionel en la repoussant, tandis que l'orage éclatait dans toute sa fureur. — Que dis-tu? répondit Alix; as-tu oublié que je t'attendais? — Suis-moi donc si tu l'oses, répondit Lionel... femme de Gérard! — Je ne le suis plus, dit-elle en poussant la porte du pied et en montrant le misérable égorgé dans son lit. — Ah! un meurtre aussi, dit Lionel en reculant. — Il commençait à s'éveiller, et je t'attendais! — Suis-moi donc, si tu l'oses, reprit Lionel, dont la raison était perdue; fille de Zizuli, veuve adultère de Gérard de Roquemure, tu es la fiancée incestueuse du fils de Zizuli.

Et soit que tous deux répétassent avec un éclat horrible ces paroles fatales, soit qu'une voix infernale les prononçât à côté d'eux, il sembla un moment que tous les échos du château de Roquemure fissent retentir les mots *adultère*, *meurtre* et *inceste*. Alors Lionel s'enfuit. En traversant le vaste préau qui séparait cette salle de la porte d'entrée, il entendit hennir les chevaux au bruit de son armure. Quoique Lionel eût hâte de fuir, et de fuir rapidement, il passa; mais à la porte du château il aperçut, tenue par un page, une rapide haquenée, une superbe cavale qu'Alix avait fait préparer pour sa fuite. Par un mouvement instinctif, il s'empara de la bride et s'élança sur la cavale; puis la herse se leva, et il sortit du château, n'ayant d'autre but que d'en sortir, et sans donner aucune direction à son cheval, qui s'élança vers le pied de la colline avec la

Une heure durant, cette horrible cavalcade. — Page 540.

rapidité d'un cerf. Tandis que cela se passait ainsi d'un côté du château, une scène non moins horrible s'accomplissait dans la chambre de sire Hugues. Le vieillard s'était relevé et Ermessinde avec lui.

— Lionel, Lionel! se prit-elle à crier en se traînant vers la porte par laquelle avait disparu son fils. — Ne crains rien, lui dit le vieillard avec rage, tu le reverras.

Aussitôt Hugues voulut s'élancer à la poursuite de Lionel, mais Ermessinde se jeta devant lui pour lui barrer le passag. La rage de Hugues s'en accrut, et, tirant son poignard, il en frappa la malheureuse. Il se crut libre; mais elle, s'attachant à lui du reste de ses forces, l'arrêta encore; et lui, dans le délire de sa rage, lui déchira les mains avec son poignard pour la forcer à le lâcher. La lutte fut assez longue pour donner à Lionel le temps de fuir. Enfin Ermessinde succomba, et le vieillard put sortir de sa chambre. Depuis longtemps ses cris et ceux d'Ermessinde avaient éveillé les habitants du château. Ils accoururent dans la salle que Lionel venait de quitter, et là ils trouvèrent Hugues qui demandait avec fureur à Alix :

— Où est-il ? où est ton amant ?... où est l'infâme ?

Elle ne répondit pas. Le vieillard se précipita dans la chambre de son fils en appelant :

— Gérard ! Gérard !

Il y resta longtemps, sans qu'on entendît rien, sans que personne osât franchir le seuil de la porte. Lorsqu'il sortit de cet appartement, on [eût dit qu'une force surhumaine animait ce corps caduc et faible. La pâleur de son visage était effrayante, ses cheveux blancs se hérissaient autour de sa tête. Non-seulement il avait vu dans cette chambre le cadavre de son fils, mais à la lueur des éclairs il avait vu passer dans la campagne celui qu'il croyait son assassin, et qui longeait en fuyant le mur du château. Sans doute un démon l'avait inspiré, sans doute une horrible pensée, une de ces pensées qui fondent sur l'homme avec la rapidité de l'aigle et qui l'étreignent dans leurs serres de fer, s'était emparée de lui, car il ne poussa ni cris ni imprécations ; mais, d'une voix brève et forte qu'on n'eût pu reconnaître pour la sienne, il donna quelques ordres. L'obéissance des serviteurs était chose ordinaire dans le château de Roquemure ; et cependant jamais elle n'avait été si rapide et si complète, tant la fermeté de la voix de Hugues et l'assurance de sa démarche avaient frappé tout le monde d'épouvante et de surprise. En un moment, le cadavre de Gérard, Ermessinde et Alix furent transportés dans la grande cour du château, où l'on avait déjà amené trois superbes chevaux, vigoureux étalons qui bondissaient en hennissant. Les cordes étaient prêtes, et en un moment le cadavre de Gérard, Ermessinde mourante et Alix qui se débattait dans toute sa force,

furent attachés sur les trois coursiers. A peine les derniers nœuds furent-ils serrés, que Hugues s'écria d'une voix tonnante :

— Et maintenant, laissez passer la justice de l'enfer !

La porte s'ouvrit et les chevaux, ouvrant leurs naseaux fumants aux rafales de la tempête qui leur apportaient les chaudes émanations de la cavale, se précipitèrent par la porte ouverte. Pendant ce temps, d'autres valets avaient entassé d'immenses piles de bois mêlées de paille dans la grande salle du château. Hugues s'y dirigea d'un pas ferme et rencontra le vieux prêtre Audoin, qui, s'étant tardivement levé à cause de sa faiblesse et de son âge, n'avait été témoin que du supplice des coupables.

— Que viens-je d'apprendre ? lui dit-il : Gérard est mort ? — Oui, et tu peux prier pour le salut de son âme. — Ah ! je viens de voir l'épouvantable vengeance que tu en as tirée, et c'est pour le salut de la tienne que je dois prier surtout. — Ne perds pas tes prières, prêtre ! A l'aspect de mon fils mort, j'ai demandé une vengeance au ciel : c'est l'enfer qui m'a répondu. Pour prix de cette vengeance, je lui donne mon âme, je vais la lui envoyer.

Aussitôt le vieillard ferma la porte de cette salle, et un moment après on entendit bruire la flamme et gronder l'incendie. Bientôt Hugues parut à tous les yeux ; il était monté au sommet de la tour la plus élevée, et là, debout entre le feu du ciel et celui de la terre, il resta immobile comme une blanche statue. Ce fut du haut de son château embrasé, à la lueur de ces flammes qui semblaient ne pouvoir plus l'anéantir, car il devait être leur aliment impérissable et éternel, qu'il dut voir s'accomplir la vengeance que l'enfer lui avait promise. En effet, les fougueux étalons s'étaient élancés à leur tour au bas de la colline, se poursuivant, se ruant les uns contre les autres, tandis que le cadavre de Gérard allait, venait, battant les flancs, la croupe et l'encolure de son coursier; tandis qu'Ermessinde mourante s'attachait d'une main désespérée à la crinière du sien, et qu'Alix essayait de dénouer les liens qui la retenaient. Quant à Lionel, il avait laissé courir au hasard sa noble cavale, et celle-ci, accoutumée à une main plus ferme, avait repris le chemin du château. Lionel ne s'en aperçut qu'à la soudaine clarté qui se dressa devant lui. Il regardait sans s'expliquer cette lueur rouge qui se croisait avec la flamme blanche des éclairs, lorsque tout à coup passe à côté de lui le galop lancé du premier étalon, et, dans le bond que fait le fier animal pour s'arrêter, Lionel voit s'agiter devant lui le cadavre sanglant de son frère. Il pousse un cri, un autre cri lui répond. Il se retourne et voit passer de l'autre côté Alix, pâle, échevelée, l'œil hagard, qui disparaît aussitôt. Comme au moment où il avait appris le secret de sa naissance, il doute, il ferme les yeux, il veut fuir, lorsqu'une voix l'appelle: il rouvre les yeux, il regarde... C'est Ermessinde étendant vers lui ses mains d'où le sang découle, et qui crie:

— C'est moi, Lionel, c'est ta mère!

A ce nouvel aspect, la peur, une peur glacée, pénètre dans le sang et dans les os de Lionel; il se sent prêt à perdre ensemble la force et la raison. Il se cramponne à son cheval, en jetant autour de lui un regard épouvanté pour voir si tous ces fantômes, qui ont passé comme des éclairs, ne se sont pas évanouis tout à fait; mais les voilà qui reviennent tous trois sur leurs chevaux qui se dressent, qui bondissent, qui se heurtent, secouant autour de Lionel l'un un cadavre, l'autre une femme mourante et ensanglantée, le troisième une femme aussi, mais qui se tord en poussant des cris de rage, tandis que des voix, que Lionel reconnaît trop bien, lui disent:

— Lionel, Lionel, c'est moi, c'est ta mère, c'est ta sœur.

Noms terribles pour le malheureux, et qui font toujours résonner dans son esprit ces mots effroyables: meurtre, adultère et inceste! Épouvanté, éperdu, il presse les flancs de la brûlante cavale, qui s'échappe alors avec une étonnante rapidité. Ses pieds minces et légers rasent le sol, tandis qu'elle joue avec le mors de sa bride que la main défaillante de Lionel a quittée. Aussitôt les forts et lourds étalons recommencent leur course furieuse. On entend le bruit de leurs larges sabots martelant la route comme le feraient les marteaux de cent forgerons. La cavale semble les écouter hennir, les fuit et les attend, puis elle hennit à son tour, ralentit son vol, et en laisse approcher un. Lionel se retourne et voit Alix pantelante et éperdue, qui tend les bras et disparaît encore emportée par son coursier. La cavale s'arrête. Un nouveau coursier passe en la rasant. Lionel se cache pour ne pas voir, mais il se sent heurté par le cadavre de son frère qui va de çà de là, battant les flancs du cheval qui l'emporte. Lionel veut encore fuir, il crie, il s'agite; mais il se sent saisi à la gorge par deux mains chaudes de sang. C'est sa mère, sa mère qui lui dit:

— Sauve-moi, Lionel, sauve-moi.

Il la repousse, et frappe avec fureur l'agile cavale: elle court, elle court furieuse et les naseaux fumants. Mais l'étalon qui porte Ermessinde, plus furieux encore, la mordant aux naseaux, la serrant côte à côte, court, aussi rapide qu'elle, et les mains sanglantes de la mère adultère ne quitte pas le cou de son fils incestueux. Alors, dans l'effort d'une rage furieuse, Lionel presse encore sa monture, il la déchire de ses éperons, la presse de ses cris, devance tous les coursiers qui la poursuivent, et s'arrache enfin à l'étreinte convulsive du fantôme; mais il entend la voix d'Ermessinde qui lui crie:

— Oh! malédiction sur toi!

Le malheureux, dont la raison s'en va, s'arrête à ce cri pour retourner vers ce fantôme qui a la voix de sa mère et qui l'a maudit; mais alors c'est Gérard et Alix qui tournent autour de lui sur des chevaux qui se dressent et se menacent de leurs sabots. Il repart, il se couche sur l'encolure de son coursier, il ferme les yeux. Alix l'atteint à son tour ; et, se penchant sur lui, s'attachant à lui, elle lui crie d'une voix où manque l'haleine, d'une voix basse et saccadée qui semble dire quelque chose que lui seul doit entendre :

— Lionel, c'est moi... Lionel, c'est moi... c'est ton Alix que tu aimes !

Et, comme il se débat pour s'arracher de cette affreuse étreinte, elle ajoute avec désespoir et comme pour l'attendrir :

— C'est moi; c'est ta sœur...

C'est pour Lionel l'inceste, le meurtre, l'adultère attachés à son flanc par l'enfer. Alors, éperdu, fasciné de terreur, il fuit, il fuit, il fuit; mais les brûlants étalons le poursuivent, le poursuivent toujours; la cavale épouvantée, ne sachant plus quel chemin tenir, tourne sans cesse autour de la colline où brûle le château, et Lionel voit au sommet de la grande tour la haute figure de Hugues, qui tourne lentement en les suivant de l'œil comme un marbre sur un pivot. Une heure durant, cette horrible cavalcade alla ainsi courant autour de l'incendie, parmi le vent qui hurlait, les éclairs qui fendaient d'un feu blanc les nuages rougis par le feu de l'incendie, parmi les éclats de la foudre qui se mêlaient aux immenses craquements de l'édifice qui s'écroulait et aux farouches hennissements des chevaux. La lutte fut toujours également pressée, furieuse et épouvantable, jusqu'à ce que Lionel, poussant d'horribles imprécations, appelât à son aide toutes les puissances de ce monde; et, comme rien ne vint à son aide, il appela à lui les puissances de l'enfer, et elles répondirent. Ce fut alors que, dans le délire de ses terreurs, il se donna à Satan, lui et toute sa postérité, jusqu'à ce qu'il s'y trouvât un être assez vertueux pour rompre le pacte infernal.

On dit qu'un être surhumain, monté sur un cheval de feu et entraînant la cavale dans sa course furieuse, parlait tout bas au malheureux et l'emportait à travers les campagnes; puis, lorsque le pacte fut convenu et que Lionel l'eut ratifié en jetant de la boue sur son éperon, en crachant sur une croix qu'ils rencontrèrent, et en souillant son épée du sang de sa mère, la cavale s'arrêta, épuisée de fatigue, et les coursiers qui la poursuivaient toujours vinrent s'abattre autour d'elle. Quand Lionel se releva, sa mère était morte, mais Alix vivait encore.

LXXVIII

TRANSFORMATIONS

Luizzi avait écouté, le froid dans l'âme, la pâleur sur le visage, cette épouvantable histoire. Le poëte lui-même s'était laissé dominer par la voix sinistre du narrateur; mais à ce moment il reprit son imperturbable assurance, et dit au Diable :

— Comment, monsieur, Alix vivait encore ?
— Oui, répondit Satan; ne fallait-il pas qu'elle donnât le jour au premier fils de cette race née de l'adultère et de l'inceste, au fils de Lionel, au petit-fils du Génois Zizuli ? — Ah ! très-bien, fit le poëte. Au fait, vous avez raison, il fallait un dénoûment à la ballade; je dis la ballade, car vous comprenez qu'un pareil dénoûment est impossible au théâtre, à moins que ce ne soit à Franconi. Et entendit-on parler encore, dans l'histoire de ce pays, de cette famille de Roquemure ? — Non, elle s'était éteinte avec Gérard et Hugues. — Mais ce Lionel, ou son fils, n'a-t-on rien fait sur eux ? — On ajoute, répondit le Diable, que dans cette course inouïe il avait été emporté en moins d'une heure dans le fond du Languedoc. — Il y a donc des Roquemure en Languedoc ? — Je ne le crois pas, car le fils de Lionel dut prendre le nom de son grand-père selon son pacte avec le Diable, et en se faisant un nom

avec les lettres de ce nom singulier. — Et quel est ce nom? — Voyez celui qu'on peut faire avec Zizuli.

Luizzi, presque aussi épouvanté par le récit qu'il venait d'entendre que son aïeul Lionel l'avait pu être par cette épouvantable lutte, s'écria involontairement :

— Non, non, il n'y a pas de nom dans tout le Languedoc qui ressemble à cela. — Je vous demande pardon, dit le conteur, il y en a un. Et si monsieur, qui s'occupe d'histoire pittoresque, va jusqu'à Toulouse, je lui recommande de fouiller dans la bibliothèque publique. Dans un petit coin, à gauche de la porte d'entrée, oublié dans le fond d'un rayon, il trouvera un petit manuscrit en langue d'oc, disant la vie de ce fils de Lionel, qui marqua dans la guerre des Albigeois. Il s'appelait... — Qu'importe le nom? dit Luizzi en interrompant encore le Diable avec vivacité; que devint ce prétendu fils de Lionel? — D'après les termes du marché avec le Diable, il avait dix ans pour choisir la chose qui devait le rendre heureux et le faire échapper à sa damnation. — Et que choisit-il? — Rien; car, se livrant au hasard de sa vie, riche, aventureux, insouciant, il s'aperçut qu'il avait laissé s'écouler les dix années de délai, lorsqu'il n'était plus temps.

A ce mot, Luizzi tressaillit, et, transporté par les terreurs qui le dominaient, il s'écria comme un homme qui s'éveille :

— A quelle date sommes-nous? — Le 1er septembre 183... — Trois mois! je n'ai plus que trois mois, murmura Luizzi.

Puis il demeura plongé dans une horrible préoccupation. Trois mois lui restaient pour choisir; mais n'était-ce pas assez, s'il savait les employer à connaître le monde, sinon en l'expérimentant, du moins en se le faisant raconter par Satan?

Pendant ce temps, le poëte causait avec le voyageur, discutant tous deux le moyen de tirer un drame ou un vaudeville quelconque de cette histoire, comme deux faiseurs littéraires à la mode. Au moment où le baron se mit à les écouter, la diligence s'arrêtait. Satan en descendit, en saluant ses deux compagnons et en leur disant :

— Je vous demande bien pardon de mon bavardage; je vous ai ennuyés sans doute beaucoup! Mais que faire en diligence, à moins d'y conter des histoires?

Luizzi, ravi de se trouver tête à tête avec Satan, le laissa descendre et le suivit. Lorsqu'ils furent à quelque distance de la voiture, il lui fit un signe impératif de le suivre. Le voyageur obéit et lui dit :

— Je vous comprends, monsieur le baron de Luizzi. Le récit que j'ai fait a pu vous blesser, et sans doute vous voulez m'en demander raison; mais je ne suis ni d'humeur ni de profession à accepter un duel, surtout contre vous. — Misérable! s'écria le baron avec menace, très-persuadé que c'était le Diable qu'il avait devant les yeux et qui se moquait de lui. — Vos menaces sont inutiles, monsieur. Je suis prêtre, et, si ma conduite a été quelque temps un objet de scandale, je crois l'avoir suffisamment rachetée par l'austérité d'une vie enfermée dans l'étude et la retraite. — Que veut dire cette plaisanterie? reprit Armand furieux. — Le voici. En revenant de Paris dans ce village dont je suis curé, j'ai rencontré ce jeune fou qui vous connaît; j'ai profité de mon habit séculier, qui ne pouvait lui dire qui j'étais, pour lui montrer jusqu'à quelle triste férocité on pouvait pousser cette manie littéraire qui ne vit plus que d'inceste, de meurtre et de sang, et je lui ai raconté cette légende, que j'ai lue en effet lorsque, faisant ma théologie à Toulouse, j'allais chercher les vieilles traditions de notre pays dans les bibliothèques. — Mais cette histoire, dit Luizzi, que la tranquillité de son interlocuteur stupéfiait, cette histoire..

— Est, dit-on, celle de votre famille; car on peut faire le nom de Luizzi avec celui de Zizuli. Or je vous avoue que j'ai été non-seulement étonné de ce que vous l'ignoriez, mais de l'effet qu'elle paraissait produire sur vous.

Le baron eut un de ces mouvements internes qui nous donnent le doute de notre raison, et il s'écria :

— Me connaissez-vous donc aussi? — Je vous connais depuis de longues années, baron; et nous nous touchons par un malheur qui doit être un remords éternel pour tous deux. — Mais qui êtes-vous donc? s'écria Luizzi, de plus en plus épouvanté. — J'aurais voulu ne pas vous dire mon nom; mais je ne me suis pas consacré à une vie d'humiliations pour fuir devant vous une éternelle honte. Je suis l'abbé de Sérac!

A ces mots, qui semblèrent pétrifier Luizzi, le voyageur salua et partit. A peine avait-il disparu, que Luizzi, s'imaginant qu'il était le jouet du Diable, s'écria :

— Satan! Satan! reviens!

Et comme rien ne paraissait, il agita son talisman, et Satan parut. La figure qu'il avait prise cette fois épouvanta encore plus Luizzi que n'avait fait celle d'Akabila. Le baron crut avoir devant lui monsieur de Cerny : c'était lui, son geste, sa figure, son maintien. Dans son premier étonnement, le baron ne savait s'il rêvait, si c'était le Diable ou si c'était le comte lui-même. Enfin il se décida à parler à cet être, quel qu'il fût.

— Vous voilà donc? dit-il. — Me voilà. — Que me voulez-vous?

Le Diable sourit, et repartit :

— Ne m'attendiez-vous pas, monsieur le baron? — Oui, je t'ai appelé, esclave, dit Armand, qui reconnut enfin Satan à son farouche sourire. — Et je suis venu, maître. — Et pourquoi as-tu pris cette figure? — Parce qu'elle peut m'être utile. — Sans doute comme celle que tu viens de quitter tout à l'heure? — Tout à l'heure? dit Satan, je ne t'ai pas vu depuis hier au soir. — Quel est donc cet homme qui vient de me quitter? — Comment, répondit Satan, tu n'as pas reconnu l'abbé de Sérac, l'ancien amant de la marquise du Val? — Mais toi, ne m'es-tu pas apparu sous cette forme? — Ah! oui, sur la route d'Orléans, cette nuit. C'est vrai; j'avais pris son costume, parce que le bon prêtre était très-bien rembourré contre le froid et que je déteste le froid. — Ce n'est donc pas toi qui es monté sur la diligence? Je ne le pouvais pas : l'abbé y était, avant toi, avec le poëte, et il n'y avait place que pour trois. — Ce n'est donc pas toi qui m'as raconté cette effroyable histoire? — Je ne parle jamais de mes affaires. — Mais cette histoire est-elle vraie? — Elle est écrite. — Me répondras-tu clairement une fois dans ta vie? — Je ne sais pas ce que tu entends par répondre clairement. — Cette histoire est-elle vraie? dis : oui ou non. — Qu'entends-tu d'abord par vraie? — Tout ce que cet homme nous a raconté est-il arrivé? — Oui et non! Oui, pour toi qui veux bien y croire niaisement; non, pour ceux qui la traiteront sottement de fable. — Mais enfin, dit Luizzi, indépendamment de ma foi et de celle des autres, quelle est la vérité? — Dans ce temps-là, on disait que le soleil tournait autour de la terre, et c'était une vérité; aujourd'hui on dit que la terre tourne autour du soleil, et aujourd'hui c'est une vérité. — Mais de ces choses, il y en a une qui est la vérité? — Peut-être, à moins que la vérité ne soit entre elles.

Luizzi s'aperçut qu'il ne pourrait parvenir à faire dire à Satan ce qu'il ne voulait pas dire, et il se mit à réfléchir à la fois à l'obstination du Diable à ne pas répondre en cette circonstance, et au hasard qui, dans ce singulier voyage, mettait à son encontre la plupart de ceux dont la vie avait été mêlée à la sienne. Il semblait reconnaître qu'il s'établissait autour de lui une lutte entre Satan qui le poussait à sa perte, et une puissance inconnue qui semblait vouloir le sauver. Ce prête jeté sur sa route, et qui l'avait averti que l'heure fatale où il lui faillait faire un choix approchait, n'était-il

pas l'organe involontaire de cette puissance protectrice? Cet homme lui-même, rentré par le repentir dans la régularité d'une vie honnête, après avoir été si profondément dissolu, n'était-il pas un exemple qui s'offrait à lui et qu'on lui montrait du doigt?
Le baron fut interrompu dans ses réflexions par la nécessité de remonter dans sa voiture; mais, décidé cette fois à se consulter patiemment et sans se soumettre à aucune influence étrangère, il s'éloigna, en disant à Satan:
— Laisse-moi. — Cela m'est impossible pour le moment. — Comment, dit Luzzi, impossible? et si je ne veux pas t'entendre? — Tu te boucheras les oreilles. — Mais ne sais-je pas que ta voix perce à travers les obstacles les plus puissants? — Il n'en sera pas ainsi cette fois, car ce n'est pas pour toi que je parlerai. — Pour qui donc? — Pour ton compagnon de voyage. — Le poëte? — Pour lui. — Et qu'as-tu donc à lui dire? — Deux anecdotes : l'une, pour qu'il en fasse un roman qui sera horrible; l'autre, pour qu'il fasse une mauvaise action. Et cependant il y aurait une bonne action à faire avec la première anecdote et une bonne comédie à faire avec la seconde. — Et d'où sais-tu qu'il choisira mal? — Parce que je connais l'homme et les hommes, parce que ton siècle aime les tableaux monstrueux et dédaigne les peintures vraies. — Et quelles sont ces anecdotes? — Tu pourras les écouter.

En parlant ainsi, ils arrivèrent auprès de la voiture, et tous deux prirent les deux seules places qui restaient.

— Hé bien! fit le poëte en voyant Luizzi, qu'avez-vous fait de notre conteur? — Je l'ai laissé retourner à son presbytère. — Quoi! s'écria le poëte, c'était un curé? — Le curé de ce village. — Pardieu! pour un prêtre, il raconte de singulières choses, il sait des ballades bien édifiantes. — N'est-ce pas l'abbé de Sérac? dit le Diable en se mêlant à la conversation. En ce cas, je connais la ballade qu'il vous a racontée; il ne sait que celle-là, et la dit à tout venant, ni plus ni moins qu'un orateur de l'opposition faisant toujours le même discours, et un ministre faisant éternellement la même réponse.
— Ce n'est pas qu'il n'y ait quelque matière à un bon drame, à part la course aux cadavres, dit le poëte. J'y songerai. — Ah! monsieur fait du théâtre? reprit le Diable. C'est une belle chose que de dominer tout un public par la puissance de sa pensée, que de le tenir haletant sous sa main, et de le faire frémir et pleurer à son gré. — Mais oui, fit le poëte de son air le plus fat, c'est un de ces bonheurs que j'ai goûtés quelquefois. — Ce qui m'étonne, dit Luizzi, à qui ce monsieur littéraire, qui lui avait rendu service, déplaisait souverainement, c'est que l'on ne fasse pas de la comédie : les originaux ne manquent pourtant pas. — De la comédie! s'écria le poëte, où voulez-vous la prendre? — Sur le grand chemin, dit le baron; on l'y rencontre aussi bien que dans les salons. — Demandez plutôt comment vous pourriez la faire, dit le Diable. — Mais comme on la faisait autrefois, reprit le baron. — Autrefois, monsieur, on osait rire et blâmer, aujourd'hui on ne le peut plus, repartit Satan. — Dans un temps de liberté comme le nôtre, vous croyez qu'on est plus esclave que jadis?

Le Diable fit une moue méprisante, et répliqua à Luizzi :

— Dans un temps où le vice tient toute la société, on n'a plus de public pour rire du vice. Il ne fait pas bon de mépriser les voleurs dans une maison de réclusion; on ne vous y pardonne pas d'y raconter leurs méfaits, à moins que ce ne soit pour apprendre à les imiter. — Cependant, dit Luizzi, aujourd'hui que les classifications sociales s'effacent, on peut choisir où l'on veut, sans redouter une opposition qui autrefois était solidaire entre gens de même sorte. — Allons donc! fit le Diable; hé! qui oserait peindre un député indépendant qui veut se vendre,

un banquier voleur, un notaire idiot, un militaire fanfaron, un magistrat infâme, un avocat malhonnête homme? Mais la chambre, la banque, le notariat, l'armée, la magistrature, le barreau se révolteraient. On crierait à l'impudence, à la démoralisation, à la désorganisation sociale, au feu révolutionnaire. On s'est moqué, du temps de Louis XIV, des marquis qui étaient au lever du roi; je vous défie de pouvoir mettre en scène le valet de chambre qui habille votre souverain. On faisait des baillis idiots, et nul pouvoir ministériel n'oserait permettre de représenter un commissaire de police imbécile. Si vous voulez peindre un ouvrier insolent et brutal, vous trouverez mille ouvriers insolents et brutaux, sans compter les bons et les niais, qui se croiront intéressés dans la querelle et qui vous siffleront, en disant que vous calomniez le peuple. Si vous faites un riche sordide et sans pitié, on vous chasse des salons en vous traitant d'envieux et de misérable que la pauvreté rend enragé. Faites un pédant ambitieux tout gonflé d'une fausse science, et tous les corps savants s'insurgeront contre l'ignorant qui les ravale. Faites un fat littéraire qui gâte l'esprit qu'il vole en le faisant passer par sa plume, et tous les feuilletons diront que vous êtes un sot. Vous en êtes réduit à rire des bossus et des Anglais qui baragouinent : voilà toute votre comédie. L'empire du rire appartient aux bouffons, à la condition qu'ils le seront jusqu'à l'absurde; car s'ils ne le sont que jusqu'à la vérité, on y reconnaîtra un citoyen quelconque, appartenant à une classe quelconque qui ne voudra pas être jouée. L'égalité devant la loi a tué la satire personnelle; l'égalité devant le vice a tué la comédie. Quand une vieille maison s'écroule, il est dangereux de mettre le marteau dans les crevasses; quand la société se sent tomber, elle ne veut pas qu'on découvre ses lézardes. Elle s'enduit de toutes sortes de lois, elle se badigeonne de respect humain, elle s'étaye de morale écrite, car elle craint la plus légère atteinte. Ce n'est plus une classe qui est solidaire dans cette opposition à toute peinture vraie, c'est la société entière; et quel homme est assez fort pour lutter contre elle?
— Ajoutez à cela, dit le poëte, que tout ce vice même manque de relief, de vigueur; c'est à peine s'il reste quelques ridicules effacés... — Je vous assure qu'il y en a d'énormes, dit le Diable en regardant le poëte... — Des passions sans vigueur... — Je vous jure qu'il y en a de monstrueuses... — Une vie réglée et surveillée par le Code civil, les permis de séjour, les gendarmes et les passeports... — Je puis vous attester qu'il y en a qui échappent à toutes ces investigations... — Pendant quelque temps, et pour finir à l'échafaud... —Toujours, et pour rester considérés...'— Mais tenez, par exemple, dit le poëte, à part le diabolique de l'histoire du curé, une pareille aventure serait impossible dans notre siècle. — Et en quoi? Est-ce l'inceste qui manquerait? Celui-là est dû au hasard, et vous avez, vous, monsieur de Luizzi, rencontré l'exemple de l'inceste le plus abominable, le plus compliqué, le plus hideux... — Moi? fit le baron. — C'est qu'il y en a plus que vous ne pensez, Monsieur, et vous en avez coudoyé plus d'un dans les salons de Paris. Mais vous particulièrement, vous, baron de Luizzi, vous avez serré la main à un magistrat qui, surpris par le frère d'une jeune fille dans un tête-à-tête familier, fut forcé par ce frère, sous peine de se couper la gorge avec lui, d'épouser la jeune personne; et savez-vous ce qu'était cette malheureuse? elle était la fille de ce magistrat, qui avait été l'amant de sa mère! Et savez-vous pourquoi le frère fut si terrible pour obtenir la réparation d'une injure qui n'existait pas? c'est que sa sœur était grosse, et qu'il espérait cacher son propre inceste en en faisant commettre deux à sa sœur. — Ho! fit le baron avec dégoût, c'est impossible! — Je ne dis pas que ce soit possible, je dis que

Mathieu Durand. — Page 546.

c'est vrai. Et si je vous racontais, reprit le Diable, l'histoire de ce père qui élève soigneusement ses filles dans les idées du matérialisme le plus complet, dans des principes de démoralisation profonde, pour ne pas trouver d'obstacles à ses infâmes projets ? — Et le crime s'accomplit ? reprit Luizzi. — Ce qu'il y a de drôle, s'il peut y avoir quelque chose de drôle dans tout cela, repartit Satan, c'est que ce furent précisément les leçons du père qui prévinrent le crime. — Ceci me semble étonnant, fit le poëte. — Voici comment cela arriva. Le jour où il plut à ce père philosophe de demander à sa fille un amour infâme, elle lui répondit : « Non, je ne veux pas. — Est-ce que tu as des préjugés, ma fille ? — Assurément non ; mais c'est que vous êtes vieux et laid. — Eh bien ! si tu ne consens pas de bonne grâce, la force me donnera ce que je te demande. » Sur quoi, la fille s'arma d'un couteau, en s'écriant : « N'approchez pas, ou je vous tue. — Tuer ton père, misérable ! — Bon ! fit-elle, est-ce qu'un père n'est pas un homme comme un autre, d'après ce que vous m'avez appris ? » Et, quoi qu'il en eût, le démoralisateur ne put pas tirer sa fille de cette terrible argumentation. « Si c'est un préjugé qui me défend de me donner à vous, ce qui m'empêcherait de vous tuer, si vous vouliez employer la force, ne doit être aussi qu'un préjugé. Or je n'ai pas de préjugés, grâce à vous. » Et de pareilles histoires, ajouta Satan, ne sont pas des fables inventées à plaisir ; elles sont vraies, les acteurs existent, vous les connaissez tous, et vous les saluez avec considération. Ne vous étonnez donc plus de cette histoire fantastique de l'abbé de Sérac. — Elle est donc vraie ? dit Luizzi. — Mais, d'après ce que je viens de vous dire, il me semble qu'elle n'a rien d'invraisemblable. Ce n'est pas le crime qui le serait, vous le voyez, car notre siècle en a de plus effrayants ; ce n'est pas le mystère de la fraternité d'Alix et de Lionel, car cette fraternité était cachée sous un double adultère, et il y en a de légitimes qui s'ignorent elles-mêmes. — Ceci me paraît assez extraordinaire, fit le poëte. L'état civil a bien nui à la comédie en tuant les reconnaissances inattendues. — Je pourrais vous prouver à l'instant le contraire, fit le Diable. — Pardieu ! reprit l'homme de lettres, je le veux bien ; et, puisque j'en trouve l'occasion, je suis bien aise d'apprendre qu'il ne manque rien à notre siècle de ce qui a rendu les autres si féconds en grandes œuvres. — Je vous atteste qu'il n'y manque rien, repartit Satan, ni vices, ni ridicules, ni passions, ni événements étranges, ni caractères singuliers ; excepté... — Excepté quoi ? dit le poëte. — Un homme de génie pour les mettre en œuvre, dit Armand. — Propos de millionnaire et de baron ! fit le poëte avec dédain. Ce qui manque, c'est un public pour les apprécier. — Propos d'homme de lettres sifflé ! dit Armand. — Il manque l'un et l'autre,

Messieurs, dit le Diable en les saluant tous deux ; et maintenant que nous voilà d'accord, je commence.

Comédie

LXXIX

LE BANQUIER.

C'était au commencement du printemps de 1830. Dans un riche cabinet, situé au premier étage d'un vaste hôtel de la rue de Provence, était assis un homme qui lisait attentivement les journaux que son valet de chambre venait de lui remettre. Cet homme était le banquier Mathieu Durand.

— Le banquier Mathieu Durand ! s'écria le poëte, mais je le connais beaucoup ; il a un château à quelques lieues de Bois-Mandé, où je dois même aller le visiter en revenant de Toulouse. — Ah ! la rencontre est singulière, fit le Diable, et je ne sais si je dois continuer. — Au contraire, l'histoire est bien plus intéressante du moment qu'on en connaît les personnages. Je ne serais pas fâché de la connaître à fond. — Comme il vous plaira, dit Satan ; d'ailleurs cette histoire est, à quelques particularités près, celle de bien des gens.

Et il reprit :

— Mathieu Durand n'avait à cette époque que cinquante-cinq ans, quoiqu'il parût plus âgé. Les rides profondes qui traversaient en tous sens son front large, découvert et pensif, attestaient l'effort constant d'une vie active et laborieuse. Cependant, lorsqu'il était inoccupé, ce qui lui arrivait rarement, son visage respirait une bienveillance affectée pour tout ce qui l'entourait, et le son de sa voix, plutôt encourageant que protecteur, semblait dire à tous : Je suis heureux, et je veux que vous le soyez aussi. On eût pu néanmoins remarquer qu'il semblait plutôt fier qu'heureux de son bonheur, qu'il le montrait volontiers et qu'il aimait à le laisser contempler, comme s'il le sentait mieux par l'effet qu'il produisait sur les autres. Ce n'était pas pour en humilier ceux qui l'approchaient, c'était plutôt pour leur faire voir dans sa personne le but où tout homme peut atteindre par un travail patient et une conduite honorable. Du reste, le caractère le plus général de la physionomie de Mathieu Durand était celui d'une forte et rapide intelligence. Ainsi, lorsqu'il écoutait quelqu'un parler d'affaires, il avait un léger froncement de sourcils qui donnait à son regard quelque chose d'absorbant, qui semblait ne laisser échapper ni un geste, ni une parole, ni un mouvement; et cette puissance de tout saisir était si vive et si complète, que, lorsqu'il répondait, son habitude était de résumer rapidement tout ce qui lui avait été dit, et cela avec une netteté et une précision remarquables. Puis venaient ses observations, soit pour accueillir, soit pour refuser, soit pour modifier les propositions qui lui étaient faites. C'est à ce moment que se manifestait le trait le plus saillant et à la fois le plus caché de Mathieu Durand ; c'était une obstination froide, calme et polie dans ses idées, une obstination telle qu'il ne changeait aucunement d'avis, quelque raison qu'on pût lui donner. C'est à dessein que je dis qu'il avait une singulière obstination dans ses idées, car personne n'était plus facile que lui à changer de résolution. Ainsi, après avoir condamné une opération et en avoir renversé les calculs avec une grande supériorité, on le voyait tout à coup porter l'appui de son nom et de ses capitaux à cette opération. D'autres fois il ouvrait un large crédit à un négociant au moment où les autres banquiers commençaient à douter de sa solvabilité, et lorsque lui-même connaissait mieux que qui que ce fût le fâcheux état de ses affaires. Personne, du reste, n'avait pu deviner les raisons déterminantes de ces décisions si contraires à ses intérêts : les uns disaient que c'était caprice, d'autres que c'était générosité, mais il était difficile de supposer des caprices si fantasques à un homme qui montrait tant de rectitude dans la conduite générale de ses affaires. La générosité eût peut-être mieux expliqué cette manière d'agir, car Mathieu Durand passait pour généreux, si on ne l'avait pas vu quelquefois opposer les refus les plus inébranlable à certaines demandes de secours. Un seul homme prétendait que c'était calcul. Cet homme, c'était M. Séjan, le premier commis de la maison Mathieu Durand. Mais il n'expliquait point quel était le but de ce calcul. Un jour que quelqu'un lui demandait à quelle arithmétique appartenait un calcul qui consistait à prêter cent mille francs à un débiteur insolvable, le vieux Séjan se contenta de répondre : « Ceci appartient à l'arithmétique indirecte. » Que signifiait ce mot « arithmétique indirecte ? » M. Séjan ne l'expliquait pas, et se renfermait dans un silence obstiné, auquel un imperceptible sourire et un léger clignement d'yeux prêtaient un air de finesse profonde. Ces écarts en dehors de la ligne directe des bonnes affaires n'excitaient d'ailleurs les craintes de personne, quoiqu'ils fussent assez nombreux ; car la réputation de probité et d'habileté de Mathieu Durand était au-dessus du soupçon, et il était assez riche pour pouvoir se ruiner sans qu'il y parût......

Mais il me semble inutile de pousser plus loin le portrait de Mathieu Durand, dit Satan en s'interrompant, et je pense que ses actions et ses paroles le peindront mieux que je ne pourrais le faire. Et il continua ainsi :

— Mathieu Durand était donc dans son riche cabinet, grande pièce ornée de magnifiques tableaux, sévèrement tendue d'un drap vert bordé de large velours noir, et meublé avec ce luxe puissant qui paye cher pour avoir beau et bon. Après avoir lu tous les journaux avec une grande attention, le banquier ouvrit un des tiroirs de l'immense bureau près duquel il était assis et en tira un papier qu'il lut avec une attention encore plus exacte ; il effaça plusieurs phrases, en ajouta plusieurs autres, et recommença la lecture de cet écrit d'un bout à l'autre, le déclamant à mi-voix, tandis qu'une plume à la main il lui donnait son dernier terme de perfection en le virgulant et le ponctuant avec un soin tout particulier; puis il tira l'une des trois sonnettes, dont les cordons, chacun de couleur différente, pendaient au-dessus de son bureau. Il ne sonna toutefois qu'après avoir encore jeté un regard sur son œuvre. C'était comme l'œuvre d'une mère qui a fini de parer son jeune enfant, et qui, après avoir examiné son vêtement pli à pli, épingle à épingle, ses cheveux boucle à boucle, le pose à quelques pas pour bien contempler l'ensemble de sa toilette et s'assurer que rien ne lui manque. Un moment après le valet de chambre parut, et Mathieu Durand lui dit :

— Envoyez-moi M. Léopold.

Le valet allait quitter le cabinet pour obéir à son maître, lorsque celui-ci reprit :

— Passez par le petit escalier qui mène d'ici à l'entre-sol, où M. Léopold doit se trouver. Qu'il vienne aussi par là; il est inutile que les personnes qui attendent dans les salons voient que je reçois quelqu'un.

Le domestique obéit, et le banquier, demeuré seul, ouvrit la correspondance posée près de lui. Il se contenta le plus souvent de jeter un rapide coup d'œil sur les lettres en les classant dans de petits cartons. Il mit quelques annotations à un très-petit nombre, et en garda deux ou trois, qu'il renferma dans son bureau et dont la lecture avait paru vivement le contrarier. Enfin le valet de chambre reparut, accompagné d'un jeune homme de vingt ans à peu près, qui s'arrêta devant le banquier comme pénétré d'une respectueuse admiration.

— Prévenez que je vais recevoir dans l'instant, dit le banquier au valet de chambre, qui se retira.

Mathieu Durand se tourna alors vers Léopold, et lui dit d'une voix pleine de douceur et de bienveillance :

— Monsieur Léopold, j'ai un service à vous demander. — Un service! à moi? s'écria le jeune homme avec vivacité. Que dois-je faire, Monsieur? Vous savez que ma vie vous appartient, et que, s'il faut la sacrifier... — Non, mon ami, reprit Mathieu Durand en calmant cet enthousiasme par un sourire gracieux; le service que j'ai à vous demander n'exige pas votre vie, mais il exige de la promptitude et de la discrétion. — Oh! si c'est un secret, croyez qu'on m'arracherait plutôt là la vie que de m'en faire révéler un mot. — Vous vous exagérez l'importance de ce que j'attends de vous, Léopold. — Tant pis! car je voudrais trouver enfin un moyen de vous prouver ma reconnaissance. Tous vos employés vous regardent comme un père, Monsieur; mais vous avez été un dieu sauveur pour moi. — Votre mère était restée sans fortune, et, quoique votre père fût mort en 1815 des suites de ses blessures, on lui avait refusé une pension. C'était une grave injustice. — Et vous l'avez noblement réparée, Monsieur; vous êtes venu au secours de ma mère. — Pouvais-je laisser dans la misère la veuve d'un brave militaire? — Vous avez pris soin de moi, et c'est à votre générosité que je dois l'éducation que j'ai reçue. C'est un bienfait... — Oui, Léopold, je crois que c'est un bienfait, dit le banquier, et j'ai peut-être le droit de le dire. C'est que moi, voyez-vous, je suis parti de mon village sachant à peine lire. Le peu que je sais, il m'a fallu l'apprendre en dérobant quelques heures au travail qui me faisait vivre. C'est sans maître que j'ai appris à écrire, sans maître que j'ai peu à peu épuré mon langage de paysan; puis, lorsque j'ai eu une petite place, je n'ai pas voulu paraître plus ignorant que mes jeunes camarades qui sortaient des lycées, j'ai essayé le latin. — Tout seul? — Tout seul dans ma mansarde. J'ai voulu savoir un peu d'histoire, un peu de mathématiques. J'aimais la chimie, je m'occupais de physique. Eh! si je vous disais tout, je jouais du violon, et passablement. A force de travail et d'économie, j'ai pu entreprendre quelques petites affaires, puis de plus grandes, toujours seul, mais toujours persévérant, et enfin je me suis fait ce que je suis. — Vous vous êtes fait un des hommes les plus considérables de France. — Un des plus considérés, du moins je l'espère, reprit Mathieu Durand; mais revenons à ce grand service que j'ai à vous demander. Voici un mémoire, une lettre, un écrit enfin dont il me faut quatre ou cinq copies; vous l'emporterez chez vous et vous me ferez ces copies dans la soirée. Les heures de votre bureau ne m'appartiennent pas, et M. Séjan me gronderait si je vous détournais de vos devoirs. Je compte donc sur votre obligeance. — Oh! Monsieur, dit Léopold confus, ne me parlez pas de mon obligeance, quand chaque heure de ma vie vous appartient. — Surtout ne montrez cela à personne, pas même à votre mère. — Je vous le promets, Monsieur. — Et, à propos, comment va-t-elle? — Très-bien, et elle sera heureuse d'apprendre... — Que je me suis informé de sa santé, dit le banquier en souriant, et elle ira sans doute proclamer partout la bonté de M. Mathieu Durand, qui a demandé des nouvelles de madame Baron? — Ne lui en veuillez pas de sa reconnaissance. — Je plaisanté, mon ami. Votre mère est une digne et honnête femme. Elle s'exagère le peu que j'ai fait pour elle, mais ce sentiment lui vient d'une vertu si rare que je l'en louerais, si sa reconnaissance s'adressait à un autre qu'à moi. Faites-lui toujours mes compliments. — Je vous remercie pour elle, Monsieur; mais quand faudra-t-il vous remettre ces copies? — Demain au matin. — Alors je les apporterai de bonne heure, puisque vous ne partez que demain au matin pour l'Étang. — Vous avez raison, c'est demain dimanche, et je pars ce soir. Ma fille me gronderait si je n'arrivais que demain; car elle a un bal chez un de nos voisins de campagne, et je me suis chargé de je ne sais combien de petits colifichets pour elle. — Je puis passer la journée à faire ces copies. — Non, il faudrait excuser votre absence près de M. Séjan. Faites mieux, venez demain à l'Étang, vous passerez la journée avec nous. Je vous mènerai au bal le soir. Les danseurs sont toujours les bienvenus.

A cette proposition, Léopold était devenu tout rouge, il baissait les yeux avec embarras et semblait hésiter. Le visage de Mathieu Durand se contracta légèrement, et il demanda à Léopold d'un ton un peu sec :

— Ne pouvez-vous me faire ce plaisir, Monsieur? — C'est qu'une pareille invitation me confond, lorsque je sais que c'est la récompense la plus flatteuse pour ceux de vos employés à qui vous daignez l'accorder. Ma mère sera si heureuse, si fière!...

Les traits de Mathieu Durand s'épanouirent, et il répondit d'un ton de bienveillance charmante :

— Eh bien! si vous trouvez qu'on ne s'ennuie pas trop à l'Étang, vous la prierez un jour de vous accompagner. — Ah! Monsieur, reprit Léopold les larmes aux yeux et suffoqué par sa reconnaissance. — C'est bien, mon ami! lui dit Mathieu Durand en lui tendant la main.

Léopold était si ravi, il avait le cœur tellement plein, qu'il saisit la main du banquier et la baisa comme celle d'un roi qui vient d'accorder une grâce importante à l'un de ses sujets. Durand le regarda sortir, et l'expression d'un vif contentement de lui-même contenu jusque-là dans son cœur éclata sur son visage, il releva la tête avec fierté et laissa échapper comme une sourde exclamation de triomphe; il fit ensuite deux ou trois fois le tour de son cabinet, comme pour donner à cette émotion le temps de s'exhaler librement. Puis, lorsqu'il fut tout à fait maître de lui, il reprit sa place auprès de son bureau et sonna de nouveau. Le valet de chambre reparut.

— Ah! ma foi, il me paraît que vous connaissez bien cet excellent M. Mathieu Durand, dit le poëte! Voilà ce que j'appelle un homme de cœur! Je ne lui connais qu'un défaut. — Et lequel? fit le Diable. — Ai-je l'honneur de parler à un de ses amis? — Je suis le comte de Cerny, fit le Diable, et je ne vous raconte que ce que j'ai appris par un hasard très-étrange. Vous pouvez tout dire devant moi. — Eh bien! au milieu de toutes ses bonnes qualités et avec son génie financier, M. Mathieu Durand a un défaut qui le fait descendre au rang des plus minces marchands de bonnet de coton. — Et ce défaut? dit Satan. — Il est classique, mais classique en diable. Et puis, c'est son M. Séjan qui est plaisant lorsqu'il lui tombe un volume nouveau sous la main! La première chose qu'il fait, c'est de compter les lignes de la page; et, s'il n'y en a pas autant que dans une édition compacte de M. de Voltaire, il dit que l'auteur et le libraire volent le public. — Je ne suis pas de son avis, dit le Diable; il me semble qu'en fait de littérature moderne, plus on en met, plus on vole le public. — Hein? fit l'homme de lettres. — Mais revenons à Mathieu Durand, dit Satan... Son valet de chambre était entré.

LXXX

L'ENTREPRENEUR.

— Quelles sont les personnes qui attendent? lui dit le banquier. — Voici leurs noms, répondit le domestique en tendant plusieurs petits carrés de papier à son maître.

Mathieu Durand le lut, et s'arrêta à l'un d'eux.

— Quel est ce M. Félix de Marseille? dit-il. — C'est un monsieur très-âgé, qui paraît avoir au moins soixante-quinze ans; il est le dernier arrivé. — Il entrera le dernier. — C'est M. le marquis de Berizy qui est arrivé le premier, dit le valet de chambre.

— Faites entrer M. Daneau, repartit le banquier, et priez M. de Berizy de vouloir bien m'excuser; il s'agit d'un rendez-vous promis.

Un moment après, on vit entrer M. Daneau. Il salua le banquier avec une gaucherie visible, provenant sans doute de l'embarras qu'il éprouvait en se trouvant en présence d'un des plus riches capitalistes de l'Europe. Mathieu Durand ne parut pas s'apercevoir du trouble de M. Daneau, et lui dit en lui montrant un siége avec un geste de bon accueil :

— Je vous ai reçu le premier, Monsieur, parce que je sais qu'on n'a jamais trop de temps pour ses affaires, et que c'est un capital dont on ne saurait détourner l'emploi sans de graves préjudices; veuillez donc me dire en quoi je puis vous être utile.

M. Daneau était un très-gros homme de taille élevée : il avait la face rouge, de larges pieds et de larges mains; tout en lui attestait un développement solide de forces physiques nourries de charcuterie et de vin de Bourgogne. Cependant on voyait percer sous cette rude enveloppe une intelligence fine et preste et une parole facile et convenante; il toussa et commença ainsi, les yeux baissés, tandis que Mathieu Durand le considérait de ce regard direct et ferme avec lequel il semblait démêler les phrases les plus obscures et les affaires les plus embrouillées :

— Monsieur, la démarche que je hasarde aujourd'hui est bien osée; mais vous la pardonnerez à un homme qui est sur le point d'être ruiné et déshonoré, à la veille même de voir sa fortune assurée. Je suis entrepreneur de bâtiments. — Je le sais, Monsieur. — J'ai actuellement six maisons en construction. Je comptais pouvoir les mettre en location au terme d'avril de cette année, en faisant terminer durant l'hiver les travaux d'intérieur; mais la saison a été si rigoureuse qu'il a été impossible de faire faire un pouce de plafond ni une toise de peinture, de façon que je ne suis pas plus avancé qu'il y a six mois. Cependant, ne prévoyant pas un hiver aussi terrible que celui qui vient de finir, j'avais pris de nombreux engagements pour ce mois-ci et les mois suivants. Ces engagements, j'aurais pu facilement les remplir, si mes calculs n'avaient pas été détruits par un accident qui ne se renouvelle pas une fois tous les dix ans; j'aurais trouvé les fonds nécessaires, soit en hypothéquant ces maisons, soit en les vendant. Mais autant il est facile de se procurer de l'argent sur une propriété achevée et qui est en plein rapport, autant cela est impossible lorsqu'il reste encore de nombreux travaux à terminer. Nous seuls avons une connaissance assez exacte de la valeur qu'elle aura et des dépenses à faire, pour connaître les résultats certains de l'affaire et y avoir confiance. — Je comprends parfaitement ce que vous me dites, Monsieur, reprit Mathieu Durand en regardant plus attentivement encore l'entrepreneur; mais des maisons, quoiqu'elles ne soient pas terminées, ont cependant une valeur réelle et sur laquelle il ne doit pas être difficile de trouver des fonds. — Je ne puis vous cacher, Monsieur, que cette valeur est engagée, en grande partie du moins. J'estime que les six maisons que je fais bâtir vaudront trois millions, et je n'avais guère que trois cent mille francs pour commencer. Ainsi une fois une partie du terrain payée, il m'a fallu l'hypothéquer pour commencer les travaux; une fois le rez-de-chaussée établi, j'ai emprunté sur le rez-chaussée pour bâtir le premier, puis j'ai emprunté sur le premier pour bâtir le second, ainsi de suite. Aujourd'hui je dois à peu près douze cent mille francs hypothéqués sur les maisons, plus quatre cent mille francs d'engagements à ordre que j'avais échelonnés aux échéances d'avril, mai, juin, croyant qu'à cette époque mes ressources seraient assurées par la facilité d'un emprunt sur des maisons qui représenteront une valeur de trois millions. Cette valeur, elles ne l'auront plus qu'en juillet, et peut-être ne pourrais-je la leur donner. — Comment cela? dit Mathieu Durand, qui semblait plutôt interroger cet homme pour apprendre comment il entendait les affaires que pour connaître ces affaires elles-mêmes. — Le voici. Après avoir payé comptant tous mes entrepreneurs, grâce aux emprunts que je faisais, j'ai été forcé, à l'entrée de l'hiver, de les régler. Cela a déjà commencé à les rendre moins confiants : ainsi, quand il s'est agi de terminer les travaux, ils ont demandé moitié comptant, moitié en règlements. C'est aujourd'hui la première quinzaine de la reprise des travaux, et j'ai trente mille francs à payer, dont quinze mille francs à donner en écus pour les ouvriers; et dans trois jours c'est la fin du mois, il me faut soixante-deux mille francs, pour mes échéances. Voilà où j'en suis, Monsieur : si je n'ai pas ce matin ces quinze mille francs, les ouvriers ne seront pas payés ce soir, les travaux ne continueront pas, mes maisons resteront inachevées, mon crédit est perdu; et si l'on arrive à une faillite, à des saisies et à une expropriation, des maisons qui, dans trois mois, peuvent valoir trois millions avec cent mille écus de dépense, se vendront peut-être dans un an et par autorité de justice pour douze ou quinze cent mille francs, car d'ici là elles se dégraderont, d'autant qu'elles ne seront pas suffisamment closes et fermées. Je serai ruiné par une opération qui devait m'enrichir, et qui m'eût enrichi si je n'avais rencontré une saison détestable.

Le banquier parut réfléchir longtemps à ce qu'il venait d'entendre, tandis que l'entrepreneur suivait avec anxiété sur son visage la moindre trace d'une résolution.

Enfin Mathieu Durand se tourna vivement vers M. Daneau et lui dit :

— A combien d'entrepreneurs avez-vous affaire? — A un grand nombre, Monsieur; car j'ai dû diviser mes travaux pour aller plus rapidement. Ainsi j'ai, pour mes six maisons, autant d'entrepreneurs différents, soit de charpente, soit de serrurerie, soit de menuiserie ; j'ai six fumistes, six peintres, tous d'honnêtes gens, Monsieur, qui doivent ce qu'ils possèdent au travail, car ils ont tous commencé avec rien. — Très-bien, très-bien! et cela constitue une trentaine d'entrepreneurs, gens honorables, dites-vous? — Oui, Monsieur, ayant tous une excellente réputation. — Electeurs, sans doute... Et les entrepreneurs de maçonnerie? — J'ai fait la maçonnerie moi-même, car je suis maître maçon. — C'est égal, dit le banquier, cela vous a fait contracter des engagements envers les marchands de moëllons, de pierres, de plâtre, de chaux, de sable, cela vous fait entretenir beaucoup d'ouvriers. — J'en ai deux cents, et plus de vingt fournisseurs. — Ah! c'est bien, c'est bien! répéta le banquier; et ils ont en vous une grande confiance? — Je n'ai rien fait jusqu'à présent qui puisse me la faire perdre.

Le banquier regarda franchement Daneau, et lui dit avec un vif accent de bienveillance :

— Vous ne la perdrez pas, Monsieur. — Se peut-il? — Écoutez, monsieur Daneau, je ne fais point d'opération de ce genre ; mais, d'après de ce que vous venez de me dire, vous devez avoir affaire à des hommes qui ne sont arrivés à la position qu'ils occupent que par leur industrie. — C'est notre histoire à tous, monsieur Durand ; j'ai appris mon état en servant les maçons. Tous mes entrepreneurs en sont là. — Et c'est mon histoire aussi, monsieur Daneau ; il y a quarante ans, je suis arrivé à Paris avec cent sous et l'envie de faire mon chemin ; je suis enfant du peuple comme vous, comme tous vos entrepreneurs, comme vos ouvriers, et je ne manquerai pas aux hommes qui n'ont pas été aussi heureux que je l'ai été. — Ah! Monsieur, s'écria l'entrepreneur, c'est un acte de générosité. — De justice, monsieur Daneau, voilà tout. Je ne suis pas un grand seigneur, moi ; je suis le fils d'un paysan, d'un ouvrier, et je n'oublie pas ce que j'ai été. — Ah! Monsieur! répétait l'entrepreneur, qui ne trouvait pas d'expression pour sa reconnaissance. — C'est pour vous, c'est pour eux, c'est pour les ouvriers qui auraient aussi à souffrir d'une pareille catastrophe, que je le fais, Monsieur. — Oh! si j'osais le leur dire! — C'est inutile, reprit le banquier. Ce que je puis rendre de services est déjà un bonheur qui me paye suffisamment. Mais il faut que je vous dise de quelle manière j'entends traiter cette affaire. Vous me donnerez une hypothèque générale sur vos maisons. — C'est trop juste. — Et je vous ouvrirai un crédit de quatre cent mille francs. — Un crédit ! — Oui, monsieur Daneau, je n'opère pas autrement. Toutes les fois que vous aurez un payement à faire, ce sera par un bon sur ma maison, bon qui, du reste, sera acquitté dans les vingt-quatre heures. — Mais cela vaut cent fois mieux que des écus, Monsieur, et je n'en aurai pas besoin du moment que l'on saura que je suis soutenu par la maison Mathieu Durand.

Le banquier ne fit pas semblant d'entendre, et répondit :

— Quant aux quinze mille francs dont vous avez besoin pour aujourd'hui, tirez sur moi, remettez les mandats à vos entrepreneurs : ils seront payés à la caisse. D'un autre côté, monsieur Daneau, je désire, du moment que je me charge de vous fournir des fonds, que tous les effets signés par vous soient à l'avenir payables chez moi ; cela tient au système de comptabilité que j'ai organisé dans mes bureaux. — Mais c'est me combler, Monsieur, c'est donner à mon papier la valeur d'argent comptant. — Je suis charmé que cela vous arrange. Du reste, monsieur Daneau, lundi au matin je serai ici avec mon notaire et le vôtre. Je vais donner l'ordre qu'on passe au bureau des hypothèques, et nous en finirons dans deux jours. Si vous pouviez, demain, venir passer une heure ou deux à l'Étang, nous pourrions causer plus librement..... — J'irai, Monsieur, j'irai ; mais..... mais..... Permettez-moi de

Le principal acteur était le comte de Lozeraie. — Page 559.

vous dire..... de vous remercier..... de.....

Et l'entrepreneur bégayait, les larmes aux yeux.

— Pardon, monsieur Daneau, lui dit Durand, on m'attend, et il faut que je vous renvoie. — Oui, Monsieur, oui... — Adieu, à demain.

Et le banquier fit sortir l'entrepreneur avant que celui-ci eût eu le temps de décharger son cœur de la reconnaissance dont il était plein, de façon qu'il n'était pas à la porte du cabinet qu'il cherchait à qui parler de la bienfaisance et de la bonhomie du banquier. Daneau avait tellement besoin de répandre au dehors les sentiments dont il était oppressé, qu'il se mit à faire l'éloge de Mathieu Durand à son domestique, qui l'attendait à la porte de l'hôtel avec son cabriolet. Il arrêta deux ou trois de ses amis pour leur apprendre qu'il avait un compte ouvert chez le banquier Mathieu Durand, qui était l'homme bienfaisant par excellence, et si simple, si bon, si peu fier, que lui, Daneau, était dans l'admiration la plus complète de cet homme.

— Mais il me semble qu'il la méritait, dit le baron, qui écoutait par désœuvrement. — Comment donc! dit le Diable, prêter sur hypothèque, rien n'est plus généreux. Demander des garanties énormes, rien n'est plus bienfaisant. — Vous êtes gentilhomme, monsieur de Cerny, dit le poëte, et vous n'aimez pas la finance. Toutes vos épigrammes n'empêcheront pas que le trait de Mathieu Durand ne soit admirable. — Admirable, c'est le mot, fit Satan, et vous le reconnaîtrez quand vous verrez le revers de la médaille. Mais pour vous le montrer, il faut que je continue mon histoire et que nous rentrions dans le cabinet du banquier.

LXXXI

UN GENTILHOMME ET UN PAUVRE HOMME.

On venait d'y introduire le marquis de Berizy. L'accueil que lui fit Mathieu Durand fut d'une exacte politesse, mais empreint de cette modestie réservée qui marque la différence qu'on sait exister entre soi et l'homme à qui l'on parle. A voir à côté l'un de l'autre le marquis de Berizy, l'homme de cinquante ans, au teint hâlé, aux mains rudes, à la mise peu recherchée, et le banquier Mathieu Durand, si nettement peigné, rasé, habillé, avec les mains blanches et les ongles roses, assurément on eût pris le marquis pour le bourgeois et le bourgeois pour le marquis. La voix moelleuse et doucement sonore du banquier semblait aussi avoir quelque chose de plus aristocratique que la voix forte et presque rauque du marquis. Mais à les regarder de tout à fait près, on eût pu remarquer dans le banquier un soin de tout ce qu'il disait et de la manière dont il le disait qui prouvait qu'il tenait à donner une excellente opinion de ses bonnes manières; tandis qu'on sentait dans le laisser-aller du marquis un homme qui est habitué à être comme il faut et qui l'est sans façons.

— A quel motif, dit Mathieu, dois-je l'honneur de la visite de monsieur le marquis de Berizy? — Le voici, Monsieur; vous savez que par ordonnance du roi Charles X, je viens d'être nommé pair de France? — Je le sais, comme tout le monde. — Et comme tout le monde aussi vous vous demandez peut-être pourquoi je suis arrivé à la pairie? — Vous portez un grand nom, monsieur de Berizy. — Et vous avez le nom d'un honnête homme, monsieur Durand; ce qui, par le temps qui court, vaut tout autant. Mais, s'il faut vous le dire, ce n'est pas tout à fait à cause de ce grand nom dont vous parlez que je suis arrivé à la pairie, c'est parce que je suis un des plus riches propriétaires fonciers de France. Le roi pense que les hommes qui possèdent une grande fortune ont un intérêt plus direct au maintien de l'ordre que ceux qui ne fondent l'espoir de la leur que sur des révolutions. Vous le voyez donc, je suis pair de France par la raison qui fait que vous le seriez demain, si vous le vouliez.

Le banquier sourit dédaigneusement. Et le marquis reprit :

— Ce n'est pas là la question. Je viens à l'affaire qui m'amène. J'ai reçu la nouvelle de ma promotion à la pairie, lorsque je m'étais accoutumé depuis vingt ans à n'être qu'un campagnard utile à mon pays; car je dois une partie de ma fortune à des entreprises agricoles. On néglige trop la terre en France, monsieur Durand; on semble oublier que l'agriculture est une industrie.... Mais, en vérité, je bavarde comme si j'étais déjà en fonctions. J'étais donc retiré dans mes terres, lorsqu'il a plu au roi de faire de moi un pair de France. Je ferai donc de mon mieux pour être un bon pair de France. Mais, à côté des devoirs politiques que j'aurai à remplir, il en est un que je veux m'imposer et que vous ne désapprouverez pas, je suppose;

car la magnificence de votre hôtel me prouve que vous n'êtes pas dans le système de ces économistes qui prétendent que toute dépense de luxe est un vol fait à la prospérité publique. Je ne viens pas à Paris pour m'y ruiner ; mais, du moment que le roi m'y a appelé pour une fonction élevée, je veux la soutenir par un train convenable. — Je conçois parfaitement cela, repartit le banquier, parlant précieusement et comme un homme qui laisse voir qu'il est patient.

Le marquis s'en aperçut, et reprit :

— Je vous demande pardon de vous raconter tout cela ; mais ce préambule vous fera tout à fait comprendre pourquoi j'ai un service à vous demander et quel est ce service. D'après ce que je vous ai dit, je me suis décidé à me fixer à Paris. Je me suis donc défait d'une forêt dont je ne puis plus surveiller l'exploitation, et j'ai résolu d'acheter d'abord un hôtel à Paris, et ensuite de placer une partie des capitaux que j'ai réalisés, soit sur les fonds publics, soit dans une maison de banque, pour remplacer par une augmentation d'intérêts de mes capitaux actifs le capital mort que je jetterai dans un hôtel. — Et vous avez choisi ma maison ? dit Durand d'un ton où perçait une certaine émotion. — Oui, monsieur Durand, j'ai choisi la vôtre, parce que vous avez une réputation de probité et d'honneur à laquelle toute la France applaudit. — Il faut bien que nous ayons cela, nous autres gens du peuple, répondit le banquier reprenant son air de modestie. — Vous y ajoutez, dit-on, une vingtaine de millions, repartit M. de Berizy en riant, et cela n'est pas un accessoire sans importance — On exagère beaucoup mon avoir, Monsieur, dit le banquier avec l'une de ces mines qui affirment la chose que nient les paroles. Mais, quelle que soit ma fortune, elle a été honorablement acquise ; c'est le prix d'un labeur patient, car j'ai commencé avec rien. Je suis l'enfant d'un pauvre homme, d'un ouvrier qui ne m'a laissé qu'un nom honorable, l'amour du travail et d'honnêtes principes. — Et vous voyez, monsieur Durand, que, quoi qu'on en dise, c'est un assez bel héritage, un héritage qui a noblement profité entre vos mains. — Je m'en fais honneur. — Et vous avez raison. Mais dites-moi ce que je dois attendre de vous. Vous chargerez-vous de mes fonds ? — Je serai à vos ordres, Monsieur, et ce sera une affaire faite si les conditions accoutumées de ma maison vous conviennent : car la banque n'admet pas les priviléges, et je ne saurais faire pour le marquis de Berizy plus que pour le plus obscur de mes commettants. — Et je n'en demande pas davantage. Pouvez-vous me dire ces conditions ? — Pardon, monsieur le marquis, mais je suis forcé de recevoir des clients plus pressés que vous, car ils viennent me demander de l'argent au lieu de m'en apporter. Si vous étiez assez bon pour passer dans le bureau du chef de la comptabilité, M. Séjan, vous vous entendriez avec lui : tout ce qu'il fera sera bien fait.

Le marquis salua en signe d'assentiment, et Mathieu Durand sonna. Le valet de chambre parut.

— Qui attend ? — Ce vieux M. Félix. — Oui, dit M. de Berizy, un vieillard de près de quatre-vingts ans. Je m'en veux de vous avoir retenu si longtemps. — Quelque malheureux qui a recours à moi, dit le banquier en s'adressant au marquis pendant qu'il écrivait un mot. — Je sais que vous les accueillez avec une bonté qui doit vous en amener beaucoup. — Tout le monde ne réussit pas, monsieur le marquis, et je n'oublie pas d'où je suis parti, dit sentimentalement Mathieu Durand.

Puis il remit à son valet de chambre le papier sur lequel il avait écrit, et lui dit :

— Conduisez monsieur chez M. Séjan.

Le marquis et le banquier se saluèrent le plus gracieusement du monde et Mathieu Durand resta encore seul un moment.

— Ah ! murmura-t-il entre ses dents, ils

ont besoin de l'homme de rien, ces grands seigneurs; ils y viennent, ils y viendront tous.

— Est-ce là le revers de la médaille que vous nous annonciez? interrompit le poëte. — Le voici qui va commencer, dit le Diable. Car, un moment après, on annonça M. Félix.

L'aspect de cet homme avait cette solennité inséparable d'une grande vieillesse vigoureusement portée. Sa mise était plus que simple, sans être abandonnée. Mathieu Durand le mesura d'un regard rapide, que le vieillard supporta sans se déconcerter, et il examina à son tour le banquier avec une attention qui ne pouvait guère s'excuser que par l'autorité de son grand âge.

Mathieu Durand en fut d'autant plus blessé, qu'il sentit que cet homme lui imposait, et il lui dit, sans lui offrir de s'asseoir :

— Qui êtes-vous, et à quoi puis-je vous être bon ? — Cette lettre vous le dira, Monsieur, repartit M. Félix.

Et, sans attendre la réponse de Mathieu Durand, il prit un siége et s'assit.

Celui-ci trouva la leçon passablement audacieuse, et lança au vieillard un coup d'œil qui l'avertit de son impertinence, mais qui s'arrêta devant le regard calme et serein du vieillard; Durand ouvrit la lettre et la lut. elle ne contenait que ce peu de mots écrits à le hâte :

« Monsieur et ami,

« M. Félix, qui vous remettra cette lettre, est un ancien négociant qui a éprouvé de grands malheurs. Je vous saurai gré de ce que vous pourrez faire pour lui. »

— Cette lettre est de M. Dumont, de Marseille? dit Durand. — Oui, Monsieur. — Je ne laisserai pas sans secours un homme qui m'a été recommandé par M. Dumont, dit le banquier dédaigneusement. Voilà ce que je puis pour vous, Monsieur, ajouta-t-il en prenant une pile d'argent dans son bureau et en l'offrant au vieillard. — Ce n'est pas assez, dit M. Félix. — Que signifie ce ton? s'écria Durand. — Veuillez m'écouter, Monsieur. — Volontiers, mais hâtez-vous; mes affaires me réclament. — Je tâcherai d'être bref. Je suis issu d'une bonne famille de commerce. Mon père me fit donner une excellente éducation. — C'est un bienfait dont je n'ai pas joui, moi, Monsieur. — Vous?... dit le vieillard en fronçant le sourcil.

Puis il reprit :

— C'est vrai, on me l'a dit. J'ai été plus heureux, moi. J'avais vingt ans lorsque mon père mourut et me laissa une fortune immense. Mais ses spéculations avec l'Inde et la Chine, si heureuses dans ses mains, périclitèrent dans les miennes. — Vous n'aviez pas été élevé à la rude école de la pauvreté, Monsieur; c'est qu'on ne connaît le prix de l'argent que lorsqu'il a été amassé par le travail. — Vous avez raison sans doute, Monsieur. Toujours est-il qu'à l'époque où la révolution éclata, mes affaires commençaient à chanceler et que la guerre avec l'Angleterre m'ayant enlevé de riches cargaisons, je fus ruiné et forcé de faire... — Faillite, dit le banquier, en interrompant le vieillard qui semblait hésiter à prononcer ce mot. — J'ai fait banqueroute, reprit courageusement M. Félix : je me suis échappé de France avec quelques ressources, j'ai été condamné...
— Comme banqueroutier? dit le banquier en tressaillant.

Puis il se remit et reprit :

— Eh bien! Monsieur, que puis-je faire à cela ? — Le voici. Il y a plus de trente ans que j'ai quitté la France. Ce temps, je l'ai occupé, non pas à refaire la fortune que j'ai perdue, mais à regagner assez pour pouvoir payer tous mes créanciers ou leurs héritiers, afin de réhabiliter mon nom. J'y suis parvenu à peu près, Monsieur : j'ai donné tout ce que j'ai rapporté des États-Unis, il ne me reste rien, mais il me manque encore une somme de cinquante mille francs. — Et vous venez me la demander, peut-être? dit le banquier.

— Je viens vous la demander, Monsieur. — Pardon, mon cher Monsieur; mais, en vérité, je ne vous conçois pas. Je veux croire à votre histoire, et je n'ai pas l'intention de vous dire rien de désobligeant; mais je ne puis me faire le trésorier de tous les faillis de France. — N'oubliez pas que c'est un vieillard de quatre-vingts ans qui vous demande le moyen de recouvrer son honneur. — Ce n'est pas moi qui vous l'ai fait perdre. — Cinquante mille francs sont une somme énorme sans doute; mais vous les avez mis quelquefois dans l'achat d'un tableau. — Je crois avoir le droit de faire de ma fortune ce qu'il me plaît, dit brutalement le banquier; car cette fortune, je l'ai gagnée sou à sou, je n'ai pas été un riche héritier; mon père... — Votre père! dit le vieillard avec émotion. — Mon père ne m'a pas laissé des millions à dissiper. C'était un ouvrier, Monsieur, honnête ouvrier à la vérité. Je suis né pauvre, j'ai vécu pauvre, et c'est pour cela, Monsieur, que je ne me crois pas obligé de réparer les folies et les imprudences des gens qui ont été riches et qui n'ont pas su le demeurer. — Si vous saviez quel sentiment m'a poussé à cette fatale détermination, vous auriez pitié de moi. — Adressez-vous à M. Dumont, Monsieur. — Pardon, dit le vieillard en se levant et avec un accent presque solennel, je croyais que vous m'auriez mieux compris que lui.

Il salua le banquier et sortit.

— Eh bien! fit le Diable en s'interrompant, que dites-vous du bienfaisant millionnaire? — Ma foi, dit Luizzi, il avait quelque raison. Jeter cinquante mille francs à la tête du premier venu me paraîtrait un peu maladroit. — J'en connais de moins riches qui en donnent deux cent cinquante mille à des drôles parce qu'ils y intéressent leur vanité, dit le Diable.

Ceci rappela au baron sa sottise dans l'affaire de Henri Donezau, et il se tut, ne voulant pas donner à Satan l'occasion de lui dire quelque impertinence dont il ne pourrait lui demander raison, le Diable et les prêtres s'étant interdit le duel.

— Décidément, fit le poëte, vous en voulez à la finance bourgeoise, et votre portrait du gentilhomme me le prouve. — Vous allez voir, dit Satan; mais, avant d'arriver à de nouveaux personnages, permettez-moi d'en finir avec Mathieu Durand.

Celui-ci se promena seul dans son cabinet pendant quelque temps après la sortie de M. Félix, et avec une humeur manifeste; puis, au bout de trois ou quatre minutes, il sonna violemment et dit à son valet de chambre :

— Si ce monsieur qui sort d'ici se représente jamais, vous ne le recevrez pas. — Oui, Monsieur. — Qui est là? — Une douzaine de personnes venant, à ce qu'elles m'ont dit, de la part de M. Daneau. — C'est bien! c'est bien! repartit le banquier d'un air qui redevint tout joyeux; faites-les entrer.

Ce fut d'abord un entrepreneur de serrurerie.

— Que désirez-vous, Monsieur? lui dit le banquier, comme s'il ne savait pas pourquoi il venait. — Vous demander une simple explication. M. Daneau nous a remis des bons sur votre caisse et des billets à ordre payables chez vous. Les bons n'ont pas été payés, et nous devons craindre que les billets ne le soient pas. — Ils le seront, et les mandats aussi, Monsieur. — Ah!... Ainsi ce qu'il nous a dit est vrai? M. Daneau a chez vous un crédit de quatre cent mille francs? — Oui, Monsieur. — Vous l'avez sauvé, Monsieur. — Mais ce n'est pas pour lui seul que j'ai agi ainsi... Je sais quels sont ses engagements envers vous et beaucoup d'autres; et, tant que je le pourrai, Monsieur, je soutiendrai un homme de qui dépend la fortune de tant d'honnêtes gens, et, par suite, celle de tant d'ouvriers. — Ah! monsieur Durand, voilà qui est digne de votre cœur! Nul banquier à Paris n'eût fait cela. — C'est que ce n'est pas seulement le banquier qui le fait, Monsieur, c'est l'homme qui se souvient de ce qu'il a été; c'est l'homme qui, comme vous tous, a commencé par le travail; c'est l'homme du peuple, enfin. — Ah! nous savons que vous êtes l'ami des ouvriers et des honnêtes gens. — Je fais pour eux ce que je puis, et je regrette de ne pas pouvoir davantage. — Et que pouvez-vous désirer dans votre position, monsieur Mathieu Durand? — Pour moi, rien... Mais quelquefois j'ai pensé que, si les droits du peuple étaient mieux défendus à la tribune... — Je suis électeur, monsieur Durand; et si jamais vous vous mettiez sur les rangs... — Je n'y songe pas... Mais vous devez être pressé.... Je vais viser vos mandats, et ils seront payés.

Et l'entrepreneur de serrurerie sortit ravi.

Puis entrèrent les autres entrepreneurs envoyés par M. Daneau: dix, douze, quinze; et ce fut à peu près dix, douze, quinze fois la même scène avec des variantes très-légères, jusqu'au moment où M. Séjan parut dans le cabinet de son patron.

— Eh bien! Séjan, où en sommes-nous? lui dit le banquier. — Toujours la même chose, Monsieur. Je crains que la fin du mois ne soit dure. Je n'ose presque plus tirer sur nos petits commettants de province, car la plupart des traites me reviennent. — Ce sont des sommes sans importance. — Sans doute; mais elles se multiplient à l'infini. Dix, vingt, trente mille francs de crédit ouvert sont peu de chose; mais nous avons plus de six cents crédits pareils au grand-livre; il y a plus de six millions engagés de cette manière; nous avons près du double dans le petit commerce de Paris, dont nous ne sommes couverts qu'en papier dont la valeur m'est suspecte; il y a un commerce de signatures effrayant. — Je le crois comme vous; mais il suffit de ma signature pour que la Banque prenne tous les bordereaux que je lui envoie. Ainsi, il ne peut y avoir gêne quant à présent; toutefois, il faudra de la prudence pour ne pas amener de catastrophe, et nous resserrons peu à peu ce genre d'opérations. Avez-vous vu M. de Berizy? — Oui, sans doute. — Et quelle est la somme qu'il désire placer chez moi? — Deux millions, et je venais vous demander l'emploi que vous voulez faire de cette somme. — Acheter du trois. — Il est à 82 francs 25 centimes. — Eh bien! — Le moindre événement peut amener une baisse... Nous avons plus de trente millions de fonds de dépôts, engagés sur les fonds... A la moindre panique, le trois peut baisser. Cette expédition d'Alger peut ne pas réussir; les nouvelles élections peuvent être mauvaises. — Elles seront bonnes, Séjan. — Dans quel sens? — Dans ce sens que nous forcerons le pouvoir à venir à nous. — Et s'il n'y vient pas, s'il arrive des collisions qui ébranlent le crédit public? — Nous attendrons que les fonds se relèvent. — Mais si vos commettants alarmés redemandaient alors tous leurs fonds, les uns engagés dans des commandites sans nombre et les autres sur les fonds publics? Songez seulement qu'avec une baisse de dix francs, et dans une révolution cela ne serait pas extraordinaire, nous réaliserions près de quatre millions de perte pour le remboursement seulement des capitaux placés sur le trois.

Le banquier écouta Séjan avec un sourire de haute protection et lui répondit d'un air radieux:

— Mon pauvre Séjan, vous raisonnez toujours comme si vous étiez encore chez L... ou chez O...; tous les malheurs que vous dites peuvent arriver, excepté celui que l'on doute un moment de la solvabilité de la maison Mathieu Durand. — Personne n'en doutera, Monsieur, et je sais qu'elle est assez riche pour faire face à toutes les catastrophes; mais votre fortune y peut périr. — J'aime mieux ma fortune que celle du roi de France, Séjan, s'écria le banquier avec exaltation; elle est plus solide que la sienne, elle s'appuie sur la popularité. La maison de Bourbon peut périr, la maison Mathieu Durand restera debout.

Séjan leva les yeux au ciel, et le banquier, ayant donné les signatures que lui venait demander le directeur principal de sa maison, commanda ses chevaux et partit pour l'étang.

Ni Luizzi ni le poëte ne firent d'observations. Alors le Diable continua ainsi :

LXXXII

UNE AUTRE ESPÈCE DE GENTILHOMME.

Le jour même où ces diverses scènes se passaient chez le banquier Mathieu Durand, dans la rue de Provence, une autre comédie se jouait, par un personnage bien différent, dans la rue de Varennes, au faubourg Saint-Germain. Le principal acteur était le comte de Lozeraie. C'était un homme de cinquante ans passés, de haute taille, le visage busqué, l'air froid et dédaigneux, portant la tête au vent, parlant du bout des lèvres, mis avec une recherche qui savait prendre aux modes de l'extrême jeunesse ce qu'elles avaient de convenable à son âge, sans se laisser entraîner à ce qu'elles avaient de ridicule. Il était enfermé de même dans un cabinet de travail d'une grande richesse, tout luisant de brocart, de meubles dorés, de curiosités coûteuses, de porcelaines de prix. Cependant il paraissait prêt à sortir, car un valet de chambre venait de lui remettre son chapeau, ses gants, sa cravache, en lui annonçant que ses chevaux étaient prêts.

A ce moment, un jeune homme de vingt-quatre ans ouvrit la porte du cabinet, et salua le comte de Loseraie.

— Ah! vous voilà enfin, Arthur ? — On m'a dit que vous me demandiez, mon père, et je me suis hâté de descendre. — Vous auriez pu y mettre plus d'empressement. — Pardon, mon père, j'achevais une lettre à un ami, à monsieur... — En voilà assez, je ne vous demande pas compte de vos actions; vous êtes d'un nom et d'un rang qui doivent vous mettre à l'abri de liaisons indignes de vous.

Arthur baissa les yeux et ne répondit pas. Son père reprit :

— Je vous ai fait mander pour vous prier de ne pas vous engager pour demain dimanche. — J'aurais voulu le savoir plus tôt, mon père, car j'ai presque promis. — Il suffit que vous le sachiez aujourd'hui, repartit sévèrement le comte; vous êtes invité demain chez le marquis de Favieri, qui donne un bal à sa maison de campagne de Lorges, et je tiens à ce que vous vous rendiez à cette invitation. — Je m'y rendrai, mon père, je m'y rendrai avec grand plaisir, répondit Arthur avec empressement. — Je vous sais gré de cette obéissance, reprit M. de Lozeraie d'un ton moins rogue; mais tâchez de n'y pas mettre de restriction, je vous prie ; quittez, s'il se peut, cet air triste et mélancolique que vous traînez partout. Vous verrez demain mademoiselle Flora de Favieri : c'est une fort belle personne, son père est immensément riche; tâchez de plaire à l'un et à l'autre. Vous me comprenez ?...

Arthur sembla d'abord entendre son père avec un vif étonnement, puis avec une satisfaction évidente. Il hésita cependant un moment à exprimer les pensées que la dernière phrase de son père avait fait naître en lui ; mais, comme celui-ci le regardait d'un air sévère et interrogateur, il se décida à parler et lui dit :

— Sans doute, mon père, je crois vous comprendre, et je dois croire, d'après vos paroles, que vous ne répugneriez pas à une alliance avec un homme qui exerce l'état de banquier, comme fait M. le marquis de Favieri. — Cet homme est le représentant d'une des plus nobles familles de Florence, dit sévèrement M. de Lozeraie. Le commerce et la banque, qui, en France, ont toujours été considérés comme une dérogation à la noblesse, n'ont pas la même défaveur en Italie. M. de Favieri ne s'est pas fait banquier, il est resté banquier comme ses ancêtres. C'est une bien grande différence avec les hommes de finance de notre pays, pour la plupart petits bourgeois parvenus.

La joie qui s'était montrée sur le visage d'Arthur s'en effaça tout à coup, et il répondit timidement :

— Il y a cependant des hommes fort honorables parmi tous ces bourgeois ! — Cela doit vous être indifférent, je suppose; qu'avez-vous à faire avec ces gens-là ? — Rien, mon père, répondit Arthur vivement troublé.

Le comte considéra son fils, comme s'il eût douté de la vérité de cette assertion, puis reprit durement :

— Vous vous appelez le vicomte de Lozeraie, ne l'oubliez plus, si par hasard il vous était arrivé de l'oublier. — Mon père, jamais... Je n'ai rien fait... — Je ne vous demande pas un plaidoyer; un gentilhomme se fie à l'honneur de son fils. Souvenez-vous cependant que vous m'accompagnerez demain chez M. de Favieri. — Je vous accompagnerai, mon père, répondit Arthur.

Il allait se retirer et le comte s'apprêtait à sortir, lorsqu'on annonça M. de Poissy. M. de Lozeraie fit signe à son fils de les laisser seuls.

— Vous arrivez à propos, dit M. de Lozeraie à M. de Poissy, je comptais passer chez vous en allant à Saint-Cloud. — Je suis sorti depuis ce matin, car les affaires ne se font pas d'elles-mêmes. — Eh bien ! où en sommes-nous ? — L'expédition d'Alger se fera, elle est tout à fait décidée. — Et que vous ont dit nos gens au ministère de la guerre ? — Je n'ose vous l'apprendre. — Comment ! tant de sacrifices seraient-ils perdus ? — Ils ne le seront pas, si vous en augmentez le chiffre. — Encore ! s'écria le comte avec impatience. Je croyais que quatre cent mille francs déjà donnés suffiraient. — Il y a tant de monde à satisfaire ! — Mais enfin, si je me décidais à un nouveau sacrifice, serais-je sûr cette fois que je pourrais disposer de cette fourniture ? — Cela n'est pas douteux. — Et que demande-t-on ? — C'est que c'est une affaire à gagner trois ou quatre millions, dit M. de Poissy ! — Je le sais; mais quel prix faudra-t-il les payer ? — Il faudrait encore cent mille écus. — Cent mille écus ! mais c'est exorbitant ! — Pour gagner quatre millions ? — Ah ! reprit le comte de Lozeraie, quel temps que le nôtre ! Autrefois le roi eût fait présent à un des seigneurs de sa cour d'une entreprise pareille ; cela eût suffi à la fortune de son protégé. Mais ce n'est plus le roi qui gouverne, ce sont les chambres d'une part, assemblées d'ergoteurs et de gratte-sous, et les bureaux d'une autre, repaires peuplés d'une race de commis sortis de derrière tous les comptoirs de France où ils ont appris à vendre jusqu'à leur honneur. — C'est heureux quand on a de quoi l'acheter. — C'est déplorable quand il faut le payer dix fois plus qu'il ne vaut. — Cette somme de cent mille écus vous gênerait-elle ? dit le vicomte en regardant attentivement M. de Lozeraie. — Moi ! reprit celui-ci avec hauteur, je suis prêt à la donner; mais je ne veux pas me laisser friponner. Il me faut des garanties. — En peut-on donner dans de pareilles négociations ? C'est une affaire de bonne foi. — Savez-vous que j'avance plus de six cent mille francs ? — Sans doute ; mais doutez-vous que, lorsqu'on présentera un homme de votre nom, il ne l'emporte pas facilement sur tous les concurrents qui lui seraient opposés ? Le ministre lui-même aura la main forcée. — Croyez-vous ? dit M. de Lozeraie d'un air capable. Eh bien ! nous verrons. Je vais chez le roi, j'y trouverai le ministre, je sonderai le terrain, et demain je vous donnerai une réponse. — Faudra-t-il venir la chercher ici ? — Vous devez être invité chez M. de Favieri?

Ce mot parut frapper le comte d'une complète stupéfaction. — Page 562.

je vous y verrai. — C'est très-bien ; mais on m'attend, que faut-il que je réponde ? — Que je me consulte. — Il y a des offres plus considérables que les vôtres et qu'on peut accepter d'ici à demain. — Je ne puis cependant donner une telle somme sans y réfléchir, sans prendre des mesures. — Une promesse formelle suffira. La parole d'un homme comme vous est un engagement sacré. — Je le sais, reprit le comte avec un sourire vaniteux ; c'est pour cela que je ne la donne pas légèrement... Qu'on attende. — Il suffit, dit M. de Poissy, je m'arrangerai pour que rien ne se termine avant après-demain. — Je compte sur vous, vous y êtes aussi intéressé que moi... Je pars pour Saint-Cloud, adieu.

Comme le comte allait sortir, le domestique entra encore et annonça M. Felix, de Marseille.

— Je ne le connais pas, répondit le comte. Qu'est-ce que c'est que cet homme ? —

Un vieillard de près de quatre-vingts ans ; il dit qu'il a une lettre de recommandation pour monsieur le comte... — Ah! quelque mendiant... sans doute... Je n'y suis pas...

Et, sans faire attention à ce qu'il venait de dire, M. de Lozeraie quitta son cabinet, traversa le salon et passa dans l'antichambre avant que le domestique eût le temps de dire à ce M. Félix que le comte de Lozeraie était absent. A son aspect, le vieillard se leva, et, l'abordant respectueusement, il lui dit en lui tendant une lettre :

— De la part du vicomte de Couchy, de Lyon.

Le comte s'arrêta et prit la lettre, sans répondre à la salutation du vieillard. Cette lettre était ainsi conçue :

« Mon cher comte, l'homme qui vous remettra cette lettre est un bon vieillard à qui la révolution a fait perdre sa fortune. Il vous dira son histoire, et je vous serai très-reconnaissant de ce que vous pourrez faire pour lui. »

Le comte jeta cette lettre sur une étagère, et dit à son domestique qui l'avait suivi :

— Donnez deux louis à cet homme, et faites avancer mes chevaux. — Monsieur le comte, reprit M. Félix en se plaçant entre lui et la porte, ce n'est pas l'aumône que je suis venu vous demander. — Et qu'est-ce donc, s'il vous plaît ? — C'est une restitution, Monsieur. — Une restitution ! Je n'ai pas de dettes, Monsieur, et, si j'en avais, ce ne serait pas avec des gens de votre sorte. — Aussi, Monsieur, reprit le vieillard d'un ton haut, ne parlé-je pas de vos dettes personnelles envers moi ? — Cela serait difficile. — Peut-être ; dit le vieillard ; mais je parle de celles de M. de Loré, votre beau-père. Il m'a emprunté de fortes sommes à l'étranger avant l'émigration, et je viens vous les demander. — A moi ?... Je ne suis pas garant des dettes de M. de Loré, si tant est qu'il vous ait jamais dû quelque chose. — Cependant, Monsieur, sa fille, qui était votre femme, a recueilli son héritage. — En ce cas, cela pourrait tout au plus regarder mon fils, qui a recueilli l'héritage de sa mère. Mais où sont vos titres ? — Quand je vous aurai fait le récit des circonstances où j'ai secouru M. de Loré, vous reconnaîtrez la vérité de ce que j'avance, quoique je ne puisse dire que j'aie des titres exacts. — Ah ! je comprends, repartit le comte avec colère et mépris, quelque histoire arrangée sur des circonstances que le hasard vous aura apprises... Vous venez trop tard, Monsieur ; je connais cette industrie, et je vous conseille d'aller l'exercer ailleurs. — Et je comprends aussi, répondit le vieillard sévèrement, que M. de Lozeraie sache mieux que personne comment on bâtit des histoires sur des circonstances apprises par hasard. — Que veut dire ce misérable ? s'écria le comte. — Moi ! rien, répondit humblement le vieillard ; mais vous m'avez dit que ma réclamation regardait monsieur votre fils. Je m'adresserai à lui. — Qu'on jette cet homme à la porte ! dit le comte avec violence. — Songez, reprit le vieillard, qu'il y va de l'honneur du nom de M. de Loré. — Le nom de M. de Loré, comme le mien, est au-dessus de si basses intrigues. — Votre fils ne pense peut-être pas de même. — Je vous défends de voir mon fils, Monsieur ; je sais que les jeunes gens sont faciles à séduire, et je vous avertis qu'à la moindre tentative de votre part, je saurai y mettre un terme. Les tribunaux punissent ces tentatives d'escroquerie. — Ils punissent aussi les suppositions de titres, dit le vieillard.

Ce mot parut frapper le comte d'une complète stupéfaction, à laquelle succéda une violente colère. Mais le vieux M. Félix s'était déjà retiré au moment où elle éclata, et M. de Lozeraie, se tournant vers M. de Poissy, lui dit avec emportement :

— Voilà pourtant à quoi nous sommes exposés, nous autres gens de vieille noblesse. Des intrigants s'arment de notre nom pour nous en menacer, en nous épouvantant d'un scandale. — Et quel succès peuvent-ils en attendre ? — Eh ! mon Dieu, de prêter à rire à nos dépens à tout ce petit monde libéral, qui ne demande pas mieux qu'une occasion de nous calomnier, et qui attribue à la complaisance des juges la condamnation de ces misérables. Tant qu'on ne pourra pas jeter de tels drôles dans un cul-de-basse-fosse, de façon à ce qu'on ne puisse pas en entendre parler, nous serons en butte aux plus ignobles intrigues. Mais il faut espérer que cela viendra.

Aussitôt le comte de Lozeraie monta à cheval et partit au grand trot de l'animal.

— Eh bien ! que vous semble de mon gentilhomme ? fit le Diable. — Il me semble être comme il y en a beaucoup, répondit le poëte. Quand on a un grand nom, il est assez clair qu'on s'en grise. Mais ce qui me paraît le plus curieux, c'est ce monsieur Félix ; c'est *l'homme gris* de votre histoire, il me semble. Qu'est-ce que c'est que ce monsieur ? — Ce que je ne vois pas, dit le baron, ce sont les rapports qu'il peut y avoir entre Mathieu Durand et M. de Lozeraie. — Chaque chose viendra en son temps, repartit le Diable, et, si vous voulez m'écouter, vous allez l'apprendre. Je ne fais ni drames ni comédies, mais je ménage mes effets, comme vous dites au théâtre.

Et Satan reprit :

LXXXIII

UNE CIRCULAIRE ÉLECTORALE.

Le lendemain de ce jour, Mathieu Durand se promenait dans une des allées du parc de l'Étang, relisant une fois encore l'écrit qu'il avait si attentivement lu la veille et dont Léopold avait apporté les copies que le banquier lui avait demandées. On était au milieu du jour à peu près, et Mathieu Durand semblait attendre avec impatience ; il regardait souvent en arrière, comme pour voir si quelqu'un ne venait pas. Enfin, il aperçut un homme qui parut au bout de l'allée et dont l'arrivée sembla le charmer. Cet homme, c'était M. Daneau. Cependant, malgré le plaisir que sa venue semblait faire au banquier, il n'alla pas vers lui. Il continua sa promenade comme s'il ne l'avait point vu, mais d'un pas assez lent pour se laisser bientôt atteindre, et il recommença sa lecture, en paraissant être complètement absorbé par ce qu'il lisait. Daneau fut bientôt près de lui. Il salua Mathieu Durand, qui lui fit un petit signe de tête amical en lui disant :

— Pardon, je suis à vous. Si vous n'êtes pas fatigué, nous allons nous promener un moment ensemble. — C'est me faire honneur.

Le banquier ne répondit pas et continua sa lecture, pendant que l'entrepreneur marchait près de lui. De temps en temps Durand haussait les épaules en lisant, puis il laissa échapper quelques petits rires et quelques exclamations de pitié bienveillante comme celle-ci :

— Le pauvre homme !... il est fou !...

Enfin il parut ému de ce qu'il lisait et il se dit à lui-même :

— Il y a du cœur là-dedans... Je ne puis lui en vouloir de cette exaltation. En vérité, ajouta-t-il en se tournant vers M. Daneau, il y a plus de reconnaissance parmi les pauvres que dans le monde. — J'en suis persuadé, dit M. Daneau. — Tenez, voilà un écrit qui m'a paru d'abord ridicule et qui a fini par me toucher, parce que je suis sûr du bon sentiment qui l'a inspiré. — Qu'est-ce donc ? dit M. Daneau, si obligeamment amené à entrer dans les confidences du banquier. — Un pauvre brave homme, répondit celui-ci, que j'ai tiré d'un mauvais pas et qui s'est imaginé de me témoigner sa reconnaissance en sollicitant pour moi les voix des électeurs de son arrondissement. — Mais c'est une idée qui me semble bien naturelle ; et l'a-t-il mise déjà à exécution ? — Non, heureusement; il m'a fait soumettre le projet de lettre qu'il comptait écrire, et le voici. — Vous ne l'approuvez pas? — Voyez vous-même si je le puis, » dit Mathieu Durand en donnant le papier à Daneau.

Celui-ci le lut attentivement, pendant que le banquier suivait, avec une anxiété mal déguisée, l'effet que cet écrit produisait sur l'entrepreneur.

Enfin Daneau reprit :

— Mais cette lettre ne dit rien qui ne soit l'exacte vérité. En vous présentant comme le plus habile banquier de France et le plus probe à la fois, en énumérant tous les services que vous avez rendus au commerce et à l'industrie, il ne fait que dire ce que tout le monde sait. — J'ai peut-être fait quelque bien, mais de là à ce qu'on dit il y a loin. — Ma foi! dit M. Daneau avec un bon mouvement d'honnête homme, si j'avais eu à faire une pareille lettre, j'en aurais dit bien davantage. — Il y en a bien assez comme cela, fit le banquier en souriant. — Pardon, monsieur Durand, reprit l'entrepreneur; mais permettez-moi de vous demander si votre intention est de vous mettre sur les rangs? — De m'y mettre! dit Durand; non, certes. — Mais enfin, accepteriez-vous la candidature qui vous serait offerte?... — Ceci est grave... C'est une charge bien pesante que la députation, surtout pour un homme comme moi. Songez que, si j'étais à la chambre, je m'y croirais le représentant du peuple, des industriels, des commerçants, et que la tâche serait rude de prétendre faire prévaloir leurs droits, que le pouvoir s'obstine à méconnaître. — Ces droits ne pourraient avoir un plus noble représentant et un meilleur défenseur. — Je les soutiendrais de cœur et de conviction, je vous le jure; car j'en suis, moi, de ce peuple, et je ressens vivement l'injure incessante qu'on lui fait. — Eh bien donc, Monsieur, dit Daneau, permettez-moi de m'unir à l'électeur qui a fait cette lettre... — Non! non! dit le banquier; si je laissais faire une chose pareille, je ne voudrais pas que son nom parût. C'est un brave homme qui a été plus imprudent que malintentionné, mais qui n'a pas dans le commerce un nom aussi intact que pourrait être le vôtre, par exemple. — Le mien, monsieur Durand, je vous dois de l'avoir conservé honorable, et je l'écrirai, si vous voulez me le permettre, au bas de cette lettre. — Oui, dit le banquier d'un air assez indifférent; je comprends que votre nom en attirerait beaucoup d'autres. — Ce serait le vôtre, monsieur Durand; et, si je présentais cette lettre à signer à tous mes confrères, ils n'hésiteraient pas. — Il est certain que, si une pareille lettre était signée par un grand nombre d'électeurs, je pourrais me décider à me mettre en avant; cela m'encouragerait, cela... — Je vous promets deux cents signatures d'ici à deux jours! s'écria l'entrepreneur emporté par son désir de reconnaître les services de Mathieu Durand. — C'est beaucoup, dit le banquier... — Me permettez-vous de le tenter? — Ce sera peut-être un essai inutile. — Ce sont mes affaires, monsieur Durand... ce sont mes affaires, dit Daneau tout fier de la victoire qu'il sentait avoir remportée sur la modestie du banquier. — Faites donc vos affaires, lui répondit Mathieu en souriant. Mais, puisque vous m'y forcez, je veux bien qu'on sache une chose : c'est que c'est au peuple que je m'adresse, que je suis un enfant du peuple, que c'est de lui que je veux recevoir mon mandat, que c'est pour lui que je veux l'exercer. — Oui, Monsieur, oui, et vous verrez que le peuple est reconnaissant. — C'est bien, mon bon monsieur Daneau; cachons ce papier, et qu'il n'en soit plus question aujourd'hui. Mais vous ne connaissez pas l'Étang, je vais vous le montrer. Vous devez savoir apprécier des constructions de cette importance : c'est aussi votre affaire. »

Et, pendant une heure, le banquier et le maçon se promenèrent à travers un parc magnifique, planté des arbres les plus rares, semé d'eaux vives et de parterres admirablement tenus. Ils arrivèrent ainsi jusqu'à la demeure princière du banquier, vieille propriété qui avait appartenu à l'une des familles les plus considérables de France, et qui gardait encore les fossés et les ponts-levis féodaux, lesquels ne s'abaissaient plus que devant les pas de l'homme du peuple, Mathieu Durand.

Et c'était l'œuvre dudit Mathieu Durand, fit le poëte, que ledit Mathieu Durand faisait si adroitement signer à Daneau. Le tour me semble assez bon. — Il n'est pas trop littéraire, repartit le Diable. Ordinairement, en bonne littérature, on signe plutôt ce qu'on n'a pas fait que de le donner à signer aux autres. — C'est une calomnie contre la littérature, Monsieur, dit le poëte au Diable. — Comme le portrait de Mathieu Durand passera pour une calomnie contre la finance, repartit Satan. Quand on crie au filou dans la rue, il y a bien des passants qui se retournent.

Luizzi eût été curieux de voir s'élever une discussion entre le Diable et le poëte, mais celui-ci se tut, et Satan continua :

LXXXIV

— Le soir venu, toutes les personnes dont je vous ai parlé dans ce récit se trouvaient au bal chez monsieur de Favieri, et parmi les plus jolies femmes qui remplissaient ses salons, on remarquait mademoiselle Delphine Durand, assise à côté de mademoiselle Flora de Favieri ; celle-ci, grande, brune, sérieuse, et revêtant d'un abord glacé et hautain l'expression passionnée de son visage ; l'autre, petite, blonde, gracieuse, affectant un dédain qui n'arrivait qu'à l'impertinence; l'une pouvant laisser croire qu'elle s'appuyait sur la force de volonté qu'elle portait en elle-même ; l'autre laissant deviner qu'elle ne devait son air impératif qu'à l'obéissance qu'elle avait toujours rencontrée autour d'elle ; Flora paraissait douée d'un caractère que lui avait fait sa position. Du reste, et malgré la différence de leurs caractères, elles avaient entamé du même ton le sujet de conversation. On s'était mutuellement récrié sur l'élégance de la toilette ; on avait discuté les marchandes de modes les plus en vogue, et l'on avait décidé que la reine des jolies coiffures était mademoiselle Alexandrine, de la rue de Richelieu. A cette occupation succéda naturellement celle qui est écrite dans le programme des entretiens de bal. Ces demoiselles s'amusèrent à tourner en ridicule la plupart des femmes qui étaient dans les salons, et à s'égayer au sujet des hommes qui venaient parader devant elles. Elles furent interrompues par monsieur de Favieri, qui s'approcha de sa fille et lui dit de ce ton italien, caressant et moqueur, qui fait si bien douter du sens des paroles qui sont prononcées :

— Flora, je suis venu moi-même vous présenter monsieur Arthur de Lozeraie, dont je vous ai parlé.

Mademoiselle de Favieri répondit au salut d'Arthur par une légère inclination de tête et un imperceptible sourire. De son côté, Arthur salua ensuite mademoiselle Delphine Durand d'un air de connaissance, mais de réserve en même temps. A peine s'était-il éloigné que Delphine dit à Flora :

— Vous recevez monsieur Arthur de Lozeraie? — Oui, répondit Flora d'un air de pitié moqueuse. — Ah! fit Delphine... et vous le connaissez depuis longtemps? C'est la première fois que je le vois. — Et... comment le trouvez-vous ? — Mais, dit Flora en se retournant vers Delphine, je ne l'ai pas regardé. — J'ai entendu dire que c'est un jeune homme très-remarquable, très-distingué, d'un très-grand nom. — Et fort beau, dit Flora, n'est-ce pas ? — Oui, répondit Delphine. — Eh bien ! ma chère, on vous a fait sans doute la même leçon qu'à moi, et sans doute là même qu'à beaucoup d'autres. Monsieur Arthur de Loseraie a des amis qui l'annoncent de cette façon dans toutes les maisons où il y a une riche héritière à marier. — Vous croyez? s'écria Delphine vivement. — C'est mon père qui m'en a prévenue. — Et votre père le reçoit dans ce but? — Je ne le crois pas, reprit Flora dédaigneusement : une fortune assez dérangée, un grand nom dont l'origine n'est pas très-claire, ne conviennent ni au banquier Favieri ni au marquis de Favieri. — Mais, malgré tout cela, il pourrait vous convenir à vous, peut-être? — A moi? dit Flora ; un petit jeune homme qui n'est rien, qui tremble devant son père comme un enfant de douze ans, qui a l'air de baisser les yeux devant une femme, comme si toutes menaçaient de le dévorer d'amour ! — Je vous assure qu'il ose les regarder, reprit sèchement Delphine, quand il les trouve jolies. — Vous avez raison, repartit mademoiselle de Favieri, car il vous contemple avec une muette extase. — Vous vous trompez, c'est vous sans doute. — Vous allez vous convaincre que ce n'est pas moi ; car je vais vous demander la permission de vous quitter pour aller donner quelques ordres.

Flora se leva et laissa Delphine.

A ce moment, Arthur s'approcha et demanda à mademoiselle Durand la faveur de danser avec elle. Delphine lui répondit sèchement et à voix basse :

— Vous venez trop tard. — Êtes-vous donc engagée pour toute la soirée? — Je veux dire que mademoiselle de Favieri n'est plus là. — Vous savez bien que ce n'est pas pour elle que je suis venu. — Nous n'avons pas besoin de causer si longtemps ensemble. — Je me retire si vous craignez que cela soit remarqué. — Oh! ce n'est pas pour moi, dit Delphine. J'ai peur que votre papa ne vous gronde.

Tout cela avait été rapidement échangé à voix basse, et ces quelques paroles suffisent à vous montrer que Delphine était un de ces enfants gâtés, mutins, volontaires, à qui toutes les impertinences ont été permises et qui se les permettent toutes. Ce dialogue prouvait aussi que ce n'était pas la première fois que mademoiselle Durand et Arthur se rencontraient et qu'il y avait entre eux un petit secret de jeunes gens. Toutefois, Arthur n'eut pas plutôt entendu le dernier mot de mademoiselle Durand, que, s'armant d'un courage surhumain, il s'assit sur le siége vide qu'avait abandonné mademoiselle de Favieri, allant ainsi au delà des strictes convenances qu'il respectait d'ordinaire plus que personne. Delphine ne put s'empêcher de sourire de ce triomphe qu'elle venait de remporter, mais il ne suffit pas à la calmer. Elle en voulait à Arthur de ce qu'il n'avait pas plu à Flora. Elle lui en aurait probablement voulu aussi si celle-ci l'eût trouvé charmant. C'est une si bonne chose pour certaines femmes que de pouvoir faire une querelle à l'homme qu'elles aiment, que tout leur est prétexte, surtout quand cet amour n'est, à vrai dire, qu'un sentiment de vanité tyrannique.

— Mademoiselle Durand, dit le poëte en interrompant le récit, n'en est pas moins une personne délicieuse. — Immensément riche, et qui, si elle rencontrait un homme qui sût la dominer, deviendrait la plus douce, la plus charmante femme du monde, repartit le Diable. — Je l'ai toujours pensé, dit le poëte. — Une femme que son père devrait donner à un homme comme lui, distingué, mais sorti du peuple. — Prenez garde ! dit Luizzi, monsieur a dit qu'il l'épouserait. — Je suis un homme du peuple aussi, messieurs, fit le poëte en se redressant. — Et entre gens du peuple comme vous et Mathieu Durand, personne ne déroge, dit le Diable en souriant ; mais, si vous voulez me permettre de continuer, vous verrez que les chances ne sont peut-être pas aussi faciles que vous le croyez.

En effet, Arthur, assis à côté de Delphine, lui disait :

— Ainsi, vous ne danserez pas avec moi? — Non. — Et vous danserez avec d'autres? — Oui. — C'est ce que nous verrons. — C'est ce que vous verrez.

En ce moment Léopold s'approcha de mademoiselle Durand pour l'engager ; mais elle lui répondit :

— Pardon! j'ai promis à monsieur le vicomte Arthur de Lozeraie. — Ah! s'écria celui-ci tout bas, vous êtes un ange! — Ce n'est pas pour vous, je vous le jure, que j'ai refusé ce monsieur.

Arthur, ravi, crut cette réponse l'effet d'un reste de dépit. Il se trompait, elle était l'expression de la pensée de Delphine. Si, au lieu de Léopold, le commis de son père, quelque jeune homme de grand nom s'était approché, elle l'eût accueilli ; mais sa vanité ne résista pas au bonheur de faire sentir au petit commis que sa prétention était bien déplacée et qu'il était un très-petit garçon à côté du vicomte de Lozeraie.

— Ainsi, vous danserez avec moi? reprit Arthur. — Ni avec vous ni avec personne. Laissez-moi et allez inviter mademoiselle de Favieri. — Je vous jure que je n'ai aucune envie de danser avec mademoiselle de Favieri. — Peut-être ; et, si votre papa le veut, il le faut bien.

Arthur, piqué au vif, se tut, et la contredanse allait commencer lorsqu'il aperçut son père qui lui faisait signe. Quoi qu'il en eût, il quitta aussitôt sa place, malgré tout le dépit qu'il éprouvait de montrer ainsi son obéissance, et alla vers le comte, qui lui dit sèchement :

— Avez-vous invité mademoiselle de Favieri? — Elle n'était plus là, dit Arthur en rougissant, et... — Quelle est cette jeune fille avec qui vous causiez, vous sembliez la connaître? — C'est la fille de monsieur Mathieu Durand, ce banquier si riche, si....

— Bien ! bien! fit le comte : je sais ce que c'est que monsieur Mathieu Durand, une espèce d'ouvrier parvenu ! — On le dit très-honorable, très-probe? — Voulez-vous que ce soit un fripon? — Que diable serait-il s'il n'était pas honnête homme? En tout cas, dispensez-vous d'être si attentif près de sa fille.

Arthur ne savait que répondre. Heureusement pour lui, son père fut abordé par le marquis de Bérizy et Mathieu Durand en personne. Monsieur de Berizy dit à monsieur de Lozeraie qu'il désirait l'entretenir un moment, et celui-ci allait le suivre quand Delphine, s'approchant de Mathieu Durand, lui dit :

— Est-ce que nous restons longtemps encore? — Mais, Delphine, le bal commence à peine ! — C'est égal, reprit l'enfant gâtée, je m'ennuie, je veux m'en aller. — Quand tu voudras, dit Mathieu Durand, ou plutôt quand j'aurai causé un moment d'affaires avec ces messieurs. — Mon Dieu! vous apportez les affaires jusqu'au bal, papa. Vous êtes étonnant! — Il est bien plus étonnant, mademoiselle, dit monsieur de Berizy en riant, qu'à votre âge et jolie comme vous l'êtes on y apporte l'ennui!

Il y avait dans le ton du marquis une si haute expression de l'homme du grand monde, que Delphine se sentit flattée de cette paternelle leçon.

— Mon Dieu! dit-elle, si je m'ennuie, c'est que je ne sais que faire. — Hé! voilà qu'on va danser, dit le marquis, et voilà un jeune homme, ajouta-t-il en se tournant vers Arthur resté près d'eux, qui sera ravi de vous distraire. — Je serai trop heureux!... s'écria Arthur vivement.

Mais un regard de son père l'arrêta, tandis que Mathieu Durand disait à sa fille :

— Allons, Delphine, danse au moins une fois ; c'est bien peu pour tout un bal.

Aussitôt Delphine, prenant un petit air de pensionnaire, répondit d'une voix apprêtée :

— Je vous obéirai, papa.

Puis, tandis que le comte s'éloignait avec

monsieur de Berizy et Durand, elle se tourna vers Arthur et lui dit :

— Vous voyez que je vous imite et que je suis une fille très-obéissante!

LXXXV

UNE AFFAIRE

Pendant qu'Arthur et Delphine allaient danser ensemble, tous deux ravis de la circonstance qui les y avait forcés, Arthur malgré la volonté de son père, Delphine malgré son caprice, monsieur de Lozeraie, le marquis de Berizy et Mathieu Durand se retiraient dans un petit salon où se trouvait une table de wisth occupée silencieusement par quatre joueurs, loin desquels les nouveaux venus allèrent s'asseoir. Monsieur de Berizy porta le premier la parole, et, après avoir présenté le comte de Lozeraie et Mathieu Durand l'un à l'autre, il leur dit :

— Je vous demande pardon, messieurs, de vous ennuyer d'une affaire au milieu d'un bal, mais l'occasion est trop favorable pour que je ne la saisisse pas avec empressement. Je vous ai parlé, monsieur Durand, d'une forêt que j'avais vendue. Monsieur le comte de Lozeraie, que voici, est mon acquéreur. D'après le contrat, il doit payer la totalité du prix de l'acquisition dans trois mois. Ce paiement devait se faire entre mes mains. Vous conviendrait-il, monsieur le comte, de le faire entre les mains de monsieur Durand, qui a bien voulu se charger de mes fonds? Et vous, monsieur Durand vous convient-il de recevoir ces fonds directement des mains de monsieur de Lozeraie? — Si cela peut vous être agréable, monsieur, dit Mathieu, je suis tout prêt. — Du moment qu'un reçu de monsieur Durand me libérera envers vous, monsieur de Berizy, repartit le comte avec morgue, je ne vois pas d'inconvénient. — C'est pour vous, monsieur de Berizy, repartit Durand avec hauteur, que j'accepte cet arrangement, je vous prie d'en être bien persuadé. —En vérité, ajouta le comte en le prenant sur un ton encore plus dédaigneux, si je ne tenais pas à vous être agréable, monsieur le marquis, je resterais dans les termes de mon contrat. — Et moi dans celui de notre arrangement, dit Mathieu. — Je vous remercie tous les deux de cette extrême complaisance, repartit monsieur de Berizy en souriant, et j'en profiterai. Je suis obligé de retourner en province pour quelques affaires, et je suis charmé que celle-ci s'arrange de cette façon.

Le comte et le banquier firent un signe d'assentiment.

— Demain, mon notaire rédigera les actes qui assureront la validité de votre paiement entre les mains d'un tiers, et tout sera parfaitement en règle, dit monsieur de Berizy en s'adressant à monsieur de Lozeraie. — Monsieur le comte de Lozeraie n'a-t-il aucune observation à faire, aucune mesure à prendre? reprit le banquier. — Mon homme d'affaires passera chez vous, monsieur, dit monsieur de Lozeraie. — Mon caissier le recevra, repartit Mathieu Durand, et il recevra l'argent si quelqu'un l'apporte.

Ils se saluèrent tous deux, et ils allaient quitter le salon, lorsqu'il se fit un mouvement à la table de wihst, et l'on quitta le jeu. Monsieur de Favieri entrait en ce moment.

— Avez-vous été heureux, monsieur Félix? dit-il à l'un des joueurs.

Le comte et le banquier se retournèrent soudainement et reconnurent chacun à part soi le vieillard qu'ils avaient si mal accueilli la veille. Tous deux furent également étonnés de le voir chez monsieur de Favieri, mais leur surprise fut plus grande encore lorsqu'ils l'entendirent répondre négligemment à monsieur de Favieri :

— Non, vraiment, j'ai perdu vingt-quatre fiches en trois robs. Heureusement, ajouta-t-il en tirant de sa poche un portefeuille et en jetant un paquet de billets de banque sur la

..... et jeté la musique au nez de son professeur. — Page 571.

table, nous ne jouions qu'à 500 francs la fiche.

— Oh! ah! oh! fit le poëte, que ce monsieur Félix est bien trouvé! qui diable est-il? Il ressemble singulièrement à *l'homme gris*, à l'inconnu de toutes les comédies passées d'Alexandre Duval... humphr! c'est diablement Théâtre-Français! — Et le comte de Lozeraie me paraît à moi d'assez mauvais goût, dit Luizzi ; c'est pourtant un grand nom. — Non, reprit le poëte, c'est ce monsieur Félix que je voudrais connaître. Je vous déclare que j'en fais mon héros. Je le vois d'ici ouvrant sa redingote et sa chemise et s'écriant : Reconnais-tu cette cicatrice? Mais, plaisanterie à part, quel est ce monsieur Félix? il me semble l'avoir vu chez le banquier. — Il paraît, dit le Diable en riant, que le système de personnages inconnus excite autant de curiosité dans la vie qu'au théâtre, car Durand et le comte cherchaient à s'expliquer quel pouvait être cet homme qui était venu chez eux comme un solliciteur indigent, et qu'ils retrouvaient chez un des plus riches capitalistes de l'Europe, faisant la partie des joueurs les plus célèbres par l'énormité du taux de leurs enjeux, et perdant si indifféremment une somme considérable pour tout le monde. A son tour, monsieur Félix aperçut monsieur de Lozeraie et monsieur Durand, et, passant devant eux d'un air grave, il prononça à demi-voix mais de manière à être entendu de chacun, les deux mots, suivants. en désignant de l'œil le banquier d'abord, le comte ensuite : « Orgueil et vanité. » Ni Durand ni monsieur de Lozeraie n'étaient hommes à supporter une pareille injure. Mais celui qui la leur adressait avait quatre-vingts ans; tous deux gardaient aussi le souvenir de la manière dont ils l'avaient reçu, des paroles mystérieuses et presque menaçantes qu'il avait prononcées, et, retenus sans doute par une crainte dont eux seuls avaient le secret, ils le laissèrent s'éloigner sans répondre. Seulement ils se regardèrent et l'assurance où était chacun d'eux que l'autre avait entendu le mot insultant qui lui avait été adressé redoubla dans leur cœur la haine qui semblait les séparer instinctivement.

Les explications qui suivirent ce bal ne laissèrent pas de donner au grand seigneur et au banquier de nouveaux sujets de se haïr. En effet, une première explication avait eu lieu entre Arthur et Delphine. Le jeune amoureux, d'autant plus maladroit qu'il était amoureux, s'imagina faire une grande montre de passion en jurant à Delphine qu'il saurait bien résister aux injustes préventions de son père. La jeune fille demanda quelles étaient ces préventions et Arthur eut la gaucherie de les lui répéter. A cela, la riche héritière ne trouva rien de mieux à répondre que de renvoyer à monsieur de Lozeraie les dédains de mademoiselle de Favieri, en les mettant sur le compte de Mathieu Durand, pour que monsieur de Lozeraie n'eût pas seul en cette occasion l'avantage de l'impertinence. Il est assez concevable que Delphine, avec le caractère que lui avait fait la faiblesse de son père, lui rapportât les impertinences de monsieur de Lozeraie; mais il fallait une circonstance toute particulière pour pousser Arthur à révéler à son père les propos que lui avait redits Delphine. Voici ce qui était arrivé à ce sujet; monsieur Félix, s'étant fait présenter Arthur pendant le bal, le prit à part et lui dit qu'il avait un entretien à lui demander relativement à une affaire d'argent où le nom de sa mère pouvait se trouver compromis. A cela Arthur avait répondu qu'il était aussi jaloux de sauver l'honneur du nom de sa mère, quoiqu'il ne le portât pas, que de maintenir l'honneur du nom de son père qu'il portait. M. Félix parut charmé de cette réponse, mais il répliqua gravement :

— Plût à Dieu que celui que vous portez valût pour vous celui que vous ne portez pas !
— Monsieur ! s'écria Arthur. — Nous nous reverrons, jeune homme, lui dit doucement le vieillard, et vous comprendrez alors que j'ai le droit de parler ainsi.

Il arriva de ceci que lorsque M. de Lozeraie, qui avait remarqué l'émotion de son fils quand il avait pris la main de Delphine, crut devoir répéter à Arthur l'ordre de ne plus chercher à rencontrer cette jeune personne, il trouva une obéissance moins rapide et moins absolue que d'habitude. Arthur crut devoir représenter à son père que les alliances de la noblesse et de la finance n'étaient plus une chose si rare pour qu'il en repoussât l'idée avec tant de dédain. Le comte, irrité de ce semblant de résistance, ne crut pas pouvoir faire sentir assez à son fils la bassesse de ses opinions, et il conclut une fort belle tirade sur le respect qu'on doit à son nom par ces paroles :

— Je comprends que des hommes d'un nom nouveau, ou des membres de la vieille noblesse qui ont compromis le leur dans de fâcheuses spéculations, cherchent ou à s'enrichir ou à rétablir leur fortune par de pareilles alliances ; mais, quand on s'appelle de Lozeraie et quand on a votre fortune, on est plus scrupuleux en pareille matière. Oui, Arthur, c'est à des hommes comme nous qu'il est réservé de maintenir ces principes rigoureux d'honneur et de dignité qui rendront bientôt à la noblesse l'éclat et la position qu'elle a perdus en partie. — Mais, mon père, répondit Arthur, comment se fait-il que ce nom et cette fortune aient été ce soir le sujet de commentaires assez fâcheux ?

Il n'en fallait pas davantage à M. de Lozeraie pour qu'il exigeât un récit exact de tout ce qui avait été dit, et Arthur, pressé de questions, fut forcé de répéter à son père les propos de mademoiselle Delphine Durand et de M. Félix. Toute la colère de M. de Lozeraie, ou du moins toute celle qu'il laissa voir éclata contre M. Durand, et Arthur fut prévenu que rien au monde ne pourrait forcer le comte à consentir au mariage de l'héritier de son nom avec la fille d'un manant parvenu comme M. Durand. Arthur dut croire que cette décision était irrévocable, car le lendemain au matin il reçut de son père l'ordre de partir pour Londres. Il quitta Paris, persuadé qu'on avait voulu le séparer de Delphine, et sans supposer qu'on avait peut-être voulu prévenir, avant tout, une nouvelle rencontre avec M. Félix. De son côté, Mathieu Durand, si faible d'ordinaire pour Delphine, s'était montré inébranlable. Elle lui avait dit vainement qu'elle mourrait de désespoir si elle ne devenait la femme d'Arthur ; vainement elle avait eu des attaques de nerfs : rien n'avait touché le banquier. Delphine avait cependant chassé ses deux femmes de chambre, mis son maître de dessin à la porte jeté la musique au nez de son professeur de piano, renvoyé trois chapeaux à Alexandrine, déchiré une douzaine de robes, cassé une foule de jolis petits meubles : toutes ces démonstrations de sa profonde douleur avaient trouvé Mathieu Durand inexorable.

— Est-ce le titre qui te plaît ? disait-il à sa fille ; mais, si tu veux, je te ferai la femme d'un marquis ou d'un duc. — Je veux être la femme d'Arthur, répondit-elle. — Mais, reprenait Mathieu Durand, l'homme du peuple, ce M. de Lozeraie est un intrigant parvenu, c'est le fils de quelque huissier de province qui a volé les titres dont il se pare. — Mais vous, mon père, lui répondait Delphine, n'êtes-vous pas le fils d'un ouvrier ? Vous le dites à qui veut l'entendre. — Oh ! moi, c'est différent, Delphine, dit le banquier avec une colère mal déguisée ; moi, je ne renie pas mon origine, je m'en vante, je m'en honore, j'en suis fier.

Delphine était bien loin de comprendre ce calcul de l'orgueil qui poussait sans cesse Mathieu Durand à dire qu'il était un homme du peuple et à être blessé de cette qualité dès le moment qu'un autre que lui-même la lui donnait. Aussi ne s'arrêta-t-elle pas à la distinction établie par son père, et, se retranchant dans l'expression de sa capricieuse volonté, elle recommença à s'écrier que, si elle n'était pas la femme d'Arthur, elle en mourrait. Cela dura huit jours, au bout desquels elle apprit qu'Arthur était parti pour Londres. Delphine fut grandement humiliée de cette nouvelle. En effet, depuis huit jours elle s'étonnait de n'avoir pas encore rencontré Arthur escaladant les murs du parc, séduisant un jardinier ou tout au moins une chambrière pour parvenir jusqu'à elle, lui proposant de l'enlever en chaise de poste, et menaçant de se tuer à ses pieds si elle ne consentait pas à ses désirs. Comme l'aveuglement de sa propre vanité attribuait à l'amour toutes les sottes démonstrations qu'elle avait faites pour Arthur, elle ne concevait pas que la passion d'un homme n'eût pas été de beaucoup au delà, et surtout une passion qu'elle inspirait. Le départ d'Arthur apporta donc à mademoiselle Durand un cruel désenchantement, non point, à vrai dire, sur son propre compte, mais sur celui d'Arthur. Elle ne s'estima pas moins capable d'inspirer la passion la plus romanesque, mais elle jugea Arthur incapable de la sentir. La colère et le dépit qu'elle éprouva en cette occasion auraient dû faire cesser les simagrées d'une douleur qui n'existait pas ; mais avouer à son père qu'elle ne se souciait plus de M. Arthur de Lozeraie, c'était avouer qu'elle pouvait avoir tort, et elle n'en persista pas moins à répéter : « Je veux Arthur, ou la mort. » En conséquence elle refusa de voir qui que ce fût. Elle s'enferma chez elle, ne s'occupant que de sa douleur : ce qui lui fit dire un mot que nous croyons digne d'être rapporté. Un jour que son père lui reprochait doucement de négliger ses talents en musique, elle lui répondit aigrement : « Je suis assez forte sur le piano pour mourir. » Cependant il n'est pas douteux qu'elle eût été cruellement punie de sa comédie si son père eût cédé à ses désirs ; mais elle avait fini par comprendre qu'elle ne réussissait pas, et, en attendant, elle obtenait une autre espèce de succès qui lui plaisait bien plus que tout autre. Elle chagrinait son père, elle alarmait toute la maison ; on surveillait ses actions, on entourait son sommeil, on la suivait dans ses promenades, on tremblait de la voir examiner un couteau ou se mettre à une croisée un peu élevée. Tout cela servait de distraction au dépit de mademoiselle Durand, qui s'apercevait de ces craintes et qui s'amusait à les exciter.

Voilà où en étaient les choses trois mois après l'époque à laquelle cette histoire a commencé, et Mathieu Durand, véritablement alarmé de la persistance de Delphine, commençait à sentir l'antipathie qu'il portait à M. de Lozeraie fléchir devant le chagrin que lui causait sa fille, lorsque arriva la scène suivante...

— Vous parlez toujours, dit le poëte, de la haine de M. de Lozeraie et de Mathieu Durand. Il me semble que toute haine doit avoir un motif. — Un motif ? reprit le Diable ; en donne-t-on à l'amour ? pourquoi en cherchez-vous à la haine ? On se hait parce qu'on se hait, voilà tout, comme on s'aime parce qu'on s'aime. Cependant, l'antipathie du banquier et du comte ne partait pas d'un de ces vifs instincts de dissidence qui séparent invinciblement certaines natures, et je crois qu'ils se haïssent pour quelque chose, sans cependant s'être rendu compte de ce quelque chose. Leur haine avait ses motifs. Mais ils ne faut point les chercher dans des relations antérieures entre ces deux hommes ; ils ne venaient point du tort ou du mal que l'un ou l'autre avaient pu se faire dans le monde. Jamais il n'avait existé entre eux ni rivalité d'amour ni rivalité politique, ces deux sources si fécondes de querelles, de crimes, de niaiseries et de ruines ; et, lorsqu'ils se virent chez M. de Favieri, c'était la première fois qu'ils se rencontraient, bien que depuis longtemps ils se connussent de nom l'un et l'autre. La haine qu'ils se portaient venait seulement de ce qu'ils avaient en eux-mêmes un vice pareil, se produisant sous des formes différentes. S'il est possible de faire comprendre un sentiment haineux par un autre, j'en invoquerai un dont la réalité n'est pas contestée, parce qu'il se rencontre plus fréquemment dans notre société. La haine qui séparait M. de Lozeraie et Mathieu Durand était la même que celle qui existe entre deux femmes de mauvaise conduite, dont l'une cache ses écarts avec hypocrisie et baisse sa robe sur la pointe de ses souliers, tandis que l'autre porte sa honte haut le front et fait voir sa jarretière aux passants. La première, croyant mieux voiler ses vices en blâmant celles qui laissent voir les leurs à nu, déteste la franche coquine qui la force incessamment à mépriser tout haut la vie qu'elle mène tout bas, tandis que la seconde ne peut pardonner à celle qui se cache le peu de considération qu'elle garde, quoiqu'elle ne soit pas moins indigne de toute estime, et elle la hait de ce qu'elle obtient une meilleure place dans le monde. Posez une honnête femme entre ces deux femmes, elle les méprisera l'une et l'autre ; mais elle n'aura que faire de les haïr, elles ne lui portent aucun préjudice. Quant à ces deux femmes, elles détesteront sans doute l'honnête femme, mais moins qu'elles se détestent. — Ceci me paraît au moins subtil fit le baron, et n'explique pas la position du comte et du banquier. — Allons donc! fit Satan ; mais ce même sentiment de haine, déjà modifié, se rencontre entre deux hommes dont l'un est un fripon éhonté et l'autre un fripon hypocrite. Il n'y a presque jamais que les créanciers voleurs qui font mettre en faillite les débiteurs fripons; les honnêtes gens ne s'en mêlent pas. C'est toujours la maîtresse du mari qui l'avertit que sa femme le fait cocu : une honnête femme s'en garderait. Le vice n'a pas d'ennemi plus implacable que le vice. Faites subir encore à ce sentiment une modification qui n'est qu'extérieure, appelez ridicule ce que je nomme vice, et vous trouverez le même principe de haine entre deux parvenus comme Mathieu Durand et M. de Lozeraie. — Deux parvenus! s'écria le poëte : comment! M. de Lozeraie était..... — Quoi? fit le Diable. — Un parvenu? — Oui. — Ah ! c'est donc pour cela que vous l'avez fait ridicule? — Non ; c'est pour cela qu'il l'était, ainsi que Mathieu Durand, repartit le Diable, et c'est pour cela qu'ils se détestaient. En effet, tous deux étaient désolés de l'obscurité de leur origine; mais l'un en faisait parade pour l'imposer orgueilleusement à la société, comme les femmes de mœurs perdues prétendent lui imposer leurs vices, et l'autre la cachait avec soin, avide qu'il était d'un genre de considération qu'il savait ne pas mériter, comme fait la femme hypocrite. Mathieu Durand était l'homme d'orgueil qui se croyait la force de lutter seul contre les préjugés sociaux et de les vaincre à son profit; M. de Lozeraie, l'homme de vanité qui s'y soumettait, à la condition de les tourner à son profit. Mathieu Durand haïssait M. de Lozeraie, de ce qu'il occupait, par un mensonge, une position d'homme important qu'il ne méritait à aucun titre ; M. de Lozeraie haïssait Mathieu Durand de ce que l'affectation de celui-ci à vanter son origine obscure était une satire vivante du soin qu'il mettait, lui M. de Lozeraie, à cacher la sienne ; tous deux detestant les hommes de haute et vraie noblesse, mais tous deux les détestant moins qu'ils ne se détestaient eux-mêmes. D'un autre côté, l'on peut dire que ces deux hommes étaient l'un le représentant de certaines vieilles idées, l'autre le représentant de certaines idées nouvelles. M. de Lozeraie était le parvenu de tous les temps, celui qui, se conformant aux idées reçues sur les avantages d'une haute naissance, fait tout au monde pour donner à croire qu'il possède ces avantages. Mathieu Durand était le parvenu d'aujourd'hui, celui qui, s'appuyant sur un principe absolu d'égalité sociale et de valeur individuelle, répudiait toute illustration de famille, toute considération héréditaire, pour poser le *moi* comme une puissance qui ne tire rien que d'elle-même, et qui est presque égale à celle de Dieu. S'il faut tout dire, je pense que le vieux M. Félix avait sincèrement exprimé la vérité de ces deux caractères, en appliquant à Mathieu Durand le mot orgueil et à M. de Lozeraie le mot vanité. — Ce doit être quelque vieux gentilhomme de vos amis, fit le poëte, un homme de haute et vieille roche... Vous en parlez trop bien.

Le Diable ne répondit pas, et reprit :

— Maintenant que je pense vous avoir expliqué à peu près quelles étaient les dispositions de ces deux hommes vis-à-vis l'un de l'autre et vis-à-vis du monde, je continue mon récit ; je vais vous rapporter les diverses scènes qui se passèrent entre eux et qui furent les conséquences de ce que je vous ai déjà raconté.

Luizzi, qui connaissait la manière de raconter du Diable, pensa qu'il devait avoir de bonnes raisons pour allonger aussi indéfiniment son récit, et il écouta, afin d'observer s'il produirait sur le poëte l'effet prédit par Satan, qui continua.

LXXXVI

C'était, cette fois, dans les premiers jours de juillet 1830. Mathieu Durand revenait de l'Étang, où il avait laissé Delphine dans un tel état de douleur qu'elle avait été sur le point de battre son père. Il était encore assis dans le cabinet où nous l'avons vu au commencement de ce récit. Mais le banquier n'avait plus cet aspect de bonheur calme et de suprême contentement de lui-même qui rayonnait sur son visage quelques mois auparavant. On eût dit qu'il éprouvait ensemble un bonheur plus actif et une inquiétude très-vive; on voyait se succéder rapidement en lui de soudains épanouissements de joie et un abattement soucieux. Ces diverses émotions dépendaient des diverses choses sur lesquelles il portait ses regards en lui-même. Lorsqu'il considérait qu'il venait d'être nommé député par trois colléges d'arrondissement et un collége de département, une ardente chaleur d'orgueil lui montait à la tête, et son œil brillait d'un éclat impérieux; lorsqu'il examinait par quel chemin il était arrivé à ce triomphe, et qu'il reconnaissait qu'il lui avait fallu sacrifier la sûreté de ses affaires à son ambition, une crainte froide le faisait pâlir. Mathieu Durand avait la fièvre des grands joueurs politiques, tantôt avec ses transports brûlants qui donnent le délire au malade et lui prêtent une vigueur au delà de sa nature, tantôt avec ses frissons glacés qui le font trembler et l'abattent comme s'il était à bout de toute force. Cependant, ce n'était guère que dans la solitude que Mathieu Durand laissait percer ces symptômes de l'état fâcheux où il se trouvait. Dès qu'il était en représentation, il reprenait son rôle et le jouait encore avec l'admirable sang-froid de l'acteur à qui une longue habitude du théâtre donne le geste et l'intonation des choses qu'il débite, quoique sa pensée en soit bien loin. Or, comme Mathieu Durand était prévenu qu'une foule de personnes attendaient dans son antichambre, il s'en fit remettre la liste et ne fut pas médiocrement étonné de rencontrer, parmi trente noms assez insignifiants, le nom de M. le comte de Lozeraie. A côté de ce nom était celui de M. Daneau. Le banquier parut réfléchir un instant sur ce qu'il devait faire vis-à-vis de M. de Lozeraie; puis il finit par dire à son valet de chambre:

— Vous m'excuserez auprès de M. de Lozeraie, vous lui direz que toute ma matinée est prise par des affaires, et que je craindrais de le faire attendre trop longtemps; mais que, s'il veut repasser demain ou après-demain, je serai à ses ordres. Quant à M. Daneau, dites-lui d'attendre, car il faut que je lui parle absolument, puis faites entrer les autres personnes.

Dès qu'il eut donné cet ordre, le banquier quitta le fauteuil où il était assis, et se leva pour recevoir debout les personnes qui venaient le voir à divers titres et les forcer ainsi à abréger leur visite. Cette très-légère différence entre l'accueil qu'il faisait autrefois aux gens qui venaient le solliciter et auxquels il offrait un siége avec tant de grâce, cette très-légère différence, dis-je, semblait montrer que Mathieu Durand pensait déjà que c'était perdre son temps que d'écouter des demandes auxquelles il accordait de longues heures quelques mois auparavant. Il expédia une demi-douzaine d'électeurs qui venaient solliciter des apostilles qu'il dut refuser, attendu qu'il s'était avant tout engagé à soutenir les droits du peuple à la tribune, et non pas dans les bureaux, autrement dit, dans la théorie et nullement dans la pratique. Ah! c'est que, voyez-vous, la théorie est la plus belle chose que le diable ait inventée pour désorganiser le monde. Donnez-moi le philanthrope le plus amoureux de l'humanité, confiez-lui le pouvoir pendant vingt-quatre heures, et j'en ferai le monstre le plus abominable. Robespierre était un théoricien qui voulait le bien de la France et qui, comme tous les théoriciens, pensait que la fin justifie les moyens.

— Oh! monsieur le comte de Cerny, quelle grosse épigramme de carliste! s'écria le poëte; vous donnez à Robespierre des opinions de jésuite. — C'est peut-être mon intention, fit le Diable, tandis que Luizzi lui disait tout bas : — Satan, tu t'oublies. — Quoi qu'il en soit, reprit celui-ci, Mathieu Durand reçut et renvoya les électeurs avec cette supériorité de l'homme qui est souverainement ennuyé de leur visite : il ne voulait pas se commettre avec le pouvoir, disait-il. La même phrase lui servit pour tous, et chacun se retirait ravi de la haute indépendance du nouveau député. Trente minutes suffirent au banquier pour expédier ses électeurs. Cependant un ancien fournisseur de l'armée impériale s'étant présenté avec une pétition aux Chambres par laquelle il réclamait d'assez fortes sommes, en accusant le gouvernement d'avoir écarté des titres incontestables et en signalant, disait-il, des fraudes évidentes, le banquier lut sa pétition d'un bout à l'autre et lui dit :

— Oui, Monsieur, j'appuierai cette demande de tout mon pouvoir; je veux et dois signaler une spoliation aussi honteuse; vos réclamations ont été repoussées parce qu'elles remontent à une époque dont le gouvernement actuel se fait un jeu de répudier la gloire et les engagements. Mais le jour de la justice viendra, Monsieur, et il ne tiendra pas à moi et à mes amis que vous n'ayez une entière satisfaction. — L'espérez-vous, Monsieur? dit l'ex-fournisseur. — La majorité de l'opposition est incontestable, Monsieur, elle est toute-puissante, Monsieur, et il faudra bien que le pouvoir veuille ce que nous voulons, si toutefois le pouvoir reste longtemps entre les mains d'hommes qui en abusent d'une façon si perverse et si arbitraire contre tout ce qui est populaire et national. — Ah! Monsieur, s'écria le pétionnaire, vous me rendez la vie, car je ne dois pas vous le laisser ignorer, avec les titres que vous-même croyez être si valables; je me vois réduit à la dernière misère, et cette misère est telle que si, je pouvais trouver à emprunter une faible somme sur le dépôt que je ferais de ces documents, pour attendre le jour où mes réclamations seront enfin admises, grâce à votre éloquente intervention, je m'estimerais bien heureux. — C'est une chose qui vous sera bien facile, je suppose, dit Mathieu Durand, en prenant le chemin de la porte de son cabinet, comme pour le montrer à son protégé, avec une aisance qui annonçait de la part du banquier de grandes dispositions à devenir ministre. — Si vous le croyez, dit le fournisseur en suivant le banquier, ne vous serait-il pas possible, monsieur Durand...? — A moi, Monsieur, dit le député; hélas! non. Ma maison s'est absolument interdit ce genre d'opérations. Je le voudrais, que je ne le pourrais pas. Je n'en suis pas moins tout à vous, Monsieur, et, lorsque votre pétition arrivera à la Chambre, vous pouvez entièrement compter sur ce que vous appelez mon éloquente intervention.

Et, en disant cela, le banquier ouvrit lui-même la porte de son cabinet et salua le pétionnaire d'un air de politesse parfaite, qui recouvrait admirablement cette phrase intérieure : Faites-moi le plaisir d'aller au Diable!

Après ce pétitionnaire il s'en présenta un autre, qui venait soumettre à M. Mathieu Durand un projet de réforme financière, lequel ne tendait pas moins qu'à supprimer la patente, l'impôt sur les boissons, celui sur le sel, le monopole du tabac, et à combler le déficit que cela ferait au budget en diminuant de moitié tous les traitements des fonctionnaires publics. Le banquier, sans admettre l'application radicale des idées du réformateur, en approuva vivement le principe et déclara qu'il était temps d'introduire le système d'économie sévère dans les dépenses publiques et de faire cesser l'impudent gaspillage qu'on faisait de la fortune du peuple, ajoutant qu'alors il serait possible d'arriver à la réalisation des idées du pétitionnaire, idées qu'il l'engageait, dans tous les cas, à soumettre à la Chambre, afin de l'habituer à entendre parler d'économie et de réforme.

— Ce n'est pas là le Mathieu Durand que je connais, le vrai et franc patriote que tous ses amis admirent, dit le poëte. — C'est possible, repartit le Diable; je ne peins pas celui que vous connaissez, mais celui que je connais, moi. — Je ne vous ai jamais vu chez lui. — J'y suis pourtant souvent, dit Satan; et il reprit :

Lorsque Mathieu Durand eut renvoyé ce grand économiste avec la même cérémonie qu'il avait employée vis-à-vis de l'ex-fournisseur, il donna l'ordre à son valet de chambre d'introduire M. Daneau, et sa colère fut grande en apprenant que l'entrepreneur n'avait pas voulu l'attendre, mais qu'il avait annoncé qu'il repasserait dans la journée. D'un autre côté, Mathieu Durand eut lieu d'être encore plus surpris lorsqu'il apprit également de son valet de chambre que M. le comte de Lozeraie avait déclaré qu'il attendrait que M. Mathieu Durand eût terminé ses affaires. M. de Lozeraie, attendant dans l'antichambre de Mathieu Durand, jeta dans le cœur de celui-ci une telle bouffée d'orgueil satisfait qu'il oublia un moment le sans-façon de M. Daneau à son égard, et donna l'ordre d'une voix retentissante d'introduire les autres personnes qui étaient dans l'antichambre. Celles-ci étaient des gens de commerce, qui, sur la haute réputation de bienfaisance de Mathieu Durand, venaient, comme l'avait fait autrefois M. Daneau, expliquer leur fâcheuse position au banquier et solliciter l'appui généreux que l'entrepreneur avait obtenu. Mathieu Durand avait pour les solliciteurs commerciaux une phrase toute faite, comme pour les solliciteurs politiques. Ses nouvelles fonctions de député, disait-il, absorbaient tout son temps, et il avait complétement abandonné la direction de sa maison de banque à M. Séjan, qui, disait-il, ferait tout ce qu'il serait possible de faire, et chez lequel il les renvoyait avec une bonne grâce extrême. Le chef de la comptabilité les recevait avec cette figure immobile de financier qui ne tire le verrou qui semble clore ses lèvres que pour laisser échapper ce peu de mots : « Monsieur, cela est complétement impossible. » D'où il résultait que M. Séjan endossait à son compte l'insensibilité du banquier, qui gardait par devers lui sa réputation de bienveillance et de générosité.

Toutes les audiences se trouvant épuisées, on dit à Mathieu Durand que M. Daneau était de retour, et le banquier, voulant épuiser jusqu'à la dernière goutte le plaisir de faire faire antichambre à M. le comte de Lozeraie, admit l'entrepreneur en sa présence.

— Vous m'avez fait mander, Monsieur? dit M. Daneau en arrivant d'un air souriant.

— Oui, Monsieur, repartit le banquier assez sèchement, et j'aurais désiré vous voir plus tôt, attendu que la conversation que nous devons avoir ensemble est fort importante.

— C'est votre faute, monsieur Durand, dit l'entrepreneur avec une grâce obséquieuse.

Mathieu Durand fronça le sourcil.

— C'est votre faute, continua l'entrepreneur; ne m'avez-vous pas dit, la première fois que j'ai eu l'honneur de vous voir, que le temps était un capital qu'il ne fallait pas gaspiller? Or, j'ai profité de celui que me laissaient les nombreuses visites que vous aviez à recevoir, pour aller à quelques affaires.

Un sourire aigre de dédain parut sur les lèvres du banquier, et il répliqua à monsieur Daneau :

Mais je vous assure que c'est me ruiner que de me presser ainsi. — Page 578.

— Celle dont nous avons à parler ensemble était peut-être la plus importante de toutes. — De quoi s'agit-il donc? — Je crois devoir vous prévenir que le crédit qui vous a été ouvert chez moi cessera à partir du 15 de ce mois. — Vous me fermez ce crédit? s'écria l'entrepreneur abasourdi. — Et je compte, reprit le banquier, sans paraître avoir remarqué l'exclamation de l'entrepreneur, être couvert par vous, d'ici à un mois, des 400,000 francs que je vous ai avancés. — D'ici à un mois? reprit monsieur Daneau avec un nouvel ébahissement. — Il me semble, dit Mathieu Durand, que vous devez être en mesure. Je vous ai fourni, comme vous me l'avez demandé, les fonds nécessaires à l'achèvement de vos constructions; elles sont terminées, nous voici au mois de juillet, moment où, selon vos calculs, elles vont entrer en plein rapport. C'est l'heure, il me semble, de compléter votre opération, de mettre vos maisons en vente, de solder vos dettes et de réaliser vos bénéfices. — Sans doute, monsieur ; mais, s'il me faut mettre en vente tout à coup pour trois millions de propriétés bâties, c'est les déprécier assez pour que j'éprouve une perte qui dévorera non-seulement tous mes bénéfices, mais encore l'argent que j'y ai mis ! — Cela n'est pas possible, monsieur Daneau, répondit le banquier avec un flegme imperturbable. Vous avez mis 300,000 francs dans l'affaire ; quand vous êtes venu à moi, vous aviez pour 1,200,000 francs d'hypothèques. Je vous ai prêté 400,000 francs encore sur hypothèques, ce qui constitue une somme totale de 1,900,000 francs. De là à 3 millions, évaluation que vous avez donnée vous-même à vos propriétés, il y a loin, et vous avez encore une grande marge pour les bénéfices. — Sans doute, monsieur ; mais les 400,000 francs prêtés par vous ont servi à payer des engagements antérieurs. Je vous l'ai dit : j'ai dû en faire de nouveaux, et j'ai encore, aujourd'hui que les constructions sont terminées, pour plus de 200,000 francs d'échéances à venir. — Eh bien ! monsieur Daneau, cela fait 2 millions 100,000 francs, et vous aurez encore 900,000 francs à gagner, si vos calculs ont été justes et loyaux. — Ils ont été loyaux, monsieur, répondit l'entrepreneur avec quelque vivacité, et ils seront justes si vous m'accordez le temps nécessaire pour opérer la vente de mes maisons. »

Le banquier ouvrit un carton, y prit un papier et en lut quelques passages à M. Daneau.

— Vous le voyez, ajouta-t-il, les termes de notre contrat sont parfaitement clairs. Je vous ai prêté sur hypothèques 400,000 francs pour quatre mois. Les quatre mois expirent demain, et je serais en droit de demander un remboursement immédiat et intégral. Je ne le fais pas ; j'ajoute un délai d'un mois, et je pense aller beaucoup au delà de ce qu'exigeraient mes intérêts si je n'étais habitué à les sacrifier à ceux des autres. — En vérité, monsieur Durand, dit l'entrepreneur d'un air suppliant, il me sera impossible de vous satisfaire. — En ce cas, reprit le banquier, vous ne vous étonnerez pas si je prends immédiatement les mesures nécessaires pour arriver au payement que j'avais le droit d'attendre de vous. — Quoi ! s'écria l'entrepreneur, une expropriation ! — Il ne tient qu'à vous de l'éviter en me remboursant immédiatement. — Mais c'est user envers moi d'une rigueur... — Je vous remercie, dit amèrement le banquier ; heureusement que je suis fait à l'ingratitude. Tout homme qui a consacré sa vie à venir en aide aux autres doit s'attendre à pareille chose. Je n'usais pas de rigueur lorsque je vous ouvrais ma caisse ; mais, maintenant que je vous redemande mon argent, je suis un homme rigoureux. Il suffit, je sais ce qu'il me reste à faire. — Monsieur, reprit Daneau, pardonnez-moi une parole imprudente, je la désavoue du fond de l'âme. Mais je vous jure que c'est me ruiner que me presser ainsi. Vous connaissez trop les affaires pour ne pas savoir que l'on ne trouve des acquéreurs qu'à la condition de ne pas les chercher. Il faut les laisser venir, et ce n'est pas en un mois que je puis espérer réaliser une vente si énorme. D'ailleurs on me demandera des termes, et, si je n'en obtiens pas moi-même, je ne pourrai en accorder ; la vente me deviendra impossible. — Substituez une hypothèque à la mienne, j'y consens. — Mais c'est déprécier mon gage que d'être forcé de dire qu'il ne paraît pas suffisant à une maison de banque comme la vôtre. Car personne ne doutera que, si vous exigez un pareil payement, c'est que vous croyez vos fonds exposés ; personne ne traduira autrement votre... je ne veux pas dire votre rigueur... mais votre...

L'entrepreneur ne pouvait trouver un mot poli, et s'arrêtait encore.

— Passez, passez, lui dit le banquier. — Oui, monsieur Durand, reprit Daneau d'un ton vivement ému, personne ne croira qu'un homme comme vous, le soutien du pauvre, l'appui de l'industrie, qui avez prodigué votre fortune à secourir les honnêtes gens, vous soyez aussi sévère envers moi, si je ne l'ai pas mérité par quelque manque de parole, par une conduite peu loyale. Et cependant, monsieur Durand, je suis un honnête homme, je suis comme vous, et vous me l'avez dit souvent, un enfant du peuple qui ai acquis ma fortune par le travail et la probité; et vous ne voudrez pas me perdre, non-seulement de fortune, mais de réputation, vous en êtes incapable.

Le banquier parut ému et répondit :

— Croyez que, si je n'avais pas un besoin pressant de mes capitaux, je ne serais pas si rigoureux. Mais, dès le jour où je vous les ai prêtés, ils avaient une destination. Je me suis engagé, je n'y puis plus rien. — En ce cas, monsieur, dit Daneau avec désespoir, je verrai... je verrai...

Il s'apprêtait à sortir, lorsque le banquier le rappela.

— Écoutez, monsieur Daneau, je ne veux pas qu'on puisse dire que j'aie jamais manqué à secourir un honnête homme, et un homme comme moi sorti du peuple.

L'entrepreneur revint avec un air d'empressement joyeux, et attendit avec anxiété les paroles du banquier, qui paraissait lui-même assez embarrassé de ce qu'il allait dire. Enfin celui-ci se décida et reprit :

— D'après vos calculs, vous avez une somme de 2 millions 100,000 francs engagée sur vos propriétés ? — Oui, Monsieur. — Faites-moi une vente de ces propriétés pour 2 millions 200,000 francs, et vous êtes complétement liquidé. — Mais, monsieur, repartit Daneau avec humeur, étonné qu'il était de la proposition du banquier, et oubliant que ce même homme qui lui offrait d'acheter une propriété de 2 millions 200,000 francs venait de lui dire qu'il avait un besoin pressant de ses capitaux ; mais c'est m'enlever tout le bénéfice de mon opération ! —

Comment ! dit le banquier, qu'avez-vous engagé en fonds ? trois cent mille francs, pour commencer, il y a un an, le payement de l'achat des terrains : tout le reste est provenu d'emprunts successifs. Il en résultera qu'avec trois cent mille francs vous aurez réalisé, en un an, un bénéfice de cent mille francs. C'est de l'argent placé à 33 pour 100. Je ne connais aucun commerce qui donne des résultats si exorbitants, et la haute banque, contre laquelle on crie tant, est bien loin d'arriver au quart de bénéfices pareils sur des capitaux qu'elle engage très-souvent plus légèrement qu'elle ne le devrait. — Cela se peut, monsieur, dit Daneau ; mais dans l'affaire qui me regarde, vous oubliez que j'ai eu à payer les intérêts des capitaux empruntés, les frais d'acte. — C'est juste, dit le banquier, et je vous en tiendrai compte. — Alors j'aurai couru tous les risques de cette affaire, j'aurai travaillé pendant un an... — Pour gagner cent mille francs : cela me semble assez beau, surtout en considérant d'où vous êtes parti ! — Mais, dit l'entrepreneur avec fierté, du même endroit que vous. — Pardon ! fit le banquier avec hauteur, je ne parle pas de l'homme, mais du capital engagé. Je n'oublie pas ce que j'ai été, moi, qui ai été peut-être moins que vous. — Tenez, monsieur, dit Daneau avec un de ces mouvements de résolution que prend un blessé qui se sent en danger et qui tend au chirurgien une jambe ou un bras à couper ; tenez, donnez-moi deux millions quatre cent mille francs, et c'est une affaire faite.

Le banquier serra dans son carton le contrat d'hypothèque et lui répondit froidement :

— J'ai fait tout ce que j'ai pu pour vous sauver ; je suis fâché de vous voir si peu raisonnable. Adieu, monsieur, cette affaire ne me regarde plus ; vous verrez M. Séjan pour la liquidation de votre compte. — Mais, monsieur... — Pardon, voilà deux heures que monsieur le comte de Lozeraie m'attend; et, en vérité, malgré toute mon envie de donner tout mon temps aux hommes qui ne sont comme moi que des commerçants et des industriels, ce serait me montrer plus qu'impoli envers un grand seigneur si patient. — Je vais voir monsieur Séjan, dit Daneau confondu.

Le banquier le salua, et, pendant qu'il donnait l'ordre d'introduire monsieur de Lozeraie et que celui-ci entrait dans son cabinet, Mathieu Durand écrivit quelques lignes qu'il cacheta et qu'il donna au domestique en disant :

— Tout de suite à monsieur Séjan.

Voici ces quelques lignes :

« Soyez ferme dans l'affaire Daneau, et nous aurons, pour deux millions cent mille francs des propriétés qui, en saisissant une occasion favorable, vaudront plus de trois millions. »

Aussitôt que le valet de chambre fut sorti, le banquier fit signe à monsieur de Lozeraie, et les deux parvenus restèrent seuls en présence.

— Mathieu Durand a fait cela? dit l'homme de lettres en regardant le comte assez sérieusement pour que le baron s'aperçût que le Diable commençait à obtenir l'espèce d'attention qu'il désirait. — Oui. — En êtes-vous sûr? — Je vous nomme les personnes, je vous dis les chiffres exacts. — Mais où diable avez-vous appris tout cela? — Je vous le dirai quand j'aurai fini. — Savez-vous qu'avec de pareils secrets on pourrait mener loin un homme comme Mathieu Durand? dit le poëte. — Ah! je vous jure, reprit Satan, que si sa fille me plaisait comme elle vous plaît, elle serait bientôt à moi... surtout avec ce qui me reste à vous apprendre.

A cette dernière phrase, Luizzi commença à deviner l'intention de Satan, et il écouta tandis que celui-ci continuait.

LXXXVII

Or monsieur de Lozeraie, demeuré seul avec Mathieu Durand, semblait très-embarrassé de ce qu'il avait à lui dire. A cet embarras se mêlait le ressentiment de la longue attente qu'il avait eue à subir, et qu'il ne se dissimulait pas avoir été prolongée d'une manière aussi impertinente que possible de la part du banquier Mathieu Durand. Cependant ce ressentiment ne se montrait sur le visage du comte que par la contraction pincée de ses lèvres, et il cachait sa colère sous un air d'aisance polie. Mais Mathieu Durand se connaissait trop bien en hommes pour ne pas savoir qu'il avait dû blesser à vif le vaniteux qui était devant lui, et il dut croire qu'il avait fallu une bien impérieuse nécessité pour que cet homme acceptât l'espèce d'insulte qui venait de lui être faite. Par suite de cette réflexion, le banquier se promit d'en user avec monsieur de Lozeraie de manière à lui faire sentir qu'il s'était joué à plus fort que lui le jour où, chez monsieur de Favieri, il l'avait traité avec un dédain si leste. Et d'abord Mathieu Durand se garda bien de tirer le comte de son embarras en commençant la conversation par de simples échanges de politesse qui eussent pu donner à monsieur de Lozeraie le temps de se remettre. Il lui offrit un siége, en prit un après lui, et s'inclina légèrement de cet air qui veut dire : « Je vous écoute ; » mais tout cela sans prononcer une parole. Monsieur de Lozeraie se décida alors à parler, et, voulant surmonter le trouble humiliant qui le dominait, il fit un si violent effort pour paraître calme qu'il rentra de plein saut dans sa fâcheuse impertinence, sans pouvoir s'arrêter au juste milieu d'une politesse calme et ferme.

— J'ai été persévérant, monsieur, dit-il d'un ton de raillerie qu'il voulait rendre gracieux, mais qui gardait une certaine raideur ; j'ai attendu votre bon plaisir ; je viens de reconnaître la souveraineté de la richesse, j'espère que je ne la trouverai pas trop tyrannique. Les tout-puissants se montrent d'ordinaire bons princes pour ceux qui font acte formel de soumission.

Mathieu Durand ne voulut pas accepter la conversation sur ce ton léger, et il repartit avec une froide gravité :

— J'ai très-peu de temps pour beaucoup d'affaires, monsieur le comte : ce doit être une excuse suffisante pour une attente qui vous a paru si longue. — Heureusement que j'ai beaucoup de temps pour très-peu d'affaires, répliqua le comte ; ceci doit vous expliquer pourquoi j'en ai perdu beaucoup dans vos salons d'attente. — Eh bien ! monsieur le comte, si vous voulez que nous n'en perdions pas tous les deux maintenant, veuillez m'expliquer l'affaire qui vous amène chez moi.

Cet appel au but réel de sa visite sembla arrêter soudainement le courant de sotte vanité auquel monsieur de Lozeraie se laissait aller. Son embarras le reprit, et Mathieu Durand put comprendre, mieux qu'il ne l'avait fait encore, qu'il tenait dans ses mains les intérêts les plus graves de son ennemi. Le comte, cependant, reprit après un moment de silence :

— Vous devez vous rappeler, monsieur, l'arrangement qui nous fut proposé à tous deux par le marquis de Berizy, et par lequel je consentis à payer entre vos mains le prix d'une forêt que je venais de lui acheter ? — Je me rappelle parfaitement, dit le banquier, que je consentis à recevoir ce prix au compte de monsieur de Berizy.

Monsieur de Lozeraie se mordit les lèvres de dépit à cette répétition sèche et froide du mot « consentir. » En effet, il lui était échappé sans intention d'impertinence ; mais l'habitude l'avait emporté sur la résolution d'être simple et poli, et il s'aperçut qu'il avait affaire à un homme qui était disposé à ne rien laisser passer qui eût la moindre mine de supériorité. Ce mouvement fut cruel, mais assez rapide pour que monsieur de Lozeraie reprît aussitôt :

— Sur les deux millions que vous avez bien voulu vous engager à recevoir, douze cent mille francs ont été versés à votre caisse. — Oui, monsieur, et vous devez compléter le payement durant le mois où nous sommes. — C'est pour ce dernier payement, monsieur, que je désirerais obtenir de vous un délai de quelques mois. — De moi, monsieur ? reprit le banquier d'un air véritablement surpris ; je vous ferai observer que, dans cette affaire, je ne suis, à vrai dire, que le caissier de monsieur de Berizy et que lui seul peut vous accorder ce délai. — Je m'attendais à cette observation, monsieur Durand, et c'est pour y répondre que je crois devoir vous faire le récit de l'événement qui m'empêche de remplir mes engagements.

Ici le banquier s'inclina, et monsieur de Lozeraie reprit :

— Lorsque je fis cette acquisition, monsieur, j'avais l'espérance de voir arriver entre mes mains l'entreprise des diverses fournitures nécessaires à l'expédition d'Alger. — Je comprends, monsieur, repartit dédaigneusement le banquier, et vous comptiez sur les bénéfices énormes résultant d'une spéculation si honorable pour compléter les sommes nécessaires au payement de votre acquisition. — Non, monsieur, repartit monsieur de Lozeraie, le prix de mon acquisition était complet à cette époque ; mais je fus entraîné à courir la chance de ce que vous appelez une spéculation, par un misérable intrigant, qui, sous le prétexte d'acheter les personnes qui devaient me livrer ces fournitures, m'a escroqué une somme énorme.

A cette révélation, Mathieu Durand ne put contenir un vif mouvement de joie ; il répondit à monsieur de Lozeraie :

— Voilà, monsieur, des raisons que vous pouvez dire à M. de Berizy, qui les comprendra parfaitement. — Moins bien que vous, sans doute, reprit aussitôt monsieur de Lozeraie ; le marquis est un vieux gentilhomme de province, demeuré tout à fait étranger au mouvement des affaires, tandis que vous, monsieur Mathieu, qui savez comment elles se font... — J'ignore complétement, repartit le banquier avec dédain, les affaires du genre de celles dont vous venez de parler. Nous autres gens de rien, nous ne connaissons que celles qui sont... légales.

Je ne puis dire si l'hésitation que mit Mathieu Durand à prononcer ce mot *légales*, à la place du mot *loyales* qui lui était d'abord venu aux lèvres, partait d'un reste de politesse qui lui interdisait d'adresser en face une pareille insulte à monsieur de Lozeraie, ou bien du souvenir de la scène qui s'était passée entre lui et monsieur Daneau, et dans laquelle il avait fait à son profit un usage si peu loyal de la légalité ; toujours est-il que monsieur de Lozeraie s'aperçut de cette hésitation et qu'il devina le mot qui n'avait pas été dit sous celui qui avait été prononcé. Cependant il se garda bien de le montrer, et, reprenant ses grands airs, il ajouta avec une rare inconséquence :

— Il est certain que tout cela n'était pas d'une exacte légalité, et que par conséquent ce serait une singulière confidence à faire à l'un de ceux qui font les lois, à un membre de la haute Chambre, à un pair de France. — Trouvez-vous plus convenable de la faire à un député ? repartit gravement Mathieu Durand... à un membre de la Chambre basse ? ajouta-t-il amèrement.

Le comte s'aperçut alors de la gaucherie qu'il venait de faire ; croyant la faire oublier par un ton de bonhomie affectée, il s'écria :

— Allons, monsieur Durand, ne jouons pas entre nous une comédie inutile ; vous savez aussi bien que moi comment tout cela se passe, vous êtes du monde. — Je suis du peuple, monsieur le comte, repartit le banquier avec son insolente humilité. — Eh ! fit le comte, à qui ces propres paroles semblaient écorcher le palais, ne sommes-nous point tous du peuple, d'un peu plus loin ou d'un peu plus près, un peu plus haut ou un peu plus bas ? Soyons surtout de notre époque, et ne prêtons pas aux choses communes de la vie une solennité inutile. Somme toute, monsieur Durand, vous convient-il de me rendre, oui ou non, le service que je suis venu vous demander ? — Et en quoi consisterait-il, à vrai dire ?—A me faire exécuter le contrat que j'ai passé avec monsieur de Berizy, en prenant à votre compte les huit cent mille francs qui me restent à payer. Vous comprenez, du reste, que toutes garanties vous seraient fournies par moi et que je vous donnerais hypothèque sur la forêt que j'ai acquise. Ce n'est donc, à vrai dire, qu'un prêt hypothécaire de quelques mois que je vous demande. — De quelques mois seulement ? dit le banquier, qui, tout en gardant à part soi l'intention de refuser, était charmé d'apprendre les affaires de monsieur de Lozeraie. Vous êtes donc assuré de pouvoir rembourser d'ici à ce terme ? — Parfaitement sûr. Je marie mon fils.

Cette nouvelle ralluma comme un coup de foudre dans l'esprit de Mathieu Durand le souvenir des premières impertinences de monsieur de Lozeraie, et il lui répondit en souriant :

— Ah! vous mariez votre fils ? Et sans doute vous vous alliez à quelque famille d'une grande noblesse ? — Non, Arthur épouse la fille d'un marchand. — Ah ! la fille d'un marchand ? — Mais d'un marchand anglais, d'un homme considérable de la Cité. Vous savez ? en Angleterre, ces alliances sont très-communes, et puis la bourgeoisie anglaise n'est pas, comme la nôtre, sans famille, sans antécédents : il y a dans ce pays ce que je pourrais appeler une espèce de noblesse bourgeoise. — Vous voulez dire de bourgeoisie noble ? — C'est cela, monsieur Durand ; je dois hypothéquer la dot de ma bru sur une de mes propriétés ; et, en employant cette dot à l'entier payement de la forêt de monsieur de Berizy, je remplirai les clauses du contrat et je me libérerai envers vous.

Mathieu Durand ne répondait pas. Le comte de Lozeraie attendit un moment, puis il lui dit :

— Eh bien ! que pensez-vous de ma proposition ?

Mathieu Durand se leva tout à coup, et répondit en donnant à l'accent de sa voix et à sa tenue toute la hauteur possible :

— Je pense, monsieur, que cette proposition eût été d'abord plus convenablement adressée à monsieur le marquis de Berizy ; car il est facile de s'entendre entre gentilshommes d'un rang que je dois supposer égal. Et s'il arrive que le gentilhomme de cour craigne de confier certaines choses au gentilhomme campagnard, attendu la différence énorme... d'idées qui existe entre eux, je pense, monsieur, que la proposition eût été encore plus convenablement adressée au marchand anglais qu'au banquier français, au bourgeois du peuple. Voilà ce que je pense, Monsieur.

Monsieur de Lozeraie pâlit à ces paroles ; un éclair de haine jaillit de ses yeux, mais il se contint et repartit avec une insolence dédaigneuse :

— Vous êtes monsieur Mathieu Durand, et je suis le comte de Lozeraie, la distance qui nous sépare m'empêche de voir une insulte dans ce que vous venez de me dire. — Je suis homme à vous offrir une longue-vue pour que vous y puissiez regarder, reprit le banquier. — Pourvu qu'elle soit aussi longue qu'une épée, dit le comte, cela me suffira.

— Elle aura cette mesure, si cela vous convient, dit Mathieu Durand. — Il suffit, repartit monsieur de Lozeraie.

Et il se retira.

Le lendemain monsieur de Favieri et monsieur de Berizy se rendirent chez le banquier de la part du comte de Lozeraie et cherchèrent à s'interposer entre deux hommes à qui leur âge et leur position défendaient de compromettre légèrement leur vie ; mais, pendant deux ou trois jours que durèrent les négociations, ils les trouvèrent tous deux également inébranlables. Alors, étonnés de cette persistance, ils déclarèrent ne pouvoir servir de témoins dans un duel dont ils ne savaient pas au fond la véritable cause. Le banquier fut le premier à qui cette objection fut faite ; mais il déclara ne pouvoir révéler cette cause dont le secret appartenait à monsieur de Lozeraie.

Celui-ci, à qui l'on répéta l'objection et la réponse, se décida à avouer à monsieur de Berizy et à monsieur de Favieri le motif de sa visite à Mathieu Durand et la tournure qu'elle avait prise ; il s'empressa toutefois d'ajouter que Mathieu Durand s'était conduit en homme d'honneur, en gardant si fidèlement son secret. De son côté, le banquier ne put qu'approuver la conduite de monsieur de Lozeraie, qui avait sacrifié sa vanité au désir d'aplanir les obstacles qui s'opposaient à une rencontre les armes à la main.

— Et ils se battirent? dit le poëte : la banque se bat ? — Ce ne fut pas du moins dans cette circonstance, dit le Diable.

Une fois les deux adversaires dans cette position vis-à-vis l'un de l'autre, il fut facile de leur faire avouer qu'il n'y avait point pour eux de raison sérieuse de se battre. Tous deux, en effet, obéissaient bien plus à un sentiment personnel de haine instinctive qu'à une commune susceptibilité du point l'honneur, et, une fois les circonstances de leur querelle connues, ils craignirent sans doute de montrer le secret de leur animosité et se déclarèrent mutuellement satisfaits. Du reste, cette affaire fut très-heureuse pour monsieur de Lozeraie, en ce sens que monsieur de Berizy lui proposa la résiliation de son contrat ; car il avait trouvé un nouvel acquéreur de sa forêt, et ce nouvel acquéreur était le vieux Félix de Marseille, qui s'était entremis avec un rare empressement auprès de monsieur de Berizy pour empêcher la querelle de Durand et de monsieur de Lozeraie d'avoir des suites fâcheuses.

— Encore monsieur Félix qui arrive à point nommé ! reprit le poëte. Allons ! décidément c'est quelque héros de monsieur Scribe, un de ces braves gens qui ont toujours un million ou deux dans le gousset de leur pantalon. — Eh ! fit le Diable, ceci ne manque pas d'un certain esprit supérieur. Les anciens avaient le *dieu* pour dénoncer leurs drames : *et Deus intersit !* comme dit Horace. M. Scribe a inventé le million pour arriver au même but, et, si j'avais une foi quelconque, je préférerais en littérature comme partout le DIEU MILLION, au dieu *Jupiter* ou *Apollo*.

Après cette réponse au poëte, le Diable continua :

— Cependant, monsieur de Lozeraie, ayant accepté la proposition de monsieur de Berizy, se trouva par le fait avoir versé pour son compte douze cent mille francs chez Mathieu Durand, qui s'empressa de lui en offrir le remboursement immédiat dès qu'il sut les nouveaux arrangements pris par le marquis, lequel lui confia ses nouveaux fonds. Monsieur de Lozeraie crut de sa dignité de prier le banquier de les garder, ne voulant pas donner à son adversaire un témoignage de défiance qui ne pouvait l'atteindre dans sa brillante position de fortune. D'un autre côté, Daneau consentit à la vente que lui avait proposée Mathieu Durand. Celui-ci prit les lieu et place de l'entrepreneur vis-à-vis des créanciers hypothécaires, et se trouva par conséquent débiteur vis-à-vis d'eux de douze cent mille francs, et vis-à-vis de Daneau de six cent mille francs : ce qui, avec les quatre cent mille francs qu'il avait avancés, formait les deux millions deux cent mille francs, prix des propriétés de Daneau. Sur ces entrefaites la révolution de Juillet arriva. — Grande révolution ! s'écria le poëte. — Je m'en vante ! fit le Diable. — Qui a lancé la France dans la voie du progrès social. — Et qui a rejeté la loi du divorce. — Qui a renversé l'aristocratie. — Et qui a fait les officiers de la garde nationale. — Qui a moralisé les populations. — Et institué le bal Musard. — Vous lui tenez rancune, monsieur de Cerny, fit le poëte. — De quoi ? de n'avoir rien fait de bon ? je n'en attendais rien de bon ; je n'étais pas comme Mathieu Durand, qui en avait espéré de superbes choses et qui n'y trouva que ruine. — Comment, ruine ? — Oui. Écoutez.

LXXXVIII

Si je vous ai clairement expliqué, au commencement de ce récit, et par l'exemple de l'emploi des fonds de monsieur de Berizy placés en rentes sur l'État et disponibles pour quelque bonne opération ; si vous appréciez la position du banquier vis-à-vis d'un grand nombre de ses clients, vous comprendrez les pertes énormes qu'il eut à subir lorsque, obligé de rembourser rapidement tous les dépôts d'argent qui se trouvaient chez lui, il fut forcé de réaliser à quatre-vingt-sept des rentes cinq pour cent qu'il avait achetées cent dix, et à soixante-deux du trois pour cent qu'il avait acheté quatre-vingt-deux. Il ne fallut pas moins que l'immense perturbation apportée par la révolution dans les affaires commerciales pour amener une telle dépréciation des fonds publics et ébranler la fortune de ceux qui les possédaient comme gages de leurs propres dettes. D'un autre côté, cette dépréciation gagna toutes les valeurs et principalement les propriétés sises dans Paris, qui fut rapidement désertée à cette époque. Il en résulta encore que l'opération avec Daneau, qui eût été si avantageuse à toute autre époque, dut se réaliser en perte lorsque Mathieu Durand fut forcé de faire ressource de tout pour solder les capitalistes qui lui re-

Tenez donc aussi vos armes prêtes. — Page 589.

demandaient leurs fonds. C'est à peine s'il vendit dix-huit cent mille francs des propriétés qu'il avait payées deux millions deux cent mille francs et qui auraient pu valoir trois millions, comme il l'espérait. Sans doute, ce ne pouvait être deux affaires aussi minimes que celle de monsieur de Berizy et celle de Daneau qui devaient amener la gêne dans une maison comme celle de Mathieu Durand; mais en expliquant quels furent les fâcheux résultats de celle-ci, j'ai voulu vous faire comprendre quel avait dû être le résultat de beaucoup d'autres basées sur les mêmes prévisions et renversées par le même événement. Toujours est-il que deux mois après la révolution de Juillet, le banquier Mathieu Durand, ayant voulu satisfaire sur-le-champ aux exigences de ses créanciers, se trouva à peu près ruiné et possédant à peine en créances liquides, mais qui n'étaient pas immédiatement exigibles, ce qu'il pouvait devoir encore.

— Ruiné! s'écria le poëte, mais il n'a jamais donné de bals si brillants!. — Vous savez bien que les anciens paraient la victime avant de l'immoler, dit le Diable. La banque est encore plus poétique, elle se couronne de roses pour aller déposer son bilan... Cependant Mathieu Durand n'en était pas là, car il se trouvait en présence de trois créanciers seulement dont les réclamations pouvaient avoir quelque importance. Le plus considérable était M. de Berizy, qui, comme nous l'avons dit, lui avait confié les fonds de la nouvelle vente faite à monsieur Félix; le moindre des trois était M. Daneau, qui avait laissé chez le banquier les six cent mille francs qui lui revenaient sur le prix de ses maisons; le troisième était monsieur de Lozeraie, parti pour l'Angleterre quelques jours avant la révolution de Juillet afin d'y terminer le mariage de son fils. Mais le fils du comte de Lozeraie, gentilhomme de la chambre et en passe d'arriver à tout sous le gouvernement de Charles X, ne parut plus au marchand de la Cité un parti assez convenable sous le gouvernement de Louis-Philippe, et monsieur de Lozeraie fut obligé de rentrer en France au bout de deux mois sans avoir pu réaliser ses brillantes espérances de fortune.

Voilà où en étaient vis-à-vis les uns les autres les divers personnages de cette histoire le 1er septembre 1830. Ce jour-là, et pour en revenir à notre point de départ. Mathieu Durand était encore dans son cabinet; mais ce n'était en lui ni l'extrême bonheur du premier jour où nous l'avons vu, ni la joie inquiète du second, c'était une attitude triste quoique encore hautaine, abattue quoique décidée, c'était l'homme qui ne ployait pas sous son malheur, dont il reconnaissait cependant l'étendue. Ce jour-là les deux mêmes hommes que nous avons rencontrés dans le cabinet du banquier s'y trouvaient encore. Le premier était Daneau, le second le marquis de Berizy, le véritable homme du peuple et le véritable grand seigneur. Comme la première fois, le banquier lisait attentivement un papier qui paraissait vivement le préoccuper. Cette préoccupation était si grande, que le banquier, ayant devant lui monsieur Daneau et monsieur de Berizy, ne pouvait détacher les yeux de cet écrit, qui semblait lui causer une vive douleur.

— Qu'est-ce donc? dit enfin le marquis; quelque fâcheuse nouvelle, monsieur?

Mathieu Durand se remit sur-le-champ et répondit d'une voix dont il chercha vainement à maîtriser l'émotion :

— Non, rien qu'une satire, une satire indigne contre moi. — Et cela vous affecte à ce point? dit M. Daneau. — C'est la main qui l'a écrite, messieurs, qui me blesse plus encore que les coups qu'elle me porte. C'est un enfant, un jeune homme que j'ai fait élever, c'est le jeune Léopold Baron, qui s'est servi de l'éducation que je lui ai donnée, des secrets qu'il a appris dans l'intimité où je l'avais admis, pour verser sur moi la calomnie et le ridicule. — Quoi! s'écria Daneau, ce petit Léopold, qui ne parlait jamais de vous autrefois que pour vous appeler son père, son sauveur? — C'est le même, dit Mathieu. — Eh bien! je puis vous le dire aujourd'hui, reprit Daneau, cette exaltation ne m'a jamais fait l'effet d'être de bon aloi; c'était un méchant flatteur. — Et tout flatteur devient détracteur, dit le marquis; c'est la règle, il n'y a rien là d'étonnant.

— Morale un peu vieille, fit l'homme de lettres. — Morale très-jeune, fit le Diable; car elle est éternelle, et ce qui est éternel est toujours jeune.

Puis il continua :

— Laissons cela, reprit le banquier. Je devine, messieurs, le but de votre visite ; vous venez sans doute pour réclamer les fonds...

Le marquis et l'entrepreneur interrompirent en même temps Mathieu Durand, et ils commençaient à parler ensemble lorsqu'ils s'arrêtèrent tous deux en se cédant, disaient-ils, la parole.

— Parlez, monsieur, dit le marquis. — Après vous, monsieur, dit l'entrepreneur, et, si vous avez quelque chose à dire que je ne puisse entendre, je vous cède la place. — Restez, dit Mathieu Durand; car je pense que les explications que j'aurai à donner à l'un pourront servir à l'autre. — Comme il vous plaira, dit monsieur de Berizy; je parlerai devant monsieur, car si je l'ai bien compris, c'est le même motif qui nous amène. — Je le crois, dit amèrement le banquier. — Monsieur Mathieu Durand, reprit le marquis, vous êtes un honnête homme; vous me devez deux millions, je viens vous prier de les garder. — Quoi! s'écria le banquier. — On a failli vous ruiner, monsieur, en vous forçant à des remboursements trop rapprochés; je ne me ferai pas le complice d'une panique qui a déjà amené tant de désastres; vous êtes mon ennemi politique, mais il s'agit entre nous de probité; je crois à la vôtre, je vous laisse mes fonds, et je ne vous les redemanderai que le jour où vous jugerez qu'ils vous sont complétement inutiles.

On ne pourrait dire si le banquier fut plus heureux de voir la confiance qu'il inspirait comme honnête homme qu'humilié de se voir rendre un service par un de ces grands seigneurs qu'il avait si longtemps voulu écraser du poids de sa fortune. Cependant, après un moment d'hésitation, le bon sentiment l'emporta; il tendit la main au marquis et lui dit avec effusion:

— Je vous remercie et j'accepte, monsieur le marquis.

— Oh! voilà la morale de votre comédie! s'écria l'homme de lettres. Vive le gentilhomme! n'est-ce pas, monsieur de Cerny?

— Non, monsieur, repartit Satan; car j'ajoute qu'à ce moment Daneau s'avança d'un air confus et attendri, et dit avec une admirable gaucherie de cœur:

— Vous ne me devez que six cent mille francs; mais, s'il pouvait vous être agréable de ne pas me les rendre, je n'ai pas oublié que vous m'avez sauvé, et si peu que ce soit...

Une larme vint aux yeux du banquier, et il s'écria:

— Ah! voilà qui me console de tout! Merci, monsieur Daneau; mais je n'accepte pas, vous n'avez que cela au monde, et vous avez besoin de vos capitaux pour travailler.

— L'intérêt à cinq me suffira; je me trouve assez riche, ne me refusez pas, ce serait m'humilier. — C'est bien ce que vous faites là, monsieur, dit le marquis en se tournant vers Daneau. — Et vous donc, monseigneur, s'écria Daneau, égaré par son enthousiasme au point de donner à quelqu'un un titre dont l'abolition lui paraissait une des plus précieuses conquêtes de la révolution de Juillet; et vous donc, monseigneur, c'est bien plus noble! car enfin, moi, je ne suis pas habitué à être riche, et je perdrais mon argent que je ne m'en apercevrais pas tant que vous. — Mais vous ne le perdrez pas, mon cher Daneau, dit le banquier, et j'espère qu'il profitera entre mes mains comme celui de monsieur de Berizy.

Quelques instants après, l'entrepreneur et le marquis se retirèrent ensemble, et tous deux, au moment de se quitter, se serrèrent la main sur la porte de l'hôtel, l'ancien ouvrier et le grand seigneur, le décoré de Juillet et l'ex-pair de Charles X, deux honnêtes gens. Voilà ma morale, monsieur, sans compter celle qui est tout à fait au bout de cette histoire. Cepenpant ce double désintéressement avait rendu la confiance à Mathieu Durand; il voyait se rouvrir devant lui une nouvelle carrière de fortune. Les deux millions six cent mille francs qui lui étaient laissés par le marquis et Daneau, ainsi que les douze cent mille francs dus à monsieur de Lozeraie, étaient, comme nous l'avons dit, couverts par des créances liquides et exigibles dans le délai d'un an tout au plus. Mathieu Durand se voyait donc au bout d'un an à la tête d'un capital disponible de près de quatre millions, après avoir satisfait à la minute à tous ses engagements ; il en résultait que son crédit, un moment ébranlé, devait se relever plus fort, car il aurait résisté à une catastrophe qui en avait entraîné de plus puissants que lui. Il ne demandait rien qu'un an, pendant lequel il aurait aussi à faire rentrer autant que possible les fonds engagés par lui dans une foule de petites commandites ; et, de ce côté, il croyait pouvoir compter encore sur plus d'un million, en faisant même une part de 60 pour 100 aux faillites qu'il aurait à subir. En présence d'un avenir qui s'éclaircissait ainsi après avoir été si sombre, Mathieu Durand se livrait aux plus vives espérances ; mais, presque au même instant, il vit un nouveau nuage s'étendre sur le large horizon qui s'ouvrait devant lui. Il n'y avait pas deux heures que le marquis de Berizy et Daneau l'avaient quitté lorsqu'il reçut une lettre de monsieur de Lozeraie qui l'avertissait de son retour d'Angleterre, en le priant de vouloir bien tenir à sa disposition les douze cent mille francs qu'il avait laissés dans sa caisse. Cette réclamation était d'une importance à jeter une nouvelle perturbation dans les affaires du banquier. Pour y satisfaire, il lui fallait nécessairement engager ou aliéner une partie des créances sur lesquelles il comptait, et par conséquent subir une nouvelle perte sur ces créances ; car on n'était pas à une époque où un emprunt comme celui-là, où une telle vente pût s'opérer à des conditions ordinaires. C'était mettre d'un seul coup Mathieu Durand au-dessous de ses affaires, lorsque, une heure auparavant, son actif dépassait encore son passif ; c'était le forcer à dévoiler, par une négociation de cette espèce, qu'il était réduit à ses dernières ressources ; c'était attaquer et perdre son crédit, cette fortune du financier : crédit contre lequel on ne pouvait, à vrai dire, articuler jusqu'à ce moment aucun retard ni aucune opération où se montrât la moindre gêne.

Mathieu Durand réfléchit longtemps à cette nouvelle position ; il l'envisagea dans tout ce qu'elle avait de plus fâcheux ; il considéra que c'était toute sa vie financière et politique qu'il allait jouer d'un seul coup ; il pensa au sort de sa fille ; il vit la joie de tous ses anciens ennemis ; il reconnut enfin qu'il ne pouvait se sauver que par un coup décisif et il se rendit sur-le-champ chez monsieur de Lozeraie. Celui-ci, lorsqu'on lui annonça le banquier, se rappela la longue attente que Mathieu Durand lui avait fait subir dans son antichambre. Il eut un moment l'envie de rendre au banquier le supplice qu'il en avait reçu ; mais comme, d'après ce qu'il avait entendu dire de la position de Mathieu Durand, monsieur de Lozeraie était véritablement alarmé pour les fonds qu'il avait laissés chez lui, l'intérêt de sa fortune l'emporta sur celui de sa vanité, et il fit entrer immédiatement Mathieu Durand. Pour la seconde fois, les deux parvenus se trouvèrent en présence. Le caractère de Mathieu Durand différait de celui de monsieur de Lozeraie en ce qu'il emportait avec lui toute la décision forte et rapide de l'orgueil, qui trouve encore une espèce de satisfaction dans l'humiliation volontaire qu'il s'impose, tandis que la vanité de monsieur de Lozeraie gardait toutes les indécisions de la nature qui cherche à échapper par mille faux-fuyants à l'acte de soumission que les circonstances obligent à faire. Ainsi, lorsque Mathieu Durand se trouva en présence de monsieur de Lozeraie, il n'éprouva aucun embarras, aucune gêne, et l'aborda avec cette ferme assurance d'un parti pris sans arrière-pensée. Il commença la conversation par ces mots :

— Monsieur, je viens me livrer à vous. — Qu'entendez-vous par là, monsieur ? lui dit le comte, plus alarmé encore de cette parole que fier d'être ainsi déclaré le maître de le destinée de l'homme qu'il détestait le plus au monde. — Je vais vous l'expliquer, monsieur, repartit le banquier.

Aussitôt il raconta à monsieur de Lozeraie l'état de ses affaires, tel que j'ai essayé de vous le faire comprendre, et termina ainsi sa confidence :

— Vous le voyez, monsieur, les fonds que vous avez déposés chez moi vous sont parfaitement garantis ; et, si vous pouviez douter de la parole d'un honnête homme, mes livres pourraient vous convaincre...

Monsieur de Lozeraie avait attentivement écouté Mathieu Durand, et il avait reconnu avec une joie qu'il avait habilement dissimulée, que sa créance était parfaitement assurée. Une fois sûr de la solvabilité de son débiteur, il ne pensa qu'à prendre une revanche cruelle de l'affront qu'il en avait reçu naguère, et, interrompant Mathieu Durand au moment où il prononçait les dernières paroles que je viens de rapporter, il lui dit :

— Les livres de messieurs les banquiers disent tout ce qu'on veut ; ils ont un langage hiéroglyphique, ou plutôt élastique, qui prouve à volonté la richesse ou la misère. Je vous avoue, monsieur, que je n'ai aucune foi en de pareils témoignages.

Le banquier se mordit les lèvres ; mais Mathieu Durand était résolu à sauver à la fois sa fortune et sa réputation. Par orgueil pour son avenir, il sacrifia courageusement l'orgueil du présent. Il répondit donc à monsieur de Lozeraie :

— Je ne m'étonne pas, monsieur, de vous voir partager ces préjugés des gens du monde sur le mode de comptabilité et de tenue de livres adopté dans les maisons de banque. Toutes ces nombreuses écritures que nous avons introduites pour prévenir, par un contrôle exact des unes sur les autres, la moindre apparence de fraude, ne semblent, aux yeux de ceux qui ne les connaissent pas, qu'un dédale inextricable où l'on espère égarer l'investigation des intéressés. Je ne puis donc vous en vouloir de ce que vous venez de me dire ; mais il y a entre nous quelque chose de plus net et de plus facile à comprendre, c'est la parole d'un homme d'honneur, elle doit suffire. — Et si elle ne me suffit pas, monsieur ? dit le comte de Lozeraie. — En douteriez-vous ? s'écria Mathieu Durand. — Et à supposer que je ne doutasse pas de votre bonne foi, monsieur, repartit le comte, n'ai-je pas le droit de douter de vos prévisions ? Une fortune comme celle de monsieur Mathieu Durand, renversée en quelques mois, atteste-t-elle beaucoup de prudence et d'habileté ? — Oubliez-vous qu'il a fallu une révolution pour la renverser ? — Oubliez-vous que vous êtes un de ceux qui l'ont amenée ? — Je n'ai pas à vous rendre compte de mes opinions, ce me semble. — Mais vous avez à me rendre compte de ma fortune, monsieur. — Je l'ai fait. — Je ne me paye pas de paroles, monsieur ; et quand je vous dirai qu'il me faut ma fortune, qu'il me me la faut demain, j'entends vous parler d'argent comptant. — Je vous ai fait comprendre, reprit le banquier en serrant les dents comme pour fermer passage à la colère qui l'agitait, je vous ai fait comprendre que cela était impossible. — Les tribunaux vous prouveront que rien n'est plus possible. — Moi aller devant les tribunaux, s'écria Mathieu Durand. — C'est où vont les gens de mauvaise foi qui ne payent pas leurs dettes. — Il y a un autre endroit, monsieur, reprit le banquier avec hauteur, où vont les honnêtes gens qui ont payé les leurs. — Quand cela vous sera arrivé, Monsieur, dit le comte, je verrai si un homme comme moi doit y suivre un homme comme vous. — C'est une décision que vous serez forcé de prendre plus vite que vous ne pensez. — Jamais si vite que je le désire, car elle sera précédée de la rentrée en mes mains de mes capitaux. — Vous n'attendrez pas longtemps. — J'attends encore mon argent. — A demain, monsieur. — Je tiendrai votre quittance prête. — Tenez donc aussi vos armes prêtes. — Ne me faites pas perdre mon encre et mon papier, je vous prie. — Vous n'y perdrez rien, je vous le jure.

Le banquier sortit. Il rentra immédiatement chez lui, et écrivit à Daneau et à monsieur de Berizy. Puis il se rendit chez monsieur de Favieri, lui expliqua franchement sa position et lui demanda le crédit nécessaire pour solder immédiatement monsieur de Lozeraie. Le banquier génois écouta le banquier français sans que son visage lui apprît s'il était disposé ou non à faire ce qui lui était demandé. Puis, quand Mathieu Durand eut fini de parler, il lui répondit froidement :

— Veuillez me laisser la liste et le montant des créances sur le dépôt desquelles vous voulez opérer cet emprunt; dans deux heures vous aurez ma réponse, et je vous dirai à quelles conditions je puis faire cette opération, si toutefois je puis la faire.

Deux heures après, Mathieu Durand reçut un billet de monsieur de Favieri, qui le priait de vouloir bien lui envoyer messieurs Daneau et de Berizy, ajoutant que tout s'arrangerait probablement. L'attente de Mathieu Durand fut cruelle; mais sa joie fut extrême lorsque ses deux témoins vinrent lui apprendre que les douze cent mille francs lui étaient parfaitement inutiles, attendu que monsieur Félix ayant offert sa garantie à monsieur de Lozeraie, celui-ci l'avait acceptée, et avait donné quittance de la somme due par Mathieu Durand en passant à monsieur Félix ses droits sur Mathieu Durand.

— Monsieur Félix ! dit le banquier, stupéfait de retrouver encore ce nom mêlé à une affaire de cette importance.

— Il était temps qu'il s'en étonnât, dit le poëte en riant. Quant à moi, je vous avoue que je n'écoute vos centaines de millions, de trois, de cinq pour cent, que pour savoir enfin quel est ce monsieur Félix.—Vous voyez bien, dit le Diable, que j'ai eu raison de ne pas satisfaire votre curiosité dès l'abord; mais nous voici au dénoûment : une belle scène de drame, en vérité !

A l'exclamation du banquier, M. de Berizy avait répondu :

— Oui, ce même monsieur Félix, qui s'est mis aux lieu et place de monsieur de Lozeraie pour l'achat de ma forêt, et qui aujourd'hui se met si généreusement en votre lieu et place. — Mais quel est donc cet homme ? — Je vous jure que je l'ignore. — Je le verrai, dit Durand, devenu tout pensif à cette singulière nouvelle, je le verrai, quand toute cette affaire sera terminée; car je suppose, messieurs, que vous n'avez pas oublié que j'ai d'autres intérêts que des intérêts d'argent à démêler avec monsieur de Lozeraie. — Non, certes, reprit monsieur de Berizy, et le rendez-vous général est pour demain, à neuf heures, chez monsieur de Favieri; nous partirons tous de là. — Neuf heures, c'est bien tard, dit le banquier. — Nous avons choisi l'heure de monsieur...
— Cette heure a paru convenable à tout le monde, dit monsieur de Berizy en interrompant Daneau, qui avait pris la parole. A demain, monsieur Durand !

Durand, resté seul, sentit une sorte de joie cruelle en pensant qu'il allait enfin pouvoir se venger de cet homme qui l'avait si insolemment traité. Dans les premiers transports de sa colère, il oublia tout autre intérêt que celui de la vengeance de son orgueil. Mais, lorsqu'il pensa que ce duel pouvait avoir des suites fatales et qu'il lui fallait mettre ordre aux affaires les plus urgentes, il pensa à sa fille qu'il allait laisser au milieu du dédale d'une liquidation d'où lui seul pouvait arracher encore quelques restes de fortune. Que deviendrait, après lui, cette jeune fille élevée à satisfaire tous ses caprices, et qui n'avait pas reçu de lui la moindre idée d'ordre ou d'économie? Il revint avec chagrin sur cette fausse éducation qu'il avait laissé donner à une enfant qui eût pu être bonne et simple s'il l'eût voulu ; il se reprocha amèrement son imprévoyance. Mais quelque douleur qu'il éprouvât à l'aspect du fâcheux avenir qu'il pouvait léguer à sa fille, il n'entra pas un moment dans l'esprit de Mathieu Durand d'éviter, par la moindre concession, le duel qui l'attendait. Son orgueil domina tout autre sentiment, et il détourna, pour ainsi dire, la tête de ces pénibles réflexions pour qu'elles ne vinssent pas affaiblir sa résolution. Le lendemain, Mathieu Durand et ses témoins, monsieur de Lozeraie et les siens, se trouvaient à neuf heures précises chez monsieur de Favieri ; les voitures attendaient, les conditions du combat étaient réglées, et l'on allait quitter le salon, lorsque tout à coup on vit entrer le vieux monsieur Félix. Les deux adversaires s'arrêtèrent tous deux à l'aspect de ce vieillard, et celui-ci leur dit d'un ton grave :

— Messieurs, je désirerais vous entretenir l'un et l'autre en particulier avant la rencontre qui doit avoir lieu entre vous. — Monsieur, repartit Mathieu Durand en s'inclinant, nous savons, monsieur de Lozeraie et moi, tout ce que la raison peut vous dicter de paroles conciliantes dans une affaire pareille ; mais les choses sont arrivées à un point que nous ne pourrions attendre plus longtemps l'un et l'autre sans nous déshonorer tous les deux. — Monsieur a raison dans ce qu'il dit, reprit monsieur de Lozeraie, et je partage pour cette fois son opinion. — Monsieur de Lozeraie, reprit doucement monsieur Félix, je vous ai, je crois, rendu un grand service en vous libérant vis-à-vis de monsieur de Berizy. Monsieur Durand, je ne vous ai pas été moins utile en vous mettant en position de payer monsieur de Lozeraie. C'est au nom de ce que j'ai fait pour vous que je vous prie de vouloir bien m'écouter.

Les deux ennemis se tournèrent en même temps chacun du côté de ses témoins comme pour les consulter, et ceux-ci ayant montré par quelques mots qu'il était convenable de céder aux désirs de M. Félix, ils se retirèrent, et Mathieu Durand et monsieur de Lozeraie restèrent seuls avec le vieillard. Lorsque tout le monde fut sorti, M. Félix prit un siége, et en désigna un d'abord au banquier, puis un au comte, qui s'assirent, l'un à sa droite, l'autre à sa gauche. L'aspect vénérable, calme et fort en même temps de ce vieillard, contrastait avec l'impatience inquiète de ses auditeurs, qui de temps à autre échangeaient un coup d'œil comme pour se promettre l'un à l'autre qu'ils ne céderaient pas aux prières du vieillard. Le vieillard les considéra un moment et sembla puiser dans cette attention un sentiment plus rude de sévérité, et il commença ainsi :

— Il y a six mois, messieurs, je me suis présenté chez chacun de vous... chez vous d'abord, monsieur Mathieu Durand ; je vous ai raconté comment j'avais été condamné, et je vous ai demandé le moyen de rétablir tout à fait l'honneur de mon nom. Vous m'avez refusé.

Le banquier se tut. Monsieur Félix continua :

— Je me présentai ensuite chez vous, monsieur de Lozeraie, et je vous parlai de réclamations que j'avais à exercer sur la fortune de votre femme ; vous les avez écartées par la menace.

Le comte se tut aussi. Monsieur Félix reprit :

— Si j'ai bien compris ce que l'un et l'autre vous avez opposé à mes demandes, il en résulte que l'un, monsieur Mathieu Durand, fils d'un ouvrier, et qui doit sa fortune à lui seul et à son travail, n'a pas voulu venir en aide à l'imprudent qui avait dissipé follement l'immense héritage de son père ; il en résulte que l'autre, monsieur de Lozeraie, issu d'une grande famille, s'est fié à la puissance du grand nom qu'il porte pour faire taire les plaintes de celui qu'il a appelé un intrigant...
— Où voulez-vous en venir, monsieur ? dirent ensemble Mathieu Durand et le comte.
— A ceci, messieurs : à constater que moi, pauvre vieillard de quatre-vingts ans, je n'ai

trouvé appui et justice ni chez l'homme du peuple ni chez le grand seigneur.

Les deux antagonistes se turent, car il n'y avait rien à dire à cela.

Vous êtes l'homme du peuple, monsieur Durand? — J'en suis fier, reprit celui-ci. — Vous êtes le grand seigneur d'antique race, monsieur de Lozeraie? — Je n'en tire pas vanité, reprit le comte avec une vanité excessive. — Eh bien! dit le vieillard en élevant la voix, vous, Mathieu Durand, et vous, comte de Lozeraie, vous avez tous deux impudemment menti. — Monsieur! s'écrièrent les deux ennemis en se levant ensemble, une telle insulte... — Asseyez-vous, messieurs, je vous en prie; je vous l'ordonne, s'il le faut, et si mes quatre-vingts ans ne suffisent pas pour que vous m'écoutiez avec respect, j'invoquerai un titre qui pourra vous forcer à m'écouter à genoux.

— A genoux! dit le poëte, qui commençait à prêter à ce récit une attention plus particulière. — A genoux, repartit le Diable; le mot a été dit, l'action a été faite. Écoutez.

A l'accent solennel qu'avait pris le vieux monsieur Félix, le banquier et le comte demeurèrent stupéfaits. Il sembla qu'une même idée, qu'un même doute entrât à la fois dans le cœur de ces deux hommes, et ils se mirent à considérer le vieillard avec une sorte de crainte respectueuse, puis reprirent leur place près de lui en baissant tous deux le front. Le vieillard les contempla encore en silence et avec un air de triomphe où se mêlait cependant une expression d'amère douleur. Il fit effort sur lui-même pour surmonter cette émotion, et reprit avec plus de calme :

— Je sais votre histoire à tous deux, messieurs, mais je ne vous la raconterai pas. C'est la mienne que je vais vous dire, elle servira de préambule à la vôtre, que vous pourrez répéter ensuite comme vous avez l'habitude de la raconter.

Monsieur Félix parut recueillir un moment ses souvenirs, puis il reprit d'une voix ferme et décidée :

— En 1789 j'étais négociant à Marseille; mes affaires avaient été très-brillantes jusqu'à ce moment. J'étais marié à une femme qui m'avait donné deux fils. L'un était âgé de quatorze ans à cette époque, l'autre de treize.

Mathieu Durand et monsieur de Lozeraie firent un mouvement.

— Ne m'interrompez pas, messieurs, reprit monsieur Félix d'un ton absolu : c'est une histoire déjà si vieille que je pourrais m'y perdre, si je ne la racontais comme il me convient. L'aîné de ces fils était depuis quatre ans en Angleterre, où il faisait son éducation. Je le destinais au commerce, et je voulais qu'il connût de bonne heure un pays qui était, surtout à cette époque, notre modèle en industrie. Le second commençait ses études dans un des colléges de Paris. Comme beaucoup d'autres, je ne m'alarmai point des commencements de la révolution de 89; mais les événements se pressant et ma fortune menaçant de périr dans cette grande catastrophe, je fis passer près de cent mille francs en Angleterre en les plaçant sur la tête de mon fils aîné, et je fis revenir le plus jeune de Paris; car l'avenir s'assombrissait tous les jours de plus en plus. Vous savez, messieurs, à quels excès furent poussées, à cette époque, les passions révolutionnaires. J'appris que j'étais désigné comme un aristocrate, car la fortune était alors, comme aujourd'hui, une aristocratie. Peut-être aurais-je bravé les chances d'un jugement où j'aurais été exposé seul; mais je tremblai devant l'idée d'une de ces horribles émeutes dont Marseille avait été déjà le théâtre, et qui pouvait pénétrer dans ma maison et y égorger sous mes yeux ma femme et mon fils. Je pris mes mesures en conséquence : je fis passer tous les fonds dont je pouvais disposer chez monsieur de Favieri, le père de celui que vous connaissez, très-jeune homme alors et

Cet aspect attrista Luizzi.

qui n'habitait pas Gênes à cette époque ; puis, un jour du mois de février 1793, je m'embarquai secrètement avec ma femme et mon fils, et je les conduisis à Gênes. Mon absence ne devait pas être longue, mais elle le fut assez pour que mes ennemis l'apprissent, et je fus immédiatement porté sur la liste des émigrés. On saisit mes biens, on me condamna à mort. Une pareille condamnation était peu de chose pour un homme qui se trouvait à l'abri de l'échafaud. On alla plus loin. On demanda une liquidation de ma maison de commerce ; et, comme tous les biens que je possédais étaient séquestrés, il fut facile d'établir une faillite, et cette faillite, aidée de mon départ, amena aisément ma condamnation comme banqueroutier frauduleux. Je voulus rentrer en France pour faire relever ce jugement de déshonneur, au risque de voir s'exécuter celui qui menaçait ma tête. Les larmes de ma femme et les conseils de monsieur de Favieri m'en détournèrent, et je me décidai à partir pour la Nouvelle-Orléans, afin d'y arriver avant la nouvelle de ma condamnation et de ne pas livrer à ceux qui m'avaient dépouillé et déshonoré les sommes considérables qui m'étaient dues par les principaux négociants de cette ville, qui me connaissaient personnellement ; car c'était le troisième voyage que je faisais en Amérique. Cependant, ce fut durant mon court séjour à Gênes que j'eus occasion de rencontrer monsieur de Loré et de lui prêter diverses sommes. En effet, monsieur de Loré était un gentilhomme d'Aix, qui, comme tant d'autres, avait fui une condamnation capitale en emmenant avec lui sa fille de quinze ans à peu près à cette époque, et un jeune homme de grande famille, orphelin, le dernier rejeton de sa race, et dont lui, monsieur de Loré, était le tuteur. Ce jeune homme s'appelait Henri de Lozeraie.... Ne m'interrompez pas, monsieur, dit monsieur Félix au comte, qui avait fait un mouvement. Je partis donc en laissant à Gênes ma femme et mon fils, alors âgé de dix-sept ans, sous la protection du vieux monsieur de Favieri et de monsieur de Loré, et après avoir dit à mon fils aîné d'attendre de ma part de nouvelles instructions...

Il faut vous dire, fit le Diable en s'interrompant, que depuis le commencement de ce récit Mathieu Durand et monsieur de Lozeraie avaient plusieurs fois tenté de l'interrompre en jetant des regards suppliants sur le vieux monsieur Félix ; mais le vieux monsieur Félix les avait contenus, soit en leur ordonnant le silence comme je vous l'ai dit, soit par la seule autorité de son regard. Les deux auditeurs étaient pâles, tremblants ; ils tenaient la tête baissée et ils n'osaient plus même se regarder l'un l'autre.

Le Diable avait mis dans cette interruption une intention que Luizzi avait devinée : il attendait une observation de l'homme de lettres ; mais celui-ci, si prompt à interrompre le commencement du récit, ne semblait plus maintenant occupé que d'en apprendre le dénoûment.

Satan reprit, en laissant la parole à monsieur Félix :

— Beaucoup d'événements inutiles à vous rapporter, la difficulté des communications à une époque de guerre générale m'empêchèrent de terminer mes affaires aussi rapidement que je l'avais espéré. Je ne pus donner des nouvelles de moi à ma famille ni en recevoir d'elle, et ce ne fut qu'au bout de quatre ans que je fus libre de revenir en Europe. J'allais partir, lorsque je reçus une lettre de monsieur de Favieri, le fils de celui que vous connaissez enfin, et qui m'annonçait de singulières nouvelles. Une maladie endémique avait désolé Gênes. Monsieur de Loré était mort, le jeune de Lozeraie aussi, ma femme était morte, et mon fils, après avoir retiré en son nom tous les fonds que j'avais déposés chez monsieur de Favieri le père, s'était enfui avec mademoiselle de Loré. Tous ces événements étaient arrivés avant son retour auprès de son père, qui lui-même, me disait-il, venait de succomber à la même fatale maladie qui m'avait enlevé ma femme. Frappé au cœur par ces déplorables nouvelles, je partis pour l'Angleterre, afin d'y retrouver au moins mon fils aîné ; mais j'appris que lui aussi s'était fait rendre un compte exact des capitaux placés sur sa tête et qu'il avait quitté l'Angleterre en disant qu'il allait me rejoindre en Amérique. J'y retournai, et de là je fis prendre de toutes parts, dans tous les pays du monde où je pouvais atteindre, des informations sur Léonard Mathieu, mon fils aîné, et Lucien Mathieu, mon fils cadet ; car je m'appelle Félix Mathieu ; mais jamais on n'a entendu parler nulle part de ces deux noms. Maintenant, vous, monsieur Mathieu Durand, et vous, monsieur le comte Lucien de Lozeraie, pouvez-vous me donner des nouvelles de mes deux enfants ? — Mon père ! mon père ! s'écrièrent les deux frères en tombant à genoux devant le vieillard, qui s'éloigna d'eux.

— Comment! à genoux! s'écria le poëte, ils se sont mis tous deux à genoux? — Oui, vraiment, fit le Diable, comme vous dans une reconnaissance dramatique, ni plus ni moins qu'au théâtre de la Porte-Saint-Martin ou de la Gaîté. — Et quelle est la morale que tire de ceci monsieur de Cerny? reprit le poëte. — Pas d'autre que celle qu'en tira le vieux monsieur Félix lui-même, lorsque, s'éloignant, il s'écria d'un ton irrité :

— A genoux, orgueil et vanité! c'est là votre place! A genoux! vous qui, dévoré de la soif de la richesse, envieux de ces hommes que vous aviez vus grandir autour de vous par le travail et l'économie, avez voulu vous placer plus haut qu'eux tous, et qui, pour rendre encore plus éclatante l'élévation de votre fortune, avez imaginé de la faire partir d'aussi bas que possible; qui, ambitieux d'un nom dont vous ne devriez l'éclat qu'à vous seul, avez renié celui de votre père en lui laissant une tache d'infamie qu'il vous était si facile d'effacer! A genoux aussi! vous qui, enivré de la vanité d'un grand nom et ne pouvant vous en faire un, avez volé celui d'un autre et vous en êtes paré; vous qui avez aussi renié le nom de votre père, qui n'avait compromis ce nom que pour vous sauver! A genoux tous deux! c'est votre place, et il ne vous manque, dignes frères que vous êtes, que de vous relever pour aller vous égorger l'un l'autre. Allez maintenant, je ne vous retiens plus!

Le poëte ne disait plus rien. Le Diable reprit :

— Si vous faisiez de la comédie actuelle, monsieur, je vous raconterais bien la scène qui suivit cette reconnaissance : la rage de ces deux hommes qui s'étaient vus humilier l'un et l'autre, en face l'un de l'autre, leur embarras et leur rage encore plus cruelle lorsqu'il fallut s'embrasser par l'ordre de leur père. — Et leur père leur a-t-il pardonné? dit le baron. — Plus que vous ne pouvez croire, repartit le Diable, car il a couvert la faute de ses fils de son silence; il n'a raconté qu'à monsieur de Favieri, de qui je la tiens, la vérité de cette singulière histoire, et, si je vous l'ai répétée moi-même, j'avoue que ç'a été surtout pour vous prouver ma thèse et pour vous montrer que ni les caractères, ni les événements, ni les mœurs ne manquaient à la comédie, s'il était possible de la faire. — Et comme cela se pratique dans toute bonne comédie, tout a été scellé, sans doute, par le mariage de monsieur Arthur de Lozeraie et de mademoiselle Delphine Durand? reprit Luizzi. — Oh! que non! fit le Diable; la réconciliation n'a pu aller jusque-là. Grâce au secret que leur a promis leur père, nos deux héros ont gardé leur position respective : Mathieu Durand est toujours Mathieu Durand. Il parle toujours de l'obscurité de son origine, de la fortune qu'il a été obligé de gagner d'abord sou à sou et de rétablir ensuite sans le secours de personne, de son amour pour le peuple dont il est sorti, de l'éducation qu'il s'est péniblement donnée; et je ne doute pas que, pour soutenir son rôle jusqu'au bout, il ne finisse par marier sa fille, en la dotant magnifiquement, à quelque homme qui, comme lui, se sera fait un nom à la force du poignet.

Le poëte ne dit rien, mais Luizzi s'écria :

— Qu'entendez-vous, s'il vous plaît, par la force du poignet? — Ma foi, repartit le Diable en riant, j'entends toute fortune qu'on ne doit qu'à soi seul. — Même une fortune littéraire? fit le baron en guignant le poëte. — Hé! pourquoi pas? repartit Satan : il me semble que, par la littérature dont on nous inonde avec tant de profusion, la force du poignet est une des premières qualités de l'homme de lettres.

Mais le poëte n'entendait plus, et le Diable reprit complaisamment :

— Quant à monsieur de Lozeraie, il est toujours monsieur de Lozeraie, plus bouffi que jamais de l'antiquité de sa race, d'autant plus impertinent qu'il peut croire qu'on en doute, et, malgré sa haine pour la révolution de Juillet, tout à fait rallié à la nouvelle dynastie, qui, n'étant pas très-riche en grands noms, vient de l'appeler à la Chambre des pairs.

LXXXIX
SIMPLES ÉVÉNEMENTS ET SIMPLE MORALE.

Comme le Diable finissait son récit, la diligence s'arrêta. Luizzi avait écouté volontiers cette histoire. Elle semblait en effet si étrangère à ses propres affaires, qu'il n'éprouva point cette appréhension que lui causaient d'ordinaire les confidences de Satan. Après toutes les observations folles et burlesques dont l'homme artistique avait accompagné cette anecdote, Luizzi s'attendait à lui voir entamer, sur le dénoûment fort extraordinaire qui les concluait, des réflexions qui ne le seraient pas moins et une théorie littéraire à son usage particulier ; mais il fut très-surpris de lui voir garder un absolu silence sur ce qu'il venait d'entendre raconter. Seulement il demanda au conducteur le nom du village où ils se trouvaient, et, celui-ci lui ayant dit qu'il était à Sar..., le poëte donna l'ordre aussitôt de décharger ses malles. Le conducteur fut étonné de cet ordre, et, avant d'y obéir, il consulta sa feuille et répondit :

— Mais monsieur a pris sa place jusqu'à Toulouse. — Et je l'ai payée jusque-là, ce me semble ! Maintenant il me plaît de descendre ici. — Nous sommes à trois lieues du château de Mathieu Durand, dit tout bas Satan au baron pendant qu'ils s'éloignaient en précédant la diligence. Bah ! et que va-t-il y faire ? — Profiter du secret qu'il connaît pour tâcher d'amener le banquier à lui donner sa fille en mariage avec quelques-uns des millions qu'il a rattrapés. — Oh ! fit le baron, mais c'est une infamie. — Tu oublies, maître, qu'en sa qualité d'homme de lettres, ce monsieur a droit de piller les idées des autres. — Il les choisit bien mal ! — Tu es trop modeste. — Moi ? — Toi ; car il ne fait pas autre chose que ce que tu as voulu faire jadis à Gustave et à Ganguernet. Ce n'est pas dans un autre but que ce que tu leur as fait le récit des aventures de madame de Marignon. Vois quelle gloire est la tienne ! le Diable en est réduit à t'imiter pour mal faire.

Le reproche tombait juste ; aussi Luizzi ne daigna-t-il pas y répondre. Toutefois le nom de madame de Marignon lui rappela la rencontre du vieil aveugle et, par suite, tout ce qui avait précédé la fuite d'Orléans jusqu'à l'instant où il allait interroger le Diable sur le compte de madame Peyrol. Il marchait donc côte à côte avec Satan, songeant sérieusement à trouver un moyen de prévenir les intrigues par lesquelles Gustave de Bridely pourrait empêcher la reconnaissance de la fille de madame de Cauny, et ne sachant s'il devait s'en rapporter à lui-même ou demander des éclaircissements à son esclave, lorsque tout à coup le poëte l'appela de loin en criant : Eh ! monsieur le baron ! monsieur de Luizzi ! Celui-ci s'arrêta. Le poëte s'approcha et lui dit :

— Monsieur de Luizzi, je vous avais promis de vous rappeler les circonstances de notre première rencontre, et c'était à Bois-Mandé que je devais vous faire le récit de cette histoire. Vous y trouverez le mystère d'une existence encore plus étrange peut-être que celle de monsieur de Lozeraie et de Mathieu Durand ; si vous voulez bien me le permettre, je vous l'enverrai à Toulouse. — Je la recevrai avec plaisir, dit le baron assez froidement.

Le poëte s'éloigna, et le baron continua la route à pied.

— Mais quel est donc ce monsieur, dit-il au Diable. — Comment ! tu n'as pas reconnu encore une de tes vieilles connaissances ? — Ce monsieur ? — Le fatal Fernand, le héros du pape, le ravisseur de Jeannette, à qui tu as servi de témoin... — Ah, oui! je me souviens, fit Luizzi, et voilà sans doute ce qu'il voulait me raconter à Bois-Mandé. — Il y aurait probablement ajouté la suite de ses aventures avec Jeannette, et, comme tu as maintenant plus de temps à perdre que lorsque tu seras à Toulouse, je puis te la dire. — Je n'en suis pas curieux, et je suppose que maintenant tu vas me quitter. Tu n'as sans doute plus personne à endoctriner à côté de moi? — J'ai fait tout ce que je voulais. Seulement il me semble que tu pourrais être plus poli envers moi, monsieur le baron, car, te voyant si peu disposé à m'entendre sur ce qui t'intéresse, j'ai eu grand soin de te choisir une histoire qui ne te regarde nullement. — Ce sera donc la première fois que ta parole ne m'aura pas été fatale? — Qui sait? dit le Diable en riant. — Va-t'en! s'écria Luizzi; je ne veux plus t'écouter.

Le Diable disparut, et Luizzi poursuivit seul sa route, pensant à son aise à tout ce qu'il pouvait avoir à faire. Il se remit en présence de ses obligations. Il avait en ce moment trois femmes à sauver de la position fâcheuse où il les avait mises : c'étaient madame de Cerny, Eugénie Peyrol et Caroline. Luizzi regrettait vivement de ne pas pouvoir s'arrêter à Bois-Mandé, pour aller jusqu'au château de madame de Paradèze, et la prévenir que la fille qu'elle pleurait depuis si longtemps était enfin retrouvée, puis pour lui faire part du malheur arrivé à sa nièce; mais sa présence à Toulouse était indispensable. Il se trouvait dans un dénûment qui ne lui permettait pas d'agir d'une manière rapide et convenable. Cependant, il crut devoir écrire à madame de Paradèze afin de lui apprendre l'événement heureux qui lui avait fait découvrir mademoiselle de Cauny dans la prétendue fille de Jérôme Turniquel ; mais le temps qui lui manquait pour s'arrêter lui manquait pour écrire, et il se décida à attendre son arrivée à Toulouse pour envoyer cette lettre.

Pendant qu'il réfléchissait ainsi et prenait ses mesures, il s'aperçut que le jour commençait à baisser et qu'il était très-éloigné de la voiture, qui n'arrivait pas. Il était près d'un taillis assez épais, et déjà plusieurs hommes d'assez mauvaise mine avaient passé et repassé devant lui. Il ne craignait pas les voleurs, mais les agents de police. Ce qui l'alarma surtout, c'est qu'il lui sembla que la figure de l'un de ceux qui avaient passé le plus près de lui ne lui était pas inconnue. En conséquence, il retourna du côté de Sar... Bientôt il entendit le bruit d'une voiture qui roulait avec rapidité, et, s'imaginant que c'était la diligence qui arrivait, il s'avança jusqu'au milieu de la chaussée. C'était une chaise de poste, derrière laquelle était assis un petit garçon qui sauta à terre dès qu'il vit le baron et qui lui dit :

— Le conducteur m'a envoyé courir après vous et l'autre monsieur, pour vous dire que le timon de la diligence s'est cassé en sortant du village et qu'on ne pourra guère partir qu'au milieu de la nuit.

Ce contre-temps, qui retardait l'arrivée du baron à Toulouse, lui donnait quelques heures pour écrire à madame de Paradèze. Il reprit donc le chemin du village qu'il venait de quitter, tandis que l'enfant tournait à droite et à gauche en disant :

— Mais où est donc l'autre voyageur ? — Ma foi! lui répondit Luizzi, celui-là est au diable, et tu seras bien adroit si tu le rattrapes. — C'est égal, je vais continuer à courir. — Tu courras longtemps. — Que non! fit l'enfant ; je rattraperai la chaise de poste et je dirai au postillon de le prévenir. Je vais profiter de la montée où il est à présent et où ils ne vont pas vite.

Sans attendre de réponse, le petit bonhomme se mit à courir de toutes ses jambes, tandis que Luizzi regagnait paisiblement le village en faisant dans sa tête sa lettre à madame de Paradèze. Une fois arrivé à l'auberge où tous les voyageurs étaient descendus, il demanda une chambre et tout ce qu'il fallait pour écrire, puis il s'enferma. Au bout d'une heure à peu près, il entendit frapper à sa porte, et le maître de l'auberge parut le bonnet à la main.

— Pardon de vous déranger, monsieur, lui dit-il, mais à quelle distance avez-vous rencontré le galopin qui a été vous dire de revenir ? — A une grande demi-lieue à peu près, à côté d'un taillis assez sombre, et, je crois, très-mal habité. — C'est que c'est mon fils, et il n'est pas revenu encore ni l'autre voyageur. — Je l'avais prévenu que celui-ci avait beaucoup d'avance, mais il a voulu absolument courir après la chaise de poste et charger le postillon de la commission. — Ah ! c'est donc ça ? fit l'aubergiste ; le drôle aura rattrapé le postillon, qui lui aura permis de monter sur le troisième cheval, et il est capable d'avoir poussé jusqu'à Bois-Mandé. Peut-être bien aussi que les gens de la voiture de poste se seront chargés de conduire le monsieur au premier relais, car je crois qu'il n'y avait qu'une dame dans la berline. — C'est probable, dit Luizzi, qui voulait se débarrasser de l'aubergiste. — Pardon de vous avoir dérangé, dit celui-ci en se retirant.

Et Luizzi continua ses lettres. Il était à peu près minuit lorsqu'on se remit en route. Quatre heures après on était à Bois-Mandé. Luizzi quitta sa place pour chercher quelqu'un par qui il pût envoyer sa lettre à madame de Paradèze. Le premier postillon auquel il s'adressa lui dit :

— Je ferai votre commission, donnez-moi votre lettre ; je vais demain au matin conduire chez madame de Paradèze la chaise de poste qui est arrivée ce soir. — Ah ! fit Luizzi avec étonnement ; et qui est-ce qui occupe cette chaise de poste ? — Une dame toute seule, une drôle de dame, allez, que j'ai reconnue tout de suite malgré ses chapeaux et ses voiles, une dame qui a été autrefois servante dans cette auberge. — Qui ça ? fit Luizzi étonné, Jeannette ? — Tiens ! vous la connaissez ? — Oui, je l'ai vue il y a quelques années en passant par ici. Mais qu'a-t-elle à faire chez madame de Paradèze ? — Oh ! je ne sais pas, il y a là-dessous un tas d'histoires. C'est le vieux bonhomme qui l'avait placée dans la maison, ici.

Et comme Luizzi allait s'étonner de cette nouvelle rencontre, il entendit le conducteur dire à un voyageur :

— Ma foi, tant pis pour ce monsieur ! il se sera arrêté dans quelque maison de paysan en voyant que nous n'arrivions pas, et nous aurons passé sans qu'il s'en aperçût. — Mais on ne peut laisser ainsi un honnête homme à moitié chemin, répondait l'officieux voyageur. — Bon, bon ! il aime la promenade, fit le conducteur ; il se promènera en attendant une autre diligence. D'ailleurs, peut-être a-t-il pris la voiture Laffitte et Caillard qui nous a dépassés pendant que je faisais raccommoder mon timon ; et, après tout, je suis de quatre heures en retard. Allons, hu ! postillon, à cheval et au galop !

Puis, s'adressant à un autre postillon, il lui dit :

— Voyons, toi qui conduisais la berline de poste, as-tu vu ce monsieur ? — Eh non ! je vous l'ai dit : Charlot, qui était derrière, est descendu parler avec le premier. J'ai filé pendant ce temps-là. Arrivé au pied de la montée, je suis entré un moment au bouchon de la mère Filon, tandis que mes bêtes montaient au pas. C'est alors que le petit Jacob a accouru après moi, a rattrapé la berline, et a dit à la dame qui l'occupait de prévenir le postillon. Puis il est revenu chez la mère Filon, où il y avait une noce et où il aura passé la nuit. — Et tu n'as vu personne sur la route ? — Personne. — Au diable alors le voyageur ! fit le conducteur, et en route ! Allons, hu ! postillon, à cheval !

Luizzi, qui ne se souciait pas qu'on lui demandât des nouvelles du voyageur disparu, remit sa lettre avec une bonne gratification au postillon et se hâta de remonter en voiture. On partit, et il arriva à Toulouse sans autre accident. Dès qu'il y fut arrivé, il se rendit dans une petite maison garnie qui jouissait d'une assez mauvaise réputation, mais dont la propriétaire avait en même temps un renom de parfaite discrétion. Lorsqu'il s'y fut fait donner une chambre, il écrivit une lettre et fit appeler madame Périne, la maîtresse du logis, qui arriva aussitôt, et qui, après avoir fait la révérence, lui dit :

— Que veut Monsieur ? — Quelqu'un de sûr pour aller porter une lettre. — J'ai mon fils qui est muet comme une muraille. — Puis je voudrais que vous puissiez m'avoir des habits autres que ceux-ci.

On n'a pas oublié que Luizzi avait quitté Paris en habit de visite. A Fontainebleau, il n'avait guère eu que le temps de se procurer une large redingote et un manteau. A Orléans, il avait quitté l'un et l'autre, et, surpris par monsieur de Cerny, il s'était enfui toujours avec le même habit. A la demande du baron, madame Périne répondit :

— Quel tailleur faut-il envoyer chercher ? Si monsieur ne connait pas la ville, je puis lui choisir ce qu'il y a de mieux. — Je voudrais avoir des habits tout faits, je désire ne voir personne. — Excepté votre notaire, monsieur Barnet, à ce qu'il paraît ! dit madame Périne, qui avait lu la suscription de la lettre que Luizzi lui avait donnée. — Qui vous a dit que Barnet fût mon notaire ? — Rien, oh ! rien... c'est que, lorsque l'on appelle un notaire, c'est ordinairement son notaire. — Monsieur Barnet ne peut-il être mon ami ? — Si c'est ça, je me suis trompée, fit madame Périne en se retirant. — Voyons, dit le baron en arrêtant l'hôtelière, est-ce que vous croyez me reconnaître ! — Moi ? pas du tout, repartit madame Périne ; je vois bien que monsieur le baron ne veut pas être reconnu. — Quoi ! s'écria Armand, vieille sorcière, tu ne m'as pas oublié ? — Hé ! que voulez-vous, monsieur Armand, c'est une des qualités de l'état d'avoir bonne mémoire ; il faut pouvoir distinguer les habitués des oiseaux de passage. D'ailleurs j'ai votre figure dans la tête de père en fils. Le vieux baron a passé de bonnes nuits ici. — Mon père ? — Hé oui-dà ! On peut vous conter ça, maintenant qu'il est mort et que vous n'irez pas lui dire en face : « Je puis bien aller chez la Périne, vous y alliez bien, vous. » C'était le bon temps. C'est moi qui lui ai procuré la Mariette, dont il a eu une petite fille qui n'a pas démenti son origine. Vous connaissez la Mariette, qui m'a quittée pour s'établir en particulier, par amour pour Ganguernet, ce farceur chez qui s'est passée l'histoire de l'abbé de Sérac. — Ah ! oui, je l'ai vue une fois, ce me semble, chez madame du Val. — C'est ça, l'abbé l'y avait placée. — Et qu'est-elle devenue ? — On ne sait pas. Il paraît qu'elle est à Paris, où elle était allée après la maladie qui l'a rendue laide et méconnaissable, il y a de ça trois ou quatre ans. — C'est bon, dit Armand, qui savait assez des écarts de son père pour ne pas avoir envie d'en apprendre d'autres. Envoie cette lettre chez Barnet et fais-moi monter à souper. — Soupez-vous seul ?

Le baron la regarda de travers, mais il se rappela où il était, et il comprit qu'il n'avait pas le droit de se fâcher.

— Tout bien considéré, dit-il, je ne souperai pas. J'ai plus besoin de sommeil que d'autre chose. — C'est bon, fit madame Périne, vous devez être fatigué, vous en avez l'air.

Elle sortit, et le baron, véritablement harassé, se coucha et dormit du sommeil du juste dans cette honnête maison. Il ne se réveilla que le lendemain à quatre heures, et s'en voulut d'avoir perdu tant de temps. Il sonna, et une jeune et belle fille, gracieuse et fraîche comme une rose, entra et alla s'asseoir familièrement sur le lit du baron, en lui disant avec son accent gascon :

— Que vous faut-il, monsieur ?

Le baron la contempla avec attention. Elle

était charmante et montrait des dents d'un blanc vierge. Cet aspect attrista Luizzi; il frémit de penser à ce qu'était cette enfant au visage candide, au teint rosé, au maintien naïf, et il lui répondit :

— Je ne veux rien de vous.

Elle parut piquée de la réponse et se retira du bord du lit en disant :

— Je ne suis pas seule ici. — Je vous demande madame Périne, repartit Luizzi avec colère. — Je vais aller prévenir madame, répliqua-t-elle.

Et elle se retira. Un moment après, la Périne rentra et dit au baron :

— Eh, pardine! monsieur Armand, Paris vous a rendu bien difficile, et je ne sais si...
— Écoute, Périne, lui dit le baron sèchement, je suis venu loger chez toi parce que je veux que personne au monde ne sache que je suis à Toulouse; sans cela je serais allé dans le premier hôtel venu; mais, comme on y fait tous les jours à la police la déclaration des voyageurs qui y passent, je n'y suis pas allé. — Ah! vous ne voulez pas que la police le sache?... — Non, et, comme je sais que tu te dispenses le plus possible de lui faire connaître le nom de tes hôtes, j'ai choisi ta maison. — C'est très-bien, et il fallait me dire cela tout de suite. Dès ce moment vous êtes ici comme à cent pieds sous terre; personne ne saura rien. — Dix louis pour toi si tu es discrète. — C'est comme si je les avais. — Et maintenant, dis-moi, monsieur Barnet est-il venu? — Lui! fit la Périne avec une exclamation de surprise.

Puis elle reprit :

— Hé! Jésus mon Dieu! il ne sait pas même le chemin de la maison, le pauvre homme! — Il l'apprendra. — A son âge? ce serait péché. D'ailleurs, sa femme lui crèverait les yeux avec ses aiguilles à tricoter, si elle savait qu'il vînt ici. — Du moins a-t-il répondu? a-t-il dit quelque chose à ton fils? — Ah! oui, tiens, c'est vrai, vous avez raison, il lui a dit : Tu diras à celui qui t'envoie que je ferai ce qu'il veut. — Je lui disais de venir aujourd'hui. — Lui avez-vous marqué l'heure? — Non; je lui ai dit dans la journée. — Hé bien! la journée ne finit qu'à minuit; vous avez encore la chance de le voir arriver. — Allons, je l'attendrai. Fais-moi servir à dîner, et qu'on m'apporte du papier et de quoi écrire. — Ah çà! puisque vous ne voulez pas être reconnu, je vas vous envoyer la petite de tout à l'heure pour vous servir. Il est inutile qu'une autre vous voie; et la vieille Marthe, vous savez! la vieille Marthe pourrait bien vous reconnaître. La petite, au contraire, ne sait pas qui vous êtes; puis elle est bonne fille, elle est d'une innocence étonnante. Quand vous en aurez besoin, sonnez deux fois; elle s'appelle Lili. Je vais faire préparer le dîner; ne vous en impatientez pas. — Fais comme tu l'entendras, mais dépêche-toi, je meurs de faim. En tout cas, envoie-moi de quoi écrire. — Il y a tout ce qu'il faut dans ce secrétaire.

La Périne sortit, et Luizzi écrivit une longue lettre à Eugénie Peyrol pour lui apprendre que sa mère existait, où elle était, qui elle était. Deux heures se passèrent ainsi. Lili arriva alors avec tout l'attirail nécessaire pour mettre la table. Elle avait assez d'adresse, mais beaucoup de mauvaise humeur. Luizzi la suivait des yeux. Lorsqu'elle eut fini d'arranger le couvert, il se mit à table. Lili s'assit sans façon à côté de la cheminée. Elle avait l'air maussade et ennuyée.

— Est-ce que cela vous ennuie de me servir? — Hé donc! fit-elle d'un ton aigre poivré d'un vif accent gascon, hé donc! je ne suis pas ici pour être servante. Si j'avais voulu rester en maison, j'en aurais choisi une plus cossue. — Ah! vous étiez servante avant d'entrer ici? — Oui, et dans une fameuse maison encore. — Et chez qui? — Tiens! j'étais chez le marquis du Val. — Chez le marquis? et que faisiez-vous chez lui? car il est veuf, ce me semble. — Hé donc! c'est pour ça que j'y étais. — Ah! fit Luizzi. Et

Les deux gendarmes emmenèrent Luizzi. (voyez p. 608.)

pourquoi l'avez-vous quitté? — Ah! bien, il m'ennuyait, il m'ennuyait à périr. Vous savez qu'il est député? Sous prétexte de me donner de l'instruction, il me faisait apprendre ses discours par cœur; et, quand je ne les répétais pas bien, il me menaçait de me faire arrêter, parce qu'il est juge à la cour royale aussi.

Luizzi ne put s'empêcher de rire. La petite reprit:

— Et puis, il avait de drôles de manières, allez! Il mettait de faux mollets et de fausses dents, et c'était moi qui les lui arrangeais. — Mais où vous a-t-il prise? — Hé donc! il m'a prise où j'étais auparavant. — Et chez qui étiez-vous? — Hé! chez un autre maître où il me fallait travailler dix heures par jour sans bouger; et moi, voyez-vous, je n'ai pas de goût pour le travail, c'est une nature comme ça; j'aime mieux rire et m'amuser, et ne rien faire, c'est mon caractère; d'ailleurs, celui-là ne valait pas mieux que l'autre, et quand, sous prétexte de travailler dans son étude, il venait me trouver la nuit dans ma chambre, il me faisait des morales mortelles. — Rien que des morales ? — Ma foi ! le reste ne m'amusait pas davantage, quoiqu'il eût été le premier. Je ne sais pas si vous le connaissez, mais il n'est pas beau, monsieur...

Au moment où elle allait prononcer le nom, on frappa à la porte.

— Voyez qui ce peut être, dit le baron.

Lili alla ouvrir et s'écria d'un ton de surprise gaie :

— Hé donc ! quand on parle du loup, on en voit la queue. C'est lui, c'est monsieur Barnet, dont je vous parlais tout à l'heure.

Barnet entra d'un air tout penaud et dit à Lili :

— Comment ! toi, ici, dans cette maison, petite malheureuse ! — Vous y êtes bien. — Je te l'avais bien dit, mauvaise petite libertine, que tu finirais par en venir là. — Ma foi, monsieur Barnet, je vous avoue, répondit Lili intrépidement, que j'aurais mieux aimé y commencer. — A ton âge, être arrivée déjà à ce degré de corruption ! Pardon, monsieur le baron, fit Barnet en saluant Armand, mais on n'a pas idée de la démoralisation de la jeunesse. Une enfant qui n'a pas dix-sept ans, et qui est déjà si ancrée dans le vice ! — Je crois, mon cher Barnet, que vous lui en avez un peu montré le chemin ; épargnez donc vos remontrances à cette fille, et causons un peu sérieusement. Lili, laissez-nous.

Celle-ci se retira en riant et en faisant des cornes à Barnet, qui s'écria avec fureur :

— Oh ! pour ça ce n'est pas vrai. — Ah ! bien, fit Lili, les petits clercs ne sont pas difficiles ; et votre femme a beau être laide, elle les enjôle avec de bonnes soupes, de bonnes cuisses d'oies, et de bonnes bouteilles de vin qu'elle leur fait monter dans leur chambre. — Veux-tu bien te taire, petite gueuse ! Hé donc ! je ne le sais pas, peut-être, que nous les mangions ensemble avec les clercs.

Barnet était rouge de colère, et le baron s'en serait amusé s'il n'avait eu véritablement des affaires très-graves à traiter avec lui. Il fit signe à Lili de se retirer, et elle sortit en faisant retentir les escaliers des éclats de sa voix gasconne et chantant l'air populaire :

A la fount men soun anada
Lou miou galant my a rancountrada, etc. [1].

et cela avec une gaieté, une insouciante, une légèreté, que n'a pas la plus pure innocence. Luizzi en éprouva un vif dégoût. Le vice sous une forme hideuse est moins pénible à rencontrer que le vice jeune, rose, frais et insouciant. Celui-là est incurable, car il n'a pas de remords, il n'a pas l'idée du mal qu'il fait. Le notaire levait les mains au ciel en disant :

— Quelle jeunesse que celle de ce temps-ci ! Puis, lorsqu'on n'entendit plus Lili, il se tourna vers Armand et lui dit : — En vérité, monsieur le baron, c'est un bien méchant tour que vous m'avez joué là. Comment ! me forcer à venir dans une pareille maison ! un homme comme moi ! c'est m'exposer à me perdre de réputation. — Je n'avais pas à choisir le lieu de mon rendez-vous. — Vous pouviez venir loger chez moi. — Pour que madame Barnet, la femme la plus bavarde de Toulouse, allât dire dans tous les carrefours que le baron Luizzi était à Toulouse ? — C'est vrai, dit le notaire ; j'oubliais que vous ne vouliez pas qu'on sût votre arrivée. C'est cette jeune fille qui m'a tout troublé. Mais voyons, si j'ai bien compris votre lettre, il vous faut tout de suite beaucoup d'argent ? — Beaucoup. Je quitte la France pour quelques années. — Vous ! lui dit le notaire, et je croyais que vous veniez ici pour les élections. — J'ai renoncé à la députation ; je pars, je vais en Italie. — Ah çà ! voyons, dit

[1] Je suis allée à la fontaine, mon amant m'y a rencontrée, etc.

le notaire, est-ce qu'il y a quelque mauvaise affaire sous jeu! — Non, rien qu'un caprice, je veux voir Rome; mais, en attendant, voyons un peu nos comptes. — A l'instant, monsieur le baron. Vous me donnerez ensuite, s'il vous plaît, les signatures que je vous ai fait demander pour finir votre affaire contre ce gueux de Rigot. — Je vous donnerai toutes les signatures que vous voudrez; mais voyons ce dont vous pouvez disposer pour moi.

Tous deux s'attablèrent devant une pile de dossiers et de registres, et firent pendant une heure des chiffres et des calculs. Luizzi n'était pas un homme d'affaires, mais ce n'était pas non plus un niais; il savait voir clair dans les comptes qu'on lui présentait. Il les examina avec d'autant plus d'attention que la rencontre de Barnet et de Lili ne l'avait pas édifié sur le compte du notaire. Mais il fut forcé de reconnaître la scrupuleuse probité de celui-ci, et ne put s'empêcher de remarquer que cet homme dont la séduction avait poussé au vice une enfant qui peut-être sans cela ne fût pas devenue ce qu'elle était, se serait fait un scrupule de dérober un sou à son client. Luizzi n'avait ni le temps ni l'intention de s'arrêter sur de telles pensées; aussi, la balance ayant été établie, il dit à Barnet :

— Ce sont donc trois cent quarante-deux mille francs actuellement disponibles que vous avez versés en dépôt chez le receveur général? — Précisément. — Eh bien! cet argent, il me le faut. — Dans combien de temps? — Tout de suite. — Trois cent quarante mille francs? — Oui. — Mais il faut pouvoir les transporter. — Pardieu! donnez-moi des billets de banque. — De quelle banque? — Vous avez raison, je m'imagine toujours être à Paris. Alors trouvez-moi d'ici à demain le plus d'or possible. — Combien! un millier d'écus? — Mais au moins cent mille francs. — Il me faudra quinze jours pour ramasser à Toulouse cent mille francs d'or, s'ils y sont. — Mais, voyons, que pouvez-vous me donner d'ici à demain? — Avec beaucoup d'efforts et en m'adressant aux négociants qui font le commerce des quadruples, je pourrai vous avoir, dans trois jours, de vingt-cinq à trente mille francs. — Trente mille francs, soit, cela me suffira d'abord. Maintenant il me faudrait des lettres de crédit pour le reste sur l'étranger. — Si vous alliez en Espagne, ce serait facile, parce que nous avons beaucoup de maisons en relation avec l'Espagne, mais en Italie où vous voulez aller... — Mon Dieu! j'irai en Espagne, ça m'est égal. — Ah! dit Barnet tout étonné, ce n'était donc pas un voyage d'agrément que vous faites? — Je vais où je veux, ce me semble, dit le baron avec hauteur, et je ne vous demande rien que de très-raisonnable en vous demandant mon argent. — Très-bien, très-bien! dit le notaire; je vous aurai du papier sur toutes les places de l'Espagne, je ne vous demande que trois ou quatre jours pour cela. Faut-il les passer à votre ordre? — Non, je vous prie, au vôtre, et vous me les passerez en blanc; il est inutile qu'on sache que ce papier est destiné à me servir personnellement. — Pardieu! fit le notaire, je réponds de vos fonds tant que je les ai dans les mains et je les verse pour cela en lieu de sûreté; mais endosser une lettre de change quand j'aurai changé cet argent contre du papier, je ne le peux pas. — Vous me connaissez assez pour savoir que je n'exercerai aucun recours contre vous. — Vous, monsieur le baron, c'est possible; mais les tiers porteurs à qui vous pourriez les passer... — Ne suis-je pas tenu de rembourser avant vous, au contraire? — Oui, mais vous ne serez pas en France à l'époque des échéances. — Vous vous défiez donc des valeurs que vous me donnez? — Nullement. Je prendrai toutes les précautions possibles, mais on n'est sûr que de ce qu'on tient. — Il doit cependant y avoir un moyen? — Je ne vous propose pas de faire un endos sans garantie, ce serait déprécier un papier dont vous pouvez avoir besoin à tout instant ; mais vous n'avez qu'à me faire un acte de garantie contre remboursement, en me donnant autorisation d'hypothéquer une de vos propriétés pour rembourser en votre nom, et je ferai tout ce que vous voudrez.

Ce fut Luizzi qui fit tout ce que voulut le notaire, car à chaque pas il voyait se dresser un à un devant lui les obstacles qui naissent d'une mauvaise position, et, en homme qui veut en sortir à tout prix, il jetait tout à la mer dans l'espoir d'échapper à l'orage.

XC

LES BONS MAGISTRATS

Comme Barnet l'avait annoncé, il lui fallut près de quatre jours pour se procurer les sommes en or que lui avait demandées le baron. Cependant celui-ci était prêt à partir pour Orléans ; il avait envoyé plusieurs fois à la poste pour savoir s'il n'était point arrivé de lettres à son adresse, et Barnet s'était chargé aussi de ce soin. Rien n'était venu. Armand s'étonnait de ne pas avoir des nouvelles de Léonie, selon la promesse qu'elle lui avait fait transmettre par la petite mendiante. Ne sachant que penser de ce silence, il s'était décidé à quitter Toulouse, comme nous l'avons dit : sa place avait été retenue, par le notaire, à une diligence qu'Armand devait prendre à quelques lieues de la ville pour ne pas être soumis à l'inspection des agents de police qui en surveillent le départ. Tout était prêt, et il allait quitter la maison de la Përine, lorsqu'il vit accourir monsieur Barnet, à qui il avait déjà fait ses adieux.

— On vient de me faire avertir, lui dit le notaire, qu'une lettre pour vous était arrivée à mon adresse ; mais ce qu'il y a de singulier, c'est qu'on a refusé de me la remettre. — D'où vient-elle ? demanda Luizzi. — D'Or-léans, dit le notaire. — C'est celle que j'attends, repartit le baron, et il faut l'avoir à tout prix. — Impossible, reprit Barnet ; il paraît que la lettre est chargée et ne peut être remise qu'à vous seul. Si monsieur de Luizzi était à Toulouse, m'a-t-on dit, nous la lui donnerions sur-le-champ, et il lui suffirait de venir la réclamer en personne. — Ce serait dire que je suis venu en cette ville, et je ne le veux pas ; mais je puis vous avoir autorisé à retirer en mon nom toutes les lettres qui doivent m'arriver ici, et cette autorisation, je vais vous la donner. — Elle dira tout aussi bien que vous-même votre présence à Toulouse, et ne sera peut-être pas suffisante, car j'ai présenté inutilement l'autorisation que vous m'avez donnée autrefois. Laissez cette lettre ou plutôt allez la chercher. Que vous importe qu'on sache que vous êtes venu ici, puisque vous n'y serez plus dans une heure ?

La lettre de madame de Cerny était d'autant plus importante pour le baron que probablement elle lui traçait la conduite qu'il avait à tenir, et qu'elle pouvait rendre inutile le mystère de son arrivée et de son départ ; il se décida donc à l'aller chercher. Toutefois, il chargea Barnet de faire porter à une lieue ou deux en avant sur la route de Paris tout son bagage de voyageur, puis il se rendit au bureau de poste. Dès qu'il y fut entré et qu'il eut expliqué pourquoi il y venait, le commis le regarda d'un air tout étonné en lui disant :

— Ah ! vous êtes monsieur le baron de Luizzi ? Veuillez attendre un moment, je vais aller chercher la lettre que vous réclamez.

Le commis quitta le bureau, et Luizzi commençait à s'impatienter de ne pas le voir revenir, lorsque la porte s'ouvrit pour laisser entrer un commissaire de police assisté de deux gendarmes. Depuis son aventure à Orléans, le commissaire de police était devenu pour le baron ce qu'il est pour tant de gens, quelque chose de répugnant et d'effrayant dont l'aspect vous agace les nerfs, comme celui d'une énorme araignée dont l'attouchement est odieux, comme celui d'un crapaud ou d'un serpent. Luizzi se détourna soudainement; mais au même instant, il sentit deux larges mains s'appuyer sur chacune de ses épaules, et la voix malencontreuse du commissaire lui dit :

— Je vous arrête, monsieur, comme prévenu de meurtre sur la personne de monsieur le comte de Cerny.

Le fait de son arrestation avait atterré le baron, car il avait compris sur-le-champ l'impossibilité où elle le plaçait de venir en aide soit à Léonie, soit à Caroline, soit à madame Peyrol; mais ce qui eût dû l'épouvanter par-dessus tout lui donna un moment d'espérance. L'absurdité de l'accusation le rassura, et, voyant qu'il n'était nullement question de l'enlèvement de madame de Cerny, il répliqua :

— Prenez garde à ce que vous faites, monsieur ! monsieur de Cerny se porte sans doute aussi bien que vous et moi, et je me soucie peu d'être victime d'une erreur ou plutôt d'une coupable machination et d'une lâche complaisance. — Attachez monsieur ! dit le commissaire de police. — Vous oubliez à qui vous avez affaire ! s'écria le baron avec emportement. — Mettez les poucettes à monsieur ! dit le commissaire. — Je proteste contre cette arrestation illégale. — Faites marcher monsieur ! reprit le magistrat tricolore.

Les gendarmes, ayant vivement appuyé la crosse de leur mousqueton sur les reins du prévenu, il fallut bien qu'il se décidât à marcher vers la prison où on devait le conduire. Toutefois, il s'arrêta encore :

— Je demande à être conduit immédiatement chez le juge d'instruction, dit-il au commissaire. — Je vais dîner en ville, dit le commissaire à l'un des gendarmes; voici l'ordre de réception pour le geôlier. Qu'il ne manque pas de mettre monsieur au secret le plus absolu !

Après ces paroles, le commissaire, ayant dénoué son écharpe, rentra immédiatement dans la vie civile et alla manger des foies de canard en caisse chez une jolie marchande de bas dont le mari était de ses amis. L'impassibilité du commissaire avait démonté la confiance de Luizzi en son nom et en lui-même; il se rappela que le Diable lui avait souvent dit qu'il y avait une puissance qui ne perdait presque jamais de son action sur les hommes. En conséquence, s'adressant à un des gendarmes aux mains desquels il avait été laissé, il lui dit :

— Voulez-vous gagner dix louis? conduisez-moi chez le juge d'instruction. — Il est gentil avec ses dix louis! fit le premier gendarme, il compte probablement les trouver dans quelques crevasses de sa future chambre à coucher. — Tais-toi donc, dit l'autre, qui était du pays et qui emmena son camarade dans un coin de la chambre. C'est un des nobles de la ville; il a de l'argent, à ce qu'on dit, de quoi payer la place du Capitole, et, si tu veux le conduire chez le juge d'instruction, ce n'est pas dix louis qu'il te donnera, mais vingt-cinq. — Vingt-cinq louis! dit le premier agent de la force publique, en ouvrant des yeux plus rayonnants que la plaque de son baudrier. — Alors ça fera cinquante pour nous deux, reprit l'autre. — Eh bien! si tu lui proposais cela toi qui le connais? — Merci, c'est pas à moi qu'il a fait l'offre, ça te regarde. — Que non! que non! il pourrait dire que c'est venu de moi, et j'aime autant le conduire tout droit en prison. Allons, l'homme aux cinquante louis, reprit le gendarme en s'adressant à Luizzi, marchons un peu vite. — Dites donc, fit l'autre gendarme en s'adressant au baron, il a entendu cinquante louis ce grand bêta-là, comme s'il y a quelqu'un qui voulût donner cinquante louis pour une pareille bêtise! rien que d'aller chez le juge d'instruction. — Je vous les donnerais à l'instant même, dit Armand et avant de sortir de cette chambre.

— Ah çà! dit le premier des deux gendarmes, est-ce que vous seriez innocent, par hasard? vous avez l'air si sûr de votre affaire, que je commence à croire... Tu commences à croire, toi aussi, n'est-ce pas? — Ma foi! oui, nous commençons à croire... reprit l'autre. — Au fait, vous pouvez être innocent. — Ça s'est vu. — Et, puisque vous êtes bon enfant, nous allons vous mener chez le juge d'instruction. — Soit, dit l'autre; et puisque nous sommes complaisants, il faut l'être tout à fait. Détachons-lui les mains; il faut qu'il puisse gesticuler... — C'est ça, qu'il n'ait pas trop l'air d'un coupable. — Qu'il puisse ôter son chapeau s'il rencontre une connaissance. — Et mettre la main à sa poche s'il veut se moucher.

Luizzi comprit et mit la main à la poche pour en tirer les cinquante louis, dont il payait les complaisances de messieurs de la gendarmerie départementale. Du reste, une fois le marché conclu, ils y mirent toute la bonne grâce convenable, et, ne pouvant lui faire avancer un fiacre, attendu que le fiacre est chose inconnue à Toulouse, ils firent passer Luizzi par quelques petits détours et le conduisirent enfin chez le juge d'instruction. Le baron fut grandement surpris lorsqu'il entra dans l'hôtel du Val par la petite porte qui, dix ans auparavant, l'avait mené chez l'infortunée Lucy. Sa surprise fut encore plus grande lorsqu'on le mena dans le pavillon où, pour la dernière fois, il avait rencontré la marquise; il lui sembla qu'une étrange prédestination avait marqué cette visite, lorsqu'il fut introduit dans ce boudoir où elle s'était si follement donnée à lui. Il y était depuis quelques moments à peine, lorsqu'il vit paraître le marquis lui-même, enveloppé d'une longue robe de chambre. Le marquis du Val était un homme de cinquante ans à cette époque. Vieux libertin usé par la débauche, il avait conservé toutes les prétentions de la jeunesse et passait plus de temps à sa toilette qu'à ses audiences. Ce n'était que depuis la mort de sa femme qu'il était entré dans la magistrature pour prendre ce qu'on appelle une position. Comme on a pu le voir dans le chapitre précédent, Luizzi n'ignorait pas cette circonstance; mais elle l'avait si peu frappé, quand Lili la lui avait révélée, qu'il n'avait pas soupçonné un moment qu'il pût être appelé à paraître devant monsieur du Val. A peine le marquis fut-il dans le boudoir, qu'il fit signe aux gendarmes de se retirer et qu'il dit à Luizzi:

— Il a fallu que ce fût vous, baron, pour que je vous reçusse, attendu que j'ai à m'habiller pour aller dîner chez notre premier président, et qu'il me reste à peine une demi-heure; mais entre vieux amis et entre parents on agit sans façons, et vous allez me permettre de continuer ma toilette.

Il sonna, et un valet de chambre apporta tout ce qui est nécessaire au juge pour s'habiller en dandy.

— Ah çà! dit-il au baron, vous venez donc pour cette affaire de monsieur de Cerny? Comment! après avoir enlevé la femme, vous tuez le mari? ceci passe la permission. — Voyons, marquis, dit Luizzi, est-ce que cette accusation d'assassinat est véritablement portée? — Non-seulement portée, fit le juge en passant des bas de soie, mais encore assez bien prouvée. — Comment, prouvée! monsieur de Cerny est donc mort? — Si bien, repartit le magistrat en mettant son pantalon, qu'il a été trouvé, percé de deux balles, dans un petit taillis près de la grande route et à une demi-lieue environ de Sar... près Bois-Mandé.

Cette révélation stupéfia le baron, car il se rappela la figure que Satan avait prise pour l'accompagner précisément à cet endroit; et il frémit de penser que ç'avait pu être une de ses ruses pour le perdre tout à fait.

Il restait muet et accablé, lorsque le juge, qui tendait ses bretelles et sanglait son pantalon avec une joie particulière, lui dit d'un ton dégagé:

— Tiens! vous avez là un pantalon bien fait, oh! un pantalon fait comme un ange. Qui est-ce qui vous habille à Paris?

Luizzi, qui n'avait pas entendu, releva la tête de l'air d'un homme atterré, et dit au marquis du Val :

— Quoi! on a trouvé le comte mort près de la grande route? — Oui, oui, fit le juge.

Et se tournant vers son valet de chambre, il lui dit :

— Je n'ai jamais pu avoir un pantalon comme ça. Qui est-ce qui vous habille donc, Luizzi? — Je ne sais, répondit celui-ci, qui était fort peu à ce genre de conversation. — J'en suis fâché, reprit le magistrat, je donnerais beaucoup pour savoir le nom et l'adresse de ce tailleur-là.

Ce n'était pas pour rien que le baron avait vu le monde par les yeux du Diable; aussi espéra-t-il de cette circonstance plus que de sa non-culpabilité, il répondit :

— Attendez donc... c'est Humann, je crois, que s'appelle mon tailleur. — Tu te souviendras de ce nom-là, dit le juge au valet de chambre, pendant qu'il mettait sa cravate et que Luizzi reprenait : — Mais enfin, à supposer que le comte eût été véritablement tué, pourquoi est-ce moi qu'on en accuse? — Parce que l'amant de sa femme était celui qui avait le plus d'intérêt à se débarrasser du mari. — Est-ce que vous me croyez coupable de ce crime? — C'est ce que j'ai dit. J'ai parlé d'un duel sans témoins, et la circonstance en valait la peine; mais ceci resterait à prouver. Et d'ailleurs, il y a une circonstance accablante : on a trouvé deux épées à côté du marquis, et il a été tué d'un coup de feu; ce qui semblerait prouver que, si le duel a été arrangé avec vous sur l'impériale, il a été prévenu par un assassinat. — On a donc vu monsieur de Cerny sur la route de Bois-Mandé? s'écria Luizzi en se levant. — Comment! si on l'y a vu? Vous avez fait quasi une demi-journée de route avec lui.

Le baron comprit alors qu'il avait été entraîné par Satan dans un piège où il devait périr. Il se détourna pour cacher la pâleur qu'il sentit se répandre sur son visage et qui eût pu être interprétée comme une preuve de son prétendu crime. Ce mouvement avait été si violent que la juge le regarda, et que, s'arrêtant à son tour, il s'écria :

— En vérité, voilà un habit admirable! Est-ce que c'est Humann qui vous fait aussi vos habits?

Armand ne répondit pas.

Le juge, continuant son admiration, montra Luizzi à son valet de chambre, en lui disant :

— Vois comme c'est coupé! ça ne fait pas un pli; et puis, ce n'est pas engoncé comme les habits qu'on me fait à Toulouse. Il faut absolument que j'aie ce tailleur-là.

Armand avait entendu, et, se retournant avec indignation vers le marquis, il lui dit :

— Est-ce pour cela que vous m'avez reçu, marquis? est-ce là ce que je devais attendre de vous?

Le magistrat, rappelé ainsi à ses devoirs, mais ne quittant pas cependant de l'œil l'habit parfait de l'accusé, lui répondit sèchement :

— Écoutez donc, baron, je suis chargé de l'instruction de votre affaire; je suis fâché de vous le dire, toutes les présomptions sont contre vous, même la conversation que nous venons d'avoir ensemble, car elle avait son but, je vous prie de le croire; et assurément, si vous n'aviez pas été coupable, vous auriez eu l'esprit plus présent pour répondre aux questions, peut-être insidieuses, que je vous faisais.

Luizzi comprit de quel voile assez grossier le juge voulait couvrir la sotte légèreté de ses paroles; et, bien convaincu qu'il n'avait rien de bon à espérer de cet homme s'il ne flattait sa ridicule manie, il lui répondit :

— Oh! mon cher du Val, si vous avez pris la colère assez naturelle d'un honnête homme pour le trouble d'un criminel, je suis tout prêt à vous montrer que le remords ne me domine pas au point de me faire oublier une chose aussi importante que le soin de ma toilette. Comme je vous l'ai dit, c'est Humann qui m'habille complétement ; c'est certainement ce qu'il y a de mieux à Paris, et, si vous voulez, je vous donnerai une lettre pour lui ; je suis une de ses bonnes pratiques, il a des égards pour moi et il soigne particulièrement les personnes que je lui envoie. — Apporte de quoi écrire, dit le magistrat à son valet de chambre. N'oubliez pas l'adresse, mon cher baron. — Non, dit Luizzi en pliant la lettre et en la remettant au marquis qui lut la suscription : A monsieur Humann, rue de Richelieu.

Le marquis était complétement habillé ; il avait donné à ses cheveux une inclinaison convenable, précisé l'ouverture de son gilet, assuré les entournures de son habit, et il mettait ses gants, lorsque le baron lui dit :

— Ah çà, mon cher, service pour service ! J'espère que vous allez me signer un ordre de mise en liberté immédiate. — Moi ! s'écria le magistrat, est-ce que je le puis ? Vous êtes, mon cher, sous le poids d'une accusation capitale. — Pourquoi m'avoir reçu alors ? dit le baron. — C'est mon devoir d'écouter les accusés, dit le juge ; il me semble que je l'ai plus que rigoureusement rempli, puisque je ne devais vous interroger que dans les vingt-quatre heures qui ont suivi votre arrestation. D'ailleurs, mon cher, vous ne m'avez pas allégué un seul fait en votre faveur ; tout ce que je puis faire, c'est qu'on ait les plus grands égards pour votre position.... Appelez les gendarmes, ajouta-t-il en s'adressant à son valet de chambre. — Mais ce que vous me dites là est infâme ! s'écria le baron.

Le marquis avait mis ses gants et tenait son chapeau ; il se redressa et répondit sévèrement :

— N'aggravez pas votre position par des outrages que je serais forcé de punir. —Vous ! s'écria Luizzi exaspéré et se rappelant en ce moment ce qu'avait été le marquis du Val et ce qu'il était encore, se rappelant à la fois madame de Crancé, Lucy et la petite fille de chez la Périne ; vous ! s'écria-t-il, misérable ! vous qui avez fait profession de tous les vices !

Les gendarmes parurent.

— Gendarmes ! s'écria le marquis avec colère, emmenez l'accusé, et qu'il soit traité avec la dernière sévérité !

Puis il sortit. Les deux gendarmes emmenèrent Luizzi tellement accablé, qu'il traversa une partie de la ville de Toulouse sans remarquer la curiosité de tous ceux qui le rencontraient et le reconnaissaient.

XCI

Si l'on veut bien se rappeler les circonstances apparentes de la rencontre de Luizzi avec le Diable sous la figure de monsieur de Cerny, on comprendra aisément l'épouvante qui dut s'emparer du malheureux Armand lorsqu'il se trouva seul enfermé dans le cachot où l'avait fait mettre la bonne recommandation de son cousin, le marquis du Val. Aux yeux de tous, il s'était éloigné de la diligence avec un voyageur qui n'avait pas reparu. Ce voyageur était pour tous le comte de Cerny ; il l'était surtout pour le poëte, qui lui avait demandé son nom, et à qui Satan avait répondu celui-là. Le baron était au secret depuis huit jours, depuis huit jours il avait été séparé de la vie des autres hommes, et, pendant tout ce temps, chaque heure, chaque minute, chaque seconde avait eu toute sa durée. Pendant les trente-cinq ans qu'il avait vécu, jamais Luizzi n'avait eu un aussi long espace de temps pour la réflexion. Pour la première fois, depuis dix ans qu'il avait accepté l'héritage infernal de son père, il avait pu se demander longuement pourquoi sa vie avait été si extraordinaire, et, pour ainsi dire, emportée dans un tourbillon.

d'événements qui l'avait toujours maîtrisé ; comment le pouvoir surnaturel dont il était doué n'avait fait que le précipiter dans une suite de malheurs dont ce pouvoir semblait devoir le garantir. Il se demanda alors si cette histoire de la Genèse, qui condamne l'homme au malheur du moment qu'il a touché à l'arbre de la science du bien et du mal, n'était pas la plus sublime des vérités, et s'il n'en était pas une preuve vivante, lui qui avait voulu pénétrer plus avant qu'aucun autre dans cette redoutable science.

Au milieu de ces réflexions, il lui prenait de soudaines envies de savoir ce qui se passait au dehors de ce cachot où il était enfermé. En effet, il pouvait voir et entendre dans les lieux où l'on décidait de sa vie et de celle de tous les êtres qu'il aimait encore. Pourtant il hésitait à le faire, tant il reconnaissait enfin que les révélations de Satan n'avaient été pour lui qu'une clarté funeste qui l'avait incessamment égaré dans sa route ; et, malgré la terreur où il était de son honneur perdu et de sa vie compromise, malgré les craintes qu'il éprouvait pour sa sœur, pour Eugénie et pour madame de Cerny, abandonnées à de pressants dangers, il résista à la tentation, et le talisman infernal ne fut plus agité par lui. Il ne le fut ni durant ces huit jours ni pendant ceux où il dut reparaître plusieurs fois devant les juges instructeurs. Probablement cette bonne résolution eût tenu contre le désespoir même dont il était obsédé, si deux lettres n'étaient venues de l'extérieur lui révéler de nouveaux malheurs et de nouveaux crimes. La première qui lui fut remise était celle qui avait amené son arrestation et que le marquis du Val consentit à lui communiquer comme pièce du procès, une fois que l'instruction fut achevée. La seconde était l'histoire qui lui avait été promise par l'homme de lettres de la diligence et qui avait été retenue aussi comme preuve, parce qu'elle commençait par cette phrase accablante contre Luizzi : « Au moment où je vous ai laissé sur la route de Bois-Mandé, seul et avec monsieur de Cerny, etc. » Une fois dans sa prison, Luizzi mit de côté cette lettre, qu'il jugea devoir être fort peu intéressante, et il lut celle de madame de Cerny.

CONCLUSION

XCII

LA MAISON DES FOUS.

« C'est après cinq jours de captivité que je puis parvenir à vous écrire, Armand, et c'est le cœur encore tout ému et tout brisé d'une scène effroyable, que je vais commencer le récit de ce qui m'est arrivé depuis notre malheur : malheur dont je n'ose plus me plaindre à côté de celui dont je viens d'être témoin et que je vous dirai aussi, car, dans la position où vous êtes, il vous sera peut-être possible de le secourir ! »

Cette phrase fut, pour ainsi dire, le premier coup qui ébranla la résolution de Luizzi ; cet appel à sa protection lui fit sentir une impuissance qu'il pouvait faire cesser, puisqu'il avait dans les mains un talisman assez extraordinaire pour échapper à sa position, du moins le croyait-il encore. Toutefois cette réflexion ne passa que comme une ombre légère dans son esprit et sembla ne pas y laisser de traces. Il continua sa lecture.

« Pour ne pas mêler ensemble et le récit de mes propres douleurs et celui des malheurs dont j'ai été témoin, je vais vous raconter jour à jour ce qui m'est arrivé depuis le moment où nous avons été séparés.

« Après votre fuite, je demeurai seule avec monsieur de Cerny. Il m'avoua, avec le cynisme d'un homme décidé à une action infâme, qu'il me ferait payer de mon honneur la découverte de ce secret qui nous a réunis, et dont vous avez été informé je ne sais encoré comment. Monsieur de Cerny a retrouvé dans le boudoir les lettres que nous avions écrites ; il les a ramassées, et, ces lettres se combinant avec notre départ de Paris, il y a trouvé matière à une accusation d'adultère qui doit le venger. Ce qu'il y a d'infâme dans la conduite de monsieur de Cerny, c'est que, lorsqu'il m'étalait ses hideux projets avec une froide lâcheté, ce n'était pas la vengeance de son honneur qu'il poursuivait, c'était celle de son ignoble secret, c'était celle du honteux état où l'a réduit la débauche. Au moment où il me parlait ainsi, il me croyait encore innocente, il supposait que je n'avais fait que fuir sa persécution et que vous n'étiez pour moi qu'un protecteur, un ami dévoué.

« Armand, j'ai voulu lui rendre le mal qu'il me faisait, j'ai voulu le blesser dans cette horrible vanité qui l'a rendu si lâche et si cruel, et je lui ai dit la vérité... je lui ai dit que tu étais mon amant. J'ai bien réussi. Ç'a été pour lui une épouvantable torture, et je l'ai aiguisée de tout ce que mon amour pour toi m'a inspiré de plus poignant. Ce n'était rien pour cet homme que de lui dire que je t'aimais, que je t'aimais du fond de l'âme ; car je t'aime, Armand, je t'aime parce que je t'ai rendu à la fois heureux et malheureux, parce que, si j'ai fait peser sur ta vie un poids qui peut m'accabler longtemps, j'ai vu aussi que, durant quelques heures de ce peu de jours qui nous ont été donnés, ton âme s'était rassérénée à ma parole et que ton cœur avait oublié son désespoir sous mes regards. Mais je lui aurais dit tout cela qu'il ne m'aurait pas comprise, et l'infâme conduite de monsieur de Cerny me donnait tant d'indignation que je l'ai blessé, humilié là où le misérable a réfugié tout son orgueil. Oui, je lui ai dit que tu étais mon amant, que je t'aimais ; mais je lui ai dit aussi que je m'étais donnée à toi, je lui ai dit comment, je lui ai dit cette journée passée sur tes genoux, cette nuit passée dans tes bras ; je lui ai tout dit, l'ardeur de nos amours et le nombre de nos baisers ; je suis descendue jusque-là, car je le voyais s'irriter à chacune de mes paroles, se dévorer et se tordre dans son impuissance à chacun de mes aveux, et jamais femme au monde n'a été un moment si fière d'être belle et si heureuse d'être perdue.

« Il est possible que, si nous avions été enfermés seuls dans une maison déserte, je n'eusse pas impunément rendu à monsieur de Cerny tout le mal qu'il m'avait fait ; mais en me plaçant sous le coup de la loi, il m'avait mise en même temps sous sa protection, et il n'oubliait pas qu'un magistrat veillait à cette porte pour s'emparer de moi. C'est pour cela qu'il fut vaincu dans la lutte et qu'il s'enfuit en me laissant aux mains de ceux qui m'avaient arrêtée. Alors je rencontrai la petite mendiante et je vous l'envoyai. Immédiatement après, on me conduisit dans la prison de la ville. Le magistrat qui avait été chargé de mon arrestation fut assez galant homme pour comprendre que ma détention préventive ne devait pas être un supplice plus hideux que celui auquel je pouvais être condamnée, et, ne pouvant changer pour moi la destination des bâtiments assignés aux prévenus, il me demanda si je ne désirerais pas aller occuper une chambre particulière dans la partie des bâtiments réservée à l'habitation des femmes atteintes d'une folie assez douce pour qu'il n'y eût aucun danger à les rencontrer. Entre la folie et le crime, entre des femmes qui ont perdu toute raison et des femmes qui ont perdu toute retenue, entre les récits insensés des unes et le langage obscène des autres, je n'hésitai pas un moment et je suivis le conseil qui m'avait été donné par le magistrat. Je fus convenablement logée, je pus réfléchir à ma situation et écrire à mon père pour l'en prévenir. Je ne voulais pas sortir de chez moi le lendemain de ma captivité ; je voyais, à travers les fenêtres, errer comme des fantômes les folles à la démarche imbécile, aux yeux fixes ou égarés, chantant, parlant, gesticulant ; l'une se couronnant d'herbe fanée comme pour aller au bal, une autre attachant à son côté son bouquet de mariée pour aller à l'autel, une autre encore berçant dans ses bras un morceau de bois, lui offrant son sein, l'appelant son enfant. Celle-ci me fit pleurer.

« Cependant je réfléchis que je ne pouvais guère savoir les efforts que ferait la petite mendiante pour venir jusqu'à moi, si je ne me mêlais, sinon à ces malheureuses insensées, du moins aux surveillantes qui les suivaient et qui allaient indifféremment dans toutes les parties de cette vaste prison. J'étais descendue dans la cour, j'en avais abordé une et j'avais obtenu d'elle, à prix d'argent, d'aller s'informer s'il n'était pas venu pour me voir une enfant à qui j'avais promis de la protéger et de lui venir en aide. La cause de mon arrestation était connue de cette femme ; elle savait mon nom, elle savait que je pourrais largement récompenser un jour la complaisance qu'elle m'aurait montrée, et elle s'était éloignée en me disant d'attendre son retour.

« Je m'étais assise dans un coin de cette vaste cour réservée à la promenade des folles ; j'évitais de les voir et j'évitais d'être vue d'elles, lorsque tout à coup je fus surprise par les regards de deux femmes qui, placées à quelque distance de moi, m'observaient avec une étrange curiosité. Toutes deux avaient dû être fort belles ; mais déjà l'âge et la douleur avaient flétri tout à fait l'une d'elles, tandis que l'autre gardait au milieu de sa tristesse un air de meilleure santé. Celle-ci me frappa d'autant plus singulièrement qu'il me sembla que son visage ne m'était pas inconnu, et je crus m'apercevoir en même temps que, de son côté, elle semblait chercher à se rappeler ma figure. Cette observation mutuelle dura pendant quelques minutes, et j'allais peut-être m'approcher de ces deux femmes, poussée par un secret instinct de pitié, lorsque la surveillante revint et me dit qu'une petite mendiante en effet était venue me demander, mais que d'après l'ordre de mon mari, de ne me laisser communiquer avec personne, on avait repoussé cette enfant. Ce malheur, car c'en était un dans la circonstance où je me trouvais, me fit oublier les deux femmes qui m'observaient continuellement, et je rentrai dans ma misérable chambre après avoir perdu l'espoir d'apprendre ce que vous étiez devenu.

« A peine étais-je rentrée chez moi, qu'à travers les barreaux de ma fenêtre je vis l'une de ces deux femmes, celle que j'avais cru reconnaître, interroger vivement la surveillante que je venais de quitter. Au milieu du profond désespoir dont j'étais poursuivie, cette curiosité excita la mienne, mais pas assez pour que je désirasse la satisfaire sur-le-champ ; d'ailleurs j'avais à penser à vous, Armand, à notre rencontre si fortuite, à notre amour si inouï, à notre bonheur si court, à notre malheur si vite arrivé. Vous reverrai-je encore, Armand ? L'espèce de fatalité dont vous semblez poursuivi ne s'étend-elle pas sur tout ce qui vous approche ? je le crains, et pourtant je puis dire que je ne m'en épouvante pas ; je ne sais quelle voix secrète me dit que je vous aime comme vous deviez être aimé, et qu'uni à moi vous auriez été heureux. C'est beaucoup de vanité, n'est-ce pas, Armand ? Mais je sens que je vous appartiens si bien, moi qui n'ai été qu'un moment à vous ; poursuivie, emprisonnée comme une femme perdue, je me sens tellement prête à donner encore pour vous ma vie, ma réputation et ma liberté, que je ne puis m'empêcher de croire que cette destinée qui s'est si rapidement et si fortement enchaînée à la vôtre avait été créée pour lui servir de sœur, de compagne et de soutien. Le vieil aveugle a bien rencontré sur le bord du chemin la jeune mendiante pour le conduire ; n'ai-je pas aussi été mise sur votre route pour vous tendre la main, et n'est-ce pas un malheur que je vous aie rencontré si tard ? Pardonnez-moi, Armand, de vous parler toujours de moi ; mais il faut que vous sachiez que je ne me suis pas donnée à vous comme je me serais donnée à tout autre qui aurait été à votre place. Je puis vous le dire, maintenant : le premier mot que vous avez prononcé devant moi est tombé dans ma vie, si calme et si résignée, comme une pierre dans une eau unie et limpide. Ce mot indifférent m'a troublée, quelque chose m'a parlé dans le cœur, qui m'a dit : Prends garde ! Pourquoi cela ? je ne vous connaissais pas. J'ai rencontré bien des hommes qui ont plus de nom, plus de beauté, plus de renommée que vous, mais tous m'ont laissé cette tranquillité inaltérable de mon esprit et de mon âme, dont je m'étais fait un bonheur ; vous seul m'avez émue, sans m'avoir pour ainsi dire parlé ; je me suis révoltée contre cet effroi, et vous devez vous rappeler, Armand, avec quels éloges exaltés j'ai parlé d'un homme que je dois croire maintenant un misérable. Je voulais vous punir de m'avoir fait douter de mon empire sur moi-même quand vous avez prononcé ces paroles fatales sur madame de Carin, et je ne sais qui m'a poussée à vous en demander l'explication. Ça été une chose toute nouvelle pour moi que ce besoin irrésistible de faire une action que ma raison condamnait. Je vous ai écrit, vous êtes venu ; est-ce le ciel, est-ce l'enfer qui a voulu le reste ? Toute coupable que je suis, je veux espérer encore que ce n'est pas pour vous perdre que je me suis perdue.

« Je vous raconte tout cela, Armand, parce que voilà ce qu'ont été mes pensées durant les heures de cette longue journée, parce que, emportée en quelques jours dans tous les événements qui peuvent suffire à remplir une vie, c'est le premier moment de calme que j'aie trouvé pour me remettre en face de moi-même et me demander si je n'étais pas à la fois la plus folle et la plus coupable des femmes. Je repris, minute à minute, parole à parole, ces pages si courtes, si brûlantes et si rapides de ma vie, me demandant si ce n'avait pas été un délire, un vertige auquel je m'étais laissé entraîner, et je n'ai pas trouvé un moment, dans mon cœur, le regret de m'être donnée à toi; j'ai senti qu'il n'y entrerait jamais.

« Si tu savais, Armand, toi, qui es sans doute dans un de ces instants où tu dévores les heures avec impatience, forcé que tu es de subir la lenteur des affaires qui te retiennent, si tu savais comme les heures passent vite, assises sur une pensée! elles fuient avec une telle rapidité que le soir était venu sans que j'eusse pu songer à autre chose qu'à me répéter à moi, ne pouvant te le dire : Oh! je t'aime, Armand! je t'aime! je t'aime! Sans doute la nuit fût venue et la nuit se fût passée comme le jour, si la surveillante, étant entrée tout à coup dans ma chambre, ne m'avait arrachée à cet entretien de mon cœur. Sa vue me rappela la curiosité que j'avais excitée; et, ne sachant que répondre aux offres de service qu'elle me faisait, ni comment trouver l'occasion de lui faire gagner une récompense qu'elle n'osait solliciter pour rien, je lui demandai quelles étaient les deux folles que j'avais rencontrées ensemble parmi toutes ces folles qui marchent isolées; car une chose que j'ai apprise ici et qui m'a épouvantée, c'est que la folie a cela d'étrange que jamais deux insensées ne se parlent, ne s'aiment, ne se secourent. Le cœur s'en va-t-il donc avec la raison?

« La surveillante répondit à ma question par une autre.

— Vous n'avez donc pas reconnu la plus jeune? Elle vous a bien reconnue, elle. — Qui est-ce donc? lui dis-je. — Je puis vous la nommer, répondit tout bas la surveillante, quoiqu'il soit défendu de dire son nom aux étrangers par égard pour sa famille : c'est madame de Carin.

« Je poussai un cri de surprise... Madame de Carin, entends-tu, Armand? cette femme à propos de laquelle a été prononcé le mot fatal qui nous a jetés l'un à l'autre! madame de Carin, que j'ai laissé calomnier devant moi, quand je savais qu'elle était innocente, pour ménager la basse vanité de l'homme dont je portais le nom! Madame de Carin la folle enfermée avec madame de Cerny l'adultère! Je ne puis vous dire, Armand, ce qui s'est passé en moi : j'ai cru voir le châtiment qui se dressait à côté de la faute, et j'ai compris alors que toutes ces paroles vaines et méchantes que nous laissons si légèrement courir dans le monde peuvent briser de bien fortes existences. Hélas! si je n'avais pas laissé calomnier madame de Carin, vous ne m'auriez pas répondu, Armand, je ne vous aurais pas connu, je ne serais pas enfermée dans la même prison qu'elle. Toutes ces pensées m'assaillaient pendant que la surveillante cherchait à m'expliquer comme quoi madame de Carin était poursuivie d'une idée fixe, que monsieur de Carin avait voulu tuer monsieur de Vaucloix. Son récit ne pouvait guère m'intéresser à côté de mes pensées, et c'est à peine si je l'ai entendue pendant qu'elle me disait que l'autre folle était une femme de votre pays, qui s'appelle Henriette Buré, et qui s'imaginait avoir été enfermée pendant de longues années dans un souterrain où elle était accouchée, et dont on ne l'avait retirée que pour la mettre dans une maison de fous et lui enlever son enfant. L'heure de la clôture des portes était venue. On m'enferma et je dormis. Pour la première fois de ma vie, j'appris que la lassitude du corps est un refuge contre la fatigue de l'âme, et, après toutes ces nuits passées dans de si cruelles agitations, je ne m'éveillai que lorsque le jour était déjà assez avancé. Ma première pensée fut pour toi, et je me hâtai de descendre. Il paraît que la surveillante avait quelque nouvelle à m'annoncer, car, aussitôt qu'elle m'aperçut, elle traversa rapidement la cour et accourut vers moi.

— Quelqu'un est-il venu me demander? lui dis-je. — La petite mendiante est ici, me répondit-elle. — On l'a donc laissée entrer? — Il eût été difficile de lui refuser la porte, car elle a été envoyée ici comme accusée de vol. — Cette enfant! m'écriai-je, cette enfant! mais c'est impossible! — Pardine! répondit la geôlière, elle s'en vante à qui veut l'entendre, et, si vous pouviez la voir, elle vous le raconterait.

« Je pensai alors à la bourse que j'avais confiée à cette jeune fille; je crus qu'elle l'avait retenue, et quoique cette supposition m'enlevât l'espoir de savoir ce que vous étiez devenu, je m'en voulus d'avoir tenté la misère de cette malheureuse. Je ne voulus pas que ma rencontre lui eût été fatale, je demandai à la voir.

— Ce soir, me dit la surveillante, je pourrai la faire entrer dans votre chambre avant la retraite : on ne s'apercevra de son absence qu'au dortoir commun, où je dirai qu'elle est allée se coucher de bonne heure. Mais il faudra que vous la gardiez toute la nuit, attendu que je ne pourrai la faire rentrer que demain dans le bâtiment des détenus. — Soit, lui dis-je, je l'attendrai.

« Un moment après, j'aperçus de nouveau madame de Carin et cette Henriette Buré, l'autre folle, qui ne la quitte jamais. Il me sembla qu'elles m'évitaient; je crus qu'on leur avait appris la cause de ma détention ; j'oubliai qu'elles étaient folles, je me sentis humiliée et je leur en voulus. Elles passèrent, et je ne pus m'empêcher de les suivre des yeux. Ce fut à ce moment que je remarquai qu'elles seules, parmi toutes les femmes de cette maison, marchaient ensemble, causaient ensemble ; la surveillante m'apprit aussi qu'elles logeaient dans la même chambre. Je ne puis vous dire quel singulier sentiment m'attirait vers ces deux femmes et m'en éloignait en même temps : j'aurais voulu leur parler, et j'en avais peur. Je craignais de voir mon intérêt pour elles s'évanouir devant une de ces paroles sans raison, qui me répugnaient à entendre dans d'autres bouches. Je me sentais le besoin de garder ma pitié, et, ne pouvant les consoler, je ne voulais pas cesser de les plaindre.

« J'en étais là de mes réflexions, lorsqu'une des folles qui se promenaient dans la cour vint à moi en poussant de grands éclats de rire et en me racontant qu'elle avait été la maîtresse de Napoléon et couronnée impératrice des Français. Je me détournai et voulus rentrer chez moi ; mais, comme si l'exemple de celle-là avait appelé les autres, plusieurs arrivèrent me poursuivant de cris, de prières, d'imprécations. L'une me prenait pour la rivale qui lui avait enlevé son amant, celle-ci pour l'infâme qui l'avait livrée à ses bourreaux, celle-là pour la sorcière qui avait bu le sang de son enfant. J'étais seule au milieu de toutes ces femmes. Je ne puis vous dire de quelle épouvantable terreur j'étais saisie : ce cercle de visages égarés, ce concert de paroles insensées m'étourdirent, me glacèrent, me firent peur. Je compris que ma raison s'en allait, je me sentis pâlir et chanceler, et j'allais tomber à la place que je ne pouvais quitter, lorsque madame de Carin et sa compagne s'approchèrent vivement de moi et m'arrachèrent à la colère de ces insensées ; elles me conduisirent jusqu'à la porte qui menait chez moi, et celle qu'on appelle Henriette Buré me dit avec un accent d'une douceur qui me pénétra :

— Rentrez chez vous, madame, et, si vous êtes forcée de demeurer longtemps dans cette partie de la prison, exposez-vous le moins possible à ces spectacles, votre raison pourrait y succomber. — Oui, reprit madame de Carin, restez dans votre chambre, car, sans Henriette qui m'a sauvée, je serais peut-être devenue folle aussi.

« Madame de Carin ne se croyait pas folle. Et moi, avais-je donc ma raison ? moi qui n'aurais pas parlé autrement qu'elle. La tranquillité et le secours de ces deux femmes m'épouvantèrent encore plus que le délire des autres ; et ce fut au milieu d'une espèce d'égarement que je regagnai ma chambre, anéantie, éperdue, et doutant de moi. J'attendis la venue de la petite mendiante dans une anxiété effrayante. Il me semblait que cette enfant, en me parlant de ce qui m'était arrivé, rassurerait ma raison ; j'en étais à avoir besoin du témoignage d'une autre que de moi-même. Ce fut une horrible journée que celle-là ! Je me bouchais les oreilles pour ne pas entendre les cris des malheureuses qui se promenaient dans la cour ; je me cachais pour ne pas voir ces figures qui venaient se coller aux carreaux de ma fenêtre. Enfin la nuit arriva sans calmer mes terreurs.

« Armand, je ne puis vous dire tout ce que j'ai fait. Pour me rassurer contre l'idée que j'étais folle, je le suis presque devenue. Je cherchais tous mes souvenirs d'enfance pour me convaincre qu'ils n'étaient pas effacés. Je récitais tout haut les vers de nos grands poëtes afin de me rendre compte, pour ainsi dire, de ma mémoire ; je voulais absolument me rappeler le nom et le nombre des personnes que j'avais vues tel jour ; j'étais folle enfin de la peur d'être folle, lorsque je vis tout à coup entrer la petite mendiante. Je courus à elle ; je me mis sous la protection de cette enfant que j'avais ramassée sur la grande route. Son premier mot me fit plus de bien que tous mes efforts ; elle me parla de vous :

— Je l'ai vu, me dit-elle.

« Elle me raconta alors ce que vous lui aviez dit. Vous me sauverez, Armand ; n'est-ce pas, que vous me sauverez ? Ah ! vous m'avez déjà sauvée : j'ai pu penser à vous, je suis retournée vers vous, j'ai espéré en vous, j'ai senti ma raison revenir, j'ai été heureuse. »

Jusqu'à ce moment nous avons négligé de dire toutes les émotions que cette lettre faisait naître dans le cœur du baron. Il eût fallu interrompre cette lecture à chaque phrase. Mais à ce moment il s'arrêta de lui-même. Cet appel à sa protection lui serra le cœur. Cette femme enfermée parmi des folles, se confiant à lui enfermé parmi des coupables ! Il jeta autour de lui un regard désespéré : il était seul... seul ! il pleura. Il pleura d'être seul, il osa pleurer parce qu'il était seul. Faible et orgueilleux ! Puis, quand cette douleur fut calmée, il poursuivit la lettre, qui disait :

« Cependant, Armand, la petite mendiante m'a appris une chose qui m'alarme cruellement et qui ne m'étonne pas moins. Monsieur de Cerny était arrivé en poste avec une femme, et le lendemain il est reparti en poste avec cette femme ; il a suivi la route de Toulouse. Est-ce pour vous poursuivre ? En ce cas il aurait pris un étrange compagnon de voyage. Ce fait m'a un peu rassurée. »

Ce passage de la lettre de madame de Cerny étonna seulement Luizzi : il se demanda s'il n'était pas possible que la lettre qu'il avait écrite à Caroline eût été interceptée par son mari ou par Juliette, et que ce fût celle-ci qui eût prévenu monsieur de Cerny et l'eût envoyé à la poursuite de sa femme. Madame de Cerny, en effet, ne parlait pas de la réponse de madame Peyrol qui eût pu être parvenue à Orléans, ni de Caroline qui eût dû y être arrivée. Un singulier soupçon même s'éleva en son esprit, c'est que ce pouvait être Juliette elle-même qui accompagnait le comte de Cerny ; mais lorsqu'il y réfléchit, il trouva si peu de raison à cette supposition, qu'il l'abandonna aussitôt pour continuer la lecture de sa lettre.

« Hélas ! Armand, j'avais si peu de chose à apprendre de vous que je pus m'occuper, une heure après l'entrée de la mendiante, du sort de cette enfant ; elle m'avait dit qu'elle vous avait remis l'or que je vous avais envoyé. J'avais laissé passer cette assurance que je croyais un mensonge, mais je lui dis alors :

— Écoutez, mon enfant, je vous suis trop reconnaissante de ce que vous avez fait pour ne pas vous pardonner une faute que votre misère rend jusqu'à un certain point excusable. Vous êtes entrée dans cette maison après avoir été arrêtée pour vol : si c'est à cause de l'or que je vous ai remis et que vous avez gardé, je vous promets d'affirmer devant les magistrats que je vous l'avais donné, et je vous ferai rendre ainsi votre liberté...

« Vous ne pouvez pas vous imaginer, Armand, la douleur, l'indignation et la surprise qui éclatèrent tout à coup sur le visage de cette enfant.

— Oui, s'écria-t-elle avec des larmes, oui, j'ai volé, madame, mais ce n'est pas votre or ; j'ai volé, parce que je n'ai pu entrer dans cette maison qu'en me faisant arrêter ; j'ai dit au monsieur que je le ferais, je le lui ai dit sur la grande route ; il vous le répétera. Ce n'est pas pour moi que j'ai volé ; c'est pour vous, madame, c'est pour vous.

« Oh ! mon ami, que je me suis trouvée petite devant cette enfant ! je lui aurais demandé pardon, à genoux, de mes soupçons. Je l'ai prise dans mes bras, j'ai eu toutes les peines du monde à calmer ses larmes ; elle était si malheureuse, j'avais été si ingrate envers elle ! Vous comprenez, n'est-ce pas ? qu'après cela, j'aie pu oublier un moment notre position à l'un et à l'autre, pour m'informer de celle de cette enfant ; je lui ai demandé ce qu'elle était, qui elle était, et j'ai voulu savoir cette histoire qu'elle devait nous raconter à tous deux et que j'ai entendue seule. Cette histoire est à la fois bien étonnante et bien simple. Cette enfant m'a dit avoir passé toutes les premières années de sa vie, quand elle était toute petite, enfermée, seule avec sa mère, dans une chambre où elle ne voyait jamais entrer que le même homme. Est-ce une enfant née dans une prison ? Cet homme était-il le geôlier qui venait chaque jour apporter la pitance des prisonniers ? Mais à travers les souvenirs confus de l'infortunée, il m'a semblé que la demeure qu'elle habitait ne pouvait être une prison, que les entretiens dont elle avait quelques souvenirs n'étaient pas ceux d'un geôlier et d'une recluse ; cependant elle n'a pu se rappeler ni les noms que sa mère lui avait appris avec soin ni les événements qui, lui disait-elle, avaient amené sa détention. Un jour on l'avait enlevée, et elle s'était trouvée tout à coup dans la maison des *Enfants-Trouvés* d'Orléans. Cette nouvelle vie, car il paraît que ce fut une vie toute nouvelle pour cette enfant, effaça rapidement le souvenir de ses premières années. Elle n'avait jamais vu, avant ce temps, ni le ciel, ni la lumière du jour, ni une fleur, ni un arbre, ni rien de ce qui vit, excepté sa mère et celui qui les gardait toutes deux. Ceci est bien surprenant, Armand ; car nulle prison, en France, n'est si rigoureuse que celle où la mère de cette infortunée avait été enfermée. Cependant, n'osant supposer un crime aussi abominable, j'accusais d'infidélité les souvenirs de la mendiante, qui devaient bientôt m'être expliqués d'une manière si inouïe. Une partie de la nuit se passa dans ces entretiens. Elle me raconta encore comment, poursuivie de l'idée de retrouver sa mère, elle s'était échappée de la maison des *Enfants-Trouvés*. Je me décidai à faire demander au directeur de la maison qu'on me laissât cette jeune fille pour me servir, en lui expliquant quelle avait été la cause de son crime et en le chargeant de désintéresser, en mon nom, ceux dont la plainte eût pu l'appeler devant un tribunal. Ce fut cette raison qui fit que je ne la remis pas à la surveillante lorsqu'elle vint me la demander le matin, et celle-ci voulut bien se charger de la lettre que j'avais préparée pour le directeur. D'après ce que je vous ai dit de l'épouvante que j'avais éprouvée la veille, je ne voulus point descendre. La petite mendiante, inoccupée dans ma chambre, regardait à travers la fenêtre, le visage collé à la vitre. Tout à coup un cri d'une expression indéfinissable part de la cour, et la mendiante se retourne de mon côté en s'écriant dans un trouble extrême :

— Ah! mon Dieu! mon Dieu! mon Dieu!

« Et elle tombe à genoux en répétant la même invocation. Je courais vers elle, lorsqu'à ce moment, ma porte s'ouvre avec fracas, et je vois la folle qu'on appelle Henriette Buré. Par un mouvement instinctif, je m'étais placée devant la petite mendiante ; car j'avais pressenti que c'était sa vue qui avait excité le paroxysme de cette insensée, et je voulais la protéger contre sa fureur soudaine : elle paraissait exaspérée en effet. Elle s'arrêta un moment sur le seuil de la porte, les bras étendus comme pour en fermer le passage ; elle jeta tout autour de la chambre un regard rapide et étincelant comme un éclair, et elle aperçut l'enfant derrière moi. Avant que j'eusse deviné qu'elle l'avait aperçue, cette Henriette s'était précipitée vers moi ; et, avec une force à laquelle je ne pus résister, elle m'écarta et me lança pour ainsi dire à l'extrémité de la chambre. Elle releva la jeune fille, la regarda fixement ; puis, sans dire un mot, sans pousser un cri, elle l'étreignit dans ses bras avec une violence qui m'épouvantait. Je m'avançai de nouveau pour arracher cette enfant à cette folle. Elle devina mon mouvement ; et, enlevant la jeune fille avec une force que le délire seul avait pu donner à ce corps débile, elle l'emporta hors de la chambre. Je la poursuivis en criant au secours ; mais elle fuyait avec une telle rapidité, que je craignais de la voir à tout instant se briser en tombant et blesser avec elle la malheureuse mendiante. Deux surveillantes accoururent à mes cris et se joignirent à moi pour la poursuivre. Alors, se voyant près d'être atteinte, elle se mit à crier à son tour en appelant : Louise ! Louise ! C'est sans doute le nom de madame de Carin, car celle-ci parut aussitôt et se plaça si résolument entre nous et son amie, qu'elle nous arrêta, tandis qu'Henriette, épuisée, tenait la mendiante serrée contre son sein, en fixant sur nous un regard étincelant.

— Pourquoi poursuivez-vous Henriette ? dit-elle aux surveillantes ; vous savez bien qu'elle n'est pas folle.

« Et comme ces femmes ne semblaient pas vouloir s'arrêter devant ces paroles prononcées avec toutes les apparences de la raison, elle s'adressa vivement à moi en s'écriant :

— Oh ! madame, empêchez qu'on ne maltraite Henriette. — Mais je ne veux pas qu'on la maltraite, lui dis-je ; je veux qu'elle me rende cette enfant...

« Pour la première fois, madame de Carin se retourna vers Henriette et vit qu'elle tenait une jeune fille embrassée. Elle s'avança vers son amie, qui, ramassant une pierre, en menaça madame de Carin en s'écriant :

— Félix ! Félix ! si tu approches, je te tue.

« A cette parole, madame de Carin recula en poussant un cri.

— Oh ! ce n'est pas possible, dit-elle, Henriette ! Henriette ! ajouta-t-elle en s'approchant de celle-ci, ne me reconnais-tu pas ? c'est moi, c'est Louise, c'est ton amie.

« Cette voix parut un moment calmer l'infortunée, car elle reprit avec moins de colère :

— Va-t'en, Hortense, va-t'en ! Toi aussi, tu m'as abandonnée, tu m'as livrée à ton frère ; toi, qui as des enfants, tu l'as aidé à me voler mon enfant.

« Madame de Carin regardait, et on lisait sur son visage l'expression d'une épouvante indicible. Je voulus m'approcher à mon tour ; Henriette se retourna vers moi et me dit avec une sauvage énergie :

— Que me voulez-vous, madame, que me voulez-vous, ma mère ? Vous m'avez enfermée et maudite ; j'ai accepté votre malédiction, et je veux ma prison, j'y suis bien, j'y suis avec mon enfant, et je ne veux plus en sortir.

« Pendant qu'elle me parlait ainsi, madame de Carin la considérait avec une épouvante croissante ; un tremblement nerveux s'était emparé d'elle ; son visage prenait à son tour une expression d'égarement ; alors, portant la main à son front, elle s'écria avec d'horribles sanglots :

— Oh ! oh ! oh ! ils ont réussi, mon Dieu, elle est folle, et moi... et moi...

« Elle balbutia plusieurs fois ce mot et tomba évanouie à mes côtés. Henriette la regarda ; Henriette qui, la veille, paraissait tant l'aimer, la regarda froidement se tordant à terre dans d'affreuses convulsions. D'autres femmes, accourues pendant que tout cela se passait, emportèrent madame de Carin, puis voulurent enlever la petite mendiante à la folle qui l'avait toujours gardée dans ses bras; mais l'enfant, s'adressant à moi, se mit à crier :

— Madame, madame, protégez-moi : c'est ma mère, je l'ai reconnue.

« J'étais comme anéantie. Je ne savais que dire. Cependant on ne voulait tenir compte ni des prières de l'enfant, ni de la fureur de la mère. Heureusement le médecin accourut en ce moment et ordonna qu'on les laissât ensemble ; puis il dit à Henriette qu'on lui laisserait son enfant, et il la reconduisit lui-même dans sa chambre. Je lui avais appris pourquoi je m'intéressais à cette jeune fille, et je le priai de vouloir bien venir m'informer de ce qui se serait passé entre elle et la folle.

— Madame, me répondit-il, je vais peut-être éclaircir en ce moment un mystère dont je poursuis le secret depuis plusieurs années, et je désirerais avoir un témoin comme vous de ce qui va se passer.

« Nous suivîmes la folle, qui était déjà entrée dans sa chambre, elle tenait son enfant sur ses genoux comme si ce n'eût pas été déjà une grande jeune fille ; elle la berçait et chantait doucement comme pour l'endormir. Puis elle s'interrompit tout à coup pour lui dire :

— Tu entends bien, ma fille, tu entends bien ? et, si jamais tu sors de cette tombe, tu n'oublieras pas de dire que tu es la fille d'Henriette Buré. Ton père s'appelle... — Léon Lannois, répondit l'enfant.

« A cette réponse, le médecin tressaillit et me serra le bras comme pour m'avertir d'écouter attentivement.

— Léon Lannois ! retenez bien ce nom, me dit-il.

« La mère continuait :

— Et le nom de notre persécuteur, te le rappelleras-tu ?

« L'enfant sembla chercher dans sa mémoire et répondit :

— Oui, oui, c'est le capitaine Félix Ridaire.

« Le médecin poussa une sourde exclamation de surprise, tandis que moi j'écoutais sans comprendre.

— Tu sais aussi le nom de ta tante, n'est-ce pas, sur qui j'avais tant compté ? — Oui, maman, dit l'enfant, Hortense Buré, la femme de mon oncle Louis Buré ; et je me rappellerai aussi, ajouta-t-elle lentement et comme si ces souvenirs lui revenaient un à un, je me rappellerai Jean-Pierre que vous aviez été voir lorsqu'il était malade, le jour où vous rencontrâtes mon père pour la première fois. Je me rappelle tout, ma mère. — Et tout était vrai, murmura le médecin.

« Puis la folle continua :

— C'est bien, ma fille : regarde bien Félix, regarde bien ton bourreau lorsqu'il va entrer, regarde-le pour le bien reconnaître, si tu le retrouves jamais. Je vais te mettre dans ton berceau pour qu'il ne te voie pas le regarder.

« Pour la première fois en ce moment la jeune fille semblait s'étonner des paroles de la folle, et le médecin, s'approchant d'elle, lui dit tout bas :

— Faites tout ce qu'elle voudra, mon enfant ; je reviendrai bientôt, et votre protectrice aussi.

« Alors, et sans que la pauvre folle s'en aperçût, il prit un cahier de papier caché dans un coin de la chambre et me le remit en disant :

— Lisez cela, madame, et vous, que je sais être une femme d'un esprit élevé, vous me direz alors ce que je dois penser de cette étrange rencontre.

Ce manuscrit, je l'ai lu, et je vous l'envoie, afin que vous, qui êtes libre, puissiez consulter quelques jurisconsultes sur une pareille affaire.

Ce manuscrit était à peu de chose près la répétition de celui que nous avons inséré dans le premier volume de ces mémoires, et qui renferme le récit des infortunes d'Henriette Buré. La lettre continuait ainsi :

« J'avais terminé cette lecture et je comparais en ma pensée les souvenirs confus de la petite mendiante et le récit de la malheureuse Henriette; je m'étais rappelé mot à mot cette scène où l'enfant, en présence de sa mère, avait retrouvé tous les noms qu'elle m'avait dit avoir oubliés et que j'avais reconnus dans le manuscrit d'Henriette. J'étais épouvantée de ce que je croyais découvrir, lorsque le médecin parut.

— Eh bien ! me dit-il, vous avez lu, n'est-ce pas? — Oui, lui dis-je : la femme qui a écrit cela n'était pas folle. — Elle l'est maintenant, dit le médecin ; elle avait épuisé dans la douleur et l'espérance tout ce que Dieu lui avait accordé de courage, elle en a manqué pour sa joie et pour la réalisation de l'espoir qui la soutenait. — Quoi ! m'écriai-je, folle quand elle devrait être heureuse, folle quand il allait être prouvé qu'elle ne l'avait jamais été ! — C'est trop de malheurs, n'est-ce pas? me dit le médecin, qui semblait plus accablé que moi de cette terrible découverte. — Mais lui dis-je tout à coup en me rappelant une autre infortunée, mais madame de Carin ? —

Oh! pour celle-là, dit le médecin, c'est une idée fixe, tout à fait incurable; elle a écrit aussi son histoire, et je vous la communiquerai si vous en êtes curieuse. Elle a cela de remarquable, qu'elle est faite avec une précision, une adresse et une hypocrisie dont les gens du monde ne peuvent croire qu'une insensée puisse être capable. Elle a grand soin de cacher la mauvaise conduite qui a forcé son mari à être si sévère envers elle, et c'est à peine si elle prononce dans son récit le nom d'un homme qui a été publiquement son amant. — Et ce nom, m'écriai-je comme frappée d'une soudaine clarté, et ce nom, c'est celui de monsieur de Cerny, n'est-ce pas?

Le médecin baissa les yeux et me répondit en homme qui a cru avoir été trop loin dans ses confidences.

— J'ai cru devoir vous prévenir que vous l'y rencontreriez. — Mais il n'a pas été son amant, monsieur! lui dis-je aussitôt.

Il me regarda avec stupéfaction.

— Je ne suis pas folle, lui dis-je; j'ai ma raison, moi; je suis ici comme coupable d'adultère, j'y suis sous l'accusation de monsieur de Cerny, et je vous atteste, moi, que monsieur de Cerny n'a pas été l'amant de madame de Carin, car cela est impossible, et voici pourquoi.

« Et j'ai tout dit au médecin, Armand; et si vous aviez vu la stupéfaction et l'épouvante de cet homme, vous auriez pu croire que ce jour était destiné à faire douter chacun de sa raison. Il me répondit d'un air consterné :

— Oh! s'il ne faut pas croire à cette folie, il faut donc croire à bien des crimes.

« Je ne sais où toutes ces découvertes eussent pu s'arrêter, mais l'entretien que j'avais avec le médecin fut interrompu par l'entrée d'une surveillante qui m'annonça que mon père venait d'arriver. Le médecin se retira et monsieur d'Assimbret entra presque aussitôt.

« Vous connaissez mon père, Armand, vous savez qu'il a toujours été un homme du monde, qui a continué sa vie avec la même frivolité qu'il l'a commencée; je craignais son abord, je sentais malgré moi que la majestueuse autorité du père ne m'eût pas touchée en lui, et je redoutais encore plus la légèreté avec laquelle il pouvait me parler. Mais je m'étais trompée, il fut indulgent et bon pour moi; et, tout en me blâmant, il m'excusa, non pas peut-être, comme je l'aurais voulu, mais parce que, selon lui, je n'avais pas fait autre chose en ayant un amant que ce qu'avaient fait toutes les femmes qu'il connaissait. Ce qu'il ne me pardonna pas c'était ma fuite; et ce qui excitait surtout sa fureur, c'était la conduite de monsieur de Cerny.

— Un gentilhomme, en face d'un gentilhomme, s'écria-t-il, un Cerny en face d'un Luizzi! et au lieu d'entrer dans votre chambre avec un commissaire de police, il n'y est pas entré avec deux épées! n'aurait-il pas mieux valu qu'il vous tuât tous les deux!

« Cette noble colère ou plutôt cette colère noble me fit du bien au cœur; j'aimai mon père d'avoir préféré ma mort à l'infamie d'un jugement, et je lui serrai les mains avec reconnaissance pendant qu'il continuait.

— Il s'est conduit comme un manant, comme un marchand de la Cité ou un avocat sans cause qui en paye une de son honneur.

— Il s'est conduit, lui dis-je, comme il le pouvait.

« Et comme mon père s'étonnait de cette parole, je lui racontai tout, Armand. Il faut vous l'avouer, il faut vous le dire, sa bonté pour moi, la gravité que lui avait inspiré son nom de père, la rage où l'avait mis la conduite de monsieur de Cerny, rien ne put tenir contre le récit que je lui faisais, et, lorsque je lui dis le fatal secret de monsieur de Cerny, il lui prit un rire que rien ne put calmer. Il se roulait sur sa chaise en répétant sans cesse le mot : Impuissant! Puis il s'écriait au milieu de sa gaieté :

— Oh! mes bons parlements, qu'êtes-vous devenus? Quel procès délicieux nous aurions eu! Je l'aurais fait examiner par toutes les Facultés de Paris, il n'aurait pas osé sortir sans que les petits enfants lui eussent jeté des pierres, et j'avoue que je n'ai jamais tant méprisé ni détesté les philosophes et la révolution qui ont changé tout cela.

« Je parvins enfin, après beaucoup d'efforts, à le rendre plus raisonnable. Il convint de plusieurs mesures à prendre pour ma mise en liberté, et il me dit qu'il reviendrait me voir, le lendemain, avec B....., notre grand avocat, qu'il avait amené de Paris. C'est en les attendant que je vous ai écrit cette lettre que mon père vous fera parvenir, car sans lui je n'aurais pu vous l'envoyer. Répondez-moi sous son nom, hôtel de la poste, et annoncez-moi votre retour, car j'ai besoin de vous voir. Renvoyez-moi le manuscrit d'Henriette Buré, après avoir pris toutes les informations nécessaires; n'oubliez pas que nous avons encore une fille à rendre à sa mère et que je viens de vous citer un triste exemple du malheur que peut causer une reconnaissance imprévue.

« Au moment où j'allais finir ma lettre, Armand, le médecin, rentre chez moi et m'annonce que l'état de madame de Carin devient de plus en plus alarmant. Henriette a tout à fait perdu la raison ; elle berce son enfant, elle chante, elle lui répète toujours la même chose et se croit enfermée maintenant dans l'horrible prison où elle a donné naissance à sa fille.

« Je finis cette lettre, car le jour tombe, et malgré les égards qu'on a pour moi dans cette maison, je ne puis avoir de lumière ; je vais penser à toi, j'en ai besoin, après toutes les misérables secousses que j'ai éprouvées en si peu de jours. Te souviens-tu de cette voiture, où, mourante de froid et de peur, je te demandais de m'aimer, d'être à moi ? n'oublie pas ce que tu m'as dit. A mesure que je t'écris toutes ces choses dont je viens d'être témoin, le doute envahit mon cœur. Qu'y a-t-il donc de vrai, mon Dieu ! en ce monde ? Et de toutes ces femmes qui m'entourent, serais-je la plus folle, moi qui sens que je ne pourrais vivre si je n'avais foi en toi comme en Dieu ? A bientôt, Armand ; reviens vite ; je ne sais quelle peur me gagne, quel désespoir me prend ; il me semble qu'au moment où j'écris, il m'arrive un malheur ou à toi : cette faiblesse est plus forte que moi ; toi seul peux la vaincre ; viens, viens !

« LÉONIE. »

XCIII

COMMENCEMENT D'EXPLICATION.

Les émotions et les pensées d'Armand furent très-diverses durant la lecture de cette lettre ; mais elles ne furent pas en lui ce qu'elles eussent été en un autre, elles le jetèrent dans une tristesse effrayante. Tous ces gens retrouvés sur sa route depuis son départ de Paris jusqu'à ce moment : Petit-Pierre, le vieil aveugle, la mendiante, l'abbé de Sérac, Jeannette, et jusqu'à ce Fernand qui lui promettait un récit qui lui faisait peur, puis Henriette Buré et madame de Carin, tous reparaissaient comme les acteurs d'un drame qui touche à sa fin. Et lui, qui était le principal personnage de ce drame, ne touchait-il pas aussi au dénouement de sa vie, et avec l'accusation de meurtre qui pesait sur lui, ce dénouement devait-il avoir lieu sur l'échafaud ? Cette pensée le préoccupa longuement et assez pour qu'il n'entendît pas son geôlier qui était venu lui annoncer que le temps où il devait rester au secret était expiré et qu'il pouvait descendre dans la cour se mêler aux autres prisonniers. Celui-ci, étonné de ce que Luizzi accueillait si indifféremment une nouvelle qui ordinairement causait tant de joie à ceux à qui on l'apportait, la lui répéta en se contentant de lui dire :

— Avez-vous entendu ? je vous ai dit que vous étiez libre.

Ce mot frappa Luizzi, et à son tour il s'écria :

— Libre ! libre !

Et tout aussitôt il s'élança hors de sa chambre, s'imaginant qu'il allait quitter sa prison. Mais à peine eut-il descendu l'escalier qui conduisait dans la cour, qu'il s'arrêta soudainement et se retourna vers le geôlier qui l'avait suivi en riant, car il paraît prouvé qu'un geôlier peut rire.

— En vérité, lui dit Luizzi, je suis fou ; j'oublie que je ne sais pas par où je dois sortir de cette maison. — Sortir de la maison ! lui dit le geôlier ; je vous ai dit que vous pouviez sortir de votre chambre. Avez-vous donc oublié que vous êtes renvoyé devant la prochaine session de la cour d'assises ? Jusque-là toute la liberté qui vous est accordée, c'est celle de vous promener avec vos camarades.

Armand ne répondit pas. Déjà, avant que le geôlier eût fini de lui parler, le souvenir complet de sa position lui était revenu ; la liberté qu'on lui accordait était devant ses pas, elle se bornait à quatre murs enfermant vingt toises carrées d'espace. Il jeta un regard rapide sur cette cour où se promenaient des hommes hideux, jeunes gens et vieillards, presque tous arrivés à la décrépitude de l'âme, presque tous abrutis par le vice qui mène au crime par le crime qui mène au vice. Il allait se retirer, lorsqu'il aperçut tout à coup un homme qui le regardait avec attention. Armand eut peur de reconnaître encore quelqu'un qui se fût mêlé à sa vie dans un de ces misérables qui habitaient la même prison que lui. Il allait se retirer, mais cet homme ne lui en donna pas le temps. Il s'approcha rapidement du baron et lui dit d'une voix forte :

— N'êtes-vous pas le frère de la religieuse qu'on appelle la sœur Angélique ? — C'est moi, dit le baron. — C'est donc vous à qui je dois la mort de mon père et de mon fils ? dit cet homme. — Moi ? repartit le baron. — Je m'appelle Jacques Bruno, fit le prisonnier.

Luizzi le reconnut alors et répondit :
— Vous ici? vous dans cette maison? —
Vous y êtes bien, répondit Jacques Bruno.
— J'y suis pour un crime que je n'ai pas commis.

Rien ne peut rendre l'expression de haine et de méchanceté que prit alors le visage du paysan.

— C'est ce que décideront les jurés. — Mais vous, dit Luizzi, qui vous a amené ici? — Une bonne action que j'ai faite : Petit-homme avait tué mon père et mon fils, j'ai tué Petithomme. — Mais, reprit le baron, comment se fait-il que je vous trouve dans la prison de Toulouse pour un crime commis aux environs de Vitré! — C'est que je n'ai été arrêté qu'hier, et qu'il y a longtemps que j'étais bien loin de mon pays, même avant d'être arrêté.

Luizzi se mit à regarder Jacques Bruno avec une attention plus particulière; il lui sembla un instant avoir revu cet homme depuis le jour où il l'avait quitté dans sa ferme; mais où l'avait-il vu? c'est ce qu'il ne put se rappeler. La pensée qui avait préoccupé Luizzi avant que le geôlier vînt l'avertir s'empara du baron avec plus de force que jamais; mais cette fois, au lieu de la repousser avec épouvante, il l'accueillit et s'y livra avec ardeur. Que le dénoûment qui devait s'approcher dût être fatal ou non, il se sentit pris du désir d'en finir avec ce mystère dont il était entouré et au milieu duquel il marchait en aveugle, trébuchant aux moindres événements de sa vie s'égarant dans des routes qui semblaient si faciles à tout autre qu'à lui. Ce fut poussé par cette idée qu'il rentra dans sa chambre et se détermina à lire la lettre qui lui avait été écrite par le poëte et qu'il avait jetée de côté avec dédain. Nous la rapportons textuellement, mais nous déclarons n'en prendre nullement la responsabilité :

Mon cher monsieur,

« Au moment où je vous ai laissé seul sur la route de Sar... à Bois-Mandé avec monsieur de Cerny, je vous ai promis de vous raconter sinon mon histoire, du moins de vous rappeler notre première rencontre et de vous dire quelle en a été la suite. Souvenez-vous de Bois-Mandé; souvenez-vous du lit du pape; souvenez-vous la jeune fille qui s'est donnée à un voyageur de la voiture où vous étiez ; souvenez-vous que ce voyageur a tué l'homme qui voulait le punir, et qu'il a enlevé la jeune fille qui s'était donnée à lui. Ce voyageur, c'était moi. »

— J'avais raison, murmura Luizzi en lui-même, oubliant dans sa préoccupation que le Diable l'avait déjà averti de cette circonstance; l'heure est venue, ceci est encore une nouvelle lumière que le sort m'envoie; et puisse le malheur qui s'attache à moi ne pas avoir fait que j'aie commis encore quelque grave imprudence! Ma lettre à madame de Cauny, ne l'ai-je pas confiée au postillon qui devait conduire cette Jeannette, que la prédestination m'a fait retrouver peut-être à Bois-Mandé.

Sous l'impression de cette crainte, Luizzi continua la lettre de Fernand.

« Souvenez-vous aussi que je vous avais dit que cette femme semblait porter en elle quelque chose d'extraordinaire. »

Luizzi se rappela cette parole de Fernand, il se rappela aussi que le conducteur, en parlant de cette Jeannette, lui avait fait entendre que son histoire n'était pas celle d'une servante d'auberge, et qu'elle n'était pas faite pour la place où elle se trouvait. Ces circonstances, en revenant à la mémoire d'Armand, redoublèrent sa curiosité et le firent s'avancer plus résolûment encore dans la voie de découvertes où il semblait être engagé, il continua :

« Il n'est pas étonnant que cette jeune fille eût quelque chose d'extraordinaire, car sa position l'était étrangement; elle était la petite-fille d'un homme de rien, devenu grand seigneur. L'histoire de cet homme est inouïe. Longtemps avant la révolution, il s'appelait Bricoin et était maître de danse. Il était déjà marié avant 89, lorsqu'en 93 ou 94 il lui vint à l'esprit de s'emparer de la fortune et de la main d'une certaine madame de Cauny, dont il avait fait condamner le mari à mort. Il fit si bien qu'il l'épousa, abandonnant sa première femme et une fille nommée Mariette qu'il avait eue d'elle. A cette époque, et pour échapper à la loi qui eût pu le condamner comme bigame, il changea de nom et prit celui de monsieur de Paradèze, et, par un bonheur qui n'arrive ordinairement qu'aux plus vils criminels, sa femme mourut avant d'avoir pu découvrir ce qu'il était devenu et laissa sa fille dans la misère la plus profonde, misère dont elle ne se sauva qu'en se livrant à la débauche. »

Ce nom de Mariette, ce mot de débauche, cet abandon à Toulouse, tout cela se réunit en un coup dans l'esprit de Luizzi et lui rappela ce que lui avait dit la Périne d'une fille nommée Mariette, qu'elle aurait livrée au père de Luizzi. Jeannette serait-elle sa sœur? et lui-même aurait-il aidé alors à sauver celui qui devait la perdre, comme il avait livré son autre sœur Caroline au misérable qui la tenait dans ses mains? Il n'osa s'arrêter à cette supposition extravagante, continua à lire cette lettre dans un état d'anxiété de plus en plus poignant.

Il n'en fut pas de la fille comme de la mère. Elle parvint à découvrir le nom que son père avait pris et le lieu qu'il habitait, et, il y a vingt-deux ans à peu près, elle se rendit à Bois-Mandé, chez monsieur de Paradèze, emportant avec elle l'enfant qu'elle avait eu dans la maison de prostitution de la Périne. »

Cette circonstance fit tressaillir le baron. En effet, plus il avançait dans cette lettre, plus il voyait se confirmer le pressentiment qui l'avait averti qu'elle renfermait d'étranges révélations. Pour tout autre homme qu'Armand, pour toute autre vie que la sienne, il eût fallu des preuves bien plus convaincantes pour faire naître seulement le soupçon que Jeannette était sa sœur; mais, après tout ce qui lui était arrivé de surprenantes rencontres, il n'hésita pas à prendre la demi-révélation de Fernand pour un avertissement du sort, quoiqu'il ne supposât pas que le secret qu'il venait de découvrir était loin du terrible secret qui lui restait à apprendre. Cependant il continua la lettre de Fernand :

« Lorsque Mariette arriva à Bois-Mandé, armée de l'acte de mariage de sa mère et de l'acte de naissance qui attestait qu'elle était fille de Bricoin, elle effraya assez le vieillard pour le forcer à se charger du soin de son existence et de celle de sa fille. Monsieur de Paradèze garda l'enfant près de lui, et envoya Mariette à Toulouse avec une pension assez misérable pour que cette fille fût obligée de prendre du service dans une maison de la ville. Par une adresse digne de cette fille, elle avait caché soigneusement à son père la mort de madame Bricoin, afin de faire obéir monsieur de Paradèze par la crainte d'une accusation de bigamie; mais elle était partie à peine depuis un an de chez son père, que celui-ci apprit la mort de sa première femme. Alors se sentant libre de toute crainte, mais ne pouvant supprimer la pension qu'il avait légalement reconnue à sa fille légitime, il chassa sa petite-fille de chez lui, et avec quelque argent, il la plaça dans l'auberge où je la rencontrai, où elle fut élevée jusqu'au jour où je l'en arrachai.

« Vous devez vous rappeler encore, mon cher monsieur, qu'à cette époque vous étiez venu à Toulouse avec une femme nommée, Mariette : c'était la mère de Jeannette, bonne mère, bien digne du père dont elle était née ! Vous devez vous rappeler encore avec quel soin elle se tenait voilée. Voici quelle en était la raison : toute la tendresse qu'elle avait eue pour son enfant, tant qu'elle pouvait espérer qu'elle intéressait Bricoin en sa faveur, s'en était allée de son âme le jour où son enfant avait été chassée du château; et quoiqu'elle sût que sa fille, belle, innocente et pure, habitât Bois-Mandé, elle y était passée sans vouloir être reconnue, craignant que la servante d'auberge ne demandât quelque secours à sa mère, servante de bonne maison ; mais ce qu'elle n'avait pas espéré de sa fille, paysanne sans grâce et sans séduction, elle l'espéra de Jeannette devenue entre mes mains, élégante, et restée, grâce à la nature, la plus rusée coquine qui existe dans ce monde. Mariette nous retrouva à Paris; Mariette m'enleva sa fille, car Mariette avait quelqu'un à qui la vendre, elle savait comment on est vendu. Elles quittèrent Paris ensemble, et il fallut un hasard bien extraordinaire pour me la faire retrouver à Toulouse, il y a un an environ.

« Dans mon désespoir amoureux, je m'étais engagé. Je rêvais la gloire militaire, au commencement d'une révolution à laquelle je croyais le bras assez fort pour ramasser celle de l'empire. J'étais devenu sergent-major d'une compagnie où j'avais pour lieutenant un certain Henri Donezau; il avait été l'amant de Jeannette et l'avait ramenée d'Aix, où sa mère lui avait appris l'infâme métier qu'elle-même avait fait autrefois. Je servais de secrétaire à cet ignoble Donezau dans une intrigue qu'il avait, disait-il, avec une religieuse de Toulouse; mais un jour d'ivresse il nous avoua que cette correspondance n'avait d'autre but que de cacher celle qu'il avait directement avec une novice du nom de Juliette. Ce fut dans ce même souper qu'un comédien nommé Gustave m'apprit que cette Juliette n'était autre que la fille de Mariette, laquelle Mariette se cachait à Auterive sous le nom de madame Gelis, tandis que Jeannette avait pris celui de Juliette. »

A cette révélation qui dépassait de si loin toutes les autres, à cet épouvantable secret qui jetait pour le baron un jour si effrayant sur ce qui s'était passé entre lui et cette femme, la lettre de Fernand tomba de ses mains; il regarda autour de lui d'un air effaré, comme un homme qui se sent pris dans les réseaux inextricables d'une destinée plus forte. Tout le courage qu'il avait eu un moment pour avancer dans cette voie de sinistres révélations l'abandonna tout à coup, et il serait presque impossible de dire toutes les nouvelles terreurs qui entrèrent dans l'esprit de Luizzi. Juliette, sa sœur, aux mains de laquelle il avait laissé Caroline ; Juliette la petite-fille de monsieur de Paradèze, mari de l'infortunée madame de Cauny à qui il avait enlevé sa fille, Juliette, qu'il avait sans doute rencontrée à Bois-Mandé, et qui avait pu s'emparer de la lettre qu'il avait écrite à madame de Paradèze pour lui annoncer que sa fille n'était pas perdue; Juliette, qui probablement avait intercepté la lettre qu'il avait écrite de Fontainebleau à madame Donezau, et qui, sans doute, apprenant ainsi le rendez-vous qu'il avait donné à Caroline, avait enseigné à monsieur de Cerny la route qu'ils avaient suivie avec Léonie et avait lancé le comte sur leurs traces ; Juliette, ancienne maîtresse de Gustave de Bridely, qui avait pu savoir de lui l'existence d'Eugénie Peyrol, et qui sans doute ne s'était rendue à Bois-Mandé que pour achever la perte de cette malheureuse femme : tous ces événements possibles, toute cette complication de circonstances inouïes étourdirent le baron et lui donnèrent un vertige pareil à celui que pouvait éprouver son aïeul Lionel lorsqu'il vit s'acharner à sa poursuite ces fantômes vivants qui le poursuivaient dans les ténèbres éclairées par l'incendie et l'orage! Et ce délire fut sans doute le même, car il eut le même résultat : Armand, qui depuis un mois avait résisté à la tentation de la solitude, à la tentation du besoin d'apprendre le sort de tous ceux qu'il aimait, ne résista pas à l'effroyable confusion qu'il sentit dans sa tête, et il appela Satan. Satan parut.

XCIV

— Tu avais raison, maître, tout cela est vrai; une fois en ta vie tu as compris tout ce qu'on pouvait faire de mal quand on n'était qu'un être mortel. — Ainsi, Juliette...? s'écria le baron. — Juliette a perdu ta sœur Caroline en la faisant épouser par son amant; Juliette a perdu tout à fait madame de Cerny en surprenant la lettre que tu as écrite à ta sœur et en la livrant au comte; Juliette, avertie par Gustave de Bridely de la naissance d'Eugénie Peyrol, s'est rendue à Bois-Mandé pour empêcher que la mère ne reconnût son enfant. Tu as aimé trois femmes en ta vie, des trois sentiments qui donnent seuls du bonheur au cœur de l'homme : Eugénie comme une amie, Caroline comme une sœur, madame de Cerny comme une maîtresse. Elle les a perdues toutes les trois. N'est-ce pas, mon maître, que j'avais raison le jour où je te disais que j'avais besoin de cette fille et qu'elle me servirait à merveille pour faire des actions infâmes ?

Luizzi restait anéanti devant cette parole insolente de Satan. Ce n'était plus ni le fat impertinent, ni l'abbé coquet, ni l'esclave malais, ni le notaire grotesque, ni le manant hideux; ce n'était plus aucun des personnages sous lesquels Satan lui était tant de fois apparu; ce n'était plus même l'ange déchu qu'il avait vu pour la première fois au château de Ronquerolles, si fier dans sa défaite, si beau dans sa dégradation; c'était le Dieu du mal, hideux dans sa forme, hideux dans l'expression de sa figure, ayant toute la bassesse, toute la méchanceté, toute la férocité et tout le cynisme du vice. Luizzi le regardait et tremblait; Luizzi, pour la seconde fois, se sentait pris de cette terreur et de ce désespoir qui avaient déjà failli le précipiter aux genoux de Satan, et, comme il luttait encore, celui-ci continua :

— Oui, c'est Juliette qui a perdu tout ce que tu as aimé dans ce monde : digne héritière de cette famille d'inceste et d'adultère, elle a eu tous les vices que j'avais promis à ta race. Elle m'appartient comme m'appartiennent tous ceux qui ont dans leurs veines du sang de Zizuli. — Pas encore, pas encore, s'écria Luizzi. Il en est un qui t'échappera, je te le jure. — Je le lui souhaite, dit Satan, d'ailleurs, qu'est-il besoin qu'il se donne à moi volontairement? Qu'est-il besoin d'un pacte pour qu'il m'appartienne? N'ai-je pas ma Juliette pour le perdre, celui-là? N'est-ce pas elle qui, pour le délivrer de l'accusation qui pèse sur lui, le laisse dans sa prison et le destine à mourir sur l'échafaud? — Elle? Juliette? s'écria Luizzi, elle pourrait me sauver? — Elle le peut, maître. A l'heure où tu étais depuis longtemps de retour, elle était encore avec monsieur de Cerny : ce n'est qu'à Bois-Mandé qu'elle l'a quitté, car c'était elle qui voyageaient avec lui. Monsieur de Cerny était dans cette chaise de poste que tu as rencontrée à quelque distance de Bois-Mandé, et au moment où je t'ai quitté; il s'y tenait caché. L'enfant qui t'avait averti atteignit la voiture pendant que le postillon l'avait abandonnée pour aller boire, comme tu l'as déjà appris. Tous les vices, vois-tu, s'aident à merveille pour compléter un malheur. L'enfant ne vit que Juliette, qu'il pria de prévenir le premier voyageur qu'elle rencontrerait, en lui disant ce qu'il venait de faire pour toi; et comme elle lui demanda (poussée par quelque mauvais génie qui préside à toutes les mauvaises actions de cette femme), comme elle lui demanda quel était ce voyageur qu'elle avait aperçu sur la route, le petit Jacob répondit naïvement : « J'ai entendu qu'on l'appelait monsieur le baron de Luizzi. » Tu comprends, mon maître, que la nouvelle devait être agréable pour monsieur de Cerny, qui te poursuivait, et qui ne te sachant pas dans la pénurie où tu es en ce moment, s'imaginait que tu courais la poste vers Toulouse. Sur sa demande, Juliette rappela l'enfant, qui s'en retournait déjà, et s'informa du temps que vous resteriez à l'auberge avant de repartir. L'enfant lui répondit que vous ne pouviez vous mettre en route avant le lendemain. C'était plus de temps qu'il n'en fallait à monsieur de Cerny pour te rejoindre, et ce ne fut que lorsque la nuit fut bien close et lorsqu'il était sur le point d'arriver au but du voyage de Juliette, qu'il descendit furtivement de voiture et retourna sur ses pas armé de deux épées. Elles ne lui servirent ni contre toi, ni contre son assassin; car, à l'endroit précis où je te quittai, un coup de fusil, parti du taillis qui borde la route, l'étendit mort. Ce fut alors que l'assassin le traîna dans le taillis; ce fut alors que, surpris sans doute par l'arrivée de quelques bûcherons attardés, il fut forcé d'abandonner son cadavre avant de le dépouiller, et qu'il créa contre toi cette circonstance accablante que le comte n'avait pas été tué par des brigands, mais par un ennemi personnel, qui avait à sa mort un intérêt plus haut que celui de le voler. Or, quel autre, mon maître, a pu avoir un plus grand intérêt que toi à la mort de monsieur de Cerny? — Et Juliette sait cela? — Elle sait qu'à neuf heures précises du soir monsieur de Cerny la quittait et qu'à neuf heures précises du soir tu écrivais, à six lieues de là, ta lettre à madame de Cauny; cette lettre, elle s'en est emparée. — Et elle connaît sans doute le coupable? dit Luizzi avec une expression forcée de sarcasme qui ne montrait que son impuissance à lutter avec un aussi terrible ennemi que Satan. — Elle n'en a pas le plus léger soupçon. — Ah! je le connais, moi! s'écria Luizzi. — Et tu le nommes?... — Jacques Bruno. — Ah! fit le Diable d'un air étonné, c'est Jacques Bruno. Eh bien! te voilà sauvé; tu diras cela aux jurés, et ils te croiront tout de suite.

Cette froide raillerie de Satan déconcerta le baron; il comprit l'impossibilité d'articuler une pareille dénonciation devant un tribunal, sans autre preuve que son assertion et que la pensée soudaine en lui que le visage qu'il avait cru reconnaître le soir sur la route de Bois-Mandé n'était autre que celui de Jacques Bruno. Alors, comme un homme qui se noie et qui se rattrape à tout ce qui est à sa portée, fût-ce à un fer rouge ou à une lame de rasoir, il reprit :

— Mais j'ai la déposition de Juliette. — Autre moyen très-ingénieux, fit le Diable, et qui peut certainement te sauver ou te perdre tout à fait! cela dépendra de ta bonne sœur Juliette. — Et quel intérêt peut-elle avoir à me perdre? dit Luizzi. — Quel intérêt peut-elle avoir à te sauver? reprit le Diable. Ah! si tu lui avais donné quelque cinq cent mille francs de fortune comme à ta bonne sœur Caroline, si tu ne lui avais pas seulement enlevé son amant, ou si seulement tu étais devenu le sien... — Quelle horreur! — Cela n'a pas tenu à toi, mon maître, tu en avais quelque envie. Que veux-tu? cela manque à ton histoire, mais l'infamie de l'échafaud fera compensation à l'inceste qui manque. — Oh! non, non, dit Luizzi, tu auras beau faire, Satan, je n'y périrai pas, et ce sera Juliette, ce sera celle sur qui tu as compté pour me perdre qui me sauvera; je lui payerai la vérité plus cher qu'on n'a jamais payé un mensonge. — Voilà qui est bien, dit Satan, tu rendras Juliette plus riche que Caroline, tu doreras le vice à un titre plus élevé que la vertu. Véritablement tu fais tous les jours des progrès. — Eh bien! soit, dit Luizzi; puisque dans ce monde tout est infâme, je serai infâme; puisque parmi les hommes tout est à vendre, j'achèterai tout. — Tu n'en seras pas moins dupe, baron, car d'ordinaire on ne paye pas ce qu'on a le droit d'avoir, il n'y a que les fripons qui achètent une bonne réputation, il n'y a que les coupables qui se ruinent pour se faire absoudre. Toi, tu achètes l'absolution d'un crime que tu n'as pas commis : niais, pauvre niais! — Soit encore, dit Luizzi, je le serais bien plus de me laisser condamner... Dis-moi où est Juliette, dis-moi où je puis lui écrire, et je me charge de mon salut. — A l'heure où tu me parles, elle est chez monsieur de Paradèze, son grand-père, et, quoique j'aie toujours refusé de te dire un mot de ce qui concerne ton avenir, je veux t'aider dans l'effort que tu tenteras pour ton salut, je t'assure que ta lettre la trouvera encore chez son grand-père. — C'est assez, dit Luizzi.

Et d'un geste il ordonna à Satan de se retirer.

XCV

TRIOMPHE DE L'AMOUR FRATERNEL.

La résolution que Luizzi avait prise dans un moment de désespoir n'était pas si facile à exécuter qu'il se l'imaginait : la lettre qu'il lui fallait écrire à Juliette n'était pas seulement une action honteuse, c'était aussi une œuvre difficile. Comment dire à cette femme qu'il la connaissait, et comment ne pas l'accabler des reproches les plus mérités ? Comment lui dire qu'il savait qu'elle était avec monsieur de Cerny, et ne pas lui demander compte de ce qu'elle avait dénoncé à celui-ci la route qu'avait prise la comtesse ? Cependant Luizzi ne recula pas devant cette œuvre. Le baron avait un de ces esprits qui ont une déplorable facilité pour trouver des raisons plausibles à tout ce qu'ils font ; le baron était un de ces hommes capables de soutenir avec quelque avantage la thèse d'un de nos plus gros faiseurs de vaudevilles patriotiques, qui disait un jour qu'il n'y a qu'un sot ou qu'un fripon qui ne change pas d'opinion. Or, l'intérêt qui poussait Luizzi à changer d'opinion sur le compte de Juliette était autrement important qu'une croix d'honneur ou la pension de douze cents francs qui a inspiré à notre gros vaudevilliste l'axiome que nous venons de rapporter. Il s'agissait pour le baron de la vie ou de la mort, de l'honneur ou de l'infamie, de la vie mortelle et de l'honneur, apparent à la vérité ; car, pour ce qui était de l'avenir de son âme ou du témoignage de sa conscience, il en faisait bon marché, comme les trois quarts et demi de l'humanité.

Il se mit donc à l'œuvre. Il écrivit une lettre, en écrivit deux, en écrivit dix, vingt, mais, à la première, le ressentiment de tout le mal qu'avait fait Juliette perçait à chaque ligne, il lui faisait honte de sa conduite et en appelait à ses bons sentiments. Cette lettre, il la laissa dormir quelques heures, mais il la relut au moment de la remettre à monsieur Barnet, qu'il avait chargé de l'expédier, et cette lecture le persuada facilement qu'une femme comme Juliette ne tiendrait aucun compte des reproches et serait peu sensible à un appel sentimental. La seconde avait moins d'amertume, glissait davantage sur un retour vers le bien et commençait à effleurer le chapitre de l'intérêt vénal ; mais cette lettre était encore bien loin de ce qu'il croyait capable d'amener Juliette à une révélation sincère de la vérité. Enfin, de lettre en lettre, et toujours mécontent de lui-même en ce sens qu'il ne se trouvait ni assez bas ni assez oublieux du mal que lui avait fait cette fille, il laissa passer près d'une semaine, et, durant cette semaine, rien ne vint le détourner de sa fatale résolution. Il écrivit à madame de Cerny, et madame de Cerny ne lui répondit pas ; il écrivit à madame Peyrol, et madame Peyrol ne lui répondit pas. Au bout de quinze jours, il en était arrivé au plus fâcheux état où jamais se fût trouvée son âme : il douta de ces trois femmes. Ce fut alors qu'il écrivit à Juliette la lettre suivante.

Quoi que nous en ayons, Luizzi est notre héros, il a été notre ami ; et, si nous avons dit combien il s'écoula de temps avant qu'il écrivît la lettre que nous allons rapporter, c'est que nous voulons qu'on sache bien qu'il ne descendit que degré à degré et presque insensiblement le chemin qui mène à la lâcheté, et qu'il lui fallut l'abandon de tout ce qu'il aimait pour l'y pousser tout à fait.

Voici sa lettre :

« Mademoiselle,

« Un hasard m'a appris quels étaient les liens de parenté qui nous unissaient. J'en ai été vivement heureux ; il semblait que la tendre affection que vous portiez à Caroline fût un pressentiment de votre cœur, et que l'affection que je ressentais pour vous fût un avertissement du mien. Ce bonheur est d'autant plus grand pour moi que ce que j'ai fait déjà pour une sœur chérie, je pourrai le faire pour une autre ; et j'espère, aujourd'hui que je vous connais, réaliser bientôt le plus cher de mes vœux. L'accusation absurde qui me retient en prison tombera aisément devant les preuves que j'ai à donner, et surtout en face d'un témoignage que j'aurais déjà invoqué judiciairement, si je ne voulais le devoir à la spontanéité d'une amitié que vous m'accorderez maintenant, je l'espère. Je vous attends à Toulouse ; vous viendrez, n'est-ce pas ? J'ai beaucoup de choses à vous dire.

« Votre frère et votre ami.

« ARMAND, baron de LUIZZI. »

Une fois que Luizzi eut écrit cette lettre, il la cacheta et ne voulut plus la relire. Il n'avait pas fait partir les autres parce qu'elles n'atteignaient pas son but ; il n'eût peut-être pas fait partir celle-là parce qu'elle le dépassait.

Cependant le temps de son jugement approchait ; sa lettre était partie depuis plus de huit jours, et nulle réponse ne venait. Ce que Luizzi n'avait pu obtenir par une voie indigne, il pensa l'arracher par une citation judiciaire. Il fit assigner Juliette comme témoin et, le jour fatal arriva sans qu'il sût si elle comparaîtrait ou non. Ce fut une belle solennité ! Toutes les grandes dames de Toulouse s'y trouvaient dans leurs plus beaux atours. Tout ce que la noblesse avait d'illustre, tout ce que la bourgeoisie avait de distingué, tout ce que le barreau avait de plus célèbre, était réuni dans cette enceinte. La cour prit séance, les jurés prêtèrent serment et l'accusé put reconnaître au milieu d'eux l'honorable monsieur Félix Ridaire, un des plus riches propriétaires du département de la Haute-Garonne, et le grave Ganguernet, qui siégeait le sourire aux lèvres. Les faits de la cause étaient clairs, précis et irrécusables. Monsieur de Cerny, parti en poste d'Orléans, avait dû quitter sa voiture pour monter dans la diligence où se trouvait le baron. Ceci était établi par la feuille de route du conducteur, par le témoignage de plusieurs voyageurs et particulièrement par celui de monsieur Fernand, qui avait causé avec l'accusé et monsieur de Cerny jusqu'au village de Sar... où tous deux avaient précédé la diligence. Monsieur Fernand les avait laissés seuls ensemble, et quand le petit Jacob, envoyé à leur poursuite était arrivé près du baron, monsieur de Cerny avait disparu ; l'enfant se rappelait fort bien, et son témoignage était positif, que le baron l'avait détourné d'aller à la poursuite de monsieur de Cerny en lui disant que le voyageur devait être au diable. Cette déposition était corroborée du témoignage du père de l'enfant à qui Luizzi avait déclaré qu'il avait essayé vainement de continuer sa route. D'un autre côté, les deux épées trouvées à côte de monsieur de Cerny semblaient prouver qu'un duel avait été arrangé entre le mari et l'amant, tandis que le corps, frappé par derrière de deux balles, montrait sans aucun doute que le baron avait fait un assassinat d'une affaire d'honneur. Le cadavre n'avait point été dépouillé, ce qui constatait clairement que monsieur de Cerny n'avait pas été la victime de brigands. Puis venaient l'arrivée secrète de Luizzi à Toulouse, la demeure qu'il y avait choisie, les précautions d'argent qu'il avait prises, tout, jusqu'à son indifférence pour le pays où il voulait aller, pourvu qu'il quittât la France. C'était enfin un joli chef-d'œuvre d'acte d'accusation très-capable de faire pendre deux innocents au lieu d'un.

A cela Luizzi objectait, pour toute défense, que personne n'avait vu ni lui ni monsieur de Cerny porteurs d'épées, et que par conséquent cette circonstance prouvait que les véritables assassins avaient dû abandonner ces épées à côté de monsieur de Cerny, après l'avoir tué. On attendait dans une vive anxiété, lorsque l'appel des témoins ayant été fait et Juliette n'ayant pas répondu, l'avocat de Luizzi se leva pour demander la remise de la cause à une prochaine session, vu l'importance de ce témoin ; mais l'huissier annonça que la demoiselle Juliette venait d'arriver à l'instant même et qu'elle était prête à comparaître devant la cour. Alors les débats commencèrent ; on lut l'acte d'accusation, et il en résulta contre Luizzi un sentiment de mépris et d'indignation.

Il n'entre pas dans l'intention de ce récit de faire un article dramatisé de la *Gazette des Tribunaux*, de donner des mots heureux à certains témoins, de prêter un jargon inintelligible à quelques autres, de faire dire de grosses bêtises aux jurés, de raconter avec quel soin le président des assises s'acharne à découvrir la culpabilité de l'accusé, de montrer l'avocat du roi entourant les témoins de questions captieuses pour leur apprendre ce qu'ils ignorent de manière à ce qu'ils aient l'air d'avouer ; mais nous devons rapporter l'un des incidents les plus remarquables de cette séance, et le dénoûment qu'elle amena.

L'attention était fatiguée, les dépositions des témoins qui venaient sans cesse raconter la disparition de monsieur de Cerny demeuré seul avec monsieur le baron, ou le soin qu'Armand avait mis à cacher sa présence à Toulouse, n'excitaient plus aucun intérêt ; la conviction de chacun était faite, lorsque enfin on appela Juliette. Tous les regards se tournèrent vers la porte par où elle entra. Luizzi l'interrogea du regard et du regard elle sembla lui promettre de venir à son aide. Le président lui fit prêter serment de dire la vérité, toute la vérité, rien que la vérité ; Juliette le prêta d'une voix ferme et assurée. Tous les regards étaient fixés sur elle. On chuchotait, on la trouvait belle, charmante, gracieuse ; elle inspira tant d'intérêt qu'il en rejaillit quelque peu sur l'accusé, dont plusieurs personnes savaient que c'était la sœur. Enfin elle prit la parole, et, baissant humblement les yeux elle répondit :

— J'ai quitté Orléans avec monsieur de Cerny, il était dans sa voiture ; nous n'avons rejoint la diligence qu'au village de Sar..., où elle s'était brisée. Il était à peu près sept heures du soir lorsque nous rencontrâmes le baron seul à pied sur la route. Monsieur de Cerny était encore dans ma voiture à ce moment, il était neuf heures sonnées à Bois-Mandé lorsqu'il me quitta pour retourner sur ses pas et rejoindre le baron de Luizzi, à qui il avait à demander compte d'une injure que j'ignorais.

A cette déposition de Juliette, le cœur de Luizzi se dilata ; il lui sembla que son salut venait de lui apparaître tout à coup ; mais il fut ramené à la vérité de sa position lorsqu'il entendit le murmure désapprobateur qui suivit les paroles de Juliette. Félix Ridaire prit la parole :

— Je prie monsieur le président, dit-il, de demander au témoin pour quelle cause monsieur de Cerny se trouvait dans sa voiture.

— Il avait affaire à Toulouse, et nous voyagions en compagnie ; une fois arrivé à Bois-Mandé, il devait continuer seul sa route.

Tout à coup l'avocat du roi se leva, et, se coiffant de son bonnet galonné :

— Avant de pousser plus loin les questions, dit-il, je prie la cour de me donner acte de mes réserves contre ce témoin. D'après les témoignages du conducteur, du postillon, de monsieur Fernand, d'après l'aveu de l'accusé lui-même, monsieur de Cerny était dans la diligence plusieurs heures avant d'arriver au village de Sar.... et le témoin vient de vous dire que lui et monsieur de Cerny n'avaient atteint la diligence qu'au village de Sar... Il y a ici faux témoignage évident ; et lorsque je vous aurai révélé les liens qui attachent le témoin à l'accusé, vous reconnaîtrez que ç'a pu être un sentiment louable qui l'a égarée, mais qui ne devait pas aller jusqu'à lui faire commettre un parjure dans cette enceinte révérée. — Je jure, s'écria Juliette, qui véritablement ne comprenait rien à la réquisition du procureur du roi, je jure que ce que j'ai dit est la vérité.

— Mademoiselle, fit le président en l'interrompant paternellement, la cour veut user d'indulgence envers vous. Dans sa rigoureuse justice, elle devrait ignorer la parenté qui vous unit à l'accusé, et, ne considérant que votre qualité de témoin, elle devrait punir sévèrement une déposition si contraire à tous les témoignages que nous avons entendus jusqu'à ce moment ; mais elle veut bien comprendre que la légitimité des liens n'en font pas toujours la force, et que votre dévouement pour un frère que vous chérissez a pu vous inspirer un mensonge, coupable sans doute, mais sur lequel elle ferme les yeux. — Cependant... reprit Juliette. — N'insistez pas davantage, lui dit le président, car j'ai déjà peut-être outrepassé mon devoir. Par intérêt pour vous, par intérêt pour l'accusé lui-même, auquel une déposition aussi mensongère ne peut que porter préjudice en montrant la nullité de ses moyens de défense, n'ajoutez pas un mot de plus. Huissier, faites retirer le témoin.

Juliette sortit au milieu de l'attendrissement général, et chacun disait en la voyant passer :

— Voilà un modèle d'amour fraternel ! Elle n'a pas réussi, mais son action n'en est pas moins noble et digne du respect et de l'admiration des cœurs honnêtes.

Elle sortit, disons-nous, et ce triomphe qu'elle obtint empêcha d'écouter le magnifique exorde de l'avocat du roi, qui prononça un réquisitoire fulminant contre un homme qui, après avoir enlevé à monsieur de Cerny une épouse qu'il adorait et dont il faisait le bonheur, avait lâchement assassiné celui qu'il avait déshonoré ; un homme qui, placé dans les rangs les plus élevés de la société, avait embrassé une carrière de crimes ; un homme qui avait traîné dans la boue l'illustre nom de la vertueuse famille des Luizzi ; un homme qui... un homme que... etc., etc.

Le ronflement oratoire de l'avocat général dura cinquante-cinq minutes. La défense ne fut pas moins belle et dura cinquante-six minutes. Le résumé, horriblement impartial, dura vingt et une minutes. La délibération du jury dura treize minutes, nombre fatal ; et, au bout de deux heures vingt-cinq minutes, le baron de Luizzi fut condamné à mort à l'unanimité.

Depuis la déposition de Juliette, Luizzi n'entendait plus, n'écoutait plus. Ce qu'on pouvait dire contre lui et ce qu'on pouvait dire en sa faveur lui était devenu également indifférent. Une rage indicible s'était emparée de lui ; il avait reconnu la main de Satan dans le dernier coup qui venait de lui être porté ; et cette Juliette, sortie noble et intéressante de ce tribunal dont il était sorti déshonoré et condamné, lui parut la preuve convaincante que le mal était seul destiné à triompher dans ce monde ; il rentra donc dans sa prison avec la résolution inébranlable de demander son salut au mal, à quelque prix que ce fût, si son salut était encore possible. Il appela Satan.

— Eh bien ! mon maître, lui dit le Diable en riant, la société a été plus sage que toi, elle s'est rappelé l'histoire de cet ancien qui, ayant demandé le bonheur pour ses enfants, les vit s'endormir du sommeil de la mort.

Elle t'a condamné au bonheur, et ce choix que tu devais faire bientôt, selon les termes de notre pacte, et qui sans doute te paraissait si difficile, elle l'a fait pour toi. — Et penses-tu que j'accepterai? dit le baron. — Je ne sais comment tu pourras échapper. — Allons, Satan, fit Luizzi qui avait retrouvé toute son énergie, ne perds pas ton temps à m'amener à une mauvaise résolution que j'ai déjà prise. Déjà deux fois tu m'as sauvé à la condition que je t'abandonnerais un temps déterminé de ma vie ; quel temps te faut-il pour me faire sortir d'ici, comme je suis sorti des prisons de Caen, innocent, riche et bien portant? — Il me faudrait plus de temps que tu n'en as à me donner, mon maître. Nous sommes au 1er décembre 183., et d'aujourd'hui en un mois il faut que tu aies fait choix de la chose qui doit te rendre heureux et te soustraire à mon pouvoir ; tu sais que, si tu n'as pas fait ce choix, ton être m'appartient à partir de ce dernier jour? — Et tu sais aussi, dit Luizzi, que, si je meurs avant de l'avoir fait, je t'échappe, ou du moins je rentre dans les chances communes à toutes les âmes dont le sort est entre les mains de Dieu. Ton intérêt est donc de me sauver si tu espères encore t'emparer de moi.

Le Diable se mit à rire, puis répondit tranquillement au baron :

— Eh ! mon maître, crois-tu que tu ne m'appartiennes pas déjà ? — C'est ce que je ne veux pas discuter, dit Armand, je t'ai proposé un marché ; veux-tu, oui ou non, l'accepter ? — Écoute, dit Satan, nous sommes probablement destinés à vivre éternellement ensemble ; or je ne veux pas avoir chez moi un damné qui dirait à tout venant que j'ai manqué de procédés envers lui. Tu es un peu de ma parenté aussi, baron de Luizzi, car tu es de la race de ce bon fils d'Ève qui a commis le premier meurtre. Je veux être bon Diable pour mes cousins, à quelque degré éloigné qu'ils puissent être. Il te reste trente et un jours avant le choix qu'il faut que tu fasses ; donne-m'en trente, et tu sortiras d'ici non-seulement innocent, riche, bien portant, mais encore intéressant comme la victime d'une odieuse persécution et d'une erreur inouïe. Il manque à tous les titres que tu as à la faveur des hommes, la célébrité, je te la donnerai. — Et si je te donne, moi, ces trente jours, que me restera-t-il donc ? — Vingt-quatre heures pour faire un choix que l'on ne demande qu'une seconde. Si tu as vu tout ce que tu as vu sans savoir où est le bonheur, tu ne le sauras jamais. Si tu choisis bien, j'ai perdu la partie ; si tu choisis mal, je l'ai gagnée. C'est un coup de dés où nous devions arriver l'un et l'autre, et ce n'est véritablement qu'un coup de dés. Pascal jouait à pile ou face l'immortalité de l'âme, et Jean-Jacques Rousseau visait un arbre avec une pierre, bien décidé à ne pas croire en Dieu s'il n'attrapait pas l'arbre ; tu as sur ces deux immenses génies l'avantage de ne pouvoir douter de Dieu ni de l'immortalité de l'âme, toi qui as vu le Diable en personne et qui as fait marché de ton âme avec lui. Je n'ai même rien négligé pour le reste de ton éducation : je t'ai montré les beaux salons, je t'ai montré les chambres bourgeoises, je t'ai montré les chaumières, les mansardes ; tu as rencontré dans la vie des hommes de loi, les magistrats, les négociants, les financiers, les médecins, les comédiens, les filles publiques ; tu as eu affaire à tout ce qui compose à peu près la société, et tu dois savoir à quoi t'en tenir sur son compte. — Pas encore, dit le baron, car il me reste à savoir ce que sont devenues les trois seules femmes, bonnes et dévouées, que j'aie rencontrées en ma vie. — Est-ce leur histoire que tu veux ? reprit le Diable : je vais te la raconter, je serai complaisant jusqu'au bout. Dis-moi par qui tu veux que je commence. Seulement écoute l'heure qui sonne : je veux absolument trente jours sur les trente et un qui te restent à vivre, et le temps que durera le récit que je vais te faire, je le retrancherai sur les vingt-quatre heures que je te laisse. Tu es libre de m'écouter avant ou après : je ne commencerai mon récit qu'à cette condition, et ce récit tu pourras l'interrompre quand il te plaira.

Luizzi n'hésita pas. Le choix qu'il voulait faire était arrêté depuis sa sortie de l'audience de la cour d'assises, et peu lui importait, une fois délivré de la condamnation qui pesait sur lui, d'avoir un mois ou une heure pour se prononcer. Il dit donc à Satan :

— Tu peux commencer ; je t'écoute.

Alors Satan prit la parole.

XCVI

UNE HONNÊTE FEMME.

— Voici ce qui est arrivé à ta sœur Caroline, si c'est par celle-là que tu veux que je commence.

Luizzi fit un signe d'assentiment, et le Diable commença :

— Tu ne connais pas ta sœur, baron ; tu n'as jamais su voir en elle qu'une jeune fille sans expérience et exaltée, qui s'est maladroitement éprise d'un butor et qui a été la victime de son ignorance. Tu t'es trompé, mon maître : Caroline est une âme à part, faible devant la prière et la souffrance des autres, énergique contre le vice et le malheur. Tu vas voir si je la juge mal ! Comme je te l'ai dit, elle n'a point reçu la lettre que tu lui as adressée de Fontainebleau ; cette lettre fut remise à son mari, et, par son mari, communiquée à Juliette, et, par Juliette, à monsieur de Cerny. Tu sais aussi que Gustave de Bridely a reçu ta lettre, et cette lettre fut communiquée par lui à Juliette, la grande maîtresse dans l'art de tirer parti d'une mauvaise position. Bridely, monsieur de Cerny, Juliette, Henri Donezau, quittèrent Paris le soir même. Ce fut le résultat d'un conciliabule où ta sœur ne fut pas admise, et dont je te dirai le sujet quand j'arriverai aux personnes qu'il regarde plus particulièrement.

Le Diable s'arrêtait de temps en temps durant son récit, comme s'il eût voulu laisser place à Luizzi pour l'interrompre ; mais celui-ci savait trop qu'il n'avait plus une minute à perdre pour profiter de cette attention de Satan, qui fut donc forcé de continuer :

— Tu dois te rappeler, mon maître, que, parmi les personnes que tu recevais habituellement chez toi, l'une des plus assidues était le jeune Edgard du Bergh. Il était de trop bonne compagnie pour venir dans la maison d'un homme où il lui fallait subir la compagnie de monsieur Henri Donezau, et il était en même temps de trop mauvaise compagnie pour y venir à l'intention d'une fille de la tournure de Juliette. Il y a cent filles, à Paris, à vendre, qui sont de meilleur ton, de meilleur goût et de meilleure santé ; mais entre le rustre qui s'appelait Donezau et la coquine qui s'appelait Juliette, il y avait ta sœur, et c'est ce qui l'attirait dans la maison. Tant que tu fus présent, il cacha avec grand soin un désir que tu étais assez habile pour découvrir, assez adroit pour surveiller, assez résolu pour écarter au besoin. Il ne comptait pas le mari pour un obstacle ; plus avisé que toi, il avait compris que la brutale et lubrique nature de Henri Donezau préférait la nature lascive et ardente de Juliette ; il soupçonnait que ton beau-frère se souciait fort peu de sa femme, mais il était loin de supposer qu'en partant il la lui abandonnât vierge et pure comme il l'avait reçue. Ce fut le lendemain du départ de son mari et de Juliette qu'il commença véritablement à espérer. Ce jour-là il vint faire sa visite accoutumée, ce jour-là il trouva Caroline seule et plongée dans le plus vif désespoir. En effet, dans l'espace de vingt-quatre heures, elle avait appris ta fuite avec madame de Cerny, le départ de Juliette, suivi, quelques heures après, du départ de son mari. — Quoi ! dit Luizzi tout étonné, ils ne sont pas partis ensemble ? — Écoute, maître, dit le Diable, si tu me fais mêler toutes ces histoires l'une avec l'autre, non-seulement nous n'y comprendrons rien, mais encore nous n'en finirons pas... Edgard rencontra donc Caroline tout en larmes.

— Quel chagrin avez-vous ? lui dit-il.

Caroline croyait que du Bergh était un ami, vous le traitiez comme tel. C'est d'ordinaire le premier grade que prennent les amants dans les bonnes maisons, et c'est toujours le frère ou le mari qui leur en signe le diplôme, quelquefois tous les deux ensemble. Elle lui raconta donc le malheur qui lui arrivait. Le malheur voile la faculté perspicace de l'âme, comme les pleurs voilent les facultés visuelles des yeux. Caroline n'aperçut pas la maligne joie qui se montrait sur le visage de du Bergh à cette nouvelle. Il lui promit de ne pas l'abandonner, de s'informer exactement de ce qu'étaient devenus son mari, toi et Juliette. Tu dois comprendre qu'avec les projets d'Edgard, il se garda bien de faire la moindre démarche à ce sujet : il commença par laisser quelques jours à la première vivacité du désespoir, puis, en habile séducteur, il entreprit de jeter dans l'âme de Caroline le soupçon qu'il s'étonnait de ne pas y voir naître. C'était un soir, il était assis à côté d'elle, et voici ce qu'il lui disait :

— Oui, madame, j'ai honte de vous le dire, votre mari, celui à qui appartenait votre amour, celui que votre union avait rendu le possesseur de cette beauté si charmante et si pure, votre mari vous a préféré une femme qui ne vous valait certes en aucun titre. — Juliette, n'est-ce pas ? dit-elle ; vous avez tort, monsieur, elle était plus gracieuse et plus belle que moi ; il y a longtemps que je m'étais aperçue de cette préférence, et, quoiqu'elle me chagrinât, j'étais trop juste pour en vouloir à mon mari.

Edgard dut s'étonner de cette étrange abnégation ; il prit pour niaiserie ce qui n'était qu'ignorance, et il répondit :

— En vérité, madame, c'est trop de modestie, vous ne vous estimez pas ce que vous valez ; et d'ailleurs, monsieur Donezau eût-il été égaré par une passion peu concevable, son honneur aurait dû lui défendre d'introduire sa maîtresse dans la maison de sa femme.

— Il faut te dire, mon maître, dit Satan en s'interrompant, que ta sœur avait bien entendu prononcer dans le monde ce nom de femme et de maîtresse ; mais tu dois comprendre qu'il lui était difficile de s'expliquer ce que c'était qu'être la maîtresse d'un homme, quand, pour elle, être sa femme n'était autre chose que porter son nom. Aussi répondit-elle à Edgard :

— Mais comment était-elle sa maîtresse ?

Cette question était si singulière qu'Edgard ne la comprit pas ; il s'imagina que Caroline doutait simplement de la réalité du fait, et, ne pensant pas devoir ménager la niaiserie d'une femme dont la conviction était si difficile à amener, il lui répondit très-franchement :

— Je ne puis vous dissimuler, madame, que j'en ai eu les dernières preuves.

Et comme Caroline le regardait d'un air encore plus étonné, il ajouta :

— Pardonnez-moi l'aveu que je veux vous faire, mais je les ai surpris seuls ensemble. — Et, mon Dieu ? fit-elle, je les ai laissés ainsi vingt fois moi-même. — Pardon, dit Edgard, avec quelque impatience, je rougis du mot que je suis forcé d'employer, mais je les ai vus s'embrasser. — Mais il l'embrassait comme mon frère m'embrasse. — Il la tutoyait. — Sans doute, comme mon frère me tutoie.

Ceci dépassait de beaucoup tout ce qu'Edgard pouvait s'imaginer de la niaiserie d'une femme. Alors, croyant n'avoir aucun ménagement à garder vis-à-vis d'une femme dont la bêtise le désenchantait un peu, il répondit assez brutalement à ta sœur.

— Enfin, puisqu'il faut tout vous dire, j'ai surpris votre mari dans le lit de Juliette. — Dans son lit ? s'écria Caroline... Couché près d'elle ? — Oui.

Elle devint rouge jusqu'au blanc des yeux, et dit à voix basse :

— Sans vêtements ?

Edgard, poussé à bout, répondit en riant :

— Tous deux sans vêtements.

A cette révélation, Caroline cacha sa tête dans ses mains ; une étrange confusion d'idées, de soupçons, de doutes, vint l'agiter, tandis qu'Edgard, qui croyait faire simplement une phrase à effet, ajoutait :

— Ainsi, madame, c'est en sortant de votre lit qu'il allait dans celui de votre rivale. — De mon lit ! s'écria Caroline ; il n'y est jamais entré, je vous le jure.

Tout s'expliqua pour Edgard. L'exigence d'une femme comme Juliette vis-à-vis de son amant n'était pas chose à l'étonner, car cette exigence est plus commune que tu ne penses ; mais c'est l'obéissance du mari à laquelle il n'eût pu croire si la conversation qu'il venait d'avoir avec Caroline ne l'avait persuadé d'avance que cette obéissance avait été complète.

Tu sens maintenant, mon maître, quelle belle proie ce devait être que ta sœur pour un homme comme du Bergh. Une belle fille vierge est chose assez rare pour agacer les désirs d'un libertin, quel qu'il soit ; mais une femme mariée et vierge, c'est d'un charme à faire tourner la tête à de moins dissolus que le bel Edgard.

— Mais c'est une lâche infamie ! s'écria Luizzi. — Allons donc, maître ! fit le Diable en parlant d'un air penché, la tête sur l'épaule ; allons donc ! c'est un morceau friand, tu le sais, et madame de Cerny t'en a donné la preuve. Crois-tu que tu aurais fait pour elle la folie de l'enlever si elle eût été la femme de son mari, bonne mère de famille, avec des enfants piallards autour d'elle et une beauté dégradée par la possession légitime et la maternité ? non, mon maître tu ne l'aurais pas fait. Tu as été séduit par le piquant de l'aventure autant que par la valeur réelle de ta maîtresse, et il ne te sied pas de trouver mauvais ce que tu as fait avec tant de charme. — Oh ! moi, c'est bien différent ! dit Luizzi. — Oui, dit le Diable, voilà le mot de tous les hommes : moi, c'est bien différent ! Ils ont tous une raison pour excuser en eux ce qu'ils blâment dans les autres, et c'est de bonne foi qu'ils agissent ainsi. Quant à toi, maître, tu n'as pas fait une mauvaise action (et tu en fais beaucoup) que je ne t'aie vu cracher dessus lorsqu'elle a passé à côté de toi sous une autre figure que la tienne. Hé ! qui t'a dit qu'Edgard du Bergh n'avait pas d'excellentes raisons pour désirer ta sœur ? Qui te dit que si je voulais faire de cette histoire une nouvelle sentimentale pour une revue littéraire, je ne trouverais pas des moyens de t'intéresser à l'infâme séduction de cet homme, en te le peignant dévoré d'un amour plus fort que lui, et cela serait vrai ; bien décidé à protéger cette jeune femme contre l'abandon insensé de son frère et contre l'odieux délaissement de son mari, et cela serait vrai encore ? Mais, parce que j'habillerais mon récit de mots touchants et polis, le fond de l'action n'en serait pas moins coupable et odieux, l'intention de cet homme ne serait pas moins celle d'un libertin éhonté. Car, une fois sûr de la vérité de l'ignorance de Caroline, il lui fallut une grande adresse pour lui faire comprendre ce qu'il voulait d'elle. C'est chose très-simple que de demander à une femme les faveurs qu'elle accorde à son mari; elle sait, elle, de quoi il s'agit. C'est chose très-simple que de demander à une jeune fille les faveurs qu'elle n'a encore données à personne : elle soupçonne qu'elles doivent être autre chose que ce qui fait qu'elle est une jeune fille. Mais demander à une femme, qui croit avoir tout donné, un bonheur dont elle ne comprend pas le sens, c'est une entreprise difficile, mon maître, et dans laquelle, pour réussir, il fallait un maître passé en corruption. Aussi la lutte fut-elle longue, et d'abord du Bergh se garda de pousser plus loin qu'il ne l'avait fait l'explication donnée par hasard à Caroline : il recula rapidement et se replaça au rôle d'ami et de protecteur. Ainsi il s'assura la libre entrée de la maison de Caroline. Ta sœur, laissée seule, sans ressources durables, sans la moindre idée de l'administration d'une fortune, lui confia la direction de ses affaires : c'était un droit de venir la voir souvent. Edgard accepta. Il l'entoura de soins ; esclave obéissant et empressé, il ne vit pas couler de ses yeux une larme qu'il ne fût prêt à l'essuyer, il n'entendit pas s'échapper un vœu de sa bouche qu'il ne fût prêt à l'accomplir. Il fut triste avec elle, il espéra avec elle, et, quand il lui eut bien montré comment une vie tout entière pouvait se lier à une autre vie par tous ses points, se confondre incessamment dans la même émotion, dans le même besoin, dans le même désir, il lui dit que c'était là ce qu'on appelait aimer, et Caroline comprit alors qu'elle n'avait pas été aimée comme cela, et voici ce qu'elle lui répondait le jour où il lui fit cet aveu :

— Est-ce donc là, Edgard, ce que vous appelez amour : cette bonté généreuse, cette protection dévouée, ce soin de vous mettre entre moi et le chagrin qui s'approche, cette touchante sollicitude pour ma douleur, qui vous fait préférer la tristesse de mon entretien à tous les brillants plaisirs auxquels vous êtes accoutumé? Oh ! que les hommes sont heureux de pouvoir aimer ainsi, et que peuvent rendre les femmes à un pareil sentiment ? — Ce qu'elles peuvent rendre, Caroline, c'est ce que je voudrais obtenir de vous, c'est une confiance sans borne dans cette protection, c'est une foi sincère dans ce dévouement, c'est une douce joie d'en être l'objet. — Je n'avais pas appelé cela amour, Edgard, je croyais que c'était de la reconnaissance. C'est que, dit du Bergh, si c'est là de l'amour, ce n'est pas du moins tout l'amour.

Et, comme Caroline le regardait avec une douce surprise, il continua :

— Vous reconnaissiez tout à l'heure que je préférais votre entretien aux plaisirs frivoles du monde, et vous m'en avez presque remercié. Ces remerciements, Caroline, je ne les mérite pas ; quand je viens à vous, c'est que rien ne saurait m'empêcher de venir à vous, c'est que vous voir est pour moi une joie, c'est que vous entendre est pour moi un bonheur, c'est que vous regarder m'écouter est pour moi un triomphe, c'est que toute ma vie est en vous, c'est que vous êtes maîtresse non-seulement de mon sort, mais aussi de mon âme, c'est que je vivrai par vous comme il vous plaira, c'est que je sens par vous comme il vous plaît.

Caroline écoutait avidement ces paroles, interrogeant son cœur, heureuse et fière de cet empire qu'elle exerçait, et elle murmurait doucement :

— Et comment peut-on payer tant d'amour, mon Dieu ? — Comment peut-on le payer ! s'écria Edgard : en se trouvant heureuse d'être aimée ainsi, et d'être aimée ainsi par celui qui vous aime, en n'étant fière de son esclavage que parce que c'est lui qui est l'esclave, en n'acceptant sa protection que parce que c'est la sienne, en sentant enfin qu'il n'y a que lui dont on puisse tout recevoir, bonheur, joie, douleur, et qu'il porte en lui votre âme comme vous portez la sienne en vous. Voilà, Caroline, comment on paye un tel amour. — Oh ! s'écria-t-elle alors, si c'est cela, Edgard, je ne suis pas ingrate. — Tu m'aimes donc ? s'écria-t-il en se rapprochant d'elle. — Edgard, que faites-vous ? lui dit-elle en reculant avec épouvante.

Puis, après un moment de silence, elle ajouta :

— Vous avez accusé mon mari et Juliette de s'être tutoyés : si c'était un crime pour eux, ce doit en être un pour nous. C'en est fait, je suis coupable, je le sens, puisque vous vous êtes cru le droit de me parler ainsi.

Edgard fut un peu désorienté par cette réflexion ; mais, décidé à profiter du terrain qu'il avait gagné, il reprit avec un air de tristesse admirablement joué :

— Vous vous trompez, madame. Ce langage, qui pour moi n'a été que l'égarement d'un instant, c'était leur langage habituel ; je vous l'ai adressé quand je n'en avais pas le droit, mais tous deux avaient le droit de se parler ainsi. — Je ne vous comprends pas, dit Caroline. — C'est que l'amour tel que je viens de le dépeindre n'est pas encore tout l'amour; c'est qu'à part cette union des âmes, si calme et si sainte, il en est une autre enivrante et fiévreuse; c'est que, quand je suis près de vous, Caroline, ajouta-t-il en s'approchant d'elle, je sens ma vue qui se trouble, mon cœur qui bat, mon corps qui frissonne; et, tenez, dit-il en lui prenant la main, ne sentez-vous pas que je brûle? regardez-moi, ne voyez-vous pas que mon regard s'égare?

Caroline l'écoutait avec un effroi d'autant plus grand, qu'elle sentait se glisser en elle le trouble qu'Edgard lui peignait avec tant d'ardeur.

— Laissez-moi! lui dit-elle avec épouvante, laissez-moi! — Oh! c'est que vous ne savez pas, reprit-il, quelle ivresse on éprouve à perdre ses regards dans les regards de celle que l'on aime!

Et, comme il parlait ainsi, ses yeux attachés sur ceux de Caroline y plongeaient les rayons de son amour.

— C'est que tu ne sais pas quelle volupté indicible il y a à sentir trembler dans sa main la main de celle que l'on aime, à sentir sa poitrine battre contre la sienne, ses lèvres toucher à votre bouche, tout son corps vous appartenir.

Et, en parlant ainsi, il prenait doucement ses mains, il enlaçait sa taille, il la pressait contre lui et attachait ses lèvres aux siennes.

— Et alors elle succomba sans doute? s'écria Luizzi avec colère et désespoir. — L'en crois-tu capable? répondit Satan d'un ton railleur. — Et quelle femme ignorante comme Caroline, abandonnée comme Caroline, malheureuse comme Caroline, n'eût pas succombé à sa place? dit tristement Luizzi. — Toute autre eût succombé peut-être, mais ta sœur résista. — Caroline! s'écria Luizzi avec joie. — Caroline, que tu as soupçonnée, car il ne te manquait plus que de ne pas croire à la vertu d'une seule femme; Caroline, qui, s'arrachant avec violence des bras d'Edgard, s'écria comme éclairée par une soudaine lumière d'en haut... (car je dois t'avouer, baron, que Dieu s'en mêla), Caroline, dis-je, qui s'écria : « Oh! c'est là qu'est le crime! Jamais! jamais! »

Ici, Edgard perdit par un seul mot tout le chemin qu'il avait fait; il avait en main une femme à qui il eût pu persuader que le crime n'était pas là, mais il eut la maladresse de s'écrier:

— Si c'est un crime pour d'autres femmes, en est-ce donc un pour vous, pauvre femme malheureuse et abandonnée; pour vous, livrée par un frère imprudent à un mari sans honneur; pour vous, déshéritée du nom de votre famille; pour vous, qui ne devez rien à la société, qui n'a rien fait pour vous?

Le Diable se tut, et Luizzi, le regardant attentivement, lui dit:

— Et que répondit-elle à ces accusations si vraies contre nous tous? — Elle répondit simplement et en montrant le ciel du doigt: « La société n'est pas mon juge, monsieur. »

Satan regarda l'effet que ce mot avait produit sur Luizzi, et celui-ci lui dit alors:

— Et tu oses me répéter ce mot, à moi! Ne crains-tu pas que je n'en profite? — Quand tu sauras la fin de l'histoire de ta sœur, reprit le Diable, tu en profiteras si tu veux. Puis il continua ainsi:

— Après une si noble réponse, il était juste, n'est-ce pas, mon maître, que le ciel envoyât à l'aide de la malheureuse Caroline quelque protecteur qui la sauvât, quelque événement qui l'arrachât aux nouvelles séductions de du Bergh? car cette scène se renouvela plus d'une fois, et cependant Caroline résista toujours, puisant en elle plus de force que tous les liens de famille n'en donnent à d'autres; elle résista non-seulement à son abandon et à sa solitude, mais encore à son amour, car elle aimait Edgard; et après ce malheur que tu lui avais fait, il lui fallut résister à celui que lui fit du Bergh; car, résolu à obtenir cette femme, il n'épargna rien de ce qui pouvait vaincre sa résistance. Il lui laissa sentir peu à peu les approches de la misère; il la livra aux insultes des créanciers, aux basses avanies des domestiques, à tout ce qui donne au cœur un désespoir qui fait rougir, et il venait incessamment lui dire, lorsqu'il la voyait pleurant et désolée:

— Sois à moi! et je te rendrai la fortune, le bonheur et la considération.

Mais elle lui répondait sans cesse:

— Ma fortune n'est pas de ce monde; mon bonheur me vient de plus haut, et je porte ma considération en moi.

— Noble sœur! s'écria Luizzi, à qui les larmes étaient venues aux yeux. — Noble sœur en effet! repartit le Diable, car la nouvelle de l'accusation qui pèse sur toi lui arriva enfin; elle lui arriva au moment où sa misère était au comble, à l'heure où il lui restait à peine assez de force pour lutter pour elle-même. Mais, lorsqu'elle apprit que tu étais malheureux, elle en trouva assez pour venir à ton aide. Madame de Cerny s'était échappée en fugitive avec toi, avec son amant qui la sauvait; Caroline s'échappa en fugitive pour échapper à celui qu'elle aimait et pour secourir le frère qui l'avait abandonnée. Léonie était partie avec un homme riche, et pour quelques heures de privations qu'elle a souffertes à tès côtés, tu as pleuré sur elle, qui dormait sur tes genoux ; Caroline est partie toute seule, à pied, demandant l'aumône, pour aller porter la consolation de sa parole à celui qui l'avait perdue ; car c'est toi qui l'as perdue, mon maître ! Et le voyage a été long ; et il ne lui a rien manqué, ni la grossièreté des hôteliers, ni les propos obscènes des passants, ni la faim, ni là soif, ni la fatigue qui fait dormir couchée au bord du chemin ; et ce fut ainsi, se traînant jour à jour, heure à heure, minute à minute, qu'elle arriva mourante et épuisée dans cette même auberge de Bois-Maudé, d'où Juliette était partie pour parcourir une carrière de vice, et où tu l'as retrouvée arrivant en brillant équipage.

Luizzi baissait la tête devant cette cruelle apostrophe du Diable, qui continua :

— Dans cette misérable auberge dont le maître lui accorda un grabat, il y avait deux femmes qui souffraient aussi : c'étaient Eugénie et madame de Cerny. — Quoi ! toutes deux ? s'écria le baron. — Toutes deux, mon maître. — Et comment y étaient-elles arrivées ? — Voici ce que je vais te dire, si tu crois avoir encore le temps de m'entendre, car voilà quatre heures qui sonnent.

Luizzi calcula qu'il lui restait encore vingt heures pour faire son choix, et il dit au Diable de continuer : — Toutefois, ajouta-t-il, abrége ton récit, et supprime les réflexions dont tu l'allonges à plaisir et dont je te dispense.

— Qu'est-ce donc, maître ? lui dit le Diable, tu me traites comme un homme de lettres qui se fait payer à la ligne ! J'y mets pourtant de la conscience, il n'y a pas un bon auteur qui n'eût fait au moins un volume avec ce que je viens de te raconter en quelques heures.

XCVII

GRAND-PÈRE ET PETITE-FILLE.

— Tu y perdras cependant, mon maître, continua le Diable, car j'avais une bonne scène à te raconter : c'est le conciliabule qui fut tenu entre Juliette, de Cerny et Gustave de Bridely. Tu y aurais vu l'impuissance enragée du grand seigneur se mettant au niveau des petites infamies d'une fille publique et d'un intrigant ; tu y aurais vu le vice, la méchanceté, la soif de l'or, s'avançant pas à pas, se tâtant l'un l'autre, puis, se reconnaissant tous pour gens de même compagnie, se démasquant effrontément et se saluant et se tendant la main. Ainsi Juliette vendit à monsieur de Cerny le secret de ta fuite avec Léonie, à la condition qu'il l'aiderait à obtenir enfin de monsieur de Paradèze, oncle par alliance de monsieur de Cerny, qu'il voulût bien la reconnaître comme sa petite-fille et qu'il ferait tout pour empêcher madame de Cauny, maintenant madame de Paradèze, de reconnaître Eugénie pour la fille qui lui avait été enlevée. — Et de quel salaire le marquis de Bridely a-t-il payé ce service ? dit Luizzi interrompant le Diable.— Il l'a payé du nom et de la fortune qu'il a volés. A l'heure où je te parle, il y a promesse de mariage entre le marquis Gustave de Bridely et Juliette ta sœur. — Mais elle aimait Henri Donezau ? reprit le baron. — C'est-à-dire, ajouta le Diable, qu'il valait mieux être la maîtresse d'Henri Donezau à qui un sot avait donné vingt-cinq mille livres de rente que d'être fille publique ou religieuse ; mais il valait mieux être l'épouse légitime de monsieur le marquis de Bridely que la maîtresse de monsieur Henri Donezau. Ta sœur n'a pas hésité un moment. — Et elle a sans doute réussi dans tous ses projets ? dit le baron ; et, averti trop tard de ce qu'était cette femme, je n'ai pas pu y mettre obstacle. — C'est vrai ! dit le Diable. Sur ma foi, il s'en est fallu de bien peu que tout ce qui arrive ne soit pas arrivé. — Comment cela ? — Suppose que mon histoire de Mathieu Durand n'eût pas produit l'effet que j'en attendais : Fernand ne nous quittait pas et ne nous laissait pas seuls ensemble. — Oui, oui, fit Luizzi amèrement, je comprends comment tu m'as trompé en me disant que cette histoire m'était toute à fait étrangère. N'importe, revenons à Juliette. — Soit ; et, pour revenir à elle, je dois te dire aussi que, si Fernand ne nous avait pas quittés, il t'aurait raconté l'histoire de cette Jeannetta, et qu'une fois instruit que c'était ta sœur, tu aurais pu en tirer parti pour empêcher le mal qu'elle a fait. — Elle a donc réussi ? — Tu vas en juger : Je t'ai parlé autrefois de Bricoin ; tu ne connais pas Bricoin, mon maître, et tu ne sais pas par conséquent ce que c'est qu'une mauvaise nature arrivée à l'extrême vieillesse. L'homme qui a tué le mari de madame de Cauny pour l'épouser et avoir sa fortune, l'homme qui lui a enlevé son enfant pour l'épouser et avoir sa fortune, doit porter en lui une singulière passion pour l'argent. Tu n'as peut-être jamais vu cette passion quand elle est arrivée au dernier terme de sa folie, quand, la vieillesse enlevant à celui qui en est possédé toute retenue envers le monde et toute puissance en lui-même pour la combattre, il s'y abandonne complétement. Ce n'est plus la fureur de l'avare qui entasse ses trésors et qui les enfouit, fier cependant de la force qu'ils lui donnent, et disant à lui et aux autres qu'il pourra en user le jour où il le voudra : triste satisfaction, orgueil misérable, et dont l'avarice cherche à dorer les privations qu'elle s'impose ! C'est la décrépitude de ce vice lui-même ; c'est le vieillard qui, entouré de richesses, avec ses coffres pleins, ses greniers pleins, ses caves pleines, a peur de mourir de faim et de soif ; c'est l'imbécillité qui se traîne dans les cours d'un château, dans les cuisines, dans les offices, disputant un grain de blé aux poules de sa basse-cour, ramassant une croûte de pain pour la cacher dans quelque endroit secret de sa chambre, volant un liard oublié par un domestique et l'ajoutant au sac d'écus qu'un fermier lui a rapporté la veille ; c'est quelque chose de bas, d'idiot, de cruel et de faible à la fois ; quelque chose qui ne peut pas exciter la haine, tant il y a de débilité dans cette passion ; quelque chose qui ne peut pas exciter la pitié, tant il y a de ruse et de méchanceté dans les moyens qu'elle invente pour se satisfaire. Tel était Bricoin devenu monsieur de Paradèze.

Or, depuis longues années, une femme noble, aux sentiments élevés et doux, subissait, sans pouvoir y échapper, la vie que lui faisait un pareil maître. Faible aussi, car tout s'était brisé en elle, la jeune et belle Valentine d'Assimbret était devenue une vieille femme tremblante, épuisée de privations, se cachant pour cacher ses haillons, et dégradée à ce point qu'elle volait à son tour du feu pour se chauffer, du pain pour manger et du vin pour s'enivrer, et oublier quelquefois qu'elle avait froid et faim. C'est à cette femme que madame de Cerny allait demander une protectrice, c'est à cette femme qu'Eugénie Peyrol allait demander une mère ; mais, comme je te l'ai dit, Juliette les avait précédées. Le jour où elle arriva, madame de Paradèze était malade : étendue sur un grabat, elle avait pour toute garde-malade une vieille femme qui n'était pas assurément plus misérable qu'elle. Juliette sonne à la porte de ce château, jadis si splendide ; car, à l'époque où elle en avait été chassée enfant, l'avarice du mari avait gardé assez de raison pour comprendre qu'en ne dépensant qu'une faible partie des immenses revenus de sa femme, il avait encore les moyens de se faire une belle fortune. A cette époque aussi, madame de Cauny était dans toute la force de l'âge, et sa volonté, toute faible qu'elle fût, luttait contre la parcimonie honteuse de son mari. Celui-ci, de son côté, n'était pas non plus délivré de la crainte de voir découvrir son ancien mariage ; et, comme il savait que le vicomte d'Assimbret ne demandait pas mieux que de trouver une occasion de le punir d'avoir épousé sa sœur, il n'osait pas donner à sa femme des sujets de plainte qui eussent pu parvenir jusqu'aux oreilles du vicomte. Mais une fois qu'il fut assuré de la mort de sa première femme, une fois que Jeannette fut chassée du château, il se sentit au-dessus de toute erreur et osa commander en maître. Cependant, il ne fallut pas moins de vingt ans pour amener monsieur et madame de Paradèze, et le château qu'ils habitaient, à l'état de dégradation où Juliette le trouva. Je te l'ai dit, elle sonna à la porte de ce château, et pendant longtemps on ne lui répondit pas. Enfin, après une longue attente, la vieille et unique servante, dont je t'ai parlé, vint lui ouvrir et lui demanda ce qu'elle voulait. Elle répondit qu'elle voulait voir monsieur de Paradèze pour une affaire très-pressante et qui intéressait sa fortune. La vieille femme l'introduisit, et, gagnant une petite aile de la grande cour de cet immense château, elle lui montra du doigt une longue file d'appartements en lui disant : « Vous trouverez tout au bout monsieur de Paradèze dans sa chambre. » Juliette traversa plusieurs salons abandonnés ; les tentures tombaient par lambeaux, et les boiseries étaient dévorées par l'humidité qui entrait par les fenêtres brisées ; elle arriva ainsi de chambre en chambre jusqu'à une porte fermée, qu'elle ouvrit sans frapper.

Dans une pièce exiguë, elle vit un vieillard assis sur un misérable tabouret dont on avait scié les pieds, et tenant entre ses jambes un réchaud sur lequel chauffait sans bouillir une marmite où nageaient quelques rares légumes ; une vieille couverture de cheval lui couvrait les épaules, et ses pieds et ses jambes étaient enveloppés de tresses de paille pour leur donner quelque chaleur. Lorsqu'il entendit ouvrir la porte, il se leva et se retourna. Ses cheveux pendaient sur ses joues, ses sourcils pendaient sur ses paupières, ses joues pendaient sur son cou, sa lèvre sur son menton : c'était la décrépitude dans ce qu'elle a de plus hideux et de plus sale. A l'aspect de Juliette, il s'empara du misérable tabouret sur lequel il était assis, et s'écria :

— Que me voulez-vous ? je n'ai rien, je suis un pauvre homme ruiné.

Juliette avait quitté Bois-Mandé assez tard pour connaître le vice de son grand-père, quoiqu'elle ne fût jamais rentrée au château depuis qu'on l'en avait expulsée ; aussi ne s'étonna-t-elle pas de cet accueil, et répondit-elle intrépidement :

— Je ne vous demande rien, et c'est pour vous empêcher d'être ruiné que je suis venue ici.

Le vieillard posa son tabouret à terre, et, s'asseyant entre Juliette et son feu comme s'il eût craint qu'elle lui dérobât une parcelle de chaleur :

— Eh bien ! qui êtes-vous ? et que me voulez-vous ? — Je vous l'ai déjà dit, repartit Juliette, je viens vous empêcher d'être ruiné. — Et qui est-ce qui peut vouloir m'arracher le misérable morceau de pain que j'ai ? dit le vieillard. Tout le monde sait bien que je ne possède pas un sou, et que, si je ne vais pas mendier, c'est par respect pour le nom que je porte. — Alors, dit Juliette en feignant de se retirer, je n'ai rien à vous dire. — Restez, s'écria le vieillard en s'élançant vers elle et en la retenant ; restez. Je vous reconnais maintenant : vous êtes la fille de Mariette, vous êtes Jeannette la servante d'auberge. — Je suis votre petite fille, dit Juliette, et c'est à ce titre que je viens vous sauver. — Je n'ai pas de petite-fille, dit le vieillard, je n'ai pas d'enfant. — Vous avez une petite-fille qui est moi, une enfant qui est Mariette ; et si, pour prix de ce que je viens vous dire, vous ne m'assurez pas votre héritage, il y a quelqu'un qui vous enlèvera tout ce vous pouvez posséder, il y a quelqu'un qui peut vous envoyer mourir en prison.

Cette menace épouvanta Bricoin. Se cachant la tête sur ses genoux, il grommela du ton d'un enfant pleurant :

— Ma femme est morte, il n'y a plus de preuves, je suis innocent. — Sans doute, dit Juliette, il sera difficile de les retrouver, mais la fille de madame de Cauny vit encore, et je sais où elle est. — La fille de ma femme ! s'écria le vieillard se relevant et saisi d'un tremblement affreux. Elle vient me voler tout mon bien, n'est-ce pas ? Elle demande tout ce qui a appartenu à sa mère ? Elle veut me dépouiller, elle veut me réduire à mourir de faim ? — Elle en est bien capable, repartit l'excellente petite-fille de cet honorable vieillard. — Ah ! je l'en empêcherai, dit Bricoin avec fureur. — Ce sera difficile. C'est une dame très-puissante, très-bien appuyée dans le monde, et que seule, peut-être, je puis empêcher de vous faire du tort. — Et comment peux-tu faire cela ? dit le vieillard en se rapprochant de Juliette. — Et comment me payerez-vous ce service, si je vous le rends ?

Le vieillard baissa la tête et repartit d'un air empressé et mystérieux :

— Tiens, j'ai là dans un coin un bien beau bijou que ma femme portait quand elle était jeune, je te le donnerai.

Juliette voulut expérimenter jusqu'au bout la fourbe et l'avarice de Bricoin, et demanda à voir ce bijou. Le vieillard alla dans un coin de la chambre, souleva un lambeau de tapisserie et en tira une chaîne qu'il remit à Juliette. Elle reconnut facilement qu'elle était en cuivre doré. Juliette la jeta loin d'elle et s'avança vers la porte en disant :

— Je m'en vais avertir madame de Paradèze que sa fille existe encore.

Le vieillard retrouva assez de force pour se placer entre Juliette et la porte.

— Tu ne sortiras pas, tu ne sortiras pas ! lui dit-il.

Mais, Juliette l'ayant écarté avec violence, il reprit d'un ton bas et suppliant, et en s'efforçant de sourire :

— Je m'étais trompé, vois-tu, Juliette, j'avais mis là cette chaîne pour attraper les voleurs, s'il en était venu par hasard ; mais j'en ai en véritable or, et des diamants aussi ! Eh bien ! je te les... je te les ferai voir. — Ah çà ! fit Juliette nous ne nous comprenons plus du tout. Écoutez-moi bien : si la fille de votre femme se fait reconnaître, non-seulement elle héritera de tous les biens de sa mère, mais elle vous laissera dans la misère.

Le vieillard l'interrompit en lui disant d'un air abattu :

— Et ce sera là la récompense de trente ans de bonheur que j'ai donnés à ma femme !

Juliette ne s'arrêta pas à l'exclamation de monsieur de Paradèze, elle continua ainsi :

— Non-seulement cette fille vous laissera dans la misère si vous survivez à votre femme, mais encore elle vous dénoncera à la justice comme l'ayant fait disparaître jadis ; et tout ce qui peut vous arriver de moins malheureux, c'est d'être interdit et de vous voir enlever l'administration des biens de votre femme, de son vivant même. — Ce n'est pas possible, ce n'est pas possible ! reprit le vieillard, à qui l'idée d'être dépouillé rendait toute sa fureur.

Juliette ne tint pas compte encore de l'interruption, et, voulant aller droit au but, elle lui dit :

— Il y a un moyen cependant de prévenir tout cela : c'est de faire déclarer à votre femme elle-même qu'elle a vu sa fille morte, et que toute autre qui se prétendrait être l'enfant qu'elle a perdue est une intrigante, coupable de la plus lâche imposture. — C'est une idée, fit le vieillard; mais comment y arriverons-nous? — Cela vous regarde, dit Juliette. J'ai fait tout ce que je devais en vous prévenant.

Mais enfin, dit Luizzi en interrompant pour la première fois ce hideux récit, quel intérêt si pressant avait donc Juliette à perdre Eugénie Peyrol? — Pardieu! mon maître, dit le Diable, tu as une pauvre mémoire et une triste connaissance des lois qui nous régissent! D'après ce que tu as pu voir par l'arbre généalogique que je t'ai montré, Gustave de Bridely a déjà hérité d'une fortune qui eût dû revenir à madame de Cauny, et par conséquent à Eugénie Peyrol. — Je comprends l'intérêt de Gustave de ne pas réveiller une telle affaire, dit le baron. — Mais tu ne comprends donc pas aussi que, si par son acte de mariage, madame de Cauny a donné, à défaut d'enfant, tout son bien à son mari survivant, Bricoin devenait immensément riche? Mariette héritait de cette fortune, et Juliette la recevait de Mariette. Elle se mariait à Gustave de Bridely. Et un drôle digne des galères, une coquine qu'il faudrait marquer à l'épaule, se trouvaient les uniques héritiers de l'une des plus grandes et des plus riches familles de France. — C'est vrai, dit le baron; mais pour que cela pût réussir ainsi, il fallait que madame de Paradèze mourût avant son mari. — Oui, dit le Diable, c'est là qu'était la question, et ce fut cette question qu'on n'aborda pas, chacun étant sûr que l'autre l'entendait à merveille. Le plus pressé était d'empêcher la reconnaissance actuelle et future d'Eugénie Peyrol. — Et, d'après ce que tu m'as dit, fit le baron, les deux infâmes y sont sans doute arrivés? — Et cela ne leur a pas coûté cher, reprit le Diable; un peu de pain, un peu de viande, un peu de vin, voilà tout! — Que veux-tu dire? — Ah! mon maître, ç'a été une horrible scène que ce vieillard et cette jeune fille assis auprès du lit de cette vieille mère mourante et presque idiote, lui racontant qu'une intrigante avait la hardiesse de se faire passer pour sa fille. Et, comme quelques étincelles d'amour maternel s'échappaient de cette cendre presque éteinte, on arrosa cette cendre de vin et on en fit de la fange. Et à chaque verre que l'on marchandait à la malheureuse, on lui faisait ajouter une phrase explicative à la déclaration qu'on exigeait d'elle, et ce fut ainsi qu'elle écrivit sous leur dictée qu'ayant appris qu'une femme nommée Eugénie Turniquel, femme Peyrol, prétendait se faire passer pour sa fille, elle croyait devoir déclarer, à son lit de mort, étant saine d'esprit et libre de corps, que l'enfant né d'elle était mort, et que c'avait été dans l'intention d'adopter la fille de son mari qu'elle avait fait semblant de la rechercher, mais que la différence d'âge qu'auraient eu les enfants ne lui avait pas heureusement permis d'accomplir cet acte illégal. — Et ils ont obtenu une pareille déclaration? s'écria le baron. — Oui, maître; et comme une pareille déclaration pouvait être rétractée par la vieille femme rendue à la raison, on a le mieux du monde empêché la raison de revenir. A la privation de tout on a fait succéder l'abondance de tout; et la mort, que n'avaient pas amenée la faim et la misère, l'abus et l'excès l'ont amenée. — Madame de Cauny est morte? s'écria le baron. — Morte, dit le Diable, quelques jours avant le départ de Juliette pour venir déposer contre toi; car tu comprends que sa déposition n'a pas peu contribué à te perdre en montrant que cette déposition, sur laquelle tu comptais tant, ne pouvait être qu'un faux témoignage. — Mais comment Eugénie est-elle arrivée si tard chez madame de Cauny, qu'elle n'ait pu prévenir cet épouvantable malheur? — C'est que, grâce à tes bons soins, elle avait pour surveillant monsieur le marquis Gustave de Bridely, qui, en attendant le succès de la ruse de Juliette, eut grand soin de la faire voyager de province en province, de façon à ce qu'elle ne trouvât jamais sa mère, madame de Paradèze. Ce ne fut que lorsque, fatiguée de cette poursuite inutile, elle revint près de son oncle Rigot, après avoir épuisé le peu de ressources qui lui restaient, qu'elle retrouva la lettre que tu lui as écrite à ton arrivée ici, ce qui la détermina à une dernière tentative. Elle partit aussi à pied, comme ta sœur Caroline; car elle avait été cruellement avertie plus d'une fois qu'elle n'avait pas de secours à attendre de la comtesse de Lémée, sa fille, et elle ne voulut pas lui apprendre qu'elle allait lui chercher une nouvelle fortune, de peur d'avoir à souffrir des chagrins encore plus odieux que ceux que son ingratitude lui avait déjà fait supporter. Elle partit, elle parcourut courageusement sa route, et elle arriva à la porte de ce château pour apprendre que sa mère était morte, et pour se voir menacée de la prison lorsqu'elle se rendit chez le juge de paix auquel elle déclarerait en quelle qualité elle se présentait. Car on avait eu soin de remettre entre ses mains la déclaration de madame de Cauny, et elle lui fut opposée à la première parole qu'elle voulut prononcer pour justifier sa prétention. Ce fut alors qu'accablée de lassitude et de misère, elle alla dans cette auberge, où elle trouva madame de Cerny alitée.

Comme Satan achevait cette phrase, huit heures sonnèrent, et Luizzi, averti que le temps qui lui restait s'en allait rapidement, fut sur le point de terminer en ce moment son entretien avec le Diable ; mais il calcula qu'il lui restait encore seize heures, et il reprit :

— Allons, hâte-toi. Que je sache aussi comment j'ai perdu celle-là, comment je l'ai amenée, elle si heureuse, si belle, si noble, à aller souffrir sur le grabat d'une misérable auberge ; apprends-moi bien que je n'ai plus qu'un seul espoir dans ce monde ; affermis-moi dans le choix que j'ai fait. Je t'écoute, Satan.

Et Satan reprit :

XCVIII

UN MEURTRIER.

— Or, je continue la lettre de madame de Cerny. Henriette, dont la raison avait résisté au malheur, était devenue folle de sa joie ; madame de Carin, que l'amitié d'Henriette avait préservée de la folie, maladie qui se gagne comme la peste, avait aussi perdu la raison en voyant s'enfuir celle de son amie. Madame de Cerny était restée seule, attendant les conseils de son avocat, lorsqu'elle vit paraître, quelques jours après celui où il t'avait écrit, un juge, membre d'une commission rogatoire nommée pour l'interroger sur la part qu'elle pouvait avoir prise au meurtre de monsieur de Cerny, par insinuations ou conseils, auxquels tu aurais obéi. On ne prouve pas des insinuations ou des conseils, mais, en bonne justice, on ne veut pas non plus que les accusés puissent s'entendre pour combiner leurs moyens de défense, et madame de Cerny fut mise provisoirement au secret le plus absolu. Ici j'aurais une bien longue histoire à te faire, mon maître ; ce n'est pas celle des événements qui sont arrivés à Léonie, mais celle de sa pensée, celle de sa lutte et de ses combats intérieurs, celle où tu triomphas enfin. Oui, mon maître, elle ne voulut pas croire à ton crime — Oh! merci! merci, Léonie! s'écria Luizzi.

Le Diable continua :

— Elle ne voulut pas croire aux preuves évidentes qui t'accablaient, elle ne voulut pas croire à sa raison qui ne pouvait se refuser à en reconnaître la puissance ; elle ne voulut pas croire à ce que lui dit son père ; elle brava son autorité ; et lorsque, d'une part, l'accusation d'adultère portée par monsieur de Cerny dut disparaître grâce à sa mort, et que, de l'autre, l'instruction de ton affaire étant terminée, Léonie fut renvoyée de l'accusation, elle partit d'Orléans pour venir te rejoindre à Toulouse. — Oh! merci! merci, Léonie! s'écria encore le baron ; cœur noble et généreux, qui devais être l'asile du mien! — Cœur noble, en effet, dit le Diable, car elle n'oublia personne dans sa résolution, et en passant à Bois-Mandé, elle se rendit chez madame de Cauny, sa tante, pour savoir ce qu'elle avait appris de l'existence de sa fille. Le jour où elle arriva, madame de Cauny venait de mourir. A l'heure où elle frappa à ce château, le cadavre de sa tante en sortait ; puis, à l'heure où on refusait l'entrée à madame de Cerny, Juliette en chassait insolemment son ancien amant, monsieur Henri Donnezau, ton beau-frère. — Lui ! s'écria le baron ; en effet, je l'avais oublié, qu'est-il devenu pendant tout ce temps ? — C'est encore un très-long récit, que je te ferai en un mot : il avait poursuivi Juliette, croyant qu'elle s'était fait enlever par le comte. Veux-tu savoir comment ? — Continue, continue, repartit le baron. — Soit ! fit le Diable ; d'ailleurs le temps passe, et, quoique je n'aie pas grand'chose à t'apprendre maintenant, je ne veux pas te voler ton pauvre bien. — Ecoute, dit le baron, j'ai décidé que je te donnerais douze heures de cette journée : fais en sorte qu'au moment où elles seront passées, je sache quel événement a retenu madame de Cerny malade dans cette auberge et l'a empêchée de venir jusqu'à moi. Alors tu pourras prendre les trente jours qui t'appartiennent de ma vie ; alors tu me délivreras, ainsi que me l'as promis. — C'est convenu, dit Satan.

Et il reprit :

— Henri Donezau et madame de Cerny se trouvèrent donc en présence à la porte du château : l'un qu'on venait d'en expulser, et l'autre à qui on en avait interdit la porte. Ils ne se connaissaient pas, mais tous deux étaient assez irrités de l'impertinence de la nouvelle maîtresse de cette maison pour que Henri Donezau osât aborder madame de Cerny et lui expliquer son mécontentement, pour que madame de Cerny lui demandât quelle était la femme qui lui avait fait répondre avec tant d'insolence et de grossièreté.

— C'est la dernière des gueuses! s'écria Henri, qui s'est enfuie de Paris avec un certain comte de Cerny, lequel du reste m'a payé cher l'enlèvement de la coquine.

Tu sais, mon maître, que madame de Cerny n'était pas femme à continuer une conversation entreprise sur ce ton et en de pareils termes; mais la circonstance qui pouvait lui révéler quelle était la femme qui voyageait avec son mari la décida à subir la compagnie de cet homme. Elle était venue en voiture de Bois-Mandé jusqu'au château, elle lui offrit de le reconduire en voiture. Il accepta, et voici quel fut leur entretien :

— Ah! monsieur, vous connaissez la personne qui occupe le château de monsieur de Paradèze, vous connaissiez aussi sans doute monsieur de Cerny, qui l'accompagnait? — C'est-à-dire, je le connaissais pour l'avoir vu à Paris une fois ou deux, parce qu'il avait des démêlés avec mon beau-frère. — Ah! fit la comtesse, monsieur de Cerny connaissait votre beau-frère? — Je crois, répondit Henri, que c'était surtout madame de Cerny qu'il connaissait. — Cela m'étonne, fit Léonie, qui ne supposait pas qu'un homme qu'elle pût connaître eût un beau-frère de cette espèce. — Je puis vous assurer que si, repartit Donezau; elle le connaissait si bien qu'elle s'est enfuie avec lui.

Madame de Cerny parvint à contenir sa surprise, grâce au parti qu'elle avait pris de ne rien laisser voir à cet homme de l'intérêt qu'elle avait de l'interroger.

— Ah! fit Léonie, madame de Cerny s'est enfuie avec votre beau-frère? — Eh! oui, dit Henri, avec le baron de Luizzi: toute la France sait cela. — Oui, oui, c'est vrai, celui qui a tué monsieur de Cerny.

A ce mot, Henri pâlit et répondit en balbutiant :

— Qu'il l'ait tué ou non, ce n'est pas là la question : c'est ce que les jurés décideront.

Le trouble de ton beau-frère étonna Léonie, et elle lui dit en le regardant fixement :

— Il ne peut y avoir que l'amant qui a enlevé la femme qui ait tué le mari. — C'est possible, repartit Henri, quoique je ne comprenne guère qu'on tue l'amant de sa femme. Qu'on tue l'amant de sa maîtresse, à la bonne heure, ajouta-t-il avec rage.

La manière dont Henri prononça ces derniers mots fit pâlir à son tour madame de Cerny; mais elle craignit de montrer le soupçon dont elle venait d'être frappée et répondit tranquillement à Donezau :

— Et c'est sans doute pour aller retrouver votre beau-frère à Toulouse que vous êtes venu dans ce pays? — Moi? dit-il, ce n'est pas mon affaire, c'est la sienne; qu'il s'en tire comme il le pourra! J'y étais venu pour autre chose. — Et vous avez sans doute réussi dans votre voyage? — A moitié. C'est que je sais me venger, voyez-vous, quand on me fait un affront; je l'ai déjà appris à l'un et je l'apprendrai bientôt à l'autre : à cette gueuse qui vient de me chasser du château de son grand-père!....

— Quoi! s'écria Luizzi, il a dit cela à Léonie? et Léonie n'est pas venue pour dire le véritable nom du coupable? car c'était lui, n'est-ce pas? — Le temps passe, mon maître, et, si tu m'interromps, nous n'arriverons pas au bout de notre récit.

Et Satan reprit :

— Oui, Henri a dit cela, Henri s'est accusé lui-même. Que veux-tu, mon cher! Le crime aurait trop beau jeu s'il n'avait pas ses indiscrétions : Dieu l'a voulu ainsi. Le cadavre enterré à quelques pieds sous terre rend des exhalaisons qui avertissent de sa présence; l'eau fait flotter à sa surface les victimes qu'on lui a confiées; le feu dévore les corps sans effacer le trou des blessures; les intestins gardent la trace du poison. L'âme de l'homme n'est pas plus forte que tout cela, le remords sue par tous les pores de son corps et le crime monte et flotte aux bords des lèvres. Oui, Henri Donezau dit cela; et, comme madame de Cerny ne put cette fois dominer l'épouvante qui s'empara d'elle, Henri comprit la faute qu'il venait de commettre. Sans doute il aurait étouffé à l'instant même, par la mort de Léonie, le soupçon qu'il venait d'exciter, mais il était grand jour, un postillon était à cheval devant lui; puis il réfléchit que cette femme était étrangère et ne devait avoir aucun intérêt à la perdre et à sauver le baron de Luizzi. Cependant il voulut s'assurer de ce qu'était cette femme, et, feignant de n'avoir remarqué ni son trouble ni sa propre indiscrétion, il lui dit avec quelque politesse :

— Du reste, madame, ne pourrai-je savoir qui je dois remercier du bon service que vous venez de me rendre? — Mon Dieu, monsieur, lui dit-elle, mon nom vous est sans doute fort inconnu; je m'appelle madame d'Assimbret.

Cela n'apprit pas grand'chose à Henri; mais l'hésitation qu'elle avait mise à prononcer ce nom le persuada qu'elle avait voulu cacher celui qui lui appartenait véritablement. Ils arrivèrent ainsi jusqu'à Bois-Mandé. Le premier soin de Henri fut de demander au postillon le véritable nom de la personne avec laquelle il était revenu du château de monsieur de Paradèze. Tu comprends quelle dût être son épouvante lorsqu'il apprit le nom de madame de Cerny! Tu dois comprendre que cette épouvante redoubla lorsqu'il vit madame de Cerny donner les ordres qu'exigeait son départ pour Toulouse, lorsqu'il sut qu'elle venait de faire prévenir le maire de Bois-Mandé de se rendre chez elle! Ce n'était rien qu'un crime pour Henri Donezau, et, si tu te souviens de son entretien avec Juliette, tu sais qu'à supposer que ce fût lui qui eût tué monsieur de Cerny, qu'il croyait le ravisseur de sa maîtresse, il n'en était pas même à cette époque à son coup d'essai. Il l'avait lui-même reproché à Juliette : elle l'avait poussé de la débauche à la friponnerie, de la friponnerie au faux, du faux au meurtre. Il ne manquait pas à la carrière qu'elle lui avait faite. Ce n'était donc pas pour lui une longue décision à prendre que celle de se débarrasser de la comtesse; mais le moyen était difficile, le danger pressant. Une dénonciation pouvait le faire arrêter, et une fois arrêté, il était perdu, car les témoins du meurtre de monsieur de Cerny ne manquaient pas.

— C'est ce que tu ne m'as pas dit, il me semble, s'écria Luizzi. — C'est ce que tu ne m'as pas demandé, mon maître, repartit Satan. — Eh bien! que fit-il? dit Armand, pressé d'arriver à la fin du récit. — Il compta sur la bonne fortune réservée au crime, il compta sur l'audace effrontée avec laquelle il l'aurait commis pour qu'on n'osât pas le soupçonner. Il entra dans la chambre de madame de Cerny, mais il était trop tard ; il ne lui avait encore donné qu'un coup de poignard qui ne l'avait pas tuée, lorsque le maire qu'elle avait fait demander parut dans cette chambre. — Et l'infâme a été arrêté, n'est-ce pas? — Et il est en prison, mais non pas comme l'assassin de madame de Cerny, car il ne fut pas arrêté alors, il ne fut pas reconnu, et il put suivre Juliette à Toulouse; mais il est en prison comme l'assassin du comte, et c'est à Toulouse, où il avait suivi Juliette, qu'il a été arrêté. — Léonie l'a donc accusé?

Le Diable ne répondit pas, il reprit :

— Lorsque Eugénie arriva à Bois-Mandé, madame de Cerny gisait mourante et incapable d'articuler une parole sur le lit où elle la trouva et elle y était depuis deux jours lorsque Caroline arriva à Bois-Mandé et les y trouva malades toutes les deux. — Mais une fois réunies, s'écria le baron, que sont-elles devenues?

Minuit sonna en ce moment, et le Diable, posant le doigt sur le front de Luizzi, lui dit :

— Et maintenant, je prends les trente jours que tu m'as donnés.

Un voile s'étendit sur les yeux de Luizzi, mais il ne fut pas tellement rapide qu'il ne crût apercevoir la porte de sa prison qui s'ouvrait et Caroline conduisant par la main Léonie et madame Peyrol.

XCIX

LE CHATEAU DE RONQUEROLLES.

Lorsque le baron revint à lui, il était dans le château de Ronquerolles, dans cette même maison où, dix ans auparavant, il avait accepté son pacte avec le Diable. Il était seul. Cette fois, il ne fut pas obligé de chercher le souvenir de son passé; il se représenta à lui, vif, ardent, et comme si ces trente jours qui venaient de s'écrouler n'avaient pas duré une minute. Quoiqu'il eût douze heures devant lui, il se hâta d'appeler Satan et lui dit :

— A nous deux, maintenant! Mon choix est fait. — Je t'attends, reprit le Diable; et, aussitôt que tu m'auras dit ce que tu veux, tu l'auras. Ce sera ensuite à toi à être heureux, si tu le peux. — Tu vas le savoir, lui dit Luizzi; mais, auparavant, il faut que tu me dises comment mon innocence a été reconnue, afin que je ne reste pas dans le monde avec cette ignorance qui a failli déjà m'être si fatale. Je suis resté en prison dix jours, en voilà vingt qu'on t'a transporté ici. Tout ce temps, tu es resté dans un état d'imbécillité qui fait que personne ne s'étonnera de ce que tu as perdu le souvenir de tout ce qui s'est passé à cette époque ; car on n'a pas de souvenir quand on n'a pas d'idées. — Mais pourquoi suis-je sorti de prison? — Parce que Donezau a été reconnu pour l'assassin du comte de Cerny; il a été retenu sur le témoignage de Jacques Bruno, qui, poursuivi pour le meurtre de Petithomme, avait échappé jusque-là à la vindicte publique. Traduit en jugement pour un vol qu'il avait commis sur la grande route, il avait caché son nom pour qu'on ne reconnût pas en lui l'assassin du chouan Petithomme. Donezau a eu la maladresse de le reconnaître pour Jacques Bruno, et celui-ci s'en est vengé en le reconnaissant pour l'assassin de monsieur de Cerny qu'il avait vu tirer sur le comte, du taillis où il se tenait caché. — Enfin, reprit le baron, le crime est arrivé à son juste châ-

timent, le vice a trouvé sa récompense !—
Tu crois? dit le Diable avec une expression indicible; si c'est cette persuasion qui t'a dicté ton choix, regarde!

C'

LANTERNE MAGIQUE DU DIABLE.

Aussitôt il sembla que l'un des côtés de la chambre se fût changé en un vaste théâtre sur lequel on jouait un drame dont Luizzi était le spectateur. Et il vit d'abord une nombreuse assemblée d'hommes: quelques-uns étaient assis devant une table et d'autres jetaient des petits billets écrits dans une urne. C'était une élection de députés. Une foule avide était amassée à la porte de cette assemblée: on parlait, on s'agitait, on s'interpellait. On eût dit que l'issue de cette élection était d'un grand intérêt pour toute la ville; il ne s'agissait rien moins que d'un ballottage entre les deux hommes les plus considérables du pays. Enfin, le scrutin fut fermé, on le dépouilla sans que personne quittât sa place, tant chacun était curieux de connaître le vainqueur, et au bout de quelques heures on proclama comme député de l'arrondissement le baron de Carin, qui ne l'avait emporté que de quelques voix sur monsieur Félix Ridaire, son honorable concurrent.

— Infamie! murmura Luizzi.

Et comme si ce mot eût été le signal que donne le machiniste de l'Opéra, la scène changea. Et il vit une prison où était accroupie une femme tenant dans ses bras une enfant prête à mourir, et il reconnut Henriette Buré; tandis qu'une autre femme, collée aux barreaux de cette loge infâme, accablait d'injures la malheureuse Henriette. Et Luizzi reconnut madame de Carin.

— Horreur! s'écria-t-il.

Et comme la première fois, la scène changea encore. C'était une église magnifiquement parée. Deux chapelles y étaient tendues de blanc, et l'une d'elles étincelait de bougies, de tentures, d'ornements magnifiques, tandis que l'autre était écussonnée aux armes de marquis. Presque en même temps, deux cortéges pénétrèrent dans l'église. Celui qui se dirigea vers la riche chapelle était celui de Fernand et de mademoiselle Mathieu Durand. Celui qui se dirigea vers la chapelle blasonnée était celui de monsieur le marquis de Bridely et de mademoiselle Juliette Bricoin, qui portait sur sa robe de vierge le deuil de son grand-père, dont sa mère venait de recueillir l'immense héritage: le comte de Lozeraie servait de témoin à mademoiselle Mathieu Durand et Edgard du Bergh donnait la main à Juliette.

— C'est assez, c'est assez, dit Luizzi; et, comme les autres fois, ces paroles firent changer la scène, et alors:

C'était, dans une chambre bourgeoise, un petit souper gourmand; aux trois côtés de la table, Ganguernet, le vieux Rigot et Barnet soupant joyeusement et servis par la petite Lili, qui était rentrée chez le notaire.

— Honte et dégoût! s'écria Luizzi.

Et tout aussitôt le théâtre changea encore une fois et représenta une immense galerie, où passait en courant une foule de gens:

Et d'abord monsieur Furnichon, devenu agent de change;

Monsieur Marcoine, devenu notaire;

Monsieur Bador, maire de la ville de Caen;

Monsieur de Lémée, pair de France, nommé rapporteur du budget;

Le marquis du Val, essayant un habit d'Humann chez une danseuse de l'Opéra;

Petit-Pierre nommé conducteur de diligences;

Madame du Bergh offrant de la tisane à son confesseur;

Madame de Marignon présidant un conseil de charité pour l'éducation des jeunes filles;

Madame de Crancé au pied du lit de sa fille qui venait d'accoucher, en lui enseignant le devoir de mère envers leurs enfants;

Monsieur Crostencoupe, nommé par acclamation membre de l'Académie des sciences;

Pierre, l'ancien valet de chambre du baron, marié à madame Humbert, la gardemalade, et tenant dans la rue Richelieu un riche hôtel garni. Luizzi reconnut ses meubles;

Louis, devenu cocher particulier de l'empereur de Russie;

Akabila, retourné dans son pays et ayant repris le trône de son père;

Hortense Buré, chassant de chez elle une servante qui avait fait un enfant. Tout cela passait, repassait, le sourire aux lèvres, la joie dans les yeux, le calme sur le visage. Puis il sembla tout à coup au baron qu'une musique, si extraordinaire qu'il n'aurait jamais pu s'en faire d'idée quand même il eût assisté aux orgies du bal Musard, commençait une espèce de galop inouï. Alors toutes ces figures se mirent à danser, à courir, à voler: elles allaient, elles venaient. Le plaisir ruisselait de leurs yeux, leur voix était joyeuse: c'était un charme que de les voir tous si légers, si frivoles, si insouciants. Ils passaient et repassaient devant Luizzi, lui souriant, l'appelant ; puis, au son de la musique, à l'ardeur de la danse, se mêlaient des parfums enivrants, et ce fut un délire, une joie où tous semblaient nager avec délices ; et Luizzi sentait l'activité de tous ces mouvements agiter son corps, les accents fiévreux de cette musique irriter son âme, l'ivresse de ces parfums l'inonder et le pénétrer ; et, comme il allait crier à Satan de faire disparaître cet infernal tableau, il vit tout à coup Juliette, Juliette valsant, Juliette penchée sur un homme dont le visage échappait toujours aux regards de Luizzi... Oh! que Caroline avait raison lorsqu'elle disait que rien ne pouvait rendre la grâce de cette taille flexible, l'abandon luxurieux de ce corps élancé! Elle tournait, elle tournait, et sa robe, fouettée par le vent dessinait les formes fluides et souples de son corps ; ses cheveux volaient autour de sa tête ; son œil, à demi fermé, vibrait et haletait, pour ainsi dire, lançant autour d'elle des regards trempés de volupté ; sa bouche, entr'ouverte, montrait l'émail de ses dents ; ses lèvres frémissaient ; tout son corps semblait tendu dans un paroxysme effréné d'amour, et Luizzi sentait remuer en lui les désirs ardents que cette fille lui avait sans cesse inspirés, lorsque tout d'un coup elle sembla défaillir et se pâmer dans les bras de son danseur ; elle lui échappa, et, au moment de tomber, elle tendit la main vers Luizzi, qui, emporté par un délire insensé, s'élança vers elle... Mais, au moment où sa main allait toucher la main de Juliette, une autre main l'arrêta. Tout disparut, et il vit Caroline à genoux devant lui : elle était pâle, harassée, mourante.

— Armand! lui dit-elle alors, tu es sauvé! Le baron releva sa sœur, et, l'ayant longtemps considérée, puis serrée contre son cœur, il lui dit :

— Ah! c'est toi, n'est-ce pas, Caroline, c'est toi... toi qui m'as sauvé ? — Oui, c'est elle, lui dit une voix bien connue, et qui fit détourner la tête à Luizzi ; et il reconnut Léonie. — Oui, ajouta une autre voix, c'est elle qui vous a sauvé, et il reconnut Eugénie.

A l'aspect de ces trois femmes, toutes les terreurs profondes qu'il avait éprouvées, tous les déchirements affreux qu'il avait subis, tous les désirs frénétiques dont il avait été dévoré un instant auparavant, s'effacèrent de son âme. Un calme doux, serein et bienfaisant y succéda ; il n'éprouva plus qu'une tristesse vague, une mélancolie qui ne semblait être que le ressentiment d'une douleur qui s'effaçait, et il leur dit : — Oh ! venez, mes anges, venez, vous qui êtes accourues vers moi, et qui ne m'avez pas abandonné !

— Non, Armand, dit Léonie, ne nous appelez pas ainsi, il n'y a qu'un ange devant vous, et cet ange c'est Caroline. C'est elle qui, nous ayant trouvées malades dans la misérable auberge de Bois-Mandé, nous a rendu le courage ; c'est elle qui nous a guéries et nous a sauvées toutes deux ; c'est elle qui, lorsque cette pénible tâche était achevée, sachant quels dangers vous menaçaient et ayant appris comment on pouvait vous sauver, n'a pas hésité entre le mépris du monde et la justice ; car moi, Armand, fatiguée de malheur, j'en étais venue à douter si je devais braver l'opinion à ce point d'accuser mon meurtrier du meurtre de mon mari pour sauver mon amant. Mais elle n'a pas hésité, elle, à accuser le criminel pour sauver l'innocent, et elle l'a fait avec un courage bien vertueux : car il lui a fallu braver l'ironie des juges eux-mêmes qui disaient que c'était pour se venger de son abandon qu'elle accusait son époux, et le monde a répété cette calomnie, et elle l'a méprisée ; il a fallu obtenir de Jacques Bruno le témoignage de la vérité ; il lui a fallu ce courage pour sauver un homme qui semblait ne pas pouvoir lui en être reconnaissant, car alors votre raison était perdue, Armand ; mais elle a voulu pour l'insensé ce qui était juste, et, après vous avoir arraché à l'infamie, c'est elle qui vous a arraché à la mort ; c'est elle qui a passé près de vous toutes les nuits, tous les jours, épiant vos gestes, vos paroles, votre souffle. — Et vous étiez à mes côtés toutes deux, dit Caroline, et vous m'avez soutenue dans cette rude entreprise, et Dieu m'a tendu la main pour me mener jusqu'au but et le sauver. — Moi ! s'écria Luizzi, à qui revint le souvenir du choix qu'il avait à faire ; moi ! il n'est plus temps, je suis perdu ! — Non, mon frère, repartit Caroline : et s'il est vrai, comme je l'ai entendu dire quelquefois, que notre famille soit vouée au malheur et au crime ; s'il est vrai, comme me l'a dit Léonie, qu'une fatalité épouvantable te poursuit... — Oui ! c'est vrai, dit Luizzi, et elle m'a partout accablé ; j'ai voulu m'appuyer sur toutes les choses de ce monde, et elles se sont toutes brisées dans mes mains, pourries et corrompues qu'elles étaient par le vice ; j'ai voulu savoir la vérité, et la vérité n'a été pour moi qu'un tableau hideux et repoussant ; j'ai tendu la main à tous ceux que j'ai rencontrés, et la main des heureux a déchiré la main que je leur tendais, et la main que je leur tendais a semblé écraser tous les malheureux que j'ai voulu secourir. Ma sœur, ma sœur, je suis maudit! — Armand, reprit Caroline, n'as-tu donc jamais tourné tes mains vers Dieu ?—Vers Dieu ? dit le baron.

Et comme ses genoux se ployaient, comme ses mains s'unissaient pour prier, une horloge sonna, et une voix retentissante s'écria :

— L'heure de ton choix est passée, baron, suis-moi !

Tout aussitôt, et comme si les feux d'un volcan l'eussent dévoré en moins d'une seconde, le château de Ronquerolles disparut, et il ne resta à sa place qu'un précipice profond que les paysans appellent le Trou-de-l'Enfer. On dit aussi qu'à ce moment on vit s'élever du bord de ce gouffre trois blanches figures : elles montèrent vers le ciel, et l'une d'elles, s'avançant jusqu'au pied du trône de Dieu, pria pour celles qui étaient restées en arrière ; et, quand le Seigneur eut montré qu'elles pouvaient entrer, la vierge pure, la jeune fille coupable et la femme adultère se mirent toutes trois à genoux et prièrent pour l'âme du baron FRANÇOIS-ARMAND DE LUIZZI.

FIN DES MÉMOIRES DU DIABLE.

www.ingramcontent.com/pod-product-compliance
Lightning Source LLC
Chambersburg PA
CBHW071157230426

43668CB00009B/988